Annual Report of
Overseas Humanities
and Social Sciences, 2015

海外人文社会科学发展
年度报告
2015

 武汉大学中国高校哲学社会科学发展与评价研究中心　组编

韩　进　主编

WUHAN UNIVERSITY PRESS
武汉大学出版社

图书在版编目(CIP)数据

海外人文社会科学发展年度报告.2015/武汉大学中国高校哲学社会
科学发展与评价研究中心组编.—武汉：武汉大学出版社,2015.12
ISBN 978-7-307-17379-8

Ⅰ.海… Ⅱ.武… Ⅲ.社会科学—研究报告—世界—2015
Ⅳ.C11

中国版本图书馆 CIP 数据核字(2015)第 289686 号

责任编辑:胡程立 责任校对:汪欣怡 版式设计：马 佳

出版发行: **武汉大学出版社** (430072 武昌 珞珈山)

(电子邮件: cbs22@ whu. edu. cn 网址: www. wdp. com. cn)

印刷:湖北金海印务有限公司

开本:720×1000 1/16 印张:59 字数:845 千字 插页:1

版次:2015 年 12 月第 1 版 2015 年 12 月第 1 次印刷

ISBN 978-7-307-17379-8 定价:148.00 元

海外人文社会科学发展年度报告 2015

编　委　会

目　　录

1

3

国外马克思主义学者看全球金融危机

武汉大学哲学学院　何　萍　骆中锋

2010 年，对于西方左派来说，是极不平凡的一年。在这一年的 2 月，英国左派刊物，也是在全球最有影响的刊物——《历史唯物主义》在加拿大约克大学举办《历史唯物主义》2010 年年会，会议以"这次危机"（The Crisis This Time）为主题，集合西方各国的左派力量，借助讨论 2007 年秋在美国爆发继而席卷全球的金融危机，共同商讨左派的理论和社会主义运动的复兴事业。会议的组织者利奥·潘尼奇（Leo Panitch）、格雷格·奥尔博（Greg Albo）和维维克·齐贝尔（Vivek Chibber）在谈到这次年会的目的和意义时，特别强调全球金融危机，对于西方左派来说，是理论和实践复兴的一次重大机遇。他们在这次年会的第一本论文集——《这次危机》（The Crisis This Time）的序言中明确指出："经济危机在破坏正常的经济秩序时，也会带来一些政治机遇"[1]，然而，"自这次危机以来，是统治阶级，而不是工人阶级，抓住了这次机遇……因此，在这种情况下，我们需要清醒地认识到我们的弱点，同时，要深入地分析这次危机，揭示它的政治的和经济的前景。这是复兴左派的一项重要工作"[2]。由于以讨论 2007 年秋以来的全球金融危机为契机，国外

---

① Leo Panitch, Greg Albo and Vivek Chibber: The Crisis This Time: Socialist Register 2011, The Merlin Press, 2010, UK, p. viiii.

② Leo Panitch, Greg Albo and Vivek Chibber: The Crisis This Time: Socialist Register 2011, The Merlin Press, 2010, UK, p. x.

马克思主义学者对资本主义的批判集中在对这场危机的讨论中。基于西方马克思主义学者批判资本主义重心的这一转向，从 2012 年起，我们将"国外马克思主义视域中的资本主义"这一追踪课题的研究定在西方马克思主义学者对全球金融危机的反思这一主题上。在上一期的报告中，我们以《从"这次危机"的讨论看历史唯物主义研究视角的开新》①为题，重点介绍了 2010 年《历史唯物主义》年会以及国外马克思主义学者在马克思主义政治经济学和唯物史观研究方面的成就，而没能较系统地介绍国外马克思主义学者研究金融危机的进展情况。本期报告将弥补这一不足，重点介绍国外马克思主义学者对金融危机的研究以及由此而展开的对当代资本主义的批判，同时，在时间上，主要采用 2009 年至 2010 年的成果。这主要是为了证明两个事实：其一，国外马克思主义学者对金融危机的思考，不是受到西方非马克思主义的经济学、政治学的启发，而是独立地展开的，因此，在时间上，国外马克思主义学者对金融危机的研究与西方非马克思主义学者对金融危机的研究具有同步性；在理论上，国外马克思主义学者依然沿着资本主义批判的理路分析金融危机，而不同于非马克思主义学者以非批判的立场、从修补资本主义经济体系的视角来研究这场金融危机，因而具有独特的理论价值。其二，《历史唯物主义》杂志将 2010 年年会的主题确定为"这次危机"不是偶然的，而是有着 2008 年以来国外马克思主义学者研究金融危机的理论背景。我们只有了解了这一理论背景，才能发现国外马克思主义学者在批判资本主义方面的理论进展。从这个角度看，2008 年以来，尤其是 2009 年至 2010 年期间，国外马克思主义学者研究金融危机的进展情况尤为重要，因此，理应成为我们跟踪研究中不可或缺的一环。

在参考资料上，与之前的报告一样，我们重点选取当代西方世界最有影响的 7 种马克思主义期刊：《资本主义、自然、社会主义》（Capitalism, Nature, Socialism），《国际社会主义》（International Socialism），《每月评论》（Monthly Review），《新左派评论》（New

---

① 本文载《天津社会科学》2015 年第 2 期。

Left Review）,《激进哲学》(Radical Philosophy),《反思马克思主义》(Rethinking Marxism),《社会主义与民主》(Socialism and Democracy)。除此之外，我们新增了 Socialist Register（2010—2014）、Research in Political Economy（Volume 24-26）两套丛书，这两套丛书近年来刊登了西方马克思主义学者研究马克思主义的金融危机理论的新作，同时，也参考了一部分国内学者翻译的论文和相关追踪成果。

在叙述的结构上，我们依据国外马克思主义学者的研究思路，将本报告分为两个部分：第一个部分为资本的金融化与当代资本主义结构的变化；第二个部分为金融危机根源的探究与资本主义制度的批判。

一、资本的金融化与当代资本主义结构的变化

2007 年秋在美国爆发进而席卷全球的金融危机表明，金融资本不仅具有自身的独立性，而且已经在当代资本主义的结构中占有主导地位，由此决定，资本的金融化已经成为了当代资本主义的基本特征。国外马克思主义学者不满足于对这一事实的描述，而是力图揭示这一事实形成的深层根源。基于这一理论诉求，国外马克思主义学者努力地探究资本金融化的起源及其今天的表现和影响。

在国外马克思主义学者看来，要阐明资本的金融化是当代资本主义的特征，那么，就必须阐明金融资本与产业资本的关系，或者说，金融经济与实体经济的关系，以及两者在当代资本主义结构中的地位和相互关系。从这一观点出发，国外马克思主义学者紧密地联系实体经济，或产业经济，来探讨资本金融化的源起。美国著名的马克思主义学者、生态学马克思主义的主要代表人物约翰·贝拉米·福斯特认为，资本的金融化是资本主义实体经济衰退的结果。他指出："不断增长的经济剩余在实体经济中找不到出路，于是资本通过对资产价格上涨的投机，不断将额外的剩余/储蓄注入金融领域。从金融机构方面来看，它们为大量货币资本的涌入提供了新的、'创新性'的方式，并通过'杠杆化'不断把金融的上层建筑推

向新的高度——各式金融工具，如衍生品、期权、证券化等。"①基于这种认识，福斯特将金融化定义为"资本主义经济重心从生产到金融的转移"②。这就是说，资本的金融化是作为解决实体经济增长放缓和资本投资渠道不足的对策而出现。罗宾·布莱克本不同意这种观点，认为，资本的金融化是从金融经济自身的逻辑中发展起来的，具体地说，是从 20 世纪 50 年代和 60 年代兴起的消费信贷、金融体制和基金管理中发展起来的。③ 彼得·高恩持同样的观点，强调"我们对信贷紧缩的理解，应该超越传统的观念，即实体经济的变化造就了一个所谓的金融上层建筑"④。他强调，金融化是由金融业自主发展的结果，在这一过程中，有两个因素起着重要的推动作用：一个因素是金融产品的"革新"对金融业增长起着重大的作用；另一个因素是金融精英把金融化作为一项战略来处心积虑地推行。金融化就是在这种经济运行和管理体系中，在金融市场、金融机构和金融精英们的重要性不断提升的过程中形成的。除此之外，他们还强调，金融化通过各种政治措施或社会措施日益广泛地"嵌入"（或"渗入"）社会经济生活，如布莱克本所述，金融化正不断从企业战略扩展到私人金融领域，通过产品的日益商品化渗透到日常生活中。⑤

国外马克思主义学者尽管在资本金融化的起源上观点不同，但在看待资本金融化的表现上，观点则是相当一致的。他们认为，当前资本金融化主要表现为以下五个方面：（1）金融利润在总利润中所占的份额不断增加，以美国为例，金融利润从 1960 年占总利润

① John Bellamy Foster, Robert W. McChesney: Monopoly-Finance Capital and the Paradox of Accumulation, Monthly Review, 2009, 61(5).

② John Bellamy Foster: The Age of Monopoly-Finance Capital, Monthly Review, 2010, 61(9).

③ See Joseph Choonara: Marxist Accounts of the Current Crisis, International Socialism, 2009, 123.

④ Peter Gown: Crisis in the Heartland, New Left Review, 2009, 55.

⑤ See Joseph Choonara: Marxist Accounts of the Current Crisis, International Socialism, 2009, 123.

的 17% 飙升到 2002 年的最高峰值 44%，虽然 2007 年下降至 27%，但在联邦政府的救助下，出现了反弹并维持在稳定的比例 (31%)①；(2)债务总额相对于 GDP 的比重不断攀升，在 20 世纪 70 年代，美国未偿债务总额达到 GDP 的 1.5 倍，到 2005 年跃升至 3.5 倍；(3)金融、保险、房地产形成一种共生的、相互支持的约定，即所谓的 FIRE 部门，它们在国民收入中占的比重上升，从 1957 年的 13% 上升至 2008 年的 20%②；(4)由于对金融部门管制的解除，出现了越来越多的金融创新形式(各种期货、期权、衍生品、掉期交易等)，尤其是在 1999 年格拉斯-斯蒂格尔法案被废除后，金融管制全面放松，金融体制变得更加复杂、不透明和难以管理；(5)金融泡沫的高度膨胀，有数据显示，全球资产泡沫的规模达到了 290 万亿美元，是世界经济总产出的 5 倍以上。③ 以上五个方面的特征表明，在新自由主义政策的推动下，资本主义的经济已经发生了明显的结构性变化，利润以利息的形式从实体经济领域向金融经济领域大规模地转移，也就是说，资本日益流入金融投机市场，进入生产领域的逐渐减少，这就意味着，金融化恶化了资本积累的条件。④ 在这个意义上，可以说，当前的金融化经济也是新自由主义经济的突出表现形式。

借助于斯威齐-马格多夫对垄断资本主义研究的相关成果，福斯特对这种结构性的转变展开了四个方面的分析：其一，传统的观点认为，金融扩张应与实体经济的繁荣密切相关，而当前的现实却不然，实体经济陷入了滞胀状态，金融扩张是建立在不良的基础之上；其二，现代信用制度的兴起，极大地改变了资本积累的本质，

① John Bellamy Foster, Hannah Holleman: The Financial Power Elite, Monthly Review, 2010, 62(1).

② John Bellamy Foster: The Financialization of Accumulation, Monthly Review, 2010, 62(5).

③ Neil Faulkner: From Bubble to Black Hole: the Neoliberal Implosion, International Socialism, 2009, 122.

④ Ergodan Bakir and Al Campbell: Neoliberalism, the Rate of Profit and the Rate of Accumulation, Science and Society, 2010, 74(3).

由于通过举债而实现的杠杆化经营不断增加，真实资本的所有权开始从属于股票资本所有权；其三，这不仅意味着企业成为了投机漩涡中的泡沫，而且意味着实体经济受制于金融市场，出现了金融与实体经济之间的颠倒关系，这种颠倒的关系，是理解当前经济形势的关键；其四，要了解这一结构的变化，必须着眼于当代资本主义经济内部的双层价格结构："一个是与产品的定价有关，并与 GDP 和'实体经济'相联系；另一个则与资产的定价有关，在现代主要由'金融资产'或账面的财富构成。"①福斯特认为，这种结构性的转变意味着垄断资本主义进入了一个新的阶段，即"垄断金融资本"阶段，这一阶段的特征是"滞胀—金融化陷阱"②。在这种情形下，金融扩张是体系的主要"修复手段"，但却不能克服经济停滞的根本性问题。

在这里，国外马克思主义学者提出了资本主义结构性转变中存在的一个核心问题，即实体经济和金融经济在现阶段的关系，或者说，产业资本和金融资本（包括虚拟资本）在现阶段的关系。在这个问题上，国外马克思主义学者有着不同的看法。有些学者，如彼得·高恩、帕利、让玛·瓦苏德万等，强调金融资本与产业资本之间的分离。他们认为，当代金融业已经直接参与了剩余价值剥削，凸显了金融经济的独立性。他们发现，在新自由主义时代，金融经济对实体经济的依赖性逐渐减弱，独立性不断增强，他们用"脱节"这一概念来表征金融经济与实体经济的这种分离，脱节理论重点揭示了金融市场活动的投机性特征。让玛·瓦苏德万指出："金融化的基本原则在于，将未来的收入流（利润、红利、利息）转变成像股票、债券之类可交易的资产。金融化被理解为一种积累方式，在其中利润不是通过贸易和商品生产获得，而是通过金融渠道

---

① John Bellamy Foster, Robert W. McChesney: Monopoly-Finance Capital and the Paradox of Accumulation, Monthly Review, 2009, 61(5).

② 福斯特认为，在垄断金融资本阶段，资本积累在核心区一直处于停滞状态，同时，资本积累日益依赖金融投机来维持微弱的增长。目前，我们所看到的资本主义核心区生产的衰退是这些社会资本积累逐渐成熟的结果，因此，停滞和金融化变成了一种陷阱。

获得",并且,在金融化阶段,"货币资本家(金融资本家)和工业资本家对利润量的分配已经为企业的利润和利息之间的质的区别所取代"。① 此外,持这一观点的学者还指出:第一,金融业虽然不直接创造剩余,但是它通过建立债权人所有制,获得对债务人财产和收入的索取权;第二,债务与金融繁荣之间有着密切的关联,它不仅为消费者提供了维持消费的手段,也为企业提供了融资渠道,更为重要的是,债务解释了利润向金融部门转移的原因②;第三,金融资本独立性的一个重要表现,就是作为金融经济核心的银行业直接参与到剩余价值的榨取之中。与之相反,另一部分学者则强调金融资本对产业资本的依赖性,持这种观点的学者有福斯特、兰迪·马丁、希勒尔·蒂克廷、迈克尔·赫德森、杰克·拉斯姆斯等。他们认为,投机资本的猖獗是资本主义陷入非理性的表现,因为货币本身不能创造价值,只有通过吸收抽象劳动,货币才能转化为资本并创造剩余价值,因而,通过资产价格泡沫所制造虚假的利润和充满活力的金融体系,不过是一个巨大的庞氏骗局。这些学者认为,实体经济是金融经济的最终基础和利润来源,当金融经济过度膨胀,超出了实体经济的支撑范围之外,它必将走向覆灭。兰迪·马丁指出:"构成真实经济的是商品和服务的创造,金融不是这种创造所固有的一个部分,偏离了这种意义,就会引发生产的混乱。"③此外,他们还对实体经济与金融经济的关系作了两个方面的论述:一方面,他们认为金融化的过度扩张使得实体经济的问题进一步恶化。如前所述,在金融化的结构中,实体经济被金融经济支配,由于金融业奉行短期主义,势必会对公司的长期运作产生不良的影响。更为重要的是,金融资本挤压了社会资本的形成,腐蚀了

① Ramaa Vasudevan: From the Gold Standard to the Floating Dollar Standard: An Appraisal in the Light of Marx's Theory of Money, Review of Radical Political Economics, 2009, 41(4).

② Thomas I. Palley: The Limits of Minsky's Financial Instability Hypothesis as an Explanation of the Crisis, Monthly Review, 2010, 61(11).

③ Randy Martin: What's in It for Us? Rethinking the Financial Crisis, Rethinking Marxism, 2010, 22(2).

劳动生产率。迈克尔·赫德森把它称为"金融资本对产业资本的洗劫";"在大量的金融资本用一种自我膨胀的、以几何级数的速度来积累利息的同时,它降低了'实体'经济的增长速度,从而也削弱了实体经济产生剩余的能力——支付给债权人的利息是从这种剩余中产生的。因此高利贷资本——'金融化'——的最终道路是走向自我毁灭"。① 另一方面,他们也承认金融爆炸在一定程度上刺激了经济的增长,金融资产的泡沫不仅掩盖了实体经济的危机,而且还延缓了危机的爆发。约瑟夫·库拉夫将金融增长视为推迟危机的两个机制之一②,其作用体现在三个方面:(1)债务的增长推动了商品和服务中潜在的剩余价值的实现;(2)资产泡沫制造了虚假的利润率和活力;(3)作为浪费性消费的金融部门的增长,在一定程度上缓解了利润率下滑的压力。基于以上原因,约瑟夫·库拉夫认为:"金融扩张最好被看作一个暂时延迟危机的'抵消倾向',这个临时解决办法的代价是经济领域中的巨大不平衡,包括不可持续的债务水平的增长、不断飙升的金融和贸易不平衡以及一个规模庞大的经济泡沫的形成。"③大卫·科茨依据社会结构理论指出:"新自由主义的制度结构导致大量泡沫产生,使得利润危机的解决被拖长……资产泡沫起到了延长经济发展期的作用。具体说来,由于正在经济泡沫化的资产市场价值攀升,资产持有者的货币收入增加,消费力提高,从而暂时缓解了由不平等引起的利润实现危机。"④通过对以上两个方面的综合考察,福斯特揭示了症结所在,他指出,

---

① Michael Hudson: From Marx to Goldman Sachs: The Fictions of Fictitious Capital, and the Financialization of Industry, Critique: Journal of Socialist Theory, 2010, 38(3).

② 另一个机制是非生产性和"浪费性"经济领域的增长,它们具有资本渗漏的功能,能起到稳定资本主义制度的作用,但是,它们对于特定的资本主义来说也是一个负担。

③ Joseph Choonara: Marxist Accounts of the Current Crisis, International Socialism, 2009, 123.

④ 大卫·科茨:《马克思危机论与当前经济危机:经济衰退或严重积累结构型危机?》,《国外理论动态》2010 年第 12 期。

"虽然金融扩张促进了经济增长，但是它并没有从根本上解决资本主义经济制度的经济停滞问题"，"实体经济的增长率日渐消沉，经济的金融化却急速发展，以激活资本积累过程所压制的过剩产能，其代价是日益沉重的金融危机"。①

尽管上述两种观点存在对立，但是他们分析的逻辑前提却是一致的，这种逻辑是建立在实体经济与金融经济二分的基础之上。大卫·哈维不赞同这种思维方式，他认为："这是一个错误的二分法。作为经济不同方面的'实体经济'与'金融经济'有着一个更加辩证的关系。"②

此外，在分析资本金融化的后果时，国外马克思主义者都很重视明斯基的"金融不稳定假说"。明斯基的"金融不稳定假说"因其对发达资本主义国家的金融系的不稳定性作了较为深入细致的研究而备受主流经济学的关注。福斯特、帕利、杰克·拉斯姆斯等人也肯定了明斯基的理论对于解释金融结构和金融化趋势的贡献，其中对明斯基的理论较为推崇的帕利认为，"明斯基的金融不稳定假说的关键作用在于，它为新自由主义的增长模式能够在长时间内避免经济停滞提供了解释"，③ 明斯基的理论有助于我们理解这一段历史。同时，他们也指出了明斯基理论的缺陷与不足：其一，明斯基理论存在着某些含糊不清之处，如他未充分解释金融的脆弱性与追求利润率的动力之间的关系，也未能明确指出何种制度能够有效地防止金融危机的发生④；其二，明斯基的分析囿于"排他性的金融市场"，没有注意到实体经济与金融经济之间的复杂关系；其三，明斯基虽然对金融危机的周期性质进行了详尽的描述，但对金融的

① John Bellamy Foster and Robert W. McChesney：Listen Keynesians, It's the System! Response to Palley, Monthly Review, 2010, 61(11).

② Joseph Choonara：Interview：David Harvey-Exploring the Logic of Capital, Socialist Review, 2009, Mar.

③ Thomas I. Palley：The Limits of Minsky's Financial Instability Hypothesis as an Explanation of the Crisis, Monthly Review, 2010, 61(11).

④ Jack Rasmus：The Deepening Global Financial Crisis：From Minsky to Marx and Beyond, Critique：Journal of Socialist Theory, 2008, 36(1).

长期增长问题考察不足，这使得他的理论所涉及的只是短期的周期性现象；其四，明斯基将美国经济从较为复杂的国际经济（和国际金融领域）中剥离出来，这导致他无法认识到金融问题所带来的全球性的影响。① 国外马克思主义学者扬弃了明斯基理论的缺陷和不足，从全球化视角研究了资本金融化的世界性扩张问题。

在资本金融化的世界性扩张问题上，国外马克思主义者的基本观点是：资本金融化的世界性扩张不过是资本扩张本性的一种表现，然而，从今天的情形看，资本金融化的世界性扩张绝不是一个自发的过程，在很大程度上，是英美这两个发达资本主义国家及其垄断资本集团为着自身的利益在全球范围内推行新自由主义模式的结果。

从美国方面看，1971 年美元兑换黄金的窗口关闭之后，布雷顿森林体系随之崩溃，为了维持美元的国际地位并提升美国经济的影响力，美国建立了以"石油—美元"相挂钩的后布雷顿森林体系。让玛·瓦苏德万认为，这种浮动的美元本位制的安排"源于美国对自由金融市场激进的诉求，该一体化为中心国家机制的调整和金融工具的扩张提供了广阔的弹性空间，金融流动（金融化）对维护和扩大美元世界货币的职能，发挥了重要作用"。② 彼得·高恩也称，以美元作为法定货币的体系、汇率风险的私有化和外汇管制的解除，是全球金融体系成长和繁荣的土壤。③ 此外，20 世纪 70 年代，面对着实体经济利润率的持续下滑，美国开始将制造业转移到外围国家，这不仅造成了美国国内生产的不景气和实体经济的空心化，而且使得美国对外贸易逆差不断攀升，美国成为了世界经济的最后消费国和最大债务国，其贸易赤字占了全球总数的 3/4。这些都使美国的经济体系高度的金融化，而这种金融化又对美国经济起着双

---

① John Bellamy Foster, Robert W. McChesney: Listen Keynesians, It's the System! Response to Palley, Monthly Review, 2010, 61(11).

② Ramaa Vasudevan: From the Gold Standard to the Floating Dollar Standard: An Appraisal in the Light of Marx's Theory of Money, Review of Radical Political Economics, 2009, 41(4).

③ Peter Gown: Crisis in the Heartland, New Left Review, 2009, 55.

重的作用：一方面，它可以通过债务拉动美国国内消费的增长；另一方面，它可以实现剩余价值在国际范围的转移，依靠美元的国际货币地位和宽松的金融政策，美国创造了一个良好的金融投资环境，吸引了大量国际资本的流入。特别是在 1999 年实行《格雷姆-里奇-比利雷法》后，美国在全球范围内成功地引入了"赌场资本主义"，赌场资本主义"推动了世界范围巨额资本的集中和流动、投资资金向国际银行和其他金融机构的转移，也促进了一系列的新的、快捷的投机性投资工具的开发"①。美国正是借助金融化这种新型的经济模式，利用并占有了世界范围内的廉价的劳动资源、能源、原料资源和资本资源，从中攫取了高额的利润。

从欧洲方面看，作为发达资本主义国家，尤其是英国，也面临着与美国同样的遭遇，即实体经济利润率的下降，并通过外包来加以解决，由此决定，欧洲也要推行新自由主义政策，但是，西欧作为老牌的资本主义经济体，不仅与美国存在着经济上的合作，也存在着经济上的竞争，"欧洲金融体系的变化是美国金融市场竞争性压力的结果"②，但是，美国金融市场比欧洲更具吸引力，是因为欧洲金融市场流动性较差。除此之外，欧洲的资本主义经济发展还受欧洲民主意识的影响。在20世纪90年代，"第三条道路"成为了欧洲社会民主主义的意识形态，并受到了广泛的认可，由于其接受了有效市场的假设和货币主义的理论，并对全球金融持乐观的态度，从而对全球金融作出了战略性的适应。正是这样，尽管欧洲资本主义国家也面临着资本主义金融化的诉求，但是，欧洲资本主义的金融化无论是在面临的境遇上，还是在具体的措施上，都与美国的金融化进程有着诸多不同之处，从而使得金融危机在两个地区呈现出不同的面貌。

从其他经济体来看，他们被纳入全球金融体系，与西方国家凭

---

① Bülent Gökay and Darrell Whitman：Tectonic Shifts and Systemic Faultlines：The Global Economic Crisis, Socialism and Democracy, 2010, 24(2).

② See Christakis Georgiou：Finance and Capitalism in Europe, International Socialism, 2010, 126.

借其经济上的"现代性话语霸权"有着很大的关系：其一，受发达资本主义国际制造业外迁的影响，许多国家（特别是"新兴经济体"）建立起了出口导向型的经济模式。福斯特指出："虽然工业化已经在边缘国家得到扩展，但发达资本主义国家的国际公司主导了工业化的范围，这种工业化往往是以核心国家的需求为导向的，因此，边缘国家的两个生产部门都受制于帝国主义的影响。"[1]其二，这些国家被纳入金融体系，与发达资本主义国家的游说与进攻存在着一定的联系，其阶段性的表现有：在拉美地区推行的"华盛顿共识"、以"休克疗法"演变东欧、推动非洲"经济结构调整"和在亚洲直接策动的金融危机。其三，在亚洲金融危机之后，为了防范资本逃逸造成的经济动荡，许多新兴经济体都建立了外汇储备（大部分是美元），同时，为了维持美国的消费和稳定出口，不少国家也增持美国的国债，这就使得这些国家与发达资本主义国家的经济状况存在着密切的联系。其四，发达资本主义国家金融市场繁荣的虚假外观，对外围国家极具吸引力，许多国家纷纷建立了自己的金融市场体系并投身于全球金融浪潮中，希望能参与到开发垄断金融资本主义的富矿中来。于是，这些国家作为低工资的外围区，作为拉动出口的工业化的新兴的、开放的经济体，与资本主义世界经济核心区的停滞和金融化，形成了一种结构性的关系。

除上述三个层面的分析之外，在全球性的金融扩张进程之中，还有四个因素需要提请注意：跨国企业和跨国资本的全球运作；全球性机构特别是世界银行、国际货币基金组织和世界贸易组织的推动；通信信息技术的迅速发展和应用；金融体系和产品的不透明性。以上诸要素综合作用的结果形成了所谓的盎格鲁-撒克逊经济体系，这一体系的中枢是"美元-华尔街"的霸权。在这种体系中，一方面，通过债务和衍生品交易，各类金融市场和金融机构紧密联系，形成了全球性的"风险连锁"机制；另一方面，美国资本主义的金融化导致了资产阶级统治结构的变化，使得美国经济和政治权

---

① John Bellamy Foster, Robert W. McChesney: Monopoly-Finance Capital and the Paradox of Accumulation, Monthly Review, 2009, 61(5).

力日益为金融资本所控制，并形成了所谓的金融权力精英，从全球范围来看，垄断金融寡头（特别是美国）对全球经济运行起着至关重要的作用。彼得·高恩阐述了新的体系的六个主要特征："（1）借贷贸易模式的兴起；（2）投机套利和资产价格泡沫的膨胀；（3）为最大化杠杆和资产负债表扩张的驱动；（4）影子银行体系的兴起，伴随着它的伦敦分部和相关的'金融革新'；（5）货币市场的重要性以及它们的转变为资产泡沫中的投资贸易基金；（6）信用衍生品的新的集中。"①这些要素彼此之间相互加强，形成了一个复杂的结合体。

这一体系的最大的特点就是不均衡和不对称，比尔·邓恩对此作了较为详细的阐述，这些不均衡涉及世界之间财富的分配、生产模式的变化、国外直接投资的分配、产业之间的布局，等等。② 然而这一体系最深刻的特点是不平等，这种不平等体现在以下四个方面：首先，全球南北之间的差距不断扩大，国际收支和财富分配的不平等加深；其次，发达国家利用边缘经济体的债务负担，强制要求它们实行苛刻性的改组；再次，欠发达国家加入国际金融体系对发达国家来说起到了缓冲作用，中心国家可以在更大程度上向外围输出脆弱性，摆脱其债务型通缩的趋势③；最后，美国作为全球的金融中心，实际上是世界经济的寄生体，因为现在世界经济的状况是美国消费，其他国家生产，美国经济依赖于其他国家和地区借给美国的巨额债务。由此可见，这种世界性的、一体化的金融体系，作为一种全球资本积累机制，与帝国主义之间存在着某种关联。在帕尼奇看来，美国在世界上的作用，可以借用"帝国"一词来形容。在全球性国家阙如的背景下，美国就以这一方式肩负起了对全球资

---

① Peter Gown：Crisis in the Heartland，New Left Review，2009，55.

② Bill Dunn：Myths of Globalisation and the new economy，International Socialism，2009，121.

③ Ramaa Vasudevan：From the Gold Standard to the Floating Dollar Standard：An Appraisal in the Light of Marx's Theory of Money，Review of Radical Political Economics，2009，41(4).

本主义的协调、监管和危机管理的作用。① 从"二战"后至今的历史进程来看，美国对霸权的维护采取了双管齐下的策略：一方面，美国统治阶级致力于构建并推广有利于美国国际贸易的金融制度，这是主要方面；另一方面，不放弃通过采取军事行动的方式来重塑和强行实施美国的霸权。以上两个方面的平衡，是建立在具体的国际和国内政治、经济和军事形势的基础上。这种新的帝国秩序，与传统的帝国秩序不同之处在于，借助于美元的国际货币地位，通过金融体系来进行非正式的统治。这种秩序在经济上也发生了一个显著的变化：在美国旧有的帝国主义模式里，资本主义剩余价值的榨取的核心进程发生在美国本土上，帝国主义的特权则通过各种公开的或秘密的政治的、经济的、军事的或其他手段，获得廉价的资源；而在新的帝国主义模式里，这种剩余价值榨取的核心进程则发生在美国本土之外，美国通过全球化金融体系，使得世界范围内生产的剩余价值流向美国。② 萨米尔·阿明指出，"在这种新的帝国主义全球化中，核心地区的统治不再是以工业生产的垄断为基础，而是通过其他方式，诸如控制技术、金融市场、战略性的自然资源、信息和通信、大规模杀伤性武器等"，这种体系是"全球规模的种族隔离"。③ 热拉尔·杜梅尼尔则直白地指出："'新自由主义的全球化'就是'新自由主义时代的帝国主义'。"④正是在这种紧密联系的不对称的经济体系中，某些特定国家和地区发生金融问题就会产生传染性的影响，并迅速蔓延至全球，造成世界经济的动荡与恐慌。作为全球金融体系中枢的美国发生金融危机，演变成全球性的经济崩溃和衰退正是这种体系的结构特征的鲜明体现。

　　这样，国外马克思主义学者就通过对不同国家和地区经济体的

---

① 利奥·帕尼奇：《国际金融危机与美帝国》，《国外理论动态》2010 年第 4期。

② Antonio Callari：2008：A New Chapter for U. S. Imperialism, Rethinking Marxism, 2010, 22, pp. 210-212.

③ Samir Amin：Seize the Crisis! Monthly Review, 2009, 61(7).

④ 周思成译：《关于新自由主义的危机——热拉尔·杜梅尼尔访谈》，《国外理论动态》2010 年第 7 期。

现状的分析，勾勒了当今世界资本金融化的全景。

二、金融危机根源的探究与资本主义制度的批判

研究金融危机的目的就是要探究金融危机的根源，找到应对金融危机的对策。这是西方主流经济学家研究金融危机的基本立场和基本态度。从这一基本立场出发，西方主流经济学家总是从外因方面来探究金融危机的根源，或将原因归咎于政府对金融市场管制的懈怠，或将原因归结为外部的冲击或暂时性的失衡。在他们看来，金融危机的爆发具有"偶然性"和"外在性"。这种解释实质上是否认金融危机与资本主义制度的内在关联，从而否定了金融危机产生的必然性。与之不同，马克思主义者则从资本主义制度上去探究金融危机的根源，从而揭示金融危机的必然性。从这一基本立场出发，国外学者遵循马克思的相关理论和方法，结合当代资本主义国家的经济、政治和文化政策以及所引起的后果，探究金融危机的根源，以此开展对资本主义制度的批判。由于研究视角的不同，国外马克思主义学者对金融危机根源的说明也不尽相同，从而形成了各不相同的危机理论。其中，最典型的有五种：（1）新自由主义制度失败论；（2）利润率下降论；（3）消费不足论和生产过剩论；（4）过度积累论；（5）比例失调论。下面，我们将逐一介绍这些危机理论。

（一）新自由主义制度失败论

所谓新自由主义制度失败论，就是把金融危机的根源归咎于新自由主义的政策，强调金融危机的爆发是新自由主义制度失败的证明。这一理论的主要代表人物有：热拉尔·杜梅尼尔、多米尼克·莱维、让玛·瓦苏德万、托马斯·I.帕利、彼得·高恩等。这些学者从不同的角度考察了新自由主义制度与金融危机之间的内在联系，阐明了新自由主义制度是如何引发金融危机的。

热拉尔·杜梅尼尔从资本主义结构性危机的视角阐明了新自由主义制度是如何引发金融危机的。他认为，资本主义的"结构性危机"有两种：一种是"利润率危机"；另一种是"霸权危机"。"霸权

危机发生的机理与利润率危机有所不同，霸权危机是那些做法的不可持续性的表现"。① 这里所说的"那些做法的不可持续性"，主要是指导致新自由主义危机的两组决定性因素："毫无节制的追求高收入"和"不可持续的宏观经济路线"。第一组决定性因素是新自由主义的典型特征，它指的是"除了对工人的压制之外，监管，特别是对金融的监管都被解除了"；第二组决定性因素的特征是美国经济所特有的，它涉及"非金融企业资本积累下降的趋势，家庭消费的增长(特别是高收入阶层)，家庭和政府债务的上升趋势，日益增多的外贸逆差以及世界其他地区对美国经济的融资"②。杜梅尼尔和莱维认为，结合上述两种因素及其影响就可以解释美国的金融危机。

帕利借助明斯基的金融不稳定假说，从新自由主义模式对劳工影响的视角，阐明自由主义制度是金融危机的根源。帕利认为，新自由主义的政策通过"全球化、劳动力市场灵活性、小政府和充分就业的摒弃"③，削弱了工人的地位，开创了一个工资停滞和收入不平等的时代。很明显，帕利的分析模式带有一种"消费不足论"的色彩。

彼得·高恩则是从美国资本主义的总体上去寻求危机的根源，强调管理者的罪责。他认为，在"在金融上层建筑与美国的'实体'经济的表层区别之间存在着一个合理的、辩证的内核"，"危机应该理解为一个相对融贯的结构，即我们称之为的'新华尔街体系'产生了危机。除此之外，还需要注意过去 20 年的另一个显著特点：华尔街的经营者与华盛顿的管理者之间异乎寻常的和谐"。④

比伦特·格卡伊和雷达尔·惠特曼则是从新自由主义的全球化层面分析金融危机根源。他们指出："对当前危机的理解包含着两

---

① 周思成译：《关于新自由主义的危机——热拉尔·杜梅尼尔访谈》，《国外理论动态》2010 年第 7 期。

② http：//www.beigewum.at/wordpress/wp-content/uploads/2009_2_006-13.pdf.

③ Thomas I. Palley：The Limits of Minsky's Financial Instability Hypothesis as an Explanation of the Crisis, Monthly Review, 2010, 61(11).

④ Peter Gown：Crisis in the Heartland, New Left Review, 2009, 55.

个最重要的方面：其一，新自由主义是危机的意识形态源头，它提供了异乎寻常的危机管理工具；其二，在全球体系内，政府之外的驱动力的快速演化，极大地削弱了各国政府遏制危机的能力。"①

上述观点尽管不同，却都反对主流经济学家认为有关金融危机的发生具有"偶然性"或"外在性"，强调金融危机的爆发在于新自由主义制度本身，具有必然性和内在性。古格列尔莫·卡尔切蒂明确地指出："金融和投资危机的根源应该从实体经济、价值和剩余价值的生产中去探寻，而不是如主流经济学家那样，颠倒因果关系。"②

(二)利润率下降论

利润率下降论的基本观点是：平均利润率是资本主义经济发展和运行状态的指示器，这是马克思的资本积累理论和经济危机理论的一个基本原理，这一原理的核心点就是强调资本主义制度竞争性，强调在资本积累的冲动和价值规律的驱策下，所有资本家都倾向于通过提高劳动生产率来牟取更多利润，这种行为导致的一个重要后果就是资本有机构成的不断提升，从而使得平均利润率趋于下降。持这一论点的最有代表性的学者有：克里斯·哈曼、安德鲁·克里曼、戴维·麦克纳利、罗伯特·布伦纳等。

克里斯·哈曼在他的著作《僵尸资本主义》③中，对过去 90 年间资本主义的轨迹和变迁作了论述。在这里，他所论述的，并非是某种特定的制度安排和财产形式，而是资本主义制度本身。哈曼反对将制度简化为特定的体制和法律形式，因为它们是变化着的，理论的分析应该着眼于在变化的体制和法律形式之中的相对稳定的东西，即资本主义的目标和进程，如资本积累的冲动、价值规律和劳

---

① Bülent Gökay and Darrell Whitman：Tectonic Shifts and Systemic Faultlines：The Global Economic Crisis，Socialism and Democracy，2010，24(2).

② Guglielmo Carchedi：Zombie Capitalism and the Origin of Crises，International Socialism，2009，121.

③ Chris Harman：Zombie Capitalism：Global Crisis and the Relevance of Marx，London：Bookmarks Publications，2009.

动价值论等，以及这些要素的综合作用所导致的利润率下降的趋势。① 哈曼将利润率下降趋势规律称为马克思经济理论中的核心要素，指出："马克思声称，作为剩余价值源泉的生产性的雇佣劳动力的增长滞后于积累的进程，剩余价值相对于投资的比例，即利润率就趋于下降。当利润率降低，投资的刺激不足，就会导致积累进程放缓。其最终结果是，资本主义制度愈是老化，衰退就会愈加深刻。"② 对于当前的危机，哈曼明确地指出："危机的根源实际上在于20世纪60年代末以来盈利能力降低的压力"，"危机可以被看作'利润率下降趋势规律及其抵消趋势'的产物，并且它所提供的抵消趋势的影响极为有限，从20世纪80年代起，低水平的利润率得以提升，但是它完全没有达到足以吸收资本主义经济体系所产生的一切从而推动积累所需要的规模"。③

安德鲁·克里曼也是从利润下降这一路向去寻求当前危机的根源，不过，在对美国利润变动趋势的描述上，他与克里斯·哈曼的观点不同。具体来说，哈曼认为，20世纪80年代初期之后，利润率有一定的恢复，而克里曼则通过对经济分析局数据的分析，指出："'二战'后的整个时期里，利润率是持续下降的，至少美国的公司部门是如此的（但是名义上的利润率没有下降，在上个世纪六七十年代暂时处于稳定状态，由于这个时期通货膨胀加速）。"④ 克里曼还强调："资本通过危机起破坏作用"，是马克思的经济危机理论中的一个关键概念，这种"破坏"不单单指有形资产的破坏，而且还特别指资产价值的破坏。"资本的破坏一方面是经济衰退的结果，另一个方面，这种破坏是通向未来繁荣的关键机制"。基于

---

① See Andrew Kliman：Pinning the Blame on the System, International Socialism，2009，124.

② Chris Harman：The Slump of the 1930s and the Crisis Today，International Socialism，2009，121.

③ Chris Harman：Not all Marxism is dogmatism：A Reply to Michel Husson，International Socialism，2009，125.

④ Andrew Kliman：Pinning the Blame on the System，International Socialism，2009，124.

这一认识，克里曼断言，"当前经济危机，实际上是源于 20 世纪 70 年代中期全球经济衰退没有破坏到足够的程度。除非资本破坏达到足够的程度，否则不会产生新的、持续的繁荣。这是因为资本的破坏能够修复盈利能力；如果缺乏足够的资本的破坏，盈利能力将会持续走低"。① 与此同时，克里曼也指出资本的破坏作用是一把"双刃剑"，虽然它能够为新一轮的繁荣奠定基础，但是大量资本的破坏也可能会对资本主义制度本身构成威胁。

在当前金融危机根源的探究中，利润率下降论是有优势的。说它有优势，是指它从资本主义制度本身的缺陷出发来寻找问题，并通过对利润率下降的关切，在一定程度上解释了金融迅速扩展和工人工资停滞（利润挤压），以及随之而来的家庭信贷的膨胀（金融危机的导火线）。

当然，也有马克思主义者对利润率下降论提出了质疑，其中最主要的有：（1）米歇尔·于松提出应对资本有机构成和技术构成加以区分；（2）《每月评论》学派认为，在垄断资本主义阶段，经济表现出来的是"剩余上升趋势规律"，马克思的"利润率下降趋势规律"不能直接应用；（3）部分学者认为资本主义利润率的下降的长期趋势不能解释经济运行的短期波动，等等。

（三）消费不足论和生产过剩论

与利润率下降论对危机的分析侧重于生产领域不同，消费不足论和生产过剩论则更倾向于从交换和流通领域分析危机。严格地讲，消费不足论和生产过剩论之间存在着一定的差别，但是鉴于"消费不足"和"生产过剩"之间存在着密切的联系，故而将其放在一起分别予以论述。

消费不足论的理论源于第二国际理论家们的思想，后者通过对马克思的著作的解读，认为资本主义危机的原因在于消费不足，即潜在于商品中的价值不能够在市场上得以实现。这一论点的核心是对单个资本循环的分析，即商品只有在被消费者购买之后，才完成

① Andrew Kliman："The Destruction of Capital" and the Current Economic Crisis, Socialism and Democracy, 2009, 23(2).

了其循环，实现了资本的增殖。换言之，在资本主义制度内，商品价值的生产与实现是分离的。针对当前的经济危机，持消费不足论观点的学者，与其说是着眼于流通领域，不如说更关注于资本主义的阶级结构，特别是资本家占有和分配工人创造剩余价值的特殊结构。

安东尼奥·卡拉里将当前的危机称为"消费不足的危机"，他认为，寻求危机的根源不能停留在 2008 年金融泡沫的破灭上，对危机的理解，应该主要以对"真实"力量（"阶级"进程）的分析为依据，而不能以对金融"炼金术"调查的分析为依据。他指出，这些力量中最为重要的，是对美国工人阶级盘剥的加重、绝对和相对剩余价值率的增长。自 20 世纪 70 年代中期之后，实际工资停滞，生产率提高，美国家庭的劳动参与率更为广泛和深入，不断增长的剥削，这些都为消费不足的危机创造了条件。①

理查德·沃尔夫认为，今天的危机深深扎根于之前的 125 年的历史，在这期间，实际工资的年平均增长率（1.3%）滞后于劳动生产的年平均增长率（2%）。自 20 世纪 70 年代中期开始，工人实际工资增长停滞，其主要原因是：（1）计算机的应用范围越来越广；（2）美国企业为了应对来自欧洲和日本的市场竞争的压力，产品生产从美国本土逐渐迁移到国外低工资的区域；（3）妇女开始走出家庭，谋求有偿的工作岗位；（4）移民数量不断增长。面对这种境况，工人阶级采取了两种方式来提高自身的消费：其一，家庭成员更多地投入到有酬劳动之中；其二，依靠家庭债务。前者增加了劳动后备军的数量，导致了普遍工资的进一步削弱；后者则加重了对工人的盘剥（利息）。也就是说，两种解决办法使得工人阶级在劳资关系中处于更加不利的地位。沃尔夫义正词严地指出："马克思主义理论为当前危机的根源提供了以下论断：（1）自 20 世纪 70 以来，工人实际工资增长的结束这一严酷现实引发了债务依赖的繁

---

① Antonio Callari: 2008: A New Chapter for U.S. Imperialism, Rethinking Marxism, 2010, 22, pp. 210-212.

荣；（2）资本家所得到的正是工人失去的。"①

生产过剩论者反对把消费不足作为危机的原因。古格列尔莫·卡尔切蒂提出了这一反对的理由。他认为："消费不足与危机之间关系的争论可以概括为：首先，较低的工资确实会导致消费不足，但是它增加了平均利润率，即便是在最大值没有实现（最大的消费不足和生产过剩）的情形下；其次，它看起来确实导致了平均利润率下降（危机），因为它总是与较低的利润率同时出现，这是危机的表现。因此，消费不足应当是危机的结果而非危机的原因。危机不是由于使用价值的消费减少所致，而是由于剩余价值生产的降低。"②

但是，消费不足与生产过剩并不是对立的，它们之间还存在着许多联系。这种联系主要表现在，消费的相对不足确实会导致生产过剩，但这是自由资本主义阶段的特征，资本主义进入垄断阶段之后，更多的不是消费的相对不足，而是生产的绝对过剩。基于这一事实，生产过剩论对消费不足论进行了修正，这种修正表现在以下几个方面：其一，消费不足并不是导致生产过剩的根本原因，生产过剩的制度性根源是生产能力的过剩，即社会总资本相对于剩余劳动价值的过剩；其二，消费不足论假定消费是资本主义生产的最终目的，没有认识到资本主义是为利润而生产的制度；其三，消费不足着眼于产品剩余价值的实现困难，它是资本主义的经常性现象，不能用以解释危机，如果认为消费不足导致了生产过剩的危机（第二国际理论家），那么就混淆了两者之间的区别，并将它们作为同一现实的不同表现；其四，路易斯·吉尔和克里斯·哈曼主张区分两种过剩，即消费品过剩和生产资料过剩，危机阶段所导致的社会总需求的不足。由此可见，消费不足论与生产过剩论并不能被简单地统一理解为资本主义在生产领域和流通领域之间的失衡，它们之

① Rick Wolff: In Capitalist Crisis, Rediscovering Marx, Socialism and Democracy, 2010, 24(3), pp. 130-146.

② Guglielmo Carchedi: Zombie Capitalism and the Origin of Crises, International Socialism, 2009, 121.

间的关系应该放置于一个更为复杂的经济总体中予以把握。

（四）过度积累论

大卫·哈维、福斯特、麦克切尼斯、戴维·麦克纳利等人将资本主义的过度积累视为当前金融危机的深层根源，由此而提出了过度积累论。

大卫·哈维指出，目前的经济危机源于一个根本性的问题，即"过度积累"。在某种程度上来看，"过度积累"引发了对资产价值的大量投资，而不是对生产领域的投资，对于投资者来说，金融市场具有庞氏特征。哈维认为，资本家们总是生产剩余产品，资本主义的健康发展必须保持年增长率达到3%，而问题在于如何实现3%的增长，现实中存在着实现这种增长的诸多障碍，其结果是过度积累。在此意义上，哈维将"过度积累"定义为"资本家无法为可支配的剩余资本找到出路的状态，无论是由于劳动力的限制，还是市场的限制，抑或是资源、技术和其他限制"。①

福斯特声称自己持"过度积累"论的观点。② 他遵循《每月评论》学派的传统，围绕"垄断"（而非"竞争"）、"停滞"、"经济剩余"③、"积累金融化"等概念展开了对当前危机的分析。首先，福斯特赞同巴兰和斯威齐称垄断资本主义的常态是停滞的论断，即"对于垄断企业而言，积累的主要问题在于如何为巨大的并不断增长着的可支配的剩余资本找到充足的投资渠道。由于缺乏新的历史因素来增加投资渠道，剩余资本找不到出路，资本积累的进程趋向于停滞"④。其次，他指出，"当今发达经济体资本积累的根本问题源于高度的垄断和工业的成熟所导致的深度停滞趋势。实际的和潜

---

① Joseph Choonara：Interview：David Harvey-Exploring the Logic of Capital, Socialist Review, 2009, Mar.

② John Bellamy Foster and Robert W. McChesney：Listen Keynesians, It's the System! Response to Palley, Monthly Review, 2010, 61(11).

③ 对经济剩余的界定，可参见 Paul Baran and Paul M. Sweezy：Two Letters on Monopoly Capital Theory, Monthly Review, 2010, 62(7).

④ John Bellamy Foster：A Failed System：The World Crisis of Capitalist Globalization and its Impact on China, Monthly Review, 2009, 60(10).

在的经济剩余被更多地产生出来，超出了投资和消费有效地吸收的范围，从而把经济推向了缓慢增长的状态，其结果是，积累越来越依赖于特殊的刺激因素"①，这种特殊的刺激因素即金融投机。再次，通过在宏观层面上考察生产与金融之间的相互关系。福斯特分析了积累金融化的趋势，指出，金融被看作剩余资本的投资场所，金融投机和债务虽然能够刺激经济，但是无力解决根本问题，反而会产生深远的、灾难性的副作用，结果就是停滞-金融化的困境。接着，他指出，停滞和金融化的共生关系使得"美联储和其他中央银行在每一次金融出现问题都被迫介入以挽救脆弱的金融体系，以免金融上层建筑的整体崩溃和容易滞胀的经济遭到削弱。这就导致了金融体系长期地、逐渐地失去管制"②，金融泡沫不断膨胀。最后，当金融泡沫高速膨胀到完全脱离实体经济（如前所述，实体经济是金融经济的利润来源和基础）的时候，泡沫的破裂就会引发灾难性的后果，这就是说，资本主义长期停滞状态下的金融扩张更像是资本主义崩溃前的盛宴。

约瑟夫·库拉纳在对《每月评论》学派的分析中，提出了三点批判性的意见：第一，对《每月评论》学派而言，危机被视为消费不足的结果，相反，消费不足（生产过剩）最好被视为危机的症状而非原因；第二，《每月评论》学派的传统过分强调停滞的趋势；第三，《每月评论》学派假定晚期资本主义的特点是垄断而非竞争，价值规律因此被置于次要地位。

大卫·科茨认为，当前的危机不是周期性的经济衰退，而是积累结构型危机。首先，他指出传统的马克思主义的危机理论对危机的分析所运用的是一种"修补性"的方法，非常接近于主流经济学家的"危机外因论"，从而，他寻求社会积累结构理论作为替代性的方法。其次，他指出每一种社会积累结构都是一套旨在促进资本

---

① John Bellamy Foster and Robert W. McChesney: Listen Keynesians, It's the System! Response to Palley, Monthly Review, 2010, 61(11).

② John Bellamy Foster, Robert W. McChesney: Monopoly-Finance Capital and the Paradox of Accumulation, Monthly Review, 2009, 61(5).

积累的长期而又连贯的体制，当制度下的矛盾加剧，无法促进资本积累的时候，就会引发长期的结构性危机。最后，通过对当前危机的考察，科茨指出，"三个因素的发展——日益增长不平等、一系列巨大的资产泡沫和投机的、高风险的金融部门——共同作用导致了 2007—2008 年严重的积累结构型危机。造成危机的根本原因是资产泡沫引发了投资过剩，金融危机恶化了这一状况"。①

（五）比例失调论

比例失调论是由杜冈·巴拉诺夫斯基提出的，其初衷是对第二国际的理论家们所持的消费不足论的批判。他从马克思的再生产图式出发，认为资本主义无需向其他地区渗透，也可以维持资本积累的正常运转，只要投资可以在不同的部门之间的分配保持适当的比例。因而，危机的爆发只能是源于不同部门之间发展的比例失调，但是在资本主义经济制度内，资本家的分散决策必然会导致整个社会生产的无序状态，使得整个社会生产比例失调，社会再生产不能继续进行，最终爆发经济危机。

沃勒斯坦认为，当前的危机是资本主义体系的危机，对于资本主义体系来说，无止境地追求资本积累是最高原则，积累资本的唯一方式是在市场上谋取利润，因而，对于所有的资本家来说，最为重要的问题是，相对于商品的销售价格，他们如何生产出低于，甚至是远远低于这一价格的产品，因而产品的生产成本就显得尤为重要。通过对近三十年产品生产成本进行分析，沃勒斯坦指出，人员成本（相对非熟练的劳动力、中层干部和高层管理者）、投入成本（处理有毒废物、更新原材料和基础设施）、税收成本（各种政府的税收、非法的税收）这三种基本成本作为产品销售价格的一部分，它们所占的比例不断上升，从而使得产品中获得的剩余价值量受到了极大的挤压，最终导致了资本主义的体系极大地偏离了平衡，波动性加大。②

保罗·考克夏特和戴夫·扎卡里亚通过对盈利能力和稳态率、

---

① http：//people. umass. edu/dmkotz/Marxist_Cr_Th_09_12. pdf.

② http：//mrzine. monthlyreview. org/2009/wallerstein121109. html.

贸易逆差和贸易顺差、生产性部门和非生产性部门等要素进行分析，指出，当前危机爆发的根本要素，在于实体经济的失衡，而这种失衡则是由非生产性开支(特别是金融化)不断增长的趋势所造成的。①

对于当前的危机，比例失调论从多个层面来进行分析：从金融体系内部来看，债务水平的快速飙升、虚拟资产的高度膨胀和金融机制的混乱不堪，体现着金融内部结构比例失当；从金融经济与实体经济、生产性劳动与非生产性劳动之间的关系来看，它们之间的关系没有朝着一种积极的更具生产性的方向发展，尤其是在金融化过度膨胀之后，其愈发具有掠夺性和投机性，最终导致了实体经济的失衡，引发了当前的危机；从国际层面来看，世界产业之间的布局，全球收支和财富的分配等也存在诸多矛盾和不协调。然而，对于比例失调论来说，最大的问题在于它所要求的资本的流动和生产要素之间的协调只是资本主义的应然而非实然的状态，现实的资本主义因其固有的缺陷，是一个非平衡的动态系统。除此之外，比例失调并不直接导致经济危机的发生，只要在资本主义再生产可承受的范围内，暂时性的或局部的比例失调能为整个社会生产进程所容纳，因此，比例失调只可作为危机的一个可能性因素，结合其他要素共同阐述危机爆发的原因。

总的来说，以上各种理论尽管对当前危机分析的理论立足点和侧重点存在着不同，但都是将资本主义制度本身所固有的矛盾和缺陷视为危机趋势的根源，并由此来说明危机产生的客观必然性，它们所做的工作不是致力于寻求危机爆发的具体原因，而是证明，危机是由资本主义制度造成的，资本主义成为了自身发展的限制和敌人，要彻底杜绝危机的发生，就必须否定资本主义制度，代之以社会主义制度。

---

① Paul Cockshott and Dave Zachariah：Credit Crunch：Origins and Orientation，Science and Society，2010，74(3)，pp. 343-361. 译文可参见杨成果：《金融危机的根源与对策》，《国外理论动态》2011 年第 1 期。

美国马克思主义前沿追踪
——马克思主义政治哲学的流派及理论进展

武汉大学哲学学院　李佃来

一、从西方马克思主义到美国马克思主义：
分殊与同质

如果说，20 世纪 70 年代之前，在西方资本主义国家占主导地位的马克思主义传统是植根于西欧大陆，以革命的文化批判（20 世纪 40 年代之前）和文化的现代性批判（20 世纪 40 年代之后）为基本主题的西方马克思主义，那么，在这一时期中，美国马克思主义虽然也通过融合美国本土的实用主义而进行自己的理论传统的创造，但其产生的思想影响，根本不可能与西方马克思主义相提并论。卡尔沃顿（V. F. Calverton）、悉尼·胡克（Sidney Hook）等早期的美国马克思主义理论家，也根本不可能像卢卡奇、葛兰西、阿多诺等西方马克思主义理论家一样名扬天下、彪炳史册。然而，20 世纪 70 年代之后，随着阿多诺、萨特、阿尔都塞等理论家相继退出思想舞台或相继离世，作为一种思想传统的西方马克思主义逐渐走向衰落，马克思主义发展的格局也由此发生了戏剧性的变化：在西欧大陆，虽然有哈贝马斯、鲍德里亚等著名思想家通过各不相同的方式接续西方马克思主义的传统而进行着理论的创构，但他们的理论主旨，却不在于从根本的意义上阐述马克思主义的观点，所以西欧大陆的马克思主义研究，不再像在过去的半个多世纪中那样门派迭出、百家争鸣，其势衰的趋势已成为不言而喻的事实；相反，在以美国为主导的英语国家，马克思主义研究却开始焕发出勃勃生机。一大批以重新理解马克思和重新解读当代社会为基本旨向的理论家和学术流派，开始纷纷登上思想的舞台，在各自所属的知识框架和话语系统中，进行着马克思主义理论的创造。正是在这种背景下，具有相对独特理论形态的美国马克思主义突出出来，并成为当今国外马克思主义中最富有思想成果、最引人注目的理论形态。

总体论之，美国的马克思主义理论创造代表了西方国家马克思主义发展的新的历史和逻辑阶段，与传统的西方马克思主义相比，它无论是在宏观上还是在微观上都发生了重要的变化，从而表现出与传统的西方马克思主义殊为不同的特点：其一，在发展的路向上，如果说传统的西方马克思主义主要是依托党派、革命和政治运动发展起来的，那么，美国的马克思主义则主要是走进院校，通过学院式的研究逐步发展起来的，虽然美国马克思主义理论家越来越希望将理论的发展与社会政治运动甚至是革命连接起来。进而论之，如果说党派领导人和政治运动的领袖在西方马克思主义的创立和发展过程中起到了推波助澜的关键作用，那么，以大学教授为主体的知识分子则理所当然地成为美国马克思主义的最主要开创者。其二，在理论的主题上，如果说传统的西方马克思主义注重的是对西方发达资本主义国家革命道路的历史思考和对资本主义现代性的批判，那么，美国的马克思主义则主要是基于对后工业社会和美国新社会运动的考量，将生态问题、性别问题、种族问题、阶级问题、全球化问题、新帝国主义问题以及后现代主义问题等一系列新的社会问题纳入讨论的范围，同时也开展了对现代制度之正义的而非现代性的研究。其三，在对待苏联理论模式上，如果说传统的西方马克思主义在形成和发展的过程中，自始至终都将理论的矛头指向苏联马克思主义模式并对其进行釜底抽薪式的批判，那么，美国的马克思主义在形成和发展的过程中，则由于苏联的垮台，而基本上没有把批判苏联的理论模式作为一种明确的口号提出来，虽然其在形态上并不等同于苏联的理论模式。甚至于，美国马克思主义在近几年的研究中，还旗帜鲜明地打出了"回到列宁"（Return to

Lenin)的口号，主张通过重新开掘列宁思想的当代意义而认识和应对美国层出不穷的政治危机。《重新上膛的列宁：通向一种真理的政治学》(Lenin Reloaded：Toward a Politics of Truth)、《重新发现的列宁》(Lenin Rediscovered)以及《马克思、列宁和革命的实践》(Marx，Lenin and the Revolutionary Experience)等列宁研究的新著出版，就是这一口号和主张的有力佐证。

美国马克思主义与传统西方马克思主义的如上这些不同，生动地凸显了马克思主义哲学的"效果历史"，即凸显了不同语境下马克思主义哲学创造的不同向度与可能性空间，同时也凸显了美国马克思主义作为西方国家最新的马克思主义理论形态的相对特定性。但我们也应该注意到，除上述不同外，美国马克思主义与传统西方马克思主义之间又存在较为明显的同质、衔接、连续，这主要体现在：其一，美国马克思主义虽然代表了当代国外马克思主义发展相对独特的理论形态，但并没有溢出于马克思主义的思想传统，依然注重在构造理论学说时回到马克思，从马克思那里寻求学术的启迪与思想的灵感。这一点与卢卡奇、柯尔施、葛兰西、霍克海默、阿多诺、萨特以及哈贝马斯等传统的西方马克思主义者并无不同。其二，传统的西方马克思主义作为一种思想的效应，延续到美国马克思主义知识分子之中，由此催生出具有西方马克思主义家族血统的理论流派和学术研究倾向。例如，诺曼·莱文在承接卢卡奇开创的黑格尔主义、马克思主义理论传统的基础上对马克思与黑格尔关系进行的系统考辨；奥尔曼在延续早期西方马克思主义界定的总体性范畴的前提下对辩证法展开的深入探究；法兰克福学派之美国传人理查德·沃林(Richard Wolin)以及左翼马克思主义学者斯蒂芬·布隆纳(Stephen Bronner)等对批判理论史进行的深入考察，① 都属于这种情形。而从一种更为普遍的意义上来看，当前美国马克思主义

① 关于这方面的成果，可以参见 Richard Wolin, The Terms of Cultural Criticism. Columbia University Press, 1992; Stephen Bronner, Of Critical Theory and Its Theorists. New York：Routledge, 2002.

对于批判理论的高度重视，虽然与批判理论所指向的对象与事物在"二战"后美国社会的迭出、呈现不无相关，但在思想传统上，却是与法兰克福学派在美国所形成的思想效应无法分开的。众所周知，法兰克福学派的主要成员在20世纪30年代，曾因为法西斯主义的迫害而一度前往美国，马尔库塞、弗洛姆等人则更是主要在美国进行理论创造。这般历史情形，不能不使生成于欧洲大陆的批判理论影响到美国马克思主义的发展。所以，只要对今天美国众多马克思主义者的话语作一番剖析与检阅就会发现，在美国马克思主义理论形成与思想推进的背后，蕴藏着丰富的西方马克思主义批判理论之传统的酶素，以至于如果不去认真地开掘这些酶素，就不可能清晰地认识美国批判理论之研究的思想源头、矛头所指与终极趣味。

二、美国马克思主义趋向于政治哲学：
一个基本的判断

当我们把美国马克思主义作为一个相对特定的研究对象加以凸显与把握时，一个十分有趣的现象是，美国马克思主义虽然看上去是由各种殊异的理论倾向和思想流派所组成，但其本身却又总是与政治哲学有着这样或那样的联系，甚至可以直接说，美国马克思主义的理论构造与思想的不断开拓，大致上就是在政治哲学的路向上实现的。这一现象的形成，从根本上看，在于两个方面的重要原因：其一，美国马克思主义理论家不是在一种封闭的体系中，而是在一种开放的体系中开展理论研究的，所以，他们不会满足于对一般性抽象学理公式的建构，而是注重将理论的研究与突出的现实问题结合起来，强调以理论的方式来回应现实问题，强调根据现实问题的场景来推动理论的发展，进而以此方式开辟马克思主义发展的广阔空间。一旦与现实紧密结合起来，并不断强调与现实之间张力的保持，理论自然就不会是远离政治生活的概念和逻辑体系，而在很大程度上，会以政治哲学的成果形式得以呈现，因为政治哲学本身就是一种贴近现实生活的理论思考模式，支撑其出场与发展的根本性后台往往就是社会现实及社会现实诸要素的不断变动。其二，美国马克思主义所面对的问题，在粗疏的意义上，几乎是从属于政治哲学的界域的。具体来说，美国马克思主义面对着资本逻辑之全球的蔓延、社会主义与资本主义在新的历史条件下的对置、公平正义参数的重新排列组合、后现代政治与现代性政治的博弈、新社会运动对各类社会矛盾和冲突的凸显等问题，这些问题可以说正是需要我们在一种广义的政治哲学中去深入探究的内容，所以我们自然可以不计其细地将美国马克思主义的理论发展界划为政治哲学的一种当代推进。

基于如此这般的判断，我们也就可以认为：如果说哲学的总体运演趋势正如有的学者所指出的那样，"政治哲学在今天变得如此重要，几乎成为哲学中最突出同时也是最活跃的部分，以至于成为当下哲学体系中的'第一哲学'"。① 那么，美国马克思主义的理论态势，显然正应了这一指认所讲述的情况，政治哲学成为了第一哲学，成为了不容争辩的显学。正是因为如此，资本的权力、民主的模式、政府的职责、公共领域的标准、个体的权利，以及阶级、政党、革命等政治哲学的问题，在近些年逐渐升格为美国马克思主义学术讨论和理论构造中的核心议题。也正因为如此，美国马克思主义各种理论倾向和思想流派逐渐由分殊和异质走向趋同与融合。

这种朝向政治哲学的理论态势，在美国马克思主义近些年的发展中，应当说是以一种更为强势的姿态呈现出来。根据对思想前沿的追踪把握，我们可以很清晰地看到，美国马克思主义理论家越来越普遍地重视将广义的政治哲学作为重要的理论方向纳入思想创构的框架之中，进而在这样的基础上用马克思主义理论来回应和破解美国资本主义以及全球化世界不断呈现、暴露出的新的政治、经济和社会问题。例如，在主题分别为"构造一个激进的政治未来"（Forging a Radical Political Future）和"帝国大厦的裂痕"（Cracks in the Edifice）的"左派论

---

① 赵汀阳：《每个人的政治》，社会科学文献出版社 2010 年版，第 9 页。

坛"(Left Forum)①的2007年和2008年年会上,美国马克思主义者和激进政治左派就集中地在政治哲学的层面上,深刻检讨了伊拉克和阿富汗战争及其这些战争所带来的一系列诸如经济衰竭、民主歧变、人权退化等经济、政治和社会问题。在主题为"转折点"(Turning Points)的2009年年会上,美国马克思主义者和激进政治左派,又以2007年年底以来的世界,特别是美国金融危机为主要背景,从马克思主义政治哲学和政治经济学的高度,深层次地揭示了资本主义尤其是美国资本主义所陷入的层层危机,如人民的基本需求难以满足,资本主义的再生产难以持续,以及意识形态的霸权(ideological hegemony)难以维系等。"左派论坛"将2010年年会的主题设为"中心不能持存:重新燃起激进的想象"(The Center Cannot Hold:Rekindling the Radical Imagination),旨在继续反思美国战争和经济危机所导致的种种后果(包括失业比例的增高,工资收入的减少以及不安全因素的增长),并将声讨的矛头特别指向奥巴马政府,尤其是其向商业资本家和政治保守主义者妥协的政策,这显然都是一些当下西方马克思主义者、左翼学者和其他进步理论家关注的政治哲学话题。再例如,在主题为"危机与批判"的"历史唯物主义"(Historical Materialism)②第七届年会上,来自美国的马克

---

① 左派论坛(Left Forum)是美国影响最大的左派和进步学者学术会议,其前身是"社会主义学者大会"(the Socialist Scholars Conference),至今有40多年的历史。每年3—4月份,"左派论坛"都要在纽约举办大规模学术年会,与会人数一般为1500~2000人;每一年的其他时间,"左派论坛"也会召开一些小型的学术研讨会。"左派论坛"的宗旨,就是通过反思和探讨"我们这个时代最迫在眉睫、最亟待解决的问题"(burning issues of our times),来助推一个更加健全,更为正义的社会的形成。实质上,由于"左派论坛"是以马克思主义为根本性基调,因而它能够比较真实地反映美国马克思主义发展的最前沿状况。正是在这个意义上,美国著名马克思主义学者、辩证法马克思主义代表伯特·奥尔曼指出,这么多年来,左派论坛为社会主义知识分子提供了非常有价值的机会。

② 作为学会的"历史唯物主义",是由英国著名马克思主义和左派理论刊物《历史唯物主义》组织起来的。"历史唯物主义"每年在伦敦举办一次年会,然而,由于美国马克思主义和英国马克思主义在20世纪70年代以来的发展中相互开放、交流、融合以及由此而形成的家族相似,"历史唯物主义"也成为美国马克思主义学者展示自己理论观点的重要舞台。甚至于,2008年以来,"历史唯物主义"学会还衍生出"历史唯物主义北美论坛",这是"历史唯物主义"学会对于美国马克思主义发展之重要意义的一个佐证。

思主义学者不约而同地将讨论的焦点会聚于马克思主义政治哲学之上，从而在新的政治和文化背景之下重构了历史唯物主义的发展语境与可能性路径。马克思早期的政治哲学理论、西方马克思主义的种种政治哲学命题、新世纪以来资本主义经济危机牵引出的政治问题，成为这届年会美国马克思主义学者重点讨论的话题。代表美国马克思主义前沿思想动态的"左派论坛"和"历史唯物主义"年会的情况，毋庸置疑折射出的不是特定的、个别的、偶然的现象，而是普泛的、一般的、必然的现象。随着美国马克思主义理论家和学者对当代资本批判的加深，以及随着他们对现代政治理解的推进，政治哲学研究之普泛、一般和必然的态势，会在相当长的时间内保持着。既然情形如此，我们不妨指出：研究美国马克思主义，其实就是在研究政治哲学；如果不在政治哲学的范式内进行思考，造成前台的学理叙述与后台的思想构架的错位乃至冲撞，就是不足为奇的事情了。

三、美国马克思主义政治哲学各流派及其理论布展

由于政治哲学的创获与推进，构成了美国马克思主义理论发展最突出、最根本、最有生命力的方向，所以从 20 世纪 70 年代到今天相继形成的理论派别也基本上代表着美国马克思主义政治哲学发展的生力军，其对于美国马克思主义的理论推动，也就在很大程度上以对于政治哲学的推动来实现的。故此，梳理美国马克思主义的理论流派，乃是展示美国马克思主义政治哲学不可或缺的环节。集中地概括，分析的马克思主义、生态学马克思主义、后现代马克思主义、新黑格尔主义马克思主义以及辩证法的马克思主义等派别，代表了当前美国马克思主义发展的主流，其观点反映了美国马克思主义的整体风貌，同时也反映了美国马克思主义政治哲学的基本致思模式与论析取径。

（一）分析的马克思主义及其政治哲学探求

分析的马克思主义，作为 20 世纪 70 年代之后形成的最具生命力的国外马克思主义流派之一，不仅仅只是代表着美国马克思主义

的理论创获，它在某种意义上，表征着英国马克思主义发展的水平。英国马克思主义哲学家 G. A. 柯亨（G. A. Cohen），就是分析的马克思主义的主要开创者之一。不过，从队伍的阵容上来说，美国的分析的马克思主义显得更为强大，约翰·罗默（John Roemer）、乔恩·埃尔斯特（Jon Elster）、埃里克·欧林·赖特（Erik Olin Wright）以及波兰裔美国学者亚当·普雷泽沃斯克（Adam Przeworski），都是当今美国分析的马克思主义的代表人物。

对于分析的马克思主义的原初理论目标，现任耶鲁大学教授的约翰·罗默有过这样一段论述："按照现代科学的标准，马克思主义理论必然是粗糙的，在细节上是存在错误的，甚至于，其某些基本观点也是错误的。但是，在说明某些历史阶段和历史事件时，它又表现出异乎寻常的说服力，所以我们就觉得，马克思主义理论中，必定有需要澄清和进一步阐明的合理内核。我们不会因为一件好的工具在某些时候突然失灵就将之遗弃，特别是在没有发现有更好的工具作为替代时，更应当如此。"①由这段论述可以看到，分析的马克思主义在对待马克思主义传统时，并没有不加反思地去接受业已形成的理论结构和话语逻辑，而是强调在确认现代科学即英美分析哲学标准之合法性的前提下，运用这样的标准度量传统的马克思主义理论，进而对马克思主义传统进行一种方法创新意义和理论创新意义上的重建。这样的重建，由于根据的是分析哲学，特别是风行于美国的逻辑经验主义哲学的方法，所以其任务大致在于：其一，将马克思主义理论中含糊不清的地方表述得更为准确，论证得更为严密；其二，将马克思主义理论中因为过于注重宏大叙事而忽略的微观层次的问题揭示出来，对其加以质性考究；其三，对马克思主义理论，特别是教条的马克思主义理论中在经验上不能成立的论题加以修正，使之切近、符合不断变化的现实历史。

毋庸置疑，这样的理论目标，虽然强调对马克思主义进行这样那样的改正，并在实质上将之引向"技术决定论"，但并没有将马

---

① John Roemer edited, Analytical Marxism. Cambridge University Press, 1986, p. 2.

克思主义传统完全推上思想的被告席，而是在坚持马克思主义理论基本指向的前提下，通过分析的方法，使马克思主义成为一门精细、丰满的科学。然而，自 20 世纪 80 年代末以来，在基本的问题求证方式和理论布展视域上，分析的马克思主义发生了重要的转型，即从注重对马克思主义理论进行语言和逻辑上的分析，转变为注重对当代社会政治哲学问题进行追问与考量，结果，在关于马克思主义的基本指向上，分析的马克思主义由此也发生了质的改变。

一个直接的问题是，分析的马克思主义缘何会转向对先前并不涉足的政治哲学进行研究？在约翰·罗默等人看来，这一问题的答案在于这样的事实：随着资本主义经济的发展和社会福利政策的推行，马克思和恩格斯时代所凸显的阶级结构和阶级矛盾趋于消解，而社会矛盾分散在阶级之外的多个质点上，于是，马克思和恩格斯所认定的革命之可能性变得越来越"不可能"，马克思主义理论所一直强调的阶级斗争的学说，也由此受到了前所未有的严峻挑战。在这样的历史时刻，要使人们从根本上树立起社会主义或者共产主义的信念，是不可能通过捍卫传统马克思主义的阶级理论来完成的。只有从道德和政治哲学的角度批判资本主义的不合正义，进而从这样的角度说明社会主义的正当与合意，此一目标才有可能真正达到。这种情况，换成 G. A. 柯亨的论析就是，西方资本主义社会阶级结构的深刻变化"导致了以前并不存在的规范性问题，或者更准确地说，它们导致了以前几乎没有政治意义的规范性问题。现在，这些规范性问题具有了重要的政治意义"。① 分析的马克思主义，就是在这种问题意识下踏上政治哲学探索之旅的。

问题的关键是，分析的马克思主义强调，突出政治哲学的理论维度，开展政治哲学的理论研究，几乎不能依托于传统的马克思主义理论结构，因为马克思的思想在一个多世纪的时间里，虽然为许多理论家提供了论证资本主义制度不合道德与正义规范的依据，但马克思通过预制劳动价值论而对资本主义剥削的指证与批判，主要

① 吕增奎编：《马克思与诺齐克之间：G. A. 柯亨文选》，江苏人民出版社 2007 年版，第 158 页。

是在技术和事实层面上而不是在道德和价值层面上展开的，就此而论，马克思哲学本身并不包含一种强劲的基于正义的政治哲学逻辑。而马克思之后的马克思主义理论，特别是长期以来被当作"正统的马克思主义"的理论，则更是强化了阶级斗争的维度并由此而打压了基于道德和正义的政治哲学逻辑。① 正因为如此，只有在马克思主义理论传统被逐渐边缘化的时候，将之引向由当代正义讨论开导出的政治哲学的路向，进而在这样的基础上对之进行精细的理论"重构"，才不会直接导向对当代问题的具有穿透力的洞察与破解，而且也才会在新的历史条件下激活作为一种传统的马克思主义。

分析的马克思主义的这番强调很清楚地表明：其所要发展的政治哲学，基本上指涉不到阶级、革命、国家、政党这样一些在传统的马克思主义中得到着重论述的政治哲学论题；其所讨论的，则是罗尔斯《正义论》发表以来逐渐开引出来的一些问题，如机会平等、社会正义、公民资格，等等。分析的马克思主义者认为，只有将这样一些当代的问题开掘出来，并在当代政治哲学的理论架构内对之加以具体论证，才能在根基上为社会主义在道德上具有正当性提供合法性说明。对于这样一种将马克思主义政治哲学的讨论引入当代正义之论的基本取置，常常作为英美分析的马克思主义发言人的柯亨有过如下申明："我属于一个被称为分析马克思主义（Analytical Marxism）的思想学派。这一立场的某些支持者，包括我在内，都深深地沉迷于道德哲学和政治哲学中那些过去并没有引起马克思主义者注意的问题。我们所关注的问题包括：对平等的信奉究竟要求些什么？那些拥有生产能力且天资较好的人对于那些相对缺乏生产能力或有残疾或有特殊需要的人究竟负有何种类型的义务？我们寻找

① 柯亨对于这一传统马克思主义理论之特质，给出了一种比较客观的解释："当人们由于自己境况的紧迫性被迫进行社会主义革命并处于有望成功的良好形势之中时，你就不必去证明社会主义革命作为原则问题的正当性。"（吕增奎编：《马克思与诺齐克之间：G. A. 柯亨文选》，江苏人民出版社2007年版，第166页。）

一个准确的剥削定义，也想知道剥削究竟为什么是不正当的。"①

在当代正义之论的基本框架内发展马克思主义政治哲学，对于美国分析的马克思主义而言，最突出、最引人注目、最有颠覆性和表征性的理论创制，应当是对马克思主义剥削理论的重新理解和重新阐发。分析的马克思主义之所以要对马克思主义剥削理论予以重新理解和重新阐发，是因为在埃尔斯特、罗默等人看来，传统马克思主义讲的剥削不能成为道德理论的一个规范性概念，因为人们由于先天技能、闲暇收入以及时间倾向上的差别而导致的劳资关系以及剥削，正是马克思讲的剥削的几种范例，但这些范例中的剥削却不可能在道德层面上被认为是不正当的。② 而对于罗默等分析的马克思主义者来讲，其理论的兴奋点在于对剥削进行一种道德意义上的研究，也就是思考如何将道德意蕴注入剥削概念当中，进而在此基础上根据正义的内在法则，建立对生产资料私有制度的批判。③ 这一理论兴奋点，成就了以罗默为代表的美国分析的马克思主义者新的规范性的剥削理论和政治哲学，而这一新的剥削理论和政治哲学，根据罗默等人的说辞就是，彰显了一种可贵的"重构"意识，形成了对马克思剥削理论的一种必要反拨。

罗默无比笃定地指出，要检省马克思的剥削理论，首先应当看到的是，马克思的确没有在实质上提出规范性的理论范式，而只是以一种技术性和事实性的方式来界定剥削。这种技术性和事实性主要体现在其劳动价值论中：资本家剥削了工人，首先就是由于前者无偿占有了后者的部分劳动价值(即剩余价值)，而价值又是通过劳动时间来度量的，所以剥削最终就被还原为一个可以在时间上计算的数字。虽然"马克思主义把剥削用作一种统计量，既有实证性的目的也有规范性的目的。在其实证性的用法中，对工人的剥削被

---

① 吕增奎编：《马克思与诺齐克之间：G. A. 柯亨文选》，江苏人民出版社 2007 年版，第 157 页。

② 参见埃尔斯特著，何怀远等译：《理解马克思》，中国人民大学出版社 2008 年版，第 216 页。

③ 参见罗默著，段忠桥、刘磊译：《在自由中丧失——马克思主义经济哲学导论》，经济科学出版社 2003 年版，第 190 页。

说成是为了解释利润。在其规范性的用法中，剥削被说成是为了指出工人受到资本家的不公正的对待"①。但其实，数字统计意义上的剥削，即技术性的剥削，常常是不具有规范性意义的，例如，因为资本的稀缺而导致劳动力价值的下降，虽然也促成了剥削的产生，但这是自然因素造成的事实，是不能以正当和非正当来判断的。所以，应当在技术性剥削与规范性剥削之间进行严格划界，进而在规范性剥削的维度内设置道义的标准和正义的标准。

罗默强调，从规范性剥削的视角来看，"资本主义本质上的不公正不在于生产地点发生了什么，而在于在此之前的决定阶级、收入和福利的财产关系"②。亦即，正义或非正义并不取决于生产，而是取决于有形资本最初的分配。有形资本最初的分配若是不公正，那么随后的生产关系也就是不公正的；相反，若是这种分配并非不公正，那么随后的生产关系就不能被认为是不公正的。为了全面地分析分配与正义的关系，罗默区分了几种导致有形资本最初分配不平等的情况：（1）以抢劫、掠夺的方式获得有形资本；（2）因不同的时间偏好率，即不同的人对资本的储藏和消费的预期不同而使资本发挥的效率不同；（3）组织劳动和运用稀缺性生产要素等的企业家能力千差万别；（4）冒险精神存在不同；（5）个人运气存在偶然性差异。罗默以为，这五种情况虽然带来的结果并无不同，即都使资本的分配显得不尽平等，但这却不意味着它们都应当在道德的基准上受到谴责，后四种情况就基本上不在正义检讨的范围之内，而只有第一种情况属于这类的检讨对象。马克思的失误之处其实也就在这里。如果所有资本的积累都是基于他所描述的圈地运动或者与之类似的情形，那么他对于剥削的批判也就名正言顺；但资本积累的实际状况却更加复杂，有的是基于抢劫、掠夺，而有的是基于个人的禀赋、勤奋以及运气等因素，甚至有的是几种因素的一

① 罗默著，段忠桥、刘磊译：《在自由中丧失——马克思主义经济哲学导论》，经济科学出版社2003年版，第59页。

② 罗默著，段忠桥、刘磊译：《在自由中丧失——马克思主义经济哲学导论》，经济科学出版社2003年版，第119页。

种混合，所以当马克思不加甄别地将资本推上"被告席"时，正义的判断也就不可能实至名归了。

这番指证与论述表明：罗默等分析的马克思主义者，实际上由对剥削理论的重构进入了"分配正义"的研究中，更具体一点说，他们由此开始着力关注资源、产品以及机会等分配方面的正当性问题。这样一个重要的理论指向，对于同情弱者的马克思主义者来说，是很容易导向平等主义立场的，罗默等人其实也不例外。所以，自进入分配正义领域之后，多数分析的马克思主义者自觉或不自觉地将"平等"问题纳入理论视野的核心地带，并由此而成为了平等主义的捍卫者。就罗默而言，他近些年的一些理论著述，大多直接或间接围绕"平等"问题而展开探讨，如《社会主义的未来》（1994）、《分配正义理论》（1996）、《机会平等》（1998）以及《民主、教育和平等》（2006）等蜚声国际学术界的作品，都属于这种情况。① 正是基于这一点，柯亨不无坦率地指出，罗默的研究，直接

---

① 在此值得一提的是罗默对于"机会平等"的探讨。在《机会平等》一书中，罗默指出，今天关于机会平等的观念主要有两种：第一种是所谓"非歧视原则"的机会平等观念。根据这种观念，在社会职位的竞争中，唯有那些与个体在职位中的表现有一定相关的因素，如教育、禀赋等，才能成为判断一个个体能否获得一个职位的标准，而那些与个体在职位中的表现一定无关的因素，如种族、性别等，则不应当成为这样的标准。第二种是所谓"无差别原则"的机会平等观念。根据这种观念，社会应当尽其所能地消除人们在社会竞争中由于财富、教育、禀赋等因素的差别而带来的种种差别，对于那些事业正在形成过程中的个体来说，这样的原则尤为重要的。罗默认为，考量机会平等的观念时，理当将"之前"（before）和"之后"（after）界分开来：在竞争开始之前，机会必须是平等的，为了达到这种平等，一定的社会介入也是必要的；但是，在竞争开始之后，个体则应当完全依托自己本身的所有可能性因素去获取己所欲求的社会职位，在这个时候，社会的介入就完全是多余的，甚至是错误的。既然如此，在罗默看来，在评判上述两种机会平等的观念孰优孰劣时，首先应当分清每一种观念是否设置了区分"之前"和"之后"的界标，以及在什么地方设置了这种界标。（See John Roemer, Equality of Opportunity. Harvard University Press, 1998.）罗默近几年的研究，比如说《民主、教育和平等》的研究，就是围绕已经确立起来的关于机会平等的观念而作出的补充、推延和开拓。这说明，关于"机会平等"的探讨已成为罗默政治哲学的一个重要支点。

使马克思主义者成为了"更加一致的平等主义者"①。这虽然不能算作分析的马克思主义者重构马克思主义剥削理论和拓深马克思主义政治哲学的最终归宿，但起码在他们自己看来，是区别于自由主义尤其是自由至上主义的根本界标。

不过，具有反讽意味的是，美国分析的马克思主义并没有真正与自由主义划清界限，因为罗默、埃尔斯特等人走上政治哲学研究的道路，虽然在他们看来是由于马克思的理论难以适应改变了的现实，但在理论训练上，他们毋庸置疑是受到了罗尔斯、诺齐克等的影响。如果我们把当代政治哲学炽盛的起点界定在罗尔斯《正义论》的发表以及由之而引发的自由与平等、权利与义务等的大讨论，那么，在此之后将正义纳入理论视野的分析的马克思主义者，不能不受到这种思想氛围的熏陶；分析的马克思主义者在与西方种种正义话语的相激互融中开展政治哲学的研究，不能不使其正义理论与罗尔斯、诺齐克以及桑德尔等人的正义理论产生出更高的关联度和更大的相似性。对此，加拿大学者威尔·金里卡在评论罗默的理论活动时有过明确的指认：罗默"把对剥削的思考包含于其中的更宽泛的正义理论越来越接近于罗尔斯式的正义理论。原初的马克思主义的立论是，工人对自己的劳动产品享有资格，而资本主义的不正义就在于使工人被迫放弃这种资格。但大多数当代马克思主义者都试图避免这种自由至上主义式的前提，因为这（与其他理由一起）使得对老弱病残的援助在道德上居然成为可疑的了。而他们越是试图顺应我们的常识——并非一切技术意义上的剥削都是不正义的，他们就越是在诉求罗尔斯式的平等原则。虽然马克思主义对剥削的声讨被认为比自由主义的平等主义正义观更为激进，'马克思主义对资本主义不正义的谴责，并没有迥然不同于表现得不那么激进的当代政治哲学理论所得到的结论——尽管，这些理论的辞藻不如马克思主义的辞藻那么华丽'。譬如，阿内森的马克思主义剥削理论就诉求作为德沃金理论根基的敏于志向而钝于禀赋的分配原

---

① 吕增奎编：《马克思与诺齐克之间：G.A.柯亨文选》，江苏人民出版社2007年版，第169页。

则。以这种新的形式，马克思主义的剥削理论似乎是在运用自由主义的平等主义原则，而不是在与这些原则相竞争"①。

（二）生态学马克思主义及其对资本主义制度的政治批判

生态学马克思主义，是当今北美以及英国马克思主义的一种独特的、昭显着强劲生命力的理论形态。生态学马克思主义的主要代表人物，包括加拿大学者本·阿格尔（Ben Agger）和威廉·莱易斯（William Leiss），以及美国学者詹姆斯·奥康纳（James O'Connor）和约翰·贝拉米·福斯特（John Bellamy Foster）。在最近一二十年的研究中，美国的生态学马克思主义显然更为引人注目，其理论成果也呈现加速增长之态势。

奥康纳在《自然的理由——生态学马克思主义研究》（Natural Causes：Essays in Ecological Marxism）一书中，指出资本主义主要存在两种矛盾：其一是马克思所论述的生产力和生产关系之间的矛盾，这种矛盾导致的是因消费不足而产生的经济危机；其二是资本主义生产方式（生产力和生产关系）与生产条件之间的矛盾，这种矛盾导致的是人与自然关系的紧张以及由此而来的生态危机。在奥康纳看来，如果说马克思时代主要凸显的是第一种矛盾，那么，今天的资本主义则主要凸显的是第二种矛盾。这是因为，资本自我扩张的本性在现代性逻辑的助推下，至今天达到了前所未有的程度。然而，能够为资本的生产提供条件的自然界是无法进行自我扩张的，其运行的周期和节奏也是无法与资本扩张速度保持一致的。这样一来，无限增长的资本主义生产体系与有限的自然界之间的紧张与对抗就在所难免了，环境破坏与生态危机也就成了不言而喻的事情。可是，传统的马克思主义只是将第一种矛盾作为揭示资本主义危机的逻辑起点，从而忽视了对第二种矛盾的把握。"马克思本人在他的理论阐述中的确较少地涉及资本由于对其自身的社会及环境条件的损害，因而导致资本的成本及花销的增大，从而威胁到资本获得利润的能力，也就是说，带来了经济危机的潜在威胁的问题，

---

① 威尔·金里卡著，刘莘译：《当代政治哲学》上卷，三联书店 2004 年版，第 336~337 页。

马克思对资本由于上述原因而导致的对其自身的发展所构成的限制的程度问题谈得较少。同样，马克思对围绕着生产条件的供应而展开的社会经济及政治斗争对资本的成本、花费及变化性（灵活性）的影响问题也谈得很少，甚至可以说根本没有涉及。"①既然如此，今天的历史唯物主义理论就应当突破原来的框架，"将自己的内涵向外扩展到物质自然界之中去"②，这也是生态学马克思主义在今天为什么流行起来的重要原因之一。奥康纳指出，生态学马克思主义不同于传统的马克思主义，它是将上述第二种矛盾即资本主义生产方式（生产力和生产关系）与生产条件之间的矛盾作为研究的起点，阐释的是"对劳动的剥削以及资本的自我扩张的过程、国家对生产条件的供应和管理、围绕着资本对生产条件的利用与滥用而进行的社会斗争等问题"③，所以，一言以蔽之，生态学马克思主义注重的不是对生产力和生产关系的重构，而是对生产条件的重构。

俄勒冈大学社会学系教授福斯特，是近年来美国生态学马克思主义最为活跃的人物。他在《马克思的生态学——唯物主义与自然》(Marx's Ecology：Materialism and Nature) 中提出了一个与奥康纳以及大多数生态学马克思主义者完全不同的观点，即"马克思的世界观是一种深刻的、真正系统的生态世界观，而且这种生态观是来源于他的唯物主义的"④。在福斯特看来，马克思曾经不止一次地阐述过"新陈代谢断裂"理论。所谓"新陈代谢断裂"理论，指的是资本主义生产方式由于是一种以追求利润和经济增长为基础的掠夺式生产方式，所以这种生产方式必然会造成人类社会与自然界在物质和能量交换过程的中断，以及生态的不可持续性发展。福斯特认

① 詹姆斯·奥康纳著，唐正东、臧佩洪译：《自然的理由——生态学马克思主义研究》，南京大学出版社 2003 年版，第 255~256 页。

② 詹姆斯·奥康纳著，唐正东、臧佩洪译：《自然的理由——生态学马克思主义研究》，南京大学出版社 2003 年版，第 9 页。

③ 詹姆斯·奥康纳著，唐正东、臧佩洪译：《自然的理由——生态学马克思主义研究》，南京大学出版社 2003 年版，第 265 页。

④ John Bellamy Foster, Marx's Ecology：Materialism and Nature. Monthly Review Press, 2000, p. viii.

为，类似于"新陈代谢断裂"理论的话语在马克思以及恩格斯那里比比皆是，这足以证明"整个 19 世纪生态学思想发展的最大成果就是唯物主义自然观的凸显"①。马克思与恩格斯唯物主义导向的是一种动态的、开放的自然哲学的传统②，这种自然哲学的传统将人类与物种的关系置放于理论讨论的中心，在这个意义上，马克思与恩格斯的唯物主义"预示着许多当今的生态学思想"③，为今天研究生态学的若干具体问题提供了不可多得的理论资源。

不过，在福斯特看来，在今天仍然有许多批评者随意地从下述几个方面指责马克思以及他的生态学思想：其一，马克思著作中的生态观点与其著作的主体内容没有系统性的联系，因此被作为"说明性旁白"而抛弃；其二，马克思的生态思想被认为是不成比例地来源于他早期对异化现象的批判，而在其后期的著述中则较少出现；其三，我们被告知，马克思最终没有解决对自然的掠夺问题，而是发展了一种"普罗米修斯主义"的，即支持技术的、反对生态的观点；其四，根据马克思的观点，资本主义的技术和经济进步已经解决了生态限制的所有问题，所以，无需再提出一种具有生态意识的社会主义的观点；其五，他们认为马克思对自然科学或者技术对环境的影响不感兴趣，因此马克思并不具备研究生态学所需要的自然科学的基础；其六，在他们看来，马克思把人和动物彻底分开，并认为前者是优于后者的。④ 福斯特指出，这些批评实际上从不同的角度误读了马克思，因为它们既没有将马克思的生态学思想开掘出来，也常常将马克思的理论与马克思身后的马克思主义者的理论混为一谈。正确的做法应当是通过精心地解读马克思的著作，

---

① John Bellamy Foster, Marx's Ecology：Materialism and Nature. Monthly Review Press，2000，p. 13.

② See John Bellamy Foster and Paul Burkett：Classical Marxism and the Second Law of Thermodynamics，Organization & Environment，Vol. 21（Mar. 2008）.

③ John Bellamy Foster, Marx's Ecology：Materialism and Nature. Monthly Review Press，2000，p. 142.

④ See John Bellamy Foster, Marx's Ecology：Materialism and Nature. Monthly Review Press，2000，pp. 9-10.

将蕴涵于其中的生态学思想开发出来，进而在这样的基础上重建马克思主义的生态哲学，这是生态学马克思主义极为根本的学术使命。当然，这也是福斯特在近十多年的研究中重点关注的一个向度。

在近几年的研究中，美国生态学马克思主义又发展出了一个新的理论论域，即生态经济学。这方面的研究，最引人注目的是印第安纳州立大学教授保罗·柏克特（Paul Burkett）和福斯特的讨论。柏克特在其新著《马克思主义和生态经济学：通向一种红绿的政治经济学》（Marxism and Ecological Economics：Toward a Red and Green Political Economy）中指出，马克思在政治经济学的批判中，指认了劳动、生产和商品的二重性，由于具体劳动生产出来的使用价值作为物质和能量变化的结果，体现的是人与自然的"新陈代谢"的关系，而抽象劳动生产出来的交换价值体现的是资本家阶级与工人阶级的社会关系，由此，马克思实质上是将社会与自然、社会实践与自然规律内在地连接在一起了。由此可以推知，马克思的政治经济学体系不是在一般意义上构建起来的，它在将社会问题纳入理论范式的同时，也将自然和生态问题一并纳入其中，从而阐发了一种生态经济学的观点。柏克特进一步指出，马克思生态经济学最突出的特点，正是强调从阶级分析的视角理解种种生态问题，这对于今天生态经济学的发展是极有意义的启发。特别是，当人们普遍地将积累、增长、危机（包括经济和生态危机）与阶级割裂开来思考生态经济学的问题时，深度地解读、理解马克思的经济学观点，无疑是尤为重要的。① 柏克特与福斯特又撰文指出，马克思与恩格斯并不像有些论者所认为的那样，脱离了当时自然科学的发展，实际上，他们是高度关注当时的自然科学成就并积极地将其中重要的成果纳入他们的理论建构之中。一个显而易见的事实是，他们将热力学理论整合到政治经济学的研究中，从而创造出一套在 19 世纪与众不

① See Paul Burkett, Marxism and Ecological Economics：Toward a Red and Green Political Economy. Brill Academic Publishers，2006.

同的政治经济学理论体系，进而也为生态经济学提供了深厚的理论基础。①

这里需要指出的关键问题是，从其研究对象和理论进路来讲，生态学马克思主义遵循的应当是一种科学主义的马克思主义范式，这似乎与从总体上建立在人文主义基础上的政治哲学并不相干。但是，事实并非如此之简单。美国生态学马克思主义虽然是从一种与科学主义相类似的理论入口提出问题，但从其最终的理论口号和理论目标来看，则发展出的是一种政治的批判话语，这主要是指根据对生态和生产之关系的判断提出的对资本主义生产逻辑之本性和资本主义制度的批判。福斯特指出："资本主义经济把追求利润增长作为首要目的，所以要不惜任何代价追求经济增长，包括剥削和牺牲世界上绝大多数人的利益。"②"资本主义作为一种制度需要专心致志、永无休止的积累，不可能与资本和能源密集型经济相分离，因而必须不断加大原材料与能源的生产量，随之也会出现产能过剩、劳动力富余和经济生态浪费。"③资本主义的这种无限追求利润和无限积累的生产本性，正是资本主义国家生态危机形成的制度性根源。从这一根源来看，"生态与资本主义是互相对立的两个领域，这种对立不是表现在每一个实例之中，而是作为一个整体表现在两者之间的相互作用之中"。④ 这种对立，也说明发达资本主义国家正在奉行的是一条生态帝国主义的路线。只要对这条路线的基本实质加以辨认，对其未来的可能性后果加以预判，马克思主义者就会有理由相信，"资本主义制度为其生存所需要的快速经济增长，已进入全球范围内生态系统不可持续的发展轨道，因为它已偏

---

① See John Bellamy Foster and Paul Burkett: Classical Marxism and the Second Law of Thermodynamics, Organization & Environment, Vol. 21(Mar. 2008).

② 约翰·贝拉米·福斯特:《生态危机与资本主义》，上海译文出版社2006 年版，第 3 页。

③ 约翰·贝拉米·福斯特:《生态危机与资本主义》，上海译文出版社2006 年版，第 127 页。

④ 约翰·贝拉米·福斯特:《生态危机与资本主义》，上海译文出版社2006 年版，第 1 页。

向能源与材料的过高消费，致使资源供给和废料消化都受到严重制约，加之资本主义生产本性与方式所造成的社会、经济和生态浪费使形势更加恶化"。①

由福斯特的论述可以看到，他从马克思的生态思想出发重建当代马克思主义的生态哲学，实质上是以对生态危机之制度性根源的批判为重要"落点"的。在这一问题上，与其说他更加强调资本主义活动方式的原罪，不如说更加强调资本主义制度本身的原罪，这就直接触及了资本主义制度内在的根本性矛盾，因而也就明确地在资本主义和社会主义两种制度之间进行一种价值论的判断与根本理念的选择。他指出，既然是资本逻辑之本质和资本主义政治制度之本身在根基上决定着生态上的不可持续性，那么就应当"沿着社会主义方向改造社会生产关系，这种社会的支配力量不是追逐利润而是满足人民的真正需要和社会生态可持续发展的要求"②。唯其如此，才有可能从根本上解决生态问题。至于奥康纳，虽然在对马克思生态思想的理解和认识上与福斯特形成鲜明分殊，但在对生态危机之制度性根源的解释和定性上，他与福斯特却是几无异样的。奥康纳也指出，资本主义国家层出不穷的生态问题，归根到底在于资本主义生产方式和资本主义政治制度本身。只要资本的生产不是为了满足人的基本生存和生活的基本要求，而是为了在利润最大化的原则下不断获取经济收益，那么，这种生产及其支撑这种生产的制度就不会自觉地来消除生态中的困难与危险，而只会使这种困难与危险日益加剧。这样一来，美国生态学马克思主义者几乎就异口同声地将生态哲学与政治制度的批判结合了起来，由此开创出了一条独特的政治哲学的理论路径，增添了美国马克思主义学术拓展中政治哲学的内涵。

（三）后现代马克思主义及其政治哲学多维度的彰显

如果说，分析的马克思主义和生态学马克思主义是美国马克思

---

① 约翰·贝拉米·福斯特：《生态危机与资本主义》，上海译文出版社2006年版，第69页。

② 约翰·贝拉米·福斯特：《生态危机与资本主义》，上海译文出版社2006年版，第96页。

主义理论家分别将马克思主义理论与分析哲学、生态哲学相嫁接而创造的理论形态，那么，后现代马克思主义则主要是美国马克思主义理论家将后现代文化和后现代社会问题纳入马克思主义理论中而创造出来的理论形态。美国后现代马克思主义的主要代表人物是弗雷德里克·詹姆逊（Fredric Jameson）和戴维·哈维（David Harvey）。他们自 20 世纪 80 年代后期开始，就一直注重将后现代主义强调的文化上层建筑的研究方法同马克思主义的政治经济学分析方法结合起来，对后现代社会问题作出马克思主义的回答（就此而论，后现代马克思主义不是后现代主义）。在近几年的研究中，他们又将理论的视野由纯粹对后现代问题的分析推进到对全球资本主义结构性转变的多角度考量中，由此凸显了全球化下的总体性与辩证法、资本的空间及城市化、全球区域发展不平衡等主题。这些主题，在宽泛的意义上，都可被纳入政治哲学的界域中加以审理，因为它们都在各自特定的质点上，与政治哲学的逻辑发生着连接。

1. 全球化语境中的总体性与辩证法

在詹姆逊、哈维看来，20 世纪 80 年代以来，随着新自由主义和全球资本主义生产方式在世界范围内的传播与不断膨胀，作为晚期资本主义文化逻辑的后现代，逐渐地布展为一种全球范围内的普遍性现象。然而，历史并不像法国后现代主义者指认的那样，进入了一个完全碎片化的时代，现代性并没有因为后现代文化的出场而被消解，相反，全球资本主义的整体性运动正是将现代性作为一种隐性的逻辑，通过对标准化景观的不断复制，来冲击一切对文化多样性的虔诚希望，并由此制造资本主义生产及生活方式的同质性与各民族、各区域本土文化的异质性冲突与整合交错并置的格局。正因为如此，与反对宏大叙事，仅仅强调差异性研究的后现代主义不同，后现代马克思主义主张运用马克思主义的政治经济学对后现代进行总体的、辩证的研究，由此在卢卡奇、萨特代表的西方马克思主义之后又一次彰显出总体性和辩证法研究的重要意义。

首先，在考察后现代文化、政治以及经济现象时，后现代马克思主义并没有将它们预设为偶然的、孤立的元素，进而在这样的基础上对各个部分进行说明。后现代马克思主义总是将后现代文化、政治及跨国资本的经济力量关系看作一种辩证的总体性运动，因而在说明每一部分的内容时，总是竭尽全力地通过对其他部分的说明来完成。例如，哈维就是通过对资本主义经济生产方式的说明来说明后现代文化产生的根源，指出后现代文化的产生，从根本上看，乃是资本主义生产方式由大规模资本积累的"福特主义"向灵活资本积累的"后福特主义"转变的一个结果；詹姆逊则是通过对文化和经济的说明来说明后现代的政治现象，认为建立在一定的经济组织形式之上的优秀文化文本，如流行的电影、绘画、建筑等，为人们提供了评价政治的样本和认识自身政治立场的可能手段。

其次，在说明地方性、特殊性的事物与主导性的事物在全球和普遍结构中的相互作用时，后现代马克思主义总是依托作为理论结构和方法论前提的辩证法，来展示结构与变化之间的共存关系，进而又将辩证法作为一个重要的理论维度加以阐述：詹姆逊在其新著《辩证法之价》(Valences of the Dialectic)中，从文化批评理论的历史出发，全面分析了之前哲学家的辩证法思想，回应了齐泽克、德勒兹等理论家对辩证法的种种非难，并对当代辩证法理论争议的中心问题(如辩证法在何种意义上是马克思主义的核心？唯物主义辩证法是可能的吗？)作出了回答，从而肯定了马克思主义辩证法的宏大叙事是时代的必然[1]；哈维自撰写《正义、自然和差异性地理学》(Justice, Nature and the Geography of Difference)提出辩证法的11个命题以来，一直注重通过辩证法的思想结构来分析和把握新帝国主义的内在逻辑以及资本的时空转换等后现代和全球化的问题。

最后，在阐释马克思主义传统时，后现代马克思主义并没有像欧洲后现代主义和后马克思主义那样，有意地对它进行挑衅或者打压，而是在总体性和辩证法思想价值指认的基础上，提出了"马克思主义传统没有被超越，也不可被超越"的观点。詹姆逊认为，"马克思主义是今天唯一现存的这样一种哲学，即具有知识整体论

---

[1]　See Fredric Jameson: Valences of the Dialectic. Verso, 2009.

的思想以及学科领域的总体性"①，所以，它作为一门分析资本主义的科学，迄今仍是洞穿和破解资本逻辑、发现资本主义社会表象背后深层本质的最佳模式。哈维则指出，马克思主义虽然因为时过境迁的原因需要这样或那样的理论补入或者理论重建，但马克思以及他身后的马克思主义者开创的巨大辩证法的思想空间，在某种意义上构成了今天辩证法理论得以建构的"原点"，那些冰封、删除马克思主义辩证法理论，进而宣讲"马克思主义死亡"的种种论调，是无论如何都不可能从根本上为自己提供合法性的辩词的。

检阅卢卡奇、早期法兰克福学派的总体性理论范例就会发现，总体性与政治哲学之间存在一种内在的切关性的，这主要是由于：当在总体性的坐标系中审视资本主义制度时，这个对象就会在关于事实之合理性与非合理性、必然性与偶然性的辩证对置中被通透辨识，所以，总体性之认识范畴往往会导向对资本之实质的正确揭示和对其制度的政治批判，进而也会在此种政治批判中引申出对于符合历史发展趋势的、指向未来的政治结构的证明。② 总体性与政治哲学之间的这一切关性，不仅在传统西方马克思主义那里存在，而且对于后现代马克思主义来讲，也是一个直接的事实，从詹姆逊、哈维上述种种问题意识中，我们其实就可以看到这一事实。而当詹姆逊借助总体性来思考联盟政治的社会主义策略，进而对社会主义作出合法性证明时，其总体性下的政治哲学理论进路便得到了更为直接的展现。

詹姆逊认为，如果社会主义的构想总是与一种阶级理论连接在一起，那么，20 世纪 60 年代以来工人阶级身份的不断变化以及阶层概念的逐渐流行向传统马克思主义阶级理论提出巨大挑战后，社会主义理论话语遭受质疑自然不足为奇。但与此同时，另外一个现

① Buchanan edited, Jameson on Jameson: Conversations on Cultural Marxism. Duke University Press, 2007, p. 40.

② 关于总体性与政治哲学之关系的研究，可参见李佃来：《总体性视阈中的马克思主义政治哲学》，《武汉大学学报》（人文科学版）2012 年第 6 期；李佃来：《批判理论视阈中的政治哲学》，《黑龙江社会科学》2013 年第 2 期。

象却值得注意：阶级的分化 20 世纪 60 年代青年学生的反文化运动，催生了小团体的活动以及激进的新社会运动的政治力量。新社会运动的主角，虽然不再是工人阶级而是青年、学生、妇女和同性恋者等各个阶层的人，但这些集中于种族歧视、性别歧视、人性压迫、环境破坏等议题的运动，无一不将批判的矛头直指资本主义本身，这隐性地预设了一个社会主义之可能性的前提。这样一个社会主义之可能性的前提，主要体现为各个新社会主义运动的群体和阶层由分散到聚合的联盟政治，这是后现代时代社会主义意识形态之重构上的一种重要政治谋划，昭示了总体性政治的巨大发展空间：其一，各种运动自身由于缺乏一种社会阶级的原动力量，因而对资本主义而言并不具有任何根本的颠覆性，谴责资本主义的努力也总是以失败而告终，这使不同运动在资本主义对岸联手建立一种社会主义的阶级同盟成为必要；其二，各种运动自身也不具有统一的、明确的最终政治目标，不同群体都在为各自眼前的解放而抗争，这恰好使散落在世界各个角落的社会力量重新统一在社会主义的旗帜之下，社会主义的政治目标对其加以整合成为可能；其三，在美国等资本主义国家当前的政治动态中，由资本权力的无限膨胀导致的两极分化，以及由经济危机导致的失业比例上升、工资收入减少以及不安全因素增长等，使女权运动、黑人运动等新社会政治运动再度高涨，并使这些运动开始自觉地与社会阶级以及社会主义合法性问题粘连起来，由此使阶级同盟和社会主义的整合具有了经验上的佐证。以上情况说明，后现代文化的政治可能性将转入一种联盟的政治，各个社会群体在其中将围绕阶级归属的共同问题展开论战，分散的政治力量在马克思主义和社会主义宏大政治目标基础上统一起来，进而形成一种联合对抗全球资本主义的社会力量。这样一来，联盟政治就不仅是多元团体主义下的一项美国政治策略，更重要的是，从一个对立的方向来看，它同时也成为在全球资本主义普遍化语境下捕捉不同团体和群体，复兴马克思主义阶级理论，激发社会主义潜能的有效途径，这也就为社会主义在理论与实践上的开进提供了重要的支点。

2. 资本的空间及城市化

后现代马克思主义最引人注目之处，莫过于在吸取晚期列菲伏尔"空间是生产出来的"之观点的基础上，将"空间"范畴植入历史唯物主义的体系当中，由此而对与空间地理直接勾连在一起的一系列问题进行了阐释。这样的研究，由于不是在地理学一般的意义上，而是在政治、经济、文化等地理学意义上展开的，所以后现代马克思主义将空间关系在总体上指认为一种采取特定地理形式的社会关系和政治关系，认为空间逻辑最终指涉的，乃是历史、当下以及未来的时间坐标中的政治、经济、文化逻辑。正因为如此，后现代马克思主义在空间理论中，重点突出了空间与意识形态、空间与资本积累、空间与城市化等具体问题的研究，这使空间理论与政治哲学相互粘连在一起，使后现代马克思主义在空间问题这一具有特殊意义的维度上开辟出了政治哲学的思路途径。

首先，空间与意识形态。在 2008 年出版的《时空中的资本》(Capital in its Time and Space)中，詹姆逊从后现代视像文化的空间性向度讨论了新时期的意识形态问题。詹姆逊指出，后现代的视像文化营造了一种无距离的"虚拟空间"，还往往通过"古今同戏"的手法产生一种时空倒落的荒诞感，把历史和现实置于同一平面。视像文化向我们展示的，正是文化意识中的权力、政治与生产方式的关系。这种文化提供的视觉消费给人一种新的知觉过程，改变了人们的生活观念，体现了消费主义对资本主义矛盾的掩盖，最终充当了意识形态的角色。就此而论，社会空间重构是一个意识形态的问题。① 与此同时，詹姆逊还从后现代建筑理论入手，论证了空间与意识形态的同构性。他指出，由于社会制度往往支配着人们的生活和实践，不同历史阶段的人们所拥有的空间感是不完全一样的，对于直接以空间的形式而存在的建筑艺术来说，这种分殊和差异是尤为明显的，随着社会空间的巨大变化，建筑的任务也必然发生变化。这种历史的演变归根结底都是不同意识形态的反映，是不同意识形态此消彼长之运动的外在结果。

---

① See Fredric Jameson: Capital in its Time and Space. Verso, 2008.

其次，空间与资本积累。哈维自提出并论证新帝国主义理论以来，一直注重对资本主义领土逻辑的权力和资本逻辑的权力及其这两者之间的辩证关系进行探讨。哈维指出，领土逻辑作为"国家和帝国政治"，自始至终都存在确定的边界，而政治权力只能在其界划的范围内运作；资本逻辑作为"资本积累在时空中的过程"，却是没有任何边界的，它指向的是一个无限放大的利润空间，因为资本需要不断地循环利用，它不仅仅局限在特定的国度内，而是必然流向世界其他地方，以此创造更多的剩余价值。极为根本地看，以美国为代表的发达资本主义国家 20 世纪 70 年代以来的政治、经济实践，既不是在纯粹的领土逻辑，也不是在纯粹的资本逻辑的助推下发生的，毋宁说，新的历史时期，资本主义体系正是在将这两种完全异质的权力结构内在地整合起来进而使它们相互发生作用的基础上建构起来的。这一过程的一个直接的结果，便是"剥夺性积累"这一新的资本积累模式的形成与风行。如果说，"剥夺性积累"在一定程度上应对和解决了资本主义过度积累的种种危机，那么，它同时也通过压缩资本周转时间而压缩了社会空间，从而引起社会空间结构的变化，进而引起社会关系的变化。

最后，空间与城市化。在哈维看来，空间的重置与城市化的展开从来就不是分开推进的两个过程，在某种意义上，资本主义的城市化造就了社会空间生生息息、不断转换的历史进程。在这种意义上，空间问题是可以通过城市化的问题来进行说明的。在 2008 年发表的《城市的权利》一文中，哈维深入地阐述了"城市化总是一种阶级现象"[1]的思想，从而在一种新的理论制高点上将空间理论与城市理论内在地会通在一起。哈维指出，现代资本主义社会的城市化在本质上是一种依赖于剩余产品的运动，它折射出的，正是有产者如何通过压缩资本周转的时间与空间而不断吸收资本的镜像。城市居民贫富差距的加大以及由之而来的城市权利的不均衡分配（城市权利不断地掌握在少数的政治和经济精英手中，城市的模式越来

---

① David Harvey: The Right To The City, New Left Review, Vol. 53（Oct. 2008）.

越多地受到他们个人欲望的驱使），正是资本主义城市化之本质的有力佐证。在新自由主义大行其道因而需要不断开辟新的空间为其资本运转鸣锣开道的今天，蔓延全球的城市化也被逐渐纳入新自由主义的体系，通过世界房地产业这样的经济介质强烈影响着世界经济的总体结构，进而在更大限度上强化了城市化之阶级归属的内在逻辑。在这种情况下，每一次经济危机所造成的影响都会在城市阶级分化之锁链上暴露无遗。例如，2007 年以来的次贷级和房地产经济危机就给低收入家庭、非裔美国人和单亲母亲家庭造成了极大的冲击，对城市生活和基础设施带来了恶劣的影响，并且可能带来更大的连续性后果。凡此种种的问题说明，空间的变换、城市化的演进以及阶级利益的分界等，都在现代城市景观的不断复制中粘连起来，并由此走上了后现代逻辑推进的最前台。

值得一提的是，在 2009 年出版的《全球政治主义和自由的地理》(Cosmopolitanism and the Geographies of Freedom) 中，哈维对地理学的基本概念，如位置、环境特别是空间，进行了一种本体论上的研究，从而把地理学知识构建为社会理论和政治行动的基础。他深入地批判了布什政府对自由和解放的政治工具性的使用，并指出全球政治主义秩序是一种全球政治的解放形式。他强调复杂的地理格局要求把地理与社会和政治政策结合起来，这是真正的民主的一个必要条件。毋庸置疑，这种研究将空间地理问题直接释放到政治行动主义之中，由此在更为激进的政治哲学层面上推进了后现代马克思主义的空间理论。

3. 全球化世界中的地域发展不平衡

后现代马克思主义关注世界结构性的转变，因而重视全球地域发展不平衡问题的研究。哈维最近的著作就是运用马克思主义社会阶级理论和方法论，对全球资本主义尤其是新自由主义的形式进行了批判，由此直接指涉全球化世界中的地域发展不平衡问题。

哈维指出，新自由主义作为一项解决全球低积累率和刺激全球经济增长的策略是失败的，一个重要的原因在于，上层阶级借助新自由主义恢复了其阶级力量，导致社会重新分配权力和财富，并使得全球精英阶级结成了松散的同盟，对全球经济区域进行了重构。

无论是社会权力和财富的重新分配还是全球经济区域的重构，都在实质上助推了区域发展的不平衡，使得某些特定地区以牺牲别人为代价而投机性地发展越来越成为一个普遍性的事实。

在2009年发表的《为什么美国经济刺激一揽子计划注定会失败》一文中，哈维进一步指出，当前仍在持续的经济危机使世界区域发展的不平衡产生了戏剧性的变化。他借用了阿瑞吉在《漫长的20世纪》中阐述的经济霸权转移理论（即每一次的霸权重构都发生在经济金融化的最高峰阶段），分析了经济危机背景下美国世界霸权的"衰退"现象。在哈维看来，作为资本内在矛盾运动的一种结果，2007年年底开始的波及全球的经济危机，将以美国为代表的西方世界推向了世界经济结构调整的风口浪尖。这种世界经济结构调整中最主要的一个状况在于，美国和中国解决经济危机的可能方案，蕴含了经济霸权转移的出路。①

哈维认为，中美两国实行凯恩斯主义解决方案的条件是不同的。在美国，"凯恩斯主义的解决方案"注定难以成功，因为"凯恩斯主义的解决办法需要大量的和长期的赤字融资"，而美国的美国巨额财政赤字以及"地缘政治的限制"、新自由主义在美国长期政治教化所带来的政治障碍决定了美国无法为凯恩斯主义提供实现的条件。而在中国，"不管是经济还是政治条件，都存在实现凯恩斯主义的解决方案的可能性"。② 而且中国广泛存在而又困扰工业和制造业基地的空间合理化的问题，将使中国努力从事生产性支出。

中美采用凯恩斯主义的结果会深刻改变国际政治经济结构，从而影响到世界区域经济发展新的平衡的走势。中国增大基础设施的建设，逐步摆脱对美国市场的依赖，并以中国国内市场为取代，这是中国工业改变力量对比的一个有效需求的源泉，但这将造成中美的紧张关系。中国国内需求所带来的活力，将驱使越来越多的全球

---

① See David Harvey: Why the U.S. Stimulus Package is Bound to Fail, Socialist Project·E-Bulletin, No.184, Feb. 2009.

② David Harvey: Why the U.S. Stimulus Package is Bound to Fail, Socialist Project·E-Bulletin, No.184, Feb. 2009.

原材料供应商到中国贸易，从而减少美国在国际贸易的相对重要性。这种总体影响将加速全球经济财富从西方流向东方，从而迅速改变霸权经济实力的平衡。至今，这是一个开放性的问题，但全球经济政治的不均衡及美国霸权衰落将很可能成为打破全球经济现状而进入区域霸权结构的先声，区域霸权使得彼此之间既易于激烈地竞争又会在长期经济萧条的不幸问题上合作。①

上述种种分析表明：后现代马克思主义在新的时期主要是注重挖掘马克思主义的方法论和政治经济学研究的时代意义，进而在这样的基础上破解和把握资本主义在全球化运动和后现代转向中的内在矛盾和可能趋势，思考和回答社会主义在新的历史境遇中实现的可能性。这样的理论定位，实质上通过彰显马克思主义的当代相关性价值而对这一理论（指马克思主义）的传统、现代以及未来之间的关系进行了极为精当的处理。这种政治哲学的理论定位，充满了理论与现实的辩证张力和思想的说服力。

4. 新黑格尔主义马克思主义及其重释哲学史前提下的政治哲学进路

新黑格尔主义马克思主义在今天是对英美一些以黑格尔哲学为支点来考察马克思主义哲学理论的学者的总体称谓，主要代表人物包括美国的诺曼·莱文（Norman Levine）、托尼·史密斯（Tony Smith）以及英国的克里斯多佛·亚瑟（Christopher Arthur）、肖恩·塞耶斯（Sean Sayers）等。虽然他们关注的主要问题内存差异，但在基本的学术方向上，却是完全一致的，即都是"将黑格尔或者黑格尔主义置放于马克思主义的场域当中"②，进而以此为基础去指认马克思主义哲学的内涵、实质与特征等。与前述流派不同的是，新黑格尔主义马克思主义虽然也将一些美国（包括英国）的本土文化因素以及当代社会问题划定在自己的讨论圈中，但其根本的旨向，

---

① David Harvey：Why the U. S. Stimulus Package is Bound to Fail, Socialist Project · E-Bulletin, No. 184, Feb. 2009.

② Norman Levine, Divergent Paths：Hegel in Marxism and Engelsism. Lexington, 2006, p. xviii.

则是以接续西方马克思主义的传统为起点，展开对马克思主义哲学史的一种学理性的考证。目前，美国新黑格尔主义马克思主义最为活跃的理论人物，当推诺曼·莱文，他的哲学思想不仅在美国，甚至在欧洲、在中国也都产生了相当的影响。中国学术界近些年对马克思与恩格斯关系的种种考量以及论辩，与莱文的"马克思恩格斯对立论"的影响与刺激是不无相关的。为此，我们选取诺曼·莱文作为参照，通过对其近期观点的梳理，呈现新黑格尔主义马克思主义的主要面貌。

近年来，莱文除了继续坚持他在 20 世纪 70 年代提出的"马克思恩格斯对立论"之外，还开始对马克思主义哲学尤其是马克思哲学与黑格尔哲学的关系进行系统的考察。2006 年，他这方面的初始研究成果《不同的路径：马克思主义和恩格斯主义中的黑格尔》（Divergent Paths：Hegel in Marxism and Engelsism）出版。与此同时，他发表的一系列论文和在世界许多地方的学术讲座，也都直接涉及这一论题。在其著述与学术讲座中，莱文提出了如下见解：马克思不是以隔离或者悬置黑格尔哲学为前提来推进自己的哲学思想的，相反，他正是以投身于黑格尔哲学传统并试图变革这一传统作为自己哲学研究的重要前提，因此，理解马克思哲学与黑格尔哲学的关系，应当成为还原马克思主义哲学史本相的最根本性路径。基于这一见解，莱文一方面考证了马克思与黑格尔思想的"连续性"与"非连续性"，另一方面又考证了恩格斯与西方马克思主义理论家对黑格尔及其马克思和黑格尔关系的种种理解，从而通过马克思主义"黑格尔化"与"去黑格尔化"的双重学术祈向，诠释了马克思哲学的黑格尔起源，并由此锁定了马克思哲学和马克思主义哲学史的解读模式。

首先，莱文指出，从黑格尔到马克思思想逻辑的递进，是在马克思与黑格尔的"连续性"和"非连续性"的张力关系中实现的。这种"连续性"与"非连续性"主要存在于自我意识、市民社会、生产模式和方法等重要的思想介质之中，马克思正是依托这些思想介质来接续和超越黑格尔所开创的理论传统，并由此而进行哲学的不同层面的创造的。

其一，关于自我意识。莱文指出，马克思在博士论文中用以解决伊壁鸠鲁问题的核心概念，是取自于黑格尔《精神现象学》并经过了青年黑格尔派(主要指鲍威尔)洗刷和放大过后的"自我意识"，这在哲学史上是一个无可争议的事实。由于自我意识通过把主体意志整合到具体的历史活动中而承载起人对自身内在世界与外在世界不断认识、批判与改造的功能，因此它实质上将"定在中的自由"与超越性价值预设为哲学的重要诉求。在这个意义上，自我意识实现了对人的本质力量的理论确证和对人的主体性的理论张扬。正是因为如此，博士论文时期的马克思极为看重意志、主体、偶然性、自由、实践等思想酶素在哲学创构中的作用。这表明此时的马克思主要是倚重黑格尔的理论传统来进行哲学思考的，体现了他与黑格尔之间的"连续性"。仔细地考量，这种"连续性"牵引出的，是马克思以"历史性"和"主体性"为基调的唯物主义哲学，而不是"自然"唯物主义哲学。

其二，关于市民社会。莱文认为，马克思在解读黑格尔《法哲学原理》中的市民社会概念的时候，因为批判了黑格尔在市民社会与国家的关系上的虚妄而表现出与黑格尔的"非连续性"。然而，马克思与此同时因为分解出了这一概念中的政治哲学意义而又表现出与黑格尔的"连续性"：黑格尔曾经指出，市民社会包含了带有权力性质的同业公会，所以，它(市民社会)实质上也就是一种可以依托民主的方式来解决社会冲突的权力机构。马克思基于这样一种解读，将权力界分为两种类型：一为与政治国家对应的政治权力，二为与市民社会对应的社会权力。马克思从未反对过权力的存在，而是反对建立在生产资料私有制基础上的权力；他指认过国家将会被废除，实质上是说政治权力将会向社会权力回归，即市民社会将会取代国家。也就是说，马克思所讲的国家的废除只是在"state"意义上而不是在"government"的意义上来说的，进一步说，国家的废除对于马克思而言并不意味着无政府主义，而是意味着如何在市民社会中创造通过民主的或者法律的方式来行使管理职能的权力体系。

其三，关于生产模式。在莱文看来，马克思在《1844年经济学哲学手稿》中通过研读、批判黑格尔《精神现象学》获得的主要不是用于分析不同事物之间关系的一般辩证法，而主要是用于透视和剖析历史与社会发展的唯物主义的哲学范畴，即以劳动概念为中心的"生产模式"。具体而论，黑格尔将生产模式指认为人类历史发展的内在法则，并将之概括为占有、对象化、异化、再占有这四个阶段。马克思沿袭了这样的生产范式，进而又在政治经济学研究的理论进路上把它内化到"劳动"和"实践"的哲学提升中。马克思根据异化劳动来界定历史的进程，特别是以此来界定对劳动之本质再占有的共产主义，就是这一状况的一个显证。当然，马克思对生产模式的理解和阐述，是在对历史结构和资本主义工业生产深层把握的基础上进行的，这样的哲学路数，与黑格尔从意识层面解释生产模式的思维结构是殊为不同的。马克思就是在这种"连续性"与"非连续性"的逻辑推进中，开出了实践唯物主义的哲学传统。

其四，关于方法。莱文指出，马克思在以《资本论》为中心的系统的政治经济学研究中，大量地套用了黑格尔《逻辑学》的表述逻辑和作为研究方法的辩证法。具体论之，黑格尔《逻辑学》中抽象与具体、普遍与特殊、形式与内容、本质与实体、矛盾、否定等诸如此类的辩证法的范畴，以及将社会形态解释为一个有机体的总体性范式，无一不被马克思自觉地继承并内化为政治经济学的论证方法，所以，从抽象到具体、从整体到部分等辩证方法与逻辑范畴鲜活地呈现在《资本论》的叙述结构之中。不过，马克思主要是借用了黑格尔方法论的形式，至于上述方法论的内容，马克思则进行了根本性的颠倒，即将辩证方法从黑格尔的理念领域移转到以资本为核心的社会经济领域。马克思与黑格尔在方法上的"连续性"与"非连续性"，为马克思创立历史而非自然辩证法提供了有力的佐证。

其次，以莱文之见，恩格斯与一些西方马克思主义理论家虽然都曾经讨论过黑格尔以及马克思和黑格尔的联系，但这些讨论往往都不能够真实地还原思想史的真相，它们常常引导人们错误地理解马克思主义哲学中的黑格尔元素，进而错误地理解马克思主义哲学中的许多问题：

其一，莱文认为，阿多诺、阿尔都塞、卢卡奇、施密特等西方马克思主义者研究马克思与黑格尔的关系时，都是在特定的时间和空间中，依托特定的政治和文化的语境而展开的，所以，他们的研究都或多或少地打入了不利于廓清马克思与黑格尔真实关系的政治或者文化的因素。例如，"阿多诺之所以在马克思主义史上重新将马克思主义黑格尔化，是因为他想表明：既然黑格尔是错误的，那么马克思主义在某些方面也注定是错误的……这意味着他不仅批判了所有试图揭示历史之终极目标的努力，而且批判了所有集体主义的组织，如群体、政党以及工会等。阿多诺是一位个体、特殊性和非系统性的鼓吹者，他把尼采以来的非理性传统作为旗帜来反对那个时代日益生长的集体主义。阿多诺看到了同一性逻辑对人类的威胁，并且指证守护特殊、碎片的最强有力方式就是反对同一性逻辑。"①青年卢卡奇在《历史和阶级意识》中将理论的出发点寄生于黑格尔哲学之中，是因为他"将黑格尔认作马克思思想的先驱，同时也将之认作无产阶级革命的先驱。"②也就是说，青年卢卡奇借助黑格尔哲学来解释马克思哲学，实质上是为了释放马克思主义中的主体性，从而最终为无产阶级的意志革命作合法性论证。阿尔都塞之所以也要讨论马克思与黑格尔的联系，是因为他要实现马克思主义和列宁主义的融合③并以此反对斯大林的影响。

其二，莱文认为，在哲学史上，如果说上述西方马克思主义理论家只是在某个方面误读了黑格尔以及马克思与黑格尔的思想关系，那么，恩格斯在他们之前其实早已将这种误读推向一种粗暴的程度：对于黑格尔来说，客观现实和个体意识都是绝对精神的组成部分，因而，辩证法的原本意义在于说明存在与思维分离与重新统

---

① Norman Levine, Divergent Paths: Hegel in Marxism and Engelsism. Lexington, 2006, p. 22.

② Norman Levine, Divergent Paths: Hegel in Marxism and Engelsism. Lexington, 2006, p. 12.

③ Norman Levine, Divergent Paths: Hegel in Marxism and Engelsism. Lexington, 2006, p. 27.

一的关系，然而，恩格斯却"将黑格尔的辩证方法转化为一种自然哲学"①，进而又以自然哲学的方式将辩证法具体界定为客观事物的关系、规律与法则，例如，将"否定"界定为两个客观事物之间的差异、对立或者冲突，如此等等。所以，恩格斯实质上没有真正理解黑格尔的思想，在某种程度上，他"分解并扭曲了黑格尔的思想"②。恩格斯扭曲黑格尔的逻辑后果，便是对马克思的曲解。"当恩格斯声称辩证法的三大规律，即否定之否定规律、质量互变规律和对立统一规律不仅适用于解释自然，也适用于解释社会时，他无疑将马克思主义哲学引入了歧途。马克思强调的是实践……恩格斯将马克思主义黑格尔化之后却排除了人类的实践活动，并以自然哲学的形而上学取而代之。"③这样说来，马克思倒是离黑格尔更近而离恩格斯更远，如果说马克思是将自己的哲学置放于黑格尔开创的哲学传统之中，那么，恩格斯无疑是曲解并歧出了这一哲学传统（可以明察，莱文是依据"马克思与恩格斯对立"的观点判断了恩格斯与黑格尔的关系，进而又借助这种判断强化了"马克思反对恩格斯"的学术言论）。

如果说，莱文对马克思与黑格尔"连续性"和"非连续性"关系的考证主要彰显的是马克思主义"黑格尔化"的诠释逻辑，那么，他对恩格斯和西方马克思主义理论家的检省，则主要是假以马克思主义"去黑格尔化"的学术名义进行的。不过，"去黑格尔化"对于莱文来说，并不是没有由头地打压或者删除马克思主义哲学解释中的黑格尔因素，而是有针对性地驱逐哲学史上对马克思与黑格尔关系进行曲解的叙事，进而在全新的理论和历史语境中实现马克思主义的"再黑格尔化"。这意味着，莱文无论以什么样的方式状告卢卡奇、阿多诺等西方马克思主义理论家，在根本的意义上，他却继

---

① Norman Levine, Divergent Paths: Hegel in Marxism and Engelsism. Lexington, 2006, p. 6.

② Norman Levine, Divergent Paths: Hegel in Marxism and Engelsism. Lexington, 2006, p. 6.

③ Norman Levine, Divergent Paths: Hegel in Marxism and Engelsism. Lexington, 2006, p. 6.

承了卢卡奇以降西方马克思主义中黑格尔主义马克思主义的学理传统，这也是新黑格尔主义马克思主义共有的一个学术定向。

检省近些年西方马克思主义学术界的理论成果会发现，以莱文为代表的新黑格尔主义马克思主义所确定的学术倾向与学术方法，在当今英美学术界产生的理论效应是极为明显的。戴维·麦格雷格（David Mac Gregor）、特雷尔·卡弗（Terrell Carver）、伊恩·弗雷泽（Ian Fraser）、托尼·伯恩（Tony Burns）等知名学者近些年对马克思与黑格尔关系的集中讨论，就是这种效应的一个直接体现。当然，这些学者与新黑格尔主义马克思主义之间，也并非只是存在一种单向度的关系，毋宁说，他们之间既相互辩难，又相互促进，推动了马克思哲学之黑格尔起源的学术考论。但有趣的是，他们的研究，在综合的意义上，不仅仅只是将哲学史的研究向纵深推进，而与此同时的另外一个重大学术创获，在于他们对马克思与黑格尔关系的学理考证，将思想史意义上的马克思主义政治哲学研究开显出来，并使之成为美国马克思主义研究者普遍关注的一个学术话题。

这里所涉及的问题是这样的：当传统的学术研究相沿成习地以科学主义的范式，即以自然唯物主义的范式来解释马克思和黑格尔的关系时，马克思是很难被说成一位政治哲学家的，一是因为这种研究范式先定地将他的思想禁锢在实证、经验的框架内，而这是与以价值和理想的说明与求取为根本要旨的政治哲学正相左的，二是这种研究范式总是凸显了马克思对黑格尔哲学的唯物主义改造，而遮蔽了黑格尔与马克思之间在政治哲学上的连续性。莱文等人的研究，由于一再强调对马克思与黑格尔的关系进行微观、质性的探讨，甚至强调从质询"琐碎"的文化、历史与政治事件来呈现这种关系，所以，这已经在实质上突破了传统宏大叙事意义上的科学主义研究范式，进而隐在厘定了一条以思想史为主线的马克思哲学研究的路径。这条研究路径，突出了主体实践、历史性、市民社会等一系列在近代哲学尤其是黑格尔哲学中被彰明、被昭显的论题，因而也在根本上打通了马克思哲学与近代哲学，打通了现代理论智慧与近代理论智慧。而一个直接的事实是，近代哲学家是在政治哲学而不是在认识论或本体论等的视域彰明与昭显主体实践、历史性、市民社会等一系列论题的，他们陈述的是一条政治哲学的理论逻辑。所以由此可推知，莱文等人的研究所厘定的学术路径，实质上是在循着政治哲学的理论线索通达马克思的思想世界，这就隐性地认定了马克思政治哲学的立场，使人们自然而然地根据马克思对近代政治哲学特别是黑格尔政治哲学的解悟、体认、推动、超越来把握其哲学的内涵，理解其哲学的特质，为人们洞观马克思政治哲学的巨大思想空间打开了一个重要缺口。

所以，一言以蔽之，注重学理探索的新黑格尔主义马克思主义，在对马克思与黑格尔之关系的重新解释乃至从后重构中，推导出了一条以内在地证立马克思政治哲学的合法性为重要"落点"的政治哲学研究进路。这一研究进路，与绝大多数美国马克思主义理论家立足于当下政治语境来从事政治哲学研究的进路是殊为不同的：后者大致来说，展现的是一种"前进"的理论思路，它注重对当代问题的回答与破解；而前者从总体上看，展现的是一种"回归"的理论思路，它注重对哲学史问题的诠注与说明。

5. 辩证法的马克思主义及其对未来政治的推导

虽然目前有许多美国马克思主义理论家都将辩证法的研究看作一个重要的学理问题(如詹姆逊和哈维，就重视对辩证法的研究)，但辩证法的马克思主义主要指的是纽约大学政治学系教授伯特尔·奥尔曼(Bertell Ollman)的研究。这位被著名经济学家、《每月评论》创立者保罗·斯威齐(Paul Sweezy)誉为"美国马克思主义辩证法研究领军人物"的理论家，自20世纪90年代以来，就一直致力于马克思主义辩证法的研究，并相继出版了《辩证法探究》(Dialectical Investigations)、《辩证法：新的前沿领域》(Dialectics：the New Frontier)、《辩证法的舞蹈：马克思方法的步骤》(Dance of Dialectic：Steps in Marx's Method)等辩证法研究的著作。在这些著作中，奥尔曼集中提出并回答了这样一个问题，即现在为什么需要研究辩证法？在奥尔曼看来，这是因为：其一，辩证法是理解不断变化的世界，尤其是理解巨大而又复杂的资本主义的唯一有效方法；其二，现阶段的资本主义比以往任何时候更为复杂，其变化和相互作用比过去更为迅速，辩证的认识也就变得更为重要；其三，之所以是马克思而不是别人发现了资本主义生存和演进的内在规律，进而又在资本主义内部发现了共产主义，主要是因为马克思拥有了辩证法的理论武器，"正是辩证法，尤其是马克思的辩证法不仅允许而且要求他将多数人孤立看待的东西结合起来"①。基于这样的理解，奥尔曼强调，在苏东解体，因而共产主义的信念受到普遍质疑的今天，回到马克思的文本，解读其丰富的辩证法思想，并由此在新的历史时代构建马克思主义的辩证法，不仅具有深刻的学术意义，更具有深刻的政治实践意义。

马克思辩证法的实质是什么？奥尔曼指出，虽然一些著名的新马克思主义者，如卢卡奇、萨特、列菲伏尔、科西克、戈德曼以及马尔库塞等，都曾竭尽全力地去理解和回答这一问题，但遗憾的是，他们都没有在根本的意义上将这一问题解释清楚。奥尔曼认为，马克思的辩证法，从根本的意义上说，是一种"内在关系"的理论。这种"内在关系"的理论，是马克思在研习黑格尔哲学的过程中继承下来的，当然也经过了马克思的唯物主义的改造。这一理论强调在理解现实世界时，不应当以事物而应当以关系为基本的构件。具体地说，它把任何一种事物处于其中的关系看作构成这件事物的基本部分，以至于在理解事物的变化时，不是以事物本身而是以事物处于其中的关系作为最根本的标准。奥尔曼指出，从"内在关系"的角度界定马克思的辩证法，虽然在哲学史上是一件极为困难的事情，但若是周详地考量，则至少看到如下的依据：其一，马克思发表过使他站在那些把事物当成关系的人的一边的论述；其二，即使马克思把事物主体当作关系的直接论述是不明确的，他把人和自然当作相互之间具有内在联系的关系的论述也是清晰明了的；其三，如果我们采取的立场是马克思在事物和社会关系之间划了一条不可抹去的界线，那么，我们的任务就在于，解释他在物质世界里看到的是哪种相互作用，以及自然和社会这两个世界之间是如何联系的；第四，如果不从"内在关系"的理解出发去理解马克

---

① Bertell Ollman, Dance of Dialectic: Steps in Marx's Method. University of Illinois Press, 2003, p. 2.

思，那么，将会有意无意地将马克思与黑格尔的联系在理论视野中删除掉。奥尔曼进而指出，人们之所以在理解马克思的时候，总是从各不相同的路径出发，将之解读为科学主义者、批判主义者、理想主义者和革命主义者这些截然不同的角色，归根结底是因为他们没有理解马克思是在"内在关系"的理论坐标中展开资本主义政治、经济、文化以及生态的批判的。①

奥尔曼强调，马克思的辩证法作为一种"内在关系"的理论，由于"涉及的是共产主义作为资本主义内部尚未实现的潜在趋势如何演化，以及这种演化从早期阶段一直延伸到依然遥远的未来的历史"②，因而在新的时代延伸它的意义，就应当指认共产主义为什么能够在新的历史条件下取代资本主义。本着这样的见解，奥尔曼指出，在理解资本主义时，首先应当将之理解为一个关系的系统，而不是把它看作一个静止的事物。这样一个资本主义关系的系统，由于构成其关系的部分的变化而变得不稳定，尤其是当那些潜藏于资本主义中的共产主义的因素变得越来越强大时，共产主义取代资本主义就会成为顺理成章的事情。实际上，工人和消费者的合作组织、公共教育、市立医院、政治民主、国有企业等与共产主义直接相关的条件，都在日益彰显出它们的作用与价值；发达的工业、巨大的物质财富、高水平的科学、职业技术、有组织的结构、教育和文化等与共产主义没有直接关联的条件，也在逐渐地转化为共产主义可能性的根据；失业、贫富差距的拉大以及各种形式不平等的增多，更是使资本主义制度面临重重危机，使共产主义的根据有了更为直接的佐证。③ 根据辩证法，现在与过去和未来一样，都是一个暂时过程中的一个阶段，并且与这一过程的其余阶段有着必然的和明显的联系。所以，资本主义的今天，并不会像福山所宣告的那

① Bertell Ollman, Dance of Dialectic: Steps in Marx's Method. University of Illinois Press, 2003, pp. 37-39.

② Bertell Ollman, Dance of Dialectic: Steps in Marx's Method. University of Illinois Press, 2003, p. 2.

③ See Bertell Ollman, Dance of Dialectic: Steps in Marx's Method. University of Illinois Press, 2003, p. 159.

样，是历史发展的终点。人们之所以不能普遍地接受共产主义必然取代资本主义的信念，主要是因为他们没有解悟到辩证法所昭示的这一事实。这些论述表明，奥尔曼并没有将辩证法理解为平面意义上的法则、规律等，而是将之提升到社会政治理论的高度进行阐释，这也就使辩证法之研究也升格为一种政治哲学的思想伸展。

奥尔曼的理论活动，在一定程度上刺激了美国乃至欧洲、亚洲马克思主义理论界关于辩证法的研究，使讨论辩证法成为复兴马克思主义的重要路径。一个直接的例证在于，在由奥尔曼和托尼·史密斯合编的《辩证法：新的前沿领域》以及这一著作的扩充版《新世纪的辩证法》（Dialectics for the New Century）中，福斯特、哈维、詹姆逊、理查德·莱文（Richard Levins）、亚瑟、比尔·利文特（Bill Livant）等多位有影响的马克思主义理论家，就从自然、后现代、资本批判、女权主义、系统论、教育学等多种多样的论域和视角考察了什么是辩证法以及如何运用辩证法等问题，从而将马克思主义辩证法研究助推到一个新的历史高度，并由此凸显了与马克思主义辩证法勾连在一起的人道主义、乌托邦精神以及革命在当代的意义。需要注意的是，这些方面之意义的凸显，也正意味着政治哲学之理论空间的不断开拓，这一点十分重要。

6. 美国马克思主义政治哲学诸流派的融合

上述美国马克思主义政治哲学各个流派，由于是在各不相同的传统和视域中开展马克思主义政治哲学的研究，所以相互之间存在相对清晰的理论边界，各自讨论的问题和关注的重点也大为不同，有些流派彼此之间甚至存在根本性的差异。例如，在对待辩证法问题上，分析的马克思主义在重新阐述历史唯物主义范畴的时候，实质上是用分析的方法取代了辩证的方法，把需要用辩证法说明的问题化解成了分析方法能够接受的问题，这在其转向政治哲学研究之前，应当说是一种侧重于科学思维的哲学方法；然而，辩证法的马克思主义却总是不遗余力地将历史唯物主义范畴置放于辩证的思维结构中，强烈吁求用辩证法来说明这样的范畴所指涉的种种问题，这就很容易突出哲学方法对于政治意义的开引。同样还是在辩证法问题上，生态学马克思主义（尤其是福斯特）对于生态问题的研究，实质上是以承认并强调自然辩证法在马克思主义哲学中的地位为基本前提的；然而，新黑格尔主义马克思主义在以黑格尔为支点理解马克思的时候，却在对历史辩证法的张扬中删除了自然辩证法。尽管福斯特和莱文都强调在辩证法的理论空间中开辟出政治哲学的空间，但二人之间的差异还是显而易见的。

不过，美国马克思主义政治哲学诸流派并没有完全锁定在各自所在的理论范式和思想传统之中，并没有完全以一种"独善其身"的理论姿态来思考如何将学术研究向纵深推进，有些流派其实是在相互借鉴、相互吸收的过程中提出观点、形成论证的，因而在某些方面表现出非常相似的特征，产生出非常大的交集。比如，辩证法的马克思主义、后现代马克思主义以及福斯特领衔的生态学马克思主义，就有一个比较相似的方面，即这三个流派基本上都还是在坚持马克思主义基本理论的前提下去研究各种现实问题，并由此开展马克思主义政治哲学理论研究的。最近几年美国马克思主义的发展更是表明，不同流派总是试图打破原本彼此隔离的状态，进而通过对话、交流甚至是合作，来实现观念的不断创新和思想的不断创造。所以，一个直接而明显的事实是，有些重要的理论和现实问题，往往不是由哪一个流派单独提出并展开讨论的，毋宁说，这些问题的提出与讨论，往往是通过不同理论流派"大合唱"的方式实现的。例如，近年来美国马克思主义理论家对阶级问题的集中研究，就是由分析的马克思主义、生态学马克思主义以及辩证法的马克思主义共同发起和推进的，这几个流派的代表人物赖特、福斯特、奥尔曼都是这一过程的主角：赖特所著《阶级》认为，马克思的阶级分析方法在今天需要修正，因为他只是将社会阶级划分为无产阶级与资产阶级，这一阶级概念，无法容纳和解释大量存在于当今资本主义社会中的"中间阶级"；福斯特撰文《美国的阶级问题：情况介绍》指出，大多数的马克思主义者都是把列宁的阶级定义当作既定的出发点，然而，这一定义没有考虑到阶级关系的动力性质，也无法回答阶级是怎样在斗争中形成的、阶级意识的性质和程度如何以及阶级如何实现再生产和自我保存等问题；奥尔曼则撰文《马克思对"阶级"概念的使用》指出，许多人批评马克思的阶级概念非常粗糙，其实这是一个误解，马克思在使用"阶级"术语的时候，是做了非常严谨的考证的。可以肯定的一点是，美国马克思主义政治哲学诸流派之所以不断走向对话与融合，主要是因为其所面对的各种政治哲学问题，在资本逻辑不断铺展、现代政治之总体性不断张开的境况下，越来越走向了交叉与叠合，这也代表了现代政治的一个基本定势。

社会网络分析的原理与方法

武汉大学心理学系　费定舟

引　言

你有 QQ 吗？你属于哪个群组？你有微博吗？你与好友的联系多吗？你在社区中的角色和地位怎样？类似这样的问题很多，有关这方面的研究原来属于社会结构分析的领域，但是近年来一个全新的研究领域——社会网络分析(social network analysis，SNA)不但涵盖了这个传统的研究方向，而且同现代统计模型和计算机算法(例如，机器学习和数据挖掘)相结合，使得 SNA 成为当前研究的热点。它是一门新的跨学科领域。它研究和涵盖社会科学、计算机科学、数理统计学、数学、医学、公共健康等众多学科的重要课题和重要研究思想，涉及了多个学科和研究领域，例如，社会学、心理学、经济学和政治学等学科，也涉及数据挖掘领域、知识管理、数据可视化、统计分析、社会资本、小世界理论、信息传播等。社会网络分析是一种通用的分析关系的学科，它比推特(Twitter)和脸谱(Facebook)早 30 年。简单来说，社会网络分析是通过图论和其他统计计算模型来研究关系的研究领域。研究社交媒体是应用社会网络技术的一种很好的方式。社交媒体，如 Facebook，Twitter 积累了海量的数据，这些数据是社会网络分析的资料来源。

本文试图勾画这个研究领域的相关进展，供有兴趣的读者参考。我们给出一些基本的概念和原理，对其中所涉及的具体细节不予深挖。另外，由于社会网络分析不可避免地使用数学（主要是图论和线性代数）和程序算法，我们不得不有一些数学知识的准备，在本文中，由于篇幅原因本文会略有交代。

一、网络和关系的观察

社会网络分析是一个数学程序，它是一个广泛的抽象分析工具，它把社会中的事物看作图论中的一个点，之间存在多重关系和联系。社会网络（Social Networking，SN）是指个人之间的关系网络。据一些不系统的分析，社会网络（或称为社会性网络）的重要观察实例为六度分隔理论（Six Degrees of Separation）和 150 法则（Rule of 150）。

（一）六度分隔理论

1967 年，哈佛大学的心理学教授 Stanley Milgram（1933—1984年）想要描绘一个连结人与社区的人际联系网。他做过一次连锁信实验，结果发现了"六度分隔"现象。简单地说："你和任何一个陌生人之间所间隔的人不会超过六个，也就是说，最多通过六个人你就能够认识任何一个陌生人。"[1]"六度分隔"说明了社会中普遍存在的"弱纽带"，但是却发挥着非常强大的作用。有很多人在找工作时会体会到这种弱纽带的效果。通过弱纽带，人与人之间的距离变得非常"相近"。

Jon Kleinberg 把这个问题变成了一个数学模型，并发表在自己的论文 The Small-World Phenomenon 中。我们经常与新朋友碰面的时候说"世界真小"[2]，因为往往可能大家有共同认识的人。Jon 的研究证实了这个观点。曾经"六度分隔"理论只能作为理论而存在，但是互联网使一切成为现实。

---

① Milgram, S., The individual in a social world: Essays and experiments. (3rd) expanded edition published Pinter & Martin press, 2010.

② D. Easley, J. Kleinberg. Networks, Crowds, and Markets: Reasoning About a Highly Connected World. Cambridge University Press, 2010.

六度理论的发展，使得构建于信息技术与互联网络之上的应用软件越来越人性化、社会化。软件的社会化，即在功能上能够反映和促进真实的社会关系的发展和交往活动的形成，使得人的活动与软件的功能融为一体。六度理论的发现和社会性软件的发展向人们表明：社会性软件所构建的"弱链接"正在人们的生活中扮演着越来越重要的作用。

(二)150 法则

从欧洲发源的"赫特兄弟会"(Hutterian Brethren)是一个古老的自给自足的农民自发组织，这些组织在维持传统上发挥了重要作用。有趣的是，他们有一个不成文的严格规定：每当聚居人数超过 150 人的规模时，他们就把它变成两个人群，再各自发展。把人群控制在 150 人以下似乎是管理人群的一个最佳和最有效的方式。①

150 法则在现实生活中的应用很广泛。比如，中国移动的"动感地带"sim 卡只能保存 150 个手机号，微软推出的聊天工具"MSN"(也是一种 SS)只能是一个 MSN 对应 150 个联系人。150 成为我们普遍公认的"我们可以与之保持社交关系的人数的最大值"。无论你曾经认识多少人，或者通过一种社会性网络服务与多少人建立了弱链接，那些强链接仍然在此时此刻符合 150 法则。这也符合"二八"法则，即 80% 的社会活动可能被 150 个强链接所占据。

二、幂律分布与重尾现象

在自然界与社会生活中，许多科学家感兴趣的事件往往都有一个典型的规模，个体的尺度在这一特征尺度附近变化幅度很小。比如说人的身高，中国成年男子的身高绝大多数在平均值 1.70 米左右，当然地域不同，这一数值会有一定的变化，但无论怎样，我们

---

① Hostetler, John A. (1974) Hutterite Society, The Johns Hopkins University Press.

从未在大街上见过身高低于 10 厘米的"小矮人"，或高于 10 米的"巨人"。如果我们以身高为横坐标，以取得此身高的人数或概率为纵坐标，可绘出一条钟形分布曲线（如图 1 中左图所示），这种曲线两边衰减得极快；类似这样以一个平均值就能表征出整个群体特性的分布，我们称之为泊松分布。另外我们要注意的是最高的人与最矮的人的身高之比，根据吉尼斯世界纪录，世界上最高的人与最矮的人（均已去世）的身高分别是 2.72 米和 0.57 米，二者之比为 4.8，这个数值并不是很大。

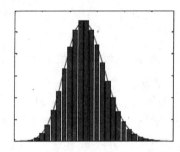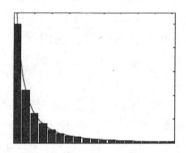

图 1　泊松分布(左)与"长尾"分布(右)

对于另一些分布，像国家 GDP 或个人收入的分布，情况就大不一样了，样本的尺度(scale)可以在很宽的范围内变化，这种波动往往可以跨越多个数量级。最富有的国家——自然是美国——其 2003 年 GDP 高达 108816090000000 美元(一个天文数字)，而数据显示同年 GDP 最低的国家——西非岛国圣多美和普林西比——只有 54000000 美元，二者之比高达 201511.3。个人收入分布亦是如此，想想世界首富比尔·盖茨那高达 465 亿美元的个人资产就清楚了。国家或城市人口的分布也会出现类似的情形，据世界银行的统计①，2003 年人口最多的国家——中国——总人口数多达 1288400000 人，而数据显示同年人口最少的国家——西太平洋上的帕劳群岛——人口数仅为 20000 人，二者之比达 64420 之多。以

---

①　The World bank, The World Bank Annual Report, 2003.

收入或人口数为横坐标，以不低于该收入值或人口数的个体数或概率为纵坐标，可绘出一条向右偏斜得很厉害、拖着长长"尾巴"的累积分布曲线（如图1中右图所示），它与钟形的泊松分布曲线有显著的不同。这种"长尾"分布表明，绝大多数个体的尺度很小，而只有少数个体的尺度相当大，像国家人口，全世界有300多个国家和地区，只有11个国家的人口数超过一亿。

实际上，幂律分布①广泛存在于物理学、地球与行星科学、计算机科学、生物学、生态学、人口统计学与社会科学、经济与金融学等众多领域中，且表现形式多种多样。在自然界与日常生活中，包括地震规模大小的分布②（古登堡-里希特定律）、月球表面上月坑直径的分布③、行星间碎片大小的分布④、太阳耀斑强度的分布⑤、计算机文件大小的分布⑥、战争规模的分布⑦、人类语言中单词频率的分布⑧、大多数国家姓氏的分布⑨、科学家撰写的论文

① Aaron Clauset, Cosma Rohilla Shalizi, M. E. J. Newman, Power-law distributions in empirical data, SIAM Review 51, 2009, pp. 661-703.

② Aaron Clauset, Cosma Rohilla Shalizi, M. E. J. Newman, Power-law distributions in empirical data, SIAM Review 51, 2009, pp. 661-703.

③ Aaron Clauset, Cosma Rohilla Shalizi, M. E. J. Newman, Power-law distributions in empirical data, SIAM Review 51, 2009, pp. 661-703.

④ Aaron Clauset, Cosma Rohilla Shalizi, M. E. J. Newman, Power-law distributions in empirical data, SIAM Review 51, 2009, pp. 661-703.

⑤ Aaron Clauset, Cosma Rohilla Shalizi, M. E. J. Newman, Power-law distributions in empirical data, SIAM Review 51, 2009, pp. 661-703.

⑥ Aaron Clauset, Cosma Rohilla Shalizi, M. E. J. Newman, Power-law distributions in empirical data, SIAM Review 51, 2009, pp. 661-703.

⑦ Aaron Clauset, Cosma Rohilla Shalizi, M. E. J. Newman, Power-law distributions in empirical data, SIAM Review 51, 2009, pp. 661-703.

⑧ Aaron Clauset, Cosma Rohilla Shalizi, M. E. J. Newman, Power-law distributions in empirical data, SIAM Review 51, 2009, pp. 661-703.

⑨ Aaron Clauset, Cosma Rohilla Shalizi, M. E. J. Newman, Power-law distributions in empirical data, SIAM Review 51, 2009, pp. 661-703.

数的分布①、论文被引用次数的分布②、网页被点击次数的分布③、书籍及唱片的销售册数或张数的分布④⑤、每类生物中物种数的分布⑥，甚至电影所获得的奥斯卡奖项数的分布⑦等，都是典型的幂律分布。

以中国网页被点击次数的分布为例（可以利用 google analytics 网站构建分析工具），尽管提供的网站接近 60 万个，但只有为数不多的网站，才拥有为网民一次访问而准备的丰富内容，且拥有接纳网民同时访问的足够带宽，进而有条件演化成热门的门户网站，从而拥有极高的点击率，像新浪、搜狐、网易等门户网站就是典型的例子。

三、历史回顾

在这个部分，我们分析社会网络分析的几个概念来源，对于历史细节不予以充分展开。社会网络分析有四个要素：结构性、系统的经验数据、关系图形、数学或计算模型。具体来说，在现代社会网络分析出现以前，研究者采用了对社会现象进行结构性研究的四

---

① Aaron Clauset, Cosma Rohilla Shalizi, M. E. J. Newman, Power-law distributions in empirical data, SIAM Review 51, 2009, pp. 661-703.

② Aaron Clauset, Cosma Rohilla Shalizi, M. E. J. Newman, Power-law distributions in empirical data, SIAM Review 51, 2009, pp. 661-703.

③ Aaron Clauset, Cosma Rohilla Shalizi, M. E. J. Newman, Power-law distributions in empirical data, SIAM Review 51, 2009, pp. 661-703.

④ Aaron Clauset, Cosma Rohilla Shalizi, M. E. J. Newman, Power-law distributions in empirical data, SIAM Review 51, 2009, pp. 661-703.

⑤ Aaron Clauset, Cosma Rohilla Shalizi, M. E. J. Newman, Power-law distributions in empirical data, SIAM Review 51, 2009, pp. 661-703.

⑥ Aaron Clauset, Cosma Rohilla Shalizi, M. E. J. Newman, Power-law distributions in empirical data, SIAM Review 51, 2009, pp. 661-703.

⑦ Aaron Clauset, Cosma Rohilla Shalizi, M. E. J. Newman, Power-law distributions in empirical data, SIAM Review 51, 2009, pp. 661-703.

类基本方法中的一种或者是几种的组合。有的研究人员阐述并扩展了基本的结构性思想；有的研究人员采集了行动者与行动者之间关系的数据，从而有可能系统地研究社会模式；有的研究人员发展了呈现关系模式的可视化图形的方法；另外重要的是致力于计算或阐述社会模式的数学基础（主要以图论为工具）。但只是到最近十年，由于社交媒体的崛起（Twitter，Facebook），这些方法才全部被整合成一个成型的研究范式。在现代社会网络分析中都可以发现以下这四点特性，而且这四点特性也共同定义了这个研究领域：

（1）社会网络分析源自联系社会行动者（actor）的关系基础之上的抽象结构性思想；

（2）它以系统的经验数据为基础（来自于社会结构研究方法）；

（3）它非常重视关系图形的内在属性的挖掘；

（4）它依赖于数学或计算模型的使用。

社会网络分析发源于莫雷诺 1934 年的关于社会测量的书——《谁将生存?》（Who Shall Survive?），后来莫雷诺的进一步工作已经表现了界定当代社会网络分析的所有的四个特征。而且，他们已经认识到该方法的普遍性。他们收集了有关积极和消极情感选择和谁认识谁的数据。他们观察到连接个体的互动模式，探讨亲属关系，并且考察社会角色。该方法基于上面提到的四个要素。这种结构性视角被普遍应用于广泛的社会现象中。

尽管有莫雷诺的工作，后来又有美国社会学家的工作，但是如果没有计算模型和互联网时代的大量媒体的涌现，现在的社会网络分析就不可能成型。

当代社会网络分析的发展得益于多种多样的学科和学派，这些学派在社会网络分析的发展过程中相互影响。但是不管怎样，社会网络分析的主流学派在这个复杂的发展进程中清晰地构建起来了。社会网络分析这种方法从诞生伊始，即表现出两种不同的研究指向。

一种是整体网络分析：主要研究的是群体中不同角色的关系结

构，学术渊源主要来自于莫雷诺创立的社会测量学。在莫雷诺时期，主要是引进数学的图论，使用社会关系图来代表小群体间的人际关系。然而，这种方法仅仅适用于小群体，一旦研究人数超过十个以上，图形将变得格外复杂，从而失去它本来简明的优势。之后，研究者引进数学中的矩阵方法，才为研究更多的被试提供了可能。

目前，整体网络分析集中于社会心理学中小群体内部关系的研究，探讨网络结构随时间的变迁和网络中成员的直接或者间接的联系方式，使用的主要概念有：侧重衡量整体网络结构的簇（clusters），桥梁（bridges），紧密性、中距性、中心性等；侧重网络中不同角色地位：明星（stars），联络人（liaisons），孤立者（isolates），结合体（coalitions），小集团（cliques）等。这一领域的代表人物是 Linton Freeman。[1]

另一种研究取向则是自我中心网络分析。它主要关心的问题是个体行为如何受到其人际网络的影响，进而研究个体如何通过人际网络结合成社会团体，学术渊源主要来自于英国人类学家的社区研究。这一类研究目前集中在社会学尤其是新经济社会学的研究之中，并且逐渐拓展到社区、社会阶层、流动人口、社会变迁等整个社会学研究领域。在此使用的主要核心概念主要有：网络的范围、网络的密度以及网络的多元性、强弱联系。可以说，在这一研究领域，社会学领域人才辈出，著名人物至少有：提出嵌入性概念的格拉诺维特（Granoveter，1973）；提出市场网络观的怀特（White，1988）；提出社会资源理论的林南（Lin Nan）以及提出结构空洞理论的博特（Burt，1992）。

图2描绘了社会网络分析的理论源泉：

---

[1] The Development of Social Network Analysis: A Study in the Sociology of Science. Vancouver: Empirical Press, 2004.

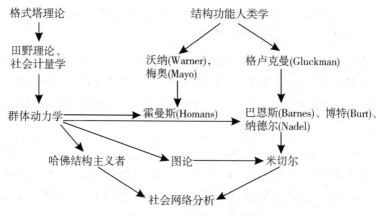

图2 社会网络分析的理论源泉

资料来源：林顿 C. 弗里曼（Linton C. Freeman）作，张文宏、刘军、王卫东译：《社会网络分析发展史》。

四、基本概念：图论

图论是社会网络的数学基础之一，它提供社会网络的抽象结构，因而有广泛的应用。其概念在本质上是非常简单的，正是这种简单使社会网络分析相比其他方法具有简单明晰的优点。简单来讲，图论的相关术语如下（可以从任何一个图论入门教程中找到，这里仅提供一个概念清单）。如果你对数学的细节没有兴趣，可以只看概念的直接说明即可。

图：由点和线组成的图形。

顶点：图中的结点。

无向图：边没有正反方向。

完全图：在 N 个顶点的无向图中，边最大为 n×（n−1）/2 称为无向完全图

度：与结点相连的边数。

75

有向图：边有正反方向。

入度（出度）：连入（出）的边数（对于有向图来说）。

奇顶点：结点的度是奇数的点。

路径：如果从 a 到 b 可达（包括直接到达或者中间有其他结点），那么从 a 到 b 就有一条路径。一条路径就是一种走法，路径的边数叫作路径长度。一条路径上的 n 个顶点的集合叫作连通集。

回路（环）：从 a→b→……→a（a 是结点）。

简单路径：存在从 a→b……→e，此条路径中每个结点不同。

有根图：有结点到其他任意结点连通，则此结点为根，一个图可以有多根。

连通图：若图中任意两个结点可以连通，则此图为连通图（无向图）。

强连通图：任意 i 到 j 都有从 i 到 j 的路径（有向图）。

强连通分支：强连通的最大子图。

道路：可以一笔画成的图，并且不重不漏。

（注意：图是连通的，且奇顶点的个数等于 0 或 2，并且当且仅当奇顶点的个数为 0 时，图是一条回路，包括一个孤立的点。）

二分图：充要条件为图中无奇顶点。

Hamilton 回路：经过图中每一个顶点一次的回路。

欧拉回路：图的一个回路，若它通过图中每条边一次且仅一次。

（有关问题：七桥问题或一笔画问题。欧拉定理：对于一个无向图，如果它的每个点的度都是偶数，那么它存在一条欧拉回路；如果有且仅有 2 个点的度为奇数，那么它存在一条欧拉路；如果超过 2 个点的度为奇数，那么它就不存在欧拉路了。）

也许接下来的重要概念是相邻矩阵和邻接表了。邻接表见图（A）、图（B）、图（C）。

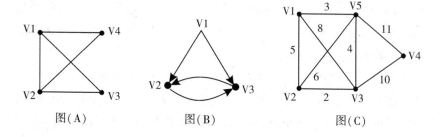

图（A）　　　　图（B）　　　　图（C）

社会网络分析也许更喜欢用相邻矩阵的概念。例如，对于无向图：

$\begin{cases} A[I, J] = 1 & \text{当 I 与 J 两个结点相邻时} \\ A[I, J] = 0 & \text{当 I 与 J 两个结点不相邻时，或 I} = J \\ & (1 \leqslant I, J \leqslant \text{图中结点数}) \end{cases}$

且有：$A[I, J] = A[J, I]$，即邻接矩阵是对称的。

图（A）的邻接矩阵如下：

$$A = \begin{bmatrix} 0 & 1 & 1 & 1 \\ 1 & 0 & 1 & 1 \\ 1 & 1 & 0 & 0 \\ 1 & 1 & 0 & 0 \end{bmatrix}$$

对于有向图：

$\begin{cases} A[I, J] = P[I, J] & \text{当 I 与 J 两个结点相邻，且权值为 P}[I, J]\text{时} \\ A[I, J] = 0 & \text{或} \infty \text{ 当 I 与 J 两个结点不相邻时，或 I} = J \end{cases}$

图（B）和（C）的邻接矩阵分别如下：

$$A = \begin{bmatrix} 0 & 1 & 1 \\ 0 & 0 & 1 \\ 0 & 0 & 1 \end{bmatrix} \qquad A = \begin{bmatrix} \infty & 5 & 8 & \infty & 3 \\ 5 & \infty & 2 & \infty & 6 \\ 8 & 2 & \infty & 10 & 4 \\ \infty & \infty & 10 & \infty & 11 \end{bmatrix}$$

注意：这里的无向图和有向图均排除环的连接。很多有关社会网络分析的算法模型以邻接矩阵为基础。例如，图的遍历算法。

77

概念：从图中某一结点出发，系统地访问图中所有结点，使每个结点恰好被访问一次，这种运算被称为图的遍历。为了避免重复访问某个结点，可以设一个标志数组 f[I]，未访问时值为 FALSE，访问一次后就改为 TRUE。

分类：深度优先遍历（DFS）和广度优先遍历（BFS）。

深度优先遍历。从图中某个结点 V0 出发，访问此结点，然后依次访问从 V 的未被访问的邻接点出发进行深度优先遍历，直到图中所有和 V0 有路径相通的结点均被访问到。若此时图中尚有结点未被访问，则另选图中一个未被访问的结点 V1 作为起点，重复上述过程，直至图中所有结点都被访问到为止。

如，下面两个图的深度优先遍历结果分别为：a, b, c, d, e, g, f; V1, V2, V4, V8, V5, V3, V6, V7。

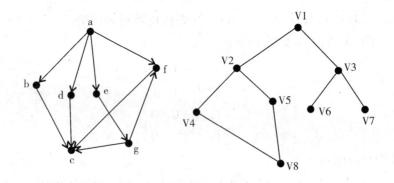

直觉上，就是先顺着一条路走到底，访问完了这条路之后再回溯到最近的那个岔路口，走另一条路，依此类推，直到访问完所有的结点。

广度优先遍历。从图中某个结点 V0 出发，访问此结点，然后依次访问与 V0 邻接的、未被访问过的所有结点，然后再分别从这些结点出发进行广度优先遍历，直到图中所有被访问过的结点的相邻结点都被访问到。若此时图中还有结点尚未被访问，则另选图中一个未被访问过的结点作为起点，重复上述过程，直到图中所有结点都被访问到为止。

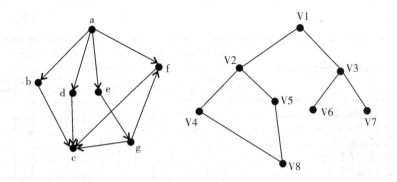

如上面两个图的广度优先遍历结果分别为：a，b，d，e，f，c，g；V1，V2，V3，V4，V5，V6，V7，V8。

直觉上，广度优先遍历就是按层搜索，在 BFS 网络上有一个很形象的比喻，"就像一滴墨水落在水面上，并慢慢扩散"。这一滴墨水就是 BFS 进行的第一个顶点 i，扩散的过程就是一个搜索的过程。

下面是一个例子，这个例子是著名的社会心理学调查①，一直以来被许多社会计量学、数学和计算机科学家用作社会结构分析的样板。这个表格是社会学家对美国 20 世纪 30 年代南方有关学校种族隔离的数据，它报告这个被观察的学校女生在系列集会中出勤的情况，很耐人寻味(见表 1)。

表1　　　　　　　美国南方某女子学校的考勤记录表

NAMES OF PARTICIPANTS OF GROUP I	CODE NUMBERS AND DATES OF SOCIAL EVENTS REPORTED IN Old City Herald													
	(1) 6/27	(2) 3/2	(3) 4/12	(4) 9/26	(5) 2/25	(6) 5/19	(7) 3/15	(8) 9/16	(9) 4/8	(10) 6/10	(11) 2/23	(12) 4/7	(13) 11/21	(14) 8/3
1. Mrs. Evelyn Jefferson	X	X	X	X	X	X	....	X	X	....	....	....	....	
2. Miss Laura Mandeville	X	X	X	....	X	X	X	X	....	....	....	....	....	
3. Miss Theresa Anderson	....	X	X	X	X	X	X	X	X	....	....	....	....	
4. Miss Brenda Rogers	X	....	X	X	X	X	X	X	....	....	....	....	....	

① Allison Davis Burleigh B. Gardner, Deep South: A Social Anthropological Study of Caste and Class, Univ of South Carolina Press, 2009.

续表

NAMES OF PARTICIPANTS OF GROUP I	(1) 6/27	(2) 3/2	(3) 4/12	(4) 9/26	(5) 2/25	(6) 5/19	(7) 3/15	(8) 9/16	(9) 4/8	(10) 6/10	(11) 2/23	(12) 4/7	(13) 11/21	(14) 8/3
5. Miss Charlotte McDowd			X	X	X		X							
6. Miss Frances Anderson			X		X	X		X						
7. Miss Eleanor Nye					X	X	X	X						
8. Miss Pearl Oglethorpe						X		X	X					
9. Miss Ruth DeSand					X		X	X	X					
10. Miss Verne Sanderson							X	X	X				X	
11. Miss Myra Liddell								X	X	X				
12. Miss Katherine Rogers								X	X	X		X	X	X
13. Mrs. Sylvia Avondale							X	X	X	X		X	X	X
14. Mrs. Nora Fayette						X	X		X	X	X	X	X	X
15. Mrs. Helen Lloyd							X	X		X	X	X		
16. Mrs. Dorothy Murchison								X	X					
17. Mrs. Olivia Carleton									X			X		
18. Mrs. Flora Price									X			X		

把这个原始的田野调查用图论的形式表达就是可视化(见表 2)。

表 2　　　　　　　　　　考勤记录表的邻接矩阵

Event connections.

E	1	2	3	4	5	6	7	8	9	10	11	12	13	14
1	3	2	3	2	3	3	2	3	1	0	0	0	0	0
2		3	2	3	3	3	2	3	2	0	0	0	0	0
3			6	4	6	5	4	5	2	0	0	0	0	0
4				4	4	2	3	3	2	0	0	0	0	0
5					8	6	6	7	3	1	0	0	0	0
6						8	5	7	4	1	1	1	1	1
7							10	8	9	3	2	4	2	2
8								14	9	4	1	5	2	2
9									2	4	3	5	3	3
10										5	2	5	3	3
11											4	2	1	1
12												3	3	3
13													3	3
14														3

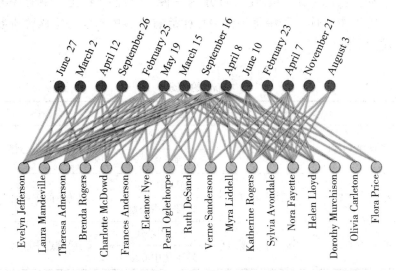

图 3　考勤记录表的邻接矩阵的可视化(用 R 程序包 igraph 制作)

五、聚类：社区分析与发现

社区分析与发现以网络中心性为基础。这部分内容可在 Newman 的专著①中找到，这里不再指出它的来源。

(一)中心性度量

中心性是社会网络研究的重点，个人或者组织在社会网络中具有什么样的权力，或者说居于什么样的中心地位，对于信息在整个网络中如何传播以及传播效果都有十分重要的意义。

在社会网络"中心性"的描述中，有两种重要的度量方法：中心度与中心势。中心度指的是一个节点在网络中处于核心地位的程度；中心势则描述整个图的紧密程序或一致性，也就是一个图的中心度。

---

① Mark Newman Networks：An Introduction, Oxford University Press (1 edition)，2010.

而社会网络的中心性又可分为三种：点度中心性、中间中心性、接近中心性。其中每一种中心性都有中心度和中心势两种指数描述（见表3）。

表3 中心性的划分

	中 心 度		中心势
点度中心性	点度中心度	绝对中心度	图的点度中心势
		标准化中心度	
中间中心性	中间中心度	绝对中心度	图的中间中心势
		标准化中心度	
接近中心性	接近中心度	绝对中心度	图的接近中心势
		标准化中心度	

1. 点度中心性（point centrality）

点度中心度：在社会网络中，一个行动者与其他很多行动者有直接联系，该行动者就处在中心地位。即朋友越多，越显示出结点的重要性。可以以节点的入度（度）表示点度中心度。

点度中心势：考察一个图而不是一个点，表示一个图的一致性或总体整合度。

2. 中间中心性（betweeness centrality）

如果一个行动者处在许多交往网络的路径上，可以认为此人处于重要地位，因为该人具有控制他人交往的能力，其他人的交往需要通过该人才能进行，因而中心度测量的是行动者对资源信息的控制程度。

3. 接近中心性（整体中心性）（closeness centrality）

接近中心度：考察一个点传播信息时不靠其他节点的程度。当行动者离其他人越近，则在传播信息的过程中越不依赖其他人。因为一个非核心成员必须通过其他人才能传播信息，容易受制于其他节点。因而，如果一个节点与网络中其他各点的距离都很短，则该点是整体的重心点。

此外还有特征向量中心性(eigenvector centrality),即把与特定行动者相连结的其他行动者(节点)的中心性考虑进来进而度量一个行动者(节点)的中心性指标。例如,一个节点 A 的三个朋友都有很多连结对象,另一个节点 B 的三个朋友没有什么连结的对象,二者相比,A 的特征向量中心性较高。实际选择中心性的测量方法时要根据具体的研究背景:关注交往活动(通信活动),采用以度数为基础的测度。如果研究对交往或对信息的控制:可以利用中间中心度。如果研究信息传播的独立性和有效性:可以利用接近中心。

(二)社区发现简介

社区,从直观上来看,是指网络中的一些密集群体,每个社区内部的结点间的联系相对紧密,但是各个社区之间的连接相对来说却比较稀疏(见图4,当然社区的定义不止这一种)。这样的社区现象已经被研究很多年了,最早期的记录甚至来自于80年前。

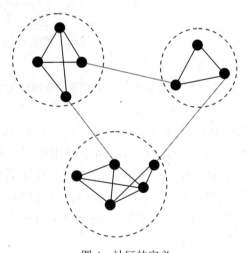

图 4   社区的定义

比较经典的社区研究案例包括空手道俱乐部(karate club)、科学家合作网络(collaboration network)和斑马群体(zebras)的社交行为研究等(见图5),其中著名的空手道俱乐部社区已经成为通常检验社区发现算法效果的标准（benchmark）之一。

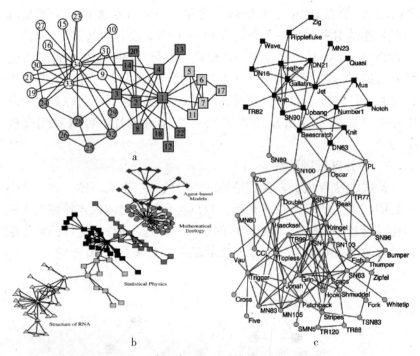

图 5　社区的类别：空手道俱乐部（a）；科学家合作网络（b）；斑马（c）

随着互联网和在线社交网站的兴起，在 Twitter，Facebook，Flickr 这样的用户生成内容（UCG）网站上使用社区发现的技术已经成为热潮。在这些社区中，用户相互的交流与反馈能为传统的社区带来丰富的内容信息和新的结构，从而使社区发现有了新的发展。

社区发现算法介绍。因为社区发现的算法有很多，图 6 列出了比较核心的社区发现算法：

对图 6 所涉及的算法作简单的介绍：

（1）图分割

社区可以看作密集子图结构，可以使用图分割算法来解决。图分割问题的目标是把图中的节点分成 g 个预定大小的群组，这些群组之间的边数目最小，这个问题是 NP-hard 的。

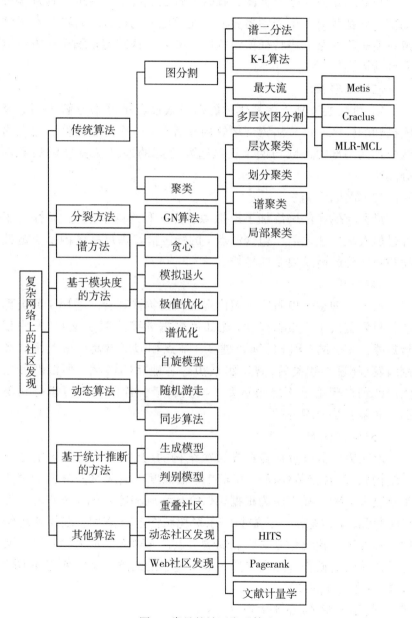

图6 常见的社区发现算法

早期的分割都是二分图，社区发现也是基于二分的，遇到多分的情况就把其中一个子图再分割。比较经典的有谱二分法，利用拉普拉斯矩阵的第二小特征值对社区二分类，这其实是属于谱方法的一种特例。

（2）KL 算法

KL 算法通过基于贪婪优化的启发式过程把网络分解为两个规模已知的社区。该算法为网络的划分引入了一个增益函数，定义为两个社区内部的边数与两个社区边数之间的差，寻求 Q 的最大划分办法。

（3）最大流算法

最大流的算法网络加了虚拟源节点 s 和终点节点 t，并保证了经过最大流算法之后，包含源点 s 的社区恰好满足社区内节点链接比与社区外的链接要多的性质。

（4）聚类

社区发现也可以看作一组内容相似的物体集合，适用于聚类算法，只要定义了节点相似度（比如说根据邻接关系定义）。A 为邻接矩阵，A 中的 i 和 j 的邻居越多，节点相似度越高。聚类算法和网络发现（聚类相关的）算法可以很容易地互相转化，所以两者之间的区别在理论上不是很重要。区别在于，社区发现可以是局部的，而聚类是全网络的。

（5）层次聚类

层次聚类假设社区是存在层次结构的（其实不一定，可能是中心结构），计算网络中每一对节点的相似度。层次聚类分为凝聚法和分裂法两种：凝聚法为根据相似度从强到弱连接相应节点对，形成树状图（dendrogram）；根据需求对树状图进行横切，获得社区结构。分裂法：找出相互关联最弱的节点，并删除它们之间的边，通过这样的反复操作将网络划分为越来越小的组件，从而使连通的网络构成社区（见图 7）。

（6）划分聚类/扁平聚类

像 k-means 就很好，但是需要注意一点，k-means 需要欧氏空间，上文根据邻接关系定义的节点相似度就不适用。

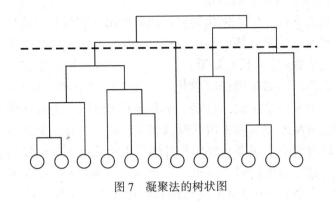

图 7   凝聚法的树状图

（7）谱聚类

图分割中如 Ratio Cut 和 Normalized Cut 其实和谱聚类是等价的，所以谱聚类也能用在社区发现上。

（8）分裂法

这里的分裂法和层次聚类中的类似，区别是前者不计算节点相似度，而是删除两个社区之间的关联边，这些边上两点的相似度不一定很低。其中最著名的算法就是 Girvan-Newman 算法，根据下列假设：社区之间所存在的少数几个连接应该是社区间通信的瓶颈，是社区间通信时通信流量的必经之路。如果我们考虑网络中某种形式的通信并且寻找到具有最高通信流量（比如最小路径条数）的边，该边就应该是连接不同社区的通道。Girvan-Newman 算法就是这样，迭代删除边介数（Edge Betweenness）最大的边。

（9）谱方法

基于谱分析的社区算法基于如下事实：在同一个社区内的节点，它在拉普拉斯矩阵中的特征向量近似。将节点对应的矩阵特征向量（与特征值和特征向量有关的都称谱）看成空间坐标，将网络节点映射到多维向量空间去，然后就可以运用传统的聚类算法将它们聚集成社团。这种方法不可避免地要计算矩阵的特征值，成本很大，但是因为能直接使用很多传统的向量聚类的成果，灵活性很高。

87

（10）基于模块度的方法

模块度不仅仅作为优化的目标函数提出，它也是目前最流行的用来衡量社区结果好坏的标准之一（它的提出被称作社区发现研究历史上的里程碑）。我们知道，社区是节点有意识地紧密联系所形成的，它内部边的紧密程度总比一个随机的网络图来得紧密一些，模块度的定义就基于此，它表示所有被划分到同一个社区的边所占的比例，再减掉完全随机情况时被划分到同一个社区的边所占的比例。模块度的一个优点是好坏与社区中点的数目无关。模块度第一次对社区这个模糊的概念提出了量化的衡量标准（不过据说对于小粒度的不太准）。所以对模块度的算法优化多种多样，从贪心到模拟退火等应有尽有。

（11）动态算法

随机游走是基于以下思想：如果存在很强的社区结构，那么随机游走器（random walker）会在社区内部停留更长的时间，因为社区内部的边密度比较高。

（12）基于统计推断的算法

基于统计推断的方法包括观察到的数据集和对模型的假设。如果数据集是图，模型假设对节点之间如何联系的描述就要符合真实的图结构。

社区发现算法一般要经过优化目标—粒度控制的选择，这与算法的执行表现相关。有一些社区发现算法，比如谱方法、KL算法以及基于最大流的社区发现方法等，给出明确的目标函数，并提出算法来最优化目标函数。粒度控制（社区数目可不可控）是对于有层次的社区发现算法来说的，比如某些二分社区算法，是通过不断递归地划分子社区来获得预定的社区数目。而某些算法，像层次聚类和MCL，基于概率模型的社区发现算法等，允许用户通过调节参数来间接控制输出社区的数目。另一些算法，像模块度优化算法，它的社区数目是由优化函数决定的，不需要用户来设定社区的数目。

此外，规模也是一个重要考量。很多算法在设计的时候并没有特别地考虑伸缩性，在面对整个Web以及大型社交网络时动辄百万甚至千万个点时效果不佳。比如GN算法，需要计算通过每条边的最短路径数目(edge betweeness),复杂度相当高,像谱聚类算法,能处理 10K 个点和 70M 条边就不错了。所以,有些算法比如Shingling 算法等,使用的方法相对简单,从而能适合大规模的社区发现的运行要求。

(三)局部社区发现

所谓的局部社区发现,是指只根据临近的邻居节点发现社区结构,而不考虑全局的网络,这与全局社区发现中对图中的每一个节点都打上社区标签的做法相对应。

在整个网络图很大、数据集不能全部加载到内存时,使用局部社区发现可以只加载图的一部分,发现一个局部社区,然后迭代地调用该方法来逐一地提取社区结构。

(四)重叠社区

很多社区发现算法,比如图分割算法,将整个网络划分为多个独立的社区结构。但是在现实中,许多网络并不存在绝对的彼此独立的社团结构,相反,它们是由许多彼此重叠、互相关联的社团构成,比如说在社交网络中,一个人根据兴趣的不同,有可能属于多个不同的小组等。所以,很多类似派系过滤算法(CPM)旨在发现重叠社区的算法也被不断地提出来。社区发现算法常用的评价标准有:准确率、召回率、F1 值。

(五)动态社区发现(Dynamic Networks)

很多社区算法都把社区看作静态的图,但事实上的社交网络是随着时间逐渐演变的。这些社区如何形成和消解,它们的动态变化该如何处理,确实是一个研究热点(见图 8)。

(六)异构网络上的社区发现

日常算法中,我们都假定网络中的点和边属于同一类型。但是现实中也有很多异构网络(Heterogeneous Networks),它的点和边的类型不同。比如说 IMDB 网络(见图 9),它的实体可能包括电影、导演、演员,而他们之间的关系也不同。如何在这样的网络上作社区发现也是一大挑战。

(七)有向图上的社区发现(Directed Networks)

一般的社区发现都把整个网络当作无向图来处理。但是很多网

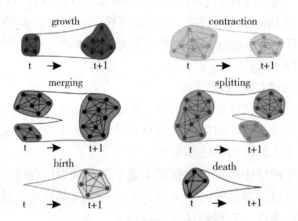

图 8 动态网络演化示意图

资料来源：Palla，G.，Barabási，A. L.，Vicsek，T.：Quantifying social group evolution. Nature 446，pp. 664-667，2007.

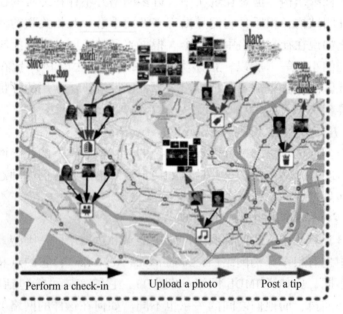

图 9 IMDB 网络(异构社会网络)

资料来源：hbdotop. com/ci/6imdb. html.

络它的有向性比较特殊，比如说 Web 社区、论文之间的引用关系，以及 Twitter 用户之间的关注关系。简单地忽略这些网络中的方向性会导致信息的损失，算法可能会得出错误的结果(见图 10)。

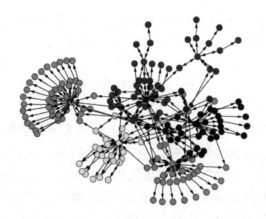

图 10　一个有向图的可视化例子

(八)内容与链接关系结合的社区发现(Content and Relationship Information)

像前面说过的一样，新兴社交网络中的关系，不仅仅是一条有向边，其中可以包括很多内容信息(文本、图像、地理信息)，这又将社区发现带向了新的领域——如何联合这些关系和内容信息来发现社区(见图 11)。

图 11　内容与链接关系结合的社区例子

(九)交叉领域的社区发现(Crosscutting Issues)

考虑伸缩性(并行和分布式算法)和适当的可视化,如何展示数以十亿计的节点,以及如何处理动态信息,这是对可视化算法的挑战。

总而言之,社区发现(特别是社交网络中的)还是比较新的,还是许多理论上和实践上的开放问题可以做。

六、信 息 传 播

社会网络可以传播信息,就像病毒在人类社会组织中传播一样。实际上,这两者非常相似。例如,他们都有一个生命周期,从早期,在到达一个被叫作临界质量的拐点之后,马上转入下一个阶段,到达饱和状态或衰退。目前这个领域有很多计算模型,其中一个关键任务就是估计这个临界质量,它与网络的拓扑结构、网络密度等参数有关。一些模拟实验表明,在一个较小的社区里,信息传播更容易到达临界值。在现实中,Facebook 从哈佛大学向全美国扩散似乎符合这样的猜测。我们可以将信息分为几个维度:相关性,是否引起共鸣,严重性,是否有娱乐效应。考虑到人类对异质性的偏好,这样分析是合理的。目前这个领域正处于各种模型和算法相互竞争的局面。不过为社会网络建立仿真模拟是普遍采用的研究手段。

七、可用软件与可视化①

下列软件:UCINET, Pajek, NetMiner, STRUCTURE, MultiNet, StOCNET 供使用并可以可视化作图。另外,近年来,基于开源软件 python 和 R 的社会网络程序包也得到了广泛的应用。Python 的

---

① Huisman, M. and A. J. Duijn, M. Software for social network analysis: Models and methods in social network analysis. New York, N. Y.: Cambridge University Press, 2005, pp. 270-316.

对应程序包是 NetworkX，而 R 的对应程序包是 igraph，而且 igraph 还有做图模型的能力（graphical modeling），这两款软件应引起研究者的注意。下面叙述其他用得比较早的社会网络分析软件。

　　UCINET 为菜单驱动（Windows 环境），使用较多的是处理社会网络数据和其他相似性数据。与 UCINET 捆绑在一起的还有 Pajek，Mage 和 NetDraw 三个软件。UCINET 是一个程序集成：强社区（cliques，clans，plexes）和组元（components，cores）、中心性分析（centrality）、个人网络分析和结构洞分析、聚类分析、多维标度、二模标度（奇异值分解、因子分析和对应分析）、角色和地位分析（结构、角色和正则对等性）和拟合中心—边缘模型。相比之下，对于大数据，Pajek 更合适。Pajek 可以分析多于一百万个节点的超大型网络。Pajek 可以处理二模网络和时间事件网络（时间事件网络包括了某一网络随时间的流逝而发生的网络的发展或进化）。Pajek 可以分析纵向网络分析的工具。图形功能是 Pajek 的强项，可以方便地调整图形以及指定图形所代表的含义。由于大型网络难以在一个视图中显示，因此 Pajek 会区分不同的网络亚结构分别予以可视化。每种数据类型在 Pajek 中都有自己的描述方法。Pajek 提供的基于过程的分析方法包括探测结构平衡和聚集性（clusterability）、分层分解和团块模型（结构、正则对等性）等。Pajek 只包含少数基本的统计程序。

　　NetMiner 允许使用者以可视化和交互的方式探查网络数据，以找出网络潜在的模式和结构。NetMiner 采用了一种把分析和可视化结合在一起而优化了的网络数据类型，包括三种类型的变量：邻接矩阵（称作层）、联系变量和行动者属性数据。与 Pajek 和 NetDraw 相似，NetMiner 也具有高级的图形特性，尤其是几乎所有的结果是以文本和图形两种方式呈递的。NetMiner 提供的网络描述方法和基于过程的分析方法也较为丰富，统计方面则支持一些标准的统计过程：描述性统计、ANOVA、相关和回归。

　　STRUCTURE 是一个命令驱动的 DOS 程序，需要在输入文件中包含数据管理和网络分析的命令。STRUCTURE 支持五种网络分析类型中的网络模型：自主性（结构洞分析）、凝聚性（识别派系）、扩散性、对等性(结构或角色对等性分析和团块模型分析)和权力(网络中心与均质分析)。STRUCTURE 提供的大多数分析功能是独具的, 在其他分析软件中是找不到的。

MultiNet 是一个适于分析大型和稀疏网络数据的程序。由于 MultiNet 是为大型网络的分析而专门设计的, 因而像 Pajek 那样, 数据输入也使用节点和联系列表, 而非邻接矩阵。对于分析程序产生的几乎所有输出结果都可以以图形化方式展现。MultiNet 可以计算 degree, betweenness, closeness and components statistic, 以及这些统计量的频数分布。通过 MultiNet, 可以使用几种本征空间(eigenspace)的方法来分析网络的结构。MultiNet 包含四种统计技术: 交叉表和卡方检验, ANOVA, 相关和 p * 指数随机图模型。

StOCNET 是 WINDOWS 环境下的开放软件系统, 适用于社会网络的高级统计分析。它提供了一个应用多种统计方法的平台, 每种统计方法可以以单独模块的形式方便地嵌入其中。StOCNET 包含六个统计模块: ①BLOCKS, 随机块模型; ②ULTRAS, 使用超度量(Ultrametrics)估计潜在的传递性结构(latent transitive structures); ③P2, 拟合指数随机图 p2 模型; ④SIENA, 纵向网络数据的分析; ⑤ZO, 确定随机图统计量的分布概率; ⑥PACNET, 构造和拟合基于偏代数结构的结构模型(structural models based on partial algebraic structures)。

全球价值链理论及其前沿动态

武汉大学中国中部发展研究院

黄永明　张明庆

引　言

随着国际分工的不断细化，产品世界范围内的多阶段生产引起中间品投入在国界间多次跨越，产品的"世界制造"模式逐渐取代传统的国家制造，形成了全球价值链（GVC）。在新的国际分工体系下，一国不再局限于出口制成品，而是专业化于生产流程中的特定阶段，推动产业内贸易、公司内贸易、外包等新贸易形式的发展。面对生产的国际化分工，中间品贸易日趋频繁，比重逐渐增大，现有贸易统计体系的短板日渐体现，传统的贸易统计在计量贸易进出口对一国经济贡献时越来越失真。

传统的国际贸易核算体系仅仅是统计一国的进出口总值，由此计算出进出口净值，然后得出一国是存在贸易顺差还是贸易逆差的结论。然而随着国际分工的不断细化，从产业间分工到产业内分工再到产品间分工，以及经济全球一体化进程的不断加快，各国间贸易联系愈发紧密。世界各国进口的商品很大部分被用作中间产品，加工后再出口到第三国或者进口国，所以基于传统的国际贸易核算体系在中间产品层面上存在大量的重复统计。联合国贸易和发展组织（UNCTAD，2013）运用投入产出模型计算得出，全球总出口中大约28%的价值是进口后经过加工，嵌入在新产品和服务中进行的再出口。传统的贸易核算方式不仅加剧了贸易的不平衡，同时也不能真实地反映世界贸易格局。发达国家通过跨国企业，将产品的下游制造转移至不发达地区，而占有高增加值的产品设计、研发产业则留在国内。在原产地国原则下①，产品的所有价值都要记在出口组装国，因此，严重加大了贸易的不平衡。以美国在 iPhone 手机上的贸易为例，Miroudot 调查了 2009 年美国在 iPhone 上的贸易平衡情况。2009 年美国从中国进口了约 19.01 亿美元的产品，而这些产品中包含了来自日本、韩国、德国等中间产品生产国 96.13%的价值，也就是说，中国的实际贸易量仅相当于传统贸易统计方式的 3.87%。② 在全球生产网络中，发达国家往往处于产业链的上游，而发展中国家往往处于产业链的低端，贸易的大量重复计算使得基于进出口总额的传统贸易统计数字不再具有较强的说服力，也不能反映真实的贸易实力，往往会高估发展中国家的贸易实力。根据世贸组织和日本亚洲经济研究所的研究报告，按传统贸易统计，2008 年中美贸易顺差为 2850 亿美元，但如按增加值贸易计算，中国对美国的贸易顺差只有 1640 亿美元，仅占传统贸易统计数据的69%。最终产品的贸易额被简单地归于最后组装地，造成组装国贸易高估，其他国家对生产的贡献被忽略。根据中国海关的统计，中国 2013 年外贸出口额为 20498.3 亿美元，其中加工贸易额为8627.8 亿美元，加工贸易比重占 42%。虽然这些价值并非全部在中国生产和增值，但是统计上却算成是中国的贸易额，导致出现"统计在中国，受益在他国"的偏差。

针对当前的贸易模式，国内外学者主要进行了属权贸易、垂直专业化测度、增加值贸易统计核算等方面的研究，以反映真实的贸易格局。

---

① Daudin, G., C. Rifflart and D. Schweisguth. "Who produces for whom in the world economy?", Document de travail de l'OFCE N° 2009-18, July.

② Maurer A., Degain C., Globalization and Trade Flows: What You See is Not What You Get! [J], WTO Staff Working Paper, ERSD-2010-2.

一、全球价值链的基本理论

全球价值链理论（GVC）的主要目的在于分解不同的国家在全球价值链中的增加值收入。通过使用著名的里昂惕夫（Leontief）矩阵和多国的投入产出模型，可以追踪到各国间直接和间接的生产诱发过程，使得计算每一个生产环节获得的增加值收入成为可能。

为此，首先构建一个国家间的投入产出表如下（见表1），考虑世界上有 n 个国家的情形：

表1　　　　　　n 个国家之间相互贸易的投入产出表

投入产出	中间使用				最终需求				总产出
	国家1	国家2	$\cdots$	国家n	国家1	国家2	$\cdots$	国家n	
国家1	X_{11}	X_{12}	$\cdots$	X_{1n}	Y_{11}	Y_{12}	$\cdots$	Y_{1n}	X_1
国家2	X_{21}	X_{22}	$\cdots$	X_{2n}	Y_{21}	Y_{22}	$\cdots$	Y_{2n}	X_2
$\cdots$	$\cdots$	$\cdots$	$\cdots$	$\cdots$	$\cdots$	$\cdots$	$\cdots$	$\cdots$	$\cdots$
国家n	X_{n1}	X_{n2}	$\cdots$	X_{nn}	Y_{n1}	Y_{n2}	$\cdots$	Y_{nn}	X_n
价值增值	V_1	V_2		V_n					
总产出	X_1	X_2	$\cdots$	X_n					

其中，X_i 表示第 i 国的总产出，X_{ij} 表示第 j 国生产 X_j 单位的产品所使用的第 i 国的中间产品，Y_{ij} 表示第 j 国对第 i 国的最终需求。如果记 $X = (X_1 \quad X_2 \quad \cdots \quad X_n)'$，$Y = (Y_1 \quad Y_2 \quad \cdots \quad Y_n)'$，且有 $Y_i = \sum_j^n Y_{ij}$，那么根据国家间投入产出表中各变量之间的数量关系，有：

$$X = AX + Y \tag{1}$$

上式中，$A = \begin{pmatrix} A_{11} & A_{12} & \cdots & A_{1n} \\ A_{21} & A_{22} & \cdots & A_{2n} \\ \vdots & \vdots & \ddots & \vdots \\ A_{n1} & A_{n2} & \cdots & A_{nn} \end{pmatrix}$，称之为直接消耗系数矩阵，

元素 A_{ij} 表示第 j 国生产 X_j 单位的产品所使用的第 i 国的中间产品的

系数，其满足：$X_{ij}=A_{ij}X_j$。对（1）式进行整理：

$$\begin{pmatrix} X_1 \\ X_2 \\ \vdots \\ X_n \end{pmatrix} = \begin{pmatrix} A_{11} & A_{12} & \cdots & A_{1n} \\ A_{21} & A_{22} & \cdots & A_{2n} \\ \vdots & \vdots & \ddots & \vdots \\ A_{n1} & A_{n2} & \cdots & A_{nn} \end{pmatrix} \begin{pmatrix} X_1 \\ X_2 \\ \vdots \\ X_n \end{pmatrix} + \begin{pmatrix} Y_1 \\ Y_2 \\ \vdots \\ Y_n \end{pmatrix} \tag{2}$$

把右边第一项移到左边来，进一步有：

$$\begin{pmatrix} X_1 \\ X_2 \\ \vdots \\ X_n \end{pmatrix} = \begin{pmatrix} I-A_{11} & -A_{12} & \cdots & -A_{1n} \\ -A_{21} & I-A_{22} & \cdots & -A_{2n} \\ \vdots & \vdots & \ddots & \vdots \\ -A_{n1} & -A_{n2} & \cdots & I-A_{nn} \end{pmatrix}^{-1} \begin{pmatrix} \sum_j^n Y_{1j} \\ \sum_j^n Y_{2j} \\ \vdots \\ \sum_j^n Y_{nj} \end{pmatrix} \tag{3}$$

所以有：

$$\begin{pmatrix} X_1 \\ X_2 \\ \vdots \\ X_n \end{pmatrix} = \begin{pmatrix} B_{11} & B_{12} & \cdots & B_{1n} \\ B_{21} & B_{22} & \cdots & B_{2n} \\ \vdots & \vdots & \ddots & \vdots \\ B_{n1} & B_{n2} & \cdots & B_{nn} \end{pmatrix} \begin{pmatrix} \sum_j^n Y_{1j} \\ \sum_j^n Y_{2j} \\ \vdots \\ \sum_j^n Y_{nj} \end{pmatrix} \tag{4}$$

上式中记 $\mathbf{B} = \begin{pmatrix} B_{11} & B_{12} & \cdots & B_{1n} \\ B_{21} & B_{22} & \cdots & B_{2n} \\ \vdots & \vdots & \ddots & \vdots \\ B_{n1} & B_{n2} & \cdots & B_{nn} \end{pmatrix} = \begin{pmatrix} I-A_{11} & -A_{12} & \cdots & -A_{1n} \\ -A_{21} & I-A_{22} & \cdots & -A_{2n} \\ \vdots & \vdots & \ddots & \vdots \\ -A_{n1} & -A_{n2} & \cdots & I-A_{nn} \end{pmatrix}^{-1},$

称之为完全消耗系数矩阵。

总产出的分解矩阵为：

$$\begin{pmatrix} X_{11} & X_{12} & \cdots & X_{1n} \\ X_{21} & X_{22} & \cdots & X_{2n} \\ \vdots & \vdots & \ddots & \vdots \\ X_{n1} & X_{n2} & \cdots & X_{nn} \end{pmatrix} = \begin{pmatrix} B_{11} & B_{12} & \cdots & B_{1n} \\ B_{21} & B_{22} & \cdots & B_{2n} \\ \vdots & \vdots & \ddots & \vdots \\ B_{n1} & B_{n2} & \cdots & B_{nn} \end{pmatrix} \begin{pmatrix} Y_{11} & Y_{12} & \cdots & Y_{1n} \\ Y_{21} & Y_{22} & \cdots & Y_{2n} \\ \vdots & \vdots & \ddots & \vdots \\ Y_{n1} & Y_{n2} & \cdots & Y_{nn} \end{pmatrix} \tag{5}$$

增加值份额矩阵为：

$$\mathbf{VB} = \begin{pmatrix} V_1 B_{11} & V_1 B_{12} & \cdots & V_1 B_{1n} \\ V_2 B_{21} & V_2 B_{22} & \cdots & V_2 B_{2n} \\ \vdots & \vdots & \ddots & \vdots \\ V_n B_{n1} & V_n B_{n2} & \cdots & V_n B_{nn} \end{pmatrix} \tag{6}$$

可以定义增加值系数对角矩阵为：

$$\hat{\mathbf{V}} = \begin{pmatrix} \hat{V}_1 & 0 & \cdots & 0 \\ 0 & \hat{V}_2 & \cdots & 0 \\ \vdots & \vdots & \ddots & \vdots \\ 0 & 0 & \cdots & \hat{V}_n \end{pmatrix} \tag{7}$$

将（7）式左乘以（5）可得国内增加值矩阵：

$$\hat{\mathbf{V}}X = \begin{pmatrix} \hat{V}_1 & 0 & \cdots & 0 \\ 0 & \hat{V}_2 & \cdots & 0 \\ \vdots & \vdots & \ddots & \vdots \\ 0 & 0 & \cdots & \hat{V}_n \end{pmatrix} \begin{pmatrix} X_{11} & X_{12} & \cdots & X_{1n} \\ X_{21} & X_{22} & \cdots & X_{2n} \\ \vdots & \vdots & \ddots & \vdots \\ X_{n1} & X_{n2} & \cdots & X_{nn} \end{pmatrix}$$

$$= \begin{pmatrix} V_1 \sum_{j}^{n} B_{1j} Y_{j1} & V_1 \sum_{j}^{n} B_{1j} Y_{j2} & \cdots & V_1 \sum_{j}^{n} B_{1j} Y_{jn} \\ V_2 \sum_{j}^{n} B_{2j} Y_{j1} & V_2 \sum_{j}^{n} B_{2j} Y_{j2} & \cdots & V_2 \sum_{j}^{n} B_{2j} Y_{jn} \\ \vdots & \vdots & \ddots & \vdots \\ V_n \sum_{j}^{n} B_{nj} Y_{j1} & V_n \sum_{j}^{n} B_{nj} Y_{j2} & \cdots & V_n \sum_{j}^{n} B_{nj} Y_{jn} \end{pmatrix} \tag{8}$$

对角位置上的元素表示在本国吸收的国内增加值，非对角位置表示在其他国家吸收的国内增加值，有：

$$VT_{ij} \equiv V_i X_{ij} = V_i \sum_{k}^{n} B_{ik} Y_{kj} \tag{9}$$

一国增加值总的出口为：

$$VT_{i\cdot} = \sum_{j \neq i}^{n} VX_{ij} = V_i \sum_{j \neq i}^{n} \sum_{k=1}^{n} B_{ik} Y_{kj} \tag{10}$$

$$= V_i \sum_{j \neq i}^{n} B_{ii} Y_{ij} + V_i \sum_{j \neq i}^{n} B_{ij} Y_{jj} + V_i \sum_{j \neq i}^{n} \sum_{k \neq i,\,j}^{n} B_{ij} Y_{jk}$$

其中，第一个项目表示该国以最终产品形式出口的增加值；第二个项目表示以中间产品形式被进口投入生产，并在直接进口国吸收的增加值；第三个项目表示以中间产品形式被进口投入生产，嵌入在制成品中出口到第三国并在第三国吸收的增加值。

定义一国总出口为：

$$E_{i\cdot} = \sum_{j \neq i}^{n} E_{ij} = \sum_{j \neq i}^{n} (A_{ij} X_j + Y_{ij}) \tag{11}$$

将（11）式进行分解：

$$uE_{i\cdot} = V_i B_{ii} E_{i\cdot} + \sum_{j \neq i}^{n} V_j B_{ji} E_{i\cdot}$$

$$= VT_{i\cdot} + \left\{ V_i \sum_{j \neq i}^{n} B_{ij} Y_{ji} + V_i \sum_{j \neq i}^{n} B_{ij} A_{ji} X_i \right\} \tag{12}$$

$$+ \left\{ \sum_{k \neq i}^{n} \sum_{j \neq i}^{n} V_k B_{ki} Y_{ij} + \sum_{k \neq i}^{n} \sum_{j \neq i}^{n} V_k B_{ki} A_{ij} X_j \right\}$$

又根据每个国家的总产出有 $X_i = Y_{ii} + A_{ii} X_i + E_{i\cdot}$，得出：

$$X_i = (I - A_{ii})^{-1} Y_{ii} + (I - A_{ii})^{-1} E_{i\cdot}$$

$$X_j = (I - A_{jj})^{-1} Y_{jj} + (I - A_{jj})^{-1} E_{j\cdot} \tag{13}$$

将（10）、（13）式代入（12）式，得到：

$$uE_{i\cdot} = \left\{ V_i \sum_{j \neq i}^{n} B_{ii} Y_{ij} + V_i \sum_{j \neq i}^{n} B_{ij} Y_{jj} + V_i \sum_{j \neq i}^{n} \sum_{k \neq i,\,j}^{n} B_{ij} Y_{jk} \right\}$$

$$+ \left\{ V_i \sum_{j \neq i}^{n} B_{ij} Y_{ji} + V_i \sum_{j \neq i}^{n} B_{ij} A_{ji} (I - A_{ii})^{-1} Y_{ii} \right\}$$

$$+ V_i \sum_{j \neq i}^{n} B_{ij} A_{ji} (I - A_{ii})^{-1} E_{i\cdot} \tag{14}$$

$$+ \left\{ \sum_{k \neq i}^{n} \sum_{j \neq i}^{n} V_k B_{ki} Y_{ij} + \sum_{k \neq i}^{n} \sum_{j \neq i}^{n} V_k B_{ki} A_{ij} (I - A_{jj})^{-1} Y_{jj} \right\}$$

$$+ \sum_{k \neq i}^{n} V_k B_{ki} A_{ij} \sum_{j \neq i}^{n} (I - A_{jj})^{-1} E_{j\cdot}$$

该模型与两国模型类似，只是多了一项（共9个项目），第三个项目为比两国模型多出的项目，表示一国间接出口的增加值（经直接进口国加工后出口到第三国并被吸收）。其余项目经济意义与两国模型类似。这样，通过对一国总出口进行分解，就可以得到一国实际出口的增加值，即（14）式中前三个项目。

下面给出（14）式中各项目的关系图（见图1）：

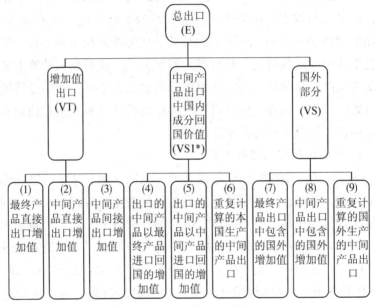

图1 基于增加值贸易对出口进行分解的各概念之间的关系

二、全球价值链的前沿研究动态

全球价值链（Global value chains，GVC）成为当今世界贸易和投资领域的主要特征。全球价值链的发展改变了世界经济格局，也改变了国家间的贸易、投资和生产模式。在过去的二十多年里，受全球价值链以及当前世界先行的商业和法规环境、新技术、公司观念和战略、贸易与投资自由化等因素的共同影响，国际生产分割

(Fragmentation of Production)的现象已经显现。在新型国际生产体系中,国际组织和政策制定者将弥合传统规则的制定和经济现实之间的隔阂。例如,OECD 和 WTO 正致力于对国际生产分割进行规模、本质和结果的综合统计和分析工作,UNCTAD 也开始实施与之相关的投资发展方面的新研究。

技术、体制和政治变革的综合作用导致了全球生产和贸易网络的兴起,进而影响了贸易模式。各国都不同程度地参与全球价值链,但是参与程度依赖于供应链上下游的关联程度。在此过程中,附加值贸易(Trade in Value Added)统计成为准确衡量各国在全球价值链中获得经济利得的一种更好的核算方法。这种新的核算方法将改变传统的贸易统计结果,还原国际贸易的真实规模和对经济增长的贡献。目前,世界上许多研究机构正纷纷开展测度附加值贸易的研究项目,估算方法也在不断演进。

1. 全球价值链的理论发展

国外学者从 20 世纪 90 年代开始,就注意到全球价值链面临的种种问题,从属权贸易统计到垂直专业化测度,再到现在的增加值贸易统计核算,在区分一国出口中的国外成分上,执行得越来越彻底。国家间投入产出数据库的编制,进一步推动了增加值贸易统计方法的推广和应用。鉴于国际社会对增加值贸易统计核算的研究,OECD 和 WTO 等国际组织认为这一领域已经成熟,可以从单纯的学术角度研究应用到官方统计和对外政策的制定中去。

附加值贸易统计方法的演进,可以追溯 Hummels 等(2001)①提出的出口垂直专业化(Vertical Specialization)这一概念。出口垂直专业化可以说是附加值贸易统计概念的雏形。出口贸易的垂直专业化程度越高,说明出口产品中进口中间品的份额越大,国际生产分割程度越高。在此基础上,外国学者不断拓展并提出了附加值贸易统

① Hummels, Jun Ishii, Kei-Mu Yi. The Nature and Growth of Vertical Specialization in World Trade, Journal of international economics, 2001, 54 (1), pp. 75-96.

计的概念。其核心方法是通过投入产出模型，把出口产品的国内附加值和外国附加值分离出来，并可以比较一国参与全球价值链动态变化的路径。同出口垂直专业化方法相比，附加值贸易方法更加科学、准确，并且应用更广泛。同时在中间品贸易的基础上，Hummels 等（2001）提出的"垂直化贸易"（Vertical Trade）概念，很好地解释了贸易的垂直专业化正是全球生产分割的结果。全球价值链同垂直专业化是同一事实的两个方面，均反映生产的地域分散化。当然，垂直化贸易需要满足三个条件：（1）产品（服务）的生产由两个或者多个阶段完成；（2）在上述生产过程中，两个或者多个国家对产品创造附加值；（3）至少有一个国家在生产中使用进口中间品，制成品再出口。Hummels 等（2001）在考虑到直接和间接的进口中间品后，测算出世界贸易的垂直专业化比率为 25%。Hummels 等（2001）不仅测算了出口中的垂直专业化份额，还计算了初始出口品中的国内附加值作为中间品再进口到国内进行加工的份额。

在现有文献中，对国际贸易附加值内容的研究有研究中间品货物和服务贸易的重要性的，虽然这不是一个特别新的主题，但是中间品贸易却是估算附加值贸易的第一步。Miroudot 等（2009）①测算出世界货物贸易中的 56% 为中间品贸易，在服务贸易中占 70%。近些年来，中间品贸易的快速增长尤为明显，特别是亚洲地区（Hayakawa，2007）。②

附加值贸易是建立在垂直贸易基础之上的一个更广泛的概念，它更侧重于如何辨别总出口中的国内附加值和外国附加值，并使用投入产出表中的进口和国产消耗系数矩阵进行估算。对于像中国这样加工贸易比重较高的国家，可以使用相同的消耗系数矩阵来估算

---

① Miroudot, S., R. Lanz, A. Ragoussis. "Trade in Intermediate Goods and Services", OECD Trade Policy Paper, 2009, No. 93.

② Hayakawa, K. "Growth of intermediate goods trade in East Asia", Pacific Economic Review12（4）, 2007, pp. 511-523.

国内市场消费和出口的生产（Koopman 等，2008）①。最早估算附加值贸易的实证文献都用到了国际投入产出表（Daudin 等，2009②；Johnson and Noguera，2010③；Koopman 等，2011④），还有的测算用到官方统计数据和国民账户核算体系（Escaith，2010）⑤。在投入产出框架下，Daudin 等（2009）区分了最终品中的附加值在国家之间的属地原则，也就是厘清了"生产者为谁生产了什么"的问题。Johnson 和 Noguera（2010）也运用相似的方法对附加值出口进行了分解，他们更侧重于计算双边贸易中的附加值比重。实证结果表明，以附加值贸易测算，2004 年中美贸易失衡减少了 30% ~ 40%。Koopman 等（2011）在一个框架中运用之前的概念分解了出口贸易内涵的附加值，即包括国内附加值、内涵在外国投入品中用于国内再生产的国内附加值和外国附加值。如果考虑到回流的国内附加值和向第三国间接出口附加值，就应该将两种间接的附加值出口都纳入分析，这样的分解才更全面。

Koopman 等（2012）⑥构建了一个综合的数理分解方程，将总出

---

① Koopman, R., Z. Wang and S.-J. Wei. "How much Chinese exports is really made in China-Assessing foreign and domestic value-added in gross exports", NBER Working Paper, 2008, No. 14109.

② Daudin, G., C. Rifflart and D. Schweisguth. "Who produces for whom in the world economy?", Document de travail de l'OFCE N° 2009-18, July.

③ Johnson, R. C. and G. Noguera："Accounting for Intermediates：Production Sharing and Trade in Value Added," Unpublished Manuscript, Dartmouth College, 2010.

④ Koopman, R., W. Powers, Z. Wang and S.-J. Wei. "Give credit to where credit is due：tracing value added in global production", NBER Working Paper, 2011, No. 16426.

⑤ Escaith, H., N. Lindenberg and S. Miroudot. "International supply chains and trade elasticity in time of global crisis", WTO Staff Working Paper ERSD-2010-08.

⑥ Koopman, R. & Z. Wang & S. J. Wei. "Tracing Value Added and Double Counting in Gross Exports", NBER Working Paper No. 18579. American Economic Review(forthcoming), 2012.

口按附加值方法进行了分解，这一方程可以将以前各指标融入统一的框架。Wang 等（2013）[1]在 KWW（2012）的基础上，将分解方程从国家层面推进到部门、双边及双边部门层面，并利用 WIOD 数据库，对 1995—2011 年 40 个贸易国的 35 个部门的双边出口进行了分解。

一些文章致力于将全球价值链序列生产模式纳入一般均衡模型分析框架，代表性成果包括 Antras 和 Chor（2013）[2]，Costino 等（2013）[3]，Baldwin 和 Venables（2013）[4]等。Costino 等（2013）研究了垂直一体化条件下，各国或全球的技术冲击对同一生产链条上国家的不同影响，他们认为价值链上的专业化模式选择对全球收入分配的跨国传递有影响。Baldwin 和 Venables（2013）提出了全球化生产中外包和聚集的两种极端模式：蛇形和蜘蛛形，他们采用不同生产阶段的附加值模型，揭示了贸易流动对贸易摩擦的非线性反映。Antras 和 Chor（2013）通过引入生产阶段的技术排序，构建了厂商边界的产权模型，模型的主要结论是：全球价值链上的最优所有模式取决于生产阶段是替代的还是互补的，当最终产品厂商面临的需要弹性较大，则存在临界生产阶段，在此临界阶段以上的环节采用外包生产，而临界点后的阶段则进行一体化。

考虑附加值贸易后，对一些贸易政策的传统判断将需要进行调

① Wang, Z. & S. J. Wei & K. F. Zhu. "Quantifying International Production Sharing at the Bilateral and Sector Level", NBER Working Paper, No. 19677, November 2013.

② Antras, P. & D. Chori. "Organizing the Global Value Chain", Econometrica, 2013, 81(6), pp. 2127-2204.

③ Costinot, A. & J. VOGEL & S. Wang. "An Elementary Theory of Global Supply Chains", Review of Economic Studies, 2013, 80, pp. 109-144.

④ Baldwin, R. &, A. J. Venables. "Spiders and Snakes: Offshoring and Agglomeration in the Global Economy", Journal of International Economics, 2013, 90, pp. 245-254.

整。Jensen 等（2013）[1]采用美国的两组数据，即厂商层面的微观数据和国家层面的宏观数据，研究了全球价值链的参与程度和反倾销诉讼的关系，结论表明，随着厂商或一国参与全球价值链贸易的深入，贸易保护的需求倾向下降。Becker 等（2013）[2]采用德国跨国公司厂商水平数据，分析了外包和内包在劳动力人力资源选择上的关系，发现外包通常选择受过更高教育程度的劳动力。

2. 相关测算指标

从 Hummels 等（2001）以来，诸多学者对垂直专业化、附加值贸易的测算进行了研究，他们提出了 VS、VS1、VS1 ∗、VAX 等测算指标。VS 与 VS1 都是垂直专业化测度指标，其由 Hummels 等（2001）提出，是基于投入产出模型测算出的一国出口所包含的直接进口或间接进口的国外成分（VS）以及一国出口中作为中间品间接出口到其他国家的成分（VS1）。Hummels 等（2001）在测算一国垂直专业化时假设所有国家进口的中间产品完全是由出口国价值增值创造的，之后，有关学者也逐渐放松该假设，研究一国参与国际分工的程度。VS1 ∗ 是回国价值测度指标，指一国出口的、被国外进口投入生产成最终产品，然后再次被进口回国的该部分产品的价值。该方法由 Daudin 等（2011）[3]提出，可以看到回国价值是 VS1 价值的子集，因此被称为 VS1 ∗。VAX 是增加值出口测度指标，指一国创造的在国外吸收的增加值，该测度方法由 Johnson 和

① Jensen, J. B. , D. P. Quinn & S. Weymouth. " Global Supply Chains, Currency Undervaluation, and Firm Protectionist Demands", NBER Working Paper, No. 19239, July 2013.

② Becker, S. O. & K. Ekholm & Marc-Andreas, Muendler. "Offshoring and the Onshore Composition of Tasks and Skills", Journal of International Economics, 2013, 90, pp. 91-106.

③ Daudin, G. , C. Rifflart and D. Schweisguth. "Who produces for whom in the world economy?", Canadian Journal of Economics, Volume 44, Number 4, November 2011.

Noguera(2012)①提出，用增加值出口与总出口的比值，或者用"VAX 比例"概括衡量贸易增加值。

3. 相关数据库的建设

众所周知，附加值贸易在一定程度上反映了国家间的经济联系，所以经济学家们努力运用数理方法进行解析，而基于投入产出表所进行的各个指标的测算需要相关的数据库支撑，所以国际上的研究机构都在积极进行附加值贸易数据库的开发。表 2 列举了世界多个研究机构正在开发的附加值贸易数据库，表中的六组数据库主要是根据不同层面的投入产出数据进行估算的：

表 2　　正在开发的基于投入产出表的附加值贸易数据库

项目	开发机构	数据来源	国家和地区	部门	年份	备注
UNCTAD-Eora GVC 数据库	UNCTAD/Eora	Eurostat IO 数据库	187 个国家	25~500 个部门（根据国家情况）	1990—2010	无
国家间投入产出模型	OECD/WTO	国民 IO 表	58 个国家	18 个部门	1995、2000、2005、2008、2009	基于 OECD 的投入产出协调码编制
亚洲国际 IO 表（AIIOT）	日本 IDE-JETRO	国民收支账户及企业调查	10 个国家	76 个部门	1975、1980、1985、1990、1995、2000、2005	美国—亚洲数据表，包含中日双边数据
全球贸易分析项目（GTAP Version 8）	普渡大学和联盟的 27 家机构	个体研究者和组织的贡献	129 个地区	57 个部门	2004、2007	非官方数据，包含能源、土地、CO_2 排放和国际移民

---

① Johnson, R. C. and G. Noguera. "Fragmentation and Trade in Value-Added over Four Decades", NBER Working Paper, 2012, No. 18186.

续表

项目	开发机构	数据来源	国家和地区	部门	年份	备注
世界 IO 数据库(WIOD)	联盟的 11 家机构；欧盟；格罗宁根大学	国民账户(供给使用端表)	40 个国家	35 个部门和 59 种产品	1995—2009	基于官方国民账户统计
AISHA	悉尼大学	优化和模型调整的国家 IO 表	160 个国家	25~500 个部门(根据国家情况)	2000—2008	无

UNCTAD-Eora GVC 数据库采用投入产出表估算了出口产品中的进口内容和附加值贸易的比重，它的估算基于 Eora 的全球多区域投入产出(MRIO)表，但更侧重于发展中国家视角。OECD-WTO 联合数据库则是通过设立更综合的标准来估算附加值贸易，更侧重于方法论，涵盖了多个国家、产业和时间序列。日本的 IDE-JETRO 较早地开发了亚洲国家和美国的投入产出数据，并用以研究双边贸易，尤其是用企业调查的途径获得国家间中间品进口的数据，这是与其他数据库依靠统计归集方法所不同的。IDE-JETRO 还与 WTO 合作开发全球和区域生产网络的贸易政策等项目。较早的研究贸易附加值是借助于 GTAP 数据库下的国际投入产出表。GTAP 数据库是全球性数据库，主要应用于可计算一般均衡(CGE)模型中。世界投入产出数据库(WIOD)项目重点开发 27 个欧盟国家和其他 13 个国家之间的数据表，主要数据来源不是 IO 表而是国民经常账户的供给端数据表，并用终端分类来厘清贸易伙伴国之间的贸易流。

附加值贸易统计需要借助国家间交叉的投入产出数据实现。这种方法需要借助全球生产网络或者区域一体化作为平台，构造世界投入产出表(WIOT)或者亚洲国际投入产出表(AIIOT)等数据库才能作出准确的核算。附加值贸易统计需要具备处于价值链上所有国家之间的投入产出数据才能完成估算，所以，对数据和方法的要求较高。这种核算方法也可能会改变国际经济规则以及相关政策，直接影响生产网络上的国家，尤其是发展中国家政策制定者的经济发展战略，对促进经济增长，创造就业，提高税收和收入，以及加快产业转型升级产生深刻而长远的影响。

三、全球价值链的政策含义及前景展望

当今，全球价值链使得国家间的贸易和投资政策相互依存，也对各种政策表现出更加立竿见影的扩散效应。如何协调国与国之间相互依存的贸易关系也成为贸易政策制定的核心内容。全球价值链影响贸易政策的程度和路径也成为各国关注的热点问题。2014 年青岛 APEC 贸易部长会议批准了两项以中国为主提出的倡议，打破了美国在该领域的垄断地位。其一是《APEC 促进全球价值链发展和合作战略蓝图》，其二是《全球价值链中的 APEC 贸易增加值核算战略框架》。第一项倡议，主要是倡导 APEC 的 21 个成员方通过加强合作，把本地区的价值链做大，提升水平，并促进全球价值链发展，这是全球首份价值链纲领性政策文件。该蓝图提出了十个方面的内容。针对应对新贸易投资问题、数据统计、服务、发展中经济体参与全球价值链、中小企业、投资环境、贸易便利化、抵御全球价值链风险、公私合作、国际机构合作等 10 大支柱领域，提出政策指南和行动纲领。第二项倡议，由于全球价值链不仅涉及货物贸易，还涉及服务贸易、跨国投资，涉及测算亚太各国和地区间的贸易增加值拉动就业等诸多问题，需要建立基础数据库进行计算。因为各成员的基准年份、部门分类标准、数据可获得程度不同，所以各成员经济体投入产出表的连接需要 21 个经济体的通力合作。这两项倡议的推出，固然与全球价值链在全球及 APEC 地区经济分工合作中的重要性有关，但也与中国在这个领域的多年研究积累和积极推动密不可分。如今，我们发现全球价值链的研究具有如下政策含义和前景：

1. 全球价值链下的贸易成本大幅提高，应在多边层面削减关税

在目前的全球贸易体系下，发达国家对制造品的进口名义关税已经很低，发展中国家的情况虽然相对复杂，但也朝着低关税水平发展。但在全球价值链体系下，关税成本会比一般情况下的要高，

原因在于中间投入品在多次跨境交易后大大提高了累计关税。例如，下游企业对进口的投入品缴纳关税，对出口制成品还要上缴全部贸易额的关税，这就产生了对进口投入品的重复征税。OECD 的全球价值链报告显示，2009 年，中国制造品总出口负担的关税率约为 4%，如果换算成国内附加值部分所负担的关税，则高达 17%，意味着中国出口商实际负担的有效关税上升了 4 倍。这种效应在制造品的外国附加值比重较高时尤为明显，累计关税造成了规模较大的贸易成本。所以，在关税累加效应显著的情况下，降低关税和其他跨境成本可以对参与全球价值链产生立竿见影的促进效果。

2. 非关税措施易对中小企业进入全球价值链造成隐形障碍

当今国际贸易体系中出现了各种巧立名目的非关税措施，这些非关税措施在很多方面都影响到价值链上的生产者。尽管有些非关税措施在设立的本意上不存在保护的目的，但在实施中却造成了比关税还要高的贸易成本，也逐渐成为贸易保护的有利工具。非关税措施越来越成为隐蔽的保护手段，诸如大量的标准和技术规范所引致贸易成本的提高对中小企业参与全球价值链带来难以承受的负担。非关税措施在价值链的某一环节就会对中小企业造成较高的进入门槛，这在全球价值链主导的世界经济中更为严重。制定适当的质量标准对最终消费者是有利的，但是上述标准措施的复杂性和保护性对中小企业进入全球价值链形成了一道障碍。所以，取缔具有保护性质的非关税措施，才能有利于企业积极参与全球价值链。

3. 价值链上多次跨境交易要求提高贸易的便利化程度

全球价值链上的投入品可能先以中间品进行跨境交易，再以最终品出口到别国。这种多次跨境交易就需要一个快速、有效的海关和港口程序使得供应链上的操作更加顺畅。在交易过程中，企业要维持精益库存，并对外部需求有迅速的反应，避免中间投入品在边境受到交易的延误，那么，贸易便利化措施对参与全球化生产网络和市场交易的企业就至关重要。在这方面，OECD 推行的一套贸易便利化指标涵盖了边境交易程序的整个范围。这套指标包含了从预先裁决到运输保障等内容，涵盖了 133 个不同收入水平、地理区位和发展阶段的国家。贸易便利化措施可以使所有国家在进出口交易中受益，也使投入品能够顺畅进入生产环节，深入参与体现国际贸易特征的全球价值链。综合的贸易便利化改革比起单个、渐进的措施更加有效。贸易便利化措施能够产生非常显著的成本降低效应，低收入国家将减少 15%，中等偏下收入国家将减少 16%，中等偏上收入国家将减少 13%，OECD 国家将减少 10%。在某种程度上，成本问题对于发展中国家来说可能是一种障碍，但是可以通过有效的贸易援助措施减轻这种负面效应。

4. 跨国公司直接影响国家参与全球价值链的程度

跨国公司无疑是在全球价值链下产生附加值贸易的重要介质。在跨国公司的网络中，子公司的产出、跨境贸易、契约伙伴以及外部供应商都是不可或缺的要素。全球价值链中附加值贸易的模式在很大程度上是由跨国公司的投资决定。跨国公司通过复杂的供应商网络和各种管理模式进入全球价值链，如对外资企业的所有权、契约关系(或者非股权式的国际生产模式)或外部交易等。上述管理模式和产权结构需要与全球价值链下的贸易利得进行分配，以及与长期发展政策协调好关系。在国家层面，所吸引的 FDI 存量和全球价值链参与程度之间的关系可以证实跨国公司参与创造了附加值贸易。这种正的相关性表明 FDI 是国家进入全球价值链的重要途径，尤其是发展中国家多借此深入参与全球分工体系。经济总量中 FDI 存量越大的国家，其出口中的外国附加值比重越高。这些国家一般还有较高的全球价值链参与程度，主要表现在跨国公司的外国子公司不仅在生产中使用外国投入品，还提供给其他公司用于再出口，所以这些国家的附加值贸易对他们国家的 GDP 贡献较大。

5. 国家参与全球价值链可以对其就业产生深刻的影响

全球价值链下的附加值贸易不仅会给国家带来收入效应，还会带来就业的转移。全球价值链上的国家通过参与区域贸易可以创造更多的就业机会，也可以说，附加值贸易解决了所有参与国的劳动力就业问题。正是由于全球价值链上的生产任务配置在多个国家，产生的就业也不会集中在一国之内，这就导致了部分就业机会的跨境转移。以中国为例，OECD、WTO 和 UNCTAD 的报告指出，1995 年至 2008 年，由于外部需求产生的新增就业增长了 2/3，就业人数从 8900 万增长到 1.46 亿人。从发达国家分离出的生产环节为发展中国家或者新兴经济体创造了就业机会，也体现了全球价值链上众多国家所形成的区域就业不断加深的依存关系。

6. 中国参与全球价值链升级的思考

经过 30 多年的改革开放，中国已经成为全球价值链和国际产业分工的重要一环。过去 30 多年间，通过全球价值链的学习效应和二元驱动机制，中国不仅在短期内弥补了研发与生产能力、设计与市场营销能力的短板，还实现了部分产品向价值链高附加值环节的移动。不过，中国当前参与全球价值链的程度并不高，且以下游环节为主。中国企业在全球价值链中的位置大多还处于"微笑曲线"的中部或底部。据经济合作与发展组织报告显示，2008 年，中国的全球价值链参与指数只有 38%；2011 年，中国的单位出口国内增值率也只有 61.8%，其中加工贸易出口的国内增值率（38.7%）更是不足非加工出口的一半。客观而言，中国的全球价值链升级尚有很长的路要走。

7. 全球价值链与碳排放等环境问题的关联设想

改革开放以来，中国经济平稳快速发展，取得了巨大的成就。然而随着对外贸易额的不断扩大和经济的快速发展，能源消费不断增加。据国际能源署估计，中国在 2009 年消费了 22.52 亿吨油当量的能源，超过美国约 4%，成为全球最大的能源消费国。伴随巨大的能源消费的是不断攀升的碳排放量。据统计资料显示，近年来中国的碳排放增长占到了全球碳排放增长的 50% 以上。由此可见，对外贸易的快速发展是导致碳排放量迅速增加的重要原因。之所以如此，很大一部分原因在于发达国家将处在全球价值链中的一部分消耗能源巨大的中间产品外包给中国等发展中国家生产，中国等发展中国家不仅不能从这部分中间产品中获得多少价值增值，而且还要消耗大量能源，增大碳排放量所带来的环境恶果。因此，明确全球价值链与碳排放的关系并建立相关数据库进行测算，明晰中国的碳排放有多少是由于发达国家所造成的，有助于相关法律法规的制定，有助于我们向发达国家索要碳权或碳税。这将是时下最热门也是最迫切的研究方向之一。

新新贸易理论的新进展
——基于国家间不对称的贸易模式与贸易利益的研究

武汉大学经济与管理学院　　胡　方

引　言

1979 年，克鲁格曼(Krugman，1979)成功建立了一个规模经济和垄断竞争国际贸易模型，这标志着新贸易理论的开始。新贸易理论能够解释世界范围内广泛存在的产业内贸易现象，但也存在着问题，不能对一个产业内企业之间的贸易现象进行说明。2003 年，梅里兹(Melitz，2003)在新贸易理论的基础上，进一步引入生产率的分布和平均生产率的计算等方法，建立了新新贸易理论。

梅里兹的分析有一个重要前提，两个国家的企业虽然在生产率方面存在差异，但两个国家的企业的生产率分布却相同，其一般技术水平相同。因而，在两个国家之间进行贸易时，各个国家的两种临界生产率水平相同，各国进入对手国家市场的企业数量相同，退出的企业数量相同，且进入的数量与退出的数量相当，不会对消费者消费的产品数量和种数等产生影响。因而，国际贸易对于两个国家来说，会带来相同的贸易利益，同时不会产生贸易损害的问题。

近年来，一些学者(如 Melitz and Ottaviano，2008；Demidova，2008；Falvey，Greenaway and Yu，2006；Bohnstedt，Schwarz and Suedekum，2010；Levchenko and Jing Zhang，2014 等)在梅里兹研究的基础上，允许国家之间存在内生性的技术差异等，形成国家间

的不对称性，这种不对称性会对两国贸易模式和贸易利益带来不同的后果。一国的企业和政府等经济主体可以对技术研究等进行投入，这种投入可以提高该国在相关产业的技术潜力，进而影响一国的临界生产率，从而导致更加严格的企业选择和更高的企业平均生产率，转而降低价格，增加福利。在开放经济中，这种投入还有一个战略性动因：如果一国的企业和政府等经济主体的投入大于其他国家，在技术上具有主导地位国家的企业选择会更严格，企业出口变得更容易；而技术落后国家的企业选择很宽松，企业竞争力较弱，出口变得较为困难。因此，技术研究方面的投入将导致国内企业在平均水平上拥有竞争优势。同时，一个国家的贸易开放程度越高，企业和政府等就越倾向于增加投入，从而导致该国获得更大的贸易利益，而技术上的非主导国家则有可能在这一过程中出现贸易损害。这一结论与一些实证观察结果一致。一些实证资料表明，随着国际贸易的发展与贸易自由化的进展，为了获得更大的贸易利益，许多国家增加了研发支出，在一定条件下，研发支出的增加往往与技术上的主导地位具有相关性。

本文将对基于国家间不对称条件的新新贸易理论的基本内容与目前的进展进行综述。就目前掌握的研究文献来看，国家间的不对称主要表现在生产率分布的不对称性、成本分布的不对称性等方面。本文将以相关文献为基础，介绍上述不对称性条件下的贸易模式和贸易利益，并与各种国际贸易理论（如比较优势理论、新贸易理论、一般条件下的新新贸易理论等）进行简要的比较，明确基于国家间不对称条件的新新贸易理论的特征，明确这种理论的现实意义。

本文的结构如下：首先对梅里兹模型进行介绍，然后在这个基础上介绍 Demidova（2008），Melitz 和 Ottaviano（2008），Bohnstedt，Schwarz 和 Suedekum（2010），Falvey，Greenaway 和 Yu（2011），Pflüger 和 Suedekum（2013），Unel（2013），Pflüger 和 Stephan Russek（2014），Levchenko 和 Jing Zhang（2014）等基于生产率分布的不对称性的研究，阐述非对称生产率分布条件下一些重要的观点。最后是简要说明与结论。

一、梅里兹的理论模型

梅里兹(Melitz，2003)是对克鲁格曼(Krugman，1979)理论模型的扩展。克鲁格曼建立了一个规模经济和垄断竞争国际贸易模型，这一模型是新贸易理论的代表性模型之一。为了强调规模经济的作用，克鲁格曼的理论模型假设两个进行贸易的国家没有劳动生产率的差异，同时也没有要素禀赋的差异，两国仅仅存在规模经济意义的差异。克鲁格曼从这一模型的分析中得出一些重要的结论。首先，垄断竞争企业可以通过国际贸易扩大市场，增加消费人口来扩大生产，获得规模经济，降低平均成本和产品价格。其次，每个消费者对某种产品的消费量会有所减少，但消费品的种类则大大增加。消费者通过产品种类的增加提高福利。克鲁格曼通过这一模型的分析指出了贸易的基础不一定是两国之间技术或要素禀赋上的差异而造成的成本价格差异，扩大市场获得规模经济也是企业愿意出口的重要原因之一。企业可以通过出口来降低成本，获得短期利润。当然，贸易前，两国的市场规模不同造成的企业生产规模不同也会出现产品价格的差异而成为贸易的原因。不过，造成这种价格差异的原因不是各国技术和资源上的不同，而仅仅是规模上的区别。克鲁格曼的这一理论令人信服地解释了发达工业国家之间的贸易和行业内贸易的重要原因，补充和发展了国际贸易的理论。

1. 相关假设

世界由两个对称的国家组成，两国内存在代表性消费者和许多具有异质性的企业。时间具有离散性，总计量在时间过程中保持一定，具有定常分布，不存在不确定性。由于两国具有对称性，在定常分布均衡上，所有变量在两个国家中相同。

各国存在代表性家庭，向市场上非弹性地供给均质的劳动。各国的总劳动供给为 L，劳动在国际间不能流动。效用函数的形态为 CES 形式。在 CES 形式的效用函数最大化时，每个企业将面临向右下方倾斜的需求曲线。

企业仅仅使用劳动这一种生产要素来生产差异化产品。在生产

115

时，企业支付劳动单位固定的费用 f 和与生产量相应的可变费用——工资。在家庭的需求曲线给定的条件下，选择价格与产量可促使利润最大。各企业的利润向本国的家庭均等地让渡。各企业持有固有的劳动的边际生产率，企业间的异质性依赖于劳动生产率在各国的状态。这里针对生产率的函数可表示为某个带有生产率的企业的函数。企业在所在国国内生产的产品与出口的产品统一用下标 d 和 x 表示。由于国家具有对称性，因而没有区别本国与外国。

企业在国内进行销售时，不需要销售费用或贸易费用。在出口时，则需要支付劳动单位表示的固定费用还有冰块运输成本的可变费用 τ。在垄断竞争假设下，可变贸易费用可以用在价格上相乘来确定。同时冰块运输费用意味着向消费者销售 1 单位的产品时，生产者需要支付 τ 单位（$\tau \geq 1$），在运输的过程中，将损耗 $\tau - 1$ 单位。在下面分析中假设生产中的固定费用将小于贸易费用（即 $\tau^{-(\sigma-1)} \leq 1$）。

各国在实际开工和经营中的企业总数为 M。一个企业生产一种产品，因而 M 也是国内生产的产品的总数。在定常均衡中，M 会采取某个值。每个时期以一定的比例，即存企业会外生地退出，这种退出的概率依赖于企业的生产率 φ。与此同时，在潜在企业中，每个时期会有一定的企业开始经营。各潜在企业在进入之际将以劳动单位支付进入的固定费用，并获得来自由劳动生产率 φ 形成的概率分布函数 $G(\varphi)$ 中得到的概率变量。与此相对的概率密度函数用 $g(\varphi)$ 来表示。各潜在进入企业知道分布函数的形态，但在进入后才知道实现的生产率的值，一旦获得生产率的值，在退出之前，该值没有变化。各企业在获得实现值后，才决定是否正式进入从事生产与经营活动。企业得到的进行经营或开工时的生产率的概率为 $\text{Pr}(in)$。家庭支付进入时的固定费用，因而家庭也获得企业的利润。这里，在期望利润与初期的费用 wf_e 一致时，会出现进入。模型中所分析的这种退出、进入、生产和消费，会一直持续，这构成模型分析的场景。

2. 需求

在经济中存在 L 个消费者，每个消费者供给 1 单位劳动，并 CES 形式的效用函数：

$$U(c) = \left[\int_{z \in \Omega} q(z)^e dz \right]^{1-e} \tag{1}$$

其中，U 为代表性消费者的福利水平，$q(z)$ 为本国中第 z 种产品的人平消费量，z 为商品集合 Ω 中的一种商品，e 为小于 1 的正数，带 * 号为外国。依据 CES 函数的性质，可知替代弹性 $\sigma = 1/(1-e) > 1$。

消费者在预算约束条件下求解(1)式表示的最大效用水平，得需求函数(其中 $Q = U$)：

$$q(z) = Q \left[\frac{p(z)}{P} \right]^{-\sigma} \tag{2}$$

其中，P 为价格指数，其形式为：

$$P = \left[\int_{z \in \Omega} p(z)^{1-\sigma} dz \right]^{1/(1-\sigma)} \tag{3}$$

同时，针对不同产品的支出：

$$p(z)q(z) = PQ \left[\frac{p(z)}{P} \right]^{1-\sigma} \tag{4}$$

这里，$R = PQ$ 是对不同产品的总支出。显然，有：$r(z) = R \left[\dfrac{p(z)}{P} \right]^{1-\sigma}$。

3. 供给

假设两个国家的劳动总量一定，价格与工资都具有相同的单位。同时有许多企业，每个企业选择一种产品，劳动为唯一的生产要素，生产函数为：

$$l(\varphi) = f + q(\varphi)/\varphi \tag{5}$$

其中，f 为固定成本，且每个企业相同。φ 为企业的生产率水平，$\varphi > 0$。企业利润为：$\pi(\varphi) = p(\varphi)q(\varphi) - wl(\varphi)$。在进行生产时，把固定成本以外的部分代入需求函数，进行利润最大化，可得：

$$p(\varphi) = \frac{\sigma}{\sigma - 1} \frac{w}{\varphi} \tag{6}$$

将这一价格代入需求函数，可得生产量：

$$q(\varphi) = \frac{R}{w} \left(\frac{P}{w} \right)^{\sigma - 1} \left(\frac{\sigma - 1}{\sigma} \right)^{\sigma} \varphi^{\sigma} \tag{7}$$

将工资 w 单位化，企业利润可改写为：

$$\pi(\varphi) = r(\varphi) - l(\varphi) = \frac{r(\varphi)}{\sigma} - f \tag{8}$$

其中，$r(\varphi)$ 为企业收入。参考(6)式，作适当调整，可见企业收入 $r(\varphi)$ 与利润 $\pi(\varphi)$ 取决于总价格指数与总收入的变化，即：

$$r(\varphi) = R\left[Pe\varphi\right]^{\sigma-1} \tag{9}$$

$$\pi(\varphi) = \frac{R}{\sigma}\left[Pe\varphi\right]^{\sigma-1} - f \tag{10}$$

可见，生产率水平是决定两个企业产量与收入之比的唯一因素：

$$\frac{q(\varphi_1)}{q(\varphi_2)} = \left(\frac{\varphi_1}{\varphi_2}\right)^{\sigma} \tag{11}$$

$$\frac{r(\varphi_1)}{r(\varphi_2)} = \left(\frac{\varphi_1}{\varphi_2}\right)^{\sigma-1} \tag{12}$$

4. 企业进入与临界值

设 $\mu(\varphi)$ 是初始的概率分布密度函数，且市场中存在 M 家企业，即有 M 个产品。这样,定义平均生产率为: $\tilde{\varphi} = \left[\int_0^{\infty}\left(\frac{1}{\varphi}\right)^{1-\sigma}\mu(\varphi)\mathrm{d}\varphi\right]^{1/(\sigma-1)} = \left[\int_0^{\infty}(\varphi)^{\sigma-1}\mu(\varphi)\mathrm{d}\varphi\right]^{1/(\sigma-1)}$。在对企业能否成功进入市场进行说明后，市场上的产品种类数量也成为具有概率性质的变量。

假设该行业可以自由进入，进入之前企业无差异，进入之后企业拥有一个初始生产率。建立新企业所需要的固定成本为 $wf_e = f_e > 0$，企业的最初的生产率服从概率密度为 $g(\varphi)$ 的随机分布，其累积分布函数为 $G(\varphi)$。

如果企业进入后拥有一个相对低的生产率，那么该企业会选择退出，不会进行生产活动。如果企业进行生产活动，那么它将面临一个外界的冲击创设其发生的概率，即退出概率为 δ。

再考虑总体变量不随时间变化的均衡状态。一个拥有生产率水平 φ 的新进入企业，如果其利润为负，那么将被淘汰；如果利润大于 0，那么它会选择进行生产，直到出现负面冲击将其利润减少为负，使其退出市场。不考虑贴现价值，每个企业的价值函数为：

$$v(\varphi) = \max\left\{0, \sum_{t=0}^{\infty}(1-\delta)^{t}\pi(\varphi)\right\} = \max\left\{0, \frac{\pi(\varphi)}{\delta}\right\} \quad (13)$$

令 φ^* 为企业进行生产所必需的生产率水平。与 φ^* 相比，生产率较大的企业从事生产，较小的企业退出生产。因而，在这个意义上，该值为临界值。这一结果是关于企业生产的固定费用与关于生产率的异质性两种假设的归结。该值可计算为：

$$\varphi^* = (R)^{-1/(\sigma-1)}(P)^{-1}f^{1/(\sigma-1)}\sigma^{\sigma/(\sigma-1)}(\sigma-1)^{-1} \quad (14)$$

在该模型中，$w=1$，R，P 为内生变量。在均衡时，仅仅依赖参数来决定，不过，作为企业最优化的结果的临界值 φ^* 在由工资测量的收入 R/w 一定时，与工资测量的产品价格 P/w 具有一一对应的特点。

同时有：$v(\varphi)>0 \Leftrightarrow \pi(\varphi)>0$。且可得零利润条件 $\pi(\varphi^*)=0$。可见，生产率 $\varphi>\varphi^*$ 的企业将在市场竞争中生存下来。因而，从初始概率分布密度函数可以得出均衡时市场的概率分布密度函数为 $g(\varphi)$ 的条件概率分布函数：

$$\mu(\varphi) = \begin{cases} \dfrac{g(\varphi)}{1-G(\varphi^*)} & if \varphi \geqslant \varphi^* \\ 0 & otherwise \end{cases} \quad (15)$$

这里的 $G(\varphi)$ 是对 $g(\varphi)$ 的累积分布函数，$1-G(\varphi^*)=P_{in}$ 表示成功进入市场的概率。这样平均生产率或者总体生产率水平可进一步定义为：

$$\tilde{\varphi}(\varphi^*) = \left[\frac{1}{1-G(\varphi^*)}\int_{\varphi^*}^{\infty}\varphi^{\sigma-1}g(\varphi)\,\mathrm{d}\varphi\right]^{1/(\sigma-1)} \quad (16)$$

可见，平均生产率 $\tilde{\varphi}$ 仅仅取决于零利润水平的生产率 φ^*。同时，由 $\pi(\varphi^*)=0$，可得：$r(\varphi^*)=\sigma f$，这样有零利润条件（ZCP）：

$$\overline{\pi} = \left(\frac{\tilde{\varphi}}{\varphi^*}\right)^{\sigma-1}f-f = f\left[\left(\frac{\tilde{\varphi}}{\varphi^*}\right)^{\sigma-1}-1\right] = fk(\varphi^*) \quad (17)$$

在临界值的企业，其利润为 0，其他企业的利润大于 0，因而平均利润会大于 0。将企业的利润表现为现值，得平均价值为：

$$\bar{v} = \bar{\pi} [1 - (1 - \delta) + (1 - \delta)^2 + (1 - \delta)^3 + \cdots] = \bar{\pi} \delta^{-1} \qquad (18)$$

同时，平均价值还可以表示为：$\bar{v} = \int_{\varphi^*}^{\infty} v(\varphi) \mu(\varphi) d\varphi$。令 v_e 表示企业进入的期望价值，则：

$$v_e = p_{in} \bar{v} - f_e = \frac{1 - G(\varphi^*)}{\delta} \bar{\pi} - f_e \qquad (19)$$

企业在进入市场之前，并不知道其期望利润的大小。许多企业进入市场后，市场达到均衡时，成功进入企业的企业的期望价值为 0。由此可得到自由进入的均衡条件（FE）：

$$\bar{\pi} = \frac{\delta f_e}{1 - G(\varphi^*)} \qquad (20)$$

5. 封闭经济均衡

由零利润条件（ZCP）与自由进入均衡条件（FE）可得封闭经济条件下的市场均衡。

由自由进入均衡条件（FE）可知，利润是生产率的递增函数。对于零利润条件（ZCP），可假设 $j(\varphi) = [1 - G(\varphi)] k(\varphi)$，它是平均利润现值的一部分。$f \delta^{-1} j(\varphi)$ 是来自 $G(\varphi)$ 由于进入而获得的利润的现值。$j(\varphi)$ 对生产率的导数小于 0，其弹性也为负值。因而，在零利润条件（ZCP）中，利润会随 φ 递减。两个方程式会决定一个交点，该点构成市场均衡。

在市场达到均衡时，总体总量不随时间变化。假设每个时期有大量的企业 M_e 进入，成功进入的企业数量为 $p_{in} M_e$。由于总体变量保持不变，因而进入市场的企业数量等于退出市场的企业数量，即：

$$p_{in} M_e = \delta M \qquad (21)$$

由于进入者和退出者具有同样的生产率分布，所以均衡生产率分布不变。令总劳动力为 L，用于生产的劳动力为 L_p，用于进入市场的固定劳动力为 L_e，则 $L = L_p + L_e$。就劳动市场出清（即均衡）条件来看，对 L_p 有 $L_p = R - \Pi$，对 L_e 有 $L_e = M_e f_e$，其中工资为 1。从而有：

$$L_e = M_e f_e = \frac{\delta M}{p_{in}} f_e = M\overline{\pi} = \Pi \qquad (22)$$

且总收入等于总支出，即 $R = L_p + \Pi = L_p + L_e = L$。$L$ 是上升变量，取决于国家的大小。这样可得企业数量 M 为：

$$M = \frac{R}{\overline{r}} = \frac{L}{\sigma(\overline{\pi}+f)} \qquad (23)$$

最后，可算得自给自足下的人平福利为：

$$W = P^{-1} = M^{1/(\sigma-1)} e\overline{\varphi} = e\left(\frac{L}{\sigma f}\right)^{1/(\sigma-1)} \varphi^* \qquad (24)$$

6. 开放经济下的自由贸易均衡

首先，在需求方面，与上述封闭经济相似，只是消费者消费的产品中包含更多的商品，除了本国生产的产品，还有进口的产品。其次，在生产方面，开展国际贸易需要支付费用，假设进出口企业在初始出口时需要支付固定成本 f_x，并假设企业的运输成本为冰山形式，即出口一单位的商品到目的国将要从本国生产 $\tau(\tau>1)$ 单位的商品。整个世界有 $n+1$ 个国家，每个国家拥有 n 个贸易伙伴。同时，可将上文说明的企业作为国内企业，所有变量，如利润、产量、价格、销售收入等需要加下标 d 来表示。出口企业是不仅能够在国内市场销售的企业，而且能够出口到海外市场进行销售的企业。这种企业用下标 x 表示。出口企业的利润为：

$$\pi_x(\varphi) = p_x(\varphi)q_x(\varphi) - wl_x(\varphi) = p_x(\varphi)q_x(\varphi) - w\frac{\tau q_x(\varphi)}{\varphi} - wf_x \quad (25)$$

在需求函数给定下，求解最大的利润，运用同样的方法可得价格与数量：

$$p_x(\varphi) = \frac{\sigma}{\sigma-1}\frac{w\tau}{\varphi} = \tau p_d(\varphi) \qquad (26)$$

$$q_x(\varphi) = \frac{R}{w}\left(\frac{P}{w}\right)^{\sigma-1}\left(\frac{\sigma-1}{\sigma}\right)^\sigma\left(\frac{\varphi}{\tau}\right)^\sigma = \tau^{-\sigma}q_x(\varphi) \qquad (27)$$

对于既在国内销售又出口的企业来说，企业收入和企业利润均有两个部分：

$$r_d(\varphi) = R\left[Pe\varphi\right]^{\sigma-1},$$
$$r_x(\varphi) = \tau^{1-\sigma}R\left[Pe\varphi\right]^{\sigma-1} = \tau^{1-\sigma}r_d(\varphi) \qquad (28)$$

$$\pi_d(\varphi) = \frac{R}{\sigma}[Pe\varphi]^{\sigma-1} - f = \frac{r_d(\varphi)}{\sigma} - f,$$

$$\tag{29}$$

$$\pi_x(\varphi) = \frac{r_x(\varphi)}{\sigma} - f_x,$$

如果企业出口到 n 个国家，则企业总收入和总利润为：

$$r(\varphi) = r_d(\varphi) + nr_x(\varphi) = (1 + \tau^{1-\sigma})r_d(\varphi) \tag{30}$$

$$\pi(\varphi) = \pi_d(\varphi) + \max[0, n\pi_x(\varphi)] \tag{31}$$

与封闭经济一样，企业价值为：

$$v(\varphi) = \max[0, \pi(\varphi)/\delta] \tag{32}$$

设临界值为 φ^*，显然那些生产率 $\varphi > \varphi^*$ 的企业在市场中可以生存。且设 φ_x^* 为出口企业的临界值，如果 $\varphi_x^* = \varphi^*$，则所有企业将会出口。如果 $\varphi_x^* > \varphi^*$，则生产率在 φ^* 和 φ_x^* 之间的企业仅仅在国内市场销售产品，因为其出口利润为负，只有生产率在 φ_x^* 之上的企业才会在国内和海外市场上销售产品，并获得正的利润。临界企业的利润为 0，即：

$$\pi(\varphi^*) = \pi_d(\varphi^*) + n\pi_x(\varphi^*) = 0 \tag{33}$$

这是零利润条件。由于国内生产与出口生产分开，因而这一条件表现为两个方程式，即在国内有：$\pi_d(\varphi^*) = 0$；在出口市场上有：$\pi_x(\varphi^*) = 0$。由于 $1 - G(\varphi^*) = P_{in}$ 表示成功进入所有市场的概率，而进入海外市场的概率为 $1 - G(\varphi_x^*)$。这样，出口企业比例为：$p_x = [1 - G(\varphi_x^*)]/[1 - G(\varphi^*)]$。一国内的出口企业数量为：$M_x = p_x M$。国内的平均生产率为：$\tilde{\varphi} = \tilde{\varphi}(\varphi^*)$，出口市场的平均生产率水平为：$\tilde{\varphi}_x = \tilde{\varphi}(\varphi_x^*)$。总体的平均生产率水平包含两个市场，其权重依赖两个市场的份额来确定。这样，可以得到国内和海外市场的总体平均生产率水平为：

$$\tilde{\varphi}_t = \left\{ \frac{1}{M_t}[M\tilde{\varphi}^{\sigma-1} + nM_x(\tau\tilde{\varphi}_x)^{\sigma-1}] \right\}^{1/(\sigma-1)} \tag{34}$$

由于假设对称性，因而这也是一个国家的所有企业的加权平均生产率水平。同样，可以得到企业的平均收入 $\bar{r} = r_d(\tilde{\varphi}) + p_x nr_x(\tilde{\varphi}_x) = \sigma(\bar{\pi} + f + p_x nf_x)$，同时可得平均利润为：

$$\overline{\pi} = \pi_d(\tilde{\varphi}) + p_x n \pi_x(\tilde{\varphi}_x) \qquad (35)$$

这样，开放经济的零利润条件（ZCP）为：

$$\pi_d(\varphi^*) = 0 \Leftrightarrow \pi_d(\tilde{\varphi}) = fk(\varphi^*),$$

$$\pi_x(\varphi_x^*) = 0 \Leftrightarrow \pi_x(\tilde{\varphi}) = f_x k(\varphi_x^*) \qquad (36)$$

再看自由进入的均衡条件。可把 φ_x^* 表示成 φ^* 的函数，即：

$$\frac{r_x(\varphi_x^*)}{r_d(\varphi^*)} = \tau^{1-\sigma} \left(\frac{\varphi_x^*}{\varphi^*}\right)^{\sigma-1} = \frac{f_x}{f} \Rightarrow \varphi_x^* = \varphi^* \tau \left(\frac{f_x}{f}\right)^{\sigma-1} \text{。可得：}$$

$$\overline{\pi} = fk(\varphi^*) + p_x n f_x k(\varphi_x^*) \qquad (37)$$

与封闭经济相似，平均利润的现值为：$\overline{v} = \overline{\pi} \delta^{-1}$。且 v_e 表示企业进入的期望价值，当该值为 0 时，市场处于均衡，这时有：$\overline{\pi} = \delta f_e / p_{in}$。这是自由进入的均衡条件（FE）。

运用开放经济的零利润条件（ZCP）和开放经济的自由进入的均衡条件（FE），可以得到国际贸易均衡。开放经济条件下的自由贸易均衡中的平均利润大于封闭经济均衡时的平均利润，临界值也大于封闭经济均衡时的临界值。

同时，与自给自足相似，可得国内企业数量 M 为：

$$M = \frac{R}{\overline{r}} = \frac{L}{\sigma(\overline{\pi} + f + p_x n f_x)} \qquad (38)$$

总体企业数量为：$M_t = (1 + n p_x) M$。此外，还可得自由贸易条件下的人平福利为：

$$W = P^{-1} = M^{1/(\sigma-1)} e \tilde{\varphi} = e \left(\frac{L}{\sigma f}\right)^{1/(\sigma-1)} \varphi^* \qquad (39)$$

可对封闭经济与开放经济的人平福利进行比较。如果用下标 A 记自给自足条件下的变量，用下标 D 记自由贸易条件下的变量，则自由贸易条件下的人平福利与自给自足条件下的福利相比，有：

$$W_D - W_A = e \left(\frac{L}{\sigma f}\right)^{1/(\sigma-1)} (\varphi_D^* - \varphi_A^*) \qquad (40)$$

由于 $\varphi_D^* > \varphi_A^*$，所以开放经济条件下的福利大于自给自足下的福利。这是国际贸易的利益。

二、基于不对称国家的贸易模式与贸易利益分析

以上是对梅里兹(2003)模型的简要概述。如果相互进行贸易的仅仅为两个国家，则由于该模型假设两个国家具有对称性，在需求与供给等方面完全一致，因而两个国家获得的贸易收益也完全相同。当然，通过相互贸易，两个国家都获得了高于自给自足条件下的经济福利。

基于严格假设的梅里兹(2003)模型，显然与现实有许多差异，不过该模型可以看成是一个基准模型。正因为如此，新新贸易理论后来的理论发展都以这一模型为基础。其中一个重要的发展是缓和对称性假设，引入国家间的非对称性。Demidova（2008），Bohnstedt，Schwarz 和 Suedekum（2010），Falvey，Greenaway 和 Yu（2011），Pflüger 和 Suedekum（2013），Unel（2013），Pflüger 和 Stephan Russek（2014），Levchenko 和 Jing Zhang（2014）在梅里兹研究的基础上，允许国家之间存在内生性的技术差异等，形成国家间的不对称性，这种不对称性会对两国贸易模式和贸易利益带来不同的后果。一国的企业和政府等经济主体可以对技术研究等进行投入，这种投入可以提高该国在相关产业的技术潜力，进而影响一国的临界生产率，从而导致更加严格的企业选择和更高的企业平均生产率，转而降低价格，增加福利。在开放经济中，这种投入还有一个战略性动因：如果一国的企业和政府等经济主体的投入大于其他国家，在技术上具有主导地位国家的企业选择会更严格，企业出口变得更容易；而技术落后国家的企业选择很宽松，企业竞争力较弱，出口变得较为困难。因此，技术研究方面的投入将导致国内企业在平均水平上拥有竞争优势。同时，一个国家的贸易开放程度越高，企业和政府等就越倾向于增加投入，从而导致该国获得更大的贸易利益，而技术上的非主导国家则有可能在这一过程中出现贸易损害。

Demidova 等人的研究表明，Demidova 等人提出的理论模型中的开放经济条件与 Melitz(2003)框架下的开放经济条件有区别。虽

然一些合计结果仍然成立(价格指数公式、大量的企业和随着国内厂商生产力削减却仍然上升的福利),但是,不对称的生产力分布导致三大主要派生区别。其一,生产力的缩减在不对称的国家中不再相同。若要得出这个结论,就需要解决一系列的方程(一个国家一个方程),而在Melitz(2003)中只存在一个含未知削减的方程,且这一方程对于每一个国家而言都是相同的。其二,由于生产力缩减的不同,平均生产率以及大量在国内市场销售的企业与那些当地的生产企业有所不同。其三,在不对称的国家中,每一个国家生产异质产品厂商的总收入和总支出具有差异,而在Melitz(2003)中这些值是相同的。

下面,以Demidova等人的研究为基础,对具有非对称国家的新新贸易理论的基本模型与主要观点进行综述。由于Demidova等人的研究所使用的效用函数与梅里兹(2003)模型有些差异,因而为了与上文介绍的梅里兹(2003)模型相互一致,我们在下面的综述中对Demidova等人研究中所使用的效用函数作了改变,使其与上文的模型一致。这样,在进行比较时,就会形成更加一致的结论。

1. 更好的生产率分布

为了进行说明,假设世界上有两个相互进行贸易的国家:本国和外国,同时假设这两个国家具有不同的生产率分布。下面的定义给出了不同生产率分布的含义。

如果对任何给定的生产率水平 φ,有:

$$\frac{g_H(\varphi)}{1-G_H(\varphi)}<\frac{g_F(\varphi)}{1-G_F(\varphi)} \tag{41}$$

则以冒险率顺序为条件,生产率分布 $G_H(\varphi)$ 支配生产率分布 $G_F(\varphi)$ 一般可简单写为 $G_H(\varphi)>G_F(\varphi)$。

冒险率随机优势(HRSD)意味着,在任何给定的临界值水平上,有一个递增函数的期望值等级。也就是说,如果 $y(x)$ 随着 x 递增,且 $G_H(\varphi)>G_F(\varphi)$,那么对任何给定水平的 φ,有 $E_H[y(x) \mid x>\varphi]>E_F[y(x) \mid x>\varphi]$。在该模型中,这意味着,任何给定的生产率水平 φ,带着一个生产率分布 $G_H(\varphi)$ 进入本国市场,与带着一

个生产率分布 $G_F(\varphi)$ 进入外国市场，将有一个更好的机会获得更高的生产率。

如果在 HRSD 意义上，在本国的生产率分布随机地支配外国的生产率分布，则本国在技术潜力上好于第二个国家。这样，给定本国和外国不同，记上文中的 $j(\varphi)=j[\varphi^*，G(\cdot)]$，则有：对于任何的生产率水平 φ，有 $j[\varphi^*，G_H(\cdot)]>j[\varphi^*，G_F(\cdot)]$。

利用方程(26)式或(27)式，如果假设两个国家建立新企业所需的固定成本相同，均为 f_e，可获得图1。利用图1，可获得结论：$\varphi_H^*>\varphi_F^*$。因为一些国内的在任何给定的生产率水平上，有更好的机会获得一个更高的生产率，同时具有更高生产率水平的企业才能生存。结果，与外国相比，本国有更低的价格指数和更高的人平福利。

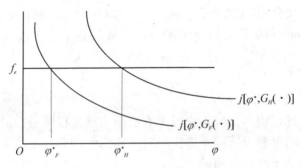

图 1　本国与外国非对称假设时封闭经济中的临界值

2. 两国开放经济的均衡分析

贸易有两个基本的经济影响：一方面，提供一个在新市场中销售的机会；另一方面，带来了来自国外的新的竞争对手。我们把成本作为贸易的一个考虑因素：当企业成为出口商时，他们会面对新的成本，如运输费用、关税等。对这种成本的考虑与梅里兹(2003)相同。

(1)开放经济中的均衡

在每一个参与贸易的国家中，国内生产差异化产品的部门取得

的总收入为 R_i，与消费差异化产品的总支出 E_i 基本相等，$i = H$，F。由于每个国家的消费者将他们的收入用于消费差异化产品，则全世界差异化产品的支出等于这个部门的收入。出口价格是 $p_x(\varphi) = \tau p_d(\varphi)$。使用(4)式，可得 i 国企业在国内的销售收入。如果 i 国的企业不出口的话，那么这个企业仅仅获得国内市场的销售收入。如果企业出口的话，收入就是本国市场和外国市场的和。可得到的实际的商品束因国家不同而有所不同，并不是每个国家的企业都决定要出口。

我们假定 $G_H(\varphi) > G_F(\varphi)$，而且仅仅考虑固定均衡。这样，在 i 国，企业在国内和国外市场销售分别获得的利润为：

$$\pi_{di}(\varphi) = \frac{r_i(\varphi)}{\sigma} - f$$

$$\pi_{xi}(\varphi) = \frac{r_j(\tau^{-1}\varphi)}{\sigma} - f_x \quad i = H, \ F \tag{42}$$

现在是对两个国家间的贸易进行分析，因而总利润可以写为：

$$\pi_i(\varphi) = \max[0, \ \pi_{di}(\varphi)] + \max[0, \ \pi_{xi}(\varphi)]。$$

在自给自足的情况下，临界值须满足：

$$\pi_{di}(\varphi_i *) = 0 \ 和 \ \pi_{xi}(\varphi_{xi} *) = 0。$$

对临界值进行计算，可见，生产力的临界值水平在两个国家间具有联系，即 $\varphi_{xH}^{\ *} = A\varphi_F^{\ *}$，$\varphi_{xF}^{\ *} = A\varphi_H^{\ *}$，其中 $A = \tau \ (f/f_x)^{1/(\sigma-1)}$。

假设 $f_x/f > X$，其中 X 取决于生产力分布的不同而取不同的值，则该假设可确保两个国家中只有国内的生产企业可以出口。该假设实际上意味着与上文的假设 $\varphi_{xi}^{\ *} > \varphi_i^{\ *}$ 相同。正因为如此，可见 A 大于1，由此可得图2。

在国内市场中成功进入的事前可能性与作为一个出口商而成功进入的可能性分别是：

$$p_{in.i} = [1 - G(\varphi_i^{\ *})]$$

$$p_{xi} = [1 - G(\varphi_{xi}^{\ *})] / [1 - G(\varphi_i^{\ *})] \tag{43}$$

i 国既有企业的生产力布局是：$\mu_i(\varphi) = \dfrac{g_i(\varphi)}{1 - G(\varphi_i^{\ *})}$，$\forall \varphi \geqslant \varphi_i^{\ *}$，

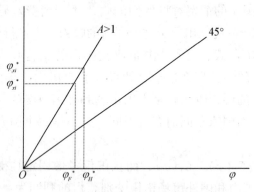

图 2 各国不同临界值的图示

否则，即为 0。用 M_i 表示 i 国在均衡条件下存在的企业数量。因而，在国家 i 中，出口企业的数量和可获得的总的产品种类可分别表示为：$M_{xi} = p_{xi} M_i$ 和 $M_{ti} = M_i + M_{xj}$。

利用上文的分析，可定义一个典型的国内企业和出口企业的平均生产率为：$\tilde{\varphi}_i = \tilde{\varphi}(\varphi_i^*, G(\cdot))$，$\tilde{\varphi}_{xi} = \tilde{\varphi}(\varphi_{xi}^*, G(\cdot))$。注意本国研究的是两个国家，从而可得 i 国的平均收入和平均利润为：

$$\bar{r}_i = r_i(\tilde{\varphi}) + p_{xi} r_x(\tau^{-1} \tilde{\varphi}_{xi}) \tag{44}$$

$$\bar{\pi}_i = \pi_{di}(\tilde{\varphi}) + p_{xi} \pi_{xi}(\tilde{\varphi}_{xi})$$

对于每一个国家，可将各种综合变量写成下列形式：

$$\tilde{\varphi}_{ti} = \left\{ \frac{1}{M_{ti}} \left[M_i \tilde{\varphi}_i^{\sigma-1} + M_{xj}(\tau \tilde{\varphi}_{xj})^{\sigma-1} \right] \right\}^{1/(\sigma-1)} . i = H, F, i \neq j \tag{45}$$

$$P_i = M_{ti}^{1/(1-\sigma)} p_d(\tilde{\varphi}_{ti}) \tag{46}$$

$$R_i = = M_{ti} r_i(\tilde{\varphi}_{ti})$$

和上文一样，i 国的 FE 条件为（27）式，即：

$$\left[1 - G(\varphi^*) \right] \frac{\bar{\pi}}{\delta} = f_e \tag{47}$$

同时，$\pi_{di}(\varphi_i^*) = 0 \Leftrightarrow \pi_{di}(\tilde{\varphi}_i) = fk_i(\varphi_i^*)$，$\pi_{xi}(\varphi_{xi}^*) = 0 \Leftrightarrow$

$\pi_{xi}(\tilde{\varphi}_i) = f_{xi}k_i(\varphi_{xi}{}^*)$，这样，开放经济的零利润条件（ZCP）为：

$$\overline{\pi}_i = fk_i(\varphi_i{}^*) + p_{xi}f_x k_i(\varphi_{xi}{}^*) \tag{48}$$

将这两个条件进行整理，与上文一样定义 $j_i(\varphi_i{}^*) = [1 - G(\varphi_i{}^*)]k_i(\varphi_i{}^*)$，可得下列带有两个未知变量的方程组：

$$\frac{f}{\delta}j_H(\varphi_H{}^*) + \frac{f_x}{\delta}j_H(A\varphi_F{}^*) = f_e \tag{49}$$

$$\frac{f}{\delta}j_F(\varphi_F{}^*) + \frac{f_x}{\delta}j_F(A\varphi_H{}^*) = f_e \tag{50}$$

其中，$j_i(\cdot)$ 是一个减函数。（49）和（50）式的左边显示一家进入市场的企业不论是国内的还是国外的，所期望获得收益的贴现值。

假设生产力分布的区别较小，不足以导致市场的专业化分工。也就是说，每个国家都制造差异化产品。这意味着：

$$\frac{f}{\delta}j_F\left[\frac{1}{A}j_H{}^{-1}\left(\frac{\delta f_e}{f_x + f}\right)\right] + \frac{f_x}{\delta}j_F\left[\frac{1}{A}j_H{}^{-1}\left(\frac{\delta f_e}{f_x + f}\right)\right] > f_e。$$

在这一条件下求解方程组中的 $(\varphi_H{}^*, \varphi_F{}^*)$，可得：$\varphi_F{}^* < \varphi_H{}^* < \varphi_{xH}{}^* < \varphi_{xF}{}^*$。由这两个方程，可求解 φ_H，φ_F 之间的两种表达式，即：

$$\varphi_H = \frac{f}{\delta}j_H{}^{-1}\left[\frac{\delta f_e}{f} - \frac{f_x}{f}j_H(A\varphi_F)\right] \tag{51}$$

$$\varphi_H = \frac{1}{A}j_F{}^{-1}\left[\frac{\delta f_e}{f_x} - \frac{f}{f_x}j_F(\varphi_F)\right] \tag{52}$$

以上述关系式为基础，可得图3。图3描绘了（51）和（52）两个方程的图形。对于任意的 $G_H(\cdot)$ 和 $G_F(\cdot)$ 分布，对应于（51）方程式的曲线在任意交点处比对应于（52）方程式的曲线要平缓，且两条曲线会在某一点相交，其交点是同时满足（49）和（50）方程的均衡点 $(\varphi_H{}^*, \varphi_F{}^*)$。如果两国的生产率分布完全相同，则 $\varphi_H{}^* = \varphi_F{}^*$，其交点在45°线上，如图3中的（a）图所示。如果本国的生产率分布支配外国的生产率分布，即有 $G_H(\varphi) > G_F(\varphi)$，那么本国对应于生产率分布完全相同时的方程式的曲线就会上升，即与图3

(a)中相同的表示(51)式的曲线会上升到图 3(b)中表示(51)式的曲线,且其交点会在 45°线的上方相交(反之,则会在下方相交),如图 3 中的(b)图所示。由于相交于更高的地方,因而正如图 3 所说明的那样,$\varphi_H^* > \varphi_F^*$。

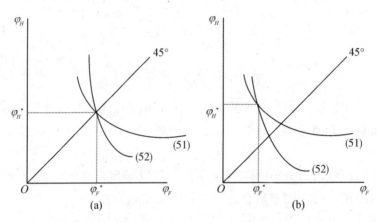

图 3 方程式(51)和(52)的图示:(a)和(b)两种场合

这样,开始时,国内更好的生产率分布导致国内企业生产力提高。结果,对幸存下来的企业来说,国内生产力的临界值水平 φ_H^*高于 φ_F^*。而且,国内企业作出口决策时,与国内的外国企业相比,国内企业将不会面对那么激烈的竞争,因此,$\varphi_{xH}^* < \varphi_{xF}^*$。

在得到临界值 φ_H^*和 φ_F^*后,就可以进一步得到平均利润、企业数量以及该国的价格指数和产品种类数。同时,可得人平福利为:

$$W_i = M_{ti}^{1/(\sigma-1)} e\tilde{\varphi}_i = e\left(\frac{L_i}{\sigma f}\right)^{1/(\sigma-1)} \varphi_i^*, \quad i=H, F \qquad (53)$$

该式是两个具有非对称性生产率分布国家的劳动者人平福利。对于这一结果,Demidova(2008),Melitz 和 Ottaviano(2008),Unel(2013),Pflüger 和 Stephan Russek(2014)等人通过数理经济学论证,提出了下列几个值得注意的观点:

(1)该值是两个具有非对称性生产率分布国家在相互进行贸易

的条件下获得的人平福利，它大于两个国家自给自足获得的人平福利，即 $W_H > W_{AH}$，$W_F > W_{AF}$，其中 W_{Ai}（$i = H$，F）为两国自给自足条件下的人平福利。这一结论虽然与梅里兹（2003）的结论相同，但扩展到具有生产率不对称的两个国家的场合。

（2）如果两国的生产率分布具有对称性，则在这种贸易模式下，两个国家获得相同的贸易利益，即人平福利相等，且都大于自给自足条件下的人平福利，即 $W_H = W_F = W_D > W_{AH}$。

（3）将非对称性生产率分布条件下的贸易模式与对称性生产率分布的贸易模式进行比较，或者说，在对称性生产率分布的贸易模式中，如果本国的生产率分布随机地支配外国的生产率分布，即本国的生产率分布高于外国，则本国在相互贸易中，会获得更高的人平福利，而外国会遭到贸易损害。

（4）如果本国和外国一开始就形成了非对称的生产率分布，例如，一开始，本国的生产率分布随机地支配外国的生产率分布，则在这种场合下，生产率的变化会给本国带来更多的贸易利益，而外国是否获得更高的人平福利，则依赖于一定的条件。如果外国的技术水平与本国相比，差距不是很大，则外国会获得较大的福利，即会高于两国具有对称性生产率分布条件下获得的人平福利。不过，如果外国与本国的技术差距较大，则外国会获得低于两国具有对称性生产率分布条件下获得的人平福利，即外国会出现贸易损害。也就是说，如果两国从对称性生产率分布的贸易模式转向非对称性的生产率分布的贸易模式，则本国一定会获得更大的贸易利益，而外国可能会在一定条件下出现贸易损害。

三、简要说明与结论

本文对上述基于国家间不对称条件的新新贸易理论进行综述，探讨在不对称条件下，相关国家的贸易模式与贸易利益问题。不对称条件的新新贸易理论的研究表明，在两国贸易过程中，一国获得贸易利益的同时，另一个国家可能出现贸易损害。这种贸易利益的不对称性和不平衡性，显然与传统的国际贸易理论的结论不同，也与新贸易理论和新新贸易理论的一般性结论不同。

不过，这一理论与起源于希克斯（J. R. Hicks, 1954）并由萨缪尔逊（Samuelson, 2004）发展的有关国际贸易利益与国际贸易损害的理论有许多相似之处。希克斯-萨缪尔逊国际贸易理论强调，在国际贸易中的相关国家，既有可能获得更多的贸易利益，也有可能出现贸易损害。他们在李嘉图的比较优势理论的基础上，提出理论模型，对国际贸易利益与贸易损害问题进行了综合分析。他们认为，如果在相互进行贸易的国家中，一个国家在某种贸易产品上出现外生的技术进步，并促使该国在这种产品上对另一个国家出口，那么在这种场合下，出现技术进步的国家会获得更多的贸易利益，而没有出现技术进步的国家既可能获得贸易利益也有可能在一定条件下出现贸易损害。显然，上文 Demidova（2008）等人的研究，实际上是在新新贸易理论框架中，对希克斯-萨缪尔逊国际贸易理论的发展。不过，值得注意的是，这种以非对称性生产率分布为特征的新新贸易理论与希克斯-萨缪尔逊国际贸易理论相比，也有许多差异。以非对称性生产率分布为特征的新新贸易理论的前提是不完全竞争，且强调生产率的动态概率分布，运用更为复杂的数学方式对现实进行研究等。对于国际贸易理论发展来说，以非对称性生产率分布为特征的新新贸易理论具有十分重要的意义。

与此同时，在经济全球化和国际贸易的快速发展过程中，各国之间的国际贸易摩擦也日益增加，这点对于中国来说，尤其突出。国际贸易摩擦往往与各国在国际贸易中形成的贸易利益得失相关。基于国家间不对称条件的新新贸易理论，运用较为复杂的随机一般均衡理论模型，深入研究各贸易国家间形成的贸易利益与贸易损害的机制和条件，无疑会进一步深化我们对国际贸易摩擦的理解，并为应对国际贸易摩擦问题提供新的思路；为现实世界中，国际贸易的顺利发展和世界经济的稳定增长创造条件。因而，以非对称性生产率分布为特征的新新贸易理论也具有十分重要的现实意义。

参考文献

[1] Arkolakis, Costas, Costinot, Arnaud, Rodríguez-Clare, Andrés. 2012. New trade models same old gains? [J]. American Economic Review, 2012, 102(1), pp. 94-130.

[2] Bulent Unel. The Interaction Between Technology Adoption and Trade When Firms are Heterogeneous[J]. Review of International Economics, 2013, 21(4), pp. 797-808.

[3] Demidova, S. Productivity Improvements and Falling Trade Costs: Boon or Bane [J]. International Economic Review, 2008, 49, pp. 1437-62.

[4] Falvey, R. , D. Greenaway and Z. Yu. Catching Up or Pulling Away: Intra-industry Trade, Productivity Gaps and Heterogeneous Firms[J]. Open Economies Review, 2011, 22, pp. 17-38.

[5] Hicks, J. R. An inaugural lecture[J]. Oxford Economic Papers, 1953, 5(2), pp. 117-135.

[6] Melitz, Marc J. and G. Ottaviano. Market Size, Trade, and Productivity[J]. Review of Economic Studies, 2008, 75, pp. 295-316.

[7] Melitz, Marc J. The impact of trade on intra-industry reallocations and aggregate industry productivity[J]. Econometrica, 2003, 71 (6), pp. 1695-725.

[8] Michael Pflüger and Stephan Russek. Trade and Industrial Policies with Heterogeneous Firms: The Role of Country Asymmetries[J]. Review of International Economics, 2014, 22(1), pp. 170-188.

[9] Pflüger, M. and J. Suedekum. Subsidizing Firm Entry in Open Economies [J]. Journal of Public Economics, 2013, 97, pp. 258-71.

[10] Samuelson, P. Where Ricardo and Mill Rebut and Confirm Arguments of Mainstream Economists Supporting Globalization [J]. Journal of Economic Perspectives, 2004, 18, pp. 135-146.

后金融危机时期世界各国货币政策的
新动态与文献追踪

武汉大学经济与管理学院　马　理

在后金融危机时期，不论是西方发达国家还是新兴市场国家的货币政策都出现了若干重大调整。第一个调整是世界各国货币当局越来越频繁地使用公开市场操作来调控宏观经济的发展。第二个调整是公开市场操作的实施手法日趋多样化，出现了一些较为新颖的变化形式，例如源自日本，后被美国、英国和欧盟广泛采用的量化宽松政策（Quantitative Easing，QE）；美联储针对国债进行的扭转操作政策（Operation Twist，OT）；欧洲央行推出的完全货币交易政策（Outright Monetary Transaction，OMT）；中国人民银行针对央票进行的大规模频繁交易等。第三个调整是定向调控类的货币政策的使用力度越来越大，货币政策日益注重发挥结构调整的功能。

货币政策的这些新动态引起了经济学家们的兴趣：在后金融危机时期，为什么世界各国要对货币政策的常规实施模式进行调整？这些调整仅仅是形式上的变化，还是有更深层次的经济和政策含义？诸如量化宽松、扭转操作和央票交易等货币政策的传导机理是什么样的？这些货币政策通过什么路径传导到实体经济？其传导的效果到底如何？如何才能让定向调控类的货币政策的效果落到实处？灵活多变的货币政策的调整手法一方面开拓了我们的理论思路，另一方面也预示着为了适应快速变化的金融形势，未来的货币政策体系可能会更加丰富多彩。因此，基于后金融危机时期的背景，结合国际上新出现的货币政策新动态，研究货币政策的新型传导渠道，分析货币政策的新兴传导效果，无疑是一个具有重要理论与现实意义的研究课题。

一、改善市场流动性的货币政策模式：以量化宽松政策为例

量化宽松是世界各国在金融危机时期普遍实施的一种非常规的向市场注入大量流动性的公开市场操作手段。量化宽松政策最早出现在日本，2001 年至 2006 年，为了应对房地产市场泡沫破灭导致的经济萧条和通货紧缩，日本实施了多轮的量化宽松政策，旨在通过直接大规模购买国债来提高银行系统持有的准备金进而增加信贷和刺激经济发展。进入金融危机之后，美国、英国和欧盟的几个主要国家为了刺激经济复苏，陆续实施了量化宽松的货币政策。

量化宽松从本质上说是一种公开市场操作的货币政策手段。当央行通过公开市场操作买入（卖出）债券时，可以注入（回收）市场资金，因此，大规模的量化宽松会对市场流动性产生直接的影响。很多学者认为，量化宽松的传导渠道可以通过资产组合模型（portfolio balance models）来解释。早期的如 Tobin. J（1961，1963，1969），近期的如 D'Amico 和 King（2010），Gagnon 等（2011），Joyce 等（2011）。他们认为，量化宽松通过资产组合效应降低了期限溢价，从而影响了资产价格。Miles（2011）认为，在英格兰银行购买政府债券降低利率的过程中，投资者会根据收益和期限的变化及自己的偏好重新调整持有的资产组合从而使投资增加进而刺激经济发展。在资产组合理论的基础上，有学者（Modigliani and Sutch，1966；Greenwood and Vayanos，2008）使用优先聚集地理论（preferred habitat theory）对量化宽松的传导渠道进行说明；Vayanos 和 Vila（2009）构建的模型证明了这种传导效应在套利的情况下也是存在的。有些学者提出了银行资金渠道的观点来解释量化宽松的传导机理。所谓的银行资金渠道就是指在央行大量购买政府债券后银行系统的存款会增多，从而银行放贷会增多。Greenwood 和 Vayanos（2010）运用美国的数据对此进行了实证检验，支持这种观点；不

过，Miles（2012）指出，如果银行考虑持有更多的流动性资产而不愿放贷时，该传导渠道的作用就会减弱。Gagnon 等（2011）提出了久期渠道（duration channel）的概念来分析量化宽松的传导过程，他们认为央行对长期政府债券的购买降低了私人部门手中持有债券的平均期限，从而降低了要求的流动性溢价补偿水平，最终降低了长期资金成本。还有一些学者（M. Joyce 等，2012）提出了信用缺陷模型（models of credit imperfections）来解释量化宽松的传导机理。有些学者（如 Krishnamurthy and V. Jorgensen，2011；Rudebusch，2012）则认为量化宽松是通过信号作用实现对国债收益率的影响。

　　量化宽松政策最直接的效果是影响金融市场。Gagnon 等（2011）的研究指出美联储大规模购买资产对国债、公司债券等证券的长期利率具有持续的显著影响，他运用时间序列回归估计出2008 年的量化宽松使美国 10 年期国债的收益率下降了 30～100个基点。其他学者（如 D'Amico and King，2010；Krishnamurthy and V. Jorgensen，2011；D'Amico，2012；Hamilton and Wu，2012）的相关研究也检验出量化宽松政策的直接促进效果。除了对美国本国的金融市场有影响，Neely（2012）还发现量化宽松对国际间的利率形成和美元的相关汇率也具有显著的影响。在英国，学者们检验出了相同的政策效应，Meier（2009）发现英格兰银行的大规模资产购买导致政府债券利率下降了 30～60 个基点；Joyce 等（2011）的研究则显示同样规模的资产购买引起中长期政府债券收益率下降了 100 个基点左右，并且他们都发现同期公司债券和英镑汇率都出现了类似的下跌；Kozicki 等（2011）针对长期利率和央行资产负债规模的实证检验也得到了类似的结论；Joyce 和 Tong（2012）检验了英国量化宽松宣告效应的最佳样本数据跨度，认为政府债券的样本数据跨度约为 1 天，而公司债券约为 2 天。尽管经济学家们一致认为量化宽松对金融市场尤其是国债市场具有很强的即期影响，但对于效应的持久性却颇有争论；Wright（2012）以美国的数据为例进行了研究，认为量化宽松的效应是短期的；L. Gambacorta（2012）使用 8 个发达国家的月度数据做 PVAR 检验也得出了类似的结论；然而 Joyce 和 Tong（2012）却以英国的数据进行研究后坚持认为，只要其他政策变量控制好，则量化宽松的效果应当是非常持久的。

评析量化宽松对宏观经济的影响，首先要解决的难题就是从众多对经济有影响的变量中分离出量化宽松的影响效果，但由于在实施量化宽松的同时各国普遍实施了配套的财政或其他促进政策，因此评析量化宽松的政策效果并不容易，同时由于货币政策的滞后效应，研究量化宽松对金融市场的事件研究法也不完全适用于量化宽松对宏观经济影响的分析（M. Joyce 等，2012）。因此对量化宽松宏观经济效应的分析主要是通过建立包含政策变量的实证模型来进行。Baumeister 和 Benati（2010）运用变参数的 SVAR 模型研究发现美国、欧盟、英国和日本通过资产购买压低长期利率对产出和通货膨胀具有显著影响。Chung 等（2012）认为美国的两轮大规模资产购买使 GDP 上升了 3%，通货膨胀率上涨了 1%。Chen 等（2012）利用动态优化模型估计出美联储 2008 年的量化宽松对 GDP 的影响约为0.4%，对通货膨胀的影响很微弱。Kapetanios 等（2012）运用三个包含不同结构性变化的 VAR 模型研究了英国的量化宽松，估计出政策效果对 GDP 的影响为 1.5%，对 CPI 的影响为 1.25%。Bridges 和 Thomas（2012）运用 SVAR 模型和货币需求模型分析发现量化宽松导致了货币供给的增加。其他经济学家（如 Lenza 等，2010；Fahr 等，2010；J. C. Williams，2010；Giannone 等，2011；Gambacorta，2011）也普遍认为欧盟与日本的非常规货币政策对提供市场流动性，增加企业贷款，促进经济增长都具有极大的促进作用。

关于量化宽松，国内学者也作了不少的研究。有些学者分析了货币当局使用量化宽松的原因与背景，例如王树同等（2009）认为美联储实施量化宽松是为了解决巨额的财政赤字，以及中长期利率上升与借贷成本升高导致的货币乘数下降与信贷紧缩；而王维安和徐滢（2011）认为实施量化宽松的原因是为了缓解次贷危机中传统货币政策工具难以解决的金融难题。有些学者基于国别的差异研究了量化宽松货币政策的影响效应，如潘成夫（2009）和万志宏等（2011）认为量化宽松对日本经济的复苏有很大的促进作用但也面临潜在的风险；王爱俭（2010）认为美联储量化宽松货币政策降低了中长期利率，能够重新启动银行体系的融资功能，实现流动性的重新分配，但同时也导致了资产泡沫；谭小芬(2010)认为量化宽松有助于美国经济的复苏；杨力等(2012)和汤柳(2012)研究了欧洲央行实施的两轮3年期的大规模长期再融资操作政策后认为，量化宽松政策通过扩张央行的资产负债表缓解了市场流动性，该政策在一定程度上缓解了欧债危机的持续恶化，降低了融资成本，提升了市场信心，但对实体经济的刺激作用还有待进一步观察；耿群(2006)认为，2006年日本结束了持续5年的量化宽松，原因是日本经济从2005年起出现了比较明显的好转，如果再继续实行超宽松的货币政策有可能引发通胀。有些学者研究了量化宽松政策对中国经济与金融的影响，例如刘克崮、翟晨曦(2011)认为量化宽松将使我国的通货膨胀压力加大，因此需要对进出口、外汇储备、货币、产业发展、金融发展五大战略进行全面而系统的调整，在复杂的国际经济金融环境下有效管理与运用充足的流动性，并确保中国经济平稳健康地发展；潘成夫(2009)认为量化宽松可能使中国被动跟随采取扩张性货币政策而导致海外资产的风险增大；谭小芬(2010)认为美联储量化宽松货币政策的退出除了使中国通货膨胀压力加大和货币政策可能被动跟随美国进行调整外，还将使短期国际资本流动发生逆转，人民币汇率调整进退两难和外汇储备管理难度加大。还有些学者则关注量化宽松政策对经济的某一个方面如投资、保险、汇率、利率、通货膨胀等的影响(如邵宇，2011；卫新江，2010；王永茂、刘惠好，2011；潘敏，2012等人)，并基于此提出了应对与改进的建议。

尽管大量研究认为量化宽松在降低利率和促进经济发展方面具有一定的成效，不过量化宽松政策目前也出现了一些令人担忧的现象(Perera and Anil，2010；M. Joyce 等，2012)。第一，尽管量化宽松在实施初期表现出很强的效果，然而随着时间演化，世界经济却没有完全复苏，目前各国央行正准备启动更大一轮的量化宽松，但是量化宽松的边际效应是否递进很难确定(M. H. Pesaran，2012)；第二，量化宽松使得各国央行的资产负债规模、银行系统的准备金大大增加，随着将来经济的慢慢恢复，量化宽松的非常规政策如何退出并抑制可能出现的通货膨胀开始成为学者们关注的焦点

（H. Björn and Hollmayr，2011；R. Reis，2010；Syed and Murtaza H，2010）。这意味着理论界与实务界开始意识到，单一而持续的量化宽松政策并非是应对危机的唯一"法宝"，各国货币当局需要认真探讨异质型金融环境下的量化宽松政策的传导路径与实施效果，并积极寻求未来的货币政策转型，才能适应后金融危机时期复杂的经济金融环境的要求。

二、引导利率形成机制的模式：以扭转操作与 完全货币交易政策为例

在金融危机时期，使用量化宽松的货币政策直接向市场注入流动性，能在短期内立竿见影地刺激经济的发展，但是持续增加的流动性给实施量化宽松的货币当局带来了巨大的压力。那么有没有一种方法，既可能达到促进经济发展的作用，又不会增加流动性导致货币超发呢？在这样的需求考虑下，扭曲操作的货币政策应运而生了。所谓扭曲操作是一种形式特别的公开市场操作政策，指的是某国的央行在卖出（买入）较短期限国债的同时买入（卖出）相同数额的较长期限的国债，从而延长（缩短）所持国债资产的整体期限。与量化宽松不同，扭曲操作的手段是双向进行的，由于买入与卖出国债的数额相同，所以不会改变市场流动性。从理论上说，这样的操作相当于使国债收益率曲线的较远端向下（向上）弯曲，降低了（抬高）长期国债收益率从而降低长期（短期）利率，引导市场投资向长期（短期）转化。约半个世纪前，美联储曾采取过类似行动，2011年9月美联储再次实施扭曲操作并且在2012年6月宣布将其延长至2012年年底。

学者们一般认为扭曲操作是通过引导市场利率而不是改变市场流动性来促进经济的发展（马理，2013）；也有学者（如 Swanson，2011；T. Ehlers，2012）认为扭曲操作改变了央行国债资产的中性特征，并通过商业银行的资产组合效应影响市场波动。但是关于扭曲操作的政策效果，研究者们的结论却并不一致，有些学者如 S. R. Hakim 和 M. Rashidian（2000）认为扭曲操作能改变投资者的资

产结构，因此政策是有效的。但有些学者却持不同意见，早期的如 Modigliani 和 Sutch(1966)、Myron H. Ross(1966)认为不能很严谨地排除其他因素的影响而测量扭曲操作对宏观经济的影响，因此美联储 1961 年的扭曲操作可能是一个失误的货币政策，既没有提高短期利率实现收支平衡又没有很好地降低长期利率促进投资和充分就业。而近期的学者如 Swanson(2011)也认为扭曲操作并没有很好地通过降低长期利率而刺激信贷。更多的学者则认为，扭曲操作可能会对经济金融的某一个方面有影响，并容易受到其他因素的影响。例如，Swanson(2011)和 T. Ehlers(2012)认为，扭曲操作的公告效应对国债收益率具有显著的影响，但是扭曲操作对国债收益率的影响会因同期政府债券的发行而大打折扣。马理(2013)等认为尽管从理论上看扭曲操作的货币政策可以引导债券价格与债券收益率的变动，也可以导致企业的长期融资成本与长期产出的变化，但是由于受到太多变量的影响，扭曲操作的货币政策效果其实并不好控制。

欧洲央行提出的完全货币交易政策又被称为无限量冲销式购债计划。其实施前提是：欧元区相关国家必须提交完整的财政紧缩计划，并受到欧盟其他国家以及 IMF 的监督；购债没有数量限制，没有明确的收益率目标；必须对投放的流动性进行全额对冲回收；欧洲央行放弃优先债权人地位。OMT 的最大特点是对投放的流动性进行全额对冲回收，欧洲央行将在欧元区重债国购进的债券完全出售到流动性相对充裕的国家。由于进行等额的买入与卖出，保证了整体欧元区的流动性不变，因此完全货币交易是另外一种意义上的扭曲操作。与美联储的扭曲操作调整期限结构不同，欧洲央行的完全货币交易政策实现的是在欧元区内部的国家债权调整。OMT 实际上是将整个欧元区视为一个"国家"来实现风险分担，让所有的欧元区国家共同承担危机风险。完全货币交易的想法值得肯定，但实施中可能会遇到一些问题。因为欧元区由具有独立主权的多个国家组成，购债计划的方向、额度、时机等关键问题非常难以协调与确定；而且由于欧元区国家的经济基础与经济环境各不相同，因此完全货币交易的未来政策效果也很让人怀疑。

作为一项出现时间不长的非常规货币政策，目前完全货币交易政策的相关研究相当稀缺。有些学者认为，完全货币交易政策是一项有效的政策创新，例如 Michael McMahon（2012）等分析了中央银行资产组合的变化和国债违约风险后，认为完全货币交易政策可以缓解通货膨胀。Jens Nordvig（2012）通过统计分析发现欧洲央行的完全货币交易政策降低了希腊的债务违约风险和退出欧元区的可能性。Olivier Blanchard（2013）对全球经济形势进行了展望和分析后，指出欧洲央行推出完全货币交易计划等政策可以使欧洲短期风险消退，因此欧洲央行应该落实该计划。Macro Buti 和 Nicolas Caenot（2013）认为，财政政策的调整与完全货币交易政策计划的激活具有较强的互补性，因此完全货币交易政策是其他宏观刺激政策的有效补充。但同时，也有很多经济学家对完全货币交易政策的政策效果持怀疑态度，例如 Claudia M. Buch 和 Benjamin Weigert（2012）在分析欧洲银行联盟转轨过程中的遗留问题时指出，虽然完全货币交易政策可以帮助欧洲央行稳定局势，但因为市场情绪变化等原因导致的危机加剧会使完全货币交易政策的政策效果显现变得十分艰难。Willem Buiter（2013）认为，完全货币交易政策可能会导致道德风险，过分的积极情绪会使欧元区的政治家们掉以轻心，可能会没有动力继续推进经济复苏改革。德国央行行长、欧洲央行管理委员会委员 Weidmann（2013）是完全货币交易政策的反对者，他认为该计划将经济改革的解决寄希望于各国政府，这会导致欧洲央行丧失其原本应具有的独立性。

从目前来看，扭曲操作的货币政策并未完全达到预想的目标，主要有两个原因：首先，扭曲操作的货币政策传导路径相对间接，不如量化宽松直接作用于企业投资与产出而具有立竿见影的效果；其次，扭曲操作的货币政策主要是通过利率变化来引导市场投资，促进经济发展，但在金融危机的特殊时期，市场利率已降到很低（例如现在美、日等国实施的就是基本上的零利率制度），扭曲操作希望进一步降低市场利率来促进经济发展的空间已经很小，因此现阶段扭曲操作的政策效果不尽如人意。但即便如此，扭曲操作政策仍然是一种非常值得关注的公开市场操作手段。传统的理论一般认为，货币政策强于调数量而弱于调结构，然而扭曲操作让我们看到货币政策其实也可以调结构。现阶段扭曲操作政策的效果不佳，主要原因是供其调整的利率空间不足，这不是扭曲操作政策本身有问题，而是使用的时机不对，当调整空间相对较大时，扭曲操作应当是一种有效而且副作用很小的政策调整手段，货币当局可以尝试利用这个特点对宏观经济进行更加有效率的微调。

三、新兴市场国家的货币政策创新模式：
以央票交易政策为例

新兴市场国家由于金融市场不发达，市场化程度相对较低，市场传导机制不通畅，因此较多使用数量型而不是价格型的货币政策工具。以中国为例，近年来一直频繁使用存款准备金比率调整作为常规的货币政策工具（从 2003 年至今，与宏观调控相适应，中国的货币当局已调整存款准备金比率共计 39 次），但是以数量型为主的货币政策调整具有较大的局限性，尤其在中国这样的国家，储蓄率居高不下，银行体系流动性过剩超额准备金比率很高，即便是中央银行制定了较为严厉的准备金比例要求，可能也难以达到预期的政策设计初衷。因此，在金融危机时期，新兴市场国家一直在努力地探索与调整常规的货币政策实施手段以适应迅速变化的经济金融环境。目前在新兴市场国家，出现了一些公开市场操作的模式创新，例如中国的央票操作。中国人民银行本币的公开市场操作始于1996 年，但由于当时公开市场操作条件不成熟，当年仅开展了几笔共 20 多亿元的交易，并于 1997 年完全停止。通过大力发展银行间债券市场，1998 年央行重启公开市场业务，在当时通货紧缩的背景下，主要通过逆回购投放基础货币。2000 年引入正回购业务；2001 年开展现券买断业务。2002 年，我国经济逐步走出通货紧缩，基础货币增速加快。为此，中国人民银行一度通过现券卖断回收流动性，但由于央行手中的现券不足，现券卖断难以持续，而正回购又受交易对手限制导致成本较高，因此中国人民银行自 2003 年 4月起正式发行央票（李宏瑾、项卫星，2010）。

其实在早期，中国人民银行发行央票的主要目的是为了对冲过高的外汇占款，但随着金融形势的发展，央票开始慢慢演变成为有中国特色的一种公开市场操作手段。央票本质上是中国人民银行的负债，在操作上更为积极主动，一般每周二和周四开展两次操作，采取定期滚动拍卖的方式发行。央票替代国债作为公开市场操作手段的一个重要原因是央行可利用大量流动性较高、交易活跃的央票来调节短期利率。张雪莹（2006）利用回归的方法研究了 3 个月期央票发行利率与长期国债利率的关系，结论为长期国债利率与 3 个月期央票发行利率显著正相关。李宏瑾、项卫星（2010）对我国2003 年以来的公开市场操作情况进行了分析，得出了央票利率已初步具备了中央银行基准利率特征的结论。管圣义、魏玮（2011）实证考察了央票发行对债券市场收益率的影响效应，发现央票招标日债券收益率的波动小于日常水平，且二级市场收益率与央票发行利率差值保持在合理的波动范围内，所以央票的发行有利于稳定利率。但郑振龙、莫天瑜（2011）持不同的观点，他们认为央票发行利率并未直接引导市场利率，而是借由市场预期引导市场利率的走势，央票发行利率的公布并不会对市场利率造成影响。目前关于央票的宏观经济效应的研究较少，姚余栋、谭海鸣（2011）通过格兰杰检验、方差分解等方法证明了央票发行利率与实体经济之间的相关性优于 M2 和新增贷款等传统中介指标，央票发行利率与货币政策最终目标之间的相关性强；在此基础上分析了以央票发行利率为代表的货币政策影响实体经济的传导机制。他们对 2011 年上半年出现的物价上涨、经济增速下降的现象作出了合理解释，并估计了2011 年下半年经济增长速度回落带动通胀率下行的传导次序。

但是，将央票作为公开市场操作的手段存在不少问题。第一，央行票据发行对象范围狭窄，不利于交易的活跃，导致持有主体参与积极性不够（邓晓兰、段从峰，2008）。第二，央行票据的公开市场操作成本巨大（唐文进、谢海林，2011）。第三，央票回收市场的流动性是暂时的，最终的还本付息会带来货币的投放增多（谭小芬、徐琨，2012）。目前关于央票未来发展趋势的判断，学者们的结论也不太一致。一些学者认为央票利率已初步具备了中央银行基准利率的特征，应结合利率市场化和汇率改革的推进，完善央票利率期限结构，建立央票（短中期）和国债（中长期）相衔接的基准利率体系，逐步把央票利率培育成央行未来的价格型调控工具（姚余栋、谭海鸣，2008；李宏瑾、项卫星，2010）。而周沁怡、胡海鸥（2009）则认为央票不能完全取代国债作为公开市场操作的手段，短期内它们会共存，长期来看国债才应该成为中国公开市场操作的对象。

四、注重结构调整的货币政策模式：以定向调控类的货币政策为例

欧洲央行的第三轮量化宽松被称为定向长期再融资计划（Targeted Longer-term Refinancing Operation，TLTRO），该操作定向支持商业银行向家庭（不含房贷）和非金融企业放贷。Boeckx（2014）基于欧元区的经验指出，定向长期再融资计划将会有效刺激产出，且本国银行的资本化程度越高，货币政策传导至实体经济的效果越好。Praet（2014）认为考虑到欧洲央行对新增贷款额度的去向作出了约束，因此 TLTRO 与早先的 LTRO 不同，它不是广泛的无条件的信贷投放，因此可以达到定向调控的效果。Draghi（2014）认为二级市场上的资产支持证券（ABS）的价格和银行抵押获得的再贷款利率之间联系紧密，随着 TLTRO 交易的常态化，能够促进二级市场的交易和证券发行，降低银行融资成本能直接促进实体经济发展。若 TLTRO 与其他政策相配合，预计能够实现接近2%的预期通胀目标。Churm（2012）则研究了英格兰银行的定向调控政策融资换贷款计划（Funding for Lending Scheme，FLS），认为若银行有足够的抵押品，定向贷款的增额可以带动信用供给的增长，融资换贷款计划对实体经济融资支持程度显著。

不过，也有不少学者对定向调控类货币政策的实施效果提出了质疑。例如，Eichengreen（2014）通过研究欧洲央行的定向长期再融资计划，坚持认为该政策效果有限，是否能按照预期影响实体经济还处于未知状态；Jazbec（2014）提出当前市场环境中流动性并不短

缺，问题是出现了结构性失衡，当实体企业普遍资产质量较差和资产数量不足时，定向长期再融资计划难以落到实地，而且相应贷款可能面临着较高的违约率和风险权重；Tetangco(2014)认为欧盟边缘国的持续低需求会阻碍 TLTRO 的传导机制，使得 TLTRO 只能引起经济的小幅提升。Lea(2014)仔细分析了英国实施的定向调控政策 FLS 的相关数据，发现新增中小型企业贷款有所下降，FLS 贷款更多地流入了建房互助协会而不是商业银行体系，因此未能有效地促进实体经济的发展。

定向降准则是一种有中国特色的精准调控流动性的货币政策操作的创新手段。不少学者肯定了定向降准的积极作用，例如陈彦斌等(2014)认为，定向宽松可缓解弱势部门结构调整阵痛，有效引导信贷资金投向，避免经济下行压力的进一步增大；刘伟(2014)研究了新常态下的中国宏观调控，建议采取以供给管理为主、需求管理为辅的定向微刺激，定向降准可在需求管理中起到辅助作用；汪仁洁(2014)认为，定向降准具有稳健持续、适时适度和灵活性高的特点，在保持整体经济平稳持续发展的同时，可以兼顾重点和薄弱环节。不过，也有学者认为，定向降准存在局限性，例如朱妮(2014)从货币政策调整的角度分析定向降准的效用，认为定向降准政策虽然对增加货币供应、稳定市场预期和增强市场信心方面有一定的积极作用，但是定向降准本身具有局限性，例如资金释放总量有限和银行业面临着存贷比的限制，因此定向降准只能有限地拉动经济增长。还有学者指出，为了让定向降准的政策充分发挥作用，应提供配套措施，例如陈萍(2014)认为，商业银行为了规避风险，对于盈利能力堪忧的企业仍然会持谨慎态度，此时降低税收和经营成本的财税政策可以帮助定向降准产生较好的效果，同时降低实体层面的风险。定向降准突出的是货币政策的结构调整的职能，不过归根结底，货币政策的强项并不在于调结构，因此央行发布的 2014 年第二季度的《中国货币政策执行报告》指出，定向降准主要应发挥信号和结构引导作用，若长期实施会存在一些问题，因此，从中长期看还是要依靠体制与机制改革，发挥好市场在资源配置中的决定性作用。除了定向降准之外，近年来中国人民银行实施的一些货币政策或多或少地带有定向调控的效果，例如向国家开发银行发放的低利率抵押补充贷款（Pledged Supplementary Lending, PSL），用于支持棚户区改造、保障房安居工程及"三农"和小微经济发展；向商业银行发放的支农再贷款额度；向股份制商业银行发放的中期借贷便利等。

五、后金融危机时期世界各国新型 货币政策的文献评述

后金融危机时期，世界各国实施的各类新型货币政策的目标并不一致，但是这些政策都是以往常规货币政策的灵活变异形式，而且各国货币当局发现这些政策都能通过"数量型"与"价格型"两条路径传导到实体经济，不同程度地缓解金融危机对本国经济的冲击，达到宏观调控的效果。但是，以往的研究存在一些值得改进的地方。

从"数量型传导路径"来看：货币政策操作的主要对象是国债，而国债的主要持有人是商业银行，不过以往大多数文献在对商业银行的行为进行分析时，要么仍然使用传统的瓦尔拉斯均衡分析法，没有考虑到商业银行的信贷配给的行为特征，也没有考虑监管政策，例如资本约束对商业银行的影响；要么没有充分考虑超低利率环境的约束，以及在超低利率环境下货币政策独特的传导路径与效果。因此，相关传导路径的分析结论难以全面反映真实的经济状况，从而无法充分解释货币政策的传导效应失真和货币政策实施的有效性下降现象。

从"价格型传导路径"来看：针对一些新出现的货币政策的变异形式，学者们从实证方面验证其实施效果比较多，但对其传导机理的研究较少，例如公开市场操作直接影响国债利率，但企业融资与产出却决定于市场利率，这两者之间的关系用实证方法容易检验其存在性，然而变量之间过渡的"黑箱"，以往学者却甚少涉及。另外，随着金融危机的深化，发达国家的货币当局已经将市场利率降到了极低幅度，导致了超低利率的货币政策实施环境。当可调控

的利率空间过小，价格型货币政策工具如何才能发挥其作用？若价格型货币政策工具效果不尽如人意，那么如何积极寻求将来的政策转型？

从中国的情况来看也出现了一些变化：例如，以前央票的主要作用是为了对冲外汇占款，但现在央票已慢慢演变成了一种有中国特色的公开市场操作手段，央票正在调节市场流动性甚至引导市场利率形成等方面发挥着越来越大的作用。而近段时间，尽管理论界与实务界对定向降准讨论颇多，但是深度的理论研究非常匮乏，目前定向降准政策的传导机理尚不明确，对其传导效果的相关评价也没有达成共识。

以往学者研究的这些不足以及实践领域出现的新变化启发着我们对后金融危机时期的货币政策的新动态进行不断的追踪与研究，并在此基础上提出更加完善的货币政策的实施体系。

参考文献

[1]陈萍．央行定向降准面面观[J]．国际金融，2014(7)．

[2]陈彦斌，陈小亮，阎衍．宏观政策：保持定力 适度宽松[J]．宏观经济管理，2014(9)．

[3]邓晓兰，段从峰．公开市场操作：国债与央行票据替代性分析[J]．上海金融，2008(10)．

[4]刘克崮，翟晨曦．调整五大战略，应对美量化宽松政策[J]．管理世界，2011(4)．

[5]管圣义，魏玮．央票发行对债券收益率影响的实证分析[J]．中国货币市场，2011(3)．

[6]耿群．日本结束量化宽松货币政策的影响分析[J]．国际金融研究，2006(5)．

[7]黄宪，赵伟．中美公开市场业务运行基础的比较分析[J]．金融研究，2003(5)．

[8]李宏瑾，项卫星．中央银行基准利率、公开市场操作与间接货币调控——对央票操作及其基准利率作用的实证分析[J]．财贸

经济，2010(4).

[9]刘伟，苏剑．新常态下的中国宏观调控[J]．经济科学，2014
(4).

[10]马理，杨嘉懿，段中元．美联储扭曲操作货币政策的运行机
理研究[J]．国际金融研究，2013(3).

[11]潘成夫．量化宽松货币政策的理论、实践与影响[J]．国际金
融研究，2009(8).

[12]潘敏，缪海斌．产业结构调整与通货膨胀缺口持久性[J]．金
融研究，2012(3).

[13]谭小芬．美联储量化宽松货币政策的退出及其对中国的影响
[J]．国际金融研究，2010(2).

[14]谭小芬，徐琨．中国货币冲销操作的动态路径及其影响分析
[J]．宏观经济研究，2012(10).

[15]唐文进，谢海林．汇率变动、央行票据与冲销成本：2004—
2009[J]．财经研究，2011(3).

[16]王爱俭，林远，林文浩．美国第二轮量化宽松货币政策之经
济效果预测[J]．当代财经，2011(1).

[17]汪仁洁．货币政策的阶段性特征和定向调控选择[J]．改革，
2014(7).

[18]王树同，刘明学，栾雪剑．美联储"量化宽松"货币政策的原
因、影响与启示[J]．国际金融研究，2009(9).

[19]王永茂，刘惠好．量化宽松货币政策对汇率的影响——基于
2001—2006 年日本实证分析[J]．财贸研究，2011(5).

[20]王维安，徐滢．次贷危机中美联储非常规货币政策应对、影
响和效果[J]．国际金融研究，2011(1).

[21]卫新江．美国量化宽松政策及其对保险业的影响[J]．中国保
险，2010(12).

[22]杨力，李蕊，梁庆．欧洲央行长期再融资操作政策研究[J]．
世界经济研究，2012(9).

[23]姚余栋，谭海鸣．央票利率可以作为货币政策的综合性指标
[J]．经济研究，2011(2).

[24] 张雪莹. 央行票据对长期利率影响的实证分析[J]. 上海金融, 2006(10).

[25] 郑振龙, 莫天瑜. 政策利率引导市场利率的走势吗——央票发行利率与央票市场利率双向互动关系研究[J]. 财贸经济, 2011(1).

[26] 朱妮, 孙含越. 从定向降准效用看货币政策调整. 上海证券报, 2014年6月19日A03版。

[27] Baumeister, C., Benati, L. Unconventional Monetary Policy and The Great Recession—Estimating the Impact of A Compression in the Yield Spread at the Zero Lower Bound, Working Paper Series, 2010(1258), European Central Bank.

[28] Boeckx J., M. Dossche and G. Peersman, "Effectiveness and Transmission of the ECB's Balance Sheet Policies", CESifo Working Paper, 2014, No. 4907.

[29] Bridges, J., Thomas, R. The impact of QE on the UK economy—Some Supportive Monetarist Arithmetic, Bank of England Working Paper, 2012(442).

[30] Chung, H., Laforte, J-P., Reifschneider, D. Williams, J. C. Have We Underestimated the Likelihood and Severity of Zero Lower Bound Events? [J]. Journal of Money, Credit and Banking, 2012 (44), pp. 47-82.

[31] Claudia M. Buch, Benjamin Weigert. Legacy problems in transition to a banking union. 16 October 2012. VoxEU. org. http: //www. voxeu. org/article/legacy-problems-transition-banking-union.

[32] Churm R., A. Radia and J. Leake, "The Funding for Lending Scheme", Bank of England Quarterly Bulletin, 2012, 52(4), pp. 306-320.

[33] D'Amico, W. Lopez-Salido, J. D., Nelson, E. The Federal Reserve's Large-scale Asset Purchase Programs: Rationale and Effects[J]. Economic Journal, 2012(122), pp. F415-46.

[34] Draghi M., "Introductory Remarks at the EP's Economic and

Monetary Affairs Committee", 2014, Sep. 22 Speech.

[35] Ehlers, Torsten. The Effectiveness of the Federal Reserve's Maturity Extension Program—Operation Twist 2: The Portfolio Rebalancing Channel and Public Debt Management. BIS Paper, 2012(65).

[36] Eichengreen B., The ECB Tries Again, Intereconomics, 2014, 4, p. 240.

[37] Fahr, S., Motto, R., Rostagno, M., Smets, F., Tristani, O. Lessons for Monetary Policy Strategies From the Recent Past. ECB Working Paper Series, 2010(1336).

[38] Giannone, D. Lenza, M. Pill, H., Reichlin, L. Non-standard Monetary Policy Measures and Monetary Developments. Cambridge: Cambridge University Press, 2011, pp. 195-221.

[39] Gagnon, J. Raskin, M. Remache, J., Sack, B. The Financial Market Effects of the Federal Reserve's Large-scale Asset Purchases [J]. International Journal of Central Banking, 2011 (7), pp. 3-43.

[40] George, K., Haroon M., Ibrahim S., Konstantinos T. Assesing The Economy-Wide Effects Of Quantitative Easing [J]. The Economic Journal, 2011(122), pp. 316-F347.

[41] Greenwood, R., Vayanos, D. Bond Supply and Excess Bond Returns. NBER Working Paper, 2010.

[42] Hilberg, B., Hollmayr, J. Asset Prices, Collateral and Unconventional Monetary Policy in a DSGE Model. ECB Working Paper, 2011(1373).

[43] Han, C., Vasco, C., Andrea, F. The Macroeconomic Effects Of Large-Scale Asset Purchase Programs. http://www.economicdynamics. org/meetpapers/2012/paper_372.

[44] Hamilton, J. D., Wu, J. C. The effectiveness of Alternative Monetary Policy Tools in a Zero Lower Bound Environment [J]. Journal of Money, Credit and Banking, 2012(44), pp. 3-46.

［45］Jazbec B. , "Reinvigorating Credit Growth in Central, Eastern and Southern European Economies", 2014, Sep. 25 Speech.

［46］Jens N. The Probability of Greek Exit Revisited. VoxEU. org. , http: // www. voxeu. org/ article/ probability greek exit revisited, 2012.

［47］Jens H. E. Christensen, Glenn D. Rudebusch. The Response of Interest Rate on US And UK Q quantitative Easing [J]. The Economic Journal, 2010(122), pp. 385-F414.

［48］Jens Weidmann. Interview: Bundesbank President: Reform efforts must not stop. http: //www. bundesbank. de/Redaktion/EN/Inter views/ 2013_01_21_weidmann_skandinavia. html.

［49］Joyce, M. , Lasaosa, A. , Stevens, I. , Tong, M. The Financial Market Impact of Quantitative Easing[J]. International Journal of Central Banking, 2011(7), pp. 113-61.

［50］Joyce, M. , Tong, Matthew, Woods, Robert. The United Kingdom's Quantitative Easing Policy: Design, Operation and Impact. Bank of England Quarterly Bulletin, 2011.

［51］Joyce M. , David M. , Andrew S. , Dimitri V. Quantitative Easing And Unconventional Monetary Policy—An Introduction[J]. The Economic Journal, 2011(122), pp. 271-F288.

［52］Krishnamurthy A. , A Vissing-Jorgensen. The effects of quantitative easing on interest rates: channels and implications for policy, NBER Working Papers, 2011(17555).

［53］Kozicki, S. , Santor, Suchanek, E. Central Bank Balance Sheets and Long-term Forward Rates in Interest Rates, Prices and Liquidity—Lessons from the Financial Crisis, 2011, pp. 195-221, Cambridge: Cambridge University Press.

［54］Lea R. , Eurozone Weakness: the ECB Responds, Energy, 2014, 2, p. 1.

［55］Leonardo G, Boris H. , Gert P. The Effectiveness of Unconventional Monetary Policy at the Zero Lower Bound: A Cross-Country

Analysis. BIS Working Papers, 2012(384).

[56] Marco Buti, Nicholas Carnot. Fiscal policy in Europe: Searching for the right balance. VoxEU. org. http://www.voxeu.org/article/fiscal-policy-europe-searching-right-balance, 2013.

[57] Meier, A. Panacea, Gurse, or Nonevent: Unconventional Monetary Policy in the United Kingdom. IMF Working Paper No. 09/163.

[58] Michael M., Udara P., Herakles P. Outright Monetary Transactions sterilised?. VoxEU. org. http://www.voxeu.org/article/outright-monetary-transactions-sterilised, 2013.

[59] Miles D. Monetary Policy and Financial Dislocation. Royal Economic Society lecture. http://www.bankofengland.co.uk/publications/speeches/2011/speech521.

[60] Modigliani, F., Sutch, R. C. Innovations in Interest Rate Policy [J]. American Economic Review, 1966(56), pp. 178-97.

[61] Myron H. Ross. Operation Twist: A Mistaken Policy. Journal of Political Economy, 1966(74), pp. 195-199.

[62] Neely, C. The Large-scale Asset Purchases Had Large International Effects. Federal Reserve Bank of St. Louis Working Paper, 2010 (18).

[63] Olivier B. We May Have Avoided the Cliffs, ButWe Still Face High Mountains. VoxEU. org. http://www.voxeu.org/article/world-economy-cliffs-avoided-mountains-ahead, 2013.

[64] Perera A. Monetary Policy in Turbulent Times: Impact of Unconventional Monetary Policies. http://ssrn.com/abstract=1669948, 2010.

[65] Pesaran, M. Hashem, Smith, Ron P. Counterfactual Analysis in Macroeconometrics: An Empirical Investigation into the Effects of Quantitative Easing. IZA Discussion Paper, 2010(6618).

[66] Praet P., "Keynote Speech at the Paris Europlace International Financial Forum", 2014, Jul. 9 Speech.

[67] Ricardo R. Interpreting the UnconventionalU. S. Monetary Policy of 2007-09. NBER Working Paper, 2010(15662).

[68] Swanson, E. Let's Twist again: a high-frequency event-study analysis of Operation Twist and its implications for QE2. Brookings Papers on Economic Activity, 2010, pp. 151-88.

[69] Stephen D. Williamson. New Monetarist Economics: Understanding Unconventional Monetary Policy[J]. The Economic Record, 2012 (88), pp. 10-21.

[70] Sam R., Hakim, Manochehr R. Testing for Segmentation in the Term Structure: Operation Twist Revisited[J]. Quarterly Journal of Business and Economics, 2000(39), pp. 3-21.

[71] Syed, Murtaza H., Yamaoka, Hiromi. Managing the Exit: Lessons from Japan's Reversal of Unconventional Monetary Policy. IMF Working Papers, 2010(24), pp. 1-14.

[72] Tetangco A. M., "Convergence in a Divergent World", 2014, Sep. 23 Speech.

[73] Tobin J. Money, Capital and Other Stores of Value", American Economic Review, Papers and Proceedings, 1961(2), pp. 26-37.

[74] Tobin J. An Essay on The Principles ofBebt Management' in Commission on Money and Credit, Fiscal and Debt Managemet Policies, 1963, pp. 143-218, Englewood Cliffs, NJ: Prentice Hall.

[75] Tobin, J. A General Equilibrium Approach to Monetary Theory, Journal of Money, Credit and Banking, 1969(1), pp. 15-29.

[76] Willem Buiter. The Euro-zone Cisis, Time to Celebrate?, http://www. economist. com/news/finance-and-economics/21569727-government-bond-markets-peripheral-countries-are-soaring-time-celebrate, 2013(1).

[77] Wright, J., What Does Monetary Policy Do at the Zero Lower-Bound[J]. Economic Journal, 2012, 122(564), pp. 447-66.

区域可持续发展理论与实践研究前沿

武汉大学经济与管理学院　李雪松　张雨迪

引　言

随着人类社会对于经济发展从追求数量到追求质量的改变，如何实现可持续发展，在既保持经济发展和社会进步的同时，又与自然界和谐相处，成为当代世界各国与地区的发展主题。因而，区域可持续发展问题也就成为当代社会最为重要和前沿的研究课题之一。对于区域可持续发展理论研究的探索，有利于人类社会协调自然、道德、经济发展、社会进步和人类生存之间的矛盾，指导人类社会持续健康地发展。

中国作为全球最大的发展中国家，关于区域可持续发展理论和实践的研究起步较晚。尽管近年来也出现了比较前沿的研究成果，但较西方发达国家而言尚显落后。以欧美和日本为主的发达国家从20世纪70年代就开始了对该领域的广泛研究，并在一定程度上付诸实践，取得了良好的效果。因此，分析研究国内外学者的相关文献，有利于我们了解区域可持续发展的前沿理论和实践经验，探索适合国情区情的区域可持续发展道路。

一、区域可持续发展的基本概念

可持续发展的定义最早可以追溯1980年的《世界自然保护大

纲》，1985年可持续发展这一概念被正式提出（Jacobs. P，1985），20世纪90年代开始逐步成为学者的研究热点。

国外学者对可持续发展的定义颇多，最为经典的自然是1987年世界环境与发展委员会提出的"可持续发展是指既能满足当代人的需要，而又不对后代人满足其需要的能力构成危害的发展"（Brundtland，1987）。此后很多学者从不同角度对可持续发展的定义进行探讨，根据内容大致可以分为自然属性定义流派、社会属性定义流派、经济属性定义流派、科技属性定义流派。

（1）自然属性定义。1991年11月，国际生态学联合会（INTECOL）和国际生物科学联合会（IUBS）将可持续发展定义为："保护和加强环境系统的生产和更新能力"，即不超越环境系统更新能力的发展。Hueting和Reijnders（2004）也提出，可持续发展只有在生态边界下才可以被科学地定义。

（2）社会属性定义。可持续发展包括社会和社会发展（Gibson，2001）。同时，可持续发展是一个复杂的概念，需要应对不同的时间、空间尺度和利益相关者，这也意味着发展目标需要根据社会的变化而发生改变（Martens，2006），需要将我们在世界上所看到的视为一个包括空间（这里和那里），包括时间（现在和以后）的整体（IISD，2007）。

（3）经济属性定义。Edivard B. Barbier（2008）把可持续发展定义为在保持自然资源的质量及其所提供服务的前提下，使经济发展的净利益增加到最大限度。D-Pearce（2006）则认为，可持续发展是今天的使用不应减少未来的实际收入，即在能够保持当代人的福利增加的同时，也不会使后代人的福利减少。

（4）科技属性定义。可持续发展是解决区域更具体更局部的问题，而不是设定不变的目标（Brand and Karvonen，2007）。为了实现可持续发展，我们需要使用一个可以处理多元化、多主体、多层次，并有助于实现可持续发展和社会资源平衡的方法工具（Zeijl-Rozema van等，2008）。当然，也有相当多的学者提出，经济、社会、文化和生态这四个因素应当是统一的整体。如Barbier（1985）

认为，分析可持续发展能力时，不能把经济、社会、文化和生态因子分裂开来，因为与物质资料的增长相关联的定量指标和确保经济活动与结构变化的生态、社会及文化等定性指标是相互作用、不可分割的。还有的学者认为，可持续发展是由"国家幸福指数"进行测度，基于可持续和公平的增长、生态和谐、文化保护和国民幸福（Rinzin 等，2007）。此外，McCool 和 Stankey（2004）提出，可持续发展强调的持续是一个社会化的问题，因此需要具有技术性和规范性的定义。

总体来看，国外文献对可持续发展有较多不同的看法，但无论持何种观点，都有两点共同的内涵：（1）对生态的关注多于对社会、经济的关注；（2）从最初对环境问题的关注演化到现在认为可持续发展是一个对经济、环境和社会目标的整合过程。

在此基础上，本文认为，可持续发展的定义应是一端基于科学的标准和指标对生态限制增长的描述，另一端与社会的幸福度和生活质量相关，并不能具体或单一地进行描述，而要以综合指标进行评价的发展。

作为一种新的发展模式，可持续发展在空间上就可以分为全球可持续发展、国家可持续发展和区域可持续发展三种类型。区域指的是人类从事社会经济活动的，且具有相对稳定性的地域空间。区域可持续发展既是全球或者国家可持续发展的基础，也是城市或者产业可持续发展的综合。因此，区域可持续发展是可持续发展课题中最现实、最具体、最有实际意义的部分。世界环境与发展委员会（WCED，1987）认为："区域可持续发展是指在一定时空尺度区域内，人类通过能动的运作和控制自然与经济社会复合系统，在不断提高人类的生活质量，又不超越资源环境承载能力的条件下，既满足当代人和本区域发展的需求，又不对后代人和其他区域满足其需求的能力构成危害的发展。"而如果从可持续发展具有的公平性、持续性、共同性基本原则出发，区域可持续发展可以定义为特定区域在对人类有意义的时间跨度内，不以破坏本区域或其他区域现实的或将来的满足公众需求的能力的发展过程。

二、区域可持续发展的评价研究

根据区域可持续发展的定义，一个区域发展到何种程度才能算得上可持续发展呢？由此，区域可持续发展的评价成为这个领域研究的重点内容。

（一）可持续发展评价指标体系的分类

可持续发展评价指标是衡量某一区域可持续发展的状况、程度、能力、潜力的状况以及实现程度的。在可持续发展评价指标的文献研究中，近几年形成了较多代表性的评价指标体系，大体上可以分为两大类：

单项评价指标体系。即用一个综合性指标来概括一个国家或区域的可持续发展水平与能力。这些指标的落脚点为经济（指标为绿色 GDP、修正的国民经济模型、新国家财富指标、真实储蓄）、生态（指标为能值、生态足迹）及社会（指标为物质生活质量指数、人类发展指数、社会进步指数、社会卫生指数、人类活动强度指数）。该体系指标简约，概括性较好，针对性较强。但范围单一，内涵不清，难以普及推广，难以量化，不适于综合系统评价。

综合评价指标体系。即由一系列相互联系、相互补充、具有层次性和结构性的指标来分析一个区域、一个行业或一个方面的可持续发展水平与能力，并针对发展中存在的问题提出相应的对策。它分为系统型、菜单型和专题型。该体系结构明确，内涵清晰，覆盖面广，信息量大，灵活性好，针对性较好，描述功能较好，适合于各种尺度的区域可持续发展评价。

综合考虑两种评价指标体系，本文认为区域可持续发展评价指标体系应该尽量以综合评价指标体系为主。

（二）区域可持续发展评价指标体系的构建方法

可持续发展评价指标体系的构建方法及模式是近年来可持续发展研究的热点问题。目前较有影响的代表性指标体系有：联合国可持续发展委员会（UNCSD）1996 年提出的以驱动力—状态—响应为基本框架的 DFSR 模型；经济合作与发展组织（OECD）基于压力—

状态—响应提出的 PSR 模型；联合国统计局（UNSD）在"建立环境统计的框架"（FDES）基础上提出的 FISD 模型；英国（1996）提出的可持续发展指标体系；美国（1996）提出的可持续发展指标体系；还有基于复合生态系统理论、系统动力学理论、多目标决策技术、环境—经济系统协调度模型等理论构建的可持续发展评价指标体系等。

在国内，中国科学院（1999）以系统学原理为研究依据，提出了"五级叠加，逐层收敛，规范权重，统一排序"的可持续发展指标体系，分为总体层、系统层、状态层、变量层和要素层五个部分。国家统计局统计科学研究所和中国 21 世纪议程管理中心联合成立的"中国可持续发展指标体系研究"课题组（1999）从经济、社会、人口、资源、环境、科教构建国家级可持续发展评价指标体系，它由 100 个评价性指标和 100 个描述性指标组成。

近几年来，学者们以更广泛的视角和更科学的方法对区域可持续发展的评价进行了研究：Burgess 和 Chilvers（2006）提出了利益相关者参与的框架模型，在此框架下，利益相关者参与的过程被看作一定范围内的投入、产出和结果。Yang，Shuxia 等（2013）通过对区域低碳经济发展的研究，采用模糊综合评价法对可持续发展影响因素的影响程度进行分析，不但可行性强，而且计算简单，条理清晰。Xiaofeng Guo 等（2012）在 UIG 合作创新模式的基础上，利用粗集理论和支持向量机（SVM）建立了可持续发展的综合评价指标体系。UIG 是对高校、企业、政府三者的缩写，意指对三者资源的整合，使其优势互补，实现可持续发展。Liu Gaochang 等（2012）介绍了 AHP 模糊决策支持模型，并提出可持续的三维模型和指标评价体系，并证明该模型的有效性。Portney（2010）基于美国市民参政程度与城市可持续发展，建立了可持续发展能力的评价指标体系，并据此对 24 个城市进行评价。Kowalskia 等（2007）利用假定与共享的多标准分析结合方法，以奥利地为例对以生物质能为主要内容的 5 种可再生能源通过 17 个可持续发展指标进行评估。

而综观各类可持续发展指标体系，其构建方法大致分为两大类：一是环境经济学方法，试图将人类活动所造成的自然资源损耗和环境损失等进行货币化计量，并纳入可持续发展评价体系中，但由于资源与环境的经济计量难题目前尚未圆满解决，这类方法很难为多数人所认可并投入使用。二是社会经济统计学方法，按照可持续发展原则对相关统计信息和统计指标进行整理、分析和筛选，并适当构造一些新的指标，力图客观反映可持续发展的程度。现有的指标体系设计大多采用了第二种方法。

(三)区域可持续发展评价的实证研究

在此基础上，国内外学者采用不同的指标体系构建方法，对一些具体区域进行了评价研究。Li Dayong 等(2013)在分析生态、经济、社会可持续发展基础上建立了一套指标体系与复制标准在内的区域可持续发展评价方法来进行政策的制定和评估。该指标的评价内容包括工程实施与政策执行情况、生态、经济、社会效益等，并对其进行了定量分析。Fan Shicheng 和 Song Tao(2009)通过建立并运用过程耦合测度模型及相应指标体系，测度分析了海南经济特区县域可持续发展能力及其他地域分异特征，揭示了该地区可持续发展能力的差异性、不平衡性、屡弱性、线路趋向性和垂直地带性等特征，以及其多维成长过程弱质耦合推进的过程性根源。为可持续发展的政策制定研究提供了模板和范例。Hou Linchun 等(2007)针对区域经济发展特点，从经济系统的发展能力、产业结构、经济效益和经济实力等方面建立了一套评价指标体系，评价分析了湖北省17 个地市的可持续发展能力，并依此提出了促进湖北省区域经济协调发展的对策。Yan Luming(2007)采用基于熵理论的熵值法和GIS(地理信息系统技术)，以福建为例建立了区域农业经济可持续发展评估的指标体系。针对该省 67 个市县样本进行了农业经济发展各个层面的指数构建和等级划分，对各市县不同层面潜力的发挥状况作出数量评估，为农业规划管理和决策提供了客观的依据。Dumitru Miron 等(2010)采用GDP、R&D 的产值及其占 GDP 的份额作为可持续发展的指标，使用在向量自回归基础上的动态预测方法，针对预测若干时间变量演变的多元时间序列技术，利用 logit回归预测 GDP 和进出口值的演变。Krempel 和 Plumper(1998)在建立比较多元分析和网络可视化的基础上，对罗马尼亚和欧盟之间贸易的可持续发展进行了预测。Liu Yang(2012)针对传统区域可持续发展评价过程中指标筛选、权重确定及综合评价等步骤中存在的问题，提出了 SG-MA-ISPA 模型。他通过对中国 31 个省市的区域可持续发展横截面数据评价，验证了该模型的真实性与客观性，并将结果通过映射赋值后与神经网络结合使用，对系统敏感性进行了进一步分析。Jiang Yao(2008)以上海市青浦区为案例，利用多元统计技术，对原始指标体系进行分类和简化，并借助主成分分析法检验指标体系的有效性，最终确立了 47 个最终指标，对青浦区发展状况进行了评价，并模拟未来运行态势，进而分析制约该地区经济社会发展的瓶颈。

综观近年的文献可以看出，无论是国内还是国外的区域可持续发展评价研究，其采用的都是综合评价指标体系，构建方法也更为多样和复杂，特别是更多地运用了较为先进的数学和工程学方法，使得评价内容更全面，评价过程更科学，评价结果更准确。

三、区域可持续发展的影响因素研究

在理论分析和评价的基础上，学者们还从不同角度对于影响区域可持续发展的相关因素进行了大量的实证研究与经验分析。

区域可持续发展的影响因素很多，通常是多种因素相互交织，其表现十分复杂。Allison Goebel(2007)以南非为例，认为宏观经济现状、城市化进程与速度、种族隔离、难以动摇的社会制度等因素是影响南非城市中低成本住宅可持续发展的主要因素。Zhang Chimu 和 Luo Ling(2005)认为，要实现区域经济的可持续发展，就必须处理好城镇与乡村、眼前利益与长远利益、局部利益与整体利益、效率与公平之间的关系，处理好区域之间、区域内部各单元之间的协调发展以及经济发展、人类活动与资源环境之间的动态平衡问题。

从现有的研究来看，大部分关于区域可持续发展影响因素研究着重关注经济因素，如投资、税收、产业集聚、产业结构等。

Sueyoshi. T 和 Goto. M(2014)提出了一种新的 DEA 环境评估方

法来确定如何有效分配资本，发展区域产业。在这项研究中，他们对日本的47个县的制造业进行分析，发现投资对经济增长和环境保护发挥作用，从而得出结论，要创造一个可持续发展的社会，需要把资本投入具有边际收益率高的区域，用以平衡经济增长和环境污染。Drastichova. M（2014）也认为投资对区域可持续发展起着不可替代的作用。

Torab Ahmadi. A（2012）对伊朗在1960年到2009年税收对环境的面板数据进行了回归分析，结论显示税率对二氧化碳的排放有负面影响，因此增加税率能在一定程度上提高环境质量，而能源消费和经济增长对污染有积极的作用，不利于环境保护。Du Weihua，Du Pengyu（2014）对中国的29个省市1996年到2010年的面板数据进行了分析，在Cobb-Douglas生产函数的基础上加入税收变量进行回归，得出：每单位资源税的增援会延缓东部经济增长1.0325倍，中部1.0243倍，西部1.0661倍；在财政收入中的资源税增长1%，会使得东部的资本产出增加10.21%，中部增加15.59%，西部增加14%。因此，税收对区域可持续发展具有重要影响，且随着地区不平衡程度而影响大小不同。Suditu. B等（2014）提出，为了实现可持续发展，公共管理部门必须建立基于公共服务特殊性和现有法律框架、资源范围内的，使公共服务最大化的原则。他对罗马尼亚的公共服务进行了分析，并给出了相关政策建议。

Jennifer Paige Montana和Boris Nenide（2008）则着眼于区域产业集聚效应。他们认为，创新性企业在某个区域的聚集是提高生产力的重要手段，创新与企业家活动在区域经济可持续发展中具有重要作用。因此，如何对区域集聚水平作出更好的判断对于政府部门具有一定的意义。该研究在传统的区域集聚分析方法之上，通过加入一系列筛选序列，对相关集聚进行投入产出分析及区位商分析以在更微观的层面、更早的时间阶段上判断区域的集聚水平，并通过对加利福尼亚州两个区域的数据分析展示出方法的优越性。

He Xionglang和Yan Hong（2004）认为产业结构变动是实现区域经济可持续发展的关键。Cheng Yeqing和Li Tongsheng（2004）运用区域开发的矿产资源需求生命周期理论和实证研究方法，探讨了黄土高原矿产资源富集、经济基础薄弱及生态环境脆弱的典型矿业区域矿产资源开发与区域经济持续增长的耦合关系，提出通过充分利用当地综合优势，调整产业结构，培育与发展多元化、多层次的产业结构是促进该地区经济持续协调发展的关键。

但是，值得关注的是，近年来国内外学者对区域可持续发展影响因素的研究，对象逐渐从单纯的经济因素扩展到社会、文化等更广大、更具体的非经济因素范围，涉及制度、社会结构、城市化、公共服务、文化、监管等内容。

Dong 等（2009）使用可持续牧场管理制度分析和发展框架（IAD），经过实证分析得出了制度建设工作有助于可持续牧场管理实现的结论，并提出不同组织的制度发展、良好的公众服务和技术支持、政府的支持对促进北尼泊尔多山地区可持续牧场管理是十分必要的。

Susanna Myllyla（2005）指出，某些区域城市环境未能实现可持续发展的原因在于社会结构不平等的分配和服务故障的出现。Ilias Mariolakos（2007）则认为，水资源的短缺和生态环境的恶化是区域可持续发展的重要影响因素。

Graham Haughton（1997）则致力于探讨城市化对于其周边地区的外生影响。他认为，城市可以通过从周边不发达地区进口资源向不发达地区派出污染等方式维持自身的可持续发展，但这种"城市可持续发展"带来了许多负外部性。城市的可持续发展应当成为全球可持续发展的一部分，因此要通过工具来全面检测这种城市可持续发展带来的外部性，并运用了四种主要模型对城市负外部性进行了探讨，强调了城市可持续发展对于其周边的负面影响。

Christopher Tweed（2007）认为，影响城市可持续发展的是文化传统。S. Hajmohammad 和 S. Vachon（2014）介绍了安全文化（safety culture），在组织支持理论（organizational support theory）的基础上，利用偏最小二乘法对加拿大工厂的 251 种调查数据进行分析，探讨安全文化对企业绩效的直接和间接影响。他们认为，安全文化与可持续发展密切相关，两者的关系由实施环保/安全表现的实际水平所主导。

Frans L. P. Hermans，Wim M. F. Haarmann，John F. L. M. M. Dagevos（2011）研究了可持续发展监督层面的问题。他们建立了一个用来讨论时间、不同参与过程等因素如何影响利益相关者监督可持续发展的分析框架。通过对荷兰 4 个地区的案例分析，得出处于不同区域特点的利益相关者将根据区域特点分配监督权重的结论。同时，长时间的社会学习过程带来的消散作用将给可持续发展的监管带来一定的挑战。此外，他们还强调了在设计可持续发展监督体系的过程中，应该重视"中间"产品（"intermediate" product），并强调了民众在顶层制度设计调整中监管作用的重要性。

四、区域的产业可持续发展研究

产业发展是区域可持续发展的重要内容，是区域经济可持续发展的核心。随着社会经济的发展，区域可持续发展与各产业关系愈加密切，研究范围也从经济学扩大到整个人文社会科学，从单纯的区域经济可持续发展逐步变为经济、社会和文化的整体可持续发展。

关于区域的产业可持续发展，过去主要集中在传统的资源和矿产行业。如 Wayne M. Shinya（1998）分析了加拿大新的矿物和金属业政策，认为新政策旨在促进矿物和金属业的繁荣和竞争运营。在可持续发展的基础上，政策针对如何实施可持续的决策、监管改革，就矿产和金属制定可持续性的标准和指标等问题提出了方案。D. Hum Phreys（2001）认为，虽然可持续发展观意味着采矿业环境和社会成本的增加，但鉴于该行业低资本回报率的表现，可知环境和社会成本的增加已经超过了工业生产效率提高所带来的补偿，这些都要求政府部门对低行业报酬的企业进行管制。Wang Changjian等（2014）提出，煤炭是地区增加碳排放最大的"功臣"，而碳排放量并不是可持续减排政策制定的主要因素，而是拥有的资源量，所以当地政府对减排政策的制定方法需要进行修正。

随着旅游、物流、新能源、信息等新兴产业的出现，目前关于区域新兴产业的可持续发展研究也越来越多。

1. 旅游产业与区域可持续发展

Pascariu. Gabriela Carmen 和 Tiganasu Ramona(2014)从新经济地理学的角度，考虑欧盟的两个国家，一个发达国家(法国)，坐落在国际入境旅游规模下降的旅游区域(西欧)，而一个发展中国家(罗马尼亚)，坐落在国际入境旅游规模上升的区域(东欧)。通过对两个城市的比较分析，将影响力(经济、社会、环境)、稳定性、融合性等三个类别的功能纳入影响矩阵，得出旅游在区域发展与融合两方面给城市的贡献。Georgica. G 等(2013)则通过游客的调查统计分析，提出旅游业是带动现代经济向可持续发展经济转换最令人期待的"领头羊"，地区政府应当进一步加强旅游业的发展和创新。

2. 物流产业与可持续发展

物流产业在工业化中后期发展迅速，极大地提升了第三产业的发展水平。Li Xiuhua(2014)认为在物流的发展过程中，人们只注重生产力，忽略了物流活动造成的负外部效应，如废气污染、噪音污染、垃圾污染、交通堵塞、二氧化碳排放过多等问题。因此必须综合考虑经济、社会和环境，建立物流指数，分析区域宏观经济发展趋势，实现可持续发展。

3. 绿色能源产业与可持续发展

化石燃料的飞快消耗使政府认识到，绿色能源将是一个备受关注的潜力行业。Adnan Midilli, Ibrahim Dincer 和 Murat Ay(2006)对能源在可持续发展中所扮演的重要角色展开研究。他们认为，与化石能源相比，绿色能源具有可再生性、低污染性的特点，符合经济社会可持续发展的要求。该研究通过公众信息、环境研究、经费支持、绿色能源技术推广等相关绿色能源技术的核心影响因素的分析，提出了对引进绿色能源技术提供产业与技术支持、政府与公众对于绿色能源经济体的支持等 7 个可行的绿色能源战略，并设计了相关参数以刻画其对可持续发展的影响。通过实证分析，他们发现，持续增长的化石能源使用将在未来给社会带来巨大的负面影响，作为健康无害的替代能源，绿色能源需要被政府与经济个体所重视。相应的，绿色能源战略应该及时实施，并尽快实现能源技术的转换。McCauley. Stephen M（2012）则探讨了马萨诸塞州的区域可持续能源集群在美国东北部的发展，考虑该集群的潜力大小以及能否促进社会技术在该能源系统中的发展。作者采访主要成员，参与活动调查和相关文件审查，通过实证分析证明可持续能源集群可能会加快根深蒂固的能源机制的转变，使各利益相关方围绕可持续能源协调合作，促进社会技术的发展。Bao Chao 和 Fang Chuanglin（2013）认为中国的可再生能源发展已经成为可持续发展的关键因素。他们总结了主要可再生能源、煤炭资源的能源消耗和两者之间的空间差异和一致性，探究了使用可再生能源的影响因素以及可再生能源对环境的影响，并提出根据资源分布状况，在自然特征和空间一致性的基础上，调节可再生能源的布局、最大限度地提高环境效益的对策建议。

4. 信息产业与区域可持续发展

Beak，Hyun 和 Park，Sun-Kyoung（2015）提出韩国政府将以绿色 IT 为经济增长的动力，通过德尔菲法建立计算平台，共享数据，推进可持续发展。Staudacher Christian（2013）以香港地区的数码定位为例，分析了信息和通信技术创新对区域可持续经济发展的重要性。Zeng. D 和 Lu. H（2014）构建了电子商务可持续发展的基本评价指标体系，并通过因子分析和 SPSS 的 PCA 软件，进一步将关键指标转换为投入产出指标，用 DEA 模型进行评估。

五、区域可持续发展的战略与政策研究

从 1992 年联合国环境与发展大会到现在，可持续发展理论、战略和应用及评价的研究汗牛充栋。

在欧洲，Clarketal（1987）进行了"生物圈的生态可持续发展"研究。荷兰、意大利学者帮助政府制定环境可持续发展的战略（Archbugi，1989）。英国的 Redclift（1991）等学者从经济学理论出发，结合案例进行分析。美国学者从社会体制角度探讨可持续发展（Milbrath，1989），同时也在可持续发展的政府政策方面作了很多有益的研究（Portney，1990）。

进入 20 世纪 90 年代，许多发达国家制定了可持续发展战略。欧盟于 1993 年通过了"环境与可持续发展新战略"，强调人类社会和经济的发展要以保护自然资源和环境质量为基础，不能只顾及当代人的利益而危及后代人的安全，带有较浓的资源战略色彩。美国于 1993 年起草了国家可持续发展战略及行动计划框架。日本政府在 1994 年初制订了《日本 21 世纪议程行动计划》。同期，巴西政府也开始实施可持续发展战略。同时，中国在 1994 年经国务院第十六次常务会议审议通过《中国 21 世纪议程》。自此，可持续发展战略成为中国的基本战略。各级地方政府也视其为区域发展的重要战略，国内专家学者站在不同的角度研究区域可持续发展的问题，研究成果也比较丰富。

当前，关于区域可持续发展的战略与政策研究非常重视其实际的可行性与操作性，因此，相关的案例与实证研究非常广泛。如 Annemarie van ZeijL-Rozema（2011）考虑了在推行可持续发展战略时存在的壁垒，将安塔利亚（Antalya）、林堡（Limburg）、伦巴第（Lombardy）、巴尔杜比采（Pardubice）四个地区进行比较，并研究了林堡（Limburg）的两个案例，从政策、公民理解与行动、从业者经验与综合监管四个角度分析了区域可持续发展在具体实施中所存在的壁垒。研究认为，由于复杂的社会环境以及公民可持续发展意识的欠缺，区域发展达到可持续状态亟须全社会、多层次、多主体的引导，并非单单依赖政府部门。Rietig, Katharina（2013）基于可持续发展战略，提出了四个区域可持续发展的标准，分别是政策一体化和连贯性、环境保护、社会和经济的发展和公众参与。Gorobets, Alexander（2014）认为，政府应以生态可持续发展而不是以经济增长速度为政策中心来面对全球性的环境问题。可持续发展的原则在于更重视社会环境和人类福利，而不是所谓的政府效益。同时，政府应树立正确的教育政策，塑造人民健康的心态和行为。Li Sheng（2013）通过景区的博弈论模型讨论了区域竞争与可持续发展。他从景区的区域竞争入手，考虑到旅游业区域竞争对于经济同时存在的有利与不利的影响，从区域整体福利的角度考虑一个理性的地区可持续发展战略。在分析中，考虑到地区之间的相互作用和决策者的博弈，研究采用了相关对称的博弈论模型，具体包括竞争者与合作者两方面，并在 Ritchie 和 Crouch（1993，1999，2000）的基础上，将行动的负面影响纳入模型中。他认为，在制定区域可持续发展战略时，必须考虑整体的期望收益以制定合理适度的混合策略，从而达到各方关系平衡的状态。Cui Herui（2004）通过分析循环经济内涵及其在区域农业经济可持续发展中的作用，从可持续发展的本质出发，提出了区域农业可持续发展模式。以对欧盟、荷兰林堡省的可持续发展政策研究为例，将可持续发展政策的执行作为政府可持续发展战略一个重要因素，分析了执行可持续发展战略中的阻碍和问题，并提出了相关的解决办法。

总的来说，国内外对于区域可持续发展战略与政策的研究逐年增多，关注点更多地从国家层面转移到地区层面，从理论战略转移到从案例出发，研究更微观、具体的实施政策。

六、总结与展望

本文通过对区域可持续发展的概念、评价方法、影响因素、区域产业的可持续发展以及战略与政策等研究现状进行梳理，总结了区域可持续发展在这个领域的特点并对研究热点进行了预测。从目前来看，国内外学者在这些方面开展了大量的理论及实证研究工作，并取得了丰富的成果。我们也不难发现，区域可持续发展正在逐步成为一个成熟的课题，研究内容和研究方法均呈现出跨学科、跨领域、具体化、定量化的发展趋势。但是，区域可持续发展的研究还没有形成一个完整、严密的理论体系，缺乏系统性。这还需要在今后的研究中不断加强，使区域可持续发展的理论更加科学，评价体系更加完善，影响因素更加全面，研究方法更加严谨，战略措施更加可行，从而不断提高区域可持续发展的保障能力，促进国家和地区的可持续发展。

参考文献

[1]Dong, Mengting, et al. Regional-scale Analysis on the Strengths, Weaknesses, Opportunities, and Threats in Sustainable Development of Shangri-La County [J]. International Journal of Sustainable Development & World Ecology ahead-of-print, 2014, pp. 1-7.

[2]Wang C, Wang F, Zhang H, et al. Carbon Emissions Decomposition and Environmental Mitigation Policy Recommendations for Sustainable Development in Shandong Province[J]. Sustainability, 2014(11), pp. 8164-8179.

[3]Gorobets A. Eco-centric Policy for Sustainable Development [J]. Journal of Cleaner Production, 2014, 64(2), pp. 654-655.

[4]Sueyoshi, Toshiyuki, and Mika Goto. Investment Strategy for Sustainable Society by Development of Regional Economies and Prevention of Industrial Pollutions in Japanese Manufacturing Sectors [J]. Energy Economics 42(2014), pp. 299-312.

[5]Yuan, Ni, and Lin Jian. Evaluating the Sustainable Development Capacity of Regional Energy: Based on Choquet Fuzzy Integral SVMs Integration. [C]//Advanced Materials Research, 2014, 356.

[6]Liang, Xue Ping. Functions of Public Service in the Sustainable Development of Regional Economy: A Case Study of Tianjin [J]. Applied Mechanics and Materials 472(2014), pp. 1105-1111.

[7]Lansu, Angelique, et al. Changing professional demands in sustainable regional development: a curriculum design process to meet transboundary competence [J]. Journal of Cleaner Production 49(2013), pp. 123-133.

[8]Staudacher, Christian. Hong Kong's digital Positioning. The Importance of Innovations in Information and Communication Technology for sustainable regional economic Development [J]. Ournal of Cleaner Production, 155, pp. 395-397.

［9］Panasiuk, Aleksander. European Union Funds in the Development of Regional Sustainable Tourism Economy in 2007-2013 ［D］. 2nd International Scientific Conference Tourism in South East Europe, 2013.

［10］Liu, Yan Guang, Li Nan Yu, and Han Chen Wang. Study on Countermeasures of Coal Gangue Pollution Prevention and Regional Sustainable Development in China ［J］. Applied Mechanics and Materials, 2013, Vol. 307.

［11］Yu, Ying Rui, et al. The Analysis and Mathematical Model of Sustainable Development Tactics of Regional Forest Resources［J］. Advanced Materials Research, 2013, Vol. 610.

［12］Yang Shuxia, RanXi. Evaluation on Impact Factors of Regional Low-carbon Economy Development Pattern Based on the Sustainable Development ［J］. Social Science and Education, 2013, 9, pp. 627-631.

［13］Reyer, Christopher, et al. Climate change adaptation and sustainable regional development: a case study for the Federal State of Brandenburg, Germany ［J］. Regional Environmental Change 12. 3 (2012), pp. 523-542.

［14］Guo X F, Wu Z G, Li Y. The Comprehensive Evaluation of UIG Regional Cooperative Innovation Effect Based on Sustainable Development ［C］//Advanced Materials Research, 2012, 468, pp. 2389-2392.

［15］Liu G, Xu S. An AHP-Fuzzy Decision Support Model for Regional Sustainable Development Evaluation ［C］//World Automation Congress(WAC), 2012. IEEE, 2012, pp. 1-4.

［16］McCauley, Stephen M., and Jennie C. Stephens. Green Energy Clusters and Socio-technical Transitions: Snalysis of a Sustainable Energy Cluster for Regional Economic Development in Central Massachusetts, USA ［J］. Sustainability Science 7. 2 (2012), pp. 213-225.

［17］Ofei-Manu, Paul, and Satoshi Shimano. In Transition Towards

Sustainability: Bridging the Business and Education Sectors of Regional Centre of Expertise Greater Sendai Using Education for Sustainable Development-based Social Learning [J]. Sustainability 4. 7(2012), pp. 1619-1644.

[18] Landberg, Sophie. Sustainable Development of Water Resources in the Mekong River Basin: Legal and Policy Implications of Dams in the Regional Context [J]. JE Asia & Int'l L. 5(2012), p. 235.

[19] Akpinar, A., and K. Kaygusuz. Regional sustainable water and energy development projects: A case of Southeastern Anatolia Project(GAP) in Turkey[J]. Renewable and sustainable energy reviews 16. 2(2012), pp. 1146-1156.

[20] Zheng, Du, and Erfu Dai. Environmental ethics and regional sustainable development [J]. Journal of Geographical Sciences 22. 1(2012), pp. 86-92.

[21] Zhang, A. Lin, and Hai Yan Zhang. Analysis of the Effects of Real Estate Investment on Sustainable Development of Regional [J]. Applied Mechanics and Materials 209(2012), pp. 1647-1649.

[22] Yang, Ji Jun, et al. Cooperative Game Model for Sustainable Development of Regional Economy and its Application [J]. Advanced Materials Research 524(2012), pp. 3355-3360.

[23] Sani, Rafooneh Mokhtarshahi, and Payam Mahasti. Regenerating Regional Identity for Sustainable Tourism Development Case Study: Eslami Island, Iran [J]. Procedia-Social and Behavioral Sciences 35(2012), pp. 523-530.

[24] Chen, Yun Hui, Dong Xiao Niu, and Zhe Peng. Study on Comprehensive Utilization and Sustainable Development of Regional Electricity Enterprises [J]. Advanced Materials Research, 2012, Vol. 482.

[25] Chen, Yun Hui, Dong Xiao Niu, and Zhe Peng. The Comprehensive Evaluation of Sustainable Development Effect in Regional Electricity Enterprises [J]. Advanced Materials Research, 2012, Vol. 482.

[26] Moran, Theodore. Foreign direct investment and development [J]. The White House and the World, 1998, p. 121.

[27] Wang, Li-Ping. A Study on the Relevance between Industrial Development Pattern and Sustainable Development of Regional Economy [J]. Technology for Education and Learning. Springer Berlin Heidelberg, 2012, pp. 773-778.

[28] Sima, Qing, and Yu Bo Wang. Research on Remanufacturing Industrial Cluster Promoting Sustainable Development of Regional Economy [J]. Advanced Materials Research 347 (2012), pp. 621-626.

[29] LI, Li-na, Pei-ji SHI, and Jian-bao LI. Empirical Analysis on Spatial Difference of Regional Sustainable Development Based on GIS[J]. Soils 3(2012), p. 20.

[30] Hermans, Frans LP, Wim MF Haarmann, and John FLMM Dagevos. Evaluation of stakeholder participation in monitoring regional sustainable development [J]. Regional Environmental Change 11.4 (2011), pp. 805-815.

[31] Righi, E., et al. Capturing farm diversity at regional level to up-scale farm level impact assessment of sustainable development options [J]. Agriculture, Ecosystems & Environment 142.1 (2011), pp. 63-74.

[32] Lu, Chen Yu, et al. Study on Synthetic Assessment of Regional Sustainable Development in Qingyang Based on the Theory of Meta Index. Advanced Materials Research 204(2011), pp. 788-791.

[33] Sheng, Li. Regional competition and sustainable development: A game theory model for tourism destinations [J]. European Planning Studies 19.4(2011), pp. 669-681.

[34] Viturka, Milan. Integration theory of sustainable regional development-Presentation and application [J]. Politická ekonomie 2011.6 (2011), pp. 794-809.

[35] Lyons, Donald I., and Pauline Deutz. Regional sustainable

development: Making development work in politically contingent space [J]. Sustainable Development 18. 4(2010), pp. 183-186.

[36]Sansoni, Michele, et al. RAMEA: how to support regional policies towards sustainable development [J]. Sustainable Development 18. 4(2010), pp. 201-210.

[37] Miron, Dumitru, Alina Mihaela Dima, and Simona Vasilache. Models of the Intra-Regional Trade Influence on Economic Sustainable Development in Romania [J]. The AMFITEATRU ECONOMIC journal 12. 27(2010), pp. 27-35.

[38] While, Aidan, Andrew EG Jonas, and David Gibbs. From sustainable development to carbon control: eco-state restructuring and the politics of urban and regional development [J]. Transactions of the Institute of British Geographers 35. 1(2010), pp. 76-93.

[39] Fleisher, Belton M. , Zhiqiang Liu, and Penelope B. Prime. Introduction to the Symposium: Economic transition, regional growth, and sustainable development [J]. China Economic Review 20. 3(2009), p. 373.

[40]Xiongwei, Huang, Li Jian, and Mo Xiaohong. The application of analytic hierarchy process to analyze regional sustainable development: a study of Shaoyang, China [J]. Environmental Science and Information Application Technology, 2009. ESIAT 2009. International Conference on. Vol. 2. IEEE, 2009.

[41] Giesen, Nils, and Jorge Marx Gómez. A web-based information system rating regional projects by considering sustainable development [J]. Information Technologies in Environmental Engineering. Springer Berlin Heidelberg, 2009, pp. 120-131.

[42]Pankratov, Vladimir A. , and Anastasiya Yu Beznosik. Definition of indicators of sustainable development of the coastal zone of the crimea autonomous republic with the context of regional priorities [J]. Journal of Automation and Information Sciences 41. 9(2009).

[43]Yao, J. I. A. N. G. Evaluation of Regional Sustainable

Development Based on Analytial Hierarchy Process: Qingpu District as an Example[J]. Journal of Shanghai Jiaotong University 4(2009), p. 10.

[44]Kauppila, Pekka, Jarkko Saarinen, and Riikka Leinonen. Sustainable tourism planning and regional development in peripheries: A Nordic view [J]. Scandinavian Journal of Hospitality and Tourism 9.4 (2009), pp. 424-435.

[45]Klepers, A., and M. Rozite. Tourism as a Tool of Sustainable Regional Development and the Importance of Clusters in Latvia: The Example of Sigulda and Ventspils [J]. Fourth International Conference on Sustainable Development and Planning, 2009.

[46]Katzschner, Lutz, and Jochen Mülder. Regional climatic mapping as a tool for sustainable development [J]. Journal of environmental management 87.2(2008), pp. 262-267.

[47]CHEN, Xuezhong, and Huan YANG. Evaluation Index System and Evaluation Method of Sustainable Development of Regional Economy [J]. Journal of environmental management, 2008.

[48]YI, BaoZhong, and Hao WANG. Study on Sustainable Regional Development Strategy Based on Scientific Concept of Development.

[49]Grundey,Dainora. Sustainable Energy Projects in Lithuania forPromoting Regional development [J]. Transformation in Business & Economics 7.3(2008).

[50]Mike Fugate, James R Gattikers. Computer intrusion detection with classification and anomaly detection using SVM [J]. International Journal of Pattern Recognition and Artificial Intelligence, 2003, 17(3), pp. 441-458.

[51]Martin M, Chopard B, Albuquerque P. Formation of an ant cemetery: Swarm intelligence of statistical accident [J]. Future Generation Computer Systems, 2002(18), pp. 893-901.

[52]Solnon C. Ants can solve constrained satisfaction problems [J]. IEEE Transactions on Evolutionary Computation, 2002, 6(4),

pp. 347-357.

[53] H. B. Sustainable tourism and the question of thecommons [J].
Annals of Tourism Research, 2002, Vol. 29(2), pp. 1065-1085
(21).

[54] By W, by T. Marketing the Competitive Destination of the Future
[J]. Tourism Tribune, 2000.

[55] Camisón C. Total quality management in hospitality: an application
of the EFQM model. [J]. Tourism Management, 1996, 17(3),
pp. 191-201.

[56] Onishi T. A capacity approach for sustainable urban development:
an empirical study [J]. Regional studies, 1994, 28 (1),
pp. 39-51.

[57] Maclaren V. W. Urban sustainability reporting [J]. Journal of the
American Planning Association, 1996, 62(2), pp. 185-202.

[58] Reid, Walter VC. Sustainable development: Lessons from success
[J]. Environment: Science and Policy for Sustainable Development
31. 4(1989), pp. 7-35.

[59] Brundtland, Gro Harlem. Our Common Future—Call for Action
[J]. Environmental Conservation, 1987, 14(4), pp. 291-4.

[60] Jones L K. On a conjecture of Huber's concerning the convergence
of projection pursuit [J]. Ann Statist, 1987(15), pp. 880-882.

[61] Huber P J. Projection pursuit(with discussion) [J]. Ann Statist,
1985, 13(2), pp. 435-525.

[62] Diaconis P, Friedman D. Asymptotic of graphical projection pursuit
regression [J]. Ann Statist, 1984, 12, pp. 793-815.

[63] Friedman J H, Stuetzle W. Projection pursuit regression [J]. J
Amer Statist Assoc, 1981, 76, pp. 817-823.

对国外学者探讨社会资本与经济发展关系的追踪研究

武汉大学经济与管理学院　马　颖　叶琳娜

近三十年来，在社会学、经济学、政治学等各个社会学科领域都出现了研究社会资本的热潮。进入 21 世纪以来，"社会资本"这一术语已频繁地出现在各类经济学文献中，并继续向经济学各个分支领域进一步渗透。"社会资本"这个看似简单的术语，却包含了丰富的内涵。社会关系、社会网络、社团组织以及其中的规范乃至习俗、文化等，这些都可能是影响经济发展的重要因素。本文旨在追踪研究社会资本逐渐向经济发展领域渗透的历程，把侧重点放在阐述社会资本的由来，社会资本对经济发展理论的渗透，社会资本何以作为正式制度的补充而影响经济绩效这三个问题上，进而说明社会资本理论的兴起为解释经济发展问题提供了一条新思路。

一、社会资本概念的由来及其对经济学的渗透

社会资本的概念来源于社会学。早在 1916 年，就有学者使用"社会资本"一词来说明社会交往对于教育和社群社会的重要性（Lyda J. Hanifan，1916）。20 世纪 80 年代，社会学家皮埃尔·布尔迪厄（Pierre Bourdieu，1986）和詹姆斯·S. 科尔曼（James S. Coleman，1988）进一步将社会资本的概念发扬光大。布尔迪厄试图打破经济学和社会学之间人为的界线，关注的是各种形式的资本（经济资本、文化资本和社会资本）及其相互之间的转化。社会资

175

本被定义为一种蕴涵在社会关系网络或组织成员身份中的资源。科尔曼则首次对社会资本理论提出了完整、系统的表述。他把社会资本看作个人所拥有的一种社会资源，强调社会资本在人力资本形成过程中的重要作用。从个体的理性行为出发，科尔曼详细地分析了社会资本的三种类型：职责和预期、信息渠道和社会准则；社会资本的公共品性质；导致社会资本出现和消亡的各种因素。

社会资本理论引起了经济学家的普遍重视，这在很大程度上应归功于政治学家罗伯特·D. 普特南（Robert D. Putnam）。他对意大利的民主制度改革成效进行了近二十年的观察研究后发现，意大利南部和北部之所以在改革成效上差别迥异，原因就在于北部公民积极参与各种水平型协会，而南部的公民则正好相反。普特南随即将这些水平型协会，亦即水平型社会网络称为社会资本。他还用公民参与协会的平均数量作为衡量一个社会中社会资本存量多寡的指标，并以此来测量社会资本与一些经济发展指标之间的关系。

自普特南开始，社会网络形式的社会资本对经济绩效的影响至关重要这一思想已经深入人心。社会资本概念开始向经济学渗透。越来越多的经济学家和发展经济学家加入了社会资本研究的行列。特别是世界银行对社会资本表现出了相当浓厚的兴趣。世界银行于1996 年专门成立了社会资本协会，协会在丹麦政府的资助下设立了 12 个研究项目，旨在从实证的角度评估社会资本对发展的作用，说明外部援助有助于社会资本的形成并开发监督社会资本的相关指标，在此基础上产生了一系列工作论文。世界银行还于 1997 年春组织了一场跨学科的专题国际学术研讨会，邀请社会学家、政治学家和经济学家从各自学科角度认真研究社会资本的概念，会议论文也于 2000 年结集出版。

此后，经济学家们开始从不同的角度出发，利用各种现有的经济学理论工具，分析社会资本的创造、消亡及其对经济绩效和发展的影响，并据此提出政策建议。一方面，新古典主义者将社会资本作为资本概念的扩展和延伸，使其成为经济增长模型中的一个重要解释变量。社会资本经由个体基于效用最大化的投资决策进行积累，并成为生产函数中的一种投入要素，被纳入经济增长模型。正如人力资本的积累会对经济发展产生积极的推动作用，社会资本的积累也同样能促进经济发展。另一方面，新制度主义者则采用制度分析的方法，以科斯提出的"交易成本"概念为核心，从社会群体的层次上分析社会资本与经济发展的关系，认为社会资本的功能类似于制度，可以降低交易成本，协调集体行动，促进合作，在市场失灵或正式制度不完善的情况下发挥至关重要的作用。在微观层次上，社会资本被界定为社会关系网络本身或者社会网络中存在的信任、合作的规范等特征，可以用博弈论的方法来描述处于社会关系网中个体的互动，以阐释社会资本促进合作的有效机制。从宏观的角度上看，社会资本包含了整个社会的习俗和文化，可从演化的角度来分析社会资本是如何自发地形成和变迁的及其与经济发展之间的长期动态关系。

二、社会资本向经济发展理论的渗透

(一)社会资本投资

如果将社会资本看作个体所拥有的一种资产，那么它对个体来说就是有价值的，能够产生利益流，因而个体就有了投入时间和精力以创造和获取社会资本的激励。同时，社会资本的资本特性也意味着其存量可以通过投资而增长，也可以通过折旧而下降。爱德华·L.格莱泽、大卫·莱布森和布鲁斯·萨克多特（Edward L. Glaeser, David Laibson and Bruce Sacerdote）用一个标准的个人投资的最优化模型分析了个体积累社会资本的决策。他们将社会资本看作个人的社会特征，包括社会技能、个人魅力以及从社会交往中获得市场或非市场利益的社交圈规模。个体社会资本存量可以为个体带来效用流量，这一效用流量支付同时反映了社会资本的市场回报，如更高的工资或更好的职业前景和非市场回报，人际关系质量的提升，健康状况的改善或直接获得幸福感。社会资本投资会挤占工作时间，因而具有时间成本。与其他形式的资本一样，社会资本也会折旧，其折旧程度受到人口的迁徙和流动的影响。通过建立一个最优化模型，可以得出影响个体社会资本投资的若干因素。

177

由于社会资本加总过程的复杂性，格莱泽、莱布森和萨克多特未能成功建立社会资本加总过程的理论模型，但他们指出总量社会资本并非个体社会资本的简单加总，而是不同类型个体社会资本的函数。由于外部性的存在，决定个体水平上社会资本的要素并不总是决定社会水平上的社会资本。

格莱泽、莱布森和萨克多特的模型较好地概括了社会资本的"资本"特性。如社会资本可以为个体带来物质回报和精神回报。社会资本带来的回报既取决于个体社会资本存量，也取决于社会总体的社会资本水平，这体现了社会资本的公共品性质。流动性也是影响社会资本投资的关键要素。在更为完整的模型里，流动性的决定本身也应该是内生的。当个体在其所处的社会群体中积累了更多的社会资本时，其流动性就应该相应下降。另外，社会资本投资会挤占工作时间，因而对经济发展有一定的挤出效应。

(二)引入了社会资本的增长模型

以格莱泽、莱布森和萨克多特的研究作为微观基础，一些学者开始尝试将社会资本纳入增长模型。也许是受到科尔曼(1988)那篇开创性论文的影响，很多有关社会资本的增长模型都反映了社会资本与人力资本之间的关系。一些经验研究也表明，社会资本与人力资本之间存在互补性和双向正相关关系，且伴随着一个社会或者国家的发展，与人力资本相比，社会资本的重要性在降低。[①]蒂亚戈·N. 赛凯拉和亚历山德拉·费雷拉-洛佩斯(Tiago N. Sequeira and Alexandra Ferreira-Lopes，2008)用一个典型的内生增长模型分析了人力资本和社会资本之间的相互作用。在其模型中，人力资本和社会资本的积累都取决于分配于教育部门的人力资本和总量社会资本。同时，社会资本是规模收益不变的柯布-道格拉斯型生产函数的投入要素之一。在上述假设条件下，作者对模型的动态和稳态进行了分析，并通过校准法估计参数，描述了模型预测的经济演化过程。得出的一般结论为，在发展过程中，人力资本相对于社会资

---

① 这类经验研究可参见 Teachman 等(1997)、Piazza-Georgi(2002)和 Glaeser 等(2002)的论述。

本而言，其重要性在上升，且从长期来看，人力资本与社会资本存在正相关关系，表明更发达的国家拥有更多的人力资本和社会资本。在一个特殊的例子中，作者还模拟了社会资本与人力资本比率可能存在倒 U 形关系的情况。

阿尔贝托·比森和达尼洛·瓜伊托利（Alberto Bisin and Danilo Guaitoli，2006）则采用了一个跨代交叠模型的框架，描述了人力资本和社会资本在现代化过程中的动态积累过程。他们将经济发展过程划分为两个阶段：农村传统经济阶段和现代化的都市经济阶段，其中传统经济的工资水平取决于个体社会资本和社会环境（总量社会资本），不需要使用人力资本；而在现代经济的匿名交易中，工资水平只取决于总量社会资本，但需要使用人力资本。现代化被看作外生冲击。模型的动态分析表明，由于初始条件不同，经济增长可能会存在贫困陷阱。这是因为，在现代化的过程中，随着人们从农村迁往城市，他们将会停止社会资本的投资而开始进行人力资本的投资。为了能够实现持续的经济增长，人力资本必须增长得足够快，以抵消社会资本下降带来的负面影响，否则将陷入贫困陷阱而无法自拔。由此，作者得出的结论为：人力资本的增长将会伴随社会资本下降，因此有些国家可以在现代化的尝试中取得成功，而有些国家则会失败。

舒米安南达·丁达（Soumyananda Dinda，2008）则是从不同的视角描述了社会资本与人力资本之间的关系。与科尔曼的观点恰好相反，他认为不是社会资本促进了人力资本的积累，而是人力资本存量决定了社会资本的积累。社会交往和共享的社会规范在受教育的过程中形成，受过更高教育的人对集体行动的重要性有着更深刻的理解，因而教育有利于促进信任、互惠和合作。对于整个社会具有正的外部性，社会资本正是对这种外部性的概括。在他构建的增长模型中，AK 型的生产函数由物质资本、人力资本和社会资本三者共同决定，因而得出的结论为，人力资本和社会资本的积累均会影响均衡增长率。

有的学者认为，社会资本对技术创新具有重要的推动作用。简·E. 方亭（Jane E. Fountain，1998）认为社会资本是技术创新重要的推动力量，创新能力取决于中观层次的社会资本提供的制度效率。而在彼得·马斯克尔（Peter Maskell，2000）看来，社会资本对于传统经济中低技术水平下的学习和创新也同样重要，因为企业可以从相互学习中受益。企业间的这种基于信任基础上的互惠关系可以克服由于信息不对称而导致的在知识交换方面的市场失灵。瑞吉恩·兰德里、纳比尔·阿马拉和莫克塔·拉马里（Rejean Landry，Nabil Amara and Moktar Lamari，2002）用问卷调查的形式为社会资本与创新之间的关系提供了经验分析，结果表明，社会资本对企业的创新决策有重要的影响。

还有学者从其他角度对社会资本与经济发展的关系进行了实证研究。穆拉德·达米里和迪尔克·德·克勒尔克（Mourad Dakhli and Dirk de Clercq，2004）则用世界价值观调查（World Value Survey）提供的相关数据作为社会资本的衡量指标，并使用了 59 个国家的相关横截面数据，考察了社会资本与创新之间的关系，发现社会资本的部分指标与创新之间存在正相关关系。周元光（Yuan K. Chou，2006）沿用罗默的内生技术变迁增长模型框架，建立了社会资本对技术创新作用的理论模型。在该模型中，社会资本并未直接作为一种投入要素进入生产函数，而是对 R&D 活动具有溢出效应，从而间接影响生产。模型阐释了影响社会资本积累和 R&D 活动的若干因素。如果社会资本的溢出效应参数随着总体社会资本水平的增加而增加，那么社会资本水平将可能存在多重均衡和贫困陷阱，这就喻示了在脱离低社会资本水平贫困陷阱过程中政府行为的重要性。政府需要制定有利于内化社会资本溢出效应的政策，以促进社会资本的积累。

经验证据表明，社会资本存量还会影响一个国家或地区的金融发展和效率。路易吉·圭索、保拉·萨皮恩扎和路易吉·津加莱斯（Luigi Guiso，Paola Sapienza and Luigi Zingales，2004）通过对意大利不同地区的考察发现，在社会资本水平高的地区，家庭更倾向于使用支票，有更多的股票投资，且拥有更多的正式借贷的途径，因而较少使用非正式借贷。特别是在正式制度约束力较弱的地区和较少接受教育的人群里，社会资本的影响更大。周元光据此构建了反映社会资本与金融发展关系的增长模型。他认为，社会资本有助于将个体或家庭的储蓄转化为生产性投资，因而可通过提高金融部门的效率来影响增长。这是因为个体以参加协会、俱乐部等社会网络的形式进行的社会活动创造了普特南所说的桥接型社会资本，这类社会资本有利于提高社会普遍信任水平。在金融系统中，金融中介就可以更好地调和借贷双方的供求。

值得注意的是，社会资本在促进经济增长的同时，对经济增长也有一定程度的挤出效应。普特南（1995）的研究经验表明，从20世纪下半叶开始，美国在经济增长的同时，社会资本水平却在持续下降。也有学者试图用增长理论来解释这种现象。如在斯约尔德·比戈尔斯蒂齐克和斯贾克·斯穆尔德斯（Sjoerd Beugelsdijk and Sjak Smulders，2004）建立的增长模型中，社会资本被区分为结合型和桥接型两种。个体对社会资本的投资取决于个体偏好，而并非投资回报。两类社会资本的投资都需要花费时间成本，因而对经济增长具有挤出效应。结合型社会资本不会带来任何收益，而桥接型社会资本可以减少社会上的寻租和欺骗行为。因而结合型社会资本不利于经济增长，而桥接型社会资本对于增长的作用则取决于挤出效应与行为约束效应的相对强度。与此类似的是，斯特凡诺·巴托里尼和路易吉·波纳提（Stefano Bartolini and Luigi Bonatti，2008）也用一个内生增长模型说明了社会资本与经济增长之间的负相关关系。在该模型中，市场行为的扩张弱化了社会资本的形成，而且企业会对正式的强制机制进行投资以替代社会资本来发挥作用。

以上所介绍的社会资本理论采用的是新古典的研究范式，以理性的经济人为起点，以无摩擦的完全竞争的市场经济为暗含的假设前提。以这一思路进行社会资本研究的学者们更多关注的是社会资本的"资本"特性；试图解释社会资本是如何自发地被理性的个体所创造积累的；社会资本又是如何通过各种渠道影响经济增长的。从事这类研究的学者们充分利用了新古典工具的优势，用逻辑严密的数学语言来对社会资本的影响进行一系列定性和定量的分析。然而问题在于他们始终未能解决个体社会资本的加总问题，上述增长模型中的总量社会资本都被简单地作为个体社会资本的加总平均，或者作为给定的外生变量，未能考虑到社会资本的外部性问题。此外，新古典主义过于严格的假设前提使其很容易陷入"同义反复"的境地。简单地将社会资本加入生产函数或者其他类型资本的积累方程，并不能说明社会资本为什么能影响生产函数和资本积累，其作用机制又是怎样的。而对于这类问题，制度分析方法往往能提供合理的解释，这就涉及新制度经济学的理论研究范畴。

三、社会资本作为对正式制度的补充，
影响经济绩效

20 世纪 80 年代兴起的新制度学派放宽了新古典主义的假设前提，市场不再是完全的、无摩擦的；交易成本不可避免，且市场失灵的现象大量存在。在这种情况下，制度对于经济发展就显得至关重要了。从世界银行社会资本协会主持的一系列案例研究中，人们发现社会资本可以有效地降低交易成本，减少机会主义行为，降低由于不完全信息带来的不确定性，并以此来协调集体行动和促进合作。而这也正是制度所能发挥的作用。不同之处在于，正式制度的实施需要有一个专门的、独立地实施惩罚和制裁的第三方，而社会资本发挥作用是通过社会关系网，及其成员之间的互动约束，因而可被称为是第二方强制实施的。在正式制度尚未建立或者失效的情况下，社会资本可以作为制度的补充。且广义的社会资本包含了整个社会的习俗文化，而它往往决定了人们对正式制度的态度。在某种程度上，社会资本可以节约正式制度的实施成本。

（一）社会资本通过社群治理来解决市场失灵和政府失灵

经济治理问题目前在经济学领域引起了广泛重视。实际上，自 19 世纪以来，关于如何进行有效的治理，学术界就一直存在两大阵营，一方拥护自由主义的市场，而另一方主张政府全面干预，争论双方共同隐含的假设前提是市场和政府都是控制经济运行的有效手段，而除此之外，再无其他的资源配置方式。直至 20 世纪末，市场失灵和政府失灵同时存在的观念才逐渐深入人心。社会资本的概念也正是在此时出现的。因而萨缪尔·鲍尔斯和赫伯特·金迪斯

(Samuel Bowles and Herber Gintis，2002）认为，社会资本逐渐引起人们的重视并不是因为它自身的优点，而正是由于市场和政府都存在缺陷，且该概念的兴起也标志着"计划 VS 市场"争论的结束。他们主张直接用社群（community）来代替社会资本这一术语，以强调其在经济治理方面的重要作用，并把社群治理作为市场和政府之外经济治理的第三条道路。在鲍尔斯和金迪斯看来，社群是指人们直接地、经常地且在多方面发生影响的群体，是通过联系而不是感情进行界定的。社群作为治理结构的独特能力在于：首先，社群成员重复交往的可能性高，因而当事人有强烈的激励采取对所有人都有利的行动，以避免对方日后进行报复。其次，频繁交往降低了获取关于其他成员特征、当前行为和将来可能行为的信息的成本，且提高了收益，这类信息的广泛传播越容易，社群成员就越有激励采取对集体有利的行动。最后，社群通过同组成员之间的监督和惩罚来解决激励相容，克服"搭便车"问题。这就表明了社群发挥作用的三个要素：重复交易、信息传播以及成员间的监督和惩罚。

1. 重复交易

完美信息博弈中的无名氏定理证明，在无限次重复博弈中，只要参与者有足够的耐心（即贴现因子足够大），那么合作可以成为囚徒困境博弈的一个子博弈精炼均衡。这意味着，重复交易有助于形成合作的规范。神取道宏（Michihiro Kandori，1992）研究证明，在社会群体中，即使个体随时间的流逝会不断地改变交易对象，只要群体成员可以观察到所有其他成员的行为，那么无名氏定理也同样成立。布莱恩·R. 劳特里奇和约阿希姆·冯·阿姆斯贝格（Bryan R. Routledge and Joachim von Amsberg，2002）曾用一个无固定对象的重复博弈的模型说明了社会资本是如何促进合作的，他们假定交易为私人的，不存在交易者行为的公共信息，即没有人可以观察到其他成员的交易信息，交易双方采取的策略仅取决于两人的交易历史。其模型的核心仍为一个囚徒困境式的两人博弈，合作的交易为帕累托最优，但在一次性的博弈中不合作为占优战略。在每个时期，社会群体里的任意两个个体最多相遇一次，交易机会是随机的，也可能出现两个人在若干期内都不交易的情况。因此，博弈是不确定重复的。模型得出的结论是，合作可能会成为一个子博弈精炼均衡，只要交易的频率或者说概率足够高以及贴现因子足够大。他们将社会资本定义为促进帕累托最优均衡的社会结构，它决定了两个个体相遇并且交易的频率。这个模型实际上仍是对无名氏定理的扩展和延伸。他们还以此为基础说明了社会资本与经济增长之间的矛盾关系。劳动力的迁移和流动会导致社会群体中个体相遇并且交易的概率降低，对社会资本有着不利的影响。然而流动性可以带来生产效率的提高，从而促进经济增长，对发展中的经济体来说尤为重要。通过制定降低流动性的法律，政府可以以降低劳动力配置效率为代价增加社会资本。然而社会资本与劳动效率的相对重要性很难衡量，且即使降低劳动力流动会增加预期福利，它同时也会增加不平等，因而对于发展中的经济体来说，是选择增加社会资本还是选择提高劳动效率，很难作出政策评价。

2. 引入了信息传播的重复交易

神取道宏(1992)曾提出了一种在存在某种信息传递机制的情形下，合作得以维持的情况。但是也需要满足三个相当严格的条件：信息是分散化的，每个个体都带有一个包含了关于其重要信息的标签，如声誉、社会地位和信用卡等都可以看作标签的一种；在进行交易之前每个个体都能够观察到他自己和他对手的标签；参与者及其对手今天的行为和标签将会决定他们明天的标签。

类似地，库尔特·安嫩(Kurt Annen，2003)也用一个无限重复博弈模型说明了社会群体中的合作。他认为，人格化的社会关系网对于促进合作具有低强制成本的特征，是因为声誉是一项有价值的资产，它使得关系网中的个体倾向于采取合作的行为。而声誉的建立就需要依靠社会关系网中的信息传播，信息传播效率取决于群体规模和传播技术。同时，他还引入了交易的复杂性这一变量，他认为伴随着经济发展，交易复杂性日益上升，交易的效率就会受到群体规模的限制。在信息传播和交易复杂性的双重约束下，合作的策略仍可成为子博弈精炼均衡，但要受到一定条件的限制。在传统的简单经济中，社会资本的强制力是很大的，因为交易回报高而强制成本低；而随着经济发展，面临日益复杂的交易，需要扩大关系网的规模以提高交易回报，此时若要保证社会资本的强制力就要求信息传播技术的相应提高以抵消规模扩大对信息传播效率的不利影响。

安嫩还对正式制度和基于社群强制的人格化契约进行了对比，认为正式制度的优势在于其具有较大的包容性。在正式制度的安排下，合作可以在更多的个体和有着不同社会文化背景的个体当中实现和维持。社会资本的强制力会受到传播约束和交易的复杂性约束，但是只要社会关系网的信息传播能力足够强，其包容性甚至可以超过正式制度，因为正式制度的包容性还受到国界的限制。

3. 成员间的监督和惩罚

要使社会群体中的囚徒困境博弈出现合作的结果，群体成员间的监督和惩罚也十分关键。监督和惩罚是有成本的，需要解决监督和惩罚行为的激励相容问题。很多现实证据和博弈实验都表明，人们常常自发地对投机者进行惩罚，即使从自利的标准来看，实施惩罚并不划算。如果个体被假定为自利的，往往很难解释社会群体成员对其他成员进行监督和惩罚的动机。鲍尔斯和金迪斯（2002）认为，社区之所以能够创造和维持规范，是因为有相当比例的成员愿意对投机者进行惩罚，即使实施惩罚要付出一定代价，这类行为被其称为强互惠。同时，他们提出了大量的证据表明，在许多不同的社会中，在不同的社会条件下，包括匿名社会中，人群中都有相当比例的人是强互惠主义者。杰弗里·卡彭特等（Jeffrey Carpenter 等，2009）认为，从理性的个人出发解释惩罚的动机是不充分的，需要满足一系列假设前提，如小的群体规模、重复博弈以及完全信息。为此，他们没有使用重复囚徒困境博弈的框架，而是通过引入强互惠和非自利的偏好，建立了一个团队生产的博弈模型，以解释在团队生产过程中成员间的惩罚行为，并通过公共品博弈实验提供了团队中强互惠行为的证据。卡彭特等的理论模型和实验证据表明，在适当的条件下，强互惠可以为惩罚行为提供支持，并且在群体中维持较高的合作水平，只要互惠者的概率不是太低或者群体规模不是太大。

以上研究说明了社会资本是如何在社群治理方面发挥作用的。

特别是在市场失灵和正式契约不完善的情况下，社会资本通常可以有效地约束机会主义行为，促进群体成员间的合作。然而，鲍尔斯和金迪斯（2002）同时也指出，与市场、政府一样，社会群体也一样会失灵。社群失灵主要有以下几种表现形式：第一，社群交往通常局限于相对较小的范围内而无法享受与更大范围的人交往所带来的规模效应。第二，由于成员身份是个人选择的结果，而不是群体决定的，所以群体的成员会倾向于同质化，而无法得到多样化带来的好处。第三，社群成员容易形成局内人和局外人的区分，并对局外人采取敌对的态度。第四，社群的优势在于它能够促进规范的执行，但是这对于全社会来说是否有利还取决于它促进执行的是什么样的规范。鲍尔斯和金迪斯还阐述了社群治理与正式的法律和政府环境之间的互补关系，认为应建立起使得政府、市场和共同体三者互补的制度框架。

（二）社会资本、博弈过程与经济发展

上述理论用博弈论的分析工具解释了社会资本对于合作的促进作用，但它是一种静态的分析。社会资本的存在使合作有可能成为一个子博弈精炼均衡，但是问题在于合作并非唯一的子博弈精炼均衡，这些理论无法解释为什么一定会出现合作而不是其他的均衡结果，及其随着时间的流逝，合作是否是稳定的。卡彭顿等在模型中引入了非自利的偏好，但这一偏好是外生给定的，他们没有解释人们为什么会形成利他的或者互惠的偏好，以及这些偏好在社会群体中又是如何演化的。为此，一些学者试图从演化的角度来对社会资本进行动态的分析，以阐释社会资本的形成、积累和消亡的过程，及其与经济发展的长期关系。

1. 社会资本的创造及其演化

安德斯·波尔森和格特·T. 斯文森（Anders Poulsen and Gert T. Svendsen，2003）曾用间接演化法，分析了社会资本在社会群体中的创造以及演变的过程。他们将社会资本定义为促进合作的社会规范，并用一个简单的模型说明了由于互惠规范的存在，即使群体中不存在重复交易也不存在明确的惩罚，合作也可以产生。他们假定那些能给人带来超过平均水平的货币支付的社会规范或偏好，随

时间的流逝而将被更多的人内化，用复制者动态描述了人们将规范内生化至其偏好中的过程。通过分析偏好演化的动态及其稳定状态，他们得出以下结论：①一个所有个体都内化了自私的社会规范，或者所有个体都内化了利他的社会规范的社会都不可能是稳定的。②一个由互惠的和利他的个体所组成的社会，在人口中利他的个体不是太多时可以保持稳定。③一个所有人或大多数人都是自私者的社会随时间的推移会经历一个合作程度上升的过程；一个建立了普遍合作的社会不会永远保持这个状态，它处于普遍合作阶段的时间取决于该社会可以在多大程度上限制利他主义者的蔓延；一个被自私者侵入的社会将经历一个欺骗上升的阶段，直到合作重新建立。简单地说，社会资本和合作可以在一个充满了敌意的物质主义的和自利的社会中自发地产生，然而，利他主义会侵蚀互惠并最终导致自私的蔓延，利他者和互惠者开始减少，社会资本逐渐消亡，而之后互惠的规范和社会资本又可以重新自我建立。

波尔森和斯文森的模型通过引入非自利的偏好及其演化过程，说明了社会资本在整个社会中从创造，到消亡，再到重建的循环过程。他们对社会资本的研究突破了群体规模的限制，合作结果的出现也不依赖重复博弈，因为规范已内生至个体的偏好中。因而，他们所研究的社会资本实际上是一种更广义的社会资本，它不再局限于中观层次上的社会关系网及其对机会主义行为的约束，而是已上升至文化的高度。

2. 信任、社会资本与经济发展

最具代表性的、从文化的角度来考察社会资本的学者是福山（福山，2001），特别是其关于信任的研究受到了学术界前所未有的瞩目，对其之后的社会资本研究也产生了深远的影响。福山将文化定义为继承而来的伦理习惯，它不是理性选择的结果，但是作为理性选择的现象经过一段时间后可以成为文化现实。福山认为，社会资本是在群体和组织中，人们为了共同目的在一起合作的能力，这一能力是由成员之间的信任水平决定的。而信任又是由文化决定的，它依赖于人们共同遵守的规则和道德价值观。可见，在某种程度上，福山将文化、信任和社会资本纳入了同一个范畴。他关注的

187

信任，并不是基于理性计算的信任，也不是传统社会中基于亲缘、地域关系的人格化信任，而是一种普遍的信任。一个国家的信任水平会影响其经济运行和经济结构。

许多经济学家也十分重视信任对于经济发展的作用，如肯尼思·J.阿罗（Kenneth J. Arrow，1972）认为："信任是经济交换的润滑剂，世界上很多经济落后的现象都可以用缺少信任来解释。"[1]弗雷德·赫尔希（Fred Hirsch，1978）也曾指出："信任是很多经济交易所必需的公共品。"[2]一些经济学家用博弈论的方法，从微观的角度分析了信任的建立、维持和演化过程，主要涉及无名氏定理及其扩展、声誉机制的建立、合作机制的演进等。这些研究通常是从理性的角度，侧重于分析信任产生的激励机制和结构，是一种基于理性计算的信任。这样的信任，实际上是理性的经济人在面临一系列约束条件的前提下作出的一种机械的反应，是被动的行为选择。福山对这种新古典式的观点进行了批判，他指出，根据这种说法，对于合作来说，信任实际上是可有可无的，自利的动机和正式契约就足以使得互不相识的人结合在一起，为了共同的目标而工作。按照福山的逻辑，群体是以相互间的信任为基础而产生的，因而是先有信任后有群体的形成，而并非群体间的重复博弈或者其他约束条件导致了信任的产生。

沿袭福山的传统，从文化的角度来分析信任和社会资本的学者中，颇具代表性的是帕特里克·弗朗索瓦（Patrick Francois，2002；Patrick Francois and Jan Zabojnik，2004）。他摒弃了经济学家侧重于研究信任的激励结构的通常做法，而是着重研究了作为个体固有的性格特征的诚信（trustworthiness），并将社会资本定义为诚信的个体在社会中的普及，社会资本的重要性就体现在契约不完全时诚信的重要作用。为此，弗朗索瓦特别区分了传统社会中的人格化信任和

---

① Arrow, K., "Gifts and Exchanges", Philosophy and Public Affairs, 1972, Vol. 1, pp. 343-362.

② Hirsch, F., "Social Limits to Growth", Harvard University Press, 1976, Cambridge, Mass., pp. 78-79.

现代化大生产所需要的匿名信任。他认为传统社会的交往被限制在相对有限的人群中，生产在很大程度上是地域性的，生产单位也通常局限于有血缘关系的群体中。因而在重复交往和群体内信息自由流动的背景下，高水平的信任更容易维持。这类社会中的人们与以大量匿名交易为特征的现代化西方经济体中的人们相比，似乎拥有更多的社会资本。然而虽然传统社会的确有促进诚信的激励特征，如监督、信息流动和重复交往，但是传统社会结构能否作为成功的现代化大生产的基础很值得怀疑。现代市场经济的成功发展需要脱离传统亲密群体交易的限制，将交往扩展至陌生人。而这一点只有在人们普遍相信匿名交易不会被交易一方的机会主义行为所利用而损害另一方时才会实现。传统社会虽然以群体内部的普遍信任为特征，但很难将这一信任以及互惠的观念扩展至群体外部的匿名交易中。人们通常只能信任事先熟悉的交易伙伴，市场制度的功能因而被严格地限制了。因而，就有必要发展一种匿名信任，使得交易的范围得以扩大。

这种匿名信任与诚信的个体在社会上的普及即社会资本有关，而诚信作为一种性格特征，是文化传承的结果，是在个体社会化的过程中形成的。个体在社会化的过程中会接受某种文化和价值观，并将其内化到自身的偏好中。阿尔贝托·比森和蒂埃里·维迪尔（Alberto Bisin and Thierry Verdier，2000）曾建立了一个偏好演化模型来说明文化在代与代之间的传递过程。他们认为个体的价值观是由其父母的教育和社会环境的影响共同决定的，其中家庭社会化的作用十分关键，并由此得出了与传统的演化理论不同的结论。传统的偏好演化理论认为，人的偏好或者是由基因遗传而形成的人的本性，或者是通过模仿过程形成的，这两种途径都将导致同一个结果，即偏好的传递是随着该偏好带来的经济收益而单调递增的，这样就无法解释在社会中并不少见的利他主义偏好的存在。而比森和维迪尔则通过分析指出在家庭和社会环境对孩子社会化的共同作用下，会形成人口中不同偏好的稳定分布，而不是出现偏好趋同的极端情况。

弗朗索瓦和扬·扎博伊尼克（2004）在比森和维迪尔模型基础

上，进一步建立了一个关于偏好演化、内生的社会资本及其在经济发展过程中作用的模型。在他们的模型中，排除了建立激励相容的契约的可能性，诚信在决定生产类型方面发挥着重要作用，同时，诚信在人口中的演化即社会资本，反过来也会受到企业生产决策的影响。如果企业选择进行更易受机会主义行为损害的生产即现代化生产，则社会资本就会被创造和维持，因为在这类生产中，诚实的个体会得到额外收益。反之，演化过程就会导致社会资本的消失。社会资本与企业行为的这一相互关系也是发展过程的关键。如果二者之间有良性的双边动态关系，则发展就会成功而产生高水平的现代化生产和高水平的社会资本。因而，在他们描绘的发展路径中，社会资本与现代化生产是互补的。同时，如果诚信本身无法产生足够的自我回报，系统就会出现多重均衡，社会将向两个非常不同的结果收敛。多重稳态的存在为以下现象提供了一个可能的解释：为什么拥有相似技术条件的国家却在全要素生产率上显现出如此巨大的差距？根据上述理论，使用现代技术需要能够应付机会主义，而理性的企业只有在他们相信交易者足够诚实，即社会资本足够高时才会承担这个风险。这意味着某些经济体可能会陷入低信任水平的贫困陷阱，在这种情况下，即使有可利用的技术也不会被用于生产。

弗朗索瓦和扎博伊尼克还结合发展中国家的实际，描述了在开放条件下可能出现的经济发展路径。现代生产部门的更具生产力的技术被他们视为发展的引擎。而引入这类技术的一个障碍在于，与传统技术相比，它们通常需要更大的生产准备成本。发展中国家与发达国家相比，国内市场的规模相对较小，无法获得规模效应。但是，国际贸易使得小市场中的生产者也有可能在生产过程中获得规模效应，并出口其劳动密集型产品。这也正是 20 世纪 80 年代发展中国家的工业化战略从进口替代转向出口导向的部分原因。贸易开放意味着一方面可以从国外进口更便宜的大批量生产的产品，这对于国内市场的生产者而言是一个潜在的威胁；另一方面，进入国际市场的潜在途径及其带来的巨大市场收益和规模经济效应为生产率和利润的提高创造机会。然而投机风险是阻碍发展中国家进行现代化投资的主要因素，开放推动了更大规模现代化生产的发展，同时也提高了生产对于社会资本的依赖性。在开放的条件下，同样可能形成两种发展路径。经济体开放之初，进入现代化生产的企业家数量将会有一个瞬时的、急剧的下降，其原因在于企业家对于风险的反应迅速，而人口演化调整相对缓慢。在企业家数量下降得不太快的情况下，演化力量将会使得诚信水平逐步上升，经济体仍会向更高水平的稳态收敛。反之，如果企业家数量下降得太快，以至于诚信者无法得到足够的交易机会，演化激励就将偏向于机会主义，即使对于诚信者而言生产带来的回报相当丰厚。随着时间的流逝，机会主义的增加将会形成恶性循环，直至现存的社会资本完全被破坏。由此得出的政策建议为：首先，渐进式变革是有利的。其次，政府应实行鼓励诚信的政策，引导诚信的家长直接社会化其子女。或者政府可以直接在社会上树立并弘扬诚信的道德规范。

最后，弗朗索瓦和扎博伊尼克还阐明了社会资本与正式制度、非正式制度之间的关系。他们指出，其模型完全没有考虑到制度的作用，而在现实生活中，制度或多或少会对经济人的行为发挥作用从而使得文化的重要性有所降低。至少，在制度发展水平很高时，社会资本与经济成功之间的正相关关系也许是不成立的。正式制度的良好运作会在很大程度上减少企业对于诚信水平的依赖性。在当今的发展中国家，正式制度的强制力通常较弱，因而个体的类型在经济发展过程中就扮演了重要角色；而在发达国家中，完备的正式契约通常可以作为社会资本的替代而发挥作用。而且，即使没有正式制度，非正式制度也可以维持激励相容的交往(如传统社会中存在的信任)。

四、简要的评价

社会资本是一个跨学科的概念，涉及社会学、政治学和经济学等多学科领域。社会资本理论在经济学领域的兴起，无论是对于经济行为的研究来说，还是对于经济发展的研究来说，都提供了一条新的思路。就社会资本对研究经济行为的意义而言，正如鲍尔斯和金迪斯(2002)指出的那样:"社会资本概念的兴起,反映了政策和学术界对于真实的人的价值的重视,这一价值并不只是经济人的效用方程,而且包括了人们在日常生活中是如何与家庭成员、邻居、同事交往的,而不仅仅是作为买者、卖者和市民。"①就社会资本对经济发展的意义而言,学者们众说纷纭,从不同角度提出了自己的见解。我们认为,至少可以把社会资本理论的兴起对于研究经济发展问题的重要意义概括为如下几个方面:

首先,社会资本概念的引入推动着增长理论家们对社会资本进行度量,并且从社会网络和人文关怀的视角探讨经济发展问题。具体而言,他们的推进体现在两个方面:其一,将资本的外延从包含物质资本和人力资本进一步扩展到社会资本,认为社会资本同样具有"资本"的若干属性,由此解释社会资本如何自发地被理性的个人所创造和积累,试图度量个人和社会层次上的社会资本存量,进而为增长理论增添了新的解释变量,并有助于解释为什么拥有相似要素禀赋的经济体(例如东亚国家和地区)的发展路径却迥然相异。然而,迄今为止,经济学家仍然未能解决个体社会资本的加总问题,总量社会资本也被简单地作为个体社会资本的加总平均或者被视为给定的外生变量,而未能考虑社会资本的外部性问题,导致对社会资本的分析离不开居于主流地位的新古典范式。这在一定程度上以牺牲解释力为代价,并简单地将社会资本加入生产函数或其他类型资本的积累方程,因而未能较为深入地阐明社会资本何以影响生产函数和资本积累的作用机制。尽管如此,到目前为止,对社会资本的研究还只是打开了一扇窗,为今后进一步研究社会资本与经济发展关系提供了必要的理论准备。其二,从社会网络和人文领域探讨社会资本通过哪些渠道来影响经济增长的机制。制度和习俗、文化等人文社会因素对于经济发展具有重要作用,这一点人们早已达成共识,但有关这方面的研究通常是分散的,未能形成统一的理论框架。用逻辑严密的数学语言对人际交往、信任、社会网络等因

---

① Bowles, Samuel & Herbert Gintis, "Social Capital and Community Governance", Economic Journal, 2002, Vol. 112, No. 483, pp. F419-F436.

素进行定性的和定量的分析却是近年来才出现的。社会资本理论将社会学中和"社会"和经济学中的"资本"这两个核心概念结合起来，为经济学和社会学的跨学科研究和有效融合奠定了基础。这样一来，可以把影响经济发展的社会因素纳入同一个理论范畴来讨论，并能以微观层次上的个体互动为基础讨论宏观的经济发展问题。在这方面，波尔森和斯文森做了有意义的尝试。他们通过引入非自利的偏好及其演化过程，说明了社会资本在整个社会中从创造到消亡再到重建的循环过程。他们将社会资本定义为促进合作的社会规范，证明了在社会规范已内生化于个人偏好中的前提下，即使正式制度不存在，社会规范也有助于约束人们的投机主义行为。实际上，他们所研究的社会资本是一种广义的社会资本，不再局限于社会网络对机会主义行为的约束，而是已经上升到人文关怀的高度来关注社会资本对长期经济发展的影响。

其次，社会资本概念的引入有助于从社会网络层面上加深对个人行为和集体行动的理解。一直以来，主流新古典经济学在方法上存在推崇个人主义的倾向，认为任何经济行为都是个人选择或协商的结果，并且把个人选择作为经济分析的起点，甚至将个人选择作为分析宏观经济现象的微观基础。我们认为，社会资本概念的引入有助于在两个方面避免陷入新古典经济学所陷入的困境。第一，社会资本（或社会网络）的引入有助于在"社会"或"社群"与个人之间搭起一座桥梁，使得人们在从事经济分析时需要考虑个人与其他人之间的相互影响，而这种相互影响在经济学中就意味着一个人所选择的行为会在预期和偏好等方面影响其他人的行为。传统新古典经济学范式长期以来一直假定个人偏好是稳定的，个人所获得的效用仅受自身选择的影响，与其他人的选择无关；个人不关心其他人的福利，也不关心自己的行为是否损害了他人的利益，因此个人的效用函数是彼此独立的。但事实上，偏好的相互影响在非合作博弈中极为普遍。每个决策人所获得的效用依赖于其他决策人的选择，因此一个决策人的偏好序也依赖于其他决策人的偏好序。人们之间的这种相互影响在经济学中被表述为相互依赖的效用函数，其中利他主义者的效用函数可以被视为依赖于除自己之外其他人的效用函数的一个例子。第二，近年来，不少发展经济学家尤为关注集体行动对一国长期经济发展所产生的影响。例如，曼库尔·奥尔森（Mancur Olson, 1982）认为，社会各集团通过集体行动参与具体制度安排的设定和变更，进而对制度的供给和长期经济发展施加影响；巴丹则指出，不少发展中国家在集体行动上的制度协调失效（the institutional coordination failure）往往是各种社会集团之间因分配策略而引起冲突的结果。在我们看来，无论是研究集体行动对经济发展影响的学者，还是探讨社会资本与经济发展关系的学者，他们的共同点在于：他们都试图撇开传统新古典范式寓于个人主义框架的分析局限，从人们相互关系或社会关联的角度探讨经济发展问题。在这个方面，应当说，社会资本理论的引入为经济学家们打开一扇具有更广阔视野的窗口。可以预料，人们将继续沿着社会资本理论的思路，在不断探寻更好的分析工具的同时，把对社会资本与经济发展关系的研究推到一个更高的层次上。

再次，社会资本理论将社会关系网络、社群、社会组织等纳入了经济分析框架，成为对制度与经济发展相互关系研究的一项重要补充。"社会资本"与"制度"这两者之间存在相似之处和不同之处。第一，就相似之处而言，制度是人为制定的规则，对人们相互关系中可能发生的机会主义行为起抑制作用。根据实施惩罚方式的不同，制度可以分为"正式制度"和"非正式制度"。正式制度是由某些社会成员以有组织的方式所实施的惩罚，即存在第三方强制执行机制，而非正式制度并没有正式机制的支持。新制度经济学文献中所讨论的"非正式制度"主要是指惯例（conventions）、内生化的规则（the internalised rules）、习俗（customs）和礼貌（good manners）这几种形式。惯例是人们出于自利动机而自动服从的规则，这类规则对于行为受其控制的个人有明显的、直接的好处，而违反这类规则会损害这些个人的自我利益；内生化规则是人们通过习惯、教育和经验习得的规则，并达到在正常情况下无反应地、自发地服从规则的程度，这类规则已被人们转变为个人偏好，始终如一地予以遵守；习俗和礼貌则是受共同体内其他人非正式监督的规则，违规者会受到共同体内其他人非正式的惩罚，比如受排斥，遭到谴责甚至被驱逐。戴维斯和诺斯就认为非正式制度主要是指价值观、伦理道德等意识形态方面的要素。在某种意义上，可以把社会资本与制度之间的相似性理解为"规范"（norms）和"规则"（rules）之间存在细微差异。这是因为它们都构成为对人类行为的一种约束，旨在限制机会主义行为，协调集体行动与促进合作。社会资本和制度的存在使得遵从它们的人们的行为变得可以预测，从而为人们提供了一个相对稳定的预期，减少了不确定性。此外，它们都是通过对违规行为进行惩罚来保证其实施效力。第二，就社会资本与制度二者的差异而言，它们最主要的区别体现在实施惩罚的方式上。人们通常所说的社会资本是社会网络中共享的规范，不遵守规范的人将受到来自网络中其他成员的惩罚，也就是说，惩罚通过第二方强制执行。这意味着不存在一个独立实施惩罚的第三方。此外，社会资本与制度特别是与非正式制度之间存在某些交叉和重叠之处。最广义的社会资本定义不仅涵盖了非正式制度，甚至包括正式制度，例如一个国家的政治与法律环境也囊括在内。但是，与制度相比，社会资本更为强调社会团体及社会组织这类公民的自组织行为对于经济绩效和发展的重要作用。与精心设计的正式制度相比，社会资本通常是经济生活之外的一种副产品，因此，比正式制度的组织成本和实施成本要低得多。有趣的是，早在 20 世纪 70 年代，拉坦就认为应当将有组织的产品市场制度、赞助人—客户关系（patron-client relationship）、发现和传播农业知识的私人和公共部门组织、供水供肥和信贷机构、包括价格支持在内的对市场行为的管制机构等社会组织纳入制度的定义。他尤其强调"社区"收入流的增加对收入再分配所产生的影响。拉坦的考虑恰好与社会资本理论自 20 世纪 70 年代以来所呈现的研究趋势相吻合。

最后，社会资本理论的兴起为发展中国家政府部门提供了重要的政策参考。不同类型的社会资本在经济发展过程中扮演着不同的角色。局限于小规模紧密群体内的排外的"结合型"社会资本可能会阻碍正式制度的建立，不利于社会普遍信任的形成，从而对经济发展造成不利影响；而"桥接型"、"连结型"社会资本则可以作为社会经济生活的润滑剂和黏合剂，促进社会和谐和普遍合作。鉴于社会资本既可能带来正外部性，又可能带来负外部性，因此对社会资本应当因势利导，让它充分发挥对社会的有益作用。需要提到的是，一些发展经济学家指出，社会资本理论打破了传统的市场和政府的两分法，提出了资源配置和经济治理的第三条途径——"社群治理"。在部分发展中国家，市场失效和政府失效的现象普遍存在，社群治理的作用逐渐凸显出来。我们认为，社会资本理论所贡献的政策含义就在于：发展中国家政府应致力于大力推进公民社会的建设，提倡现代意义上的"包容型"社会资本，树立积极的社会价值观和诚信、互惠的伦理道德观；与此同时，逐步健全和完善正式制度，并且为社会资本作用的有效发挥提供制度上的保障。

参考文献

［1］罗伯特·D. 普特南：《使民主运转起来——现代意大利的公民传统》，江西人民出版社 2001 年版。

［2］弗朗西斯·福山：《信任：社会美德与创造经济繁荣》，海南出版社 2001 年版。

［3］C. 格鲁特尔特，T. 范·贝斯特纳尔：《社会资本在发展中的作用》，西南财经大学出版社 2004 年版。

［4］帕萨·达斯古普特、伊斯梅尔·撒拉格尔丁：《社会资本——一个多角度的观点》，中国人民大学出版社 2005 年版。

［5］Annen, K. , "Social Capital, Inclusive Networks, and Economic Performance", Journal of Economic Behavior and Organization, 2003, Vol. 50, Issue 4, pp. 449-463.

［6］Bartolini, S. & Bonatti, L. , "Endogenous Growth, Decline in Social Capital and Expansion of Market Activities", Journal of Economic Behavior & Organization, 2008, Vol. 67, Issues 3-4, pp. 917-926.

［7］Beugelsdijk, S. and Smulders, S. , "Social Capital and Economic Growth", Working Paper, Tilburg University. Center/Faculty of Economics. Tilburg, 2004.

［8］Bisin, A. & Guaitoli, D. , "Social Capital, Modernization and

Growth", ASSET Conference 2006, mimeo.

[9] Bisin, A. & Verdier, T., "The Economics of Cultural Transmission and the Dynamics of Preferences", Journal of Economic Theory, 2000, Vol. 97, pp. 298-319.

[10] Bourdieu, P., "The forms of capital", in J. Richardson Ed., Handbook of Theory and Research for the Sociology of Education, New York, Greenwood, 1986, pp. 241-258.

[11] Bowles, S. & Gintis, H., "Social Capital and Community Governance", The Economic Journal, 2002, Vol. 112, No. 483, pp. F419-F436.

[12] Carpenter, J. et al., "Strong reciprocity and team production: Theory and evidence", Journal of Economic Behavior & Organization, 2009, Vol. 71, pp. 221-232.

[13] Chou, Y. K., "Three Simple Models of Social Capital and Economic Growth", The Journal of Socio-Economics, 2006, Vol. 35, pp. 889-912.

[14] Coleman J., "Social capital in the creation of human capital", American Journal of Sociology, 1988, Vol. 94(Suppl), pp. 95-120.

[15] Dakhli M. & Clercq D. D., "Human capital, social capital, and innovation: a multi-country study", Entrepreneurship & Regional Development, 2004, Vol. 16, March, pp. 107-128.

[16] Dinda, S., "Social capital in the creation of human capital and economic growth: A productive consumption approach", The Journal of Socio-Economics, 2008, Vol. 37, pp. 2020-2033.

[17] Fountain, J. E., "Social capital: Its relationship to innovation in science and technology", Science and Public Policy, 1998, Vol. 25, pp. 103-115.

[18] Francois, P., Social Capital and Economic Development, London, New York: Routledge, 2002.

[19] Francois, P. and Zabojnik, J., "Trust, Social Capital and Economic Development", Journal of the European Economic Associa-

tion, 2005, Vol. 3, No. 1, pp. 51-94.

[20] Glaeser, E. L. , Laibson, D. & Sacerdote, B. , "An Economic Approach to Social Capital", The Economic Journal, 2002, Vol. 112, No. 483, pp. F437-F458.

[21] Guiso, L. , Sapienza, P. & Zingales, L. , "The Role of Social Capital in Financial Development", The American Economic Review, 2004, Vol. 94, No. 3, pp. 526-556.

[22] Hanifan, Lyda J. , "The rural school community center", Annals of the American Academy of Political and Social Science, 1916, Vol. 67, pp. 130-138.

[23] Kandori, M, "Social Norms and Community Enforcement", Review of Economic Studies, 1992, Vol. 59, No. 1, pp. 63-80.

[24] Landry, R. , Amara, N. & Lamari, M. , "Does Social Capital Determine Innovation? To What Extent?", Technological Forecasting and Social Change, 2002, Vol. 69, pp. 681-701.

[25] Maskell, P. , "Social Capital, Innovation and Competitiveness", in Baron, S. ed. , Social Capital: Critical Perspectives, Oxford, Oxford University Press, 2000.

[26] Piazza-Georgi, B. , "The Role of Human and Social Capital in Growth: Extending our Understanding", Cambridge Journal of Economics, 2002, Vol. 26, pp. 461-479.

[27] Poulsen, A. and Svendsen, G · T, "Rise and Decline of Social Capital", Department of EconomicsAarhus School of Business, Working Paper 03-10, 2003.

[28] Putnam, R. D. , "Bowling alone: America's declining social capital", Journal of Democracy, 1995, Vol. 6, No. 1, pp. 65-78.

[29] Routledge, B. and Amsberg, J. , "Social Capital and Growth", Carnegie-Rochester Conference Series on Public Policy, 2002.

[30] Sequeira, T. N. , & Ferreira-Lopes, A. , "An Endogenous Growth Model with Human and Social Capital Interactions", Working Papers ercwp0908, ISCTE, UNIDE, Economics Research Centre,

2008.

[31] Teachman J. D. , Paasch, K. , & Carver, K. , "Social Capital and the Generation of Human Capital", Social Forces, 1997, Vol. 75, No. 4, pp. 1343-1359.

[32] Uphoff, N. , "Understanding Social Capital: Learning from the Analysis and Experience of Participation. " In Partha Dasgupta and Ismail S. erageldin(eds.), Social Capital: A Multifaceted Per-spective, Washington, D. C. : World Bank, 2000.

组织间信任修复问题研究综述

武汉大学经济与管理学院

寿志钢　　郑伟华　　占海伟

引　　言

伴随着商务环境的国际化和激烈竞争，企业为应对各种挑战，需要与其他组织构建各种类型的合作伙伴关系。在这一关系中，信任扮演着重要的角色，是建立和维系组织间亲密合作关系的基础（Davis, Schoorman, Mayer and Tan, 2000; Driks, Ferrin, 2002）。然而，近年来的研究表明，在组织间的交往中，辜负和背叛合作伙伴信任的案例时有发生。例如，2012 年 9 月，由于 360 不顾华为的利益甚至有损其品牌形象，华为结束了与 360 的合作关系。2013 年 12 月，美国奢侈品制造商蒂芙尼违反其与斯沃琪的合同导致双方合作失败。2014 年，支付宝和付费通持续五年的合作关系破裂，原因在于支付宝侵害了付费通的权益。2014 年 3 月，茅台为保证线上线下价格的统一，终止了与酒仙网的合作，双方合作仅持续了一年。

由于背叛而导致的信任关系的破裂会对企业间的合作造成毁灭性的打击（Lewicki, Bunker, 1996; Robinson, 1996），企业间前期的关系投入很可能因信任关系的破裂而付诸东流。因而，当组织间的关系出现信任消减的迹象时，如何有效地修复信任，避免信任关系的破裂就成了很多企业关心的问题。

然而，在长达几十年的组织间信任的研究领域，大多数学者主要关注的是信任构建的前因和信任关系所导致的后果等问题，对信任修复（trust repair）问题的研究直到近几年才逐渐成为热点，并且仍处于初步发展的阶段。本文旨在对该领域的当前研究进行系统综述，为拓展国内学者的国际视野，积极、有效地吸取海外学者的研究经验，为建立中国特色的组织间关系处理机制奠定基础。在过去的五年中，伴随着信任研究的复苏，信任修复（如 Lewicki，2006；Tomlinson，Mayer 等，2009）的研究主要集中于以下主题：

（1）从不同理论视角探讨了组织间信任修复的定义。

（2）探究了组织间信任背叛的主要原因和方式，为分析组织间信任修复的具体策略提供了基础。

（3）针对不同的信任背叛方式，提出具体的信任修复策略。

（4）建立了几类信任修复模型，对组织间信任修复进行细致的探究。

（5）探讨信任修复领域未来的研究方向。

本文将着重对这五个主题的现有研究展开综述。为了更好地理解该领域的研究观点，本文首先对组织间信任的研究作简要回顾。

一、组织间信任研究

以往对组织间信任的研究主要集中于组织间信任定义、组织间信任的前因及后果三方面，因此本文从这几个角度进行了文献探讨。

1. 组织间信任的定义

在组织间信任的定义上，以往研究存在很大分歧，主要存在三种观点。Lewicki 和 Bunker（1995a/b），Lui 和 Ngo（2004）认为信任意味着对合作方的积极期望，相信合作方即使在存在投机机会的情况下也会做对自己有利的事。Andaleeb 等（1992）认为信任是伴随着有风险的，信任就是敢于冒险，愿意承担相信对方而带来的风险。Mellewigt 等（2004）则认为信任是不设防，即对合作方不设防，不设防意味着"有些东西可能会失去"（Boss，1978；Zand，1972），在这种定义下对信任的测量重点在于"不设防意愿"，即"是否愿意让合作方对自己有重要影响"（Mayer，Davis，1999；Schoorman 等，2007）。Rousseau，Sitkin，Burt 和 Camerer（1998）通过跨学科的文献收集和研究发现，在所有的定义中，有两大特征是学者们普遍关注的：一是积极的期望、信心，包括对合作方的动机、意愿有积极期望，以及对合作方的行为有积极期望或有信心；二是"不设防意愿"。之后对组织间信任的定义也主要围绕这两大特征，因此，在对组织间信任进行定义时，尽管存在诸多分歧，学者们仍要重点关注这两个要素。

2. 组织间信任的前因

在组织间信任的前因上，主要有以下学者进行了综合性的探究。

Rousseau，Sitkin，Burt 和 Camerer（1998）将组织间信任进行了分类，将其分为"基于威慑的信任"（deterrence-based trust）、"基于算计的信任"（calculus-based trust）、"关系型信任"（relational trust）、"基于制度的信任"（institution-based trust）。这些分类也是组织间信任的前因。其中，"基于威慑的信任"是指在组织合作中，被信任方如果违背信任而进行投机会带来严重的制裁和惩罚，这些制裁会迫使被信任方避免投机，这样就产生了对被信任方的信任。"基于算计的信任"是指在组织合作中，合作方如果投机将会得不偿失，因而会放弃投机行为，基于这样的"算计"可以信任合作方。"关系型信任"是伴随时间产生的，随着合作时间的增加，关系日益密切，对对方的能力、可信度等有了一定的了解，并可能产生一定的情感，这样会带来信任。"基于制度的信任"是指在制度上可以保障信任，规避投机行为，从而产生信任，如法律、合同等。

Mayer，Davis 和 Schoorman 等（1995）则认为"被信任方的能力（ability）、友善（benevolence）、正直（integrity）"及"信任方的信任倾向"（propensity）会影响信任。

Sheppard 和 Sherman（1998）认为，信任的产生机制包括"威慑"（deterrence）、"义务"（obligation）、"探索"（Discovery）和"内化"（internalization）。"基于义务的信任"与"基于制度的信任"类似；

"基于探索的信任"是指基于双方了解产生的信任；而"内化"则与"关系型信任"类似，是指将合作方内化，实现价值观等的一致。

McAllister(1995)将信任的产生机制分为两类：一是基于认知的信任，主要是对技术、能力和知识的信任，相信对方有能力实现期望；二是基于情感的信任，当存在紧密的情感联系时，可预期被信任方会规避投机，做对信任方有利的事。

3. 组织间信任的后果

以往关于组织间信任后果的研究是十分丰富的。大量研究显示，信任对组织间合作有积极作用。比如，Morgan 和 Hunt(1994)在其研究中发现，信任会带来对关系的忠诚，促进合作，增加建设性冲突，减少不确定性。Doney 和 Cannon(1997)研究了影响经销商对供应商及其销售人员信任的因素，发现信任是促进经销商之后购买行为的。Levin 和 Cross(2004)探究了信任对知识转移的影响，结果表明信任是促进知识转移的。Eric(Er)Fang, Robert 等(2008)研究发现信任会通过增加资源投入和提高资源使用效率来提高双方合作的绩效。Brian 等(2012)发现当双方信任水平高时，双方合约的详细度会降低，即信任可以降低交易的成本。李东红、李蕾(2009)发现，信任可以通过以下机制促进联盟绩效的提高：第一，降低交易费用和监督费用；第二，减少分歧，促进妥协，缓解因局部目标冲突或短期不平等带来的摩擦；第三，提高合作中伙伴企业的灵活性。然而，也有研究发现组织间信任并非总是带来积极作用。

然而，也有研究发现，组织间信任并非总是带来积极作用。Krishnan 和 Niels(2006)发现，在双方合作中，当信任水平高时，信任会简化理性过程，降低对环境变化的反应，信任甚至会导致组织采用"盲目策略"，即对环境变化视而不见，以维持这种信任关系不被打破。显然，这是信任的消极作用，Eric(Er)Fang 和 Robert(2008)也用"结构洞理论"解释了这一消极作用。

总的来说，组织间信任对促进组织合作，提高组织绩效，降低交易成本都是有十分显著的积极作用的。

二、信任修复的定义

由于仍然处于研究的初级阶段，当前文献对信任修复的定义并未形成统一观点，分歧主要表现在两个方面：一是由于信任的定义导致的，在信任研究中，部分学者认为信任是一种理性现象（如Jones，George，1998）；另一些学者则认为信任包含情感和行为因素（McAllister，1995；Rousseau，Sitkin，Burt and Camerer，1998）。因此，大部分信任修复的研究都是关注理性因素，只有少数研究涉及情感（如 Shapiro，1991；Tomlinson and Mayer，2009）和行为因素（Bottom，Gibson，Daniels and Murnighan，2002）。二是信任定义的理论视角存在差异。Dirks 等（2009）总结了信任修复研究的三种理论视角：第一，归因理论视角（attributional perspective），该理论认为信任背叛是改变了对被信任方的动机和行为的归因，使其从积极变成消极，因而信任修复必须使归因恢复到积极状态（Tomlinson and Mayer，2009）。第二，社会均衡或平衡视角（social equilibrium perspective），该理论认为信任背叛打破了社会均衡，因此信任修复就是要重建均衡（Ren and Gray，2009）。第三，结构视角（structural perspective），通过组织间关系的结构环境的改变，奖励积极交易而惩罚消极交易，从而避免信任背叛。

基于不同的理论视角，学者们提出了信任修复的不同定义和实施策略。Driks 等（2009）提出实施不同理论机制的跨理论整合，认为信任修复是当背叛行为使双方关系从积极变为消极之后使关系恢复到积极状态的活动。Dirks 等（2009）认为信任背叛是降低信任方对被信任方的信任意愿的事件，在此基础上，将信任修复定义为恢复信任方的信任意愿的行为。Tomlinson 和 Mayer（2009）将信任修复定义为当出现信任方的不设防意愿降低时，被信任方恢复对方的不设防意愿的行为。

结合信任的定义和以往对信任修复的研究，Kramer 和 Lewicki（2010）将信任修复定义为：当被信任方利用了信任方的不设防（vulnerablility）进行投机后，被信任方试图恢复信任方未来的不设防意愿的活动。对于这一定义，目前有不少学者表示赞同。

三、信任背叛的原因和方式

在组织行为的研究方面，诸多学者关注了信任背叛的方式及其产生的后果（Kim，Dirks and Cooper，2009）。Fraser（2010）通过对组织中的团体进行深度访谈来探究导致对组织信任降低的因素。最常见的因素包括：

（1）不尊重行为：忽视他人或其贡献，不顾他人的感受和投入，责怪他人。

（2）沟通问题：不倾听，不试图理解另一方，在主要改变上不作沟通。

（3）不能实现期望：违背承诺，违背契约精神，泄露机密，违反规则。

（4）无效领导：惩罚挑战权威的人，决策不力。

（5）能力表现：不能完成工作职责，犯错误，能力不足。

（6）不一致：不遵循核心价值，言行不一致。

（7）回避责任：没有责任感，个人利益高于集体利益。

（8）组织结构问题：系统和流程的变化，对责任和权力的分配不合理。

尽管以上因素是针对员工对组织信任降低提出的，但对组织间信任研究有可借鉴之处。显然，上述部分分类是可以纳入 Mayer 等（1995）对信任度的三大因素归类的，即归为能力、友善和正直。但部分是属于组织结构和运行范畴的，如信息沟通、组织结构等，因而不能归入这三大因素。

Tomlinson 和 Mayer（2009）从归因理论出发，认为当信任方发现结果与自己的期望不符，即出现消极后果时，就会进行归因。信任方往往会从被信任方的能力、友善和正直进行归因，将原因归于被信任方能力不足还是缺乏友善或者不正直。由此可见，从归因理论视角来看，组织间信任遭到破坏的方式可分为对能力产生不信任，对友善产生不信任以及对正直产生不信任。

Dirks 等(2009)指出信任破坏的方式多种多样，比如利用对方的依赖性或不实现对方的期望等，即使在被信任方没有这些违背行为时也可能损害信任。有大量研究（如 Penrod，Cutler，1995；Ross，Ceci，Dunning，Toglia，1994）显示，人们易于相信对这些行为的未经证实的推断。因此，被信任方在组织间合作中要关注自身言行，避免不经意间出现信任破坏。

Grover 等(2014)认为，信任修复的可能性依赖于信任遭破坏的方式，信任被破坏是基于对影响可信度的三大因素的背叛，即能力、友善和正直。尽管其研究是针对组织中的管理者和员工间信任，但对组织间信任研究同样有价值。

综合以上分析，信任遭破坏的方式就是被信任方的可信度受到负面影响，即被信任方在能力、友善、正直方面未满足对方的期望，产生了消极结果。

四、信任修复的途径

信任修复的途径主要分为口头解释和行为表现两类。许多研究都关注了口头行动（verbal accounts）对信任修复的影响，包括解释、辩解、道歉等。也有少部分研究关注了惩罚等行为层面的活动对信任修复的影响。

(一) 口头层面

1. 解释

早期研究（如 Shapiro，1991）发现充分的解释（explanation）对于信任修复是至关重要的。无论是解释的理由还是解释者均会显著影响到信任方是否接受解释甚至重建信任（Ohbuchi，Kameda，Agarie，1989）。道歉和简单的解释对信任修复都是有效的，当然，配合实质性的赔偿会更有效（Kramer and Lewicki，2010）。

2. 道歉

学者们对道歉的作用存在很大的争议。经济学家认为，道歉是"说便宜话"，如果没有实质性的补偿，道歉不会起任何作用（Farrell and Rabin，1996）。相反，在管理学研究方面，学者则认

为道歉是有积极作用的（如 Kellerman，2006）。Tomlinson，Dineen
和 Lewicki（2004）证实了道歉的积极意义，并探究了如何发挥道歉
的作用。Ferrrin，Bligh 和 Kohles（2007）通过研究发现道歉要好于
没有行动，毕竟道歉展现了被信任方的认错态度和修复信任的意
愿。此外，还有学者（如 Ferrin，Kim，Dirks 等，2006）基于信任遭
破坏的类型进行了探究，发现当出现对能力的不信任时，道歉更有
效，而出现对正直的不信任时，道歉则不起作用。

3. 找借口

Schlenker 等（2001）对找借口的优势和劣势进行了综合分析。
从其积极作用来看，找借口能减少责备、惩罚，能降低对方的负面
情感；当然，找借口也有很显著的负面作用，很可能导致信任方对
其可靠性产生怀疑，并威胁到对被信任方的可行度、能力的评价。
因此，Schlenker 等（2001）提出了平衡找借口的优势和劣势的三大
要点：第一，借口是可信的；第二，必须保持自我一致，以显示在
今后纠正该错误的负责任态度；第三，要注意保持对方对自己的善
意。当然，这三大要点是适用于所有的口头行为策略的，无论是道
歉还是辩解、解释都应遵循这三方面的要求。

（二）行为层面

除了口头层面的行动外，诸多学者也关注了一些更明确的、有
形的信任修复机制。

1. 自发的惩戒措施

Bottom 等（2002）和 Gibson 等（1999）关注了自发的惩罚
（penance）对信任修复的影响，通过实验发现当同时使用道歉和主
动的自我惩罚时，自我惩罚对信任修复的效果是最显著的。另外，
小的自我惩戒与大的自我惩戒的效果是一样的，开放式的惩罚措施
（即由对方决定惩罚条件）比特定的惩罚措施更有效，当然，从长
期来看，口头策略对构建合作也有补充作用（Bottom 等，2002）。

2. 结构安排

Sitkin 和 Roth（1993）提出了一系列法律层面的措施（legalistic
remedies），包括规则、合同、规范等，来防止未来的信任背叛行
为。同样的，Nakayachi 和 Watanabe（2005）也提出了实施抵押

（hostage posting），当出现信任背叛时以抵押物进行惩戒。Panjaitan 和 Krishnan（2009）也将信任修复分为法律层面的和非法律层面的，其中法律层面的措施即合同等防止未来发生信任背叛行为的措施，非法律层面的措施更偏向于口头层面，包括道歉、辩解等。

五、组织间信任修复模型

在对组织间信任修复的研究中，学者们从不同的视角提出了信任修复模型，其中较为典型的研究有：Kim，Dirks 和 Cooper（2009）的动态双边模型；Gillespie 和 Dietz（2009）的四阶段模型；Tomlinson 和 Mayer（2009）的归因模型；Panjaitan 和 Krishnan（2009）的基于组织不同层面的信任修复模型；Driks，Lewicki 和 Zaheer（2009）的过程修复模型。

（一）动态双边模型

Kim，Dirks 和 Cooper（2009）提出了信任修复的三个基本假设：第一，被信任方希望自己被视为值得信任的；第二，信任方倾向于认为被信任方不值得更多的信任；第三，双方都试图解决分歧。在这个假设的基础上，学者建立了信任修复的动态双边模型。

以往研究大多将被信任方视为信任修复方，而信任方则只是作为旁观者和评估者，对被信任方的信任修复努力进行评估。但该模型认为信任修复是一个双边交互过程，信任方和被信任方对信任修复都十分重要。信任修复能否成功，既取决于被信任方的努力，也与信任方的抵制程度有关。该双边模型将被信任方修复信任的努力和信任方抵制信任修复的程度分别分为强、弱两个等级，形成了一个信任修复结果矩阵（见图1），即产生了四种信任修复的结果，分别是成功修复、强烈对峙、规避修复和证实不信任。

在该信任修复双边模型中，修复信任分为三个层面（见图2）。第一，确定被信任方究竟是无辜的还是确实有错的。被信任方会努力证明自己是无辜的，一种途径是提供有形的证据证明，另一种是口头否认。但信任方会有抵触行为，倾向于坚持认为被信任方是有过错的，不值得信赖的。在双方相互作用的过程中，信任修复努力

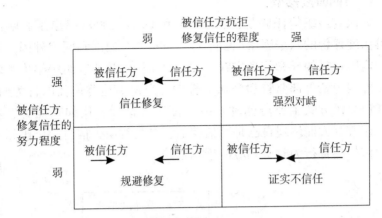

图1 信任修复的双方谈判结果

的结果取决于"净效应"，即只有当被信任方的修复努力大于信任方的抵制程度时，信任修复才能成功。第二，如果被信任方明显有过错，对造成结果的原因究竟是内因还是外因。被信任方会尽量将原因归于情境因素或外因，这样就减轻了其对过错的责任，从而会在一定程度上修复信任。第三，如果过错是由被信任方的主观原因造成的，那么造成结果的原因究竟是可变的还是固定不变的。被信任方要努力证明造成结果的原因是可变的，这样在未来的合作中就可以避免出现类似的过错，也可以在一定程度上修复信任。

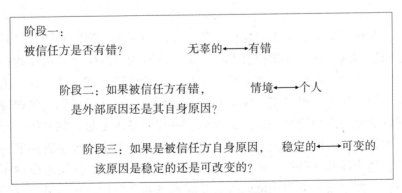

图2 信任修复的双边模型

(二)四阶段模型

为探究组织信任修复，Gillespie 和 Dietz（2009）提出了影响组织可信度评价的六个因素（见图3），包括四个内因和两个外因。其中，内因包括领导和管理实践、文化和氛围、战略、组织架构和政策；外因包括外部监管和公众信誉度。当发生违背信任的行为时，信任修复的方式主要分两种：一是证实可信度，比如在能力、友善、正直等方面体现自己是可信赖的；二是约束失信行为，比如当发生信任违背行为时有相应的惩罚措施。

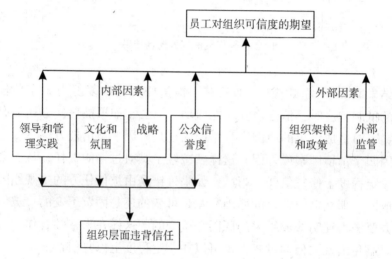

图3　组织可信任评价因素

在该模型中，组织信任修复的四个阶段分别是即时响应、诊断原因、实施干预、评估（见图4）。第一阶段为当发生违背信任的行为时，必须即时响应，通常是口头响应，如认错或者道歉，这样能在一定程度上获得员工的原谅和修复信任。此外，承诺调查失误原因以避免未来犯错也是十分有效的，并在此基础上对已知原因进行干预。第二阶段是调查结果发生的原因，对原因的调查强调准确性、透明性和及时性。第三阶段是实施干预，与动态双边模型不同，该模型认为进行内部归因并及时道歉对修复信任更有效，这样会显示组织不回避错误的态度。而具体的信任修复策略使用则取决于产生不信任的原因，究竟是对能力的不信任还是对正直或善意的不信任。如果是对能力方面的不信任，证实可信度会相对有效；若是缺乏对正直和善意的信任，约束失信行为则更能修复信任。第四阶段是对修复行为的效果进行评估和反馈，这样会提升员工对组织的信任。

四阶段模型的确在信任修复研究上有创造性，如提出影响组织可信度评价的六个因素，但它主要解决的是员工对组织信任的修复问题，并非探究组织间信任修复。另外，在对失误的归因上是否应该进行内部归因是值得进一步商榷的。

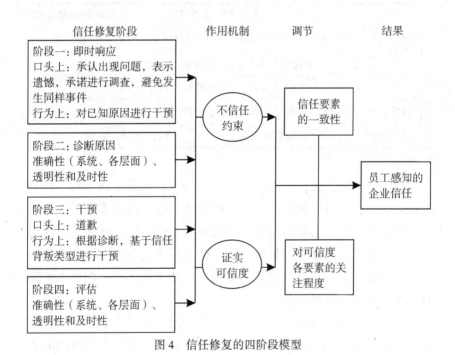

图4 信任修复的四阶段模型

(三)基于组织不同层面的信任修复模型

与四阶段模型一样，Panjaitan 和 Krishnan(2009)也将不信任分成了对能力的不信任和对正直(integrity)的不信任，并探究了对不同的失信行为采取的不同修复策略（见表 1）。而且，该模型创造性地将组织划分为组织层和操作层（边界人员），在不同层面采取的信任修复措施也是有差异的。该模型将信任修复策略分为法律手段和非法律手段两种。法律手段是以法律形式等正式化、标准化的形式，如签订合同等，来避免未来的失信行为，与四阶段模型中的约束失信行为类似。非法律策略分为两种，一是外部归因的策略；二是内部归因的策略，具体地说，包括找借口、道歉等。

表 1   基于组织不同层面的信任修复模型

		低频率/后果较轻		高频率/后果较重
操作层	对能力产生不信任	非法律策略，内部归因		法律手段
	对正直产生不信任	在组织约束下	非法律策略，外部归因	法律手段
		无组织约束	非法律策略，内部归因	
组织层	对能力产生不信任	依赖程度高	法律手段（维持合作，并非修复信任）	
	对正直产生不信任	依赖程度低	结束合作关系	

当边界人员出现能力方面的失信行为时，如果是偶然的、后果较轻的失信，内部归因的非法律策略会更有效，这样既显示了承担责任的诚意，也不会被看作能力不足；但若失信较为频繁，而且后果严重，由组织层面主动提出采取法律手段来避免以后发生类似的行为会更有效，这样既可以修复对操作层能力的信任，也可以修复对整个组织的正直的信任。

当边界人员出现正直方面的失信行为时，如果失信是由于组织层面的约束导致的，而且频率较低，后果较轻，通过外部归因的非法律策略会比较有效；但如果边界人员在没有组织约束的情况下出现轻微的失信，采取内部归因会比较有效。另外，若边界人员在正直方面的失信行为频率较高，后果较为严重，由组织层主动提出法律策略会更有效，这样还可以保持对组织层面的正直的信任，否则双方的合作关系可能终止。

当组织层出现能力方面的失信行为时，如果频率较低，自发采用法律手段对修复信任会比较有效；但如果频率较高，就只能终止合作关系。

当组织层出现正直方面的失信行为时，信任修复取决于信任方对被信任方的依赖程度。依赖程度越高，信任方越可能采取法律手段约束被信任方的行为以使关系持续，否则双方合作关系会被终止。

该信任修复模型的最大贡献就是将组织间信任修复的主体分为组织层和操作层，为信任修复提供了一些新的策略和可能。

（四）归因模型

Tomlinson 和 Mayer（2009）同样从归因理论角度探究了组织间信任修复，但该模型引入了情感层面的因素。在认知层面上，与四阶段模型和基于不同层面的信任修复模型类似，在归因时，该模型也探究了影响可信度的三方面因素，将原因归结于能力、友善、正直和其他原因。在进行信任修复时，该模型主要探究了这几个因素的原因源、可控性和稳定性，提出了相应的信任修复策略。与上述三个模型一致，原因源分为内因和外因。可控性是指产生失信行为的原因是不是受被信任方控制。稳定性是指产生失信行为的原因是不是稳定不变的，在未来有没有改变和提升的可能。

基于以上归因的因素和特征，Tomlinson 和 Mayer（2009）从认知层面提出了一系列具体的信任修复策略。当失信行为并非由组织的能力、友善和正直导致时，组织可将其归因于组织的外部因素，这样可以修复信任。由于能力、友善、正直的稳定性和可控性是有差异的，因此，对不同因素产生的不信任的修复策略也是有差异的。具体地说，当信任方对被信任方的能力产生不信任时，被信任方可以通过外部归因、证实产生失信行为的能力因素的不可控以及能力还有提升空间等途径进行信任修复。当信任方对被信任方的友善产生不信任时，组织可以通过证实产生消极后果是由外部原因导致的，或是由某个不稳定的内在能力因素导致的，或只是一时的友善

213

程度较低导致的，通过以上途径都可以在一定程度上修复信任。当信任方对被信任方的正直产生不信任时，被信任方可以通过外部归因或找到一个更不稳定的内部归因来进行信任修复。

Tomlinson 和 Mayer(2009)还将情感因素引入该归因模型中，信任方的气愤和恐惧同样会影响信任修复。气愤往往是由于消极后果的不可控导致的，而恐惧则是由消极后果的不确定性导致的。气愤和恐惧等消极情感因素不仅直接影响被信任方对信任方的信任，而且会影响对被信任方的能力、友善和正直方面的信息处理。因此在信任修复之前，要尽量减少信任方的气愤、恐惧等消极情绪(见图5)。

在具体信任修复途径上，该模型重点区分了否认、寻找借口、道歉和辩解在信任修复上的不同作用。否认主要是通过归咎于其他或者证明自己是无辜的来修复信任。找借口则是通过减少信任方的内部归因、相信被信任方对产生消极后果的原因的可控性低及稳定性低来修复信任。道歉则是通过降低归因的稳定性，承诺未来不会发生类似的问题来进行信任修复。辩解则是使信任方减少对后果的消极程度的感知，这样也可以在一定程度上修复信任。

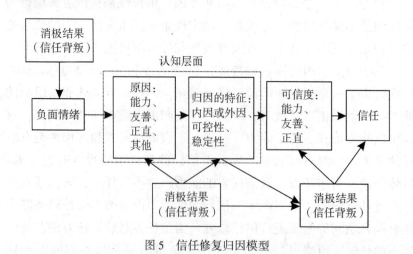

图5 信任修复归因模型

214

六、未来研究方向

本文对组织间信任修复进行了文献回顾。第一，在组织间信任修复上，"以往研究缺乏概念上的统一"（Kim 等，2009），本文总结了一系列学者在信任修复上的定义和具体策略，并探究了这些策略（道歉、解释、惩罚等）对信任修复的影响。第二，以往研究缺乏在这些策略有效性上的探究，即信任背叛的类型（对能力、友善或正直）是否会影响信任修复策略的具体使用，信任方是否会将产生消极后果的责任归结于被信任方。本文总结了四个主要的信任修复模型，对信任修复的策略进行了一定的探究。第三，本文对以往的信任修复模型研究进行了总结，在模型基础上探究了不同的信任修复策略。因此，以后的研究要关注对组织间信任修复的理论整合以及具体信任修复策略的整合（如 Dirks 等，2009）。

另外，Kramer 和 Lewicki（2010）指出以往大多数研究关注被信任方的行为，而忽略了信任方的行为以及双方的交互。因此，以后的研究应更多关注信任方的行为和双方的交互。Kramer 和 Lewicki（2010）还在其研究中指出，要对信任修复的真正含义进行严格的定义，而且，学者们要对以下问题进行进一步的探究：第一，信任修复是否单纯是一个理性活动，还是应该同时关注信任方的负面情绪，以及双方关系中之后可能存在的报复和惩罚行为。第二，学者们从不同角度对信任修复进行了探究，那么信任究竟是"被修复"（repaired）还是"重建"（restored），前者意味着"破镜重圆"但关系破裂的痕迹还在，后者则意味着信任完全被修复而且不留痕迹。第三，修复的信任与原始的信任是否有本质的区别，即修复的信任是否包含更谨慎、更复杂的"理性"，并对将来的信任背叛更有心理准备，目前还没有学者比较过修复信任和原始信任的差异。

最后，Driks 等（2009）指出在已有的研究中，学者们已经从各个层面对组织间信任进行了研究，无论是从单个组织角度还是双边角度，学者们都进行了理论和实务研究，"学者们要用更严谨和系统的方式对组织间信任进行探究"。

参考文献

[1] Andaleeb S S. The trust concept: research issues for channels of distribution[J]. Research in Marketing, 1992, 11(1), pp. 1-34.

[2] Boss R W. Trust and managerial problem solving revisited[J]. Group & Organization Management, 1978, 3(3), pp. 331-342.

[3] Bottom W P, Gibson K, Daniels S E, et al. When talk is not cheap: Substantive penance and expressions of intent in rebuilding cooperation[J]. Organization Science, 2002, 13(5), pp. 497-513.

[4] Connelly B L, Miller T, Devers C E. Under a cloud of suspicion: trust, distrust, and their interactive effect in interorganizational contracting[J]. Strategic Management Journal, 2012, 33(7), pp. 820-833.

[5] Davis J H, Schoorman F D, Mayer R C, et al. The trusted general manager and business unit performance: Empirical evidence of a competitive advantage[J]. Strategic Management Journal, 2000, 21(5), pp. 563-576.

[6] Dirks K T, Ferrin D L. Trust in leadership: meta-analytic findings and implications for research and practice[J]. Journal of Applied Psychology, 2002, 87(4), p. 611.

[7] Doney P M, Cannon J P. An examination of the nature of trust in buyer-seller relationships[J]. The Journal of Marketing, 1997, pp. 35-51.

[8] Fang E, Palmatier R W, Scheer L K, et al. Trust at different organizational levels[J]. Journal of Marketing, 2008, 72(2), pp. 80-98.

[9] Ferrin D L, Bligh M C, Kohles J C. Can I trust you to trust me? A theory of trust, monitoring, and cooperation in interpersonal and intergroup relationships[J]. Group & Organization Management, 2007, 32(4), pp. 465-499.

［10］Fraser W L. Trust violation and repair: An exploration of the views of work group members［M］. Fielding Graduate University, 2010.

［11］Farrell J, Rabin M. Cheap talk［J］. The Journal of Economic Perspectives, 1996, pp. 103-118.

［12］Grover S L, Hasel M C, Manville C, et al. Follower reactions to leader trust violations: A grounded theory of violation types, likelihood of recovery, and recovery process ［J］. European Management Journal, 2014, 32(5), pp. 689-702.

［13］Gibson K, Bottom W, Murnighan J K. Once bitten: Defection and reconciliation in a cooperative enterprise［J］. Business Ethics Quarterly, 1999, pp. 69-85.

［14］Gillespie N, Dietz G. Trust repair after an organization-level failure［J］. Academy of Management Review, 2009, 34 (1), pp. 127-145.

［15］Rousseau D M, Sitkin S B, Burt R S, et al. Not so different after all: A cross-discipline view of trust［J］. Academy of Management Review, 1998, 23(3), pp. 393-404.

［16］Hoetker G P, Mellewigt T. Choice and performance of governance mechanisms: matching contractual and relational governance to sources of asset specificity ［J］. Available at SSRN 621742, 2004.

［17］Jones G R, George J M. The experience and evolution of trust: Implications for cooperation and teamwork ［J］. Academy of Management Review, 1998, 23(3), pp. 531-546.

［18］Janowicz-Panjaitan M, Krishnan R. Measures for dealing with competence and integrity violations of interorganizational trust at the corporate and operating levels of organizational hierarchy ［J］. Journal of Management Studies, 2009, 46(2), pp. 245-268.

［19］Keenan R L, Shapiro J H, Dawson K. Frequency of anesthetic cardiac arrests in infants: effect of pediatric anesthesiologists ［J］. Journal of Clinical Anesthesia, 1991, 3(6), pp. 433-437.

［20］Kellerman B. When should a leader apologize and when not? ［J］.

217

Harvard Business Review, 2006, 84(4), pp. 72-81, p. 148.

[21] Kim P H, Dirks K T, Cooper C D. The repair of trust: A dynamic bilateral perspective and multilevel conceptualization [J]. Academy of Management Review, 2009, 34(3), pp. 401-422.

[22] Kim P H, Dirks K T, Cooper C D, et al. When more blame is better than less: The implications of internal vs. external attributions for the repair of trust after a competence-vs. integrity-based trust violation [J]. Organizational Behavior and Human Decision Processes, 2006, 99(1), pp. 49-65.

[23] Kramer R M, Lewicki R J. Repairing and enhancing trust: Approaches to reducing organizational trust deficits [J]. The Academy of Management Annals, 2010, 4(1), pp. 245-277.

[24] Krishnan R, Martin X, Noorderhaven N G. When does trust matter to alliance performance? [J]. Academy of Management Journal, 2006, 49(5), pp. 894-917.

[25] Lewicki R J, Wiethoff C. Trust, trust development, and trust repair [J]. The Handbook of Conflict Resolution: Theory and Practice, 2000, 1(1), pp. 86-107.

[26] Lewicki R J, Tomlinson E C, Gillespie N. Models of interpersonal trust development: Theoretical approaches, empirical evidence, and future directions[J]. Journal of Management, 2006, 32(6), pp. 991-1022.

[27] Lewicki R J, Bunker B B. Trust in relationships: A model of development and decline[M]. Jossey-Bass, 1995.

[28] Levin D Z, Cross R. The strength of weak ties you can trust: The mediating role of trust in effective knowledge transfer [J]. Management Science, 2004, 50(11), pp. 1477-1490.

[29] Lui S S, Ngo H. The role of trust and contractual safeguards on cooperation in non-equity alliances[J]. Journal of Management, 2004, 30(4), pp. 471-485.

[30] Mayer R C, Davis J H. The effect of the performance appraisal

system on trust for management: A field quasi-experiment [J]. Journal of Applied Psychology, 1999, 84(1), p. 123.

[31] Mayer R C, Davis J H, Schoorman F D. An integrative model of organizational trust [J]. Academy of Management Review, 1995, 20(3), pp. 709-734.

[32] McAllister D J. Affect-and cognition-based trust as foundations for interpersonal cooperation in organizations [J]. Academy of Management Journal, 1995, 38(1), pp. 24-59.

[33] Morgan R M, Hunt S D. The commitment-trust theory of relationship marketing[J]. The Journal of Marketing, 1994, pp. 20-38.

[34] Nakayachi K, Watabe M. Restoring trustworthiness after adverse events: The signaling effects of voluntary "hostage posting" on trust[J]. Organizational Behavior and Human Decision Processes, 2005, 97(1), pp. 1-17.

[35] Ohbuchi K, Kameda M, Agarie N. Apology as aggression control: its role in mediating appraisal of and response to harm[J]. Journal of Personality and Social Psychology, 1989, 56(2), p. 219.

[36] Ren H, Gray B. Repairing relationship conflict: How violation types and culture influence the effectiveness of restoration rituals[J]. Academy of Management Review, 2009, 34(1), pp. 105-126.

[37] Robinson S L. Trust and breach of the psychological contract[J]. Administrative Science Quarterly, 1996, pp. 574-599.

[38] Ross D R, Ceci S J, Dunning D, et al. Unconscious transference and mistake identity: When a witness misidentifies a familiar with innocent person [J]. Journal of Applied Psychology, 1994, 79 (6), p. 918.

[39] Ross D R, Ceci S J, Dunning D, et al. Unconscious transference and mistake identity: When a witness misidentifies a familiar with innocent person [J]. Journal of Applied Psychology, 1994, 79 (6), p. 918.

[40] Schlenker B R, Pontari B A, Christopher A N. Excuses and

character: Personal and social implications of excuses [J]. Personality and Social Psychology Review, 2001, 5(1), pp. 15-32.

[41] Sitkin S B, Roth N L. Explaining the limited effectiveness of legalistic "remedies" for trust/distrust [J]. Organization Science, 1993, 4(3), pp. 367-392.

[42] Sheppard B H, Sherman D M. The grammars of trust: A model and general implications [J]. Academy of Management Review, 1998, 23(3), pp. 422-437.

[43] Sporer S L, Penrod S, Read D, et al. Choosing, confidence, and accuracy: A meta-analysis of the confidence-accuracy relation in eyewitness identification studies [J]. Psychological Bulletin, 1995, 118(3), p. 315.

[44] Tomlinson E C, Mayer R C. The role of causal attribution dimensions in trust repair [J]. Academy of Management Review, 2009, 34(1), pp. 85-104.

[45] Tomlinson E C, Dineen B R, Lewicki R J. The road to reconciliation: Antecedents of victim willingness to reconcile following a broken promise [J]. Journal of Management, 2004, 30 (2), pp. 165-187.

[46] Zand D E. Trust and managerial problem solving [J]. Administrative Science Quarterly, 1972, pp. 229-239.

[47] 李东红, 李蕾. 组织间信任理论研究回顾与展望 [J]. 经济管理, 2009(4).

国际货币政策操作规范：理论与实践的动态追踪研究

武汉大学经济与管理学院　肖卫国　刘　杰

引　言

目前，学界对于货币政策操作规范的概念并没有形成统一定义，根据卞志村（2005，2007，2009，2011）的研究，货币政策操作规范是指中央银行制定和实施货币政策时所遵循的行为准则和模式，它是决定一国货币政策有效性的重要因素之一。一般情况下，学界对于货币政策操作规范的研究，主要归结为规则与相机抉择这两种操作规范的选择。所谓规则可以概括为央行的货币政策在方法上遵循某一计划或原则，不是随机地或偶然地采取行动，而是具有连续性和系统性。一般来说，规则有广义和狭义之分；广义的规则包括目标规则和工具规则（Svensson，1999）；而狭义的规则仅指工具规则。目标规则是指央行在货币政策实施之前，公开宣布某一目标变量的值或区间作为名义锚，使得一个相应的损失函数最小化的一种特殊安排（郭红兵、陈平，2012）。根据名义锚的不同，目标规则可以分为四种：通货膨胀目标制、货币供应量目标制、汇率目标制以及名义收入目标制（Mishkin，1999；Guender and Tam，2004；王晓天、张淑娟，2007；郭红兵、陈平，2012）。工具规则就是基础货币或利率等货币政策工具如何根据经济行为的变化来进行调整的一般要求（Taloy，1993），一般表现为央行在货币政策实践中使得某一目标变量接近约定目标的货币政策指导公式。常见的工具规则有泰勒规则和麦凯勒姆规则。所谓相机抉择，是指中央银行在货币政策实践中不受任何固定程序或原则的约束，根据经济形势进行"逆周期"调节（卞志村、吴洁，2005）。

虽然学界对于货币政策操作规范的探讨主要集中于规则与相机抉择的选择，但无论在哪一种操作规范下，中央银行都需要根据宏观经济金融形势，利用相应的政策工具调控既定的目标。例如，在泰勒规则（或麦凯勒姆规则）中，央行的操作目标为短期名义利率（或基础货币增长率），最终目标为产出和通货膨胀。因此，货币政策操作规范的概念应更为广泛，对于货币政策操作规范的探讨不应仅仅局限于规则与相机抉择，而是在既定的操作规范下，央行如何利用货币政策工具调控宏观经济目标。

货币政策操作规范从发展到成熟是一个不断演变的过程，无论是发达国家还是新兴市场国家，在不同时期或阶段的侧重点不同，其中央银行的货币政策操作规范或按规则行事，或按相机抉择行事。这种差异的出现既受一国经济体制的影响，又受不同时期宏观经济状况的影响。"二战"以后，随着全球宏观经济景气波动的加剧和各种经济学流派的兴起，各国货币政策操作规范体现出显著的阶段性特征。从 20 世纪中期的凯恩斯主义相机抉择，到货币主义的单一规则思想，再到 90 年代以泰勒规则为主导的调控模式，货币政策操作规范不断发展与完善。因此，对国际货币政策操作规范的理论与实践进行动态追踪，一方面有助于准确把握货币政策操作规范的理论依据，丰富和发展货币政策宏观调控理论；另一方面，有助于借鉴各国货币政策实践中积累的经验，更好地厘清货币政策与实际经济的传导关系，为未来我国货币政策操作规范的发展和完善提供启迪。

基于上述现实背景，本文将对货币政策操作规范的理论脉络进行系统的梳理，并对主要发达国家和新兴市场国家的货币政策操作规范实践进行回顾，进而归纳出发达国家与新兴市场国家货币政策操作的一般特点与规律。最后，本文将基于国际货币政策操作规范的理论、实践与特点，总结出国际货币政策操作规范对我国的启示。

一、货币政策操作规范的理论脉络

纵观既有研究，学界对货币政策操作规范的探讨主要分为三个阶段：一是单一规则与相机抉择之争；二是基于时间不一致理论的探索与拓展；三是以泰勒规则为主的规则约束下的相机抉择。

(一)早期争论：单一规则还是相机抉择

"规则型"与"相机抉择型"货币政策之争最早可追溯到 19 世纪中期通货学派（Currency School）与银行学派（Banking School）的争论。通货学派与银行学派均是 1840—1844 年间英国议会发行委员会在讨论银行券发行制度时所形成的两个相互对立的学派。前者亦称"通货主义"，代表人物有 S.J. 奥弗斯顿（1796—1883 年）、G.W. 诺曼（1792—1882 年）等。后者亦称"银行主义"，代表人物有 T. 图克（1774—1858 年）、J. 富拉尔顿（1780—1849 年）等。通货学派主张发行的银行券应有十足的黄金准备，即发行的可兑现银行券与黄金准备金严格维持在 1∶1 的比率，以防纸币发行过量引起的通货膨胀。银行学派的观点则正好相反，其反对通货学派的全额准备限制银行券发行的主张，认为限额发行会妨碍银行的正常经营，不利于经济活动的顺畅运行，只要银行的资产是对现实存在的价值或将来形成的价值的权利，则银行券就不会过度发行，通胀也不会形成。显然，通货学派的观点包含最初的规则型思想，认为货币供应量是外生的，货币政策应该具有自身的原则，并可以通过固定的规则对货币供应量进行调控。相反，银行学派的规定则带有相机抉择型思想，认为货币供应量可以不受固定发行规则的约束。随后，英国政府出台的《1844 年银行特许状法令》采纳了通货学派的观点，法令规定除了英格兰银行外，其他银行不得发行新的纸币（银行券），现有发行纸币的银行如果破产倒闭，则需收回其发行的纸币；与此同时，英格兰银行若发行新币，则需有全额黄金为保证。该项法令的颁布标志着通货学派在这场争论中获得了胜利。然而，虽然英国明确颁布了针对货币发行的有关规定，但是从 1844

年到 1914 年期间，英国的货币政策并没有严格地按照《1844 年银行特许状法令》所规定的金本位制来运行，其货币发行更加偏向于相机抉择型模式。这种情况一直持续到 20 世纪 20 年代末期。在 1929—1933 年的经济大萧条中，以相机抉择型货币政策为主的货币制度无法挽救处于危机之中的资本主义国家，许多国家的金融体系陷入崩溃。此时，以费雪和西蒙斯为代表的芝加哥学派提出了一种稳定价格水平的规则，这种规则通过确定一个目标价格水平，然后根据实际价格水平与目标值的偏离度来调控货币供应量。芝加哥学派的另一位代表人物弗里德曼认为相机抉择的反周期货币政策不仅不能起到稳定经济的作用，甚至会导致宏观经济的剧烈波动，因此其认为货币供应量要按一个固定比率来增长。

20 世纪中期，受凯恩斯主义思想的影响，通过国家干预宏观经济的调控方式一直备受信任。作为凯恩斯主义经济学的重要内容，以"逆周期"调控为主要特征的相机抉择型货币政策操作规范占据主导地位。凯恩斯主义经济学家认为，规则型货币政策无法有效应对不可预期的经济波动，相反，相机抉择型货币政策则可以对经济出现的波动进行微调，进而增加社会福利。然而，以弗里德曼为代表的货币主义学派强烈反对国家干预经济，主张实行一种"单一规则"的货币政策。即强调货币供应量的变动是引起经济活动和物价水平变动的根本原因，把货币存量作为唯一的政策工具，由政府公开宣布一个在长期内固定不变的货币增长率，这个增长率应该是在保证物价水平稳定不变的条件下，与预计的实际国民收入在长期内的平均增长率相一致。始于 20 世纪 70 年代的"滞胀"困境，使得理论界与实务界对一直以来奉行的凯恩斯"相机抉择"调控模式产生了怀疑，利用国家干预宏观经济波动的政策逐渐失效。货币主义思想因此而流行起来。以英国为例，20 世纪 70 年代，英国物价高涨，生产停滞，失业率居高不下。英国政府借用货币主义的政策，通过控制货币流通量，削减国债，成功地抑制了通货膨胀。同时，为了促进经济增长，政策调控的重心从原来的货币供给转向了汇率。一方面，将英镑和坚挺的德国马克挂钩；另一方面，大量买进外汇，通过降低利率刺激总需求。

总体而言，在早期关于规则型与相机抉择型货币政策的争论中，相机抉择型货币政策占据一定的优势。究其原因主要有三个方面：其一，凯恩斯主义经济学思想在西方发达国家政策制定者中占据了较高地位，通过国家干预宏观经济的相机抉择型调控模式在货币政策理论与实践中都取得了巨大的成功；其二，由于知识的不完备性，早期的政策制定者与经济学家们的研究缺乏对货币政策理论与实践的深层次挖掘，在货币政策操作规范中更多地关注了政策制定者的意图和能力；其三，规则型货币政策的发展仍存在一定的缺陷，如规则缺乏灵活性，较为单一。

（二）中期演化：基于时间不一致理论的探索与拓展

20 世纪 70 年代后，随着 Kydland 和 Prescott（1977）在《规则而不是相机抉择：最优计划的不一致性》一文中系统论述了借助最优控制理论制定的政策如何引起时间不一致，并提出了"时间不一致"的问题，规则型与相机抉择型货币政策的争论进入了一个新的阶段。所谓时间不一致性，是指政策当局在 t 时按最优化原则制定一项 t+n 时执行的政策，但这项政策在 t+n 时已非最优选择。Kydland 和 Prescott 认为，如果经济当事人具有前瞻性的理性预期能力，那么政策问题就以货币当局与私人部门的一个动态博弈出现。假定政府对外宣布制定了一项最优政策，如果私人部门相信了该项政策的真实性，那么这项政策可能不是最优政策。因为一旦政策获得私人部门的信任，那么政府会发现原有的方案执行政策已非最优，其存在背信诺言或改变之前政策的激励，即事前的最优政策与事后的最优政策之间存在显著的差异。因此，除非政府在事前向公众进行了承诺，否则政府可以通过欺骗手段来获得更大的收益，那么其事前的最优政策就是时间不一致的。反之，如果私人部门是理性的，并能够准确地预期到这种情况，那么政府通过事后的最优政策是无法达到其预期的目标。Barro 和 Gordon（1983）将时间不一致概念引入货币政策分析中，认为在相机抉择型货币政策调控下，央行在给定公众一个降低通胀的预期后，通常会放任通胀以保证经济的增长，从而使得国民经济承担较高的通胀压力。央行这种违背长期最优而实施的短期激励措施，将会使得长期最优路径出现偏

225

差，进而降低社会福利。

根据时间不一致性理论，规则型货币政策表现出了自身的优势，但这并不能说明规则型货币政策一定优于相机抉择型。理论上，规则型货币政策能够通过稳定公众预期来消除通胀偏差，但其仍存在一定的缺陷，如规则型货币政策无法顾及不可预期的产出和价格波动。这一点在 20 世纪 80 年代美国股市大崩溃造成的严重流动性危机时期得到了体现。Rogoff（1985），Canzoneri（1985）和 Lohmann（1992）研究了规则型与相机抉择型政策的差异与替代问题，其基本思想在于规则型与相机抉择型之间的优劣并不是一成不变的，即规则型货币政策具有可信性优势，能够稳定社会公众的预期，克服时间不一致性；而相机抉择型政策具有灵活性优势，能够有效应对经济中的意外冲击。有鉴于此，学界开始寻求一种适中的操作规范，使其既能够消除通胀偏差，又具有较强的灵活性，这其中代表性的理论为"保守中央银行家理论"和"委托代理理论"。

"保守中央银行家理论"是由 Rogoff 于 1985 年提出的，该理论认为政府可以任命一位知名的通货膨胀厌恶者来担任中央银行的领导人，这样可以解决时间不一致问题。一方面，如果中央银行的领导人是一位通货膨胀的厌恶者，那么其在制定货币政策最终目标时会偏向于较低的通胀目标；另一方面，如果中央银行的领导人是一位知名的公众人物，那么他的承诺会被公众信服，进而可以有效地稳定公众的通胀预期。保守中央银行家理论为学者们在研究中央银行的独立性问题上打下了良好的基础，然而针对 Rogoff 的研究中设定的低通胀目标，学界仍存在不同的看法：其一，如果中央银行制定单一的低通胀目标，那么会造成货币政策与财政政策的内在冲突；其二，当经济出现意外波动时，这种以低通胀为目标的货币政策缺乏相应的灵活性。针对这一问题，Walsh（1995）提出了"委托代理理论"。委托代理理论的基本思想是：将政府和中央银行视为一种契约关系，即政府作为委托人，而中央银行作为政府的代理人。政府和中央银行之间需要就具体的通胀目标签订一份书面合约，进而确定通货膨胀目标以及如果出现违约而产生的相应惩罚。这样一来，中央银行就有足够的动力来将实际通胀率维持在目标值水平。如果中央银行出现违约，则要承担相应的责任。通过这样一种制度的设计，中央银行可以实现双重目标，即在消除通胀偏差的同时仍能通过相机抉择型货币政策灵活地应对经济中出现的意外冲击。

通过总结上述货币政策操作规范的争论不难发现，虽然"时间不一致"理论的提出使得规则型货币政策逐渐引起人们的重视，但是在这段时期内，每当经济出现波动，而主流的货币政策操作规范无法有效解决实际问题时，其对立面就会提出相反的观点。

规则型与相机抉择型货币政策均存在一定的缺陷和不足，如规则型货币政策虽然能够稳定公众预期，平抑经济波动，但其缺乏灵活性。而由于货币政策时滞的存在，相机抉择型货币政策往往会加剧经济的波动。

（三）后期进展：规则约束下的相机抉择

进入 20 世纪 90 年代，利率已经逐渐取代货币供应量成为西方国家货币政策的中介目标，以利率作为对货币和经济的调节手段逐渐引起了人们的重视。泰勒规则的提出更是将规则型货币政策的适用价值推向了一个全新的阶段，此时西方学者对于规则型与相机抉择型货币政策操作规范的争论不再像以前那样处于两派对立的局面。Taylor(1993) 通过对美联储 1987—1992 年货币政策实践的研究发现，实际利率与产出、物价水平保持着长期稳定的关系，并提出了"泰勒规则"，其指出央行需要根据产出、通胀与目标值的偏离程度来调整短期名义利率。泰勒规则的一般形式为：

$$r_t = r^* + \pi_t + \alpha(\pi_t - \pi^*) + \beta(y_t - y^*) \tag{1}$$

其中 r_t 为短期名义利率，r^* 表示长期均衡利率，π_t 为过去四个季度的平均通胀率，π^* 为中央银行的目标通胀率，y_t 为实际产出，y^* 为潜在产出，α 表示中央银行对通胀缺口的反应系数，β 表示中央银行对产出缺口的反应系数。泰勒规则的经济学含义在于：只有当实际利率等于均衡利率，实际产出等于潜在产出时，通胀缺口为零，此时经济才会处于稳定状态。然而，由于实际产出和实际利率会由于经济增长率、失业率等多种因素的影响而偏离其均衡值，因此中央银行应以利率作为中介目标，以短期利率作为操作目

227

标进行"逆周期"调整，以维护产出和物价水平的稳定。泰勒规则明确指出，短期名义利率对通胀缺口的反应系数应大于 1，因为，如果 $\beta<1$，那么实际利率会随着通胀缺口的上升而下降，反而进一步加剧了通胀水平，此时泰勒规则缺乏稳定性，中央银行难以通过调整利率使经济达到均衡状态。

那么，"泰勒规则"是否就是一种规则型货币政策呢？我们首先要清楚规则型货币政策的本质。所谓"规则"，就是货币政策严格按照某一原则执行，无论外部条件发生怎样的变化，央行的货币政策都不会作出调整。这种规则从严格意义上来说，应该归结于"单一规则"范畴，如货币主义学派所提出的"货币供应量规则"。所谓"相机抉择"，是央行在货币政策实践中，不受任何原则或程序的约束，根据宏观经济形势灵活地调整货币政策。基于"规则"与"相机抉择"的含义，"泰勒规则"实质上并不是一种严格的规则型货币政策，而是一种规则约束下的相机抉择型货币政策。具体而言：

1. 泰勒规则中目标与工具是规则与相机抉择的结合

在泰勒规则中，利率作为操作目标和中介目标，最终目标是通货膨胀的稳定。因此，央行在货币政策的最终目标上已经建立了长期的信任，形成了良好的反通胀声誉。在此基础上，央行根据经济形势对利率的调整就属于相机抉择操作。

2. 泰勒规则的反应函数是规则与相机抉择的结合

在泰勒规则反应函数中，央行对利率的调整是基于通胀缺口和产出缺口。通胀和产出的权重系数反映了央行的行为偏好，央行可能在长期内维持权重系数不变，也可能在不同的时期存在不同的倾向。因此，泰勒规则的"规则"体现在反应函数上，整个泰勒规则的反应函数就是一种对货币政策实践的约束。"相机抉择"体现在货币政策的操作上，央行会根据不断变化的经济形势灵活调整权重系数。

3. 利率周期和调整频率是规则与相机抉择的结合

图 1 显示的是 2002 年 1 月 1 日—2007 年 12 月 30 日(日度数据)FFR 走势图，从中不难看出美联储的利率调整存在一定的规律，即利率走势总体上呈现为一条光滑的曲线，并不存在上下无规律的剧烈波动，且在每一个周期上利率处于上下调整的状态，周而

复始，这体现了货币政策的规则成分。但在每一个利率周期中，利率的波动幅度却存在差异。因此在同一个利率周期中，利率何时调整，以及调整的幅度是多少，取决于央行对经济形势的相机抉择判断。

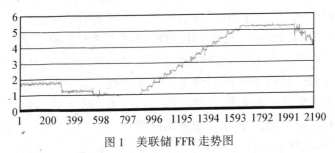

图1　美联储 FFR 走势图

数据来源：美联储网站数据。

由此可见，货币政策操作规范演化至今，理论界和实务界对此的研究和探索已不再局限于传统的单一规则与相机抉择的对立局面，而是将两者有机地结合起来，即在总体规则约束下，灵活地开展相机抉择操作。以泰勒规则为例，规则主要体现为央行对通胀稳定的承诺和泰勒规则的反应函数；相机抉择则体现为货币政策操作目标的调整和变动。因此，当前的货币政策操作规范应该是规则成分和相机抉择成分相对变化的过程，纵观主要发达国家的货币政策实践，其操作规范主要是以规则成分为主，相机抉择成分为辅，二者相辅相成的模式。规则可以更好地向公众传递货币政策的意图，从而稳定公众预期，克服时间不一致性，维护宏观经济的稳定。相机抉择则可以更为灵活地对宏观经济进行微调，同时能够有效地应对不可预期的外部冲击。

二、发达国家的货币政策操作规范回顾

（一）美国货币政策操作规范
"二战"以后，受各经济形势和西方经济学思想流派的影响，

美国货币政策操作规范在不同时期呈现出不同的特点。总体来看，美国货币政策操作规范的演变主要有四个阶段：一是从"二战"到 20 世纪 70 年代中期，美国的货币政策主要采用相机抉择的操作规范。二是从 20 世纪 70 年代末到 80 年代后期，美国主要采取单一规则的货币政策操作规范。三是从 20 世纪 90 年代至 2007 年，美国的货币政策操作规范有了新的发展，从以货币稳定增长规则为基础来控制货币供应量，转变到以泰勒规则为基础来调控实际利率的货币政策上来。此时的货币政策操作规范不再是单一的规则或相机抉择，而是一种在规则的约束下，根据宏观经济金融形势，灵活地运用货币政策工具调控宏观经济的货币政策操作方式。四是后金融危机时代，美联储开展非常规货币政策。

1. 凯恩斯主义的相机抉择调控模式

凯恩斯主义相机抉择调控模式的中心思想是：当社会总需求小于社会总供给，即总需求低于充分就业产量，失业扩大时，政府就实行扩张性财政政策，减少财政收入，增加财政支出，扩大财政赤字；或者实行扩张性货币政策，即增加货币供应量以降低利率的廉价货币政策。当社会总需求大于社会总供给，即总需求高于充分就业产量发生通货膨胀时，政府就实行紧缩性财政政策，增加财政收入，压缩财政支出，减少财政赤字；或者实行紧缩性货币政策，减少货币供应以提高利率。在美国货币政策体系中，利率是整个货币政策的核心环节，美联储通过再贴现率、法定存款准备金率、公开市场操作等工具来影响短期利率，再通过短期利率影响中长期利率的变动，最终影响总需求和社会经济活动。"二战"以后，美国的经济开始进入快速增长的黄金时期，美联储先后三次（1953—1954 年，1957—1958 年，1960—1961 年）采取降低贴现率、购买公债等扩张性货币政策促进经济增长。到了 20 世纪 60 年代中期，在宽松的货币政策刺激下，美国的经济增长速度加快，失业率下降，但由此产生的通胀压力使得美联储采取紧缩性货币政策。货币政策的过度紧缩使得银行信贷资金紧张，虽然经济增长速度有所下降，但物价水平并没有相应地回落。到 20 世纪 70 年代初，美联储又开始转向扩张性货币政策，同时增加财政支出，减少税收，这种政策虽然刺激了经济增长，并导致了物价水平的失控，但随之而来的紧缩政策也并没有起到显著效果。在货币政策宽松与紧缩的交替实施下，美国经济最终陷入"滞胀"困境。尽管在此期间，美联储频繁使用各种政策工具予以调整，但市场利率波动幅度较大，经济始终难以走出困境。

2. 货币主义的规则调控模式

始于20世纪70年代的"滞胀"困境，使得西方学者对一直以来奉行的凯恩斯"相机抉择"调控模式产生了怀疑，利用国家干预宏观经济波动的政策逐渐失效。到了20世纪80年代初，随着通货膨胀的进一步加剧，美国政府开始将抑制通胀作为货币政策的首要目标。此时，以弗里德曼为代表的货币主义学派开始占据上风，其主要思想认为，货币供应量并不一定会影响利率水平，而是通过影响名义收入来影响产出和物价，且货币需求函数是稳定的。弗里德曼主张采取"单一规则"模式，即货币供应量要按照一个固定比率增长，通过控制货币供应量增长率来达到控制通胀和名义 GDP 增长的目的。因此，其反对以利率作为货币政策的中介目标，而是提倡以货币供应量作为中介目标。这一思想被美联储所采纳，通过控制货币供应量 M1 的紧缩政策，最终成功地抑制了通货膨胀，使得美国经济逐步走出"滞胀"的困境。

20世纪70年代以来，以控制货币供应量增长率为目标的货币政策虽然成功地抑制了通胀，但仍存在诸多弊端：一是导致了市场利率的变动幅度增长，进一步助长了投机活动；二是在经济全球化的影响下，国际资本的流动影响了美联储控制货币供应量的能力，进而对货币政策效果产生了不利影响；三是以货币供应量增长率作为中介目标降低了商业银行的信用创造能力，进而抑制了企业的融资需求。

3. 泰勒规则的"中性"调控模式

20世纪90年代以后，"单一规则"越来越难以适应不断深化的金融创新和经济全球化。1993年7月，时任美联储主席的格林斯潘在国会听证时表示，美联储不再将包括 M2 在内的货币总量作为政策中介目标，标志着美联储放弃了仅以货币供应量为中介目标的框架，重新建立了以实际利率为主要中介目标，货币供应量、汇率等为辅助中介目标的调控体系。格林斯潘利用大量的数据证明了货币供应量与宏观经济变量之间的相关性显著降低。因为随着金融市场的不断发展和金融创新的不断深化，美国居民的投资方式也相应发生了变化，居民更加偏好持有证券等金融工具，而这些金融工具却没有包含在货币供应量的统计范围内，如果继续以货币供应量作为判断依据，会出现政策上的失误。

为此，格林斯潘于 1994 年 2 月开始奉行"中性"货币政策调控模式，即根据对宏观经济形势的判断灵活地调整利率，使利率水平保持中性，对经济既不起刺激作用，也不起抑制作用，从而使经济以其自身的潜能在低通胀条件下持续稳定地增长。为此联储降低法定存款准备金率，并基本弃之不用。同时，将再贴现利率调整至联邦基金利率之上，削弱中央银行最后贷款人职能，并突出联邦基金利率的调控作用，把调控目标范围从过去的 50 个基点扩大到 400 个基点。联储每年定期召开公开市场委员会会议，根据宏观经济形势决定是否调整联邦基金利率和再贴现率。根据这一原则，联储认为，美国的劳动力年均增长率约为 1.5%，生产率年均增长约为 1%，那么年均潜在经济增长率约为 2.5%。因此，联储的主要任务是通过调整利率，使得年均经济增长率维持在 2.5% 左右，这样就可以达到同时稳定经济增长和物价水平的目的。

美联储货币政策操作规范的转变，除了货币主义政策主张的失效外，"泰勒规则"的提出也极大地推动了联储货币政策理念的调整。联储所秉持的"中性"货币政策，实质上就是泰勒规则所包含的政策涵义。泰勒规则描述的是一种理想化状态，即经济中存在一个均衡的联邦基金利率，在该利率水平上，经济增长和物价水平保持在其潜在水平上。如果由于某种原因导致这种均衡状态发生偏离，比如实际产出水平超过潜在产出(或通货膨胀率超过潜在通货膨胀率)，则实际利率需要提高。只要美联储遵循这样一种货币政策规则，经济就始终处于平稳的理想状态上。

4. 非常规货币政策的调控

2008 年次贷危机爆发以来，美国经济开始进入衰退期，住房价格下跌造成了相关金融资产(如住房抵押贷款、抵押担保证券、抵押关联证券等)价格的大幅度下跌，信贷供给的压缩抑制了总需求，导致失业率大幅度上升，经济疲软。为了应对次贷危机造成的影响，美联储开展了一系列非常规的货币政策操作。首先，美联储将联邦基金的目标利率 FFR 由 5.25% 下调至 0~0.25%，并长期维持接近零的利率水平。其次，美联储开始展开量化宽松货币政策，主要包括"资产负债表工具"和"前瞻性指引"，通过拓宽 FFR 的影响渠道，逐步引导长期利率的降低，以刺激总需求。具体而言：

(1)资产负债表工具

资产负债表工具主要包括"大规模资产购买计划"和"期限延长计划"，是指美联储通过对其资产负债表的规模和结构进行调整，进而达到影响宏观经济的目的。从 2008 年到 2012 年，美联储一共开展了四轮大规模资产购买计划，购买的资产品种主要为机构抵押支持债券(MBS)、机构债、国债等。经过四轮的量化宽松操作，美联储的资产规模较之前翻了两番，达到 2.3 万亿美元。通过大规模的资产购买，美联储得以降低收益率曲线，提高资产价格，进而降低长期的利率水平。与此同时，美联储在此期间通过买长卖短的扭曲操作，调整资产负债表结构，延长总体国债资产的到期日。期限延长计划对长期利率水平施加了向下的压力，降低了市场对债券的持有风险和利率风险，使得公众持有长期国债的意愿增强，形成了较为宽松的货币金融环境。这种延长资产期限的扭曲操作并没有对资产负债表的规模造成影响，降低了长期利率水平，刺激了总需求。

(2)前瞻性指引

"前瞻性指引"主要包含两个方面的内容：①利率指引由时间转为经济指标。美国的联邦公开市场委员会(FOMC)从 2008 年 12 月开始向社会宣布，当前的零利率水平将持续一段时间。在引入利率指引后，随着时间的推移，美联储对于利率政策持续时间的描述也在不断发生变化，从最初以时间作为指引标准到后来以经济指标作为指引标准。到 2012 年 12 月，FOMC 发表声明：将根据劳动力市场状况和通货膨胀率的变化决定是否增加或减少资产购买计划，以维持一个适宜的货币政策环境，资产购买计划将随着经济形式的改变而改变。具体而言，只要失业率仍高于 6.5%，未来 1~2 年的通胀预期低于 2.5%，那么美联储将维持长期超低利率不变。由此可知，美联储公开宣布的利率指引已经由以往的不确定转向清晰化，提高了货币政策的透明度，有利于公众增强对美联储货币政策的理解力度，并形成良好的政策预期。②美联储对长期低利率的承诺。美联储于 2012 年 9 月对外宣布：至少到 2015 年中期，FOMC希望宽松的货币政策在经济复苏强化后的相当一段时间都是可适用的。随后在 12 月又进一步强化了对这一政策信号的传递，即在经济复苏增长后相当长的一段时间内，维持货币政策的高度宽松是合适的。这一表述较以往更为强烈，向公众清晰明确地表明了当前美联储的货币政策立场，也给市场传递了美联储支持经济复苏的信号（Yellen，2013）。随着量化宽松货币政策效果开始显现，美国经济也逐步开始复苏，失业率逼近 6.5% 的阈值。2013 年 12 月美联储宣布：在失业率降至 6.5% 以下后的相当长的时间内，FFR 将继续保持在当前区间，特别是在通胀预期处于 2% 的长期目标的情况下。进一步，2014 年 3 月，美联储再次发表声明：联储预计在资产购买结束后相当长的一段时间里，将 FFR 保持在当前的目标区间内，特别是在通胀预期继续处于 2% 的长期目标之下以及长期通胀预期稳定的情况下。虽然这两次利率的前瞻性指引并没有显示美联储的政策立场发生了变化，但为美联储非常规货币政策的退出创造了稳定的环境，使得联储的货币政策能够平稳地过渡到常规状态。表 1 显示了 2008—2014 年间美联储的前瞻性指引。

表1	美联储的前瞻性指引
时间	前瞻性指引内容
2008 年 12 月	零利率将持续一段时间
2009 年 3 月	零利率将持续更长时间
2011 年 8 月	零利率将至少持续到 2013 年中期

时间	前瞻性指引内容
2012 年 2 月	零利率将至少持续到 2014 年年底
2012 年 9 月	至少到 2015 年中期，FOMC 希望宽松的货币政策在经济复苏强化后的相当一段时间内都是可适用的
2012 年 12 月	FOMC 将根据劳动力市场状况和通货膨胀率的变化决定是否增加或减少资产购买计划，以维持一个适宜的货币政策环境。资产购买计划将随着经济形式的改变而改变，只要失业率仍高于 6.5%，未来 1~2 年的通胀预期低于 2.5%，那么美联储将维持长期的超低利率不变
2013 年 12 月	在失业率降至 6.5% 以下后的相当长的时间内，FFR 将继续保持在当前区间内，特别是在通胀预期处于 2% 的长期目标的情况下
2014 年 3 月	联储预计在资产购买结束后相当长的一段时间里，将 FFR 保持在当前的目标区间内，特别是在通胀预期继续处于 2% 的长期目标之下以及长期通胀预期稳定的情况下

资料来源：美联储网站。

（二）日本货币政策操作规范

"二战"后，日本经济经历了从复苏到繁荣，再到平稳增长的过程。在这段时期内，日本经济总体上保持了良好态势。20 世纪 80 年代，美国财政赤字日益加剧，对外贸易逆差大幅增长，此时美国希望通过美元贬值来改善国际收支不平衡的困境。因此，美国、日本、联邦德国、法国以及英国的财政部长和中央银行行长（简称 G5）在纽约广场饭店举行会议，达成五国政府联合干预外汇市场，诱导美元对主要货币的汇率有秩序地贬值，以解决美国巨额贸易赤字问题的协议，即广场协议。广场协议的签订以及日本央行一系列扩张性政策的实施，使得日本经历了 5 年（1985—1990 年）的泡沫经济时期和长达十年（1991—2000 年）的萧条时期。本文对日本货币政策操作规范的探讨主要集中于广场协议签订以后，具体分为四个阶段：一是"泡沫经济"时期日本的货币政策；二是"十年萧条"时期日本的货币政策；三是第一轮量化宽松货币政策；四是第二轮量化宽松货币政策。

1. "泡沫经济"时期日本的货币政策

广场协议签订后，为了遏制日元的快速升值并刺激国内经济，日本央行连续 5 次下调贴现率。到 1987 年 2 月，日本央行的贴现率已降至 2.5% 的较低水平。然而，日元升值所带来的经济萧条持续时间十分短暂，1986 年年底日本经济开始复苏，到 1987 年日本 GDP 增长率回升到 3.8%。此时，日本央行已无需继续维持较低的贴现率水平。1987 年 10 月 19 日爆发的"美国股灾"①波及全球股市，为了避免世界经济重蹈 1929 年的覆辙，西方七国政府开始联合干预市场，为股市注入资金，使得经济并没有发生实质性衰退。美国股灾之后，市场对全球经济景气的预期由悲观逐渐转为乐观，世界经济开始复苏，但美国担心日本调高利率后会导致国际资本流入日本，进而造成全球金融市场的再次动荡，因此建议日本央行暂缓调息。同时，日本央行担心提高利率会进一步推动日元的升值。最终，日本央行推迟了紧缩银根的计划，规定贴现率维持在 2.5% 的较低水平。在长期的低利率政策下，日本国内的企业将大量闲置资金投向股票市场与房地产市场，导致股价和房价的大幅度攀升，资产价格泡沫逐渐膨胀。

随着股票市场与房地产市场价格的持续上升，通胀压力逐渐增大，日本央行开始实施紧缩性货币政策，于 1989 年 5 月将贴现率提高至 3.25%。到 1989 年年底，日本央行再次将贴现率提高至 4.25%。然而，这次利率的上调并没有起到紧缩银根的作用，究其

① 1987 年 10 月 19 日星期一，华尔街上的纽约股票市场刮起了股票暴跌的风潮，爆发了历史上最大的一次崩盘事件。道·琼斯指数一天之内重挫了 508.32 点，跌幅达 22.6%，创下自 1941 年以来单日跌幅最高纪录。6.5 小时之内，纽约股指损失 5000 亿美元，其价值相当于美国全年国民生产总值的 1/8。这次股市暴跌震惊了整个金融世界，并在全世界股票市场上产生"多米诺骨牌"效应，伦敦、法兰克福、东京、悉尼、中国香港、新加坡等地股市均受到强烈冲击，股票跌幅多达 10% 以上。

原因主要是因为之前的低利率政策使得公众对货币政策的预期仍然停留在宽松阶段，认为日本央行提高贴现率的紧缩政策是暂时的，此时股价和房价继续攀升。直到1990年传出日本央行将要再次调高贴现率时，公众对央行货币政策预期才发生扭转。在1990年2月至4月期间，日本股市开始出现大幅度下跌。与此同时，日本央行实施紧缩性货币政策的脚步并没有停止。为了防止石油价格上涨而导致的输入性通胀，日本央行再次将贴现率调高至6.0%。此时，日本的股市、债券和日元同时下跌，金融体系泡沫破灭，实体经济遭受严重打击。

2."十年萧条"时期日本的货币政策

泡沫经济破灭后，日本从20世纪90年代初期开始进入了长达十年的经济衰退。除1991年、1996年以及2000年GDP增速分别达到3.32%、2.61%以及2.26%外，其余年份的GDP增速均在2%以下，某些年份的GDP增速甚至为负。为了改变经济疲软的预势，日本央行从1991年7月开始实行扩张性货币政策，将贴现率从6.0%下调至5.5%，并在此后的四年内先后四次下调了贴现率。到1995年9月，贴现率水平已降至0.5%的超低水平。

从1995年9月至1999年年初，日本的贴现率一直维持在0.5%。在这段时期内，由于日本实施了利率自由化，贴现率对市场利率的影响逐渐变小，日本央行逐渐将货币政策中介目标由贴现率转为隔夜拆借利率，并通过调整同业拆借市场的流动性来控制隔夜拆借利率。1995年7月，日本央行将隔夜拆借利率降至0.25%，并先后多次下调隔夜拆借利率。然而，日本央行的超低利率政策并没有实现经济复苏和投资增长的目标。从1999年2月起，日本央行采取逐步降低隔夜拆借利率的措施，首先将隔夜拆借利率降至0.15%，随后又降至0.03%。此时，隔夜拆借利率已接近零，这意味着日本央行开始实行零利率政策。

纵观日本央行在"十年萧条"中采取的货币政策，我们不难发现，这段时期的货币政策主要是应对经济萧条和通货紧缩，其所出台的货币政策旨在解决泡沫经济破灭给日本带来的后遗症。

3. 第一轮量化宽松货币政策

20 世纪 90 年代末，日本央行的零利率政策从表面上是传统短期利率政策的延伸与强化，即将短期名义利率调整至下限值，但这种政策使得日本央行的利率政策进入非常态化阶段，此时日本央行已无法通过进一步降低利率来影响宏观经济。

虽然日本央行在 2000 年 8 月阶段性地解除了零利率政策，但随后日本经济受到美国 IT 泡沫破灭①的影响，再次进入周期性衰退。2001 年 3 月，日本央行开始实施量化宽松货币政策。该政策的基本原理是：基础货币主要由两部分构成，一部分是流通中的现金，另一部分是商业银行在中央银行准备金账户中的存款，而这一部分存款是日本央行准备金账户存款金额的主要部分。当增加商业银行的存款准备金时，日本央行会拥有更多资金来增加贷款或购买债券，进而导致存款和货币供应量的增加。因此，日本央行将商业银行在其准备金账户的存款余额作为操作目标，向外界公布增加日本央行账户存款余额的目标值，通过购买长期国债的方式实现这一操作目标，并约定该政策的实施将一直持续到 CPI 稳定为止。

日本央行的量化宽松货币政策一直持续至 2006 年，此时日本的通货紧缩基本消失，经济趋于稳定。从其政策效果来看，量化宽松货币政策对消除通货紧缩起到了一定作用。更为重要的是，近 5 年的量化宽松政策的实施经验为后金融危机时代，美、日、欧等主要发达国家在应对全球金融危机时采取的货币政策提供了借鉴。

4. 第二轮量化宽松货币政策

全球金融危机爆发后，日本经济遭到重大冲击。随后，欧洲主权债务危机以及东日本大地震等事件，更是让日本经济"雪上加霜"。2012 年，日本自民党赢得众议院大选，安倍内阁得以组

---

① 从 2000 年起，美国纳斯达克指数反复发生剧烈动荡，到 2001 年第一季度暴跌至 2000 点以下，加之"9·11"事件对股市的打击，美国以信息高科技股为主的纳斯达克指数缩水幅度达到 70%。许多上市网络公司账面资产大幅缩水，公司经营持续恶化，生产增长减缓，甚至面临破产倒闭的局面。

建，安倍上台后随即推出了刺激经济的"三支箭"计划①，其中第一项内容为"通过更加积极的量化宽松货币政策，摆脱通货紧缩的局面"。

在量化宽松货币政策的实施上，日本央行主要从两个方面开展：首先，日本央行一改以往对通胀目标设定的模糊化，明确设定了2%的通货膨胀目标以及两年达成的期限；其次，通过增加长期国债购买额度和较长期限的国债品种，以及购入非国债资产（ETF和J-REIT）的方式来增加基础货币。这一时期的货币政策也称为量化质化宽松或"双化宽松"货币政策。表2显示了日本双化宽松货币政策实施的具体措施。

表2   日本"双化宽松"货币政策

主要措施	具 体 措 施
用基础货币取代无担保隔夜拆借利率作为央行货币市场操作的主体目标	日本央行基础货币在2013年和2014年以每年约60万亿~70万亿日元的速度增加，到2014年年末增加至270万亿日元，较2012年12月的138万亿日元增加了约一倍
增加购买日本国债的金额和范围	日本央行2013年将国债购买量从20万亿日元增至50万亿日元。3月的毛购买量为3.8万亿日元，4月为6.2万亿日元，5月为7.5万亿日元。同时，日本央行将购买范围拓宽至所有期限国债，并将国债平均持有期从3年延长至7年，延长了所购日本国债的期限

---

① 安倍经济学的"第一支箭"，即大胆的金融政策，无限制的量化宽松措施，实质就是日本央行大量买进金融机构手里的长期国债，向金融机关大量供应货币，促使金融机关向企业贷款，让企业有钱进行设备投资和扩大生产。"第二支箭"即机动的财政政策，大规模的公共投资，以公共投资带动GDP和雇用。"第三支箭"即唤起民间投资的成长策略，日本产业与社会经济结构的改革，增加产业的收益性。

续表

主要措施	具体措施
加大与股票市场和房地产市场有关的金融工具购买量	日本央行决定增加购买 ETF 和日本房地产投资信托基金（J-REIT），保证这两类证券的持有额分别以每年 1 万亿日元和 300 亿日元的速度增长
其他	日本央行规定将此前的资产购买计划与常规债券项目合并，并暂停实行购债上限规则，放开购债上限，对日本地震受灾地区的基金延长 1 年

资料来源：崔岩：《日本后泡沫时期货币政策争论与政策框架的转型》，《现代日本经济》2015 年第 1 期。

在日本央行实施量化宽松货币政策以来，国内股价大幅度上升，日元出现大幅度贬值，但稳定物价的效果仍不显著。更为重要的是，单纯地依靠量化宽松货币政策可能难以起到复苏经济的作用，还需要其他政策予以配合。

（三）欧元区货币政策操作规范

欧元区①货币政策是以欧洲中央银行为核心来组织运行的。欧洲中央银行的建立是欧盟经济一体化与货币一体化从低级到高级的发展过程。在分析欧元区货币政策操作规范之前，首先要对几个相关概念进行介绍，即欧洲中央银行体系、欧元体系与欧洲中央银行。

1. 欧洲中央银行体系、欧元体系与欧洲中央银行

欧洲中央银行体系（European System of Central Banks，ESCB）是由欧洲中央银行和欧盟所有成员国（包括尚未加入欧元区的成员国）的中央银行组成，因此从性质上来说，欧洲中央银行体系类似于一种具有联盟性质的中央银行系统。未参加欧元区的欧洲央行体

---

① 目前，使用欧元的国家为德国、法国、意大利、荷兰、比利时、卢森堡、爱尔兰、希腊、西班牙、葡萄牙、奥地利、芬兰、塞浦路斯、斯洛伐克、斯洛文尼亚、拉脱维亚、马耳他、立陶宛 18 国，也称为欧元区。

系成员国享有特殊地位——这些国家的央行可各自制定货币政策，但无法参与欧元区货币政策的决策与执行。在欧盟成员国中，并非所有的成员国以欧元为货币（英国、瑞典、丹麦），因此欧洲中央银行体系不能作为欧元区的货币管理单位，其所涵盖的范围要更加广泛。欧洲中央银行与欧洲中央银行体系之间是一种包容关系，欧洲中央银行是欧洲中央银行体系中的一部分。从结构上来说，欧元体系与欧洲中央银行体系类似，是由欧洲中央银行和加入欧元区的18国的中央银行组成。

欧洲中央银行（European Central Bank，ECB）是根据1992年《马斯特里赫特条约》的规定于1998年7月1日正式成立的，其前身是设在法兰克福的欧洲货币局。欧洲央行的职能是"维护货币的稳定"，管理主导利率、货币的储备和发行以及制定欧洲货币政策；其职责和结构以德国联邦银行为模式，独立于欧盟机构和各国政府之外。欧洲中央银行是世界上第一个管理超国家货币的中央银行，独立性是它的一个显著特点，它不接受欧盟领导机构的指令，不受各国政府的监督，是唯一有资格允许在欧盟内部发行欧元的机构。从1999年1月1日起，欧洲中央银行取代欧元区各国央行，承担起欧元区内货币政策的制定工作，但是欧元区各国的货币政策如何执行则由各国的中央银行自行负责。欧洲中央银行的决策机构由管理委员会和执行委员会构成，管理委员会是最高决策机构，执行委员会是管理委员会的执行机构。管理委员会的主要职责是制定欧元区的货币政策并决定政策执行中必要的指导方针。而执行委员会主要负责执行管理委员会制定的货币政策，同时向欧元区内各国央行下达指令。

综上所述，欧洲中央银行体系、欧元体系与欧洲中央银行之间属于总体到局部的关系，欧洲中央银行体系包含欧元体系与尚未加入欧元区国家的央行，而欧元体系包含欧洲中央银行和欧元区18国的央行。因此，本文在分析欧元区货币政策操作规范的同时，主要的研究对象为欧洲中央银行的货币政策实践。

2. 常规状态下欧元区货币政策

根据1991年的《欧洲联盟条约》，欧洲央行的首要任务是保持物价稳定，在这一目标的基础上，兼顾欧盟整体目标。具体而言，欧洲央行对货币政策目标的定义主要体现在两个方面：一是要保证欧元区国家的消费价格指数每年的上升幅度处于 0～2% 的区域内，且在中期得以维持。物价水平的稳定主要是针对欧元区整体，而并不是欧元区各成员国。二是欧洲央行将 M3① 作为货币政策的中介目标，并确定 4.5% 为货币供应量 M3 年均增长率的参考值，并按照 3 个月的移动平均值进行计算。当 M3 增长率与参考值发生偏离时，欧洲央行会对偏离的原因进行分析，如果发现这种偏离会影响最终目标，则要采取相应的货币政策予以调整。欧洲央行确定该参考值主要基于以下三个假设：物价水平每年的上升率处于 0～2%，欧元区 GDP 的年增长率处于 2%～2.5% 以及中期内货币流通速度的年趋势性下降率处于 0.5%～1%。因此，欧洲央行的货币政策操作规范具有规则型的特点。除了将 M3 作为货币政策中介目标外，欧洲央行还会关注经济增长、消费需求、工业生产以及劳动力市场等可能对物价水平产生影响的一系列因素。

欧洲央行对单一货币政策工具的选择必须在欧元区各成员国之间进行协调，以得到各成员国的支持和配合。目前，欧洲央行的货币政策工具主要有三大类：公开市场操作、存贷款便利以及最低存款准备金。

（1）公开市场操作

公开市场操作是欧洲央行最重要的货币政策工具，主要包括以下四种方式：①短期再融资操作。欧洲央行每两周会向欧元区信贷机构提供期限为两周的短期资金融通，旨在提供流动性逆回购交易。②长期再融资操作。欧洲央行每月会向欧元区信贷机构提供期限为三个月的资金融通。③微调操作。欧洲中央银行会不定期地进行非公开市场操作，用以调节市场流动性并引导利率变动。④结构

---

① 欧洲中央银行将货币供应量划分为三大类：M1 包括纸币和铸币以及活期存款；M2 除包括 M1 外，再加上期限为 2 年以下的定期存款及期限为 3 个月以下的通知存款；M3 除包括 M2 外，再加上回购协议、货币市场基金单位与票据以及原始期限为 2 年以下的债权凭证。

性操作。欧洲央行会定期或不定期地通过发行债券、反向交易、直接交易、货币互换以及发行定期存款工具的方式，调整欧洲央行和金融部门的流动性结构。

（2）存贷款便利

欧洲央行存贷款便利的设立主要是为了控制隔夜市场利率，向公众表明货币政策的立场。欧洲央行通过存贷款便利，可以向市场吸收或提供大量流动性，进而保持市场利率处于规定范围。具体而言，存贷款便利主要有两种：一是边际贷款便利；二是存款便利。边际贷款便利主要是向有紧急需求的银行等金融机构提供贷款，由于欧洲央行的贷款利率比一般性商业银行的贷款利率要高，因此边际贷款便利的利率即构成了市场利率的上限；与此同时，欧洲央行通过存款便利吸收商业银行的剩余资金。由于欧洲央行的存款便利利率要低于同业存放利率，因此这种存款便利的利率即构成了市场利率的下限。通过这两种便利的操作，欧洲央行为市场的短期利率设定了一个波动区间，处于波动区间的利率即为欧洲央行的回购利率。

（3）最低存款准备金

从 1999 年 1 月 1 日起，欧洲央行要求欧元区的各成员国必须按照其债务余额比例的 1.5%~2.5% 向各国央行交存准备金。债务余额主要包括隔夜存款、期限在两年之内的其他存款、货币市场票据、金融债券等。最低存款准备金工具与其他工具相比，政策效果更为强烈，对经济影响更大，因此最低存款准备金并不是欧洲央行常用的货币政策工具，更多的是一种工具的补充，使用频率较低。

3. 后金融危机时代欧元区货币政策

2008 年，以美国次贷危机为导火索的全球金融危机爆发后，各国央行迅速出台各项宽松政策，维持金融市场的稳定，避免经济出现大幅度衰退。欧洲央行也同时秉持常规与非常规货币政策工具并用的原则，在稳定欧洲金融市场上起到了积极作用。欧洲央行的常规货币政策工具包括公开市场操作、存贷款便利和最低存款准备金。为此，欧洲央行在 2008 年 10 月至 2009 年 5 月间，先后 7 次下调基准利率，将利率由 4.52% 下调至 1% 的历史最低水平。同时，欧洲央行通过长期再融资操作、货币互换等一系列措施，向银行系统注入流动性。

伴随着全球金融危机的蔓延和欧洲主权债务危机的爆发，欧洲央行进一步推出了一系列非常规货币政策。从 2009 年 7 月开始，欧洲央行推出了总额为 600 亿欧元的资产担保债权购买计划（Covered Bond Purchase Programme，CBPP），欧洲央行及欧元区成员国央行将根据市场需求和货币政策需要逐步推进购买计划，购买对象原则上限于欧元区银行发行的资产担保债券，且该债券至少需获一家主要信用评级机构的 AA 评级。这标志着欧洲央行在应对金融危机的过程中开始诉诸"量化宽松"这一非常规手段。2010 年 5 月，欧洲央行启动了证券市场计划（Securities Markets Programme，SMP），在二级市场上购买欧元区主权债务，并同时在一级和二级市场上购买合格的私人债务工具。同年 12 月，欧洲央行宣布延长"证券市场计划"，继续购买欧元区国家国债，维持欧元区 1% 的主导利率不变。通过证券市场计划，欧洲央行已累计向市场提供流动性约 2000 亿欧元。

2011 年 4 月，欧元区消费价格指数（HCPI）连续四个月超过 2% 的上限值，欧洲央行重启加息政策，连续两次上调基准利率至 1.5%。到了 2011 年下半年，欧洲主权债务危机的风险逐渐蔓延，意大利、西班牙、法国等欧元区核心国家亦深受影响。由于欧洲银行业持有大量欧洲主权国家债券，随着主权债务危机的深入蔓延，银行业的资金缺口不断扩大，一度面临崩溃的局面。为此，欧洲央行先后推出了两轮总规模超过 1 万亿欧元的长期再融资操作（LTRO），为期 3 年，用以稳定金融市场。一般来说，LTRO 的期限为 3 个月，但在危机不断蔓延的背景下，LTRO 的期限被一再延长，从最初的 3 个月扩展到 6 个月、1 年甚至 3 年。同时，欧洲央行所提供的 LTRO 的担保范围也随之扩大，且未设定信贷投放上限。信贷资金的投放会根据欧洲银行业的需求，按照 1% 的固定利率无限制提供。

总体来看，欧洲央行在后金融危机时代的一系列货币政策实践已突破《里斯本条约》的规定，即欧洲央行不得向陷入主权债务危机的国家提供再贷款支持，也不得从一级市场上购买主权国的债券，也不得承担最后贷款人角色。然而，欧洲央行在二级市场上购买主权国家债券，并在危机期间推出两轮无限量的 LRTO，间接表明欧洲央行开始承担起最后贷款人的角色。在最终目标的控制上，欧洲央行的重心发生偏移①，资产负债规模显著攀升，其货币政策逐渐呈现宽松之势，这表明在危机期间，欧洲央行的货币政策目标开始从维护物价稳定，到以牺牲物价水平来维护金融市场的稳定上来。

三、新兴市场国家的货币政策操作规范回顾

(一)中国货币政策操作规范

按照调控模式的不同，我国货币政策操作规范可以分为三个阶段：一是计划管理体制下的货币政策操作规范；二是直接调控模式下的货币政策操作规范；三是间接调控模式下的货币政策操作规范。

1. 计划管理模式下的货币政策

计划经济时期，我国实行的是单一银行体制与高度集中的货币信贷管理制度，中国人民银行作为唯一的国家银行，主要从事信贷收支、货币收支与资金结算业务。这时的货币政策主要由中央政府制定，中央通过制订严格的信贷计划和货币发行计划来对经济进行调控。虽然国家对消费品价格和现金支付进行了严格的控制，但如果市场中流通的货币超过了商品的供给，就会导致物价水平的上涨，因此货币政策的目标可以体现为"保持币值的稳定，使得在市场中流通的货币与商品的供应量相适应"。

在计划管理模式下，我国货币政策操作的工具选择与目标控制具有如下特点：(1)货币政策的最终目标是实现国民经济的计划发展，并以反通胀为主要目标。央行在应对通货膨胀时，甚至会以牺

---

① 如 2011 年年底，欧洲央行在消费价格指数连续两个月超过 3% 的情况下，先后两次下调基准利率。

牲经济增长为代价来调整计划。（2）货币政策工具缺失。由于计划体制的原因，利率无法在资金的有效配置中发挥价格信号的作用，同时存款准备金制度也未建立起来，因此通过编制信贷计划，进而对银行信贷控制成为货币政策的主要手段。（3）货币信贷政策带有强烈行政色彩和从属性质，没有完整的"政策工具→操作目标→中介目标→最终目标"传导机制，仅仅是从央行到企业的简单传导过程，这并不属于真正意义的货币政策。

因此，在计划管理模式下，虽然并没有明确提出货币政策应遵循的操作规范，但从一系列货币政策实践中不难发现，中央的货币信贷计划是严格为经济发展服务的。因此，这种货币政策操作规范可以视为"行政式的相机抉择"。

2. 直接调控模式下的货币政策

1984 年，我国将商业银行的职能剥离出去，成立了四大商业银行，即中国银行、中国农业银行、中国工商银行以及中国建设银行，此时中国人民银行开始专门行使中央银行职能。在这一段时期内，货币政策有了很大的发展，最突出的是中国人民银行的货币政策由以往的计划管理逐步过渡到以直接调控为主的模式。虽然现金计划和信贷规模管理仍是中国人民银行的主要调控手段，但间接货币政策工具开始使用。在直接调控模式下，货币政策工具主要以计划控制信贷规模为主，在一定程度上具有强烈的行政干预色彩。主要货币政策工具如下：

（1）贷款限额。中国人民银行强制规定某一年度内的贷款上限，包括对金融机构的贷款最高限额以及作为"最后贷款者"对商业银行和非银行金融机构的贷款限额。

（2）信贷收支计划。信贷收支计划是中国人民银行在金融领域内，利用计划机制，对全社会的信贷资金来源和信贷资金运用的数量及其构成进行综合平衡控制的重要手段之一。中国人民银行编制的信贷收支计划，并不是各商业银行和信贷计划的简单总和，而是以商业银行所编制的信贷计划为基础，根据国家的国民经济和社会发展计划、货币政策的决策和金融宏观控制的客观要求，在总量、部门、地区和项目等方面进行综合平衡之后编制的全国信贷收支总规模及其基本构成的计划。

（3）现金收支计划。现金收支计划是信贷收支计划的一部分，在信贷收支中，既有现金收支，也有转账收支，因此扣除转账收支后的信贷收支计划即为现金收支计划。现金收支计划是中国人民银行控制现金货币供应量及其流向，从而调节信贷规模和货币供应量的重要手段之一。

总体而言，直接调控模式下中国人民银行对贷款的规模控制在一定程度上是有效果的，且这种调控模式与当时的金融体制背景相适应。20世纪80年代，我国金融体系表现为以四大国有商业银行为主的格局，城市商业银行、农村信用社等中小金融机构的市场份额较小，① 这种格局使得央行能够通过控制国有商业银行的信贷量来达到控制货币供应量的目的。然而，正如前文分析所指，这种利用行政指令对贷款规模进行控制的模式缺乏必要的灵活性，存在"一收就紧，一放就松"的问题，使得经济总是处于过冷或过热的状态。在直接调控模式下，中国人民银行也开始尝试利用间接性货币政策工具调控宏观经济。②

3. 间接调控模式下的货币政策

随着多种金融机构、多种融资渠道的出现，直接调控模式的弊端日益明显。国务院于1997年12月6日发布了《中共中央、国务院关于深化金融改革，整顿金融秩序，防范金融风险的通知》的通知，通知指出：从1998年1月1日起，中国人民银行对商业银行贷款增加量，不再按季度下达指令性计划，改为按年（季）下达指导性计划，商业银行以法人为单位逐步实行资产负债比例管理。这项政策的出台，标志着我国已初步实现从直接调控模式到间接调控模式的转变，我国央行开始实施以市场机制为导向的货币政策，公开市场操作、法定存款准备金率、再贴现等间接货币政策工具成为

---

① 1989年我国国有商业银行的贷款余额占全部金融机构贷款余额的88%。

② 如中国人民银行于1985年开始先后7次调整金融机构存贷款利率，5次调整中国人民银行对金融机构的存贷款利率，3次调整法定存款准备金比率。与此同时，再贴现、再贷款等货币政策工具也在一定程度上得到使用。

央行调控的主要手段。

当前，我国央行的货币政策操作较以往发生了一些变化，主要体现在两个方面：首先是货币政策的微操作成为常态化(如常备借贷便利、短期流动性调节工具的使用)；其次是结构性货币政策工具(如定向降准、抵押补充贷款等工具的使用)的使用频率逐渐提高。货币政策的微操作情况如下：

(1)常备借贷便利的使用。为提高货币调控效果，有效防范银行体系流动性风险，增强对货币市场利率的调控效力，2013 年年初，中国人民银行创新常备借贷便利工具，并根据调控需要不断改进与完善常备借贷便利操作。图 2 显示了 2013 年 6 月—2014 年 2 月我国常备借贷便利余额情况。

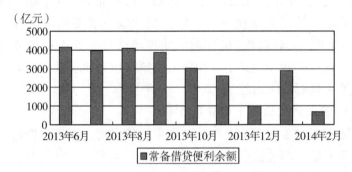

图 2　2013 年 6 月—2014 年 2 月我国常备借贷便利余额
数据来源：中国人民银行数据库数据。

2013 年春节前，央行通过常备借贷便利解决部分商业银行因现金大量投放产生的资金缺口，6 月份在货币市场受多种因素叠加影响出现波动时，对部分金融机构开展了常备借贷便利操作，促进银行体系流动性合理适度，熨平货币市场的大幅波动。6 月末，常备借贷便利余额达到年内的最高值，4160 亿元。9 月份以来，根据外汇流入形势变化，为了保持货币市场流动性合理适度，央行在继续通过常备借贷便利向符合宏观审慎要求的金融机构开展常备借贷便利的同时，根据金融机构具体情况对常备借贷便利适度有序减量操作。2013年年底之前中国人民银行6月份通过常备借贷便利提供的流动性已大部分收回，常备借贷便利余额为1000亿元，比6月末下降了3160亿元。为保持货币市场流动性合理适度，2014年春节前，中国人民银行总行通过常备借贷便利向符合条件的大型商业银行提供了短期流动性支持，稳定了市场预期，促进了货币市场平稳运行。1月末常备借贷便利余额为2900亿元。2014年春节后，随着现金逐步回笼，以及外汇流入形势的变化，根据银行体系流动性情况，中国人民银行全额收回了春节期间通过常备借贷便利提供的流动性。第一季度累计开展常备借贷便利3400亿元，期末常备借贷便利余额为0。

（2）短期流动性调节工具的使用。图3显示了2013年10月—2014年12月期间，我国央行短期流动性调节工具（SLO）的操作额度。从中不难发现，我国SLO的操作具有显著的季节性特征，即在年底操作额度较大，而在其他季度则操作额度相对较少。在2013年12月和2014年12月，我国SLO的操作额度分别为8730亿元和8550亿元。这可能是由于在临近春节时，市场流动性需求较大，我国央行根据货币调控需要，加大了SLO的操作力度，保证银行体系流动性水平的稳定。

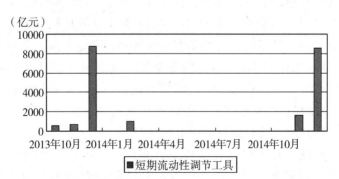

图3　2013年10月—2014年12月我国短期流动性调节工具操作额度

数据来源：中国人民银行数据库。

在结构性货币政策工具方面，我国央行主要是运用定向降准、再贷款和 PSL 等工具实现精准支持。具体如下：其一，定向降准。2014 年 4 月和 6 月中国人民银行实施了两次定向降准。定向降准可以发挥信号和结构引导作用，通过建立促进信贷结构优化的正向激励来加大对"三农"和中小企业的支持力度。6 月份的定向降准与对余额比例指标和增量比例指标的考核相结合，旨在对过去一年"三农"、中小企业贷款占比较高的商业银行进行鼓励，这有利于在贷款总量不大幅增加的同时，使"三农"和中小企业获得更多的信贷支持。其二，支农再贷款。2014 年 8 月，中国人民银行增加支农再贷款额度 461 亿元，以引导金融机构扩大涉农信贷投放，通过加强支农再贷款降低"三农"融资成本的监测考核，确保"三农"融资成本的下降。其三，抵押补充贷款（PSL）。中国人民银行创设 PSL 的目的在于引导中期政策利率下行和信贷资金投放到基建、民生支出领域。一方面，与美联储实施的"扭曲操作"和欧央行推出的"定向长期再融资操作"类似，PSL 可以打通短期利率与中长期利率的传导梗塞；另一方面，PSL 可以对各种抵押资产的贷款利率和规模实施定向微调，进而降低棚户区改造、铁路建设、城市基础设施建设等领域的融资成本。

（二）俄罗斯货币政策操作规范

俄罗斯银行是俄罗斯联邦的中央银行。俄罗斯银行成立于 1990 年 7 月，其前身是苏联中央银行的俄罗斯共和国银行。依据俄罗斯宪法，俄罗斯银行的职责为保证货币稳定和发行货币。依据《俄罗斯联邦中央银行法》，俄罗斯银行的具体职责主要包括：制定货币政策；发行货币，管理货币流通；作为信贷机构的最后贷款人，管理再贷款系统；制定俄罗斯结算规则；制定银行业管理规则；经理国库；管理俄罗斯银行国际储备；负责信贷机构市场准入和退出管理；监管信贷机构和银行集团；审批信贷机构的证券发行；组织和实施外汇管理；分析预测俄罗斯全国和各地区经济形势，特别是货币、外汇、金融和价格情况，发布相关资料和统计数据。

近年来，俄罗斯货币政策的目标是降低通货膨胀率和保持币值稳定。俄罗斯央行的货币政策工具与我国央行较为类似，主要包括公开市场操作、存款操作、再贷款以及存款准备金率。自苏联解体以来，俄罗斯的货币政策几经演变，针对不同的经济形势和外部环境，俄罗斯的货币政策操作规范呈现出不同的特点，具体包括三个阶段：一是苏联解体后俄罗斯在面临高通胀背景下的货币政策；二是1998年亚洲金融危机后，在经济复苏过程中俄罗斯央行所采取的货币政策；三是2008年全球金融危机后的货币政策。

1. 高通胀背景下的货币政策

苏联解体后，独联体的各个国家均将卢布作为共同货币，虽然俄罗斯央行是卢布的唯一发行者，但独联体的所有央行都具有发放贷款的权利。这样一来，为了支持本国的经济增长，各国中央银行存在强烈的信贷投放冲动，直接导致了卢布区的货币流动泛滥，引发了严重的通货膨胀。据统计，1992年俄罗斯的通货膨胀率达到2508.8%。①

俄罗斯对通货膨胀的治理是中央银行获得货币独立性开始，1993年7月，俄罗斯决定放弃卢布区，同时发行了新的卢布来取代旧苏联时期的货币。在获得货币独立性后，俄罗斯央行开始采取一系列严厉的紧缩措施来治理通胀，主要包括上调再贴现率，调整法定存款准备金率以及下调基础货币增长率。在利率的调整方面，俄罗斯央行将商业银行的再贴现率上调到170%，部分短期再贷款的利率甚至高达250%；其次，俄罗斯央行将长期和短期的法定存款准备金率由2%和5%上调至15%和20%；最后，俄罗斯央行将基础货币的增长率由13.1%下调至2.3%。

在一系列紧缩政策的作用下，俄罗斯的通货膨胀率得到了一定程度的控制，从1992年的2508.8%下降到1994年的214%。然而，此时的通胀率仍然较高，为此俄罗斯央行决定将1997年和1998年的通胀目标确定为12%和8%。为了完成这一目标，俄罗斯央行进一步实施了更为严厉的紧缩措施：其一，增强中央银行的独立性，央行不得为弥补财政赤字而增发货币；其二，继续保持较高的再贴现率和法定存款准备金率，同时进一步控制货币供应量；其三，实

---

① 数据来自俄罗斯中央银行网站：http：//www.cbr.ru.

行"外汇走廊"政策稳定卢布汇率,将美元对卢布的汇率稳定在
1∶4550~1∶5150 的范围内。通过这一系列的紧缩措施,俄罗斯的
通货膨胀终于得到了有效的控制。从 1995 年到 1997 年的 3 年间,
俄罗斯的通胀水平显著下降。到 1997 年年底,通胀水平已降低到
11%。虽然紧缩的货币政策以及汇率稳定政策换来了物价水平的稳
定,但俄罗斯央行在干预外汇市场,维护汇率稳定的同时,导致了
外汇储备的大量损失,而税收收入的降低以及利息支出的扩大增加
了政府的财政赤字。为了弥补财政赤字,俄罗斯政府被迫扩大债券
发行规模,同时提高再贷款利率以维护汇率的稳定。1998 年亚洲
金融危机爆发,俄罗斯的金融市场受到了强烈冲击,俄罗斯政府被
迫宣布债券违约,卢布急剧贬值。到了 1998 年年底,俄罗斯的通
货膨胀率达到了 84%。金融危机过后,由于缺乏资金支持,俄罗
斯央行开始实施扩张性货币政策,并实行有管理的浮动汇率制度,
这一措施起到了显著作用,俄罗斯经济开始好转。

2. 经济复苏过程中的货币政策

从 1999 年开始,俄罗斯的经济逐渐好转,财政情况得到改善。
根据俄罗斯国家货币政策的基本方向(1999—2004 年),俄罗斯央
行的货币政策最终目标主要是降低通胀,并以 M2 增长率作为中介
目标。表 3 显示的是 1999—2004 年,俄罗斯央行货币政策的最终
目标与中介目标执行情况。从 2000 年开始,俄罗斯的经济面临着
非常有利的外部环境,由于世界能源价格的不断上升,俄罗斯的能
源出口额随之大幅度攀升,经济增速开始加快。随着贸易盈余的增
加,短期国际资本开始流入,卢布的升值压力不断加大。为了减缓
卢布升值给宏观经济带来的负面影响,俄罗斯央行开始积极干预外
汇市场,通过购买外汇来缓解卢布升值的压力。外汇市场的干预带
来了基础货币供给的扩大,进而导致通胀率不断升高。2000 年以
来,俄罗斯一直面临卢布升值和物价上升的双重压力。如果俄罗斯
央行稳定汇率,则需要投放大量基础货币,这必然导致通胀压力。
反之,如果俄罗斯央行放任卢布升值,则会对出口贸易带来不利影
响。从表 3 的数据不难发现,在 1999—2004 年,俄罗斯的 M2 实际
增长率始终高于其目标值,同时通货膨胀率以及 GDP 增长率的实

际值亦高于目标值，这表明 1999—2004 年俄罗斯央行采取的是相对宽松的货币政策，其货币政策并没有以稳定通胀为首要目标，而是更多地倾向于维护汇率的稳定。

表3　　俄罗斯央行货币政策的最终目标与中介目标执行情况　（单位:%）

年份	最 终 目 标				中介目标	
	通货膨胀率		GDP 增长率		M2 增长率	
	目标值	实际值	目标值	实际值	目标值	实际值
1999	30	36.5	−1~3	3.2	18~26	57.5
2000	18	20.2	1~2	8.9	21~25	61.5
2001	12~14	18.6	4~5	5.0	27~34	39.9
2002	12~14	15.1	3.5~4.5	4.3	22~28	32.4
2003	10~12	12.0	3.5~4.5	6.6	20~26	50.4
2004	8~10	11.7	3.5~4.5	7.1	19~25	35.8

资料来源：黄丽新、吴艾君：《俄罗斯货币政策的执行经历和启示》，《中国金融》2009 年第 14 期。俄罗斯中央银行网站：http://www.cbr.ru.

持续的贸易顺差以及相对宽松的货币政策使得俄罗斯的通胀压力骤增。为了降低通货膨胀，俄罗斯央行一方面开始让卢布渐进升值，并为卢布的升值设立目标区间。另一方面，俄罗斯央行成立了稳定基金，其资源来源是开采税和能源出口关税。稳定基金通过持有外汇，可以有效减缓俄罗斯央行为稳定汇率而投放基础货币的力度，进而抑制卢布过快升值。从 2004 年开始，俄罗斯同伙采取卢布渐进升值的政策，使得通货膨胀率逐渐降低，到 2007 年，俄罗斯的通胀率为9%。虽然俄罗斯的通胀率得到了一定的控制，但与成熟的发达国家相比仍然较高。与此同时，卢布升值给俄罗斯经济带了诸多不利影响：一是 2006 年俄罗斯取消了资本流动和货币兑换的限制后，由于卢布的升值导致了国际热钱的大量流入，使得俄罗斯广义货币供应量 M2 的增长率不断提高，2005 年和 2006 年分别达到了 39% 和 49%；二是卢布的升值导致俄罗斯出口额显著下降，对俄罗斯的经济增长产生了不利影响。

一直以来，俄罗斯央行在货币政策实践中力图实现多目标的兼顾，即经济增长、物价稳定以及汇率稳定。然而要同时实现这三个目标非常困难，通过上述分析不难发现，在不同时期，俄罗斯央行的货币政策总是处于不断调整的过程中，从以往的以降低通货膨胀率为主要目标，到后来稳定汇率的货币政策导向。

3. 全球金融危机后的货币政策

2008年全球金融危机爆发后，大量国际资本撤出俄罗斯，进而引发了股市的暴跌和卢布的贬值。为了应对金融危机的冲击，俄罗斯央行一方面通过注入流动性以稳定金融市场，另一方面加强卢布汇率的稳定，甚至不惜通过加息手段来吸引资本的流入。这与成熟市场国家的货币政策实践截然不同，在面对金融危机时，多数国家均采取宽松的货币政策以刺激经济复苏，而俄罗斯央行的货币政策则主要集中于维护金融稳定和汇率稳定。从2009年下半年开始，卢布贬值的趋势有所缓解，通货膨胀率也随之大幅度下降。

在后金融危机时代，俄罗斯的货币政策目标是控制通货膨胀。根据俄罗斯央行提出的《2010年及2011—2012年俄国家统一货币信贷政策基本方向》的要求，2010年俄罗斯将实行适度紧缩的货币政策，货币政策的首要目标是降低通货膨胀，未来三年，通胀率将分别降至8.5%~9.5%、6.5%~7.5%以及4.5%~6.5%。在2010—2012年，俄罗斯央行的货币政策操作规范将逐步向以抑制通货膨胀为优先目标的通货膨胀目标值过渡。在汇率政策目标上，俄罗斯央行仍然实行有管理的浮动汇率制度，并在未来向浮动汇率制度过渡。在《2011年及2012—2013年俄国家统一货币信贷政策基本方向》和《2012年及2013—2014年俄国家统一货币信贷政策基本方向》中亦进一步说明了俄罗斯央行将通过降低通胀以及设定CPI目标区间来为通货膨胀目标制的实施作准备，这也为俄罗斯央行未来货币政策操作规范的转型奠定了基调。

2014年，受西方制裁与国际原油价格大幅度下滑的冲击，俄罗斯卢布出现了大幅度贬值。截至2014年年底，卢布兑美元贬值幅度达到60%。卢布的暴跌使得俄罗斯国内通货膨胀加剧，国内经济雪上加霜。卢布的贬值虽然有利于出口，但以石油出口为主的俄罗斯，其出口价格大幅度下跌，出口损失愈发严重，目前俄罗斯经济增速已趋于零。为了稳定卢布，对抗不断高涨的通货膨胀，一方面，俄罗斯央行在 2014 年 12 月两次调整利率，将利率由 10.5% 上调至 17%，并分别上调存款利率和回购利率至 16% 和 18%；另一方面，俄罗斯央行动用近 300 亿美元的外汇储备干预汇市，但由于国际油价的持续暴跌，这一措施并没有逆转卢布的贬值趋势。在经济下滑、金融风险和外汇困境的三重压力下，俄罗斯未来的货币政策走向仍不明朗。

(三)印度货币政策操作规范

在独立前的很长一段时间内，印度一直实行的是金汇兑本位制①，即卢比与英镑挂钩，卢比可以兑换成英镑，而英镑则可以兑换成黄金。当时规定每卢比兑换 1 先令 4 便士。1917 年，随着银价的不断上涨以及卢比的升值，金汇兑本位制度随之崩溃。1920 年，印度试图将卢比与英镑再次联系起来，但也以失败告终。到 1927 年，印度开始实行金块本位制，由政府从事金块交易，黄金价格为 21.24 卢比/塔拉，卢比对英镑的汇率固定为 1 先令 6 便士/卢比。从 1931 年开始，印度废除了黄金本位制，成为国际货币基金的成员国，开始实行英镑汇兑制。

印度现代意义的中央银行体系的形成是从 1935 年印度储备银行的建立开始。印度储备银行(Reserve Bank of India，RBI)，是根据 1934 年出台的《印度储备银行法》(Reserve Bank of India Act)于 1935 年 4 月 1 日正式成立的，该法于 2003 年、2006 年重新修订。1949 年颁布的《银行监管法》(Banking Regulation Act)也是储备银行行使职能的主要依据。储备银行的主要职责包括制定和执行货币政

---

① 金汇兑本位制又称"虚金本位制"，该国货币一般与另一个实行金本位制或金块本位制国家的货币保持固定的比价，并在后者存放外汇或黄金作为平准基金，从而间接实行了金本位制。实行金汇兑本位制的国家，对货币只规定法定含金量，禁止金币的铸造和流通。国内实行纸币流通，纸币不能与黄金兑换，而只能兑换外汇，外汇可以在国外兑换黄金。

策，监管金融体系，管理外汇市场，发行货币，监督支付体系运行，担当政府的银行和银行的银行等角色。从 1935 年至今，印度央行的货币政策操作规范不断演化，总体来说可以分为三个阶段：一是形成阶段；二是发展阶段；三是改革阶段。

1. 形成阶段

在 1934 年《印度储备银行法》的序言中，储备银行的政策目标被设定为"管理纸币发行，保持储备确保币值稳定并保障国家货币和信贷体系有效运行"，其货币政策目标为保持物价稳定，确保生产部门信贷适度可得并以此促进经济增长。

在 1935—1950 年期间，印度的货币政策操作规范逐渐形成，此时的货币政策实践主要是管理经济系统中的信贷需求和信贷供给。利率、法定准备金以及公开市场操作是印度央行调控信贷的主要政策工具。由于印度央行始终秉持一种被动的利率政策，利率工具仅被使用一次。1935 年 11 月，印度央行将利率由 3.5% 下调至 3%。虽然印度央行被赋予足够的权利来控制信贷量，但由于印度央行的主要目标是物价稳定，因此其在货币政策实践中并没有过多地干预银行信贷的发放。

2. 发展阶段

1951—1990 年是印度货币政策的发展阶段，印度的货币政策主要是作为维护价格稳定和调节投资及经济活动的工具。在这段期间内，为了与计划经济保持一致，印度央行的货币政策行为受到计划融资需求的影响，并通过提升银行储蓄来将信贷资金配置到实体部门。从印度的第二个五年计划开始，最大的一次计划融资是印度央行为弥补政府的融资赤字而发行的特别国库券，这使得印度央行的货币政策开始成为弥补预算赤字的工具，进而导致了通胀压力的产生。在这个背景下，印度央行在确保实体部门资金需求的情况下，开始使用一些量化控制工具来稳定通胀压力。

从 20 世纪 50 年代中期开始，选择性信贷控制工具的使用频率较高。如为了控制信贷需求，印度央行制定了最低贷款利率和信贷授权方案(CSA)，同时在 1967 年制定了"社会控制"计划，使得信贷资金优先支持农业、小型工业以及出口业等部门。随着 1969 年

7月印度大型商业银行的国有化改革，印度央行货币政策行为开始关注信贷计划，并且以非食品信贷作为货币政策的先行指标。印度央行通过"一般融资"和"出口融资"的方式向银行部门提供借贷便利，用来强化对个人信贷计划的支持力度。在所有货币政策工具中，印度央行主要利用短期信贷利率(SLR)来提高政府支出计划的资金来源。在1970—1990年间，短期信贷利率从最低的25%上升到38.5%。现金储备比率(CCR)则主要用于抵消赤字融资对通胀的影响。

总体而言，在1951—1990年间，印度央行的货币政策操作规范与我国计划经济时期较为类似。印度央行的货币政策主要为计划经济服务，带有强烈的计划经济色彩。印度央行通过信贷计划来控制经济社会中的信贷量，并将信贷资金投放到指定部门。

3. 改革阶段

从20世纪80年代末开始，印度央行货币政策的实施方式逐步由直接总量控制转向间接市场化操作，大力推进利率市场化改革，不断创新货币市场工具，积极推动金融市场建设，通过多种手段调节市场的流动性水平和短期利率。印度央行的货币政策工具主要包含以下几种：(1)公开市场操作。印度央行通过买断或回购交易等公开市场操作手段，影响市场边际流动性，改变政策利率水平，进而影响市场利率和资金的可获得性，达到政策调控的目的。(2)流动性调节便利(Liquidity Adjustment Facility, LAF)。LAF于2000年6月被引入，主要方式是进行政府债券回购和逆回购的固定利率招标，目前已成为印度央行主要的货币政策操作工具。通过LAF操作，可以灵活地处理市场上每天存在的流动性不匹配状况，减轻市场波动，同时为隔夜回购市场利率提供政策参考，起到了引导市场走势的信号作用。(3)市场稳定计划(Market Stabilization Scheme, MSS)。2004年4月，为应对由于资本持续流入导致的流动性过剩，减轻LAF操作压力，储备银行引入市场稳定计划，通过直接在市场上发行期限短于两年的政府债券和短期国库券吸收流动性，进一步完善了流动性管理手段。(4)现金准备比率(Cash Reserve Ratio, CRR)。储备银行要求银行将所有活期和定期负债的一定比率上缴作为准备金，考核指标为日平均余额，考核期间为两周。储备银行可以适时调整该比率以实现货币政策调控目的。

全球金融危机爆发后，印度央行开始利用流动性调节便利下调回购和逆回购利率。从 2008 年 10 月起，为了刺激经济增长，印度央行累计下调回购和逆回购利率幅度分别为 425 个基点和 275 个基点。与此同时，随着国际金融环境的变化，印度央行将现金准备金率下调 4%，即由 9% 降至 5%，用以增加银行体系的流动性。到了 2009 年，印度经济开始出现好转，在继续实施宽松货币政策的同时，印度财政部又公布了经济刺激计划，增加支出并扩大财政赤字，这也加剧了印度未来的通胀风险。从 2009 年中期开始，印度基准的批发价格指数出息走高，消费价格指数一直运行在 7% ~ 10% 之间，金融危机时代宽松的财政政策和货币政策的持续冲击效应开始显现。除了财政赤字走高导致通胀压力上升外，国际原油价格的重新升势以及印度的流动性过剩①也进一步埋下了通胀隐忧。

随着经济的复苏和国内通胀压力的增大，从 2010 年起，印度央行连续 13 次加息，并将现金准备金率由 4% 上调至 6%，成为全球加息幅度最大的经济体之一。过高的利率对印度的投资和经济增长产生了负面影响，加之受到全球经济不景气以及消费投资需求疲软等因素影响，印度经济增速显著放缓。随着美国经济的复苏，美联储退出 QE 的预期不断增大，全球资本流动被动加剧，国际投资者加速从新兴市场撤离，印度是此次资金外逃的重灾区。面对资本的外流，印度央行不得不通过加息来维护本币币值的稳定，然而在经济疲软的背景下，连续动用加息工具无疑会进一步抑制消费和出口，从而拖累经济增长。

2014 年 1 月，印度央行将基准利率进一步上调 25 个基点，并维持在 8% 的利率水平。从上半年开始，印度通胀率逐步回落，处于三年以来的最低水平。虽然前三个季度印度经济增长率达到 5.3%，高于 5% 的预期水平，但总体增长仍然疲软。莫迪领导的新

---

① 从 2008 年 9 月开始，印度央行已经对金融体系注入约 4.2 万亿卢比，用以确保公司和消费者获得足够的信贷资金。

政府上台后，印度的政策重心开始偏向于经济增长。

四、国际货币政策操作规范的特点

（一）发达国家货币政策操作规范的特点

1. 货币政策操作规范以规则为主，相机抉择为辅

通过对美国、日本和欧元区货币政策操作规范的回顾可知，发达国家的货币政策操作规范具有规则特征。美国货币政策操作规范经历了由相机抉择到规则的转变，从 20 世纪 60 年代开始，美联储采取的是凯恩斯主义相机抉择的思想，到 20 世纪 70 年代，货币主义学派的货币供应量规则成为货币政策操作规范的主流。这时的规则可以被视为单一规则，即货币政策严格按照某一原则执行，无论外部条件发生什么变化，央行的货币政策都不会作出调整。20 世纪 90 年代以后，泰勒规则的出现极大地推动了联储货币政策理念的调整，以利率作为中介目标的"中性"货币政策成为美联储的主导思想。从本质上来看，中性货币政策并不是一种严格意义上的规则，而是一种在规则约束下的相机抉择行为。这种货币政策操作既包含有规则成分，也包含有相机抉择成分。规则主要体现为央行对通胀稳定的承诺和泰勒规则的反应函数，相机抉择则体现为货币政策操作目标的调整和变动。

欧元区的货币政策操作规范亦具有规则的特征。欧洲央行的货币政策采用凯恩斯主义和货币主义原理来运行，以稳定物价作为其货币政策的最终目标，以广义货币供应量 M3 作为货币政策的中介目标。通过公开市场操作、存贷款便利和最低存款准备金三种货币政策工具来实现货币政策目标，并按照泰勒规则，在短期内实行相机抉择的货币政策，而在长期内采取货币主义固定货币增长速度的货币政策规则。

综上所述，发达国家的货币政策操作规范具有明显共性，即从最初的以凯恩斯主义相机抉择为主的货币政策操作规范，逐步过渡到以规则为主，相机抉择为辅的模式上来。这种规则约束下的相机抉择成为目前发达国家货币政策操作规范的主流。

2. 货币政策工具的使用较为灵活

按照对政策目标影响方式的不同，货币政策工具可以分为直接工具和间接工具，直接工具是央行通过行政权力强制执行，直接对货币信贷和宏观经济产生作用，如利率管制、信贷规模、现金计划等都属于直接工具。间接工具是以市场为基础，利用相应的政策手段，通过一系列的传导渠道，最终影响政策目标。间接货币政策工具主要包括公开市场操作、再贴现以及法定存款准备金率，这三种货币政策工具被誉为发达国家的货币政策三大法宝。各国央行利用这三种货币政策工具即可实现货币政策调控目标。随着金融经济全球化发展，以及金融创新的不断深化，发达国家对货币政策工具的使用也相应地发生变化：

（1）法定存款准备金率的依赖程度逐渐下降。20 世纪 90 年代以来，许多发达国家大幅度降低了法定存款准备金率，甚至出现了将准备金率降至零的趋势。以美国为例，美联储于 1990 年开始实行分段计提的差别准备金率，即当银行的存款规模超过某一限额时，才要求缴存准备金。1994 年，美联储要求 400 万美元以下的存款规模无需缴存准备金。到了 2000 年，存款规模在 5190 万美元以下的交易账户只需缴纳 3% 的准备金，超过这个规模的准备金率为 10%。日本央行也实行了差别准备金制度，区间为 0.05% ~ 1.20%，对于规模较小的银行存款准备金率较低，而对于规模较大的银行存款准备金率相对较高。欧洲央行则对所有的金融机构实行统一的准备金率，目前的准备金率为 2%。

相比美国、欧元区以及日本不断降低存款准备金率，如瑞士、新西兰、澳大利亚等发达国家则已完全取消准备金制度。发达国家对存款准备金制度的依赖性不断下降，主要原因有以下四个：一是由于随着金融创新的不断深化，金融资产证券化程度不断加深，各金融机构不断创新新的金融产品以规避当局的监管。传统的法定存款准备金率所能涵盖的资金范畴越来越小，金融证券化使得经济社会中的储蓄资金越来越脱离银行体系，金融脱媒现象不断凸显。二是发达国家的直接融资市场较为发达，非银行机构的资金大部分不受存款准备金率的约束，这使得企业的融资对间接渠道的依赖程度降低，进而导致法定存款准备金率的作用日益下降。三是法定存款准备金率的调控对金融运行的冲击，进而导致宏观经济的剧烈波动，因此不宜频繁使用存准率工具。四是法定存款准备金率增加了中小银行的资产负债管理难度，准备金率的上调容易造成小银行的流动性危机，加之许多发达国家对准备金并不支付利率，这也加大了银行的经营成本。

（2）贴现机制调控作用下降。再贴现工具是中央银行通过买入商业银行所持有的未到期的票据，从而向商业银行提供流动性的工具。再贴现对货币信贷的影响机理主要有三种：一是成本效应。中央银行通过调整再贴现率，能够影响商业银行的借款成本，进而影响央行的基础货币投放。二是预期效应。中央银行通过公布再贴现率，可以向社会公众传递央行的货币政策意图，影响公众对货币政策的预期，进而影响总需求。三是结构效应。中央银行可以通过划分不同种类的再贴现票据，并对不同的票据实行差别利率，即可以引导资金流向需要支持的实体部门。

20世纪90年代以来，发达国家在运用再贴现工具上发生了显著的变化，再贴现作为货币政策工具的作用大大降低，主要表现为两个方面：一是再贴现逐渐演变为银行体系的监管指标。以美国为例，美联储规定商业银行只有在经营出现困难没有其他稳定资源来源的情况下才能向联储再贴现。因此，商业银行向联储再贴现会致其信誉受损，向市场传递其经营出现问题的信息，这也使央行通过再贴现来调控货币供应量的能力下降。二是再贴现工具缺乏灵活性。在三大货币政策工具中，再贴现工具从其性质来看，其双向操作的空间不足，央行通过再贴现工具向银行提供流动性，却难以利用再贴现回收流动性，因此再贴现工具的使用缺乏相应的反向操作机制。

（3）公开市场操作逐渐成为最重要的货币政策工具。20世纪90年代以来，经过各国中央银行的不断探索和实践，公开市场操作逐渐成为央行货币政策操作中最重要和使用最频繁的工具。从交易方式来看，公开市场操作主要有三种方式：买断交易、正回购协议和逆回购协议。根据交易的方向不同，上述交易方式可以分为投放基础货币工具组合：逆回购和现券买断；回笼基础货币工具：正回购和现券卖断。各国在公开市场操作的交易品种上存在一定的差异。如美联储主要侧重于通过公开市场操作买入短期国债，而很少在二级市场上卖出其持有的债券。日本央行将现券买断作为投放基础货币的主要方式。英格兰银行则倾向于通过逆回购方式解决商业银行的流动性不足。

近年来，发达国家的公开市场操作目标更多地转向引导市场利率、调节金融体系流动性上来，公开市场操作对于货币供应量的调节能力逐渐减弱。当商业银行出现临时或季节性流动性不足时，央行可以在市场上买入证券来缓解流动性不足的压力。在发达国家，利率高度市场化，短期利率(联邦基金利率、英镑隔夜利率指数和无抵押隔夜拆借利率)成为货币政策的重要操作目标。当央行宣布其短期利率目标时，商业银行就会按照这一目标在市场上进行交易；而当央行对短期利率进行调整时，只要公布其调整的目标，就会在市场上形成相应的预期，市场交易主体会自动对其资金价格作出调整。

(4)后金融危机时代公开市场操作的非常规职能。当金融市场处于正常运行状态时，主要发达国家通过公开市场操作引导货币市场利率走势，进而实现稳定币值的目标。然而在后金融危机时代，西方发达国家的货币政策出现了若干调整，公开市场操作被赋予了非常规职能，较为常见的是量化宽松和扭曲操作。全球金融危机爆发后，为了刺激经济，发达国家的利率水平已接近零，通过降低市场利率来促进投资的操作空间被极大地压缩，导致货币政策的利率传导渠道被中断。在这样的背景下，量化宽松就是各国央行向市场注入大量的流动性的主要工具。然而，量化宽松政策虽然能在短期内对经济起到立竿见影的效果，但其所带来的流动性剧增无疑给货币当局带来了巨大的压力。因此，美联储通过卖出短期国债，同时买入数额相当的长期国债的方式，延长整体国债的到期期限，进而降低长期国债收益率，引导长期利率水平的降低。

总体来看，西方各国央行通过公开市场操作的灵活变异，在不同程度上缓解了全球金融危机对本国的冲击，起到了一定的政策效果。

3. 货币政策目标层次明晰

（1）货币政策最终目标较为明确。通过对西方发达国家的货币政策操作规范进行回顾可知，发达货币政策最终目标的演变具有一定的相似性，经历了多重目标—稳定币值的单一目标—稳定币值为单一目标或首要目标，同时适当兼顾其他目标的过程。

表4显示了主要发达国家货币政策最终目标的演变，从中不难发现，在20世纪50—60年代凯恩斯主义盛行的背景下，以充分就业和经济增长为主要目标的货币政策理论较为流行。到20世纪70—80年代，西方发达国家经历了严重的通货膨胀，"滞胀"压力骤现，在货币主义理论的支持下，货币政策最终目标主要为稳定币值。进入20世纪90年代，货币主义的缺点逐渐暴露出来，各国央行均以反通胀和稳定物价水平作为唯一目标。在后金融危机时代，各国央行的货币政策最终目标定格为经济增长、充分就业和维护金融市场稳定。从战后西方发达国家货币政策最终目标的演变中可以发现，各国央行根据本国的具体情况，在不同的时期对货币政策最终目标的选择亦不同。选择何种货币政策目标，取决于一国政治、经济、金融体制以及所面临的宏观经济形势。但从总体来看，以稳定币值为主要目标，同时适度兼顾其他目标的货币政策受到发达国家央行的一致认可。历史的经验已经证明，在经济处于平稳运行的状态下，如果货币政策以经济增长和充分就业为最终目标，则容易导致通货膨胀的发生，英、美等国家在战后以经济增长和充分就业为最终目标，造成了1973—1983年近十年的滞胀困境，这无疑是一次深刻的教训。

（2）货币政策中介目标是以利率为主导的综合目标体系。西方发达国家的货币政策中介目标大致经历了利率→货币供应量→以利率为主导的综合目标体系的发展过程。这一过程的演化与主流经济学的发展过程相符合。从战后到20世纪70年代，受凯恩斯主义的影响，西方发达国家的货币政策中介目标为利率。20世纪70年代以来，经济"滞胀"引起的新经济自由主义浪潮使得美国联邦储备银行基本上接受了货币主义的"单一规则"，确定货币供应量作为对

表 4 主要发达国家货币政策最终目标演变

国家和地区	20 世纪50—60 年代	20 世纪70—80 年代	20 世纪 90 年代	后金融危机时代
美国	以充分就业为主	以稳定币值为主	以反通胀为主要目标	经济增长，充分就业，金融稳定
欧元区（德国）	以稳定币值为主，兼顾对外收支平衡	以稳定币值为主，兼顾对外收支平衡	以物价稳定为主要目标	维护金融市场的稳定
日本	充分就业，经济增长	以物价稳定为主要目标	以反通货紧缩为主要目标	经济增长，充分就业

资料来源：中国人民银行金融研究所《货币政策有效性研究》课题组：《战后西方国家货币政策目标比较》，《金融研究》1997 年第 6 期。

经济进行宏观调控的主要手段。进入 20 世纪 90 年代，美联储决定放弃实行了十余年的以调控货币供应量来调控经济运行的货币政策规则，而以调整实际利率作为对经济实施宏观调控的主要手段，这就是现在美国金融界的"泰勒规则"。虽然美联储重新回到了以利率为中介目标的轨道上，但这并不意味着美联储单纯地追求利率目标，而是在保持对 M2 的适当检测的基础上，建立了一个以利率为核心，包含货币供应量、汇率、通胀率以及资产价格等多变量在内的综合目标体系。

（二）新兴市场国家货币政策操作规范的特点

1. 货币政策操作规范具有典型的相机抉择特征

新兴市场国家在经济发展过程中往往面临经济转型的重任，经济转型作为由计划经济到市场经济的系统性变革，意味着转型时期的经济制度和结构都发生了显著变化。新兴市场国家央行在实施货币政策时，需要考虑制度转型所带来的约束条件，如货币政策操作规范的选择、货币政策工具的使用以及货币政策最终目标的控制。

通过回顾新兴市场国家货币政策操作规范可知，新兴市场国家的货币政策具有相机抉择特征，但这种相机抉择的操作更多的是在一种目标规则约束下进行的，且往往偏离了货币政策的预期目标。以俄罗斯为例，自苏联解体后，俄罗斯经历了较长时间的通货膨胀，俄罗斯央行虽然一方面将治理通货膨胀作为货币政策的核心目标，但另一方面其政策的制定却常常偏离这一目标，导致这一目标始终没有得到有效的解决。俄罗斯在经济转型时期，中央银行的独立性缺失，使得货币政策的制定和实施容易受到利益集团的影响。当执政者地位稳固时，其货币政策行为将符合诺思的福利最大化国家模型，通过维护较低的通胀水平来促进经济增长。而当执政者地位不稳固时，其将根据国内形势采取不同的对策。

目前，俄罗斯已经明确将通货膨胀目标制作为未来的货币政策操作规范，但通货膨胀目标制的成功实施需要一些先决条件，如央行具有高度独立性，国内金融市场高度发达，货币政策的透明度较好等。但大多数国家在条件和时机尚未成熟之前就将通货膨胀目标制引入货币政策操作框架中，并在货币政策实践中不断完善。

2. 货币政策工具的使用缺乏灵活性

（1）货币政策工具以数量型为主。由于新兴市场国家存在严重的利率管制，利率市场化水平不高，利率水平难以有效地反映市场资金供需状况，导致货币政策的利率传导渠道梗阻。因此，新兴市场国家对于间接货币政策工具的使用多局限于数量型工具。以俄罗斯为例，俄罗斯央行的货币政策工具与我国央行较为类似，主要包括公开市场操作、存款操作、再贷款以及存款准备金率。纵观俄罗斯的货币政策实践不难发现，在高通胀背景下，俄罗斯央行在获得货币独立性后，开始采取一系列严厉的紧缩措施来治理通胀，主要包括上调再贴现率，调整法定存款准备金率以及下调基础货币增长率。随着经济的好转，俄罗斯央行的货币政策最终目标主要是降低通胀，并以 M2 增长率作为中介目标。在这样的货币政策框架下，俄罗斯主要是通过控制货币供应量来达到预期的经济目标。同样，从 20 世纪 80 年代末开始，印度央行货币政策的实施方式逐步由直接总量控制转向间接市场化操作，印度央行的货币政策工具主要包括公开市场操作、流动性调节便利、市场稳定计划以及现金准备比率，这些工具从本质上来看均属于数量型工具。

（2）货币政策工具相对单一。从新兴市场国家的货币政策历程中不难发现，新兴市场国家在经济转型前后的货币政策工具存在显著差异。在计划经济时期，经济计划是信贷政策执行的指导原则，信贷计划是货币政策的主要工具，政府通过制订信贷计划来为企业部门配置资金，此时的货币政策工具属于直接工具。经济转型后，新兴市场国家的货币政策由以往的直接调控转为间接调控模式，货币政策工具的种类逐渐丰富，存款准备金率、再贴现、再贷款、公开市场操作等货币政策工具的使用日益增多。然而，与主要发达国家相比，新兴市场国家的货币政策工具种类仍较为单一。由于利率管制、金融市场不发达以及央行独立性的缺乏，新兴市场国家在货币市场和资本市场上缺乏合适的交易品种，导致其货币政策的制定和执行相对简单，多采用存款准备金率、再贴现率等工具，而对于公开市场操作的运用明显不足。众所周知，存款准备金率虽然能够对经济起到立竿见影的作用，但其调控效果强，如果不能合理地把握调控力度，容易导致宏观经济出现剧烈的波动。与之不同的是，成熟的发达国家更倾向于利用公开市场操作来进行"微调"，引导市场利率趋于合理化，保证经济的平稳运行。

3. 货币政策目标具有多重性

（1）货币政策最终目标具有多重性。货币政策最终目标一般有四个：稳定物价、充分就业、促进经济增长和平衡国际收支等。新兴市场国家央行的货币政策实际上受到来自中央的多目标约束，这主要是由于新兴市场国家在渐进式改革中面临经济发展和制度转型的双重挑战。为了应对和解决多元化矛盾，政府既要兼顾改革和发展，又要兼顾对内和对外的公平，还要处理好效率与公平的关系。这直接导致了其货币政策必须兼顾多重目标。多目标主要包括经济增长、充分就业、币值稳定、国际收支平衡、金融稳定、经济结构转型等。

以俄罗斯为例，在持续的反通胀政策后，从 1999 年开始，俄罗斯央行货币政策的主要目标是促进经济增长，同时保持物价水平的稳定。随着经济的好转（70% 归咎于能源出口额的上升），俄罗斯的贸易盈余得到了显著改善，国际资本开始流入。持续的贸易盈余增加了卢布升值的压力，为此俄罗斯央行开始采取汇率干预政策，积极在外汇市场上购买外汇，投放基础货币，防止卢布过快升值，这又导致了俄罗斯通胀压力的骤增。纵观俄罗斯央行的货币政策实践，俄罗斯央行在执行货币政策过程中一直试图实现多重目标：一是确保经济持续增长；二是维护物价水平的稳定；三是防止卢布过快升值。然而，要同时实现这三个目标非常困难，针对这一问题，俄罗斯采取的是在不同时期侧重于不同的目标，如苏联解体后，俄罗斯央行的主要目标是反通胀；亚洲金融危机爆发后，俄罗斯央行货币政策又以促进经济增长为主。当前，俄罗斯央行已将维护汇率稳定作为货币政策的首要目标，将控制通货膨胀作为次要目标。

（2）货币政策中介目标以货币供应量和银行信贷为主。货币政策中介目标的选择主要是依据一国经济金融条件和货币政策操作对经济活动的最终影响确定的。中央银行选择货币政策中介目标的主要标准有三个，即可测性、可控性和相关性。由于存在利率管制，存款利率市场化水平有待推进，新兴市场国家的货币政策中介目标主要以货币供应量和银行信贷为主。根据俄罗斯国家货币政策的基本方向（1999—2004 年），俄罗斯央行的货币政策最终目标主要是降低通胀，并以 M2 增长率作为中介目标，因此俄罗斯央行每年会公布 M2 增长率的目标值，实际的货币政策操作会以此为中介目标。随着金融创新的不断深化，货币供应量在可测性和可控性方面越来越差，货币供应量等中介目标与最终目标的相关性正在降低，一些新兴市场国家的货币政策中介目标逐步收敛到银行信贷上来。这主要是由于"贷款增长率"与 M2 增长率之间存在很高同期正向相关性，同时"贷款增长率"有着较强的弹性，更有利于增强货币政策在调控中的针对性和灵活性。在新兴市场国家，信贷渠道可能在货币政策传导中发挥越来越重要的作用。

五、国外货币政策操作规范对我国的启示

前文对发达国家和新兴市场国家的货币政策操作规范进行了梳

理，并系统总结了国际货币政策操作规范的主要特点和运行规律，对我国货币政策操作规范的启示如下：

其一，完善货币政策操作规范。一直以来，我国货币政策操作规范都是以相机抉择为主。通过回顾我国货币政策实践不难发现，相机抉择货币政策所呈现的"松—紧—松"的模式，使得我国经济总是处于冷热交替中。在经济过热时，实施紧缩的货币政策虽然可以给经济降温，但容易造成实体部门的后续资金无法得到满足，进而恶化银行的资产负债表，导致金融风险的积累。而在经济过冷时，货币政策的盲目扩张容易造成实体部门出现强烈的投资冲动，对未来良好的预期会使得资产价格泡沫膨胀，加剧金融风险。

通过分析发达国家和新兴市场国家的货币政策实践可知，欧美发达国家的货币政策操作规范更偏重于规则，而新兴市场国家的货币政策操作规范则以相机抉择为主。从政策效果来看，在全球金融危机爆发之前，新兴市场国家的相机抉择型货币政策虽然有较好地"逆周期"调控功能，但容易造成宏观经济的波动和金融风险的积累。欧美国家的规则型货币政策则能够较好地维护宏观经济的稳定。这主要是由于与相机抉择型相比，规则型货币政策有其自身的优势：一是规则型货币政策决策制定、操作方式以及实施难度相对简单；二是货币政策按规则行事可以使中央银行更少地受到政府部门的行政干预，从而增强央行的独立性；三是货币政策按规则行事，可以更好地向公众传递货币政策的意图，从而稳定公众预期，克服时间的不一致性，维护宏观经济稳定。因此，货币政策操作规范由相机抉择向规则转变符合我国转型时期的国情。

然而，货币政策操作规范向规则转型，并不意味着完全放弃相机抉择而追求单一规则。虽然规则型货币政策能够通过稳定公众预期来消除通胀偏差，但其仍存在一定的缺陷，如规则型货币政策无法顾及不可预期的产出和价格波动。相反，相机抉择具有灵活性优势，能够有效应对经济中的意外冲击。这一点在 20 世纪 80 年代美国股市大崩溃造成的严重流动性危机时期以及 2008 年全球金融危机时期得到了体现。因此，我国货币政策操作规范的转型应该是一个规则成分不断增加、相机抉择成分不断减少的过程。

其二，丰富货币政策工具。从西方货币政策演变的过程来看，随着融资渠道的多元化，单纯施加数量型工具的效果显得越来越不尽如人意，金融调控需要更多地转到价格型工具上来。然而，我国央行更多地使用数量型工具（存款准备金率、再贴现、再贷款），利率等价格型工具的使用相对较少。造成这种现象的原因很多，如政府部门对利率的敏感性较低，利率市场化改革不完全，缺乏有效的利率工具箱以及金融市场不发达等。

诚然，数量型货币政策工具存在其自身的优势，纵观西方发达国家在应对全球金融危机时的货币政策实践，我们不难发现，在零利率约束下，价格型工具已经无法起到刺激经济的作用，此时量化宽松货币政策等非常规数量工具却能够起到立竿见影的效果。当前，我国经济正处于换挡期，货币政策在短期内仍以数量型工具为主，价格型工具为辅，同时央行在信贷资金上进行结构化调控（如定向降准、抵押补充再贷款以及中期借贷便利等），保证资金向小微企业和"三农"等实体部门倾斜。但随着全球经济金融一体化程度的加深，以及我国资本账户开放与人民币国际化进程的推进，国际间大规模的资金往来以及来自其他国家与地区金融市场的波动都将会对我国金融市场产生不同程度的冲击，价格型货币政策工具将在我国货币政策操作中扮演越来越重要的角色。因此，我国货币政策工具由数量型转变为数量型与价格型并重是未来发展的趋势。

从当前我国宏观经济形势和货币政策实践来看，虽然经济存在下行压力，企业融资成本依然较高，但在人民币汇率贬值预期以及央行防止金融风险法的背景下，大规模的降息或降准的概率不大，央行可能会更多地利用中期借贷便利（SLF）、中期借贷便利（MLF）和短期流动性市场工具（SLO）等创新型货币政策工具进行"微操作"，平抑流动性波动，保证同业拆借市场利率的稳定。"利率—汇率"的双走廊①将成为央行常态化的价格调控工具，央行将使用双率价格走廊，形成同时调节货币和外汇市场的新型价格工具框

---

① 通过公开市场操作引导市场利率保持低位水平，同时维持人民币出于偏弱趋势。

架，并兼顾使用数量型工具，增加信贷投放，缓解经济下行压力。

其三，优化货币政策目标体系。众所周知，新兴市场国家的货币政策最终目标具有多重性，同样，我国货币政策始终在多目标之间进行权衡，多目标主要包括经济增长、充分就业、币值稳定、国际收支平衡、金融稳定、经济结构转型等。央行行长周小川指出，多重性是我国货币政策目标的实现选择。纵观主要发达国家的货币政策实践，发达国家的货币政策最终目标多以稳定币值和反通胀为主，甚至采取了通货膨胀目标制的操作规范。然而，结合我国的实际情况，我国当前并不适合采取通货膨胀目标制等单一目标，究其原因主要有三：第一，我国央行在货币政策实践中必须充分考虑到经济转型时期所面临的体制改革、失业率，甚至是社会稳定等问题，政府既要兼顾改革和发展，又要兼顾对内和对外的公平，还要处理好效率与公平的关系。第二，我国对通货膨胀目标的量化技术有待提高。目前，我国衡量物价水平的指标主要有 CPI、PPI、RPI等，这些指标在变动上存在一定的差异，导致我国无法通过通货膨胀水平进行精准预测。第三，由于市场化程度不高，我国政府部门难以通过适宜的经济手段使公众形成合力的预期，相反，各级政府对经济活动的干预亦会扭曲市场主体的行为，更不利于通货膨胀目标值的实行。因此，我国货币政策目标体系不能完全照搬西方的模式，需要结合自身的实际情况，不断优化目标体系。

虽然我国央行的货币政策最终目标之间存在一定的冲突与对立，但各个目标之间并不是完全相互排斥的，而是一个统一的对立关系。在追求某一目标时，并不一定要以牺牲其他目标为代价。比如在我国经济起飞时，适度扩张的货币政策既能够促进经济增长和经济结构的调整，又可以增加就业而不影响币值的稳定。另外，不同时期我国央行货币政策目标的侧重点亦存在差异，我们在看待央行多目标之间的冲突和对立时，不能将所有目标进行割裂，而是需要结合我国经济的特殊背景来进行判断。

综合当前国内外经济形势，要在货币政策几大目标中取得平衡，就需要在保持稳健货币政策连续性和稳定性的前提下，增强货币政策的针对性、灵活性和前瞻性，健全宏观审慎政策框架，发挥货币政策逆周期调节作用，促进金融资源优化配置，守住不发生系统性和区域性金融风险底线。同时，我国央行需要建立各目标之间的统一对立关系，不断完善多重目标体系的构建，如基于现实经济背景在目标体系中确定首要目标和次要目标，建立长期目标集和短期目标集，以目标区间替代传统的目标单值等。

参考文献

[1] Friedman, M. A Program for Monetary Stability [C]. Fordham University Press：New York，1960.

[2] F. Kydland, E. Prescott. Rules rather than Discretion：The Inconsistency of Optimal Plans [J]. Journal of Political Economy, 1977(85)，pp. 473-490.

[3] R. J. Barro, D. B. Gordon. Rules. Discretion and Reputation in a Model of Monetary Policy [J]. Journal of Monetary Economics, 1983(12)，pp. 101-22.

[4] K. Rogoff. The Optimal Degree of Commitment to an Intermediate Monetary Target [J]. Quarterly Journal of Economics, 1985(100)，pp. 1169-1190.

[5] Canzoneri, M. B. Monetary policy games and the role of private infotmation [J]. American Economic Review, 1985 (4)，pp. 1056-1070.

[6] Lohmann, S. Optimal commitment in monetary policy：Credibility versus flexibility [J]. American Economic Review, 1992 (1)，pp. 273-286.

[7] Walsh, C. E. Optimal contracts for central bankers [J]. American Economic Review, 1995(1)，pp. 150-167.

[8] Kaufmann, Sylvia. Is There an Asymmetric Effect of Monetary Policy over Time? [J]. Empirical Economics, 2002 (27)，pp. 277-297.

[9] Kesriyeli, M., Osborn, D. R. Nonlinearity and structural change

in interest rate reaction functions for theUS[J]. UK and Germany, 2006(276), pp. 283-310.

[10] Greenwood, R. , Vayanos, D. Bond Supply and Excess Bond Returns[R]. NBER Working Paper, 2010.

[11]Guender, Alfred V. , Julie Tam. On the Performance of Nominal Income Targeting as a Strategy for Monetary Policy in a SmallOpen Economy[J]. Journal of International Money and Finance, 2004 (2), pp. 143-163.

[12]Wei ‐Dong. Do Central Banks Respond to Exchange Rate Movements? Some New Evidence from Structural Estimation. Bank ofCanada Working Papers, 2008.

[13]Willem Buiter. The Euro-zone Cisis, Time to Celebrate [EB/OL]. http: //www. economist. com, 2013.

[14]Woodford, M. Commentary: How Should Monetary PolicyBe Conducted in an Era of Price Stability? [J]. New Challengesfor Monetary Policy, 1999.

[15]Yuzo Honda. Some tests on the effects of inflation targeting in New Zealand, Canada, and the UK [J]. Economics Letters, 2000 (1), pp. 1-6.

[16]Guender, Alfred V. , Julie Tam. On the Performance of Nominal Income Targeting as a Strategy for Monetary Policy in a SmallOpen Economy[J]. Journal of International Money and Finance, 2004 (2), pp. 143-163.

[17]Svensson O. Price Level Targeting vs. Inflation Targeting: A Free Lunch? [J]. Journal of Monetary Credit and Banking, 1999 (31), pp. 277-295.

[18]Mishkin, Frederic S. International Experiences with Different Monetary Policy Regimes [J]. Journal of Monetary Economics, 1999(3), pp. 579-600.

[19]Taylor, John B. Discretion versus Policy Rules in Practice. Carnegie-Rochester Conference Series on Public Policy, 1993,

pp. 195-214.

[20]黄丽新，吴艾君. 俄罗斯货币政策的执行经历和启示[J]. 中国金融，2009(14)：57-59.

[21]中国人民银行金融研究所货币政策有效性研究课题组. 战后西方国家货币政策目标比较[J]. 金融研究，1997(6)：65-69.

[22]程均丽，刘枭. 中国货币政策适宜转向通货膨胀目标制——基于中央银行预期管理的视角[J]. 财经科学，2013(9)：11-19.

[23]刁节文，魏星辉. 基于FCI将我国货币政策纳入麦卡勒姆规则的实证研究[J]. 上海金融，2013(7)：47-53.

[24]刁节文，章虎. 基于金融形势指数对我国货币政策效果非线性的实证研究[J]. 金融研究，2012(4)：32-44.

[25]高宏. 非线性泰勒规则及其政策效果——基于新凯恩斯DSGE模型的分析[J]. 当代经济科学，2013(7)：19-26.

[26]葛结根，向祥华. 麦卡勒姆规则在中国货币政策中的实证检验[J]. 统计研究，2008(11)：24-29.

[27]郭福春，潘锡泉. 开放框架下扩展泰勒规则的再检验——基于汇改前后及整体层面的比较分析[J]. 财贸经济，2012(11)：63-69.

[28]卞志村，吴洁. 货币政策操作规范争论的回顾[J]. 财贸经济，2005(11)：39-42.

[29]卞志村. 转型期中国货币政策操作规范[J]. 世界经济，2007(6)：35-47.

[30]卞志村，毛泽盛. 开放经济条件下中国货币政策操作规范研究[J]. 金融研究，2009(8)：61-74.

[31]卞志村，孙俊. 中国货币政策目标制的选择——基于开放经济体的实证[J]. 国际金融研究，2011(8)：4-12.

[32]郭红兵，陈平. 中国货币政策的工具规则与目标规则——"多工具，多目标"背景下的一个比较实证研究[J]. 金融研究，2012(8)：29-43.

[33]王晓天，张淑娟. 开放条件下货币政策目标规则的比较——

273

一个简单的理论框架与中国货币政策名义锚的选择[J]. 金融研究, 2007(4): 14-29.

[34] 崔岩. 日本后泡沫时期货币政策争论与政策框架的转型[J]. 现代日本经济, 2015(1): 24-32.

西方正义理论研究综述

武汉大学法学院　罗国强

引　言

正义，英文表述为 Justice。Justice 一词在现代英语中具有三重含义：一为正义；二为法官；三为封建时代的司法管辖权。① 其中，第一种含义为主要的含义，后两种为引申义，本文只讨论第一种含义。尽管有时正义可以被宽泛地理解为所有权利或优点的总和②，然而在法律上，正义通常被认为是法律应努力达到的目的和道德价值；正义要求人认识到自己的行为受法律约束；正义是法律上的善良和行为标准尺度或准则，可以根据正义对行为进行评论或评价。③

希腊文中用来表示正义的词是 Dikaion，这个词与法律诉讼有

① 《元照英美法词典》，法律出版社 2003 年版，第 763 页。

② 克福德在翻译并注解柏拉图的《理想国》时曾经指出，从广义上讲，正义具有很多权利所指代的意思，它可以指：遵守习惯或义务、正当性；公平、诚实；合法权利、合法性；人应有或应得之事物、功劳、权利；人应为之事。正义涵盖了影响他人的个人行为的全部领域，正义是所有优点的集合。See The Republic of Plato, Francis Macdonald Cornford translated and noted, Oxford University Press, 1945, p. 1.

③ 《牛津法律大辞典》(第 5 版)，光明日报出版社 1988 年版，第 496 页。

着密切的联系。① 正如梁治平先生指出，在古希腊，法律被人视为权利的保障，对权利以及权利保障可以有完全不同的价值判断，由此产生出正义的观念。②

罗马法中有一个专门的术语意指"正义"——Justitia。在早期罗马法中，它所指的是一种按照正式程序提出的庄严主张，即某一特定行为得到了社会的法律或习惯的认可。③ 而在后来的《学说汇纂》中，乌尔比安指出，法（jus）源于正义（justitia），这里所称的法（jus）是关于何为善和公平的艺术。④ 帕比尼安随后详细地阐述了法律（lex）的分类、制定及其效力，并称其为具有普遍适用性的命令。⑤ 可见，早在古罗马，就有了抽象法（jus）与实在法（lex）的区分，而且这种区分至今仍然有效。张乃根先生研究后认为，"法律"（lex）一词与今天的英文 statute 是一致的，而"法"（jus）一词则与今天的英文 justice 相一致。⑥ 此外，这种"法"与"法律"的两分法除了体现在英语中以外，还体现在欧洲的诸多语种里。如同拉丁文有 Jus 和 Lex 一样，法语中有 Droit 和 Loi，德语中有 Recht 和 Gesetz，意大利语中有 Diritto 和 Legge，西班牙语中有 Derecho 和 Ley。上述每种语种中的前一个词都用以指代"法"，都同时具有正义、衡平的含义，都更富有哲学意味。

由此可见，正义（Justice）一词在词源上与抽象法、与权利的界定和划分，与善和公平等自然法范畴具有密不可分的联系。

---

① 参见尼古拉斯·布宁、余纪元编著：《西方哲学英汉对照词典》，人民出版社 2001 年版，第 530 页。

② 参见梁治平：《法辩》，中国政法大学出版社 2002 年版，第 31~32 页。

③ See Max Kaser, Das Altromische Ius, Gottingen, 1949, pp. 22-23.

④ The Digest of Justinian, translated by Charles Henry Monro, Cambridge University Press, 1904, p. 1.

⑤ Id., p. 9.

⑥ 参见张乃根：《西方法哲学史纲》（增补本），中国政法大学出版社 2002 年版，第 96~97 页。

一、古代西方正义理论研究的情况

在古希腊，正义的观念，即不能逾越永恒固定的界限的观念，是一种最深刻的信仰，无论是神祇还是人都要服从正义。[1]

普洛马齐斯（Polemarchus）认为，正义就是以善待友，以恶对敌。[2] 西蒙尼德斯（Simonides）相信，正义将使每个人各得其所；赫拉克利特斯（Heraclitus）指出，正义将处置那些编造谎言和作伪证的人；吕哥弗隆（Lycophron）主张，法律就是社会正义行为的保障。[3]

与很多同时代的学者不同的是，苏格拉底非常重视实在法对正义的落实。在与智者希比亚（Hippias）辩论时，他曾经明确地说："我确信，凡是合乎法律的就是正义的。"[4]从苏格拉底的实际行动来看，他的确坚持遵守一切法律，不管那是自然法还是实在法。正是出于这一点，他才坦然接受了对自己的死刑判决，即便那是非正义的，即便他并非只有伏法这一条路可以选择。在笔者看来，至少在一定程度上，可以认为，苏格拉底的正义论乃是实在法学派"正义就是合法条性"主张的源头。

柏拉图指出，正义作为国家的基本法，就意味着一个人应当做他的能力所能胜任的生活地位中的工作。在他所畅想的共和国中，统治者、军人以及生产阶层三大等级都要固守自己的天职（分别是统治的职责、辅助统治的职责以及生产的职责），恪尽职守而不干涉任何他人的事务，正所谓"各守本分、各司其职，就是正义"。

---

① See Bertrand Russell, History of Western Philosophy, London; New York: Routledge, 2004, p.35.

② See The Republic of Plato, Cornford translated, Oxford University Press, 1945, p.12.

③ See Michael Gagarin and Paul Woodruff, Early Greek political thought from Homer to the sophists, Cambridge University Press, 1995, p.37, p.154, p.275.

④ 参见涅尔谢相茨著，蔡拓译：《古希腊政治学说》，商务印书馆1991年版，第117页。

柏拉图进而阐述说，就法律诉讼而言，正义就是指人应得到并关注那些理应属于他的东西，即"各得其所"。①

与柏拉图认为正义先于善并通过善实现不同，亚里士多德坚称，正义是从属于善的，达致善的本质乃是政治组织的主要目标。他指出，正义是完整的、完美的善、主要的善，因为正义的拥有者不仅可以对自己还可以对他人行善。亚里士多德把正义分为分配正义（distributive justice）与矫正正义（corrective justice），其中分配正义的主要意思就是"为各人所得的归于各人"。② 亚里士多德反对僵化的"各守本分"的正义，在他看来，正义就是要求任何人不能一直居于统治地位，其他人处于被统治地位，而是所有人都有机会做统治者。③

可见，古希腊为我们提供了对正义进行哲学思考的基本元素，包括超实在性、抽象性、"为各人所得的归于各人"、达致善并反对恶等，这是一笔宝贵的法哲学财富。但是，苏格拉底将正义局限于合乎实在法的范围内，具有"恶法亦法"的倾向。柏拉图过于极端地理解"各得其所"的意思，将其推至"各守本分"的地步，导致了正义的僵化。而亚里士多德为了强调其认为是"所有事物的目的所在"④的善，把善提升到最高的地位，使正义也从属于善，也是走过了头。稍后的论述会显示，善并非所有事物的目的，而仅仅是正义应当达到的主要目的。

西塞罗继承了斯多葛学派认为理性是正义基础的主张。他在《关于最高的善和最大的恶》（五卷集）中提出，理性是衡量正义与不正义的标准，按照理性给予每个人以应得的东西，这就是正义的态度。⑤ 在《论共和国》中，西塞罗论证道，自然是正义的基础，正

① See The Republic of Plato, Cornford translated, Oxford University Press, 1945, pp. 120-128.

② See Aristotle, Nicomachean Ethics, Penguin Books, 1976, pp. 171-188.

③ See Aristotle, The Politics, Penguin Books, 1981, p. 226.

④ See Aristotle, Nicomachean Ethics, Penguin Books, 1976, p. 63.

⑤ See Cicero, On Moral Ends, Cambridge University Press, 2001, pp. 117-125.

义是符合自然的，正义是人定法的基础，是永恒不变的。① 他还在《论法律》中宣称，相信一个国家的法律或习惯中的内容全都是正义的，那是最愚蠢的想法，国家实施的"有害"的法规，理所当然不配被称为法律。②

查士丁尼《法学阶梯》一开头就为正义下了定义："正义是使每个人各得其所之坚定的和永恒的目标。"并且，令每个人得其所乃是罗马法学家所推崇的三大法律戒律之一。③ 这里的各得其所，不只是就分配而言，更重要的是针对人与人的相互关系。④ 在《学说汇纂》中，乌尔比安对塞尔瑟斯(Celsus)所作的关于正义的界定(甄别何为善与公平之艺术)颇为推崇。⑤ 而且，在这一时期，罗马法中出现了专门指代"各得其所"的术语——suum cuique。

可见，西塞罗提出了正义的来源因素：理性与自然，并提倡正义对实在法的指导与评价作用。《法学阶梯》不仅明确提出了"各得其所"，并且使得这一术语超出了亚里士多德原来所主张的分配范围而调整整个社会关系。这些都是值得后人加以继承的合理元素。但是，西塞罗认为，理性与自然是一回事，正义是永恒不变的，这都是不正确的。理性与自然，一个属于主观范畴，一个属于客观范畴，虽然前者以后者为认识对象，但两者并不等同；而正义作为自然法的一部分，具有进步性，处于不断的螺旋式上升之中，并不是

---

① See Cicero, On the Commonwealth, Sabine and Smith translated, Macmillan Publishing Company, 1976, pp. 215-216.

② See Cicero, De legibus, Keys translated, Loeb Classical Library, Cambridge：Harvard University Press, 1928, Book. I. xvi. pp. 43-44; Book. II. v. p. 13.

③ See The Institutes of Justinian, J. B. Moyle translated, Oxford：Clarendon Press, 1913, p. 3.

④ 参见张乃根：《西方法哲学史纲》(增补本)，中国政法大学出版社 2002年版，第 88 页。

⑤ See The Digest of Justinian, translated by Charles Henry Monro, Cambridge University Press, 1904, p. 1.

永恒不变的。真正永恒不变的，是社会规律，而不是作为社会规律之反映的自然法。此外，《法学阶梯》将正义界定为某种目标，这也是很不清楚的。

奥古斯丁借鉴了亚里士多德在《伦理学》中所阐述的主张，认为正义就是那种让人各得其所的善。① 类似地，托马斯·阿奎那在《神学大全》中也大量借鉴了亚里士多德的正义观。阿奎那相信，正义是一种特殊的、基本的善，其他次要的善都以正义为准绳；正义体现了各得其所，在道德善行中具有突出的地位；权利是正义的客观利益所在，正义既有普遍的，也有个别的。②

总之，在古代，哲人们以不同的形式阐述着自己心目中的正义。尽管这一时期的正义观在今天看来很简陋，错误很多，然而从中我们仍然可以发现正义作为自然法基本原则所拥有的特质，以及正义依赖于"各得其所"来表明其实质规定性的事实。毫无疑问，古代的正义观为今天的正义原则提供了最基本的元素。

二、近代西方正义理论研究的情况

古典自然法学派推崇正义。格劳秀斯在《战争与和平法》中提出了五条自然法的主要原则，其中有两条涉及正义，分别是：第一条，不欲求属于他人的东西；第五条，给应受惩罚的人以惩罚。③ 这两条原则都是对"各得其所"的阐发。普芬道夫认为，作为人的属性，正义通常被界定为一种经常性的、不可取消的让人各得其所

---

① See Augustine, The City of God against the Pagans, Cambridge University Press, 1998, p. 951.

② See St. Thomas Aquinas, Summa Theologica, Cambridge University Press, Vol. 37, p. 5, p. 21, pp. 33-39, pp. 49-53, p. 89.

③ See Hugo Grotius, De Jure Belli Ac Pacis Libri Tres, Francis W. Kelsey Translated, Oxford: Clarendon Press, 1925, pp. 12-13.

的意愿，普遍正义和个别正义的分类是最被广为接受的。① 莱布尼茨阐述了一套以正义为核心范畴的自然法体系。他认为，自然法体系分为交换正义（commutative justice）、分配正义（distributive justice）和普遍正义（universal justice），它们从低到高构成正义的三个等级，并体现了自然法的渊源。② 在伏尔泰的自然法体系中，正义原则具有基础性的地位。他相信，关于正义的法是一项根本性的法，关于正义的理念始终存在，并且是所有法律赖以建立的根基；他把在正义的基础上建立起来的法律称为"自然的女儿"（Daughters of Nature）。③

古典实在法学派对正义基本上是持否定与贬斥的态度。边沁反对所有的自然法理论，他认为："正义乃是为了论述的便利而虚构出来的一种角色，它的命令就是适用于某些特殊情形的功利命令。"④奥斯丁将对正义的否定推向了极致，他声称正义和不正义这两个术语意指一个标准，而且也只意指对这个标准的遵守或背离，另外，这两个术语所表示的还可能只是一种厌恶，而用一种含糊的方法比用恶意的辱骂来表示这种厌恶要好得多。⑤ 然而，如此极端的立场并未被多数学者所采用。比如，穆勒指出，正义是一种根据

---

① 普遍正义是指对他人履行任何类型的义务，即便这些义务不通过强制力或司法诉讼来主张；个别正义是指对他人履行其有权主张的特定义务。其中，个别正义通常又分为分配正义和交换正义，分配正义建立在社会及其成员之间的一项有关按比例分配收益与损失的协议之上，而交换正义则建立在一项专门有关商业事务和行为的双边合同之上。See Samuel Pufendorf, On the Duty of Man and Citizen, Cambridge University Press, 1991, pp. 30-31.

② See Leibniz, Political Writings, Patrick Riley translated and edited, Cambridge University Press, 1972, p. 51, pp. 57-60, pp. 171-174, p. 206, p. 211.

③ See Voltaire, Political Writings, David Williams edited and translated, Cambridge University Press, 1994, p. 119.

④ See Bentham, An Introduction to the Principles of Morals and Legislation, Oxford, 1823, pp. 125-126.

⑤ See Austin, The Province of Jurisprudence Determined, Hart edited, London: Weidenfeld and Nicolson, 1954, p. 126, p. 190.

人的广博的同情力和理智的自我利益观，对自己或值得同情的任何人所遭受的伤害或损害进行反抗或报复的动物性欲望。每个人应该得到其应得的东西(不论好或坏)，这被普遍认为是正义的；反之，则是不正义的。① 之所以古典实在法学派中的很多人还是在一定程度上承认了正义原则，乃是因为正义确实是无法仅凭个人好恶就舍弃的社会调整规范。

总之，在近代，正义观得到了发展，"各得其所"以及"扬善抑恶"得到了进一步的阐述。正义开始被构建为实在法的价值，正义的重要性得到了大多数学者的认可。

三、现代西方正义理论研究的情况

凯尔森的纯粹法学希望把所有评价标准和意识形态因素从法律科学中清除出去，正义当然也属于被清除的对象。凯尔森责难说，作为正义标准的规范是因人、因群而异的，人们认为存在着正义但是又不能明确地予以定义，这本身就是一种矛盾。在他看来，正义就是一个意识形态概念，是一种反映个人或群体的主观倾向的价值偏爱的"非理性理想"(irrational ideal)。他认为，正义，应当就是把某个一般性规则确实地适用于据其内容所应当适用的一切案件，正义应当意味着忠实地适用某一实在命令以保护其存在，正义应当就是指合法条性(legality)。② 罗斯支持凯尔森的主张，他认为正义就是对法律的正确适用。③ 除了罗斯之外，还有很多实在法学者支

---

① See John Stuart Mill and Jeremy Bentham, Utilitarianism and Other Essays, Penguin Books, 1987, pp. 317-318.

② See Hans Kelsen, General Theory of Law and State, Cambridge, 1949, pp. 13-14; The Pure Theory of Law and Analytical Jurisprudence, Harvard Law Review, Vol. 55, 1941, pp. 44-49.

③ See Alf Rose, On the Law and Justice, Berkeley: University of California Press, 1959, p. 170, p. 280.

持凯尔森的上述论断。① 拉德布鲁赫早年曾坚持极端实在主义的观点。他认为，虽然法律的终极目标是实现正义，但是正义是一个相当模糊和不确定的概念，而结束法律观点之间的冲突比正义地解决冲突更为重要，因而法律的确定性优先于正义。但后来，他放弃了这种极端的价值相对主义的观点，并转而承认，为了使法律名副其实，法律就必须满足某些绝对的要求，而完全不正义的法律必须让位于正义。他坚信，正义是一个不可能从其他价值中推导出来的绝对价值；除了正义，法律的理念不可能是其他理念；法律源于正义就如同源于它的母亲一样。② 可见，肇始于凯尔森，新实在法派往往将正义降格、贬损为合法条性。然而在严峻的历史教训面前，很多实在法学者至少是部分地承认了正义对实在法的评价作用，有一些人甚至改变了过去所持的价值相对主义立场。这说明，随着正义观念的深入人心，完全否定正义即便是对自然法学的反对者而言，也已经成为不可能之事。当然，新实在法学派的立场软化是有限的，远没有达到足以保障正义的程度。依据新实在法学派的思路，当年纳粹德国制定并执行迫害犹太人的法律③也可以是正义的。因为按照凯尔森的观点，只要执行法律就是正义；而按照哈特的观点，该法律尽管残害犹太人，但那是对同一类人的"一视同仁"的残害，故而也是正义的。显然，这样的结论是荒谬的、有害的。

---

① See Kessler, Natural Law, Justice, and Democracy, Tulance Law Review, Vol. 19, 1944, p. 53; Northrop, The Complexity of Legal and Ethical Experience: Studies in the Method of Normative Subjects, Boston: Little, Brown and Company, 1959, pp. 247-248; Lundstedt, Legal Thinking Revised, Stockholm: Almqvist & Wiksell, 1956, pp. 169-203.

② See Gustav Radbruch, Legal Philosophy, Radbruch and Dabin edited, The Legal Philosophy of Lask, Cambridge, 1950, pp. 90-111. 参见拉德布鲁赫著，王朴译：《法哲学》，法律出版社 2005 年版，第 32 页。

③ 这些法律以 1935 年《帝国公民身份法》（否定德国犹太人为德国公民）和《保护日耳曼血统及德国荣誉法》（划定犹太人的贱民地位）为基本法，以《公务员法》（禁止犹太人担任国家公务员）、《防止德国学校过分拥挤法》（限制犹太人接受学校教育）、《犹太人财产申报令》（剥夺犹太人的财产）等一系列专项法规为辅助和配套，构建了一整套迫害国内犹太人的国内法体系。

作为新自然法学派的代表，富勒认为，正义是法律的内在道德，又称为程序自然法。要实现完善的法律道德，内在与外在道德缺一不可。① 菲尼斯认为，正义是实践理性要求的集合，其目的是为了促进"共同善"（the common good）。② 罗曼认为，严格意义上的自然法内容，只包含两项不证自明的原则，它们是"坚持正义，避免不正义"的原则以及"给予每个人以其应得的东西"原则。③ 布伦纳主张，无论是他还是它，只要给每个人以其应得的东西，那么该人或该物就是正义的。他举例说，一种态度、一种制度、一部法律、一种关系，只要能使每个人获得其应得的东西，那么它就是正义的。④ 可见，新自然法学派对正义的内容与形式、正义与其他范畴的关系等问题作了更细致的阐述，这对梳理正义的枝节是很有帮助的。然而，视自然法为道德，乃是该学派的普遍缺陷。如此一来，正义或者被视为道德，或者被视为实在法价值，而唯独不被视为自然法。有人认为正义仅仅是形式道德，有人认为正义从属于善，还有人认为正义主要是指人权……正义的内容似乎丰富了，但是正义却迷失了其最基本的质的规定性。

法社会学派实际上对自然法以及正义持同情的态度。他们从社会运作的角度出发，强调正义与实在法之间的互动关系，并将正义视为实在法不断追求的价值。比如，塞尔茨尼克认为，法治是正义的一部分，法治的真正意义在于尽可能减少非正义与专横的因素。他把正义分为形式正义与实质正义，形式正义使当事人平等，使决定具有预测性，主要作用是缓冲规则中的专横性；实质正义则促进法律程序的自治和统一。他指出，专横的减少要求实现形式正义与

① See Lon L. Fuller, The Morality of Law, Revised edition, Yale University Press, 1969, p. 1, p. 96.

② See John Finnis, Natural Law and Natural Rights, Oxford University Press, 2nd edition, 2011, pp. 161-184.

③ See Heinrich Rommen, The Natural Law, St. Louis, 1948, pp. 220-235.

④ See Emil Brunner, Justice and the Social Order, New York: Harper and Brothers, 1945, p. 17.

实质正义的统一。①

罗尔斯在其名著《正义论》中提出，正义是社会制度的基础，正义原则不是政治和法律的原则，而是人们在完全平等的状况下共同选择的基本道德原则。正义是人们所选择的一系列普遍原则中的第一个，在正义原则的基础上，人们再选择其他原则以构建宪政制度和其他政治法律制度。罗尔斯声称，实质正义是指制度本身的正义，形式正义是指对制度的服从，形式正义归根结底是为实质正义服务的。② 概括说来，罗尔斯阐述了一套甚为精细的正义理论，并提出了诸多与正义有关的范畴，但是，罗尔斯所说的正义并非是作为自然法基本原则的正义，而是通过社会契约论产生的基本道德。他没有遵循多数学者对正义核心内容的经典论述，而是更注重正义与具体的宪政制度和其他法律制度的联系，其根本目的是为了在实在法中实现并弘扬平等与自由的价值。

总之，在现代，正义受到普遍的关注，对正义的完全否定已经成为不可能。人们对正义的思考逐渐上升到了一个新的高度，正义的内涵、外延与特点都较为充分地被展现出来。但是，正义被降格为道德或实在法价值，被等同于规律、公平等其他相关范畴的情况也非常普遍。

四、中国正义理论研究的情况

除了以上的论述之外，还需要指出，在中国法律文化史上，也存在类似于西方正义观的遗迹和残片。

管子曾说："有生法，有守法，有法于法。夫生法者，君也；守法者，臣也；法于法者，民也。"③韩非子认为："臣事君，子事

① See Philip Selznick, Sociology and Natural Law, Cohen and Cohen's Reading in Jurisprudence and Legal Philosophy, Little, Brown and Company, 1979, pp. 939-945.

② See John Rawls, A Theory of Justice, Harvard University Press, revised edition, 1999, pp. 3-15, pp. 47-77, pp. 308-312.

③ 《管子·任法》。

父，妻事夫，三者顺则天下治。"①儒家提出："使老有所终，壮有所用，幼有所长，矜寡孤独废疾者，皆有所养。男有分，女有归。"②荀子论证道："故仁人在上，则农以力尽田，贾以察尽财，自己以巧尽械器，大丈夫以上至于公侯莫不以仁厚知能尽官职，夫是之谓至平。"③董仲舒提出："君为阳，臣为阴；父为阳，子为阴；夫为阳，妻为阴。"④对于那些令不同的人分配到不同的资源的社会规则，陆贾概括道："君子尚能而让其下，小人务力以事其上。"⑤

这些观点，与柏拉图及其之后所提出的"各得其所"、"各守本分、各司其职"等主张确实有类似之处。不过，在"各得其所"的问题上，儒家的主张更加理想化，也更加需要国家的积极介入和支持；西方的主张更倾向于保护现实的权利，尤其是要防止国家权力对个人权利的侵犯。在"各守本分、各司其职"的问题上，我国古代的种种主张虽然与柏拉图一样，都具有僵化性，但前者显然更倾向于从义务、从服从的角度来看这个问题；而柏拉图则是在界定不同主体权利的界限。最为关键的是，儒家的"各得其所"，不是社会追求的根本目标，而只是"正名"后的必然结果，是"和谐"的礼法制度作用之下的副产品；而在西方，正义却是社会的根本价值，是理性所要寻求的基本目标。

可见，为适应中国法律文化史上自然法因素的缺乏，中国历史上只存在些许正义的残片，而只有西方才存在完整的正义观。无疑，对于正义原则的理论探讨，在历史来源上主要依靠西方法律文化的因素。

综上所述，正义理论在经历了古代、近代、现代的发展之后，一方面，正义的基本要素已经清晰可见，对正义的内涵、外延、特

---

① 《韩非子·忠孝》。
② 《礼记·礼运》。
③ 《荀子·荣辱》。
④ 《春秋繁露·基义》，后来这种观点在汉末的《礼纬》中被正式概括为"君为臣纲、父为子纲、夫为妻纲"。
⑤ 《新语·道基》。

点的探讨已经相对成熟，这使得正义观深入人心；另一方面，对正义性质的理解仍然存在偏差，这使得正义原则作用的发挥受到限制。这表明，在当代，正义观发生飞跃性的质变，既是可能的，也是必要的。

国际能源秩序的新变革及其
对中国的影响研究

武汉大学法学院　杨泽伟

引　　言

　　2012 年 10 月 24 日，中国国务院新闻办公室发布了《中国的能源政策（2012）》白皮书。该白皮书第二部分"能源发展政策和目标"首次提出了要"推动建立国际能源新秩序"。2014 年 6 月 13 日，习近平主席在中央财经领导小组第六次会议上指出："面对能源供需格局新变化、国际能源发展新趋势，保障国家能源安全，必须推动能源生产和消费革命"；"推动能源生产和消费革命是长期战略"。无独有偶，在 2014 年 6 月 27 日结束的欧盟夏季峰会上，欧盟领导人提出未来五年将制定新的能源和气候战略，建立一个"负担得起、安全和可持续的"能源联盟，并重点发展绿色能源，应对全球变暖。① 事实上，目前正在进行的"新能源革命"将涵盖"能源供给革命"、"能源技术革命"、"能源消费革命"以及"能源体制革命"等诸多方面。那么，目前国际能源秩序究竟发生了哪些变化？现在国际法在国际能源秩序的变革中有何作用？中国在国际能源秩序变

---

　　① 欧盟一直高度重视发展绿色能源和低碳经济。2014 年 1 月，欧盟委员会公布了《2030 年气候与能源政策框架》，提出减少温室气体排放，增加可再生能源使用等，旨在增强欧盟经济和能源体系的竞争力、安全性和可持续性。

革中应当扮演什么角色？研究这些问题，对于保障中国的能源安全无疑具有重要的现实意义。

一、国际能源秩序的新变化

从人类历史发展进程来看，国际能源秩序的演变经历了四个阶段：第一个阶段是从近代工业革命人类开始利用煤炭、石油等化石能源到 19 世纪末，这是国际能源秩序的萌芽时期。第二个阶段是从 20 世纪初到 70 年代初，这是西方跨国石油公司主宰国际能源秩序的时期。第三个阶段是从 20 世纪 70 年代下半叶到 90 年代末，这是石油生产国组织和石油消费国集团两级能源格局对立的时期。第四个阶段是从 21 世纪初到现在，这是国际能源新秩序的形成时期。近年来国际能源秩序的变化，主要体现在以下几个方面：

（一）世界能源生产重心的变动

第二次世界大战以来，中东一直是世界能源的生产重心。然而，随着勘探与开采技术的不断进步，这一重心正在转向西半球，包括美国页岩油、加拿大油砂油、中美洲近海石油、巴西"盐下油"在内，一张新的世界石油版图隐约成形。国际能源署（International Energy Agency）在《2012 年世界能源展望》（World Energy Outlook 2012）报告中指出，就现在的技术而言，全球最丰富的可开采石油资源不在中东（1.2 万亿桶），而在北美（2.2 万亿桶，其中 1.9 万亿桶是非常规能源）。以美国为例，受益于包括通过水力压裂法开采的页岩油和页岩气在内的所谓非常规油气资源，2013 年美国各类液态燃料的产量达到日均 1140 万桶的水平，仅次于沙特 1160 万桶的日产量；2017 年美国将超越沙特阿拉伯成为世界头号产油国，到 2030 年成为石油净出口国，到 2035 年美国将基本实现能源自给自足。[①] 此外，2015 年，美国将以绝对优势超越俄罗斯

---

① See International Energy Agency, World Energy Outlook 2012, available at http：//www. worldenergyoutlook. org/publications/weo-2012/#d. en. 26099.

成为全球最大的天然气生产国。① 另据美国能源情报署(The U. S.
Energy Information Administration)公布的信息，2011 年美国日均石
油产量约为 1013 万桶，位列世界第三(前两位分别为沙特 1115 万
桶和俄罗斯 1022 万桶)；2012 年美国日均石油产量激增 7%，达到
日均 1090 万桶。② 诚如美国能源经济学家丹尼尔·耶金(Daniel
Yergin)所指出的："北起加拿大的艾伯塔省，向南穿过美国北达科
他州和得克萨斯州南部，再经过法属圭亚那沿海的一处新发现的大
油田，最后到达巴西附近发现的海上超大级油田———一个能源新轴
心正在美洲崛起。"③

(二)世界石油消费市场的转移

在世界油气生产重心西移的同时，世界油气消费重心则正由发
达国家转向以中国、印度为主的亚太地区。近 20 年来，随着中、
印等国经济的快速发展，其油气消费量也迅猛增长。目前，亚太地
区的石油需求量由占世界石油消费总量的 10%上升到 25%。以中
国为例，2009 年 12 月，沙特对中国的石油出口达到了创纪录的
120 万桶/天的水平；而同期沙特对其传统的最重要原油出口国美

---

① 值得注意的是，2013 年 2 月主要由欧洲国家和美国参加的慕尼黑安全会
议讨论的一个不同寻常的主题就是"美国的石油和天然气宝藏：变化中的能源地
缘政治"。美国特使和国际能源事务协调员卡洛斯·帕斯夸尔阐述了"美国国内的
能源革命"：天然气产量提高 25%，由此应该能降低美国的天然气价格，充足的
石油产量可以将石油进口量从消费总量的 60%降至 40%。帕斯夸尔预计，时至
2030 年，美国在美洲的进口将能够满足本国的全部能源需求。参见卡塔尔半岛电
视台网站：《即将到来的大西洋世纪》(2013 年 2 月 24 日)，转引自《参考消息》
2013 年 3 月 4 日第 10 版。

② See the U. S. Energy Information Administration, International Energy
Statistics(Total Oil Supply), available at http://www.eia.gov/cfapps/ipdbproject/
IEDIndex3.cfm? tid = 5&pid = 53&aid = 1.

③ 转引自张良福：《中国，替代美国守卫霍尔木兹海峡？——悄然变动的
国际能源格局》，《世界知识》2012 年第 24 期。

国的石油出口量，在 20 年来首次降至 100 万桶/天的水平以下。① 中国取代美国成为了沙特最大的石油出口国。② 另外，国际能源署也预测，从现在起到 2035 年，全球能源需求将增长 1/3 以上，其中 60% 的需求增长来自中国、印度和中东地区，印度将于 2020 年超过日本成为世界第三大油气进口国；尽管经合组织的能源需求已明显由石油、煤炭以及一些国家的核能转向天然气和可再生能源，但是这些国家的能源需求水平持续增长。③

（三）新能源的快速发展

鉴于传统化石能源的大量消耗、环境问题的日益严重和应对气候变化的迫切需要，近年来新能源的地位不断上升，并获得快速发展。到 2011 年年初，全球已有 119 个国家制订了可再生能源发展目标或刺激计划。④ 特别是中东产油国也开始追求能源结构多元化，大力发展新能源。例如，阿联酋政府在 2006 年就提出了名为"MASDAR 行动计划"的新能源发展规划和"2030 年综合能源战略"，加大了对新能源行业基础建设、教育科研和技术进步等方面的投入，并预计到 2030 年迪拜将实现从化石能源向生态能源的转化。⑤ 值得注意的是，在 2012 年 10 月美国总统竞选辩论中，虽然奥巴马和罗姆尼的能源政策存在明显分歧，但是两位总统竞选人都

---

① 参见张国宝：《世界能源战略格局将加快调整》，《中国发展观察》2012 年专号。

② 据英国《金融时报》报道，2012 年 12 月美国石油净进口每天为 598 万桶，中国则猛增到每天 612 万桶。中国月度石油进口首次超过美国。参见［英］杰维尔·布拉斯：《中国成为世界最大的石油进口国》，《金融时报》网站（英国）2013 年 3 月 4 日，转引自《参考消息》2013 年 3 月 6 日第 5 版。

③ See International Energy Agency, World Energy Outlook 2012, available at http：//www. worldenergyoutlook. org/publications/weo-2012/#d. en. 26099.

④ 参见张良福：《中国，替代美国守卫霍尔木兹海峡？——悄然变动的国际能源格局》，《世界知识》2012 年第 24 期。

⑤ 参见夏义善、陈德照编著：《中国能源环境气候外交大视野》，世界知识出版社 2012 年版，第 56 页。

宣称美国需要"完全独立"的能源政策。特别是奥巴马的政策理念是大力投资发展清洁能源，限制甚至停止使用高污染的煤炭；他为刺激新能源的发展批准投资 900 亿美元，开启了真正的绿色革命；在他第一个任期内，风力发电量翻了一番，太阳能装机容量增加了6 倍。[1]

(四)OPEC 影响力的降低

1960 年成立的石油输出国组织(Organization of the Petroleum Exporting Countries, OPEC)是最具影响力的石油生产国组织，50 多年来对国际石油市场产生了重要影响。然而，随着俄罗斯、哈萨克斯坦等非 OPEC 国家在世界石油市场份额的逐步扩大，加上OPEC 本身的协调问题，OPEC 对国际油价的控制能力已经大大降低。据国际能源署的统计，1973 年 OPEC 占世界石油产量的55.5%，2012 年仅占 42%；另外，未来十年非 OPEC 产油国石油产量还将逐步上升，原因是非常规资源供应的增长，特别是美国轻质致密油产量和加拿大油砂油产量以及巴西深海石油产量的快速提升，使 2015 年后非 OPEC 的石油产量从 2011 年的不到 4900 万桶/日增长到 5300 万桶/日以上，并维持到 21 世纪 20 年代中期，之后将下降到 2035 年的 5000 万桶/日。[2]

(五)国际能源市场的复杂多变

首先，绵延不息的能源地缘政治斗争将加剧国际能源市场的动荡。一方面，像利比亚、叙利亚、伊拉克和伊朗等非洲和中东国家的乱局持续、不稳定因素加剧，给国际能源市场带来不利影响。另一方面，诸如俄罗斯与乌克兰陆上能源过境的争端、波斯湾海上能源通道的摩擦以及苏丹与南苏丹油气权益的争夺等，给能源市场带

---

[1]　参见唐新华:《竞选总统真相信"完全独立"能源政策?》,《世界知识》2012 年第 21 期。

[2]　See International Energy Agency, World Energy Outlook 2012, available at http://www.worldenergyoutlook.org/publications/weo-2012/#d.en.26099.

来巨大隐患。其次，在新一轮国有化浪潮的推动下，国家石油公司迅速崛起，石油资源国对本国石油市场的垄断呈逐渐加强之势。据统计，在20世纪全世界探明油气储量的85%（不包括中国）掌控在大型跨国石油公司的手中，除苏联政府管理的14%以外，资源国直接控制的油气资源量仅占世界总量的1%；而从2002年以来全球石油储量最大的40个国家在对外合作项目中的政府所得，从2002年的平均55%上升到2007年的平均85%。① 最后，能源市场主体的多元化，石油金融衍生产品市场已经成为了国际石油市场不可或缺的重要组成部分。

（六）各国能源战略的调整

近年来，在能源需求增长、气候变化问题日益突出和能源格局逐步变动等因素的推动下，主要国家和地区正加快制定和调整其能源战略。例如，美国出台了未来能源安全的蓝图，推出了"绿"与"新"的能源新政，并在众议院通过了《2009年美国清洁能源与安全法案》（American Clean Energy and Security Act 2009）；英国相继出台了《低碳转型计划》（The UK Low Carbon Transition Plan：National Strategy for Climate and Energy）、《2009年英国可再生能源战略》（UK Renewable Energy Strategy 2009）和《2010年英国能源法》（UK Energy Act 2010）；欧洲议会也在2009年通过了《欧盟第三次能源改革方案》（它包括三个条例和两个指令），欧盟委员会还于2010年11月和2011年12月相继发布了《能源2020年——竞争、可持续和安全的能源战略》（Energy 2020——A strategy for competitive，sustainable and secure energy）②和《2050年能源路线图》（Energy

---

① 参见杨元华：《世界能源格局的深刻变化》，《中国远洋航务》2010年第9期。

② COM（2010）639 final, Brussels, 10/11/2010, available at http：//eur-lex. europa. eu/LexUriServ/LexUriServ. do？uri = CELEX：52010DC0639：EN：HTML：NOT. 欧盟委员会曾经提出了"20：20：20目标"，即到2020年，温室气体排放与1990年相比减少20%，能源效率提高20%，新能源占能源生产总量的20%。

Roadmap 2050）①；日本则在 2010 年公布了《日本能源战略计划》
（Strategic Energy Plan of Japan）等，引起了世界各国的广泛关注。

二、国际能源秩序的发展趋势

基于国际能源秩序的上述新变化，未来国际能源秩序可能会呈现出以下发展趋势：

（一）北极地区和国际海底区域将成为能源布局的新领域

北极地区的能源资源相当丰富。据估计，北极地区潜在的可采石油储量有 1000 亿~2000 亿桶②，天然气在 50 万亿~80 万亿立方米，被誉为"地球尽头的中东"③。因此，近年来很多国家都不约而同地将目光投向北极。例如，2007 年 9 月，英国声称对北极附近大西洋水域的大陆架拥有主权，试图获得与丹麦、冰岛有争议的罗卡尔岛附近地区丰富的油气资源的开采权；2009 年俄罗斯制定了《俄联邦 2020 年前的北极政策及远景规划》，2010 年俄罗斯安全委员会出台了北极战略，宣布 2016 年北极将成为俄罗斯战略能源基地。④ 此外，美国、法国、德国、丹麦、瑞典、加拿大等国也纷纷在北极地区进行科考活动，并强化其在北极地区的存在。可见，北极地区资源争夺的帷幕已经拉开。

国际海底区域（简称"区域"）约占海洋面积的 65%，蕴藏着极

---

① COM/2011/0885 final, Brussels, 15/12/2011, available at http：//eur-lex. europa. eu/LexUriServ/LexUriServ. do? uri＝CELEX：52011DC0885：EN：NOT.

② 而有人估计，在北极地区可能找到 4000 亿桶石油。参见［美］丹尼尔·波特金、戴安娜·佩雷茨著，草沐译：《大国能源的未来》，电子工业出版社 2012 年版，第 22 页。

③ 杨泽伟：《国际法》（第二版），高等教育出版社 2012 年版，第 169 页。

④ 2001 年俄罗斯还向大陆架界限委员会提出 200 海里外大陆架案，主张包括北极点在内的北冰洋洋底为其 200 海里外大陆架。

其丰富的能源资源，如甲烷水合物（可燃冰）等。① 近些年来，"区域"内资源的勘探开发活动，已经提上了议事日程。首先，国际海底管理局分别于 2000 年、2010 年通过了《"区域"内多金属结核探矿和勘探规章》（Regulations for Prospecting and Exploration of Polymetallic Nodules）②和《"区域"内多金属硫化物探矿和勘探规章》（Regulations for Prospecting and Exploration of Polymetallic Sulphides）③。这两项规章的通过，为各方在"区域"内的相关探矿和勘探工作铺平了道路。同时，国际海底管理局与包括中国大洋协会在内的 8 个承包者签订了多金属结核勘探合同，核准了瑙鲁海洋资源公司和汤加近海采矿有限公司提出的两份多金属结核勘探申请，以及中国大洋协会和俄罗斯联邦政府自然资源与环境部提出的两份多金属硫化物勘探申请。④ 其次，2009 年国际海底管理局法律和技术委员会审结了《"区域"内富钴铁锰结壳探矿和勘探规章（草案）》（Regulations for Prospecting and Exploration of Cobalt-Rich Crusts），并提交理事会讨论。2012 年 8 月，国际海底管理局第 18 届会议暂时通过了《"区域"内富钴铁锰结壳探矿和勘探规章》。另

---

① 据日本石油、天然气和金属矿物资源机构（JOGMEC）的调查和推测，在日本列岛周边海域中蕴藏的甲烷水合物，按照现在日本每年的天然气消费量，足够使用超过 100 年。况且，技术性课题的突破使甲烷水合物的商业化生产最早在几年内就有望实现。此外，日本政府于 2013 年 3 月 12 日宣布，在爱知县的渥美半岛外海约 1000 米深的海底，开采到称为可燃冰的天然气，这是全世界首度在海底钻探到甲烷水合物。这次技术上的成功不但为日本带来了一种超级资源，而且将在 22 世纪满足日本对天然气的需求，并有可能极大地改变世界能源版图。参见《日本能成为"资源大国"》，日本《选择》2012 年第 6 期，转引自《参考消息》2012 年 7 月 18 日第 10 版；《日本将从海底开采可燃冰》，英国《每日电讯报》网站 2013 年 3 月 12 日报道，转引自《参考消息》2013 年 3 月 14 日第 4 版。

② 《"区域"内多金属结核探矿和勘探规章》，详见 http：//www. isa. org. jm/files/documents/CH/Regs/MiningCode. pdf.

③ 《"区域"内多金属硫化物探矿和勘探规章》，详见 http：//www. isa. org. jm/files/documents/CH/Regs/Ch-PMS. pdf.

④ 参见杨泽伟：《国际法》（第二版），高等教育出版社 2012 年版，第 208 页。

外，国际海底管理局还决定启动制定开采规章的准备工作。最后，2011 年 2 月，国际海洋法法庭海底争端分庭对"海底活动中担保国的责任问题"（Responsibilities and Obligations of States Sponsoring Persons and Entities with Respect to Activities in the Area）发表了咨询意见①，满足了"区域"资源勘探和开发活动深入发展的客观要求，为国际海底管理局和从事担保行为的国家的相关活动提供了法律依据。②

（二）非常规能源的开发将成为能源发展的新方向

非常规能源是与常规能源相对应的一个概念。常规能源又称传统能源，是"指在相当长的历史时期和一定的科学技术条件下，已经被人类大规模生产和广泛利用的能源，如煤炭、石油和天然气等"③。世界上非常规能源潜力巨大。据统计，世界超重油地质储量约为 2945 亿吨，油砂油地质储量约为 4560 亿吨，页岩油资源储量约为 6893 亿吨，煤层气资源量约为 260 万亿立方米，页岩气资源量约为 419 万亿立方米，甲烷水合物资源量可能有 3000 万亿立方米。④ 另有学者估计，在油页岩和油砂中的石油有 6 万亿桶，如果这些石油被开采的话，将使可利用的石油总量增加两倍。⑤ 地球上已知的页岩油和油砂油大多位于北美。可以预计，随着科学的进

---

① See Seabed Dispute Chamber of the International Tribunal for the Law of the Sea, "Responsibilities and obligations of States sponsoring persons and entities with respect to activities in the Area"(Request for Advisory Opinion submitted to the Seabed Disputes Chamber), Advisory Opinion, available at http: //www. itlos. org/fileadmin/itlos/documents/cases/case_no_17/adv_op_010211. pdf.

② 参见国家海洋局海洋发展战略研究所课题组：《中国海洋发展报告（2011）》，海洋出版社 2011 年版，第 78 页。

③ 刘涛等主编：《能源利用与环境保护——能源结构的思考》，冶金工业出版社 2011 年版，第 31 页。

④ See World Energy Council, Survey of Energy Resources 2010. 转引自夏义善、陈德照编著：《中国能源环境气候外交大视野》，世界知识出版社 2012 年版，第 21 页。

⑤ 参见[美]丹尼尔·波特金、戴安娜·佩雷茨著，草沐译：《大国能源的未来》，电子工业出版社 2012 年版，第 24 页。

步、开发技术的突破和产量的大幅增加，加拿大的油砂油、委内瑞拉的超重油、美国的页岩油气以及国际海底区域的甲烷水合物等非常规能源，在未来的能源供给中将日益发挥重要作用。

（三）应对气候变化，实现能源的低碳化将成为能源问题的新议题

英国学者安东尼·吉登斯（Anthony Giddens）曾经在《气候变化的政治》（The Politics of Climate Change）一书中指出，应对气候变化问题可能成为未来20年地区或者全球的主要议题。① 众所周知，目前与能源有关的二氧化碳和其他温室气体排放的上升之势难以阻挡，因而需要国际社会采取强有力的措施来遏制这种趋势。《哥本哈根协议》的签署、《坎昆协议》的达成、德班世界气候大会后绿色气候基金的启动以及2012年12月多哈气候变化大会通过的包括开启《京都议定书》第二承诺期在内的一揽子决议等，无不反映了国际社会在这方面的共识。因此，发展低碳经济、实现能源的低碳化逐渐成为世界性的潮流。由于低碳经济发展方式的基础是能源生产和消费过程中的低碳化，因而低碳经济正在逐步主导世界能源技术的发展方向。事实上，发达国家已经把能源低碳化作为新一轮能源战略调整的重要内容，其"能源立法也呈现出低碳化的特点"②。例如，2010年5月，日本众参两院通过的《低碳投资促进法》，就是日本建设低碳社会的重要法律支持；2012年7月，日本正式开始实施"可再生能源电力全量购入制度"（FIT）③。可见，应对气候变化和促进经济低碳转型的价值追求，将使国际能源秩序的规则、体系和制度逐步发生变化。正如联合国开发计划署在《2007—2008年

① 参见[英]安东尼·吉登斯著，曹荣湘译：《气候变化的政治》，社会科学文献出版社2009年版，前言。

② 杨泽伟：《发达国家新能源法律与政策：特点、趋势及其启示》，《湖南师范大学社会科学学报》2012年第4期。

③ 根据该制度，电力公司有义务在规定年限内，按照政府规定的价格，全部收购家庭及民间企业投资所产生的太阳能、风能、地热等可再生能源电力。这项政策被认为将促进日本可再生能源电力飞跃发展，对日本实现可再生能源战略具有重要意义。

人类发展报告》中所指出的："低碳能源是低碳经济的基本保证，清洁生产是低碳经济的关键环节，循环利用是低碳经济的有效方法，持续发展是低碳经济的根本方向。"①

(四)能源市场的话语权将成为争夺的新焦点

首先，一些石油生产国和消费国相继设立了石油交易所，以争夺国际石油市场的话语权。众所周知，目前国际原油价格体系主要有两种：一是在欧洲，交易原油基本上参照英国北海布伦特（Brent）轻质原油定价，其主要交易方式为伦敦国际石油交易所（International Petroleum Exchange）交易；二是在北美，原油定价主要参照美国西得克萨斯中间基原油 WTI（West Texas Inter-medium）定价，其主要交易方式为 NYMEX 交易所交易。② 为了更好地维护自身利益，部分国家加入了对石油定价权的争夺战。例如，2005 年印度大宗商品交易所（MCX）上市了原油期货，2008 年伊朗石油期货交易所正式开业。此外，阿联酋已经与美国纽约商业交易所合作建立了迪拜商品交易所（DME），俄罗斯原油期货交易所也正在准备成立。

其次，投资基金逐渐成为了左右和操纵石油市场的主力。随着国际石油价格的波动，银行、对冲基金、养老基金、社会保险基金以及其他各类投资基金等大量介入石油期货市场，从而使石油工业主导的定价权在逐步让渡给投资基金。"石油期货、期权已由单纯的套期保值工具，发展成为新型的金融投资载体。"③

最后，发达国家与新兴经济体围绕新能源领域主导权的争夺更加激烈。如前所述，全球范围内对新能源的控制和争夺已经展开。发达国家凭借其在新能源领域的优势地位，通过"引领世界能源未

---

① 联合国开发计划署：《2007—2008 年人类发展报告》，http：//hdr. undp. org/en/media/HDR_20072008_Summary_Chinese. pdf，最后访问日期 2015 年 1 月 16 日。

② 参见查道炯：《中国石油安全的国际政治经济学分析》，当代世界出版社 2005 年版，第 252~253 页。

③ 杨元华：《世界能源格局的深刻变化》，《中国远洋航务》2010 年第 9 期。

来"，主导世界能源领域的规则制定权，从而进一步巩固其国际地位和影响力。而以中国、印度为代表的新兴经济体，"有可能凭借其人力成本优势、市场优势和后发优势等，在新能源产业链条的某个环节或产品上，具有与发达国家一争高下的实力与地位"[1]。因此，今后类似于中国与美国、欧盟在太阳能领域的光伏之战会日益增加，各国围绕新能源的技术标准、贸易规则和管理制度等方面的争夺更加凸显。

（五）多元化将成为能源秩序的新特征

首先，能源种类的多元化。目前人类利用的能源品种日益丰富，既有传统的石油、天然气、煤等化石能源，也有太阳能、核能、生物质能等新能源，还有油砂油、页岩油以及甲烷水合物等非常规能源。无疑，未来若干年可供人类利用的能源来源更加多种多样。

其次，能源市场的多元化。一方面，随着阿联酋、印度、伊朗、日本、俄罗斯等国石油期货交易所的建立，能源交易市场更加多元。另一方面，能源市场的主体也呈多元化发展，且其力量对比将发生显著变化：跨国石油公司的权力空间进一步压缩，对石油市场的控制力会逐渐弱化；国家石油公司伴随新一轮国有化浪潮而占据主导地位，并成为国际合作规则的制定者；同时，投资基金则成为国际石油市场上一支不可忽视的力量。

最后，能源格局的多元化。一方面，美国、欧盟等国家和地区会继续保持其在能源领域的领先优势，主导国际能源秩序的话语权。另一方面，中国、印度等新兴经济体随其力量的增强，特别是其在能源消费市场的崛起，它们将在国际能源秩序的变革中提出自己的诉求。因此，今后国际能源格局由生产国集团和消费国集团组成的两极格局向多极格局转变的趋势将更加明显。

---

[1] 张良福：《中国，替代美国守卫霍尔木兹海峡？——悄然变动的国际能源格局》，《世界知识》2012 年第 24 期。

三、现代国际法在国际能源秩序变革中的作用

法律是社会关系的调节器。现代国际法作为国际关系的调节器，具有广泛的社会职能。它以各国的协调意志为基础，通过某种强制的方式规范国家的行动。因此，国际能源秩序的变革和国际能源新秩序的建立离不开现代国际法。① 换言之，现代国际法对国际能源秩序的变革和国际能源新秩序的建立起着促进、规范和保障的作用。

（一）国际组织为各国提供了一个交流、对话的场所，有利于促进国际能源合作

国际组织不但是现代国际法的重要主体，而且其运行机制与决议也是现代国际法的重要组成部分。更为重要的是，国际组织还为各国提供了一个国际能源合作的平台，如联合国、国际能源署、国际原子能机构、石油输出国组织、阿拉伯石油输出国组织、国际能源论坛、"八国集团"会议、亚太经合组织、世界石油大会和世界能源理事会等。特别是"能源宪章大会"组织（Energy Charter Conference，EEC）作为能源生产国与消费国之间对话与合作的国际组织，为所有能源利益攸关方提供了一个发展与实施有法律约束力规则的共同的平台。②

值得注意的是，2004 年成立的"联合国能源机制"不但是确保联合国关于能源问题的工作得以顺利进行的首要合作机制，而且与各个联合国专门机构建立起全面的合作关系，为共同处理与能源有关的国际事务建立了国际平台，能够为能源领域内的各个方案、项

---

① 参见杨泽伟：《新国际经济秩序研究——政治与法律分析》，武汉大学出版社 1998 年版，第 95 页。

② See Andreas Goldthaw and Jan Martin Witte ed. , Global Energy Governance：The New Rules of the Game, Brookings Institution Press, 2010, pp. 65-66. 转引自白中红：《〈能源宪章条约〉争端解决机制研究》，武汉大学出版社 2012 年版，第 2 页。

目和产品的规划及执行提供新方法并起到协同优化作用。① 事实上，近年来"联合国能源机制"不但推出了《完成千年发展目标所面临的能源挑战》和《联合国能源问题现状：联合国机制活动总论》等报告，而且逐步形成了一整套具体行动规划，如《推广新能源和可再生能源》（A/RES/62/197）、《可再生能源和能效：欧洲联盟南部和东部邻国的创新政策和融资工具》（E/CN.17/2007/11）、《主要群体在能源促进可持续发展、工业发展、空气污染/大气层和气候变化等领域的优先行动》（E/CN.17/2007/7）以及《推广新能源和可再生能源，包括执行世界太阳能方案》（A/RES/60/199）等，有力地推动了国际能源合作行动的深入开展。②

（二）现代国际法为各类国际能源活动提供了基本的法律规范，有助于国际能源新秩序的建立

如前所述，国际海底管理局分别于 2000 年和 2010 年通过了《"区域"内多金属结核探矿和勘探规章》和《"区域"内多金属硫化物探矿和勘探规章》，分别从用语和范围、探矿、勘探计划申请、勘探合同、保护和保全海洋环境、机密性等方面作了较为详细的规定，从而为各方在"区域"内的相关探矿和勘探工作提供了法律依据。而正在草拟的《〈富钴结壳探矿和勘探规章〉和开采规章》，也必将为各方勘探、开发国际海底区域资源提供基本的法律准则。又如，《能源宪章条约》对能源投资、能源贸易、能源过境和能源环境等内容作了较为详细的规定，为缔约方建立了履行欧洲能源宪章中阐明的原则所必需的法律框架，提供了参照关贸总协定及其相关文件中阐明的国际贸易自由化进程目标和国际贸易非歧视原则及其他原则，并制定了环境保护措施所需的国际认同的目标和标准。

此外，有关的国际条约、联合国大会决议以及国际司法判例

---

① 参见于宏源、李威：《创新国际能源机制与国际能源法》，海洋出版社 2010 年版，第 19 页。

② 参见联合国能源议题相关文件，available at：http://www.un.org/chinese/esa/energy/docs.shtml.

等，奠定了各国对自然资源永久主权的法律基础，从而为各国加强对本国自然资源的控制与管理提供了法律依据。例如，《联合国海洋法公约》第 56 条专门规定了沿海国在专属经济区内有以勘探和开发、养护和管理海床上覆水域和海床及其底土的自然资源为目的的主权权利，以及关于在该区内从事经济性开发和勘探的主权权利；1962 年联大通过的《关于自然资源之永久主权宣言》宣布"各民族及各国行使其对自然财富与资源之永久主权"，强调各国对其自然资源的永久主权是自决权的基本要素，并规定了国有化的权利和条件；1982 年"科威特石油国有化仲裁案"（the Kuwait v. Aminoil）的裁决承认，很多国家的宪法规定所有自然资源都是国家的财产，科威特享有对石油资源的充分的所有权并可将其置于国内管辖之下。①

（三）现代国际法为国际能源争端的解决提供了基本的方法，有助于化解各能源争端方的矛盾与冲突

欧美学者把解决国际争端的方法分为两大类："和平的解决方法"和"武力或强制的解决方法"。② 其中，和平的解决方法又可分为政治的解决方法（亦称外交的解决方法）和法律的解决方法。前者如谈判、斡旋、调停、和解、国际调查以及在联合国组织主持下解决；后者如仲裁和司法解决。第二次世界大战以后，和平解决国际争端正式成为现代国际法上的一项基本原则。因此，现代国际法为主权国家与投资者提供了解决各类国际能源争端的原则和方法。

首先，和平解决国际争端原则不但是一项国际法基本原则，而且也是一项强行法规则。因此，包括国际能源争端在内的所有国际争端，都应当按照和平的方法予以解决。况且，《联合国宪章》第六章《争端之和平解决》还就和平解决国际争端作了详细的规定。其次，现代国际法为各类国际能源争端的裁决提供了法律依据。例

① 参见姚梅镇主编：《国际投资法成案研究》，武汉大学出版社 1989 年版，第 125~144 页。

② I. A. Shearer, Starke's International Law, Buterworths, 1994, pp. 441-442.

如,《联合国宪章》的序言强调依据"国际法之原则调整或解决足以破坏和平之国际争端";《国际法院规约》第 38 条则明确规定:"法院对于陈诉各项争端,应以国际法裁判之。"当然,这里所指的国际法既包括国际条约和国际习惯,也包括一般法律原则、司法判例、权威国际法学家之学说以及国际组织的决议等。最后,一些国际条约还就某类能源争端规定了特殊的解决方法。例如,《能源宪章条约》对跨国能源管道运输争议的解决作了专门的规定。按照该条约,跨国能源管道运输争议的解决,除了运用谈判、协商、国际仲裁、国际司法机构的裁决等传统方法以外,还有一种特殊的方法——"特别调解机制"(A Specialized Conciliation Mechanism under the ECT)。"特别调解机制"是一种非法律的争端解决方法,也是仲裁之外的另外一种解决争端的方式,它在一定程度上能发挥类似"保险丝"的作用。①

(四)现代国际法为国际能源新秩序的保障和维护提供了有效的手段

一方面,一些国际法律文件明确规定了各国有受现代国际法约束的义务。现代国际法是世界各国共同遵守的行为准则。在国际社会中,各国在现代国际法面前地位平等。任何国家都必须遵守现代国际法,履行其承担的国际义务。例如,《联合国宪章》的序言庄严宣布各缔约国决心"尊重由条约和国际法其他渊源而起之义务";1969 年《维也纳条约法公约》第 26 条、第 27 条也指出:"凡有效之条约对其各当事国有拘束力,必须由各该国善意履行","一当事国不得援引其国内法规定为理由而不履行条约"。

另一方面,现代国际法律责任制度不但是促使各国履行其国际义务的外在动力,而且是追究一国违背其国际义务而承担国际责任的法律依据。例如,2001 年国际法委员会二读通过的《预防危险活动的跨界损害的条款草案》(Draft Articles on Prevention of Transboundary

---

① See Grace Wandoo Nomhwange, Transboundary Pipelines: What Is the Role of the Energy Charter Treaty Regarding Disputes Settlement? Dundee University Thesis, 2005, p. 49.

Damage for Hazardous Activities），明确了各国在预防危险活动所造成的跨界损害方面的一般责任和具体责任。因此，国际能源新秩序一旦建立起来，各国就应当按照新秩序的要求，享有自己的权利，承担自己的义务，否则将承担相应的国际法律责任，受到现代国际法的制裁。

四、中国在国际能源秩序变革中的角色定位

2011 年，中国一次能源生产总量达到 31.8 亿吨标准煤，成为了世界上最大的能源生产国。① 然而，中国能源发展面临着诸多挑战：能源资源禀赋不高，煤炭、石油、天然气人均拥有量较低；能源消费总量近年来增长过快，保障能源供应压力增大，石油对外依存度已达到 57%。因此，进一步加强能源国际合作，推动国际能源秩序的变革和促进国际能源新秩序的建立，对于保障中国能源安全具有非常重要的意义。为此，正确把握中国在国际能源秩序变革中的角色，尤为关键。

（一）观念的转变：从国际能源规则的被动接受者转变为主动革新者

长期以来，由于种种原因，中国一直是国际规则的被动接受者，并且"表现良好"；"中国政府力图使自己的行为与其公布的要求相符，并未为了自身的利益而极力改变国际制度中的决策方式"；"中国所倡议的新规则寥寥无几"。② 如前所述，作为世界第二大石油消费国和第二大石油进口国的中国，被排斥在原油定价机制之外。中国进口原油的价格主要参照以布伦特、WTI 为基准油的原油价格，自己没有原油定价权，一般只能被动地接受国际油价。

---

① 参见国务院新闻办公室：《中国的能源政策（2012）》（白皮书，2012 年 10 月 24 日），http：//www. gov. cn/jrzg/2012-10/24/content_2250377. htm.

② ［加拿大］江忆恩：《中国和国际制度：来自中国之外的视角》，王逸舟主编：《磨合中的建构——中国与国际组织关系的多视角透视》，中国发展出版社 2003 年版，第 351 页。

而国际油价剧烈波动，不但给中国石油石化企业和终端用户带来了巨大的市场风险，而且对社会经济发展造成了极大冲击，并影响着国家的能源安全。因此，从长远来看，中国应积极参与国际石油贸易价格定价机制，形成自己的石油报价系统，以增强对国际油价的调控能力，从而影响国际石油市场和国际油价。特别是，目前中国正处于"亚太建立原油定价中心的战略机遇期"[①]。在当今的亚太地区，虽有印度大宗商品交易所、迪拜商品交易所和日本东京工业品交易所等，但尚未完全形成成熟的原油期货市场和亚太石油定价中心。所以，推出中国自己的原油期货并形成一定的话语权已是刻不容缓。[②] 此外，在多边国际能源规则的制定过程中，中国应注意与能源生产大国和消费大国的协调，加强与利益共同体的合作，充分发挥中国作为能源消费大国的作用，积极参与国际能源规则的塑造。

（二）角色的转变：从国际能源事务的冷眼旁观者转变为积极参加者

长期以来，中东地区对美国的能源安全战略举足轻重。然而，随着国际能源格局的变化，美国正在实现由主要依靠中东地区石油向国内石油和美洲国家石油的战略性转移。相反，中国越来越依赖中东的石油。中国比美国更需要一个稳定的中东。因此，虽然中国目前在国际能源外交事务中是后来者、旁观者或被动参与者，但是在将来必然要进行角色的转变，中国应摆脱传统的"超脱外交"和袖手旁观的惯性，应该积极参与，有所作为。诚如有学者所指出的："中国国际地位的提升，中国国家利益的日益扩展，使中国难以置身国际事务之外，始终坚持不干涉内政原则；'保护性干预'

---

① 夏义善、陈德照编著：《中国能源环境气候外交大视野》，世界知识出版社 2012 年版，第 98 页。

② 据俄罗斯之声电台网站 2012 年 11 月 26 日报道："中国表示准备在上海期货交易所启动石油期货交易项目。这意味着中国在积极参与石油市场的活动，将使中国提高对能源定价的影响力。"转引自《参考消息》2012 年 11 月 28 日第 5 版。

将成为中国应对不干涉内政原则挑战的必然选择。"①

(三)任务的转变：从国际能源公共品的享受者转变为提供者

据国际能源署的统计，中国在 2009 年消费了 22.52 亿吨油当量的能源，超过了美国约 4%，成为全球最大的能源消费国。② 然而，中国政府驳斥了国际能源署的这一说法。③ 中国不愿意接受世界第一能源消费国的称号，这既体现出中国对日益增强的全球影响力感到不安，也反映了中国尚未做好承担更大的国际责任的心理准备。④ 事实上，早在 2010 年，中国国内生产总值（GDP）就超过了日本，成为世界第二大经济体。⑤ 中国经济实力的增强，使国际社会更加期待作为联合国安理会五大常任理事国的中国，能在全球治理、区域合作以及国内冲突等各个方面发挥更大的作用。正如美国国务卿希拉里所指出的："中国在世界上几乎所有重要会议和机构中都占有一席之地，中国的力量、财富和影响力迅速将其推向国际秩序中的一个新等级，我国以及世界上其他国家都期待着中国发挥

---

① "保护性干预"是指在国际关系中出现严重的人道主义灾难的情况下，或是中国的国家利益面临严重的威胁或破坏的情况下，中国政府为践行国际法治与民主价值、保护中国的国家利益而进行的干预。因此，中国实施"保护性干预"主要有两个前提条件：一是出现违反种族灭绝、战争罪、种族清洗和危害人类罪等国际罪行的行为；二是中国的国家利益受到威胁。参见杨泽伟：《国际社会的民主和法治价值与保护性干预》，《法律科学》2012 年第 5 期。

② See International Energy Agency, World Energy Outlook 2010, available at http://www.worldenergyoutlook.org/publications/weo-2010/.

③ 参见于宏源、李威：《创新国际能源机制与国际能源法》，海洋出版社 2010 年版，第 10 页。

④ 无独有偶。来自美国的贸易数据显示，2012 年中国的进出口总额为 3.866 万亿美元，超过了美国的进出口总额（3.822 万亿美元），两者相差 440 亿美元，中国已成为新的世界最大贸易国。然而，中国政府以不同寻常的方式驳斥了相关报道。中国商务部指出，根据世界贸易组织的标准，中国 2012 年的贸易总额比美国少 156 亿美元。参见［美］乔·麦克唐纳：《中国拒绝世界最大贸易国地位》，美联社北京 2013 年 2 月 20 日电，转引自《参考消息》2013 年 2 月 21 日第 15 版。

⑤ 参见《2010 年度经济总量中国首次超过日本》，新浪财经网 http://finance.sina.com.cn/china/hgjj/20110121/12529291562.shtml.

更大的领导作用。"①因此，中国同样面临从国际能源公共品的享受者转变为提供者的任务转变，中国应积极参与制定新能源的技术标准、贸易规则和管理制度等，争取国际能源规则的话语权。诚如有的学者所言："中国应当明白，力量越大意味着责任也越大。中国不能认为不分担责任就可以发挥更大影响力——而美国几乎独自承担着为世界其他地区提供公共商品的责任。"②大国地位赋予的不仅是威望和影响力，还有分担国际安全和世界福祉的义务。

总之，国际能源秩序的急剧变化、中国能源安全面临的新挑战以及中国国际地位的提升等，表明改革国际能源秩序的时机开始显现。中国应该利用这一历史机遇，更多地贡献"中国倡议"与"中国方案"，积极推动国际能源新秩序的早日建立。

参考文献

[1] International Energy Agency, World Energy Outlook 2012, available at http: //www. worldenergyoutlook. org/publications/weo-2012/# d. en. 26099.

[2] The U. S. Energy Information Administration, International Energy Statistics (Total Oil Supply), available at http: //www. eia. gov/ cfapps/ipdbproject/IEDIndex3. cfm? tid = 5&pid = 53&aid = 1.

[3] 张良福：《中国，替代美国守卫霍尔木兹海峡？——悄然变动的国际能源格局》，《世界知识》2012 年第 24 期。

[4] 张国宝：《世界能源战略格局将加快调整》，《中国发展观察》2012 年专号。

[5] 夏义善、陈德照编著：《中国能源环境气候外交大视野》，世界知识出版社 2012 年版。

---

① 《印度教徒报》网站 2012 年 3 月 8 日报道，转引自《参考消息》2012 年 3 月 9 日第 16 版。

② ［马来西亚］秦家骢：《力量越大、责任也越大》，《新海峡时报》（马来西亚）网站 2012 年 11 月 29 日，转引自《参考消息》2012 年 11 月 30 日第 14 版。

[6]唐新华：《竞选总统真相信"完全独立"能源政策？》，《世界知识》2012年第21期。

[7][美]丹尼尔·波特金、戴安娜·佩雷茨著，草沐译：《大国能源的未来》，电子工业出版社2012年版。

[8]杨泽伟：《国际法》（第二版），高等教育出版社2012年版。

[9]《"区域"内多金属结核探矿和勘探规章》，详见 http：//www.isa.org.jm/files/documents/CH/Regs/MiningCode.pdf.

[10]《"区域"内多金属硫化物探矿和勘探规章》，详见 http://www.isa.org.jm/files/documents/CH/Regs/Ch-PMS.pdf.

[11]Seabed Dispute Chamber of the International Tribunal for the Law of the Sea, "Responsibilities and obligations of States sponsoring persons and entities with respect to activities in the Area"(Request for Advisory Opinion submitted to the Seabed Disputes Chamber), Advisory Opinion, available at http://www.itlos.org/fileadmin/itlos/documents/cases/case_no_17/adv_op_010211.pdf.

[12]国家海洋局海洋发展战略研究所课题组：《中国海洋发展报告（2011）》，海洋出版社2011年版。

[13]刘涛等主编：《能源利用与环境保护——能源结构的思考》，冶金工业出版社2011年版。

[14][英]安东尼·吉登斯著，曹荣湘译：《气候变化的政治》，社会科学文献出版社2009年版。

[15]杨泽伟：《发达国家新能源法律与政策：特点、趋势及其启示》，《湖南师范大学社会科学学报》2012年第4期。

[16]查道炯：《中国石油安全的国际政治经济学分析》，当代世界出版社2005年版。

[17]杨元华：《世界能源格局的深刻变化》，《中国远洋航务》2010年第9期。

[18]杨泽伟：《新国际经济秩序研究——政治与法律分析》，武汉大学出版社1998年版。

[19]Andreas Goldthaw and Jan Martin Witte ed., Global Energy Governance: The New Rules of the Game, Brookings Institution

Press，2010，pp. 65-66.

［20］白中红：《〈能源宪章条约〉争端解决机制研究》，武汉大学出版社 2012 年版。

［21］于宏源、李威：《创新国际能源机制与国际能源法》，海洋出版社 2010 年版。

［22］姚梅镇主编：《国际投资法成案研究》，武汉大学出版社 1989 年版。

［23］I. A. Shearer，Starke's International Law，Buterworths，1994，pp. 441-442.

［24］Grace Wandoo Nomhwange，Transboundary Pipelines：What Is the Role of the Energy Charter Treaty Regarding Disputes Settlement？Dundee University Thesis，2005，p. 49.

［25］国务院新闻办公室：《中国的能源政策（2012）》（白皮书，2012 年 10 月 24 日），http：//www. gov. cn/jrzg/2012-10/24/content _2250377. htm.

［26］［加拿大］江忆恩：《中国和国际制度：来自中国之外的视角》，王逸舟主编：《磨合中的建构——中国与国际组织关系的多视角透视》，中国发展出版社 2003 年版。

［27］杨泽伟：《国际社会的民主和法治价值与保护性干预》，《法律科学》2012 年第 5 期。

2015 年西方武装冲突法前沿追踪报告

武汉大学法学院　黄德明　单沁彤　杨　帆

进入 21 世纪来，国际社会经历了深刻而复杂的变化，武装冲突法随之呈现出新的发展趋势，因而受到学术界的普遍关注。本文广泛收集欧美学者有关武装冲突法的最新研究成果，然后进行细致的筛选和研究。因受篇幅限制，本文主要就 2013 年 9 月至 2014 年 12 月间西方武装冲突法研究的最新进展进行梳理，拟从理论、实践与适用、热点和平民保护四个方面展开，并作出评论和预测。

一、理 论 问 题

(一)基本理论的新发展

自 21 世纪以来，国际社会关于武装冲突法的实践极大地推动了武装冲突法基本理论的发展，一些传统概念与规则已不足以应对新情势。因此，有必要对基本理论进行重新释义。

无论是在国际法学界还是在国际司法实践中，武装冲突的定义长期局限于国际人道法的法律体系框架内。而近年来，欧洲法院的司法实践明显脱离国际人道法对非国际武装冲突的定义，突破了这种解释的局限。

在欧盟成员国，寻求避难者不仅可以申请获得难民地位，在被遣送回其所属国有可能受到严重伤害的情形下还能够得到从属保护，而这种形式的保护通常给予那些为逃离武装冲突伤害的人。欧洲法院在 2014 年 Diakité 案的判决中为了给更多避难者提供保护而采用了一种不同于传统国际人道法的解释方法，对国内武装冲突进行了重新定义。Bauloz 认为，这种解释降低了国内武装冲突的"准入门槛"：如果一国武装部队与另一个或多个武装团体或两个以上的武装团体间发生武力冲突，应当认定存在国内武装冲突，而无需分别评估武装对抗的激烈程度、武装力量的组织性和对抗的持续时间。但是，依据欧盟资格指令第 15 条 c 款(Diakité 案判决的法律依据)可推论所有的非国际性武装冲突本身是一种国内冲突，反之则并不正确，因为国内武装冲突构成非国际武装冲突仍需武装冲突达到一定的激烈程度。欧洲法院对国内武装冲突的解释无疑打破了国际人道法对武装冲突定义和解释的垄断，扩大了避难者的保护范围，使更多的申请避难者具有获得附属保护的可能。①

自武装冲突法产生至 20 世纪上半叶，武装冲突多爆发于国与国之间，因此大部分武装冲突法的基本概念和理论以适用国际性武装冲突为目的。然而，"二战"结束之后全世界范围内爆发的 300 多次武装冲突绝大部分发生在主权国家与非国家主体间或几个非国家主体间，传统武装冲突法的基本概念与规范在非国际性武装冲突中适用困难。

目前，专门规范非国际性武装冲突的法律仅有 1949 年《日内瓦公约》共同第 3 条、1977 年《第二议定书》以及一些适用于国际性武装冲突的习惯法规范。Hlavkova 指出：首先，实践中存在许多类似于美国本·拉登行动的例子，证明在武装冲突性质模糊的情形下法律规范的错误适用。导致法律规范错误适用的首要原因是有关非国际性武装冲突的法律规范自身存在缺陷。出于实践考虑，她倾向于将所有长期参加武装团体军事活动的人员认定为其组织成员，这意味着他们在任何时候均能成为直接攻击目标。如何识别武装冲突中的攻击目标也是一个重要问题。积极地识别攻击目标要求攻击所依据的信息可靠、持续且具决定性。其次，造成非国际性武装冲突中法律规范适用困难的原因亦与武装冲突的地域范围有关。当今，武

---

① Céline Bauloz, The Definition of Internal Armed Conflict in Asylum Law, Journal of International Criminal Justice, July 2014, pp. 835-846.

装冲突似乎无关国家边界，不同的冲突参与方与平民间的关系也更为复杂。她认为，武装冲突的适用不受传统地域范围的限制，参与敌对行动的人员无论身处何处均可享有战斗员待遇，非冲突地区未参与敌对行动的平民不能获得武装冲突法的法律地位但可以依据国际人权法获得保护。她得出结论，认为难以在实践中适用非国际性武装冲突规则或制定新的规则的原因主要在于目前武装冲突法体系下缺少对作为前提的武装冲突基本概念和理论明确一致的界定标准，这还有赖于国际社会的共同努力。①

为分析和解决武装冲突法的新问题，国际法学界的学者提出新的概念和框架体系。例如，在当代武装冲突中，犯罪活动与武装冲突相互渗透。在国家对国内犯罪活动无所作为的情形下出现的跨境武力打击犯罪活动造成了法律界限的模糊，而现有的武装冲突法规范也不能对武装冲突中的敌对行动与跨境打击犯罪的执法活动作出明确的区分。为解决这一紧迫问题，Lieblich 将跨境打击犯罪的执法活动称为"强制干预行动"（Forcible Disruption Operations，FDO），并力图构建一个综合性法律框架来分析这类行为。Lieblich 以 2012 年欧盟海军打击索马里海盗的行动为例，对执法行为适用的法律规范与敌对行动适用的法律规范进行对比分析，探寻不同环境下 FDO 可适用的法律规范。他认为，须从条约、国际习惯法的规定或联合国安理会的决议中来寻找 FDO 的法律依据。虽然打击海盗行为在国际习惯法中是一种执法行为，欧盟使用武力打击海盗的行为就性质而言有别于"真正的"敌对行动，因为欧盟的打击行动仅针对物体，而敌对行动中的攻击并不区分人与物。鉴于欧盟武力攻击海盗设备的行为没有得到安理会决议的明确授权，违反正当程序并对相关的生命构成威胁，这种行为也非通常意义上的执法措施，而应被归为一种准敌对行动。仅有东道国的同意的情形不足以说明 FDO 的合法性。Lieblich 进而提出两种主张：将 FDO 视为一种兼具

---

① Monika Hlavkova, Reconstructing the Civilian/Combatant Divide: A Fresh Look at Targeting in Non-International Armed Conflict, Journal of Conflict & Security Law, July 2014, pp. 251-278.

敌对行动和执法行为性质的混合体；探寻不同环境下 FDO 适用的法律规范。武装冲突法禁止攻击民用物体，即使该物体用于犯罪活动，而依据国际人权法的克减体系，在一些极端必要且存在正当程序保证的情形下允许攻击民用物体，因此在这种情形下国际人权法能够成为规范体系。①

无论是欧洲法院作出的具有人权保护性质的新解释还是准敌对行动 FDO 的产生均反映了近年来武装冲突法与国际人权法日趋交融的趋势。学术界与国际司法实践均承认武装冲突法与国际人权法互相补充，甚至在国际性武装冲突中可同时适用。然而，对于武装冲突法中的"人道原则"是否已成为一个具有法律拘束力的独立的法律规范，国际法学界仍然存在争论。

Kolb 对武装冲突法的几个主要发展阶段进行了总结，认为武装冲突法目前处于人本化的发展阶段，武装冲突法的规范制定、实践融入国际人权法的考量，国际人权法的规范对武装冲突法体系中的"空白"进行填补，但不能从这种人本化的趋势推论出"人道原则"已成为一个独立的法律规范。Larsen 则持相同观点，但指出国际人权法在武装冲突中的适用仍具有争议性：一些国际人权法规范的人权保护标准高于武装冲突法。若要求武装冲突行为体履行难以实现的人权义务，将损害其对国际法——尤其是武装冲突法——的尊重与遵守。Hellestveit 则认为，当前非国际性武装冲突体系中的一些基本概念仍不明晰，在这种情况下致力于构建武装冲突法的一致性，创造一个单一的法律规范，将使得国际性武装冲突的体系在非国际性武装冲突的泥沼中变得混乱。她坚持在非国际性武装冲突中适用国际人权法将比承认"人道原则"为独立法律规范更有利于实现平民的保护。②

---

① Eliav Lieblich, Quasi-Hostile Acts: The Limits on Forcible Disruption Operations under International Law, Boston University International Law Journal, May 26, 2014, pp. 355-409.

② Catriona H. Cairns, Book Review: Searching for a "Principle of Humanity" in International Humanitarian Law, European Journal of International Law, May 2014, pp. 620-624.

尽管国际人权法在武装冲突中日趋重要的地位得到普遍认可，但"人道原则"目前仅被视为对武装冲突法的补强因素，或被称为人道主义考虑更为适宜。

（二）武装冲突法上自卫权的新挑战

面对来自恐怖主义、核扩散问题等非传统安全威胁对国际社会的挑战，主权国家发现传统的应对方案，如使用武力，可能难以作出及时有效的反映，因此在实践中这些国家逐渐发展了一套新的应对手段，如先发制人、预期自卫等，这些手段来自对传统国际法的改造，因而对国际法未来的发展必将产生重要的影响，其中受这些手段影响显著的就是自卫权的行使。美国新发展的自卫权理论尤其值得深思。

Paust 分析了美国和以色列能否以伊朗发展核武器为由发动武装攻击。他首先分析了当前行使自卫权的几种理论，如预期自卫（anticipatory self-defense）、先发制人（preemptive self-defense）以及奥巴马政府提出的紧迫威胁（imminent threat）。由于先发制人、紧迫威胁大大降低了使用武力的门槛，甚至对于还未出现的威胁都可以使用武力，因此很难得到国际法的支持。相比而言，预期自卫针对的是现实存在的紧迫情形，这种情形对一国的威胁更加严峻，因此以预期自卫为由使用武力受到了美国学者的支持。其次，他分析了"尼加拉瓜诉美国"案中对行使自卫权规定的条件，即必须有"武装攻击"的存在，而且国际法院认为仅仅为冲突一方提供资金、武器、训练武装人员等行为并不能认为属于"武装攻击"，因此从这一传统观点来看，无论是伊朗发展核武器的行为还是资助恐怖分子袭击以色列的行为均不足以作为美、以对伊朗使用武力的理由。这样预期自卫就成了美、以使用武力最好的依据。在对紧迫威胁作出判断的时候应当考虑：（1）伊朗已经公开表示其会对以色列使用武力；（2）伊朗不断地对黎巴嫩真主党、哈马斯组织提供支持，与他们谋划多起针对以色列的袭击，这严重违反了国际法；（3）伊朗根据国际法承担了不去发展核武器或可用于核武器生产的原料的义务。因此，若伊朗继续对恐怖组织进行支持，或者发展核武器等违反国际法的行为，有理由认为伊朗正在着手准备武装攻击，美、以有理由行使自卫权对伊朗发动武装攻击。① Paust 的这一观点有其合理性，毕竟由于核武器威力的巨大，其瞬间即可对他国造成实质性损害，若依传统的自卫条件则可能会出现难以弥补的损失。不过，无论是预期自卫还是其他自卫理论都缺乏明确性，如对紧迫的判断标准、"威胁"的具体内容等都取决于相关国家的自行判断，这种模糊性可能导致自卫权的滥用。因此，如何平衡个别国家的国家安全和"禁止使用武力"对国际社会的整体利益是解决这一问题的关键。

同样认识到美国对自卫权的宽泛解读可能对国家主权原则、《联合国宪章》下的禁止使用武力原则造成巨大冲击的还有 Erakat。美国为证明"定点清除"行动的合法性，扩大了对"紧迫威胁"的解释范围，以实施自卫权为由证明其行动的合法性。Erakat 根据美国的实践及《联合国宪章》、国际习惯法中与自卫权有关的规定，认为"定点清除"行为对传统的国家自卫权产生了重大冲击。首先，国际习惯法并不禁止预期自卫的行为，它还为进行预期自卫行为规定了三个条件，即必要性、比例性、紧迫性。国家在行使预期自卫权时必须确定有现实危险的存在，同时在采取其他和平方法无法克服的情况下才可提前使用武力自卫措施，事后还要经过其他国家的认同。美国认为，由于其面临的恐怖主义威胁主要来自非国家行为体，考虑到他们可能掌握大规模杀伤性武器并且其攻击行为模式不同于以往的武装冲突，坚守自卫的传统条件将可能严重损害本国的安全，而将国家与国民的安全利益置于不必要的危险之下，因此应当对"紧迫威胁"重新定义，放宽其构成要件以应对发生时间、地点均不确定的攻击。然而，在美国的这种重新定义下，国家受到现实的武力攻击与国家进行自卫存在一定的时间段，这与"紧迫"的传统解释大相径庭，并且国家在判断这种威胁是否存在时采取"可能性标准"，而不是以往所采取的"确定性标准"。更令人担忧的

① Jordan J. Paust, Armed Attack and Imputation: Would a Nuclear Weaponized Iran Trigger Permissible Israeli and US Measures of Self-defense, Georgetown Journal of International Law, May 2014, pp. 411-443.

是：美国采取定点清除的活动是在完全秘密的情况下进行，即使公开的有关行动内容也是极其有限的，这就使其他国家，包括联合国在内的国际组织根本无法判断美国当时所面临的威胁达到何种程度，进而对其行为的国际合法性进行审查。有部分学者认为，美国这种不公开行动资料的行为证明美国自己也认为它的行为是违反国际法的。

针对美国对"紧迫威胁"作出宽泛解释以使用自卫权证明其"定点清除"行动合法性的做法，Erakat 认为在缺少外部监督的情形下极可能会造成国家对自卫权的滥用，是对国际和平的潜在威胁。为了避免这种威胁，他提出：首先，由安理会或建立一个安理会附属机构负责监督评估工作；其次，坚持对"紧迫威胁"的传统解释，但允许国家使用其他方式在不扰乱国际秩序的同时应对来自非国家行为体的威胁，平衡保护国家安全利益与规范武力使用的需求。无论如何，国际法是朝着制止战争，维护和平的方向发展的，若接受美国提出的对"紧迫威胁"新的解释，是国际法发展的倒退。同时，伊拉克战争表明，美国所主张的"自卫权"的行使对象也不仅仅限于非国家行为体，国际社会应当对这一现象给予关注。①

传统国际法上紧急状态在使用武力和武装冲突的法律体系中具有不同的含义。然而，自 2001 年"9·11"恐怖袭击后，这两种紧急状态的区别不再明显，而实践中对"紧迫威胁"的解释与使用不再具有一致性。Schuller 主张紧急状态是评估自卫权行使合法性的必要标准之一，在规范使用武力和武装冲突的法律体系中均应得以使用。他提出了三个紧急状态的原则帮助灵活评价武装冲突中自卫行为的合法性：大规模杀伤性武器仅在有明显证据能强有力证明使用此类武器是能够消除致命危险的唯一手段时被允许使用；应坚持紧急状态的应有之义，同时根据具体情况灵活解释；判断紧急状态存在应以现实的正在发生的威胁而非潜在迫近的危险事件为依据。Schuller 支持合法使用武力的传统含义，认为只有在此基础上借助

---

① Noura S. Erakat, New Imminence in the Time of Obama: the Impact of Target Killing on the Law of Self-defense, Arizona Law Review, 2014, pp. 195-248.

一个简单灵活的评估体系才能够推动国际行为体在使用武力和武装冲突时遵守国际法，维护国际法律秩序的稳定性。①

Henriksen 从行使自卫权和"同意原则"的角度分析了美国反恐行动的合法性问题。美国对于其在域外进行的反恐行动采取的抗辩理由是：美国与基地组织处于战争状态，因此美国认为它有权针对基地组织的武装分子采取行动，而不必每次都评估其是否违反了"禁止使用武力"的原则。Henriksen 不同意此种观点，他认为美国在侵犯他国领土主权的时候应当根据相关规则和使用武力的原则证明其行为合法性，当前的武装冲突，无论是否为国际性的，都不能免除这一要求。Henriksen 主要考察了美国的定点清除行动和使用武力的问题，即美国进入他国领土进行打击的法律依据。实践中，美国跨境打击的法律依据主要是他国的同意和自卫原则。首先，他国同意能否构成美国跨境打击的主要依据。作者认为，根据使用武力的原则，有效的同意似乎可以排除使用武力的非法性，但必须要注意的是，当一项使用武力的行为存在潜在的违反国内法或是违反国际人权法的情形时，不应当允许行为国仅以"同意原则"作为证明其行为正当性的依据。此外，由于美国在巴基斯坦的军事行动是否经过巴政府的同意是不确定的，因此国际法学者认为合法的同意应当根据一定程序公开作出，避免出现大国为了实现其对外政策而对小国进行胁迫，在这种情况下作出同意显然是非法的。其次，美国的反恐行为是否属于自卫权的行使。关于能否以自卫权为依据打击恐怖主义的讨论在"9·11"事件后进行得尤为激烈。美国国际法学界认为"9·11"事件后，自卫权的内涵发生了实质性变化。最为重要的一点变化是：私人主体，如恐怖组织可以成为国家行使自卫权的对象。同时，与此相关的"累计效应"逐渐被广泛接受。累积效应是指相关国家被允许对小规模的恐怖袭击进行累计，根据该累计的效果去评估是否达到了行使自卫权的最低门槛。以上两点为受

① Alan L. Schuller, Inimical Inceptions of Imminence A New Approach to Anticipatory Self-Defense under the Law of Armed Conflict, UCLA Journal of International Law and Foreign Affairs, Spring 2014, pp. 161-206.

国际恐怖主义所威胁的国家采取应对措施留下了充足的空间。尽管美国在国际上主张"他国同意"和"自卫权"作为其证明使用武力合法性的依据，但这并未消除人们对美国行为合法性的怀疑，这一点主要是由美国在相关事件上信息的不透明所导致。美国这样做的主要原因是透明度可能导致美国承担责任的风险增加。考虑到对国际社会而言没有什么比规制武力的使用更为重要，而美国的反恐行动在过去十年对使用武力的相关规则造成了巨大冲击，因此我们有理由要求美国作出更大努力以确保其相关决策的透明度，接受国际社会的监督，规制避免使用武力的国际法成为一国实现其国家政策的工具。①

（三）国际法的发展趋势

自 21 世纪以来，无人机等新兴科技成果的不断产生和发展打开了"潘多拉之盒"，武装冲突的形态和武装冲突性质发生了巨大变革，然而武装冲突法的发展却严重滞后，国际社会仍试图用 20 世纪的武装冲突法规范应对全新的情势挑战。Jensen 认为在当代以技术创新为重要军事力量的背景下，武装冲突法对于规范作战方法、作战手段具有至关重要的作用，保护平民免受政府和武装团体的暴力伤害或将此类伤害降至最低。为探析武装冲突法如何在未来战场上继续有效规制武装冲突，Jensen 分别从冲突地点、冲突行为体以及作战方法和手段三个领域展开讨论，分析这些领域发生的重大变革对武装冲突法构成的挑战。尽管现有的武装冲突规范可以在未来一段时间内应对大部分武装冲突，Jensen 指出为避免武装冲突的形势在滞后的法律规范作出反应前走向不受法律控制的局面，必须对武装冲突的发展趋势进行及时预测，据此修改和完善规范武装冲突行为者、作战方法和手段的法律条文，并承认当前武装冲突规范的空白，探寻相应的解决方式，例如建立新概念和分析

---

① Anders Henriksen, Jus ad bellum and American Targeted Use of Force to Fight Terrorism Around the World, Journal of Conflict & Security Law, July 2014, pp. 211-250.

评价体系。①

应该注意，武装冲突法与国际刑法、国际人权法、移民法、难民法等虽分属不同的法律体系，但在许多方面呈现互相渗透的现象和趋势。例如，欧盟资格指令关于附属保护参考了武装冲突的规定；区域性法律文件对难民进行定义时借鉴武装冲突法和国际刑法的规定，扩大了传统难民定义的外延，推动难民保护的发展。武装冲突法与这些法律体系的"互动"在未来可能引起国际法进一步碎片化的问题，对国际法的内聚性和一致性提出挑战，这需要在实践中适用不同的规范时，考虑这些法律体系各自的目标宗旨和具体适用情形。

二、实践和适用问题

（一）武装冲突法对非国家行为体的适用问题

传统认为，在武装冲突法的法律体系内，只有国家才是具有资格的国际立法者。然而，越来越多的非国家行为体介入现代武装冲突之中，日渐成为武装冲突中的主导因素，对传统武装冲突规则及国际人道法体系造成巨大冲击。非国家行为体对武装冲突法的遵守已成为武装冲突法的一个重要问题。

Petrov 认为造成这一问题的原因与法律结构相关，即规制非国家行为体的非国际性武装冲突法律规范存在结构性缺陷。国际社会尚未就规范武装冲突中的非国家行为体达成协定，非国家行为体的行为基本上由国际性武装冲突的法律规则来调整。非国家行为体在国际法律制定过程中参与不足是导致其不守法的根源。由于非国家行为体处于不相称、不平等地位，因此不愿意遵守武装冲突规则。即使一些非国家行为体认为应当遵守武装冲突法，也往往因缺乏对相关法律规则的了解而不能有效履行义务。

---

① Eric Talbot Jensen, The Future of the Law of Armed Conflict: Ostriches, Butterflies, and Nanobots, Michigan Journal of International Law, Winter 2014, pp. 253-317.

为弥补结构性缺陷，增加非国家行为体遵守武装冲突法的意愿，一些学者提出国际参与的方式，赋予非国家行为体以国际立法权，让非国家行为体参与国际规范的制定。Petrov 指出这种方式具有明显缺点：它既没有权威的理论支撑，也不能使非国家行为体产生一种归属感。Petrov 同意需要在一套更为合理的法律体系中解决非国家行为体的规范问题，并认为非国家行为体的国内参与和专门规则的适用在既有的法律框架下能够达到相同甚至更好的法律效果。从实际考虑，制定专门规则可以更好地给予非国家行为体归属感而无须挑战原有的权威体系。鉴于非国家行为体类型的多样性，在实践中需要灵活应对，根据具体情况或单独使用国内参与方式，或两者配合使用。

从利益角度分析，非国家行为体要求获得合法性的需求与国家维护主权利益的诉求之间似乎不可调和。国际参与这种方式虽然符合非国家行为体的利益需求却可能冒犯国家利益，而国内参与的方式可以达到一种利益平衡状态。非国家行为体期望借助参与国际立法来制定有利于它们的武装冲突规则。然而，实践中绝大多数主权国家不愿意作出此类妥协。Petrov 认为这种利益平衡的法律效果可以通过国内参与等其他方式实现。总之，Petrov 支持将非国家行为体纳入武装冲突法体系之中，结合现实情况适用相关规范，并且主张非国家行为体的国内参与是一种可行的方式，应给予更多关注。①

（二）多国军事行动中武装冲突法的适用与遵守问题

冷战结束后，国际性和非国际性武装冲突引发的人道主义灾难大量增加，一些由国际组织主导的以人道主义救援和维持地区安全与和平为目的的多国军事行动获得国际社会的支持。由于多国军事行动的组成较为复杂且组织结构不同于一般的武装部队，在具体适用武装冲突规则问题上存在许多棘手问题，如适用法律的选择问

---

① Anton O. Petrov, Non-State Actors and Law of Armed Conflict Revisited: Enforcing International Law through Domestic Engagement, Journal of Conflict & Security Law, July 2014, pp. 279-316.

题、人员的法律地位问题等。

保证武装冲突法的可操作性则是有效适用武装冲突规则、保护武装冲突中受难者的重要前提。Zwanenburg 从国际法实践中探寻保证法律的可操作性的方法。通过分析多国军事行动可以发现，行动参与国通常希望通过明晰不同参与国各自的责任范围以减少或避免因国家间合作而需要考虑法律可操作性问题的情形。当这种方式不可行或无法避免合作问题时，国家往往会采取两种方式来保证武装冲突法在多国军事行动中的有效适用和执行：最大化方式，即各参与国为多国军事行动共同构建一个法律框架，在框架内就义务责任等问题达成一致；最小化方式，即国家就共同的法律义务等问题形成最低程度的共识，每一个国家制定政策确保遵守各自在武装冲突法下的义务。实践中，最大化方式与最小化方式不是两种互相对立的选择。武装冲突法能在大多数多国军事行动得到执行正是由于这两种不同方式的相互结合。同时，Zwanenburg 也注意到保证法律可操作性的前提是参与国认识到国家间法律体系的差异并以最大化的方式处理这类差异引起的问题。①

以《联合国宪章》第 6 章和第 7 章的规定为依据，由联合国主导开展的多国维和部队行动是多国军事行动的典型形式。鉴于维和行动中针对维和人员发生的抢劫、绑架等各种形式的暴力犯罪行为严重危及维和人员的安全和阻碍维和使命的有效执行，Fleck 以联合国维和人员的法律保护为视角对相关条约规范进行分析，思考如何从立法和程序上有效解决相关问题。虽然 1994 年《联合国人员和有关人员安全公约》明确了维和人员的受保护地位，但 Fleck 指出该公约的适用范围不清晰，没有充分解决国家、联合国与其他国际组织的责任等问题，且在多国军事行动中缺乏足够的实践。Fleck认为谈判《驻军地位协定》是一个有助于更好地界定联合国维和人员的法律地位及其权利义务的机制。这种机制较一般性条约而言能

① Marten Zwanenburg, International Humanitarian Law Interoperability in Multinational Operations, International Review of the Red Cross, December 31, 2013, pp. 681-705.

更好地保证东道国、派兵国和联合国在维和行动的准备阶段形成合作解决争端的意愿。①

值得注意的是，维和人员在武装冲突中并不总是扮演受害者的角色。自 20 世纪末以来，针对于联合国维和士兵侵犯当地居民人权的指控极大地影响了联合国维和行动的可信度。这一现象与维和人员在暴力的武装冲突环境中执行维和任务需要使用武力密切相关。探讨武装冲突法适用范围对于有效规制维和人员的行为具有非常重要的意义。Ferrarob 认为武装冲突法在非国际性武装冲突中适用的地域范围应延伸至受非国际性武装冲突影响的非交战国的领土上。在现代武装冲突中，为了规避武装冲突法或避免成为武装冲突法中的合法攻击目标，维和行动的派兵国倾向于在非交战国领土（通常是其自己领土）上指挥和开展武装行动，例如借助无人机或网络手段对东道国领土上的武装团体实现跨境攻击。这些行为实质上违反了交战方平等原则。另外，在非国际性武装冲突中成为俘虏的武装团体成员常常被维和行动的派兵国监禁在非交战国的领土上，增加了这些被监禁人员获得国际人道法保护的困难。因此，若固守传统武装冲突法的地域范围限制，维和人员则可能利用法律缺陷而逃脱法律责任。②

在讨论武装冲突法如何在多国军事行动中适用和遵守时，多数学者以联合国主导的维和行动为焦点，而忽视了北约、欧盟等非国家行为体对武装冲突法的影响。Olson 和 Naert 分别从北约和欧盟的视角分析这两类非国家实体主导的多国军事行动适用武装冲突法的问题。Olson 认为产生这类问题的主要原因之一与组织本身的性质和结构有关。北约是一个由主权国家组成的军事联盟，但有别于其成员国，北约并非一个具有独立开展军事行动能力的行为体，而

---

① Dieter Fleck, The Legal Status of Personnel Involved in United Nations Peace Operations, International Review of the Red Cross, December 31, 2013, pp. 613-636.

② Tristan Ferrarob, The Applicability and Application of International Humanitarian Law to Multinational Forces, International Review of the Red Cross, December 31, 2013, pp. 561-612.

是一种协调主权国家军事行动的机制。尽管北约所有的成员国就遵守武装冲突规则达成了共识，但许多北约成员国在武器使用等方面的具体义务不同，甚至在特定情形下对武装冲突法规则的内容也有不同的理解，从而影响武装冲突法在其军事行动中的适用和遵守。① 欧盟在多数军事行动中则倾向于接受国际人权法作为其行为标准。理论上，欧盟及其成员国都认可如果参与多国军事行动的成员国在武装冲突中成为武装冲突的一方，须遵守武装冲突规则；然而，依据欧盟的政策规定，并非所有的欧盟军事行动均适用武装冲突法，而武装冲突规则也不能被当然地视为欧盟军事行动中最为适当的行为标准。Naert 指出在欧盟军事行动中，欧盟及其成员国承担大部分相似的国际人道法和国际人权法义务，欧盟通过政策选择、将行动计划与作战规则和国内司法程序相结合等方式协调法律的适用，但欧盟仍应尽可能明晰适用的法律。②

（三）占领区的社会重建问题

自"二战"结束以来，占领问题一直是国际法学界的重要研究对象。Szenajda，Power 和 Leighton 分别以"二战"后德国的美占区、2003 年至 2004 年美军占领下的伊拉克和以色列占领的约旦河西岸地区为例，对不同占领区的社会重建问题进行分析。

"二战"后，德国为美、英、法、苏四国占领，德国的司法体系在纳粹政权无条件投降后走向崩溃。为在其占领区内重建司法体系，美国政府制定反纳粹化的占领法，重新设立司法机构，采取修复司法体系的措施，将经审查被认定无罪的司法人员安置到司法机关内。美国通过司法重建将管辖占领区的责任转移给司法机构直至军事占领结束，联邦德国建立。德国的美占区成为历史上第一个占

---

① Peter M. Olson, A NATO Perspective on Applicability and Application of IHL to Multinational Forces, International Review of the Red Cross, December 31, 2013, pp. 653-658.

② Frederik Naert, Observance of International Humanitarian Law by Forces under the Command of the European Union, International Review of the Red Cross, December 31, 2013, pp. 637-644.

领区司法重建的尝试。Szenajda 评价认为，美国占领区内的司法体系之所以能够得到成功修复主要与两个原因有关：司法体系具有可操作性；由正直公正的人担任司法人员。Szenajda 得出结论认为，1945 年至 1949 年联邦德国美军占领区的重建经验告诉我们，当人们信任法学家能够公正实施法律，同时维持稳定民主的社会状态时，建立公正有效的司法机构有助于司法体系的重建和战后的社会重建。①

2003 年至 2004 年英美入侵伊拉克之后，根据联合国安理会第 1483 号决议和武装冲突法在伊拉克建立管理政府。然而，Power 在考察"一战"和"二战"后出现的交战占领并深入分析海牙规则第 43 条与《日内瓦第四公约》第 64 条后，指出这种交战占领与传统意义的变革式占领不同。安理会决议要求临时政府与联合国特别代表合作促进经济重建和改善生存发展的条件。在联合国代表因升级的暴乱被迫离开伊拉克后，临时政府实施了一系列侵入性立法改革，单方面改变伊拉克经济模式，将伊拉克从计划经济的国家转变为一个自由市场的国家，实质上超出了社会变革措施的范围。Power 支持在占领区进行有限的社会重建，认为交战占领状态下实施的社会变革措施应当是为了保护和实现被占领地人民的利益，超越该标准的措施则不具有合法性。②

Leighton 以约旦西岸一个被以色列在军事和民事上均有效控制的小村庄——亚喀巴为例，提出实践中占领法与人权法结合适用的观点。考虑到现在以色列占领巴勒斯坦的情形与 1967 年以色列开始对巴勒斯坦地区实施占领的情形有诸多不同，他认为现代长期占领较传统的交战占领显然需要占领政权实施更积极的管理。

---

① Andrew Szenajda, Restoring Administrations of Justice in Early Practice: American-Occupied Germany 1945-1949, Amsterdam Law Forum, January 17, 2014, pp. 35-67.

② Susan Power, The 2003-2004 Occupation of Iraq: Between Social Transformation and Transformative Belligerent Occupation, Journal of Conflict & Security Law, July 2014, pp. 341-380.

Leighton 指出，在占领政权无法保障被占领区人民生存的基本需求时，仅适用占领法的规定已不足矣，国际社会需要改变关于占领法的观念，占领政权应遵守国际人权法的规定，形成一种以尊重被占领地人民基本权利为基础的占领。①

（四）战后个人赔偿问题

在武装冲突中，由于在执行军事行动时违反区分原则而导致的平民伤亡事件时有发生，这些武装冲突的受害者为了维护自己权益而到外国法院提起诉讼要求赔偿。Kunduz 案涉及北约军事行动的受害者到德国起诉德国军事人员，本案中虽然波恩初审法院由于其他原因没有同意原告的赔偿请求，但是它认为德国应当就其在武装冲突中的非法国家行为对个人承担责任。这一决定引出了武装冲突中个人受害者是否有权在外国国内法院起诉该国从而获得赔偿的问题。Henn 回顾了德国在该问题方面的实践认为，之前国际社会并不承认个人有权就其在武装冲突中受到的损害在国内提起诉讼，但随着国际法的发展，尤其是国际人权法和武装冲突法更加重视对个人权利的保护，《欧洲人权公约》等人权法的域外适用情形的增加，个人在国际法上的地位愈加重要，国际法朝着人本化的趋势发展。考虑到国际法对德国国内法的影响十分显著，因此德国法院在适用本国法解决外国人提出的赔偿主张时应当考虑人权的重要价值。法庭在 Kunduz 案中的判决显然体现了这一趋势。Henn 认为，国际社会正在由政治导向转变为法律导向，这是国际社会的进步，依然坚持传统的政治方法解决问题是时代的倒退。同时，直接解决个人的赔偿请求能够使受害人感受到过去的不法行为真正地得到矫正，这对于发展两国间的和平关系至关重要。②

---

① Shelby Leighton, Al-'Aqaba: What One Village Can Teach us about the Law of Occupation, Georgetown Journal of International Law, May 2014, pp. 523-556.

② Elisabeth V. Henn, The Development of German Jurisprudence on Individual Compensation for Victims of Armed Conflicts: The Kunduz Case, Journal of International Criminal Justice, July 2014, pp. 615-637.

Gärditz 根据法庭对 Bridge of Varvarin 案作出的判决，就武装冲突受害者能够在国内获得赔偿的问题提出了与 Henn 不同的观点。他认为，首先，从国际层面来讲没有任何国际习惯法授予外国人就其在武装冲突中受到的损害获得赔偿的权利；其次，国际法院在 Germany v. Italy 案中对这一问题采取了回避态度，国际法委员会则在其制定的一系列草案中明确排除了个人对国家提起赔偿主张的权利，似乎暗示着当前国际社会就这一问题并没有形成国际习惯法。对于受害人所援引的作为其请求基础的武装冲突法规则，Gärditz 认为这些规则，比如《海牙第四公约》第 3 条规定的赔偿义务仅限于国家之间，并没有赋予个人向国家提出主张的权利。从国内层面来讲，若依据德国《国家责任法》来提出赔偿请求，那么法庭则需要对发生在外国的军事行动进行司法审查，考虑到武装冲突问题是一个复杂的、可能涉及国际政治因素的问题，因此对军事行动的国内司法审查可能是不适当的。Gärditz 也注意到国际人权法的新近发展大大提升了个人在国际法上的地位，但这一变化很难说对个人的赔偿请求产生了多大影响。[1]

Henn 和 Gärditz 对个人就其在武装冲突中受到的损害能否获得赔偿的权利所得出的结论暗示着国际法学界对这一问题的严重分歧，二者的分歧归根结底是个人在国际法中地位的问题。随着国际人权法和国际人道法的迅速发展，国际法人本化趋势愈加明显，国家对个人赔偿的问题受此影响有多大依然有待观察。

三、热 点 问 题

（一）叙利亚问题

叙利亚问题引起了学者对国际法上"不干涉"原则的深入探讨，

---

[1] Klaus Ferdinand Gärditz, National Law of State Liability and International Law-Fourth Hague Convention—Customary International Humanitarian Law—Compensation of Civilian Victims-Judicial Review of Military Operations, American journal of international law, January 2014, pp. 86-93.

比如人道主义干涉是否构成"不干涉原则"的例外，"不干涉原则"是不是外国对内战中交战团体双方都负的义务，如果是，那么对任何一方的援助是否可以成为为另一方提供援助的理由，即"反干涉行为"的国际法地位的问题。

在叙利亚危机中，由于大国行使否决权而导致联合国体制下集体安全措施无法发挥作用，欧美国家因此试图通过主张"人道主义干涉"对叙利亚的局势进行干预，但在各自国内遇到了挫折。Stahn结合这一背景，对"人道主义干涉"在叙利亚下能否适用以及它在国际法中的地位进行了分析。他认为，叙利亚武装冲突中使用化学武器的行为违反了武装冲突法和国际刑法，构成战争罪和危害人道罪，满足了履行"保护的责任"的要求。但是"人道主义干涉"与"保护的责任"是不同的概念，前者是单边行为，后者是联合国框架下的集体行为。同时，从动机上来看，前者必须是出于保护人道的目的，但是叙利亚事件中干涉的动机则有两个：改变反对派和阿萨德政权之间的力量对比和限制化学武器的使用。由于叙利亚冲突双方的目的都不明确，因此外国进行干涉的行为很难符合"人道主义干涉"的要求。关于"人道主义干涉"在国际法下处于什么地位，Stahn认为国际社会对"人道主义干涉"所持的态度可以分为以下几类：合法行为、非法行为、非法但是可免责、非法但合理、非法但可证明是正当的。由于这些观点来解释"人道主义干涉"都存在问题，他认为对人道主义干涉的合法性应当进行个案分析，不能一概而论。这一观点虽然避免了关于"人道主义干涉"合法性的单一化分，但是并没有提供一个解决有关"人道主义干涉"合法性的分歧的方法，今后国际社会面对"人道主义干涉"问题时的态度依然避免不了它固有的缺陷。①

Ruys认为，叙利亚局势涉及有关"请求干涉"（intervention by

---

① Carsten Stahn, Between Law-breaking and Law-making: Syria, Humanitarian Intervention and 'What the Law Ought to Be', Journal of Conflict & Security Law, January 2014, pp. 25-48.

invitation)的问题。根据国际法院和安理会的实践，"请求干涉"已成为被广泛接受的法律原则。一国法定政府可以请求第三国派军队对其援助或者为其提供武器弹药或其他物资，这种情况下，第三国的行为不违反"禁止使用武力"原则，也不违反"不干涉"原则。当然请求国的同意必须是有效的且由权力机构作出。① 当然，如果"不干涉"原则也适用于帮助一国政府的行为，那么对"不干涉"原则的违反则会导致另外一个行为的产生，即反干涉行为，即在第三国为反对派或者叛乱分子提供物质援助的时候，一国政府也可以请求他国对自己进行援助。但是问题的争议在于，当外国对一国政府进行援助的时候，反对派或交战另一方可否以实施"反干涉措施"为由也请求第三国对其进行援助呢？Klingler 分析了美国为叙利亚反对派提供武器的行为是否属于国际法上的"反干涉"并因此取得国际合法性问题，认为在反对派没有对领土进行有效控制并通过民主选举产生正当性之前，应当反对以任何形式援助反对派的行为，因为若允许这种行为，则为一些国家通过操纵事实干涉一国内政的行为留下太多空间，这将会对国际法律秩序的稳定构成威胁。当然，这并不意味着"反干涉"理论应当被抛弃，相反应当予以澄清，这将有助于解决涉及该理论的一些问题，如"不干涉"是不是国际社会对反对派和政府都应当承担的一项义务？如果不是，如何协调对政府的武装援助与内战导致的政府失去有效控制和正当性这一后果？如果是一项义务，那么违反该义务是否存在对反对派的救济措施，比如进行反干涉？无论这些问题的答案如何，一个清晰的规则比生活在模糊的规则中更能为国际社会所接受。②

从叙利亚的情况来看，没有国家主张为反对派提供援助是对俄罗斯为阿萨德政权提供援助的"反干涉措施"。除此之外，作为实

---

① Tom Ruys, Of Arms, Funding and "Nonlethal Assistance"—Issues Surrounding Third-State Intervention in the Syrian Civil War, Chinese Journal of International law, April 2014, pp. 13-53.

② Joseph Klingler, Counterintervention on Behalf of the Syrian Opposition? An Illustration of the Need for Greater Clarity in the Law, Harvard International Law Journal, Summer 2014, pp. 483-523.

施反干涉措施的前提，如何证明先前干涉行为的存在也是重要问题，因为如果解决不了该问题将会导致反干涉措施的滥用。因此，从本质上讲，"请求干涉"原则和"反干涉措施"面临的问题都是由"不干涉原则"引起的，提高不干涉原则的确定性，明确其范围是解决这些问题的关键。

叙利亚内战还引起了人们对反对派武装分子法律地位的讨论。Ruys 认为，关于非国际武装冲突中的武装人员的法律地位问题并不是一个新问题，在制定日内瓦四公约和两个附加议定书时就有国家提出将其适用范围扩大到非国家武装团体，但这一提议受到了多数国家的反对，其反对理由主要是，从传统上来看，非国际武装冲突是一国主权范围内的事项，应当由一国根据其国内法，主要是刑法来解决。Ruys 认为，若剥夺这类人员的战斗人员或战俘地位，他们将不会有动力在武装冲突中遵守相关规则，使得国内武装冲突变得更加不人道，进而提出可以允许国家保留追究武装团体成员刑事责任的权利，但是这种权利必须受到实质性限制且对象只能针对武装团体的领袖，对于其他武装分子，应当赋予其合法战斗人员或者战俘地位。①

(二)伊朗核问题

Dupont 分析了在伊朗核问题中，伊朗是否真的没有遵守它与国际原子能机构签署的《全面保障措施协议》。他认为应当区分"遵守协议"与"违反条约义务"，前者可以由缔约方即国际原子能机构自行作出裁判，然而后者必须由独立的第三方如国际法院或仲裁机构作出。联合国安理会作出决议的前提是伊朗必须违反了其所负担的国际义务，只有在这一先决条件满足的情况下才能作出决议。然而，在伊朗核问题中，安理会作出决议的依据主要是原子能机构提交的报告，这样做是存在争议的。没有任何先例或其他国际实践证明条约当事方可以对另一方行为的合法性作出最终判断，因此有理

---

① Tom Ruys, The Syrian Civil War and the Achilles' Heel of the Law if Non-international Armed Conflict, Stanford Journal of International Law, March 2014, pp. 247-280.

由质疑联合国安理会在伊朗核问题中行为的合法性。就伊朗是否遵守了它与原子能机构之间的协议而言，原子能机构作出决定时所依据的法律也是不适当的。根据《全面保障协议》，原子能机构只能核查那些已经申报的核活动以判断核燃料是否又被转化为生产核武器，为了强化原子能机构的职权，又通过了《附加议定书》等辅助文件，将核查范围扩大到那些没有申报的核活动。然而，伊朗并没有批准这些辅助文件，因此不能以后续通过的文件为依据认定伊朗没有遵守《全面保障协议》。①

美国和以色列使用震网病毒和火焰病毒等网络战武器攻击伊朗核设施，妨碍该设施正常运转的行为引发了国际社会对该行为国际合法性的讨论。Roscini 认为，其合法性问题应当根据国际法的初级规则和次级规则来分析。他认为，使用网络战武器攻击伊朗核设施不应当被认定为是"反措施"，因为美国和以色列并不能证明伊朗违反了《核不扩散条约》，伊朗承担国家责任更无从谈起；即使认为伊朗应当承担国际责任也是因为它违反了与国际原子能机构之间的保障协议和安理会的相关决议，根据《国家对国际不法行为的责任条款草案》，在这种情形下只能由受到特定损害的国家或有其他所有国家共同采取反措施，况且在安理会已作出相关决议并采取了相关措施的情况下，不应当再允许其他国家单独采取反措施；美国也无权援引国家责任草案赋予第三方实施反措施的权利，因为伊朗并没有违背对国际社会整体的义务。美国伙同以色列采取网络攻击的行为显然是违反国际法的。他还分析了网络攻击是否有可能构成"使用武力"的情形。Roscini 认为网络攻击会侵犯他国主权，且考虑到网络的相互联系性，即使一个看似很小的网络安全问题也可能存在着产生巨大损害的风险，从这一点来看，网络攻击的危害性

---

① Pierre-Emmanuel Dupont, Compliance with Treaties in the Context of Nuclear Non-proliferation: Assessing Claims in the Case of Iran, Journal of Conflict & Security Law, July 2014, pp. 161-210.

并不比传统"使用武力"的危害小，因此没必要降低使用武力的门槛。①

（三）私营军事安保公司问题

私营军事安保公司是国际社会出现的新型非国家行为体之一。作为一个私营实体，私营军事安保公司派遣其雇员在全球不同的地区执行公共领域的任务，且常常卷入武装冲突之中。然而，私营军事安保公司雇员的法律地位与责任在国际法中具有很大的不确定性。Kalidhass 侧重于分析武装冲突中私营军事安保公司雇员的责任问题，认为这些雇员的法律地位备受争议并不意味着他们处于责任"真空"状态。通过个案分析可以确定私营军事安保公司雇员武装冲突中的法律地位，他们须为其武装冲突中违反武装冲突规则的行为承担责任。就管辖而言，Kalidhass 认为无论是国际法律体系还是国内法律体系均可能对私营军事安保公司雇员的不法行为进行管辖，追究其法律责任。Kalidhass 指出，私营军事安保公司雇员责任问题的产生既是武装冲突法规范内在缺陷造成的，也和各国缺乏政治意愿共同解决这一问题有关。②

私营军事安保公司问题最近因困扰国际社会的海盗问题在索马里地区再次兴起而呈现新的发展趋势。鉴于商业目的需要，经过亚丁湾的商船备受海盗威胁，许多船主雇佣私营军事安保公司来维护安全利益与经济利益。随之而来的是，在索马里沿岸经常发生海盗与海上私营军事安保人员之间的武装冲突。如何规制海上私营军事安保人员亟待理论厘清和相关国际法规范的制定。国际海事组织秘书长 Sekimizu 指出，与海洋有关的产业具有全球性，这意味着国内有关海洋活动的法规政策能够产生国际影响，因此在处理这一问题时国家应制定详细全面的国内政策，并优先考虑适用《联合国海洋

---

① Marco Roscini, Cyber Operations as Nuclear Counterproliferation Measures, Journal of Conflict & Security Law, January 2014, pp. 133-157.

② P. R. Kalidhass, Determining the Status of Private Military Companies under International Law: A Quest to Solve Accountability Issues in Armed Conflicts, Amsterdam Law Forum, July 2014, pp. 4-19.

法公约》。考虑到《联合国海洋法公约》中与打击海盗相关的规定十分有限，Sekimizu 建议考虑国际海事组织就使用私营军事安保公司应对海盗威胁给船主、船旗国提供的指导方针。Mahard 则提议私营军事安保公司接受特定国际组织给予的执业资格证明，由雇佣船的船旗国审查船主雇佣的海上私营军事安保人员是否具有法定许可和受雇证明；同时应激励私营军事安保公司采取恰当的行为保证雇员在保护船只的同时遵守武装冲突法和国际人权法的规定。①

(四) 儿童兵问题

儿童兵现象在现代国际社会并不罕见。据统计，全球范围内至少有 87 个国家和地区存在部队、武装团体招募儿童兵，并在敌对行动中使用儿童兵。虽然国际社会通过了越来越多的条约、国际组织决议等法律文件力图减少这一全球现象，仍有数以千计的儿童卷入武装冲突之中。

Drumbl 对当前相关国际立法的缺陷进行反思，并提出自己的观点：国际立法亟须对儿童兵概念重新理解和释义。目前，国际立法一般倾向于将儿童兵描述为无过错的消极受害者，Drumbl 则对此表示质疑。虽然儿童兵现象的根源来自武装冲突，这些参与武装冲突的儿童是武装冲突的受害者，但是他们在某些情形下可能积极参与违反武装冲突法的行为。这些积极的犯罪者是否应被视为无力承担责任的受害者？Drumbl 对不同地区的儿童兵现象及其背后的社会、经济和政治原因进行了研究，得出结论认为儿童加入武装部队或参与敌对行动的原因包括遭受绑架等暴力手段胁迫、出生于武装部队中、受贫穷等环境因素影响参军，而儿童兵在武装冲突中实施暴行的原因也不是单一的。Drumbl 建议在制定与儿童兵相关的法律政策时需要考虑：大部分儿童兵没有实施暴力行为；青少年能够理解战争的法律和道德；儿童兵具有对自己行为自由裁量的能力；经过一段时间后，一些儿童兵会积极参与犯罪活动；和平时期

---

① Sean Patrick Mahard, Blackwater's New Battlefield: Toward a Regulatory Regime in the United States for Privately Armed Contractors Operating at Sea, Vanderbilt Journal of Transnational Law, March 2014, pp. 331-369.

的不法行为在武装冲突背景下可能演变为暴行；每个儿童兵的道德品性不同。他认为，对儿童兵问题的恰当的回应是抛弃传统的受害者构想，依据具体情形对儿童兵追究责任。在战后社会重建的过程中，应当建立复原型司法机制引导政府用救济性措施帮助前儿童兵获得康复。①

Jenks 则以国际刑事法院 Lubanga 案的裁决为例，从国际司法实践层面分析儿童兵问题。2013 年 3 月 14 日，国际刑事法裁定 Lubanga 征召 15 岁以下儿童作为儿童兵并使他们积极参与敌对行动的行为构成了《罗马规约》下的战争罪行为，应承担国际刑事责任。Jenks 认为，国际刑事法院错误地适用了规制平民参与敌对行动的规定，错误地对积极参与敌对行动与直接参与敌对行动作出区分。Jenks 认为国际刑事法院的这份裁决混淆了原本清晰的法律界定，甚至从法律上许可扩大可被攻击的儿童兵范围，在增加被告的责任的同时却破坏了对儿童兵的保护。为了平衡保护受害者与惩治犯罪的需要和更好地处理儿童兵问题，Jenks 提议法院参考红十字国际委员会关于敌对行动的解释性准则对直接参与敌对行动的解释，避免红十字国际委员会与国际刑事法院在司法实践中就直接参与敌对行动产生分歧。②

（五）武器的规制问题

新式武器的使用引起了人们对它所带来的道德和伦理问题的激烈讨论，甚至有些激进主义者认为应当阻止科技进步在武器方面的适用。然而，Lucas 认为公众对伦理的关注显然被误导了，因为他们根本不清楚"伦理道德"在这种情况下所应当具有的真实含义，与其以道德和伦理为由反对无人智能武器的发展，不如制定一套清晰、系统的规制新兴军事技术的法律和道德戒律。作者根据自己的

---

① Mark A. Drumbl, Book Review: Reimagining Child Soldiers in International Law and Policy, Journal of International Criminal Justice, 2014, pp. 399-402.

② Chris Jenks, Law as Shield, Law as Sword: The ICC's Lubanga Decision, Child Soldiers and the Perverse Mutualism of Participation in Hostilities, University of Miami National Security and Armed Conflict Law Review, 2013, pp. 106-124.

考察，认为国际社会就自动武器系统的使用达成合意，作者根据该合意提出了 10 点有关这类武器使用的戒律。作者认为当前阶段对新式武器的规制应当采取戒律、指南等软法的模式，不应采取英法模式以避免意想不到的后果。当然，国际社会就新式武器正在形成的共识不仅限于上述，这些共识有助于我们建立一套更有效的管制新型武器的体制，用法律和道德手段去减少不必要的负面影响。①

Beard 认为，虽然使用武装冲突法所禁止的武器是违反国际法的行为，相关人员要承担相应责任。但是，国际社会对何种武器构成禁止使用武器并没有明确的规定，况且，使用智能武器系统并没有受到国际社会的反对，因此智能武器本身并不是被禁止适用的武器，对与使用智能武器相关的战争犯罪的刑罚依然取决于是否违背了武装冲突法义务。使用高智能武器极有可能违反区分原则和比例性原则。避免这种情况发生的最有效的手段就是在使用智能武器时尽可能地增加"人为判断"，而智能武器自身无论如何发展都不可能具有作出"人为判断"的能力。Beard 认为对于执行任务较为单一的智能武器系统而言，这些措施可能会起到一定效果，但对于其他需执行更广范围任务的智能武器而言，这些措施显然是不够的。智能武器将来无论如何发展都不应取代人类成为战场上的最终决策者，这是因为决策者应当是一个理智的人，他应当能够根据当时的特定环境作出正确的决定以满足武装冲突法的基本原则，这是智能武器无论如何发展都无法达到的。高智能武器对个人刑事责任的追究也产生了重要影响。需要制定一套规则去规范使用高智能武器的行为，否则很难证明指挥官充分知道滥用武器系统并且造成损害后果，这就可能会成为长官逃避其责任的漏洞。②

Kellman 探讨了于 2013 年联大表决通过的《武器贸易条约》相

---

① George R Lucas, Jr., Legal and Ethical Precepts Governing Emerging Military Technologies: Research and Use, Amsterdam Law Forum, 2014, pp. 23-34.

② Jack M. Beard, Autonomous Weapons and Human Responsibility, Georgetown Journal of International Law, June 2014, pp. 617-681.

关的一些问题。值得注意的是，本公约并不是普遍的禁止武器贸易，而是禁止非法的武器贸易。这就涉及如何区分合法武器贸易和非法武器贸易的问题，公约在最终文本中依然没有制定明确的区分标准，而是将这一判断留给各个国家作出。尽管如此，公约还是规定了成员国的武器贸易行为可能违反其所承担的国际义务的两个情形：公约禁止成员国违反联合国安理会作出的武器禁运决定或其他与武器贸易相关的国际公约而进行的武器贸易，同时在另一方可能犯下国际罪行时也禁止缔约国与其进行武器贸易；公约要求各个缔约国建立一套客观评估体系以评估每次武器贸易，如果缔约国认为武器贸易会导致违反武装冲突法和国际人权法的后果，国家应当坚决制止该项行为。为了更好地规制国际武器贸易，公约还要求缔约国应当对武器贸易的中间人进行管理，同时各国还应当建立一套信息和情报的搜集、共享制度，这一制度可以以秘书处为平台进行。①《武器贸易条约》虽然是各个国家妥协的后果，依然存在很多管制真空区，但它是国际法对军火贸易行为进行规制的重要一步，有助于在国际层面上消除暴力，维护和平。

2011 年 9 月，美国在也门对美国籍穆斯林安瓦尔·奥拉基的"定点清除"行为引起了人们对"定点清除"行为合法性的关注。Rylatt 认为美国"定点清除"的行为应当放在战时法和国际人权法的视角下进行考察。从战时法的角度来讲，他排除定点清除行为属于国际型武装冲突这一情形。Rylatt 认为美国针对奥拉基的"定点清除"不属于武装冲突的一部分，因此美国政府试图通过援引武装冲突法来证明这种行为正当性的做法显然不能成立。从国际人权法的角度尤其是《公民权利和政治权利公约》的角度来讲，他对美国"定点清除"行为的国际合法性进行评估，认为有充足的证据证明美国的"定点清除"违反了国际人权法。其结论并不局限于奥拉基事件。无人机的军事活动越来越普遍且没有减少的趋势，国际法应当对这种现象作出反应。同时，国际社会对美国无人机活动的隐蔽性越来

---

① Barry Kellman, Controlling the Arms Trade: One Important Stride for Humankind, Fordham International Law Journal, 2014, pp. 687-732.

越不满，美国应当对国际社会的呼声进行回应，让自己的"定点清除"政策更加透明，归责更加明确，最重要的是更加注重公平正义。[1]

与其他学者观点相似，Rose'n 也从欧洲人权法的角度考察了使用无人机技术所产生的人权法责任，尤其是无人机在欧洲以外执行行动时欧洲人权法的域外适用问题。欧洲人权法院在 Loizidou v. Turkey 案中认为当一国对其境外的区域实施有效控制时，对这一区域发生的违反《欧洲人权公约》的行为应当承担责任。在 Al-Skeini & Others v United Kingdom 案中，法庭认为当判断无人机是否构成对域外领土的控制时，应当考虑的因素有：有效控制的程度、施加权威的有效性。作者观点的独到之处在于他详细分析使用无人机是否属于预防措施的一部分进而构成武装冲突法义务。在武装冲突环境下，无人机由于其先进的技术可以实现对战略目标的精确打击，又可以进行充分的情报搜集，从而可以采取一切必要的预防措施避免对非军事目标造成任何损害。使用无人机技术很好地解决了采取预防性措施与实现战略利益、保护士兵安全和避免军事设施损失之间的矛盾，实现了遵守预防原则和达成军事目标之间的平衡。在这种情形下，"预防措施"的内容是不是也发生了变化？对于有能力使用无人机的国家而言，使用无人机以减少平民和战斗员伤亡是不是一项义务？对此持肯定态度，不仅在执行定点清除和印象攻击之前应当使用无人机进行充分的情报搜集，提前做好预防措施以减轻附带损害，而且在使用任何其他武器系统进行攻击之前都应当使用无人机进行情报搜集，这已经成为攻击国所承担的采取"预防措施"义务的一部分。根据上述论述，建立了一套适用无人机的法律责任体系：使用无人机进行充分情报搜集和监视可以避免对平民的损害，因此使用无人机构成武装冲突法中"预防原则"的一部分，

---

[1] Jake William Rylatt, An Evaluation of the U.S. Policy of "Targeted Killing" under International Law: the Case of Anwar Al-Aulaqi (Part Two), California Western International Law Journal, Spring 2014, pp. 115-147.

否则就会构成对武装冲突法的违反；同时，无人机对某一区域进行充分的情报搜集和监视构成"有效控制"，它对平民造成的损害性后果还受到欧洲人权法的约束。

四、平民保护问题

（一）平民保护的定义

平民保护是武装冲突法的核心问题。然而，平民保护的广泛含义给保护的实际执行造成了许多困难。国际法上的"保护"概念涉及武装冲突法、《联合国宪章》、国际人权法等不同法律体系关于平民保护的权利义务规定以及人道主义行动、人权报告等实现合法保护的活动，在不同的法律体系和情境中具有不同的含义。这种"碎片化"的平民保护的概念导致国际社会"保护者"对平民保护的理解分歧从而在行动上缺乏凝聚力。尽管如此，Willmot 与 Sheeran 并不支持通过统一平民保护的概念来规范和促进保护活动的实施。他们认为每个"平民保护"的概念在各自法律体系内都是合法且具有积极意义的，将不同概念竞合会使不同规范之间的高度混淆。综观这些平民保护的概念可以发现，每一个概念本质上都承认平民作为人固有的尊严，需要实现国际法对平民的保护义务，但不同的概念之间不易调和，因此需要强调它们共同的目标。Willmot 与 Sheeran 提议构建一个统领型的保护框架，使不同的平民保护概念和行为能在框架内相互影响、补充和促进。[1]

（二）保护责任问题

保护责任的提出实际上与武装冲突中的平民保护问题紧密相关。20 世纪末，在前南斯拉夫、卢旺达等地爆发了一系列涉及种族灭绝等严重危害人权行为的武装冲突。国际社会在严重的人权灾

---

[1]　Haidi Willmot and Scott Sheeran, The Protection of Civilians Mandate in UN Peacekeeping Operations: Reconciling Protection Concepts and Practices, International Review of the Red Cross, December 31, 2013, pp. 517-538.

难面前未能齐力应对，甚至就保护问题产生了分歧，致使数以万计的平民遭受浩劫。出于反思，保护责任作为一种以主权国家保护其国民的责任为核心的理念兴起。在传统国际法上，主权被视为一种至高无上的权威，保护责任的兴起则表明主权的内涵已发生一定的变化。近年来在武装冲突中频繁出现西方国家以保护责任为由对他国进行军事干涉的事件，再次引起国际法学界对这种军事干涉合法性的热议。

　　Lee 以 2013 年美国军事干涉叙利亚冲突以及 2014 年俄罗斯军事干涉克里米亚为例从保护责任的角度对军事干涉的合法性展开分析，指出传统国际法上武力的合法使用只能基于自卫或联合国安理会的授权，据此美国与俄罗斯的干涉行为的合法性受到质疑，而对于国家未履行保护责任是否可以构成他国军事干涉的合法理由需要从国际习惯法中寻找法律依据。Lee 认为保护责任具有三个理论前提。鉴于一国如何对待其国民属于主权管辖内的事务，从实质上看保护责任的宗旨损害了国家绝对主权原则。追溯至古代战争法，可以发现同样存在一种保护责任机制，即允许国家出于保护其本国国民或盟国国民的目的未经第三国同意而在其领土上使用武力。几个世纪以来，保护责任机制发生了巨大的变化，在保护平民观念的影响下衍生出现代的保护责任。Lee 提议将国际关系史的保护责任与目前的保护责任两种保护机制整合作为一种构成《联合国宪章》外诉诸武力在国际习惯法上的依据。这种整合意味着国际习惯法上武力使用的适用范围的扩大，即在既非联合国安理会授权也不构成自卫的情形下，一个主权国家可以习惯法为依据，未经另一主权国家同意在该国领土上使用武力以保护那些面临种族灭绝紧迫危险的平民，无论这些平民与干涉国是否存在国籍上的联系。然而，Lee 明确提出，在这种情形下武力的使用与其他两种《宪章》规定的情形一样，以平民面临东道国实施种族灭绝、大规模屠杀、危害人类罪等行为的紧迫危险为必要前提。[1]

---

① Thomas H. Lee, The Law of War and the Responsibility to Protect Civilians: A Reinterpretation, Harvard International Law Journal, May 13, 2014, pp. 101-171.

结　语

总体而言，2013 年 9 月至今，西方对武装冲突法的研究依然延续前几年的内容，但无论是在学术研究方面还是在具体实践方面，武装冲突法的发展整体呈现人本化的发展趋势。保护人权的理念对武装冲突法的理论构建和适用执行产生了深刻影响。与 2011 年和 2012 年相比，西方武装冲突法研究的特点具体表现为：第一，继续注重武装冲突法的理论发展，从保护难民、规范跨境执法活动、防止自卫权滥用等角度对国内武装冲突的定义、敌对行动、紧迫威胁等基本概念重新解读；第二，更加关注武装冲突法和武装冲突规则在不同的武装冲突环境中的适用和执行问题，其中在联合国维和行动与北约或欧盟主导的多国军事行动背景下的武装冲突法适用与遵守问题成为目前学术界的争论焦点；第三，研究方式日趋多样化与综合化，倾向于采取实践分析的方式研究武装冲突法问题，通过讨论武装冲突法与国际人权法、国际刑法等其他国际法律体系间的关系来探寻解决问题的可能性。

综观 2014 年，西方武装冲突法研究问题的视角和方式更为新颖，且大多以武装冲突的具体实践为基础，注重理论研究与具体实践的结合。需要指出的是，尽管学者为了应对复杂变化的国际形势正试图寻求或构建新的武装冲突法理论来论证武装冲突法规则的可行性，鉴于现行武装冲突法体系仍然被国际社会普遍接受，具有相当的权威性，研究分析还是应尽可能着眼于传统的武装冲突法体系，借助其他法律体系进行补充和修改。

可以预见，随着科学技术的发展，未来几年的西方武装冲突法研究仍将致力于解决武装冲突的基本理论问题和实践适用问题。与此同时，平民保护、武器规制、私营军事安保公司等热点问题仍是当今适用武装冲突法面临的共识性难题，亟待进一步研究。未来武装冲突出现的新情势和新问题也将推动武装冲突法在未来的国际法框架下获得更广阔的理论发展空间。

2015 年国际税收透明度与信息交换原则前沿追踪

武汉大学法学院　崔晓静

引　言

　　国际避税地为逃税、资本外逃和洗钱犯罪创造了机会，对国际经济生活的影响日趋显著，其危害一直受到各国的关注。金融危机后，国际社会积极加紧了对离岸避税的法律规制，全球税收论坛所推行的税收透明度与信息交换原则，逐渐成为各国和国际组织在税收行政合作中力求达到的国际标准。

　　本文旨在通过分析并汇总现行国际税法体制中与该原则紧密相连的一系列实践行动，梳理比较世界主要国家和国际社会对国际避税地规制的现有成果与最新动态，为促进提高税收透明度和合规水平、加强国际间税收合作提供理论依据和实践参考。关于该问题，国内学者的研究大部分从单一事件入手进行具体的分析，缺乏对后危机时代国际税法领域的新进展进行宏观、整体的把握。而笔者致力于将这些税收大事件进行系统而完整的阐述，包括税收透明度同行评议机制、自动信息交换标准的产生推广、《多边税收征管互助公约》的修订、美国《海外账户纳税法案》（FATCA）的实施模式等，深入、透彻地剖析出税收透明度原则对国际法制和各国国内法的影响。

　　面对国际税法的新标准、新趋势，各国如何顺应这一潮流，维护国家的经济利益，利用现有机制为打击国际逃避税、洗钱、腐败和恐怖主义融资等行为提供有力的支持，是该研究的题中之意。为使脉络清晰，本文正文部分将分为四个部分进行具体阐述，分别是：（1）国际税收透明度同行评议机制；（2）国际税收自动信息交换标准；（3）《多边税收征管互助公约》成员的扩大；（4）中美关于 FATCA 谈判的新合作。研究将围绕国际税法领域的相关热点问题，综合运用历史分析、比较分析、经济分析、实证研究等各种科学的研究方法，同时注意借鉴国外相关研究的论点与成果。

一、国际税收透明度同行评议机制

（一）同行评议产生的背景

在经济全球化的背景下，跨国集团活动日趋频繁，各国投资和经营者取得所得的形式日益复杂，政府税收监管难度增大。始创于 2001 年的全球税收论坛隶属于经合组织，由经合组织成员国及部分合作伙伴共同创立，自成立以来一直推动着税收透明度与情报交换国际标准的不断发展，为打击有害税收竞争作出了巨大的贡献。论坛成立后的第一项重大成果就是制定了税收信息交换专项协定（TIEA），并于 2002 年发布该协定范本。范本反映出全球论坛所期望的高标准的信息交换，现已成为许多国家谈判双边协定的基础。①

2008 年全球金融危机爆发后，各国政府为尽快走出经济低潮，进一步对国际避税地施加压力，以促使双方合作，共同打击国际逃避税和反洗钱活动。在此背景下，20 国集团要求在更广阔的平台上加强国际间的税收信息交换合作。2009 年 9 月，全球税收论坛随之而改组为税收透明度与信息交换全球论坛（以下简称全球论坛），并在 20 国集团的正式授权下通过建立综合性的同行评议程序

---

① 《全球税收论坛 2006 年度评估报告》，Tax Co-operation：Towards a Level Playing Field-2006 Assessment by the Global Forum on Taxation（2006），http：//www.oecd.org/tax/transparency/44430286.pdf，last visit on March 11，2015，p.7.

以监督与促进各国对国际税收透明度原则的执行情况。其所倡导的税收透明度与信息交换原则也得到了国际社会的普遍认可，成为许多国家签订、修改税收协定的基础。

早在全球税收论坛成立之初，论坛就注意到许多国家开始逐渐提高税收透明度和信息交换的水平。论坛于其 2004 年的柏林会议上决定，对国家在税收信息透明度和信息交换方面进行审查，以评估在建立公平竞争环境方面的进展，并进行年度评估，其评估成果被编入全球税收论坛每年的《税收合作报告》中。同行评议机制确立后，2010 年 3 月，改组后的全球税收论坛正式启动同行评议机制，对全球论坛所有成员以及被认定为与其工作相关的其他国家和地区进行同行评议，审查其是否充分执行国际税收透明度原则。① 来自 20 国集团的有力支持为同行评议机制的效力提供了保证，未能通过审议的国家和地区，必须充分执行同行审议对其提出的改进建议，否则将有可能面临来自国际社会的制裁。

（二）同行评议的主要内容

全球论坛授权的一个关键内容就是，建立一个充满活力的综合性同行评议程序，监控和审查各个国家在充分有效的信息交换中执行国际标准的状况。② 同行评议的过程包括两个阶段，完成评议过程的两个阶段后，每个辖区会得到一个总的等级评定。第一阶段评估一国有效信息交换的法律和监管框架；第二阶段评估实践中标准的落实情况。一些全球论坛成员国采取第一阶段和第二阶段联合评议。通过第二阶段评议，全球税收论坛将检验各司法管辖区在实践中是否有效落实了国际标准。和第一阶段相比，第二阶段评议的结果之一是对各司法管辖区是否符合标准进行全面评级。迄今为止，几乎所有的成员国都完成了第一阶段的评议，同时大多数国家进入

① 《经合组织税收大事记（2011）》，OECD's Current Tax Agenda（2011），http：//www. taxwatch. org. au/ssl/CMS/files_cms/211_OECD% 20Tax% 20Agenda% 202011%20-%20multinationals. pdf，last visit on March 11，2015，p. 84.

② OECD（2010），Tax Co-operation 2010：Towards a Level playing field，OECD Publishing. http：//dx. doi. org/10. 1787/taxcoop-2010-en，last visit on March 11，2015，p. 12.

第二阶段的评议或联合评议。①

全球税收论坛为了落实审议，发布了《同行评议细则》作为评议的具体规则。授权调查的国际税收透明度和信息交换标准分为三大方面，共 10 项基本要素，分别是：（A）信息的可获得性（项下有 3 项基本要素），指各管辖区的法律框架中必须有相应的规定，使得税收相关信息（尤其是会计、银行和所有权信息）能够被收集和保存；（B）主管当局获取信息的途径和权力（项下有 2 项基本要素），即主管当局必须有法律上的权力获取上述信息，尤其是在不考虑银行保密制度或国内税收利益要求的情况下，并且没有不适当地延迟信息交换的障碍；（C）信息交换机制（项下有 5 项基本要素），即配套有相关的法律机制从而能有效地进行信息交换，通常是双重征税条约或税收信息交换协定等双边协议、多边公约，少数情况下是单边国内立法。这 10 个要素又更进一步地细分为 31 个具体要求。第一阶段评议根据 10 大基本要素得出如下结论之一：（1）要素存在；（2）要素存在，但是要素法律执行中的某些方面需要改进；（3）要素缺位。第二阶段审议评估和第一阶段相同的 10 项要素，但第二阶段审议评估的是信息交换的实践情况。各要素会得到合规、基本合规、部分合规和不合规之中的一个等级。截至 2014 年 10 月，有 71 个辖区已经收到了对每个要素的单独评议及总体评议的结果。

同行评议将评议过程中发现的各国普遍存在的，并且与各国报告之间一致性对待有关的问题称为"横向问题"。涉外信托、无记名股票和名义持有人这三个问题被列入"横向问题"清单，它们因具有一定的隐蔽性而常常存在避税的问题，影响税收透明度原则的执行。许多已参评的国家在这三个问题所反映出的法律制度上存在缺陷。

---

① Global Forum on Transparency and Exchange of Information for Tax Purpose, Tax Transparency （ 2014 ）： Report on Progress， http：//www. oecd. org/tax/transparency/GFannualreport2014. pdf, last visit on March 11, 2015, p. 25.

（三）同行评议的发展与影响

全球税收论坛在 2009 年改组后的 5 年中，不仅"终结"了为税收目的获取银行信息的保密时代，而且开启了更加透明的税收信息交换的时代。论坛囊括了 122 个司法管辖区，欧盟成员国以及 14 个临时观察国也加入了全球税收论坛，成员包括所有的 G20 成员国、OECD 成员国、国际金融中心以及众多发展中国家，使其成为世界上最大的国际税收组织。这些成员都承诺遵守关于税收信息交换的国际标准。截至 2014 年，通过对 150 个司法管辖区实行同行评议，其中审议的 105 个司法管辖区完成了阶段 1 的评议，符合应请求的税收信息交换（EOIR）国际标准，实现了相当显著的跨越性发展。这 150 项同行评议，包括：79 个第一阶段评议，26 个联合评议（第一阶段和第二阶段），45 个第二阶段评议，24 个补充评议，一共有 71 个司法管辖区得到了等级评定。2014 年通过的 26 个新报告中，有 21 个是第二阶段报告，这表明各管辖区的监管框架有了显著的改善，有助于对它们信息交换实践的有效性作出更为详细的评估。

图 1 显示了各成员辖区完成阶段评议的进展情况，包括第一阶段和第二阶段。

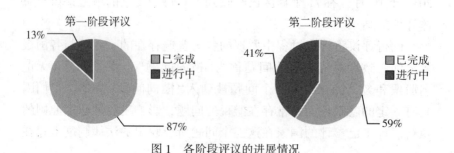

图 1　各阶段评议的进展情况

全球论坛带来了真正的变革，它成功促进了全球论坛成员国对于国际公认标准的遵守，这充分显示了同行评议机制的重大影响力。全球论坛的同行评议对世界各地国际标准的实施产生的实质性影响主要体现在以下三个方面：

第一，各司法管辖区对国际标准的遵从程度明显提升。相当一部分的司法辖区为确保获取账户信息和受益所有人信息而修改了法律，包括废除或冻结无记名股票(已经有 23 个司法辖区作出类似处理)。司法辖区也依据国内法采取行动以提高获取信息的权力，例如为应请求信息交换目的而改进对银行信息的获取方式，并且改善了应请求信息交换的程序，强化信息交换单元以及时进行应请求信息交换。总体而言，已征集的 968 项建议中，有 92 个司法辖区为落实其中的 500 项建议已经出台或修改了本国的法律和惯例。发布的 24 个补充评议认可司法辖区作出的改进。其中要求审查的数辖区大多是曾经因法律体系上的缺陷而未能进入第二阶段的司法辖区要求下进行的。被完全认为"适格"的要素的数量从 163 上升到 229，只有 2.3% 的要素被评定为"不适格"，而在第一阶段和第二阶段补充评议之前有 13.9% 的要素是"不适格的"。图 2 显示出各辖区在接受评议之后合规标准提高的程度。

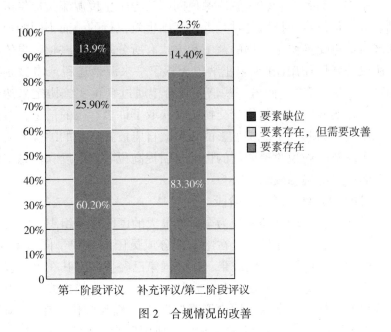

图 2　合规情况的改善

第二，税收信息交换的网络扩大，有效性也得到增强。信息交换协议的国际网络已经在过去十年间显著扩张，其中包括多边公约、税收信息交换专项协定以及避免双重征税协定。在 2005 年《经合组织税收协定范本》的第 26 条进行修改后，全球论坛成员已经签署了超过 1600 个双边专项信息交换协议。同时，不断有新的辖区成员加入《多边税收征管互助公约》和其他的区域性多边条约，从而使税收信息交换关系的数量增加到 3000 多个。通过庞大的信息交换协定网络，信息交换的基础建设已经初步搭建成功，各辖区可以通过这一稳定可靠的协定网络来促进税收行政合作并且进行便利、及时、有效的信息交换。这在实践中已有所反映，税收信息交换的请求量在持续增多，而收到相关请求后所需要的反馈和调查效率也得以提高，因为许多成员国对信息交换投入了更多的资源和关注。不少辖区已经声明即将发出第一次信息交换的请求，还有一些辖区已经通过信息交换成功追缴了部分税收。

第三，为各个管辖区解决逃税问题，为防止税源流失提供了帮助。有大量信息交换协定是最近才开始生效执行的。而不同的司法辖区对信息交换协定适用的范围和方式有所分歧：一些辖区更依赖于协议的威慑作用(比如阻止纳税人从第一来源地逃税或者鼓励他们自愿提供信息)，而另一些辖区则希望通过真正实施协定来达到目的。在实践中，税收信息交换协定获取了许多有效的信息，对打击逃避税行为起到了立竿见影的效果。自愿披露信息的纳税人的增多与全球范围内税收透明度的提高与因提高税收透明度和信息交换水平而产生的遏制效果有关。

(四)同行评议的下一阶段

全球税收论坛已经成长为全世界最大的国际税务组织，它目前有 126 个成员方，并且已经在绝大部分成员国内完成了同行审议。作为全球税收论坛努力的成果，许多国家已经提高了其在税收事务中透明度和信息交换的法律和监管基础建设。如今的挑战是基于已经取得的成就，在全球范围内增强实践中的税收合作。在 20 国集团的大力支持下，全球税收论坛和其他国际合作伙伴期待着这一挑战。

虽然各司法管辖区正在迅速解决同行审议确定的缺陷，但仍有改进的空间。一些司法管辖区被鼓励加快进程以应对需要，采取措施以确保所有相关的所有权及账户信息是存在的，并且加强主管当局为交换信息目的获取信息的权力。值得注意的是，同行审议是一个持续的、动态的过程。已发布的这些审议结果将引导各司法管辖区执行国际标准，实现有效的信息交换。

二、国际税收自动信息交换标准

（一）自动信息交换标准的产生与确立

随着全球化进程的加剧，纳税人越来越容易通过外国金融机构获得、持有和管理投资。由于纳税人未能履行其居民国的纳税义务，致使居民国的大量税收收入流失海外。离岸逃避税问题对各国来说都是一个亟须解决的棘手问题，在这场打击逃避税的战争中，税务当局之间开展以信息交换为核心的合作至关重要。[①]

国际金融危机爆发后，20 国集团于 2009 年在伦敦召开的峰会上，决定强化国际税收透明度与信息交换的标准执行。为了获取海外的税收信息，全面准确地掌握纳税人的应纳税额，应请求的信息交换（Exchange of Information upon Request）被确定为国际税收透明度标准。随着时间的推移，国际社会认识到应请求的信息交换无法杜绝愈演愈烈的逃避税行为，为了有效预防和彻底打击逃避税行为，在 20 国集团圣彼得堡峰会的推动下，自动信息交换（Automatic Exchange of Information）成为新的税收透明度标准。

自动信息交换其实由来已久，经合组织、联合国的税收协定范本与经合组织和欧洲理事会制定的《多边税收征管互助公约》等，都将自动信息交换作为传统的交换方式之一。但它地位的变化起源于 2010 年美国通过单边域外管辖以追缴海外隐匿资产，扩大财政

---

① OECD, A Step Change in Tax Transparency, OECD Report for the G8 Summit, Lough Erne, Enniskillen, June 2013, last visit on March 11, 2015, p. 5, http：//www.oecd.org/ctp/exchange-of-tax-information/taxtransparency_G8report.pdf.

收入而颁布的《海外账户税收合规法案》（FATCA）。该法案中的信息申报义务就是以自动信息交换为标准的。（第四部分将进行具体而系统的解释与阐述。）从 2012 年开始，自动信息交换成为更多国家政治诉求的重要内容之一。2013 年 4 月，20 国集团表示赞成按照新标准实行自动信息交换。2013 年 6 月，8 国集团领导人发布了《税收透明度的阶跃提升报告》（A Step Change in Tax Transparency），制定了在实践中开展自动信息交换所需要的具体步骤。2013 年 9 月，20 国集团领导人承诺将自动信息交换作为新的全球标准，全力支持经合组织的工作，争取在 2014 年确立一个统一的自动信息交换标准。①

2014 年 2 月，经合组织发布了《金融账户信息自动交换标准》（Standard for Automatic Exchange of Financial Account Information）②，并在之后将通用报告标准（Common Reporting Standard）纳入自动信息交换标准的第二部分。2014 年 7 月，经合组织发布《金融账户信息自动交换标准》的完整版本。同年 9 月，在凯恩斯举行的 20 国集团财长会议核准了标准的最终版本，会议还明确了执行该标准的时间表，即在 2017 年或 2018 年年底前开始实施该标准。

自动信息交换的新标准使打击逃避税的全球合作迈入了一个新的纪元。随着承诺遵守该标准的辖区数量的增加，税收遵从将得到显著改善，银行保密时代宣告终结。

（二）自动信息交换标准的内涵与实施模式

自动信息交换，是指缔约国主管当局依据事先达成的协议，由来源地国将有关纳税人各种类型所得或财产的信息系统地、批量地、定期地提供给居民国。根据经合组织于 2012 年 7 月 23 日发布的《自动信

① OECD Home, Centre for Tax Policy and Administration, Exchange of information, Automatic Exchange of Information, http：//www. oecd. org/ctp/exchange-of-tax-information/automaticexchange. htm, last visit on March 11, 2015.

② OECD, Standard for Automatic Exchange of Financial Account Information, published on 13 February 2014, http：//www. oecd. org/ctp/exchange-of-tax-information/automatic-exchange-financial-account-information-common-reporting-standard. pdf, last visit on March 11, 2015.

息交换：是什么，如何操作获益，还有哪些仍需努力》的报告，自动信息交换基本可分为以下步骤，即付款人或支付机构收集信息并向当地税务机关报告，税务机关整合信息并加密发送给居民国的税务机关，居民国税务机关接收、解密并录入信息，最后居民国税务机关分析结果并采取适当的行动(参见图 3)。①

目前，国际上存在的自动信息交换标准主要有以下三种：

1. 美国标准：FATCA 政府间协议

为了便利 FATCA 在全球范围的执行，美国相继颁布了一系列文件，为外国金融机构遵从执行 FATCA 提供了两套方案，即直接报告模式和政府间协议模式。前者鼓励外国金融机构与美国国税局订立协议，并向美国国税局报告美国人以及具有重要美国所有权的外国实体持有的金融账户的信息。但要求外国金融机构与美国国税局直接签订协议的单边行动缺乏可行性，于是政府间协议模式作为替代手段应运而生，并区分为金融机构向本国政府报告的范本一模式和金融机构直接向美国国税局报告的范本二模式。

但美国这种方法的缺陷在于，它仅限于两国之间的双边税收信息的交换，然而国际经贸交易经常涉及三方甚至多方，如果仅仅依赖于双边交换，很可能无法获取完整、全面和真实的税收信息。在互惠性方面，也存在很大的局限性，即便按照范本一模式，美国也只是向其伙伴国提供部分互惠，并未改变美国单方强制推行其国内法的本质。②

2. 欧盟标准：从《利息税指令》到《合作指令》

2003 年 6 月 3 日，欧盟理事会颁布了《对存款所得采用支付利息形式的税收指令》(以下简称《利息税指令》)，规定了自动信息交换机制，同时允许比利时、卢森堡、奥地利在过渡期内对利息所得征收预提税以代替自动信息报告。《利息税指令》颁布后，自动信

① OECD, Automatic Exchange of Information: What It Is, How It Works, Benefits, What Remains to be Done, p. 9, http://www.oecd.org/ctp/exchange-of-tax-information/AEOI_FINAL_with%20cover_WEB.pdf.

② Itai Grinberg, Taxing Capital Income in Emerging Countries: Will FATCA Open the Door?, Georgetown Law Faculty Publications, Public Law Research Paper, No. 13-031, http://ssrn.com/abstract=2256587, last visit on March 9, 2015, p. 12.

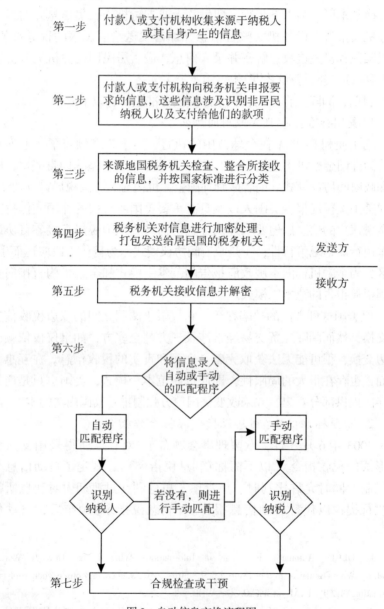

第一步 → 付款人或支付机构收集来源于纳税人或其自身产生的信息

第二步 → 付款人或支付机构向税务机关申报要求的信息，这些信息涉及识别非居民纳税人以及支付给他们的款项

第三步 → 来源地国税务机关检查、整合所接收的信息，并按国家标准进行分类

第四步 → 税务机关对信息进行加密处理，打包发送给居民国的税务机关

发送方

接收方

第五步 → 税务机关接收信息并解密

第六步 → 将信息录入自动或手动的匹配程序

自动匹配程序

手动匹配程序

识别纳税人

若没有，则进行手动匹配

识别纳税人

第七步 → 合规检查或干预

图 3　自动信息交换流程图

息交换开始受到越来越多的关注与应用。2011 年 2 月 15 日，欧盟通过了《税收领域行政合作指令》（以下简称《合作指令》），将《利息税指令》规定的自动信息交换范围扩大至适用于欧盟法律尚未涵盖的所有直接税和间接税。还包含了一个"最惠国待遇"条款，该条款被理解为要求与美国签订 FATCA 协议的欧盟国家也参与《利息税指令》的报告制度。①

但是，欧盟达成的区域间自动税收信息交换的指令仅限于欧盟的 27 个成员方之间，但实际上在欧盟金融机构的安排下，利用欧盟境外银行之间的关系，同样可以达到隐匿财产、逃避税收的目的。因此，欧盟的这两项指令在实践中的适用效果往往会大打折扣。

3. 瑞士标准：匿名预提协议

由于瑞士拥有严格的银行保密制度，长期以来瑞士几乎排除了所有的税收信息交换义务，这使得瑞士在税收信息交换领域深受诟病。2004 年 10 月，瑞士与欧盟签署了双边关系第二阶段谈判的一揽子协定，其中就包括《关于逐步取消共同边界检查协定》。瑞士希望通过加入该协定简化本国的入境手续，促进作为支柱产业之一的旅游业的发展。因此，欧盟以此为谈判筹码，要求瑞士加入自动信息交换。为了维护银行保密制度，瑞士提出以匿名预提协议代替自动信息交换。即，在瑞士支付机构持有相关资产的相关人员可以被征收匿名的预提税，随后由瑞士税务当局将这些税款移交给欧盟成员国的税务当局。一旦纳税人被扣缴这种匿名的预提税，他就无

---

① See Implications of the Foreign Account Tax Compliance Act Agreements with Austria and Luxembourg-Questions, Written Question to the Chief Minister by Deputy G. P. Southern of St. Helier, http://www.statesassembly.gov.je/AssemblyQuestions/ 2013/Deputy%20Southern%20to%20CM%20re%20FATCA%20agreements%20with% 20Austria%20and%20Luxembourg.pdf, last visit on March 25, 2014.; see also Summary Record of the 10th Meeting of the Expert Group on Taxation of Savings, http://ec.europa.eu/taxation_customs/resources/documents/taxation/personal_tax/ savings_tax/consultation/summary_20120926.pdf, last visit on March 11, 2015.

需再向本国的主管机关进行信息报告。

瑞士标准实际上回避了自动信息交换制度，转而用预提的税款换取了其长期赖以生存的银行保密制度。它既构成了欧盟自动信息交换制度的例外，同时也破坏了自动信息交换制度的完整性，给自动信息交换留下了空白和缺陷。

综上所述，这些标准存在较大的差异，这种"碎片化"的合规标准加重了跨国金融机构的负担，限制了发展中国家的参与，造成了混乱的合规局面，因而无法在全球范围内推广适用。

(三)全球税收论坛推进自动信息交换的工作机制

一直以来，全球论坛都以促进公平高效的税收信息交换和税收透明度为核心任务，其工作有以下三个主要方面：（1）为各成员实施自动信息交换新标准确定流程；（2）监督新标准的有效实施；（3）支持发展中国家的发展，帮助他们从中获益。为此，全球税收论坛于2013年建立了自动信息交换小组（AEOI Group）。[1] 该小组一直在推动这项工作的进展，最大限度地推行新标准并力图惠及各国。目前，小组成员囊括57个成员方（一共60个成员方）和3个观察员国家。[2] AEOI小组须定期召开会议并向论坛全体作会议报告。

AEOI小组的任务在于创建一个机制来监督和审查自动信息交换新标准的实施，这一工作已经开始进行，即同行评议机制。为努力确保发展中国家可以受益，经合组织制定了《自动信息交换：发

---

[1]　全球税收论坛最初建立了三个机构，即全球税收论坛全体会议、领导小组和同行评议小组，同时专设秘书处。2013年，全球税收论坛全体会议同意创建一个新的工作机构，即自动信息交换小组，旨在为监管执行自动信息交换的新标准提供依据。全体会议是唯一有决策权的机构。它通过对领导小组、同行评议小组和自动信息交换小组提供支持或建议来行使权力。

[2]　Global Forum on Transparency and Exchange of Information for Tax Purposes, AEOI Group Members, http://www. oecd. org/tax/transparency/AEOI-group-members. pdf, last visit on March 11, 2015.

展中国家参与的路线图》(以下简称《路线图》)报告,① 由全球论坛秘书处于 2014 年 9 月提交给 20 国集团。在与发展中国家、世界银行等国际组织进行广泛的磋商后,《路线图》确立了新标准实施的成本及其给发展中国家带来的益处与挑战。并且, 它勾勒出实施新标准的大致框架, 建议发展中国家开展试点项目, 这些试点项目将获得全球论坛、世界银行和 20 国集团的协助。②

(四) 自动信息交换标准的发展前景

全球论坛自 2009 年改组之后, 银行保密制度已成为过去时。曾一度被认为是不可想象的金融账户自动信息交换机制, 也已经被全球几乎所有的金融中心所采用。现在, 自动信息交换依赖应请求的信息交换和自动信息交换两大支柱, 大力打击国际逃避税行为, 对金融透明度的规定也越来越严格。迫于经合组织、全球论坛和 20 国集团等国际组织施加的压力, 各国都务必确保其有能力获取受益所有人的信息。那么, 空壳公司或其他类似商业安排的逃税风险将进一步降低。此项标准目前已经到位并开始运行, 逃税者将无所遁形。

然而挑战依然存在, 如怎样确保国际标准在世界各地全面且持续地实行, 所有国家包括发展中国家如何从中受益, 以及如何保证近五年开发的工具得到有效的使用。一方面, 如果各国都不提出请求, 信息交换制度将形同虚设; 另一方面, 若信息交换得不到有效的利用, 为构建信息交换的基础设施所付出的时间、精力等成本也将付诸东流。发展中国家欲与国际接轨, 就必须获得持续的支持。监督自动信息交换新标准的实施, 修订应请求的信息交换标准并使

① Global Forum on Transparency and Exchange of Information for Tax Purposes, Automatic Exchange of Information: Roadmap for developing country participation in the new Standard, Final Report to the G20 Development Working Group, 5 August 2014, http://www.oecd.org/tax/transparency/global-forum-AEOI-roadmap-for-developing-countries.pdf, last visit on March 11, 2015.

② Global Forum on Transparency and Exchange of Information for Tax Purposes, Automatic Exchange of Information, http://www.oecd.org/tax/transparency/automaticexchangeofinformation.htm, last visit on March 10, 2015.

发展中国家从中受益，这是全球论坛在未来五年将要面临的主要挑战。

同时，自动信息交换的多边化是当前工作的重心。2014 年 10 月 29 日，有 51 个成员方，其中 39 位部长级代表出席，签署了一份主管当局间的多边协定，承诺将根据《多边税收征管互助公约》的第 6 条进行自动信息交换，并规定了具体的信息交换时间和内容。多边合作源于国际税收自动信息交换多种标准并存且差异较大，包括美国、欧盟、瑞士等先后确定了多种不同的合规标准，不同合规标准的并存加重了跨国金融机构的负担，限制了发展中国家的参与，造成了混乱的合规局面，因而无法在全球范围推广适用，建立统一的多边自动信息交换制度成为大势所趋。

三、《多边税收征管互助公约》成员的扩大

(一)《多边税收征管互助公约》成员扩大的背景分析

在全球化背景下，由于人员、资本、货物和服务跨国流动加速，纳税人跨国经营的无国界性与税收管理有国界性之间的矛盾，造成税收管理的信息不对称，给开放经济条件下的税收征管带来了严峻挑战。各国税收主管当局普遍意识到了境外税收信息交换和境外税务追缴协助工作的重要性，但这些工作一般都是在双边法律机制之下进行的。虽然这些双边协定对于开展境外税收信息交换和境外税务追缴协助工作具有积极的作用，但其局限性亦非常明显。为了进一步开展多边税收行政合作，《多边税收征管互助公约》(简称《公约》)应运而生，旨在通过国际税收征管协作，应对和防范跨境逃避税行为，维护公平的税收秩序。该公约由 OECD 和欧洲理事会于 1988 年 1 月在法国斯特拉斯堡共同制定，1995 年 4 月 1 日生效。作为第一个多边性的税收合作公约，其对于加强国际税收合作，打击遏制非法逃避税和维护各国税收利益无疑具有积极的作用。

在《公约》生效之后，税收透明度和信息交换标准在税收合作领域逐步确立起来。进入 21 世纪以来，作为制定国际税收政策的推动者，全球税收论坛所倡导的国际税收透明度和信息交换标准在

国际社会得到了普遍认可。2008 年爆发席卷全球的金融危机之后，国际社会高度重视税收征管协作。2009 年 4 月，20 国集团伦敦峰会呼吁采取行动，打击国际逃避税。但信息交换标准在各项文本中的规定并不统一，这种碎片化的状况导致税收遵从成本过高，国际社会急需一个包容性的开放协定来统一标准，推动国际税收行政合作的新发展。《公约》作为第一个真正的多边税收合作公约，受到了广泛的关注。然而，根据《公约》的要求，只有经合组织和欧委会成员国的国家才具有批准《公约》的资格。如此一来，许多不符合上述成员资格标准的国家被排除在外。因此，对限制加入成员资格的相关规定进行修订成为现实的需要。此外，针对发展中国家由于资源缺乏，不能在新透明税收环境中获益的问题，2009 年 20 国集团伦敦峰会上各国领导人提议，应帮助发展中国家更加容易地从新合作性税收环境中获益，包含信息交换的多边交换机制。所以，《公约》还有必要在内容上作出实质性的修改调整，使其具有更大的利益包容性和灵活性，以便吸引更多的非经合组织和非欧委会成员国加入。

2010 年 5 月 27 日，经合组织和欧洲理事会响应 20 国集团号召，按照税收情报交换国际标准，通过议定书形式①对公约进行了修订，并向全球所有国家开放。公约议定书力求与国际认可的透明度和税收情报交换的标准保持一致，税收情报交换的合作性得到强化，同时注重对纳税人权利的保护。修订后的公约于 2011 年 6 月 1日生效。《公约》的出台及修订标志着国际税收合作重心的转移，即从避免和消除双重征税转向打击跨国避税、避免和消除双重不征税，同时也标志着全球性多边合作机制的形成。

（二）《多边税收征管互助公约》成员扩大后的新改变

《多边税收征管互助公约》共有 6 章 32 条，《议定书》对《公约》内容的修改主要集中在序言第 7 段，《公约》第 4 条、第 19 条、第

---

① OECD, Protocol amending the Convention on Mutual Administrative Assistance in Tax Matters, http：//www. oecd. org/ctp/exchange-of-tax-information/2010_Protocol_Amending_the_Convention. pdf, last visit on March 10.

21 条、第 22 条、第 27 条、第 28 条、第 30 条、第 32 条等，并增加了两份附录，具体表现在以下几个方面。

第一，税收信息交换上的合作性，这首先体现在其具有多国合作性。《公约》的修订原因之一就是 20 国集团伦敦峰会的关于帮助广大的发展中国家在新合作性税收环境中获益的呼吁之声日益强大。《公约》的成员国主要是经合组织和欧委会成员国，其覆盖的国家范围相对狭隘。为此，《议定书》明确规定扩大成员国的范围，将新合作性税收环境带来的利益扩展至其他国家，尤其是新兴市场国家和发展中国家。但《议定书》第 28 条也对非经合组织和非欧委会成员国的国家加入《公约》的条件作出了规定，即需要获得经合组织和欧委会成员国在《公约》协调机构的一致同意。同时，《议定书》也进一步强调了信息交换上的双向合作性，促使请求国与被请求国在信息交换过程中应当保持良好的沟通。

第二，采用了国际通行的税收透明度标准。《公约》修订时取消了"双重犯罪标准"。该标准规定，只有当被调查的行为在信息请求国和被请求国同时构成犯罪时，被请求国才会提供信息交换协助。① 取消这一标准，无疑增加请求国获得请求信息的可能性。并且，《公约》突破了国内税收利益要求和银行保密制度的阻碍。国内税收利益要求是指只有交换的信息，同时与被请求国国内税收目的相关，被请求国才会向请求国提供信息。银行保密制度则是指各国为了保护客户的金融隐私权，要求银行对开展业务中所知悉的客户信息进行严格的保护，不得擅自披露或使用。国内税收利益要求和银行保密制度构成了有效信息交换的重要屏障。新增的条款内容确保了国内银行保密制度和国内税收利益不会阻碍公约框架下的信息交换，并且在这些方面使《公约》优先于各成员国的国内税法。②

---

① Bryan S. Arce：Taken to the Cleaners：Panama's Financial Secrecy Laws Facilitate the Laundering of Evaded U. S. Taxes，Brooklyn Journal of International Law，2009.

② 《议定书》在《公约》第 21 条的基础上新增了第 3 款和第 4 款，与 OECD 范本第 26 条第 4 款和第 5 款作出了一致性的规定。

《议定书》第 4 条第 1 款扩大了税收信息交换的范围,任何可预见到的与《公约》所涉及税种的相关国内法的管理或执行的相关信息,各国都应当交换。

第三,赋予信息交换方式的选择更多的灵活性。《公约》主要包含了信息交换、追缴协助和文书送达三种协助方式。其中,主要的信息交换方式在《议定书》中并没有作大的改动,基本上还是沿袭了传统的五种主要方式,即应请求的信息交换、自动信息交换、自发信息交换、同期和境外税务检查,但缔约国可以依据各自国情的不同情况,灵活地选取不同的实施方案,且并不局限于上述形式。① 在某些情形下,上述各种不同的信息交换类型之间的严格界限也会变得模糊不清。

第四,注重对纳税人私权利的保护。一方面,《议定书》强化了税收信息交换过程中对当事人个人信息及隐私的保护,在公约框架下交流的信息应该在接受国被视为秘密,并获得如同按照其国内法所获取的信息享有的同等保护。另一方面,《公约》注重对当事人参与权的保护。规定当事人有权获知个人信息由于税收问题而被披露给他国的事实,通知的内容主要包括信息交换请求国、所涉及的税种、实施该信息交换的法律依据、所要交换的信息以及对信息交换提出质疑所应当遵循的程序等。

(三)《多边税收征管互助公约》的影响和前景

《多边税收征管互助公约》自 2011 年 6 月 1 日开放签署以来,截至 2015 年 2 月 24 日,全球已有 85 个国家或地区签署了《公约》,签署国家不仅包括 20 国集团的所有成员、"金砖五国"以及几乎所有的 OECD 成员国,还包括许多离岸金融中心和越来越多的发展中

---

① OECD, Text of the Revised Explanatory Report to The Convention on Mutual Administrative Assistance in Tax Matters as Amended by Protocol, last visit on March 10, p9, para. 52 of Article 4, http://www.oecd.org/ctp/exchange-of-tax-information/Explanatory_Report_ENG_%2015_04_2010. pdf.

国家，具有很强的代表性。① 自 2009 年 20 国集团伦敦峰会召开以来，为应对日趋严重的跨境逃避税问题，国际社会高度重视国际税收征管协作，该公约的影响快速上升，正日益成为开展国际税收征管协作的新标准。

2013 年 7 月，20 国集团财长与央行行长会议支持经合组织将《多边税收征管互助公约》框架内的税收信息自动交换作为全球税收信息交换的新标准。《公约》的重要性日益凸显，成为国际税收行政合作史上具有里程碑意义的一步，这与《公约》适时的修订密不可分。

《多边税收征管互助公约》修订后的优越性主要体现在以下几个方面：(1)多边性：修订前的《公约》已运行多年且卓有成效，具有多国合作的法律基础；(2)广泛性：《公约》所涵盖的税种十分广泛，可以最大限度上满足各国国内税收利益的需要；(3)灵活性：《公约》允许一国在签署时对特定条款提出保留，并可以在一定时候撤回保留，这为各国根据本国实际情况实施公约提供了回旋的余地；(4)一致性：《公约》规定设立一个由各签署国代表组成的协调机构，以保证《公约》实施的连贯性和一致性，为多边税收行政合作提供了可靠的组织保障。此外，《公约》还允许将税收行政合作中获取的相关信息用于打击税务犯罪以及腐败、洗钱和恐怖主义融资行为，有助于提高对税收信息的使用效率，扩大信息的使用范围。②

2014 年 10 月 29 日，自动信息交换的新标准获得了经合组织和20 国集团的所有成员国以及参加了全球税收论坛年会的主要金融中心的签署认可，并且有 51 个成员签署了根据《多边税收征管互助

① Chart of Participating Jurisdictions, Jurisdictions Participating in the Convention on Mutual Administrative Assistance in Tax Matters Status-24 February 2015, last visit on March 10, 2015, http：//www.oecd.org/ctp/exchange-of-tax-information/Status_of_convention.pdf.

② OECD, Flyer：The Multilateral Convention on Mutual Administrative Assistance in Tax Matters, last visit on March 10, 2015, http：//www.oecd.org/ctp/exchange-of-tax-information/ENG_Convention_Flyer.pdf.

公约》制定的一项《主管当局关于金融账户自动信息交换的多边协定》（Multilateral Competent Authority Agreement on Automatic Exchange of Financial Account Information）①，以促进信息交换工作的开展。该协定细化了《金融账户信息自动交换标准》的内容，明确了何种信息在何时进行交换，条文共分为八个部分，涵盖了条约术语、交换信息内容、交换信息时间和方式、国家间合作、数据保密等重要内容，其中《多边税收征管互助公约》第 6 条关于信息交换的规定为该多边协定内容的确定提供了参考和借鉴。在国际税收行政合作多边化的趋势下，这两份多边框架下的条约必将不断扩大其成员和影响力范围，不同法律文本中的税收信息交换标准也逐渐迈向统一。国际税收征管合作的新时代已经到来。

四、中美关于 FATCA 谈判的新合作

（一）FATCA 的出台背景

美国虽然拥有当今世界上最庞大、最复杂的税法典②，但因其规定了极高的税率，而使得美国纳税人试图采取各种方式在避税港隐瞒资产、藏匿所得，以逃避沉重的美国税收负担。为了打击离岸避税，美国国税局（IRS）虽然多方筹划，持续采取了一系列的措施，但收效甚微。

为了应对日益猖獗的离岸避税，弥补财政缺口，2008 年美国立法通过了《外国银行和金融账户申报制度》（FBAR），要求符合一定条件的美国人自行申报在外国银行和金融机构持有账户的相关信息。美国总统奥巴马于 2010 年 3 月 18 日签署了《海外账户纳税法案》（Foreign Account Tax Compliance Act，FATCA），迫使海外金融机构

---

① OECD & G20, Multilateral Competent Authority Agreement on Automatic Exchange of Financial Account Information, last visit on March 10, 2015, http：// www. oecd. org/ctp/exchange-of-tax-information/multilateral-competent-authority-agreement. pdf.

② 参见翟继光编译：《美国税法典》，经济管理出版社 2011 年版，第 1 页。

获取并提供美国纳税人的信息以配合 FBAR 的实施，作为《奖励雇佣恢复就业法案》(HIRE)的一部分被通过。如不遵守 FATCA，将对外国机构源于美国的所得和收入扣缴 30%的惩罚性预提税。

但是，作为美国国内法，FATCA 的适用范围已经远远超出了美国辖区，且权利与义务极不对等。可以说 FATCA 是迄今为止美国长臂管辖权(Long-Arm Jurisdiction)在税收征管领域最大范围的延伸，[1]这在实质上是一种侵犯他国税收主权的行为。这是因为，首先，FATCA 凌驾于现有税收协定所规定的任何条款之上[2]，要求外国金融机构耗费大量的时间、人力、物力、财力协助美国国内法的实施实属过分之举。作为在美国投资的代价，外国金融机构必须主动披露信息的规定无疑会对一国经济主权产生剧烈冲击。而且，FATCA 会造成诸多法律障碍，首当其冲的就是银行保密法，许多金融机构所在地为了保护客户的隐私，禁止银行或公司直接向外国政府提供客户信息。其次，FATCA 规定外国金融机构应对其所有客户群开展广泛、深入、详细的尽职调查，识别美国客户，获取美国客户的信息并每年向美国国内收入局申报，由此银行面临着承担开发技术、配备人员的潜在高额合规成本，这无疑会加重外国金融机构的行政负担。国际银行家协会预计全球主要银行为遵守规章可能耗费逾 2.5 亿美元，然而部分企业担心每年的成本会高达数十亿美元。[3]

(二)FATCA 的替代模式

FATCA 颁布后，许多国家及国外金融机构都对是否签订协议、执行 FATCA 持观望态度。而美国也意识到继续采取这种单边行动，要求海外金融机构与美国国内收入局直接签订协议缺乏可行性，因此在不断完善法规的同时，美国国内收入局也开始考虑其他替代性

---

① MICHEL, S. D. & ROSENBLOOM, H. D., 2011, FATCA and Foreign Bank Accounts: Has the U. S. Overreached? Tax Analysts, May 30.

② HEIBERG, J., 2012, FATCA: Toward a Multilateral Automatic Information Reporting Regime, Washington & Lee Law Review, Summer.

③ JOLLY, D. & KNOWLTON, B., 2011, Law to Find Tax Evaders Denounced, New York Times, Dec. 27.

方法。2012 年 2 月，法、德、意、西、英欧洲五国与美国政府发布联合声明，宣布将以政府间双边协定形式执行 FATCA，化解了西方主要国家反对 FATCA 的阻力。同年 9 月，英国与美国签署了实施 FATCA 的政府间协议，标志着美国执行 FATCA 取得突破性进展。

2012 年 7 月 26 日，美国财政部发布了《改善税收遵从、实施 FATCA 政府间协议范本》（简称《协议范本》）。按照《协议范本》，美国出台了实施 FATCA 的两套模式。模式一为政府间信息交换，下设互惠型和非互惠型两个子模板，并将 FATCA 的实施日期由原定的 2014 年 1 月 1 日延迟至 2014 年 7 月 1 日。在互惠型模板下，美国将对等交换对方国家纳税人在美金融账户的相关信息。模式二为金融机构直接向美国国税局报送信息，目前只有瑞士和日本采取此模式。

《协议范本》是由美、英、法、德、意、西六国协商之后确定的，它标志着美国朝着建立以自动信息交换为基础的通用方式打击逃税避税的方向上迈出了至关重要的一步。根据《协议范本》的规定，海外金融机构对美国负有的义务将会相对减轻，一旦签订政府间协议，伙伴国的金融机构即被视为参与的外国金融机构或视为合规的外国金融机构（Deemed-compliant FFI），并且无需直接与美国国税局订立协议或直接向美国国税局报告账户信息。如此一来，与其他外国金融机构相比，伙伴国的金融机构将具有一定的优势，他们无需关闭顽固性账户持有人的账户，也不用对这些账户代扣代缴预提税。2012 年 9 月 12 日，英国与美国正式签署了《大不列颠及北爱尔兰联合王国与美利坚合众国改善税收遵从、实施 FATCA 的政府间协议》，这表明美国建立政府间框架的设想已成为现实，采取政府间方式实施 FATCA 已是大势所趋。

（三）中国应对 FATCA 的举措

随着中国国际经济参与度的不断提升，跨国避税问题日益突出。适应经济国际化的发展趋势，提高税收征管的国际化和现代化水平，成为中国税收征管的主要目标和艰巨任务。近几年来，中国居民"走出去"的情况日益增多，中国税务机关同样面临境外信息

缺乏，难以有效对居民全球所得进行监管和征税的问题。FATCA
的执行无疑将是对跨境税源最为直接、最为有效、最具有震慑力的
监管手段，同时将对中国税收征管法律制度、征管技术和手段提出
更高的要求。

2012 年 5 月 4 日，第四轮中美战略与经济对话就 FATCA 问题
达成一致，中国将根据实际情况制定相应的应对 FATCA 的方案。
2013 年 7 月，在华盛顿举行的第五轮中美战略与经济对话中，中
美双方承诺将尽最大努力在法定截止日期 2014 年 1 月前(中美战略
对话开展时 FATCA 法案规定的开始扣缴日期为 2014 年 1 月 1 日，
此后延期至 2014 年 7 月 1 日)就 FATCA 的实施达成政府间协议。
由于中国迟迟未与美国达成协议，许多中国的金融机构纷纷开始寻
求通过直接向美国国税局登记以免除 30%惩罚性预提税的义务。
根据美国国税局于 2014 年 6 月 3 日公布的注册金融机构的名单来
看，已有 212 家中国金融机构在美国国税局登记注册。在 FATCA
正式实施前，中国终于同美国谈判成功。2014 年 6 月 26 日，中国
与美国草签了 FATCA 政府间协议。

根据中美两国达成的对等互惠的金融信息共享协议，中国政府
向美国政府提供美国居民的账户信息，美国政府也应当向中国政府
提供中国居民的账户信息。这是世界上最大的发展中国家与最大的
发达国家达成的协议，并且涉及有关机构和人员的切身利益，因而
受到国际社会和国内各界的高度关注。

随着中国经济的发展，对外开放进程的加快，中美两国经济
往来日益密切，居住在美国的中国人中不乏把中国境内资产转移
到美国者，这些资产中有的是用于洗钱目的的非法所得，特别是
贪污腐败所得。FATCA 尽管旨在打击跨境逃避税行为，但通过执
行 FATCA 获取的涉税信息，中国政府可以在一定程度上掌握和
控制国内居民企业和个人通过各种手段把中国境内资产转移或隐
匿至美国的信息。这对中国反腐败和反洗钱也具有积极的促进
作用。

(四)中国执行 FATCA 政府间协议将面临的问题

中美两国虽然签署的是互惠型协议，但由于两国经济和开放程

度的差异，中国执行 FATCA 需要付出更多的努力。

第一，权利义务不对等。中美两国虽然是世界两大经济体，但差异较大。不论是国内生产总值还是对外直接投资而言，我国都与美国存在很大的差距。美国企业和公民在中国金融机构的资产远远大于中国居民企业和个人在美国金融机构的资产。这就意味着，虽然中美签署的是对等互惠的协议，但中国向美国交换的 FATCA 规定的涉税信息数量要比美国需要向中国交换的相应信息数量多得多，也就是说中国须尽更多的义务。这无疑给中国税务机关增加了不必要的工作量。

第二，增加中国金融机构的遵从成本。FATCA 要求外国金融机构建立一套完善的尽职调查程序以识别美国账户持有人及其相关信息，金融机构遵从法案要求需付出巨大的成本。一是时间成本，为遵从 FATCA，中国金融机构需要进行系统改造、组织培训与政府部门沟通等一系列准备工作，仅系统改造一项就需国内金融机构组建专门工作团队，耗费 18～24 个月。二是运营成本，仅准备期成本就可能高达 3000 万美元到 1 亿美元。

第三，我国税收征管法需要修订。现行税收征管法赋予税务机关对金融机构行使的检查权力极为有限，如不作相应修订，中国将无法使与美国草签的 FATCA 遵从协议落到实处。

面对这些问题，建议中国从以下几个方面积极做好应对准备：

第一，尽快修订完善税收征管法。增加金融机构主动批量向税务机关提供金融账户信息等涉税信息的义务；解决中国《商业银行法》、《反洗钱法》等法律中关于银行保密的规定与税收协定信息交换条款之间的冲突；赋予自然人办理纳税登记的义务，授予其终生唯一的纳税识别码，为日常税收征管，包括税收信息的检索与核查创造良好的条件。

第二，提高自动信息交换的整体质效。一是深入研究分析 FATCA 的技术要求，制定中国实施 FATCA 的技术标准，并据此对中国税收征管信息系统进行升级改造，提高自动信息交换的效率。二是建立全国联网、功能强大的个人所得税征管信息系统，并逐步实现其与美方交换过来的中国居民金融账户信息、第三方信息以及其他征管信息的电子比对与关联整合。三是加强 FATCA 与 20 国集团、经合组织金融账户信息自动交换两项工作之间的衔接与整合，为推动多边自动信息交换的有效开展奠定坚实的基础。

法治发达国家支持仲裁倾向研究

武汉大学法学院　何其生　王盛哲

引　言

近年来，国际商事仲裁作为跨国商事争议的重要解决方式，发展迅速。首先，作为国际商事仲裁领域重要的统一法——1958 年订于纽约的《承认和执行外国仲裁裁决公约》(以下简称《纽约公约》)截至 2015 年 3 月已经有 154 个缔约国。该公约是联合国系统最为成功的公约之一，它构筑了仲裁裁决全球流动的法律机制。其次，继国际争议解决中心①、斯德哥尔摩商会②、国际商会③、新加坡国际仲裁中心④、中国香港国际仲裁中心⑤相继修订自己的仲裁规则之后，⑥ 伦敦国际仲裁院⑦于 2014 年对原有规则进行改革。

---

① International Centre for Dispute Resolution(ICDR).

② Stockholm Chamber of Commerce(SCC).

③ International Chamber of Commerce(ICC).

④ Singapore International Arbitration Centre(SIAC).

⑤ Hong Kong International Arbitration Centre(HKIAC).

⑥ 国际争议解决中心、斯德哥尔摩商会、国际商会、新加坡国际仲裁中心、中国香港国际仲裁中心分别于 2009 年、2010 年、2012 年、2013 年和 2013 年修订了自己的仲裁规则。

⑦ London Court of International Arbitration(LCIA).

新的《伦敦国际商会仲裁规则》①于 2014 年 10 月 1 日生效。中国国际经济贸易仲裁委员会也于 2014 年 9 月通过了新的仲裁规则，新规则已于 2015 年 1 月 1 日正式实施。最后，各主要仲裁机构仲裁规则的相继修订，近年来非国内化、紧急仲裁、仲裁的保全措施、仲裁裁决的司法审查，以及仲裁裁决的承认和执行等一系列理论的发展、制度的确立和实践均体现了晚近法治发达国家支持仲裁的倾向。

自 1994 年《中华人民共和国仲裁法》（以下简称《仲裁法》）颁布实施以来，我国逐步建立起了现代的民商事仲裁制度。经过十几年的发展，制度日益健全，体系日趋完善，但仍然存在独立性不够、各地区发展不平衡、司法监督不适当等问题。2014 年，我国第三轮司法改革已经正式拉开帷幕，司法改革对于促进司法公正，实现依法治国，构建社会主义和谐社会和实现法治国家具有重要意义，无疑将为我国仲裁的发展创造新的契机。在这一大的背景下，如何正确厘清司法与仲裁之间的关系，掌握世界仲裁的发展趋势，把握我国仲裁的发展方向，具有重要的理论意义和现实意义。

一、晚近法治发达国家支持仲裁倾向

仲裁与法院之间的关系是仲裁发展过程的一个侧影。它们之间的关系"一直在勉强共存和友好合作之间摇摆"②。这种关系被形象地称为接力赛跑："在开始阶段，仲裁员受理争议前，接力棒在法院手中；在该阶段，没有任何其他组织可以采取行动使仲裁协议无效。当仲裁员接过接力棒时，他们一直持有这种权利直到作出仲裁裁决。在作出仲裁裁决后，由于不需要再履行其他的职能，仲裁员将接力棒送回法院的手中，以便法院在必要时用强制力保证仲裁裁

---

① The LCIA Rules(2014).

② Alan Redfern & Martin Hunter, Redfern and Hunter on International Arbitration, 5ᵗʰ, Oxford University Press, 2009, p. 439.

决的执行。"①这种接力发展到近代以后，人们更愿意看着仲裁庭拿着接力棒一路长跑。晚近发达国家的理论沿革、立法及司法实践体现了支持仲裁，同时给予适度的司法监督的发展倾向。本文将选取非国内化理论（delocalization）、仲裁地法院对仲裁裁决的司法审查②，以及仲裁裁决执行过程中的公共政策③这三个切面进行论证。

（一）非国内化理论的兴落

1. 非国内化理论的兴起

随着经济全球化的迅速发展，国际商贸各领域合作的加深使各种民商事争端大量增加，法院已经难以应付如此巨量的纠纷，诉讼冗长的弊端也多为人们所诟病。相比之下，仲裁高效、灵活、专业、保密以及更加国际性的特点使其更容易得到人们的青睐，并迅速在国际商事纠纷的解决中占有一席之地。国际商事仲裁的迅速发展，客观上要求进一步弱化法院对仲裁的司法监督。20世纪七八十年代非国内化理论在世界范围内的迅速兴起，将支持仲裁、限制法院干预仲裁的思潮推向了一个新的高潮。

非国内化理论认为，当事人有权选择仲裁的实体法和程序法，国际商事仲裁理应脱离仲裁地法的控制，并且除执行地以外，国际商事仲裁不应受到任何特定地域程序法或实体法的控制。④通过减少仲裁地强制性规则的影响，国际商事仲裁就不必担心因与这些规则不符所带来的执行问题。⑤此时，在世界任何角落都可以进行国

---

① Alan Redfern & Martin Hunter, Redfern and Hunter on International Arbitration, 5ᵗʰ, Oxford University Press, 2009, p. 442.

② 仲裁裁决作出后，若当事人提出抗辩，各国对此有着不同的做法和称谓，故在本文中统一称为司法审查。

③ 详细讨论可参见何其生：《国际商事仲裁司法审查中的公共政策》，《中国社会科学》2014年第7期。

④ See Dejan Janićijević, Delocalization in International Commercial Arbitration, Law and Politics, Volume 3, 2005, pp. 63-64.

⑤ See Renata Brazil-David, Harmonization and Delocalization of International Commercial Arbitration, Kluwer Law International, Volume 28, 2011, pp. 464-465.

际商事仲裁，国际商事仲裁本身也将变成超国家的存在。

与传统的仲裁地理论不同，非国内化理论认为仲裁地没有实质的意义。因为仲裁地的确定具有极大的偶然性，当事人在选择仲裁地时，一般优先考虑交通等因素，往往并不考虑他们的选择所带来的法律后果。故国际商事仲裁理应脱离仲裁地的司法控制：当事人有权约定仲裁程序的冲突规则；在当事人没有约定时，由仲裁员决定应适用的程序规则。当事人和仲裁员可以选择仲裁地以外的程序法，也可以自由控制仲裁程序，自行决定仲裁的程序事项。在这个理论逻辑下，仲裁地法院对国际商事仲裁裁决的审查就失去了合理性来源。虽然承认与执行他国已撤销的仲裁裁决会给该国带来政治外交上的麻烦，[1] 但支持者坚定地认为，仲裁员的权利并非来源于仲裁地法律，仲裁裁决在承认与执行前不应受到任何司法审查。即使国际商事仲裁被仲裁地法院撤销，也不应因此导致其不能在其他的国家得到承认和执行。[2] 非国内化的本质即在于支持仲裁，推崇仲裁的经济与效率，通过当事人意思自治权利的进一步扩张，使国际商事仲裁摆脱仲裁地法的控制，减少甚至排除仲裁地法院对仲裁的司法监督。[3]

非国内化的影响从理论波及实践。1965 年通过的《关于解决国家与他国国民之间投资争议公约》(以下简称《华盛顿公约》)完全排除了内国法院对仲裁的司法监督，其第44条规定："任何仲裁程序应依照本节规定，以及除双方另有协议外，依照双方同意提交仲裁之日有效的仲裁规则进行。如发生任何本节或仲裁规则或双方同意的任何规则未作规定的程序问题，则该问题应由法庭决定。"[4] 第5

---

① See Albert Jan van den Berg, Enforcement of Arbitral Awards Annulled in Russia, Journal of International Arbitration, Kluwer Law International, Volume 27, 2010, pp. 179-198.

② See Jan Paulsson, Arbitration in Three Dimensions, International & Comparative Law Quarterly, Volume 20, 2011, pp. 291-298.

③ 参见张美红：《论国际商事仲裁程序"非国内化"》，《阆州学刊》2014 年第 9 期。

④ See the Washington Convention(1965) , Article 44.

条规定："当事人在根据该条第 1 款的规定申请撤销仲裁裁决时，该申请只能向根据公约建立的'解决投资争端国际中心'提出。"①这些规定排除了公约体制下内国法院干预国际投资争端争议的可能。已成为现代商事仲裁标准的《国际商事仲裁示范法》（以下简称《示范法》）尽可能排除内国法院对仲裁的干预。其第 5 条规定："由本法管辖的事情，任何法院均不得干预，除非本法有例外规定。"②《纽约公约》被誉为现代国际商事仲裁制度的基石，它最大限度地促进了仲裁裁决在他国承认与执行的可能性。③《示范法》和《纽约公约》反映了现代国际商事仲裁发展的需求，减少了不同法律体系之间的冲突所带来的问题，促进了国际商事仲裁的发展。

契约自由的扩张是排除仲裁地国际私法控制的表现之一。在非国内化理论中，当事人的契约自由可以排除内国程序法的适用。根据《示范法》第 19 条的规定，当事人或仲裁庭在遵守强制性规则的情况下，可以自由选择仲裁的程序法。④《示范法》的这一做法得到了很多国家的效仿。例如，1987 年《瑞士联邦国际私法法规》第 182 条规定，当事人可以直接或通过援引仲裁规则规定的仲裁程序，他们也可使之服从于他们所选择的程序法；如果当事人没有选择这种仲裁程序，必要时将由仲裁庭直接规定或援引某一法律或仲裁规则加以规定。⑤

比较激进的国家则允许当事人合意排除内国法院对仲裁裁决的司法审查。法国要求将国际仲裁裁决的司法控制降到最低限度。其对内国仲裁裁决和国际仲裁裁决的司法审查采取了双重标准：在法国不允许就国际仲裁裁决向内国法院提出上诉，同时法国 1981 年

---

① See the Washington Convention(1965)，Article 5.

② See the Model Law(2006)，Article 5.

③ See William W. Park, Award Enforcement Under the New York Convention, Int'l Bus. Lit. & Arb., Volume 1, 2002, p.683.

④ See the Model Law(2006)，Article 19.

⑤ 类似的规定还有法国 1981 年《民事诉讼法典》第 1494 条，1998 年《比利时司法法典》第 1693 条，1983 年《奥地利民事诉讼法典》第 587 条；荷兰 1986 年《民事诉讼法典》第 1036 条，等等。

《民事诉讼法典》规定的国际仲裁裁决的追诉标准也比《示范法》的标准严格很多。① 瑞士允许非瑞士国籍当事人合意排除瑞士法院对仲裁裁决的司法审查。② 比利时是非国内化理论最忠实的实践者，它消除了在境内作出的国际仲裁裁决被撤销的可能性。根据 1985 年《比利时国际私法法典》③的规定，如果双方当事人均不是比利时国民或在比利时成立的法人，即使仲裁地均在比利时，比利时法院也不得行使对仲裁裁决的撤销权。④ 这种意思自治权利的扩张，允许当事人通过合意排除内国法院的司法控制，甚至直接排除内国法院的司法控制，实际上是一种私权利对公权力的渗透，是支持仲裁、限制内国法院司法干预的一个直接体现。但近年来这种高潮有所回落。

2. 非国内化理论的回落

"一石激起千层浪"，比利时激进的改革一时间引起了人们的广泛关注，学者对此褒贬不一。最后事实证明，比利时这一做法严重打击了当事人选择比利时作为仲裁地的积极性。人们担心基本的公正不能实现，纷纷避免选择在比利时进行仲裁。后来，比利时在 1998 年修订法律时，不得不将以前的条文进行了修改，允许在比利时没有国籍或者住所的双方当事人，或者是没有总部或者分支机构的法人，通过协议来排除申请撤销仲裁裁决的权利。⑤ 这一修订改变了以前直接排除内国法院司法审查的僵硬做法，是对非国内化理论坚持的一种合理退缩，也是向法院监督的一个适度回归。

---

① See Alan Redfern & Martin Hunter, Redfern and Hunter on International Arbitration, 5th, Oxford University Press, 2009, pp. 607-608.

② See Alan Redfern & Martin Hunter, Redfern and Hunter on International Arbitration, 5th, Oxford University Press, 2009, p. 607.

③ 该法典于 1998 年作出了修订。

④ See Alan Redfern & Martin Hunter, Redfern and Hunter on International Arbitration, 5th, Oxford University Press, 2009, p. 608.

⑤ See Alan Redfern & Martin Hunter, Redfern and Hunter on International Arbitration, 5th, Oxford University Press, 2009, p. 608.

非国内化理论外在表现为支持仲裁、减少内国法院干预仲裁的一种倾向。在世界各领域合作不断加深、国际贸易广泛进行的背景下，这种发展是合理的，也是必要的。但这种倾向不应发展为忽略甚至完全排除内国法院对仲裁的司法监督。极端的非国内化理论也缺乏法理的支持。

第一，非国内化理论者将仲裁视为契约的、自治的，从而达到"否认仲裁依赖国内法及国家干预仲裁必要性的目的"①。国际商事仲裁源于当事人之间的有效协议，是一种自治的制度，是"非国内化"理论的重要论据之一。学界对国际商事仲裁的性质有四种不同的观点：司法权理论、契约论、混合理论和自治理论。②非国内化理论支持契约论和自治理论，认为仲裁的本质在于其私权属性。与司法权理论认为仲裁员的权利来源于国家和法律的授权不同，非国内化理论者认为，仲裁员权利的来源是当事人的协议，而不是任何其他的法律或者机构。在国际商会审理的一个案例中，仲裁庭就明确表示它是契约的产物，而并非国家机关。它的权利来源于当事人和国际法，而并不是仲裁所在地的国内法。③ 另外，"仲裁的发展是商人们注重实效的结果。商人首先在国家法律之外发展仲裁，而后才得到了法律的确认。仲裁协议和仲裁裁决的强制性不是来源于契约和国家的特许，它是商人处理商业关系的基本需要而发

---

① 于富喜：《国际商事仲裁的司法监督与协助——兼论中国的立法与司法实践》，知识产权出版社 2006 年版，第 78 页。

② 司法权理论认为，裁判权是一种国家主权，只能由国家行使。只有经过仲裁地的授权，仲裁员才能行使裁判权。当事人也只能在仲裁地法允许的范围内，才能将争议提交仲裁；契约理论认为，仲裁的本质属性在于其契约性，仲裁员的权力来源于当事人之间的协议，而不是任何法律或其他司法机构；混合理论试图弥补司法权理论和契约论的不足，认为仲裁起源于双方当事人的契约，但又不能超越有关的国家和法律，需要从民事法律里获得司法效力；自治理论是晚近新发展起来的一种仲裁理论；认为仲裁的研究应侧重于对目的和效用的研究。

③ See Alan Redfern & Martin Hunter, Redfern and Hunter on International Arbitration, 5th, Oxford University Press, 2009, pp. 460-462.

展起来的一种惯性和必然。故仲裁是一种独立的、超越国家的自治体系"。①

在国际商事仲裁中，当事人自由选择所适用的法律以及程序的权利我们需要予以尊重；国家及法院对仲裁控制的权力我们需要予以限制。在非国内化理论的推动下，二者之间剑拔弩张。但当事人意思自治的权利不是无限的，两者之间有一个临界的平衡点，那就是公共政策。公共政策保卫了一国最基本最根本的利益，当事人意思自治权利的行使，最低应以公共政策为限。② 非国内化理论认为，国际商事仲裁只能在裁决的执行地受到司法审查，原因之一是仲裁地的选择在一定程度上具有偶然性，但这并不能否认仲裁地客观存在的现实。相应的，仲裁地对整个仲裁过程都有着非常重要的作用：它直接影响了仲裁事项的可仲裁性；决定了实体法和程序法的适用；影响裁决的撤销等。因此，当事人在选择仲裁地时应该慎重考虑，并注意仲裁地不一定是每个个体程序的进行地，也不一定是听证的举行地，即使仲裁程序并非在仲裁地进行，也不影响案件的圆满解决。③ 只有在仲裁地法律允许的情况下，仲裁才可能实现完全的非国内化。但每个国家都会对领域内的仲裁有一定程度的司法控制，尤其是作为一国国家利益安全阀的公共秩序，要得到最低限度上的遵守和尊重。在仲裁程序中，自然公正必须得到保证，几乎没有国家能忍受本国的公共秩序被肆意地践踏和破坏。在这一意义上，当下仲裁并不具备非国内化理论者所宣称的超国家属性，也

---

① 韩健：《现代国际商事仲裁法的理论与实践》（修订本），法律出版社 2000 年版，第 40 页。

② See Bernard Hanotiau & Oliver Caprasse, Public Policy in International Commercial Arbitration, in Emmanuel Gaillard & Domenico Di Pietro, Enforcement of Arbitration Agreements and International Arbitral Awards-the New York Convention in Practice, CMP Publishing, 2009, p. 787.

③ Gary B. Born, International Commercial Arbitration, 3rd, Kluwer Law International, 2009, p. 1249.

没有仲裁可以脱离国内法而存在。①

　　第二，非国内化理论者认为，仲裁地的司法审查破坏了仲裁的一裁终局性，影响了仲裁的经济与效率。这一点至关重要，因为经济与效率是当事人选择仲裁最重要的原因，② 仲裁的一裁终局性是仲裁效率的保证。终局性的缺失会使当事人因担心第三方法院的随时介入而对仲裁失去信任，同时仲裁效率的降低在客观上也会影响经济的发展。但正当程序保证了高效仲裁基本的公正。当程序公正出现问题时，可以通过司法审查来进行弥补和救济。通过这种基本公正的维持和保障，法院的司法审查反过来也会提升仲裁的效率。③ 虽然在公正与效率之间仲裁的天平会略微倾向效率，但基本公正的缺失必然危及仲裁自身的发展。公正与效率均是仲裁基本的价值追求。仲裁自主、高效的特征是国际商事仲裁在近代得以迅速发展的重要原因，但过度追求仲裁经济与效率，过度膨胀当事人自治的权利，忽略基本公正保障的做法有待商榷。

　　第三，过于强调仲裁的私权属性，而忽略了国家和法律在仲裁发展过程中的重要作用。法律几乎伴随仲裁发展的全过程。仲裁在产生之初处于一种自治的状态，法律对其并没有任何的干预。进入14 世纪以后，随着经济贸易的发展，仲裁作为一种便捷高效的纠纷解决方式迅速得到人们的青睐。它对于解决一国的民商事纠纷，促进商业贸易的正常发展发挥着越来越重要的作用。各国纷纷开始

---

　　① See Alexander J. Belohlávek, Importance of the Seat of Arbitration in International Arbitration: Delocalization and Denationalization of Arbitration as an Outdated Myth, Kluwer Law International, Volume 31, 2013, p. 269.

　　② See Katarzyna Piątkowska, The concept of "denationalization" (or the equivalent "delocalization") in the context of the US Federal Court decision in Chromalloy Aeroservices Inc. V Arab Republic of Egypt 939 F. Supp. 907(DDC 1996) and the Amsterdam Court of Appeal Decision in Yukos Capital SARL v OAO Rosneft [2009], Wroclaw publishing, 2013, p. 24.

　　③ See William W. Park, Why Courts Review Arbitral Awards, Festschrift für Karl-Heinz Böckstiegel, 2001, pp. 595-596.

立法对这一行为进行规范。以国家权力来确认仲裁，将仲裁从纯民间的纠纷解决方式上升为一种法律制度，也是仲裁发展过程中的一个重大的进步。也正是国家权力的保障才使仲裁发展成为国际民商事纠纷解决方式成为可能。如今，司法与仲裁之间的关系日渐密切和成熟：从仲裁开始前仲裁协议的审查，到仲裁过程中的保全措施，再到裁决作出后仲裁裁决的撤销、承认和执行，司法可以贯穿仲裁的全过程。比利时的立法和司法实践也证明了仲裁的良性发展离不开司法的监督和协助。

非国内化理论的发展印证了晚近发达国家支持仲裁，尊重当事人意思自治，减少排除法院司法干预的发展倾向。但仲裁地的客观存在，以及各国基本公共秩序的维护，使得当下仲裁并不具有极端非国内化理论者所宣扬的超国家属性。追求效率，但同时要兼顾公正，司法的适度监督在一定程度上可以促进仲裁的良性发展。

（二）仲裁地法院对仲裁裁决的司法审查

根据学者的统计，从 2009 年到 2013 年，尽管每年仲裁上诉的案件不断增加，但支持仲裁，尽量保证仲裁裁决的有效性，对仲裁实行宽松的司法审查仍然是瑞士仲裁在司法实践领域的发展趋势。① 瑞士仲裁发展状况是世界仲裁发展的一个缩影。近年来，仲裁地法院对仲裁裁决的司法审查仍然体现了支持仲裁，弱化司法监督，寓监督于协助之中的发展倾向。

1. 当事人意思自治的发展

传统的仲裁地理论认为，仲裁地与仲裁的过程息息相关，仲裁地的程序规则应该得到适用。但随着仲裁实践的发展，支持仲裁、减少干预的呼声不断提高。当事人意思自治在仲裁程序方面有了进一步扩张：当事人不仅可以约定仲裁程序法的适用，而且可以约定排除仲裁地国家对仲裁裁决的司法审查，即协议排除仲裁的撤销或

---

① See Felix Dasser & David Roth, Challenges of Swiss Arbitral Awards-Selected Statistical Data as of 2013, Kluwer Law International, Volume 32, 2014, pp. 460-461.

上诉程序。瑞士、比利时、法国、荷兰、英国等国都有类似的规定。① 这些规定均体现了尊重当事人意思自治、支持仲裁的发展方向，即在需要时对仲裁裁决予以司法审查，不需要时当事人可以协议排除。

2. 裁决撤销的司法审查的事由

《示范法》将撤销作为国际商事仲裁裁决的唯一的追溯方式，并且规定了司法审查的事由：第一，没有订立仲裁协议，或者不存在有效的仲裁协议；第二，对裁决不满的一方当事人未得到选定仲裁庭或仲裁程序的适当通知，或者因其他原因未能陈述案件的；第三，裁决所处理的事项非为仲裁条款或交付仲裁之协议所指事项，或者不在其范围之内，或者超出了仲裁申请的范围；第四，仲裁庭的组成或仲裁程序与当事人之间的协议或与示范法本身的强制性规定不符；第五，依据仲裁地的法律争议事项不能通过仲裁方式解决；第六，裁决与仲裁地的公共政策相冲突。② 从规定可以看出，《示范法》对仲裁裁决撤销事由作了穷尽性的列举，这种做法旨在限制对裁决进行司法审查。

另外，《示范法》同时规定："向法院申请撤销裁决时，如果适当而且一方当事人也提出请求，法院可以在其确定的一段时间内暂时停止进行撤销程序，以便仲裁庭有机会重新进行仲裁程序或采取仲裁庭认为能够消除撤销裁决理由的其他行动。"③如此将重新仲裁作为裁决撤销的一个非强制性的前置性程序，一方面给予法院一定的自由裁量权，避免当事人恶意拖延诉讼；另一方面可以减少仲裁裁决被撤销的几率。

从以上规定可以看出，对仲裁裁决撤销的司法审查，《示范法》的规定并不涉及事实或法律错误的审查。但一些有着悠久仲裁

---

① 例如，法国 1981 年《民事诉讼法典》第 1494 条，1998 年《比利时司法法典》第 1693 条，1983 年《奥地利民事诉讼法典》第 587 条；荷兰 1986 年《民事诉讼法典》第 1036 条，等等。

② See the Model Law(2006), Article 34(2).

③ The Model Law(2006), Article 34(4).

历史国家的做法则相对谨慎。比如，根据 1996 年《英国仲裁法》的规定，当仲裁裁决有重大的法律错误时，当事人可以提出上诉。看似法院审查的权力范围很大，但这种权力受到多方面的限制。第一，当事人可以通过合意放弃上诉权，即通过合意排除法院的司法控制。① 第二，即使当事人没有放弃上诉权，只有当争议适用的实体法为英国法时，且当事人完全自愿，这种权利才可以行使。② 第三，只有在得到法院的许可，且仲裁庭的决定在法律问题上有明显的错误，或有普遍的公共意义且裁决有明显的疑点，如此在考虑所有因素后由法院来判决更加合适且公正的情况下，该上诉权才可以行使。③ 第四，英国法院对上诉案件的处理办法有四种方式：确认裁决；修改裁决；发回仲裁庭重审或撤销；除非法院认为将争议事项发回仲裁庭重审不合适，不得撤销全部或部分的裁决。④ 由此可见，英国法院在审查以法律错误为由申请撤销仲裁裁决的上诉案件时，不仅需要全面考虑多方面的因素，而且有诸多的限制，即使在最后的处理结果中也以确认裁决、修改裁决或发回重新仲裁为先，尽量避免对仲裁裁决的撤销。并且在实践中，英国亦对基于法律错误为由而进行的上诉案件进行了很严格的控制。⑤

与英国相比，美国的做法则更为谨慎。虽然有案件对司法审查显示出积极的倾向，如上海进出口食物有限公司诉美国国际化学公司一案，美国联邦纽约南区法院认为：在国际仲裁裁决中，如果出现重大的法律错误，美国法院有权撤销该裁决。⑥ 但实际上法律错

① See（1）Sanghi Polyesters Ltd v The International Investor KCFC［2001］1 Lloyd's Rep 480；（2）Lesotho Highlands Development Authority v Impreglio SpA and others［2005］UKHL 43.

② See English Arbitration Act 1996, Article 69(1)and 82(1).

③ See English Arbitration Act 1996, Article 69(2)and(3).

④ See English Arbitration Act 1996, Article 69(7).

⑤ See Alan Redfern & Martin Hunter, Redfern and Hunter on International Arbitration, 5th, Oxford University Press, 2009, pp. 609-610.

⑥ See Shanghai Foodstuffs Import & Export Corp. v. International Chemical, Inc, No 99 CV 3320(S. D. N. Y. 4 Feb. 2004).

误能否成为对仲裁裁决进行司法审查的事由，美国《联邦仲裁法》并没有明确规定。① 与前述案例不同，美国整体的司法实践表明：美国法院并不支持当事人以法律错误为由申请撤销仲裁裁决。② 这一态度不仅在早年的司法实践中得以坚持，③ 在 2008 年马修公司被诉一案中，美国最高法院重申，美国《联邦仲裁法》中规定的仲裁裁决撤销的事由具有排他的效力，当事人不能通过合意随意扩大法院对仲裁裁决司法审查的范围。④

当事人意思自治权利的扩张、立法穷尽仲裁裁决司法审查的事由以及对上诉案件的处理方式均体现了支持仲裁的倾向。但总体来说，仲裁发达国家相对保守，并没有因为支持仲裁的意愿和需求而放弃对公正这一基本价值的追求，其司法审查事由甚至比其他国家略严。同时为避免司法过度干预仲裁，又对司法权力进行了严格的限制。

（三）裁决执行过程中公共政策的严格适用

《纽约公约》的宗旨在于促进国际民商事仲裁裁决在全球范围内的流通。经过 50 多年的发展，公约已经取得了巨大的成就。公约第 5 条列举的一国拒绝和承认他国仲裁裁决的事由不仅为《示范法》所采纳，其支持仲裁倾向与执行的政策导向也为各国所普遍接受。公约中规定的公共政策在实践中的严格适用即是这种发展倾向的一个表现。

众所周知，公共政策的内涵具有模糊性，但其必须事关"一国或者国际社会最基本的经济、道德、法律或者社会利益"这一点得到国际社会的共识。⑤ 作为国家利益的最后一道安全阀，公共政策在国际法语境中的范围更窄。比如《法国新民事诉讼法典》就区分

---

① See the U. S. Federal Arbitration Act, Article 10.

② Jean P. Beraudo, Egregrious Error of Law as Grounds for Setting Aside an Arbitral Award, pp. 351-356, J. Intl. Arb. , Volume 23, 2006.

③ See Baxter Int'l Inc v. Abbott Labs, 315 F. 3d. 829(7th Cir. 2003).

④ See Hall Street Associate, LLC V. Mattel, Inc.

⑤ See Julian D M Lew, Comparative International Commercial Arbitration, Kluwer Law International, 2003, pp. 687-732.

了国际法层面上的公共政策和国内法层面上的公共政策，只有当仲裁裁决的承认和执行可能违反国际法层面的公共政策时，仲裁裁决才可能被拒绝承认和执行。① 国际法协会在研究 20 世纪下半叶公共政策内涵发展的基础上，于 2000 年发布了《关于以公共政策为由拒绝执行国际仲裁裁决的临时报告》(Interim Report on Public Policy as a Bar to Enforcement of International Arbitral Awards)，报告中指出，除了国内公共政策，还存在一个比其范围更窄的国际公共政策;② 2002 年发布《关于以公共政策为由拒绝执行国际仲裁裁决的建议案》(The 2002 Recommendations of the International Law Association on Public Policy as a Bar to Enforcement of International Arbitral Awards，以下简称《国际法协会建议》)。该报告将国际公共政策概括为三个方面的内容：有关正义和道德的最基本的原则；关乎一国核心的政治、社会或经济利益的规则；一国对他国或国际组织的国际义务。③ 具体到每个国家的层面，这一标准虽然很难做到真正的国际性，但是其核心的价值理念可以在个案中对国际公共政策的界定予以指导，即在国际商事仲裁领域中对公共政策进行严格的解释和适用。④

《纽约公约》第 5 条规定，如果仲裁裁决与承认与执行地国的公共政策相悖，则可以被拒绝承认和执行。⑤ 虽然公约没有明示该条中公共政策的范围，但毫无疑问此处的公共政策是指国际公共政策。⑥ 这一立场在很多国家的司法实践中得以坚持，在仲裁裁决的承认和执行过程中，它们对公共政策的抗辩进行了严格的解释和适

---

① See the New French Code of Civil Procedure, Article 1502(5).

② The ILE Interim Report(London Conference), Article 6 and 7.

③ The ILA Recommendation, Article 1(d).

④ See Joseph R. Nuss QC, Public Policy Invoked as a Ground For Contesting the Enforcement of an Arbitral Award, or for Seeking its Annulment, 7 Disp. Resol. Int'l, Volume 7, 2013, p. 129.

⑤ See the New York Convention, Article V. 2(b).

⑥ See Emmanuel Gaillard & Berthold Goldman, Fouchard, Gaillard, Goldman on International Commercial Arbitration, Kluwer Law International, 1999, p. 996.

用。瑞士法院认为：在承认和执行外国仲裁裁决中，瑞士公共政策抗辩的适用范围要比审理实体事项时小很多。外国仲裁裁决程序上的瑕疵并不必然导致该裁决在瑞士被拒绝承认和执行，即使同样的瑕疵可能导致瑞士的裁决被撤销。① 在 Shri Lal Mahal Ltd v Progetto Grano Spa 一案中，印度最高法院改变了以往对国际公共政策不确定的模糊态度，认为在国际商事仲裁的语境下，对公共政策应进行严格的解读。只有当仲裁裁决违反印度法律的根本政策、印度的利益、公正或者道德时，才可以公共政策为由拒绝承认和执行。②

严格适用公共政策的理念首先体现在程序性抗辩的严格审查上。在 Mahaveer Singh v. Carnival Corporation 一案中，美国第 11 巡回法院认为，《纽约公约》下的公共政策抗辩只能在仲裁裁决的执行过程中适用，并不能提前发生效力。③ 在另一个案件中，被告以仲裁员在听证过程中打瞌睡使他听证的权利无法实现，违反了公共政策为由，请求德国法院拒绝执行加利福尼亚圣地亚哥的一个仲裁庭作出的裁决。德国卡尔斯鲁厄地方高级法院经审理认为，仲裁员在听证期间打瞌睡的行为没有违反公共政策，而且被告可以及时地阻止这种行为，所以被告的抗辩不能阻止仲裁裁决的执行。④

另外，一国法院在审查公共政策时，通常只审查该仲裁裁决的承认和执行是否会违反本国的公共政策，而不审查仲裁庭已经认定的事实和法律。比如，最近英国枢密院在一个案件中认为，法律和事实的错误不能成为拒绝承认和执行他国仲裁裁决的理由。⑤ 但近

---

① See Alan Redfern & Martin Hunter, Redfern and Hunter on International Arbitration, 5th, Oxford University Press, 2009, p. 659.

② Shri Lal Mahal Ltd v Progetto Grano Spa, Civil Appeal No. 5085, (2013).

③ Mahaveer Singh v. Carnival Corporation, 11th Cir., No. 13-11850, 29 Oct. 2013, in Y. B. Com. Arb., Volume 39, 2014.

④ Stephan Wilske & Andreas Hauser, German Court Puts to Bed Challenge of Arbitral Award Based on A Sleepy Arbitrator, IBA Arbitration News, Feb. 2013, p. 76.

⑤ Cukurova Holding A. S. v Sonera Holding B. V., Privy Council, Appeal No. 0096 of 2013, 13 May 2014, in Y. B. Com. Arb., Volume 39, 2014.

几年欧盟有学者认为，公共政策是维护欧盟根本利益的最后一道防线，如果公共政策的底线过低，就难以维护欧盟的核心利益，长久以往必定不利于国际商事仲裁的发展。①《国际法协会建议》中也有类似的表述："若当事人提出的公共政策抗辩不能通过对仲裁协议的审查得以证实，而案件的事实确有明显的错误，此时法院可以重新审查案件的事实。"②也有学者对这种做法提出了强烈的批评，认为这是复制另一个人们所熟悉的司法系统。目前的国际商事仲裁制度对现代商业有很大的吸引性，这种苍白的复制将使它完全丧失了自己的优势。③

且不论全面审查本身的优劣，值得注意的是，若法院对仲裁裁决进行全面审查，公共政策的违反并不必然导致执行地法院拒绝承认和执行仲裁裁决的结果。第一，若仲裁员不考虑公共政策和法院考虑公共政策这两种情形会得出同样的结论，违反公共政策就不应得到制裁；第二，若违反公共政策的结论是错误的，或并没有发生实际的效力，那么这种"违反"也不应受到惩罚；第三，只有当违反公共政策达到很严重的程度，才可能导致执行地拒绝承认和执行仲裁裁决的后果。④ 所以，"当法院认为仲裁员在推定事实或法律有错误时，他必须综合考虑仲裁员错误的程度和裁决所造成的后果。当二者之间出入巨大时，法官需要比照仲裁地强行法的宗旨来判断这种违反是否严重。只有当严重违反了基本的原则和宗旨时，

---

① See Olivier Van Der Haegen, European Public Policy in Commercial Arbitration: Bridge over Troubled Water? Maastricht J. Eur. & Comp. L. Volume 16, 2009, p. 467.

② The ILA Recommendation, Article 3(c).

③ Alan Redfern, International Arbitration: The Golden Goose? Dispute Resolution Int., Volume 2, 2008, pp. 185-186.

④ See Bernard Hanotiau & Oliver Caprasse, Public Policy in International Commercial Arbitration, in Emmanuel Gaillard & Domenico Di Pietro, Enforcement of Arbitration Agreements and International Arbitral Awards-the New York Convention in Practice, CMP Publishing, 2009, pp. 817-818.

才能予以惩罚"。① 可见，即使法院需要对裁决进行全面的审查，实践中对以公共政策为由拒绝承认和执行他国仲裁裁决依然持谨慎的态度。

《纽约公约》实施 50 多年以来，严格慎用公共政策的抗辩已经成为各国司法实践的共识。据统计，1979 年《纽约公约》实施 20 周年时，仅有 3 例仲裁裁决因为公共政策的原因被拒绝承认和执行。2008 年《国际仲裁》(Journal of International Arbitration) 为庆祝公约实施 50 周年所作的统计，和 2010 年《美国国际法律报告》对涉及公共政策案件的统计情况均显示：各国认定不违反公共政策的案例数量远多于认定违反公共政策的案例数。② 公共政策的严格适用，对国际商事仲裁裁决在世界范围内的流通发挥了重要的作用，既支持仲裁发展的客观需求，也促进了仲裁的发展。

二、支持仲裁倾向及对我国仲裁发展的启示

晚近西方发达国家仲裁的发展呈现一种支持仲裁同时给予适度司法监督的发展倾向。自 1994 年《仲裁法》颁布实施以来，我国逐步建立起现代的民商事仲裁制度。经过十几年的发展，其制度日益健全，体系日趋完善，在高效解决当事人之间的纠纷等方面发挥了重要的作用。其主要成就体现为以下几个方面：

首先，法律日益健全，各种仲裁制度日益完善。除了 1994 年《仲裁法》，我国相继公布了一系列法律文件，其中比较有代表性的有：(1) 2006 年《最高人民法院关于适用〈中华人民共和国仲裁法〉若干问题的解释》(以下简称《仲裁法司法解释》)。该解释对仲裁协议、仲裁裁决的撤销及仲裁裁决的承认和执行进行了较为全面的规定。其中，第 7 条和第 24 条规定了裁决撤销的穷尽性的司法

---

① See SA Compagnie Commerciale André v. SA Tradigrain France, CA Paris, 14 June 2001, Rev. Arb. , Volume 4, 2001, p. 800.

② 杨玲：《国际商事仲裁公共政策司法界定的实践与发展》，《政治与法律》2010 年第 11 期。

审查事由；第 30 条明确法院在审理涉及仲裁案件时应与仲裁机关相互协助。(2)2010 年颁布《涉外民事关系法律适用法》。该法第 18 条完善了我国涉外仲裁协议的法律适用制度；2012 年颁布的《最高人民法院关于适用〈中华人民共和国涉外民事关系法律适用法〉若干问题的解释(一)》第 14 条细化了这一规定。(3)2012 年修订的《民事诉讼法》中亦有 6 个条文涉及仲裁。(4)在外国仲裁裁决的执行方面，我国已先后加入《纽约公约》和《关于解决国家和他国国民之间投资争端公约》(又称《华盛顿公约》)。(5)在区际仲裁裁决的承认和执行上，1999 年通过了《最高人民法院关于内地与香港特别行政区相互执行仲裁裁决的安排》；2007 年通过了《最高人民法院关于内地与澳门特别行政区相互认可和执行仲裁裁决的安排》；2009 年《海峡两岸共同打击犯罪及司法互助协议》也规定了相互承认和执行仲裁裁决的内容。这些法律文件对于促进我国与其他国家，以及我国境内各区域之间仲裁裁决的流通起到了积极的促进作用。①

其次，在实践中，"我国仲裁机构的数量和仲裁案件的不断增多，仲裁从业人员的规模不断扩大，素质不断提高。据统计，从 1994 年到 2005 年上半年，全国仲裁机构共审理仲裁案件 14 万件，标的额达 2300 多亿元。而到 2014 年上半年，全国仲裁机构受理的案件已突破 100 万件，标的额多达 8000 多亿元"。② 中国国际经济贸易仲裁委员会已经成为世界上最繁忙的仲裁机构。③ 在对国外仲裁裁决的承认和执行方面，根据最高人民法院的调查，"从 2002 年到 2006 年间共有 74 件适用美国《联邦仲裁法》的案件上报到最高人民法院要求承认与执行，其中只有 5 件被拒绝承认和执行，6 件被当事人撤回，有 58 件得到了承认与执行；2007 年，5 件上报到最

---

① 参见刘建勤等：《中国仲裁发展的成就与展望》，《商事仲裁》2014 年第 11 集。

② 刘建勤等：《中国仲裁发展的成就与展望》，《商事仲裁》2014 年第 11 集。

③ Poorva Nanawati, Book Review: Arbitration in China: A Legal and Cultural Analysis, Kluwer Law International, Volume 10, 2014, pp. 216-217.

高人民法院，1 件被拒绝承认和执行；2009 年，7 件上报到了最高
人民法院，3 件得到了承认和执行；2010 年，3 件案件上报到最高
人民法院，2 件得到了承认与执行，1 件被拒绝；2011 年，13 件上
报到最高人民法院，5 件被拒绝"。① 从数据可以看出，适用美国
《联邦仲裁法》的案件在我国得到承认与执行的比例很高。

　　我国仲裁的发展可圈可点，但仍有资源分配不均匀，行政化严
重，具体制度不完善等问题值得研究。从 20 世纪 80 年代开始，我
国已经经历了两轮司法改革，当下第三轮司法改革已经全面展开。
司法改革有利于进一步推动公平、正义的法治环境的建设，为我国
仲裁的发展创造了新的契机，也对我国仲裁的发展提出了更高的
要求。

　　作为解决民商事纠纷，促进社会健康发展的有效手段，仲裁与
诉讼各有优劣、相辅相成。在宏观层面上，从以上分析可以看出，
我国仲裁机构和仲裁员规模不断扩大，素质不断提高；在不予执行
涉外仲裁裁决以及拒绝承认和执行外国仲裁裁决领域，我国目前实
施的报告制度②，对于提高法官业务水平，防止地方法院滥用司法
权力，促进涉外仲裁裁决在我国的承认和执行起到了关键性的作
用；尤其是 2012 年《民事诉讼法》的修改，增加仲裁前的证据保全
和财产保全，强化仲裁协议排斥管辖权的效力，统一国内仲裁裁决
撤销与不予执行的条件，通过支持与监督对仲裁施加积极的影响。
我国立法司法实践整体体现了支持仲裁，寓监督于支持之中的发展
倾向。

　　但同时，我国很多仲裁机构的设立并非按需设置，在案源不足
的落后地区，部分行政机构纷纷跟风设立仲裁机构，由此导致我国
仲裁机构的分配极不平衡。据数据统计，2013 年我国只有华东片

────────────

① 　See HE Qisheng, Enforcement of Foreign Arbitral Awards in China：Dominant
Role of the Supreme People's Court, World Arbitration & Mediation Review, Volume 7,
2013.

② 　参见《关于人民法院处理与涉外仲裁及外国仲裁事项有关问题的通知》
（法发〔1995〕18 号）、《最高人民法院关于人民法院撤销涉外仲裁裁决有关事项的
通知》（法〔1998〕40 号）。

区、中南片区和华南片区的仲裁机构年均受案超过了全国平均水平，西北片区、东南片区、东北片区和西南片区均不足全国平均水平。知名仲裁机构的受案数和受案金额甚至超过某些区域受案数目和金额的总和。① 更有仲裁机构难以维持自身的生存，需要挂靠当地政府度日。这不仅混淆了仲裁的性质，更造成了资源的浪费。

另一个事实也显示了我国仲裁的环境亟须改善。在涉外仲裁的案件中，双方当事人首选的仲裁地是中国香港，其次是欧洲，新加坡近年来也得到越来越多的重视，② 但是外国当事人很少同意在中国大陆进行仲裁。③ 中国香港地区悠久的普通法传统、独立的司法制度、支持仲裁的政策、双语以及独特的地理优势使该地区成为中方和外方当事人首选的仲裁地不足为奇，但外方当事人避免在中国大陆进行仲裁则说明我国的仲裁环境有待提高。中国正以大国的姿态走向世界经济的舞台，这种经济的发展离不开国内良好的法治环境的支撑。

在微观层面上，坚持以问题为导向，进一步完善我国具体的仲裁制度。④ 2012 年我国《民事诉讼法》的修改进一步完善了我国的仲裁制度，但仍有一些问题值得注意：

第一，《民事诉讼法》（2012 年）第 81 条第（2）款和第 101 条第（1）款分别规定了仲裁前的证据保全和仲裁前的财产保全，这改变了以前只能在仲裁程序开始后才能申请保全措施的做法，是对我国仲裁保全制度的重要完善，体现了保护当事人权益，支持仲裁，寓监督于支持之中的倾向。没有一次性过渡到当事人可以向仲裁庭申

---

① 参见刘建勤等：《中国仲裁发展的成就与展望》，《商事仲裁》2014 年第 11 集。

② 新加坡国际仲裁中心 2013 年涉及中方当事人的案件占全年案件总数的 15.8%。See the SIAC Annual Report 2013, paras. 8-9.

③ See Teresa Cheng S. C. & Joe Liu, Enforcement of Foreign Awards in Mainland China: Current Practices and Future Trends, Kluwer Law International, Volume 31, 2014, p. 654.

④ 由于具体制度无法穷尽，此处结合当下热点举几例明示。

请保全措施，也体现了立法者稳健谨慎的态度。法院当然可以施行仲裁的保全措施，但当事人向法院申请保全措施确有可能被认为是对仲裁协议的放弃。为了避免这种情况的出现，《国际商会仲裁规则》、《联合国国际贸易法委员会仲裁规则》、《伦敦国际仲裁员仲裁规则》等均有规定对这种情况进行阐明，即当事人向法院申请保全措施不构成对仲裁协议的放弃。① 这一点在我国以后的司法解释中可以予以完善。

第二，《民事诉讼法》（2012 年）统一了国内仲裁裁决撤销和不予执行的条件。在《民事诉讼法》修改以前，我国仲裁的监督实行双重双轨制度，即在国内仲裁的司法审查上，撤销和不予执行的审查事由不同，除了程序性事项的审查以外，对裁决撤销的实体司法审查事由仅包括伪造证据和隐瞒证据，而不予执行则覆盖事实和法律错误。此次修订将二者的司法审查范围统一，但并没有统一国内仲裁裁决和国际仲裁裁决的司法审查标准。实行内外有别，很大程度上是为了兼顾我国现阶段仲裁的发展水平，体现了稳健的改革路径。但提升我国仲裁员的整体素质，提高仲裁的发展环境，统一内、外的司法审查标准才是长久之策。

第三，没有涉及合并仲裁程序的问题。国际仲裁的复杂性使案件经常包括多个事实或者多方当事人，允许合并仲裁是现代仲裁发展的趋势。在伦敦国际仲裁院 2014 年规则的修订中，仲裁程序的合并是其中的一个重要内容。在 1998 年的规则中，当第三方当事人书面同意时，仲裁庭可以允许第三方当事人的加入，并没有直接涉及程序合并的内容。2014 年的规则规定：当伦敦商事仲裁院法院同意时，仲裁庭可以合并相关的仲裁程序。② 另外，斯德哥尔摩商会、国际商会、新加坡国际仲裁中心、中国香港国际仲裁中心、国际争议解决中心在修订自己的仲裁规则时，都有涉及仲裁程序合

---

① See the ICC Rules, Article 23(2); the UNCITRAL Rules 26(3); the LCIA Rules 25(3).

② See the LCIA Rules(2014), Article 22.

并的内容。① 仲裁程序合并的问题还需要在以后的中国立法中进行完善。

具体到仲裁裁决的执行层面，加入《纽约公约》促进了国际仲裁裁决的双向流通，报告制度也一定程度上改善了外国仲裁裁决在我国的执行环境。然而这种发展并不全面。2008 年，伦敦大学女王玛丽学院在做了一项调查之后确将中国列为世界上承认执行他国仲裁裁决最困难的国家。② 除却互惠的因素之外，如何进一步改善外国仲裁裁决在我国的执行环境，提高我国仲裁裁决在国外的执行率，也是我国仲裁发展的重要课题。

结　语

在经济全球化和贸易全球化的浪潮中，仲裁以效率、保密、专业等优势迅速得到商人们的青睐，并很快发展成为国际商贸纠纷的主要解决方式之一。在这一背景下，支持仲裁，扩张当事人意思自治的权利，限制法院司法审查的呼声越来越高。非国内化理论的发展历程、仲裁地法院对仲裁裁决的司法审查以及执行地法院对公共政策的严格适用均表明：支持仲裁，同时给予适度的司法监督，寓监督于支持之中是世界仲裁发展的趋势。我国仲裁的发展已经取得了一定的成就，但仍然存在很多不足。当下司法改革为仲裁的发展创造了新的契机，同时，法治社会建设的需要也对其提出了更高的要求。今后，我国仲裁的发展可以借鉴司法改革的经验和方法，在宏观上把握和坚持世界支持仲裁，并给予适度监督这一大方向，完善我国仲裁环境；在微观上以问题为导向，结合我国的国情逐步对具体的仲裁制度进行完善。

---

① See the SCC Rules(2010), Article 11; the ICC Rules(2012), Article 10; the SIAC Rules(2013), Article 21(b); the HKIAC Rules(2013), Article 27-29; ICDR, International Dispute Resolution Procedures(2014), Article 7-8.

② See Teresa Cheng S.C. & Joe Liu, Enforcement of Foreign Awards in Mainland China: Current Practices and Future Trends, Kluwer Law International, Volume 31, 2014, p. 653.

参考文献

[1]李少平:《全面推进依法治国背景下的司法改革》,《法律适用》2015 年第 1 期。

[2]张美红:《论国际商事仲裁程序"非国内化"》,《阆州学刊》2014 年第 9 期。

[3]刘建勤等:《中国仲裁发展的成就与展望》,《商事仲裁》2014 年第 11 集。

[4]杨玲:《国际商事仲裁公共政策司法界定的实践与发展》,《政治与法律》2010 年第 11 期。

[5]于富喜:《国际商事仲裁的司法监督与协助——兼论中国的立法与司法实践》,知识产权出版社 2006 年版。

[6]韩健:《现代国际商事仲裁法的理论与实践》(修订本),法律出版社 2000 年版。

[7]Alan Redfern & Martin Hunter, Redfern and Hunter on International Arbitration, 5th, Oxford University Press, 2009.

[8]Gary B. Born, International Commercial Arbitration, 3rd, Kluwer Law International, 2009.

[9]Julian D M Lew, Comparative International Commercial Arbitration, Kluwer Law International, 2003.

[10]Felix Dasser & David Roth, Challenges of Swiss Arbitral Awards-Selected Statistical Data as of 2013, Kluwer Law International, Volume 32, 2014.

[11]Teresa Cheng S. C. & Joe Liu, Enforcement of Foreign Awards in Mainland China: Current Practices and Future Trends, Kluwer Law International, Volume 31, 2014.

[12]Poorva Nanawati, Book Review: Arbitration in China: A Legal and Cultural Analysis, Kluwer Law International, Volume 10, 2014.

[13]HE Qisheng, Enforcement of Foreign Arbitral Awards in China: Dominant Role of the Supreme People's Court, World Arbitration

& Mediation Review, Volume 7, 2013.

[14] Joseph R. Nuss QC, Public Policy Invoked as a Ground For Contesting the Enforcement of an Arbitral Award, or for Seeking its Annulment, 7 Disp. Resol. Int'l, Volume 7, 2013.

[15] Alexander J. Belohlávek, Importance of the Seat of Arbitration in International Arbitration: Delocalization and Denationalization of Arbitration as an Outdated Myth, Kluwer Law International, Volume 31, 2013.

[16] Katarzyna Pia̧tkowska, The concept of "denationalization" (or the equivalent "delocalization") in the context of the US Federal Court decision in Chromalloy Aeroservices Inc. V Arab Republic of Egypt 939 F. Supp. 907(DDC 1996) and the Amsterdam Court of Appeal Decision in Yukos Capital SARL v OAO Rosneft [2009], Wroclaw publishing, 2013.

[17] Wilske & Andreas Hauser, German Court Puts to Bed Challenge of Arbitral Award Based on A Sleepy Arbitrator, IBA Arbitration News, Feb. 2013.

[18] Renata Brazil-David, Harmonization and Delocalization of International Commercial Arbitration, Kluwer Law International, Volume 28, 2011.

[19] Jan Paulsson, Arbitration in Three Dimensions, International & Comparative Law Quarterly, Volume 20, 2011.

[20] Albert Jan van den Berg, Enforcement of Arbitral Awards Annulled in Russia, Journal of International Arbitration, Volume 27, Kluwer Law International, 2010.

[21] Bernard Hanotiau & Oliver Caprasse, Public Policy in International Commercial Arbitration, in Emmanuel Gaillard & Domenico Di Pietro, Enforcement of Arbitration Agreements and International Arbitral Awards-the New York Convention in Practice, CMP Publishing, 2009.

[22] Olivier Van Der Haegen, European Public Policy in Commercial

Arbitration: Bridge over Troubled Water?, Maastricht J. Eur. & Comp. L., Volume 16, 2009.

[23] Alan Redfern, International Arbitration: The Golden Goose?, Dispute Resolution Int., Volume 2, 2008.

[24] Jean P. Beraudo, Egregrious Error of Law as Grounds for Setting Aside an Arbitral Award, J. Intl. Arb., Volume 23, 2006.

[25] Dejan Janićijević, Delocalization in International Commercial Arbitration, Law and Politics, Volume 3, 2005.

[26] William W. Park, Award Enforcement Under the New York Convention, Int'l Bus. Lit. & Arb., Volume 1, 2002.

[27] See William W. Park, Why Courts Review Arbitral Awards, Festschrift für Karl-Heinz Böckstiegel, 2001.

[28] Emmanuel Gaillard & Berthold Goldman, Fouchard, Gaillard, Goldman on International Commercial Arbitration, Kluwer Law International, 1999.

股权众筹：来自域外的理论与实践

武汉大学法学院　冯　果　袁　康

引　言

作为众筹融资的一种典型形式，股权众筹一方面为初创企业和项目提供了股权融资的可能性而受到创业者的高度关注，点燃了市场的热情；另一方面也因其在监管和合规方面的模糊性而备受争议，监管部门对股权众筹模式也持有谨慎的态度。在当前对于众筹融资的研究和讨论中，股权众筹吸引了更多的注意力。当前监管部门对股权众筹行业正进行密集调研，充分显示了监管对股权众筹这一新兴融资模式的高度关注。在境外成熟资本市场国家，股权众筹模式已被视作初创企业融资的有效途径而得到认可，学界对此也形成了不少共识，相应的监管规则也已陆续出台。但在我国，作为互联网时代资本市场的新生事物，股权众筹研究却十分薄弱，对于代表着互联网金融模式的一个重要发展方向的研究严重滞后，本文立足于国外的理论梳理和立法检视，采取文献检索、比较研究等方法，为我国的学术研究和制度建设作出一点贡献。

一、学说梳理：股权众筹的特征及其风险

(一)股权众筹的定义和特征

尽管股权众筹已成为一个热门词汇，然而这一概念并未在现有

研究中得到明确的定义。Bradford 将股权众筹视作投资者以股权或类似于股权的安排形式从其投资的项目中获取收益的众筹模式。[1]Belleflamme 等人指出，股权众筹与其他传统融资模式的核心区别在于融资过程的本身，即创业者通过众筹平台提出公开募集资金要约，投资者基于相关信息作出投资决策，众筹平台则通过提供标准化投资合同和相应支付服务来促成交易的达成。同时，Belleflamme 等人也认可了单笔的股权众筹额度要远小于一般的风险投资或天使投资。[2]澳大利亚公司和市场咨询委员会(Australia Corporations and Markets Advisory Committee，ACMAC)将股权众筹定义为拟融资的公司(发行人)通过在线互联网络平台(众筹中介)向潜在的众多投资者出售证券筹集小额资金的一种公司融资形式，主要满足初创企业(start-up companies) 尤其是知识创新型(innovative knowledge-based)初创企业早期的融资需求(充当种子资本)。[3]

以上对股权众筹进行定义的尝试都在不同程度上把握了股权众筹的核心要素，结合上述定义，我们认为：股权众筹是一种创业者通过互联网平台向众多投资者销售股权或类似于股权的权益份额的融资方式。股权众筹的主要特征表现在以下几个方面：

(1)股权众筹是适用于初创企业的小额融资模式。股权众筹本身是基于创新型初创企业或创业项目的融资需求而出现的。由于初创企业在注册资本、年度营业收入、设立时间、融资额度等方面不能满足当前资本市场融资模式的要求，初创企业在寻求通过常规资本市场募集资金的通道受阻，故而选择通过股权众筹这一替代性融资方案筹集资金。有的国家明确地将适用股权众筹的初创企业限定为创新型初创企业，如意大利和澳大利亚，也有国家同样允许普通的初创企业适用股权众筹。基于公平考量和对小微企业发展的扶

① S. C. Bradford, Crowdfunding and the Federal Securities Laws, Columbia Business Law Review, Vol. 2012, No. 1, 2012.

② Paul Belleflamme, Thomas Lambert, Armin Schwienbacher, Crowdfunding: Tapping the Right Crowd, Journal of Business Venturing, Vol. 28, 2013.

③ ACMAC, Crowd Sourced Equity Funding, Discussion Paper of Australia Corporations and Markets Advisory Committee, September 2013, p. 8.

持，我们认为不宜将普通的初创企业排除在外，即股权众筹应当对所有初创企业一并适用。另外，基于众筹融资的微金融属性，股权众筹所募集的资金也只能限定在一定的额度之内。

（2）股权众筹通过互联网平台进行。众筹融资作为互联网金融模式的典型代表，其最核心也是最显著的特点便是融资过程通过互联网完成。从股权众筹的交易过程来看，融资方通过互联网平台即众筹门户发布众筹项目供投资方选择，相关的信息披露、投资者适当性管理、资金和股份的转移都借助互联网平台进行。众筹门户作为中介，利用其搭建的互联网平台撮合交易，促成融资过程并提供相应的服务。众筹门户本身也成了互联网金融时代中的一类新型主体，这给金融法制提出了新的挑战。

（3）股权众筹的投资标的是股权或类似于股权的权益份额。股权众筹与其他众筹融资类型的最本质的差异是回报形式的不同，即股权众筹是以股权或类似于股权的权益份额为对价的融资行为，具有明显的投资性。投资者愿意参与股权众筹，主要是为了基于股权或类似的权益获取股息、红利等收益。其他众筹融资类型是以将来的可期待的货物为回报甚至不要求回报，这类明显具有赞助色彩的众筹融资模式不具有投资属性。就投资型众筹而言，借贷众筹因是以本金和利息为回报内容，也与股权众筹具有明显的差异。另外，除了通过出资换取相应的公司股权外，有限合伙的合伙份额也可以成为股权众筹的投资标的。

（4）股权众筹的投资者是不特定的公众。众筹融资的基本模式即通过互联网集合众多投资者的小额资金，因此股权众筹的资金来源于数量众多的投资者。由于股权众筹往往借助于社交网络、众筹门户信息平台等网络媒介进行项目推介，潜在的投资者范围比较难以限定，故而投资者无法特定化，任何注意到股权众筹信息且在众筹门户注册的用户皆有可能成为股权众筹的投资者。由于投资者是不特定的公众，也就构成了《证券法》上的公开发行，从而形成了股权众筹的法律障碍。

（二）股权众筹的主体构造

一般认为，在众筹融资中，筹资者通过众筹门户发布筹资需求信息，投资者根据该信息作出投资决策并将资金转移给筹资者，整个融资过程需要由三类主体共同协作方得以完成，即筹资者、众筹门户和投资者。①

筹资者，即利用股权众筹模式募集资金的主体，也可称为股权众筹的发起人或者发行人。就一般情况而言，利用股权众筹进行互联网小额集资的主体往往都是小规模法律实体，通常表现为初创企业。因为股权众筹并非将投资标的局限于股权本身，而是包括了股权和类似于股权的权益份额，因此初创企业组织形式的不同也会造成投资标的的差异。若初创企业是公司，则筹资者向投资者支付的对价即为初创企业的股权；若初创企业是合伙，则筹资者向投资者支付的对价便是初创企业的合伙份额。就初创企业的行业性质而言，许多国家如意大利只允许创新型初创企业开展股权众筹融资，这就将筹资者限定为从事高新技术行业、具有较强创新能力的小微企业。而有些国家，如英国则并未作此限定，只要是有融资需求的小型初创企业便具有开展股权众筹融资的资格。我们认为，股权众筹虽然是互联网技术的产物，但仅将其适用于高新技术行业有违促进小微企业发展的基本政策旨向，筹资者范围不宜过分严苛。另外，除了已经设立的初创企业能够通过股权众筹募集资金实现增资扩股之外，还有可能存在尚未设立的初创企业通过股权众筹募集资金完成设立行为。因此，筹资者也有可能是作为拟设立企业的代理人发起股权众筹的自然人。

众筹门户(funding portal)，即众筹中介(crowdfunding intermediary)，指提供众筹信息发布、查询和匹配并促成众筹交易等中介服务的网络平台。在这一平台上，筹资者发布融资需求信息，投资者根据这些信息选择其感兴趣的众筹项目，并完成相应的交易行为。实际上，众筹门户在众筹融资的过程中起着撮合交易、项目推荐和提供交易场所的作用，在某种意义上与证券经纪商、投资顾问和交易所有着相似之处。根据已有的分析，我们认为众筹门户并无交易系

---

① 袁康：《互联网时代公众小额集资的构造与监管——以美国 JOBS 法案为借鉴》，《证券市场导报》2013 年第 6 期。

资者转移至筹资者，投资者根据众筹项目所披露的信息作出投资决策。筹资者所获取的资金用于经营，投资者以收回本利为基础，属于投资行为。第三，股权所获资金用于共同的事业。根据众筹融资的普遍规则，若融资数额未达到预定目标则视为失败，资金将返还投资者，而一旦融资数额超过预定目标则众筹成功，所筹资金由筹资者使用。在股权众筹中投资者的资本权益建立在众筹项目的成功运行基础之上，此即共同的事业。第四，投资者的利润主要来源于筹资者的努力。股权众筹的投资者往往不直接参与众筹项目公司的管理，投资收益的产生依赖于筹资者的成功经营。因此，从这个分析看来，股权众筹份额符合 Howey 案标准，构成了证券法理论中的"证券"。由于众筹融资是通过网络向不特定的公众筹集资金，投资者数量众多且不特定，因此构成了我国《证券法》上的公开发行证券。

2. 股权众筹项目审核

筹资者能否通过众筹门户发起股权众筹项目，取决于该项目能否通过审核。项目审核包括两个层面，即证券监管机构的审核和众筹门户的审核。就证券监管机构的审核而言，主要是对证券公开发行行为的审核。基于投资者保护的考虑，证券发行需要向监管部门注册且进行充分的信息披露。但是过于严格的监管会增加融资的时间成本和经济成本，不适用于经济实力较弱的初创企业。① 由于股权众筹融资规模较小，基于减少初创企业或小微企业融资成本的考量，可以对小额发行进行豁免。② 我们可以从美国证券法的实践中寻找证据：美国证券法中的 Regulation A 对于融资额小于 500 万美元的证券发行进行了豁免，规定了低于一般公开发行的要求，尤其是免于一般劝诱禁止的限制使得众筹融资通过互联网的推广宣传获

---

① See Stuart R. Cohn, Gregory C. Yadley, Capital Offense: The SEC's Continuing Failure to Address Small Business Financing Concerns, New York Journal of Law and Business, Vol. 4, 2007, p. 6.

② 参见[美]路易斯·罗斯、乔尔·赛里格曼著，张路等译：《美国证券监管法基础》，法律出版社 2008 年版，第 288 页。

得一定数额的资金更加便利。① 因此股权众筹可以适用小额发行豁免的逻辑免于监管部门审核，有的国家要求股权众筹只需要向监管部门进行备案即可，而有的国家甚至无需备案。就众筹门户的审核而言，众筹门户应当基于对作为其注册用户的投资者的信义义务，承担对股权众筹项目进行审核的义务，同时筹资者基于与众筹门户的委托关系也应当接受众筹门户的审核。众筹门户的审核主要是为了确保股权众筹项目的真实性和透明度以减少欺诈并保护投资者权益，审核的主要内容应该集中于筹资者的信息披露事项和投资者的适当性。应该说，众筹门户的审核，既是其基于与投资者和筹资者之间的合同关系而应享有的合同权利，也是其基于投资者保护的要求所应履行的法定义务。

3. 股权众筹项目推荐

当筹资者发起的股权众筹项目经众筹门户审核通过之后，众筹门户即会将该股权众筹项目在众筹平台上发布。众筹门户发布众筹项目信息，可视为其对股权众筹项目的推荐。然而，众筹门户对股权众筹项目的推荐是否构成投资咨询行为则需要视具体的推荐方式而定。根据美国《投资顾问法》第 202(a)(11)条，投资咨询是指为取得报酬而直接或通过出版物或著述就证券的价值或就投资、购买或出售证券的明智性向他人提供咨询，或将其作为其经常性业务的一部分而出具或发布有关证券的分析或报告的人。② 也就是说，投资咨询的判断标准包括：(1)是否获取报酬；(2)是否提供投资咨询；(3)投资咨询是否是其经常性的业务。但是，在 Lowe v. SEC 案③中，最高法院确定了出版商豁免(publisher exemption)规则，即"包含对证券和黄金市场一般评论、市场指数和投资战略评论以及买卖或持有特定股票或黄金的具体建议"的新闻和图标服务属于出版商的不构成投资顾问。众筹门户由于其网站页面显示的问题，可

---

① See James D. Cox et al, Securities Regulation: Cases and Materials, Aspen Publishers, 6th edition, 2009, pp. 319-323.

② Investment Advisers Act of 1940 § 202(a)(11).

③ 472 U.S. 181(1985).

能会存在隐性的推荐，即首页显示或置顶的众筹项目似乎代表着其倾向性，确实会对投资者的投资决策产生客观的引导效果。但是，众筹门户的信息一般是向其用户无差别地免费提供，尽管该咨询信息亦是经常性提供，但并不存在针对特定投资或特定客户的个性化建议，因此只要众筹门户并不向某些特定客户提供收费的个性化咨询服务，都可以不被视为是投资咨询。但是，若众筹门户只对某些特定类型的客户提供相应的投资分析结论，对特定股权众筹项目进行推荐并收取费用，则构成了投资咨询行为，相应地就要进行投资咨询业务核准。

4. 股权众筹项目投资

投资者在对筹资者经众筹门户发布的股权众筹项目进行分析评估后，基于对该项目的认同会作出投资决策，并向筹资者提供资金。投资者的投资行为可能涉及两个法律问题需要关注：一是投资者适当性问题，即何种投资者有资格参与股权众筹项目，投资者在参与股权众筹项目时应该受到哪些限制？另一个问题是投资款的支付问题，即投资者所支付的资金应当以何种方式交付筹资者？就投资者适当性来看，鉴于众筹融资的草根性，股权众筹在本质上即为所有小规模投资者提供进行股权投资的机会，即所谓的"让每个人都有机会做天使投资人"，所以不宜采取常规的投资者适当性规定设置投资者参与股权众筹的准入门槛。但是，由于小规模投资者风险承受能力有限，为了保护其不至于因投资失败导致个人财务危机，很多国家的立法都限定了股权众筹单笔投资额度最高限制以及年度投资总额的最高限额。就投资款支付来看，投资者的资金支付方式和资金流向则取决于股权众筹的具体交易模式。有的众筹门户直接收取投资者的资金，在众筹成功后将资金交付给筹资者。这种交易模式简单直接，但其中存在着较大的利益冲突和道德风险，有可能出现众筹门户挪用资金的现象。而有的众筹门户则寻求第三方金融服务机构提供支付结算等方面的辅助支持，由银行作为第三方提供资金存管服务，投资者将资金存入第三方账户，众筹完成后资金直接划拨给投资者，从而确保了资金安全。在前一种模式下，众筹门户需要申请相应的业务许可并受到更为严格的监管；而在后一种模式下，众筹门户只是作为信息交换中介而无需满足严格的监管要求。

5. 股权众筹项目完成

当众筹项目所募集的资金数额达到筹资者拟募集的资金总额时，股权众筹项目即告完成，此时投资者的资金就要交付筹资者，但与此同时，作为投资资金对价的股权也需要交付给投资者，相应而产生的股权登记问题则成为了一个比较棘手的法律难题。首先，筹资者的组织结构的不同会导致股权或类似于股权的权益份额差别。因众筹融资往往规模较小，筹资者作为股份有限公司的可能性不大。然而若筹资者是有限责任公司，投资者的权益类型是非标准化的股权，因非等额股份会造成在股权登记时比较麻烦。其次，筹资者的股东人数限制会给股权登记带来一定的法律障碍。由于股权众筹所涉及的投资者人数众多，在股权众筹项目公司是有限责任公司的情况下，股东人数受到《公司法》的限制，即发起人不得超过50人，且当股东人数超过200人时则触发了《证券法》所规定的公开发行，冲突因此而产生。再次，股权登记结算在哪个层面上完成也悬而未决。通常认为，股权众筹完成后的股权登记有两种路径：一是直接在众筹项目公司工商登记中登记股权信息，这种方式虽能直接确认投资者的股东资格，但是会因股权变动的不便导致流动性缺乏，且同样受到股东人数限制。二是在众筹门户的平台中完成登记确认股权归属，由众筹门户受托持股。这种间接持股方式虽然能规避股东人数限制，但却会导致投资者权利行使的难题，例如不能直接参与公司治理，也会使众筹门户承担更多的合规义务。

二、实践追索：境外股权众筹业务的
立法动态与现状

境外成熟资本市场国家已纷纷对股权众筹模式制定了相应的监管规则，其中最引人注目的是美国对于众筹融资监管的立法探索，从早先的立法尝试到 JOBS 法案的出台，勾勒出了相对较为完整的监管框架。① 就发展趋势而言，基于拓宽中小企业融资渠道，为投资者提供多元化的投资组合，以促进就业和实体经济发展的考量，各国证券法承认股权众筹的合法性并适度进行法规松绑已成主流。目前，美国、意大利和新西兰已就股权众筹立法。② 日本已于2014年3月14日通过了《金融商品交易法修正案》，该修正案增设投资型众筹(投资型クラウドファンディング)，③ 明确承认了股权众筹的合法性。此外，英国、法国、加拿大等国也在考虑制定股权众筹的监管规则，④ 南非则拟修订其《金融投资服务和资本市场法(FISCMA)》，将股权众筹纳入证券法的监管范畴。⑤

1. 美国

2012年4月5日，JOBS法案经美国总统奥巴马签署后正式生效。该法案对1933年证券法和1934年证券交易法中的部分条款进行了修订，将新兴公司(emerging growth company)作为一个单独的发行人类型予以特殊监管，部分消除了私募发行中一般劝诱禁止的限制，提高了触发向SEC报告的股东人数门槛，并对众筹融资创设了特别豁免，以实现便利中小企业尤其是初创企业融资的目标。JOBS法案中对于众筹融资的规定，集合了此前立法尝试的有益成果。

JOBS法案为众筹融资创设了对于联邦证券法的豁免，通过众筹融资模式在12个月内的融资额不超过100万美元的发行人不受

① Andrew C. Fink, Protecting the Crowd and Raising Capital Through the JOBS Act, available at SSRN: http: //ssrn. com/abstract = 2046051 or http: //dx. doi. org/10. 2139/ssrn. 2046051, 2014-5-27.

② 这三部法案分别是 Jumpstart Our Besiness Startup Act (H. R. 3606), Decreto Crescita 2. 0: ricera, assicurazioni, stat-up innovative (DL/2012 conv. Con L221/2012), Financial Market Condcut Act.

③ 日本金融厅，金融商品取引法等の一部を改正する法律案の概要(平成26年3月14日提出), http: //www. fsa. go. jp/common/diet/186/01/gaiyou. pdf.

④ See ACMAC, Crowd Sourced Equity Funding, Discussion Paper of Australia Corporations and Markets Advisory Committee, September 2013, p. 8.

⑤ See Eleanor Kirby, Shane Worner, Crowdfunding: An Infant Industry Growing Fast, Staff Working Paper of IOSCO Research Department, 2014, p. 59.

联邦证券法的监管，并且限制了单个投资者投资额度，即投资者年收入少于10万美元的，其投资额不得超过2000美元或年收入的5%；若投资者年收入等于或高于10万美元的，其投资额不得超过10万美元或年收入的10%。单笔投资额超过上述要求的将不再适用豁免。此外，JOBS法案还对于众筹融资中投资者数量达到触发注册标准的限制进行了豁免，将公开发行的人数限制由300人提高到1200人，使得众筹融资可以在较大范围的投资者中完成。

JOBS法案对于为众筹融资提供中介服务的众筹门户虽然豁免其作为经纪商或承销商注册，但仍然要求其在SEC和相关自律监管组织进行注册，并提供包括风险提示和投资者教育等在内的相关信息，确保投资者知悉众筹融资的相关风险，采取相应措施减少欺诈，提前至少21日向SEC及潜在投资者披露发行人相关信息，确保只有在融资额达到预期数额后才将其转移给发行人，确保投资者在一定期限内的反悔权，采取措施保护投资者隐私，禁止众筹门户的董事、高管及其他具有类似地位的成员从发行人处获取经济利益。另外，JOBS法案还要求众筹门户不得向投资者提供投资咨询或建议，不得劝诱投资者购买在其网站上显示的证券，不得占有、处置或操纵投资者的资金或证券。

JOBS法案对于筹资者即发行人也提出了相应的信息披露要求。发行人需向SEC报告并向投资者披露以下信息：(1)名称、组织形式、地址及网址；(2)董事、高管以及持股20%以上股东的基本情况；(3)经营情况的描述以及参与的商业计划；(4)过去12个月的财务状况，发行额度在10万美元以内的需提供纳税证明以及主要高管背书证明的财务报告；发行额度在10万至50万美元的财务报告需经独立的公共会计师审核；发行额度在50万美元以上的需提供经审计的财务报告；(5)募集资金的目的和用途；(6)募集资金的数额及截止日期；(7)发行股份的价格或计算方法以及撤销投资的方式；(8)所有权及资本结构的描述。法案还要求发行人除直接通知投资者或众筹门户外不得发布广告，除非向SEC披露并得到认可，不得向帮助其发行的任何人支付报酬，至少每年向SEC报告并向投资者披露经营结果以及财务报表。此外，发行人还需要满足 SEC 基于公共利益以及投资者保护所提出的要求。

为了落实 JOBS 法案，2013 年 10 月，SEC 发布了《众筹监管规则》，在相应的融资额和信息披露要求的基础上，为众筹融资提供了相对于 1933 年《证券法》注册要求的有限豁免。同时，《众筹监管规则》还为众筹中介（crowdfunding intermediaries）创设了一套监管框架，即众筹门户必须注册为证券经纪自营商（broker-dealer）或新型的登记组织即融资门户（funding portal）。根据 JOBS 法案和 SEC《众筹监管规则》的要求，融资门户必须作为美国金融业监管局（FINRA）的成员，因此 FINRA 也出台了《融资门户监管规则》规范众筹融资门户。

在众筹融资豁免方面，《众筹监管规则》要求众筹融资只能通过已注册的证券经纪自营商或已注册的众筹门户发行，并且众筹发行只能通过唯一的中介完成。并且，所有的众筹融资交易活动只能发生在众筹中介的网站或电子平台上，即发行必须只能是电子化的（electronic-only）。要获得豁免，发行人必须通过 SEC 的 EDGAR 系统填报表格 C 披露一系列信息，包括发行人的营业状况、高管情况、主要股东、风险因素、目标融资规模、现有资产负债状况、募集资金用途、支付给中介的费用等内容。发行人还必须提供按照 GAAP 编制的财务报告并经主要高管认可或经独立会计师审计。上述内容亦必须根据融资进展和发行人情况的变化及时更新，以供现有投资者和潜在投资者通过众筹门户的电子平台获取最新信息。另外，众筹发行除了通过众筹门户进行标记或推介之外，不能以任何形式开展广告宣传，发行人亦不得支付任何费用用于推广活动。在众筹发行开始之日起一年内，众筹份额亦不得向除发行人或合格投资者之外的任何人转售。

在对众筹中介的要求方面，《众筹监管规则》要求众筹中介必须注册为证券经纪自营商或众筹门户。然而与证券经纪自营商不同，众筹门户被禁止从事如下活动：（1）提供投资建议和咨询；（2）劝诱购买、销售或自行购买在其平台上的众筹份额；（3）向其雇员、其他中介机构或个人支付基于上述劝诱活动的费用；（4）持有、经营、侵占和使用客户资金或众筹份额。为了防范利益冲突，

《众筹监管条例》禁止众筹中介及其高管在众筹交易及发行人支付的费用中享有任何经济利益，众筹中介也必须披露其所收到的服务费用及其分配。为了减少欺诈风险，《众筹监管条例》要求众筹中介遵守众筹交易规则，建立众筹份额持有和转让的精确记录，同时还负有对发行人的审查义务，应对发行人进行背景调查以厘清其是否存在可能的欺诈行为。

在开户要求方面，《众筹监管规则》要求众筹中介不得接受任何投资者的投资承诺，除非投资者已经在其平台上开立账户并同意接收电子材料。通过设立账户，众筹中介必须向投资者提供相应的信息披露资料和投资者教育资料，其内容应涵盖众筹融资流程、众筹交易所涉及的风险等。

在发行人信息披露方面，《众筹监管规则》要求众筹中介必须向 SEC 和潜在投资者提供发行人的相关信息披露，不得以注册或开户作为获取上述信息的前置条件。并且，《众筹监管规则》还要求上述信息应在众筹发行前至少 21 日向公众提供，直至该发行行为或销售行为完成或被取消。

在投资者适当性方面，《众筹监管规则》要求众筹中介在接受投资者的投资承诺之前必须确认该投资者未超出其年度投资限制，这种确认可通过投资者对其之前的众筹投资、收入和资产净值等的陈述取得。众筹中介还应当通过问卷调查确认投资者已经阅读投资者教育材料，清楚投资的风险和可能的损失且能够承担投资损失。并且投资者应当知晓取消投资的限制，转售众筹份额可能比较困难，其应能够负担的投资损失等情况。

在交流渠道方面，尽管 JOBS 法案对此并未作规定，但《众筹监管规则》还是要求众筹中介应在其平台上提供可供投资者之间相互交流的渠道。通过这个渠道，投资者可以就发行人情况、发行行为及过程、信息披露情况等相关内容展开交流与讨论。因为众筹门户被禁止提供投资建议和咨询，因此众筹门户不能参与上述渠道的任何交流，只能为上述交流设置相应的规则和指导，例如规定交流信息的篇幅，删除可能的欺诈信息等。

在资金的保管和转移方面，《众筹监管规则》要求只有募集资金达到或者超过目标金额后，众筹中介才能将所募资金提供给发行人。并且，募集的资金不得在众筹中介向公众提供发行人信息后的21日之前转移给发行人。若投资承诺被撤销或众筹发行未完成，所募资金必须返还给投资者。由于众筹门户不能持有投资者资金，其必须指导投资者将资金转移给"合格第三方"（qualified third party）。所谓的合格第三方，指的是书面同意为享有受益权的主体持有资金或者为投资者或发行人开设账户的银行。

在发行的完成、撤销和确认方面，《众筹监管规则》规定投资者在发行截止时间48小时前对其投资承诺享有无条件的撤销权。当发行人达到其目标发行金额后，发行人可以在发行截止时间之前停止发行。在接受投资承诺、取消投资承诺、交易结束等情况下，必须及时向投资者发送确认通知；在发生重大变化时，需及时通知投资者重新确认其投资承诺。

关于融资门户的监管，SEC 提出的《众筹监管规则》和 FINRA 提出的《融资门户监管规则》对于未能注册为证券经纪自营商的融资门户的运营也提出了相应的监管要求，以规范其作为众筹融资平台的行为。《众筹监管规则》为融资门户设定了"安全港"（safe harbor），以避免融资门户的合理行为与现有规定相冲突，妨碍众筹融资过程的顺利进行。根据该规定，融资门户可以从事如下活动：（1）提供发行有关建议。融资门户可为发行人提供发行文件模板，使其满足信息披露的要求；可向发行人提供发行证券类型、发行条款和发行流程的建议。（2）限制发行人。融资门户可使用客观标准（如证券类型、发行人地理位置、发行人所在行业等）限制发行人；需遵守"融资门户不得提供任何投资建议和推荐"的规定，限制条件不得以投资项目是否值得投资作为标准，但可能存在欺诈的投资项目除外。（3）突出显示发行项目。融资门户可使用客观的标准（如证券类型、发行人地理位置、发行人所在行业、已收到的投资承诺金额、与目标募集金额的差距、最大发行额、最小或最大投资金额等）对某些发行项目进行突出显示；但融资门户需遵守"融资门户不得提供任何投资建议和推荐"的规定，且不得从"突出显示发行项目"中获得任何报酬。（4）提供搜索功能。融资门户可使用客观的标准对发行项目进行分类，为投资者提供搜索发行项目的功能；需遵守"融资门户不得提供任何投资建议和推荐"的规定，尤其不得使用"投资于该项目是否明智"及发行人风险评估结果作为搜索标准。(5)提供"沟通渠道"。融资门户必须为投资者和发行人代表提供"沟通渠道"；可建立"谈判空间"，为投资者与发行人提供协商渠道。(6)向引荐投资者的第三方支付报酬。融资门户可向为其引荐投资者的第三方支付报酬，但第三方不得提供任何投资者的"个人识别信息"(可用于识别或追踪某个人身份的信息)；除非第三方为经纪自营商，报酬不得与证券销售额有关。(7)与经纪自营商合作。融资门户可与经纪自营商互相提供服务，并签订报酬协议。(8)广告宣传。融资门户可进行广告宣传，并宣传有关发行项目，但需遵守"融资门户不得向投资者变相提供投资建议或推荐"的规定，不得因在广告宣传中提及某发行项目而获得任何报酬。(9)接受投资承诺。融资门户可代发行人接受投资者的投资承诺。(10)指导资金转移。在融资门户"不得接收投资者资金"的规定下，融资门户可指导投资者将资金存入"合格第三方机构"(一般指银行)，确定发行成功后，上述"合格第三方机构"方可将资金转移至发行人账户。(11)拒绝可能存在欺诈的发行人。融资门户必须对发行人进行背景调查，拒绝可能存在欺诈行为的发行人。

关于融资门户的注册，《众筹监管规则》要求融资门户必须向SEC提交与表格 BD 类似的融资门户表(Form Funding Portal)，说明融资门户的所有权结构和经营管理等相关事项，并且要披露融资门户的第三方支付安排、报酬安排和忠诚保险(fidelity bond)等。FINRA 提出的《众筹门户监管规则》要求融资门户提交表格 FP-NMA 以申请成为 FINRA 会员。融资门户成为 FINRA 会员的标准包括：(1)申请人及其雇员有能力遵守联邦证券法和相应规章制度；(2)申请人建立了一系列契约安排以开展营业；(3)申请人有一套完整合理的监管系统；(4)申请人有稳定的资金来源；(5)申请人有完备的记录保存系统。此外，《众筹门户监管规则》还将完善信息提供体系以确保向公众提供其融资门户会员的相关信息。

2. 英国

众筹融资在英国发展迅速，在某种程度上，我们甚至可以认为众筹融资是发端于英国的。然而英国的既有法规并未对众筹融资进行明确的规定，这就要求英国金融监管当局及时修订法规以适应众筹融资模式蓬勃发展的现实需要。2013 年 10 月 24 日，为保护金融消费者的权益，推动众筹行业的有效竞争，金融行为监管局发布了《关于众筹平台和其他相似活动的规范行为征求意见报告》(The FCA's Regulatory Approach to Crowdfunding and Similar Activities, CP13/3)，对规范众筹业务提出了若干监管建议。2014 年 3 月 6 日，英国金融行为监管局(FCA) 发布了《关于网络众筹和通过其他方式发行不易变现证券的监管规则》(The FCA's regulatory approach to crowdfunding over the internet and the promotion of non-readily realisable securities by other media，PS14/4)，并于 2014 年 4 月 1 日起正式施行。PS14/4 将众筹融资分为借贷众筹(loan-based crowdfunding) 和投资众筹(investment-based crowdfunding)，并规定了相应的监管措施。股权众筹属于该文件中的投资众筹。该文件的目标是建立一个公平(fair)、适度(proportionate) 且媒介中性(media-neutral) 的监管制度，而达到这一目标的路径是为缺乏足够的知识、经验和资源来认识和处理风险的一般投资者既保障投资自由，又提供适度保护。PS14/4 的主要包括以下内容：

在投资者适当性方面，为了减少潜在的投资者损害，PS14/4 提出了要限制参与股权众筹的投资者类型，并且发行人和众筹门户必须检查并且确认其客户有充分理解参与股权众筹所涉及风险的知识和经验。该文件要求参与股权众筹的投资者必须是：专业投资者；经授权的机构提供投资咨询服务的一般投资者；风险投资联络人或公司金融联络人的一般投资者；被认证的成熟投资者；被认证的高净值一般投资者；承诺投资额不超过资产净值 10% 的投资者。相应地，该规则要求对投资者进行适当性测试。

在众筹平台授权方面，股权众筹平台(equity crowdfunding platforms) 涉及向不特定投资者发行和销售证券的行为，因此需要获得 FCA 从事该项活动的授权。然而，需要说明的是并非未获得授权的股权众筹平台都被认为非法，而是可以根据相应的例外规定或法律漏洞寻求豁免。已授权和未获授权的众筹平台在开展业务时都需遵守 FCA 的相关监管规则，其区别在于已授权的众筹平台能够开展更多更多样化的业务模式。就未授权的众筹平台而言，其采用的主要模式是建立了付费会员制的融资者—投资者结构，通过将股权销售给付费会员，在技术上规避了公开发行的监管障碍。然而这种模式并不利于众筹平台的持续发展，故而许多未授权的众筹平台也逐渐寻求 FCA 的授权。另一种模式则是只允许成熟、高资产净额的专业投资者通过该平台参与众筹融资活动。例如，Bank to the Future 在会员注册前需要填写调查问卷以判断投资者是否适格。而 Capital Connected 则限定了一般投资者单笔投资额最高不得超过 2000 英镑，只有专业投资者才能进行更高额度的投资。2012 年到 2014 年间，基于保护投资者的考虑，FCA 要求越来越多的众筹平台申请授权。获得授权的众筹平台投资的投资者，有权利用金融服务补偿计划（Financial Services Compensation Scheme）主张补偿，也有权获得金融申诉专员服务（Financial Ombudsman Services）。众筹平台要获得授权，也必须满足平台 IT 系统设置的要求，例如要设置专门的投诉渠道等，以确保众筹平台和发行人的任何违规行为都应承担相应的法律责任。[1]

在投资者与众筹平台的行为限制方面，FCA 作出了明确的规定：（1）投资者限制。投资者必须是高资产投资人，指年收入超过 10 万英镑或净资产超过 25 万英镑（不含常住房产、养老保险金）；或者是经过 FCA 授权的机构认证的成熟投资者。（2）投资额度限制。非成熟投资者（投资众筹项目 2 个以下的投资人），其投资额不得超过其净资产（不含常住房产、养老保险金）的 10%，成熟投资者不受此限制。（3）投资咨询要求。众筹平台需要对项目提供简单的说明，但是如果说明构成投资建议，如星级评价、每周最佳投资等，则需要再向 FCA 申请投资咨询机构的授权。

---

[1] Liam Collins, Crowdfunding: Innovative Access to Finance and Regulatory Challenges, The Innovation Policy Platform, World Bank, 2014.

在支付服务方面，投资者与众筹平台之间的资金转移可能涉及《支付服务条例》（PSRs2012）所规制的货币汇兑服务，因此众筹平台会被 FCA 要求申请支付服务的专门授权。然而众筹平台也可以在已有授权的基础上主张作为商业中介的豁免，即只是代表融资方和投资方进行磋商和签订契约的中介不直接参与资金支付，因此而免于申请授权的义务。在欧盟法的层面，第三方支付服务也受到包括《欧盟支付服务指引》等一系列规则的调整。

3. 意大利

意大利证监会（Commissione Nazionale per le Società e per la Borsa；"Consob"）在经过了充分的公开征求意见后，于 2013 年 6 月 26 日发布了第 18592 号决议（Resolution No. 18592），基于意大利的《统一金融法》和《创新型初创企业法》等法律，确立了创新型初创企业通过网上众筹平台募集资金的监管规则（以下简称《决议》）。意大利因此成为欧洲第一个对股权众筹制定专门规则的国家。

意大利允许股权众筹的范围主要限定为创新型初创企业。根据《创新型初创企业法》（Decree on Innovative Start-ups），创新型初创企业被赋予了特殊的法律主体地位。根据该法，创新型初创企业需满足如下条件：（1）设立不少于 2 年；（2）总部设在意大利；（3）年度总产值不高于 500 万欧元；（4）收益不分配或未分配；（5）以研发、生产和销售创新型高科技产品或服务为目标；（6）非基于合并、分离或营业转让等原因设立；（7）至少满足以下几个要求，即研发经费不少于年度开支的 15%、1/3 以上雇员拥有博士学位或正在攻读博士学位、拥有发明或设计专利或者有计算机软件相关权利。意大利立法机关通过在《统一金融法》中新增条款（第 100 条），允许创新型初创企业通过一个或多个众筹平台公开发行以募集资金，从而使得创新型初创企业得以在发行总额不超过 500 万欧元的范围内获得公开发行限制的豁免。同时，经修改的《统一金融法》第 50 条第 5 款规定了众筹平台的经营主体只限于经许可提供相关投资服务的投资公司、银行以及经 Consob 注册的其他主体。也就是说，在意大利只有创新型初创企业能够通过股权众筹发行金融工具，股权众筹平台也只能由相应的适格的主体设立和运营。

《决议》包括一般条款、众筹平台的注册与监管、通过众筹平台发行的相关规则3个部分共计25条，同时包括了提交注册申请的说明、公司组织结构报告模板和信息披露模板3个附件。在第二部分，《决议》对众筹平台的注册和监管进行了如下规定：（1）众筹平台的经营者必须要进行注册，不论其本身是银行、投资公司等根据《欧盟金融工具市场指令》已经授权提供投资服务的经营者，抑或是经过意大利证监会特别授权的从事经纪业务的法律实体。（2）已经获得授权开展投资服务的银行和其他金融中介，只需要通知意大利证监会其经营网上众筹平台的意愿即可完成注册，上述范围以外的主体要经营众筹平台，还需按照规定向意大利证监会提交相关材料以完成授权申请。（3）意大利证监会必须在自其收到之日起60日内处理其注册申请。如果意大利证监会自收到该申请之日起7日内向申请人要求补充缺少的文件时，该期限可以暂停。（4）申请人在申请注册时，需要符合诚信和专业性的要求，以确保众筹平台的有效运营。同时，众筹平台的管理人员还应承担竞业限制义务，即一家众筹平台的管理人员不得在其他众筹平台兼任近似职务。（5）除了《欧盟金融工具市场指令》的相关规则当然地适用之外，《决议》还对众筹平台的经营进行了专门的规定。《决议》要求众筹平台向投资者提供实质性信息并进行投资者适当性测试，确保投资者在作出任何投资决策之前完成调查问卷并清除投资中的高风险。（6）《决议》为一般投资者提供了不同的保护框架，当自然人单笔投资低于500欧元或年度投资总额低于1000欧元，法人单笔投资低于5000欧元或年度投资总额低于10000欧元时，可以豁免《欧盟金融工具市场指令》的适用。这一规定主要是通过投资者分类管理制度减少中介机构的义务。（7）《决议》还授权意大利证监会在众筹平台及其经营者对相关法律出现实质性违反时采取相应的紧急预防措施。在"通过众筹平台的发行规则"部分，《决议》要求：（1）在发行完成后，若控制股东将公司控制权转移给第三方的，投资者有权向公司撤回投资或者转让其投资份额，上述权利在发行结束后3年内有效。（2）发行的金融工具中至少有5%是由专业投资者、银行或创新型初创企业孵化器所持有，这一条件并非为启动发行的前提条件，而是完成发行的条件。最后，《决议》第 25 条规定，在投资者加入众筹到发行完成之间，若出现情势变更或因众筹平台提供的信息出现实质性错误时，一般投资者对其投资享有撤销权。撤销权的行使必须在新情况出现或新信息送达投资者之日起 7 日内行使。

为了让相关规则成功出台，《决议》选择回避了一些问题，例如低融资水平与高税率，忽略了潜在投资者，支付系统的相关技术难题等。这些问题都将留待 Consob 在合适的时机出台相应的规则为众筹融资创造一个稳定均衡的环境，一方面投资者能够在充分知情的基础上对创新型初创企业进行投资，另一方面金融中介不至于承担过重的义务以确保市场的竞争性。从总体上看，《决议》平衡了投资者保护和促进创新型初创企业发展的目标。但是，还有人对《决议》存有诸多批评，例如将发行人仅限于创新型初创企业有对从事其他行业的类似规模企业不公平之嫌。①

4. 加拿大

根据现行加拿大的证券法律，公司通过众筹融资销售股份被视为违法，法律只允许有限的私募发行并要求符合相应的豁免条件。这些豁免条件在不同的省份规定各异，但各省对于私募发行的要求都包含以下两点：（1）合格投资者是资产净值超过 100 万美元或年收入在 20 万美元以上的投资者；（2）投资额不少于 12 万美元。现行法律禁止股权投资中的公开劝诱，这也使得基于社交网络开展的众筹融资在法律上当然违法。由于证券监管及立法是在各省层面进行，因此从整体上改变加拿大的股权众筹立法并非易事。加拿大先进技术联盟（Canadian Advanced Technology Alliance）正在对 13 个省和地区的证券监管者开展广泛的游说，加拿大各省的证券监管当局（Canadian Securities Administrators）也正在对发行中的豁免条件进行检讨以为众筹融资留下空间。②

---

① Giovanni Carotenuto, Consob Regulation On Equity Crowdfunding, Orrick Corporate Law Alert, July 2013.

② http://crowdfunding. cmf-fmc. ca/regulatory_updates/canadian-securities-law-and-private-financing.

萨斯喀彻温省(简称萨省)是加拿大第一个正式对投资性众筹进行特别立法的省份。萨省金融和消费者事务局(Financial and Consumer Affairs Authority, FCAA)在 2013 年 10 月发布了一份股权众筹中招股说明书豁免规则征求意见稿,12 月发布了股权众筹豁免的正式规则(Equity Crowdfunding Exemption)。① 该规则允许当地初创企业和小企业通过众筹融资向一般公众销售证券以募集资金。该规则的主要内容包括:(1)发行人及其营业和投资者都必须位于萨省;(2)发行人每年可发起两次不超过 15 万美元的众筹项目,且每次持续时间不超过 6 个月;(3)投资者单笔投资不超过 1500 美元;(4)发行人应在发布众筹项目前 10 个工作日内通知 FCAA 其发行计划;(5)发行人须在发行结束后 30 日内向 FCAA 报告融资规模;(6)众筹平台不被要求注册为证券经纪自营商或咨询商,但是需要在提供股权众筹服务前 30 日内向 FCAA 提交相关信息和身份认定的表格;(7)众筹平台有确认发行人和投资者都位于萨省的义务;(8)众筹平台必须要求投资者在完成其交易前阅读并理解重要风险提示的相关陈述;(9)若发行结束时融资额未达到最低目标,众筹平台不得向发行人转移所募资金。

2014 年 3 月 20 日,魁北克省金融市场管理局(Autorité des marchés financiers, AMF)、萨斯喀彻温省金融与消费者事务局(FCAA)、新不伦瑞克省金融与消费者服务委员会(Financial and Consumer Service Commission of New Brunswick, FCNB)、曼尼托巴省证券委员会(Manitoba Securities Commission, MSC)和新斯科舍省证券委员会(Nova Scotia Securities Commission, NSSC)共同发布了《众筹融资招股说明书豁免联合规则》(Integrated Crowdfunding Prospectus Exemption)和《初创企业众筹融资招股说明书和注册豁免规则》(Start-up Crowdfunding Prospectus and Registration Exemption)。这两个规则目前正处在征求意见阶段,其核心内容包括:(1)对发行人的要求。发行人被限定为加拿大本地范围内,且必须通过已注册的众筹平台完成众筹发行。单个发行人的融资额度每年不得超过

① General Order 45-925. FCAA.

150 万美元。众筹融资必须在 90 天内完成，否则发行人必须取消发行行为。发行人必须披露其相关信息。（2）对投资者的要求。投资者的单笔投资不得高于 2500 美元，年度投资总额不得超过 10000 美元。投资者必须获知并了解股权众筹所涉及的风险，且有强制性的冷静期。（3）对众筹平台的要求。众筹平台有义务调查并确认发行人的相关背景和具体情况，有义务完成投资者教育和投资者适当性审查。

三、启示与建议：我国股权众筹制度 完善的学术展望

完善的制度供给是股权众筹模式健康有序发展的基础和保障。为此，我们需要在学术上进一步对股权众筹的性质和风险加以深入的探究，加强制度建设。就制度建设而言，一方面，股权众筹需要突破法律对于这类具体交易模式的限制，以实现融资过程的合法合规，因此需要通过立法为股权众筹的顺利开展提供可能性。另一方面，股权众筹涉及多方利益的平衡，其中既包括初创企业的融资权，也包括投资者的保护，即需要通过立法确立合理有效的监管规则，防范和化解股权众筹中的各类风险。当前各成熟资本市场国家都已经或正在就股权众筹进行相应的立法活动并取得了积极的效果，我国的法律制度不能因循守旧，故步自封，而是应该顺应和把握社会变迁和时代发展的脉搏，及时地作出回应。基于促进资本形成与保护投资者相结合的基本原则，① 为股权众筹在我国的发展提供良好的制度环境。

---

① 袁康：《互联网时代公众小额集资的构造与监管——以美国 JOBS 法案为借鉴》，《证券市场导报》2013 年第 6 期。

海外人权法多学科研究的含义、体系和走向

——以残障者权利为例

武汉大学法学院 张万洪 高 薇

引 言

(一) 研究问题的背景

目前在国外,人权法已无争议地成为一个重要的法律部门,研究相当专门化。许多大学、研究机构都设立与人权法相关的项目,不断有研究人员加入人权法研究的行列,研究项目、经费也不断增多,决议、报告、文件、资料浩如烟海,研究成果汗牛充栋,一个庞大而专业的话语体系已经形成并正在完善。国际人权标准在中国的作用越来越显著。① 目前,中国已是多个国际人权公约的成员国,并且定期向联合国人权条约机构提交履约报告。要参与国际人权对话和国际交往,中国必须要迎头赶上,持之以恒,深入研究,不能故步自封,闭门造车,抱残守缺,自说自话。

很长一段时间以来,法律一直在人权领域中处于支配地位。自《世界人权宣言》以及对批准国具有约束力的《公民及政治权利公约》和《经济、社会、文化权利公约》通过以来,人权被高度"法律

---

① 李文军:《"全球化背景下的法治与人权"研讨会综述》,《华东政法大学学报》2007 年第 5 期。

化"。在这一过程中,法律获得了界定和讨论人权的权威,人权概念于是常常与(实然的)人权法混为一谈。大部分旨在改善人权状况的措施、运动和政策都聚焦于法律的制定、废止及文本的改变。人们可能想当然地认为既存的法律对人权的定义是权威的,并且保护人权的法律手段也总是有效和可欲的。直到 20 世纪 80 年代,几乎所有关于人权的学术研究都是由法律人完成的。据联合国经社文组织的一项调查,20 世纪 70 年代初至 80 年代中期几乎所有的人权期刊都是法学期刊,社会科学在其中贡献极少。至此,法律似乎成了讨论人权的唯一空间和路径,甚至一些非法学学科也倾向于接受由法律所界定的人权。①

人权和人权法的综合性和实践性要求使用多学科的研究方法。人权法是规范的,同时也是事实的。人权法不仅要关注形而上的价值问题,更要关注具体的人权制度在现实中应如何运行,如何改进。从人权的发展历程看,其进步有赖于人本哲学的理论支撑,有赖于相应的社会政治、经济制度的支撑,也有赖于特定社会文化的支持。是故,人权法学的进步也一定有赖于多学科综合知识的滋养。

多学科研究方法具有独特优势,在提升研究的有效性和促进国家人权政策制定方面潜力巨大。多学科研究旨在打破学科壁垒,把不同学科理论或方法有机地融为一体。具有不同学科背景的专家学者共同合作,优势互补,便于承担综合性的、复杂的重大研究任务。多学科的群体劳动对学者个体研究能力和知识结构的局限性进行了有效的补充,从而超越了学者个体智力和创造力的简单叠加。中国政府强调推进人权研究的可取性:根据《国家人权行动计划(2009—2010 年)(2012—2015 年)》,国家鼓励高等院校开展人权理论研究与教育。故此,多学科人权研究与政府的具体目标显然一致。再者,将人权教育活动扩展到其他学科会显著提升更广范围内学者的能力,以影响和促进中国的人权话语,对中国的人权事业产

① 高薇:《法律主义局限的突破——人权多学科研究初论》,武汉大学硕士学位论文,2008 年。

生重要效用。

本文拟以残障人权利为例展开研究。在国际上，残障研究是20世纪末兴起的较为典型的跨学科人权研究领域，其关注在历史、文学、社会政策、法律、政治、建筑学等学科视域下残障人的相关问题。由于残障议题本身就跨越多种学科，多学科研究已成为残障研究的必由之路。经过几十年的发展，残障研究在国际上已具有较为成熟的、独立的多学科研究体系，其研究经验和方法值得借鉴。

此外，我国政府一直积极地致力于残障人权利的保障。2008年，我国修改了《残疾人保障法》并加入《残疾人权利国际公约》，随后，我国又积极出台了《无障碍环境建设条例》、《精神卫生法》等一系列法律法规保障残障人的各项权利。在中国政府和残联的大力推动下，不仅我国残障领域的实践得到了迅猛发展，残障研究也迎来了新的发展阶段。以残障研究为视角探讨多学科人权研究不仅可以开阔残障研究的视野，也为多学科人权研究提供了可能性。

(二)研究现状与文献

21世纪见证了多学科人权研究的迅猛而蓬勃的发展。2002年，英国埃塞克斯大学教授 Michael Freeman 出版了《人权——一个跨学科路径的研究》(Human Rights：An Interdisciplinary Approach)，指出抽象的人权(法)概念和现实世界的人权侵害间存在巨大鸿沟，无法通过法律分析解决，而需要社会科学来调查、检视造成社会冲突和政治压迫的原因，以及国内和国际的政治互动。① 伦敦城市大学 Anthony Woodiwiss 教授于2006年发表《法非万能——人权与法律主义的局限》(The Law Cannot Be Enough：Human Rights and the Limits of Legalism)一文，直指仅从法学角度研究人权的局限。同年，Michael Freeman 的同事、埃塞克斯大学教授 Todd Landman 出版《研究人权》(Studying Human Rights)一书，系统介绍如何用社会科学方法研究人权，人权的跨学科研究从自发变为自觉。学者们开始运用政治学、心理学、经济学、社会学、人类学等路径研究人权

---

① Michael Freeman, Human Rights：an Interdisciplinary Approach, Polity Press，2005.

和国际人权法，产生了一批跨学科研究人权的团队，成果斐然。在
2008 年美国政治科学研究年会上，许多学者提交了从政治学角度
论述人权的论文，其中部分论文发表于 2009 年 9 月《人权研究》杂
志"政治科学在人权研究中的现状"专号（Special Issue：The State of
the Political Science Discipline in the Study of Human Rights）上。霍普
金斯大学出版的《人权季刊》上的文章，也多反映了这种跨学科研
究的趋势，如美国马卡乐斯特学院（Macalester College）人权与人道
项目主任 James Dawes 教授即在该刊 2009 年 5 月出版的第 3 期杂志
上发表了《文学研究中的人权》一文，从文学、伦理学、美学等角
度讨论了人权问题，颇有新意和启发。①

　　法学和其他学科的交叉研究在中国已有一定的历史，相关的著
作包括但不限于苏力的《送法下乡》、《法治及本土资源》等。2000
年夏勇主编的《走向权利的时代：中国公民权利发展研究》出版，
从社会学的角度对公民权利进行了探讨。法学和社会学学者、法官
和记者等的跨界合作令人眼前一亮。基于广泛的田野调查，该书从
权利意识、权利保护机制、弱势群体权利保护等方面描述与解释了
转型期中国的公民权利状况。2006 年，苏力等创办了连续出版物
《法律和社会科学》，旨在推动法学的经验研究和实证研究。这些
著作或文章对权利或人权或有间接涉及。近年来，国内学界对多学
科研究予以越来越多的关注，各种各样的学科组合起来的多学科研
究团队层出不穷。在人权领域，近年来受国外专业学者和机构的协
助，国内已举办数次人权多学科研究论坛。2010 年多学科人权研
究论文集《我们时代的人权》由中国法制出版社出版，即是重要成
果之一。来自不同学科的学者使用民族志、行动研究、问卷调查、
案例分析等方法开展研究，呈现对人权的不同视角与层次的理解。

　　中国人权领域的多学科研究刚刚起步，方兴未艾，研究的深度
和广度亟待提升。笔者检索中国知网期刊全文数据库，以"人权"
为篇名的文章共 8265 篇，主要学科分布如下：

---

　　① 张万洪、丁鹏：《晚近国际人权法若干问题研究》，《珞珈法学论坛》第 9
卷，武汉大学出版社 2010 年。

学科	法学	政治学	哲学	社会学及统计学	伦理学	历史学
篇数	4048	1267	80	63	51	47
学科	经济学	文学	宗教学	新闻与传媒	文化学	经济学
篇数	138	38	35	26	23	138

注：中国知网期刊文章学科分类将"法学"按部门法分类，此处为大学科分类，按中国学科分类国家标准，将"法学"并为一类统计。"经济学"一类包括"宏观经济管理与可持续发展"、"企业经济"、"经济理论及经济思想史"、"贸易经济"和"经济体制改革"。

虽然笔者发现上述分类并不能完全准确地反映论文的学科领域，但足可见出法学在人权研究领域占有的绝对主导地位。而这其中基于经验数据的实证研究更是少数。根据齐延平、于文豪的统计，2010—2011 年，224 篇与人权相关的论文中，使用社会实证研究方法的文章比例高达50%（118 篇）。齐、于二人将"社会实证方法"与价值分析方法、规范分析方法对应，定义为"将规范和行为置于社会的整体语境之下，以实践为出发点展开分析和评价，它具有社会学研究方法的某些要素，具有实然性和经验主义特点"。①由于文中并无举例，所以笔者并不清楚作者所指的"社会学研究方法的某些要素"具体为何，这里并不能确定实际比例是否这么高，因为有一些文章从社会实践出发并展开，但并不一定是通过对经验性数据进行分析整理进而得出结论。目前，在法学研究中，有越来越多的使用实证研究方法的趋势，如调查、统计、案例分析等，但由于缺乏相关专业的学术训练，科学性、系统性仍不够，深度也有待进一步挖掘。从广度上看，人权在一些极具价值的领域还未受到足够重视，如具有社会性别视角的人权研究在国际上已成主流，但在我国还大有发展余地。又如，众多研究者围绕"文化相对主义"（cultural relativism）或"文化相对性"（cultural diversity）展开其主张

① 齐延平、于文豪：《中国人权法学研究的多学科实践面向》，《山东大学学报》（哲学社会科学版）2012 年第 2 期。

的同时，对于奠定其基础的人类学却缺乏了解，无从进行有料、有趣又有力的论证。2013年年底，中国人权研究会主办的"第五次全国人权研究机构工作经验交流会"在武汉大学召开，主题即为"关注人权实证研究，服务法治社会建设"，来自不同部门、学科的人权工作者分享了推动人权理论、知识、文化以及对外交流合作方面的经验。①

目前，国际上残障研究领域蓬勃发展，研究成果丰硕，囊括的学科和视角包括社会学、人类学、文学、女性主义等。除了相关著作，还有数本期刊专门侧重残障领域的多学科研究，如《残障与社会》（Disability & Society）、《残障研究季刊》（Disability Studies Quarterly）、《国际残障、发展与教育期刊》（International Journal of Disability, Development, and Education）、《残障与政策研究》（Journal of Disability Policy Studies）《文学与文化残障研究》（Journal of Literary & Cultural Disability Studies）、《社会科学与残障研究》（Research in Social Science and Disability）等。2008年联合国大会通过《残疾人权利公约》后，残障议题全面进入人权视野，受到高度关注。残障（权利）在中国还处于"幼儿期"，在数量和广度上也很有限。笔者在中国知网全文期刊数据库中使用"残障（人/者）"、"残疾（人）"进行篇名检索，共有9600篇相关文章（包括非学术论文）。其中约2500篇被划归到医学、康复和特殊教育等传统的基于病理学所作的分类。还有一些是关于残障者的社会保险制度、就业安置、无障碍设计和辅具开发技术等，基本上是将残障人作为福利的客体和慈善施予的对象来处理，残障人的主体性体现不足。自2007年开始，由于《残疾人权利公约》（简称《公约》）的通过和中国政府签署并批准《公约》，关于残障者权利的论文数量大幅上升，但视角和方法仍然比较局限。自2012年起，武汉大学公益与发展法律研究中心与瑞典大学隆德大学罗尔·瓦伦堡人权与人道法研究

———————

① 武汉大学公益与发展法律研究中心：《关注人权实证研究，服务法治社会建设——第五次全国人权研究机构工作经验交流会综述》，《人权》2013年第6期。

所合作，开展"中国残障权利多学科研究"项目，在全国招募来自不同学科、不同工作领域的研究者和实践者，共同研讨残障权利和多学科研究方法，切磋砥砺，开展合作研究。目前，此项目已开展两期，共招募研究团队成员 40 余人，项目下产出的《残障权利研究》是国内第一本采用权利视角和注重实证性的多学科研究集刊。

（三）研究内容与方法

本文拟借鉴国际经验，以残障者权利作为突破口进行研究。本文拟采用文献研究法，梳理国内外残障权利研究相关文献并分析、整理，对研究的进路（approach）和方法（method）进行综述，探讨这些进路/方法的发展现状和走向，探索一套有效的人权法多学科研究模式，以便在未来运用于更广泛的人权议题。选择残障者权利切入主要有以下几个原因：

残障者权利已成为全球和中国人权研究和实践的重要领域。根据世界卫生组织的数据，世界上有 6.5 亿名残障者，约占世界总人口的 10%，是人数最多的"少数群体"。① 根据中国 2010 年的统计数据，中国共有残障者 8502 万人。因为偏见、歧视的普遍存在和社会支持的缺乏，残障者的权利状况不容乐观。我国政府对残障议题日益重视，并积极参与国际交流与对话，对此的相关研究十分必要。自 2011 年起，由中国人权研究会、社会科学文献出版社联合发布的《中国人权事业发展报告（人权蓝皮书）》中连续三年有关于中国残障者权利保护状况的专章。

《残疾人权利公约》是进入 21 世纪以来国际社会的第一个人权公约，也被称作截至目前理念最先进的国际人权公约。《公约》提出的从"个人模式"向"社会模式"的范式转变对于人权保护具有划时代的意义。《公约》提出的基本原则和理念（后文将详述）包括尊重个人自主与多样性，充分参与和融入社会，无障碍和合理便利等，承认残障者的主体性和权利持有者身份，对我国残障者权利乃至其他群体的权利保护都具有极高的价值。

---

① 联合国新闻部：《残疾人公约填补人权保护空白》，http：//www. un. org/chinese/disabilities/convention/index. htm.

残障议题本身的复杂性使其成为多学科研究的典型范例。"残障"这一概念本身就不具有明晰无误的轮廓，即包括个人身心上的损害，又包括物理环境与社会态度的影响；"残障"在现实中表现形式各异，个人体验不尽相同，值得进行历史的、经济的、社会的、文化的以及其他所有可能的视角的考量。正如英国谢菲尔德大学教授 Dan Goodley 所言："残障研究是对研究范式的打碎重整，破传统学科分野，探既存研究边界，疑现有理论建构。"①这种以问题为导向的整合式的研究取向对我国人权研究具有重要借鉴意义。

作为两期"中国残障权利多学科研究"项目的发起人与协调人，笔者全程参与项目设计与运作，得以近距离观察和了解研究者的个人成长、研究计划的形成、团队合作中的火花与挑战、整个领域的发展趋势等。基于上述"经验性"信息，笔者将从文本和实践两个层面进行分析与反思，提出具有理论高度的、系统的同时又是可操作的人权法多学科研究模式。

一、界定人权法多学科研究

（一）人权法

如前文所述，要实现人权法维护人类尊严、免遭权利侵害的目标，对人权法的研究就不能止步于法律文本。为本文讨论的目的，此处所指人权法研究包括但不限于：人权理念及相关法律的渊源、法律的形成过程、法律文本、法律的实施及效果、人们对人权及人权法的理解与体验，以上研究还可考虑在不同空间、地域实践的多样性。

（二）多学科研究

学界对于"多学科"并无明确定义，实践中还有"跨学科"、"交叉学科"等说法。对这一概念进行界定的困难在于"学科"本身是建构的，而非客观事实。学科的建构是基于一系列的假设、原则和方

---

① Dan Goodley, Disability Studies: An Interdisciplinary Introduction, Sage Publications, 2011.

法，而不同学科使用的研究方法却常有重合。例如，社会学和人类学有不同的研究目标，但实践中可能使用同样的研究方法，如调查、访谈等。不仅如此，随着社会的发展，不断有新的学科出现，如性别研究。而性别研究并不必然与其他学科互斥，往往还与其他学科结合形成新的子学科，如女性地理学（feminist geography）。

有学者对"多学科"、"交叉学科"和"跨学科"作出区分，认为"多学科"是叠加式的，不同学科背景的研究者就同一问题进行独立研究，例如一位建筑学者和历史学者分别对一幅文艺复兴时期的画作进行研究。"交叉学科"是整合两个不同学科之间的知识从而形成一个新的学科或领域，如"生物物理学"（biophysics）。"跨学科"则是在学科之上，以问题为导向，采用"整体"的方法，由不同学科的学者在共同的理论框架下分工合作，各展所长，例如研究环境污染或饥饿问题的团队。①

完全厘清这一争议并非本文可以解决，以上只是作为一个参考，为本文讨论的目的，此处使用"多学科"一词，采用最广义的解释，即包括某一学科的理论假设，如经济学中"理性经济人"的假设，又如人类学中的文化多样性；也包括学科下的研究方法，如调查、访谈、民族志、文献分析等，还包括以上三种研究实践（不论个人或团队）。本文的其中一个目的即在于打破学科之间的僵固界限，在残障权利和人权研究中将各种理念和技术融会贯通，在传统的规范研究进路以外发展出以证据为基础的（evidence-based）实证研究（empirical research）。

二、人权法多学科研究的方法框架、特点与实践

（一）人权法多学科研究的方法框架

如前文所述，学科是基于一系列的理论假设和原则构建而来

① Bernard C. K. Choi and Anita W. P. Pak, Multidisciplinary, Interdisciplinary and Transdisciplinary in Health Research, Services, Education and Policy, in Clinical & Investigative Medicine, Vol. 29, No. 6, December 2006.

的，方法上又有交叉。为本文讨论的目的，笔者根据目前人权法研究领域特别是残障研究领域的主要研究视角，建立方法框架如下：①

学科	常见主题	共有方法	特色方法	研究问题示例
人类学	文化	观察、访谈、问卷、统计、量表、文献分析、话语分析	民族志	在某个特定文化中的人们是如何理解"人权"或"残障"概念的？
社会学	社会结构关系		调查实验文献	某一地区残障者就业的情况受哪些因素影响？
政治学	权力		调查实验模拟	利益相关者参与立法过程中的权力关系如何？
经济学	成本与效益		模型统计	在工作场所为残障者提供合理便利的成本效益如何？
性别研究	社会性别平等		口述史	女性残障者在就业中的特殊处境

由上可见，只要符合相关学科的理论架构和原则，理论上每一个学科都可以使用诸多共通或交叉的研究方法。并且以上只是一个不完全列举，主要是社会科学学科，实践中对于人权及人权法的人文科学研究也很多，如文学；还包括一些应用学科，如心理学等。每一个学科后面列出的问题示例也只是众多可能性之一，并且这些问题也不是仅用一种学科视角进行研究，而是可以从不同侧面切入，获得对某一现象或问题的全局理解。由上可见，人权及人权法研究的面向之丰富，前景之广阔。

（二）残障者权利多学科研究的特点与实践

残障直到 18 世纪才逐渐形成一个社会科学研究的类别，在此

---

① 杨秋林、汪永涛：《试论人类学研究方法》，《科协论坛》2009 年第 1 期。

之前，残障者仅被认为是一群有各种身心损伤的人。① 不同于过去仅将残障置于医学视角下检视，残障研究（disability studies）如今可在社会的、政治的和文化的语境下看待它。② 学者们开始讨论与残障者相关的"自主"（autonomy）、"独立"（independence）、"能力"（competence）、"社群"（community）等概念，为后来讨论残障与平等、人权、公民社会参与等开创了空间。③

残障权利研究是广义残障研究的一部分，但要在残障权利研究和其他的残障研究间作区分并非易事。一些文章中比较明确地讨论残障者的权利，或使用权利框架，但有一些文章虽未直接提出权利，但包含了权利的视角和人权的基本原则，如非歧视、参与和赋能（empowerment）等，并且其目的在于促进残障者平等地参与和融入社会生活。本文采用广义的理解，即以上两类都可被认为是残障权利研究。尽管如此，有一些文章虽然表明是"权利研究"，但全文却充满了对其研究的群体的优越感，认为残障群体是"被施予权利"的对象。权利研究和人权（法）研究本身蕴含价值选择，而研究者选择的立场显然会大大影响其研究发现。

残障权利之所以具有重大研究价值，是因为其具有"落后"和"超前"的双重特性。我们似乎并不难理解为什么《残疾人权利公约》姗姗来迟。从实证的意义上，人权概念最初不包括所有人，例如女性。而长久以来对于残障的基于病理的看待模式似乎为将残障者排除在权利享有者之外提供了更强的正当性。随着全球残障者运动的扩大和老龄化现象的出现，残障议题获得广泛关注。关于残障的社会学探讨及"社会模式（即认为残障并不是个人的问题，而是个人的身心损伤与不友好的物理、社会环境相互作用产生的对人的限制和障碍）"的发展允许人们从权利角度（而非以往的病理学的、

① David L. Braddock and Susan L. Parish, An Institutional History of Disability, in Handbook of Disability Studies, edited by Gary L. Alberecht, Katherine D. Seelman and Michael Bury, Sage Publications, 2001.

② Simi Linton, Claiming Disability, Knowledge and Identity, NYU Press, 1998, p. 132.

③ 杨秋林、汪永涛：《试论人类学研究方法》，《科协论坛》2009 年第 1 期。

慈善的视角)来讨论这个问题。在这个基础上,《残疾人权利公约》又被称为是截至目前理念最先进的公约,因其提供了审视人与社会的互动的全新视角。一方面,在性别研究的基础上,残障的流动特质进一步启发了关于社会建构、身份认同和权力的思考;另一方面,通过强调残障者的法律能力(Legal Capacity),《公约》再次重申了对人的信念并引发了对(医学)知识发展的反思。

综合看来,目前国际上的残障权利研究具有以下特点:(1)研究角度多样,且深度和广度都在不断扩大;(2)从抽象的理论、规范性研究转向注重具体的、实证性研究;(3)在"事实"的基础上,侧重"人"对其周遭社会、文化的体验及诠释;(4)关注个人多种身份对权利实现的交叉影响(intersection);(5)以"人"为中心,将研究对象(research subject)视作研究参与者(research participant),重视参与者的赋能(empowerment)与解放(emancipation)。

1. 残障权利研究角度多样,且深且广

目前国际上除法学外,关于残障权利的研究包括涉及社会学、人类学、政治学、心理学、经济学、话语学、文学、性别研究等多个社会科学和人文科学学科与领域(此处没有包括一些应用学科,如医学、康复学等)。以下试举几例说明。

基于以上不同学科的特性,对于残障权利的研究基本上有两个维度。一个偏向对于"客观"事实的描述与分析,试图厘清和呈现各种因素对于某种社会现象的影响以及各种因素之间的关系。这类研究较多使用定量的方法,着重对数据的统计分析。在权利研究中,这类方法可以帮助分析权利保护与实现的内外在因素,或某种法律或措施对于保护某种权利的效果如何。美国有很多关于《美国残疾人法案》(Americans with Disabilities Act, ADA)的实施效果的研究。有的研究通过对一段时间内的一定样本进行数据分析,发现 ADA 通过后,美国残障者的就业率并未提升,反而降低。[1] 而也

---

① John J. Donohue III, Michael Ashley Stein, Christopher L. Griffin, Jr., and Sascha Becker, Assessing Post-ADA Employment: Some Econometric Evidence and Policy Considerations, in Journal of Empirical Legal Studies, Volume 8, Issue 3, 477-503, September 2011.

有研究指出，要评估残障者就业的情况，有一些因素需要进行特别考虑，例如统计口径，即哪些人被包括在 ADA 定义的残障者下，还有政府的残障补贴制度（Disability Income）一定程度上降低了就业意愿。研究表明，在使用不同的测量标准时，得到的结论也会有所不同。①

除了基于社会学的统计，也有研究利用经济学的理论来讨论残障者就业权利的实现。基于微观经济学的"理性选择理论"（theory of rational choice），个人的经济行为决策来自于对成本、收益和过程中风险的平衡。根据这个理论，残障者在决定是否申请残障保险（disability insurance）时，他/她会像一个"理性人"（rational actor）一样作决策，要看申请保险和找工作两者哪个成本低，收益高。并且从风险角度来看，残障者还需要评估申请保险失败的风险有多大，如果不太容易申请成功，那么他/她可能会选择找工作。②

残障权利研究的第二个维度是"诠释性的"（interpretive）。相对于第一个维度，诠释性研究更多地关注在某一个特定的社会文化语境中，人们如何解释特定的社会现象。这种视角对于权利研究十分重要。因为人们对某些现象和概念的理解往往是在特定文化中建构起来的，而这种理解又会反过来影响人们的态度和行为，进而强化这种文化。所以，当一种对于某个群体的歧视性的态度被建构起来，在人们脑中形成且日益根深蒂固，那么整个社会政策中都会弥漫着对这一群体的偏见和排斥。进行诠释性的研究，可以启发人们思考平日无处不在的现象背后的深层原因，并指出需要改变的症结。这类研究通常是定性的，使用深度访谈和观察等实地调查来研究发现。人类学中对残障权利研究作出最大贡献的是文化人类学（cultural anthropology）和医疗人类学（medical anthropology）。一定程度上的身体和精神的特质的存在为世所公认，但不同的文化和社区

① Douglas Kruse and Lisa Schur, Employment of People with Disabilities Following the ADA, in Indus trial Relations, Vol. 42, No. 1, January 2003.

② Sara E. Kimberlin and Mary Ager, Economic Theories of Disability Benefits, in Journal of Human Behavior in the Social Environment, 2009, 19, pp. 70-84.

会对这种特质有不同的反应，人类学的贡献就在于将残障作为一种社会文化的体验来探索。例如，一位人类学家发现有一个地方，听障率极高，以至于听障在当地根本就不被认为是一种残障，因为每个人都会手语。在这样的社会中，被人们认为放之四海而皆准的残障定义就完全不适用了。又如"偏离"（deviance）、"污名"（stigma）和"他者"（otherness）这些人类学的经典理论都可以用于残障权利研究之中。残障者因为偏离于主流的、普遍的标准，于是引致污名，被看作他者，在现实中被边缘化。① 在人类学研究中，这样的例子比比皆是。

除了上述较为主流的学科，还有一些学科例如音乐、地理学等也对残障进行研究，这些研究角度新颖，启发人们重新思考人、身体与社会的关系。②

2. 实证研究，有理有据

除了综合运用各个学科的理论，残障权利研究注重实证性。权利研究中的实证性会大大加强其论点的说服力，进而对于决策者制定政策，或对于改变公众的态度都会有正面影响。例如，针对认为"残障者工作表现不如健全人"的迷思，有学者进行实证研究，设计测量工作表现的模型和指标，同时在残障者和"健全人"中抽样测量，得出的结果是残障者除了服务的时间更长以外，在其他指标上如出勤、生产率、任务管理等方面都跟非残障者无显著差异。③

在前述提到"中国残障权利多学科研究"项目的第一期下，有一位人类学研究者，用非结构访谈的方式探索精神病院住院女性的体验，了解她们的权利状况和影响因素。她在文中使用大量案例和受访者的口述，进而提出，"住院女性往往体验到家属以爱与保护

---

① Allison Ruby Reid-Cunningham, Anthropological Theories of Disability, in Journal of Human Behavior in the Social Environment, 19, p. 1, pp. 99-111.

② Laurie Stras, Shakin' all over: popular music and disability, in Disability & Society, 30, p. 2, pp. 318-320.

③ Kevin Hindle, Are Workers with a Disability Less Productive? An Empirical Challenge to a Suspect Axiom, paper submitted to the referred stream of the Anzam 99 conference, University of Tasmania, September 8, 1999.

为名义，用医药监控、束缚其行为，尤其是当家庭矛盾纠纷较多或女性在家中地位较低时。住院女性感受到的自由权、婚育权、健康权的被剥夺是家庭和精神医学联手规训的产物"。①

文献分析本身也是一种实证研究。我国台湾学者张恒豪、苏峰山对战后（1952—2003 年间）台湾小学教科书中关于障碍者的内容进行分析，包括身心障碍者的角色出现的数量、类型与诠释的方式等，得出如下结论："（1）身心障碍者在课本中出现的比率非常少，在包含障碍者的课文中，障碍者的意象以肢体障碍为主，心智障碍者几乎不存在；（2）指称方式从'残废'，转变为'（身心）障碍者'；（3）两极化的障碍者意象：课文中身心障碍者的论述不是可怜的、需要帮助的，就是励志的，可以鼓舞一般人的；（4）'障碍'被定义为个人问题，忽略了社会环境所造成的障碍；（5）缺乏身心障碍者的声音与世界观，也缺乏障碍者的异质性及多元文化观点的讨论。"②

3. 个人体验及文化诠释

上文已经提到，诠释性的研究可以反映社会文化中的主流态度及其如何压制边缘的群体，并且这种研究呈现的过程是微观的、具体的、人性的。过往的研究以及中国目前很多研究往往只关注宏观的社会结构和事实，个人在其中并没有位置，这使我们的权利研究变得冷冰冰，无法影响决策者和公众。因此，我们需要更多有血有肉的研究，也就是要有"人"的存在。国外有学者研究残障者如何习得"非残障文化"（non-disabled culture），并按照非残障者的期待进行反应。研究者将"非残障文化"用一系列的生活对话展示出来，例如：

"我一点儿也看不出来你有残障。"

---

① 马志莹：《因爱之名，以医之义？从权利角度看精神病院住院女性的体验》，张万洪主编：《残障权利研究》（第一卷），社会科学文献出版社 2014 年版。

② 张恒豪、苏峰山：《战后台湾小学教科书中的障碍者意象分析》，《台湾社会学刊》2009 年第 42 期。

"至少他没有那么残疾。"

"你太勇敢了，我不知道你是怎么面对的。"

……

这些说法看起来很日常，似乎并无问题，但研究者试图证明这其实是"非残障文化"下的思维，其中暗含的意思仍是对残障的污名。而残障者还需要被迫接受这种文化，并按照这种文化的期待，表现出像是可怜的不幸者的样子或是无比感激其他人的施舍。这种文化使残障者无法在平等的基础上参与社会生活，是对人权理念的违背。①

话语分析(discourse analysis)也是一种很重要的研究方法，用于解构话语、思想和实践中的深层权力关系，而权力关系往往决定着权利的分配和实现程度。根据福柯的理论，权力不仅存在于宏观层面，而是无处不在，并且通过话语不断地强化。有学者通过实证研究指出，在专业人员(professionals)和残障者中就存在着这样的权力关系。这种权力关系导致的偏见是：如果当专业人员和残障者，特别是智力障碍者的表达出现不一致，往往是残障者先遭到怀疑。此研究通过详细观察和分析一位专业人员对一位智障者的访问过程，指出使智障者说出相互矛盾答案的原因根本就来自专业人员的问题设计。专业人员对于残障者有先入为主的假设，并且在实践中通过技术(无论是否有意识)和权力使自己的假设得到证实，这本身就是对人格尊严的预先否定。②

4. 多重身份与权利实现

每个个人都可能拥有多重身份，一个残障者可能同时还是一位女性、老人……这些身份叠加起来对个人权利的实现会产生不同的影响。目前，国外的残障研究和人权研究都很注重多重身份的研

---

① Dan Goodley, Disability Studies: An Interdisciplinary Introduction, Sage Publications, 2011.

② Dan Goodley, Disability Studies: An Interdisciplinary Introduction, Sage Publications, 2011.

究，这在国内也越来越受到重视。

残障权利研究领域最成熟的是性别与残障研究。实证研究表明，有残障的女性往往在社会上会遭受双重歧视，使她们的处境更加困难。① 性别与残障研究的一个契合点在于二者都是被污名化和被压制的群体，女性在很多语境下也被认为是不完全的，相对于男性是有缺陷的。所以在现实中，在有些情况下，女权主义群体和残障群体会联合行动。但二者在有些问题上也有观点分歧，例如，当提到认为女性是不完全的、有缺陷的，跟残障者一样的时候，这本身就有对残障者二次污名化的嫌疑。另一个例子是，残障权利倡导者主张不论胎儿是否有缺陷，都有被生下来的权利；而女权主义者则主张母亲有绝对的生育决策权，可以决定是否堕胎。②

5. 参与性、解放性的研究

残障权利倡导者的权利宣言是"没有我们的参与，不要作关于我们的决定"（nothing about us without us）。目前，在学术领域，残障者在研究中的角色也是研究者们热烈讨论的问题。这其中包括研究的方式，即残障者不应仅被视为"研究对象"，而是"研究参与者"，对研究过程有足够的了解和发言权。另外，从研究的目的来看，很多学者已不满足于单纯揭露研究发现，而更多地思考如果将研究变成一种行动，通过这一过程赋予残障者权利，并积极推动社会变革。不仅如此，很多民间的行动者也开始积极参与研究，甚至还有一些争论是关于非残障者是否有资格做残障研究等。这都说明随着残障权利运动的发展，残障社群的影响力越来越大。③ 在人权研究的过程中，我们也不应忽视社群自己的声音和力量，这样才能真正达到研究的目的。

---

① Ryu P. Cheng MSW, Sociological Theories of Disability, Gender, and Sexuality: A Review of the Literature, in Journal of Human Behavior in the Social Environment, 19, p. 1, pp. 112-122.

② Kim Q. Hall ed., Feminist Disability Studies, Indiana University Press, 2011.

③ Dan Goodley, Disability Studies: An Interdisciplinary Introduction, Sage Publications, 2011.

三、中国残障权利多学科研究的挑战与前景

为了推动中国基于权利视角的、多学科的实证残障研究，武汉大学公益与发展法律研究中心自 2012 年起发起"中国残障权利多学科研究"项目。项目至今共招募了 40 余名来自高校、政府和民间社会的研究者。研究者的学科背景也各不相同，包括法学、社会学、人类学、新闻传播学、政治学、文学等。项目组织关于残障权利与多学科研究方法的培训与会议，旨在提升项目参与者的研究能力。在项目的支持下，研究者们以《残疾人权利公约》为框架，独自或与其他研究者合作开展研究，获得了一系列丰硕的学术成果，包括残障者的受教育权、工作权、精神障碍者权利、性别与残障等多方面的研究。根据项目成果汇编的《残障权利研究》是中国第一本明确采用权利视角的学术集刊，具有划时代的意义。笔者全程参与、协调项目，在项目执行期间有如下观察。

上文已经阐述了诠释性研究的重要性和价值，但在目前的研究成果中，质性的（qualitative）、诠释性的研究数量比较少。这可能有两方面的原因：一方面，国内的研究者仍然更关注"客观的"、"可复制的"研究发现，这在一定程度上限制了他们进行更加批判性的、有启发性的诠释研究的动力。另一方面，有项目的参与者反映定量研究相对来说更容易，而质性研究要花更长的时间。我们认为这与学术训练有关。不过如果我们承认"人"在研究中的重要性，那么未来应该加强质性研究的部分。

不同领域、不同学科背景的研究者之间的合作还有待加强。在两期项目中，我们看到有非常成功的合作案例。例如，一位高校法学学者与一位经济学背景的民间组织工作人员合作进行公部门招录残障员工的实证研究，研究中既有严谨的法律分析，又有来源于民间组织申请政府信息公开获得的第一手材料，还包括该组织对残障社群和公部门相关人员的访谈，指出公部门在招录残障员工中的挑

战，提出有针对性的政策建议。① 还有一个例子是两位有法学背景的参与者合作，研究对于精神障碍者的支持性决策（supported decision making）。由于有一位有过在社会工作机构实习的经历，所以使用真实案例细致地分析了监护制度在实施中的问题及对精神障碍者权利的影响。② 尽管如此，这样的合作还是不够。我们也看到实践中有的情况是尽管团队里有研究性别与残障的学者，但有些学者的研究中却缺乏性别视角。

残障社群本身的参与逐步加强。在两期项目中，我们越来越注意到残障者本身和民间社会的力量，所以我们在招录中也注意保持来自民间组织和残障社群的研究者的比例。事实证明，他们对于残障权利的理解往往比学者更深刻，更具体，同时也能给整个研究团队带来活力。这也正好印证了"没有我们的参与，不要作关于我们的决定"这一原则。

未来中国在国际人权领域的作用将越来越重要，与时俱进的人权研究与实践已成必需。为了培养未来的人权学者和建设多学科人权研究团队，从高校开始就可增设多学科的人权课程，为我国的人权事业储备力量。

---

① 刘晓楠、谢斌：《公共部门带头招录残障人士的实证研究及政策建议》，张万洪主编：《残障权利研究》（第一卷），社会科学文献出版社2014年版。

② 陈博、黄士元：《通过社会工作增进精神障碍者个人自主的深圳实践》，张万洪主编：《残障权利研究》（第一卷），社会科学文献出版社2014年版。

经济、制度与法律背景下的
竞争政策解构

——以世界竞争评估制度最新发展为中心

武汉大学法学院　孙　晋

引　言

　　根据笔者长期关注和跟踪研究国外竞争政策的发展情况，结合近期国内学者举办的学术交流会议以及研究成果来看，竞争政策在全球主要经济体已经取得了丰硕的实践成果，竞争理论则早于 20 世纪已被逐步完善。目前积极将竞争政策在全球范围内进行推广的国际经济合作组织（简称 OECD），为竞争政策的有效实施也作出了进一步的探索，竞争评估工具的拟定以及在不同国家的适用都为这项全球化事业作出了贡献。美国、欧盟、澳大利亚、日本、韩国等国家（地区）提出竞争中立理念，并实施竞争中立政策，以限制国家以投资、援助或其他优惠政策方式干预市场公平竞争。国内对竞争政策的关注和研究，经历了从管中窥豹到逐步了解的过程。早期主要针对的是个案分析，近期已经有部分学者开始对其进行系统性的解读，如张占江博士 2010 年出版的《竞争倡导研究》，囊括了从事前、事中、事后对竞争政策理念的全程贯穿。也有部分经济学和法学学者切中要点深入分析，如从行政性垄断规制问题着手，从放松管制改革问题切入，或从推动建立竞争文化问题出发。因此，可以看出，关于竞争政策的纵向与横向研究成果已经不在少数，但众多分析中尚缺少对竞争政策在我国实行之可行性分析。作为西方舶来品，或者说是嫁接在转型期的国家环境中，对现代竞争政策与我国政治、经济、文化各方面条件的相互融合和相互作用的考察与讨论值得进行深入分析，这也为制定相匹配的竞争政策制度提供了分析基础。

一、政府规制与竞争政策

国家能力是一个两千多年以前就存在的古老话题。在古希腊，亚里士多德研究雅典城邦时就曾涉及国家（城邦）能力问题，他指出："国势强弱与其以人数来衡量毋宁以他们的能力为凭。"①近代以来，各学科对该主题的研究得到了进一步的深入发展。其中，西方经济学家从国家是否应当或如何干预市场经济活动的角度对国家能力开展了长期研究；西方政治学提出的结构功能主义、公共政策学派、回归国家学派等理论都将国家能力作为一个重要的领域进行研究。英国著名政治学家、社会学家迈克尔·曼在其著作《社会权力的来源》中从对国家两种权力的划分这一视角出发，探讨了国家能力的内涵。他将国家的权力划分为"专制性权力"与"基础性权力"。所谓专制性权力主要是指国家不需要与市民社会群体进行制度化的协商就可以强行推行自身目标、政策的权力。所谓基础性权力则是一种"贯穿"社会的"权力"，它通过国家基础来协调社会生活，确保国家政策的有效实施。现代资本主义发展的一个重要标志是国家的专制性权力受到约束，基础性权力则通过制度化的设置不断得到优化，同时"基础性权力"是决定一国政治、经济和社会发展的国家能力。显然，在现代化国家达成的共识里，国家能力所包含的专制性权力的范围已经备受限制，基础性权力与民生、经济发展等问题息息相关而成为关注的重点。

在国家治理的众多领域中，经济发展是主要目标，经济的发展形势也往往与政治、文化密切相关。经济现象以及经济领域中的各

---

① 柯彪编著：《亚里士多德与〈政治学〉》，商务印书馆 1965 年版。

方诉求的直观性与迫切性往往使得该领域成为改革的先锋阵地。为此，国家基础性权力行使的优劣得当在经济领域中显得尤为重要。国家基础性权力在经济治理中主要体现为市场监管或市场规制，是国家以经济管理的名义进行的干预，① 有广义和狭义之分。日本经济学家植草益认为，如果根据金泽良雄教授(注：日本著名经济法学家)的定义，将公的规制解释为：在以市场机制为基础的经济体制条件下，以矫正、改善市场机制内在的问题为目的，政府干预和干涉经济主体活动的行为；那么，公的规制就包含了至今为止已经说明了的、全部与广义的市场失灵相关的法律制度。② 在此界定基础上，植草益归纳了公的规制的8项政策：第1项是宏观经济政策——主要以保障分配的公平和经济增长稳定为目的的政策，包括财政、税收、金融政策；而另外7项是与微观经济有关的政策，包括提供公共品的政策、处理不完全竞争的政策、以处理自然垄断为目的的政策、以处理非价值性物品和外部不经济为目的的政策、以处理信息偏在为目的的政策、与多样化的市场失灵相关的政策以及其他如劳动政策与土地、自然资源相关的政策。③ 依此划分，与本文主题相关的"规制"宜界定为狭义上的、与微观经济有关的政策，不包括通常所说的宏观调控。

然而，政府规制与市场机制这两个主题不过是一枚硬币的两面，政府规制的合理和高效往往直接导致市场机制活力的释放和发挥，其最重要的具体标准则是"竞争"状态。对于政府规制抑或是市场经济的探讨，也都离不开保护竞争、限制竞争、促进竞争等核心话题。竞争政策作为国家治理经济的手段，或表现为理念、法律、政策性文件等形式，影响着经济发展的效果，决定着各种类型的市场主体的生存和发展。因此，对竞争政策的内涵与外延进行深

---

① 约翰·伊特韦尔等编：《新帕尔格雷夫经济学大辞典》(中译本)第4卷，经济科学出版社1996年版，第134页。

② [日]植草益著，朱绍文、胡欣欣等译校：《微观规制经济学》，中国发展出版社1992年版。

③ 肖竹：《竞争政策与政府规制——关系、协调及竞争法的制度构建》，中国法制出版社2008年版，第4页。

入探讨具有重大的理论和现实意义。

二、竞争政策的维度分析

对竞争政策的系统研究和完整认识，应建立在经济、政策、法律三个维度之上。同时，三个维度的不同内涵恰好是区分竞争理论、竞争政策、竞争法律的基础，这有助于认识政策的政治本性及法律的秩序特性。经济以竞争理论为依据，它的原则是社会资源的有效配置，政策的原则是目的与手段的协调统一，法律的原则是建立秩序和实现正义。三者结合起来，即在社会资源配置是否有效、目的与手段是否统一、能否建立秩序和实现正义等三个方面协调的基础上实现竞争政策。三者协调起来并迸发出互动效应并非易事，但也正是当下亟须解决的课题。

（一）竞争政策与竞争理论

竞争理论是竞争政策的理论基础和依据。它的价值在于为竞争政策提供指导思想和竞争方法，均以实现资源最优配置为目的。

现代竞争理论是在打破将完全竞争作为现实和竞争状态的传统模式的基础上，从一般市场理论和价格理论中分离出来而形成的独立的竞争理论。其中的产业组织理论主要在"二战"后的美国确立，与反托拉斯政策紧密相连而发展成为具有体系性的经济学科。就产业组织理论过去三十多年的发展来看，从芝加哥学派到后芝加哥学派的发展反映了美国竞争政策思想演变的主流和最新动态。尽管二者都一致认为反垄断的本质问题是一个经济学问题，[①] 主张用经济学的理论和方法来分析反垄断问题，但二者对市场机制的功能、反垄断的目标存在不同的认识。

可以说，芝加哥学派是伴随着对哈佛学派的批评而兴起的。哈佛学派的竞争理论曾在战后至 20 世纪 70 年代相当长的时期内，成为美国政府制定竞争政策的理论依据。后来在德国兴起的最佳竞争

---

① Jonathan B. Baker, Recent Developments in Economics that Challenge Chicago School Views, 58 Antitrust Law Journal 645(1989).

强度理论都受到其直接影响。哈佛学派采用市场结构(S)、市场行为(C)、市场成果(P)三个概念,在 S-C-P 的因果关系中,考察市场价格机制的运行,简称为 S-C-P 体系。经济学家贝恩考察市场结构对市场成果的影响作用后得出的结论是:第一,适度竞争的寡头市场和带有某些原子市场的市场结构,可以实现按照竞争要求所期望的市场成果;第二,高度的市场进入障碍与中等和较低的市场进入障碍相比,对市场绩效具有明显的负面作用;第三,可供消费者选择的产品数量不会随着产品差异程度的提供而扩大,所以有效竞争所要求的并不是特别高的产品差异程度,而是要求适当的产品差异。基于上述观点,哈佛学派的政策主张多以对市场结构和市场行为进行直接干预为内容。具体政策措施包括:阻止卡特尔和协调行为,拆散市场中占统治地位的企业,控制合并,通过国家影响提高要素流动性,国家直接干预等。

进入 20 世纪 70 年代以后,哈佛学派的 S-C-P 体系被指缺乏严谨的理论基础而遭到严厉的批判。同时,国际贸易中的地位遭到新兴国家的冲击,有着明显的下滑趋势,这些现象加速将以施蒂格勒、博克、德姆赛茨、波斯纳为代表的芝加哥学派的竞争理论推上主流。

芝加哥学派竞争理论的基础是经济自由主义思想和社会达尔文主义。他们通过微观经济学的模型分析指出,竞争是市场经济的常态,而垄断只是暂时的现象,通过市场机制的自我调节,最终能够实现完全竞争的市场经济。[1] 该学派的竞争理论认为,市场竞争过程是一个没有国家干预的市场力量自由发挥的过程,国家对市场竞争过程的干预,仅限于为市场竞争过程确立制度框架,并且维护这个框架。他们承认存在一种市场均衡,但并不是市场的最终状态,而是所有市场行为市场过程追求的"目标"。市场均衡是不能通过人为的竞争政策实现的,而只能让市场竞争过程强迫经济主体不断适应这种本身也在不断变化的市场均衡。在此认识基础上,该学派反对简单性地禁止合并,并且认为,除了具有明显限制竞争效果的

---

[1] Robert H. Bork, The Antitrust Paradox: A Policy at War with Itself, Basic Book Inc. Publishers(1978).

行为外，厂商的策略行为，如特许经营、转售价格保持、独占交易和掠夺性定价等，不会妨碍竞争。由此，联邦法院在判断厂商采用带有垄断嫌疑的策略行为时，多以合理原则进行权衡，这无疑放宽了对厂商行为的限制。

在20世纪80年代后期，芝加哥学派的反垄断思想受到了来自多方面的挑战。以夏皮罗、贝克尔和撒普罗等为代表的许多反垄断经济学家重新深入分析了市场竞争中的各种企业策略行为，并利用博弈论工具和新实证产业组织经济学为产业组织理论引入了全新的视角，开始对芝加哥学派的诸多观点提出质疑。

后芝加哥学派的学者们并不像芝加哥学派那样盲目地信奉市场力量，他们认为占主导地位的大公司会采取战略性反竞争行为，并相信政府干预的效率与必要性。因为现实市场中存在的多种因素使其很难达到一种完全竞争状态，比如信息不对称，优势一方往往可以利用它谋求利益；并且，厂商并非最终价格的接受者，厂商之间的策略行为实质上将负担转移到消费者身上；再者，厂商不可能花费巨大的成本获取完全信息。基于此，后芝加哥学派认为，厂商通过策略行为谋取垄断地位是极有可能的，并且这也是市场机制自身存在的缺陷，因此，适当的国家干预是有必要的。

芝加哥学派认为竞争政策的唯一目的就是追求"卓越的经济效益"，而衡量资源配置效率的标准是社会总福利。按照对象来划分，社会总福利应包含生产者福利和消费者福利。根据后芝加哥学派的分析，芝加哥学派所追求的整体福利增长有可能是建立在牺牲局部消费者利益的前提下形成的。从局部均衡来看，一种厂商行为可能导致消费者福利下降，但生产福利和社会总福利上升，尽管消费者利益受到损害，芝加哥学派并不认为这种行为构成垄断。相应的，他们所假设的完全竞争状态也意在推翻局部垄断的可持续发展性，因为资源会从低效部门流向高效部门，进而实现全社会福利增长。① 由此可以看出，芝加哥学派提倡的竞争政策所追求的目标一

① 任剑新：《美国反垄断思想的新发展——芝加哥学派与后芝加哥学派的比较》，《环球法律评论》2004年第2期。

直以效率为首选，并且认为效率与公平可以达成一致。

后芝加哥学派对垄断进行了更深入的分析，认为竞争政策反映在反垄断法中即应以阻止垄断厂商将消费者福利转移为垄断利润为首要目标，而不是仅仅提高整个资源配置效率。① 由此看来，后芝加哥学派所持理论更加倾向于公平优先。在后续发展的经济学竞争理论中，也多以公平优先，兼顾效率为主。

我国学者的研究自20世纪90年起已经涉足这个领域，尝试通过阐述竞争理论以指导构建我国竞争政策。较早的如王晓晔教授提出，应根据有效竞争理论作为我国竞争政策和反垄断法的目标模式。② 近些年来，多位学者在汲取各国最新竞争理论和实践经验的基础上，着眼于我国实情提出竞争政策目标"多元化"③、"分层次、分阶段确立"④的观点。陈秀山在《我国竞争制度与竞争政策目标模式的选择》一文中阐述了对于目标的选择应考虑一般性的市场经济因素和社会主义经济制度的特殊因素，相对应地提出了竞争制度和竞争政策与社会政策的协调要坚持两个基本原则：第一是建立竞争制度和选择竞争政策要与制定和实施社会政策同步配套，这样才能保持经济发展与社会发展过程协调一致；第二是某些社会政策措施要先行，为建立后者创造必要的前提条件。⑤ 通过中外对比我们可以看出，对于竞争政策目标的定位，在竞争政策中公平价值被给予了优先的考虑。这一趋势可以解释为，公平议题常以法学所面

---

① Robert H. Lande, Challenges to The Chicago School Approach: Chicago's False Foundation: Wealth Transfer (Not Just Efficiency) Should Guide Antitrust, 58 Antitrust Law Journal 631(1989).

② 王晓晔:《有效竞争——我国竞争政策和反垄断法的目标模式》,《法学家》1998年第2期。

③ 刘宁元:《反垄断法政策目标的多元化》,《法学》2009年第10期。

④ 徐士英:《竞争政策与反垄断法实施》,《华东政法大学学报》2011年第2期。

⑤ 陈秀山:《我国竞争制度与竞争政策目标模式的选择》,《中国社会科学》1995年第3期。

临的现实问题、经济学中的外部性因素的形式出现，现已更多地被纳入经济学的应用数学模型分析工具中，内化为经济制度因素的一部分。

（二）竞争政策与政策的政治性

竞争政策并非单纯的竞争理论实现，两者更不能画上等号。各种不同的竞争理论有不同的政策主张。即使竞争政策以竞争理论为基础，但其更本质的仍是政策，因此无法决定其最终选择。政策是连接目的与行动的中间环节，与政治具有紧密的关系。政策形成的过程即一个政治的过程，经济的观点在政治的过程中得到一定的关注，但不是唯一。经济领域中的利益相关主体如企业、消费者通过在政治领域中作为投票者和形成利益集团来影响决策的确定。与此相似的论点在应品广博士的《法治视角下的竞争政策》一书中得到了更加深刻的阐明。他从"政治博弈"的视角对竞争政策的产生和运行加以解释。政治博弈理论将竞争政策看成在两大利益团体（生产团体和消费团体）影响下一个自我发展的政治层面的讨价还价的过程。① 政治博弈不仅可以解释以美国为先例的成熟市场经济国家在反垄断法发展过程中依然出现偏离竞争目标的怪象，更加为发展中国家需要通过层次性、分阶段地实现竞争政策提供了合理的理论依归。

竞争政策的形成过程允许"博弈"的前提为存在公开、可参与的"博弈"渠道。这也意味着竞争政策的决策过程是一个包容性强、规则性强的过程。计划经济体制下的决策方式，依赖于可数的精英群的韬略与胆识确定经济决策，个人的智识与信仰成为限制国家发展、公共利益保护的主导因素。与之相反，市场经济主导下的决策方式主要通过民主程序解决，听证程序、实质性投票、公开征求意见等层层制约使得一项公共政策难以轻而易举地通过，并最终影响自身利益。

我国的竞争政策制定过程很难说已经具备公开、公正、透明等

---

① 应品广：《法治视角下的竞争政策》，法律出版社 2013 年版。

特性。一般认为的生产商与消费者两大利益团体并不一直是政治博弈中的主角，实为官商本质的官僚阶层很大程度上才是背后的操手，与生产商(特指不与官僚联盟的生产商)、消费者对立，隐藏于政治博弈中，三者本就不可能构成实质上的抗衡，因为官僚阶层从一开始就掌控着规则与结果。在这一制度环境下的政治博弈也只能理解为官僚阶层与改革派的斡旋和较量。显然，博弈规则的制定者不能成为博弈活动的参与者，这是保证博弈过程公平、博弈结果公正的关键要素。官僚阶层只有在消除个人利益追求的前提下才能以专家自居，力求通过自己的行为来实现立法为规制方案确定的目的。①

(三) 竞争政策与法律

法律是政策常用的表现形式，两者之间的融合不是简单的意思转换，在竞争政策的理论中，也就意味着要寻找与经济政治原理相对应的法律概念。竞争法也代表了不是单纯地把经济政策所希望的转换成相应的法律规则，而是法律秩序整体的一部分。它同样蕴含着公平与秩序的价值，对作为问题暴露出来的利害关系给予深切的关注并在公正评价的过程中不断完善。

政府的竞争政策一般通过立法即以竞争法(反垄断法)的形式来规范市场秩序，监督企业市场行为。政府的政策一旦形成法律，政府也要受其约束，政府干预市场的行为也要纳入法律的规范和监督中。但在政府主导型的转型国家和后发展国家中，政府对经济的强行干预仍是普遍现象，政府对经济政策立法的影响严重。总的来看，法律对政府的约束明显不足。把这些问题放置于制度环境与法律体系中进行分析，则会认识到其中的兼容性问题。

现代竞争政策起源于美国的反垄断法，是拥有成熟和完备的市场机制的国家产物。对于转型国家和后发展国家而言，他们在经济

---

① [美]史蒂芬·布雷耶著，李洪雷、宋华琳、苏苗罕等译：《规制及其改革》，北京大学出版社 2008 年版，第 15 页。

发展和赶超阶段中长期处于政府绝对领导的状态，接受竞争政策一开始大多出于外在的压力，如日本、韩国主要受到美国的影响，独联体国家和东南欧国家受到欧盟强大经济、政治组织的吸引，都希望通过推行竞争政策改革经济，加入欧盟统一市场。那么，对于非内生产物——现代竞争政策，在不同的经济体制环境和历史发展阶段下，后发国家和转型国家必然要考虑其与其他干预制度、法律体系、经济环境的相容性。忽略这一点，竞争政策乃至竞争法会出现与其他政策或法律发生冲突的现象，又或者会表现为应有的法律效力被架空。

以我国《反垄断法》关于行政性垄断的规定为例，笔者认为就存在漏洞：反垄断执行机构对行政垄断行为无决断权，对抽象行政行为限制竞争的行政垄断也几乎无能为力，行政垄断中的受损害方没有求偿渠道。这些缺陷的存在同时也暴露了在《反垄断法》的制定过程中，多数人对现代竞争政策不予认同，实质还隐含着整个经济制度、经济环境对彻底的竞争政策实施的不适应，把产生于发达市场经济的竞争法特别是反垄断法制度，嫁接到市场机制尚不健全的后发国家的过程中，一定会产生竞争政策与其他既有国家权力色彩浓厚的干预政策和调节制度的冲突。但是，这也是阶段性的问题，如今我国已经走到了市场机制相对完善的阶段，政策重点已经基本转入到规制垄断行为上。对于上述《反垄断法》自身存在的缺陷，从整个法律体系来看，国家已经展开了触底之后的弥补，努力与现代竞争政策达到内核上的一致，从立法、司法、行政三个层次进行融合。2015 年 3 月 15 日，在第十二届全国人民代表大会第三次会议上，通过了关于《立法法》修改的决定，其内容就包括了规范授权立法，界定部门规章和地方政府规章边界等对政府权力边界进一步划清厘定的措施，这将从源头上清理众多无法可依的行政干预文件。2014 年 12 月 23 日通过的《中华人民共和国行政诉讼法》修正案的内容中就包括了取消抽象行政行为与具体行政行为的区别，将两者统称为行政行为，那么包括行政法规、行政规章和行政机关制定、发布的具有普遍约束力的决定、命令等就有可能将不再是行政诉讼的禁区。行政诉讼法也将成为制止抽象行政行为限制竞争的一大利器。2014 年 12 月 29 日，最高人民法院召开新闻发布会通报《关于依法平等保护非公有制经济　促进非公有制经济健康发展的意见》，表示支持非公有制经济健康发展是人民法院为经济社会发展提供司法保障的重要方面。该意见是最高人民法院首次以司法指导意见的形式对依法保障非公有制经济健康发展的相关问题进行专门规定，内容涵涉五个方面：依法维护公平平等的市场交易秩序；确保非公有制经济主体受到平等的刑事保护；依法维护非公有制经济主体行政相对人的合法权益；依法保障非公有制经济主体合法权益；完善审判工作机制，提高司法保障水平。① 前五项内容都涉及的是经济主体的保护问题，破除以往公有制经济主体与私有制主体之分，并且郑重提出将行政行为纳入司法程序的约束中以保护行政相对人的权益。

因此，对竞争政策尤其是后发国家和转型国家的竞争政策研究，应把它放在一个动态的过程中进行观察。不仅是针对解决行政性垄断问题出现的冲突，在竞争政策与其他调节手段出现的冲突中——产业政策与竞争政策以及与之有关联性的竞争执法机构与行业监管机构的冲突，都应给予特别关注。由于政策性垄断豁免适用反垄断法是各国法律的传统安排，这与各国基于社会经济总体和长远利益及政治、外贸、国防等方面的政策性考虑密切相关。尤其在经济全球化的背景下，我国政策性垄断的合理界定成为科学构建反垄断法适用除外制度的关键所在。② 但如何协调与衔接，在不同的阶段采用不同的方式。对政府的直接干预及限制竞争行为进行有效治理，其本质上将为后发国家培育成熟的市场以及完善相应的市场机制。

---

① 最高人民法院微信公众号，2014 年 12 月 29 日。
② 孙晋：《反垄断法适用除外制度构建与政策性垄断的合理界定》，《法学评论》2003 年第 3 期。

三、竞争政策相关制度在我国的可行性分析

在上文对竞争政策的竞争理论演变、政策性的政治导向、法律体系和制度的相容性分析的基础上，本文认为我国已具备了一定的条件构建竞争政策制度。

（1）从政治决策层对经济体制改革认识的逐步深入的演进轨迹来看，我们国家基本完善了进一步转化到市场经济体制的顶层设计，2013 年党的十八届三中全会决定中"市场决定论"的提出说明决策层对市场与政府关系的认识已经明晰。从《宪法》修正案的演变历程来看，到目前为止，《宪法》经过了四次修正，每一次修改都是对市场机制作用的扩大，体现在对私营、个体经济的态度转变上，对私有制经济占重要地位的逐步确立上，都能找到以《宪法》为首的国家制度构建向市场经济制度转变的发展态势。此外，通过各个不同阶段的领导人的治国方针内涵也可以清晰地看到这一向市场经济逐步靠拢的渐进主线，如党的十一届三中全会标志着一个伟大的时代——改革开放和社会主义现代化建设时代的开始，是中国经济体制改革的序幕；党的十二届三中全会第一次明确地指出，中国的社会主义经济不是计划经济，而是以公有制为基础的有计划的商品经济；党的十三届三中全会的召开正好面临我国经济体制改革的转换时期，针对一系列复杂问题，确定了治理经济环境、整顿经济秩序、全面深化改革的指导方针；党的十四届三中全会则勾画出了社会主义市场经济体制的基本框架，邓小平的"南方讲话"带来了一次大的思想解放，直接推动了当年党的十四大将社会主义经济定位为是公有制基础上的市场经济；以党的十六届三中全会为标志，明确了国有制不等于公有制，混合所有制经济特别是股份制也是公有制，这是继多种形式的分配方式、市场配置资源之后的第三次思想革命；在 2013 年党的十八届三中全会中，更是直接明确地提出市场在资源配置中的决定性作用，从而启动深化经济体制改革的新征程。

（2）从具体执行层面的市场规制机关、机构、部门来看，他们已经进一步意识到竞争政策的重要性，已开始在立法与执法上予以高度重视。从 1980 年颁布的《打破地区封锁行业垄断规定》，到 2013 年颁布的《关于促进市场公平竞争维护市场正常秩序的若干意见》，再到 2015 年的《关于清理规范税收等优惠政策的通知》，都显示出国务院要建立统一开放、竞争有序的市场经济的决心。从国家发改委、国家工商总局、商务部自 2011 年以来逐渐掀起的反垄断执法风暴来看，推进以保护竞争为中心，进一步使市场机制发挥作用的理念已经形成。

（3）公众的竞争意识也在逐步加强。从反垄断投诉、反垄断的私人诉讼频频发生来看，人们已认识到限制竞争的垄断行为的危害性，同时也形成了对自身从事经营事业的一种自我约束和自我规范。竞争意识的提升还体现在私营、个体经济对政府经济权力运行进行约束的迫切要求。

（4）从对国际经验借鉴上来看，已有成功的竞争中立机制可资借鉴。

①澳大利亚通过政府间协议实施竞争中立。竞争中立政策是澳大利亚于 1995 年发起的"全国竞争政策"（National Competition Policy）的一部分。根据该政策，澳大利亚联邦政府与六个州和两个领地签署了三项政府间协议。根据协议，各地方政府必须实施包括税收中立、信贷中立、规制中立等在内的竞争中立政策，即国有企业不得在税收、信贷和政府规制等各方面享受政府给予的优惠，联邦政府则通过财政转移支付的方式对实施效果好的地方政府支付"对价"。① 澳大利亚专门设立了竞争中立投诉办公室受理相关投诉，任何受到不平等待遇的企业，都可以借助"投诉机制"对享有不合理竞争优势的企业提出违反竞争中立政策的指控。竞争中立投诉办公室有权采取化解竞争优势的矫正措施。

---

① 徐士英：《竞争政策研究——国际比较与中国选择》，法律出版社 2013 年版，第 213 页。

②欧盟主要通过"竞争法"实施竞争中立。欧盟的竞争中立政策集中体现在《欧盟运行条约》(以下简称"条约")第106条和第107条。根据这两条,所有的企业(不论是国有还是私有)都必须遵守欧盟层面的竞争规则。由于国有企业的竞争优势主要来源于政府的各种"援助"("补贴"),条约还将欧盟层面的国家援助分为"与共同体市场相抵触的国家援助"、"可能与共同体市场相抵触的国家援助"和"与共同体市场相协调的国家援助"三大类。与共同体市场相抵触的国家援助一律禁止,可能与共同体市场相抵触的国家援助需由欧盟理事会或欧盟委员会来认定是否可以豁免,与共同体市场相协调的国家援助则直接予以放行。欧盟委员会对成员国的企业提供国家援助或对现有的援助措施进行更改有事先审查权,在其作出最终认定之前,成员国不得实施国家援助。对于已经存在的国家援助,欧盟委员会还可以开展调查措施。

③以韩国为首的亚洲发达国家和地区逐步确立竞争中立。基于推动国有企业改革和维护统一市场的考虑,日本、韩国以及我国台湾地区也将竞争评估引入对新法律、法规草案的评估机制以及纠正现有妨碍公平竞争的规定和做法之中。相关研究文献也较为丰富,既有竞争评估的原理研究,也有竞争评估具体制度的探索。这些国家和地区的学者一般认为,竞争评估有助于提高管制制度的效用,是竞争倡导政策下开展法律清理与制度废止的重要工具。竞争评估要以均衡原则为指导,实行全面评估机制。根据韩国公平交易委员会最新公布的报告来看,2011年,韩国公平交易委员会对415例限制竞争的行政法规进行竞争评估,其中对13例进行了纠正或清除;2012年,对407例进行评估,其中有26例被纠正或清除;2013年共评估590例,有15例被作出相应的处理;2014年至今,共评估495例,处理了11例。

为了进一步说明竞争评估等竞争政策对经济发展的积极影响,让人们的认识更加直观,这里分别附上了印度和澳大利亚两国竞争与经济发展关系图表(见图1、图2)。这也从一个侧面说明域外成功的竞争中立机制运行经验对我国具有积极的借鉴意义。

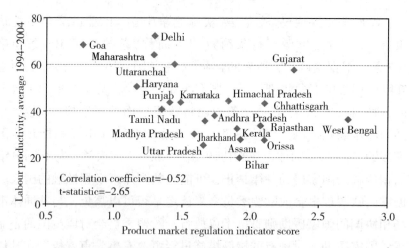

图 1　印度各邦在竞争限制低的情况下，劳工生产力比较高

资料来源：Conway，Herd and Chalaux，March 2008，"Product Market Regulation and Economic Performance Across Indian States，" OECD Economics Department Working Papers No. 600. 转引自 2014 年 12 月 1 日上海华东政法大学举办的"竞争合规和行政性垄断国际研讨会"上 Antonio Capobianco 先生的发言。

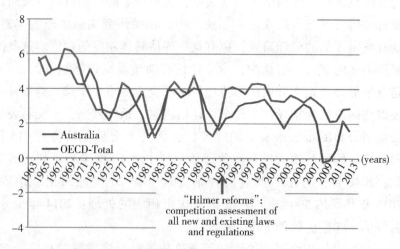

图 2　竞争政策的实施促进澳大利亚的经济发展

资料来源：OECD。转引自 2014 年 12 月 1 日上海华东政法大学举办的"竞争合规和行政性垄断国际研讨会"上 Antonio Capobianco 先生的发言。

域外行政法学研究追踪(2013—2014)

——基于 Heinonline 数据库的分析

武汉大学法学院 江国华 韩玉亭

引　言

在这个行政权普遍膨胀的时代，行政法学研究的勃兴及其全球化视野实乃时势所必然。① 基于此，思考和梳理域外行政法学前沿问题，并借此对我国当前行政法学体系的建设作反思性考量，甚为必要。② 立基于此，本文借助 Heinonline 数据库③检索 2013—2014 年期间所发表的以"行政法"为主题的文章。在这一主题范畴之内，经过多轮人工筛选，最终确定考察样本容量为 82。④ 以该样本为切

---

① 江国华、李鹰：《行政法的全球视野——行政法学研究的新方法》，《环球法律评论》2011 年第 6 期。

② 宋华琳：《恩斯特·弗罗因德与美国早期行政法学》，《华东政法大学学报》2012 年第 5 期。江国华、韩玉亭：《域外行政法学研究追踪(2012—2013)》，《上海行政学院学报》2014 年第 4 期。

③ 本文之所以选取 Heinonline 数据库，主要鉴于其为当前全球最大的法律期刊提供商，共涵盖了 1679 份全球法学核心期刊，且提供权威的文献引用与学者搜索排名服务。

④ http：//heinonline. org/HOL/Welcome？ collection＝abajournals，最后访问时间为 2015 年 2 月 5 日。具体技术路径为在"Title"搜索栏中输入"administrative law"，逻辑连词选为"AND"，在"Date"搜索栏中输入"2013—2014"，在"Section Type"搜索栏中选定"Articles"选项，最后再经过人工勘误，最终确定样本容量为 82。

入点，借助数理统计、文献计量、多维标度分析（MDS）等多元手段来梳理域外行政法学研究发展的大致脉络，并为未来的行政法学理论研究提供可供比照和反思的学术断代史。[1]

一、域外行政法学研究总体概况

1. 研究方法多元化

就研究方法而言，伴随行政权版图的不断扩张及新兴事物的不断涌现，当前行政法学研究的重心也随之从关注行政行为合法性转向关注行政过程的合理性及可接受性，[2] 行政法学研究重心的漂移客观要求研究方法的创新。传统行政法学研究方法的逻辑立足点在于诸现象相互之间的线性因果关系，而当前行政法领域的许多现象之间早已超越了传统意义上的线性因果关系，如果仍旧参照传统行政法的分析方法去处理此类问题自然难以实现"行政过程的合理性及可接受性"。也正是得益于行政法学研究重心与研究方法二者间的相互博弈，才最终推动了传统行政法学研究方法的转型。正是在此大背景之下，诸如经济学、社会学、语言学当中的一些研究方法渐次被吸纳为行政法学研究方法。[3] 如，Givati Yehonatan 副教授将经济学当中的博弈理论引入到行政法学研究当中，从而指引各类机构在不同的政策环境下选择最为合适的行政决策工具。[4]韩国首尔国立大学的 Heo Seong Wook 副教授则以发生在韩国的两个案例为切入点，引用行为经济学的相关理论深入剖析了现代行政法如何

---

[1]　凌斌：《中国法学 30 年：主导作品与主导作者》，《法学》2009 年第 6 期。

[2]　王学辉、张志宇：《迈向可接受性的中国行政法》，《国家检察官学院学报》2014 年第 3 期。刘刚：《德国的新行政法》，《清华法律评论》2014 年第 2 期。

[3]　刘刚：《德国的新行政法》，《清华法律评论》2014 年第 2 期。

[4]　Givati, Yehonatan, Game Theory and the Structure of Administrative Law, University of Chicago Law Review, Vol. 81, Issue 2, Spring 2014, pp. 481-518.

实现社会治理效果的最优化。① Varuhas Jason N. E. 则将语言学当中的修辞方法（Rhetoric）引入到行政法学研究当中，以此来重构英国行政法学研究体系。② 统而言之，无论何种新的研究方法的引入，都会对传统行政法学研究注入新的活力，进而在宏观层面的学科体系建构以及微观层面的技术操作方面产生巨大的推动作用。

2. 学科联系紧密化

就社会科学发展的逻辑进路而言，从混沌走向分化，再从分化走向整合这样一条螺旋式上升通道是社会科学发展的一般路径。③ 域外行政法学研究同样表征出了从学科孤立走向跨学科整合的演进趋势。在传统行政法学研究当中，奉德国法教义学理论（Rechtsdogmatik）为圭臬，其主要关注法律的规范性问题，将法律实效性的问题归为法社会学研究之范畴。④ 而新行政法学研究则以实用主义为导向，其将行政法学视作一门经世致用之学，其不仅关注法规性问题，还将法律运行的现实境遇亦纳入其考察范围。法学研究一旦进入到法律实践的场域，不同学科相互间"泾渭分明，清晰有致"恐怕也只存在于理想化的真空状态中，毕竟现实问题充满了复杂性与多维性。新行政法学研究不再局限于行政法律关系的藩篱，而是以多元化的视角去看待当下的法律问题，以解决问题为目标指引，将一切有益于问题解决的学科均吸纳入研究视野当中，实

---

① Heo Seong Wook, Rational Choice in Modern Administrative Law: With the Behavioral Economics Approach to the Two Major Cases in Korea, Journal of Korean Law, Vol. 12, Issue 2, June 2013, pp. 219-240.

② Varuhas, Jason N. E., Reformation of English Administrative Law: Rights, Rhetoric and Reality, Cambridge Law Journal, Vol. 72, Issue 2, July 2013, pp. 369-413.

③ 白逸仙：《多学科研究：高等教育理论体系构建之方法》，《高等教育研究》2010 年第 5 期。

④ 张翔：《宪法教义学初阶》，《中外法学》2013 年第 5 期。

现"心中有问题，眼中无学科"，进而促进学科相互间的无缝式对接。① 如，Randall，T. Scott 以奥巴马总统 2013 年 1 月 2 日签署的《国防权限法案》(National Defense Authorization Act) 为切入点，探讨了军事人员离岗期间枪支所有权归属问题当中所涉及的民事和行政法律关系。② Ionescu Ovidia Janina 提出，在保护绘画以及专利等知识产权时，引入行政规制的理念，运用行政法的方式来保护知识产权，而不应将二者割裂开来。③ Bonsing Sten 和 Langsted Lars Bo 则从刑法和行政法的双重视角审视了公务人员接受不正当礼物馈赠的问题。④ 隆德大学的 Mattsson Titti 教授则以瑞典电子政务时代的社会福利分配问题为视角，对该问题究竟应该归属于行政法律关系还是民事合同法律关系进行了辨析。⑤ Ambrus Monika 则是从环境保护法和行政法的双重视角来看待当前的全球水治理危机。⑥ 当然，当前域外行政法学研究当中所表征出的跨学科研究的走向并不否认行政法学学科的独立性，而是以一种"以解决现实法律问题为导向"的理论倾向，其客观要求以一种"独立而不孤立"姿态去看待

① 支振锋：《西方话语与中国法理：法学研究中的鬼话、童话与神话》，《法律科学》2013 年第 6 期。刘刚：《德国的新行政法》，《清华法律评论》2014 年第 2 期。

② Randall, T. Scott, Administrative and Civil Law-Inquiries regarding Off-Post Gun Ownership, Army Lawyer, Vol. 2013, Issue 12, December 2013, pp. 33-34.

③ Ionescu Ovidia Janina, Protection of Drawings and Patterns by Administrative Law Means in Intellectual Property Law, Lex ET Scientia International Journal, Vol. 21, Issue 1, 2014, pp. 7-20

④ Bonsing Sten, Langsted Lars Bo, Undue Gifts for Public Employees: An Administrative and Criminal Law Analysis, European Journal of Crime, Criminal Law and Criminal Justice, Vol. 21, Issue 2, 2013, pp. 163-184.

⑤ Mattsson Titti, E-Government for the Distribution of Social Welfare Services in Sweden: Old Administrative Law Reshaped or New Public Contract Law, Contracts as Public Law at the Intersection of Globalization and Privatization: A Vulnerability and the Human Condition Initiative Workshop 1, 2013, pp. 1-18.

⑥ Ambrus, Monika, Through the Looking Glass of Global Constitutionalism and Global Administrative Law: Different Stories about the Crisis in Global Water Governance, Erasmus Law Review, Vol. 6, Issue 1, June 2013, pp. 32-49.

当前的法律问题，通过理论研究深度和广度的融合，进而推动行政法学理论研究逐渐走向成熟。①

3. 地域分布集聚化

鉴于政治、经济、文化、交通等多种要素的制约，当前的教育资源配置出现了区域发展不均衡的局面，其直接引发了当前行政法学研究地域分布中出现强者愈强，弱者愈弱，两极分化严重的现象。以样本所收集的 82 篇"行政法"主题文章的国别分布来看（如图 1 所示），美国以 32 篇遥遥领先（占 39%），罗马尼亚和加拿大分别以 7 篇和 5 篇位列第二位和第三位。数据是冷漠的，但数据背后所反映的行政法学研究的格局却是鲜活的。从这一系列的数据当中不难发现，美国在当今行政法学研究领域中扮演着引领世界潮流的角色。本文为更加清晰直观地测度行政法学研究所面临的地域分布集聚程度，引入了统计学中的赫芬达尔系数以及首位度两个指标。所谓赫芬达尔系数主要是用以表征行政法学研究成果的地域集聚程度，该数值在 0 ~ 1 之间，数值越大则表示行政法学研究成果的地域集聚程度越高，反之则表示行政法学研究成果的地域分布越分散。从统计数据来看，赫芬达尔系数从 2013 年的 0. 13705704 猛增为 2014 年的 0. 299382716（如表 1 所示），由此不难推断 2013 年

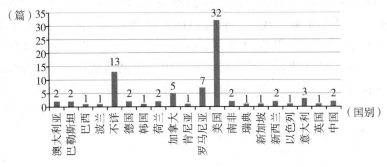

图 1 域外行政法学研究成果的地域分布情况

① 王媛媛：《封闭与开放：走向学科研究与跨学科研究的统一》，《高等教育研究》2010 年第 5 期。

到 2014 年间行政法学研究的地域集聚化程度越来越高，由此而引发的行政法学研究所面临的区域发展失衡以及地域机会均等问题均值得深思。所谓首位度主要是用以量度当前行政法学研究的地域分布合理程度，当其数值大于 2 时，则表示当前行政法学研究存在地域分布结构失衡膨胀的局面；当其数值小于 2 时，则表征其地域结构分布较为合理。就统计数据而言，2013 年和 2014 年的首位度数据均在 4.5 以上的高位徘徊，由此不难发现当前的行政法学研究地域分布中存在垄断与失衡局面。①

表1　　　　　域外行政法学研究的赫芬达尔系数及首位度

年份	郝芬达尔系数	首位度
2013	0.13705704	4.666667
2014	0.299382716	4.5

二、研究主体特质解析

行政法学理论研究之所以能够推陈出新，与一批又一批法律学人的殚精竭虑密不可分。正是这群承前启后的"核心学人"成为了我们认知当前世界行政法学研究格局的重要凭据。进一步追问"谁是核心学人？谁在影响行政法学研究？"，并深入考察这一群体的基本特质，必将助力于整个行政法学研究界的自我省思。② 为深入考察这批核心学人的基本特质，本文进一步设置了研究主体的知识结构及任职情况指标、增复量指标、学术合作以及隶属研究机构指标、个人影响力指标、代表人物的代表作品等诸项考察指标。

① 何小贞、廉超：《2003—2013 年图情类国家社科基金项目立项的空间差异及演变特征研究》，《图书馆界》2014 年第 4 期。
② 凌斌：《中国法学 30 年：主导作品与主导作者》，《法学》2009 年第 6 期。

1. 研究主体的知识结构及任职情况指标

就研究主体的知识结构而言(如图 2 所示),剔除信息不详的样本之后,统计数据中共有 22 位拥有 J.D 学位,其中两位拥有荣誉 J.D 学位,另外两名同时还拥有 PH.D 学位或是其候选人,除此之外,6 位拥有 PH.D 学位。尽管知识与学位二者不完全等同,但其基本反映出了域外行政法学研究主体通常具有较高的学历,接受了系统的法学教育,知识结构较为完备,进而为研究工作的开展奠定了重要基础。就研究主体的任职情况而言(如图 3 所示),剔除信息不详的样本之后,统计数据中共有 18 位教授,13 位副教授,1 位初级研究员,由此不难发现域外高校或者研究机构在行政法学研究中占据了主导地位。此外,研究主体构成当中还有一些人员为公司合伙人、公司法务、部门主管、政府法律顾问、信息办公室公务人员、法官、书记员等法律实务工作者。由此数据不难发现,域外行政法学研究也十分注重法学理论研究与法律实务二者间的紧密结合,进而避免行政法学研究成为高高在上的"玄学"。

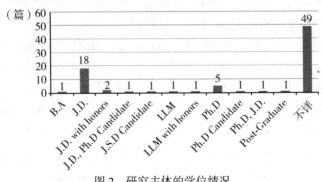

图 2　研究主体的学位情况

2. 研究主体①增复量指标

就核心学人指标而言,其主要关注那些在 2013 年至 2014 年度

————————

①　本文在统计研究主体时,为了便于横向数据对比,对于作者为两人及两人以上的文章仅统计第一作者的情况,特此说明。

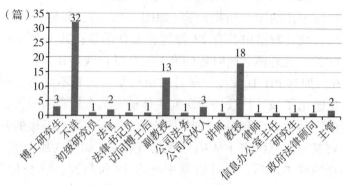

图 3　研究主体的任职情况

在行政法学研究领域发表论文数量较多、产生较大影响力的学者群体。① 为了便于考察核心学人的概况，我们这里引入了普赖斯定律（Price Law）。②

其计算公式为：$m \approx 0.749 \times \sqrt{N_{max}}$，其中 $\sqrt{N_{max}}$ 为行政法学研究领域最高产研究人员的成果数量，m 表示行政法学研究领域的核心学人所要达到的最低科研产出数量。

在 2013—2014 年度之内，$N_{max} = 2$，依此推算 $m = 0.749 \times 1.414 \approx 1.059$ 项。根据科研成果数量的特点，我们将其取整，即在该年限之内发表论文数量为 2 篇或 2 篇以上的研究人员为我们所筛选的核心学人。③样本数据统计显示，2013—2014 年度期间，行

① 当然这里的核心学人概念仅为一个操作性概念，并非严格意义上定性的学术评价，因为发表论文数量最多的学者并不一定为该领域影响力最大的学者，仅仅是其可能性更大而已，关于学者的影响力的测度下文将作进一步详细阐释。参见凌斌：《中国法学 30 年：主导作品与主导作者》，《法学》2009 年第 6 期。

② 普赖斯教授曾长期在美国耶鲁大学任教，提出了著名的普赖斯定律（Price Law），他根据洛特卡定律推测得出：杰出科学家中最低产的那位科学家所发表的论文数，等于最高产科学家发表论文数平方根的 0.749 倍。

③ 张永汀：《国家社科基金视角下我国政治学科研究状况分析——基于 1993—2012 年国家社科基金立项数据的量化分析》，《理论与改革》2013 年第 3 期。

政法学研究领域的核心主持人共 2 人，分别为美国哥伦比亚大学副教授 John Paul Jones 和 Martin M. Wilson。就研究主体增复量指标而言，其主要用以测评域外行政法学研究领域的学术梯队建设情况。行政法学理论要想可持续发展离不开结构合理的学术研究梯队，学术梯队建设中既需要学养深厚、经验丰富的核心学人，同时也需要年富力强的学术新秀。学术新秀的不断涌现与核心学人的学术引领二者相得益彰，才能确保行政法学理论研究不断深入地开展。

在信息计量学中，其通常用洛特尔公式：$C/N + B/N = 1$ 来测度。其中 N 表示 2013—2014 年间行政法学研究领域的成果产出总量；C 表示其中学术新人的科研成果产出数量；B 表示核心学人的成果产出数量。其中 C/N 数值表征了学术新人占科研总量的比例，通常称为研究主体增量，其数值越大表明学术新秀所占的比重越大；B/C 数值表征了核心学人占科研总量的比例，通常称为研究主体复量，其数值越大表明核心学人所占的比例较大。根据洛特尔定律的结论，C/N 数值的理论最佳值为 0.64，数值越接近则表明学术梯队的搭配越科学。[①] 样本数据显示，2013—2014 年度期间共发表行政法主题的论文 82 篇，学术新秀的成果产出为 78 篇，其增量值为 0.95，复量值为 0.05。参照洛特尔定律的结论，不难发现域外行政法学研究领域其增量大于其理论最佳值，该数据在一定程度上表征出行政法学理论研究的人才梯队结构存在比例失衡的问题，研究队伍当中学术新人所占比重较大，同比核心学人队伍还有待进一步壮大。

3. 学术合作以及隶属研究机构指标

就研究主体的学术合作情况而言（如图 4 所示），2013—2014 年度期间样本文献中共有合著 18 篇，所占比重为 22%；独著 64 篇，所占比重为 78%。其中，合著与独著二者间的比重由 2013 年的 9/37 增加为 2014 年的 9/27，从这一数据也不难发现域外行

---

① 吕国光、程敬宝：《教育学国家社科基金立项课题研究》，《上海教育科研》2007 年第 10 期。

政法学研究中研究主体相互间的学术协同创新的意识和能力均得以增强。

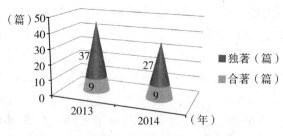

图 4   研究主体的学术合作情况

就研究主体所隶属的研究机构而言（如表 2 所示），2013—2014年度期间发表论文超过两篇的单位共有 6 个，斯坦福大学最多，为 3 篇，其余的哥伦比亚大学、布加勒斯特大学、佛罗里达州大学、里士满大学、希伯来大学均为 2 篇。在这 6 所大学当中，其中 4 所来自美国，另外 2 所分别来自罗马尼亚和以色列，由此也不难发现美国在当今法学研究中所拥有的主导话语权。就发表行政法领域的论文较多的热门研究刊物而言（如表 3 所示），《国际宪法杂志》(International Journal of Constitutional Law) 发表行政法领域的论文数量最多，为 3 篇，其他 12 份杂志均为 2 篇。就这些杂志所在的国家而言，英国和荷兰各有 2 份杂志上榜，南非和罗马尼亚各有 1 份杂志上榜，其余 7 份杂志均来自美国，这一现象再次印证了上文所提及的美国在当今法学研究领域遥遥领先的地位。

表2   高产研究机构

大学	布加勒斯特大学	佛罗里达州大学	里士满大学	斯坦福大学	希伯来大学	哥伦比亚大学
篇数	2	2	2	3	2	2

表3 热门研究刊物

期 刊 名 称	国别	数量
University of Richmond Law Review	美国	2
South African Journal on Human Rights	南非	2
Romanian Journal of Compulsory Execution	罗马尼亚	2
Mercer Law Review	美国	2
Loyola Maritime Law Journal	美国	2
International Journal of Constitutional Law	英国	3
Indiana Law Review	美国	2
Indiana Journal of Global Legal Studies	美国	2
Hamline Law Review	美国	2
Fordham Law Review	美国	2
European Public Law	荷兰	2
Erasmus Law Review	荷兰	2
Cambridge Law Journal	英国	2

4. 研究主体个人影响力指标

通常而言，考察学者学术影响力的主要指标除去上文所提及的发表论文数量这一显性指标之外，还包含了文章被下载频次、文章被引用频次、作者被搜索排名情况等一些隐性指标，这三大隐性指标基本代表了文章及其作者被同行认可的程度。就文章被下载频次①而言（如表4所示），文章下载频次超过15次的共有15篇，其中美国伊利诺伊大学的 Frye D. Randall 和 Mathews, Jud 发表于《美国比较法》（American Journal of Comparative Law）的一篇文章被下载频次最高，为98次。② 从这些较高下载频次的文章来看，存在两大共性，要么其载体为高影响因子的核心刊物，要么其作者为行政

---

① 本文所涉及的文章被下载频次主要是考察最近12个月内文章被下载的频次，如文章发表时间距今不足12个月，依照12个月统计，其目的在于剔除文章发表时间对文章下载频次的影响。

② Garoupa, Nuno, Mathews, Jud, Strategic Delegation, Discretion, and Deference: Explaining the Comparative Law of Administrative Review, American Journal of Comparative Law, Vol. 62, Issue 1, Winter 2014, pp. 1-34.

法领域比较有影响力的著名学者。就前一现象而言，或许与以下两方面的原因相关：其一，同等情况下，作者更愿意将自己的优秀作品投向这类高影响因子的刊物，即所谓的"明珠不愿暗投"；其二，该类刊物定位更高，选稿标准更严，从而使优秀的稿件能够脱颖而出。① 就后一现象而言，从某种意义上可能是心理学当中的便利法则使然。有关心理学的实验表明：社会个体在进行认知判断时存在走心理捷径（mental shortcut）的趋势。而所谓捷径，其中重要的一个组成部分便是依赖一定的便利法则（availability heuristic），即当事务纷繁复杂难以取舍时，便倾向于选取那些容易记忆的事物，同样在我们论文的下载目标选取当中也倾向于权威作者的作品。② 就文章被引用频次而言，③ 我们假定文章被引用频次与作者影响力二者间存在正相关关系。为进一步检验此逻辑推导的正确性，我们在剔除两个极值样本之后，将文章被引用频次和作者的搜索排名情况④进行编码，运用 SPSS 软件中的 Pearson 相关性分析，使用双尾检验（2-tailed）得出相关系数为 -0.315，显著性 $p=$

① 王政勋：《刑法解释问题研究现状述评》，《法商研究》2008 年第 4 期。江国华、韩玉亭：《中国法律解释理论演化路径检视：基于法学类 CSSCI 来源数据库的分析》，《法学论坛》2015 年第 1 期。

② Elliot Aronson, Timothy D. Wilson, Robin M. Akert, Social Psychology, p. 82. 转引自凌斌：《中国主流法学引证的统计分析——以 CSSCI 为数据基础的一个探索性研究》，《中国社会科学》2004 年第 3 期。江国华、韩玉亭：《中国法律解释理论演化路径检视：基于法学类 CSSCI 来源数据库的分析》，《法学论坛》2015 年第 1 期。

③ 文章被引用频次与文章被下载频次存在很大程度上的关联关系，但又并非如同函数那样一一对应。即那些有较高引用频次的论文通常也存在较高的下载频次，但有较高下载频次的论文不一定存在较高的被引用频次。详见赵修华、陈丙纯：《"国家安全"理论研究现状评析——基于〈江南社会学院学报〉1990—2013 年数据》，《现代国际关系》2014 年第 4 期。江国华、韩玉亭：《中国法律解释理论演化路径检视：基于法学类 CSSCI 来源数据库的分析》，《法学论坛》2015 年第 1 期。

④ 我们将作者影响力具体化为作者搜索排名数据，尽管具有一定的局限性，但通常而言作者的影响力越大其搜索排名也就越靠前。

0.004<0.01，具有统计学意义（如表 5 所示）。由此可以推断，文章被引用频次与作者的搜索排名呈负相关，即文章被引用频次越高，其作者的搜索排名数值越小（排名越靠前）。我们为了进一步检验样本文章的代表性，假设样本文章的被引用频次与作者总的被引用频次二者之间存在正相关关系，即样本文章的被引用频次基本代表了作者总的被引用频次的大体趋势。为进一步检验此逻辑推导的正确性，我们将样本文章被引用频次与作者总的被引用频次进行编码，运用 SPSS 软件中的 Pearson 相关性分析，使用双尾检验（2-tailed）得出相关系数为 0.367，显著性 p＝0.001<0.01，具有统计学意义（如表 6 所示）。由此可以推断，样本文章的被引用频次与作者的被引用频次二者之间具有正相关关系，即样本文章的被引用频次基本代表了作者被引用频次的大体趋势。

表4 　　　　　　　　　　　文章高下载频次作者排名

作者	发文期刊	下载频次
Frye D. Randall	American Journal of Comparative Law	98
Fang Anyu	Quinnipiac Law Review	69
Punder Hermann	International Journal of Constitutional Law	42
Napolitano Giulio	International Journal of Constitutional Law	30
Lens Vicki	Journal of Law and Society	27
Barnett David C.	Loyola Maritime Law Journal	25
Asimow Michael	Administrative & Regulatory Law News	23
Latta KristinKnudsen	Alaska Law Review	22
Feldman David	Cambridge Law Journal	22
Sullivan Frank Jr	Indiana Law Review	20
Caranta Roberto	Hamline Law Review	20
Mattsson Titti	Contracts as Public Law at the Intersection of Globalization and Privatization：A Vulnerability and the Human Condition Initiative Workshop	18

作者	发文期刊	下载频次
Kessler Jeremy K	Columbia Law Review	18
Fix Michael P.	Justice System Journal	17
Boughey Janina	International and Comparative Law Quarterly	17

表 5　　　　　　　作者搜索排名与文章被引用次数的相关性

		作者搜索排名	文章被引用次数
作者搜索排名	Pearson 相关性	1	-0.315^{**}
	显著性(双侧)		0.004
	N	80	80
文章被引用次数	Pearson 相关性	-0.315^{**}	1
	显著性(双侧)	0.004	
	N	80	80

　** 在 0.01 水平(双侧)上显著相关。

表 6　　　　　　　作者被引用次数与样本文章被引用次数相关性

		作者被引用次数	样本文章被引用次数
作者被引用次数	Pearson 相关性	1	-0.367^{**}
	显著性(双侧)		0.001
	N	82	82
样本文章被引用次数	Pearson 相关性	-0.367^{**}	1
	显著性(双侧)	0.001	
	N	82	82

　** 在 0.01 水平(双侧)上显著相关。

5. 代表人物的代表作品解读

探讨域外行政法学研究的最新动向，当然离不开代表人物的代表作品解读，通过评述其研究成果，分析其研究近路，① 进而对我国当下的行政法学研究有所启迪，下文将选取那些在 Heinonline 数据库当中引证频度较高的代表人物的代表作品分别予以解读。

尼古拉斯·R. 帕瑞罗教授（Nicholas R. Parrillo）不仅具有名校学历背景（哈佛大学、耶鲁大学），且具有司法实务经验，他自2008 年起在耶鲁大学担任教职，他的主要研究领域为行政法学以及法律思想史。在他的代表作品中，他借助数理统计方法的强大功能，以司法判例以及大法官意见为样本，系统阐释了司法判决倾向性的时代演变历程，进而深度揭示了司法权、行政权、立法权相互博弈的图景。他将司法判决倾向性的时代演变历程初步划定为三个阶段：（1）在新政的行政国家时代，行政机关处于强势地位，立法机关和司法机关为减少阻力在立法活动以及法律解释过程当中倾向于作出对行政机关有利的解释，从而便于工作的顺利开展；（2）从20 世纪 70 年代到 80 年代中期，在这一时间段之内，司法解释当中借助立法史料的比例较前一阶段有所提升。其背后的缘由或为在司法能动的背景之下，司法权与行政权相互间的博弈进一步加剧，再加之丰富多元的立法史料为其解释提供了筛选之便利。在其综合作用之下，这一时期的法官解释通过选取适当的立法资料进而倾向于怀疑行政决定之理性。（3）20 世纪 80 年代中期以来，司法判例当中适用立法史资料的频率出现衰退的趋势。而这一转变主要是源自于斯卡利亚大法官所倡导的法律文本主义趋势的回归。深受该理念的影响，法官在面对需要法律解释的场景中更倾向于从法律文本出发，自然立法史资料的运用便出现颓势。②

安妮·约瑟夫·奥康奈尔教授（Anne Joseph O'Connell）同样具

---

① 宋华琳：《美国当代行政法学人谱》，《公法研究》第 13 卷，浙江大学出版社 2014 年版，第 200~270 页。

② Parrillo, Nicholas R., Leviathan and Interpretive Revolution：The Administrative State, the Judiciary, and the Rise of Legislative History, 1890-1950, Yale Law Journal, Vol. 123, Issue 2, November 2013, pp. 266-411. 转引自宋华琳：《美国当代行政法学人谱》，《公法研究》第 13 卷，浙江大学出版社 2014 年版，第 200~270 页。

有名校学历背景(剑桥大学、耶鲁大学、哈佛大学),现执教于加利福尼亚州立大学伯克利分校法学院,他的主要研究方向为行政法以及证据法。① 在他的代表作品中,他主张现代行政管理状态的多元化事实上来源于以行政程序法(The Administrative Procedure Act)以及行政程序司法审查机关所作出的经典的司法判决为基础的系列预设。这些预设或源自经议会通过总统签署并由法定机关执行的法定指令,或源自具有约束效力的判例。无论何种法律渊源,均被推定要遵守法定的程序及标准。然而,现代行政国家运行的现状与传统行政法假定二者之间却并不吻合,甚至出现了"行动中的法"与"纸面上的法"之间相互疏离的情景,即表征为行政法的迷失,但这种迷失并非因为法律的陈旧,而是源于行政法越来越倾向于法律虚构主义。但"行动中的法"与"纸面上的法"二者拥有一个共同的焦点:行使自由裁量权,但二者间的分歧在于自由裁量权的来源,即掌控者和审查者。理查德·斯图尔特(Richard Stewart)就曾指出:在行政管理过程中将获取大量的利益,政策选择应适当考虑所有受到影响的利益,多元化地解决自由裁量权问题。然而在今天,民主立法的多元化或广泛性仅仅是行政法的一个目标,除此之外还包括了机构的效率和有效性、立法民主性、法治因素。既然拥有如此多元化的目的,那么对自由裁量权的渊源的执行以及审查自然不能简单化。因此,议会、总统、法院对此情景都应作出适当的改变,诸如议会可以重新推动机构改革,法院可以尝试行政裁判核心理念的变革,进而尽可能促进行政法与其现实运行情况结合得更加紧密。②

约翰·F.达菲(John F. Duffy)也具有名校学历背景(哈佛大学、芝加哥大学),现任教于弗吉尼亚大学法学院,他的主要研究

---

① 宋华琳:《美国当代行政法学人谱》,《公法研究》第 13 卷,浙江大学出版社 2014 年版,第 200~270 页。

② Daniel A. Farber, Anne Joseph O'Connell, The Lost World of Administrative Law, Texas Law Review, Vol. 92, Issue 5, April 2014, pp. 1137-1190.

方向为行政法和知识产权法。① 在他的代表作品中探讨了行政诉讼中的陪审团审查问题。现代行政法学者通常认为：当今的联邦行政法中仅存在司法审查（judicial review），而不存陪审团审查（jury review）。究其原因，要追溯到 60 年之前考克斯诉美国案件（Cox v. United States）。在该判例中进一步明确了陪审团在关于“宪法事务”、“已决联邦行政实践”、“行政主体行为”、“行政秩序的合法性”等领域无权置喙。② 在此之后的众多判例中均延续此观点，但作者却对此观点提出质疑。在文章当中，他首先从两大经典案例入手，深入剖析了米勒诉霍顿（Miller v. Horton）③以及考克斯诉美国（Cox v. United States）这两个经典案例的异同之处。在此基础之上，他对行政诉讼领域不存在陪审团审查的观点提出了反驳，他认为至少在联邦行政法的一个分支领域——联邦专利法领域内，陪审团可以常规且明确地对于联邦机构的合法性给出判定。在该领域内，陪审团牢牢控制了专利办公室（the Patent Office）以及后来的美国专利和商标办公室（U. S. Patent and Trademark Office）所颁布专利合法性的审查权。此外，他还解释了为什么考克斯诉美国判例并未被应用到下级法院审理的纳税人不服纳税义务行政评估案件的原因。随后，他进一步探讨了在刑事诉讼中陪审团审查的先例以及行政诉讼案件中的陪审团审查如何具体操作（行政诉讼替代程序已经到位的情况除外）。最后，他提出结论：行政诉讼当中陪审团审查具有更广泛的影响力而非不存在。④

安哥劳斯 S. 格伦塔斯（Angelos S. Gerontas）同样具有名校学历

① http：//www. law. virginia. edu/lawweb/Faculty. nsf/FHPbI/2141954，2015 年 3 月 10 日最后访问。

② Cox v. United States 332 U. S. 453（1947）.

③ 该案判决认为，依照马萨诸塞州的法律，对于现代国家的行政命令不需要陪审团审查（jury review）。

④ Duffy，John F. ，Jury Review of Administrative Action，William & Mary Bill of Rights Journal，Vol. 22，Issue 2，December 2013，pp. 281-310.

背景(哈佛大学、海德堡大学),现为德国海德堡大学研究中心的访问博士后,其主要研究方向为跨国行政法以及国际法。他的代表作品系统地探讨了跨国行政决定的问题。该文认为:伴随经济全球化进程的推进,跨国行政合作在广度和深度上均已呈现出了递增的态势,欧盟组织的日益壮大便是例证。立基于欧盟组织的法律框架以及较为成熟的国际法体系为分析跨国行政决定提供了一个概念性的分析模型。为进一步探究跨国行政决定如何影响国内的法律秩序,该文展示了其与传统行政决定的三个重要区别:其一,跨国行政决定在国际法以及欧洲法律体系中跨国影响力的渊源;其二,跨国行政决定的标准基础;其三,国家行政权力系统以及国家法院系统对其的审查能力。在传统意义上,一个国家的司法是国家主权的重要表征。但随着跨国行政合作的逐渐加强,对于传统行政法当中地域的限制也逐渐模糊化。在欧盟法律框架的语境下,成员国不再享有他们自己领土的独有控制权,其他欧盟成员国开始逐渐参与到法律秩序框架当中。在跨国行政法律框架之下,跨国行政决定在国内领土上发生作用,当然应然法律框架与实然司法现状二者间可能存在一定的差距,意识到这一点对于探讨当今公法的跨国应用是极为重要的。申言之,在当前跨国行政诉讼的概念体系当中,必须要注意区分法律结果的跨国性以及公认事实跨国性二者间的差异。就子属范畴而言,跨国行政决定属于法律结果跨国性当中的重要组成部分。依此逻辑,跨国行政决定可初步描述为:任何国家机关或者国际机构作出的某项决定其法律影响力超出了某一国家地域的局限,同时对其他地域产生事实上的法定效力。在判定跨国行政决定方面,依照跨国行政决定与传统行政决定的三个重要区别,可将其细化为三个法律标准:其一,跨国行政决定的效力是否源自于国际法或者欧盟法;其二,他们的标准基础是否源自于国际惯例法,具有直接效力的规章或指引,经过特定程序批准的法以及国内生效法,其中前两个标准属于跨国行政决定扩张的原因,而后两个标准则属于请求应用的标准;其三,特定行政机构或法院能否对其进行审查。①

罗伯特·卡伦塔（Roberto Caranta）是意大利都灵大学的教授，同时也是伦敦跨国法律研究中心（Center for Transnational Legal Studies London）的联席董事。他的代表作系统地考察了公民社会组织在政府当中的角色。文章从回顾欧洲大陆行政国家的演变历史入手，指出类似于欧洲革命，欧洲大陆国家的行政法也发生了深刻的变化，无论是它的社会基础还是决策方式都已发生了很大的变化。这一变化已逐渐模糊了市民与国家二者间的边界，正是在此背景之下，公民社会组织便经常要在两者之间承担起至关重要的角色。同时，公民社会组织相比公民个体而言具备更多参与到决策制定过程中的条件。欧盟组织也慢慢意识到公民社会组织的参与将增进整个欧盟治理的合法性这一点，开始培育并进一步规范公民社会组织。更进一步来看，在政策形成以及政策传播的程序中存在大量的超个体利益，这就需要代表超个体利益群体参与其中，而公民社会组织便是最为恰当的候选者。当然，公民社会组织在政策形成以及政策传播过程中扮演着不同种类的角色。在政策形成的过程中，其最主要的角色集中于决策制定的参与过程，这种参与和那些仅仅注重参与过程而忽视其结果的参与存在很大的不同，具体而言，在公共政策的形成过程中存在着反对意见、政策咨询以及政策协商这三种不同参与的形式。同样，在政策传播过程中，公民社会组织也以其独特的方式参与其中，在参与过程中，其或扮演提供服务者的角色，或者监督服务提供者的角色。②

马修·莱汶斯（Matthew Lewans）是加拿大亚伯达大学的一名副教授。他的代表作主要探讨了行政法、司法尊重以及宪章三者之间的关系。传统观点认为，加拿大的宪政秩序以权力分立为基础，因

---

① Gerontas Angelos S., Deterritorialization in Administrative Law: Exploring Transnational Administrative Decisions, Columbia Journal of European Law, Vol. 19, Issue 3, Summer 2013, pp. 423-468.

② Caranta Roberto, Civil Society Organizations and Administrative Law, Hamline Law Review, Vol. 36, Issue 1, 2013, pp. 39-80.

而高等法院对于法律的解释具有最后的话语权。行政机构仅仅负责法律以及司法解释的执行工作。这一假设直到 20 世纪 70 年代被拉斯金法院(Laskin Court)的一系列案例所改变,该模式在 Nicholson v Haldimand-Nor-folk(Regional)Police Commissioners' 和 CUPE(加拿大公共雇员联盟)案件中正式成型,其裁判意见认为:分权原则是复杂的,同时要认识到行政官员在执行法律当中也扮演着解释法律的角色,且仅当该行政解释具有不公平性或恣意性时才具有司法审查的正当性。以此判例为基础,司法审查的重心也发生了漂移,即从捍卫权力分立的基本宪政体制转向监督行政决定是否遵守了程序正当以及实质正义的基本法律价值。但问题远未终结,作为司法审查对象的行政决定一旦涉及宪章的基本价值,高等法院在司法审查中便存在分权理念与民主宪政理念相互间关系的紧张状况。在 Slaight Communications v. Davidson 案件中,Dickson C 法官和 Lamer 法官两者间的不同意见代表了这种冲突。为进一步消弭两种价值取向上的冲突,上文所提及的司法尊重原则遵照 Baker 和 Dumsmuir 案件中的核心观点得以发展。其进一步深化为:如果行政决定中所涉及的宪章权利是足够苛刻的,同时其支持理由是足够清晰的,且对于主张者的利益是足够警觉且清楚的,那么该决定将具有坚实的基础,司法则应保持适度克制原则而对其予以尊重。随后,Abella 法官在 Multani 案件中的分析理由进一步延伸了司法尊重原则,为其提供了一个基本标准,即司法审查的合理性必须要根据语境而定。但是,需要注意的是,在涉及宪章的案例中,行政官员仅仅可以考虑已经具体化的宪章价值。①

理察·墨菲(Richard Murphy)毕业于卡尔顿大学、明尼苏达州立大学法学院,现为德州理工大学法学院教授。他主要的研究领域为行政法、民事诉讼法以及能源法。② 他的代表作主要探讨了税法

---

① Lewans Matthew, Administrative Law, Judicial Deference, and the Charter, Constitutional Forum, Vol. 23, Issue 2, 2014, pp. 19-32.

② http://www.law.ttu.edu/faculty/bios/Murphy/, 2015 年 3 月 12 日最后访问。

与行政程序法二者之间关系的问题。在二者间的关系上存在两种典型观点：其一为税收例外主义观点的支持者，他认为税收领域的行政法较普通领域的行政法已经进化为一种不同的形式，税法领域一直远离行政法的理念统治着自己的领地。他的支持理由便是财政部根据 26 U. S. C. § 7805(a) 的授权，可以制定执行关于国内税收法典中需要的法规和规章。根据谢弗林理念①的基本要求，司法要尊重行政机关的解释。凭借此依据，财政部坚持将其一般授权性规章归类为"解释"，因此其并不需要注意行政程序法中的程序。其二为税收例外主义的反对者，其认为实施法治是维系联邦国家稳定的重要秘诀，行政程序法作为普适性的程序性规范，税收领域和其他领域应一视同仁。二者间的争论迟迟未决，直到 2011 年，最高法院才堵上了在迈耶医疗教育基础设施委员会诉美国(Mayo Foundation for Medical Education & Research v. United States) 案件所引发的谢弗林理念之缺口。②

三、研究热点动态透视

行政法学理论研究之所以能够生机勃勃，离不开"核心学人"的"鼓与呼"，但最终见证其成长的终究还是那些历经岁月涤荡，沉淀为"法学断代史"中不朽丰碑的经典之作。③ 对这些"经典作品"的深度解读不仅可以回顾过往的研究亮点与研究热点，更可以

---

① 关于谢弗林判例的详细内容可参照高秦伟：《政策形成与司法审查——美国谢弗林案之启示》，《浙江学刊》2006 年第 6 期。在谢弗林判例当中确立了司法尊重原则，即法官首先判断所争议问题是否存在议会的明确规定，如有，则遵照执行，仅需判断政府规章是否与之一致即可；如议会对其缺乏明确的规定，即议会明示给政府留有余地，则应将之视作一种授权，政府部门之特别规定应受到尊重，除非其规定是专断的、任意的或与法律完全相反的。

② Murphy Richard, Pragmatic Administrative Law and Tax Exceptionalism, Duke Law Journal Online, Vol. 64, pp. 21-35.

③ 凌斌：《中国法学 30 年：主导作品与主导作者》，《法学》2009 年第 6 期。

预测未来行政法学研究的新的理论增长点。

1. 研究亮点横向扫描

就研究亮点而言，域外行政法学伴随着研究的渐趋深入，趋向于精细化、科学化、全球化，其主要表征为以下三大转型：其一，行政法学研究重心从实体理论探讨转向行政程序规制；如，多伦多大学的 Green Andrew 副教授分析了当前加拿大在行政法类型化的问题上实现了从形式化向多元化的重大转型，而这一转型同时也带来了司法审查中存在多元化解释冲突的问题。针对此问题，作者提出了进一步缩小裁量空间，完善行政法司法审查裁量基准的建议。① Cheryl Kakazu Park 和 Jennifer Z. Brooks 则详细介绍了美国夏威夷州信息公开的立法沿革历程，以及对于信息活动办公室的行政活动提出复议的具体程序设置，并在此基础上深入剖析了该立法的价值定位在于设置一套自由且相对简单的争议解决程序，进而替代当前的诉讼程序。② 无论是加拿大司法审查裁量基准问题，还是美国信息公开复议程序设计问题，均反映出了域外行政法专家对于行政程序规制问题的重视。其二，从行政法学总论体系完善转向行政法学分论体系架构。长期以来，由于受到"法律与事实二分法"理论的制约，行政法研究一直存在"泛总论化"的倾向。③ 新近以来，越来越多的行政法学者对此进行反思。如 Octavia Maria Clibiu 从比较法的视角来关注财税领域行政法的救济问题。④ Baluta Aurelian

① Green, Andrew, Can There Be Too Much Context in Administrative Law: Setting the Standard of Review in Canadian Administrative Law, U. B. C. Law Review, Vol. 47, Issue 2, 2014, pp. 443-494.

② Cheryl Kakazu Park, Jennifer Z. Brooks, 2013 Law and Administrative Rules Governing Appeal Procedures of Hawaii's Office of Information Practices, University of Hawai'i Law Review, Vol. 36, Issue 1, Winter 2014, pp. 271-314.

③ 朱新力、唐明良：《行政法总论与各论的"分"与"合"》，《当代法学》2011 年第 1 期。

④ Octavia Maria Clibiu, Fiscal-Administrative Appeal Comparative Law, Annals of the Constantin Brancusi University of Targu Jiu Juridical Sciences Series, Vol. Issue 4, 2013, pp. 49-58.

Virgil 则从教育行政法的角度探讨了教育立法与欧洲法治基本原则以及预算法之间的相互关系，最后得出教育立法要顺应市场经济客观要求的结论。① 鉴于当前行政权日渐膨胀、行政法律关系日渐复杂的客观现实，行政法学分论体系的建构日益精细化和专业化，其在接受总论体系理论给养的同时，也在向总论体系输送鲜活的研究素材，② 至此行政法学分论体系研究也渐趋成为下一个行政法学研究的富矿。其三，从国内行政法体系转向区域性或全球性行政法体系。在经济全球化浪潮的席卷之下，行政法学研究的视野也开始发生漂移，研究重心从国内行政法学体系转向区域性或全球行政法学体系。如 DeLucia Luca 从微观的视角审视了后里斯本时代欧洲行政救济法所面临的挑战与机遇。③ Gerontas Angelos S. 则从行政法非领地化问题入手，深入探讨了跨国行政决定的法效力问题。④ Ambrus Monika 则引入全球治理理念来审视当前面临的水资源浪费问题。在此基础上，作者从全球行政法的视角来优化全球跨政府规制管理当中的资源配置问题，进而应对当前的全球水资源危机。⑤ 伴随行政法学研究视野的全球化漂移，当前的国内行政法也渐趋从严格控

① Baluta, Aurelian Virgil, Education Legislation in Accordance with Constitutional Rules, Market Economy and Accounting Law, Contemporary Readings in Law and Social Justice, Vol. 6, Issue 1, 2014, pp. 362-370.

② 朱新力、唐明良：《行政法总论与各论的"分"与"合"》，《当代法学》2011 年第 1 期。

③ DeLucia, Luca, Microphysics of European Administrative Law: Administrative Remedies in the EU after Lisbon, European Public Law, Vol. 20, Issue 2, June 2014, pp. 277-308.

④ Gerontas, Angelos S., Deterritorialization in Administrative Law: Exploring Transnational Administrative Decisions, Columbia Journal of European Law, Vol. 19, Issue 3, Summer 2013, pp. 423-468.

⑤ Ambrus Monika, Through the Looking Glass of Global Constitutionalism and Global Administrative Law: Different Stories about the Crisis in Global Water Governance, Erasmus Law Review, Vol. 6, Issue 1, June 2013, pp. 32-49.

权的"红灯"模式转向积极服务的"绿灯"模式。①

2. 研究热点深度挖掘

就研究热点而言，其目的在于考察高频主题词的网络化分布情况。本研究运用 ROST NAT 软件系统的"社会网络与语义网络分析"技术，通过"提取高频词、过滤无意义词、提取行特征"等程序处理，并根据域外行政法学研究主题当中的高频词构建社会网络图，经过进一步的多维标度分析（MDS）之后，形成新的分析图谱②（如图5所示）。从图5中不难发现，"政法、行政、法院、程序、全球、实质审查、判例、司法"等高频词构成了多维标度分析图谱的关键节点，其中"程序"和"全球"两词恰好印证了上文所提及的研究亮点——域外行政法学研究三大转型中的两个方面。此外，"行政、法院、实质审查、判例、司法"等词汇也频频在域外行政法学研究中有所体现，重视法和重视行政的两条线索在这里再次相遇。③ 如，以色列特拉维夫大学的 Daphne Barak Erezt 教授提出了行政法到底是谁的行政法的疑问，并在此基础上细致地剖析了全球规则如何改造国家各类行政事务的问题。④波兰亚盖隆大学的 Dumas Anna 则细致地探讨了最高行政法院的法官如违反欧盟法的相关规定所面临的法律责任的问题。⑤Taratoot Cole D 则深入反思了上诉法院在处理国家劳动关系委员会案件中所要面临的行政法官的

---

① 江国华、李鹰：《行政法的全球视野——行政法学研究的新方法》，《环球法律评论》2011年第6期。

② 徐俊、风笑天：《近十年来中国社会学研究进展——基于国家社科基金立项的统计分析》，《北京社会科学》2014年第9期。

③ 刘刚：《德国的新行政法》，《清华法律评论》2014年第2期。

④ Daphne Barak-Erezt, Oren perez, Whose Administrative Law Is It Anyway? How Global Norms Reshape the Administrative State, Cornell International Law Journal, Vol. 46, No. 3, 2013, pp. 455-497.

⑤ Dumas, Anna, Liability of Judges of the Supreme Administrative Court for Infringement of the EU Law, US-China Law Review, Vol. 11, Issue 8, August 2014, pp. 999-1003.

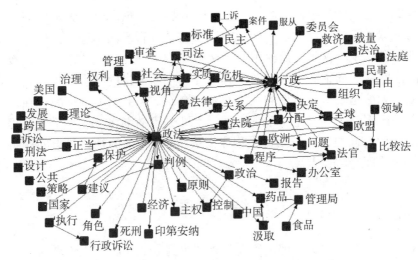

图 5　域外行政法学研究热点的多维标度分析图谱

影响力与政治任命决定二者间关系的相互博弈。① 加拿大舍布鲁克大学的 Makela Finn 教授则以申诉仲裁员的案件以及人权法二者间的悖论问题为切入点，深入探讨了行政法庭的专家意见与司法审查的标准二者间可能面临的冲突。② Tan Daniel 教授的文章回顾了新加坡行政法实质审查的发展历程，并反思了新加坡行政法实质审查之所以不发达，其原因在于合法性审查与合理性审查二者间的相互肘掣，进而阻拦了法院实质审查活动的顺利开展。立基于此，他提出了从两个方面完善实质审查之建议。③ 俄亥俄州立大学 Shane

---

① Taratoot Cole D, Influence of Administrative Law Judge and Political Appointee Decisions on Appellate Courts in National Labor Relations Board Cases, Law and Policy, Vol. 36, Issue 1, January 2014, pp. 35-67.

② Makela, Finn, Acquired Expertise of Administrative Tribunals and the Standard of Judicial Review: The Case of Grievance Arbitrators and Human Rights law, Canadian Labour and Employment Law Journal, Vol. 17, Issue 2, 2013, pp. 345-378.

③ Tan Daniel, Analysis of Substantive Review in Singaporean Administrative Law, Singapore Academy of Law Journal, Vol. 25, Issue 1, 2013, pp. 296-324.

Peter M. 以谢弗林判例为切入点，详细介绍了法治以及总统在州行政事务方面所产生的影响力。① 由以上数据不难发现，无论是当前的全球化问题还是欧盟一体化问题，在域外行政法学理论的研究中都有所体现，这也正反映了行政法学研究的热点问题均来源于行政法治实践所面临的重大问题，其始终与不断演进的社会同呼吸共命运，无法超脱于其所处的社会而独立存在。② 由此不难推断，在未来一段时间内，"全球行政法"、"司法审查标准"、"行政过程论"、"行政复议与行政诉讼程序衔接"等一系列的社会热点问题将是新的理论增长点。

结　　语

在当今行政法学理论研究勃兴的大背景之下，广大学者对于行政法学理论研究的新增长点在何处的追问层出不穷。正是鉴于"一切认识、知识均可溯源于比较"的逻辑预设，以域外行政法学前沿问题研究为进路来客观地审视这段"断代史"。③ 当然，对于域外行政法学研究前沿问题的梳理，绝不是单向度的译介，而是国内与国外研究现状相互的启迪与碰撞，唯有如此方可实现异域滋润本土、历史滋润当下的宏愿。④ 正是就此意义上而言，本文与其说是对于域外行政法的寻踪探微，不如说是对未来中国行政法学研究进路的把脉问诊。当然，转型中国的特殊历史境遇赋予了中国当前的行政

---

① Shane, Peter M., Chevron Deference, the Rule of Law, and Presidential Influence in the Administrative State, Fordham Law Review, Vol. 83, Issue 2, November 2014, pp. 679-702.

② Margaret Jane Radin, Reconsidering the Rule of Law, Boston University Law Review, Vol. 69, No. 4, 1989, pp. 797-801. 转引自江国华、韩玉亭：《域外行政法学研究追踪（2012—2013）》，《上海行政学院学报》2014 年第 4 期。

③ 江国华、韩玉亭：《域外行政法学研究追踪（2012—2013）》，《上海行政学院学报》2014 年第 4 期。

④ 支振锋：《西方话语与中国法理：法学研究中的鬼话、童话与神话》，《法律科学》2013 年第 6 期。

法学研究特殊的历史使命，同时也为其提供了大有作为的广阔空间，① 唯有立基于此才能真正还原中国新行政法学研究的本来面貌。

---

① 顾培东：《也论中国法学向何处去》，《中国法学》2009 年第 1 期。

国内外公共部门合同雇用弹性化
人力议题的研究前沿追踪

武汉大学政治与公共管理学院　田蕴祥

引　言

　　长期以来，公共部门与私营部门最大的一项差别，即在于公共部门终身任用的生涯保障制度，然而这项差异随着时代的发展逐渐有了变化，也就是在雇用管理的方式上日益弹性化。目前我国学界对于公共部门合同雇用弹性化人力相关议题的讨论虽然已经有多年的历史，但是针对合同雇用弹性化人力的相关理论进行系统深入研究的成果十分有限。此外目前相关研究大多仍旧局限于对状况分析和因应对策的论述上，对国外地区的制度经验进行探讨的研究并不多。本文通过文献分析法，对合同雇用弹性化人力的理论和研究动态进行梳理分析，借此构建适合我国国情的地方政府合同雇用弹性化人力研究的基本理论框架，为我国政府合同雇用弹性化人力进行有效运作提供基础理论支持和依据。

一、合同雇用弹性化人力的国际趋势

　　经济合作与发展组织（OECD）在 2005 年发布的一份对各国政府策略性人力资源管理的调查报告中曾明确指出，自 1980 年代末期开始，各国政府部门的雇佣关系呈现出以下几个新的趋势：第一，在一些国家中，政府内部的终身聘用制应该被废除，公务员应该被纳入一般劳动法规的管制；第二，有些国家虽然文官的终身聘用制度依旧存在，但是并不保证他们能够永远留在某个职位，必须视其绩效而定；第三，有些国家的公务员已经完全变成短期的合同性人力，职业不再受到保障；第四，有的国家已经逐渐增加对不同职位的员工，使用不同类型的合同安排①（GOV，2005）。

根据 OECD 的调查报告可以得知，不少国家在近 20 年里陆续改变了政府部门人员原来的终身雇用形态。例如在新公共管理运动实践中颇具代表性的澳大利亚，持续性或非持续性雇用人员的比例自 1996 年起大致相同，无论是何人，都不再受到终身制的保障，机关在进行组织业务调整时，持续性雇用身份的人员同样有可能被裁撤。在欧洲，瑞士于 2002 年进行的大幅度人事改革方案中，除了少部分联邦裁决委员会的成员之外，其他所有的公务员均改为合同制任用；奥地利的高级文官则是从 1995 年开始改为合同制任用。在北欧国家，以丹麦为例，以临时性方式聘用政府部门领导的情况越来越普遍，2001 年即有 19% 的领导是以定期合同聘用的②（GOV，2005）。由此可见，灵活管理政府部门的非终身制雇用人力，已经是未来的大势所趋，在当今全球重要国家政府部门的改革中，有着不容忽视的作用。

二、合同雇用弹性化人力的定义与理论基础

"弹性"是近年来组织人力资源管理领域中经常讨论与使用的

---

① GOV. Trends in Human Resources Management Policies in OECD Countries：an Analysis of the Results of the OECD Survey on Strategic Human Resources Management，2005，Paris：OECD Publishing.

② GOV. Trends in Human Resources Management Policies in OECD Countries：an Analysis of the Results of the OECD Survey on Strategic Human Resources Management，2005，Paris：OECD Publishing.

专业术语之一，指的是一个组织能够调整本身的结构和程序以因应环境变化的能力。在人力资源管理领域的讨论中，欧洲人事管理协会（European Association of Personnel Management，EAPM）将弹性分为工作时间、合同、工作地点、任务、薪酬等类型，其中雇用合同形式的弹性化，指的是机关雇主可以根据实际情况和需求，雇用定期合同及各类临时人力，甚至是通过外包的方式来找到其所需要的人力①（Farnham & Horton，1997）。

在弹性化人力雇用管理的理论基础方面，新右派主义（the New Right）应是政府部门弹性化人力雇用管理最主要的理论基础。20 世纪 80 年代的英国及美国，开始大力推行新右派的各项政策，尤其是为了减少财政赤字的负荷以及避免政府失灵现象，两国采取紧缩公共支出、对财政与劳动市场去管制化等措施，促使政府职能与角色的转变，在此背景下，传统公务人力运用的机制策略必须重新调整，从而推动员额精简的改革②。

综观现有文献，Lepak 与 Snell（1997）曾提出了交易成本经济学、人力资本理论、组织以资源为导向等观点，以此分析人力资本的配置与发展，算是迄今比较全面的理论汇整③。从交易成本经济学来看，基于效率的视角，组织会去理性检视与比较各类型人力获取所需的成本；从人力资本的视角来看，组织是否寻求弹性化人力，主要决定于员工生产力的预期报酬，组织更有可能投注资源在技能不易转移的教育培训上。从以资源为导向的观点来看，组织应该从内部发展核心员工的能力，至于次要价值的员工，可以通过外

---

① Farnham, D. & Horton, S. Human Resources Flexibilities in the United Kingdom's Public Services: Typologies, Overview and Evaluation. Review of Public Personnel Administration, 1997, 17(3): 18-33.

② 参见詹中原：《台湾公务人员聘用（任）制度现况及发展》。

③ Lepak, D. P., & Snell, S. A. The Human Resource Architecture: Toward a Theory of Human Capital Allocation and Development. Academy of Management Review, 1999, 24(1): 31-48.

包的方式获得①。

此外，Lepak 与 Snell（1997）两人根据"人力资本的价值性"与"人力资本的独特性"理论，将当代政府所可能采取的弹性化人力运用策略，归纳为"组织间结盟运用"、"自行雇用培养发展"、"合同外包"以及"市场购买"四种模式，强调在不同的环境脉络下，政府应当采取不同的人力运用策略②。

首先，当人力资本的价值性与独特性均高时，组织应该通过长期雇用、内部培训来发展核心人力。其次，当人力资本的价值性高而独特性低时，组织从市场中雇用其所需要的人力，根据雇用后的绩效表现决定去留，如果表现不佳而被免职，组织将从市场中雇用新的而且具有能力的人力。再次，当人力资本的独特性高而价值性低时，组织应寻求与其他组织共同合作，采取共同雇用的方式来获取与使用特殊人力。最后，当人力资本的价值性与独特性均低时，因无损竞争力，组织无需长期雇用这些人力，组织需要取得合同制人力的顺从配合③。在这四种类型的策略中，除了第一种情况，组织比较适合自行培养开发人力，其他三种情形，组织都可以尝试采用弹性合同模式，从组织外部雇用所需的人力。

三、公共部门合同雇用弹性化人力的国际研究追踪

关于公务体系合同雇用弹性化人力的实践情况，各国文官事务部门以及国际组织对外发布的研究报告是一个重要的信息渠道，例

---

① Lepak, D. P., & Snell, S. A. The Human Resource Architecture: Toward a Theory of Human Capital Allocation and Development. Academy of Management Review, 1999, 24(1): 31-48.

② Lepak, D. P., & Snell, S. A. The Human Resource Architecture: Toward a Theory of Human Capital Allocation and Development. Academy of Management Review, 1999, 24(1): 31-48.

③ Lepak, D. P., & Snell, S. A. The Human Resource Architecture: Toward a Theory of Human Capital Allocation and Development. Academy of Management Review, 1999, 24(1): 31-48.

如经济合作与发展组织（Organisation for Economic Co-operation and Development，OECD）、美国人事管理局（Office of Personnel Management，OPM）等。本文仅就学术论文的部分进行梳理追踪。

国际学界对于"临时性"人力或"合同制"人力的议题，至今已有相当多的研究成果。有的研究专门以某个特定行业的临时性人员作为调查分析对象，如在最新的研究方面，Mannocci 等人（2014）通过问卷调查分析了意大利移动呼叫中心临时雇用人员的工作生活质量和倦怠情形①，Chae（2014）调查研究的是韩国五星级酒店中临时合同性餐厨人员所认知到的组织远景和正向心理资本对其学习目标定向与工作满意度的影响②。

也有不少研究者尝试进行临时性人力与永久性人力的比较。例如 Fuller 与 Stecy-Hildebrandt（2014）以加拿大全国范围内具有代表性的样本，从个人、工作与工作经历等方面的特征，分析比较了临时性员工和永久性员工的收入变化轨迹③。Lee 等人（2013）从韩国劳工工作情况的调查数据中，探讨比较了韩国永久性员工与临时性员工的健康问题和工作不确定感④。此外还有 Banerjee 等人（2012）的研究，不仅探讨了非正式身份员工对正式员工工作态度的影响，也分析比较了员工和雇主双方的看法。

在近 20 年来的国外公共部门人力资源管理研究中，有的研究直接以"弹性化"为议题。例如 Lonti 与 Verma（2003）对加拿大政府

① Mannocci, A. et al. How Are the Temporary Workers? Quality of Life and Burn-out in a Call Center Temporary Employment in Italy: a Pilot Observational Study. Annali Dell Istituto Superiore Di Sanita, 2014, 50(2): 153-159.

② Chae, S. The Influence of Perceived Organizational Vision and Positive Psychology Capital on Learning Goal Orientation and Job Satisfaction in Hotel Temporary Employees. Journal of Food service Management, 2014, 17(6): 205-227.

③ Fuller, S. & Stecy-Hildebrandt, N. Lasting Disadvantage? Comparing Career Trajectories of Matched Temporary and Permanent Workers in Canada. Canadian Review of Sociology-Revue Canadienne de Sociologie, 2014, 51(4): 293-324.

④ Lee, W. W. et als. Association between Work-Related Health Problems and Job Insecurity in Permanent and Temporary Employees. Annals of Occupational and Environmental Medicine, 2013, 25(1): 15.

部门中级领导进行调查，探讨加拿大政府部门弹性工作设计与员工落实的议题。研究发现，在加拿大的政府部门中，弹性工作设计与员工参与落实的程度比私营部门高，政府部门之所以这样做，主要是感受到来自公众要求政府提供更好服务质量的压力，而越来越多的员工参与规划、执行这些公共服务。预算限制对员工参与落实弹性工作设计的方式很重要，弹性工作设计方式和机关中管理自主权的大小呈正相关，这一设计同时也需要各类型人力资源管理实践的补充。研究也发现，工作性质、工作单位对机关是否采取弹性工作设计的影响比较小，公共部门与私营部门在采取弹性工作上的考量因素也有所不同①。不过在这篇论文中作者所讨论的弹性化工作设计，指的是职务上的安排，与雇用合同的身份类型关联并不大。

在涉及雇用形式弹性化的研究中，有一类属于制度型的介绍研究。例如 Horton(1997)对公务体系中劳动弹性化的概念、脉络以及实践情况进行了较为宏观的介绍②，Loffler(1997)介绍了德国公务体系中的弹性化实践③，Farnham(1997)介绍比较了英国、西班牙、德国等西欧国家公共部门的劳动弹性化形态，并与 Horton 共同撰文专门讨论英国的情况④。此外，Hayakawa 与 Simard(1999)介绍了日本公务体系中不断增长的临时人员以及他们的特征、处境、在公务体系中的地位⑤。

---

① Banerjee, M. et als. Friend or Foe? The Effects of Contingent Employees on Standard Employees' Work Attitudes. International Journal of Human Resource Management, 2012, 23(11): 2180-2204.

② Lonti, Z. & Verma, A. The Determinants of Flexibility and Innovation in the Government Workplace: Recent Evidence from Canada. Journal of Public Administration Research and Theory, 2003, 13(3): 283-309.

③ Horton, S. Employment Flexibility in the Public Service: Concepts, Context, and Practice. Public Policy and Adminsitration, 1997, 12(4): 1-13.

④ Farnham, D. Employment flexibilities in Western European Public Services. Review of Public Personnel Administration. 1997, 17(3): 5-17.

⑤ Hayakawa, S. & Simard, F. Temporary Employees in the Japanese Government: a Growing and Disadvantaged Group. International Review of Administrative Sciences, 1999, 65(1): 25-40.

Farnham 与 Horton(2000)主编了 Human Resource Flexibilities in the Public Service 一书①，书中除了收录某个特定国家公务体系弹性化人力的运行情况②③(Horton, 2000; Rober & Loffler, 2000)，还进行了国家之间的比较④(Ridley, 2000)。另外，Virtanen (2000)撰文讨论了弹性化、员工承诺与绩效之间的关系⑤。

有的研究是通过总体数据资料进行分析。例如 Mastracci 与 Thompson(2009)曾分析美国联邦政府部门的非终身雇用人员的情况，认为联邦政府的人力表现出核心与外环的二元结构，核心职位是那些长期稳定的全职工作，外环职位则是那些临时性、兼职性、特定时期的工作。出于成本考量，联邦政府正在增加临时性、兼职性的雇用。数据分析结果显示，女性以及白人以外的群体在非终身雇用人员中所占比例明显较大⑥。

在合同雇用弹性化人力的议题上，有一些是通过实证调研途径完成的。如 Goodman 与 Mann(2010)以美国密西西比州政府的人力资源主管为调查对象，探讨任意雇用原则(at-will employment)可否

---

① Farnham, D. and Horton, S. Human Resource Flexibilities in the Public Service, 2000, London: Macmillan Press LTD.

② Horton, S. Human Resources Flexibilities in UK Public Services, in Farnham D. and Horton, S. Human Resource Flexibilities in the Public Service, 2000, London: Macmillan Press LTD. pp. 208-236.

③ Rober, M. and Loffler, E. Germany: the Limitations of Flexibility Reforms. In Farnham, D. and Horton, S. Human Resource Flexibilities in the public service, 2000, London: Macmillan Press LTD. pp. 115-134.

④ Ridley, F. F. Public Service Flexibility in Comparative Perspective. In Farnham, D. and Horton, S. Human Resources Flexibilities in the Public Services, 2000, London: Macmillan Press LTD. pp. 23-38.

⑤ Virtanen, T. Flexibility, Commitment and Performance. In Farnham, D. and Horton, S. Human Resources Flexibilities in the Public Services, 2000, London: Macmillan Press LTD. pp. 29-60.

⑥ Mastracci, S. H. & Thompson, J. R. Who Are the Contingent Workers in Federal Government? The American Review of Public Administration, 2009, 39(4): 352-373.

被视为一项管理工具。调查发现，来自小型机关以及信任政府领导的人力资源主管对此比较认同，女性或是有过私营部门工作经验的人力资源主管则不太认同①。Goodman 与 French（2011）在另外一篇文章中，同样以密西西比州政府为研究个案，评估任意雇用原则的暂时运用对组织改组和人力资源的影响，研究人力资源主管对任意雇用原则下人力的使用与终止所产生的影响。调查显示，逐渐采用任意雇用形式的趋势让人力资源主管在动机、绩效、效率方面持乐观态度，但是这样的潮流是否真的能提高公务体系的回应力和生产力？接受调查的人力资源主管也有一定程度的不确定感②。

当然，也有一些结合现有文件数据和实证调研完成的研究。如Conley（2003）通过来自英国地方政府的访谈资料和官方数据，分析公共部门中以临时合同身份雇用的人力对平等就业机会理论、政策与运作情况的影响，结果发现，临时性人力被大规模地排除在平等就业政策与落实之外，表明在分权与弹性化原则下，机关雇用临时性人力以及对员工的差别对待，会对平等就业原则产生负面影响③。McKeown 与 Lindorff（2011）探讨的是澳大利亚维多利亚州地方政府临时性员工的组成，以及战略性人力资源管理的实施是否强化了此类人员的管理。文章借由官方年度报告以及对地方政府的人力资源领导进行半结构式访谈，发现并没有足够的证据证明战略性人力资源管理理论被运用于此类人员的规划与政策中，这类人员的

① Goodman, D. & Mann, S. Reorganization or Political Smokescreen: the Incremental and Temporary Use of At-Will Employment in Mississippi State Government. Public Personnel Management. 2010, 39(3): 183-209.

② Goodman, D. & French, P. E. Assessing the Temporary Use of At-will Employment for Reorganization and Workforce Reduction in Mississippi State Government, Review of Public Personnel Administration, 2011, 31(3): 270-290.

③ Conley, H. M. Temporary Work in the Public Services: Implications for Equal Opportunities. Gender, Work and Organization, 2003, 10(4): 455-477.

管理也没有与机关的战略事业规划紧密配合①。

另一个大类的研究则是探讨合同雇用弹性化人力的组织行为相关议题。如 Coyle-Shapiro 与 Kessler(2002)曾经通过问卷调查的方式，研究英国地方政府中拥有正式身份的公务员与临聘人员的心理契约违背状态，研究发现，临时性雇员确实对组织的态度不够积极，并且表现出较低程度的组织公民行为。不过与预期相反的是，在雇用机关所提供的回报诱因对临时性雇员的组织公民行为所产生的影响，要明显大于正式的公务员②。

公务体系的工作人员一旦没有了终身制的保障，是否即与私营部门从业人员无异？学界至今有不少研究比较了公共部门与私营部门人员组织行为学领域的有关议题，这方面的研究成果也可以作为弹性化人力研究的参考。例如早期 Buchanan(1974)和 Zeffane(1994)分别以美国、澳洲的公共与私营部门从业人员为研究对象，比较其组织承诺的水平，研究结果都显示，私营部门从业人员的组织承诺水平明显比公共部门高③④。Goulet 与 Frank(2002)则比较了美国公共部门、私营部门与非营利部门三个部门工作者的组织承诺水平，结果发现，在三个部门之中，私营部门从业人员的组织承诺感最高，非营利部门从业人员次之，公共部门员工的组织

---

① McKeown, T. & Lindorff, M. Temporary Staff, Contractors, and Volunteers: the Hidden Workforce in Victorian Local Government. Australian Journal of Public Administration, 2011, 70(2): 185-201.

② Coyle-Shapiro J. A-M & Kessler, I. Contingent and Non-Contingent Working in Local Government: Contrasting Psychological Contracts, Public Administration, 2002, 80(1): 77-101.

③ Buchanan, B. Government Managers, Business Executives and Organizational Commitment. Public Administration Review, 1974, 34(4): 339-349.

④ Zeffane, R. Patterns of Organizational Commitment and Perceived Management Style: a Comparison of Public and Private Sector Employees. Human Relations, 1994, 47(8): 977-1011.

承诺感最低①。Willem 等人（2010）研究了比利时公共部门与私营企业员工的心理契约状况。结果发现，公共部门员工对职业发展机会和财务报酬期望比较不看重，也认为这方面的期望、工作与生活的平衡能被实现的程度比较低。另外，男性和女性在心理契约的实现认知上有显著差异②。

上述组织心理议题的调查研究非常值得思考，因为传统的公务员之所以采取终身制的设计，基本上就是希望借由工作保障与福利制度（例如退休制度）来提升员工对组织的向心力与认同感，因此，在理论上公共部门员工对组织的向心力与认同感应该要比私营部门员工高，终身制公务员对组织的向心力与认同感应该比临时合同制人员高，如果不是，那就意味着终身雇用制度与各项福利制度并不能有效提升传统公务员对组织的向心力与认同感，这在一定程度上表明现行的相关人事制度有商榷与检视的必要。

另外，如果研究结果显示私营部门员工对组织的向心力与认同感并不比公共部门员工低，这对于私营部门而言应该是一个积极的信息，因为这表示组织有留用优秀人才并吸引外部优秀人才的能力。然而，私营部门内部相关领导应该思考的是，是否应该给员工提供更多的职业生涯与财务方面的激励，以奖励绩效表现优良的员工？这也是一个值得思考的议题。

然而必须指出的是，在进行此类比较研究的时候，除了公、私部门以及雇用身份的因素之外，受访者本身的背景因素也必须一并考虑进去。就人口统计变项而言，不同婚姻状况、年龄、年资、职位工作者的向心力与认同感可能也会有所不同；此外，由于对组织的向心力与认同感是相当主观的个人感受，一个人对于其目前任职机关向心力与认同感的高低，是否会受到其他的个人与组织因素影

---

① Goulet, L. R. & Frank, M. L. Organizational Commitment across Three Sectors: Public, Non-Profit and For-Profit. Public Personnel Management, 2002, 31 (2): 201-210.

② Willem, A. et al. Comparing Private and Public Sector Employees' Psychological Contracts, Public Management Review, 2010, 12(2): 275-302.

响？例如个人性格特质、工作价值观、主管领导风格、部门组织文化等，这些都需要进一步的检验确认，以免作出的解释推论有失客观。

四、公共部门合同雇用弹性化人力的国内研究追踪

OECD 国家会员国有 30 多个，在全球性标杆学习的趋势下，这些具有影响力的成员国的公共部门人力资源改革措施对其他国家有一定程度的借鉴意义。目前我国虽然不是 OECD 的会员国，但是在公务体系的人力运用上，同样面临着巨大的变迁与挑战，而政府领导部门也在苦思如何制定有效政策来解决相关问题。长期以来，我国政府部门实施编制管理，依据一定的人口和业务量决定编制人数，然而随着政府所担负的管理任务日益繁重，各政府机关单位开始出现雇员、临聘人员等身份类型的人员，用人单位通过与劳动者签订劳动合同的形式，在一段期间内予以聘用。也有地方机关根据工作需要，对专业性较强的职位和辅助性职位实行了公务员聘任制，聘任年限、职位职责要求，工资、福利、保险待遇，违约责任以及聘任合同变更、解除、终止的条件均由劳动合同规定。

我国公务体系在弹性化人力这一部分的内容可以说是相当复杂，包含了雇员、临聘人员、劳务派遣、聘任制公务员等类型。以临聘人员为例，在管理制度上，虽然近年来许多地方的机关事业单位对外公布了临聘人员管理办法，希望借此加强机关事业单位临聘人员的宏观管理，严肃组织、人事、编制和财经纪律，提高行政效率，降低行政成本，保障临聘人员的合法权益，但是目前一些地方政府的信息发布平台中，民众留言陈情仍然常见，希望机关领导能够重视机关事业单位临聘人员的发展、福利及待遇问题。在聘任制公务员方面，目前我国有不少地区主管部门正在研究制定聘任制公务员管理试点办法，让一聘定终身的公务员制度，转变成以合同为基础的弹性化人力雇用制度。

聘任制公务员虽然目前多半还处在试点阶段，但是对现有公务体系可能产生的影响冲击已经引起了各界的高度关注。因此，为了

降低行政成本，提升机关效能，需加强对弹性化人员聘用管理机制的研究，以强化机关领导干部对其内部人事的管理能力，进而推动组织内部绩效管理工作，并有效提升社会大众对于政府部门的信任度。

在我国公共部门弹性化合同人力雇用管理的研究中，医疗院所可以说是研究者非常关注的机构，有相当多的探讨集中在医疗院所上(包敏敏等，2009)①，另一个大的群体则是各级学校教师(王寰安，2008)②。在政府部门的研究方面，也积累了一些成果，一些研究者探讨了政府部门弹性化人力运作的各种模式，深入剖析相关的定义概念、优缺点以及产生的影响。如杨建国和周岩松(2011)论述了政府雇员制的实践困境与破解之道③，胡仙芝与余茜(2009)认为公务员聘任制可以说是在政府雇员制实践基础上的继承和发展，是公共部门人力资源管理制度完善创新的有益补充④。另外，苏伟业(2007)曾分析比较香港与台湾地区政府的契约性人力制度⑤，同为台湾学者的黄荣源(2009)则是从历史制度的途径，来探讨英国文官制度改革的弹性化策略⑥。整体而言，研究者多半持中立谨慎的态度，认为顺利推行弹性化人力雇用管理模式，必定有诸多挑战需要面对与克服。

从近年来的相关研究可以发现，一些研究者不再只是从定性的角度论述机关弹性化人力雇用管理的概念、问题和解决对策，而是

---

① 包敏敏等. 医院后勤编外人员生存与流失状况分析[J]. 医学与社会，2009.

② 王寰安. 高校实施教师聘任制的现状调查及政策建议[J]. 高等教育研究，2008.

③ 杨建国，周岩松. 政府雇员制：实践困境与破解之道[J]. 东北大学学报(社会科学版)，2011(6).

④ 胡仙芝，余茜. 从政府雇员制到公务员聘任制——公共部门人力资源管理的制度完善与创新[J]. 江苏行政学院学报，2009(5).

⑤ 苏伟业. 管理主义下的政府机关弹性化：台湾与香港政府契约人力制度之比较分析[J]. 公共行政学报，2007(23).

⑥ 黄荣源. 英国文官制度改革的弹性化策略：一个历史制度途径的分析[J]. 文官制度季刊，2009(2).

选定某个特定地区进行实证调研，对运行现状进行分析，例如翟校义（2010）的研究，在江苏省通过实地调研的方式，对地方政府编外用人的状况及原因进行了分析①；周建国与刘茜（2012）对深圳市公务员聘任制的实施情况进行了问卷调查，讨论建立与完善公务员职位聘任制的策略②；田蕴祥（2013）对深圳地区公务员、社区民众以及临聘人员进行了临聘人员岗位规模决定因素的问卷调查，实证研究结果显示，多数受访者认为当前临聘人员的岗位规模决定依据不合理，辖区内的管理与服务人口数量是各群体受访者公认的最重要的决定性考量因素，至于在岗位规模决定过程中是否应该考量各类经济因素，三类受访者的看法都有相当大的分歧③。

另外，与前面在外文文献部分所介绍的相似，在中文文献中，也有不少探讨合同雇用弹性化人力组织行为有关议题的研究，如叶颖蓉（2004）从心理契约角度来检视台湾地区三个县市税务机关约聘人员的工作身份对其工作态度与行为的影响④，武华盛（2008）探讨台北市政府契约性公务人力与常任文官组织信任差异的研究⑤，刘帮成等人（2008）用问卷调查的方式考量上海市政府雇员的薪酬满意度与其作用机制⑥。

五、公共部门合同雇用弹性化人力的未来研究方向

公务体系弹性化雇用的人力资源管理问题之所以重要，如前所

---

① 翟校义. 地方政府编外用人现象探析[J]. 新视野，2010(3).

② 周建国，刘茜. 建立与完善公务员职位聘任制：基于深圳实践的理论思考[J]. 江海学刊，2012(4).

③ 田蕴祥. 地方政府临聘人员岗位规模应该如何决定——基于多方评价观点的比较实证研究[J]. 东北大学学报(社会科学版)，2013(5).

④ 叶颖蓉. 由心理契约检视员工工作身份对工作态度与行为的影响——以公部门的约聘人员为例[J]. 人力资源管理学报，2004(4).

⑤ 武华盛. 契约性公务人力与常任文官组织信任差异之研究：以台北市政府为例[D]. 东吴大学，2008.

⑥ 刘帮成等. 薪酬满意度的测量及其作用机制研究：以政府雇员为例[J]. 心理科学，2008(3).

述，在新右派"小而美"政府的潮流下，减少政府支出并同时达到良好的效能，是各国政府努力的目标。而在传统的公务员体系中，永业制的设计产生局限，财政与责任压力沉重，政府不但要负担公务员的培训、福利保障、退休事务，在某些临时性、专业性工作的应变处理上也显得不够及时与灵活，因此，各类型的弹性化人力雇用形态逐渐被各国政府部门采用。在这样的潮流下，弹性化合同雇用人力制度往往也被视为政府改革的一种象征。

在经由以上文献梳理介绍后，本文认为，我国公共部门弹性化合同制人力雇用管理理论与实证研究中，可以在以下方面作更深入的探讨：

第一，在理论基础的探讨上，目前学界关于公共部门弹性化合同雇用人力议题的讨论虽然已经有多年的历史，但是针对该议题的相关理论进行系统深入的研究成果还十分有限，研究者可以尝试基于某个特定的理论视角，例如交易成本理论、委托代理理论等，对公共部门的弹性化合同人力雇用决策行为进行解释与分析，并可作为实证研究假设提出的依据。

第二，在国内外公共部门的比较上，目前我国有关公共部门弹性化合同雇用人力的研究，大多局限于状况分析和因应对策的论述上，对于国外地区的制度经验以及实证研究进行分析梳理的并不多，日后的研究者可以将分析焦点放在某一特定国家，对该国公务体系在这方面的机制运作情形，进行深入细致的探讨，进而讨论对我国的适用性与启示；或者针对某一特定的组织行为议题，将我国的调研结果与其他国家的结果进行比较。

第三，在调查机关业务属性方面，未来研究者在调查机关的选取上，可以试着探讨不同业务类型的公共部门机关在弹性化合同雇用人力管理的运行情况，分析互相之间可以借鉴学习的地方以及面临的困境。

第四，在实证研究方法上，如果有机关单位愿意提供调研方面的支援配合，研究者可以使用多样化的研究途径，将定性访谈和问卷调查方法相结合，做较为细致深入的调查。

第五，在实证调查受访对象上，可以尝试同时调查单位领导、传统永久制公务员和弹性化合同雇用人员，借此了解各类身份人员如何定位弹性化合同雇用人员在组织中的角色和功能，以及各个群体对于弹性化合同雇用管理机制改革的意见，是一致，还是有分歧，这值得研究者在今后继续探讨。

综上所述，对于公共部门弹性化合同雇用人力的议题，研究者应该在对我国公共部门的弹性化合同雇用管理模式与现状，以及存在的问题等进行全面了解的基础上，借鉴国内外有关的理论和经验，对我国公共部门中人力雇用问题进行系统性研究，并对不同职务类型机关进行实地调研和评估，建立可供选择的管理模式和策略，最终构建适合我国国情的公共部门弹性化合同雇用人力管理机制基本理论框架，为我国公共部门弹性化合同雇用人力管理进行有效运作提供基础理论支持和依据，并为我国有关人事部门制定人事改革方案提供政策建议，使公共部门成为弹性高效的公共事务运作机构。

结　　语

本文介绍梳理了国内外公共部门合同雇用弹性化人力的发展趋势与研究近况，为了因应全球化的竞争压力，各国政府纷纷在人力资源管理上采取改革措施，试图借由公共部门人力素质的提升，来提升政府竞争力。全球化的浪潮可以说是推动各国政府部门走向改革之路的重要动力，当前各国政府部门处在国内外政治、经济、社会环境快速变迁的全球化脉络之下，遭受到的挑战也越来越严峻，例如：政府组织规模与运作内容日益庞大，政府施政复杂性也随之增加，为了有效处理庞杂政务，政府需要大量采用技术手段来提升效率与监控能力；除了依法行政之外，政府也要关注各类公共服务绩效；政府上级机关将决策权力大量下放给与民众接触密切的下级单位；政府大量运用其他外部组织，如第三部门、私营企业，来提供公共服务(吕育诚,2008)①。这些挑战不仅对政府部门的整体运作构成了冲击,对于公共部门的人力资源管理工作也产生了一定程度的影响。

OECD 曾经提出了一份名为《OECD 国家政府变革管理》(Managing Change in OECD Governments：An Introductory Framework)的政策架构白皮书,书中即指出,公共部门若要在这个高度全球化、相互依赖、快速变迁的世界持续发展,就无法逃避变革。变革的起因一般而言可以分成外在与内在两个方面。就外在因素而言,在外在环境持续快速变迁的情况下,国家领导不得不去做适应性调整,由于各层级的公共部门与私营部门之间的互动关系越来越紧密,进而影响到变革的内容,同时也促进了各组织部门之间关于构想、创新、实际做法的交流。至于内在因素,包括公民对政府的不满,信任度降低,公民对政策制定过程的参与以及诸如经济危机、政治动荡、政府对于自然灾害与公共卫生问题的迟钝反应等国内事件,都迫使政府领导进行变革(Melchor,2008)②。

上述引发公共部门进行变革的因素,与国家公共部门的人力雇用机制密切相关。提升一般民众以及内部成员对于政府的满意度与信任度,以及根据国内外环境的变迁,制定可行的政策,都需要政府领导通过完善的人力雇用制度引进高素质的人力来完成。

面对政治、经济环境的快速变迁,政府部门未必能够顺利且及时地进行适当有效的变革,诚如 OECD 的报告所指出的,考虑到政府所提出的改革方案与先前或是其他方案缺乏一致性,引起困惑与反弹;人们对于新事物、新环境的恐惧与困惑;部分个人或是团体认为改革会对自身产生不利影响;改革的方案过于复杂,特别是相关领导未能作出清楚的说明而无法让所有相关人员充分理解;改革

---

① 吕育诚. 全球化对我国地方公务人力管理的意涵与展望[J]. 人事月刊,2008(5).

② Melchor, O. H. Managing Change in OECD Governments：an Introductory Framework. OECD Working Papers on Public Govermance, No. 12, 2008, Pairs：OECD Publishing.

所付出的负担过于沉重；不同个体以及不同层级的组织对改革方案的解读不同；在变革的过程中，政府忽略了人性的考量；等等，都有可能招致外界抗拒政府推动改革（Melchor，2008）①，因此，相关部门在推动雇用制度改革时，应该注意上述问题存在的可能性，及时修正相关内容，如此才能减少可能产生的阻力，避免改革失败。

　　未来无论是行政管理学界或是公共部门，都应该对弹性化合同雇用人力的相关议题进行更深入具体的研究讨论，才能在学术研究上积累更多的成果，并将之作为组织人力资源管理的基础，指导管理实践。

---

① Melchor, O. H. Managing Change in OECD Governments: an Introductory Framework. OECD Working Papers on Public Govermance, No. 12, 2008, Paris: OECD Publishing.

英国实现北极国家利益的成功
经验及其借鉴价值

武汉大学政治与公共管理学院

丁　煌　鲍文涵

随着全球气候变暖以及国际社会对可持续发展的关注，原本沉寂的北极日益吸引了各国越来越多的关注。一方面，英国、中国、日本等北极的利益相关国的持续发展越来越离不开对北极资源的利用，它们通过各种途径积极参与北极治理，以期维护和实现本国在北极的合法利益；另一方面，加拿大、美国等北极沿岸国家，依托自身的地理、历史优势，高举"门罗主义"旗帜，极力阻止其他国家涉入北极事务，企图把北极资源变成其"俱乐部资源"。在这样的背景下，围绕北极的主权、资源等产生的争端不断升温，北极问题日益复杂化。

英国在地理上不靠近北极，但其北极探险活动最早可以追溯到1552年。第二次世界大战前后，出于对战争的考虑，北极事务逐渐被提上英国政府官方的议事日程。1942年，英国为了支持苏联战场，决定通过北极航线来运输各种作战物质，目的地是苏联北方港口摩尔曼斯克和阿尔汉格尔斯克，当时的北极航道不仅关系着战争运输船队的物资安全，甚至事关世界反法西斯战争的成败。北极对英国的重要性在这一阶段开始得到加强，进入了政府视野。"冷战"时期，苏联在北极圈内的科拉半岛驻守重兵，集中了大量的核武器，这对英国等欧洲国家构成了极大的安全威胁，在学界的呼吁下，英国政府开始成立专门的研究组来研究北极问题，英国政府对北极问题的重视程度达到了历史上的顶峰。冷战结束后，英国政府一直通过科学研究和军事训练来保持自身在北极地区的低层次的实质性存在。1991 年，英国在斯瓦尔巴特群岛建立了一个科学考察站。这个考察站之后被英国南极调查局接管，英国政府每年会划拨专项经费支持北极科学研究事业。此外，英国还在北极科学研究方面与挪威和加拿大两国保持了密切的合作，经常派遣军队参加在北极周边地区的联合军演。通过科学研究和军事训练，英国在北极的低层次的实质性存在地位得到了逐步的稳固。

"冷战"结束前，英国政府在南极的行动一直非常低调。而随着"冷战"结束，世界经济一体化和政治多极化趋势逐渐加强，北极地区的点滴变化时刻关系着全球的气候、政治、经济动向，越来越多的国家和国际组织把目光投向北极。在这个背景下，为了有效参与北极治理，维护和实现英国的北极利益，英国经过逐步探索，形成了适应英国国情的北极政策体系。在一定程度上破除了北极国家对其参与北极事务的阻碍，赢得了在参与北极治理中的主动地位，有效维护和实现了英国的北极利益，这对于我国具有十分重要的借鉴价值。

一、本文的分析框架：资源—利益—政策

（一）基本概念

1. 资源

笔者认为，资源不仅包括诸如资本、劳动力、技术、自然资源等被经济学家视为资源的东西，而且包括诸如权力、地位、威望、声誉、才学、美貌以及"关系"等被政治学家和社会学家当作资源的东西。依据这种综合的资源观，北极资源显然大大超越了常规的自然资源或经济资源维度，北极资源除了矿产、生物、能源、航道、林业、旅游和环境等自然资源以外，还应当包括一系列制度资源，即用以规范、约束以及协调国际行为主体在南、北极活动的各种法律规范、规则、约定或常规等。

2. 利益

世界各国对南北极的关注乃至争夺本质上是基于"资源"争夺的"利益之争"。各国在北极的国家利益是国家制定和执行对外政策的出发点和最终归宿。在本文中,我们将"利益"界定为:客体对主体的存在和发展的一种肯定性关系,是主体、主体需要和满足主体需要的资源在主体行为作用下的有机统一。① 这样的定义展示了利益与资源之间的密切关系,即利益实际上表现为主体对所需资源的占有。各国在北极地区的利益主观上表现为相关主体对北极资源需要的满足,客观上表现为相关主体对北极这一稀缺性资源的占有,一般可以分为安全利益、经济利益、政治利益和科考利益等四大类,对英国而言,以安全利益和经济利益最为重要。

3. 政策

政策是政府或社会公共权威在一定的历史时期,为达到一定的目标,经过一定的合法程序而制定的行动方案和行为依据。其表现形式为诸如法律法规、政府首脑口头或书面的声明和指示报告、行政命令、会议决议文件等各种表达政府或社会公共权威的某种特定意图的行动方案。其本质上是一种直接或间接地对社会资源和利益进行权威性分配的方案。② 北极政策则是指英国政府就北极议题所采取的一系列计划,它不仅包含了正式的官方文件、声明、法律法规等,而且包含了为实现北极利益而采取的行为、行动。

(二)"资源—利益—政策"分析框架的内在逻辑

在对资源、利益、政策等相关概念进行界定之后,需要将这些概念予以整合,以构成本研究的理论基础和分析框架。首先,资源是进行北极政策分析的出发点。"需要"和"资源"构成了判断个体利益得失的基本条件,相对于"需要"而言,"资源"可以视为满足需要的能力。因而,资源既是国家利益的重要载体,又是判断国家

① 丁煌. 利益分析:研究政策执行问题的基本方法论原则[J]. 广东行政学院学报,2004(3).

② [美]戴维·伊斯顿. 政治生活的系统分析[M]. 王浦劬译. 北京:华夏出版社,1999.

利益之所在的主要依据，只有了解其他国家的倾向及其所拥有的权力资源，一个国家才有可能重新界定其国家利益、追求其战略目标。① 其次，利益是英国制定北极政策的依据，也是本文进行北极政策分析的基础。我们需要明确英国在北极的利益诉求，分析北极在气候、资源等方面的变化对英国安全和发展等方面的影响。最后，北极政策是本文进行政策分析的落脚点。政策的基本职能就是利益的分配或再分配，政策通过协调各方利益来实现政策指定的基本目标。我们可以在阐明英国在北极地区具体的国家利益基础上对当前英国的北极政策进行系统梳理，探讨其北极政策在为实现其北极利益中发挥的分配和协调作用。

总之，笔者认为，利益分析方法是进行北极政策分析普遍适用的方法，以"利益"概念为核心，将"资源"和"政策"这两个概念串联起来，便可以整合为"资源—利益—政策"这个政策研究中最基本的分析框架，对于探讨英国的北极政策具有重要指导意义。

二、英国在北极的国家利益分析

（一）国家安全利益

1. 能源安全利益

进入 21 世纪以后，英国本国的能源产量持续萎缩，愈发不能满足国内能源消费需求。而近年来大力倡导的新型能源，由于科研成本高昂，基础设施建设周期长，相关技术尚不成熟等原因，短期内无法为英国经济提供充足的能源。两方面因素的共同作用，使得英国的能源对外依存度居高不下。但是，在当前世界能源市场动荡不定、石油政治大行其道的背景下，英国单一化的海外能源市场又为其能源安全埋下了隐患。以石油市场为例，英国的石油进口源主要有挪威、中东地区、非洲、美洲以及俄罗斯。其中，挪威提供给英国占总进口量近 70% 的石油，是英国最主要的石油进口源国。

---

① [美]罗伯特·基欧汉，约瑟夫·奈. 权力与相互依赖[M]. 门洪华译. 北京：北京大学出版社，2002.

问题在于，同英国相类似，挪威的主要石油产区集中于北海海域，该地区的油气资源正面临整体性枯竭的趋势；与此同时，其他几处石油市场中，中东和非洲地区运输成本高昂，局势动荡很有可能危及当地石油输出的稳定性；北美和俄罗斯一直试图以能源输出压制其他国家的经济态势，这在客观上削弱了英国国民经济的独立性和自主性。综上所述，英国的能源安全正面临着来自国内外的双重风险。

正是出于以上两方面的考虑，北极地区丰富的能源储备对实现和维护英国的能源安全利益有着重要意义。美国地质调查局（USGS）的调查评估显示，北极地区蕴藏有 $122.6×10^8$ t 原油和 $1669×10^{12}$ m³ 天然气，分别占全球未探明储量的 13% 和 30%，并且大多数油气资源都分布于距海岸线 200 海里的浅海海域①。除此之外，北极地区还蕴藏有几十万亿甚至上百万亿立方米的可燃冰，一旦技术成熟，将成为继煤、石油和天然气之后的第四大能源。在能源市场复杂多变的 21 世纪，北极将成为英国重要的能源储备区和潜在的能源市场。

2. 环境安全利益

北极地区处于地球高纬度地区，深刻影响着地球的洋流与气候。科学研究表明，受到全球变暖的影响，北极地区的冰盖和冰川加速融化，其负面后果是多方面的：首先，融化后的淡水注入海水中，导致局部海域海水盐碱度和密度发生变化，对一些海洋生物构成威胁；其次，表面失去冰川覆盖后，北极地区的永久冻土层开始升温解冻，释放出的甲烷将加剧温室效应，形成恶性循环；最后，冰川消融将抬升全球海平面，届时将对沿海地区和海拔较低地区的居民生存构成威胁。

英国位于西欧，地理位置靠近北极，北极环境恶化将对其环境安全构成严重威胁。首先，英国是一个岛屿国家，由不列颠岛、爱尔兰岛（北部）及周围 5500 个小岛组成，拥有 11450 公里的海岸线。

---

① 李浩武，董晓光. 北极地区油气资源及勘探潜力分析[J]. 海外勘测，2010(3).

英国的重要城市大多位于近海的平原地带，这里不仅是英国密度最大的人口聚集区，而且是英国的经济核心地带。可见，北极冰川融化导致的海平面上升不仅会威胁到英国沿海地区的居民生活，而且对英国的国民经济构成潜在的巨大威胁。此外，北极的环境问题还衍生出一系列恶劣气候和自然灾害，如风灾、洪水、干旱等。受全球气候变暖和北极地区环境变化的影响，英国原先的气候特征正悄然发生改变。2010 年英国经历了一个异常寒冷的冬季，局部地区最低气温降至零下 21℃。气象学家解释，这是由于北冰洋地区增温幅度高于全球平均水平，进而改变了北半球的风向形成模式，将更多冷空气带入英国。根据预测，今后英国遭遇严冬天气等可能性甚至提高了 3 倍。① 因此，英国作为近北极国家，北极气候一丝一毫的变化都与英国的环境安全密切相关。

(二) 经济利益

北极气候的异常，一方面给英国的国家安全带来了挑战，另一方面也给英国的经济带来新的机遇。随着全球变暖，北极航道的战略位置对英国的重要性日益凸显。一般来说，北极航道包含绕过西伯利亚北部的东北航道和绕过加拿大北部的西北航道，这两个航道一旦在北半球夏季可以通航，将成为太平洋北部到大西洋北部最短的航线，北美洲、欧洲北部以及亚洲北部各国之间的航线距离将大大缩减，世界各国间商业贸易将因运输成本大大节省而受益。一旦时机成熟，北极航道有望成为商业利益非常可观的"黄金水道"。这对于位于大西洋北部的英国的地缘政治、经贸关系以及大国关系具有非常大的影响。

首先，北极航道的开通为英国节约了可观的航运成本。英国同美洲和东亚地区的海上贸易往来，一般经过三条线路，分别是经巴拿马运河、苏伊士运河和非洲好望角到达太平洋，航程均超过15000 公里。如果依靠北极航道开展贸易往来，航程将大大缩短。以东北航道为例，原先从伦敦到上海需经过苏伊士运河，航程约为

---

① 全球气候变暖导致英国越来越冷 [EB/OL]. [2014-09-16]. 腾讯新闻, http://news.qq.com/a/20101227/000934.htm.

16900 公里，采用东北航道则仅需 12900 公里，航程缩短 4000 公里；由伦敦到东京需经过巴拿马运河，全程需要航行 20900 公里，走东北航线的话航程缩至 14200 公里，缩短了超过 30% 的航程。对国际贸易绝对依赖远洋运输的英国而言，取道北冰洋不仅仅在于能缩短航程、节约运输成本，其意义还在于避免了传统航道途径巴拿马运河、苏伊士运河和索马里海域等所面临的安全风险。

其次，北极航道的开辟可以刺激英国企业研发更为高精尖的抗冰船舶，带动造船工业的提质升级。目前北冰洋地区大部分时间、大部分地区仍然被浮冰覆盖，西北航道也只是夏季很短的时间可以通航。在洋面上有少量浮冰的时间或是夏季浮冰没有完全融化的年份，虽然只有少量的浮冰，普通船舶依然无法通过。因此一旦北极航道开通，破冰船舶的建设将成为一项十分紧迫的任务，这为英国的各大造船企业带来了巨大的商机。

再次，航运业的发展还会创造出一大批新的就业岗位。北极航道的开通将对英国内部的航运业、港口业、物流业等相关产业和行业产生巨大影响。以航运业为例，北极航道的开通会给航运业带来新一轮的发展机遇。航运业不仅是资金、技术、信息密集型产业，同时也是劳动密集型产业。伴随着航运业的蓬勃发展，与之而来的是该行业对劳动力需求的增加，就业岗位的增多。这对于缓解英国国内的就业压力，促进资源的跨行业有效配置都将起到非常重要的作用。

最后，北极航道的开辟还将进一步带动北极旅游业的发展。传统的北极旅游线路是经由赫尔辛基至俄罗斯摩尔曼斯克，登船穿过巴伦支海航向北极点。而这条路线旅途较长，游客体验不佳，未来北极航道的通航，将大大有助于缩短传统旅游路线的航程，降低旅游成本，惠及更多人实现登陆北纬 90 度的梦想。而英国北部靠近北极地区，北极旅游市场潜力巨大，北极航线的开通会进一步刺激欧洲北极旅游市场，为北极旅游业的发展带来新机遇。

综上所述，对英国来说，所谓的北极经济利益，不仅是运输距离的缩减带来的运输成本的降低，与东亚经贸往来更加密切，而且是英国社会相关产业的蓬勃发展，就业岗位和社会福利的不断增加。因此，北极航道承载着英国巨大的经济、社会利益和价值。

三、当前英国北极政策的三个维度

　　基于以上分析，北极之于英国主要体现为国家安全利益和经济利益，为了实现和维护英国在北极的国家利益，英国政策制定了相应的北极政策。英国外交与联邦事务部于 2013 年发布了《适应变化——英国的北极政策》(Adapting to Change—UK Policy towards the Arctic)的文件，提出英国致力于创造一个安全的北极，在国际法的框架下与北极原住民一道参与北极治理，通过高度发达的科学技术减少对北极环境的破坏，促进北极实现负责任的发展。笔者认为，英国当前的北极政策是一个完整的政策系统，主要由三个维度组成：

(一)英国北极参与政策

　　当前，北极八国依托北极理事会，对北极地区的领土、资源享有实际上的控制权，排斥其他非北极国家涉入北极事务。如果英国不能有效参与北极事务，那么一切北极利益的实现将无从谈起。因此，英国的北极政策首要的就是通过有效的形式和途径，加强与北极国家及原住民之间具有建设性的合作，通过合作来实现参与，通过参与来获取北极利益。在加强合作方面，英国政府的北极政策目标有以下三个方面：

　　(1)加强与北极国家的国家安全防务合作，增强英国在北极地区的军事能力。英国虽然不是北极理事会的成员国，但是北约成员国。由于北极理事会并无权正式讨论军事安全议题，因此，各成员国只能在非正式会议上进行相关讨论，鉴于各国之间很难建立起安全信任，这一协调机制能否真正维护北极的安宁也存在很大变数。北约作为一个可以协调各国军事行动的国际组织，其宪章规定成员国需进行军事互助，故而英国有机会参加北极国家举行的军事演习。英国政府认为要保持北极地区的稳定与安全就必须要保证英国的军事力量在寒冷天气下的作战能力，因此英国加强了与北极国家的军事合作，通过联合进行军事演习等方式提高军队在寒冷气候中的作战技巧，同时增强了英国军队的搜寻和救援能力。实际上，在北约框架内，丹麦、挪威、英国、芬兰、瑞典等北约国家每年都举行代号"忠实之箭"的演习，为介入北极冲突做好准备，英国甚至派出携载核武器的航母参加演习。

（2）英国反对制定一个类似《南极条约》的多边协定。北极国家一直反对像治理南极那样，通过一个普遍的国际法律来管理北极事务。其实质是最大限度地排除其他国家对北极事务的参与，使北极事务地区化。2008年5月28日，五个北冰洋国家在丹麦格陵兰的伊卢利萨特举行了部长级会议并发表了《伊卢利萨特宣言》。该宣言承认《国际海洋法》在大陆架外缘的划分、海洋环境的保护、海洋科学研究、自由航行制度以及海洋的其他利用方面规定了各国的权利与义务：在《国际海洋法的》框架内，五国将有序地解决相互重叠的主权权利的要求。五国同时认为，《国际海洋法》为五个北冰洋的沿海国通过国内法和其他方式负责任地管理北极海域事务提供了坚实基础，因而没有必要建立一个综合性的国际法律制度来管理北冰洋。英国政府宣称支持北极国家为北极地区的发展做出的努力，并要求在国际法的框架下推动北极地区善治的实现，认为在当前情况下，推动出台一个类似于《南极条约》的条约来管理北极事务是没有必要的。

这一政策背后的更深的逻辑在于，如果出台了一个多边协定，就会让更多的国家参与到北极治理中来，实现了北极地区的非军事化，英国就无法再凭借北约国家的特殊优势地位参与到北极利益的分配当中。在目前的情况下，北极理事会作为当下最权威的北极事务的协调机构，排除了中国等其他国家的最实质性参与，但是英国却可以凭借其作为北约国家的身份参与到北极地区的军事演习中，增强其在该地区的实质性存在和话语权。一旦类似于《南极条约》的多方协议出台，那么英国就会丧失当前的优势地位，其北极的国家利益也会相应受损。

（3）充分利用北极理事会的正式观察员国地位，积极参与北极理事会的政策制定。北极理事会对接纳观察员的条件、观察员义务和权限作了相当苛刻的规定：一个国家要想成为观察员，就必须承认北极沿岸国家在北极的主权和管辖权，只有北极八国可以确定世界各国在北极的行为准则，其他国家必须遵守这些准则。作为观察员国，其首要职责是通过参与理事会特别是工作小组的项目并为其提供协助。这些工作小组的项目包括：北极污染行动项目（ACAP）、北极监督和评估计划（AMAP）、北极动植物保育（CAFF）、紧急预防与反应（EPPR）、保护北极海洋环境（PAME）和永续发展工作组（SDWG）。观察员可通过任一成员国或永久参与方提出项目建议，经邀请参与理事会附属机构会议，如经主席许可，可继成员国与永久参与方后就会议议题发表口头或书面声明，提交相关文件及陈述意见，但在部长级会议上观察员只能提交书面声明。

英国虽然不具有投票权，也无权在年会上发言，也不能参加部长级会议，但在北极议题上具有合法的权利：一是知情权，即可以自动列席参加北极理事会的任何会议，并就某一问题与成员国或永久参与者共同发表声明、提交文件、提出观点；二是提案权，即可在北极理事会下设的各工作组享有提案权，从而更深入、更自由地参与北极理事会的事务。但北极理事会每四年会评估一次永久观察员资格，如果四年之中观察员没有作出贡献，就有可能被取消资格。英国通过永久观察员国所获得的权利，扩大了参与北极治理的广度与深度。

（二）英国北极环境政策

如上所述，北极的环境变化与英国的国家安全息息相关，因此保护北极环境也是英国北极政策中的重要一环。由于北极环境的脆弱性，英国政府认为北极科学研究的水平是支撑英国北极环境政策的基石。英国政府每年通过自然环境研究委员会投入大量资金用于北极环境和气候方面的科学研究，以此保证英国北极环境政策的科学性。

1. 应对北极气候变化

气候变化是北极当前面临的最大威胁和挑战。英国与欧盟及其他国家的目标一样，都是努力减少人类活动产生的温室气体的排放量，减缓全球变暖的趋势。英国政府宣称将在这一过程中扮演领导的角色，引领全球共同减少温室气体排放，阻止恶性的气候变化。作为《京都议定书》下削减温室气体排放义务的发达缔约国，英国多年来切实履行其承担的减排义务，并为此出台了一系列的气候变化政策和措施，旨在降低温室气体排放和提高能源利用率。英国还较早采取了法律、税收等措施应对气候变化。早在1998年，英国就制订并出台了温室气体排放交易计划；2001年，英国政府率先征收气候变化税；2007年，《气候变化法草案》提交英国议会审议，2008年11月正式批准生效。英国在应对气候变化的道路上迈出了坚实有力的步伐。

2. 保护北极生物多样性

北极存在2.1多万种生物，包括高度耐寒的哺乳动物、鸟类、鱼类、无脊椎动物、植物、真菌和微生物物种，其中一部分物种仅存在于北极地区。北极还是数以百万计候鸟的繁衍生息地，这些候鸟飞往世界各地，为全球生物多样性作出贡献。但是近年来，由于气候变暖导致万年冰川消融、北极迁徙物种受过度捕猎威胁、北极地区开发和商业捕捞影响以及人类活动带来的污染等原因，北极生物多样性遭受了巨大的破坏。由于地理上的原因，英国与北极国家享受相似的北极海洋渔业资源，因此英国致力于北极地区生活多样性的保护，支持建立针对海洋生物保护的北极海洋保护区，推动新的北极生态保护法律的全球性框架公约和区域性北极生态保护法律制度，同时英国还旗帜鲜明地反对商业捕鲸。

3. 减少商业活动对北极环境的影响

随着北极冰层融化，运输路途缩短，商业捕鱼水域增加，北极地区丰富的石油、天然气和矿产成为可获得的资源，这引发了全球对该地区影响力和商业机遇的竞争。人类活动的急剧增加对北极脆弱的生态环境构成了巨大的威胁。英国一方面呼吁对北极使用最为严苛的环境保护标准，另一方面号召在联合国海洋法会议提出的框架下，努力减少人类航运、捕鱼等活动对北极环境的影响和破坏。尤其在渔业资源的问题上，英国政府认为渔业资源应当在相关利益主体的共同协商下共同开发利用，反对单边的"涸泽而渔"的做法。

（三）英国北极经济政策

实现英国在北极的经济利益是英国北极政策的最终落脚点。英国政府在北极经济政策的核心是"支持合法且负责任的商业活动"。由于北极脆弱的生态环境，从事商业活动的前提是不损坏北极的自然环境，英国政府极力反对以环境为代价的商业活动，同时，英国政府也非常重视对北极资源的开发和利用，认为这是一项合法的权利，应当重视和支持。英国在北极的经济政策有以下三个政策目标：

（1）保障英国的能源安全。由于英国国内大力推进低碳经济，大量炼油厂关闭，来自北海的原油产量也急剧下降，自 1984 年以来，英国在 2014 年首次成为石油产品的净进口国，英国对进口原油的依赖将会持续增加。2012 年，英国国内有 55% 的天然气进口来源于挪威，且挪威将在未来很长的时间内成为英国国内能源的主要供应国。挪威在开发北极油气资源方面有着悠久的历史和极高的安全记录，挪威在北极的利益与英国的能源安全息息相关。因此，英国政府会加大从挪威进口油气资源的基础设施建设投入，并通过参与项目等方式参与到挪威开采北极油气资源中来。

（2）保障英国在北极的航运利益。由于全球持续性变暖，北极航道已经在夏季可以通航，这对于英国有着直接的经济利益，且对世界的地缘政治格局有着深远的影响。首先，英国政府高度重视北极航运中的规则构建。英国政府一直强调国际海事组织（IMO）应当是国际航运的最权威规则制定方，国际海事组织在促进各国间的航运技术合作，鼓励各国在促进海上安全，提高船舶航行效率，防止和控制船舶对海洋污染方面采取统一的标准，处理有关的法律问题等方面都发挥着积极的作用。英国认为应当在当前的制度框架下进行北极航运，反对对当前的既有规则进行大的改变。其次，英国政府高度重视航运安全。英国推动国际海事组织在 2014 年 5 月 20 日批准了关于北极海域航行安全的一整套全新规定，使《极地水域船舶航行安全规则》（简称《极地规则》）向具有全球约束力这一目标迈出了关键性的一步。《极地规则》涵盖了极地区域船舶航行的所有方面，包括船舶设计和建造，船员培训和航海，提高协调搜救行动能力等。《极地规则》将被应用于船舶重量超过 500 总吨的所有客轮和货轮。最后，英国政府重视北极航道的水文调查。英国政府依托英国国家水文局对北极航道进行了系统的勘测和调研，掌握了翔实的水文信息，为北极航运安全提供了坚实的保障。

（3）推动北极旅游业可持续发展。旅游业是私人企业、非政府组织在北极开发和利用过程中获取经济利益的重要渠道，是开发利用北极的重要方面，对英国加强在北极的实质性存在地位也具有非常重要的意义。伴随着近年来北极议题逐步走向大众视野，北极旅游也逐年升温。但是，由于北极旅游开发程度不高，各方面安全和救援保障体系建立不完善，对于北极旅游的安全性提出了巨大的挑战。英国政府一直强调北极旅游的安全性，在专门的网站上为赴北极旅游的人群提供了专门的旅游指南，同时也加强与旅游行业的沟通和合作，不断更新旅游信息，为北极旅游创造良好的外部环境，推动北极旅游可持续发展。

四、英国的北极政策对中国的借鉴价值

英国和中国在北极问题上具有诸多的相似点：一是与北极的相对地理位置相似，英国和中国同属非北极国家，地理位置上远离北极，容易受到北极国家"门罗主义"的影响；二是参与北极事务历史传统相似，英国和中国参与北极事务历史都比较短，英国虽然早在400多年前就有探险队前往北极，但是参与缺乏连续性，两国在北极的实质性的存在程度都不高；三是对北极事务的态度相似，两国原则上都承认北极国家在北极地区拥有主权和管辖权，拥有更为重大的利益，也理所当然应在北极事务中发挥更大作用，但也认为非北极国家在北极应当拥有相应的航行、科研权利，有理由关注北极的自然变化和北极航道的开通，倡导北极国家与非北极国家在跨区域问题上加强沟通和合作。

英国的北极政策对中国的借鉴价值有如下三个方面：

第一，跳出北极国家"门罗主义"对我国参与北极治理的限制，逐步增加参与北极治理的深度和广度。

英国和中国一样，在参与北极治理的过程中都遭受着北极国家"门罗主义"的影响和阻挠。"门罗主义"的实质就是加拿大、美国等北极国家极力把北极事务划定为地区性事务，对其他国家的参与保持警惕，企图把北极变成北极国家独享的"领地"。这主要表现在：一方面，北极理事会作为一个地区性组织，其对成为观察员国的条件和享有的权利作了严格的限制。一个国家想要成为北极理事会的观察员国，前提就是必须承认北极国家的主权和管辖权，而且世界各国在北极的行为准则也必须由北极八国确定。然而，观察员国的权益则主要集中于拨款保护北极生态、科学考察等方面，如果想在北极进行资源开发和利用，同样需要得到北极国家的集体认可和同意，这无异于向世界宣布，只有北极八国才能有权享有北极。另一方面，拒绝制定新的国际条约来管理北极事务，维持北极八国稳定的同盟关系来保持治理的现状。目前，世界上还没有专门和北极相关的国际条约，这为北极八国利用各种手段划分北极势力范围，排挤非北极国家的参与提供了便利。2008 年 5 月，北极沿岸的五国——美国、加拿大、俄罗斯、丹麦、挪威召开会议并在会后发布了共同宣言，特别强调没有必要制定新的国际法来约束各方的行为。当前情况下，北极理事会作为一个国际实体，在协调北极国家共同关心的北极事务方面，促使各国采取集体行动方面发挥着不可比拟的作用，此次会议中，北极理事会的作用被进一步强化，各国不仅认为北极理事会需要提出建议，更要制定具有法律效力的文件。这一做法的实质就是要把北极理事会变成由北极八国控制和主导下的主管北极事务的"政府"。

总之，北极八国为非北极国家利用自身的优势地位参与北极治理设置了非常高的门槛，这种北极治理中的"门罗主义"也成为中英等非北极国家参与北极治理最大的障碍。然而，英国巧妙地应用了其北约缔约国的身份，很好地化解了北极国家施以的"门罗主义"对参与北极治理造成的不利影响，在参与北极治理中走在了各个非北极国家的前面。具体而言，英国政府一方面强调自己承认北极八国对北极的主权和管辖权，同时还宣称当前的北极治理机制非常有效，没有必要去制定新的国际法来管理北极事务以及各方的参与。这就在根本问题上赢得了北极八国的认同，维护了北极国家的根本利益，为英国进一步参与北极事务赢得了重要前提。另一方面，作为北约的重要缔约国和美国的盟友，英国积极利用这一优势地位，参与到北极各国的联合军演中，谋求在北极地区的实质性存在。在当前局面下，北极理事会仅仅是一个由八个北极国家组成的政府间论坛，其宗旨是保护北极地区的环境，促进该地区在经济、社会和福利方面的持续发展。北极理事会尚无法承担协调各国军事行动的职责，而在北极八国中，只有俄罗斯和瑞典不是北约缔约国，且俄罗斯和美国在战略意图上存在一定差异，这样，北约就自然成为了协调北极国家军事和安全防务事务的重要组织，英国利用同是北约缔约国和美国亲密盟友的关系，经常参与到北极地区的军演当中，为英国参与北极事务开辟了一条新的途径。

对于中国而言，应当具有充足的智慧和战略眼光，破解北极八国的"门罗主义"带来的参与北极治理面临的体制、机制上的障碍：一方面，中国应当承认北极八国在北极享有的实质性的主权和管辖权，获取参与北极治理的"通行证"。在北极资源高度被北极国家把持的现状下，中国应当学习英国政府低调务实的态度，承认当前现状，争取与北极各国之间达成战略互信，以渐进的方式和谦虚、谨慎、务实的态度参与到北极治理中来。我国于2013年成为北极理事会永久（正式）观察员国，这是我国参与北极治理进程中的一件大事，为我国全方位参与北极事务开辟了渠道。我国应当充分利用观察员国的权利，在北极事务中努力发出自己的声音，为实现我国的北极国家利益铺平道路。另一方面，我国应充分利用北极八国之间的矛盾和分歧为实现我国北极国家利益服务。虽然北极国家在对待非北极国家的态度总能够保持一致，但是实际上它们之间也存在着尖锐的主权纠纷和矛盾，这一点客观上为我国参与北极事务提供了便利。具体而言，在美国、俄罗斯、加拿大、挪威和丹麦五国中，俄罗斯和加拿大、挪威三国间存在着罗蒙诺索夫海岭的问题，加拿大和丹麦间存在汉斯岛主权争端，美国和加拿大之间存在西北航道主权问题。北极国家间为了解决彼此之间的矛盾，增加各自的胜算砝码和话语权，都不约而同地把目光投向了经济高速发展、国际地位不断提高的中国身上。中国应当充分利用这一有利条件，游刃有余地处理好与各北极国家的关系，逐步提升自身在北极事务中的话语权和影响力。

第二，承认北极原住民在北极事务中的地位和作用，加强与北极原住民的合作。

不同于荒无人烟的南极，北极这片广袤的土地虽然冰雪肆虐，却依然是上百万原住民休养生息的家园。北极地区生活着 20 多个原住民族，最早在北极地区居住的是因纽特人，除此之外还有萨米人、科米人、雅库特人、鄂温人、多尔干人、恩加纳桑人、恩特西人、南特西人等。① 根据《渥太华宣言》的规定，目前在北极理事会中，有六个组织有资格代表北极地区原住民，并作为永久参与方参与理事会的各项工作。这意味着北极理事会已经正视北极原住民在北极事务中应具有的地位和作用。但是从本质上是说，北极理事会重视北极原住民的根本目的是想借助北极原住民的参与，增强北极的地方色彩，从而可以以此为借口制约其他非北极国家参与北极治理的活动空间，延缓北极治理的国际化进程。但这从另一方面也强调了北极原住民在北极经济开发活动中的地位，即任何在北极的经济开发活动都必须经过当地人的支持，任何经济开发活动都需要吸收当地人的参与，并有利于他们的福祉。

英国政府多次在政府文件中提及北极原住民的福利，强调原住民在北极治理中应具有的作用和地位，充分考虑到了北极原住民应当具有的生存权利和经济利益，承认了北极原住民参与北极事务的权利，并号召加强与北极原住民的合作，争取他们的支持，这些举措符合北极理事会的基本精神，同时也可以引导北极治理朝着一个多方参与的方向发展，对于我们中国也具有非常大的借鉴意义。

中国应当旗帜鲜明地承认北极原住民的政治经济地位，尊重北极原住民的传统和文化，获取北极原住民的认可和好感。中国虽然于 2006 年在联合国人权理事会支持通过旨在保护土著人基本权利和自由的《土著人民权利宣言》，促进和保护他们的基本人权与自由，确保他们赖以生存的自然环境和资源，承认了珍惜和维护他们的传统文化是国际社会义不容辞的责任，但是在北极原住民的问题

---

① 潘敏. 北极原住民研究[M]. 北京：时事出版社，2012.

上，中国政府目前没有在合适的场合确立过北极原住民这一群体的参与权利和政治经济利益。当前的情况下，北极原住民组织虽然以永久参与方的身份可以参与北极理事会所有事务的讨论和活动，并且北极理事会的任何决议都会先征求北极原住民组织的意见，但是，对北极事务具有最终决定权的还是北极八国，北极理事会并没有赋予北极原住民组织以投票权。但是，作为生活在这片土地上的主人，却无法作用该地区的事务，这一状况是有失公允的，北极原住民应当对自己家园的事务具有投票权。中国政府应当以高度的政治智慧，适时推动北极原住民在北极事务中话语权的提升，充分发挥自身作为《海洋法公约》、国际海事组织成员国的优势和作用，参与北极治理相关国际制度的供给，促进北极理事会的决策机制朝着更加民主的方向发展，与北极原住民建立起良好的互信关系，在北极事务中获取他们的支持和信任，为中国实现北极国家利益创造良好的政治环境。

此外，中国还应当积极支持北极原住民改善生活居住条件，实现原住民应当享有的环境安全、生存权利和北极资源的经济利益。目前，北极共有 20 多个原住民族，长期以来，北极原住民一直依循着传统的生活方式。20 世纪后，加拿大政府在这些地区通过提供基本医疗设施、建立学校的方式，逐渐延展了国家的触角。原住民也开始学习英语，自身的风俗和传统则只通过家庭与口述的方式传承。近年来，随着北极开发步伐的加快，越来越多的外来人涌入北部地区。在获得更多自主权的同时，很多原住民也放弃了渔猎，专门加工毛皮向外界换取工业品。相对而言，原住民呈现出人口快速增长和人口结构年轻化的趋势，但收入水平依然低于南部地区的非原住民。为了赢得北极原住民的支持，中国政府应当积极参与北极原住民社会的经济建设，通过创造条件参与原住民社会的各项基础设施建设，帮助他们发展当地经济，投资具有前景的商业项目。同时提升原住民的文化教育水平，在充分尊重原住民传统和文化的基础上，引领北极原住民适应现代社会，推动北极原住民社会快速现代化并融入现代社会，为北极原住民各项经济利益的实现创造机会和便利条件。

第三，鼓励民间力量参与北极治理，在北极商业领域里努力有所作为。

近年来，由于全球气候变暖导致的北极冰层融化，商业捕鱼水域增加，北极地区丰富的石油、天然气和矿产成为更易开采到的资源；同时这也使开通连接欧洲、东亚、北美的北极航线成为可能，缩短运输路途。这引发了全球对该地区影响力和商业机遇的竞争。2014 年 10 月 9 日，为期两天的首届北极商务大会在北极圈内的挪威西海岸港口城市博德开幕，探讨企业如何以负责任、安全和可持续的方式在北极地区从事商业活动，这反映了当前北极的商业活动已成为各国参与北极事务的重要途径。

而北极治理作为一项容易触碰到当前敏感问题的领域，过多的官方介入易引起北极国家的警惕和排斥。作为以经济利益为导向的民间私人企业，在这方面具有诸多优势：

一是低政治敏感度。目前，中国过于积极地瞄准北极的行动会引起北极各国家的警觉，这客观上是由中国成为世界第二大经济体和作为全球新兴大国的地位决定的。而通常民间的商业活动，无论是瞄准北极丰富的自然资源开发，还是致力于北极环保行业，都能够较好地绕开北极主权、领土管辖等高政治敏感度的话题，避开了北极国家高度敏感的"政治红线"，能够让北极各国易于接受。

二是商业领域的介入契合了北极治理的现实需要。客观地说，北极治理需要高速发展中的中国的参与。当前北极地区有 1000 多万人口，30 多个行政区，但是经济社会的发展水平却远远落后于北极国家的其他地区。目前北极地区要得到发展，必须大力加快基础设施的建设速度，而中国丰富的劳务资源和金融资本无疑对北极各国极具吸引力。加强与北极各国的经济交往，拓宽北极环境保护、科学研究等方面的合作正契合了当前北极地区建设和发展的需要。

英国政府在其外交与联邦事务部发布的报告中专门提出，英国目前具有一系列和北极航运、渔业、环保等领域相关的企业，可以在北极地区经济社会发展中大显身手，英国政府也非常支持相关企业在北极的业务拓展，并力争让英国的企业在北极地区发展中成为领导力量。

目前，中国在北极地区的经济参与方兴未艾。2012 年，中国的中坤地产董事长黄怒波于公开场合宣布，冰岛政府将与中坤集团签约，交易金额为 600 多万美元。到 2012 年 9 月，项目细节确定，中坤集团将以 600 多万美元的价格租下 300 平方公里土地，租期 99 年。这一案例非常典型地反映了我国企业参与北极经济事务的热切希望。但是，当前我国在具体推进在北极地区的经济活动时，会遇到包括政治、法律、社会、技术、环保等方面的诸多问题和挑战。比如，有的国家会以所谓国家安全为由阻止中国公司的收购计划；在北极航道利用方面，可能会遇到复杂的法律问题；在原住民地区进行的开发项目，会遇到特殊的政策与社会问题；在北极特殊的冰区和寒区进行资源勘探和开采活动，需要特别的技术和知识；而在北极地区进行的任何人类活动，都需要遵守比其他地区更加严格的环境保护标准。

对于我国政府而言，一方面，应当积极培育一大批技术实力雄厚、富有创新精神、熟悉北极事务的企业，在北极地区经济社会建设的各行各业中力争占据一席之地，在促进北极地区经济社会发展的同时拓宽我国参与北极事务的渠道，力争让我国丰富的劳务资本和金融资本在北极地区的经济建设中发挥巨大作用，成为北极地区经济社会进步的重要推动力量。另一方面，对中国企业来讲，为今后更好地获得在北极地区的经济参与机会，一定要从现在开始准备，早作打算与安排。比如，我们需要了解北极国家与北极事务相关的政治与法律制度；了解原住民在北极开发中的特殊地位；了解和掌握在北极地区进行航行、开采以及其他产业活动，必须有相应的特殊技术与技能的支持。

美国兰德公司对老龄化问题的研究

武汉大学社会保障研究中心
向运华　何礼平

引　言

(一)研究背景

作为公共政策主体中的一个重要组成部分,智库(也称思想库、智囊团)在如今的国际社会中发挥的作用也越来越重要。在西方发达国家,如果没有智库对国家公共问题进行卓有成效的研究,西方发达国家面对棘手的公共难题时可能束手无策。

兰德公司是一家通过调查和分析来提高人们所作出的某项政策和决策的正确性的非营利性研究机构。其英文名为"Rand",是"Research and Development"(研究与发展)的缩写。兰德公司成立半个多世纪以来,已经发展成为世界最著名的军事、科技和社会等诸多领域的咨询机构,被誉为当今世界的"大脑集中营"、"世界智囊团",以及"超级军事学院",且一直位居全球 10 大超级智囊团之首。[①] 近年来,兰德公司的研究视角逐渐转向了社会领域,其研究对政府的公共政策决策产生了重大的影响。分析兰德公司对老龄化问题的研究,对于把握全球老龄化发展趋势和应对措施是非常有

---

① 罗德恩. 美国第一智库:白宫头号智囊兰德公司的秘密历史[M]. 北京:电子工业出版社,2011.

益的。

（二）国内对兰德公司的研究

国内有关兰德公司的研究起步晚且其成果局限性明显。在有关著作中，少见有针对性地探讨兰德公司某一领域研究的文献。1982年，吴天佑、傅曦出版了《美国重要思想库》，开始让美国的兰德公司、布鲁金斯学会等著名智库进入国内研究机构的视野。1985年，张静怡编著的《世界著名思想库：美国兰德公司、伦敦国际战略研究所等见闻》以及 1987 年陈启能的《美国思想库和美国社会：访美札记》，都是国内最早对兰德公司进行研究的资料，主要介绍了包括兰德公司在内的美国智库在美国政治生活中的作用。到 20世纪末，国内才开始有针对性地对兰德公司进行研究。如《兰德决策：基于预测与商业决策》最早详细介绍兰德公司具有特色的决策技术。罗德恩的《美国第一智库：白宫头号智囊兰德公司的秘密历史》搜集了大量的历史资料，站在事实的角度为读者详细讲述了兰德公司的发展历程，以及其成为"美国第一智库"的原因，是国内学者关于兰德公司这个神秘智囊团最新的研究成果。[①]

学术论文方面，对智库与公共政策关系的研究大多集中于智库功能的介绍和咨询模式的分析。如薛澜在"21 世纪中国与新一代留学生"研讨会上，论述了美国公共政策制定过程中思想库的功能。[②]丁煌就包括兰德公司在内的美国思想库及其在政府决策中的作用进行了论述。[③] 邵峰研究了国外主要发达国家（美国、日本、德国、俄罗斯）政府系统内部的专门咨询机构、半官方的和民间的咨询机构（思想库）相结合的多层次、多元化的决策咨询机制。[④] 褚松燕、赵成根介绍了以兰德公司为代表的西方思想库咨询模式及其对我国

---

① 覃文洲．兰德公司影响美国公共政策研究［D］．湖北大学，2012.

② 薛澜．在美国公共政策制定过程中的思想库［J］．国际经济评论，1996（11）.

③ 丁煌．美国的思想库及其在政府决策中的作用［J］．国际技术经济研究学报，1997(7).

④ 邵峰．国外高层决策咨询机制及其启示［J］．社会科学管理与评论，2005（1）.

决策咨询机构发展的启示。① 覃文洲分析了兰德公司对于美国公共政策决策的影响。② 汤珊红、秦利、王朝飞和王晓云则以美国兰德公司为例，分析其成功的秘诀。③

截至目前，国内学术界对兰德公司的研究还很不充分，现有的研究成果主要是论述兰德公司的发展历史和其在美国军事、科技等方面产生的重大影响，而兰德公司参与公共政策过程方面的研究不仅较少而且针对性不强。

(三)研究方法

本文主要采用文献分析的方法，对美国兰德公司关于老龄化的研究报告进行整理和分析，提炼其中的借鉴价值。

(四)预期结果和意义

兰德公司的研究一向以其预测性、宏观性和规划性为特征。本文对兰德公司关于老龄化的研究报告进行分析，以期更加透彻地了解全球范围内的老龄化问题，这对我们了解美国及其他国家缓解老龄化压力的举措，明确中国就业和养老保障进一步改革的方向，具有重要的参考意义。

一、养老金制度改革及其影响研究

(一)养老金制度模式改革与费用管理

兰德公司下属的拉丁美洲社会政策中心 (Center for Latin America Social Policy) 主持完成了一项关于墨西哥养老金改革影响的项目，其研究报告《养老金费用演变及其对养老平衡的影响》④分

---

① 褚松燕，赵成根. 西方思想库咨询模式对我国决策咨询机构发展的启示[J]. 河南社会科学，2005(3).

② 覃文洲. 兰德公司影响美国公共政策研究[D]. 湖北大学，2012.

③ 汤珊红，秦利，王朝飞，王晓云. 兰德做法对发展为一流智库的启示[J]. 情报理论与实践，2014(9).

④ Emma Aguila, Michael D. Hurd and Susann Rohwedder. Pension Reform in Mexico：The Evolution of Pension Fund Management Fees and their Effect on Pension Balances[R]. 2008(9).

析了墨西哥养老金从现收现付制到个人账户制的演变史，另外还运用来自国家养老储蓄委员会的管理数据评估了养老金管理费用如何影响个人的养老金积累。

1. 墨西哥养老体系的演变及其影响

（1）制度背景

在墨西哥，社会保障主要由两大部门提供：为私人部门劳动者提供保障的墨西哥社会保障协会（Mexican Social Security Institute，IMSS）以及为公共部门雇员提供保障的国家劳动者保障和社会服务协会（the State Workers Security and Social Services Institute，ISSSTE）。1997年，IMSS将现收现付制的养老体系转变为以私人养老账户为基础的完全基金积累制，覆盖了占总劳动力人口38%的私人部门劳动者。2007年3月，ISSSTE也将现收现付制改革为个人账户制，覆盖了将近5.8%的劳动者。由于IMSS的改革早且覆盖人群相对较广，因此本研究报告主要针对IMSS的改革进行分析和研究。

（2）个人养老账户

墨西哥1997年引入了个人养老账户制度（Personal Retirement Accounts，PRAs），经过一段时间的过渡后，将完全取代现收现付制（Pay-as-you-go，PAYG）养老体系。墨西哥个人养老账户分为以下三个层次：第一层次为政府为保障低收入者而提供的最低养老金；第二层次为私人养老基金部门管理的个人养老账户；第三层次为自愿储蓄养老账户。与政府完全承担风险的收益确定型（defined benefit，DB）公共养老制度相比，个人账户制度对于退休储蓄风险的分布略有不同。第一层次仍是由政府承担风险和责任，第二层次则将风险转移至雇员，第三层次通过税收优惠提供完全自愿的退休储蓄选择。第二层次和第三层次的养老保险提供模式已在美国通过401(k)计划实行了30余年。

PRAs是由私人养老金管理者（Private Retirement Fund Managers，AFORES）管理，IMSS的养老金改革只对1997年7月1日前还未申请领取养老金的人产生影响。影响人群分为在1997年之前已缴费和之后才开始缴费的人群，前一类被称为过渡代（transition generation），可以自由选择是在现收现付制下还是个人账户制下退休，而后者则被称为新生代（new generation），只能在个人账户制下退休。

墨西哥的个人账户制也有一些具有再分配功能的设计，相对于最早实行从现收现付制到个人账户制改革的国家智利而言，虽然具体措施略有不同，但目的基本一致。政府每个月都会对个人账户给予相当于5.55%的最低工资补贴。另外，最低养老金与最低工资相当，而智利的最低养老金只相当于最低工资的62%。相对于智利的养老金最低回报率的保证，墨西哥政府每月会向个人账户给予相当于其个人工资0.425%的回报。

（3）养老金制度模式改革所带来的影响

研究发现，个人账户制的改革显著改变了人们的退休动机。在个人账户制下的缴费年限得到显著延长，在现收现付制下劳动者只需要缴费500周（10年左右），而在个人账户制下则延长至1250周（25年左右）。另外，两者的正常退休年龄虽然都是65岁，但是在个人账户制下只要参保人的个人账户积累达到了最低养老金要求的130%，就可以申请退休以领取养老金，而在现收现付制下参保人如果在65岁前退休，每年都会扣除5%的养老金，如在60岁退休，将扣除25%的养老金。

另外，墨西哥养老金制度改革后，养老金缴费仍然由雇主、雇员和政府三方负担，前两者的缴费比例不变，相当于个人工资的10.075%，而政府除了要负担在现收现付制下参保人工资的0.425%的缴费外，还需要补贴相当于最低工资5.55%的资金进入个人账户。也就是说，养老金制度从现收现付制改革至个人账户制并不代表政府摆脱了养老责任，政府的缴费责任反倒是有所增加，只是将养老金保值增值的风险部分转移至个人。个人账户制的监管是由墨西哥的国家养老储蓄委员会（the National Commission of Saving for Retirement，CONSAR）负责，本研究的主要数据也来源于此。

2. 养老基金管理费用和投资

（1）私人养老金管理者数量的演变

截至2008年2月，墨西哥个人账户制共有3880万参保人，平均每个月增长1%。然而鉴于墨西哥劳动者较高的公私部门流动率和跳槽率，因此很多账户的缴费并不稳定和持久，大概有83%的注册参保人是在正常缴费的。

墨西哥的私人养老金管理者（private retirement fund managers，AFORES）在1997年制度改革之初有17家，1997年至2002年，市场占有率较低的几家被合并，到2003年只剩下11家，之后数量又开始逐步上升，到2007年已经有21家。其中Bancomer和Banamex两家因其相对较多的分支机构和较广的分布范围所占份额最高，分别为11.5%和15.3%，其他各家占有率都低于10%。关于私人养老金管理是否存在规模效应，学术界尚存争议。

（2）养老基金管理费用和参与者的转移行为

据墨西哥国家养老储蓄委员会管理数据显示，管理费用会消耗掉1/4左右的个人储蓄或所有的政府补贴。因此控制和监管管理费用对于个人账户制的顺利过渡是非常重要的。墨西哥私人养老金管理者收取的管理费用分为负重费用、平衡费用和应计利息三类，它们属于固定费用，其中负重费用所占份额最高。负重费用在1998年至2002年持续增加，直到2003年才开始下降，这是由于监管框架的改变，允许参保人在不同的基金管理者之间转换。参保人对费用信息的了解增加也导致了费用的下降，部分管理者甚至取消了负重费用。管理者们也试图通过市场营销手段、长期缴费费用折扣和提高转换成本等方法来维持参保人选择某项基金的稳定性，但收效甚微。

（3）投资回报率和投资组合

前文也有提到，墨西哥对于养老基金的投资回报率没有一个最低设定，但通过一定收入份额的补贴来弥补市场风险可能对参保者所带来的损失。另外，墨西哥对私人养老基金的投资组合是严格限制和监管的。初期只能将大部分基金投资于政府债券，2000年，政府债券占到了96%。直到2005年4月，养老基金才能开始投资于国际金融工具。2008年，墨西哥针对不同年龄段的群体设计了5种不同的投资组合，但相对于智利的5种风险程度不同的投资组合，其政府债券所占份额还是相当高。总的来说，墨西哥的私人养老基金的投资回报率是稳中有升，相互之间的标准差较小。

3. 小结

私人养老金管理者收取的管理费用因其消耗了将近 1/4 的账户金额而对个人的养老金积累产生了重大的影响，因此设计个人账户体系时要充分考虑到管理费用的设定，以及这样一项变革对人们退休后的经济安排的影响。因为了解一种费用的长期影响对于个人来说是比较困难的，因此为增强透明度，限制费用种类是比较可行的。

（二）养老金与家庭储蓄之间的关系研究

研究报告《养老金和家庭储蓄：来自英国养老金改革的实证》①的出彩之处在于它以英国养老金的三次改革为主线来分析养老金与储蓄率之间的替代关系。该研究运用来自于英国家庭支出调查（Family Expenditure Survey，FES）②的大量剖面数据，分析了养老金的变革对家庭储蓄率的影响。

1. 研究报告的主要内容

该研究报告的主要内容为：

（1）不确定性和流动限制使得养老金和储蓄之间的替代关系不完全，也就是说养老金不可能完全挤出家庭储蓄。

（2）对于不同的人，以及同一个人的不同生命时期，养老金和储蓄之间的替代性都会有变动。

（3）英国的国家基本养老金（Basic State Pension，BSP）最开始的增长率高于平均工资的增长率，这使得财政逐渐不堪重负，1980—1981 年，政府着手进行改革，将 BSP 的增长仅与物价挂钩，从而显著降低了其增长率。

（4）英国的国家收入关联养老计划（State Earnings-Related Pension Scheme，SERPS）不同于 BSP，是一项与收入挂钩的养老计划。它只提供给没有职业养老金的雇员，并且申请退出只能是因为其雇主为雇员提供了私人职业养老计划。

---

① Orazio P. Attanasio and Susann Rohwedder. Pension Wealth and Household Saving: Evidence from Pension Reforms in the United Kingdom[R]. 2003.

② 该调查的时间为 1974—1987 年，调查对象出生于 1909—1968 年。

（5）英国的私人养老金（Approved Personal Pension，APP）在1988年以后得到了扩张，因为政府开始鼓励私人养老制的推行。

2. 小结

一旦允许养老金与年龄挂钩，它对于其他金融财产的替代效应就会相当的高（如替代效应对于43~53岁的调查者为-0.65，对于54~64岁的调查者则为-0.75）。但对于年轻群体，由于流动性限制和基本养老金的存在，这种替代效应并不明显。由此该研究为我们带来了一个养老金改革疑问：是否应该减少公共养老金以增加个人储蓄？

（三）墨西哥劳动力市场和中老年人的移民行为

由兰德公司老龄化研究中心和人口调查中心联合开展的项目调查了墨西哥的劳动力市场状况，其研究报告《劳动力市场及墨西哥中老年人的移民行为》①通过对比中老年人非移民和返回移民的退休行为，来分析一项连通两国社会保障权益的协议对包括非移民、返回移民和定居美国的参保人的退休决定的影响。

1. 墨西哥的劳动力市场

由于墨西哥和美国的工资差异，很多墨西哥人都有在美国工作和生活的经历。据2003年的相关统计，6名墨西哥人中就有1名曾经在美国工作过。然而，尽管移民美国工作会提高终身工作收入，但这也将影响退休养老金权益的获得和权益金的额度。因为不管是在墨西哥还是在美国，公共养老金权益的获得都基于一定的缴费年限和缴费数额。因此相对于非移民（non-migrants），墨西哥返回移民（return-migrants）具有更低的健康水平，并且倾向于工作到较高的年龄。

同时，墨西哥返回移民能否获得公共养老金权益还与移民前和回到墨西哥后是在正式部门还是非正式部门工作有关。在墨西哥非正式部门工作的个人是不必缴税或缴纳社会保障金的，据2005年国际经济与合作组织（OECD）的数据，非正式部门劳动力约占墨西

---

① Emma Aguila, Julie Zissimopoulos. Labor Market and Immigration Behavior of Middle-Aged and Elderly Mexicans[R]. 2009.

哥劳动力市场的 25%。

在墨西哥，工作所属的部门对于将来的退休福利的影响是非常大的。如社会保障金，为私人部门劳动者提供保障的墨西哥社会保障协会(IMSS)以及为公共部门雇员提供保障的国家劳动者保障和社会服务协会(ISSSTE)，二者所提供的养老金的替代率是不一样的。前者是以退休前 5 年的工资为基准计算，而后者是以退休前 1 年的工资为基准计算的，后者的替代率显然要比前者高。又比如健康照料保险，对于在政府和私人部门工作的劳动者，已经被覆盖在了社会保障的项目中，这些劳动者约占总人口的一半。而剩下的人口(自我雇佣者或非正式部门劳动者)则由健康部(Secretary of Health)或私人健康照料服务提供。

2. 墨西哥返回移民的退休决策

由于发达国家之间以及发展中国家至发达国家的高劳动力流动率，退休收益之间的转移是非常重要的。实际上，为获得社会保障权益资格，国家之间工作年限的转移接续其实一直被美国政府所认可。2004 年 6 月，美国与墨西哥政府起草了一份协议《美国和墨西哥社会保障协议》，该协议旨在协调两国之间的养老权益来减轻两国移民的双重交税问题并填补收益差异，但该协议至今尚未通过。

由于没有相应法案或协议，返回移民相较于非移民获得社会保障权益或健康保险的机会较少，因此拥有更大的动机在较大年纪工作，但实际上他们的健康状况比非移民要差。另外他们也可能通过储蓄或其他财产积累方式来补偿无法获得社会保障权益所带来的损失。返回移民的退休决策因其移民时间的长短而存在差异，短期的返回移民权益所受影响不大，但长期移民美国工作的墨西哥返回移民的退休行为应予以关注。

考察墨西哥长期返回移民的退休决定，其影响因素包括：墨西哥的社会保障权益和健康照料的获得、自身的社会经济特征、健康程度、劳动收入、家庭财富、在美国的社会保障权益、美国的居住权或居民权以及移民时间长短等。调查发现，超过一半的返回移民从未向墨西哥社会保障机构缴费，其中长期移民占多数。65~69 岁的长期移民中，有 12%享受美国社会保障收益。

因此，美国和墨西哥两国间社会保障收益的转移接续，对于墨西哥移民的退休行为、能否享受社会保障金、会在美国住多久以及是否回国都会产生影响。

(四)非缴费型养老体系

兰德公司拉丁美洲社会政策中心与墨西哥尤卡坦州政府合作，设计和完善了一项为当地超过 2 万户家庭的老人减轻贫困的项目——为老人提供非缴费型现金收益。项目研究报告《为墨西哥尤卡坦州老人提供的一项非缴费型养老金项目——对梅里达项目的实施和评估设计》①是一份技术报告，主要介绍了墨西哥的非缴费型项目的实施情况，并通过设置梅里达与尤卡坦州的情况对比来对该项目进行评估和完善。

1. 非缴费型现金项目的实施情况

墨西哥只有 42% 左右的劳动者参加了能够提供养老金的体系，这种情况在别的许多国家也长期存在。给老人以非缴费型养老金将减轻不在缴费型社会保障覆盖范围内或没有雇主提供的退休金的老人的贫困。该项目通过对 70 岁及以上的老人给予现金收益(相当于当地最低工资的 31%)，研究非缴费型养老体系对老年人的健康和福利的影响。② 这个项目首先在尤卡坦州的巴里亚多利德镇的 37 个地区实施，由于人口相对较少，州政府能够承担覆盖所有 70 岁及以上老人的相应费用，然而当项目扩展到墨西哥首都梅里达时，政府已无力承担全面覆盖的费用，只能随机选择受益对象，最终选定 11 个地区。不同于只有一个现金发放中心的巴里亚多利德镇的情况，梅里达有两个发放中心，2009 年建立的第一个发放中心是发放现金，而 2010 年建立的发放中心则发放收益到个人银行账户。在发放过程中极少有欺骗行为，因为受益者需提供各种将在项目数

---

① Emma Aguila, Abril Borges, Arie Kapteyn, Rosalba Robles, Beverly A. Weidmer. A Noncontributory Pension Program for Older Persons in Yucatan, Mexico—Implementing and Designing the Evaluation of the Program in Merida[R]. 2014.

② 在巴西、阿根廷、孟加拉国、南非等国都有实施类似的非缴费型养老保障项目。

据库中浏览和存储的文件，并且为了提高效率，是由政府统一制订一份合同，银行根据合同内容和对象发放现金收益，然后每月由管理部门向银行转移支付相应款项。

2. 对比试验

将上述三个发放中心进行比较，随机选择发放对象，综合使用发放对象的健康程度、工作时间、食品和健康照料可及性、食品和药品价格，以及在其他调查中被证明行之有效的指标来进行跟踪调查和比较。整个实验过程包括项目的实施、评估、发展调查、训练数据收集员、田野调查、为目标人群创建列表、数据收集（基础调查—管理—跟踪调查）和质量控制几个部分，整个过程中实施与评估同步进行，并将受益家庭儿童的学校表现、家庭总支出和生育期望等指标纳入评估指标。

兰德公司与尤卡坦州政府的合作保证项目目标的顺利达成并实现了互赢，同时增强了评估的精确性。

3. 非缴费型养老体系对老年人的健康和福利造成的影响

初期调查结果显示，非缴费型养老体系能够减少仍然在工作老人的数量，增加了老年人医疗服务和药品的使用量，并提高了食物的可获得性。

二、非制度因素及其影响研究

（一）终身收入披露对人们的退休储蓄的影响

上一个研究项目是研究养老金制度设计对储蓄的影响，而这个由兰德金融研究中心为美国社会保障管理局开展的研究项目《终身收入披露对人们的退休储蓄的影响》①则是研究养老信息披露对个人储蓄的影响。研究报告《我的账户真正的价值是什么？一个关于指数增长偏见对退休储蓄影响的实验》是该项研究项目的主要

---

① Gopi Shah Goda, Colleen Flaherty Manchester and Aaron Sojourner. What Will My Account Really Be Worth? An Experiment on Exponential Growth Bias and Retirement Saving[R]. 2012.

成果。

近期研究发现由于现在的缴费和将来的退休收入之间的关联并不为金融知识缺失的大众所知，以及指数增长偏见的存在，使得现在的储蓄决定并不是最优的①。该研究报告通过大型田野调查来研究一个低成本的、直接通过邮件发送的干预将会对人们的储蓄行为产生怎样的干预。

1. 研究报告的主要内容

研究报告的主要内容如下：

(1)通过理论和模型分析可知，指数增长偏见对退休金的累积和缩减有同向影响，减少偏见对最优储蓄行为的影响取决于最初偏见的方向和跨期替代弹性(elasticity of intertemporal substitution, EIS)②的大小。

(2)大型田野调查发现，通过对人们提供关于退休计划的材料和预期使得29%的对象改变了个人的缴费水平，平均每年增长了85美元的缴费，但这两个因素的单因素影响尚不明确。

(3)储蓄行为还会受到行为金融学的影响，如时间不一致，决策推迟等。在最优退休储蓄决定的异质性影响下，给人们提供退休收入相关信息的这种政策的效应会降低。

(4)美国国会打算颁发《终身收入披露法》，将对缴费确定型(defined contribution, DC)退休计划产生尚不可估计的影响。研究发现，信息披露平均来说将使得人们增加储蓄，建议慎重选择预期假设，因其会对结果产生影响。

(5)结果的异质性表明，对于那些表现出时间不一致偏好的、高折扣率的或高流动性限制的人，这种收入披露将不会对他们的储蓄行为产生显著影响。

2. 小结

随着收益确定型养老保障逐渐向缴费确定型养老保障转变，将

① 大部分时候偏向于低储蓄。

② 当 EIS<1 时，收入效应大于替代效应，私人储蓄减少；当 EIS>1 时，收入效应小于替代效应，私人储蓄增加。

更多的责任从制度转移至个人。由于复杂金融知识的缺乏，使得许多美国公民无法真正理解现在的缴费与将来的退休收入之间的关系。本研究通过实验证明，拥有完整收入预期报告的人能够更轻易地找到退休计划的相关信息，对于退休计划更了解，也更易算出应进行多少储蓄，并拥有更高的总体金融满意度。

3. 政策建议与挑战

（1）政策建议

不需要额外强制个人储蓄或进行其他补贴政策，直接进行低成本，易掌控①的干预——提供退休收入计划和预期。这种政策措施对于储蓄的影响平均来说是比较小的，也不会导致储蓄的变革。但对于因这些信息而对储蓄行为有所改变的个人来说，其影响却是巨大的，并且类似的政策将进一步深化这种影响。

（2）政策挑战

然而，这也对政府掌控信息披露程度提出挑战：由于储蓄行为对预期假设的敏感性，对过于乐观的假设人们会过度高储蓄，对于过于消极的假设人们会过度低储蓄。

（二）探索框架效应对退休金领取行为的影响

兰德公司人口调查中心开展了一项关于退休计划的框架效应②，也可说是不同的表述是如何影响人们的退休金领取年龄的调查项目，其研究成果为一份报告——《框架效应与预期社会保障领取行为》③。该研究报告主要介绍了怎样通过科学的实验，证明不同的框架会造成退休人员在不同的年龄领取养老金。

美国的社会保障制度是依据精算平衡设计的，退休人员可以自由选择在 62~70 岁的任意时间开始领取养老金。研究结果表明，当面临领取社会保障权益的时间选择时，有些个人可能无法作出完

---

① 相对于费率、收益等措施，信息披露程度则掌握在管理部门手上，不需要国会通过，因而具有更大的灵活性和可调性，可以逐渐放开。

② 框架效应是判断与决策研究领域的一个非常重要的概念，而且被认为是行为决策研究中最具普遍意义的发现之一。

③ Jeffrey R. Brown, Arie Kapteyn, Olivia S. Mitchell. Framing Effects and Expected Social Security Claiming Behavior[R]. 2011.

全合理的最优化抉择。流动性受限、不喜欢劳动或不认为会高于平均预期死亡率的人会选择尽早领取养老金。相对地，风险厌恶的、有非积累年金的人倾向于选择较晚领取养老金来规避风险以增加福利。70 岁才开始领取的人将比 62 岁开始领取的人每月多 76% 的养老金，66 岁及以后领取则不会减少应得福利①。

1. 实验设计和结果

该研究通过对比 10 组随机群组，每组收益相同，只是表述上有差异。10 组隶属于 5 种情况：第一种是不设任何条件，直接问调查对象将会选择的养老金领取年龄，以此作为基本参照组；第二种是公私部门养老金通用的表述，根据收支平衡和补偿原则，强调风险性而非保险性；第三种是消费和投资表述对比组，一组强调养老金的消费功能，一组强调养老金的投资功能；第四种是获得与失去对比组，一组强调延迟领取养老金将多获得多少收益，一组强调延迟领取将有几年是没有养老金可以领取的；第五种是年龄对比组，一组则将参考年龄设得较高，一组则设得较低。

面对不同的养老金框架表述，调查对象的选择呈现出不一样的特征。统计发现，第二种表述的领取年龄是所有组里最早的，就在最低领取年龄 62 岁附近徘徊，比第一种要早 12 ~ 15 个月领取。另外，对比组中消费组晚于投资组，获得组晚于失去组，年龄设定低的组晚于年龄设定高的组。调查还发现，女性、学历高和收入高者、年轻者更易受框架效应影响。

2. 政策建议

在学术上，即使高能见度、高风险的金融决策也对信息的表达方式很敏感，最终的消费结果并不是绝对的决定因素。即使信息内容未变，信息传达方式也会影响私人储蓄行为。

在政策实践上，对于公共部门（如 SSA）或私人部门，人们都很有可能根据所得信息的传达方式来调整自己的领取行为，政策制定者要寻求最没有偏向的建议。

---

① 1960 年及以后出生的正常退休年龄升至 67 岁。

(三)年金设计的复杂性和人们购买的积极性

"年金设计的复杂性和人们购买的积极性"是兰德公司金融知识中心的项目,其研究报告《人们知道如何衡量年金的价值吗?复杂性已成为年金制度的一大障碍》①作为项目的研究成果帮助我们从一个新的角度去衡量年金的价值,通过实证调查分析年金的低购买率与其本身的复杂性之间的关系。

1. 调查结果

(1)年金制度相较于复杂的一次性支付制度更易导致其低购买率。因为消费者无法充分理解年金的生命效用。尤其是,调查发现,当消费者面临购买更多年金的机会时,会倾向于低估年金价值,而在售卖年金来获得一笔支付时却会高估其价值。

(2)金融知识、流动性等问题都会影响消费者的选择,金融知识更丰富或流动性限制不高的消费者更易产生跨期年金偏好。因此用经典的完全合理的最大化框架是无法解释年金困局的,在标准模型以外的很多因素都会产生影响。消费者在现实生活中面临年金选择时能否实现效用最大化尚无定论。

(3)标准模型以外的因素对个人选择的影响是非常重要的。如默认的支付方式,当年金是默认的支付方式时,年金的积累率就会上升;又如性别,女性比男性更倾向于购买年金;再如替代物,年金的替代物一次性支付等的可及性和支付地位。

(4)目前解决年金困惑的方法都可能创造新的问题。例如,家庭成员间的风险分散并不能解释孤寡时年金却不提高的问题。

2. 小结

(1)个人年金积累的低积极性是做复杂的积累决定存在困难导致的,而不是对非积累性财富的较强偏好所致。

(2)如果个人发现某项决策是复杂的,那么提供更全面的信息,制定一些强制性的积累措施(如将默认选择从无积累的 DC 制

---

① Jeffrey R. Brown, Arie Kapteyn, Erzo F. P Luttmer, Olivia S. Mitchell. Do Consumers Know How to Value Annuities? Complexity as A Barrier to Annuitization[R]. 2011.

调整到部分积累的 DC 制），是可以对个人的政策评估产生干预的。

对于美国和其他国家来说，这篇研究报告解释了为什么人们不选择年金计划来使得自己过得比所拥有的养老资产好的原因，并且试图寻找增强年金支付的市场路径。同时也对这些国家提出了一个政策难题：年金在 DC 制或 401（k）计划中应扮演怎样的角色？是否应该在这些设置中增加其比重？

三、老年人终身照料与居住安排调查研究

（一）老年痴呆症者的终身照料

2014 年兰德公司发布了一个最新的研究报告《提升老年痴呆症患者的长期照料服务———一个政策蓝图》①，这是兰德公司对人类和思想投资项目的一个研究成果。随着全球人口老龄化和高龄化趋势，对长期照料服务和保险的分析是非常急切和必要的。

2010 年，美国 70 岁以上人口中就有 15% 的老人患有老年痴呆症，到 2050 年，65 岁及以上的阿尔茨海默病（Alzheimer disease）②患者数量将达到 1380 万。随着婴儿潮人口逐渐步入老年，对于老年痴呆症患者相关的长期服务和支持（long-term services and supports，LTSS）的需求将会增加。报告从当地居民、州政府以及国家利益相关者的视角，分析在老年痴呆症与长期照料服务和支持之间的交叉联系中，该如何进行政策选择。

1. 研究结果

目前 80% 左右的 LTSS 是由家庭提供的，老年痴呆症患者约有一半能够接受常规诊断，也有一半的家庭能够得到诊断支持和指导以及相应的服务。

---

① Regina A. Shih, Thomas W. Concannon, Jodi L. Liu, Esther M. Friedman. Improving Dementia Long-Term Care—a Policy Blueprint[R]. 2014.

② 阿尔茨海默病是老年痴呆症中最常见的病症，占 60% ~ 80%，它是美国老人死亡的第五大杀手，是美国人死亡的第六大杀手，并且是前十位病症中唯一不可预防、治疗和减缓其增长趋势的病症。

随着婴儿潮人口步入老年，45～64 岁的人为 80 岁及以上老人提供家庭照料的比例将从 2010 年的 7：1 降至 2050 年的 3：1，家庭照料模式并不能提供专业的照料服务，且这种模式不可持续。

然而，一方面，职业证书要求不严导致正规的照料人员专业性不强、专业人员稀缺；另一方面，医疗保险只覆盖了资产少于 2000 美元的人群，从而使得高收入人群寻求私人的 LTSS，而中等收入人群却得不到相应保障，高额的照料成本和医疗费用将增加中等收入家庭的负担。

2. 政策建议

以前的研究是一种由上至下的方法，联邦机构承担主要责任，并没有考虑长期照料服务和支持与老年痴呆症之间的相互关系。本研究基于相关利益者角度，将 38 个政策选择分为服务提供、劳动力和融资三大框架，并用 14 个指标评估以求出其中的优先政策选择，整理为五类优先目标：

（1）提高人们对早期迹象和症状的觉察意识；

（2）提高长期照料服务和支持的可得性和利用率；

（3）促进高质量的、以个人和家庭照料为中心的照料服务的提供；

（4）对家庭照料者提供更多的支持；

（5）减少个人和家庭的费用负担。

（二）中国老年人居住安排

兰德公司老龄化研究中心和人口调查中心联合对中国老年人的居住安排进行了调查研究，研究报告《中国老年人居住安排——来自中国健康和退休长期调查的实证分析》①讲述了针对不同地区、不同年龄段、不同收入阶层、教育水平、子女数目和子女教育程度等条件下不同老年人的居住安排，并得出了值得参考和继续研究的结论。

在相应的公共支持缺失的情况下，中国老年人独居或老年夫妇

---

① Xiaoyan Lei, John Strauss, Meng Tian, Yaohui Zhao. Living Arrangements of the Elderly in China：Evidence from CHARLS[R]. 2011.

双居的情况引起了人们的担忧。研究发现独居率或老年夫妇共居率提高的同时，出现了子女与父母住得比较近的现象。

1. 研究报告主要结论

（1）老人独居或夫妇双居提高的同时，子女住得也较近，能在保持双方独立和尊重双方隐私的情况下对父母提供照料；

（2）兄弟姐妹间的责任分配：住得近的子女经常回家看父母，并提供非物质支持，而住得远的则提供较大金额的财务支持；

（3）老人居住安排同时受老人和子女特征的影响。女性老人、子女数量多的老人、孤寡老人、文化程度低的老人、年龄较高、健康程度差的老人较多与子女共同居住。可见共同居住仍然是老年人生活的重要支撑；

（4）最年轻的儿子最易与老年人共同居住，女儿最不易共同居住和提供经济支持；

（5）子女越多，越可能与子女共居，其他子女的抚养负担也相应减轻；

（6）对子女的教育投入越多，子女对老人的净转移越高，但越不易与老人共同居住。

2. 研究报告的意义与缺陷

（1）研究意义

随着中国人口老龄化、高龄化和空巢化的发展，老人独居或老年夫妇双居比率越来越高，在养老保险等公共养老保障体系尚不健全的情况下，这些老人的抚养情况令人担忧。这个研究报告通过对浙江省和甘肃省的实地调查和对比研究，为我们提供了研究基础和方向，也为政策制定者如何创造条件方便老人和子女住得近提出了建议（如户籍制度改革、社会保障转移接续等）。

（2）研究缺陷

因其采样对象是 1940 年左右出生的人，其平均拥有 3.5 个子女，基本不受计划生育的影响。因此部分研究结果并不能反映出在计划生育政策实行之后生育的家庭的情况。但根据时间推算得知，计划生育政策实施之后生育的人现在的年龄大部分是在退休年龄以下的，由此可见该研究报告的结论在现阶段的中国还是具有一定的借鉴意义的。

四、军人退休计划研究

（一）储备退休制度改革

兰德公司所属国家防卫调查研究所的军事力量与资源政策中心开展了一项关于储备退休制度改革的研究，其研究报告《储备退休制度改革的政策分析》①论述了随着储备部队所承担的防卫负担的加重，储备兵和现役兵之间的退休待遇差距应该进行改革，要给储备部队以一定的补偿。目前美国的军事退休制度规定，储备兵和现役兵都要服役 20 年才能领取退休金，但是储备兵只能等到 60 岁以后才能申请领取，而现役兵却可以在 20 年服役期满后就开始领取，这对于储备兵显然是不公平的，特别是对于那些在伊拉克战争和阿富汗战争中正常服役的储备兵。

1. 改革提案内容及其影响

针对这个差异，2003—2006 年间国会曾经提出过 3 个相关的退休提案，但至今都没有成功立法。第一个是及时年金计划，即无论其年龄如何，只要从军队退役并满足服役 20 年的要求，就可以领取养老金；第二个是所谓的"55 岁"计划，将领取年龄从 60 岁降至 55 岁；第三个为浮动计划，每多服役两年就降低领取年龄一年，如：如果服役了 22 年，59 岁就可以开始领取，以此类推，服役 34 年，到 53 岁可以开始领取。第一个计划无疑将储备退休制度与积极退休制度完美衔接，而第二个和第三个则更加温和。研究者运用编程设计了一个动态模型，模拟了在这三种情况下现役官兵的留存量和预备官兵的参加量。研究发现，在第二种和第三种情况下，有 1%~3% 的普通士兵和 1%~6% 的军官选择从现役转为预备；而在及时年金计划下，有 5%~20% 的普通士兵和 15%~35% 的军官选择转为预备役。同时，在三种情况下满足领取养老金服役年限的人数

---

① Beth J. Asch, James Hosek, Michael G. Mattock. A Policy Analysis of Reserve Retirement Reform[R]. 2013.

也有增加，后两种增加了 2%~10%，而第一种情况下，普通士兵增加了 40%~80%，军官增加了 30%~45%。说明大多数预备役的军人都有提前领取养老金的意愿。然而，这三种方式并不是具有成本效益的选择，在后两种选择下每人要增加大约 4%的成本，而及时年金计划下每人需要增加将近 25%的成本。

2. 关于有效改革的建议

在选择合适的储备退休制度改革路径时，要考虑公平性、任务配置和人员管理的灵活性。根据美国政府在退休制度改革方面的一个成功案例，即 20 世纪 80 年代，从公务员退休制度到联邦雇员退休制度的成功转换，储备兵和现役兵退休制度的改革可以考虑以下有效途径：

(1) 提供一个选择的菜单，包括对现有的退休制度和新的退休制度的选择；

(2) 提供多种转变到新的退休系统的机会，因此菜单是一个持续的选择；

(3) 设计新的退休系统时，平均来讲，要对新雇员和初级雇员更加慷慨，对高级雇员则可不那么慷慨，从而最小化平均转制成本。另外，要考虑"爷爷辈"的在职员工；

(4) 要使得设计的新系统便于员工的工作流动。

(二) 储备退休制度成本估计

2014 年关于储备退休制度改革最新的研究报告《储备退休制度与自主退休制度类似计划及其成本估计》①更进一步地对美国军队的退休制度进行研究。研究发现，及时年金计划、"55 岁"计划和浮动计划对不同类型的军人影响是不一样的。对于之前有过现役服役经验的军人，有两种效应：一种是由于可以及时领取而选择在 20 年服役期满后就退役，另一种是由于服役期越长退休金越高而选择推迟退役。对于士兵，第一种效应占主导，在 20 年服役期满后参军数量明显下降；而对于军官，第二种效应占主导，在 20 年

---

① Michael G. Mattock, Beth J. Asch, James Hosek. Making the Reserve Retirement System Similar to the Active System Retention and Cost Estimates[R]. 2014.

期满后，在开始的几年参军数量会上升，不过之后依然还是会下降。对于那些没有现役服役经验的军人，这种变化并不明显：由于储备军人对于养老金的金额要求不高，因此他们依然会选择在服役期满后退役。这种变化导致的最终结果是预备军人和高级军人数量的减少。

由于给予了军人自由选择的空间以及预备军人与高级军人数量的减少，这种制度转变将带来服务对象的更高满意度以及更低的成本。

结　　语

通过以上的分析可以发现，兰德公司关于老龄化研究的视角是非常独特的，其研究方法也值得我们学习和探讨，同时也为我们明确就业和养老保障改革方向提供了一些有效的路径。

首先，在养老金改革过程中，制度由现收现付制转向个人账户制，缴费模式由 DB 模式转为 DC 型的部分或完全积累模式是一个普遍的趋势。另外，可以根据具体情况对高龄老人、贫困人群等群体提供非缴费型养老保障，而其他群体则由与收入挂钩的养老体系或私人养老储蓄覆盖。随着国际劳动力流动的频繁和范围的扩张，建立国家之间的养老权益转移接续协议是值得尝试的。

其次，相对于制度因素，非制度因素对个人养老决策的影响则更为隐蔽。兰德公司的相关研究中心通过大量的数据分析和田野调查，分析终身收入信息披露对个人退休储蓄决定的影响，研究社会保障的框架设计是如何对个人领取退休金时间的决定产生重要影响的，并证实了年金设计的复杂性确实会妨碍金融知识欠缺的个人年金购买的积极性。

再次，随着全球老龄化趋势的蔓延，兰德公司关于美国老年人的终身照料特别是老年痴呆症患者的照料，以及中国独居或老年夫妇双居状况调查和由此引发的老年人抚养问题都值得我们在此基础上进一步研究和探讨。

最后，对于美国军人退休制度的改革，兰德公司通过运用动态模型模拟出了之前国会所提出的三种改革提案所可能对美国储备军人数量、质量和养老金成本所造成的影响，从而可以在此基础上研究出在既定的数量和质量及成本要求下如何进行改革。

近年来美国中共党史研究的新进展

武汉大学马克思主义学院　李　华

随着中国的不断发展和影响力的增加，海外中国学研究方兴未艾，中共党史是海外中国学研究的重要内容。海外研究者对中国共产党的历史和建设实践的认知，直接影响到海外公众对中国共产党的了解和认知，也成为外界观察现实中国的重要窗口。因此，追踪了解海外中共党史研究的进展，了解中国共产党的国际形象，不仅是了解学术发展的需要，也能为党的建设提供有益借鉴。美国是海外中共党史研究的主要区域之一，本文拟对中共十八大以来美国关于中共党史研究的新进展，做一介绍和梳理。为了综合反映美国中共党史研究概况，本文使用的资料范围包括美国学者在美国及其他地区发表的相关文章和著作，以及世界其他国家的学者在美国发表的文章和相关著作。

一、关于中共党史问题的研究

从近年来的研究成果看，美国的研究者越来越关注新时期中共党史问题的研究，但新中国成立后尤其是全面建设社会主义时期的党史依然是研究的主要关注点。从总体上看，美国关于此时期问题的研究是十分丰富和深入的，在对资料的掌握以及梳理运用上，在定量和定性相结合研究、多学科交叉研究等研究方法的运用上，都值得国内学者关注。美国芝加哥大学杨大力的《权贵阶层的悲剧？

中国"大跃进"时期的职业刺激、政治忠诚和政治激进主义》①一文，分析了"大跃进"时期地方领导人对待"大跃进"不同态度的原因及其政治、经济后果。文章通过史料运用、数据加工分析，回应了2011年香港中文大学客座教授龚启胜发表在《美国政治评论》上的《权贵阶层的悲剧：中国"大跃进"饥荒时期的职业刺激和政治激进主义》一文，针对龚文中所提出的"大跃进"中一些省份主要领导人的政治激进主义行为，主要是为了获得认可与提拔的职业刺激，以及由此引发的"大跃进"的"比赛竞争"的观点。杨大力认为，龚的分析恰巧颠倒了因果关系。"大跃进"时期地方领导人政治激进主义的主要原因并不是职业刺激，恰恰相反，政治激进主义的出现是在职业已经提升后形成政治网络，以及由此形成的政治忠诚作用的结果。在他看来，那些"奉行政治激进主义的省级领导人和毛泽东在1956年至1958年的特殊提拔是密切联系在一起的"，这些获得特别提拔的人已经处于毛泽东的政治网络中。当毛泽东在推进"大跃进"运动时，那些省领导成了最热情的推动者。因此，"大跃进"之前已经形成的政治网络才是政治激进主义的重要原因。杨大力是美国芝加哥大学政治学系教授，芝加哥大学东亚研究中心主任，也是非常熟悉中国政治的政治学者，他借由史料梳理和技术分析，探讨了"大跃进"得以发动和快速发展的支持力量，也提供了一种解释"大跃进"运动的认识视野。但也要看到，仅从政治忠诚的角度来认识"大跃进"的发动和发展，并不能把握中国共产党组织和活动的本质特点，作为无产阶级政党，严密的组织纪律和党员领导干部对中央决策的坚定的执行能力，才是中国共产党路线方针政策顺利贯彻实施的根本保证。

十八大以来，以习近平为总书记的党中央全面深化改革，推进国家治理体系和治理能力现代化，推动社会治理创新，引起美国一些学者的关注。大卫·兰普顿是美国约翰·霍普金斯大学国际问题

---

① Dali L. Yang, Huayu Xu, Ran Tao. A Tragedy of the Nomenklatura? Career Incentives, Political Loyalty and Political Radicalism During China's Great Leap Forward. Journal of Contemporary China, Vol. 23, No. 89, 2014.

研究院中国项目主任，他在 2013 年出版的《跟随领导者：统治中国——从邓小平到习近平》①颇具代表性。兰普顿认为，邓小平时代以来，治理中国——这项原本就很不容易的任务——变得更加困难，其原因是民众、社会乃至官僚体系本身都发生了巨大的、根本性的变化。兰普顿认为，在过去 40 多年的时间里，中国的治理和领导已经进入一个"和 1977 年时完全不同的政治空间"，今天的领导人的政治空间，不再是毛泽东的"变革与魅力"型，或邓小平的"强人领导"型，而是表现为"一个更加事务的、系统维护的领导者类型"。他将国家治理模式从邓小平时期到今天的变化概括为治理主体和客体的"完全多元化"（untethered pluralization）。其主要特点包括：第一，领导人和官僚体系结构发生了很大的变化，从"强人政治"逐步过渡为"集体领导"，领导人的教育背景从清一色理工科转变为文理并重、学科多样，官员的技术化程度不断提高；第二，随着普通民众掌握的物质和信息资源不断丰富，民众和社会诉求空前多元化；第三，政府治理的手段和可供调用的资源也在不断增加。然而，他也认为，治理手段的增加赶不上利益诉求的变化，治理中国的一大挑战是建设性地管理不同的利益主体，最大限度地与之合作而非对抗。要做到这一点，势必需要更完善的制度建设，这也是新一轮改革的一大核心议题。

关于中国政府制定政策的过程，兰普顿基于他提出的"碎片化威权主义"进行讨论，认为要中国的决策系统分成若干个纵向和横向的子系统，当政令无法贯彻执行时，就需要通过"跨系统整合机构"（cross-system integrator）来最后拍板。根据他的观察，这样的机构既包括人们熟知的政治局、发改委，也有不被人注意的领导小组和各种委员会等。按照这样的思路，十八届三中全会《中共中央关于全面深化改革若干重大问题的决定》提到的国家全面深化改革领导小组和国家安全委员会就属于这样的范畴。此外，兰普顿指出，随着机构和官员数量增加，决策过程在趋于科学性和民主性的同

---

① David M. Lampton. Following the Leader: Ruling China, from Deng Xiaoping to Xi Jinping. University of California Press, 2014.

时，也受到利益集团博弈、民意以及财政约束的影响，逐渐变得缺乏效率。在某种程度上，中国的决策过程与西方国家越来越接近，这对于世界认识中国是有益的。兰普顿在文中对改革开放以来中国共产党社会治理发展的认识和中国社会治理的"碎片化权威主义"的特点，尤其是对中国改革进程中尤其是近年来全面深化改革中注重顶层设计的实践而提出的"跨系统整合"的研究，是具有一定的解释力的，也有助于从国际视角来认识中国改革实践的发展。

中国改革的深入发展带来的当然不仅是社会结构的变化和治理难度的加大，人们的思想观念和价值取向也发生了极大变化。在市场化的进程中，传统主流意识形态受到多元化的思维和价值观的冲击，二者关系出现了一定程度的紧张。近年来，中国共产党越来越重视红色文化的教育，重视革命史和革命精神的教育，并通过载体建设推进主流意识形态的教育，也正在努力缓解市场化发展中多元化观念和主流意识形态的紧张关系。美国俄亥俄州立大学的可卡·丹顿教授在他的著作《展览过去：后社会主义中国的历史记忆和政治博物馆》①中关注了这一现象。他以博物馆为切入点，对中国共产党利用博物馆叙述和表达国家意识形态中的功能和作用进行了论述。在本书中，丹顿分析了各种博物馆和展览馆类型，从革命历史博物馆，军事博物馆，纪念先烈博物馆到致力于文学、少数民族和当地历史的博物馆。他认为，在毛泽东时代，中国的博物馆具有明确的、统一的宣传功能，强调党的官方历史，歌颂革命英雄，为国家建设和社会主义建设服务。随着 20 世纪 70 年代末到 80 年代中国开启现代化进程，尤其是 90 年代全球化和市场化改革加速发展，中国经历了一个激进的社会、经济转型，也带来更多的异质文化和社会观念。蕴含着集体主义、自我牺牲和阶级斗争的革命遗产和中国社会及各种社会新思想的快速发展越来越无法交融，需要"重建历史叙事以加强党的执政合法性"。他分析了 2003 年开始推出的红色旅游这一国家层面的设计认为中国共产党正通过红色旅游重现革

---

① Kirk Denton. Exhibiting the Past: Historical Memory and the Politics of Museums in Postsocialist China. University of Hawaii Press, 2014.

命历史，并将其作为一种新形式的爱国主义教育。这种对革命遗产的重视和宣传也是卓有成效的，在他看来，官方叙事塑造大众意识的力量仍然相当大，到目前为止，这些叙述已成为进入或正在回应大众流行话语和民间记忆的重要元素。丹顿教授的分析，把握住了中国社会价值观塑造中的一些深层次的影响因素，即尽管时代发生变化，历史依然是人们的精神慰藉和个体认同的需要，正如丹顿教授在书中所言："大多数人接受了先前的(革命话语的)叙述，不是因为他们不去思考或被动接受，而是因为他们的个体认知、经济福祉和个人梦想已经和这种叙述深深地交织在一起。"

美国得克萨斯大学奥斯汀分校的李怀印副教授的《重构近代中国：中国历史写作中的想象与真实》①一书，讨论了近代以来中国历史学的书写进程和写作范式的发展中，关于马克思主义史学发展及其学科化、中国共产党的革命史学和史学家，以及新时期中国史学研究的转向研究，均和中共党史以及中共党史史学史研究有密切的联系，也对党史和党史史学史的研究具有一定的借鉴和启发意义。在此书的第三章，李怀印讨论了 1949 年以前在马克思主义范式、革命叙述形式下中国的历史编写，探讨了历史学者如范文澜等与马克思主义史学的发展。第四章研究的是 1949 年以后正统的中华人民共和国史学，李怀印通过讨论"历史编写和教学的学科化"来研究这一问题，重点是关于胡绳、孙守仁、金冲及等在 1954—1956 年关于近现代历史时期划分的讨论，胡绳的以阶级斗争作为历史分析依据的观点在辩论中被认可。第五章是 1958 年之后到"文化大革命"期间的历史，他认为，这一期间新培养出来的历史学家推动了革命史学的发展，这一代人比上一代人更加清楚地明白，通过淡化过去，强调现实，编写历史就是服务于政党的需要。尽管作者最后提出了"在时和开放"的历史观，意图"告别目的论的和结果驱动的史学"，但在作者所讨论的整个 20 世纪中国知识分子在各个时期的中国近现代史历史书写中，从 1949 年以前现代化史学与革

---

① Huaiyin Li. Reinventing Modern China：Imagination and Authenticity in Chinese Historical Writing. University of Hawaii Press，2013.

命史学的平行发展和对抗、50 年代马克思主义史学的学科化以及
60 年代后期至 70 年代末的"激进史学"、80 年代的新启蒙主义和
现代化理论的引进、90 年代末和 21 世纪初年史学的主叙事危机和
史学的"后现代转向"，以及主叙事构建背后的复杂原因的探讨，
依然可以得出结论：尽管史学家们努力如实还原历史，但最后总是
不可避免地写出既符合现实议程，又为政治合法性服务的历史。

关于党的外交方面，朱丹丹的《1956：毛时期的中国和匈牙利
危机》一书，由康奈尔大学出版社 2013 年出版。她由苏共"二十
大"谈起，认为 1956 年是世界其他社会主义国家同中国关系的一个
转折点。苏共"二十大"上赫鲁晓夫对斯大林的谴责，破除了对斯
大林的个人崇拜，"去斯大林化"开始。但很快在几个月内就破坏
了社会主义阵营的团结，到 1956 年秋，随着不满的增长，斯大林
帝国面临崩溃的危险。她认为，在中国，毛泽东的地位也受到影响
并有所减弱，但 1957 年中期，毛泽东重新获得控制权，巩固了自
己在国内的权力，并开始增加中国在社会主义阵营内的影响力，积
极介入社会主义国家的事务。中国共产党在匈牙利问题的介入和态
度，是中国共产党"寻求和苏共的平等上的一个重要的步骤，也是
中华人民共和国成立以来就有的一个目标"。在她看来，中国在政
治和外交方面对匈牙利问题的介入，尤其是中国代表团 1956 年 10
月 23 日至 31 日在莫斯科的活动，对苏联的决策发挥了重要作用。
苏联在 1956 年 10 月 30 日的声明中称：莫斯科放心它的盟友，并
将充分奉行互相尊重国家主权和领土完整、互不干涉内政的原则。
朱丹丹这本著作以匈牙利事件为主题，探讨了中共党史研究中的一
个重要问题，即毛泽东在新中国成立后，如何塑造社会主义国家之
间和无产阶级政党之间的关系，以及中国共产党在世界无产阶级政
党中的地位问题。历史来看，成为大国并发挥影响力，这是新中国
成立后毛泽东所考虑的国家发展的大事之一。通过抗美援朝的胜
利，既对以美国为首的阵营产生了威慑，也在以苏联为首的社会主
义阵营中取得了很高的地位，为中国国际地位的确立发挥了举足轻
重的作用，此后，中国也一直在谋取和中国国家力量相当的国际地
位，包括 1956 年苏共"二十大"后中国在社会主义阵营发挥影响力

的努力。在党际关系上，中国共产党则希望建立独立自主和平等相待的党际关系。苏共"二十大"后，由毛泽东亲自审定发表的《再论无产阶级专政的历史经验》一文指出："各国共产主义政党必须联合，同时必须保持各自的独立。"朱文认为苏联关于匈牙利事件的声明是中国共产党施加影响的表现，其关于中国努力成为大国并发挥影响力的分析，亦不无道理，把握了新中国成立初期中国外交和党际关系发展的特点。

二、关于中国共产党建设问题的研究

如前所述，近年来，美国学者越来越关注中国共产党的建设问题和与党的执政实践相关的中国现实问题的研究，并有进一步加强的趋势。

美国华盛顿大学布鲁斯·迪克逊在《谁想要成为共产党员？中国的职业刺激和动员忠诚》①一文中研究了中国共产党的入党政策和党员组成，尤其分析了党员的入党动机问题。迪克逊用抽样调查的方法，选取中国大陆不同区域的群众进行问卷调查，基于调查结果，他分析了党员加入中国共产党的动机，加入中国共产党对职业流动的影响以及对党员政治信仰和行为的影响。迪克逊通过数据分析得出三个结论：首先，对于那些渴望任职在政府官僚机构或国有企业的人来说，党员如果不算充分的条件，但确是必要条件，因此，一部分人正是为了谋取职位，也出于职业提升的动机加入中国共产党；其次，中共党员更倾向于为党的事业奉献时间、金钱甚至鲜血，这些行为显示了党员的动员性忠诚，即中共动员其成员参与这些活动以展示自己的忠诚度，并为大多数人树立榜样；三是尽管党员资格代表了一些利益，但并没有转化为党员对地方各级政府的信任和支持，即尽管党员比其他人更支持中央，但党员资格并没有增进他们对地方机构的支持。针对中共党员吸收中存在的问题，他

①　Bruce J. Dickson. Who Wants to Be a Communist? Career Incentives and Mobilized Loyalty in China. The China Quarterly, Vol. 217, March 2014.

认为，"如果共产党不能筛选掉那些只想取得党员资格以获得物质利益，甚至都不能表现出对党的动员性忠诚和对国家的支持和信任的党员，中国共产党会进一步削弱其内部的凝聚力和外部声誉"。迪克逊教授是美国著名的中国问题专家，他在对中国共产党的研究中，做了很细致的调查和分析，在此之前，已经出版了《中国的红色资本家：党、私营企业主以及政治变迁的前景》（2003），《财富化为权力：共产党拥抱中国的私营部门》（2008）等著作。因此，迪克逊关于党员入党动机的分析，尽管并不符合大多数中共党员入党目的的实际情况，但无疑也切中了当前中共党员入党中存在的部分现象，即入党动机的功利性。可以认为，迪克逊从旁观者的角度所分析的党的建设的问题，也证明了中国共产党当前开展党的先进性和纯洁性教育的必要性。党员是党的肌体细胞和党的活动主体，党员队伍建设是党的建设的基础工程。"十八大"以来在党员队伍建设中，严把党员入口质量关，及时清理整顿不合格党员，建立党员能进能出机制，优化党员队伍结构渐成常态，反映了中共中央对党员队伍存在问题的重视，并提出了一系列及时的应对举措。当然，针对他在文中提到的问题，迪克逊也意识到，中国共产党也"会继续加强对入党申请者的审核，挑选专业技能和政治忠诚都合格的党员"。

中共反腐败的推进，尤其是中央纪律检查委员会作用的更大发挥，引发了学界对其展开研究。郭雪之（音译）的《控制党内腐败：中央纪律检查委员会》①一文研究了中国共产党纪律检查委员会这一党内检查机构，通过对中纪委的组织机构、操作原则、纪律处分规范和标准以及反腐措施和手段的分析和评估，详细诠释和分析了中纪委在中国政治运作中所扮演的举足轻重的角色。郭文认为，自1982年9月第十二届党代会上党章规定党的纪律检查委员会受同级党委和上级纪检机关双重领导始，党委长期被认为缺乏真正的监督检查，因为他们缺乏作为执法机构应有的功效，党的纪律检查委

---

① Xuezhi Guo. Controlling Corruption in the Party: China's Central Discipline Inspection Commission. The China Quarterly, Vol. 219, September 2014.

员会不仅是当地党组织的一部分，而且也受到当地党的领导人意志的影响。但郭也观察到当前中纪委和地方纪委正发生很大变化，他认为习近平总书记和纪委书记王岐山当前推动反腐败的"决心是真诚的（不仅仅是一个战略），反腐败改革是要建立一个比较具有强大能力的强大国家"。郭的文章反映了美国学界对当前中共反腐败的关注，开始更多地研究中国反腐败机构，研究在反腐败中发挥关键作用的纪委系统的机构设置、历史发展以及当前的改革调整。在他看来，尽管当前党的领导人还不能对现有的组织结构做出大的改变，但他们正努力扩展中纪委和地方纪委的权力，正在增加媒体和公众舆论监督的范围，尤其是推动了网络反腐的发展。文章尤其关注中纪委巡视工作的作用，巡视工作明显加强了纪委体制内部的监管，也显著弥补了其在监督同级党的领导人的固有弱点。他也认为，中纪委和地方纪委在市民热心参与的反腐败行动中发挥着越来越重要的作用，在遏制国家精英的行为，同时保持在现行制度下中国共产党的领导的稳定性方面中纪委肯定是起着至关重要的作用。

2013 年，安德烈·南森、拉瑞·戴蒙德等对《民主杂志》1986—2013 年刊载的一系列关于中国民主研究的文章进行筛选，编写了《中国会民主化吗?》①一书，由约翰霍普金斯大学出版社出版。《民主杂志》是由美国国会管理运作的号称"致力于民主发展"的全美民主基金会组建的，其文章基本上是应主编要求而写，所以毫不意外，大多数文章都会探究中国成为自由民主国家的重要意义。这本书中的 28 篇文章主要是由研究中国问题的专家或者居住在国外的反对派撰写的，文章主要探讨当今中国的民主现状，国内对民主的支持和反对，描述中国怎样才能实现民主，预测中国何时以及如何实现民主。但综观这些文章，没有哪一位作者真正呈现了近几年中国的改革者以及学者所追求的民主，即有中国特色的民主，也没有反映出中国的改革者以及学者对待自由民主的态度。美国学者奥格登在《中国季刊》中对此书评论道："不少作者预测中国

---

① Andrew J. Nathan, Larry Diamond, Marc F. Plattner. Will China Democratize? Johns Hopkins University Press, 2013.

共产党将失去执政地位，独裁主义也会在 10 年内崩溃掉。他们创造了一个'过剩'的概念和理论，该理论假定经济发展会形成民主发展的绝对推动力。然而最终读者会心存疑惑，为什么过了 15 到 25 年，这些预言没有成为现实呢？"他提出，这是因为"一些研究者的前提假设都被证明是错误的，他们或者困惑于中国的现实和发展趋势，或者被他们的意识形态假设歪曲"①。与书中研究者们的预言相反，政党—国家的体制存在下来了，这也表明在 30 多年的改革之后，在中国的崛起过程中，发展、稳定、民族自豪感在人民的心中比言论自由、多党选举更重要。可以说，中国领导层已经在没有选择西式民主的情况下通过选择改革不断增强其合法性，其表现就是人民权利的显著增加和公民社会的显著强化。奥格登评论到，如果那些中国的分析家重构他们的关注点，从"民主化"转向"善治"认识，他们就会发现，中国早已在放弃基本意识形态上走了很远并且已经形成了民主体系的基本特征：不仅有与日俱增的有意义的各种权利，还有逐步多元化的社会和政党，逐步形成的公民社会机构；司法改革的公开透明以及日益广泛的社会参与。

三、美国近两年来中共党史研究的总体进展和特点

美国近两年的研究依然延续了近些年来的一种趋势和特点。对此特点，美国著名中国问题专家沈大伟（David Shambaugh）有一个概述②。结合沈大伟的描述和对美国学界相关研究的关注，可以认为，主要呈现出如下特点：

一是研究机构增多。近年来，随着中国的发展壮大和国际社会对中国的日益关注，中国问题研究在国际上有了蓬勃发展。美国一些著名的大学现在都有研究当代中国的中心或者项目，20 世纪 90

---

① Andrew J. Nathan, Larry Diamond, Marc F. Plattner. Will China Democratize? Johns Hopkins University Press, 2013.

② 参见梁怡、王爱云：《西方学者视野中的国外中国问题研究——访美国乔治·华盛顿大学教授沈大伟》，《中共党史研究》2010 年第 4 期。

年代以来一些州立大学、地方大学、私立大学也开辟了中国研究领域，加大对包括中共党史在内的中国问题的研究，如美国设有东亚研究中心的大学就有哈佛大学、密歇根大学、加州大学伯克利分校、斯坦福大学、宾夕法尼亚大学、耶鲁大学、芝加哥大学、普林斯顿大学、乔治·华盛顿大学、加州大学洛杉矶分校、南加州大学、匹兹堡大学、伊利诺斯大学、印第安纳大学、俄亥俄州立大学等。还有很多高校设置有东亚研究所，如哥伦比亚大学、耶鲁大学、约翰·霍普金斯大学等。

二是研究人员大幅增长。新世纪以来，一些出生于中国、在海外受教育的华人学者逐渐崭露头角，在西方重点大学的研究和管理层中占有一席之地，在一定程度上促进并影响了海外关于中国教学和研究的发展及其方向。目前在美国大学和智库约有 3000 人研究中国问题，研究政治、经济、社会的华人学者不少于 300 人。另外，美国情报部门一向都关注问题研究，中央情报局、国防部等机构有一两千人研究中国问题，其中很多人研究解放军，但也有关于中国社会、经济等方面的研究。代表性人物中，老一代的有美国著名中国问题专家罗德里克·麦克法夸尔（Roderick MacFarquhar）、施拉姆（Stuan R. Schram）、费正清（John King Fairbank）、卡内基和平基金会的裴敏欣。当前比较有影响和代表性的有沈大伟，李侃如，布鲁金斯学会的大卫·兰普顿、黄靖和李成，芝加哥大学的杨大力，哥伦比亚大学的吕晓波，杜克大学的史天健，麻省理工学院的黄亚生，丹佛大学的赵穗生，康奈尔大学的陈兼，纽约城市大学的孙燕，加州大学伯克利分校中国研究中心的库克（Alexander C. Cook），乔治·华盛顿大学的布鲁斯·迪克逊（Bruce Dickson）等。在成果方面，从更早的一个时间来看，美国学者沈大伟的《中国不稳定吗?》（2001）、《中国共产党：收缩与调适》（2008）、《中国的红色资本家：党、私营企业主以及政治变迁的前景》（2003），《财富化为权力：共产党拥抱中国的私营部门》（2008）等都是具有代表性的。当然，也要注意到，有些学者在研究中，受到研究方法及意识形态等的影响，尽管研究史料较多，而且加工运用也比较精巧，但由于大多是分散的史料，并且在丰富多维的历史时空中只关注到某一或某几个维度，缺乏整体研究视野，因此，得出的某些结论并不符合甚至背离当时的客观事实。

三是从研究领域看，研究者关于中共党史研究的领域和重心发生了明显的变化。由原来较多关注革命时期和新中国成立初期的党史，转向更多关注当前中国改革发展的实践和问题，并且在研究领域上也更为丰富，目前国外学者对中国共产党研究的领域主要包括中国共产党的思想建设、组织建设、反腐倡廉建设、未来发展和比较研究几个方面；同时，也向政治、经济、文化、社会等多领域拓展，呈现出中共党史研究与当代中国现实问题等领域交叉的特点。美国学界对"十八大"后中国的全面深化改革十分关注，尤其体现在新闻媒体中相关文章的大量增加。由于本文仅综述了在学术刊物或著作中关于十八大以来的研究，并未涉及新闻媒体的报道，又由于学术观照现实的渐进性特点，因此对中国全面深化改革的学术研究并不多，有分量的文章尤不多见。但可以想见，在中国的国际重要性不断加强以及"十八大"以来全面改革不断深化的背景下，美国学界也会延续过往的传统，进一步加大对中共党史的研究。

参考文献

[1]陈鹤：《新世纪以来中共党史研究述评》，《党的文献》2012 年第 2 期。

[2]陈鹤、翟亚柳、乔君：《二○一二年国外中共党史研究述评》，《中共党史研究》2013 年第 10 期。

[3]梁怡、王爱云：《西方学者视野中的国外中国问题研究——访美国乔治·华盛顿大学教授沈大伟》，《中共党史研究》2010 年第 4 期。

[4]Bruce J. Dickson. Who Wants to Be a Communist? Career Incentives and Mobilized Loyalty in China. The China Quarterly, Vol. 217, March 2014.

[5]Dali L. Yang, Huayu Xu, Ran Tao. A Tragedy of the Nomenklatura? Career Incentives, Political Loyalty and Political Radicalism During

China's Great Leap Forward. Journal of Contemporary China, Vol. 23, No. 89. 2014.

[6] David M. Lampton. Following the Leader: Ruling China, from Deng Xiaoping to Xi Jinping. University of California Press, 2014.

[7] Andrew J. Nathan, Larry Diamond, Marc F. Plattner, Will China Democratize? Johns Hopkins University Press, 2013.

[8] Huaiyin Li. Reinventing Modern China: Imagination and Authenticity in Chinese Historical Writing. University of Hawaii Press, 2013.

[9] Julia Chuang. China's Rural Land Politics: Bureaucratic Absorption and the Muting of Rightful Resistance. The China Quarterly, Vol. 219, September 2014.

[10] Kirk Denton. Exhibiting the Past: Historical Memory and the Politics of Museums in Postsocialist China. University of Hawaii Press, 2014.

[11] Xuezhi Guo. Controlling Corruption in the Party: China's Central Discipline Inspection Commission. The China Quarterly, Vol. 219, September 2014.

[12] Yuhua Wang. Empowering the Police: How the Chinese Communist Party Manages Its Coercive Leaders. The China Quarterly, Vol. 219, September 2014.

2013—2014 年日本伦理学研究综述

武汉大学马克思主义学院　倪素香

近两年来日本学者在伦理学研究方面取得了一定的成果，不论在伦理学理论、应用伦理学研究方面，还是在译介西方伦理学和解读西方伦理学的研究成果方面，都不断有新成果问世。本文主要是从日本学术界出版的代表性著作的角度，对日本伦理学界的研究情况进行综述。虽不能反映日本伦理学界研究的全貌，但这些成果和研究思路，对丰富和发展中国伦理学的研究能起到一定的借鉴作用。

一、伦理学基本理论的研究

对伦理学基本理论问题进行研究是日本伦理学界一贯的做法，日本学者对伦理学理论的研究不仅关注伦理学的理论前提、基本问题，也重视对伦理学领域基本范畴的探讨。

鹿儿岛大学教育学部副教授新名隆志、玉川大学文学部副教林大悟编著的《伦理·视角——打开伦理学的眼》（中西屋出版社，2013）一书中，就是通过对伦理学的范畴的探讨来说明伦理学的基本原理。书中分别就家庭、劳动、正义、差别、宗教等 9 个主题和范畴，通俗易懂地解说了伦理学的基本原理。作者从"对残疾人关照的必要"、"积极的行动是否具有正当性"、"重要的平等是机会的平等吗"等问题出发，分析了制度的机会平等还存在的诸多问题，并通过这些方面的问题说明了"差别"的社会存在的问题。从死亡问题和伦理学关系的角度，分析了知情同意与死亡、科学证实的事实与我们选择的规范、事实和伦理等关系问题，说明了"是"与"应该"的关系问题。从家庭问题的解决出路、护理的法律依据、死亡的法律依据的角度，说明新型家庭关系如何在法律的介入中保持自由。又通过"我们能超越悲痛吗"这一问题，切入到情感的伦理学问题，认为对感情的抑制不是软弱，感情中也存在正义的问题。从"我们为什么要劳动"这一问题中，说明我们必须劳动不仅是为了不劳动者不得食，更是为了发挥自己的能力，使自己的价值在工作中得到确认。关于民主主义，作者认为就是自己的事情自己决定，地方的事情地方决定，我们可以决定自己的命运就是民主。关于是否有正义的暴力问题，作者认为国家暴力不能侵犯人权，暴力控制权不能高于人权，反对武力介入，主张和平建设。作者认为，对偏远贫困人口、对过去人们的过错的赔偿、对未来社会、对自然界，我们都应该承担相应的责任。最后作者对宗教问题作了一定的分析，认为真正的宗教不应该是恐怖的，宗教与伦理学有着密切的关系，作者指出尽管关于宗教是否具有真理性还存在争议，但宗教对于共同体的共生作用还是要肯定的。从本书中我们可以看出，日本学者对伦理学命题的关注，多来自于社会生活，是对社会生活出现的伦理问题的解读和解析。

京都大学文学研究科副教授伊势田哲治的《伦理学的思考》(劲草书房，2012)一书中指出，伦理学的研究对象和内容是非常广阔的，从大的方面说有元伦理学、规范伦理学、应用伦理学三个问题群。本书作者分别对这些领域作了分析，并提出了现代伦理学必须具有的特质。首先，作者分别梳理了伦理学的理论流派，如多元主义的基础主义和调和主义、外在主义的元伦理学，以及从元伦理学到功利主义的黑尔的偏好功利主义、未确定领域功利主义和社会的直观主义等。进而分析了伦理学的自然化和社会化、道德性的进化和普遍化的可能性。作者认为伦理学在信念、欲求等问题上，不应该是欲求的消去主义，而应该是要建立价值和意识之间的联系，即建立起联结主义时代的价值论。联结主义(connectionism)是美国心理学家 E. L. 桑代克在对动物进行实验研究的过程中提出来的一种学习心理学理论，联结主义心理学产生在机能心理学之后，行为主义心理学之前。桑代克的联结主义以经验论为理论基础，又称新联想主义。"联结"原指实验动物对笼内情境感觉和反应动作的冲动之间形成联系或联想，桑代克称它为联结，以便与"观念联想"区别开来。为此，作者指出伦理学的思考要更加广泛，如伦理学理论可以为环境科学作出贡献，为环境科学提供价值判断；也可以通过价值论思考科学实验问题和虚拟社会的问题，分析新技术带来的伦理学问题。另外，关于"伤害"问题的研究也应该赋予伦理学的地位，伤害带来的伤感性和恶德的反思不仅是美学问题，也是伦理学对现实的批判。日本学者对伦理学理论的研究多借鉴西方伦理学的路径和方法，既反映他们对学术研究的开放态度，也说明本土伦理学的建构还需努力。

滋贺大学教育学教授安彦一惠的《〈道德〉是什么——概要·伦理学原理》（世界思想社，2013）一书中，提出了道德是追求"自己的善"，还是"世界的善"的问题。并从康德、穆尔、罗斯、黑尔、罗尔斯、哈贝马斯、大庭健、永井均等人的道德学说的分析中，对"利己"、"功利主义"等思想作出了新的阐释，并对"义务论"与"结果主义"的对立提出了质疑。作者分析了穆尔、罗斯、黑尔的"元伦理学"中的"正当"和"善"的概念，认为追求道德的"正当化"是罗尔斯、哈贝马斯一贯的主张，进而探讨了康德、列维纳斯关于"利己"的分析，指出道德不应该是"义务论"与"结果主义·功利主义"的对立，道德应该是"自己善的伦理"和"善的世界的伦理"的统一。日本学者对西方伦理学的基本理论的反思和批判也是我们应该学习的，他们总是在反思和批判中形成了自己的综合性的观点。

青森县恐山菩提寺院代禅僧南直哉的《善的根据》（讲谈社，2014）一书，是从佛教角度对伦理学的基本范畴"善"的解读。"为什么不能杀人"——作者认为这个以前被认为是理所当然的道理，现在到了必须说明理由的时候。作者指出，当今时代是一个常识被消解、一切根据被丢弃的时代。在作者看来，在对"善行"完全失去了信任的时代，我们必须思考"好事"即"善"是什么、根据是什么，思考作为人在有限的存在内，追求"善"即真正意义上的"伦理"的必要条件是什么。本书从佛教的立场，对现代伦理难题作出了积极的回答。认为根据在于不毛的时代，如关于善恶报应说，善恶的区别就在于人如何做。佛教对善的解读、善恶报应观念的宣扬，虽然带有神秘色彩，但对于人们的善恶选择还是有一定的指导作用。

京都大学大学院人间环境学研究科教授佐伯启思的《自由是什么》（讲谈社，2004）一书中，对"自由"范畴进行了追问。作者指出在一个对"自由疲倦"的时代，我们要重塑我们的"自由"。作者围绕自我责任、援助交际、杀人等问题，从不同角度切入"自由"的问题，并寻找克服现代"社会自由"陷入思想困境、现实窘境的方法。作者认为"个人的自由"不是人的本质问题，个人自由与责任密切相连。在绝对自由的幌子下，现代社会患病已久，如伊拉克问题，经济改革问题，还有"酒鬼蔷薇事件"等等。"酒鬼蔷薇事件"即神户儿童连续杀害事件，是 1997 年发生在日本兵库县神户市须磨区的连续杀人事件。在此事件中共有 2 人死亡，3 人重伤，被杀害者皆为小学生，肇事者的行为血腥残忍，包括分尸、破坏尸体、寄送挑衅信等。最后逮捕的凶手竟是一名年仅 14 岁的少年，这个结果冲击了整个日本社会。由于日本司法程序严禁明确揭露少年犯的身份，少年的真实姓名没有被传媒公开。在日本的法律文件上，他被称作"少年 A"，"少年 A"在案中自称"酒鬼蔷薇圣斗"。2000 年日本国会因为这次的事件，将犯罪刑责的最低适用年龄从 16 岁降至 14 岁。于是"个人自由"必须是有限度的、有责任的，这是本书给我们的警示。

京都大学大学院地球环境学堂教授宇佐美诚主编的《全球化的正义》（劲草书房，2014）一书，从全球化的角度对"正义"范畴作了解读。作者在介绍了法哲学、政治哲学、经济学一线作者的思想的基础上，在研究欧美最先进的著述的基础上，对地球的正义进行了多角度的考察。如对全球化的生存权、网络、社会契约、义务论、移民、国际贸易、食品、跨国企业等问题，进行了全面的分析。在全球化的生存权的分析中，提出了谁的生存权、生存权有哪些权利、谁来承担义务、义务有哪些等问题；在全球化的信息网络中，说明了信息网络的构造、技能，以及如何建立网络正义的正当化问题；在社会契约问题的分析中，介绍了从罗尔斯到阿玛蒂亚·森的契约理论，分析了罗尔斯对功利主义社会福利模型批判和罗尔斯本人的原初状态模型，以及阿玛蒂亚·森的全球化正义构想；在地球的正义的分析中，指出了我们对地球的正义有自然的义务和消极的义务、正义的义务和人道的义务的区别。关于移民政策的正当性问题，指出了移民的自由权、民主主义与社会的一体性、经济的发展程度、分配的正义、社会平等之间存在矛盾，但不能因此就设立本国国民与外国人之间的双重标准。在关于全球化的不正义中的南北不平衡问题，本书认为是因为由发达国家主导的国际经济秩序和自由贸易权，造成了南北之间的榨取关系。关于全球化正义中的食品问题，作者指出全球化的食品体系的主动权仍在发达国家手中，我们必须超越零和博弈来构建新的食品体系。关于合资企业的政治责任问题，本书汲取了罗尔斯的社会协作劳动论、弗里曼和米勒的世界正义论，主张通过社会契约说来建立全球化的正义。

日本学者对伦理学理论问题的解读渐渐走向生活、走向具体，是对生活的指导，也是对实践的总结，这是值得我们学习的地方。

二、应用伦理学的研究

伦理学的研究，不仅包括伦理学本身的理论前提、基本问题，也包含对新兴应用伦理学领域的探讨。日本伦理学界对应用伦理学的把握和研究，有着大量的成果，研究领域也涉及各个方面，这些成果对中国伦理学应用研究的深入也有借鉴意义。

应用伦理学的总体研究，是日本伦理学的主要方面。上智大学外国语学部教授浅见升吾、富山大学大学院医学药学研究部教授盛永审一合著的《作为教养的应用伦理学》（丸善出版社，2013）一书，就是比较全面地介绍了应用伦理学的发展现状，涉及许多应用伦理学的重要问题。具体而言，信息伦理、生命伦理、经济伦理、环境伦理等都有涉及。作者在对各个领域的重要概念作出解释的同时，也对应用伦理学各领域的问题点和议论点做了明示。另外，对各个领域的解读既是独立的，又有紧密联系。但是，本书的题目是《作为教养的应用伦理学》，"教养"在这里没有明确的体现和答案，日本学者也指出了本书所存在的这一问题。

对经济伦理学的研究，也是日本应用伦理学研究的专长。成蹊大学经济学部教授竹内靖雄的《伊索寓言的经济伦理学——围绕人和集体的思考》(PHP 研究所，2014)一书，是想从伊索寓言故事中寻找经济伦理学的智慧。作者认为《伊索寓言》中关于龟兔赛跑等故事，不仅仅是孩子们的故事，也提供了我们在竞争激烈的社会中生存的智慧。蛇的邪恶、驴子的愚蠢、狐狸的狡猾聪明、猴子的智慧而肤浅——这种性格的动物们，在寓言中都是各种各样的愚蠢行为的典型表现。作者指出，在《伊索寓言》中描绘的是聪明战胜愚蠢的彻底的弱肉强食的世界，人的善意、恶性变好的"幻想"全部被排除了。作者认为像这样的种种寓言，仅停留在感情水平的理解是不行的，要从"经济伦理学"的立场来解读这本书。人是感性的动物，为追求利益而避开不利，为追求正义而避开非义来行动。但这样的人在现实中，如何与社会和他人竞争，作者认为《伊索寓言》提供了绝无仅有的智慧。伊索寓言的世界描绘的是彻底的竞争原理，也是现代的智慧，是我们坚强地生活下去的智慧样本。例如《蚂蚁和蝈蝈》的故事：蚂蚁和蝈蝈住在田野里。蚂蚁一天到晚忙着找吃的，准备过冬。蝈蝈呢，整天抱着琴，从早到晚唱个不停。蚂蚁几次对蝈蝈说："冬天快来了，快准备点过冬的粮食吧！"蝈蝈看了看蚂蚁，根本不听，又接着唱歌。天气越来越冷，田野里再也找不到可吃的东西了。一天，蚂蚁正在晒粮食，蝈蝈走过来说："好朋友，我好久没有吃东西了，饿极了，你能给我一点吃的吗？""夏天你不是很忙吗？"蚂蚁问，"你为什么没有贮藏粮食呢？"蝈蝈说："我只顾唱歌了！"蚂蚁撇撇嘴说："那么，你也可以唱歌过冬啊！"作者认为那么在现代社会，就可以利用蝈蝈唱歌特技开演唱会，蚂蚁作为消费者来听音乐，蝈蝈也就有吃的了。这个道理就是资源的有效配置。作者认为寓言的世界就是聪明战胜愚蠢的世界，并用彻底的竞争原理解读了一个"自作自受"的世界。本书的观点也遭到日本学者的质疑，指出寓言里主要的登场人物性格都是一成不变的，努力也是没有用的。但这样的智慧就是市场原理主义的竞争所要肯定的东西吗？作者对所选寓言的解读带有左翼的色彩，跟伦理学和经济伦理学没有关系的故事也很多。实际上，古今中外的寓言在一定程度上是各个民族和各个时代的行为模式和思考方式的反映，显示出很多耐人寻味的东西，作者仅仅从市场原理主义的立场出发来讲解，消解了寓言的本来价值。比如在《蚂蚁和蝈蝈》中对蚂蚁勤劳的肯定，也是值得今天的经济伦理学多借鉴的。

对环境伦理学的研究也是应用伦理学的重要组成部分。江户川大学社会学部讲师吉永明弘的《都市的环境伦理》（劲草书房，2014）一书，是对城市的环境问题进行的伦理学探讨。作者围绕环境伦理学和城市研究，对都市的持续发展的可能性、都市的自然环境、都市宜居环境的维持三个主题，作了环境伦理学的分析。作者从介绍美国的环境伦理学入手，认为美国的环境伦理学是以"自然的价值"为中心的，是依据美国的特定时间和空间而产生的，并不完全适用于日本，所以日本要建立自己的环境伦理学。作者认为日本的环境伦理学不能像美国的环境伦理学那样，只重视"自然的环境"，不重视"城市的环境"，因此环境伦理学的发展就是要提倡"本土的环境伦理学"，于是在日本就提出了"都市的环境伦理"思想。作者认为"环境"有"自然的环境"，也有"社会的环境"，环境是与人的关系，环境问题关系着人的问题，人在环境中获取经验，形成自己的风土人情。那么谁应该成为倡导"都市的环境伦理"的旗手呢？作者认为城市的环境伦理的旗手不仅是哲学家和伦理学家，还包括生物学家、土木工程专家、经济学家、社会学家等，也包括城市的设计者和市民。为了都市的持续发展的可能性，维护都市的自然环境和都市的宜居环境，不仅要考虑城市传统的建筑、街道和"故事"，也要考虑城市的未来。城市要为地球可持续发展的可能性作出贡献，必须调整能源政策；要保证城市的宜居，必须规划建筑物。作者指出，本土的环境意识也是全球化的环境意识的一部分，建立都市的环境伦理学是具有国际眼光的开端。

对生命伦理学的研究在日本也受到相当的重视。几央大学健康科学部学部长金子章道、几央大学健康科学部健康营养学科教授金内雅夫、几央大学健康科学部看护医疗学科教授河野由美共同编著的《给学生思考的生命伦理》（中西屋出版社，2014）一书，是面向学生而写的生命伦理学著作，让学生能从现代社会的问题中思考生命的尊严。本书面向将来要成为理疗师、护师、护工等领域的职业，以及教师和从事与生命有关工作的学生，从生殖医疗、基因操作、儿童虐待等社会各种课题中所遇到的生命伦理问题中，思考生命的尊严。该书介绍了生命伦理、生命、人的社会、护理的生命伦理、协作医疗、保健医疗福利协作、护工的伦理等基本知识，并指出在学校教育中要涉及生命伦理的教育，在教育基本法，学校教育法，学习指导要领中要加入对生命尊重的心的育成内容。幼儿园、小学、中学、高中等各个阶段的学生，都要在学校教育中学会尊重生命。书中还向学生介绍了生命的伦理、生殖的伦理、出生诊断、代理母亲、克隆技术、再生医学、基因伦理、基因诊断、基因治疗等知识，以及医疗中的生命伦理知识，如知情同意、知情同意的历史、知情同意的临床应用、救急医疗等。还有关于器官移植的伦理，如器官移植和脑死亡判定，以及高龄患者医疗中的伦理课题和关于死亡的生命伦理、临终关怀、尊严死和安乐死、死亡权利、自己决定、伦理审查等问题。另外，还对脑科学的生命伦理、神经伦理学、动物实验的生命伦理、宠物的伦理、辅助犬的饲育问题、野生动物、展示动物的伦理、科学家的伦理、儿童虐待和生命伦理、发展障碍者的生命伦理、被害儿童的保护问题等都作了通俗易懂的讲解。

对临终关怀、养老问题和护理问题的关注，也是日本应用伦理学的课题。大谷大学文学部哲学科教授池上哲司的《在旁边——老年和护理的伦理学》（筑摩书房，2014）一书，从看护照顾老人的视角，就生命伦理学的分支——看护伦理学进行了探讨。临近死亡的老人，体验的是衰退和丧失、不安和无奈，经历了漫长岁月最后自我形象被变更，我们不禁要问：老年的价值在哪里？护工在老人的旁边，与老人共同拥有一段时光，随着时间的推移，彼此对存在的肯定，互相的关系也交织在一起。可以一起思考生命的意义、老年的生活方式。书中分享了对生命、自我、自由、死亡的理解，以建立老年伦理学和看护伦理学。

福岛核电站事故的发生，使废核问题成为日本应用伦理学的重要反思对象。大阪府市能源战略中心副会长古贺茂明的《核电站的伦理学》（讲谈社，2013）一书，主题是废除核电站。此书可以说开启了整个日本和"核电站官僚"斗争的序幕。在日本，如果提出核电站在"伦理"上是不被允许的能源的观点，就会被贴上那是"感情"或"主观"的言论的标签。有人会认为经济上和技术上都能接受，伦理学上为什么不能接受，作者认为伦理的问题也是经济和技术领域非常重要的问题，特别是小泉和细川首相都说过分期废除核电站是"人的生存方式的问题"和"伦理的问题"，这是有着非常重要意义的观念。作者对细川、小泉的期待是建立更大的哲学，即建立"摆脱核电站的伦理观"，并向国民宣讲，在国民中掀起大讨论。作者认为讨论的结果，会为大多数日本国民树立新的生活方式，开发摆脱核电站的可再生能源，建设自然共生的日本。如果这个共同目标可以达到的话，那么摆脱核电站就会成为可能。作者从东电破产处理之初的攻与防、东电的救济和大核电站再启动决定的对策等现实问题中，提出要从根本上批判原子力规制委员会，批判核电站推进派的荒诞无稽的言行，正视福岛的现状，反对核电站。最后，作者对虚伪和欺骗的安倍政权也进行了揭露。

近年来，女性主义伦理学在日本伦理学界开始兴起，相关研究也如火如荼。立正大学文学部哲学科教授金井淑子的《伦理学和女权主义》（中西屋出版社，2013）一书，就是从性的少数派的声音出发，从伦理学和女权主义角度解析从后构造主义性别论到同性恋理论的问题意识，架起伦理学和女权主义的桥梁，开拓女性的临床哲学和女性主义伦理学。自由主义和家长制作风是性问题解决的两极，作者从性、爱的讲义等七讲（如"摆脱性别、性是虚假的"，"性工作者在理性和情感中的游离"，"对性行为的伦理和文学批评"，"被性附体、束缚的现代人是由性而自由还是为了性而自由"，"两性伦理的目光要投向状况不断的女性的内在矛盾"，"性的问题是听从家长作风还是自己决定"，"女性气质向母性气质的领域发展"）中，引出性别伦理研究的问题。接着作者从身体的差异、共感是来自社会的构造主义和性别政治的问题出发，反对性别政治化。如德国的希特勒就是在生殖的欲望和政治之间，建立了对身体的新的政治统治和对优生的政治选择。作者指出关于性别、性差的本质论问题，是还元主义批判的难题，也是女权主义的困惑和伦理学的困难。波伏娃提出的纲领是"女人不是天生的，而是被塑造成的"，已成为时髦的原理。"男女有别"的性别等级制度是女权主义在"性别"上的发现，现代、后现代的女权主义的性别论就是要反对性别等级制度。在作者看来，性有三层，即"性、性别、性行为"（Sex · Gender · Sexuality）。后现代女权主义关心的是性别问题系，包括与欲望、性行为有关的问题系。本书认为性别概念是生成的、扩张的，所以要破除性别二元制的思维方式，如 TG 和 TS 的出现，就改变了性别的男女二元结构。TG（Transgender 的缩写）即"跨性别"的意思，是指那些不认为自己的性别与他们出生时基于生殖器官而被决定的性别表现为一致的人，或者说各人真实性别没有在其出生时被真实地反映出来。这个词是美国的维吉妮亚·普林斯（Virginia Prince）在 20 世纪 70 年代创造的，用来与 Transsexual（变性）这个名词作对照，指称那些并不希望进行手术来改变生理性别，以及那些认为自己是处在两个社会性别（Gender）中间的人，他们并不将自己严格界定为任何一种性别，而是将自己界定为既非完全的男性，也不是完全的女性。TS（Transsexual 的缩写）即"变性"的意思，在医学上被称作变性欲者，指希望以手术改变性别者。这些都向女权主义和伦理学提出了新的挑战，"性的后天性"假说还是女权主义的盲点，变性、性别、性的问题、欲望的问题等女权主义必须要有所涉及。女权主义者有着内在的恐惧症，如自我性行为、性满足问题，还有对制度暴力的恐惧症。女权主义者的目光不能仅仅以身体和欲望为中心，还要关注他者，包括外部的他者和内部的他者。要关注少数群体的女性，如关注性体验与常人不同的少数他者的现象和恐惧症，关注"第三世界的女性"作为他者的表象，建立起女性的哲学。同时还要在全球化的世界中寻求日本伦理学的位置，研究日本社会和临床哲学，研究东亚的女性的历史和过去所遭受的迫害，从女权主义角度设定研究问题。从小的方面说，可以研究护理关系中的劳动压抑问题，研究压抑和暴力、创伤的排除方法，把"他者"内在化为"我"，这是女性的哲学的旨归。

日本大学经济学部教授根村直美的《现代伦理学的挑战——实现相互尊重的自己决定和性别》（学术出版会，2013）一书，是对现代女性主义伦理学的诸种问题中的重要概念"自己决定"和"性别"的考察。在现代社会，医学和生命科学的发展带来了很多尖锐的伦理问题，人们的思维方式也日益多元化。作者认为对这两个概念的批判的目的，不是要放弃这两个概念，而是为了实现相互尊重。通过这两个概念的再造，使我们能尊重每个人的具体的思维方式。作者首先分析了"自己决定"的概念，她认为道德哲学意义上的"自己决定"是指，在所有选择项中没有一个选择项是受他人强迫而作出的选择的意思。因此，"社会的自由"是"自己决定权"的基础。关于"性别"的概念，有生物学意义上的性别和社会文化意义上的性别，从伦理学的角度考察"性别"，不是要拒绝生物学意义上的性别，而是希望不要用固定的内容和固定化的标准来看待"性别"。"自己决定"的概念和"性别"概念也有交叉点，如对健康概念的哲学的考察、生育技术的伦理学的考察、婴儿出生前的诊断、妊娠中止等，都有自我决定和性别意识的考量。

日本伦理学界对应用伦理学的研究是多领域、多角度、多范围的，不仅有理论的建构，也有概念的澄清，还有方法的创新，这些都是值得我们学习和借鉴的。

三、西方伦理学的研究

对西方伦理学学术经典的学习和译介是日本学术界的传统，相关译著层出不穷，此不赘述。这里我们主要对日本学者关于西方伦理学研究和对西方伦理学家思想的解读做一综述。

关于西方伦理学的总体介绍日本曾出版多部著作，东京大学教授淡野安太郎的《社会伦理思想史》（劲草书房，2013）一书中不仅有对西方伦理学的介绍，还有对东方伦理学的介绍。作者认为，我们要正确理解身边的社会，必须理解我们相互依存的不同社会的生活状态，不仅要理解眼前的现实，还要理解人类几千年历史发展中的社会伦理思想。于是作者从原始社会的伦理介绍出发，分别就西方社会伦理中的希腊的社会伦理、罗马的社会伦理、伊斯兰教的社会伦理、日耳曼的社会伦理、市民社会的伦理、马克思主义的社会伦理、非共产主义的社会伦理等思想做了梳理，还就东方的社会伦理中的印度的社会伦理、中国的社会伦理、日本的社会伦理等做了阐述。作者希望通过社会伦理思想史的学习，给现代社会伦理根本问题的解决提供一些借鉴。

对西方伦理学家思想的解读，也是日本学者的兴趣点。俄亥俄州立大学医学部生命伦理学副教授奥野满里子著的《西季威克和现代功利主义》（劲草书房，2014），是对西季威克伦理思想的解读。本书所要探讨的是伦理学的一个流派即功利主义，以及西季威克对功利主义的贡献。作者提出，在今天有了烦恼而求助于伦理学的人并不多，伦理学似乎已经没有了信用，但实际上依个人的决断也是解决不了问题的，在社会中受他人的影响也会带来烦恼，所以作为整合的合理的解决方法，伦理学努力还是会有作用的。本书指出，我们可以从现代的道德哲学先驱——19 世纪的亨利·西季威克学说的解读中对现代伦理学进行检讨。作者从西季威克的著作《伦理学方法》中寻找功利主义的位置，西季威克在书中阐明了相应于不同原则的伦理学方法主要有三种：利己主义、直觉主义、功利主义。作者对西季威克关于"常识"和"常识的道德"、"理性"、"应当"、"正确"、"善的概念"进行了解释，并说明"正确"、"应当"和"好"之间的关系，善和人的意识之间的关系。关于"自明意义的命题"的基本条件，西季威克举出了四个条件："（1）命题的术语必须是明晰准确的；（2）命题的自明性必须是经缜密反思确认的"[1]；"（3）被视为自明的命题必须是不自相矛盾的；（4）既然真理的概念本身意味着真理对所有心灵都大致是同样的，另一个人对一个我所

---

[1] ［英］西季威克著，廖申白译：《伦理学方法》，中国社会科学出版社1993 年版，第 354 页。

肯定的命题的否定就会伤害我对它的效准的信心"①。其中的一个条件是命题不能同语反复，它与常识的道德、哲学的直观主义有密切联系。作者分析了三个基本原理的含义、三个原理共同性和相异性，同语反复的条件和四个条件的妥当性三个原理和伦理学三个方法之间的关系。随后，作者分析了功利主义的基础，结果主义和最大化原理、快乐说，认为"每个人幸福总和最大化"的功利主义成立，可以在常识中得到支持，并与利己主义不同。作者接着分析不诉诸直觉主义方法的黑尔的功利主义思想的基础，即自爱、博爱的原理。黑尔的新功利主义认为"道德原则的作用就是指导行为。道德语言是一种规定语言"②，这是一种选择充足说。黑尔的选择充足说的功利主义说明了快乐说的功利主义并非全部正确，因为选择强度的个人差异和效用总和最大化之间，存在否定强度测定和个体差异的可能性的悖论。

东大阪大学短期大学部教养部教授山内友三郎所著的《站在对方的立场——黑尔的道德哲学》（劲草书房，2013）一书，从黑尔的道德哲学出发，对权利、医疗、教育等实践问题进行伦理学的探讨。作者从柏拉图和黑尔思想的比较出发，认为给予的道德和自己决定的道德是不同的，黑尔解决问题的立足点是客观的价值，柏拉图和黑尔的区别可以说是理想与利益之别。黑尔的命令主义肯定道德判断的作用，肯定原则决定的作用，"当我们学习去做某事时，我们所学的也总是一种原则"③，"因为作出价值判断也即作出原则决定"④。因此，道德的推论要站在对方的立场，注意调停利益和理想之间、自由主义和空想家之间的矛盾。作者又指出，黑尔关于道德语言的理论特质是指向性和普遍化的统一。作为一种新功利主

① ［英］西季威克著，廖申白译：《伦理学方法》，中国社会科学出版社1993年版，第357页。
② ［英］黑尔著，万俊人译：《道德语言》，商务印书馆1999年版，第5页。
③ ［英］黑尔著，万俊人译：《道德语言》，商务印书馆1999年版，第60页。
④ ［英］黑尔著，万俊人译：《道德语言》，商务印书馆1999年版，第69页。

义，黑尔的功利主义是从幸福走向选择，是站在普遍的立场，作为理想的观察者来实现公平的仁爱，可以说是康德说和功利主义的综合。进而作者又对"他者的痛苦"进行了道德的思考，要了解他者的痛苦，就要明白人格自我同一性和"我"的意义，尊重未来的自己的选择和他人的选择，做到选择功利主义和幸福功利主义的统一。以此，作者开始着手解决实践问题，如权利和效用问题，要努力做到全体幸福和少数者权利的平衡、个人的非代替性和道德普遍性的一致。如医学伦理问题，安乐死、妊娠中止、人格的无可替代问题、人是什么等问题，需要在事实和规范之间寻找出路。如平等问题，经济平等、教育平等、世界性饥饿和动物平等、利益均等主义和环境伦理问题，要在事实平等和规则平等之间博弈。如道德教育问题，需要在一般性的原则和个性形成、道德语言的指向性和普遍化可能性、自由主义的教育观和权威主义之间进行调和。最后，作者提出"我"应该具有什么样的道德，告诉人们如何在道德原则和个人利益之间进行权衡，在良心和义务之间进行选择，认为黑尔的哲学已经告诉我们要站在对方的立场上思考，站在世界的视角去思考。

日本伦理学的发展可谓成绩斐然，其在伦理学基本理论方面的成果和在应用伦理学方面的成就，以及在西方伦理学研究上取得的成绩，尽管在某些方面也存在片面性和不足之处，但其合理成分还是值得我们学习和汲取的。希望中国伦理学界能在广泛汲取营养的基础上获得长足的发展。

参考文献

[1]安彦一惠：《<道德>是什么——概要·伦理学原理》，世界思想社 2013 版。
[2]池上哲司：《在旁边——老年和护理的伦理学》，筑摩书房 2014 年版。
[3]淡野安太郎：《社会伦理思想史》，劲草书房 2013 年版。
[4]根村直美：《现代伦理学的挑战——实现相互尊重的自己决定

和性别》，学术出版会 2013 年版。

[5]古贺茂明：《核电站的伦理学》，讲谈社 2013 年版。

[6]河野由美编著：《给学生思考的生命伦理》，中西屋出版社 2014
年版。

[7]吉永明弘：《都市的环境伦理》，劲草书房 2014 年版。

[8]金井淑子：《伦理学和女权主义》，中西屋出版社 2013 年版。

[9]金子章道、金内雅夫、河野由美编著：《给学生思考的生命伦
理》，中西屋出版社 2014 年版。

[10]林大悟编：《伦理·视角——打开伦理学的眼》，中西屋出版
社 2013 年版。

[11]浅见升吾、盛永审一：《作为教养的应用伦理学》，丸善出版
社 2013 年版。

[12]僧南直哉：《善的根据》，讲谈社 2014 年版。

[13]山内友三郎：《站在对方的立场——黑尔的道德哲学》，劲草
书房 2013 年版。

[14]伊势田哲治：《伦理学的思考》，劲草书房 2012 年版。

[15]宇佐美诚主编：《全球化的正义》，劲草书房 2014 年版。

[16]竹内靖雄：《伊索寓言的经济伦理学——围绕人和集体的思
考》，PHP 研究所 2014 年版。

[17]佐伯启思：《自由是什么》，讲谈社 2004 年版。

法国青少年价值观教育前沿问题追踪

武汉大学马克思主义学院　　上官莉娜

　　法国是一个多民族、多种族、多文化、多宗教、多信仰的国家，在多元文化的交流、交锋与交融过程中，如何向青少年传递法国社会的核心价值观，从而实现价值整合与社会凝聚，减少社会紧张与冲突，这是法国社会各界普遍关心的问题。青少年价值观教育可以从广义和狭义两个方面来理解，广义的价值观教育是一个社会整合系统，是家庭、学校、社会通过网络连接共同完成的，可以说渗透和体现在个体生活的方方面面，某种程度上也是青少年社会化的过程。狭义的价值观教育特指学校通过一定的课程安排或实践活动，有目的有意识地向青少年传递社会的核心价值观，引导规制其行为，塑造完善的个体人格、培养良好的道德品德。本文侧重探讨狭义上的青少年价值观教育。

引　言

　　与大多数欧洲国家不同，法国的国家科研中心（CNRS）和大学里没有任何专门的青少年研究机构或青少年问题研究中心，任何试图创建此类机构的倡议都会遭到各方科学团体的强烈反对。这除了政治上的担心以外，如害怕科学的调查研究会被政治力量所控制和左右，还存在理论和认识论的选择。缺乏正式学术组织的依托并没有影响官方和学者对"青少年问题"的关注和探究。法国司法部资助建立的教育与社会信息研究中心（centre de formation et de recherche éducative et sociale，CEFRS）；隶属青年体育部的青少年及国民教育国家研究所（institut national de la jeunesse et de l'éducation populaire，INJEP）；隶属教育部的国民教育国家研究所（institut national d'éducation populaire，INEP）；由劳动和就业部资助建立的资格研究中心（centre d'études et de recherches sur les qualifications，CEREQ）；等等，在观察研究青少年现象和青少年问题方面发挥着重要作用。在青少年研究领域，主要有 4 个机构能够为学术界提供统计信息，分别是法国国家经济研究与统计局（INSEE）、资格研究中心（CEREQ）、国家人口统计研究局（INED）、生活条件调查和观测中心（CREDOC）。CEREQ 专门调研进入劳动市场的青年状况；INED 自 20 世纪 90 年代开始进行家庭、青少年、移民等社会问题的调查；CREDOC 提供包括青少年在内的国民一般生活水平和相关影响因素的数据。

在法国国内，不同知识背景的学者从政治学、社会学、心理学、人类学、法学等角度进行研究，对青少年价值观的研究往往受"时代风气"影响，形成了极为错综复杂的问题群。从分析视角上讲主要包括：（1）政治社会化的视角，认为青少年价值观的形成是他们适应社会和文化秩序的能动反应，大多基于个体本位展开分析，因而主要属于个体政治心理学的范畴（Yannic Lemel，Bernard Roudet，2000）；（2）文化冲突的视角，以法国多元文化的冲突与交融为背景，分析价值观对青少年亚文化形成的影响（Pierre Mayol，1997）；（3）代际差异的视角，构建围绕"生命周期"和"代"这两个概念为核心的理论框架，分析法国核心价值观与行为规范的代际传递机制（Marie Anaut，Claudia Andrade，2008）；（4）价值观的实证研究，持续追踪 1981 年以来法国 18～29 岁青年价值观、政治观、思想道德变迁，通过持续的社会观察和数据统计，展现出法国青少年价值观变迁的历史图景（Olivier Galland，Bernard Roudet，2001）。法国学者问题意识较为明确，研究方法相当规范和多元，既有基于统计资料的定量分析，亦有基于访谈和观察的质性研究，体现了较高的研究水准。这些成果均具有重要的借鉴意义，主要缺陷是其个体本位的立场，割裂了青少年价值观与宏观的社会结构性变迁之间的互动关系，忽视了影响价值观教育的制度和政策背景。

一、多元文化与价值观教育的迫切性

青少年是否缺乏价值观？这似乎是每个国家主流社会的成年人疑惑并且颇为忧虑的主题，青少年是敏锐、好奇、创新、无畏的代名词，青少年价值观的变迁是社会文化深层变迁的风向标。法国近年来受经济全球化和欧元区经济放缓的影响、经济增速趋缓，经济发展缺乏动力、固定资产投资下降、破产企业数增加，财政赤字大幅增长，人口老龄化严重、移民问题突出，潜伏着社会动荡的危险。2006 年 3 月，学生和工会在全国范围内举行了大规模游行示威活动，要求政府撤销"首次雇佣合同法案"（CPE），2/3 的法国大学卷入骚乱，至少 30 万大学生走上街头抗议，对就业问题和个人前途的忧虑成为近年来法国学生运动的一个主题。

近年来，法国传统文化受到两方面的冲击，首先是以美国文化为代表的外来文化的侵袭。美国凭借其强大的经济实力和文化软实力，掌控国际媒体并按其价值观来制造国际舆论和决定话语权，美国所传递的文化观念也强烈冲击着法国的青少年。20 世纪 60 年代以来，美国文化以好莱坞电影、连续剧、牛仔裤、摇滚音乐、麦当劳快餐和迪士尼乐园等商业形式牢固占领法国市场，美国"文化帝国主义"在法国无处不在，有法国媒体称之为"新殖民化现象"。法国政府以"文化例外"为由，实行文化保护政策，在抗衡美国文化影响方面显得相当积极，认为自己是在为法国的价值观与传统而战。其次是国内文化异质性大增，尤其是穆斯林文化的影响日趋扩大。法国移民人口已占总人口的 8%，加之国内从未熄灭的民族主义（如科西嘉、布列塔尼民族问题、海外领地问题等）和种族主义情绪，社会冲突时有发生。有学者进一步推算在今天的法国人中，"大约 500 万人是移民的后裔，其中大部分已取得法国国籍。约有同样数量的人其祖辈中至少有 1 人是移民"，"大约四分之一人口是移民或移民的后裔"①。据统计，2003 年，来自北非的移民失业率高出全国平均水平的 5 倍，达到了 10%，60%～80% 的法国囚犯都是穆斯林。生活在大城市郊区的第二代移民被称为"郊区一代"（Génération Banlieue），他们遭受社会歧视、受教育水平低，生活在法国社会的底层，吸毒、暴力流行。代表性社会事件是 2005 年 10 月 27 日在巴黎郊区爆发的大规模社会骚乱，焚毁汽车、破坏公共设施、与警察冲突等，主要就是由移民问题引发的。当然这不是法国所独有的困扰，整个欧洲某种程度上都感染了"伊斯兰恐惧症"，有学者甚至创造出一个新词"欧拉伯"（Eurabia），即由"欧洲"（Europe）和"阿拉伯"（Arabia）两个单词合成。移民是全球化的表现形式之一，它加强了异质文化的互动，对国家的经济、政治、文化等环境的影响越来越大，甚至和国际局势的变动发生紧密联系。

法国学者阿兰·图海纳在谈到法国文化与世界他族文化遭遇的状况时指出："我们发现，出现在我们面前的文化与我们的文化完全不同，发现它们有表述这个世界和人类及生命的能力，它们的独创性使我们不能不钦佩，并激励我们认识它们，但它们并不能使我们与它们进行沟通，也就是说不能与它们生活在同一个社会里。"②图海纳的言论折射出法国社会对多元文化能否共存的疑虑和担忧，而在法国国内引发移民矛盾最深层的原因还是文化冲突，《查理周刊》恐怖袭击事件就是一个佐证。2015 年 1 月 7 日，法国政治讽刺漫画杂志《查理周刊》因为刊登了伊斯兰教先知穆罕默德的漫画形象，遭遇恐怖袭击，导致 12 人遇难。法国总统奥朗德 1 月 17 日作出回应称，坚持维护"言论自由"和"世俗化"的法国价值观。法国前总统萨科齐也曾表示，法国尊重差异，但是来到法国的新移民必

① Alec Gordon Hargreaves. Immigration, Race and Ethnicity in Contemporary France, London/New York: Routledge, 1995, p. 5.

② ［法］阿兰·图海纳著，狄玉明、李平沤译：《我们能否共同生存？——既彼此平等又互有差异》，商务印书馆 2003 年版，第 13 页。

须让自己认可法国所崇尚的价值，这些关切的表达带有对失去文化同质性和国家认同感的焦虑之情。

对强势的美国文化，法国政府没有"拒之门外"，对穆斯林文化也没有"扫地出门"，而是探寻在一个民主法治国家内，具有差异性的、多样态的文化能否和平共处，如何使多元文化重叠于国家认同。法国正经历着经济与社会危机，同时也经历着认知与道德危机，处于一个权利—义务平衡断裂、个体—共同体关联瓦解的社会。从法兰西共和国所经历的失败中，有识之士认识到无法单靠利益上的革命来建立共和国，而需要相关意识的教育，"共和民主"需要教导与教育，而教导教育则需要传承共同价值观，只有它能保障个体自由与个人尊严的共存，以及涵育维护共同福祉所必需的个人美德。因此，促进青少年对不同文化的理解和尊重，对种族和宗教信仰有更深刻的认识，学会如何正确面对和处理社会分歧、塑造良好品德、成为合格公民，青少年价值观教育凸显其迫切性与重要性。

二、世俗教育与价值观教育的合法性

法国的教育长期被教会严格掌控，直到 1881 年法兰西第三共和国时期通过了著名的《费里法案》，宣布世俗性为法国教育的根本特点之一。此后，神职人员不再担任教师，宗教内容从教材中被剔除。随着社会发展，"世俗性"逐渐延伸为"中立性"。所谓中立性，就是教育不受任何宗教信仰和政治倾向的控制。然而几百年来，在法国历史上，宗教与道德具有千丝万缕的联系，以至于它们之间的关联不可能是外在的和表面上的，要把它们彻底分开也绝非易事。从宗教教条中提取的道德价值，如诚实、节俭、守信、慷慨、爱国、忠诚、尊重公益、尊重生命，都受到不同程度的质疑。因此，法国传统学科教学对浸入道德和政治抱有抵触情绪，世俗教育更为关注真理的主导地位。有学者指出，学校的世俗化是一种"工具性的中立"，可以归结为价值与思想的缺失，只有工具性的智力教育。① 人们发现，法国课程根本不含"道德"课程，这不仅与过去的课程相反，也与其他国家的课程规定有所不同。"我们的冷漠和智力主义的症候，以及对"教育"和"民主"等到处都适用的概念模糊的危险，在学科课程中四处可见。"②教育世俗化是一个从道德生活中排除宗教信仰的过程，也是道德理性化的过程，然而学校单纯求助于唯理教育，忽略了价值观的意义。此外，实证主义在法国的滥觞，也对价值观教育产生了冲击。实证主义对难以被科学证明的主观价值观和事实作了激进的二分，价值观可能因为时空差异而引致不同的判断和解释，因而被视为仅是情感的表达而非客观事实，而包含价值观在内的所有知识都被看做相对的、变化的、情境性的，确定价值观的基础性原则始终处于摇摆状态，从而否定了在学校中进行价值观教育的合法性。

综观法国青少年价值观教育，它形成了"一体两翼"的结构，即以"价值观教育"为主体，以"公民教育"和"道德教育"为双翼。但是双翼的发展并非均衡的，公民教育独大、道德教育缺失一直困扰着法国学校教育。两个世纪以来，法国公民教育是一个相对持续稳定的系统，但也受到政治因素与社会气候变化的影响。法国学校公民教育一直力图对社会危机做出反应，而且这种教育一直被视为可能的潜在补救措施。第二次世界大战之后，道德教育因有倾向性之嫌，不符合中立性原则，逐渐被取消。1882—1969 年，在法国小学教育阶段还存在"道德教育"以及"公民训导"课程，1970 年被取消，直至 1985 年才重新开设；初中阶段，1985 年开设了"历史、地理、公民教育"；高中阶段一直没有传统意义上的公民教育，因此 2000 年在普通高中开设的"公民教育、法律与社会"课程、在职业高中开设的"公民教育"课程被视为重要的革新举措。近年来，"公民教育"逐步向健康教育、性教育、环境教育、消费教育、安

---

① [法]路易·勒格朗著，王晓辉译：《今日道德教育》，教育科学出版社2009 年版，第 56 页。

② [法]路易·勒格朗著，王晓辉译：《今日道德教育》，教育科学出版社2009 年版，第 122 页。

全教育等领域延伸。在法国学校公民教育中，其政治维度一直较为突出，公民教育的核心概念始终围绕着"公民资格"，有学者甚至认为进行公民教育，就是为政治恢复地位。在 1948 年 5 月 10 日的高中公民教育文件中，出现的就是"公民和政治教育"这样的用词，同时提出其他学科应该为公民教育提供支持，这种状况一直延续到 20 世纪 70 年代，法国社会开始对是否仍然采行"公民教育"产生质疑，1978 年以后，初中和高中都停止开设公民教育课程。1985 年公民教育再次复课，其目的是希望回归某些价值观。虽然近些年来公民资格的内涵经历了"去政治化"（dépolisation de l'éducation civique）的过程，但是道德教育仍未引起足够的重视，对于道德教育在法国中小学中的"缺席"，有学者甚至称之为共和国的"领土丧失"。

自 20 世纪 70 年代末期开始，一批欧洲社会学研究者开始着手欧洲人价值观的大规模体系普查，其目的有三重：首先，明确跨越欧洲国界的共同深层文化基础、国家间价值观的接近点与分歧所在；其次，了解价值观的历时性变化；再次，从政治学和社会学的角度对收集的数据进行分析。他们创立了"欧洲价值观体系研究组"，后来被称为"欧洲价值观调查"（EVS）。法国为了对数据进行深入研究，成立了"价值观体系研究会"（l'Association pour la recherche sur les systèmes de valeurs），聚集了 10 余位学者和一些专业舆论机构。法国对受访青年的年龄段确定在 18～29 岁，研究显示四个因素影响共同责任的积极表达：较高的训导水平、宗教实践、对政治的兴趣以及对共同价值观的认同度，受教育程度而非年龄对价值观的形成起决定作用，也就是说受教育程度是青年价值观分化的一个关键变量，这一结论也为学校青少年价值观教育的合法性找到了信实的证据。

三、世俗道德教育的回归

经过 6 个月的审查与听证，2013 年 4 月 22 日，由历史学家阿兰·波尔古尼（Alain Bergounioux）、国策顾问雷米·施瓦茨（Remy

Schwartz)、大学教授劳伦斯·罗埃菲尔(Laurence Loeffel)组成的工作小组向教育部长文森特·佩朗(Vincent Peillon)呈交了《道德的世俗教育报告》(以下简称《报告》),对中小学生道德现状及存在问题进行了分析,提出了道德的世俗教育原则、目标、导向及模式,提出了教学的内容与评量方法,法国教育部专门成立了世俗道德教学高级委员会,计划于 2015 年秋季在法国中小学正式实施。学校将构建从小学一年级到高中三年级的世俗道德课程,要求专门的课程时数与教材,不能与史地课相混淆。小学、初中每年 36 小时,约等于每周一小时;普通高中每年 18 小时,职业高中亦然。该报告公布一周后,根据法国民调机构 IFOP 进行的问卷调查结果显示,91%的法国人"支持"这项计划,其中 48%的人"非常支持"。

法国学校道德教育的回归之路可谓历经坎坷。报告书中采用的是"道德的世俗教学"(un enseignement laïque de la morale),而不是草案中的"世俗道德"(morale laïque),语词的微妙变化体现出官方对世俗道德的审慎态度。世俗道德是相对于宗教道德和理想道德而言的。宗教道德将道德建立在宗教信仰基础之上,神祇是道德价值的最终根据;理想道德则将道德建立在某种先验的原则之上。宗教道德和理想道德都把某种虚构的价值本体(上帝或理性)当作凌驾于人之上的神圣的价值绝对体,具有绝对至上性。相对于世俗道德而言,宗教道德和理想道又可称为神圣道德。道德的世俗化就是从神圣的生活走向平凡的现实生活、从神圣道德走向人的道德的过程。世俗化乃相对于神圣化而言,是指通过对神圣化的"祛魅",回归世俗社会、世俗生活与世俗价值。① 法国社会学家、教育家涂尔干是提倡世俗道德教育的先驱,他认为世俗道德是与宗教派生出来的道德相区别的道德,是一种只对理性适用的那些观念、情感和实践。这种"非宗教化"不仅表现在从表面及形式上把宗教教育与道德教育分离,而且还要把潜藏在宗教概念中的道德实体与人们世俗生活中经验性的道德实体进行挑选和整理,"从而建立起具有真情实感的、有充实内容的,但又不借助任何宗教神秘色彩的道德教

---

① 喻文德:《论世俗道德的特点及其困境》,《伦理学研究》2008 年第 1 期。

育体系"①。价值或价值观一直被视为道德教育的内核。勒格朗指出，道德培养的目标应当为少年儿童创建道德意识，主要内容如下：关于价值的知识；价值的理论证明；义务感；使行为适应这些价值的意愿；适应这些价值的行为习惯。② 道德教育在其智力方面应当是一个澄清问题的过程，应当是一个自我思考的时机，应当是一种本能冲动与个别冲动的净化。③

教育部长文森特·佩朗也表示，"世俗道德教育是对能让我们在共和国中根据自由、平等、博爱之共同理念一起生活的规范和价值的认识与思考。它也应该是让这些价值与规范获得实践的教学"④。佩朗进一步指出，世俗道德是对价值、原则和社会规范的反思，提倡宽容、合作、团结的价值观，这与法国"自由、平等、博爱"的思想相一致。《报告》强调的世俗道德并不是反宗教的，它是通用于所有人的道德，与个体信仰自由共存。同时，"世俗道德"也并非一种"国家道德"，它反对教条主义的灌输，致力于培养学生道德判断与道德意识，其目标是自主性，《报告》构筑了世俗道德教育的基本框架。

其一是世俗道德教育的原则与目标。

《报告》提出开展世俗道德教育遵循的原则：需要共同计划的组织者和实施者；需要基于世俗性原则清晰确定所要传递的共同价值观；重申了教师传递共同价值观的合法性；强调与其他学校教学活动一样，自律是道德教育的前提条件；在教学中应尊重舆论自由与信仰多元原则，对学生及其家庭给予尊重。报告指出法国正经历公民道德危机，整个社会与公权力机构都必须担当起相应的责任，教师处于社会危机的前线，负有向青少年传递"共同价值观"的义

---

① 转引自袁桂林：《当代西方道德教育理论》，福建教育出版社 1995 年版，第 20 页。

② ［法］路易·勒格朗著，王晓辉译：《今日道德教育》，教育科学出版社 2009 年版，第 37~38 页。

③ ［法］路易·勒格朗著，王晓辉译：《今日道德教育》，教育科学出版社 2009 年版，第 136 页。

④ 《世界报》(Le Monde) 2013 年 4 月 23 日。

务。"共同价值观"对多元文化应具有普适性，对所有宗教信仰应具有包容性，它包含三个方面的维度：知识维度（价值观内容），对"何种价值观"的追问（存在理由）以及对青少年如何践行价值观的引导。"共同价值观"具体包括：尊严、自由、平等（尤其是男女生之间的平等）、团结、世俗化、正义、尊重及杜绝任何形式的歧视。也就是1789年颁布的《人权宣言》以及1946年宪法序言①所提出的法兰西共和国的宪法价值观。世俗道德教育提出的教学目标包括培养青少年逐步形成道德主体、道德判断和道德人格，即青少年通过评价与探讨能作出基本的道德判断；通过协商和讨论成为能够妥善处理与他人关系的道德主体；培养青少年重视合作、承担责任、参与实践，逐步形成完善的道德人格。倡导公共利益原则，明确个人与群体、道德与公民性、个体与公民之间的联系与区别。在法国特殊的历史文化语境中，道德—公民性（le moral-le civique）、个体—公民（la personne-le citoyen）是对应的范畴，道德领域中个体是自主自立的，注重知识传递与价值引导合而为一；而公共领域则是公开辩论、观点交锋的场合，"公民性"是公民教育的核心，即培养合格公民应当掌握的政治知识和参与技能，公民应当具备整体观念、优先考虑共同利益，由此"道德教育"与"公民教育"的目标、旨趣有着显著的差异。

其二是世俗道德教育的模式与测评。

《报告》指出世俗道德教育应围绕两大维度：教学本身以及"班级生活"和"学校生活"来培养责任、平等、合作、团结等道德品质。世俗道德教育制定相应的课程大纲，从小学一年级到高中三年级循序渐进开展，明确规定教学时数，采取科学有效的测评工具，培养训练有素的教师。世俗道德教育并不是一门正统的课程，学校不需要安排专门的道德教育课老师，所有的教师在经过培训后都可

———————————

① 法国在第二次世界大战后，于1946年10月制定的一部新宪法，史称"第四共和国宪法"。宪法序言仍以1789年《人权宣言》为基本内容，重申了1789年《人权宣言》中所阐明的个人和公民各项权利和自由，并宣布了"当代特别必要的政治、经济和社会原则"。

以讲授这门课程。评量仍然是开放式的，世俗道德教育将在"初中毕业会考"（DNB）中加入这项考试，以及在高三期间进行一次评量。但是评量的结果不一定采取分数制，因为教育主管部门相信"若没有评量，就会像没有教学时数一样，使这项教学没有真实性"。同时在中等教育中也考虑参考普通高中的个人作业计划（TPE）方式，建立以道德问题为导向的跨学科教学模式。报告指出道德教育必须是集体计划，所有教师都应能单独或与其他科目教师合作教导这项科目，每个科目都应发挥其作用，学校生活也不例外。自 2013 年以来，法国高等教师与教育学院（ESPE）设立了两年培育课程，对拟从事世俗道德教育的教师与相关教育人员进行培训。

其三是世俗道德的教学法。

报告提出教学中应强调赋权，充分调动学生的自主性和积极性，促进学生的反思，进而以道德原则和价值观引导其行为。具体而言，在第一阶段（学前和小学），幼儿园阶段是社会化的起点，幼儿应学会遵守共同生活的一般要求，如礼貌、分享、讲卫生、智力与体育锻炼、逐步学会合作并具备行为自我控制能力。要求幼儿形成基本的道德态度：理解自己与他人的关系、设身处地为他人着想、承担责任、合作、互相帮助、有能力优先作出利益及价值选择。小学阶段开设"公民与道德训导"课程，强调源于生活本身的道德教育，引导学生讨论分析，合理表达自己的情绪和观点，作出适当的价值判断和选择。必须保证每周一小时的课程，学习材料应源于日常生活情境，譬如从日常媒体、文学读物、文件、图片、故事、电影等多样化的材料中提取，扩大学生阅读面，通过阅读不仅能提高学生写作、语言表达能力，而且能促使学生提高探究个人情感和思想之间内在联系的能力，为价值观教育创造适宜的条件。第二阶段（初、高中），已有的公民教育方案应增加形成道德判断的学习材料，丰富公民教育的伦理维度，以问题意识为导向，促进跨学科课程的开发。道德培养应将学校生活纳入教学机构的计划，保证班级生活的时数，教师应当通过班级委员会了解学生的需求；同时实施"交叉实践课"、"个人帮助实践课"，学生通过直接参与学校和社会管理实践，学会正确地行使权利、履行义务。充分利用语言工具、阅读文本、呈现道德困境或参与项目等方式，使学生形成自己的道德判断。高中的世俗道德教育应积极引入"说理式的辩论"来组织教学，教师的作用从讲授转变为引导学生独立思考，让学生明白为什么要讨论这些问题，让学生自己构建道德知识结构，通过良好的心理体验，获得情感认同，促进"共同价值观"的内化，使其具备价值评价和价值判断能力。

四、评价与反思

20世纪80年代至今，全球化引发的价值冲突、社会转型造成的价值失序、多元文化产生的价值难题、工具主义的教育观盛行，这些错综复杂的因素交织缠绕、彼此渗透，促使有意识、有目的、有组织的价值观教育在全球范围内逐步兴起。法国是一个充斥着各种政治和道德争论的多元文化社会，法国青少年价值观教育的勃兴并不仅仅是社会思潮的反应，而是法国政府积极回应全球化时代多元共生的价值诉求，致力于弘扬法兰西民族的优秀传统文化，塑造青少年的爱国意识和民族精神的战略选择。多元文化背景下对青少年进行价值观教育也是实现价值整合与社会凝聚、维持社会和谐发展的有效途径。卓有成效的价值观教育应当根植于特定民族历史和社会文化的土壤之中，是特定历史文化积淀的产物，只有符合自身独特的民族性和文化性，才能对社会发展的需求做出有效回应。法国政府注重从历史传统中汲取价值观的资源，用演变进化、动态发展的眼光评判价值观。法国青少年价值观教育不仅关注观念形态的价值范畴的呈现、阐释和宣传，还关注更加广泛的教育目标的达成，注重从价值情感的陶冶、价值理性的培育、价值信念的建立以及将某一价值观念整合到日常生活之中的行动等多维度展开。

从法国学校价值观教育的发展历程及最新动态来看，他们努力在公民教育和道德教育之间寻找平衡点。当社会寻求变革，呼唤新的道德力量的时候，道德教育总是受到责难与批评，在教育实践中被否定甚至取消；而当社会风气日趋保守，社会价值观念多元无序，道德观念沦丧的时候，又往往举起道德教育的旌旗，提倡和加强学校青少年道德教育。法国政府采取的解决方案是引入一种"世俗道德"，它不仅是非宗教的，也是非国家主义的，比之其他国家，这样一个维度加剧了政教分离的程度。即将开设的学校世俗道德教育不仅要告诉学生如何正确看待宗教，而且明确世俗道德也并非国家道德，它反对独断主义，提倡个人意识和判断的自由。法国教育部门选择那些公众普遍认同的价值观念作为教学内容，使之超越政治派别与宗教之争，向来自不同族群、宗教、阶层及家庭的学生传递社会"共同价值观"；同时以开放包容的态度对待其他价值观，介绍、描述非主流的文化形态和价值观念，允许多种价值取向并存，引导学生独立分析、辨别和评判，从而作出自主的价值选择，遵循普遍的行为规范。价值观教育的任务是培养人们建立价值判断的准则，而这些判断准难免具有个人的主观色彩，如人们对善恶、美丑的看法是基于价值观念基础上作出的判断，该特点决定了价值观教育不能采取笼统的、抽象的方式，必须有具体的内容。在具体教学法上，立足于鲜活的生活图景，着眼于社会现实和日常生活的方方面面，力图在青少年身上创建使他们在面对人与事物时能够确定自身行为的道德意识和道德能力，同时注重融合课程设置，分科教学与整体发展协调并进。

参考文献

[1] Alain Bergounioux, Laurence Loeffel, Rémy Schwartz. " Pour un enseignement laïque de la morale ", Rapport remis à Vincent Peillon, ministre de l'éducation nationale, Lundi 22 avril 2013.

[2] Bidar. A. Pour une pédagogie de la laïcité à l'école, Haut Conseil à l'intégration, Paris: La Documentation française, 2012.

[3] Commission de concertation sur la politique de la jeunesse. Reconnaître la valeur de la jeunesse, Livre Vert, 2009.

[4] Dupeyron J. -F. , Miqueu C. Éthique et déontologie dans l'éducation nationale, Paris: Armand Colin, col. Recherches, 2013.

［5］Foray P. La laïcité scolaire. Autonomie individuelle et apprentissage du monde commun, Berne: Peter Lang, col. Exploration, 2008.

［6］Gauchet M. , Quentel J. -C. Histoire du sujet et théorie de la personne, Presses universitaires de Rennes, 2009.

［7］Houdé O. La psychologie de l'enfant, Paris: PUF, col. Que sais-je, 2011.

［8］Leleux C. Éducation à la citoyenneté, tome 1. Les valeurs et les normes de 5 à 14 ans. Tome 2. Les droits et les devoirs de 5 à 14 ans, Bruxelles: De Boeck, 2006.

［9］Loeffel L. (dir.) École, morale laïque et citoyenneté aujourd'hui, Villeneuve d'Ascq: Presses universitaires du Septentrion, 2009.

［10］Ognier P. Une école sans Dieu: 1880-1895, l'invention d'une morale laïque sous la IIIe République, Toulouse: Presses universitaires du Mirail, col. Tempus, 2008.

［11］Olivier Galland, Bernard Roudet. (sous la direction de) Les valerus des jeunes. Tendnce en France depuis 20 ans, Paris: L'Harmattan, 2001.

［12］Pierre Mayol, Les enfants de la liberté. Etudes sur l'autonomie sociale et culturelle des jeunes en France, Paris: L'Harmattan, 2002.

［13］Renaut A. Quelle éthique pour nos démocraties? Paris: Buchet Chastel, 2011.

［14］Yannic Lemel, Bernard Roudet. (coordonné par) Filles et garçon jusqu'à l'adolesence. Socialisations différentielles, Paris: L'Harmattan, 2000.

中国梦的国际影响海外跟踪研究

武汉大学马克思主义学院　　项久雨

中国梦提出之后立刻引起了各国政要、国外媒体以及学术界的广泛关注，于是有学者开始从外国媒体的相关论述中总结中国梦的国际评价与反响，总的来说这些评价和反响都是积极的、正面的。有学者就指出，中国梦之所以能够引起国际社会的广泛关注，一方面是因为中国国际影响力的增强，另一方面是因为中国梦代表了新一届中国领导人的政治宣言，对中国梦的关注实际上是对新一届中国领导人的政治抱负、政治策略的关注。当然，也有学者对国外媒体以及研究中对中国梦的质疑也进行了梳理，主要表现为对中国梦最终能否实现表示怀疑、对中国梦与个人之间的关系表示疑惑、对中国梦实现的目的表示担忧。

除了一些具体的评价之外，还有一些学者研究发现国际社会对中国梦的认知有些过于简单和褊狭，比如认为中国梦就是对美国梦的复制，中国梦的产生就是"世界噩梦"等消极看法。针对这些问题，一些学者作出了正面的回应和批评，他们指出，中国梦不是对美国梦的简单复制，中国梦追求的民族复兴与美国梦追求的个人自由有着根本上的不同，中国梦追求的世界和平发展更不同于美国梦暗含的世界霸权梦。当然，很多学者也意识到，要让世界认识中国梦、理解中国梦、认同中国梦是需要中国自身的努力的，需要中国的理论界树立对外传播中国梦的正确理念，要能够倾听国际正反两方面的声音，国际社会的质疑和批评正是我们理论工作完善的动力。

还有学者指出，多数外国政要、学者和从事涉华报道的海外记者，能够从理性、积极的视角看待和解读中国梦。他们认为中国梦反映了中国新一届领导集体的执政理念和愿景，肯定中国梦将给人民带来巨大实惠，承认中国梦与美国梦等各国梦是相通的、预期中国梦是可以实现的。

因此，全面把握世界视角下的中国梦，对于优化中国梦的对外传播，对于促进中国梦的实现及其与世界各国梦想的交融互鉴，都具有十分重要的意义。

一、世界舆论关于中国梦与中国发展

对于中国梦与中国发展，多国政要、专家学者、海外智库、国际媒体各抒己见，主要围绕中国梦的内涵、中国新一届领导人、中国梦对中国未来走向的影响等子议题展开探讨。

从中华民族的悠久历史和深厚传统中，发掘中国梦的文化根基与要义，是很多海外观察家和研究者的共同出发点，他们一致认为中国梦见证了中华民族的屈辱，凝结着中华儿女的夙愿。哥斯达黎加大学教授帕特里西亚·罗德里格斯·奥尔凯梅耶尔认为，中国梦植根于中国追求个人幸福和集体幸福的理念中。在库恩基金会主席罗伯特·劳伦斯·库恩看来，历史层面的中国梦关涉两个方面：中国几千年文明的深厚底蕴，既有源远流长的文化和意义深远的历史成就，又有远大抱负和深切期望；既经受过波折与苦难，又迎来了挑战与成功。[1] 新加坡国立大学东亚研究所所长郑永年认为，中国梦是自近代以来一代又一代中国人的梦想；中国传统国家被帝国主义打败，中国人就萌生了建立民主富强的国家梦想，这个梦想至今仍是中国人追求变革和进步的巨大思想动力。[2]

---

[1]《中国梦正在发挥巨大感召力——"中国梦的世界对话"国际研讨会发言摘编》，《人民日报》2013年12月12日，第15版。

[2] 郑永年：《"中国梦"需要超越中国意识危机》，《联合早报》2013年5月14日。

通过对中国梦内涵的发掘，多位专家共同表示，中国梦宗旨明确，目标清晰。科威特大学政治学教授穆罕默德·塞利姆则认为，国家的梦想，在中国就表现为由国家级领导人推动的中国梦，即中华民族的伟大复兴。中国梦是一个明确的发展目标。① 美国布鲁金斯学会约翰·桑顿中国中心主任李成认为，中国梦包括三方面：国内经济状况改善，尊严、平等、民主、法制等层面提升，中国梦融入世界。② 玛丽亚-克里斯蒂娜·罗萨斯教授认为，中国梦传递出这样的信息：尽管国际社会面临着诸多困难，中国拥有日益增长的国内市场、逐渐成熟的劳动力、丰富的自然资源以及能够从内部有效回应外部各种问题的政治意愿。③

外国媒体认为中国领导人亲民、朴实。《纽约时报》撰文用"精力充沛、直率坦诚"④、"更开放，更亲民"⑤来描述新任职的习近平主席，并称习近平重视民众关切，表示将进行更加开放的改革；另文又称，李克强对改革和民生的关注，以及其直率、亲民的风格使中国民众及国内外政治观察者倍感鼓舞⑥；中国领导人想通过将更多的发展红利惠及人民来实现中国梦，这需要改革和发展的艰难平衡，但是改革是必选项⑦。《华盛顿邮报》称习近平"更少革命话语，更加朴实"⑧。

习近平主席强调，改革开放永无止境，改革开放只有进行时、没有完成时。对此，库恩指出，这是当代改革最强音，也是中国追求高标准、高质量改革成果的公开承诺；十八届三中全会描绘了中

---

① 《中国梦正在发挥巨大感召力——"中国梦的世界对话"国际研讨会发言摘编》，《人民日报》2013 年 12 月 12 日，第 15 版。

② 《人民论坛》2013 年 6 月(下)，第 44 页。

③ 玛丽亚-克里斯蒂娜·罗萨斯：《中国梦回应现实挑战》，《解放日报》2013 年 12 月 10 日，第 6 版。

④ For China's 'Great Renewal,' 8 Trends to Keep an Eye on.

⑤ China's New President Nods to Public Concerns, but Defends Power at Top.

⑥ In China, New Premier Says He Seeks A Just Society.

⑦ Manufacturing in China Picks up in March.

⑧ China's New Leader Tells Communist Party Officials: Simplify.

国的发展蓝图，勾勒了新一代中国领导人眼中的成功。① 俄罗斯国际关系学院沃斯克列辛斯基指出，习近平主席阐述中国梦，同时不回避中国在发展道路上面临的风险和挑战，显示出进行改革的决心。② 马耳他共和国驻华大使克里福指出，相信有了中国共产党和中国政府设定的中国梦的目标，中国就能在发展的道路上勇往直前。③

《纽约时报》认为，习近平看起来是一位倾向改革的领导人，决心治理腐败，深化经济改革④；另文称，改革的下一阶段很可能会比邓小平启动的政策复杂得多、痛苦得多，但考虑到以习近平为首的新一届领导层的改革决心，有理由对深入得多的经济改革前景持乐观态度⑤；还反映出"反腐"成为新一届领导人实现中国梦的重要手段，"政府将不再容忍猖獗的腐败"⑥。《华盛顿邮报》指出，新一届中国领导人发表演讲，开记者发布会，承认问题，承诺改革，虽然公开度有限，但是可以看出进步⑦；又称，中国梦的提出已有了现实的效果：中国的会风开始改善，减少空话套话，并以"八项规定"的形式得到明确。⑧ 美国有线电视新闻网（CNN）报道说，李克强强调政府将全力保障社会公平与大力提倡节俭，为实现中国梦保驾护航⑨。英国广播公司（BBC）转引香港《文汇报》文章称，"光明、美好的中国梦有望在新领导集体下实现"⑩。

---

① 《中国梦正在发挥巨大感召力——"中国梦的世界对话"国际研讨会发言摘编》，《人民日报》2013 年 12 月 12 日，第 15 版。

② 《国际社会高度关注习近平在俄发表重要演讲》，《人民日报》2013 年 3 月 24 日，第 2 版。

③ 陈方：《人民日报（海外版）》2014 年 3 月 29 日，第 2 版。

④ For China's 'Great Renewal,' 8 Trends to Keep an Eye on.

⑤ As China's Economy Stumbles, Government Eyes Reform.

⑥ Arrests in China Show Limits of War on Graft.

⑦ 'Great Renaissance' for China.

⑧ China's New Leader Tells Communist Party Officials: Simplify.

⑨ China Leaders Vow Fairness, Frugality as Nation Strives for 'Chinese Dream'.

⑩ BBC Monitoring Quotes from China, Taiwan Press 15 Mar 13, 2013.

与上述观点不同，有人将中华民族的伟大复兴解读为中国的民族主义。例如，《纽约时报》称，习近平将民族主义纳入实现中国梦的理念之中，希望其在任期间实现民族复兴①；习近平看起来是一位倾向改革的民族主义者②。在西方文化中，民族主义具有民族国家自我中心、缺乏世界观的负面蕴意。

多位学者一致认为，中国梦理念的提出意味着，中国在未来会更为妥善处理个人、民族、国家之间的相互关系，将更加注重经济、政治、文化、社会、生态的协调发展。

在比利时首相埃利奥·迪吕波看来，中国梦意味着中国人民能够享受到政策带来的好处，共享美好的未来。③ 马丁·雅克指出，中国梦意味着中国经济、政治、文化和社会各个领域的改革，关系着世界上 1/5 人口的共同命运；中国梦的提出会激励中国人去重新发掘国家历史和国家未来的关系，中国对未来、对自己在未来世界格局中的位置越来越自信。④

美国美中关系全国委员会会长斯蒂芬·欧伦斯认为，中国梦指的就是一个更加繁荣的社会，一个更加富裕的社会，一个更加清洁的社会——环境得到更好的保护，国家对经济的影响越来越小，人们可以更自由地创办各类企业，等等。⑤《纽约时报》认为，随着中国梦的提出，中国国内市场化改革会不断深入，市场将更加开放⑥；为了实现民族复兴的目标，中国将会建设成为"中共领导的经济复兴与强大军事相结合的国家"⑦。

---

① Signals in China of a More Open Economy.

② For China's 'Great Renewal,' 8 Trends to Keep an Eye on.

③《"中国充满魅力"——访比利时首相埃利奥·迪吕波》，《光明日报》2014 年 4 月 2 日，第 8 版。

④《中国梦正在发挥巨大感召力——"中国梦的世界对话"国际研讨会发言摘编》，《人民日报》2013 年 12 月 12 日，第 15 版。

⑤ 刘莉：《实现"中国梦"对美国也有好处》，《参考消息》2013 年 11 月 12 日，第 11 版。

⑥ Signals in China of a More Open Economy.

⑦ Hong Kong Court Denies Residency to Domestics.

同时，国际社会对中国梦的精神内核也给予了关注。在郑永年看来，中国梦这个概念的提出，就是要解决今天中国很多人对国家前途、对个人前途的信心危机。① 英国和法国的部分智库认为，中国梦是一种新型价值观，旨在弘扬中国传统文化，增强中国人的自我身份认同和民族凝聚力。②

要真正实现中国梦，中国国内还面临着来自于经济、政治、文化、社会、生态等多领域的复杂困难和严峻挑战，国际社会对此认知清晰，其意见高度一致。

郑永年指出，中国用短暂的时间走完了西方百年经济发展路程，社会矛盾积聚，问题频繁暴露，亟待解决。此外，在西方强势话语面前，中国意识危机日趋加深③。穆罕默德·塞利姆指出，中国梦实现的关键是中国经济发展的质量，特别是经济的开放性④。

CNN 指出，中国梦具有魅力，但实现中国梦还有诸多困难，例如消除贫困、整治腐败⑤。《卫报》指出，环境威胁和食品丑闻正在破坏民众对新政权的信任⑥。

在美国布鲁金斯学会高级研究员李侃如看来，实现中国梦的目标并非轻而易举，中国必须应对人口结构的转型、资源短缺、信息技术革命对国家治理产生的影响、社会焦虑无所不在、人们社会道德和价值观不一等多重挑战。⑦ 玛丽亚-克里斯蒂娜·罗萨斯认为，实现中国梦应特别关注中国国内的收入分配和公共服务问题，致力

---

① 郑永年：《"中国梦"需要超越中国意识危机》，《联合早报》2013 年 5 月 14 日。

② 王亮君：《欧洲期待共享"中国梦"》，《光明日报》2013 年 10 月 3 日，第 8 版。

③ 《人民论坛》2013 年 6 月（下），第 44 页。

④ 《中国梦正在发挥巨大感召力——"中国梦的世界对话"国际研讨会发言摘编》，《人民日报》2013 年 12 月 12 日，第 15 版。

⑤ Is Xi Jinping's "Chinese Dream" a Fantasy?

⑥ In China, the Crude Reality：Environmental Threats and Food Scandals are Undermining People's Trust in the New Regime.

⑦ 《中国梦的世界对话——中国梦国际研讨会在上海闭幕》，《光明日报》2013 年 12 月 9 日，第 3 版。

于缩小收入差距和推行公共服务均等化。①

二、世界舆论关于中国梦与世界关系

在"中国梦与世界关系"这个重大议题之下，国外研究主要围绕中国梦对周边国家、多个区域以及世界格局的意义等子议题而展开。

多位政要和学者纷纷表示中国梦并非仅属于中国，而具有普遍意义和深远影响。阿根廷副总统兼参议长布杜明确指出，中国梦对阿根廷来说是一个巨大的机会，中国发展良好时，世界才能发展顺利；中国进入小康阶层的人口越多，阿根廷能够参与和分享的机会就越多。② 刚果共和国宪法法院副院长帕西表示，中国和刚果共和国梦想相连，两国人民心相知，友谊不断深化，合作不停发展。③ 墨西哥国立自治大学国际关系研究中心教授玛丽亚·克里斯蒂娜·罗萨斯指出，中国梦与墨西哥梦有着共同的愿望，墨西哥应从中国梦中汲取成功经验，推出相对稳定的长期发展战略和国家发展计划。④ 哈萨克斯坦国际商学院教授瓦里汗·图列绍夫说：中国梦理念与哈萨克斯坦强国富民的发展战略不谋而合。⑤

关于中国梦与美国梦，人们观点分歧较大。一种观点认为，二者具有实质性的差异。例如，约瑟夫·格雷戈里·马奥尼认为，"'中国梦'一方面能够让人想起美国梦，而另一方面也表明了一个

① 《中国梦正在发挥巨大感召力》，《人民日报》2013 年 12 月 12 日，第 15 版。

② 范剑青：《"让我们向着中国梦前进"》，《人民日报》2013 年 11 月 22 日，第 3 版。

③ 张建波：《分享中国经验 成就"未来之路"》，《人民日报》2013 年 12 月 9 日，第 3 版。

④ 《中国梦正在发挥巨大感召力》，《人民日报》2013 年 12 月 12 日，第 15 版。

⑤ 瓦里汗·图列绍夫：《"丝绸之路经济带"勾勒美好未来》，《人民日报》2013 年 12 月 9 日，第 3 版。

与之相反的梦", "美国梦一直以来都建立在以剥削与霸权为特征的政策与实践之上, 这无论在政治、经济还是环境上都是无法持久的"; "当然, 中国应该反对美国梦的许多方面, 但是同祥也应该避免陷入一种二元的、对抗的逻辑中"①。胡里奥·里奥斯指出, "'中国梦'的内涵是复杂、广泛、多样的, 而并非像一些西方人那样, 以为'中国梦'就是中国人的'美国梦'。"②另一种观点则认为二者是相融互通的。例如, 美国前国务卿基辛格直言: "'美国梦'源于美国人对于改善个人生存条件的不断追求, 他们认为明天永远是更好的。……虽然发源不一样, 但两个梦的终极状态是一致的, 追求的都很相似: 一个更加和平、繁荣和合作的世界。"③在斯蒂芬·格雷戈里·欧伦斯看来, 美国梦与中国梦"都包含着人民生活水平的提高", 都希望"通过一个共同的梦想, 将中国人团结在一起"④。

在多方人士看来, 中国梦与亚洲梦、非洲梦、欧洲梦、拉美梦等多个世界区域梦想相融相通、吻合度极高, 中国梦的实现对全球多个地区影响深远、意义重大。

诺贝尔经济学奖得主迈克尔·斯宾塞在参加 2014 年博鳌亚洲论坛年会时指出, 亚洲的经济发展对世界经济的增长至关重要; 中国具有广阔的市场和规模不断扩大的中产阶级, 这些都是保持经济活力的动力。⑤ 尼泊尔《新兴尼泊尔报》执行总编辑尤巴·纳特·拉

---

① 《一个西方学者眼中的"中国梦"——访中央编译局高级研究员、〈中国政治学刊〉(美国)编辑约瑟夫·格雷戈里·马奥尼》,《社会科学报》, 2013 年 5 月 16 日, 第 3 版。

② 《"中国梦"不是遥不可及的乌托邦》,《国际先驱导报》2013 年 11 月 1 日—7 日, 第 20 版。

③ 《对话基辛格: 中国梦与美国梦殊途同归——开创更和平、繁荣和合作的世界》,《中国经济周刊》2013 年 27 期。

④ 刘莉:《实现"中国梦"对美国也有好处》,《参考消息》2013 年 11 月 12 日, 第 11 版。

⑤ 章念生等:《中国影响力增强的缩影》,《人民日报》2014 年 4 月 12 日, 第 3 版。

姆萨认为，中国梦是亚洲人民的一个共同梦想。中国在地缘上连接着东亚、南亚和东南亚，如果没有中国的参与，东盟和亚洲国家的发展就无从谈起。①

据南非总统祖马判断，在一个充满变化的全球大环境中，中国和金砖国家等新兴经济体代表着新兴经济体的发展方向，并有可能在 2050 年前后超过七国集团成为世界经济的主导力量。② 阿莎-罗斯·米吉罗认为，中国梦强调追求共同发展的愿景，与非洲梦有共鸣之处，在非洲引起了巨大反响。中国梦同坦桑尼亚《国家发展愿景 2025》中确定的减少贫困、发展经济和实现可持续发展的奋斗目标一致。③

不仅如此，越来越多的欧洲人也倡议携手中国，共享繁荣。伦敦前副市长约翰·罗思义指出，中国梦是欧洲人个人发展的福音。一些具有远见卓识的欧洲学者则强调，与中国合作是战略举措，"即使是跨大西洋关系也不应阻止欧洲同中国的沟通与协调"④。

联合国拉丁美洲和加勒比地区经济委员会执行秘书巴尔塞纳女士从中国梦中看到了拉美和加勒比地区的身影，她表示，中国梦不仅与其他国家和民族的梦想没有冲突，中国梦更是拉美梦的重要推力。⑤

在经济一体化的当今时代，关注中国梦成为海外观察者们的共同兴趣。多位政要、专家一致表示，实现中国梦将有利于促进世界和平与稳定。罗曼诺夫指出，中国梦理念把中国与世界的互动带到新的维度；中国梦和世界梦息息相关；世界梦即全世界热爱和平、

---

① 《中国梦 亚洲梦》，《人民日报》2013 年 12 月 11 日，第 10 版。

② 侯隽等：《世界走进"中国梦"》，《中国经济周刊》2014 年第 1 期。

③ 阿莎-罗斯·米吉罗：《中国梦与非洲梦：实现共同发展》，《人民日报》（海外版）2013 年 9 月 21 日，第 1 版。

④ 王亮君：《欧洲期待共享"中国梦"》，《光明日报》2013 年 10 月 3 日，第 8 版。

⑤ 颜欢等：《中国梦助力"拉美梦"》，《人民日报》2013 年 11 月 29 日，第 3 版。

繁荣和幸福的人类共同愿望的代名词。① 波兰前总理、民主左派联盟党副主席约瑟夫·奥莱克直言，中国梦将给世界带来共同发展的历史机遇，世界不应担心中国发展会带来威胁，因为中国一直主张在和平的基础上发展本国经济。② CNN 引用习近平主席原话称："中国梦将使中国人民和世界人民共同受益。"③

多位知名学者共同认为，中国梦的实现有利于推动世界经济发展和政治进步。比利时自由大学资深研究员傅立门明确表示，过去30 年的历史表明，不仅是欧洲，世界上其他国家，都能从中国的改革中获益。一个更加均衡、稳定增长的中国，将有助于世界经济的发展，对处于经济复苏阶段的欧洲大有裨益。④ 美中图书设计社社长詹姆斯·派克表示，中国梦强调的观念是：世上不存在适合全人类发展的固定模式；中国梦指引我们达成共识：不公平的全球秩序会对人类发展造成障碍。⑤ 穆罕默德·塞利姆称，中国梦理念对于阿拉伯世界具有深远的启发意义，促使阿拉伯梦以不同的实现方式产生，其核心要义是自由、公正以及尊严。阿拉伯国家应从中国梦中汲取经验，以重塑和重构国家正义。⑥《纽约时报》认为，随着中国崛起成为世界大国，中国投资者将寻找更多的海外机会，从而促进全球经济的发展⑦。

多位海外学者表示，中国梦的实现将重构国际秩序。法国前外交官、资深汉学家魏柳南明确指出，依现实来看，西方价值观在解

---

① 《中国梦正在发挥巨大感召力》，《人民日报》2013 年 12 月 12 日，第 15 版。

② 李增伟：《中国梦体现战略眼光》，《人民日报》2013 年 11 月 15 日，第 3 版。

③ Is Xi Jinping's "Chinese Dream" a Fantasy?

④ 傅立门：《中国经济将造福欧盟》，《人民日报》2014 年 3 月 23 日，第 3 版。

⑤ 詹姆斯·派克：《更有活力的多极化世界》，《解放日报》2013 年 12 月 10 日，第 6 版。

⑥ 《中国梦正在发挥巨大感召力——"中国梦的世界对话"国际研讨会发言摘编》，《人民日报》2013 年 12 月 12 日，第 15 版。

⑦ A Toehold for China on Wall Street.

决现代性问题时存在局限；而中国文化传统及文明智慧，或可为世界贡献一种新的可能。① 奈仁·奇蒂断言，中国梦将谱写一首和谐的乐章，并有望在未来帮助塑造更美好的世界。② 在马丁·雅克看来，中华民族的伟大复兴在全球化时代是一个国际大事件，它将改变中国与整个世界的关系，而中国在决定时代趋势的过程中也起到了战略性的关键作用，中国的崛起将大大影响国际版图。③

此外，国际舆论普遍认为中国梦凸显国际合作的重要性。实现中国梦，意味着要加强国际区域合作，造福世界。

在比利时智库人士古斯塔夫·格拉茨看来，中国梦意味着建立繁荣富足的社会，走中国道路与加强同他国合作，实现世界和谐与繁荣。④ 美国哥伦比亚大学客座教授莱斯利·韦恩表示，中国梦作为中国软实力的主要载体，为中国更好地与世界对话搭建了良好的平台。⑤ 美国芝加哥大学教授谭中指出，中国梦要和世界人民同享，要把中国与地球上所有国家团结成大同世界，这样的中国梦，最终会成为世界梦。⑥

阿莎-罗斯·米吉罗指出，中国发展成为全球经济巨人和非洲最大的贸易伙伴，中非互利共赢的伙伴关系将有助于释放非洲经济潜力，中国经济增长以及紧密的中非关系必然为双方带来前所未有的机遇。⑦ 穆罕默德·塞利姆认为，中国与阿拉伯国家存在三个潜在的合作领域：反恐领域、经济领域、中东和平进程内的合作。中

---

① 《中国梦如何与世界对话》，《解放日报》2013 年 12 月 10 日，第 6 版。

② 《中国梦，与世界对话》，《人民日报》2013 年 12 月 9 日。

③ 《中国梦的世界对话》，《光明日报》2013 年 12 月 9 日，第 3 版。

④ 《中国梦正在发挥巨大感召力——"中国梦的世界对话"国际研讨会发言摘编》，《人民日报》2013 年 12 月 12 日，第 15 版。

⑤ 《推动文明交流互鉴 促进世界和平发展》，《人民日报》2014 年 3 月 29 日，第 3 版。

⑥ 《中国梦正在发挥巨大感召力——"中国梦的世界对话"国际研讨会发言摘编》，《人民日报》2013 年 12 月 12 日，第 15 版。

⑦ 《中国梦正在发挥巨大感召力——"中国梦的世界对话"国际研讨会发言摘编》，《人民日报》2013 年 12 月 12 日，第 15 版。

国与阿拉伯世界的合作，将有利于中东局势的稳定，从而为中国梦与阿拉伯梦的共同实现创造有利的和平环境。① 东盟秘书处副秘书长穆赫坦表示，中国梦、东盟梦以及亚洲梦的实现，都承担着对我们人民同样的责任，我们必须要持之以恒地弥合不同性，进一步密切合作，打造协同增效的环境，共同迎接更加美好的生活。② 西班牙加利西亚国际研究所所长胡里奥·里奥斯指出，对实现中国梦而言，中国极其需要周边和平。③

纵观世界舆论对中国梦及其国际影响诸观点，其主要是积极的声音，但也有一些令人不安的杂音。

杂音一："中国威胁论"。日渐崛起的中国可能对世界大国和中国周边国家带来的威胁，是国际主流媒体的重要关切。外国媒体一方面看到了中国与世界合作共赢的愿望，另一方面却着力烘托了世界大国和中国周边国家因中国崛起而感受到的威胁和不安的气氛。《纽约时报》撰文称，尽管中俄两国有越来越广泛的经济合作和历史上的密切联系，但双方目前仍是一对互存戒心的合作伙伴④；另文指出，中国新领导人寻求在世界范围内建立新型大国关系的诉求，在非洲并未得到预期的响应⑤；又称，中国复兴将导致中国与亚洲邻国矛盾升级、区域及全球和平稳定及经济发展，俄罗斯人担心中国的人口和经济力量会给俄罗斯远东地区带来威胁。⑥《华盛顿邮报》载言称，如果中国不和美国站在一起，解决自己制造的问题，那么，中国梦便只是一个口号而已⑦。CNN称，习近平

---

① 穆罕默德·塞利姆：《中国梦与阿拉伯梦》，《解放日报》2013 年 12 月 10 日，第 6 版。

② 《中国梦 亚洲梦》，《人民日报》2013 年 12 月 11 日，第 10 版。

③ 《"中国梦"不是遥不可及的乌托邦》，《国际先驱导报》2013 年 11 月 1 日—7 日，第 20 版。

④ China's Leader Argues for Closer Ties with Russia.

⑤ World Dream, Business on Chinese President's First Overseas Trip.

⑥ China's Information Challenge.

⑦ In China, Slogans Vs. Action.

当选国家主席，中美面对更多的问题①，并直言，"一些人担心中国将成为扩张者和侵略者"②。

日本拓殖大学校长渡边利夫在日本《产经新闻》中撰文称，中国梦实际上包含了对此前中华帝国的憧憬，忠实反映了中国人的一种情结：如果不恢复鸦片战争以来被列强夺去的财富和实力，就誓不罢休③；他在另一篇文章中称，"现在的东亚形势和日本明治维新时代，特别是日清、日俄战争时期的情况相似"，"中国正在向海洋扩张势力，成为新的帝国主义国家"，日本应重拾"脱亚论"④。

关于"中国威胁论"产生的原因，斯蒂芬·欧伦斯直言："实现'中国梦'将给世界带来不稳定的说法源于不了解中国国情。"⑤同时，美国伍德罗·威尔逊国际中心公共政策研究学者王征给出了他个人的解读：中国梦深深扎根于中国历史；美国和日本等国家人民缺乏对中国历史的理解，并不理解中国梦的真正含义；历史认知偏差导致中国和其周边国家产生主权纠纷。⑥

杂音二："中国崩溃论"。多年来，涉华负面论调此起彼伏，花样翻新。近年来，世界经济"头号优等生"中国的一部分重要经济指标出现下滑，致使多家媒体多次发文唱衰中国经济，甚至出现"中国拖累世界经济说"。CNN通过对中国2014年一季度国内生产总值同比增长率的预计，以所得数据（7.3%）低于中国《政府工作报告》明确的经济增速目标（7.5%）为由，而大谈特谈"中国经济正失去动力"⑦，而《纽约时报》网站则讨论"中国是否会出现下一个雷曼兄弟"。

---

① Change of Leadership in China.

② Is Xi Jinping's "Chinese Dream" a Fantasy?

③ http://news.xinhuanet.com/cankao/2013-03/14/c_132233735.htm.

④ 《世界谨慎议论中日交恶》，《环球时报》2014年1月11日，第1版。

⑤ 刘莉：《实现"中国梦"对美国也有好处》，《参考消息》2013年11月12日，第11版。

⑥ Not Rising, But Rejuvenating: the "Chinese Dream".

⑦ Sophia Yan. China's Economy Losing Steam, April 8, 2014.

总之，中国梦，由一个学术圈讨论的新概念，演绎成新一届政府政策转型的新名片，提升为砥砺中国奋进的新口号，进而嬗变成世界解读中国的新坐标，其世界意义日趋彰显，而这正是国际社会关注中国梦的结果表现和根源所在。

三、国际舆论关于中国梦的世界价值

随着中国梦的国际传播，中国梦的世界价值也逐渐受到学术界的广泛关注，并且对中国梦的世界价值的研究成为当前中国梦的国际视阈研究的重要方面。对中国梦世界价值的研究是目前从国际视角研究中国梦问题最大的关注点。目前已经达成共识的是中国梦具有重要的世界价值，其具体表现主要有以下几种观点：

第一种是从人类文明发展的角度来看，中国梦具有向世界贡献文明创新理念的世界价值。有学者认为中国梦带给世界一种新的文明理念，这种新的文明理念来源于中华民族所遭受的民族苦难，正因为中国经历了其他国家所没有经历过的苦难，所以中国无论如何发展都不会去压制其他国家，中国梦的实现必然是以实现全球和平为前提和最终目标的。这种新的文明理念超越了国界，能够得到广泛的国际支持。还有学者认为中国梦之所以具有促进人类文明的价值是因为当前实现中国梦遵循的是马克思主义的理论指导和价值观，它不同于世界绝大多数资本主义国家的价值追求和价值理念，具有追求全人类幸福的终极价值目标。

第二种是从中国梦对世界其他国家的作用来看，中国梦具有和平发展和合作共赢的双重价值。和平发展、合作共赢不仅是中国梦的内在要求，实际上在中国国家领导人正式提出实现中国梦之前，中国就一直坚持和平发展的外交政策，和平发展、合作共赢是中国在处理国际关系中的重要准则，同时也是中国人在追求中国梦的过程所产生的世界价值。有学者认为，中国梦能够清晰地向世界表明中国的发展理念，这种发展理念不仅仅是中国自身的发展，同时也是世界其他国家的发展。习近平主席在多次外交讲话中都提出，中国梦秉承着和平发展的路线，中国发展壮大，带给世界的是更多机遇而不是什么威胁。我们要实现的中国梦，不仅造福中国人民，而且造福各国人民。一些学者对此讲话给予高度评价，认为随着中国成为世界上第二大经济体，中国的发展已经让世界上很多国家受益，并且中国梦究竟走向何处，也受到全球的广泛关注。目前，中国的发展路径、中国实现梦想的方式、中国的种种决策甚至影响着一些国家的政府决策，尤其是对广大发展中国家来说，中国梦的价值是不容忽视的。

第三种是从中国梦与他国梦的比较角度来看，认为中国梦具有促进世界和谐的价值。有学者认为，中国梦与美国梦、欧洲梦最大的区别就在于中国梦不仅造福中国人民，同时也造福世界人民，中国梦的这一价值给世界上许多国家都提供了发展的机遇，同时，中国梦倡导全世界的和谐共生，也为中国自身的发展、中国梦的实现提供了稳定的国际环境，实现中国梦的这一价值实际上就是在实现中国梦的最终目标。2013 年 3 月，习近平主席在南非德班举行的金砖国家领导人第五次会晤的讲话中提出，中非之间是"命运共同体"的关系，"一国的事情由本国人民做主，国际上的事情由各国商量着办"。这表明中国在实现自身发展的同时，始终将促进国际社会的共同发展，尤其是帮助第三世界国家发展作为自己的国际责任。一些学者高度肯定习近平主席在对外讲述中国梦问题上的立场，认为通过国家领导人的讲话，使中国梦和世界梦之间的沟通越来越频繁，中国梦与世界梦之间的交集也越来越突出，中国梦在促进世界和谐与稳定方面产生的价值也就越来越明显。

第四种是将中国梦与中国道路、中国模式相结合，认为中国梦具有世界范式的价值。有一些学者认为，中国梦产生于发达资本主义国家主导的时代，中国梦的提出为世界上许多发展中国家的未来发展方向提供了一种范本或模板。从目前中国发展的情形来看，中国的发展的确创造出了一个独特的中国模式，一个具有中国特色的中国道路。中国发展道路是在中国人民追求民族独立和实现国家现代化的历史背景下，在最终选择了马克思主义的条件下而实现的，其本质就是选择走社会主义道路而拒绝资本的扩张和奴役。伴随着全球化的深入发展，资本主义的势力早就已经渗透到国际社会的方方面面，但是对于一些发展中国家来说，资本主义的发展方式并不能够适应本地区的发展，所以到最后，这些国家的政治、经济、文化只能够屈服于资本主义的政治奴役、经济干预以及文化控制之中，丧失民族性和自主性。在这种国际情形下，中国的发展、中国的崛起、中国梦的提出无疑给这些国家提供了一个很好的参考，这种参考并不是要模仿中国的发展模式和发展道路，而是向全世界表明，任何国家都可以按照自己本国的意愿、结合本国的国情选择合适的发展道路。中国不会向外输出自己的发展模式，而是鼓励世界人民都积极探索适合本国的发展道路和发展模式。中国通过向世界其他国家阐发中国梦，只是希望通过对和谐、平等和多样性的追求，使中国道路成为改变现有国际规则和全球发展观念的重要因素。

四、对国际舆论关于中国梦国际影响的评析

中国梦这一重大理念，承载着中国新蓝图和未来发展方向，自提出以来，多次引发中国话题全球讨论的热潮。国外学者对中国梦的深度观察和分析研究有什么值得肯定之处，又存在哪些问题，他们的研究对于我们又具有怎样的启示，这些都需做出进一步的思考。

(一)国外中国梦研究值得肯定之处

其一，一大批学者具有浓厚的历史文化意识和强烈的现实关怀精神，善于将历史与现实相互参照，能够把理论与实践相互结合，全面审视中国梦的中国意义和世界价值。比如，对于中国梦理念的提出，郑永年认为，提出中国梦既有历史原因，也有现实原因。[1]又如，基辛格直言："中国人在近 150 到 200 年间遭受了巨大的苦

---

[1] 郑永年：《"中国梦"需要超越中国意识危机》，《联合早报》2013 年 5 月 14 日。

难，因此，放眼向前看，提出'中国梦'是非常重要的事件。"①再如，古斯塔夫·格拉茨指出，中国"在制度价值观方面对西方的霸权形成了挑战。中国不会接受西方的制度或者说美国梦想，也并不梦想取代现有的国际治理制度或者美国。中国梦是建立各国平等互信的世界秩序，实现共同安全，保持文化多元，推动实现共同繁荣的双赢合作"②。从多方信息来看，一批具有远见卓识的外国政要和高层智库人士开始理性解读中国，并肯定中国特色的制度模式即国家治理体系和治理能力。实际上，这是对中国特色制度模式的成功及其影响力的客观回应。

其二，国外中国梦研究者具有敏锐的视角，能够洞察中国国情，善于把握众多细小环节，并对之剥茧抽丝、条分缕析。譬如，对中国梦的内涵，库恩指出："可以从五个维度去理解。每一个维度还包含了几个次维度，以更细化'中国梦'的内涵。我的五个维度分别是国家层面、个人层面、历史层面、全球层面以及对立层面。'中国梦'所包含的内容都可以纳入这 5 个层面。"③又如，关于如何消除西方世界对中国崛起的过度疑虑，魏柳南指出，中国不仅应该阐述从不曾侵略异国异族的史实，而且要解释清楚其背后的文化根源，还必须用西方能够理解的方式去沟通。④ 上述言论，从细处着眼，既涉及中国梦内涵解读，又提供了路径选择。我们必须科学对待之。

其三，国外中国梦研究者精神境界高尚，对中国面临的内外挑战多有深思和担忧，更对中国国家治理提出许多极富针对性的意见和建议。比如，面对"中国威胁论"甚嚣尘上，韩国首尔大学教授赵英男明确指出，不称霸是中国向外传递的温暖声音，中国梦不是

① 《对话基辛格：中国梦与美国梦殊途同归——开创更和平、繁荣和合作的世界》，《中国经济周刊》2013 年第 27 期。
② 《中国梦正在发挥巨大感召力——"中国梦的世界对话"国际研讨会发言摘编》，《人民日报》2013 年 12 月 12 日，第 15 版。
③ 潘寅茹：《"中国梦"的五个维度》，《第一财经日报》2013 年 12 月 27 日，第 T06 版。
④ 《中国梦如何与世界对话》，《解放日报》2013 年 12 月 10 日，第 6 版。

向外扩张的，而是开放和包容的；中国应不断向外传递这种理念，让更多亚洲国家有更好的理解。① 不仅如此，赵英男教授更以著书立说的实际行动来阐发中国梦，以消除韩国民众对中国误解。② 再如，对中国面临的内外挑战，李成细致而深入地指出，一些严重并且相互交织的问题困扰着中国经济；反腐行动，虽有成效，并非不存在风险，但"不应替代法治社会的发展，以及为健全司法体系而采取实质性的步骤"；更应专注于国内经济改革，要规避国际争端与紧张局势的影响，"同时也避免国内极端民族主义的产生"；"中共新一届领导集体能否成功地保持各项经济与政治改革方案之间的微妙平衡，将成为中国目前发展的紧要关头最为关键的指征"③。此番话说，"论如析薪，贵能破理"，可谓箴言，值得认真借鉴。

其四，研究凸显对中国特色制度模式的认知转向与理性评价。近来，国际社会越来越关注中国未来的发展方向，一批具有远见卓识的外国政要和高层智库人士以更加客观理性的眼光审视中国的改革和发展，并对中国特色制度模式形成新的认识和评价，这主要表现在：第一，对于中国国家制度体系逐步形成客观、积极的认识和评论。罗曼诺夫指出，中国的发展模式也是中国梦的重要资源，可以为其他国家提供参考。④ 以色列总统佩雷斯进一步表示，中国独特的发展模式对解决中东地区的贫穷、失业、教育和科技落后等许多问题都有着极大的启示作用。⑤ 第二，越来越多的西方人士对于

---

① 沈则瑾：《与世界携手 中国梦更美好》，《经济日报》2013 年 12 月 9 日，第 7 版。

② 赵英男教授于 2013 年 9 月推出专著《中国梦：习近平的领导力和中国的未来》，试图站在韩国的角度，解读中国梦、中国新一届国家领导人的执政理念、中国民主化进程和外交策略等关键概念，来消除韩国民众对中国误解，使韩国民众客观看待"中国崛起"。

③ 李成：《乐观中国"改革 2.0 版"》，《中国新闻周刊》2014 年第 9 期。

④ 《中国梦正在发挥巨大感召力——"中国梦的世界对话"国际研讨会发言摘编》，《人民日报》2013 年 12 月 12 日，第 15 版。

⑤ 王水平：《佩雷斯：中国成就无可比拟》，《光明日报》2014 年 4 月 9 日，第 8 版。

中国国家治理能力给予正面评价和理性解读。李侃如指出，中国现代历史已经证明：中国的政治体系非常有能力，实效性强，在过去成功应对了许多重大挑战。① 帕特里西亚·罗德里格斯·奥尔凯梅耶尔直言，中国领导人随机应变、乐于学习的态度，甚至在必要时改造性地利用西方的建议和制度的做法，是独一无二、令人钦佩的中国式发展道路取得成功的根本原因。西方应该拿出实用主义思想方法来理解中国道路、中国梦。② 古斯塔夫·格拉茨认为，改革开放政策使得中国经济成为世界上最成功的经济体之一；随着不断融入世界经济和融入国际社会，中国逐步成为国际系统的参与者。③

（二）国外中国梦研究存在的问题。

其一，一些人以非理性的评价言论，对中国梦进行实质性的或"捧杀"或"棒杀"的极端行为。虽然国外中国梦研究中不乏对中国梦进行全面客观的评析，但也有少数人对中国梦的态度呈现两个极端，一个是"捧杀"，一个是"棒杀"，这对全面认识和理解中国梦产生了不利的影响。"捧杀"中国梦者，极力吹捧中国梦的优点，过分夸大中国梦的世界价值，认为中国梦无所不包、无所不能，却根本认识不到中国梦的内涵有待随着时代更迭而逐步完善和发展，其世界意义也有待进一步充实和提升，这也就反映了他们对中国梦的片面的、孤立的、僵化的认识，这种认识在本质上是错误的，而这些人更不可能准确把握人类社会发展的科学规律。例如，有人认为，中国现在采纳的体制行之有效，完全适合中国和中国人民。这种观点以溢美之词略显恭维之意，但却明显与我们当前全面深化改革的原因和初衷相悖，对我们当前统一全面深化改革的思想认识和行动是极其不利的。"棒杀"中国梦者，认为中国梦一无是处、分文不值，并对之嗤之以鼻，这种论调在西方主流媒体的相关评论中

---

① 《中国梦的世界对话》，《光明日报》2013 年 12 月 9 日，第 3 版。

② 《中国梦正在发挥巨大感召力——"中国梦的世界对话"国际研讨会发言摘编》，《人民日报》2013 年 12 月 12 日，第 15 版。

③ 《中国梦正在发挥巨大感召力——"中国梦的世界对话"国际研讨会发言摘编》，《人民日报》2013 年 12 月 12 日，第 15 版。

随处可见。一叶障目、以偏概全，使得他们难以认识中国梦的本真面貌。一些人听到了中国增加国防开支的风吹草动，就炮制渲染各种版本的"中国威胁论"，给中国梦扣上"新霸权主义"的帽子；一些人一旦注意到中国梦的提出使得中国人爱国情绪高涨时，便妄言中国梦是煽动民族主义情绪的"一国梦"、"排他梦"。以上诸多论调未免过于狭隘，甚至带有极大的偏见。事实上，中国梦彰显了中华民族和谐包容的宽阔胸襟、顺应了合作共赢的世界大势，是具有极大包容性的人类发展理念。而那些"棒杀"中国梦者，看不到中国梦的历史文化内涵，更看不到中国梦的和谐共荣的精神内核，他们既不懂得中国不同于西方的传统帝国，又看不到中国梦与美国梦存在的实质性区别，更别指望他们理解实现中国梦的过程就是实现中国发展与促进世界和平的双赢过程。"捧杀"和"棒杀"中国梦，对于研究中国梦来说，都是不科学的，只有以客观、公正、理性的态度来看待和评价中国梦，才有利于中国梦研究工作的推进。

其二，一些人只瞄准中国的症结与软肋，却回避当代中国发展的优势与潜能，体现出强烈的意识形态偏见。例如，一些人视中国梦为洪水猛兽，过度疑虑和担忧，他们以自己的体制是世界上唯一具有普世价值和意义的模式，而中国制度模式不符合他们的价值评判标准而被视为异类，他们多年来已经习惯了戴着有色眼镜来评价中国的一切，包括对中国梦的解读。对此，斯蒂芬·佩里声明，在经济全球化时代，"必须有中国梦这样正确的价值观和文化进行调和。事实上，中国梦与西方价值观之间的差异，比那些批评者们所认为的要小得多"；"中国梦显然不包括导弹或核武器这些内容，它也不是一种计算机病毒，不可能让人们的思维混乱"①。又如，在对中国梦面临的困难与挑战的探讨中，许多研究者过分夸大中国社会存在的负面因素，而有意或无意规避中国梦实现进程中的有利条件，对中国未来持消极悲观的看法，最终难以准确把握中国发展趋势。例如，持有"中国拖累世界经济说"负面论调的文章不在少数。其实，在2014年博鳌亚洲论坛年会上，国际货币基金组织主

---

① 《佩里：中国梦是了解中国的密码》，《环球人物》2014年第5期。

席拉加德曾经明确表示，虽然中国 2014 年的经济增长目标下调到 7.5%，但这仍然是中国对世界经济的重要贡献。同时，国际货币基金组织亚太事务负责人巴纳特也曾呼吁：世界应欢迎中国增长放缓从而实现可持续的增长率。① 而那些"中国崩溃论"者竟然对此置若罔闻，无视中国向好的经济形势，更不会认识到中国特色治理体系和治理能力的优势和潜能。那些意识形态偏见者，因受到陈规、积习、利益的遮蔽、纠缠和裹挟，而丧失了对中国现实国情全面而立体的认知和体验能力，却又频频妄下结论，贻笑大方。带着强烈意识形态偏见，对任何研究工作和实践活动只会起到负面作用。

五、国外中国梦研究的启示

尽管国外中国梦研究存在诸多问题，但国外学者对中国梦的研究还是给予我们许多深刻的启示。

首先，研究中国梦，为的是提速中国梦的实现进程，这就需要我们进一步挖掘外国人对中国梦的研究结果、代表观点，借助外国人的眼光来重新审视我们自己没有注意到的事务，如此一来，我们的研究眼光将更加全面、科学，我们的研究将更加务实和有针对性，研究结果将更具实践指导意义。

其次，探究国外对中国梦的关注动机，也就把握了国际社会对当代中国的关切。事实上，与中国梦对中国前途的影响相较而言，中国梦的世界意义才是国际社会关注的焦点，中国未来对世界格局的影响即是当代世界对中国关注的根源。明白这一点，我们就能确信：中国比以往任何时候更需要积极主动向世界人民阐释好中国梦的世界价值。

再次，透视国外中国梦研究，我们反求诸己，深感仍需在提升中国梦的国际传播能力、讲好中国故事、提速中国智库建设等多重环节取得实质性的进展。我们不仅需要向世界人民讲清楚，中国是

---

① 周小苑：《中国仍是全球增长巨大正能量》，《人民日报》(海外版) 2014 年 4 月 14 日，第 1 版。

有着悠久文明的国家、是经历了深重苦难的国家、是实行中国特色社会主义的国家、是世界上最大的发展中国家、是正在发生深刻变革的国家，而且需要让世界人民认识到，中国梦是和平梦、发展梦、合作梦、共赢梦多梦合一的统一体，以全面把握中国梦的内涵和特质，更需要进一步探寻中国梦与美国梦等世界多个国家、多个区域的梦想之间的异同，以发掘共性、凝聚共识，促成中国梦与世界梦的无缝对接。

最后，中国梦的最终实现，"中国威胁论"的最终破解，共同指向于中国国内改革事业。这是因为，全面深化改革是破解发展难题、决定民族未来的关键之举，也是国际舆论关注的焦点。我们只有全面深化改革，以更加专注于经济社会发展的实干劲头，才能揭露"唱衰中国"论调的荒谬；只有以积极促成"中美新型大国关系"战略主张的现实转化，才能成功跨越"修昔底德陷阱"；只有以推进世界和平事业的切实行动，才能颠覆"国强必霸"导致"中国威胁论"的陈旧逻辑，向世界贡献处理国际关系的中国智慧，与世界共享完善全球治理的中国方案，为中华民族伟大复兴赢取最广泛的支持和最真诚的拥护，为风云变幻的国际版图构筑更为坚实牢固的地基。

欧美地区中国文学史书写及其方法、特点、意义

武汉大学文学院　陈水云　邓明静

引　言

在中国的传统学问中是没有"文学史"的概念或位置的，最早的中国文学史不是由中国人所写的。虽然中国古代的史学家和文学家早已注意到文学的发展与变迁，并作了许多论述。但这些论述散见于史书、目录学著作、诗文评、文学总集或选集的作家小传中，在一些序跋、题记及其他文章中也有所涉及。[①] 这些零散的资料只能被称为文学史料，离真正意义上的文学史还有很长一段距离。

文学史作为一种著述体裁，是 19 世纪末在欧洲兴起的，是一门相对年轻的学问。英、法、德等欧洲国家的第一部文学史也大多问世于这一时期。中国学者所写的文学史著作，是 20 世纪初受了外国的影响才出现的，一般认为林传甲在京师大学堂编写的讲义《中国文学史》为具有代表性的滥觞之作。谢无量的《中国大文学史》、胡适的《白话文学史》（上卷）、郑振铎的《插图本中国文学史》、刘大杰的《中国文学发展史》、中国科学院文学研究所的《中国文学史》、游国恩等主编的《中国文学史》，分别代表了 20 世纪

---

① 参见袁行霈. 中国文学史(第一卷)［M］. 北京：高等教育出版社，2005：3.

20 年代、30 年代、四五十年代、60 年代文学史著作所能达到的成就。而王国维的《宋元戏曲史》和鲁迅的《中国小说史略》在分体文学史中是最早、最有影响的著作。①

由于早期的文学史著作大多肩负着民族精神塑造和国家意识形态构建的重任，承担着新文化与新思想的启蒙使命，百科全书式的写作模式反而对"文学性"（Literariness）本身有所忽视。故而，20世纪六七十年代西方文学史学界提出了"新文学史"的概念，主张文学史写作体现文学的"文学性"，倡导文学史写作的多元标准，尤其是审美标准。受国外"新文学史"观的影响，1988 年，陈思和、王晓明两位上海学者在《上海文论》开设了"重写文学史"的专栏。以此为肇始，一场"重写文学史"的讨论热潮此起彼伏，推动中国文学研究展开有关文学史写作理念的深刻反思。

在"重写文学史"的学术反思中，海外汉学家所著的"中国文学史"值得我们予以特别的关注。中国本土重写文学史的冲动来自一种思想解放和学术自律的内在机制，在重写文学史过程中所集中的文学观念以"文学性"为中心展开。可以说，"文学性"是中国本土文学史重写赖以颠覆传统文学史研究中文学对政治意识形态依附的学术基点。而海外中国文学史的书写则在跨文化的背景中展开，一方面他们的文学观念深受所处的西方文学影响，另一方面，出于跨语际书写的需要，其文学史不得不兼顾跨文化的交流。整体而言，海外汉学界的中国文学史写作具有两大优势：一是超越了国内学界的民族主义情绪与政治化倾向，二是异域的学术传统与理论视野。海外汉学家们能够建构更为多元的考察角度，进而清晰地呈现出中国文学史的多重面相。异域学术传统的文学史观与撰述模式，值得国内学界参考与借鉴。②

欧美地区的中国文学史编撰实践历史较长，成果丰硕，尤为引

———————

① 参见袁行霈．中国文学史（第一卷）[M]．北京：高等教育出版社，2005：4.

② 参见李勇．"重写文学史"与《剑桥中国文学史》对中国文学史的重塑[J]．长春工业大学学报（社会科学版），2014（5）．

人关注。虽然欧美不如日本和韩国接受中国文学和文化的历史长、人员众、成果多，但欧美，尤其是英国和美国，自 20 世纪中叶以来，无论是对于中国文学的研究队伍、研究成果，还是其影响范围，都令人刮目相看。这其中的因素，除了少数纯西方血统学者外，很重要的原因，是有一批在欧美长期生活的华裔学者，他们依凭着自己早年在中国大陆或台湾的汉语阅历基础，加以抵欧美后的留学经历、学术熏陶和主观努力，推出了一大批汉学研究成果，不仅壮大了欧美的汉学队伍，更涌现了许多堪称一流的学者。本文以欧美地区的中国文学史著作及研究成果为中心，介绍欧美尤其是英语国家的中国文学史书写概况及热点问题，分析这些中国文学史的书写方法及其特点，以期为国内的文学史编撰工作提供借鉴或启示。

一、欧美地区中国文学史书写概况

世界上主要国家的第一部文学史问世几乎都源自两个目的：一是为满足大学的文学教学之需要，另一个则是为了向本国民众推广文学知识。欧美地区的中国文学史书写工作也主要源于这两方面的原因。

（一）"中国文学史"类著作

一般认为，欧美地区中国文学史的书写始于英国汉学家赫伯特·阿伦·翟理斯（Herbert Allen Giles，1845—1935）在 1901 年出版的英文本《中国文学史》（A History of Chinese Literature）①。此书将文学史作为独立演化的系统，以朝代为经，以文体为纬，系统、简明地叙述了中国文学的发展概况。其呈示的章节涵盖了一个有序演进的文学史的完整框架（从远古至近代共八章）和相当丰富的内容，克服了此前相关介绍的零散性、随意性，使得知识的系统化程度有了很大的提高。其介绍的文学种类主要包括诗歌、散文、小

---

① Herbert Allen Giles. A History of Chinese Literature [M]. D. Appleton And Company Press, 1901.

说、戏曲等，以宋朝为分水岭，宋之前（包括宋朝）的文学史侧重诗文，宋之后的文学史则侧重小说、戏曲。不难看出，这种文类的架构已呈现出了现代文学模式所包含的几种主要体裁，即诗歌、散文、小说、戏剧。该书间有若干中国古典小说、戏剧的翻译片断，很适合西方人的阅读口味，在欧美地区影响甚广，故此书 1923 年由纽约阿普尔顿出版公司再版，1973 年佛蒙特州查尔斯 E·塔特尔出版公司还出版了此书的修订版，其学术价值和生命力可见一斑。

之后的半个多世纪，欧美地区出版的中国文学史著作屈指可数。1953 年，海涛玮（James Hightower，1916—1999）出版过一本《中国文学提要：大纲与书目》（Topics in Chinese Literature：Outlines and Bibliographies）。1958 年，北京外文出版社翻译出版了陆侃如、冯沅君合著的《中国古典文学简史》，介绍给国外的读者。此书从中国文学的起源讲起，到五四运动为止，系统、扼要、有重点地叙述了中国古典文学史的发展。全书分六个阶段，在有些阶段中再按照文学史的演变分若干时期，在每一时期中叙述时代特征，说明文学的流派，叙述重要作家在文学史上的地位和成就，以及其所处时代的文学风貌和在文学史上的影响，并对重要作品给予具体、扼要的分析，便于欧美人简明扼要地了解中国古典文学的概貌和发展脉络。该书后来在美国多次重印，1983 年还由杨宪益、戴乃迭等学者再次翻译出版，改名为《中国古典文学史大纲》。此后，陈受颐（Chen Shou-yi，1899—1978）也于 1961 年出版了一本英文版的《中国文学史略》（Chinese Literature：a Historical Introduction）①。该书共 665 页，简明扼要地介绍了中国文学的发展脉络。

21 世纪以来，欧美地区的中国文学史书写取得了重大突破，出现了不少重量级的文学史巨著。2001 年，梅维恒（Victor H. Mair，1943—）主编的《哥伦比亚中国文学史》（The Columbia History

---

① Chen Shou-yi. Chinese Literature：a Historical Introduction［M］. Ronald Press，1961.

of Chinese Literature）①面世。该书厚达 1362 页，详述了中国文学的发展历程。全书架构主要以文类及次文类来区分，从上古时期到现当代的文学作家与作品都有所探讨，按时代先后呈现了中国文学丰富的面貌。全书分为七大部分、五十五个单元："基础"、"诗歌"、"散文"、"小说"、"戏剧"、"评论、批评与阐释"、"通俗及边缘的文学类型"，分别由学有专攻的美国汉学家撰写完成。此书从中国文学的语言与思想基础开始谈起，其论述范围涵盖整个中国文学的领域，尤其聚焦于前现代时期的文学经典，巨细无遗地呈现出华夏文学多姿多彩的风貌。不过，这部文学史看起来更像是高质量的学术论文集，缺乏文学"史"的逻辑，故而颇受争议。如可马丁（Martin Kern）与何谷里（Robert E. Hegel）就曾批评这部文学史说："这是良莠不齐的若干章节的大杂烩，未经系统化的编辑整理而显得支离散乱。"②

2010 年，孙康宜（Kang-i Sun Chang）和宇文所安（Stephen Owen，本名斯蒂芬·欧文）主编的《剑桥中国文学史》（The Cambridge History of Chinese Literature）③出版，该书是剑桥大学出版社的系列国别文学史之一，是近年来备受瞩目的一部大型中国文学史。全书 112 多万字，以 1375 年为界，分为上、下两卷，以编年而非文体的结构方式介绍了从上古的口头文学、金石铭文一直到1949 年中华人民共和国成立前夕的中国文学三千年的发展历程。该书的基本定位不同于国内一般的文学史写作，其脱离了那种将文学领域机械地分割为文类（genres）的做法，而采取更具整体性的文化史方法，即一种文学文化史（history of literature culture）的书写方法。因主编和作者均置身于美国的学术环境，受西方流行学术风潮如"新文化史"的影响，他们力图超越以往以文体或朝代分期为结

---

① Victor H. Mair. The Columbia History of Chinese Literature [M]. Columbia University Press, 2001.

② Martin Kern, Robert E. Hegel. A History of Chinese Literature？[J]. Chinese Literature：Essays, Articles, Reviews(CLEAR), Vol. 26, 2004.

③ Kang-i Sun Chang, Stephen Owen. The Cambridge History of Chinese Literature [M]. Cambridge University Press, 2010.

构、注重作家个体和作品社会政治与文化背景分析的传统文学史模式，而建立一种新的文学史观，即文学文化史。相对于文学的社会背景分析，编者和作者更重视物质文化发展对文学的影响，如手抄本文化、印刷文化、杂志与报纸副刊等在文学的演变中均曾发挥过关键性的作用；相对于对作家个体的强烈关注，编者和作者更注重文学史的有机整体性及对一些倾向和潮流的梳理，因此对文学交流、文人结社、文学社团、地域身份认同等多有着墨；相对于以往以朝代断代、将文学史与政治史重合，编者和作者更强调文学、文化的历史自主性，因而此书的编年断代方式颇富新意；相对于传统文学史致力于将作者和作品定型和定性，编者和作者更注重文本的不确定性，因而作者问题、文本的接受史、选集的编纂、文本的制作、流传与改写等获得了前所未有的关注。

(二)"中国文学概论"类著作

欧美地区与中国文学史密切相关的"中国文学概论"类著作也颇为可观，这些著作虽不是以"中国文学史"命名，但是其具体内容也主要是介绍中国文学的发展脉络和主要特点，与"中国文学史"类著作可谓殊途同归。早在1867年，英国汉学家、伦敦传道会教士伟烈亚力·怀列（Alexander Wylie，1815—1887）所著的《中国文学札记：附历史源流简介和中国文献西译记略》（Notes on Chinese Literature：with Introductory Remarks on the Progressive Advancement of the Art；and a List of Translations from the Chinese Into Various European Languages）①就在上海出版。该书共306页，是汉学史上以目录学形式出现的一部名著。该书正文由经典（Classical）、历史（History）、学术论述（Philosophers）和纯文学（Belles-lettres）四大部分组成，下面分小类罗列中国典籍书目的中文原名、发音拼写和内容简介，除了儒家经典之外，还包括道教佛教、历史地理、农林医药水利、数算天文占卜、戏剧小说诗论词曲等，实际涉及的内容要

---

① Alexander Wylie. Notes on Chinese Literature：with Introductory Remarks on the Progressive Advancement of the Art；and a List of Translations from the Chinese Into Various European Languages [M]. American Presbyterian Mission Press，1867.

比其书名"中国文学"的范围大得多。全书介绍了2000多部包括古典文学、数学、医学和科学技术等方面的中国古典文献，前言部分还附有一份当时已有的西译中国文献书目记略，是非常有价值的研究史料。

1966年，柳无忌（Wu-chi Liu）出版了一本《中国文学导论》（An Introduction to Chinese Literature）①。该书300多页，篇幅较短，作者意在介绍中国的作家与作品，并从中归纳出中国文学及其特征，方便西方读者的理解和掌握。正文首先介绍了中国文学及其特征，随后分18个章节依次论述了中国语言的初曙到《诗经》、"中国诗歌之父"屈原、中国散文的发展、汉代文学、古体诗与近体诗、盛唐诗人、晚唐诗人、词的起源与盛行、散文的古典运动、文言与口语的故事、早期的剧场娱乐和活动、元杂剧的概况、散曲（一种新诗旋律的文学体式）、古典小说作为一种民间史诗的意义、介于新与旧之间的故事书、明清时期一群默默无闻的作家所写的伟大小说、文士与平民的戏剧如何雅俗共赏，以及当代文学的实验精神与艺术成就。该书受到英美文学界的好评，曾被多次印刷。

1979年，刘若愚（James J. Y. Liu，1926—1986）的《中国文学艺术精华》（Essentials of Chinese Literary Art）②面世。该书是"亚洲文明系列"之一，篇幅不长，只有150页左右，列举了一些最著名的中国文学作品，以呈现其为文学技艺的精华所在，并且描述最为显著的文学特色。就该书的内容而言，作者首先陈述他评析作品的理论观点，接着对古典诗歌、古典散文、古典小说、古典戏剧一一分析，除了介绍中国文学的基本知识之外，在成书的体例结构、选材标准及分析方法等方面均能掌握得宜，其所涵盖的层面相当广博，而论述的范围亦极纵深。

1986年，美国著名汉学家倪豪士（William H. Nienhauser）出版

---

① Wu-chi Liu. An Introduction to Chinese Literature ［M］. Indiana University Press，1966.

② James J. Y. Liu. Essentials of Chinese Literary Art ［M］. Duxbury Press，1979.

了《印第安纳传统中国文学指南》(The Indiana Companion to Traditional Chinese Literature)①。该书 1050 页，正文主要分为两大部分，第一部分为随笔结集，收录了 10 篇由不同的作者撰写的随笔文章，论述了中国文学中关于佛教文学、戏剧、小说、文学批评、诗歌、流行文学、散文、修辞学、道士文学、女性文学等方面的问题。第二部分为编写的中国文学词目，编者按音序列出了中国文学的重要作家、作品及文献资料，并对每一词条有简单的介绍和评价。1998 年，倪豪士又出版了该书的增补本，称《印第安纳传统中国文学指南》第 2 卷②，该书主要是对第 1 卷《印第安纳传统中国文学指南》进行内容补充和错误纠正，书中列出了一些新的颇受关注的作家、作品及文献资料的词条，同时更新了文章的参考书目，并纠正了一些错误。

1997 年，伊维德(Wilt Idema)与汉乐逸(Lloyd Halft)合撰的《中国文学指南》(A Guide to Chinese Literature)③出版。该书曾被列入美国杰出学术书籍选单，对于中国从古至今三千多年的文学史，有一综合的概览。该书主要包括两个方面的内容，具体分为六大部分、二十八个章节。第一个方面即书中第一部分，为中国文学简介，作者论述了中西文学观念的异同和演变，语言和写作、纸张和印刷、教育和文化，从汉朝到清朝的传统中国社会，传统社会的中心传统，方式和管理、事实和文学，西方的中国文学研究和翻译，等等。第二个方面即书中第二到第六部分，分时期论述了中国文学的发展和演变进程。其中，第二部分为上古至纸张发明时代，从早期语言文字到纸的发明说起。第三部分为纸张发明时代至印刷时代，陈述历史散文、诸子百家的文章、先秦诗歌。第四部分为印刷时代至西方印刷方法传至中国的近代，谈中国诗歌、散文和曲的发

① William H. Nienhauser, Jr. The Indiana Companion to Traditional Chinese Literature[M]. Indiana University Press, 1986.

② William H. Nienhauser, Jr. The Indiana Companion to Traditional Chinese Literature(Volume 2)[M]. Indiana University Press, 1998.

③ Wilt Idema, Lloyd Halft. A Guide to Chinese Literature[M]. Amsterdam University Press, 1997.

展。第五部分为传统到现代的转变（1875—1915 年），第六部分为现代文学（1915—1990 年），分别论及中国近现代及当代文学的发展演变。

2000 年，雷威安（Andre Levy）的《中国文学：年代久远的与古典传统的》（Chinese Literature：Ancient and Classical）①出版，原书以法文写就，后经美国学者倪豪士（William H. Nienhauser）翻译成英文。该书 184 页，第一章先就古代之起源作陈述，次及春秋先秦时代"百花齐放、百家争鸣"的情形，再谈论儒家经典。第二章专就古代散文进行介绍。第三章以诗歌为论述对象。最后一章则以娱乐的文学——小说与剧场为讨论重心。该书以中国的四大文类为基石，陈述他们的发展脉络与内容特色，并且不为政治社会的历史框架所拘囿。

(三)"中国文学作品选"类著作中的文学史内容

20 世纪六七十年代以来，随着欧美汉学界中国文学研究的迅速发展和"新文学史"思潮的兴起，各种大型中国文学作品选类著作不断涌现。将这些作品选各章节的导言拼接起来，也不啻一部完整的中国文学史。

1965 年，白之（Birch. Cyril）主编的《中国文学选集：早期至十四世纪》上卷本（Anthology of Chinese Literature（Volume 1）：from the Early Times to the Fourteen Century）②出版面世。该书选录作品上自周代下讫金元，始于古代歌谣，终于 14 世纪的戏曲，其间各种主要的文学类型无不纷呈并现，作品容量适中，挑选的作品类型分布得宜，易于掌握。1972 年，下卷本《中国文学选集：十四世纪至今》（Anthology of Chinese Literature（Volume 2）：from the 14th Century to the Present Day）③也获得出版。这是第一部在美国出版的

---

① Andre Levy. Chinese Literature：Ancient and Classical［M］. Indiana University Press，2000.

② Birch. Cyril. Anthology of Chinese Literature（Volume 1）：from the Early Times to the Fourteen Century［M］. Grove Press，1989.

③ Birch. Cyril. Anthology of Chinese Literature（Volume 2）：from the 14th Century to the Present Day［M］. Grove Press，1989.

中国古典文学选集,其依历史演进分两册成书,集合当时汉学界精英的译作而成。由于其文体类型丰富、译作水平上乘,颇受文学爱好者的青睐和好评。

1994 年,梅维恒(Victor H. Mair)的《哥伦比亚中国传统文学选集》(The Columbia Anthology of Traditional Chinese Literature)①出版。此书有 1376 页,收入中国上古至清代约 160 位作家的作品。正文分为五个部分:基础与解释、诗歌、散文、小说、口头语表演艺术。书中的选文,既有耳熟能详的经典之作,也包括了一些较为罕见的作品。

1996 年,宇文所安(Stephen Owen)的《中国文学选集:从开始至 1911》(An Anthology of Chinese Literature:Beginnings to 1911)②出版。该书篇幅超过 1200 页,以尊重中国文学传统为核心,内容按时代先后排列,分为上古(先秦西汉)、中世纪(东汉魏晋南北朝)、李唐、赵宋、元明、清代六个时期,每部分以各"时期简介"开始,简略陈述该时期的政治、社会与哲学的架构,再选择性地详述作品。此书选入了各式各样的文体类型,内容丰富可观,体裁变化多样,从古至今的各种文体几乎无所不包,如《诗经》、早期的叙事文学、早期的文学散文(如《大风歌》、《庄子》)及政论散文(如司马迁的《史记》)、《楚辞》、乐府、六朝诗(如陶潜、谢灵运、鲍照)及文学理论(如陆机的《文赋》、刘勰的《文心雕龙》、曹丕的《典论·论文》)、唐诗(如王维、孟浩然、李白、王昌龄、杜甫、白居易、杜牧)、宋词(如欧阳修、柳永、苏轼、李清照、姜夔、吴文英等)、元杂剧(如关汉卿、马致远)、晚明随笔散文(如李贽、袁宏道)、话本小说(如冯梦龙的"三言")、清代戏剧(如孔尚任、洪昇)、文言短篇小说(如蒲松龄《聊斋志异》)、清诗和清词(如顾炎武、吴伟业、王士禛、赵翼、龚自珍、黄遵宪、秋瑾、王国

① Victor H. Mair. The Columbia Anthology of Traditional Chinese Literature [M]. Columbia University Press,1994.

② Stephen Owen. An Anthology of Chinese Literature:Beginnings to 1911[M]. W. W. Norton & Company Press,1996.

维），几乎囊括了所有中国古典文学作品。宇文所安在引言中强调自己并非简单地将各个"里程碑"作品按照时间顺序进行呆板的排列，而是要组成一个"文本家族"（a family of texts），在文本的相互关系中确认各自的身份和特性，从而体现文学传统。

2000 年，闵福德（John Minford）、刘绍铭（Joseph Lau）的《中国古典文学：翻译的选集》（Classical Chinese Literature：an Anthology of Translations）①出版。该书 1171 页，内容丰富，选材精当，编排严谨。在体例上以时代为经，以文类为纬，从甲骨文到唐代的诗词，选材来源极为广泛，内容上无所不包，几乎综览所有中国古典文学的重要文类：诗词歌谣、传记、戏曲、小说及早期中国哲学家和史学家的著作。该书共有三大部分，分为 30 章（其中有 19 章是诗歌），第一部分是汉代以前的文学英译作品选，第二部分是汉代到南北朝时期的文学英译作品选，第三部分是隋唐五代文学的英译作品选。

二、欧美地区中国文学史书写的热点问题

除了上述综合类通体文学史及作品选著作外，欧美地区还出现了很多种类繁多的中国文学史研究成果。其中，文体文学史、专题文学史、女性文学史和现代文学史是几个热门的研究领域，可以视为中国文学史书写的热点问题。

（一）文体文学史

丰富的文体类型是中国文学的显著特点，也是欧美汉学家首先关注到的中国文学现象。他们对中国文学文体的研究历史悠久，成绩突出。

1. 诗歌发展史

中国诗歌的编译和研究是欧美汉学家关注的热点。英国汉学家翟里斯率先翻译介绍中国诗歌给西方学者，他于 1898 年编译了《古

---

① John Minford & Joseph Lau. Classical Chinese Literature：an Anthology of Translations[M]. Columbia University Press，2000.

今诗选》（Chinese Poetry in English Verse）①，以中国历史朝代为序，从《诗经》开始，横跨 18 世纪以前中国历史的各个朝代，选译了 102 位诗人的近 200 首诗作。其中以唐诗所占的比重最大，李白一人的作品有 21 首，为全书入选诗人之最；杜甫次之，选入 11 首；韩愈 6 首、杜牧和王维各 4 首。

随后，英国汉学家阿瑟·大卫·韦利（Arthur David Waley, 1889—1966）也因为英译中国诗歌而为人所熟知。1916 年，韦利的第一本中国诗歌译作《中国诗选》（Chinese Poems）由伦敦的 Lowe Bros. 公司印行，起初该书只是分送给友人的私人印制本，1965 年经韦利首肯后该书由 Lowe Bros. 公司再版印刷，公开发行。此书收录了 52 首中国古诗译稿，有《诗经》里的篇章，有南北朝时期的诗歌，有唐诗 24 首（李白 3 首、白居易 3 首、杜甫 2 首、王绩 2 首、韩愈 1 首），还有宋代黄庭坚的 1 首诗，甚至还包括作于 12 世纪的佚名诗人的作品 1 首。1918 年，韦利的《汉诗 170 首》也先后在伦敦和纽约公开出版。此书是最著名的汉诗英译集，也是为韦利在欧美取得汉诗英译权威地位的成名之作。此书有序、导言和译诗正文三个部分。导言中依次有"中国文学的局限"、"技巧"、"中国诗歌的兴起与发展"、"翻译方法"、"参考文献简介"五个小节。诗歌正文分前后两个部分，前一部分按照时间顺序选译从先秦到明末的诗歌，包括屈原的《国殇》、汉武帝的《秋风辞》等，共分五章。后一部分的篇幅则全部是对白居易一人的单独译介，包括白居易的年表和韦利对他的介绍，以及选译的白居易诗作 59 首。1919 年，韦利又出版了《汉诗增译》（More Translation from Chinese）。全书共选译了中国古诗古文 68 篇，以屈原的《大招》为首，按作者的生卒年月顺序将诗文归类排列，其中王维的《山中与裴秀才迪书》、欧阳修的《秋声赋》、白居易的《与元九书》等篇是文而非诗。②

---

① Herbert Allen Giles. Chinese Poetry in English Verse[M]. Bernard Quarith; Kelly & Walsh, 1898.

② 此段内容参见江岚. 唐诗西传史论——以唐诗在英美的传播为中心[M]. 北京：学苑出版社，2009：110-124.

1975 年，柳无忌（Wu-chi Liu）和罗郁正（Irving Yucheng Lo）主编了《葵晔集：历代诗词曲选集》（Sunflower Splendor：Three Thousand Years of Chinese Poetry）①，该书收录的中国古诗数量庞大，包括从早期至 13 世纪 140 多位诗人的 1000 多首作品，且都译成英语，并加上了注释和赏析文字，有的还作了中西诗歌的比较。在美国，这部《葵晔集》堪称迄今最为完备的英译中国古代诗歌选集，其所收录的作品体裁多样，包括五言古诗、七言古诗、乐府诗、律诗、绝句、词、散曲等，主编还在该书的绪论中对中国古代诗歌的社会起源、不同发展阶段、各种诗体特征、诗词的格律及其与音乐的关系等方面作了阐述，特别指出了中国古代诗歌不同于西方诗歌的功利主义色彩和劝善惩恶的精神作用。由于该书的翻译出于多人之手，因而在诗歌的英语翻译上，也自然地体现了多姿多彩、融为一体的特色。

1976 年，耶鲁大学的傅汉思（Hans H. Frankel）教授出版了《梅花与宫妃——中国古诗选择漫谈》（The Flowering Plum and Palace Lady）一书②。这部中国古代诗歌作品的选译本，并非全部是中国古诗的精华，所选作品也未必是一般公认的代表作品。作者不是要撰写一般性的导论，他从上古时期至近古时期的诗、赋、词、曲中，只挑选了 106 首诗加以英译及诠释，作品数量相当有限。另外，傅氏所选之诗作皆出于个人偏好，按其个人所好所作的带有浓厚个人色彩的诠释与评价也极为主观。正因为此，此书也就愈加显示了它的个性，为美国学术界人士所首肯，认为傅氏对中国古代诗歌的形成及其特色有独特精到的见解。该书的特色概括而言有以下几点：首先，将所有入选诗歌作品按主题类型分类，如人与自然的关系、拟人化、人与人的关系、回忆与反思等，这个分类本身就体现了与众不同的特色，显示了选家的个性化眼光，它与市面上一般

---

① Wu-chi Liu, Irving Yucheng Lo. Sunflower Splendor：Three Thousand Years of Chinese Poetry[M]. Indiana University Press, 1975.

② Hans H. Frankel. The Flowering Plum and Palace Lady[M]. Yale University Press, 1976.

诗选集的分类迥然相异；其次，作者对每首诗的诠释评价（即诗末写给读者的所谓"读法"），均以现代西方诗学的观念立论解析，不受他人或中国传统注解的约束，这就很值得读者特别是中国读者参考借鉴，人们可以从中窥探西方学者对中国古诗别具心得的见解；再次，该诗选的英译也有独到之处，乃意译与直译相融合，并尽可能地保持中文原诗的语序，这是很不容易的，也正因此，该书特别受到美国（西方）读者的欢迎。

1976 年，叶维廉（Wai-lim Yip）的《中国古典诗文类举要》（Chinese Poetry：Major Modes and Genres）①出版。此书挑选了 150 多首中国古典诗、词、曲，从《诗经》（公元前 600 年）到元曲（1260—1368 年）前后两千年间的中国诗歌尽为其囊括。选集中的每首诗歌既有中文（每一个汉字均有英文注音），又有他自己翻译的十分流畅的英译文。同时，诗集的每一组诗前都有简单的评介。书后附有参考文献目录。叶维廉在一篇很长的导言中分析了中国诗歌的特色及其美学思想，并指出了妨碍西方读者理解中国诗歌的一些原因。

1984 年，华兹生（Burton Watson）编译的《哥伦比亚中国诗之书：从早期至十三世纪》（The Columbia Book of Chinese Poetry：from Early Times to the Thirteenth Century）②出版。这部选集由华氏独自翻译成书，一共收录 97 位诗人的 442 首诗作，其所涵盖的时间则有 2300 多年之长。该书所译诗作主要来自《诗经》、《楚辞》、汉赋及乐府、《陶渊明集》、汉魏古诗、晋南北朝及隋代诗人、唐宋诗作以及唐宋词等等，差不多选译了中国上古与中古时期重要的代表诗作。

1986 年，查维斯（Johnathan Chaves）编译的《哥伦比亚中国近古诗之书：元明清诗选》，也是编者独自翻译成书，以选集的形式来

---

① Wai-lim Yip. Chinese Poetry：Major Modes and Genres［M］. University of California Press，1976.

② Burton Watson. The Columbia Book of Chinese Poetry：from Early Times to the Thirteenth Century［M］. Columbia University Press，1984.

呈现 43 位诗人的作品。所译分成元、明、清三辑，译序介绍中国近古三代诗歌的发展，值得我们参考。

1986 年，罗郁正（Irving Yucheng Lo）和舒威霖（William Schultz）合编的《待麟集：清代诗词选（1644—1911）》（Waiting for the Unicorn：Poems and Lyrics of China's Last Dynasty, 1644-1911）①，集合了近 40 位翻译家的力量，向英语读者介绍了清代 72 位诗人的诗作。由于入选此集的诗作多半出自名家之手，因此颇具代表性。该书有 33 页的长序，论及清诗分期、历史背景、社会经济背景、清诗特点、清诗与政治的关系、清诗理论、清末批评家以及清词复兴等重要问题。

2005 年，美国汉学家汤尼·本斯东（Tony Barnstone）与华裔学者周平（Chou Ping）合编的中国古典诗词英译选本《中国诗歌精选集：古今三千年传统》（The Anchor Book Of Chinese Poetry：from Ancient to Contemporary, The Full 3000-Year Tradition）②出版。该书选诗的时间跨度虽然很大，但在其选入的 130 余位诗家的 600 余首诗歌中，唐代以前和宋代合占一半篇幅，另外一半则全是唐诗。

2008 年，蔡宗齐（Zong-qi Cai）出版了《如何阅读中国诗：引导式选集》（How to Read Chinese Poetry：a Guided Anthology）③。选集以中国古典诗歌体裁的分类方式来呈现，按时代先后顺序对各诗体逐一加以论述，主要分为六大编年史部分：先秦时期、汉代、六朝、唐代、五代与宋朝以及元明清三代，前后讨论了 143 首诗、骚、赋、词、曲，如《诗经》、《楚辞》、《乐府诗》、《古诗十九首》，以及五言律诗、七言律诗、绝句、小令、慢词、咏物词、散曲等。该书编者撰有一篇导论详述中国诗歌的主要层面，也提供读

---

① Irving Yucheng Lo, William Schultz. Waiting for the Unicorn：Poems and Lyrics of China's Last Dynasty, 1644-1911［M］. Indiana University Press, 1986.

② Tony Barnstone, Chou Ping. The Anchor Book Of Chinese Poetry：from Ancient to Contemporary, the Full 3000-Year Tradition［M］. Knopf Doubleday Publishing Group Press, 2005.

③ Zong-qi Cai. How to Read Chinese Poetry：a Guided Anthology［M］. Columbia University Press, 2008.

者主题分类的目次、如何使用该选集的注意事项、中国主要朝代年表以及象征图表。该书的编选是为教学之用，故此体例简介明晰，选入的作品极具代表性和可读性，目的在于帮助学生克服语言障碍，并能对中国诗歌形成客观的认识。

这几种诗歌选集，几乎涵盖了中国古典诗歌在每一时期的代表作品，呈现了中国诗歌的发展演变史。值得注意的是，欧美汉学家一般将词放到了诗歌的选集中，有些将赋和散曲也放到了诗歌的选集中，在他们看来，中国诗歌是中国韵文学的总称，凡是需要押韵的作品都属于诗歌的范畴。但细分下来，他们也注意到了词、赋、散曲等文体与诗的不同特征，故此还编选了一些更为细化的文体选集。如在词的选集方面，朱莉·兰多（Julie Landau）于1994年编译出版的《春天之外：宋代的词》（Beyond Spring：Tz'u Poems of the Sung Dynasty）①值得关注。该书是第一部宋词选集，编者选取了宋代15位词人（包括南唐李煜）的155首词作，侧重于北宋，南宋词人只有辛弃疾、姜夔、陆游三人的词作入选，其中苏轼词入选最多，有28首。编者还在序言中专门介绍了词中常见的意象与典故，以方便欧美读者阅读。

除了这些诗歌选集之外，欧美汉学家还出了很多关于中国诗歌研究的理论成果。如1986年，孙康宜（Kang-I Sun Chang）出版了《抒情与描写：六朝诗歌概论》（Six Dynasties Poetry）②。此书探讨五位著名的六朝诗人（陶渊明、谢灵运、鲍照、谢朓、庾信）及其作品，作者比较了这五位诗人的异同，从中勾勒了他们的关系，并致力于理清六朝时代五言诗发展的脉络。作者采取了历时叙述的书写方式，以点带面来铺陈表现与描写的双线结构，并且阐述这种双线结构如何在这五位诗人身上交错消长。第一章探讨了陶渊明与诗歌中的自我追寻；第二章先对六朝山水诗作了鸟瞰，再以谢灵运的

---

① Julie Landau. Beyond Spring：Tz'u Poems of the Sung Dynasty ［M］. Columbia University Press，1994.

② Kang-I Sun Chang. Six Dynasties Poetry ［M］. Princeton University Press，1986.

诗作为新描写模式的范例；第三章分析了鲍照诗歌中描写与抒情的要素；第四章论述南齐最优秀的形式主义诗人谢朓；第五章探讨了庾信对描写与抒情的综合性创造，检视他如何融合南方宫体艳情与北方清新遒健的诗歌风格。

1991 年，孙康宜的《陈子龙柳如是诗词情缘》(The Late-Ming Poet Chen Tz'u-lung：Crises of Love and Loyalism)①由文学切入历史，采取专题方式探讨陈子龙、柳如是的诗词情缘，并且兼论晚明情观与政治托喻的问题。全书共有七章，分为三编：第一编主要探讨情与忠的主题，第二编阐释情的观念在陈、柳诗词中如何体现，第三编论述忠的主题在诗词里怎样表达。本书最引人注目的新意是大力揭示的所谓"情忠合一"的诗学观，作者认为，明人相信一往情深是生命意义所在，也是生命瑕疵的救赎梁柱，这是晚明艳情诗词的中心要旨，这种情观重如磐石、特殊脱俗，是内心忠贞的反映。

1998 年，海陶玮(James Hightower)、叶嘉莹(Florence Chia-ying Yeh)合著的《中国诗研究》(Studies in Chinese Poetry)②，是海陶玮与叶嘉莹穷 30 年之力的合作研究成果，一共收录了 17 篇古典诗词研究论文。

2006 年，宇文所安的《中国早期诗歌之形成》(The Making of Early Chinese Classical Poetry)③则是研究诗歌的内在运作机制，论述中国诗歌的断片是如何被挑出来组合为一个美丽的整体的。作者指出，早期诗歌是一个存在于复制状态中并通过复制而为我们所接受的诗歌系统。书中关于古诗手抄本、古诗经典化、古诗创作模式等的论述，都很细致和精彩。作者试图提请我们注意，对于大量见存古诗的作者、真伪、年代等，都应进行严密的考察和检讨，而不能轻信和盲从。

---

① Kang-I Sun Chang. The Late-Ming Poet Chen Tz'u-lung：Crises of Love and Loyalism[M]. Yale University Press，1991.

② James Hightower，Florence Chia-ying Yeh. Studies in Chinese Poetry[M]. Harvard University Asia Center Press，1998.

③ Stephen Owen. The Making of Early Chinese Classical Poetry[M]. Harvard University Asia Center Press，2006.

2. 散文发展史

相对于中国诗歌研究的繁盛局面来说，欧美汉学家对中国散文的关注和研究就显得比较薄弱了。这一方面是因为欧美学者对散文这种文体的理解存在偏见，在他们看来，散文没有诗歌那么值得研究，因为散文只是正常的交流语言，而诗歌更为凝练和充满变化，所以对于研究者而言，诗歌的魅力远远大于散文，这是散文的研究成果偏少的重要原因。① 另一方面，中国散文以古文（文言文）写成，且一般篇幅较长，由于年代久远，国人理解起来尚且非常吃力，欧美学者更是难以把握精髓，故而其研究队伍较小，成果也偏少。然而，欧美汉学家关于中国散文的关注和研究仍有一些值得一提的成果。

英国汉学家翟理斯率先对中国散文进行翻译介绍。1884 年，他编选的《古文珍选》(Gems of Chinese Literature)分别在伦敦和上海出版。该书 272 页，编选了自孔子开始的中国古代重要散文作品。1923 年，他又将旧著《古文珍选》和《古今诗选》修订、增补后出版了新版的《古文选珍》(Gems of Chinese Literature)。此书分散文和诗歌两卷，在散文卷增补了一些被遗漏的影响较大的散文作品。

在具体的散文文种上，中国古代的历史散文是欧美汉学家关注较多的文种。《战国策》的研究，很大程度上归功于 40 多年以来柯润普(James I. Crump, Jr.)的研究，他认为《战国策》中的轶事乃是修辞性劝说的例子。1989 年，布兰福德·福岛由美子(Blanford, Yumiko Fukushima)的博士论文探讨了马王堆出土帛书《战国纵横家书》中的《战国策》片段和相关的修辞文本。

对《左传》进行文学的、修辞学的分析开始于 1977 年艾朗诺(Ronald C. Egan)和王靖宇(John C. Y. Wang)发表的两篇很有影响的论文：Narratives in Tso Chuan 和 Early Chinese Narratives: the Tso Chuan as Example。20 世纪 90 年代以来对《左传》着力最多的学者

———————————

① 这一观点参见 William H. Nienhauser, Jr. The Indiana Companion to Traditional Chinese Literature[M]. Indiana University Press, 1986, p. 93.

是史嘉柏(Dr. David Schaberg)，他的专著《模式化的过去：中国古代史学的形式与思想》引人注目。在此基础上，李惠仪(Wai-yee Li)贡献了一部关于《左传》意义的建构和可读性的新书《早期中国史学里"过去"的可读性》(The Readability of the Past in Early Chinese Historiography)，令人印象深刻。

与《左传》相比，《史记》得到了欧美汉学界更多的关注，其研究主要致力于个别篇章的真实性和语文学问题、司马迁写作意图的诠释、《史记》的文本结构，还有最重要的是针对把《史记》作为司马迁个人遭际和思想之反映的研究。这些研究开始于华滋生(Burton Watson)1957 年的专著《司马迁：中国的大史学家》(Ssu-ma Ch'ien：Grand Historian of China)。之后的研究层出不穷，其中两位领军人物倪豪士(William H. Nienhauser, Jr.)和杜润德(Stephen W. Durrant)的研究非常突出。前者撰写了多篇关于《史记》的论文及中西方关于《史记》研究的回顾综述，后者研究的代表作是他在1995 年出版的《模糊的镜子：司马迁著作中的紧张与冲突》(The Cloudy Mirror：Tension and Conflict in the Writings of Sima Qian)一书。

与《史记》相比，《汉书》受到学术界的关注较少。唯一关于《汉书》特定章节的文学讨论是宇文所安把《李夫人传》作为对汉武帝沉迷声色的批评，另外柯马丁(Martin Kern)分析了《汉书》中诗歌的修辞手法。

在一些大型中国文学史及作品选著作中，我们也可以窥见欧美汉学家对中国散文的认识和理解。柳无忌的《中国文学概论》中有"中国散文的发展"、"古文运动"等章节论述中国散文。

美国汉学家倪豪士编著的《印第安纳传统中国文学指南》中收录有倪豪士自己撰写的关于中国散文的随笔①。该文首先介绍了中国散文的基本概况，其次论述了中国散文的流派，同时详述了中国散文的历史发展脉络，按照前秦、汉代、魏晋南北朝、隋唐、宋

---

① William H. Nienhauser, Jr. The Indiana Companion to Traditional Chinese Literature[M]. Indiana University Press, 1986, pp. 93-120.

元、明清的历史分期简要介绍了中国散文的重要作家、作品以及相关的研究著作。如前秦时代，倪豪士指出了傅斯年对《论语》的研究值得关注；汉代，倪豪士重点介绍了《过秦论》、《上书陈政事》等文章以及刘安的《淮南子》等著作。魏晋南北朝时期，倪豪士介绍了李密的《陈情表》、王羲之的《兰亭集序》、陶渊明的《桃花源记》等名篇。而宋初，刘筠、钱惟演和杨亿这三人被倪豪士称为散文的魁首。这些观点是非常中肯的。

梅维恒主编的《哥伦比亚中国文学史》中第三部分"散文"中收录有关于中国散文研究的 7 篇学术论文：杜润特（Stephen Durrant）的《历史散文书写的文学特征》、倪豪士的《早期的传记》、艾朗诺（Ronald Egan）的《说明性散文》、Hu Ying 的《异常记录》、何瞻（James M. Hargett）的《旅行文学》与《草图》（Sketches）、Philip F. C. Williams 的《二十世纪的散文》。

3. 戏剧发展史

欧美汉学家对中国戏剧的系统介绍始于 20 世纪初。1922 年，凯特·巴斯（Kate Buss）出版的《中国戏剧研究》（Studies in the Chinese Drama）①简单地介绍了中国戏剧的起源、剧本类型、戏剧文学、宗教影响、人物类型、演员、音乐、舞台设计、服装、剧场的习惯等。1925 年，祖克（A. E. Zucker）的专著《中国戏剧》（The Chinese Theater）②出版。该书比较系统地介绍了中国戏剧的早期历史及其在元、明、清和 20 世纪初的发展。作者还概述了中国剧场的各个方面、演员的表演程式等。书中还有专门章节介绍梅兰芳，并将中国戏剧与古希腊戏剧和英国伊丽莎白时期的戏剧作了比较。与祖克的专著相比，刘易斯·阿林顿（Lewis C. Arlington）于 1930 年出版的《古今中国戏剧》（The Chinese Drama from the Earliest Times

---

① Kate Buss. Studies in the Chinese Drama[M]. The Seas Company Press, 1922.

② A. E. Zucker. The Chinese Theater[M]. Little, Brown, and Company Press, 1925.

until Today)①则只是对中国戏剧的历史发展作了粗浅的概览。

20世纪初对中国戏剧的研究无论在规模和深度上都处于起步阶段，真正对中国戏剧的学术研究开始于20世纪50年代。在历史资料研究方面，值得一提的是1982年伊维德（Wilt L. Idema）和溪谷如（Stephen H. West）合编的《中国戏剧：1100—1450》（Chinese Theater 1100-1450：a Source Book）②。该书对宋金时代中国早期戏剧形式如宫调、杂剧、院本和南戏等作了介绍，并提供了反映中国早期戏剧发展的一些重要研究史料。编者认为杂剧的分期不应该基于政治事件的历史划分；杂剧和南戏可能早在元代建立之前就已经作为完全成熟的戏剧形式存在了。作者把杂剧从发生到衰落的整个时期定在12世纪到15世纪中叶——作者称之为中国戏剧的第一个黄金时代。该书还对宋金时代的中国早期戏剧形式如诸宫调、杂剧、院本和南戏作了介绍，并提供了反映中国早期戏剧发展的一些重要研究史料，如包含在《东京梦华录》、《都城纪胜》、《西湖老人繁盛录》、《梦粱录》和《武林旧事》中的一些戏剧史料。书中还收录有编者英译的《永乐大典戏文三种》之一的南戏《宦门弟子错立身》。

除了这些综合性的研究著作之外，关于中国戏剧的品类及不同历史时期的剧作家和作品的研究也值得关注。在对中国戏剧的研究中，最为突出的是对元杂剧的研究。在数量可观的研究成果中，可以划分为对元杂剧发展史的研究、版本和文本研究、作家和作品研究、人物专题研究、舞台演出艺术研究等。1952年，刘君若（Liu Chun-jo）撰写的博士论文《中国13世纪杂剧研究》（A Study of the Tsa-chü of the Thirteenth Century in China），考察了元杂剧的起源、剧作程式和主题。在对元代剧作家的专题研究中，关汉卿的研究成果最为显著。1969年，杰罗姆·西顿（Jerome P. Seaton）的博士论

---

① Lewis C. Arlington. The Chinese Drama from the Earliest Times until Today [M]. Kelly and Walsh Press，1930.

② Wilt L. Idema，Stephen H. West. Chinese Theater 1100-1450：a Source Book[M]. Steiner Press，1982.

文《关汉卿及其作品研究》（A Critical Study of Kun Han-ch'ing, the Man and His Works），介绍了关汉卿的生平和作品，讨论了关汉卿的剧作技巧和文学艺术，是英语世界第一部以文学文本为中心对关汉卿的全部剧作进行系统深入研究的专著。而在元杂剧剧本的研究中，王实甫的《西厢记》的翻译和研究取得了最为引人注目的成就。1983 年，梅雷迪斯·佛斯克（Meredith G. Fosque）的博士论文探讨了《西厢记》形成的历史背景和题材渊源，具体分析了剧作文本，由此来归纳元杂剧的形式结构、语言、音乐和表演艺术。①

相对而言，对中国明代戏剧的研究虽然不如对元代戏剧研究那样成果丰富，但对一些主要剧作家和明代剧场演出的研究也取得了重要成果。伊维德的专著《朱有燉的杂剧》（The Dramatic Oeuvre of Chu Yu-tun(1379-1439)），对明初剧作家朱有燉的生平和杂剧创作作了系统研究，填补了明代杂剧研究乃至中国戏曲研究的一个重要空白。明代剧作家中被研究最多最深入的是汤显祖。夏志清的长篇论文《汤显祖剧作中的时间和人的处境》（Time and the Human Condition in the Plays of T'ang Hsien-tsu），系统讨论了汤显祖在其主要剧作中对"情"、时间和人的处境的文学和哲学思考。②

对清代戏剧的研究迄今仍然缺乏像对元代和明代戏剧研究那样进行整体历史的宏观研究，但对一些剧作家及其戏剧创作的研究取得了显著的成果。在这方面表现最为突出的是对李渔的研究。毛国权（Nathan K. Mao）和柳存仁（Liu Ts'un-yan）在专著《李渔》③里，专门讨论了李渔的戏剧理论。埃里克·亨利认为，李渔在中国戏剧史上开辟了高级和讽刺戏剧的形式，具有突出的自然主义和现实主义风格，集中分析了他的四部作品：《比目鱼》、《巧团圆》、《风筝误》、《奈何天》。韩南在其专著《李渔的创新》里，专章讨论了李渔的戏剧创作。

1995 年，孙枚（Sun Mei）的博士论文《南戏：最早的戏曲形式》

---

① 参见张海惠. 北美中国学[M]. 北京：中华书局，2010：668-670.

② 参见张海惠. 北美中国学[M]. 北京：中华书局，2010：673.

③ Nathan K. Mao, Liu Ts'un-yan. Li Yu[M]. Twayne Publishers Press, 1977.

（Nanxi：the Earliest Form on Xiqu（Traditional Chinese Theatre））①也值得一提。该书是第一部对南戏进行全面研究的英语专著，也是所有语言中首次从总体戏剧演出角度对南戏进行的研究。作者讨论了南戏的历史（起源、传播、变化、与传奇的关系）；现存的南戏剧本（《永乐大典戏文三种》：《张协状元》、《宦门子弟错立身》、《小孙屠》）在题材、结构、语言诸方面的特征；南戏演出的音乐、人物类型划分、演员的表演、化装和舞台道具等；写作南戏剧本的书会才人、南戏的演员和剧团以及南戏演出的观众。该书分析和澄清了过去南戏研究中存在的许多事实和问题。

4. 小说发展史

明清之际，中西文化交流的际遇和文学视阈的碰撞，促使中国古典小说脱颖而出，因其摹写和展现社会的内涵和功用，成为西人极为关注和重视的文学体裁。因此，对中国小说的介绍和论述构成了西人关于中国文学著述的重要内容。欧美汉学家对中国小说的关注和研究晚于日本和韩国，但也取得了不俗的成绩。

"二战"以来，欧美汉学家在中国小说研究方面所取得的成就首先表现在文献考据方面，主要包括小说家生平事实之考证以及小说作品之成书、流传、版本等方面的历史梳理。美国汉学家夏志清（C. T. Hsia）和韩南（Patrick Hanan）对中国古典小说的研究成就最为显赫。1968 年，夏志清的《中国古典小说》（The Classic Chinese Novel：a Critical Introduction）②出版。该书研究了六部"经典小说"，分单章研究每一部小说的文本历史和演变脉络，附以自己敏锐而独到的阅读心得。他凭借自己雄厚的西学基础以及对中国小说的极大兴趣，独辟蹊径，梳理、阐释和评价中国小说。他不盲从当时流行的文学理论，也不以意识形态为标准，而是立足于文本，着重于作品的文学性，仔细筛选，指出优秀作品及其优秀之处。

---

① Sun Mei. Nanxi：the Earliest Form on Xiqu（Traditional Chinese Theatre）[D]. University of Hawaii Press，1995.

② C. T. Hsia. The Classic Chinese Novel：a Critical Introduction[M]. Columbia University Press，1968.

　　韩南于 1963 年发表的论文《〈金瓶梅〉探源》旁征博引，颇受推重。该文以冯沅君《〈金瓶梅词话〉中的文学史料》及别的学者的研究为基础，所搜罗的材料极为丰富，是一篇功力深厚的考证，但并不以此为限。韩南在文章开篇即说出自己的研究目的：一是查出小说中那些从未被人指出的来源；二是分析小说作者怎样应用这些引文。文中详细列举了小说、话本、清曲和戏曲等资料，并论述了作者如何受到这些资料的暗示和影响及运用到自己的小说当中。韩南 1973 年出版的专著《中国短篇小说研究》(The Chinese Short Story：Studies in Dating，Authorship and Composition)①，把中国话本小说从发端至 1627 年的历史按写作年代划分为三个阶段：初期，1250—1450 年；中期，1400—1550 年；晚期，1550—1627 年，是当时最客观和最详尽的话本写作年代研究成果。该书参借了当代西方叙事学理论，提出了分析文学作品的七个层次：说话者层次、焦点层次、谈话层次、风格层次、意义层次、语音层次和书写层次。韩南提出这七种分析层次，主要考虑的是"视角问题"。而其 1981 年出版的《中国短篇白话小说史》(The Chinese Vernacular Story)②，深入探讨了话本体裁、叙事观点、叙事形式及话本作者中个别文体、独有的道德标准和世界观等问题，并对当时海外可见的话本小说做了详尽的梳理考证，勾勒出截至 17 世纪末话本小说发展的清晰脉络。

　　1987 年，蒲安迪 (Andrew H. Plaks) 的专著《明朝四大奇书》(The Four Masterworks of Ming Fiction：Ssu-ta ch'i-shu)③，在权威审视明代文化史的背景下，提供了《三国演义》、《水浒传》、《西游记》和《金瓶梅》的结构和意义的详细解读。

　　在单部小说著作的研究方面，《三国演义》虽然被选作很多博

　　① Patrick Hanan. The Chinese Short Story：Studies in Dating，Authorship and Composition[M]. Harvard University Press，1973.

　　② Patrick Hanan. The Chinese Vernacular Story[M]. Harvard University Press，1981.

　　③ Andrew H. Plaks. The Four Masterworks of Ming Fiction：Ssu-ta ch'i-shu [M]. Princeton University Press，1987.

士论文的研究对象，但迄今为止还没有任何一篇被修订成专著出版。《水浒传》是美国研究中国小说最早开始研究的对象，但直到 2001 年才出现葛良彦（Ge Liangyan）的专著《走出水浒：中国白话小说的兴起》（Out of the Margins: the Rise of Chinese Vernacular Fiction）。相对而言，《西游记》和《金瓶梅》更为西方学者所青睐。杜德桥（Glen Dudbridge）于 1970 年出版了《〈西游记〉：16 世纪小说的成书研究》（The Hsi-yu chi: a Study of the Antecedents to the Sixteenth-Century Novel），涉及这部小说不同版本的关系、吴承恩的作者地位、孙悟空形象的来源以及小说的象征意义等。丁乃非（Ding Naifei）2002 年的《秽物：〈金瓶梅〉中的性政治》（Obscene Things: Sexual Politics in Jin Ping Mei），针对《金瓶梅》进行了激烈的女性主义批评。

18 世纪的小说中，吴敬梓的《儒林外史》和曹雪芹的《红楼梦》最受瞩目。研究《儒林外史》的专著值得一提的是 1978 年黄宗泰（Timothy Wong）的《吴敬梓》（Wu Ching-tzu）和 2003 年商伟（Shang Wei）的《〈儒林外史〉和帝国晚期的文化转型》（Rulin waishi and Cultural Transformation in Late Imperial China）等。研究《红楼梦》的著作值得关注的是 1975 年米乐山（Lucien Miller）的《〈红楼梦〉中的小说面具：神话、虚构和人物》（Masks of Fiction in Dream of the Red Chamber: Myth, Mimesis, and Person），以及 2001 年萧驰（Xiao Chi）的《作为抒情天地的中国花园：〈红楼梦〉通论》（The Chinese Garden as a Lyric Enclave: a Generic Study of the Story）。

（二）专题文学史

除了综合性通体文学史著作和文体文学史研究成果之外，部分学有专攻的欧美汉学家对唐诗、词、诗学、文论等一些热门的中国文学命题表现出了浓厚的兴趣，出了一些专业、细致、深入的研究成果，我们可以称之为专题文学史研究资料。

首先值得我们关注的是一些专题文学论文集类的文学史著作。如梅维恒主编的《哥伦比亚中国文学史》，如前所述，该书更像是一部高质量的学术论文集，其既没有按照时间顺序也未按照文体类别来进行编排，而是将部分命题类似的论文归入一个部分，比较类似于现代学术杂志的编排方式。正如梅维恒在该书的"前言"中所说，其编撰该书不仅是为了写中国文学的历史，或是仅仅评论中国文学的作家和作品，而是为了深入反映中国文学的复杂性。编者指出现在已经有很多好的翻译作品选集，几乎囊括了所有的文类，但是缺乏对中国文学的深入研究，编者旨在集中最新的关于学者深入研究中国文学的成果。其并没有指出每一个作家和作品，而只是将具有代表性的作品和命题挑选了出来，同时指出了一些被忽视的作家和作品，帮助西方读者了解中国文学。如其指出了儒家、佛教、道教和民俗对中国文学产生了重要作用，也收录了有关中国地域文学的研究论文，还介绍了中国文学在韩国、日本等地的传播和接受。可以说，该书虽然不如其他通体文学史论述全面，但是其以专题研究的形式使得部分问题的论述非常深入，而且也避免了通体文学史全而浅的问题。

1. 唐诗

在中国唐诗的研究上最受人瞩目的是号称"为唐诗而生"的美国汉学家宇文所安，他从 1975 年开始，陆续出版了关于唐诗研究的系列专著。1977 年，他出版了《初唐诗》(The Poetry of the Early Tang)①；1981 年，其《盛唐诗：中国诗的伟大时代》(The Great Age of Chinese Poetry：the High Tang)②出版；1996 年，他的《中国"中世纪"的终结——中唐文学文化论集》(The End of Chinese "Middle Ages"—Essays in Mid-T'ang Literature Culture)③面世；2006 年，他的《晚唐：九世纪中叶的中国诗歌(827—860)》(The Late Tang：Chinese Poetry of the Mid-Ninth Century(827-860))④也与读者见面

---

① Stephen Owen. The Poetry of the Early Tang[M]. Yale University Press, 1977.

② Stephen Owen. The Great Age of Chinese Poetry：the High Tang[M]. Yale University Press, 1981.

③ Stephen Owen. The End of Chinese "Middle Ages"—Essays in Mid-T'ang Literature Culture[M]. Yale University Press, 1996.

④ Stephen Owen. The Late Tang：Chinese Poetry of the Mid-Ninth Century (827-860)[M]. Yale University Press, 2006.

了。这四部著作构成了宇文所安唐诗研究的"四部曲"。

《初唐诗》从文学史的角度来研究初唐诗歌，透彻分析、仔细探讨了"宫廷诗"的创作规则及其与初唐、盛唐诗歌风格发展的关系，并将初唐诗细分为宫廷诗——脱离宫廷诗——过渡到盛唐三大部分。全书由五部分组成，第一部分"宫廷诗及其对立面"指出隋末唐初的诗歌主流为宫廷诗，与宫廷诗相对立的是对立诗论。作者认为，宫廷诗及对立诗论是初唐两种主要诗歌趋势，众多诗人在两者之间摇摆。第二、三部分分别以"初唐四杰"诗和陈子昂《感遇》组诗为对象，研究 7 世纪六七十年代诗人对宫廷诗创作传统的脱离。第四部分介绍了武后及中宗朝的宫廷诗。第五部分从张说平稳流畅的诗风以及张九龄对初、盛唐风格的兼备来说明诗歌已渐渐正式进入盛唐。全书以时代为序，对初唐诗的演进规律作了系统梳理和深入探求。

《盛唐诗》沿用《初唐诗》的研究方法，在历史过程及时代风格的框架下重新探讨盛唐诗歌，以"宫廷诗人"、"京城诗人"、"东南诗人"这些带有很强地域性的观念，横向展开对盛唐诗坛居高临下的审视，重写了 8 世纪盛唐的文学发展史。该书全面、完整、轮廓清晰地阐述了作者的一个中心观点，即盛唐诗歌的标准不是由我们所熟知的几个大诗人来界定的，它也不是被切断了历史的一个多姿多彩、光辉灿烂的瞬间，而是在诗歌观念、题材、风格乃至技巧等方面持续地发展和变化的复杂过程。他从唐代诗人所处的社会地位及当时的审美标准出发，对他们进行了重新评定。他认为，以往学界言及盛唐诗，必然提到李白、杜甫，但出现在盛唐的李、杜是整整有唐一代诗歌的杰出代表，他们的光辉已经远远突破了盛唐的阶段性，反过来，这两位伟大诗人也并不是盛唐诗的全部。他认为，盛唐作为一个时代，其主流诗歌创作风格在共同的审美规范（Aesthetic Norm）下，经历了从第一代的孟浩然、王维、李白、高适，经第二代的岑参、杜甫，到第三代的大历诗人的继承和发展。而由诗赋取士的制度直接促成的正统诗学训练到盛唐趋向成熟，并影响诗人的创作道路与风格。他对李白、杜甫、王维等几个大诗人的作品的细读分析也非常新颖到位。

《中国"中世纪"的终结——中唐文学文化论集》是宇文所安关注中唐诗歌及文学的力作。该书包括导论和 7 篇论文，并附录了 3 篇古典诗歌、传奇作品的英译。其中，《独特与独占》一文谈到了中唐诗人表现为否定性的特性；《自然景观的解读》一文讨论了各种不同的再现风景的方式，显示自然的潜在秩序如何在中唐成为一个问题；《机智与私人生活》一文审视了中唐文学中对私人空间和闲暇活动的游戏性的夸大诠释；《九世纪初期诗歌与写作之观念》探讨了中唐时期对写作，尤其是对诗歌写作进行再现时发生的某些根本性的变化；《浪漫传奇》一文探讨了 8 世纪晚期成形的新的浪漫文化。

《晚唐：九世纪中叶的中国诗歌（827—860）》是宇文所安唐代诗歌研究的终篇。作者继初唐、盛唐、中唐后，将焦点集中于晚唐的诗歌与文学史，通过对杜牧、李商隐和温庭筠以新颖而精审的解读，来勾勒处于中唐余韵中的晚唐诗歌如何在"回瞻"与"迷恋"中既实践着独立的诗歌"写作"，又恰如其分地记录了大唐王朝逐渐解体过程中的文人们的体验、情感和他们视野中的世界影像。作者认为，晚唐的许多承袭了盛唐和中唐的诗人的诗风发生了急遽转变，并极力抗拒他们的诗风。而作者对当时诗歌语境和手抄本文化的揭示和强调，又使该书的文学史视野别具怀抱，从而对重新理解晚唐的文学文化乃至社会和历史转型饶富启示。

2. 词

对中国词研究用力颇深的是加拿大华裔学者叶嘉莹，其学术成就主要体现在对词学及相关问题的研究上。从 1980 年上海古籍出版社出版其第一部词学论文集《迦陵论词丛稿》至今，她的词学论著和论文不断发表或付梓出版。从现有的论著和论文来看，叶嘉莹已基本完成了现代词学批评理论体系的建构，其内容涵盖了创作论、本体论、价值论和方法论等各个方面。不过，其词学研究的个性化特征和主要成就并不在于其涉猎面之广、研究领域之全，而在于其融现代与古代、西方与东方、感性与理性等多种元素于一体的独特视角和话语方式。

《迦陵论词丛稿》是叶嘉莹的词学论文集，包括《温庭筠词概说》、《说韦庄〈思帝乡〉词一首》、《大晏词的欣赏》、《说欧阳修〈玉楼春〉词一首》、《拆碎七宝楼台——谈梦窗词之现代观》、《碧山词析论——对一位南宋古典词人的再评价》、《王沂孙其人及其词》、《论陈子龙词——从一个新的理论角度谈今词之潜能与陈子龙词之成就》、《论词学中之困惑与花间词之女性叙写及其影响》等论文，主要内容集中于对具体词人和词作的批评与鉴赏。虽然这些文稿并不是一时一地之作，也不是有计划的系统化研究成果，但其中彰显出的叶嘉莹的学术个性已十分明显，影响也颇为深远。本书自结集以来即受到了专业学者和普通诗词爱好者的共同肯定。对于专业学者来说，叶嘉莹化用西方文艺理论细绎文本，对一些词学界长期以来争论不休又莫衷一是的老问题提供了很有价值的研究视角。在这部书里，最受学者关注的是《拆碎七宝楼台——谈梦窗词之现代观》一文，作者从对文本的"细心吟绎"出发，发现梦窗词具有违弃传统而近乎现代化(即西方近代艺术表现方法)的特点，从而为解读梦窗词提供了新的理论依据，也确实有助于准确评价吴文英词的艺术价值。而对于普通欣赏者来说，叶嘉莹的学术著作没有学院派的繁缛枯燥，她旁征博引，娓娓道来，字里行间，不仅是一个长者循循善诱的耐心和宽容，也包含着充满智慧的人生感悟。她不仅还原了诗词之美，也承载了她本身如同古典诗词般的通灵优雅。

《中国词学的现代观》结集于 20 世纪 80 年代末，首先由台湾大安出版社于 1988 年出版，大陆则于 1990 年由岳麓书社出版。与《迦陵论词丛稿》相比，这部论著的重点转移到了"批评之批评"，即词学理论的研究之上，因此具有更纯粹的学术气息。本书由两部分组成，前一部分是题为《对传统词学与王国维词论在西方理论之观照中的反思》的一篇长文，后一部分是前几年在《光明日报》"文学遗产"副刊陆续发表的 15 篇《迦陵随笔》。本书站在现代立场，用西方文学理论对中国词学的一些基本、核心的理论问题作了深入研究和清理。在本书的主干部分《对传统词学与王国维词论在西方理论之观照中的反思》一文中，叶嘉莹对词的审美特质进行了深入的研究。她在王国维"要眇宜修"说的基础上，将词的审美特质总结为"具含一种深远曲折耐人寻绎之意蕴",并从词史发展的三个阶段论证了这一特质的存在及其在保持词之文体独立性方面的重要性。她认为,词史的发展虽经历了"歌辞之词"、"诗化之词"和"赋化之词"三个阶段,词在每一阶段都形成了不尽相同的审美风格,但其佳者,往往都具有曲折含蓄、耐人寻味的深情远韵,而这正是词脱离音乐之后,仍得以独立于诗歌之外的真正本色。也正是从这一本体论出发,叶嘉莹有力地驳斥了词学界以清词为"词鬼"的偏颇观点,指出词的这一美感特质在清词中有更为出色的表现,清词的价值未可轻视。此外,这部书还展示了用西方理论进行具体研究的范例,可以看做叶嘉莹用比较诗学研究词学的进一步尝试。

平心而论,叶嘉莹的"海外"色彩并不浓厚,即使与众多土生土长的大陆学者相比,她依然算得上中华传统文化的忠实守望者和自觉传承者。长达数十年的海外生活没有改变她的文化认同,西方文艺理论的借鉴也只是在方法论上赋予她的研究以现代立场和知性色彩。

除了叶嘉莹的词学研究成果之外,在中国词的研究上还有几部值得关注的著作。1956 年,白思达(Glen W. Baxter)出版的《钦定词谱》是北美至今唯一的词谱译著。1974 年,刘若愚出版的《北宋六大词家》(Major Lyricists of the Northern Sung(960-1126))[①],翻译了 28 首北宋词人的作品,以英美新批评的观点来欣赏中国诗词,着眼于北宋词家境界之探索。作者谈到了词人的分类及所依据的词观,并选择了晏殊、欧阳修、柳永、秦观、苏轼和周邦彦为分析对象,就各家词作的遣词、用典、句构、格律、章法与托喻一一详加注释解说,同时论及了北宋词对南宋词的影响。

1980 年,孙康宜出版的《晚唐迄北宋词体演进与词人风格》

---

① James J. Y. Liu. Major Lyricists of the Northern Sung(960-1126)[M]. Princeton University Press,1974.

（The Evolution of Chinese T'zu Poetry：from Late Tang to Northern Sung）①，采用西方诗学理论来阐释唐宋词学的发展历程，由"文体研究"入手，着眼于词体演进和词人风格的密切关系。该书详细论述了晚唐迄北宋的五大词人（温庭筠、韦庄、李煜、柳永、苏轼），辩证词体的演进与风格的关系。

1980 年，宋淇（Stephen C. Soong）主编的《无乐之歌：中国词》（Song Without Music：Chinese Tz'u Poetry）②，包含 8 篇现当代词学家论著的选译：缪钺《论词》、张宗橚《词林纪事》、叶嘉莹《晏殊词欣赏》、安路丝（Ruth W. Adle）《儒者与词人：欧阳修词中的浪漫主义和情欲》、郑骞《柳永、苏轼与词的发展》、顾隋《倦驼庵东坡词说》、俞平伯《词的赏析》、梁铭越《词乐之于姜夔：姜夔词的风格与创作手法》。这些论文均比较具有代表性，编者希望该书能增强中西词学研究的交流，以期更多的学者参与进来。

1994 年，余宝琳编成《中国曲子词的声音》一书，专文探讨历来词集综辑编选的诸多问题，特别强调在词之典律化的过程中我们应当注意词人怎样填词，以及各式各样的读者如何读解词作。书中检视了词体风格的演进，追溯了"宋词之声"的正统化过程，并着力于探究 8 世纪中叶以来的词集编选。

3. 诗学

在中国诗学的研究上，刘若愚是首要值得称道的汉学家。早在 1962 年，他的《中国诗学》（The Art of Chinese Poetry）③就出版了。该书旨在向西方读者介绍和阐释中国传统诗学，对英语读者了解与欣赏中国古典诗歌贡献巨大。其论述之主体为中国古典诗词、诗话和文论，作者探讨了中国语言作为诗歌表达之媒介的问题，强调了中国韵文的听觉效果，并且对中国诗歌理论有极为简明的概观。作

① Kang-I Sun Chang. The Evolution of Chinese T'zu Poetry：from Late Tang to Northern Sung[M]. Princeton University Press，1980.

② Stephen C. Soong. Song Without Music：Chinese Tz'u Poetry[M]. Hongkong University Press，1980.

③ James J. Y. Liu. The Art of Chinese Poetry[M]. University of Chicago Press，1962.

者在此书中提出两个重要的基本问题：（一）诗是什么，或诗应该是什么；（二）我们应该如何写诗，诗最重要的要素是什么。据此，他提出了诗歌的优劣应该用境界和语言双重标准来进行判断，他认为伟大的诗必然含有从来未被发现的语言的用法，带有新的表现、意义和声音的新结合，字句、意象、象征、联想的新样式。

1982 年，刘若愚又出版了《语际批评家》(The Interlingual Critic)①一书。该书是一项实用比较诗学的演练，其中包括了阅读现象学、翻译理论与诠释学。作者旨在探索诗的经验，中国古典诗翻译的本质问题，以及中国古典诗的分析与评价。书中论述古典诗中的时间、空间与自我关系等文影响较大，作者对中国古诗中的时间、空间和诗人自我之间的相互关系作了系统的考察和有机的梳理。该文分为六个部分：（一）时间、自我及其方向；（二）相对；（三）一致；（四）时间观念和空间形象；（五）时间的空间化和空间的时间化；（六）时间和空间的超越。作者结合中国古诗的实例对诗歌中的时间和空间关系作了细致阐述，如他以李白《宣州谢朓楼饯别校书叔云》中的"弃我去者昨日之日不可留，乱我心者今日之日多烦忧"为例论述中国诗歌中"自我静止，时间向自我移动"的现象；再如他以李商隐《夜雨寄北》中的"君问归期未有期，巴山夜雨涨秋池。何当共剪西窗烛，却话巴山夜雨时"为例，论述诗歌中"自我向前移动，时间静止"的情况。与此同时，作者还相应地分别列举了西方诗人类似的诗句，以作比较对照。作为已故的汉学家，刘若愚此文对中国古诗中时间和空间的关系的论述可谓是非常早的，如此细致系统的辩证分析，即使是在如今的中国学者的研究中也是少见的，可见刘若愚在研究中国古诗上的独到之处。

刘若愚毕生致力于中西比较诗学的研究，对学界贡献甚多，然其在 1986 年骤然离世，令人感到无限哀痛惋惜。1988 年，其弟子林理彰整理修订出版了其《语言、悖论、诗学：一个中国观点》

---

① James J. Y. Liu. The Interlingual Critic [M]. Indiana University Press, 1982.

（Language-Paradox-Poetics：a Chinese Perspective）①一书。该书从传统的中国观点出发，试图为"矛盾诗学"下一定义，并通过比较诗学的方法来探讨诗歌的境界。

另外，宇文所安在中国诗学上的研究成果也不容小觑。1984年，宇文所安的《传统的中国诗与诗学：世界的预兆》（Traditional Chinese Poetry and Poetics：Omen of the World）②一书出版，致力于为西方读者提供一个阅读中国诗的理论框架。该书由 8 篇非正式的文章组成，中间穿插离题岔论和苏格拉底的对话。1989 年，宇文所安所著《迷楼：诗与欲望的迷宫》（Mi-lou：Poetry and the Labyrinth of Desire）③是另一部视角独特、创意别致的研究中国诗歌的论著，主要论述中西诗歌中的欲望问题。"迷楼"原指隋炀帝在 7 世纪初建造的一座供其恣意享乐的宫殿，其本义就是"让人迷失的宫殿"，无论是谁，只要进入迷楼，就会迷而忘返。宇文所安这部著作模仿迷楼的架构，将来自多种不同文化、多个历史时期的诗歌放在一起进行深入探讨，由此探讨中西诗歌中的爱欲问题。

同时，美国汉学家余宝琳（Pauline Yu，1949—　）在中国诗学上的研究也值得关注。1978 年，余宝琳发表了《中国和象征主义的诗学理论》（Chinese and Symbolist Poetic Theories）④一文，比较了中国形上批评家与西方象征主义及后象征主义批评家的异同，陈述了现象学批评的基本假设和关注所在，并解释了这种现代西方批评取向与中国形上批评有何相似之处。1981 年，余宝琳发表了《隐喻与

① James J. Y. Liu. Language-Paradox-Poetics：a Chinese Perspective [M]. Princeton University Press，1988.

② Stephen Owen. Traditional Chinese Poetry and Poetics：Omen of the World [M]. University of Wisconsin Press，1984.

③ Stephen Owen. Mi-lou：Poetry and the Labyrinth of Desire [M]. Harvard University Press，1989.

④ Pauline Yu. Chinese and Symbolist Poetic Theories [J]. Comparative LiteratureXXX. 4，1978，pp. 291-312.

中国诗》(Metaphor and Chinese Poetry)①一文。此文阐释了西方的隐喻在文化传统和本体论上的独特之处，并说明它和中国诗歌中隐喻成分的基本差异。作者认为中国比兴观念的性质和作用与西方的隐喻(metaphor)有若干相同点。1986 年，余宝琳《中国传统诗歌中的意象读法》(Reading of Imagery in the Chinese Poetic Tradition)②一书出版。该书从历史的观点探讨了从《诗经》到唐代为止的许多有关诗歌意象理论、构设成规和诠释的问题。该书分成中西诗学意象论溯源、《诗经》中的意象、《离骚》中的意象、六朝诗与批评、唐诗及其余韵等章节。作者以历史发展的眼光看待意象，先溯源，继而分别阐述《诗经》、《离骚》、六朝诗歌、唐诗中的各类意象，并从宏观的视角将中国古代诗歌意象与西方的相关理论与方法作了横向的中西对比。

此外，蔡宗奇的《比较诗学的结构：对中西文学批评的三种透视》(Configurations of Comparative Poetics：Three Perspectives on Western and Chinese Literary Criticism，2002)③也值得推荐。该书堪称中西比较诗学的力作，其不但提供了一种跨语迹跨文化的诗学对话，同时也以较有系统的方式为中西文学传统描绘了轮廓。

4. 文论

对中国文论研究较早、成果显著的也是刘若愚先生。1975 年，其出版了《中国文学理论》(Chinese Theories of Literature)④一书。刘若愚突破了传统文论的形式窠臼，将零散的评论综合处理，进而对中国文学理论进行分析、归纳和总结，在研究方法上强调归纳演绎。该书在美国出版后，获得美国学术界的高度评价，认为是一部

① Pauline Yu. Metaphor and Chinese Poetry[J]. Chinese Literature：Essay, Articles, Reviews Ⅲ. No. 2, 1981, pp. 205-224.

② Pauline Yu. Reading of Imagery in the Chinese Poetic Tradition[M]. Princeton University Press, 1986.

③ Zong-qi Cai. Configurations of Comparative Poetics：Three Perspectives on Western and Chinese Literary Criticism[M]. University of Hawaii Press, 2002.

④ James J. Y. Liu. Chinese Theories of Literature[M]. University of Chicago Press, 1975.

采用现代西方研究方法分析中国文学理论首屈一指的新著，内容丰富，阐述精辟，为西方人士提供了认识、透视中国古代文学理论的最佳窗口与比较参照中西文学理论的最好模式。

宇文所安在中国文论的研究上也有不俗的成绩。1986 年，宇文所安的《追忆：中国古典文学中的往事再现》(Remembrances：the Experience of the Past in Classical Chinese Literature)①，是基于个人感受的对中国古典诗文的印象式批评。作者从汗牛充栋的古典文献中拣选了十余篇诗文，出其不意地将它们勾连在一起，通过精彩的阅读、想象、分析与考证，为我们凸显了一个中国古典文学的经典意象和根本性的母题：追忆。作者尝试把英语、散文(essay)和中国式的感兴进行混合，是对中式文学价值的再创造。

1992 年，宇文所安的《中国文论：英译与评论》(Readings in Chinese Literary Thoughts)②出版。该书是宇文所安先生早年为耶鲁大学比较文学系编著的《中国文论》课程教材，后作为哈佛大学东亚系和比较文学系的权威教材正式出版。该书包括早期文本、《诗大序》、曹丕《典论论文》、陆机《文赋》、刘勰《文心雕龙》、司空图《二十四诗品》、诗话、严羽《沧浪诗话》、通俗诗学等内容。从比较物质文化的层面切入古典文学研究，在中国古代文论的材料选择、英语翻译和理论阐释三个方面体现了它的长处和价值，而尤以第三个方面取胜。

此外，孙康宜的《文学的声音》(2001)也值得关注。该书以文本细读的方法来诠释中国古典诗词，从性别、经典与抒情三个方面来探讨文学，探讨了面具美学、文本中的"托喻"与象征、阅读情诗的偏见、经典化与读者反映、明清才女诗歌的经典化、西方性别理论与汉学研究等议题。

(三)性别文学史

19 世纪末 20 世纪初，英、美等西方国家掀起了女权主义运

---

① Stephen Owen. Remembrances：the Experience of the Past in Classical Chinese Literature[M]. Harvard University Press，1986.

② Stephen Owen. Readings in Chinese Literary Thoughts [M]. Harvard University Press，1992.

动。这一次女权主义思潮，不仅在政治、经济、社会领域引起重大反响，在学术领域也有所体现，女权主义者试图通过学术研究建立自身的理论体系和方法，改变人们的性别意识和思维方式。女权主义思潮的影响波及全世界的文学研究，欧美汉学家亦受到此种思潮的影响，开始格外关注中国的女性作家及作品。

最初，研究者关注的主要是当时仍有创作或者尚且在世的女性作家，比如夏志清在《中国现代小说史》(A History of Modern Chinese Fiction Yale University Press，1961)[1]中对张爱玲、丁玲的开创性研究，而薛爱华(Edward Hetzel Schafer，1913—1991)的《女神：唐代文学中的龙婆鱼女》(The Divine Woman：Dragon Ladies and Rain Maidens in Tang Literature)[2]可以算最早研究中国文学中女性形象的著作。

第一部专门的中国女性诗选是由王红公(Kenneth Rexroth)与美籍华人钟玲(Ling Chung)合编的《兰舟：中国妇女诗集》(The Orchid Boat：Women Poets of China，1972)[3]。该书选择了从公元3世纪到现代的中国女性(如皇宫后妃、道姑，以及生活在东方和西方的当代华裔女性)的诗作，包括何氏(韩凭妻)、蔡琰、鱼玄机、薛涛、李清照、朱淑真、秋瑾等，译者特别注意诗歌内容的多样性，既有政治诗、色情诗和爱情诗，也有应景诗和其他类型的诗，可以说是对普遍认为的女性只写闺阁诗的观点进行了有力的批驳。

威利斯·巴恩斯通(Willis Barnstone)和阿丽奇·巴恩斯通(Aliki Barnstone)主编的《古今女诗人》(A Book of Women Poets from Antiquity to Now)[4]于1980年被《时代》评为"杰出的、具有开拓性

---

[1] C. T. Hsia. A History of Modern Chinese Fiction[M]. Yale University Press，1961.

[2] Edward Hetzel Schafer. The Divine Woman：Dragon Ladies and Rain Maidens in Tang Literature[M]. University of California Press，1973.

[3] Kenneth Rexroth，Ling Chung. The Orchid Boat：Women Poets of China[M]. New Directions Press，1972.

[4] Willis Barnstone，Aliki Barnstone. A Book of Women Poets from Antiquity to Now[M]. Schocken Books Press，1980.

的诗集",该诗集搜集了 4000 年来世界各地女诗人的作品,其中包括 24 名中国女诗人的诗作,值得关注。

20 世纪 90 年代以后,欧美汉学界进入了中国文学妇女研究和性别研究的新时期。研究中国女性作家、中国文学中的女性形象、运用女性主义理论阐释中国文学的专著和论文大量涌现。1997 年,孙康宜出版《明清女作家》(Writing Women in Late Imperial China)①。全书共收入 14 位美国学者的论文,致力于探讨 17 世纪初至 20 世纪初的妇女作家,其主体侧重在妇女和写作的相关议题。该书共分为四大部分:书写歌伎、模范与自我、文脉中的诗、《红楼梦》。

1998 年,孙康宜出版了《古典与现代女性阐释》②。该书是孙康宜对于女性主义和各种性别观的新阐释。此书分为两辑,第一辑所论集中在女性如何想象情、体验情与描述情,第二辑的文章主要论述了妇女诗歌的相关议题,涵盖古今中外的众多面向,有助于我们重新了解女性的情爱、欲望与性别意识。

1999 年,孙康宜和苏源熙(Haun Saussy)合编的《中国传统女作家选集:诗歌与评论》(Women Writers of Traditional China:an Anthology of Poetry and Criticism)③出版。此书是一部大型的英译中国古代女作家诗词与评论选集,编者希望中国女性诗歌步入世界女性文学经典的殿堂。作为一部空前完备且卷帙浩繁的专著,该书已成为欧美各大学的必备教科书。这部长达 928 页的翻译巨著是美国汉学界前所未有的浩大翻译工程,总共收录了 130 多位中国古代妇女的作品,全面展现了 20 世纪前中国女性作家的华丽诗篇。

2004 年,伊维德(Wilt L. Idema)和管佩达(Beata Grant)合编了《彤管:中华帝国的女作家》(The Red Brush:Writing Women of

---

① Kang-I Sun Chang. Writing Women in Late Imperial China [M]. Stanford University Press, 1997.

② 孙康宜. 古典与现代的女性阐释[M]. 台湾:联合文学出版社, 1998.

③ Kang-I Sun Chang, Haun Saussy. Women Writers of Traditional China:an Anthology of Poetry and Criticism[M]. Stanford University Press, 1999.

Imperial China)①。该书既有诗歌，又有散文和文章，也有说唱文学、弹词、戏曲等，并且包括尽可能多的作者类型，如后宫妃嫔、尼姑、妓女、上层社会的精英女性等，还有一些用"女书"写成的民间文学。伊维德希望呈现给读者一个更为全面的视野，让他们体会到中国妇女作品题材和主题的多样性。编者试图提供给读者关于中国女性写作的客观印象，告诉读者中国女性不仅在诗歌领域有卓越的成就（当然，其主要成就在诗歌领域），在其他领域，如散文、信件、戏剧、小说等领域也有突出成绩。编者并非挑选尽可能多的女作家来论述，而是挑选典型代表，以期全面展现女性写作的方方面面。尤其是展示女性在写作上的天赋，尽管这种天赋常常由于中国古代男尊女卑的传统由来已久而导致女性写作很难体现出其自身的特色。编者也很注重将作品还原至当时的文化背景、作者的生平经历中考察，所以花了大量的笔墨介绍作者的生活。

相对来说，对 20 世纪以后的女性文学作品翻译得更多，而对小说的翻译也多于诗歌。较早的有 Jennifer Anderson 和 Theresa Munford 编译的《二十世纪二三十年代中国女作家短篇小说集》（Chinese Women Writers：a Collection of Short Stories by Chinese Women Writers of the 1920s and 30s)②，包括丁玲的《在庆云里中的一间小房里》、冰心的《冬儿姑娘》、罗淑的《生人妻》、萧红的《手》等 10 位作家的 13 篇短篇小说。Janet Ng Dudley 和 Wickeri Janice 的《五四时期的女作家：回忆录》（May Fourth Women Writers：Memoirs)③，则翻译了林徽因、苏青等人的回忆性文章。

1992 年，张明辉(Julia C. Liny)编译了《红土地上的女人：中国现代女性诗选》（Women of the Red Plain：an Anthology of

① Wilt L. Idema, Beata Grant. The Red Brush：Writing Women of Imperial China[M]. Harvard University Press, 2004.

② Jennifer Anderson, Theresa Munford. Chinese Women Writers：a Collection of Short Stories by Chinese Women Writers of the 1920s and 30s[M]. Joint Publishing, 1985.

③ Janet Ng Dudley, Wickeri Janice. May Fourth Women Writers：Memoirs [M]. Hong Kong University Press, 1996.

Contemporary Chinese Women's Poetry）①。2009 年，他的《20 世纪中国妇女诗歌选集》（Twentieth-Century Chinese Women's Poetry：an Anthology）②也出版问世。前者翻译了 32 位女作家的 101 首诗歌作品，后者首次将海峡两岸的女性诗歌编在一起，共翻译了 16 位大陆女诗人和 24 位台湾女诗人的 245 首诗，既包括现代女性新诗的开启者冰心、林徽因，也有八九十年代受女性主义思潮影响的翟永明、唐亚平等人。

1994 年，金婉婷（Diana B. Kingsbury）的《中国当代女性文学选》（I Wish I Were a Wolf：the New Voice in Chinese Women's Literature）③出版，重点翻译了王安忆、铁凝、刘西鸿、韩春旭等当代著名女作家的作品。

1998 年艾米·杜林（Dooling Amy Dorothea）和其他对性别研究感兴趣的学者一起翻译编写了《中国现代女作家：20 世纪以来女性文学作品选》（Writing Women in Modern China：an Anthology of Women's Literature from the Early Twentieth Century）④。书中翻译了 20 世纪前 30 年不太著名的 18 位女作家的 22 篇作品，包括小说、戏剧、自传、散文、诗歌。2005 年，他又出版了《中国现代女作家：革命岁月（1936—1976）》（Writing Women in Modern China：the Revolutionary Year，1936-1976）⑤。二书同属哥伦比亚大学出版社"文学翻译丛书"系列。

---

① Julia C. Liny. Women of the Red Plain：an Anthology of Contemporary Chinese Women's Poetry[M]. Penguin Book Press，1992.

② Julia C. Liny. Twentieth-Century Chinese Women's Poetry：an Anthology[M]. M. E. Sharpe Press，2009.

③ Diana B. Kingsbury. I Wish I Were a Wolf：the New Voice in Chinese Women's Literature[M]. New World Press，1994.

④ Dooling Amy Dorothea. Writing Women in Modern China：an Anthology of Women's Literature from the Early Twentieth Century[M]. Columbia University Press，1998.

⑤ Dooling Amy Dorothea. Writing Women in Modern China：the Revolutionary Year，1936-1976[M]. Columbia University Press，2005.

在文学史写作方面，编者和作者们试图将女性文学创作纳入文学史的框架，修正以往文学史的性别偏见，完善现有的文学史。孙康宜就曾指出，要"通过比较与重新阐释文本的过程，把女性诗歌从'边缘'的位置提升（或还原）到文学中的'主流'地位"①。近年来，欧美出现的中国文学史正在努力改变以往只有薛涛、李清照等寥寥几位女性文人的清冷状态。如倪豪士编著的《印第安纳传统中国文学指南》中"随笔"部分有"女性文学"一章，由 Sharon Shih-jiuan Hou 撰写。梅维恒主编的《哥伦比亚中国文学史》列出了"文学中的妇女"一章，由比勒尔·安妮（Anne Birrell）撰写。孙康宜和宇文所安主编的《剑桥中国文学史》也有"重构女性形象"、"贵族妇女与文学"、"女书"、"社会性别与生理性别"等章节。

在学术论文方面，1994 年出版的《性别化的中国：女人、文化、国家》（Engendering China：Women，Culture，and the State）值得关注。1997 年，孙康宜和魏爱莲编选的论文集《中华帝国晚期的妇女作家》（Writing Women in Late Imperial China）收录了 13 篇论文，涉及四个方面的话题："歌妓写作"、"规范与自我"、"诗歌文本"、"红楼梦"。这些文章运用多种研究方法，对晚清时期的女性写作（涉及名妓、村妇以及才女）进行了深入的研究，展现了长期以来被忽视的中国女作家的成就，提供了大量珍贵的从未有人研究过的资料。2002 年，江苏古籍出版社出版的论文集《明清文学与性别研究》则收录了方秀洁、柯丽德、袁书菲、罗开云、蔡九迪、罗溥洛、艾梅岚、康正果、吴燕娜、王玲珍、钱南秀、孙康宜等北美学者的论文。②

（四）现代文学史

欧美汉学界对中国现代文学的研究始于 20 世纪 50 年代。美籍华裔学者夏志清（C. T. Hsia）对中国现代文学研究最早、影响最大。他长于中西比较文学，原先主修英美文学，后来改治中国现代及古

---

① 孙康宜．改写文学史［J］．读书，1997（2）．

② 参见武汉大学中国高校哲学社会科学发展与评估中心组编．海外人文社会科学发展年度报告（2012）［M］．武汉：武汉大学出版社，2013：936-937．

典小说，出版过几种英文专著和上百篇论文。他承袭了英美人文主义的"大传统"（Great Tradition），以新批评（New Criticism）的方法细读文本，强调文学的审美意识和人生观照。他的《中国现代小说史》（A History of Modern Chinese Fiction）①英文版早在 1961 年就在美国发表了，此后该书被译成中文在香港和台湾两地出版，2001年香港中文大学又在友联出版社 1979 年版本的基础上出版了增订本，增收了王德威教授撰写的《重读夏志清教授〈中国现代小说史〉》一文作为导言。夏著虽以治"中国现代小说史"为名，但所论并不局限于小说，而是对中国现代文学的各个历史时期及重要作家、作品进行了系统论述。全书以初期（1917—1927）、成长的十年（1928—1937）、抗战期间及胜利以后（1937—1957）为发展脉络，分 19 章对晚清、五四时期和以后的文学展开宏观研究，重点介绍了文学革命、鲁迅、文学研究会及其他、创造社、30 年代的左派作家和独立作家、茅盾、老舍、沈从文、张天翼、巴金、第一阶段的共产小说、吴组缃、抗战其间及胜利以后的文学、资深作家、张爱玲、钱锺书、师陀、第二阶段的共产小说等内容，并从理论高度对文学史写作本身提出挑战，对沈从文、钱锺书、张爱玲等一批作家给予高度评价，令我们将目光投向被压抑、受冷落或处于边缘的作家。王德威教授评价该书说："《中国现代小说史》所展现的批评视野，使夏志清得以跻身当年欧美著名评家之列而毫不逊色。更重要的是，在夏书出版问世四十年后的今天，此书仍与当代的批评议题息息相关。……由于像《中国现代小说史》这样的评述，使我们对中国文学现代化的看法，有了颠覆性的改变。后之来者必须在充分吸收、辩驳夏氏的观点后，才能推陈出新，另创不同的典范。"②

以夏志清的研究为开端，其他欧美汉学家研究中国现代文学的著作也纷纷问世，并被介绍到中国。1968 年，夏志清的哥哥夏济

① C. T. Hsia. A History of Modern Chinese Fiction[M]. Yale University Press, 1961.

② 夏志清. 中国现代小说史[M]. 刘绍铭等译. 上海：复旦大学出版社, 2005. 见此书英文本第三版导言。

安的遗作《黑暗的闸门》(The Gate of Darkness)①出版。该书论述了中国20世纪20年代到50年代左翼作家的美学和文化政治，从鲁迅到蒋光慈，再到延安文艺。其政治立场毋庸讳言，但该书有同情的理解，也有尖锐的批判，首开英语世界对左翼文学研究的先河。他并不刻意标榜理论方法，但他的问题意识和分析能力远远超过其后许多惟西学是尚的海外左翼学者。1973年，李欧梵推出《中国现代文学的浪漫一代》(The Romantic Generation of Modern Chinese Literature)，详细介绍了五四之后一辈浪漫文人的行止文章。他结合传记研究、文化史以及文本细读的方法，纵论林纾、苏曼殊以迄萧红、萧军诸人的文采风流，为当时仍嫌单调的文学史论提供了极具思辨意义的层面。②

在作家研究方面，从60年代末到80年代，欧美学界出现一系列以中国现代作家为对象的翻译选集和研究专著，涉的名家包括鲁迅、巴金、钱锺书、戴望舒、丁玲、老舍、茅盾、卞之琳、沈从文、萧红、周作人等。1977年，美国汉学家金介甫(Jeffrey C. Kinkley，1948—　)的博士论文《沈从文笔下的中国》出版。该著作在文学史的序列中第一次给沈从文以明确的崇高的学术地位，因而金介甫也被誉为国外沈从文研究的第一人。1986年，汉学家莱尔(William A. Lyell)编译出版了《〈狂人日记〉和其他的故事》(Diary of a Madman and Other Stories)。该书介绍和论述了《狂人日记》、《孔乙己》、《药》等鲁迅作品。1987年，李欧梵出版了鲁迅研究专著《铁屋中的呐喊》(In the Iron House Shouting)。该书分为三个部分：第一部分从心理学的角度回顾家庭和教育对鲁迅心理发展的影响，说明中国文学传统对其文学创作的影响；第二部分是全书的中心，系统阐释了鲁迅的文学创作，包括短篇小说、散文诗及杂文等；第三部分论述鲁迅最后的十年，集中研究他对文学和政治关

---

①　Hsia Tsi-An. The Gate of Darkness [M]. University of Washington Press，1968.

②　参见王德威. 海外中国现代文学研究的历史、现状与未来——"海外中国现代文学译丛"总序[J]. 当代作家评论，2006(4).

系的看法。作者试图重新描述鲁迅真实的心路历程，揭示鲁迅内在的深刻悖论与矛盾。

90 年代以来，欧美汉学界对中国现代文学的研究更加深入，也呈现出了巨大的变化。首先，各种文学批评方法被轮番运用到中国现代文学研究中，各种"理论热"让国人应接不暇；其次，现代文学研究大多离开了传统的文本、文类、作家、时代等议题，文化研究大行其道，显示出议题多元、跨领域研究的百花齐放的局面。1990 年，周蕾（Rey Chow）的《妇女与中国现代性》（Woman and Chinese Modernity）出版。该书对女性主义、心理分析、后殖民批判以及广义的左翼思潮进行兼容并蓄，树立了一种不同以往的论述风格，引起中国学者的注意。①

这些著作以异于大陆学术研究的鲜明"异质性"特征——崭新的美学尺度与知识学系统，以及独特的话语方式及批评视角，深刻地参与到新时期文学批评的知识学重建中，对新时期以降的中国现当代文学研究和批评体系的"世界性"、"现代性"品质的形成产生了重要作用。

三、欧美地区中国文学史的书写方法及其特点

由上文可知，欧美地区中国文学史方面的著作和研究成果非常丰富，且这些中国文学史的编撰体例及内容、风格各不相同，呈现出多样化的欣欣向荣的发展态势。这一现象非常值得国内"重写中国文学史"的倡导者及文学史学研究者的关注和借鉴。国内的中国文学史也应该呈现丰富多彩的面貌，其书写不应该僵化、固定、程式化。正如袁行霈教授所说："只要是严肃的学术研究，因不同的理解与不同的写法而形成各自的特色，都可以从不同的方面丰富和完善文学史这门学科。即使现在或将来，也不可能只有一种理解、

———————

① 参见王德威. 海外中国现代文学研究的历史、现状与未来——"海外中国现代文学译丛"总序[J]. 当代作家评论，2006(4).

一种模式、一种写法，而只能是百家争鸣、百花齐放。"①

认真分析和总结欧美地区中国文学史的书写方法及其特点，可以帮助我们更好地认识异域学者对中国文学史的把握和理解，也更利于我们扬长避短，汲取精华。

(一)时间分期

文学史写作不可避免地会涉及历史分期的问题。欧美汉学家在书写中国文学史的过程中对中国文学的时间分期表现出了浓厚的兴趣，甚至引起诸多争论。如梅维恒就说："一般认为，应该以朝代、文体、流派来划分中国文学史，但传统的分类也许是错误的。"②宇文所安也说："最近许多中国学者、日本学者和西方学者也已经认识到，传统按照朝代分期的做法有着根本的缺陷。"③并指出"几乎每一位中国文学学者都或多或少知道，很多时候，朝代分期法并不能准确代表文化史和文学史的主要变化。但是积重难返，朝代分期法依然在几乎所有的文学史中限定了章节结构。针对朝代分期法的明显不足，通常的做法是声称一个王朝的开端延续了前一个时代的风格。此种策略的缺陷在于，这种形式上的分期不鼓励学者们越过朝代分野把这种延续作为一个单一的现象加以思考"④。

大体而言，中国文学的时间分类主要有两类，一类是基本按照朝代分期，这是大多数中国文学史的分期方法，另一类是不按朝代分期，这一类的情况就众说纷纭了。

翟理斯的《中国文学史》比较典型地采取了传统的"四分法"进行分期，将中国文学史划分为上古、中古、中世、近世四个时期。同时按照中国历朝的时间来对文学史进行分期：封建时期（西元前60年—公元前200年）、汉朝（前200—200年）、小朝代（200—600

---

① 袁行霈. 中国文学史(第一卷)[M]. 北京：高等教育出版社，2005：4.

② Victor H. Mair. The Columbia History of Chinese Literature [M]. Columbia University Press，2001. Preface.

③ 孙康宜，宇文所安. 剑桥中国文学史(上卷)[M]. 刘倩等译. 北京：三联书店，2013：3.

④ 孙康宜，宇文所安. 剑桥中国文学史(上卷)[M]. 刘倩等译. 北京：三联书店，2013：21.

年）、唐朝（600—900 年）、宋朝（900—1200）、元朝（1200—1368
年）、明朝（1368—1644 年）、清朝（1644—1900 年）。分八个时期
介绍了中国文学的发展脉络。

伊维德与汉乐逸合著的《中国文学指南》则未采用传统的朝代
分期方法，而是围绕科技手段对文学创作和传播的影响来分期，如
其列出的时间节点有"纸张发明时代"、"印刷时代"、"西方印刷方
法传至中国的近代"等，充分考虑物质手段的变化对文学产生的
影响。

孙康宜和宇文所安主编的《剑桥中国文学史》也未采用传统的
按朝代分期的书写方法，而是尝试了一些不同的分期方法，并且以
不同的方式去追踪不同时期思想所造成的结果和影响。例如，上卷
的"唐代文学"一章没有采用"唐诗"、"唐代散文"、"唐代小说"、
"唐代词"等标准范畴，而是用"武后时期"、"玄宗时期"等主题，
叙述作为整体历史有机组成部分的诗文、笔记小说等作品。与此相
似，下卷的"明代前中期文学"一章分为"明初至 1450 年"、
"1450—1520 年"、"1520—1572 年"，分别关注诸如"政治迫害与
文字审查"、"对空间的新视角"、"贬谪文学"等文化主题。编者指
出，"文体问题当然值得注意，但是相对于以文体本身作为主题的
叙述，文体产生发展的历史语境更能体现其文学及社会角色"①。
由于该书的一大特色在于高度重视文学文化史的叙述，在相关文化
史的背景下来介绍、论述和评价中国古代文学。正因为特别重视文
化史背景及其转换，所以本书的文学史分期不完全对应于王朝的
更迭。

（二）作品译介

在诸多体例的中国文学史著作中，作品的译介也是不可忽视的
内容，因为读者必须借助译介的作品才能了解中国文学的概貌及其
表现出来的特点。早期，由于中国语言和文字的翻译障碍，在整个
欧美汉学界，文学的译介与研究始终处于边缘位置。第一个通过英

---

① 孙康宜，宇文所安. 剑桥中国文学史（上卷）[M]. 刘倩等译. 北京：三
联书店，2013：7.

译将中国文学作品整体化、系统化地介绍给西方英语世界，并对中国文学在英美的传播与研究造成巨大影响的汉学家是英国的翟理斯，他是译介中国文学较早也较多的译介者之一。正如他在1884年出版的《古文选珍》序言中所说的那样："对于英语读者来说，想要寻找可以借以了解中国总体文学的作品，哪怕只是一点点，都只是徒劳。理雅各博士确实使儒家经典变得唾手可得，但是作家作品领域却依旧是一片广袤的处女地，尚待得到充分的开发。"故而，他带着向西方读者介绍中国文学作品的强烈使命感，率先翻译了诸多关于中国文化和文学的作品。随后，更多汉学家将中国文学作品翻译介绍给西方读者，扩大了中国文学在世界上的影响力。

值得注意的是，欧美汉学家在译介作品时，其挑选作品的倾向性呈现出纷繁复杂的情况。有的汉学家译介的作品与国内文学史及作品选介绍的作品相差不大，这类汉学家大多是华裔学者，他们对中国国内的研究情况非常熟悉，汉学功底深厚。如蔡宗奇的《如何阅读中国诗：引导式选集》，其在挑选作品时极具代表性，编者根据中国诗歌的体裁类别来挑选作品进行翻译介绍，如《诗经》挑选了"株林"、"桃夭"、"隰桑"、"将仲子"、"汝坟"、"静女"、"江有汜"、"小星"、"采蘩"、"葛覃"、"采蘋"、"振鹭"、"绵"等篇目；《楚辞》挑选了"湘君"、"湘夫人"、"离骚"等名篇；汉赋挑选了"上林赋"；乐府诗挑选了"安世房中歌"、"惟泰元"、"战城南"、"出东门"、"有所思"、"善哉行"、"陌上桑"等篇；《古诗十九首》挑选了"行行重行行"、"青青陵上柏"、"驱车上东门"、"涉江采芙蓉"、"锦衾遗洛浦"、"孟冬寒气至"、"明月皎夜光"等篇；魏晋南北朝山水田园诗挑选了陶渊明和谢灵运的诗作为代表；盛唐诗则挑选了陈子昂、李白、杜甫、王维、王昌龄、白居易、李商隐、杜牧等名家的名篇作为代表；等等。

有的汉学家译介的作品与国内文学史及作品选介绍的作品差别较大，他们以异域的学术眼光挑选了他们关注到的作品或者感兴趣的作品，而没有随大流，这类国内学者关注较少的作品或是因为不知名或没有多少保存的资料，或是被忽视和遗漏了。如伊维德和管佩达合编的《彤管：中华帝国的女作家》除了译介中国公认的才女作家卓文君、蔡琰、李冶、薛涛、鱼玄机、李清照、朱淑贞、徐灿、秋瑾等人的作品外，也花了大量篇幅介绍了班昭、左芬等宫廷女子的作品，尼姑（女修道士）及其相关的作品，高级妓女及其相关的作品，以及诸如用"女书"写成的特殊作品等。其花了大量篇幅介绍的这类作品在传统的中国文学史著作中几乎没有一席之地，国内读者也大多不熟悉。对于国内学者的研究来说，这类著作可以带来启示和灵感。

还有的汉学家译介的作品与国内文学史及作品选介绍的作品有诸多重合之处，但也有"意料之外"的作品，值得我们关注。如宇文所安的《中国文学选集：开始至 1911》，除了译介传统的诗、散文、词、戏剧、小说等作品外，还翻译介绍了一些书信、唐传奇作品、无声戏之类的俗文学作品等，在文体文类的选择上较为丰富。

（三）作家研究

在多样化的欧美中国文学史著作中，作家研究也是值得关注的重点内容。不同的文学史著作在作家挑选及研究方式上存在较大区别。伊维德和汉乐逸主编的《中国文学指南》，其第五部分介绍的中国现代文学作家如陈独秀、胡适、鲁迅、郁达夫、叶圣陶、茅盾、巴金、老舍、郭沫若、闻一多、徐志摩、冯至、田汉、曹禺、周作人等，基本都可以在国内的文学史及作品选著作中见到。其对作家的研究方式基本是点到为止，以介绍为主。

伊维德和管佩达合编的《彤管：中华帝国的女作家》重点介绍了班昭、左芬、刘惜君、王昭君、卓文君、蔡琰、谢道韫、李冶、薛涛、鱼玄机、李清照、朱淑真、杜丽娘、徐灿、秋瑾等女性作家和女性形象。但其在作家的研究方式上则主要是以群像为主，用较多的笔墨介绍宫廷女子、尼姑（修道女性）、高级妓女、精英知识女性、梨园女子，以及文学作品中的女性形象等群体的写作特点和文学特征。如介绍宫廷女子时指出，早期宫廷女性在女性文学领域起主导作用，因为宫廷汇集了很多有才华的女子，如班昭、左芬，这些女子大多受过较好的家庭教育，拥有一定的文学修养，同时她们有很多的闲暇时间，这都为文学创作提供了条件。而在介绍尼姑时则指出尼姑、修道女性进行文学创作在唐代成为风气，其与文人雅士的交游促成了很多文学作品的诞生，虽然这些作品大多遗失了。而从 11 世纪开始，宫廷在女性文学领域的中心地位丧失了，尼姑、高级妓女和精英知识女性统治了女性文学领域，她们开始专注于诗歌，包括诗和词以及民歌的创作，尤其是在词的领域，她们取得了重大的成绩，如李清照和朱淑贞等，因为词的温婉风格更适合表现女性的情感体验。16 世纪晚期至 17 世纪中期，由于出版高潮的到来，以及相对宽松的社会环境，女性创作达到了第一次高潮。18 世纪前半叶，女性文学达到了第二次高潮，这时尼姑、高级妓女几乎绝迹于文学领域，女性精英知识分子主导了文学创作，她们敢于自由表达自己的想法，揭露女性在生活中的不公平待遇，将写作作为武器去表现她们的社会呼声，例如秋瑾。

孙康宜和宇文所安主编的《剑桥中国文学史》则除了关注中国文学史上的名家，如司马迁、班固、曹氏父子、建安七子、竹林七贤、陶渊明、王维、孟浩然、李白、杜甫、白居易、韩愈、柳宗元、李商隐、柳永、欧阳修、苏轼、周邦彦、李清照、辛弃疾等之外，还有意识地介绍了若干被边缘化的作家，例如增加了"杜笃与冯衍"、"两位南方人：王逸与王延寿"等章节。同时，由于该书比较关注作家群体而非作家个体，故其习惯于批量关注文人，而非仅仅关注著名文人及其经典作品。编者指出："中国学术界的文学史写作通常围绕作家个体展开，其他剑桥文学史作品同样如此。这部文学史不可避免地也会讨论不同时代的伟大作家，但是我们在大多数情况下更关注历史语境和写作方式而非作家个人，除非作家的生平(不管真实与否)已经与其作品的接收融为一体。"①该书几乎不对作家进行深入分析，而专注于文学史广度的开拓，把大量文化史的内容纳入文学史书写的范畴。以"文化唐朝"的章节为例，宇文所安指出，这一时期文学精英们的文化生活已经从宫廷之内转向宫廷之外，他们的文学才能不再需要王朝的认可，其文学活动也独立于政治权威，开启了"一个全新的文化生活领域"。因此在论述具

———————————

① 孙康宜，宇文所安．剑桥中国文学史(上卷)［M］.刘倩等译．北京：三联书店，2013：7.

体文人时，宇文所安极为注意他们在文化史上的影响，如指出王维代表了都城精致文化的新转变，李白可以被视为中国最早的"职业"诗人之一，而韩愈则是某种儒家文化的英雄。编者认为文学史是为了帮助读者理解伟大的作家是如何出现的，亦即伟大作家出现的社会条件和文学语境，因此其不注重个案分析，而更关注某种文学倾向或潮流。宇文所安认为，盛唐不等于李白和杜甫，文学史不是一个人或者两个人的历史，因而作者对杜甫的介绍比较简单，只有 3 页篇幅，且没有对某一首杜诗作品进行深入分析。宇文所安只是将杜甫作为"安史之乱"后兴起的一批诗人中的一员，而并没有将他与刘长卿、韦应物、顾况等人区别对待。

（四）表述方式

欧美地区的中国文学史书写体例和表述风格各不相同，与国内文学史形成鲜明的反差。国内的文学史著作像其他学科的著作一样，相当学术化和专业化，论述、评论非常严谨，避免使用可信度不高的史料，语言也力求准确无误。由于这种写作模式是国内知名专家创造的，于是便成为了最好的摹写范本，以至于国内大多数文学史著作都是这种行文风格。一方面，这种学术化、专业化的文学史著作体现了中国文学史这一学科的规范和专深，值得称赞。但另一方面，千篇一律的中国文学史也会令读者感到呆板和压抑，甚至审美疲劳。从这个层面上讲，欧美地区书写体例和表述风格多样化的文学史著作就值得我们参考和借鉴。

首先，欧美地区的文学史书写多采用叙事式的表述方式而非论述、评论式的表述方式。国内文学史书写工作由于受到文学批评传统的影响，多采用论述、评论式的表述方式，介绍每一个作家都是生平、创作背景、作品、艺术特征、对后世的影响等几个方面，重点论述作家的创作特征，评论作家的影响。而欧美地区的中国文学史则大多是以讲故事的方式向西方读者介绍中国文学、作家和作品，语言通俗晓畅，且由于不擅长中国文学批评的方法，他们几乎不太论述或评论作家的艺术特色，即使是谈到作家对后世的影响也只是如实叙述其对后世的哪些作家和作品产生了影响，但不具体详述影响体现在什么地方。如孙康宜和宇文所安主编的《剑桥中国文学史》就采取了一种讲故事的叙述方式，涉及了大量的文人轶事，语言晓畅易懂。以李白为例，宇文所安讲到了关于他的种种传闻，如让太监总管高力士为他洗脚、宫女们在寒冬的日子里向他的冻笔呵气好让他为皇帝写诏书，以及喝得酩酊大醉来见皇帝等。① 又如苏轼，作者艾朗诺提到他是一位出色的书法家，他的手稿无论诗歌、便笺，还是他在他人画作或书法卷轴上题写的题跋，都同样受人追捧，可以卖出好价钱，并且特意指出苏轼自己也清醒地意识到了这一点。② 这些内容虽不重要，却极大地增强了《剑桥中国文学史》的趣味性和可读性。

其次，欧美地区的中国文学史著作体现出了行文风格变化多样的特征。由于欧美地区大型的中国文学史著作大多由多个学有专攻的汉学家编写完成，每个汉学家各自的学术背景及关注兴趣不同，故而这些多人合撰的著作表现出了行文风格变化多样的特征。如孙康宜和宇文所安编著的《剑桥中国文学史》由柯马丁、康达维、田晓菲、宇文所安、艾朗诺、傅君劢及林顺夫、溪谷如、孙康宜、吕立亭、李惠仪、商伟、伊维德、王德威、奚密等学者撰写，每个学者的研究各有专长，其在行文叙述的过程中也变化多样。如柯马丁的《早期中国文学：开端至西汉》一章行文比较严谨，颇多关注考古发现在早期文学史撰写工作中的重要性；而宇文所安对于《文化唐朝（650—1020）》一章的书写则贯彻了他所擅长的通俗晓畅、诙谐幽默的行文方式；孙康宜《明代前中期文学（1375—1572）》一章的书写体现了她作为女性学者的细腻和敏感；王德威关于《1841—1937 年的中国文学》的书写则类似于国内学者的写作风格，偏重于论述和评论，这主要是因为王德威教授在国内的时间长，中国学术的治学观念和方法根深蒂固。

（五）文学史观

欧美地区的中国文学史著作表现出了其各自独特的文学史观。

---

① 孙康宜，宇文所安．剑桥中国文学史（上卷）［M］．刘倩等译．北京：三联书店，2013：348.

② 孙康宜，宇文所安．剑桥中国文学史（上卷）［M］．刘倩等译．北京：三联书店，2013：459.

翟理斯的《中国文学史》是一种百科全书式的文学史，其文学史观是将中国文学史构建为一个更为多元化的书写系统。由于该书是较早的中国文学史著作，所以其大体上比较浅显，但对于西方人了解中国文学概貌还是居功甚伟。

梅维恒主编的《哥伦比亚中国文学史》则呈现了一种专题式研究的文学史观。该书不仅是为了书写中国文学的历史，或是仅仅评论中国文学的作家和作品，而是为了深入反映中国文学的复杂性。

孙康宜和宇文所安主编的《剑桥中国文学史》贯彻了其"文学文化史"的文学史观。编者指出，该书"尽量脱离那种将该领域机械地分割为文类（genres）的做法，而采取更具整体性的文化史方法：即一种文学文化史（history of literature culture）"①，致力于展现文学文化史的发展脉络，而非囿于朝代政治史，也避免了以文体文类割裂文学史，其将诗歌、散文、传奇故事等都纳入文化史，呈现了完整的文学文化史。这种文学史观脱离了现代社会意识形态与审美趣味的层层干扰，可将作家、作品、文类、思潮、流派等置于其诞生与流传的社会历史语境，竭尽所能地还原文学史的本来面貌。

四、启示及意义

综上所述，欧美地区中国文学史的书写有以下几个特点或者说足资借鉴之处：

首先，欧美地区的中国文学史书写表现出了独特的书写视野和视角。欧美汉学家擅长站在全球视野中对中国文学进行研究，并且能够掌握中西对比研究的要领，提出发人深省的观点。他们深谙诠释学（Hermeneutics）、新批评（New Criticism）、现象学（Phenomenology）、象征主义诗学（Symbolic Poetics）、结构主义与建构主义（Construction & Deconstructionism）、读者反思理论与接受美学（Reader's Response Theory & Aesthetic of Reception）、女性主义

---

① 孙康宜，宇文所安. 剑桥中国文学史（上卷）[M]. 刘倩等译. 北京：三联书店，2013：2.

文学批评（Feminist Literary Criticism）、符号学或记号学（Semiotics）、比较文学方法（Methods of Comparative Literature）、译介学等理论方法的要义，并能将这些理论方法恰如其分地运用到中国文学的研究中。正如王万象教授所说，他们"颇能做到宏观与微观相结合，且对其所阐发之作品能够比较参照，少见生搬硬套的现象，也因此更有助于我们深入理解中国诗歌美学的价值和文化意蕴"①。与此同时，欧美汉学家一般以文化传播的视角向西方读者介绍中国文学和书写中国文学史。他们带着向西方读者呈现中国文学几千年历史发展概貌的强烈使命感，来介绍和探讨中国文学概貌和中国文学特征。正如翟理斯所说，"中国的学者们无休止地沉湎于对个体作家、作品的评论和鉴赏，一直没有成功地从一个中国人的视角，展开过对中国文学历史的总体研究"②，所以他致力于引导西方读者去亲近中国文学，向他们展现中国文学源远流长的过程及风格流派纷呈的概貌。

其次，欧美汉学家特别关注中国文学作品的形成过程和读者的接受效果。他们对中国文学作品的生成及其重构过程、后世对文学作品的接受与评论等问题表现出了浓厚的兴趣。如孙康宜和宇文所安主编的《剑桥中国文学史》较多关注过去的文学作品是如何被后世过滤并重建的。他们认为，"过去的文学遗产其实就是后来文学非常活跃的一部分。只有如此，文学史叙述才会拥有一种丰厚性和连贯性"③，"一个文本文化的历史不是单凭那个文化的伟大就能赋予的；它是动机与材料的历史，为了某种当下的需要而不断再造出文化的往昔"④。他们指出，现代的读者总以为明朝流行的主要文

① 参见王万象. 中西诗学的对话——北美华裔学者中国古典诗研究［M］. 台湾：里仁书局，2009：19.

② Herbert A. Giles：A History of Chinese Literature［M］. D. Appleton & Company，1901. Preface.

③ 孙康宜，宇文所安. 剑桥中国文学史（上卷）［M］. 刘倩等译. 北京：三联书店，2013：3.

④ 孙康宜，宇文所安. 剑桥中国文学史（上卷）［M］. 刘倩等译. 北京：三联书店，2013：13.

类是长篇通俗小说，如《三国志通俗演义》、《水浒传》、《西游记》、《金瓶梅》等，但事实上，如果我们去认真阅读那个时代各种文学文化作品就会发现，当时小说并不那么重要（至少还没变得那么重要），诗文依然是最主流的文类。这些小说的盛名，很大程度上得益于后来喜欢该文体的读者们的提携。①《剑桥中国文学史》还非常关注文学作品的改写问题。他们指出，"人们通常认为，《汉宫秋》、《梧桐雨》是元朝作品。但很少人知道，这些作品的大部分定稿并不在元朝。根据伊维德的研究，许多现在的元杂剧版本乃是明朝人'改写'的。至于改写了多少，很难确定，因为我们没有原本可以参照"②。

　　同时，欧美汉学家非常重视物质手段对中国文学的发展的影响。如孙康宜和宇文所安主编的《剑桥中国文学史》中就多次提到了手抄、印刷等传媒手段对文学作品的传播的影响。他们说："我们尽量将物质文化考虑在内，这是文本生产和流通的基础。本书第一卷所涵盖的时间段见证了最为重要的两大事件：一是作为书写媒介的纸张的发明和传播，一是十一世纪印刷术的推广。"③他们指出，"书籍、作品问世之后，就要面临收集、保存、散失等问题；作品一旦散失，又只能得到部分恢复。文本在被某种形式的文化权威——无论是宗教的、政治的还是学术的——固定之前，它们往往或增或减，通常会有所改变。读者常常在文学史中寻找由一系列特殊时刻组成的谱系，这些特殊时刻体现为那些可以系于往昔某一特定时刻的文本。但更多时候，尤其是印刷时代之前，我们看到的是文本变化的沉淀物，后人借助这些沉淀物，通过重新抄

　　① 孙康宜，宇文所安. 剑桥中国文学史（上卷）[M]. 刘倩等译. 北京：三联书店，2013：4.
　　② 孙康宜，宇文所安. 剑桥中国文学史（上卷）[M]. 刘倩等译. 北京：三联书店，2013：4.
　　③ 孙康宜，宇文所安. 剑桥中国文学史（上卷）[M]. 刘倩等译. 北京：三联书店，2013：22.

写、编辑、修订等方式，按照他们自己的趣味和利益塑造文本遗产"①。

当然，欧美地区的中国文学史书写也不是毫无瑕疵的，有的甚至问题很多。如部分中国文学史著作对文学作品的关注和分析不够，这可能是由于翻译的障碍造成的难点，部分汉学家拿中国文学作品中那些难以理解特定词汇、含义丰富的意象毫无办法，故而尽量回避。再如，部分汉学家由于不了解中国的历史事实和文学的复杂性，表达出来的观点错误或者过于武断，值得商榷。如《剑桥中国文学史》在介绍孔融时说"196年，孔融逃至许昌，在曹操幕下担任高职，甚至敢于反对恢复肉刑的建议"②，事实上孔融从未进入过曹操的幕府。该书的许多看法原本可以促进我们对问题进行深入思考，但有时由于被推至极致而走向偏执，因此不甚合于情理或没有太多的实际意义。

总之，欧美汉学家研究中国文学"旁观者清"，他们从外面来看中国的事物，比较没有传统观念的束缚，致力于探索新观点和新方法，对中国文学传统赋予现代的诠释。海外汉学家的学术蕴涵相当丰富，其研究方式和内容可供参照互鉴，值得中西比较文学研究者加以留心。只有坚持文学史研究的多元发展，促进东西文化的交流，取长补短，才能不断地拓宽中国文学史的书写之路，才能在中外学者的共同努力之下，逐步还原中国文学史的真实面貌。

参考文献

[1]陈水云，皆圣骞. 北美地区中国词学研究述评[J]. 汉学研究通讯，2014(4).

[2]江岚. 唐诗西传史论——以唐诗在英美的传播为中心[M]. 北

---

① 孙康宜，宇文所安. 剑桥中国文学史(上卷)[M]. 刘倩等译. 北京：三联书店，2013：12-13.

② 孙康宜，宇文所安. 剑桥中国文学史(上卷)[M]. 刘倩等译. 北京：三联书店，2013：200.

京：学苑出版社，2009.

[3]刘若愚．中国的文学理论[M]．赵帆声等译．郑州：中州古籍出版社，1986.

[4]刘若愚．中国古诗评析[M]．王周若龄、周龄顺译，赵帆声校订．郑州：河南大学出版社，1989.

[5]宋柏年主编．中国古典文学在国外[M]．北京：北京语言学院出版社，1994.

[6]孙康宜，宇文所安．剑桥中国文学史（上、下）[M]．刘倩等译．北京：三联书店，2013.

[7]孙康宜．词与文类研究[M]．李奭学译．北京：北京大学出版社，2004.

[8]王万象．中西诗学的对话——北美华裔学者中国古典诗研究[M]．台湾：里仁书局，2009.

[9]王晓路．中西诗学对话——英语世界的中国古典文论研究[M]．成都：巴蜀书社，2000.

[10]武汉大学中国高校哲学社会科学发展与评估中心组编．海外人文社会科学发展年度报告（2012）[M]．武汉：武汉大学出版社，2013.

[11]夏康达，王晓平．二十世纪国外中国文学研究[M]．天津：天津人民出版社，2000.

[12]徐志啸．北美学者中国古代诗学研究[M]．上海：上海古籍出版社，2011.

[13]叶嘉莹．灵溪词说[M]．上海：上海古籍出版社，1987.

[14]叶嘉莹．我的诗词道路[M]．石家庄：河北教育出版社，1997.

[15]叶嘉莹．中国词学的现代观[M]．长沙：岳麓书社，1992.

[16]宇文所安．他山的石头记[M]．田晓菲译．南京：江苏人民出版社，2003.

[17]袁行霈．中国文学史（第一卷）[M]．北京：高等教育出版社，2005.

[18]张海惠．北美中国学——研究概述与文献资源[M]．北京：中

华书局，2010.

[19]Stephen Owen. An Anthology of Chinese Literature：Beginnings to 1911[M]. W. W. Norton & Company Press，1996.

[20]Victor H. Mair. The Columbia History of Chinese Literature [M]. Columbia University Press，2001.

[21]William H. Nienhauser, Jr.. The Indiana Companion to Traditional Chinese Literature[M]. Indiana University Press，1986.

海外汉画像研究前沿追踪

武汉大学文学院　曹建国

　　汉画像是指两汉时期被用在地下墓室、棺具和地面祠堂、墓阙或庙阙以及崖墓等墓葬背景下的雕刻或描绘画像，具体可以细分为壁画、画像石、画像砖等。它是汉代艺术的精华，也是汉代人生活实景和精神世界的直观呈现，反映了汉代人的丧葬观念、精神信仰、道德观念、社会关系及政治形态等，具有社会、政治、经济、宗教以及文学、艺术等诸多方面的价值。在中国，汉画像的研究，从北宋时期开始，比如赵明诚的《金石录》就开始著录武梁祠画像石的榜题，到今天已有近千年的历史。走过了金石学阶段、图像资料积累阶段之后，人们已经从各个方面对汉画像材料进行全面综合的研究。[①] 近代以来，随着中外文化交流的逐渐深入，国外学者也逐步介入汉画像研究，并与中国汉化研究界形成广泛而深入的良性互动。"他山之石，可以攻玉"，梳理海外汉画研究的历史进程，不仅可以让我们看到中国文化的海外传播，还可以让我们从中得到有益的启示和借鉴。下文即对海外汉画研究作简单的描述。笔者认为，海外汉画研究大致可以划分为四个历史阶段，即图像著录式研

---

① 关于汉代画像研究的分期，信立祥在其《汉画像石综合研究》一书中分为三期，即金石学阶段，时间从北宋末到 20 世纪初；近代考古学方式的画像资料积累阶段，时间从 20 世纪初到 20 世纪 60 年代；画像材料全面综合研究阶段，时间从 20 世纪 60 年代至今。详见信立祥：《汉代画像石综合研究》，文物出版社2000 年版，第 4~11 页。

究阶段、形式研究阶段、图像志研究阶段和综合研究阶段。在此需要先说明的是，美籍华裔美术史家巫鸿先生以及中国学者郑岩先生曾对海外汉画像石的研究作过研究综述①，他们的文章对本文写作有很大的帮助。

一、图像著录：海外汉画研究的起点

1881年，英国的东方学家卜士礼（Stephen W. Bushell）第一次将一套关于武梁祠汉画拓片带回了欧洲。如果从那时算起，汉画进入欧洲人的视野已经有了一百多年的历史。这批拓片后来被拍成照片，保存在卜士礼所著《中国艺术》一书中。② 1886年，一位叫米尔斯（D. Mills）的英国军官路过嘉祥武梁祠时，请人制作了一套武梁祠拓片带回伦敦，并赠给大英博物馆收藏。③ 与此同时，罗伯特·凯诺威·道格拉斯（Robert Kenneway Douglas）曾写过一篇有关武梁祠的文章，讨论了武梁祠的石刻艺术和画像。④

五年以后，法国汉学家沙畹（Edouard Chavannes）访问了武氏墓地，并在两年后的1893年出版了《中国汉代石刻》这一皇皇巨著。⑤ 在这部书中，沙畹著录了66幅汉代石刻图像，内容包括图像及碑文，地域则不仅来自武梁祠，也有孝堂山以及刘村的。1907年，沙畹开始了他在中国北方的长途旅行和考古活动。1909年，他开始编写《华北考古记》，此书分两卷，内容为石刻研究文字和相应

---

① 巫鸿：《国外百年汉画像研究之回顾》，《中原文物》1994年第1期。郑岩：《汉代画像石、画像砖、壁画和帛画的发现与研究》，见赵化成，高崇文等：《秦汉考古》，文物出版社2002年版，第127~152页。

② Stephen W. Bushell. Chinese Art, Board of Education, Vol. 1, 1905, pp. 35-43.

③ Stephen W. Bushell. Chinese Art, Board of Education, Vol. 1, 1905, p. 36.

④ R. K. Douglas. Ancient Sculptures in China, Journal of the Royal Asiatic Society, Vol. 18, 1886, pp. 469-476.

⑤ E. Chavannes. La sculpture sur pierre en Chine au temps des deux dynasties Han, Paris, Ernest Leroux, 1893.

的照片图版，收录图片 488 幅。① 其中第一卷侧重于汉画像石，第二卷则以佛教雕刻为主。汉画像石中包括武梁祠、孝堂山、刘家村、焦城村等地的石雕，他还将有关的碑文与题记尽量翻译出来。这无疑是一部集大成的著作，可以说达到了当时最高的水平。

就在沙畹华北访古的同时，日本学者也前往武梁祠等地进行考古调查。1907 年，日本学者关野贞调查了武氏祠，并在 1909 年出版了研究汉代石祠及画像的著作。在此基础上加以补充，关野贞于 1916 年出土了《支那山东省汉代坟墓的表饰》②一书。该书著录了大量汉代山东画像石图像，包括孝堂山、武梁祠、晋阳山慈云寺、两城山、济南府金石保存所所藏画像石、日本东京帝国大学及帝室博物馆所藏画像石等，内容非常丰富。需要指出的是，关野贞是建筑学博士，他的汉画著录带有很强的建筑学特征，一个突出的证据是他对武梁祠、孝堂山的汉画遗址进行了实地测量。大村西崖 1915 年出版了他的集大成之作《支那美术史·雕塑篇》③。该书第一次对汉画像石进行了全面的评述，同时也引起人们对汉画的重视。上述沙畹、关野贞以及大村西崖所著录图片的优劣短长，费慰梅曾作过评价。④

随着人们对汉画兴趣的逐渐增大，海外学者所关注的汉画地域范围也在扩大。沙畹的学生色伽兰（Victor Segalen，又译作谢阁兰）1914 年率领一支考古队历时半年对中国陕西、四川的古物做了一次调查，并写成《中国西部考古记》一书。⑤ 在该书的第一章，他主

---

① E. Chavannes. Mission archéologique en Chine septentrionale, Paris, Ecole française d' Extrême-Orient, planches, Vol. 2, 1909, Vol. 2, 1913-1915.

② 关野贞：《支那山东省汉代坟墓的表饰》，东京帝国大学工科大学 1916 年版。

③ 大村西崖：《支那美术史雕塑篇附图》，东京印刷株式会社 1915 年版。

④ 费慰梅：《汉"武梁祠"建筑原形考》，原文发表在《哈佛亚洲研究学刊》1941 年第 6 卷第 1 期。后经王世襄翻译，译文载《中国营造学社汇刊》1945 年第 7 卷第 2 期。

⑤ 色伽兰著，冯承钧译：《中国西部考古记》，商务印书馆 1930 年版。

要讨论了霍去病墓前的石阙，而第二章则较早也较详细地讨论了四川特有的崖墓及墓室中的画像。在调查中，他们用考古学的科学方法进行了测量和记录，从而使汉画像的研究开始进入到考古科学的范畴。涉及汉画研究，色伽兰还有《宏伟的中国石雕》与《汉代墓葬艺术》等书，其中也多有汉画像拓片。①

除上述法、日学者外，还有德、英学者的相关汉画著录著述，如德国学者奥托·菲舍（Otto Fischer）的《汉代中国的绘画》②、英国学者林仰山（F. S. Drake）的《汉代石刻》③。当然，说到海外汉画著录著作，不能不提傅惜华的《汉代画像全集》。④ 20 世纪 40 年代供职于巴黎大学北平研究所的傅惜华将该所所藏汉画，连同自己的收藏分两册编成《汉代画像全集》。该书专收山东地区的汉代画像石，拓片多为原拓，精美且珍贵。而傅氏对每幅画像又详加考订，故该书一直受到海内外汉画学界的重视。

可以说，直到 20 世纪 40 年代，这种图像著录式研究都是海外汉画研究的主流。但必须承认的一点是，这种图像著录并不能算是严格意义上的研究，他们的目的在于向西方汉学界介绍汉画像，或者为汉画像研究提供第一手资料。早期的图像著录解读或者是考古学的，或者是历史学的，很少关注其他方面，尤其是美术或艺术内涵。但这种情况后来有所改变，如傅惜华的《汉代画像全集》便注明了每一幅图的位置关系。

---

① V. Segalen. L'art funéraire à l'époque des han, Paris, Geuthner, 1935; Chine. La grande statuaire, Flammarion, 1972.

② Otto Fischer. Die Chineseische Malerei der Han-Dynastie, Neff Verlag, 1931.

③ F. S. Drake. Seulptured Stones of the Han Dynasty, Monumenta serica, 1943, pp. 280-318.

④ Fuxihua. Corpus des pierres sculptées, Pékin, Centre d'Etudes sinologiques, Vol. 2, 1950-1951.

二、形式研究：东西方的分与合

作为一种石雕或彩绘艺术形式，汉画像石所体现出来的艺术特征与西方传统有绝大的差异。在中国，画像石原本属于金石古玩，文人所看重的是其收藏价值和历史文献价值。所以中国文人如赵明诚、洪适等著录武梁祠等汉代碑刻遗址，更看重的是文字资料。但西方的视野不同，从一开始他们便用美术的眼光来审视这些汉画像资料，视之为艺术品。他们"或求证石刻的作者，或研究其雕刻技术、构图方式、创作时间和地点，更重要的讨论对象是图像的内涵和功能以及它们的艺术形式和美学价值"[①]。当然对于西方的美术史家来说，汉画像充满异国情调，它与西方的艺术传统，尤其是形式特征有很大的差异。这些西方学者分不清楚，汉画那种浅平线性的浮雕技法以及无焦点的构图方式究竟意味着什么，是艺术发展落后还是固有的中西方差异使然？对这一问题的回答贯穿了西方学者的汉画研究进程，是坚持西方中心观主导下的解说还是认可中国艺术的独特性，这实际上反映了两种不同文化的分与合。

当 1886 年米尔斯把他所收藏的武梁祠拓片赠送给大英博物馆后，威廉·安德森（William Anderson）在《大英博物馆图录》中借此归纳了中国艺术的风格。他用中西对比的方式归纳了中国艺术的五个特征，他的结论是中国艺术几乎没有等距透视，无论是线条还是焦点的表现都是错误的。[②] 之所以有此认识，主要是他认为中国艺术不符合科学和求真的精神，而科学与精确正彰显了西方艺术的核心价值观。[③]

---

① 巫鸿：《武梁祠：中国古代图像艺术的思想性》，三联书店 2006 年版，第 60 页。

② W. Anderson. Descriptive and Historical Catalogue of a Collection of Japanese and Chinese Paintings in the British Museum, London：British Museum, 1986.

③ 比如格罗塞在《艺术的起源》一书中分析造型艺术便一再强调艺术品的精确性。详见格罗塞著，蔡慕晖译：《艺术的起源》，商务印书馆 1984 年版，第123～154 页。

正是在西方这种科学、求真的艺术观主导之下，西方美术史家对中国汉画的艺术形式分析表现出非常傲慢和武断的态度。西方艺术进化论的观念始于意大利美术家瓦萨里（Giorgio Vasari），后来温克尔曼、黑格尔、李格尔以及沃尔夫林等人制定了风格发展的系统以及艺术发展的阶段，从而为艺术史研究确立了原则和方法论，并渐趋公式化。其中沃尔夫林（Heinrich Wolfflin）用形式分析的方法研究艺术风格的发展，至今仍有很大的影响。作为沃尔夫林的学者，柏克豪夫（Ludwig Bachhofer）提出了一套分析中国汉画像的形式理论，从二维到三维的演进，即空间表现的增强。在柏克豪夫看来，武梁祠代表了一种空间意识还没有得到充分发展阶段的风格，而具有强烈透视感的朱鲔祠显然要比武梁祠更高级。总的说来，汉画艺术的发展过程是沿着二维到三维进化。在此基础上，他建立起汉画的年代学，即从南武阳石阙→孝堂山祠堂→武梁祠→朱鲔祠堂→美国波士顿美术馆收藏的山墙绘画。[1]

柏克豪夫确立的汉画风格受到艺术形式分析法的巨大影响，基本上在他以后，学者的相关研究都建立在他的结论之上。罗利（Goerge Rowley）和索珀（Alexander Soper）也都认为中国艺术和西方艺术的发展是平行一致的，罗利认为中国绘画可以和古希腊相比较[2]，索珀认为向三维空间发展也是中国艺术的发展趋势，并宣称西方艺术为中国艺术研究提供了"类似的圆满结论"[3]。但纯粹的形式演化分析似乎已经不能满足对汉画的解读，所以许多研究者试图结合其他的视角进行研究。如索珀提醒要关注武梁祠等画像中的细节，由此他把汉代艺术区分为王都风格和地方风格。这是汉画形式研究中一个巨大的贡献，提出不同地区间的汉画像风格差异为汉画像研究打开了一扇新的思维大门。正是受此启发，索珀的学生时学

[1] Ludwig Bachhofer. Die Raumdarstellung in der chinesischen Malerei des ersten Jahrtausends n Chr, Münchner Jahrbuch der Bildenden Kunst, Vol. 3, 1931.

[2] G. Rowley. Pinciples of Chinese painting, rev. ed. princeton. J. Princeton University Press, 1974.

[3] A. Soper. Life-motion and the Sense of Space in Early Chinese Representatonal Art, Art Bulletin 30, 1948.

颜(Hsio yen Shih)开始尝试对汉画形式作全面的分析研究。在她的博士论文《东汉到六朝画像风格》中，她尝试解决两个方面的问题。一是汉画空间感的发展脉络，即二维的图像如何发展为三维。她认为公元1世纪的艺术家们仍受限于二维画法，而到了公元2世纪，当艺术家们认识到图像视幻性和形体理性之间的差异之后，开始着手解决这一矛盾。于是在二维的基础上努力创造出现实中的影像，从而逐渐区分平面绘画和空间图像，并发展三维的空间感。二是不同地域间汉画像风格是如何走向统一的，她比较了山东、河南、四川和陕西等地的汉画像，试图把它们放在同一发展链条内，解释它们之间的承继演进关系。在她看来，山东画像石应该是最初的阶段，河南在山东的基础上又有所新变。四川和陕西则在山东和河南的基础上逐渐形成自己的风格。当所有的地区都解决了二维空间的图像表现问题之后，统一的风格便形成了。①

当持西方中心观学者批评中国汉画像不合西方艺术原则或试图证明中西方艺术是平行发展关系的时候，一些学者则对此提出了批评。正如马利所说："如果希望能正确地欣赏中国艺术，西方人必须忘记其内心的先入之见，而且必须抛开其所受过的艺术教育、批评传统以及脑中所积累的从文艺复兴到今天所有的美学包袱。他们尤其要克制自己，不要将中国画家的作品和任何一幅西方名画作比较。"②所以即使在形式进化论占主流的时候，仍有一些学者表达了不同的看法，对汉画像的形式分析力求更加丰富圆满。当卜士礼把马利的那段话记录在他的《中国艺术》一书中的时候，似乎表明他认可了这种观点。所以在他对中国雕刻艺术的介绍中，他认为无论是孝堂山还是武梁祠，在一些细节上都呈现出突出的写实风格（singularly naturalistic touch）。③ 色伽兰还在他的著作中热情称颂汉

---

① H. Y. Shih. Ealy Chinese Pictorial Style: From the Later Han to the Six Dynasties, PH. D. Dissertation, Bryn Mawr College, 1961.

② Stephen W. Bushell. Chinese Art, Board of Education, Vol. 2, 1906, pp. 105-106.

③ Stephen W. Bushell. Chinese Art, Board of Education, Vol. 2, 1906, p. 36.

代石刻"平面浮雕，隐而不露，是为一种表面作法，完全注意于纹线，只顾其四围，但其轮廓极精练也"，并称之为"纯粹的中国雕刻"①。而越来越多的艺术史家更愿意把不同风格和形式的雕刻看做自主性的选择。如马奇（Benjamin March）认为汉画石刻所表现出来的艺术特征并不是对三维透视的无知，而是遵循了一套与西方不同的艺术传统所致。② 费慰梅进一步从模仿对象的角度说明汉画像艺术表现形式的自主选择性，她认为武梁祠和朱鲔祠风格的差异是因为它们分别模仿了两种不同的建筑绘画装饰。武梁祠模仿的是廉价的空心画像砖风格，而朱鲔祠则代表了奢华风格。③ 柏克豪夫认为这两种不同的风格代表了先后两个阶段，朱鲔祠要晚于武梁祠。而实际上，朱鲔祠可能还要在于武梁祠，所以纯粹的形式演化论判断可能会得出似是而非的结论。而苏立文（Michael Sullivan）则在更大范围内讨论汉画像艺术风格与地域的关系，比如山东是一种典雅的风格，河南南阳地区则代表了一种奢华，四川则充满了一种原始活力。④ 尽管索珀、时学颜早就讨论过汉画艺术风格与地域的关系，但苏利文并不想像前二者那样在不同的地域风格之间排出形式演进的先后关系。更加重要的是包华石（Martin Powers）的论述，他非常重视汉画像石的政治、文化、道德以及宗教含义，而形式选择常与此有关。比如他认为武梁祠看似原始的风格并非表明技法的简单或形式的古朴，而是有意突出建造祠堂者强烈而单纯的道德愿望。那些刻画简朴的线条或圆圈使我们想起"有规有矩以成其方圆"，而这些正是用来隐喻道德说教的，甚至都成了陈词滥调。⑤在《早期中国艺术与政治的表达》中，他延续了这一观点，把武梁

---

① 色伽兰：《中国西部考古记》，商务印书馆 1930 年版，第 18~19 页。

② B. March. Linear perspective in Chnese Painting, Eastern Art, No. 3, 1931.

③ W. Fairbank. A Structural Key to Han Mural Art, Harvard Journal of Asiatic Studies 7, No. 1, 1942-1943.

④ 苏立文著，徐坚译：《中国艺术史》，湖南教育出版社 2006 年版，第 68 页。

⑤ M. Powers. Pictorial Art and its Public in Early Imperial China, Art History 7, Vol. 2, 1984, p. 157.

祠那种规矩的几何形造型看做维护道德的有意识的选择，甚至把它和《礼记》联系起来。① 所以，包华石并不赞成纯粹的艺术形式考量，他认为汉画像艺术风格的选择并不是个人行为，一定是受到集团利益的制约。

比之欧美学者，日本学者对汉画形式的接受要容易许多。毕竟对他们来说，中国传统绘画艺术形式并不陌生，甚至很值得欣赏。关野贞在《支那山东省汉代坟墓的表饰》中讨论了汉画像的样式及雕刻手法，包括构图、边线等，如他把汉画像的雕刻手法分为八种。尽管他认为汉画像的雕刻手法相比于后代显得很幼稚，但却能欣赏它的古朴之美。② 同样的还有大村西崖，他在《中国美术史》中称赞汉画像有"高古、琦玮、谲佹之趣"，完全是中国传统的鉴赏模式。③ 此外，长广敏雄、④ 土居淑子⑤等都对汉画像的雕刻技法进行过分类和研究。滕固曾留学日本和德国，他通过和希腊雕刻比较，把汉画像雕刻技法分为拟绘画和拟浮雕两类。前者即浅浮雕，孝堂山和武梁祠的画像石即如此；后者为高浮雕，如南阳画像石便是。⑥信立祥最初用日文完成的《汉代画像石综合研究》则对汉画像石的构图和雕刻技法进行了更加细致专门的研究。⑦

汉画像研究中，纯粹的形式分析或着眼于形式的研究早在 20

---

① M. Powers. Art and political Expression in Early China, Yale University Press, 1991, p. 176.

② 关野贞：《支那山东省汉代坟墓的表饰》，东京帝国大学工科大学 1916 年版，第 135~143 页。

③ 大村西崖著，陈彬龢译：《中国美术史》，上海商务印书馆 1928 年版，第 20 页。

④ 长广敏雄：《汉代画像的研究》，中央公论美术出版社，1966 年版；《南阳的画像石》，京都大学人文科学研究所研究报告（1974）。

⑤ 土居淑子：《古代中国的画像石》，同朋社 1986 年版。

⑥ 滕固：《南阳汉画像石刻之历史的及风格的考察》，见蔡元培、胡适、王云五编：《张菊生先生七十生日纪念论文集》，上海商务印书馆 1937 年版，第 483~502 页。

⑦ 信立祥：《中国汉代画像石的研究》，日本东京同成社 1996 年版。中文版名为《汉代画像石综合研究》，文物出版社 2000 年版。

世纪 70 年代便开始式微，如今海外学者很少再专注于专门的汉画像石形式和技法研究，而是将形式和内容沟通起来，探讨形式背后的思想史深层原因和内涵。上举包华石研究便是一个显例。而最近的研究成果我们可以雷德侯（Lothar Ledderose）的《万物：中国艺术中的模件化和规模化生产》为例。在这本书中，雷德侯从多个层面多角度地探讨了中国艺术和工艺，深入探讨其背后的中国文化和审美思想。作者论证了中国艺术的生产与西方不同，它不是寻求忠实地再现原物，而是探索代替模仿的方式，直接创造出成千上万的甚至无限的艺术品。作者也讨论了这种模件化思想如何与中国政治、宗教以及个体思想相贯通，并与其形成双向的互动。尽管作者没有直接以汉画像为例，但却也可以用来说明作者视野中的模件化生产与汉画艺术、思想之间的关系，毕竟在中国人看来，宇宙是由万物构成的。①

三、意义的探寻：从图像内到图像外

从一开始，汉画研究便和意义探寻密不可分。在中国的金石研究传统中，至少从宋代开始，人们便把汉画像作为一种史料文献。洪适在《隶续》中著录武梁祠图像，并根据榜题把图像和历史相对应。到了清代，冯云鹏撰写《金石索》，人们对汉画像的兴趣进一步高涨。但如何把汉画像纳入历史或更广义的文化研究的视野中去呢？首要的便是确定汉画像的意义。很多的汉画像附有榜题，这对于理解汉画像无疑是一个关键。因为根据榜题，人们便可以确定画像的内涵。但更多的画像没有榜题，怎么办？于是围绕汉画像的阐释便在各自的理解范围内展开了，分歧也就在所难免。

如何考释一幅没有榜题、题记或相关文献支撑的图像的母题呢？它反映了一种怎样的文化史或观念史？劳弗尔（Berthold.

---

① L. Ledderose. Ten Thousand Things：Module and Mass Production in Chinese Art，Princeton University Press，2000. 中译本见张总等译，党晟校：《万物：中国艺术中的模件化与规模化生产》，三联书店 2005 年第 1 版，2012 年第 2 版。

Laufer）曾提出："在解释汉代石刻所表现的主题和题材的时候，总是有必要将它们与中国人的观念相联系，因为它们的灵感来自中国历史或神话传说。"①事实上，这正是早期汉学家所采取的研究方法，比如卜士礼在介绍孝堂山与武梁祠的图像时，便提到了"嫦娥奔月"、"秦始皇泗水捞鼎"等神话传说和历史故事，而他也把今天所习见的大家称之为"楼阁拜谒图"（或称"中心楼阁图"）的画像题材解释为《穆天子传》记载的周穆王见西王母的故事。但这样的解释紧接着会带来另一个问题，即这些图像和墓葬的主人之间有关系吗？是什么关系？于是一种"历史特殊论"的观点逐渐占据主流，即墓室和祠堂中的母题和画像所表现的特定历史时期人物和事件，它一定和墓主人的生活、思想或观念信仰之间有某种密切的关系。② 在此我们以"水陆攻战图"为例，看历史特殊论在西方汉学家汉画像研究中的实践。早在 1897 年，沙畹在考察武梁祠中被称为"水陆攻战图"的画像时便认为这幅图是为了纪念某个中国将领在西北边陲的卓越功勋，而记载于武梁祠碑刻中的一位叫武斑的人曾经在敦煌任职，理所当然便认为他就是"水陆攻战图"所纪念的对象。③ 索珀不同意沙畹的解读，他根据碑刻中提到武氏家族乃商代武丁的后裔，推断所谓的"水陆攻战图"反映的正是武丁征服南方的史事。他之所以这样认为，除了这幅图非同寻常的尺寸之外，还有战斗是发生在水上。④ 事实上，这幅所谓的"水陆攻战图"既不关涉武斑，也和武丁征讨南方无关。通过内蒙古和林格尔中榜题为"七女为父报仇"的图画和 1993 年山东莒县出土的有"七女"榜题残文的图像可知，"水陆攻战图"描述的是一个早已失传的七女为父

---

① 巫鸿：《武梁祠：中国古代画像艺术的思想性》，三联书店 2006 年版，第 74 页。

② 巫鸿：《武梁祠：中国古代画像艺术的思想性》，三联书店 2006 年版，第 69 页。

③ E. Chavannes. Mission archéologique dans la Chine septentrionale, Imprimerie Nationale, 1913: Vol. 13, No. 138, p. 97.

④ A. Soper. King Wu Ting's Victory over the Realm of Demons, Artibus Asiae 17, 1954, No. 1, pp. 56-60.

报仇的故事，"水陆攻战图"也应该更名为"七女为父报仇"。

当然，很早就有人对汉画像中常见的流行题材的解读提出了质疑。如同"楼阁拜谒图"、"水陆攻战图"等并不限于一时一地，所以劳弗尔曾精辟地指出："这些画像石并无意唤起人们的特别注意。他们所展示的画面可说毫无新意，只是重复一些早已为人所知的主题和设计。不过这种状况赋予这些石刻另一种意味，即它们再次证明了汉代的雕刻者是根据现成的模式来制作他们的作品，这些作品因而往往表现出某些典型的、变化有限的图景和人物。因此需要我们回答的问题是：这些一再重复的原型是何时及怎样产生的？"①

人们在钦佩劳弗尔睿智的同时，也一直在试图回答他提出的问题。一种折中的说法便应运而生，一些学者认为汉画像中的流行图像或源自重大历史事件，后来逐步演变用来表现墓主人功勋的一般性象征。我们仍以汉画像习见题材"楼阁拜谒图"为例，长广敏雄据武氏祠左石室后壁的龛室后壁的画像，即左石室第九石的"楼阁拜谒图"，提出"礼拜齐王说"。他的根据是山东嘉祥焦城村出土的一块画像石的榜题"此齐王也"②。但焦城村的"楼阁拜谒图"比较粗豪，应该是早期的画像石。而这一画像之所以被各地画像所采纳，并出现在后期的画像石上，是因为"齐王可以是有一定意义，但同时又可以是来自混沌历史遗产的一个模糊的称谓，它并不一定和某一具体的历史、传说或超自然的人物有关系。简而言之，这个图像可能仅仅表现人们对一个卓越人物的崇拜之情，而在此这个人物是以'齐王'来称呼的"③。关于这一问题，缪哲在《重访楼阁》一

---

① B. Laufer. Five newly Discovered Bas-reliefs of the Han Period, T'oung Pao 8，1912，p. 3. 转引自巫鸿：《武梁祠：中国古代画像艺术的思想性》，三联书店2006年版，第70~71页。

② 长广敏雄：《武氏祠左石室第九石の画象について》，《东方学报》1961年第31册。

③ 长广敏雄：《汉代冢祠堂について》，见《塚本博士颂寿纪念佛教史学论文集》，京都塚本博士颂寿纪念会1961年版，第50~51页。

文中对长广敏雄的观点作了极大程度的发挥。① 但信立祥对此种解读提出了质疑，他通过对原始图像文献的仔细观察，发现焦城村"此齐王也"的榜题实际上是"此斋主也"②的误读。不可否认，这种泛象征主义的解释方法源远流长，德国学者尤其热衷此道，如费雪（Otto Fisher）、海因策（Carl Hentze）的相关研究。③

但持象征主义观点的新一代学者对泛化象征主义阐释表达了不满，他们强调应该在具体礼仪的背景中去发掘汉画像的意义。克劳森（Doris Croissant）、布林（Anneliese Bulling）、白瑞霞（Patricia Berger）等无不强调在葬仪中理解图像，以及图像作为葬仪一部分所具有的功能意义。如克劳森认为汉代祠堂和墓葬在葬仪中既指向死者，也指向生者。④ 布林则认为汉墓图像可视为葬仪中表演的傩戏的再现，反映的是死者灵魂升天的仪式。⑤ 而白瑞霞则以汉代的节日为基础，建立起更大的框架来解释汉画像中一系列重要的题材。与克劳森、布林相比，白瑞霞的重要贡献在于对图像程序的强调以及指出图像程序的变动性，并且她还认为图像程序和实际的仪式之间存在对应性。⑥

尽管持特殊历史论的学者对象征学派依然有许多的批评，但这丝毫不影响图像志在汉画像研究中的主流地位。如果说 20 世纪 70 年代以后，形式批评，也就是沃尔夫林的风格批评已渐渐衰落，八

---

① 缪哲：《重访楼阁》，《台湾大学美术史研究集刊》2012 年第 33 期。

② 信立祥：《汉代画像石综合研究》，文物出版社 2000 年版，第 88~92 页。

③ O. Fisher, Die Chinesische Malerei der Han-Dynastie, Berlin: Neff Verlag, 1931. C. Hentze. Chinese Tomb Figures: A Study in the Beliefs and Folklore of Ancient China, Coldston, 1928.

④ 见长广敏雄：《汉代画像的研究》，中央公论美术出版社 1966 年版，第 156~168 页。

⑤ A. Bulling. Three Popular Motifs in the Art of the Eastern Han Period: the Lifting of the Tripod, the Crossing of a Bridge, Divinities, Archives of Asian Art 20, 1966-1967.

⑥ P. Berger. Rites and Festivities in the Art of Eastern Han China: Shantung and kiang su Provinces, PH. D Dissertation, University of California, Berkeley, 1976.

九十年代则是图像志研究方法风行的时代。① 其中巫鸿的《武梁祠：中国古代画像艺术的思想性》是重要的成果。在这部曾获"列文森奖"的汉画研究著作中，巫鸿不仅分析了单个的画像，也分析了武梁祠图像序列。通过对武梁祠结构的复原，他把武梁祠画像分为屋顶、山墙、墙壁三部分，并分别赋予其位置意义。在预设武梁祠画像是饱学儒生武梁本人参与设计的前提下，巫鸿将祠堂的空间位置和儒学伦理概念一一对应，上与下、东与西、天上与人间、君与臣、父与子、夫与妇等都在宇宙结构的图像学配置中成为一个有机的整体而展示。但正如巫鸿本人所说的那样，"学者们在追寻汉画像'基本象征意义'的时候常会遇到一个难点，就是何处是这种解释的界限"②。所以在声称武梁祠是武梁的个人有意的设计的前提下，巫鸿综合单独的母题形成一个完整的图像程序，进而对这种图像程序作出图像学意义的解读。但一旦他的前提不存在或受到质疑，他的结论招致怀疑或批评也就是自然而然的事了，比如邢义田对他的批评。③而哈佛大学艺术与建筑史系曾蓝莹（Lillian Lan-ying

---

① 作为一种艺术史研究方法，图像志分三个层次：前图像志描述、图像志分析和图像学。在前图像志阶段，解释的对象是自然题材，解释者需要具备的是实际经验；图像志分析阶段，解释的对象是组成了图像、故事和寓意世界的约定俗成的题材，解释者需要具备的是文献；图像学阶段或曰深层图像志阶段，解释的对象是艺术作品的内在含义和内容，解释者需要掌握人类心灵史或精神史。概言之，对图像志的研究方法来说，艺术作品的自然题材组成第一层次，属于前图像志描述阶段，其解释基础是实际经验，修正解释的依据是风格史；图像故事和寓言世界的程式化题材组成第二层次，属于图像志分析阶段，其解释基础是原典知识，修正解释的依据是类型史；象征世界的内在意义组成第三层次，属于图像学解释阶段，其解释基础是综合直觉，修正解释的依据是一般意义的文化象征史。

② 巫鸿：《武梁祠：中国古代画像艺术的思想性》，三联书店 2006 年版，第 81 页。

③ 邢义田：《武梁祠研究的一些问题——巫著〈武梁祠：中国古代画像艺术的思想性〉和蒋、吴著〈汉代武氏墓群石刻研究〉读记》，《新史学》1997 年第 8 期。又经订补载邢氏著《画为心声：画像石、画像砖与壁画》，中华书局 2011 年版，第 586~613 页。

Tseng)在《作坊、格套与地域子传统：从山东安丘董家庄汉墓的制作痕迹谈起》一文中，通过对山东安丘董家庄汉墓制作痕迹的具体分析，复原了汉墓制作的过程。在这篇主要着眼于风格研究的文章中，作者通过墓葬中格套的使用和对作坊参与情况的考察，意在强调汉画像研究中持可以设计观点的局限性，通过更加广泛意义的社会学考察，来思考汉墓画像石使用的拼凑性和雷同现象。① 当然，谈到汉画像图像志研究的佳例便不能不提到简·詹姆斯（Jean M. James）。在 1988 年，简·詹姆斯就宣称："西方艺术史的大宗是对图像志和图像学的研究，而在中国，佛教之前的图像志是一个有待探索的领域。"②其实早在 1983 年，简·詹姆斯便运用图像志的方法完成了她的博士论文。③ 1998 年，她又出版了《汉代墓葬和祠堂艺术指南》，④ 此书综合了英语世界汉代图像志研究的成果，并对各种流行的汉代画像题材作了探讨，堪称汉画图像志研究的代表作。在一些单个汉画像题材研究中，简·詹姆斯也表现出对图像志研究方法的娴熟运用，比如她对汉画像中西王母图像志的研究。⑤ 最近运用图像志方法研究汉画的专题论文和博士论文数量还是不少，比较有代表性的，如日本学者佐竹靖彦对汉墓中亭长、门阙、玉璧以及车马行列像进行了一系列的讨论，并由此衍生到汉代

---

① 曾蓝莹：《作坊、格套与地域子传统：从山东安丘董家庄汉墓的制作痕迹谈起》，《台湾大学美术史研究集刊》2000 年第 8 期。

② J. James. The Iconographic Program of the Wu Family Offering Shrines (A. D. 151-170), Artibus Asiae, Vol. 49. 1988-1989, pp. 39-72.

③ J. James. A Iconographic Study of two Late Han Funerary Monuments：The Offering Shrines of the Wu Family and the Multichamber Tomb at Holingor, PH. D. Dissertation, Lowa University.

④ J. James. A Guide to the Tomb and Shrine Art of the Han Dynasty 206B. C. - A. D. 220, Chinese Studies 2, Lewiston, N. Y. : Edwin Mellen, 1996.

⑤ 简·詹姆斯著，贺西林译：《汉代西王母的图像志研究》，《美术研究》1997 年第 2 期；《汉代西王母的图像志研究（下）》，《美术研究》1997 年第 3 期。

墓室对天上世界、人间世界和地下世界的描述。① 曾蓝莹的博士论文讨论了与天文有关的各类画像，包括壁画、画像石、画像砖、铜镜、棋盘甚至钱币等，取材范围更广。她在文中区分了三类天文图，即宇宙图像、星象图和神话图像，其目的在于通过天文这个视角来讨论汉代视觉艺术的实践和传播，其重点讨论的还是图像形式和语言文字之间的关系。② 但需要指出的是，曾蓝莹的研究已经不是单一的图像志阐释模式，同时也关注到了艺术社会学的方法。

四、墓葬艺术：图像志之后的众声喧哗

巫鸿 2008 年在《反思东亚墓葬艺术：一个有关方法论的提案》一文中，提出将墓葬文化作为艺术史的一个亚学科。③ 他提出墓葬艺术研究的两种方法，一种以葬仪为对象的时间性流程，一种是以墓地为中心的空间视域。该文中，巫鸿主要讨论了墓葬艺术的空间性。关于空间性，他提出了两个非常重要的特征：一是"藏"，这实际上涉及墓葬艺术的观者；二是整体性，这正是对西方学界研究东亚艺术的"消解原境"（de-contextualization）之研究方法的反思。这一提议非常具有启发性，也是他对他本人以及近些年来汉代墓葬艺术研究总结的成果。事实上，20 世纪 90 年代以后，盛极一时的图像志研究就有所衰减。一个显著的标志是，八九十年代的论文或

① 佐竹靖彦：《汉代坟墓祭祀图像中的天上世界、人间世界、地下世界之一——璧玉像、门阙像、车马行列》，东京都立大学《人文学报》2001 年第 315 号；《汉代坟墓祭祀图像中的亭长像和门阙像》，东京都立大学《人文学报》2002 年第 325 号；《汉代坟墓祭祀画像中的亭门、亭阙和车马行列》，见《中国汉画研究》（第一辑），广西师范大学出版社 2004 年版，第 35~69 页。

② Lillian Lan-ying Tseng. Picturing heaven：Image and Knowledge in Han China，PH. D. Dissertation. Harvard University，2001.

③ 巫鸿：《反思东亚墓葬艺术：一个有关方法论的提案》，见中山大学艺术史研究中心：《艺术史研究》第 10 期，中山大学出版社 2008 年版，第 1~32 页。英文见 Wu hong. Rethinking East Asian Tombs：a Methodological Proposal. Dialogues in Art History，from Mesopotamian to Modern：Readings for a new Century，ed. Elizabeth Cropper，National Gallery of Art，2009，pp. 139-165.

论著标题中随处可见的"图像志"一词基本消失，一种大艺术观主导下的更具涵括性的汉代艺术研究正越来越引起人们的兴趣。广义的汉代艺术不仅包括汉画像，也包括建筑、雕塑，甚至包括艺术品的制造者及经营管理者，如工匠、作坊以及与之相关的官府等。所以，"众声喧哗"描述的正是整体性墓葬艺术研究的新趋势。

李安敦（Barbieri-Low，Anthony Jerome）的博士论文《汉代宫廷作坊组织》（The Organization of Imperial Workshops During the Han Dynasty）讨论了汉代官方控制下的手工业作坊中的专门工匠群体以及作坊的结构和组织情况。第一章是宏观的视野，讨论了设置于宫廷、都城以及各省官营作坊的运作情况。第二章至第五章，作者缩小了视角，专门讨论了蜀地的工官这样一个单独的官方作坊，考察它的微观组织（micro-organization），内容涉及作坊内部生产和经营的一些细节，考察它类乎现代流水线的作业模式。在论文中，他也讨论了汉代宫廷的模件化生产模式，并认为这一模式对工匠们的创造性形成了压抑。此外，论文还讨论了作坊的管理部门——"县"的组织情况。① 2007 年，李安敦在其博士论文的基础上出版了《中华帝国早期的工匠》一书，颇受好评并获 2009 年"列文森奖"。李安敦在这部书中着眼的不是艺术品而是工匠，并且是漆器、青铜器等实用性或礼仪性器物的工匠，而不是画像石、画像砖的制作者，但这并不影响它的艺术史价值。他通过实例告诉我们，艺术不仅仅是高雅的审美对象，还应该被看做社会关系中一种寻常的活动。②

1999 年，Candace Jenks Lewis 撰写了关于汉代丧葬明器——陶楼的博士论文《汉代的陶楼》（Pottery Towers of Han Dynasty China），作者在论文中不仅讨论了陶楼的建筑学意义，也讨论了它和工匠、赞助人以及宗教的关系。作者通过 119 件陶楼的实物，建立了汉代

---

① Anthony J. Barbieri-Low. The Organization of Imperial Workshops During the Han Dynasty, PH. D. Dissertation, Princeton University, 2001.

② Anthony J. Barbieri-Low. Artisan in Eealy Imperial China, University of Washingtong Press, 2007.

陶楼的分类学。① 关于明器，Susan Erickson 作过更加详细的讨论，题材涉及博山炉、摇钱树以及玉舞人等。② 杰西卡·罗森也讨论了博山炉，她关注的重点是博山炉的文化根源。③ 关于博山炉的功能，罗森吸收了雷德侯等人的见解④，认为博山炉起到了和微型宇宙一样的作用，同时也是仙山的象征，罗森认为博山炉代表的更像是海山的仙山。而关于博山炉的来源，罗森主张它受到了西亚文化的影响并将之本土化，并且罗森坚持了她一贯的看法——博山炉也是中外文化交流的一个佳例。除了上述对具体明器类别的讨论，巫鸿在《明器理论与实践》中，讨论了中国古代礼仪美术的观念化倾向。他认为明器反映了战国时期儒家的象征观念，既是对古礼的眷念，也是对新潮流的回应。⑤

---

① Candace Jenks Lewis. Pottery Towers of Han Dynasty China, PH. D. Dissertation, New York University, 1999.

② Susan N. Erickson. "Boshanlu" Mountain Censers: Mountains and immortality in the Western Han Period, PH. D. Dissertation, University of Minnesota, 1989. Susan N. Erickson. "Boshanlu-Mountain Censers of the Western Han Period: A Typological and Iconographic Analysis, Archives of Asian Art, Vol. 45, 1992, pp. 6-28. Susan N. Erickson. Money Trees of the Eastern Han Dynasty, Bulletin of the Museum of Far Eastern Antiquities, Vol. 66, 1994, pp. 5-115. Susan N. Erickson. Twirling Their Long Sleeves, They Dance Again and Again: Jade Plaque Sleeve Dancers of the Western Han Dynasty, Art Orientalis, Vol. 24, 1994, pp. 39-63. Susan N. Erickson. The Legacy and Innovation: Western Han Sculpture from Shanxxi Province, Eternal China: Splendors from the First Dynasty, ed, Li Jian, Dayton Ohio: Dayton Art Institute, 1998, pp. 29-38.

③ Jessica Rawson. The Chinese Hill Censer, Boshanlu, a Note on Origins, Influences and Meanings, Ars Asiatiques, Volume en homage á Madame Michéle Pirazzoli t'Serstevens, Vol. 61. 2006, pp. 75-86. 中译文见杰西卡·罗森著，邓菲等译：《祖先与永恒：中国考古艺术文集》，三联书店 2011 年版，第 463~482 页。

④ Lothar Ledderose, The Earthly Paradise: Religious Elements in Chinese Landscape Art, in Susan Bush and Christain Murch eds, Theories of the Art in China, Princeton, 1983, pp. 165-183.

⑤ 巫鸿：《"明器"的理论与实践——战国时期礼仪美术中的观念化倾向》，《文物》2006 年第 6 期。

上述诸文都不是专门的汉画像和汉壁画研究成果，可以算是与汉画共生的汉代器物学研究。当然，专门的汉画像研究的专题论文和博士论文也还是很多，但这些文章都已经不专意于图像志的考证，而是表现出更加宽广的学术视野，尤其在物质性和视觉文化方面。唐琪(Thompson，Lydia Dupont)1998 年在纽约大学完成的博士论文《沂南汉墓——东汉(公元 25—220 年)图画艺术中的叙事和仪式》(The Yi'nan Tomb—Narrative and Ritual in Pictorial Art of the Eastern Han(25-220C. E.))①主要讨论了图画叙事和仪式表演之间的关系，以及墓室空间如何传达叙事性的含义等问题。作者在论文中提出了一个新发现，即一个处于变动中的动态空间。在此空间中，图像并非指向某一想象中的观察者，而是两种——活着的哀悼者和墓主人。他认为图像叙事展示的是一个过程，并在生者和死者之间制造一个稳固的互惠关系，同时也营造出一个神圣的中心。文章还讨论了公众对图像的接受问题。图像，尤其是文化英雄的再现，可能由于观者的地位，所受教育以及阅读能力的差别而呈现出不同的含义。这些英雄形象通常被已经由国家神圣化了的道德和行为准则所认同；然而，墓室中的再现和放置方式唤起了超自然的力量保护，这种力量又和它们在地方性崇拜中的地位相关联。这就指向了墓中的男性墓主。这位地方文化精英承担着双重的角色：他既是国家意识形态的传播者，也是地方性崇拜的承担者。最后，在墓地和仪式表演这一更大的语境中，图像的叙事功能被考虑进来。作者认为，图像的叙事功能喻示哀悼者走进和走出墓室的过程是平行的，而且葬礼的仪式场面可能还有供奉的功能。论文还讨论了工匠和仪式表演在祭祀葬礼和将保护和转化的力量赋予雕刻的过程中所扮演的角色。

2002 年，金德拉姆(Kim Dramer)完成了她关于汉墓画像墓门的博士论文《生死之间：汉代石刻墓门》(Between the Living and the

---

① Thompson, Lydia Dupont. The Yi'nan Tomb-Narrative and Ritual in Pictorial Art of the Eastern Han(25-220 C. E.), PH. D. Dissemination, New York University, 1998.

Dead：Han Dynasty Stone Carved Tomb Doors），同样表达了对汉墓画像空间意义的关注。她主要讨论了画像墓门作为沟通生死世界临界点所具有的空间意义和礼仪意义。她认为，在墓内举行仪式，是东汉时期的一个创新。在东汉墓葬中，死亡的概念是模糊的。这种模糊性让生者和死者承担着双重关涉各自新生的社会更新，并以此作为其社会角色转换的契机。死者进入祖先的序列，而生者则取代死去的父亲成为家长。与此同时，墓门是东汉时期的另一个墓葬创新。论文通过分析墓门和门阙的组织结构、装饰设计、必要的仪式性能等方面，示范了使用整体性的方法来研究墓葬时墓门的关键意义。在东汉，正是因为墓门使墓葬的各部件成为一个整体，而死亡的苦难性，也因为墓门中适当的葬仪而得以消解。①

在最近的汉画像研究中，礼仪性是比较热门的一个词。鲁惟一（Michael Loewe）曾经从古文献和考古学两个方面，讨论了汉代国家的丧葬礼仪，并且辨析了诸如玉匣、温明、黄肠题凑等一系列与国家礼仪相关的概念。② 巫鸿关于汉画像礼仪性的研究一直比较引人注目，相关的重要文章都收在《礼仪中的美术》一书中。③ 其实早在 20 世纪 90 年代，巫鸿就曾在讨论马王堆帛画时提出在礼仪背景中思考艺术品的意义，本书可以看做他的这种研究理念的体现。巫鸿曾区分中国"礼仪美术"与西方"礼制美术"的区别，也曾从时间上区分"礼仪美术"与魏晋以后"艺术家的艺术"的不同。在这本书的序言中，巫鸿对"礼仪美术"作了大致的界定，即"礼仪美术大多是无名工匠所创作，所反映的是集体的文化意识而非个人的艺术想象。它从属于各种礼仪场合与空间，包括为崇拜祖先所建的宗庙和墓葬，或是佛家和道教的寺观道场。不同种类的礼仪美术品和建筑

---

① Kim Dramer. Between the Living and the Dead：Han Dynasty Stone Carved Tomb Doors, PH. D. Dissemination, Columbia University, 2002.

② Michael Loewe. The Imperial Way of Death in Han China, State and Court Ritual in China, ed. Joseph P. McDermott, University of Cambridge Oriental Publications 54, Cambridge, 1999, pp. 81-111. Michael Loewe. State Funerals of Han Empire, Bulletin of the Museum of Far Eastern Antiquities 71, 1999, pp. 5-72.

③ 巫鸿著，郑岩等译：《礼仪中的美术》，三联书店 2005 年版。

装饰不但在这些场合和空间中被使用，而且它们特殊的视觉因素和表现——包括其质料、形状、图像和铭文题记——往往也反映了各种礼仪和宗教的内在逻辑和视觉习惯"。所以《礼仪中的美术》是巫鸿多重学术视野的大融合，既有早期图像志的印迹，也有他后来关于"墓葬艺术"亚学科的思考。此外，杰西卡·罗森也有一些与汉画像相关的论述，其中也涉及礼仪性的问题。① 但与巫鸿不同的是，罗森更希望从墓葬艺术中了解中国古代社会及思想，尤其是丧葬观念。罗森特别强调墓葬对于逝者的微型宇宙功能，而画像正是其中一部分。罗森是青铜器考古与研究大家，所以她能从时间维度内作纵深比较，以思考汉代墓葬观念变化以及这种变化的新内涵。关于这一点，罗森的研究和日本学者林巳奈夫有很大的相似性。两人对更久远的中国传统文化思想都有研究，也都关注到了汉代墓葬以及汉画像与中国源头文化之间的关系。比如罗森常常联系到青铜器，而林巳奈夫则经常上溯到三代，比如他对于汉画像中云气纹的讨论。② 此外，罗森还能从比较考古学的视野来探讨汉代墓葬艺术与西亚、中亚等文化之间的关系，比如上文提到的她的博山炉研究。一方面，她意在强调永恒的中国概念即现代民族国家的边界概念要消解和破除，另一方面，她认为中国对西方来说从古到今都是一个对话者，她甚至使用"面朝西方"来表述中国与西方对话的积极态度。③

---

① 杰西卡·罗森《祖先与永恒：中国考古艺术文集》中收录了她讨论秦汉墓葬的一组文章，即《中国的丧葬模式——思想与信仰的知识来源》、《图像的力量——秦始皇的模型宇宙及其影响》、《西汉的永恒宫殿——新宇宙观的发展》、《作为艺术、装饰和图案之源的宇宙观体系》、《中国山水画的源起——来自考古材料的证明》。

② 林巳奈夫：《汉代气的图像表现》，《艺术设计》2004 年第 4 期；《汉代云气纹溯源》，《艺术设计》2005 年第 1 期。更加丰富的讨论可以参看林巳奈夫著，唐利国译：《刻在石头上的世界》，商务印书馆 2010 年版。该书更早期的日文本由东方书店 1992 年出版。

③ Jessica Rawson. China's Backdoor! Inner-Asia's Impact on Ancient Chinese Ritual and Religion, Talk Given at the 2nd Heidelberg Colloquies on East Art History, University of Heidelberg, Jul. 12. 2008

　　纵观一百多年的海外汉画像研究历史，我们可以发现，无论是形式分析还是意义的探寻，海外汉画研究都给我们提供了许多有益的启示。而在研究理念和研究方法方面，劳弗尔提出的"模式"理论和费慰梅关于"位置的意义"的研究尤其具有启发性。今天，人们越来越强调墓葬艺术作为一门亚学科的研究地位，而在此观念的主导下，墓葬艺术越来越多地融入与吸纳其他学科的研究。传统的画像石、画像砖等艺术媒介也不再一统天下，而跨学科的研究正成为一种趋势。如何把握这种趋势并推动中国本土的汉画像艺术研究，是我们要真正思考的问题。

日本近年词学研究的进展

武汉大学文学院　王兆鹏

　　词学在国内学界，堪称显学，词学研究人才之众、成果之丰，足与诗学比肩。20 世纪涌现出的以龙榆生、夏承焘、唐圭璋三先生为代表的大师级词学家群体，更是词学作为显学的重要标志。只有成熟的学科，才会造就大师级的学者。

　　而在国际汉学界，词学虽不能说是冷门学问，但与国内的研究热度比起来，还是相当的冷清。特别是在西方汉学界，可以举出许多知名的诗学专家，却很难找出一位非华裔的词学专家。这与词体的特殊性有关，非母语出身的学者，很难真正读懂词，很难深度了解词的情感世界、很难进入词的艺术世界。只有近邻日本，因为特殊的文化渊源，而有填词的传统，神田喜一郎就著有《日本填词史话》①。相对西方学者而言，日本学者研究词学，具有得天独厚的优势，因而从事词学研究的学人不少，并且出现了一批国际上知名的词学专家，如神田喜一郎（1897—1984）、村上哲见（1930—　）、青山宏（1931—　）等，都著述丰硕，影响广泛。从某种意义上说，日本的词学研究，在国际汉学界是一枝独秀，特别值得关注。本文介绍本世纪以来日本词学研究的学术组织、学术活动、研究成果及其进展，以期国内学者对近年来的日本词学界有一个完整全面的了解。

　　关于日本词学研究会，台湾彰化师范大学黄文吉教授曾有《日

---

　　① 有程郁缀、高野雪中译本，北京大学出版社 2000 年版。

本研究词学的社团——宋词研究会》①一文予以介绍；关于日本近年的词学研究，2008 年日本词学研究会代表人萩原正树教授曾应本文笔者之邀来武汉大学做过专题演讲②。本文在参考其成果的基础上进行新的观察，详其所略而略其所详。

一、日本词学研究会的推动

欲了解近年日本词学研究的进展，首先需了解日本词学研究会。学术组织是现代学术发展的重要推手，日本学界亦不例外。

1. 成立经过

日本词学研究会成立于 2003 年 6 月。由明木茂夫、池田智幸、小田美和子、高田和彦、萩原正树、保苅佳昭、松尾肇子、村越贵代美等八位中青年学者发起。萩原正树为代表人③。会址先设在小樽商科大学萩原正树研究室。2008 年，萩原调任立命馆大学教授，会址亦随迁至该校文学部萩原研究室。

2013 年，"日本宋代文学学会"成立，因已涵盖宋词，故"宋词研究会"于 2014 年 8 月更名为"日本词曲学会"，以扩大活动范围。代表人亦改由日本大学商学部保苅佳昭教授担任，会址亦设在保苅佳昭研究室。目前日本词曲研究会的会员有 70 余人。

日本词学研究会，是一批坚守学术传统的中青年学人为了共同的学术志趣而形成的一个学术共同体，他们不求名分，不设会长、副会长之类，只有一位代表人作为召集者来开展活动，具有鲜明的学术纯粹性和超功利性。

2. 学会活动

日本词学研究会成立之初每年举行一次学术研讨会。

2003 年 6 月宋词研究会成立不久，即于同年 9 月在东京庆应

---

① 载《中国文哲研究通讯》2014 年第 24 卷第 2 期。

② 参见萩原正树：《日本的中国词学研究及新进展》，《长沙理工大学学报》2009 年第 3 期。

③ 参见《风絮》创刊号《编辑后记》。

义塾大学举办第一届研讨会。会期一天，先由日本资深词学家村上哲见做题为"稼轩词试论"的专题演讲，就研究辛弃疾的构想提出报告。此后有五位学者发表论文，分别是池田智幸《〈六州歌头〉随笔——从"六州"到"六州歌头"》、王迪与村越贵代美合撰的《聆听宋词——根据现代南方音与复原的乐谱》、村越贵代美《朝向词律分析系统之建构》、松尾肇子《词论中所见〈词源〉的接受》、萩原正树《森川竹磎词论研究》等。五篇论文，涉及词调、词乐、词律、词论的研究，领域比较广泛。萩原教授一直关注词谱和日本本土词学的研究，此次提交的论文就是探讨本土的词论。他山之石，值得关注。

第二届研讨会于 2004 年 5 月在爱知大学名古屋校区举行，邀请了中国学者、中山大学张海鸥教授出席，包括张海鸥教授在内，只有四位学者发表论文，即张海鸥《稼轩词与〈世说新语〉》、滨冈久美子《语汇"销魂（消魂）"在诗词中的表现比较》、东英寿《论欧阳修的〈近体乐府〉与〈醉翁琴趣外篇〉》、明木茂夫《杨守斋〈作词五要〉所见宫调论——音阶论与词之实作有何关系》。

2005 年 5 月，又在庆应义塾大学举行第三届研讨会，但只有萩原正树和保苅佳昭两位学者分别发表《中国的日本词研究》和《论苏轼与苏辙的诗词》的论文。

三届年会，论文发表人一次比一次少，这是由于日本的词学研究者有限，每年要找学有专攻的学者来发表词学论文颇为不易。于是，从第四届开始，宋词研究会与宋代诗文研究会合办年会，会议名称则依宋代诗文研究会的年会"宋代文学研究谈话会"①。名为"谈话"，实为研讨。宋代诗文研究会，为 1990 年早稻田大学内山精也教授发起成立，出版有会刊《橄榄》。该会每年举办"宋代文学研究谈话会"，到 2006 年正好是第十届。宋词研究会和宋代诗文研究会合并后的这届年会，在大阪大学举行，会上只有藤原佑子的一篇是词学研究论文：《〈宋词的接受——庶民生活与俗文学的接触》。

---

① 参见《风絮》第 3 号《编辑后记》，第 226 页。

2007 年以后，每年照常举行"宋代文学研究谈话会"，词学研究是主题之一，每年谈话会都有一两篇词学研究论文，并邀请中国学者参加，如 2006 年邀请北京大学钱志熙教授与会，2007 年武汉大学王兆鹏教授应邀参加，2008 年则邀请南开大学孙克强教授、华东师范大学洪本健教授、武汉大学熊礼汇教授等出席，2009 年又邀请南京大学金程宇、安徽师范大学胡传志教授等莅会，以加强国际间的学术交流。

除了主办年会之外，宋词研究会另一重要活动是组织学者合作日译中国词学著作。日本学者素有良好的团队合作精神，宋词研究会的前身"《词源》轮读会"就合作翻译南宋张炎的《词源》卷下，并正式出版了《宋代的词论——张炎〈词源〉》（福冈中国书店，2004）①。宋词研究会继续组织同好共同日译，翻译的论著，既有传统的词学专著，也有新近发表的词学研究论文。已经翻译的词学著作有：南宋沈义父《乐府指迷》（上、中、下），《四库全书总目》词籍提要，今人施蛰存著《词学名词释义》、龙榆生编选《唐宋名家词选》等。《乐府指迷》由池田智幸、冈本淳子、平冢顺良译注。选译的中国学者最新的词学研究论文有：王兆鹏《宋词的口头传播方式初探——以歌妓唱词为中心》（池田智幸译）、张鸣《宋金"十大曲（乐）"笺说》（村越贵代美译）、张仲谋《〈词学筌蹄〉考论》及《关中金銮校订本〈诗余图谱〉考索》（萩原正树译）、陈水云《唐宋词集"副文本"及其传播指向》（池田智幸译）等。这些日译成果，都刊载于宋词研究会刊《风絮》各期②。这些合作翻译的做法，很值得借鉴。

日本学者重视传译中国学者的词学研究成果，中国学者也应注意译介日本学者的词学研究成果，既加强彼此间的学术交流，也能让国内更多的读者分享海外学者的研究心得。国内的中国词学研究

---

① 此书除原文、训读和翻译外，还包含校记及注释，书前有"解题"，书末附有引用书目、词源引用表、词源诸本异同表、词源引用词索引、词源语汇索引。

② 分别载《风絮》第 2 号、第 3 号、第 6 号、第 8 号等。

会，可以借鉴日本宋词研究会的翻译经验，最好是中日学者合作，共同译介对方的重要词学研究成果。

3. 学会刊物

日本的学会，一般都有会刊。宋代文学学会出版有《橄榄》，日本词学研究会也主办有《风絮》。基本上是一年一期。自 2004 年至今，已出版 10 期。作为日本学界专业的词学研究刊物，是我们观察了解日本词学研究动态、词学研究成果的重要窗口。

该刊分三个板块。一是原发论文。每期刊发三篇日本学者的词学论文，如创刊号刊有村上哲见《南宋词综论》、滨冈久美子《"销魂"考》、明木茂夫《〈词源〉"杨守斋作词五要"第四要考：词的宫调与押韵的关系》，第二号刊有青山宏《〈花间集〉作品的解释》、东英寿《欧阳修〈醉翁琴趣外篇〉的成立过程》、村上哲见《辛弃疾的官历》。第三号刊有松尾肇子《张炎词论的受容》、藤原祐子《〈草堂诗余〉的类书性质》、萩原正树《竹磎若年的诗词文：集外诗词四十九首及佚文五篇》。二是词学译著。主要刊载日译中国传统的词学名著如《词源》、《乐府指迷》和新近出版的词学专著，如施蛰存《词学名词释义》等，也传译中国当代学人的最新词学成果（参前）。三是动态讯息。既报道宋词研究会每年举行的研讨会时间、地点及议程，也提供海外的词学研究动态，如第九号刊有池田智幸参加 2012 年在武汉大学举行的词学国际学术研讨会的《观察报告》，报告以日记体形式记录，既有会议过程的客观叙述，也有主观的感受，颇为翔实。从中可以看出一位外国学者对国内学术研讨会的观感。他所观察的得失优劣，都有助于我们反思和改进。《风絮》还辑录有日本词学研究的论著目录，创刊号就揭载有松尾肇子编、宋词研究会补编的《日本国内词学文献目录》，此目录辑录有 1868 年以来在日本刊行的词学相关论著（也包含一部分在中国刊行的日本学者著作），对了解日本词学界的研究成果相当便利。词学研究会会员的有关信息，也有报道。如 2009 年 3 月 12 日村上哲见先生的《宋词的相关研究》荣获平成 21 年度的日本学士院恩赐赏及日本学士院赏的得奖讯息，《风絮》第五号就有报道，好让日本词学者分享村上先生的殊荣。

宋词研究会有网站（http：//www. ritsumei. ac. jp/_ hagiwara/scyjh. html），由萩原教授负责管理。网站汇辑有日本研究中国词学的论著目录，目录每年更新，最新版是 2015 年 2 月 4 日版。通过这个网站，可及时了解日本词学研究的新成果。

二、近年日本词学研究的实绩

21 世纪以来，日本词学研究有新的进展。宏观研究方面，有四大亮点，即词史研究、词乐研究、词谱研究和词论研究。

词史研究方面，最令人瞩目的是资深词学专家村上哲见先生的《宋词研究：南宋篇》（创文社，2006）的问世。此书是继其名著《宋词研究：唐五代北宋篇》后的又一力作。甫一问世，即获日本学界的广泛好评①。村上先生也因这两部著作而获日本学界最高荣誉——日本学士院恩赐赏及日本学士院赏。《宋词研究：南宋篇》对南宋词的代表作家辛弃疾、姜夔、吴文英和周密的个性特色作了翔实的分析，对他们的创作背景、彼此间的承继关系也作了多方面的探讨，史料丰赡而分析入微。其《宋词研究：唐五代北宋篇》中译本问世后，颇获中国词学界的好评和关注。相信《宋词研究：南宋篇》不久亦将有中译本问世，并会引发同样热烈的反响。此外，松原朗、佐藤浩一、儿岛弘一郎在《中国古典文学史（Ⅱ）》（研文出版社，2009）中评述了"花间派、南唐二主、冯延巳"、"婉约派的谱系"、"豪放派的谱系"，其视角和观点也都值得关注。

词乐研究，在国内学界都属冷门，问津者不多，精通者寥寥。而日本学界对此却颇为关注，特别是庆应义塾大学村越贵代美（1962—　）教授，专攻词乐和词调，出版有《北宋末的词和雅乐》

---

① 书评有：宇野直人《村上哲见著〈宋词研究：南宋篇〉》，《东洋学集刊》2007 年第 98 期，第 101~107 页；内山精也《村上哲见著〈宋词研究：南宋篇〉》，《中国文学报》2007 年第 74 期，第 139~154 页；佐藤保《村上词学的辉煌成果——村上哲见著〈宋词研究：南宋篇〉读后》，《创文》2007 年第 504 期，第 21~24 页。

（庆应义塾大学出版会，2004），另发表有《燕乐二十八调再考》
（《御茶水女子大学中国文学会报》第 22 号，2003）、《南宋的词学
和琴》（《庆应义塾大学日吉纪要人文科学》第 19 号，2004）、《〈魏
氏乐谱〉中的词》（《风絮》第 5 号，2009）、《〈韩熙载夜宴图〉的时
代和音乐场景》（《风絮》第 7 号，2011）、《姜夔乐论中的琴乐》
（《风絮》第 2 号，2006）、《姜夔〈征招〉〈角招〉词考》（《东方学》第
90 号，1995）、《姜夔〈凄凉犯〉的犯调》（《御茶水女子大学中国文
学会报》第 20 期，2001）等，都多有发现。清人魏皓所编《魏氏乐
谱》，录有唐五代宋金明人词 180 首，都曾配乐歌唱，据之可了解
唐宋词在后世入乐传唱的情况。前此国内词学界很少有人关注，一
经拈出，足为此书增重。

其他研究中国古典音乐和词乐的论著有：中纯子《诗人和音
乐——唐代音乐的记录》（知泉书馆，2008）、中纯子《音乐的传
承——唐代的乐谱和乐工》（《中国文学报》第 62 号，2001），中尾
友香梨《江户文人和明清音乐》（汲古书院，2010），户仓英美和葛
晓音《从唐乐谱和姜谱的关系看词的音乐背景》（《文史》第 67 辑，
2004），明木茂夫《〈词源〉杨守斋作词五要第四要考——论宫调和
押韵的关系》（《风絮》创刊号，2005）、松尾肇子《姜夔的乐论和南
宋末的词乐》（收入《音乐之乐：中国音乐论集》，中京大学文化科
学研究所，2005）、朴春丽《江户时代的明乐和〈魏氏乐谱〉》（收入
《音乐之乐：中国音乐论集》，2005），中原健二《元代江南词乐的
传承》（《中国文学报》第 73 辑，2007）、中原健二《元代江南的北曲
和词》（《风絮》第 4 号，2008）、中原健二《中原音韵序和叶宋英自
度曲谱序》（收入《田富夫先生退休记念中国学论集》，汲古书院，
2008）、坂田进一《市野迷庵手抄〈东皋琴谱〉》（《风絮》第 4 号，
2008）、坂田进一《市野迷庵手抄〈东皋琴谱〉补笔上》（《风絮》第 5
号，2009）、长井尚子《唐宋诗中瑟的形象》（《风絮》第 6 号，
2010），坂田进一《片山贤的笔记癖和〈歌乐小令〉中的演唱歌曲
（上）》（《风絮》第 6 号，2010），福田晃大《〈韩熙载夜宴图〉描写的
时代和文化生活》（《风絮》第 7 号，2011）。这些论著，既涉及古代
音乐的传承、词作的曲唱，也关乎词乐与词调的关系等问题，研究

颇为深入。

日本学者也注重对中国音乐文献的译注。斋藤茂和中纯子合作译注有《羯鼓录》、《乐府杂录》和《碧鸡漫志》(《唐代音乐文献学的研究》, 平成十三年度科学研究费补助金基盘研究(C)研究成果报告书, 2002；《宋代文献资料中的唐代音乐研究》, 平成十四至十五年度科学研究费补助金基盘研究(C)(1)研究成果报告书, 2004)。明木茂夫则致力于译注张炎的《词源》卷上, 发表有《张炎〈词源〉卷上译注稿(一)》(《风絮》第 7 号, 2011)、《张炎〈词源〉卷上译注稿(二)〈阳律阴吕合声图〉》(《文化科学研究》第 22 辑, 2011), 《〈词源〉卷上〈阳律阴吕合声图〉考——二重循环意味着什么》(《文化科学研究》第 23 辑, 2012)、《张炎〈词源〉卷上译注稿注稿(三)》(《文化科学研究》第 23 辑, 2012)等。

词谱、词调研究, 是日本学者关注的另一热点。特别是立命馆大学的萩原正树教授, 一直致力于词谱、词调的研究, 成果丰硕。先后发表有《〈钦定词谱〉订误——僻调》(《学林》第 18 期, 1992)、《元代中后期的词牌和词体》(《学林》第 23 期, 1995)、《〈历代诗余〉和〈钦定词谱〉》(《学林》第 26 期, 1997)、《杜文澜的〈词律校勘记〉》《学林》第 30 期, 1999)、《〈高阳台〉、〈庆春泽〉和〈庆春宫〉》(《橄榄》第 8 期, 1999)、《〈钦定词谱〉词体考》(《立命馆文学》第 563 期, 2000)、《〈词律〉的四声说》(《学林》第 32 期, 2000)、《〈全宋词〉律谱未收词牌考——寇准至欧阳修》(《学林》第 34 期, 2002)、《〈钦定词谱〉对〈花草粹编〉的引用》(《学林》第 36、37 期, 2003)、《〈钦定词谱〉内府刻本二种的异同》(《学林》第 46 期)、《国内所见词谱异同表》(《立命馆白川静记念东洋文字文化研究所纪要》第 4 期, 2010)、《国内所藏稀见〈诗余图谱〉三种考》(《风絮》第 9 号, 2013)等系列论文, 内容涉及词调的来源、词调与词体的关系、唐宋金元词调的演变和词谱的文献校订, 讨论的问题相当深入, 多有国内学者所未及。萩原正树的学生池田智幸, 秉承其师的学术理路, 也留意词调的研究, 发表有《宋代〈六州歌头〉考》, 《学林》第 38、39 期连载, 2003、2004)等论文。

日本学者一向注重文献研究, 词学研究亦然。其中藤原佑子的

《草堂诗余》系列研究，颇有见地，先后发表有《〈草堂诗余〉的类书的性质》(《风絮》第 3 号，2007)、《〈草堂诗余〉和书会》(《日本中国学会报》第 59 期，2007)、《〈草堂诗余〉和柳永》(《橄榄》第 15 期，2008)、《〈草堂诗余〉来源的相关考察——以辛弃疾词为例分析》(《风絮》第 5 号，2009)等，论及《草堂诗余》的类书特点及其与书会的关系，观点颇为新颖。藤田优子《〈花草粹编〉对白话小说的利用》(《和汉语文研究》第 10 期，2012)则首次探讨了《花草粹编》选词的文献来源，视角亦新。萩原正树《唐宋词的名句——〈草堂诗余〉》(《亚洲旅游学》第 152 期《东亚短诗形文学》，2012)介绍了《草堂诗余》所载名作名句。

词论研究，是日本学者关注的热点问题之一。近年他们主要关注宋代的词论，特别是张炎的词论，曾成立有专门的"《词源》轮读会"，会员合作译注并出版了《宋代的词论——张炎〈词源〉》。其中松尾肇子更精于《词源》研究，出版有专著《词论的成立与发展：以张炎为中心》(东方书店，2008)，另发表有《〈词源〉钞本介绍》(《文化科学研究》第 23 期，2012)、《嘉庆年间的〈词源〉校订——上海图书馆藏〈词源〉》(《风絮》第 11 号，2014)等论文。此外，中纯子有《王灼〈碧鸡漫志〉小考》(《中国文化研究》第 19 期，2002)、《宋代对唐代音乐的传承——论王灼的〈碧鸡漫志〉》(《中国文化研究》第 20 期，2003)。萩原正树有《20 世纪日本的词论研究》(《语言研究学报》第 9 期，2001；又载《古代文论研究的回顾与前瞻：复旦大学 2000 年国际学术会议论文集》，复旦大学出版社，2002)。

其他论著，则有中原健二的《宋词与语言》(汲古书院，2009)。此书分三部，第一部探讨温庭筠词的修辞特色、柳永词的艳词表现、东坡悼亡词、东坡《念奴娇·赤壁怀古》中"羽扇纶巾"的来源及其流变。第二部以"断肠"、"春归"等为个案探寻宋词对诗歌语言的借鉴与化用。第三部探讨元代江南词乐的传承、元代江南词的北曲与词之关系。森博行的《诗人和泪——唐宋诗词论》(现代图书，2002)虽非词学专著，但其中也有词学论文。近年出版的词集注本中，青山宏译注的《花间集：晚唐五代的词》(平凡社，2011)最有特色，该书有注有译更有赏析，而注释不仅有自注，还汇辑了中国当代学者评注本的注释，可称汇校汇注。

词人个体研究方面，苏轼、李清照、辛弃疾和姜夔是四大关注点。

苏词研究，几乎为日本词曲研究会代表（召集人）、日本大学保苅佳昭教授所独擅。他先后出版了《苏词研究》（线装书局，2001）和《新兴与传统：苏轼词论述》（上海古籍出版社，2005）两部专著，另发表有多篇苏词系年考订的论文：《苏词编年三则》（《宋代文化研究》第11辑，2002）、《苏轼在开封所作词》（日本大学商学研究会《综合文化研究》第11卷2期，2005）、《苏轼和苏辙的诗词》（《橄榄》第13期，2005）、《苏轼和徐君猷（大受）的诗词》（《风絮》第4号，2008）、《苏轼熙宁七年所作诗词》（《综合文化研究》第17卷3期，2012）、《苏轼元丰元年所作诗词》（《风絮》第8号，2012）。其《苏轼词的隐逸观》（《综合文化研究》第15卷3期，2010），则透过东坡词分析了东坡的隐逸观念；《苏轼同时创作的诗词——以早期作品为中心》（《综合文化研究》第18卷2期，2013）则比较分析了苏轼早年同时创作的诗词之异同。保苅佳昭之外，另有池田智幸发表过一篇《苏轼〈江神子·密州出猎〉词的受容及评价——二十世纪中叶中国词学中的豪放词》（《学林》第55期，2012）。

李清照研究的论著，则有原田宪雄的《魅力词人李清照》（朋友书店，2001），该书多方面探讨了李清照词的艺术成就和艺术魅力。相关论文则有：西上胜《家庭的情景——李清照〈金石录后序〉》（《山形大学纪要人文科学》第15卷2期，2003），松尾肇子《李清照形象化的变迁——改嫁问题》（《女性史学》第13辑，2003）、李怡静《李清照和朱淑真、周邦彦词色彩表现的比较——李清照为中心》（《中国学论集》第23辑，2005），植田渥雄《李清照词的季节感——惜春、伤春和悲秋》（《樱美林世界文学》第5辑，2009），荒井礼《王渔洋的神韵说——以〈花草蒙拾〉中史达祖·李清照词为中心》（《中国文化》第71辑，2013）。其中西上胜和植田渥雄二文，颇饶新意。

关于辛弃疾的研究，村上哲见一人发表有三篇论文：《稼轩词

试论》(《风絮》创刊号, 2005)、《辛弃疾的官历》(《风絮》第 2 期,
2006)、《历代选本中的辛弃疾词》(《浦友久博士追悼记念中国古典
文学论集》, 研文出版社, 2006。后二篇又收入其《宋词研究: 南
宋篇》)。村越贵代美的《被守护的英雄——辛弃疾》(《悲悲切
切——面对死亡的中国文学》, 汲古书院, 2002), 讨论辛词如何
面对死亡、如何思考人生的价值和意义, 颇有新见。

姜夔研究的成果, 主要集中在词乐研究, 代表人物是村越贵代
美。她发表有《姜夔〈凄凉犯〉的犯调》(《御茶水女子大学中国文学
会报》第 20 期, 2001), 《姜夔乐论中的琴乐》(《风絮》第 2 号,
2006)、《追惟恍如梦——姜白石的生平和创作活动》(《中国学艺聚
华》, 白帝社, 2012)。松尾肇子也有《姜夔的乐论和南宋末的词
乐》(《中国音乐论集》, 2005), 保苅佳昭也发表过两篇白石研究的
论文:《姜白石的词》(《江湖派研究》第 3 期, 2013),《姜白石与张
鉴有关的诗词》(《风絮》第 10 号, 2014)。芳村弘道曾撰文介绍《复
旦大学图书馆古籍部所藏曹元忠〈白石道人歌曲考证〉》(《风絮》第
10 号, 2014)。

其他值得注意的唐宋词人研究的成果有: 芦立一郎《韦庄词的
语汇》(《山形大学人文学部研究年报》第 5 期, 2008), 白小薇《李
璟词研究——以情感描写为中心》(《二松学舍大学人文论丛》第 72
期, 2004), 柴田清继《小说戏曲中的柳永形象》(《武库川女子大学
纪要人文社会科学编》第 49 期, 2001), 藤原佑子《柳永词论——
物语性和表现》(《中国研究集刊》第 34 期, 2003), 东英寿《欧阳修
〈醉翁琴趣外篇〉的成立过程》(《风絮》第 2 期, 2006), 中尾健一郎
《司马光的词——以内阁文库藏〈增广司马温公全集〉所收作品为中
心》(《风絮》第 6 号, 2010), 诸田龙美《北宋〈蝶恋花词〉的主题和
风流——以〈长恨歌〉为思想基础》(《东方学》第 110 期, 2005), 池
田智幸《贺铸隐括词的考察》(《立命馆文学》第 570 期, 2001)、池
田智幸《贺铸词受乐府文学的影响——"寓声词牌"小考》(《学林》
第 36 期, 2003), 村越贵代美《江南倦客、狂言——周邦彦》(《凤
兮凤兮——中国文学中的狂》(汲古书院, 2009), 藤原佑子《〈详注
周美成词片玉集〉的注释》(《橄榄》第 19 期, 2012), 松尾肇子《毛

溁的雅词》(《风絮》第 10 号, 2014), 森博行《朱敦儒的词和邵雍》(《中国文学报》第 80 辑, 2011), 后藤淳一《朱子的词——以乾道三年的词作为中心》(《中国诗文论丛》第 27 期, 2008), 松尾肇子《刘过的词》(《风絮》第 8 号, 2012), 中原健二《陈宓的词》(《佛教大学文学部论集》第 89 期, 2005), 平冢顺良《沈义甫的生平》,《学林》第 49 期, 2009), 村越贵代美《蝉之歌——王沂孙〈齐天乐〉词的亡国"幽恨"》(《中国研究》第 4 期, 2011)。

有关明清两代个体词人的研究, 成果不多。只有林啸的《〈升庵长短句〉引典备要》(《学林》第 42 期, 2005), 荒井礼的《王渔洋的"神韵"说——以〈花草蒙拾〉中的史达祖·李清照词为中心》(《中国文化》第 71 期, 2013)稍为可观。相对而言, 日本学者更重视宏观研究和综合研究, 个体词人的投注不是太多, 研究成果也略显逊色。而从研究对象的取向来看, 也是重唐宋轻明清, 对唐宋词人关注较多, 而对明清词人关注较少。

日本学者对本土词人和词学的研究, 也有可观的成绩。其中萩原正树的研究最为突出。他对日本近代词人森川竹磎(1869—1917)情有独钟, 发表论文有《森川竹磎的词牌研究》(《新宋学》第 1 辑, 2001)、《森川竹磎的词论研究》(《学林》第 39 期, 2004)、《森川竹磎家世考》(《学林》第 42 期, 2005)、《〈鸥梦新志〉发刊为止的森川竹磎》(《立命馆文学》第 598 期, 2007),《竹磎若年的诗词文——集外诗词四十九首及佚文五篇》(《风絮》第 3 号, 2007)、《竹磎诗词文续补遗》(《学林》第 45 期, 2007)、《竹磎诗词文拾遗附鸥梦楼诗集题词及序》(《立命馆白川静记念东洋文字文化研究所纪要》第 2 期, 2008)、《森川竹磎研究札记:中村花瘦和森川竹磎》(《学林》第 52 期, 2010)、《森川竹磎年谱稿(上)》(《学林》第 53、54 期, 2011)、《森川竹磎年谱稿(中)》(《学林》第 56 期, 2013)。萩原正树还整理有户田静学的《静学词存》(《风絮》第 6 号, 2010), 撰有《芜城秋雪的〈香草墨缘〉》(《学林》第 51 辑, 2010, 中译本见《词学》第 26 辑), 以及《中国的日本词研究综述》(《立命馆白川静记念东洋文字文化研究所纪要》第 3 辑, 2009)。

其他有关日本本土词人研究的成果有: 福岛理子《近世文学和

填词》(《国文学解释与鉴赏》第 73 卷 10 期，2008)，池泽一郎《田能村竹田填词研究阶梯——江户填词的魅力》(《明治大学教养论集》第 368 期，2003)，池泽一郎《田能村竹田的题画词》(《生与死的图像学——亚洲生与死的宇宙学》，至文堂出版社，2003)，赖多万《瘗红碑解读——尾道千光寺》(《中国中世文学研究》第 63、64 期，2014)。这些词人词作，对中国词学界而言，都相当陌生，借此既可见日本的填词史，也可窥探中日词作的传播与接受史。

综合来看，日本近年的词学研究，较之 20 世纪，局部有进展，但整体上的研究视野和方法上没有太大的突破。可喜的是，日本学界已涌现出一批致力于词学研究的中青年学者，特别是有词曲研究会的运作与推动，其更多的研究成果和更大的进展值得期待。

参考文献

[1] 神田喜一郎著，程郁缀、高野雪中译：《日本填词史话》，北京大学出版社 2000 年版。

[2] 黄文吉：《日本研究词学的社团——宋词研究会》，《中国文哲研究通讯》2014 年第 24 卷第 2 期。

[3] 萩原正树：《日本的中国词学研究及新进展》，《长沙理工大学学报》2009 年第 3 期。

[4] 日本词学研究会编：《风絮》第 1—10 期。

[5] 《词源》轮读会：《宋代的词论——张炎〈词源〉》，福冈中国书店 2004 年版。

[6] 宇野直人：《村上哲见著〈宋词研究：南宋篇〉》，《东洋学集刊》2007 年第 98 期。

[7] 内山精也：《村上哲见著〈宋词研究：南宋篇〉》，《中国文学报》2007 年第 74 期。

[8] 佐藤保：《村上词学的辉煌成果——村上哲见著〈宋词研究：南宋篇〉读后》，《创文》2007 年第 504 期。

[9] 松尾肇子编，日本词曲学会补编：《日本国内词学文献目录》，日本词曲学会网站(http://www.ritsumei.ac.jp/_hagiwara/scyjh.html)。

《欧洲语言共同参考框架》对
英语教学的应用研究追踪

武汉大学外国语言文学学院　　张妍岩

引　言

《欧洲语言共同参考框架：学习、教学、评估》（Common European Framework of Reference for Languages：Learning，Teaching，Assessment，CEFR）是欧洲理事会制定的关于语言学习、教学及评估的纲领性文献，能够用来系统全面地描述语言能力（Council of Europe，2002①）。自 2001 年颁布以来，CEFR 在语言政策层面上对欧洲各国都产生了重大影响，为欧洲各个国家制定外语教学的具体目标和评价标准提供了通用的参考框架，是欧洲各国外语教学、大纲设计、考试评估、教材编写、教师培训的重要依据（Council of Europe，2001②；Jones & Saville，2009③）。

---

① Council of Europe（2002）．Common European Framework of Reference for Languages：Learning，Teaching，Assessment．A Guide for Users，http：//www.coe.int/T/DG4/Portfolio/documents/Guidefor-Users-April02.doc.

② Council of Europe（2001）．Common European Framework of Reference for Languages：Learning，Teaching，Assessment．Cambridge：Cambridge University Press.

③ Jones，N. & Saville，N（2009）．European Language Policy：Assessment，Learning and the CEFR．Annual Review of Applied Linguistics，Vol.29，pp.51-63.

近 15 年来，国外已有许多学者从宏观上探讨了 CEFR 的发展历程，从微观上对 CEFR 在各个领域，特别是英语教学领域的应用进行过详尽的阐释（Buckland，2010①；Figueras & Noijons，2009②；Little，2006③、2011④；Mader & Urkun，2010⑤；Oscarson & Oscarson，2010⑥；Wagner，2010⑦）。例如，前人调查了学习者、教师、以及考试评估者把 CEFR 应用于教学和测试的情况，并指出 CEFR 可以用来衡量语言学习效果（如 Buckland，2010⑧；Figueras & Noijons，2009⑨；Mader & Urkun，2010⑩）。Buckland（2010）通过把华尔街学院（Wall Street Institute，WSI）的内部标准与 CEFR 进行匹配，以此来展示学生们的学习效果，并且为学生和他们的潜在

---

① Buckland, S. (2010). Using the CEFR to benchmark learning outcomes: a case study. In Mader, J. & Urkun, Z. (Ed.). Putting the CEFR to Good Use. University of Kent.

② Figueras, N. & Noijons, J. (Ed.)(2009). Linking to the CEFR levels: Research Perspectives. Arnhem: Cito/EALTA.

③ Little, D. (2006). The Common European Framework of Reference for Languages: Content, purpose, origin, reception and impact. Language Teaching, Vol. 39, pp. 167-190.

④ Little, D. (2011). The Common European Framework of Reference for Languages: A research agenda. Language Teaching, Vol. 44, pp. 381-393.

⑤ Mader, J. & Urkun, Z. (Ed.)(2010). Putting the CEFR to Good Use. IATEFL. Darwin College, University of Kent.

⑥ Oscarson, A. D. & Oscarson, M.(2010). Using the CEFR in the foreign language classroom. In Mader, J. & Urkun, Z. (Ed.). Putting the CEFR to Good Use. University of Kent.

⑦ Wagner, S.(2010). Improving classroom assessment by using the CEFR. In Mader, J. & Urkun, Z.(Ed.). Putting the CEFR to Good Use. University of Kent.

⑧ Buckland, S. (2010). Using the CEFR to benchmark learning outcomes: a case study. In Mader, J. & Urkun, Z. (Ed.). Putting the CEFR to Good Use. University of Kent.

⑨ Figueras, N. & Noijons, J. (Ed.)(2009). Linking to the CEFR levels: Research Perspectives. Arnhem: Cito/EALTA.

⑩ Mader, J. & Urkun, Z. (Ed.)(2010). Putting the CEFR to Good Use. IATEFL. Darwin College, University of Kent.

雇佣方提供语言水平参照①。除了提供参考，研究者们还证实CEFR能够用来为英语教学和课堂评估提供借鉴（如 Oscarson & Oscarson，2010②；Wagner，2010③）。Oscarson 等（2010）通过采用调查问卷和对英语教师进行访谈的方法，发现在教学过程中采用CEFR不但能够促进学生的英语使用意识和学习动机，而且能够使考核方式和考试结果更加透明化④。Little（2011）探讨了CEFR的研究动态，并提出"CEFR 的一些核心方面需要继续扩大、修订和进一步发展"⑤。Little 建议多多开展一些较小规模的研究课题，尝试把CEFR用于第二语言的学习、教授和评估等方面。

尽管CEFR在欧洲已经被广泛应用，但是在欧洲以外却并非人尽皆知（Buckland，2010⑥）。在中国这个大环境下，有关CEFR的应用研究还属于凤毛麟角。事实上，我国较少有学者进行有关CEFR方面的研究，而且国内师生对于CEFR本身及其作用也所知甚少（蔡基刚，2012⑦）。通过查阅国内有关CEFR的研究文献，笔者发现这些研究大多是近十年才出现的，主要是对CEFR的文本和

① Buckland, S. (2010). Using the CEFR to benchmark learning outcomes: a case study. In Mader, J. & Urkun, Z. (Ed.). Putting the CEFR to Good Use. University of Kent.

② Oscarson, A. D. & Oscarson, M. (2010). Using the CEFR in the foreign language classroom. In Mader, J. & Urkun, Z. (Ed.). Putting the CEFR to Good Use. University of Kent.

③ Wagner, S. (2010). Improving classroom assessment by using the CEFR. In Mader, J. & Urkun, Z. (Ed.). Putting the CEFR to Good Use. University of Kent.

④ Oscarson, A. D. & Oscarson, M. (2010). Using the CEFR in the foreign language classroom. In Mader, J. & Urkun, Z. (Ed.). Putting the CEFR to Good Use. University of Kent.

⑤ Little, D. (2011). The Common European Framework of Reference for Languages: A research agenda. Language Teaching, Vol. 44, pp. 381-393.

⑥ Buckland, S. (2010). Using the CEFR to benchmark learning outcomes: a case study. In Mader, J. & Urkun, Z. (Ed.). Putting the CEFR to Good Use. University of Kent.

⑦ 蔡基刚. CEFR 对我国外语教学的影响[J]. 中国大学教学，2012(6)：6-10.

理念进行介绍(岑海兵、邹为诚, 2011①; 傅荣, 2009②; 刘壮等, 2012③), 而极少有学者就 CEFR 在中国的应用开展实证研究, 特别是针对我国英语教学问题。

鉴于此, 本文旨在追踪国际上对《欧洲语言共同参考框架》的研究前沿动态, 试图对有关 CEFR 的研究进行一个详细的梳理, 并重点回顾和探讨 CEFR 对英语学习、教学和评估的影响和应用情况, 展望未来的 CEFR 研究趋势, 为我国学者进行相关研究指明方向, 并提出建议。

一、《欧洲语言共同参考框架》及其应用

在此部分, 本文首先对《欧洲语言共同参考框架》(CEFR)进行一个较为全面的引介。然后, 通过分析有关 CEFR 应用的一项实证调查来探讨国外对 CEFR 的应用情况。

1.《欧洲语言共同参考框架》

CEFR 的产生有其特定的历史和政治背景, 主要源自于欧洲各国民众对和平相处的重要性的认识, 对增强欧洲各国之间相互理解和沟通的需求, 对克服种族歧视和偏见的愿望, 以及对保持欧盟语言多元化的希冀。从 1996 年起, 欧洲理事会(Council of Europe)邀请了众多教育专家创建了统一的语言教学与评估纲领草案, 经过长达十年的反馈和多次研讨,《欧洲语言共同参考框架》最终定稿, 并于 2001 年由剑桥大学出版社出版。迄今为止, CEFR 已经被翻译成了包括汉语在内的 39 种文字。Little(2006)对 CEFR 的内容、

---

① 岑海兵、邹为诚.《欧洲语言共同参考框架》对我国大学英语教育的影响研究[J]. 中国外语, 2011(4): 31-38.

② 傅荣.《欧洲语言共同参考框架》要点述评及其对我国高等学校专业外语教育的借鉴意义[J]. 中国外语教育, 2009(3): 34-42.

③ 刘壮、韩宝成、阎彤:《欧洲语言共同参考框架》的交际语言能力框架和外语教学理念[J]. 外语教学与研究, 2012(4): 616-623.

目的、来源以及它在欧洲所获得的认可进行过全面的介绍①。

CEFR 采用"以行动为指导"（action-oriented）的研究方法，把语言学习者看做一个社会个体，这一社会个体需要在特定的社会环境下完成特定的学习或者交际任务。因此，CEFR 将语言学习者的能力区分为综合能力和语言交际能力，前者细分为学习者的知识、能力与技能、精神境界和学习能力；后者包括学习者的语言能力、社会语言能力和语用能力。

根据语言交际能力、交际策略和应用心理学分级理论，CEFR 提出了一套全新的能力指标，把语言学习者分为三个水平，分别是：基础水平、独立运用、熟练运用。此外，CEFR 从听、说、读、写四个方面来描述学习者的语言技能，把语言能力分为如下六个等级：

C2 Mastery
C1 Effective Operational Proficiency $\Big\}$ Proficient user

B2 Vantage
B1 Threshold $\Big\}$ Independent user

A2 Waystage
A1 Breakthrough $\Big\}$ Basic user

我们把上述六个等级通过下图更为直观地展示：

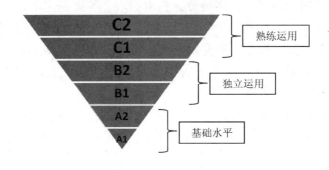

---

① Little, D. (2006). The Common European Framework of Reference for Languages: Content, purpose, origin, reception and impact. Language Teaching, Vol. 39, pp. 167-190.

由上图可以看出，CEFR 从纵向上把学习者的语言能力由低到高分为六个等级：A1 和 A2 级作为基础水平，反映了学习者掌握和使用简单句型的能力，此阶段的首要标准是对基本意思的表达；B1 和 B2 级作为独立使用水平，要求学习者在交际情景和语境中能正确表达自己的想法，并具有一定的语法监控意识；而 C1 和 C2 级作为熟练水平，直接关注学习者的语法正确度，表达的自如性，以及语言使用的恰当性。

除了上述语言参考水平和等级，CEFR 还提供了一个"描述性框架"（descriptive scheme），包括定义、分类和举例，以供语言专家和教师们使用。所提供的例子被称作"演示性指标"（illustrative descriptors），以一系列的"能做"描述语（can-do statements）来说明从 A1 到 C2 的语言水平。CEFR 所描述的各等级的语言能力实际上就是在交际语言能力理论框架下，运用综合、实用的方法，采用"能做"描述语对交际语言能力进行分层次、分技能、分等级的多方面描述。CEFR 运用综合的方法主要表现在它对语言能力进行的"能做"描述并不仅仅是描述某个水平等级上的学习者能用语言参与或完成怎样的交际任务，而且描述了各水平等级学习者所能接收和产出的语言的语言学特征，如语音、书写、词汇、语法、语篇等方面的特征（方绪军等，2011①）。此外，CEFR 认为自我评估与自我反思是成功语言的本质特征，它根据六个等级制定了自我评估表（self-assessment grid），为学习者提供了自我评估依据，强调学习的目标并非知道些什么，而是能够做些什么，旨在帮助学习者对自己的语言技能做出评价，进而为接下来的学习制订合理的计划（刘骏、傅荣，2008②）。

CEFR 对语言能力的定义和分级使其成为了欧洲各国语言学习、教学及评估的纲领性文献。教育专家们可以采用 CEFR 水平来

---

① 方绪军，杨惠中，朱正才. 语言能力"能做"描述的原理与方案：以 CEFR 为例[J]. 世界汉语教学，2011(2)：246-257.

② 刘骏，傅荣：欧洲语言共同参考框架：学习、教学、评估[M]. 北京：外语教学与研究出版社，2008.

比较不同外语学习者的语言能力标准，也可以为语言学习者提供"一个注明进步过程的图纸"①。然而，需要注意的是：CEFR 的衡量标准不是穷尽性的，它们无法覆盖语言使用的每一种可能的情况，也没有致力于此。尽管 CEFR 标准已经通过实证研究得到证实，其中有一些仍然存在明显的不足，特别是对最低水平(A1)和最高水平(C1、C2)的描述方面。有一些情况较少被考察，如低龄语言学习者。因此，专家们建议各教育部门可以根据学习者的需要在 CEFR 的两个等级之间再进行细分，譬如增加一些次等级，如 A1⁺、B2⁺等。此外，CEFR 著者之一 Brian North（2007）认为，CEFR 是一个开放的、动态的、持续发展的工具，因此关于等级描述的内容可以随着新的研究成果而不断进行补充和修订②。接下来，本文将探讨国外当前对 CEFR 的应用情况。

2.《欧洲语言共同参考框架》的应用

《欧洲语言共同参考框架》是语言学习对一个共同的国际化参考框架之需的回应，可以促进不同国家的教育机构开展合作，特别是在欧洲内部。CEFR 能够用来系统全面地描述语言能力，并且认为语言教学必须考虑到学习者个体的一般能力、语言交际能力、语言过程、语境与领域、策略、语篇等各方面因素。因此，CEFR 是外语学习、外语教学和评估的基础，可以为语言教学的课程设计、大纲制定、语言测试、教材编撰等领域提供一个共同的参考框架。此外，CEFR 还能够帮助外语教学界业内人士(如语言学习者、外语教师、课程设计者、考试机构、教育管理者等)根据现有标准、测试和考试手段来描述语言能力等级，并且把各种资格认定体系进行比较，便于对语言资格进行相互承认。

CEFR 是一个长达 200 多页的综合性文献，普通读者和使用者

---

① Council of Europe（2001）. Common European Framework of Reference for Languages：Learning，Teaching，Assessment. Cambridge：Cambridge University Press.

② North，B.（2007）. The CEFR illustrative descriptor scales. The Modern Language Journal，Vol. 91，pp. 656-659.

会觉得它很难阅读和理解，因而欧洲理事会提供了一些指导性文献以帮助理解 CEFR。例如，《CEFR 的应用：实践的原则》（Using the CEFR：Principles of Good Practice）（UCLES，2011）旨在帮助潜在的使用者了解 CEFR 及其相关文献①。CEFR 与语言学习、教学以及评估工作均有关，《CEFR 的应用：实践的原则》所包括的研究主要是针对语言专家，如教师、管理人员，而不是语言学习者。它建立在剑桥英语测试中心（Cambridge ESOL）多年来使用 CEFR 的大量经验基础上②。自 CEFR 出版以来，已经出现了几项与 CEFR 有关的项目和若干使用 CEFR 的工具手册。这些研究都在一定程度上促进了 CEFR 的进展，使得 CEFR 可以保持生命力，适用于教学和学习的新发展。

自面世以来，CEFR 已经在欧洲内外被学习者、教师、考核者广泛应用于各种场合和语言。然而，有关 CEFR 使用情况的研究还很匮乏，现有研究也缺乏系统性。为此，欧洲理事会的语言政策处于 2005 年开展了一项问卷调查，试图获悉人们对 CEFR 的了解情况、使用情况及所取得的经验③。下面，我们主要回顾此项研究及其结果。

语言政策处向与其有联系的机构发放了调查问卷，试图了解人们对 CEFR 的使用情况。共有来自 37 个欧洲国家和埃及、墨西哥的 111 人参与了该研究，分别代表了不同机构的观点。所涉及的机构类型和数量如下：
  （1）高等教育机构（39 所）；
  （2）中央机关（29 所）；
  （3）教师培训机构（18 所）；
  （4）师范院校（18 所）；

---

① ESOL Examinations（2011）. Using the CEFR：Principles of Good Practice. UCLES.

② North, B.（2007）. The CEFR illustrative descriptor scales. The Modern Language Journal, Vol. 91, pp. 656-659.

③ Council of Europe（2006）. Survey on the use of the Common European Framework of Reference for Languages（CEFR）. DGIV/EDU/LANG.

（5）考试机构（10所）；

（6）语言学校或者语言中心（14所）；

（7）成人教育机构（12所）；

（8）其他机构，如继续教育机构、出版社、中小学校、文化机构或中心等（28所）。

由于该调查的主要目的是获得一个大致的了解，因而调查问卷的设计比较精简，所预期的回答也较为简洁。下面是该问卷的主要问题：

（1）在您的机构里，大家对CEFR的了解程度如何？

（2）在您所在的机构里，CEFR的使用情况如何？

（3）哪些人在使用CEFR？

（4）CEFR主要应用于哪些方面或领域？

（5）CEFR的哪些内容是大家最熟悉的或者是使用最频繁的？

（6）CEFR是否已经有您母语的翻译版本？如果没有，是否有机会进行？

（7）CEFR对您所在机构是否有用？

（8）请评估一下CEFR在下面几个方面对您所在机构是否有用，并请简单说明：

a. 制定教学大纲

b. 进行教师岗前培训

c. 进行教师在职培训

d. 测试、评估、获取证书

e. 编写教材、撰写教辅资料

f. 与各方人士（学习者、家长、教师、客户等）进行交流

g. 其他情况（请具体说明）

（9）您所在机构在使用CEFR方面是否存在问题？

（10）您能就发展或者扩大CEFR的应用方面提出一些建议吗？

对调查问卷数据的分析发现：就参与调查的机构而言，大家对CEFR的了解相当普遍；对CEFR的使用也相当广泛；使用CEFR最频繁的人群是教师、教师培训者、测试撰写者、教材编写者等；CEFR使用最广泛的领域涉及教学培训（包括岗前培训和在职培

训）、语言测试、语言教学大纲的制定、教材和教辅资料的撰写、与各方人士（学习者、家长、教师、员工、客户等）的交流互动；CEFR 被使用最频繁的，也是大家了解最多的地方就是共同的语言水平参考，包括全球量表、自我评估量表、指示性描述等；CEFR 的实用性的得分是 2.44（三级制量表）；被证明 CEFR 最有用的领域是测试、评估、取得证书和教学大纲的制定；CEFR 被证实对考试提供者最为有用。总而言之，语言政策处的调查发现相关机构对 CEFR 普遍较为了解，而且 CEFR 也适用于各个机构。此外，该研究还表明 CEFR 最主要的影响在教学培训，语言测试或评估等方面，CEFR 针对语言能力的参考水平和等级是最主要的应用内容。

虽然上述的欧洲理事会语言政策处的官方调查证实了 CEFR 的实用性，但是在使用 CEFR 的时候，我们需要注意下面几点：

首先，CEFR 并非一种国际标准。大多数测试提供者、教材编写者以及课程设计者都声称与 CEFR 有关联，但是这些所谓的关联性的质量有所不同。虽然我们很难对这些"声称"进行一一检验，或者解释这些所谓的关联性是如何得来的，但是我们需要一个合理的解释，并且这个解释是由充足的证据所支撑的。

其次，CEFR 不是针对某一语言或者语境而建立的。它没有试图列出具体的语言特征（如语法规则、词汇等），不能够直接用作课程或者学习要点的检查表。使用者需要根据所在的语言环境来改进 CEFR，而一个最重要的方法就是制定针对特定语言的水平描述参考。这些是针对具体语言的框架，CEFR 的水平和描述能够与达到某语言能力所需要的真实的语言要素（如词汇、语法）相匹配。

最后，对于中国这样的语言学习大国而言，在我们大范围引入 CEFR 之前，需要先进行充分的预实验，以检验这样的一种语言参考框架是否适用于我国国情，如果适用，需考虑怎样使用才能取得最佳的效果。

Little（2011）探讨了 CEFR 在国际上的研究热点，着重总结了 CEFR 在欧洲的应用情况，他提出"CEFR 的一些核心方面需要继续扩大、修订和进一步发展",并且建议多开展一些较小规模的研究课题,尝试把 CEFR 用于第二语言的学习、教授和评估等方面①。接下来,本文将重点关注国外对 CEFR 在英语学习、英语教学和英语评估三大方面的应用情况。

二、CEFR 与英语学习

　　CEFR 的一个主要目标就是足够开放、灵活、不教条、宽泛,适用于各种不同的语言、学习者人群和场景②。为了达到这一目标,CEFR 需要用适用于各种语言的方式来描述语言水平。然而,做到这一点并非易事(Alderson,2007③)。譬如,在语法、拼写、或者发音等方面达到某一水平的难度可能会随着目标语言的特征而有所不同。如果目标语的书写系统与发音相对应,那么拼写起来就要容易一些,如西班牙语和芬兰语在此方面就比英语和丹麦语要容易。同样地,掌握英语的词形变化就比德语要简单,因为后者的形态变化要比前者复杂得多。其次,达到某一语言水平的困难可能会随着学习者第一语言的特征而有所变化。学习者母语可能会影响他们学会外语的时间、所能达到的水平,甚至是学习外语的过程(Jarvis & Pavlenko,2007④)。因此,我们急需实证研究,分析不同的母语和外语组合与 CEFR 的关系(Carlsen,2010⑤)。

---

①　Little, D. (2011). The Common European Framework of Reference for Languages: a Research Agenda. Language Teaching, Vol. 44, pp. 381-393.

②　Council of Europe (2001). Common European Framework of Reference for Languages: Learning, Teaching, Assessment. Cambridge: Cambridge University Press.

③　Alderson, C. (2007). The CEFR and the Need for More Research. The Modern Language Journal, Vol. 91, pp. 659-663.

④　Jarvis. S. & Pavlenko, A. (2007). Crosslinguistic Influence in Language and Cognition. New York: Routledge.

⑤　Carlsen, C. (2010). CEFR and Contrastive Rhetoric—What's the Link? In Mader, J. & Urkun, Z. (Ed.). Putting the CEFR to Good Use. University of Kent.

无论是语言还是受教育地点有何不同，CEFR 都希望采用一致的标准来描述语言能力。因此，CEFR 可以用来衡量语言学习效果，并且可以把各种资格认定体系进行相互比较。例如，Buckland（2010）把华尔街学院（WSI）的内部标准与 CEFR 进行了匹配①。WSI 是培生集团的下属子公司，面向全球成人学习者提供英语教育，在世界上 30 个国家建立了 440 个英语学习中心，有超过 17 万的学生。WSI 有着内部英语水平标准，把英语能力分为了 17 个等级，从初学者到熟练运用者。通过定量和定性分析，Buckland 把 WSI 的 17 个等级与 CEFR 的 6 个等级进行了关联，以此来向学生以及为他们的课程买单的人员展示具有说服力的学习效果，为学生和他们的潜在雇佣方提供语言水平参照；与政府和其他相关机构的现行和未来要求保持一致。Buckland 指出开展匹配研究面临着一些关键问题：

（1）匹配的概念有些"学术化"，课程咨询师发现很难把结果向非专业人士解释清楚；

（2）CEFR 在欧洲以外的国家还鲜为人知，甚至在欧洲本土也并非人尽皆知；

（3）人们普遍来说并不是很了解采用"能做"描述语来测试能力与测试知识的区别。换言之，WSI 所适应的世界是高度以考试为核心的。

（4）有些机构打着 CEFR 的幌子来宣传，使得客户很难衡量我们通过匹配研究所得的结果，并据此作出判断。

类似的匹配研究得到了广泛的关注，Figueras 与 Noijons（2009）②作了多项相关研究。由于此类研究与测试相关，我们在本

---

① Buckland, S. (2010). Using the CEFR to Benchmark Learning Outcomes: a Case Study. In Mader, J. & Urkun, Z. (Ed.). Putting the CEFR to Good Use. University of Kent.

② Figueras, N. & Noijons, J. (Ed.) (2009). Linking to the CEFR Levels: Research Perspectives. Arnhem: Cito/EALTA.

文的第五节有着更深入的探讨。这些研究充分证实：CEFR 可以用来帮助外语教育人士，包括外语教师、课程设计者、考试机构、教育管理者等，根据现有标准来描述语言能力等级，并且成为比较各种资格认定体系的桥梁。

我国国内目前也有学者开始关注 CEFR 对英语学习的作用。例如，王英力（2013）①采用调查问卷、访谈等工具，分析了 213 名无限航区二/三副船员在航运工作中完成与英语听说能力相关的交际任务时对语言能力的需求，将工作中需要达到的英语听说水平与CEFR 的语言能力等级相匹配，并对二/三副船员英语听说能力描述框架进行了研究。该研究发现：二/三副船员顺利完成各项交际任务所需要的英语听说能力水平主要处于 CEFR 的 B2 到 C2 等级；各交际场景所需要的语言能力水平不同，大多数船员现有的英语听说能力水平等级低于实际工作所需要的水平等级，无法满足实际工作的需要。

CEFR 不但希望全面、透明、连贯、而且可以保持开放性、灵活性、不教条化。正因为此，无论是语言还是受教育地点有所改变，CEFR 都可以采用一致的标准来描述语言能力。其主要目的是提高语言教育的透明度（transparency）和连贯性（coherence）。如前所述，教育专家们可以采用 CEFR 水平来比较不同外语学习者的语言能力标准，也可以为语言学习者提供"一个注明进步过程的图纸"。

CEFR 虽然可以成为很有价值的工具，但是使用者需要理解它的局限性和初始目的。它是"正在进行之中的工作"，而并非国际标准。它应该被视为一个参考性文献，而不是一个指挥棒，也无法提供简单的、现成的答案或者是唯一的使用方法。正如 CEFR 作者们在"给使用者的话"中所言："我们没有尝试告诉使用者应该做什么、如何做。我们只是提出了问题，而没有解决它们。CEFR 的功

---

① 王英力．二/三副船员英语听说能力描述框架的研究[D]．大连海事大学，2013.

能不是为使用者制定应该遵循的目标，或者是提供他们应该使用的方法。"①

三、CEFR 与英语教学

CEFR 对英语教学的作用显而易见。CEFR 经常被政策制定者用来设定最基本的语言要求，可以满足各种不同需求。它也被广泛应用于课程设计、教材编写以及其他情况。CEFR 并没有指出具体的语言教学内容或方法，而是认为各种教学方法都有一定的优缺点，教师应该根据不同的情境，采取恰当的教学手段，做到取长补短，相互借鉴，从而避免教条主义的僵化思维模式。下面，我们主要回顾国内外的相关研究。

Sheehan(2010)②汇报了一个把 CEFR 应用于英语教学的项目，并介绍了该项目的发展阶段、来源、一般英语核心库存(general English core inventory)的使用方法等内容。Sheehan(2010)指出该项目是由英国文化协会(British Council)和欧洲语言教学质量服务机构(European Association for Quality Language Service，EAQUALS)合作完成的，旨在创建一般英语核心库存。这一库存是专门为了成年学习者学习一般英语课程而建立的，内容包括语法、词汇、功能示义、篇章标记词、场景等。这个项目的目的是让一般英语的教师们和成年学生们都可以使用 CEFR，使老师们了解 CEFR 是什么，如何把它融入课堂活动中。此项目还有另外两个目标：使英语教学和计划过程变得更加透明，清楚地告诉学生们其学习目标是什么；为学生们提供自主学习的帮助，引导他们学习英语。

---

① Council of Europe (2001). Common European Framework of Reference for Languages: Learning, Teaching, Assessment. Cambridge: Cambridge University Press.

② Sheehan, S. (2010). What to Teach and Assess from A1 to C1. In Mader, J. & Urkun, Z. (Ed.). Putting the CEFR to Good Use. University of Kent.

Takala(2010)分析了 CEFR 在芬兰的使用情况①。总体说来，有关 CEFR 在芬兰的应用研究为数不少，且所得结果都是良好且有成效的，也就是相当成功的。然而，在学校和课堂上实施 CEFR 的实验研究，特别是在评估、考核、考试方面，却相对较少，也不成体系。此类研究概括起来主要有三个结论：

(1)把 CEFR 融入课堂教学，在语言水平较低的时候，学习者的进步速度较快。之后，就需要越来越多的时间，包括输入、使用等多方努力，学习者才能达到更高的水平。

(2)采用 CEFR 水平来汇报学习结果是一种以参考为指标的方式(criterion-referenced)，因而所汇报的内容能够反映学习者随着时间的推移逐步取得的进步。这样，我们可以比较修读不同语言课程所达到的水平。类似比较在芬兰目前所通用的以标准为指标(norm-referenced)的评估方式是无法做到的。

(3)使用 CEFR 的优势并不是轻易就可以实现的，我们需要花费大量的时间和精力来设计、实施、分析数据和进行解释。

Takala(2010)还讨论了芬兰人对 CEFR 的认知和态度②。在芬兰，CEFR 被视为能帮助促进语言教育发展的重要工具，对国际合作与交流也非常有用。CEFR 被认为是一个参考工具，是描述性的，而非规定性的。Takala 指出，虽然 CEFR 包罗万象，但是并非无所不能。尽管它是最近发展的最有用的教学工具，它还需要通过开展国际合作进一步细化。总之，CEFR 是国际合作的良好例子，是人们自发的共同努力的结果，满足了各方面的国内外需求。虽然 CEFR 也受到了一些批评，但是芬兰人没有把 CEFR 视为强迫使用的参考框架，CEFR 在芬兰所受到的欢迎是建立在共享、交流、合作和互利的基础上的。

---

① Takala, S. (2010). Putting the CEFR to Good Use：Activities and Outcomes in Finland. In Mader, J. & Urkun, Z. (Ed.). Putting the CEFR to Good Use. University of Kent.

② Takala, S. (2010). Putting the CEFR to Good Use：Activities and Outcomes in Finland. In Mader, J. & Urkun, Z. (Ed.). Putting the CEFR to Good Use. University of Kent.

CEFR 在国外已经广泛应用于外语教学，而且相关的应用研究开展得如火如荼。相比之下，国内则较少有类似的应用研究。我们查阅了国内近年来的相关文献，发现国内学界以引介 CEFR 为主。例如，刘壮等（2012）①对 CEFR 的交际语言能力框架及语言能力量表、以"能做"方式描述语言能力、"以行动为导向"的教学理念、培养综合语言素质的教学理念等进行了深入探讨。作者认为 CEFR 的语言能力量表和教学理念对我国外语教育具有重要的参考意义。岑海兵、邹为诚（2011）②采用定性研究方法，通过与四位直接参与我国大学英语教育政策文件《大学英语课程教学要求》制定工作的学者进行访谈，分析了 CEFR 对制定该文件所产生的影响。作者发现 CEFR 从理念和文本表述上影响了《大学英语课程教学要求》，但受制于我国教育传统和社会语言环境，CEFR 对我国大学英语教育实践还没有产生实质性的影响。蔡基刚（2012）③指出，中国的外语教育除了在制定教学大纲和课程要求中参照了 CEFR 的一些内容，基本没有受到其太大影响。蔡基刚认为在学习、研究和借鉴 CEFR 方面还有许多工作可做，并且提出借鉴 CEFR 制定出一个符合我国国情的英语能力等级标准对推进我国英语教学的发展大有裨益。

通过回顾国内外有关《欧洲语言共同参考框架》在英语教学领域的应用的相关研究，我们看到 CEFR 已经成为了欧洲各国有关语言学习、教学及评估的纲领性文献，对我国制定统一的英语能力标准有很好的借鉴作用。要想把 CEFR 成功引入我国的英语教学，我们首先需要回答下述三大问题：

（1）为什么要在英语教学过程中采用 CEFR？

（2）CEFR 可以应用于英语教学的哪些方面？

---

① 刘壮、韩宝成、阎彤.《欧洲语言共同参考框架》的交际语言能力框架和外语教学理念[J]. 外语教学与研究，2012(4)：616-623.

② 岑海兵、邹为诚.《欧洲语言共同参考框架》对我国大学英语教育的影响研究[J]. 中国外语，2011(4)：31-38.

③ 蔡基刚.CEFR 对我国外语教学的影响[J]. 中国大学教学，2012(6)：6-10.

（3）怎样在英语教学过程中采用 CEFR？

本文在前人研究的基础上，试图回答上述问题。

针对第一个问题"为什么要在英语教学过程中采用 CEFR"，笔者认为：首先，CEFR 可以为我国的英语教育提供一个共同的标准，知道我的 B2 水平与你的 B2 水平具有可比性。其次，可以保证英语教学质量，为英语教师制定教学方案提供参考。再次，在课堂上采用 CEFR，使用其内容，特别是"能做"描述语，具有下列几点优势：

（1）CEFR 指明了学生需要掌握的语言知识和技能，特别是完成交际任务所需要的语言能力；

（2）教师如果经常参考 CEFR，可以追踪学生的进步过程，并且向学生提供明确的语言进步报告；

（3）CEFR 可供老师和学生时时监控所出现的问题，随时调整自己的语言教学和学习方法，有助于突破教学和学习瓶颈；

（4）采用"能做"描述语，可以为师生提供一种满足感，提升他们的语言教学和学习自信心；

（5）CEFR 本身可以成为一种学习资源，针对英语特点制定更加具体的 CEFR 衡量标准和自我评估量表将极大丰富英语教学的资源。

针对第二个问题"CEFR 可以应用于英语教学的哪些方面"，笔者认为，英语教师可以把 CEFR 作为基础用于下述几个方面：

（1）为我国各个阶段学生，如小学生、初中生、高中生、本科生、研究生量身设定实际可行的学习目标，使得学习任务和目标具有连续性；

（2）决定完成某一个交际任务所需要的语言能力，如在英语国家求学等；

（3）设计语言测试，目前国内还没有一个专门适用于各个水平的英语测试，而 CEFR 可以为此提供参考；

（4）比较语言资格，使得国内的英语测试（如 CET 4、CET 6）与国际测试（如托福、雅思）接轨，具有可比性。

（5）反思和描述教学实践，可以参考 CEFR 的评估量表来进行教学反思。

针对第三个问题"怎样在英语教学过程中采用 CEFR"，笔者认为：第一，英语教师需要认清所在的教学环境和所面对的英语学习者；第二，熟悉 CEFR 的框架和等级，为适合该环境和学生选择合适的等级；第三，修改、完善、扩展 CEFR 的描述性等级，使他们适用于具体语境，并且在撰写教案和考核学生的时候借鉴这些等级；第四，英语教师需要改进课堂教学模式，把英语习得过程融入以内容为指导的学习中，促进学生构建专业知识，通过开展不同的学习活动来培养有用的学习策略和技能。任务型学习模式能够帮助学生学习语言，学生以小组形式共同完成某一内容的任务，在完成任务的过程中使用和学习语言；第五，评估学生在某一项任务的表现不但需要考核他们的最终结果（如展示、多媒体演示、小组报告等），而且需要长时间的追踪和评价整个学习过程。由老师和学生们共同承担评估学习效果和学习过程的任务有利于促进元认知能力和学习的发展，并且成为课堂教学的重要环节。基于 CEFR 的检测表和衡量标准为不同的语言技能的评估提供了一个共同的参考框架和目标，可以增强学生对学习目标和水平标准的理解，能够帮助学生们有的放矢，取得更大的进步（Wagner，2010）①。

四、CEFR 与英语评估

《欧洲语言共同参考框架》与欧洲理事会制定的《语言测试与框架匹配手册》（Relating Language Examinations to the Common European Framework of Reference for Languages：Learning，Teaching，Assessment：a Manual，2009）②在语言测试和评估领域的影响引发

① Wagner, S. (2010). Improving Classroom Assessment by Using the CEFR. In Mader, J. & Urkun, Z. (Ed.). Putting the CEFR to Good Use. University of Kent.

② Council of Europe. (2009). Relating Language Examinations to the Common European Framework of Reference for Languages：Learning，Teaching，Assessment：a Manual. Accessed at http：//www. coe. int/T/DG4/Portfolio/documents/Manual% 20 Revision%20-%20proofread%20-%20FINAL. pdf on 23 Nov 2011.

了越来越多的研究课题。然而，为了满足不同情况、不同材料、不同场景的需求，人们需要量体裁衣以改进现有教学和评估方式，适时调整和构建语言能力，把 CEFR 应用于考试和评估，提高语言测试以及实施测试程序的质量，发展可以确保透明度和解释度的考试程序。

为了满足与语言学习、教学、测试和评估有关的各方面人士的不同需求，CEFR 对语言能力各方面进行分层次、分等级描述，"能做"描述语既要对各等级的语言能力进行综合的总体描述，又要对各个具体的方面进行分项描述。其中，CEFR 对语言能力的总体描述大体包括交际场合、话题范围、语言的复杂性、交际任务项目等基本要素。CEFR 不仅在欧洲语言教学与测试领域影响巨大，对世界其他国家与地区的语言教学与测试工作也产生了直接或间接的影响。2010 年 10 月在西班牙巴塞罗那举行的语言测试和评估会议专门研讨了如何在测试领域应用 CEFR，如何开展国际合作，以提高欧洲范围内的测试和评估水平。下面，我们重点介绍国外的几项相关研究。

前人研究证实 CEFR 能够用来为英语教学和课堂评估提供借鉴(如 Oscarson, A. D. & Oscarson, M., 2010①; Wagner, 2010②)。Oscarson 与 Oscarson(2010)指出在瑞典，评估学生们外语学习水平的方式主要是通过课堂观察、写作练习(如散文习作)以及传统的语言测试等方法。Oscarson 等通过采用调查问卷，并对英语教师进行访谈的方法，发现有四名参与研究的老师在课堂上采用了 CEFR 全局性水平进行教学。这四名老师指出学生们对教学目标逐渐表现出更清楚的认识，他们自己也逐渐发展出了对教学实践的更强烈的认知。他们进一步指出在教学过程中采用 CEFR 不但能够增强学生

---

① Oscarson, A. D., Oscarson, M. (2010). Using the CEFR in the Foreign Language Classroom. In Mader, J. & Urkun, Z. (Ed.). Putting the CEFR to Good Use. University of Kent.

② Wagner, S. (2010). Improving Classroom Assessment by Using the CEFR. In Mader, J. & Urkun, Z. (Ed.). Putting the CEFR to Good Use. University of Kent.

们的英语使用意识和学习动机，而且能够使考核方式和考试结果更加透明化。这四名老师认为学生们需要在语言学习的早期阶段就开始练习自我或者相互评估。这些老师也指出他们所面临的主要问题与 CEFR 的应用有关，特别是 CEFR 的水平与瑞典国内学校体制所采用的水平没有匹配，无法直接进行比较。Oscarson 等的研究给我们的启示是：语言教师们需要专门的在岗培训，以提高他们使用各种评估方式的技能；全球性 CEFR 衡量指标可以成为有用的教学和评估工具，帮助学生提高他们的语言学习意识，并最终提高学习效果。

Wagner(2010)的研究证明了采用 CEFR 的以标准为指向的参照表可以帮助英语水平为 A2、B1、B2 的中学生在课堂上开展任务型教学。Wagner(2010)指出越来越多的教育体系要求老师们关注教学评估。老师们不但需要在考试中给学生提供考核结果，而且还需要组织学生的学习过程，使学生们在中学结束后可以达到国家规定的要求，并且与欧洲所有国家通用的 CEFR 标准接轨。Wagner 认为人们需要从评估学习(assessment of learning)向为学习而评估(assessment for learning)转向。这一转变成为了发展趋势，学生们不但可以对自己的学习效果进行自我评估，也可以由老师进行评估，以促进学习和语言的进一步发展。

Wagner(2010)指出通过开展合作式和任务型学习，学生们能够扩大他们在某一具体领域的知识；学习团队合作；掌握展示结果和使用可视性辅助工具；使用和提高他们的语言技能；发展学习和思维能力。在此类活动中，学生们把语言作为交流的媒介和学习的工具，而不是学习的内容。学生们使用该语言尝试各种各样的任务。为了易于在课堂环境下监控和评估学习过程，也为了使教学和学习过程更加透明化，教师们需要创建评估表并把其与教学计划相结合，学生们自己可以参与到评估过程，随时监控和评估自己的进步，自己开始组织学习过程，制订学习计划。老师们还可以采用相同的评估工具考核学生。此外，衡量说明可以为评估提供透明化的标准，帮助学生建立新的学习目标。老师们通过提供良性反馈，帮助学生监控学习。CEFR 的"能做"描述语、衡量说明、综合评估等内容都为外语课堂的考核和评估提供了新的指引，能促进语言学习的长期发展，正如 Hayworth（2004）所言，为学生们提供了独立自主学习的机会，促进了他们协作和其他社会价值观的发展①。

　　CEFR 的主要目标是提高欧洲各国在语言学习、教学和评估等各个方面的质量、连贯性和透明度。欧洲理事会的委员们以及语言政策处认为需要把各种语言考试与 CEFR 相匹配，并且要特别关注匹配过程的质量，强调把匹配的步骤详细记录下来，并配以说明，使所有感兴趣的人士能够无偿、方便易行地使用。Figueras 与 Noijons（2009）②收录了学者们有关测试与 CEFR 的匹配研究，为相关研究提供了丰富的信息和具体的个案。这些个案研究分为两大类：第一类旨在从理论角度探讨如何开展匹配研究，共包括 5 篇研究报告；第二类旨在从应用实践的角度探讨，包括 9 篇研究报告。其中，Taylor（2009）③把伦敦大学三一学院的 ESOL 考试与 CEFR 相联系，寻找其间的相关性。Pižorn（2009）④借鉴了 CEFR，尝试为中小学学生划定英语能力水平。Krieken（2009）⑤把苏格兰学历

　　① Hayworth, F. (2004). Why the CEF is Important. In Morrow, K. (Ed.). Insights from the Common European Framework. Oxford：Oxford University Press.

　　② Figueras, N. & Noijons, J. (Ed.) (2009). Linking to the CEFR Levels：Research Perspectives. Arnhem：Cito/EALTA.

　　③ Taylor, C. (2009). Relating the Trinity College London International ESOL Examinations to the CEFR. In Figueras, N. & Noijons, J. (Ed.). Linking to the CEFR Levels：Research Perspectives. Arnhem：Cito/EALTA.

　　④ Pižorn, K. (2009). Designing Proficiency Levels for English for Primary and Secondary School Students and the Impact of the CEFR. In Figueras, N. & Noijons, J. (Ed.). Linking to the CEFR Levels：Research Perspectives. Arnhem：Cito/EALTA.

　　⑤ Krieken, R. (2009). Linking SQA's ESOL Higher to the CEFR. In Figueras, N. & Noijons, J. (Ed.). Linking to the CEFR Levels：Research Perspectives. Arnhem：Cito/EALTA.

管理委员会(SQA)的 ESOL 与 CEFR 相匹配。Thomas 与 Kantarcioglu
(2009)① 比 较 了 Bilkent 大学的英语测试与 CEFR。Downey 与
Kollias(2009)②分析了英语高级水平测试(ALCE)在听力、语法、
词汇、和阅读部分与 CEFR 的匹配关系。这些研究从不同层面证实
了 CEFR 对英语测试的实用性和借鉴意义。

相比于国外研究,我国国内开展的英语测试和 CEFR 的匹配研
究非常少见。笔者查阅了相关文献,仅仅找到了一项实证研究。刘
静观(2012)③把英语专业四级测试与 CEFR 进行了匹配研究。该
研究对中国某高校英语专业的 60 名大学二年级学生进行了英语
专业四级(TEM 4)和托福(TOEFL)测试,同时选取了《高等学校
英语专业英语教学大纲》、《TEM 4 考试大纲》和 2007—2011 年的
TEM 4 真题为分析材料用于等级匹配研究。研究发现 TEM 4 与
CEFR 中的 B1⁺等级相匹配,说明英语专业四级考试合格的学生
在英语听、读、写等方面达到了 CEFR 中 B1⁺等级所描述的语言
能力标准。该研究虽然是我国英语测试 TEM 4 与 CEFR 匹配的初
步尝试,但是对国内学者开展其他匹配研究具有积极的借鉴
意义。

王京平(2012)④指出我国英语能力测试体系缺乏统一性、完整
性、连贯性以及可比性。为了促进我国英语能力测试各体系的完善
和发展,实现我国英语测试体系与国际现行英语标准和测试的接

---

① Thomas, C., Kantarcioglu, E. (2009). Bilkent University School of English
Language COPE CEFR Linking Project. In Figueras, N. & Noijons, J. (Ed.).
Linking to the CEFR Levels: Research Perspectives. Arnhem: Cito/EALTA.

② Downey, N., Kollias, C. (2009). Standard Setting for Listening, Grammar,
Vocabulary and Reading Sections of the Advanced Level Certificate in English
(ALCE). In Figueras, N. & Noijons, J. (Ed.). Linking to the CEFR Levels:
Research Perspectives. Arnhem: Cito/EALTA.

③ 刘静观. 英语专业四级测试与欧洲语言共同参考框架的匹配研究[D].
河南师范大学, 2012.

④ 王京平. 欧洲语言测试标准与我国外语测试改革[J]. 外语测试与教学,
2012(1): 50-56.

轨，以及其他国家与我国英语教学评估的相互认证和合作，我国英语测试体系和 CEFR 的匹配研究是十分重要且势在必行的。

结　语

《欧洲语言共同参考框架》(CEFR)自颁布以来，不但在语言政策层面对欧洲各国产生了重大影响，而且为欧洲各个国家制定外语教学的具体目标和评价标准提供了通用的参考框架。近十五年来，国外已有许多学者探讨了 CEFR 的发展历程，并对 CEFR 在各个领域的应用进行过详尽的描述，然而我国国内较少有学者开展过 CEFR 的相关研究。本选题追踪了国际上对 CEFR 研究的前沿动态，试图对有关 CEFR 的研究进行一个详细的梳理，并重点回顾和探讨了 CEFR 对英语学习、教学和评估的影响和应用情况，展望了未来的 CEFR 研究趋势。

本文具有一定的理论和实践意义。在理论方面，本研究瞄准国外学术界对《欧洲语言共同参考框架》的研究前沿，力图填补我国学术界在此方面的空白。CEFR 对于语言学习者、语言教师和评估者是一份具有重大价值的文献，为评估和认证语言运用能力的迫切需求提供了一个指导性框架，详尽描述了语言学习者在不同语言能力阶段可以达到的语言运用水平。此外，CEFR 有明确的"以行动为导向"(action-oriented)的教学理念，其提倡培养综合语言素质的教学理念也值得我们重视和借鉴。因此，探讨 CEFR 在英语教学的应用有助于我们借鉴其框架，结合中国实际，制定出适用于我国的语言标准，还有助于我们发展、丰富和完善适合我国国情的英语教学理念。

在实践方面，本文对我国英语教学具有积极的指导作用。首先，本研究成果能够帮助我国英语教师了解《欧洲语言共同参考框架》的内容和作用，通过借鉴 CEFR 关于语言教学、学习及评估的原则来反思中国环境下英语教学、学习和测评应该发生怎样的改变。其次，本研究有助于教师在教学过程中将 CEFR 的理念和知识渗透给学生，帮助学生们了解 CEFR，使用其内容，特别是"能做"

描述语和自我评估表进行自我检测和评估，从而提高外语学习的动机和效果。最后，由于 CEFR 借鉴吸收了现有的交际能力和语言应用理论，本研究在英语课程设计和课堂实践方面对我国英语教师的教学也具有重要的现实意义。

国际语言测试研究动态追踪

武汉大学外国语言文学学院　桂　敏

引　言

　　虽然中国是世界最大的语言测试国家，但几种全国性的语言测试（如高考英语、大学英语四六级考试、英语专业四八级考试等）及其研究成果却很少受到世界语言测试学者的认可。例如，大学英语四六级考试饱受争议；虽然每年参加考试的人数是托福的 10 倍，但是其测量学属性、效度及其反拨效应却争议不断，其考试成绩从未被北美、英国、澳大利亚、新西兰等中国学生主要前往的留学国家接受，甚至我国香港部分高校（如香港中文大学）从 2015 年开始不再承认大学英语四六级成绩。

　　为了使中国的语言测试成绩能够逐渐被国际承认，中国学者有必要在语言测评理论和研究方法上实现跨越式的发展，而最有效的方法之一是追踪本研究领域的前沿，以便能最快地在研究方向、理论和研究方法上与国际接轨，而不是重复别国语言测试发展所经历的每一个过程。

　　除此之外，对本研究领域前沿的追踪还可以有效地了解国际主要大型考试（如美国的 TOEFL 和 GRE、英国的雅思、日本的英检等）的最新研究进展。只有了解国际学者的最新研究成果和研究进展，我们才能深入地与他们进行学术交流。此外，对研究热点和方法进行追踪也便于中国学者借鉴，为他们遴选研究课题时提供参考、选择研究方法时提供帮助，最终提高中国学者的学术论文质量和学术影响力。

一、研 究 问 题

本文的研究问题包括两个方面：

其一，国际语言评测领域在 2013—2014 年两年中的主要研究成果有哪些？

其二，在这一阶段研究热点和前沿主要有哪些？哪些研究热点和前沿值得我国学者进行更深入的探讨？

第一个研究问题的主要目的是系统、全面地综述国际语言测试界在过去两年中的主要研究成果；第二个研究问题主要是追踪本领域重要的学者、著名的研究机构、重要奖项获得者的研究成果。这两个研究问题互相关联但各有不同的侧重点。

二、研究方法和步骤

（1）通过图书馆电子期刊原文数据库和文献传递服务获取语言测试领域最主要的两种期刊，即 Language Testing 与 Language Assessment Quarterly，分析其在 2013—2014 年两年中发表的所有文章，并且获取 Modern Language Journal，Assessing Writing，Language Learning，Applied Linguistics，TESOL Quarterly 等语言研究类重点期刊中的相关文章。

（2）根据文章标题和关键词，对这两种期刊的实证性研究论文的内容通过建立代码、修改代码、优化代码的形式进行统计分类。如下面这篇文章是关于阅读的测试，将其代码设为"阅读"，每篇论文有 1~3 代码。

Weigle, S., Yang, W., & Montee, M.（2013）. Exploring Reading Processes in an Academic Reading Test Using Short-Answer Questions. Language Assessment Quarterly, 10(1), 28-48.

（3）通过国际博硕士论文数据库 ProQuest Dissertations & Theses 获取 2013—2014 年两年中关于语言测试方向的博士论文；并用代码方法将论文进行分类。

（4）查读国际语言测试协会（The International Language Testing Association，ILTA）官方网站以及由该协会主办的年度国际会议（Language Testing Research Colloquium，LTRC）网页。

（5）查阅 Language Testing 期刊主编关于语言测试信息的网页（http：//languagetesting. info. ）。

其中前三步主要是为了探讨第一个研究问题，即国际语言评测领域在 2013—2014 年两年中的主要语言测试方向的研究成果；后两个步骤主要是分析第二个研究问题，即在这一阶段的研究热点和前沿问题。

三、研 究 结 果

这一部分论述 2013—2014 年两年间语言测试领域重点期刊论文、博士学位论文、学术专著、国际会议论文以及重要奖项。

（一）重点期刊论文（2013—2014）

语言测试领域的两个重点期刊是 Language Testing 和 Language Assessment Quarterly。此外，Modern Language Journal 和 TESOL Quarterly 等语言学领域的期刊也发表了少量的关于语言测试方面的文章。Assessing Writing 虽然是一份专门报道测试领域动态的期刊，但它还没有被 SSCI 收录，在本文中不作重点介绍。

Language Testing 和 Language Assessment Quarterly 在 2013—2014 年共发表实证性研究论文 102 篇。它们所涉及的研究内容大致可分为 18 个方面：

（1）听力能力测评

（2）口语能力测评

（3）阅读能力测评

（4）写作能力测评

（5）词汇能力测评

（6）语法能力测评

（7）综合语言能力测评

（8）认知能力研究

（9）评分标准及评分员的研究

（10）语言考试中计算机键盘能力因素

（11）效度检验

（12）比较复杂的统计学方法在语言测试中的应用

（13）诊断性评估

（14）测试政策及法规

（15）语言测试的功能、方法等研究

（16）语言测试与二语习得

（17）世界英语及特殊用途英语

（18）综合测试任务

图 1 展示的是期刊论文各研究方向的频次，频次最高的是对口语能力、语言测试的一般研究，以及评分标准与评分员的研究，分别有 19 篇、18 篇和 14 篇论文。口语方面的研究者有 Bosker（2013），Norton，J.（2013），Leaper 与 Riazi（2014）等。语言测试的功能、方法等研究者有 Murray（2014），Papageorgiou 与 Cho（2014）等。听说读写能力测评研究中对口语的研究最多（19 项），其次分别是写作（10 项）、阅读（8 项）和听力（5 项）。这样的研究频次分布与过去的分布大致相同。

统计方法尤其是较为复杂的统计方法（如结构方程模型、因子分析等）在语言测试中的运用依然是这个领域的研究热点，共有 11 项，这说明统计方法的学习和运用依然需要重视。

虽然效度检验一直是语言测试的重点研究方向，但在过去的两年中只有六项研究。这说明效度研究有可能呈下降趋势。

一个新的研究热点和前沿是综合测试任务研究和世界英语及特殊用途英语测评研究。在过去的两年中有 6 项关于综合测试任务的研究，它们是：Cho et al.（2013）；Cubilo 与 Winke（2013）；Cumming（2013）；Gebril 与 Plakans（2013）；Sawaki，Quinlan 与 Lee（2013）；Wolfersberger（2013）。Cho 等学者（2013）研究了托福考试

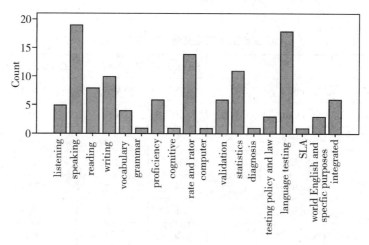

图 1　语言测试期刊论文研究方向及频次

中的阅读—听讲座—写作测试任务中各项的难度。Cubilo 与 Winke
(2013)比较了"视听"和"音频听力"条件下学生做笔记的策略，对
听力理解的影响，以及对随后写作任务的影响。Gebril 与 Plakans
(2013)通过分析语篇特征和写作能力的关系探讨读—写任务的构
建。Sawaki，Quinlan 与 Lee(2013)通过综合写作任务诊断学习者的
优势和弱项。Wolfersberger(2013)通过分析四位写作者呈现阅读材
料内容的方式分析基于课堂的读—写任务的构念。Cumming(2013)
讨论了这项综合任务研究的贡献和不足。

　　另外一个新的研究方向是世界英语和特殊用途英语与它们的测
试。在过去的两年中有三项研究，即 Brown（2014），Brunfaut
(2014)，Emery(2014)。Brown 首先用内圈、外圈和扩展圈对世界
英语进行界定；然后讨论了英语考试的设计应该如何包括各种变体
的英语，测试者不应该视英国英语或美国英语为神圣；最后他为如
何才能使世界英语与语言测试研究更有成效提出了七点建议。
Brunfaut 首先对特殊用途语言进行定义和分类，进而指出特殊用途
语言考试设计中的具体性和实际应用之间的矛盾，最后讨论了地域
性在特殊用途语言测试中的作用。Emery 重点讨论了航空英语考试

方面的理论和实际考试中的问题。

表1　　　　　　　语言测试期刊论文研究方向及频次

	Frequency	Percent(%)	Cumulative(%)
Listening	5	4.2	4.2
Speaking	19	16.1	20.3
Reading	8	6.8	27.1
Writing	10	8.5	35.6
Vocabulary	4	3.4	39.0
grammar	1	0.8	39.8
proficiency	6	5.1	44.9
cognitive	1	0.8	45.8
rate and rator	14	11.9	57.6
computer	1	0.8	58.5
Validation	6	5.1	63.6
Statistics	11	9.3	72.9
Diagnosis	1	0.8	73.7
testing policy and law	3	2.5	76.3
Language testing	18	15.3	91.5
SLA	1	0.8	92.4
World Englishes and specfic purposes	3	2.5	94.9
Integrated	6	5.1	100.0
Total	118	100.0	

另外，语言学领域其他重点期刊（如 Modern language Journal，Language Learning，Applied Linguistics，TESOL Quarterly 等）发表了少量与语言测试相关的论文。2013—2014 年两年中只查找到2篇，分别为 Aoki(2013) 和 Margolis(2014) 所写。Aoki 发表的评论文章

认为教师的语言测量能力应该是教师证考试的一个不可或缺的组成部分。她认为教师应该具备基本的语言测量能力，应该对课堂评估、校本评估、诊断性评估、试卷效度信度分析等有初步的了解。Margolis 撰写了 Language Testing and Evaluation（Peter Lang）一书的书评。这几种期刊都没有语言测试方向的实证性研究论文。

教育学和心理学方向的几个重点期刊也少量地刊载了语言测试方向的研究成果，如 Applied Measurement in Education 在 2013—2014 年两年间发表了 6 篇与语言学习方面的论文，分别是关于语言习得进步的测量、试题特征及其对语言学习者的考试成绩影响、通过分析考试者的答题过程检验试题效度以及运用计算机设计符合考试者水平的考试。

（二）语言测试博士学位论文（2013—2014）

通过检索 ProQuest Dissertations & Theses 和国际语言测试协会网站，2013—2014 两年间有 18 篇博士学位论文是关于语言测试领域的研究，共涉及 22 个研究方向（见表 2）。如图 2 所示，和期刊论文一样，口语能力测量依然最受重视，共有 5 篇论文，听力、阅读和写作分别为 2 篇、2 篇和 1 篇。关于考试的开发、公平和反拨效应方面的研究有 4 篇论文。关于词汇、评分、统计学的应用等各有 1 篇论文。

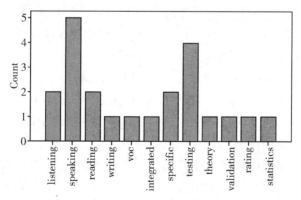

图 2　语言测试博士学位论文（2013—2014）的研究方向及频次

表 2　　语言测试博士学位论文（2013—2014）的研究方向及频次

	Frequency	Percent(%)	Cumulative(%)
listening	2	9.1	9.1
speaking	5	22.7	31.8
reading	2	9.1	40.9
writing	1	4.5	45.5
voc	1	4.5	50.0
integrated	1	4.5	54.5
specific	2	9.1	63.6
testing	4	18.2	81.8
theory	1	4.5	86.4
validation	1	4.5	90.9
rating	1	4.5	95.5
statistics	1	4.5	100.0
Total	22	100.0	

与期刊论文研究热点一致的是，关于综合测试任务和特殊用途语言测试分别有1篇和2篇论文。Chan(2013)探讨了读—写综合任务的效度，即读—写综合任务究竟是测量学生的何种能力。特殊用途英语的2篇博士学位论文，即 Manning(2013)和 Phill(2013)分别探讨了学术用途英语和医用英语能力的测量。

（三）语言测试主要学术专著（2013—2014）

2013 年语言测试方向的主要著作有 Anthony Green 编写的 Exploring Language Assessment and Testing。该书运用课堂和大型语言测试中具体的例子逐步引导学生熟悉文献，逐步指导学生设计和开发考试，并提供理论和实际指导，教学生如何提高测试的公平性和准确性。实用性是该书最大的特点，适合语言测试方向硕士研究生和语言教师阅读。

2014 年的主要相关著作有 Antony John Kunnan 编写的 Talking

About Language Assessment：the LAQ Interviews。Antony John Kunnan 采用访谈著名语言测试专家的形式介绍语言测试发展的历史。全书共收录 12 个访谈。访谈的第一个专家是 John B. Carroll，访谈的内容是现代语言能力考试（Modern Language Aptitude Test）的相关问题。第二个专家是 Merrill Swain，他主要论述了如何使语言测试更好地引导语言学习。接下来访谈的专家包括 Alan Davies，John Trim 和 Bernard Spolsky。被誉为日本"语言测试之父"的 Kenji Ohtomo 是第六个接受采访的专家，他主要介绍了日本语言测试的发展。Charles Stansfield 和 Elana Shohamy 也接受了采访。中国的桂诗春是第九个接受采访的专家，他介绍了中国语言测试的发展和存在的问题。Lyle F. Bachman 主要展望了语言测试未来发展的方向。Charles Alderson 和 Liz Hamp-Lyons 也分别讲述了他们的语言测试学术生涯。这些访谈不仅可以使学生熟悉语言测试界的专家，也对语言测试学的发展和未来方向建立了初步的认识。

另外，2015 年即将出版两部语言测试方向的著作。第一部是由 Antony John Kunnan 主编、劳特里奇出版社出版的 Testing and Assessment。全书共有 4 册，由 25 个部分（71 篇文章）组成。主要部分包括交际水平、效度检验、考试反拨效应、考试的伦理道德及公平正义、听说读写能力的测试、对评分者的研究、项目反应理论、结构方程模型的应用以及职场和特殊用途语言的测试等。这套书既是语言测试理论和研究领域的学术著作，也是语言考试开发的实践指南。

第二部是 Fulcher 即将出版的 Re-examining Language Testing：a Philosophical and Social Inquiry，此书以哲学和社会学观点为视角，追溯影响语言测试观点的嬗变轨迹，并探讨了社会为什么使用考试、促成考试变化的原因、语言能力形成以及考试使用的伦理道德问题。全书共分八章，即推断（Inference）、测量（Measurement）、语言（Language）、数字（Numbers）、效度（Validity）、知识界精华（Meritocracy）、价值（Values）及后记。这部著作适合语言测试研究生高年级学生及语言测试学者阅读。

(四)国际语言测试协会国际会议(2013)

由于笔者参加了 2013 年国际语言测试协会主办的语言测试研究学术研讨会(Language Testing Research Colloquium，LTRC)，这里重点介绍这次会议中的主旨演讲、专题讨论会及论文报告。

1. 大会主旨演讲

大会的"Messick 纪念奖"获得者北卡罗来纳大学教授 Terry Ackerman 和英国文化委员会"学者奖"获得者 Barry O'Sullivan 分别发表了两场主题演讲。Ackerman 在题为"建构课堂评估的效度检验理论框架"的演讲中把诊断性评估、教师在语言测试中的作用以及课堂评估的重要性推到前所未有的高度。与 Ackerman 对课堂评估的重视相呼应的是 O'Sullivan 对政策制定者对分数的简单理解和使用的批评。他认为语言测试专家应该在可计量性的辩论中发挥更重要的作用，而不只是旁观者或评论员。

2. 专题讨论会

会议一共进行了六场专题讨论会，其中四场围绕诊断性评估展开，其他两场专题讨论会的主题分别是亚洲开发英语测试的挑战和世界英语、英语作为混合语的测试。在第一场的诊断性评估的前景中，多伦多大学的博士 Jang 介绍的认知诊断评估(Cognitive Diagnostic Assessment，CDA)及其应用引起了与会者的极大兴趣。第二场是关于亚洲开发英语测试的挑战，来自韩国、中国(大陆、香港、台湾各一位)和日本的大型语言测试机构的五位专家作了报告。第三、四场专题讨论会分别是关于世界英语、英语作为混合语的测试和阅读能力的诊断性评估。在第五场专题讨论会中，来自新西兰、澳大利亚的学者讨论了对刚入学的大学生进行分级学习的诊断性评估。在最后的一场专题讨论会中，来自美国的教学设计与评估组织介绍了他们的语言标准和测试体系。

3. 论文报告

会议共有 51 场论文报告在三个分会场共 18 个场次中进行。其中两个场次集中报告与诊断性评估相关的研究，其他的场次是语言测试的经典议题，如构念、效度和效度检验，口语、写作和阅读测试，反拨效应，自动评分，统计学与心理测量等。比较前沿的议题有综合任务测量以及语用、策略能力测量。在综合任务测量分会场中来自 ETS 的学者对小托福听—说、听—写综合任务的认知要求是否适合青少年学习者进行了讨论。

在统计学与心理测量场次，来自培生公司的学者介绍了如何使机器在新开发的考试中评分更加精确的措施；美国马里兰大学的学者认为国际语言测试协会应该对题项分析方法提出更具体的指导，而不只是提醒试题使用前或使用后应该进行题项分析。他对在日本使用的一个考试的题项进行了分析，分别使用了两种传统的测试题项分析法和三种基于现代项目反应理论的题项分析法，但研究结果发现，这几种题项分析法的结果有差异。加州大学洛杉矶分校的两位学者用实例说明与表格或数字相比，使用统计图形能够更好地与考试利益相关者进行沟通。

4. 墙报及研究进展报告

本次研讨会共挑选 36 份墙报和 19 个研究进展报告。从考试研发阶段来看，有 4 份墙报探讨试题题项层面的问题（如二语测试公司的 Kennedy 与 Church，密歇根州立大学 Reed 等的研究），1 份是有关分数处理的研究，4 份是关于效度及效度检验的问题（如巴西的 Raymundo 与 Marques 的研究），4 份是有关评分员的问题（如韩国 Kim 与 Jung 的研究），另有 4 份是关于应试者的研究。

从测试的语言能力来看，有 15 份墙报是关于听、说、读、写能力的研究，有 2 份是关于综合语言能力的研究（上海交通大学的 Jin 与 Zhang 以及爱荷华大学 Jun 的研究）。这两份研究都探讨了综合能力如读—写、听—写等的构念效度问题，这也是目前语言测试研究的热点问题之一。

从测试的类别来看，36 份墙报既涵盖美国的 TOEFL、韩国的 NEAT、中国的 CET 和欧洲的 MERLIN 等大规模考试，也包含学校和课堂的小规模考试；既有水平测试，也有大会主旨的诊断性评估，还有形成性评估和分级测试。

在 19 个研究进展报告中，有 8 项是关于写作和写作评分，4 项是关于口语评分，1 项是关于综合能力的测量。有 2 个进展报告与大会主题相呼应，是关于诊断性评估的应用研究。

（五）重要语言测试奖项获奖者的论文及贡献（2013—2014）

语言测试方向的主要奖项包括"最佳期刊论文奖"、"Cambridge /ILTA 杰出成就奖"、"纪念 Samuel J. Messick 演讲奖"以及"Robert Lado 纪念奖"。

国际语言测试协会每年年底根据五个标准对前一年发表的所有关于语言测试方向的期刊论文进行评比，选出一个"最佳期刊论文奖"。评选的五个标准分别是：（1）对语言测试领域的贡献，或对语言测试和其他学科的交叉学科的独特贡献；（2）论证过程的说服力；（3）文献综述是否全面；（4）文字、图表呈现是否清晰；（5）如果是实证研究，数据的收集过程和分析是否合理。

基于这五项标准，2013—2014 年两年的"最佳期刊论文奖"分别颁给了 Claudia Harsch 与 Guido Martin（2012）撰写的 Adapting CEF-descriptors for Rating Purposes：Validation by a Combined Rater Training and Scale Revision Approach 和 Deane（2013）发表的 On the Relation Between Automated Essay Scoring and Modern Views of the Writing Construct。这两年的最佳期刊论文均发表于 Assessing Writing。

虽然该期刊还不是 SSCI 与 A&HCI 收录期刊，但他们的成绩说明该期刊论文有很高的质量。Claudia Harsch 与 Guido Martin（2012）的论文通过分析 13 个评分员对 19 篇文章的评分的一致性，探讨如何使欧洲语言共同参考框架更好地指导写作评分。他们认为评分员和评分标准中的语言描述是造成评分低一致性的原因，并提出提高写作评分信度的措施，包括对评分员进行培训和改进评分标准中描写水平等级的词语以使评分员更好地理解各等级的内涵。

Deane（2013）的研究探讨了作文计算机自动评分对写作构念的影响。人们对写作计算机自动评分褒贬不一。持批判态度的人认为写作构念应该包括读者意识，任何作品都有特定的读者，如果让机器评分，写作者的读者就会是计算机。另外，批评计算机自动评分的人还认为没有证据显示机器能对思辨和修辞进行评估。但作者认为写作产出的轻松度和自动运用认知资源进行思辨和修辞能力之间有密切的联系。计算机自动评分系统能对文本结构、语言运用等进行评价。如果在这些方面表现突出，说明写作产出比较轻松。这样自动评分系统就能将轻松的写作者和写作有障碍的考生区分出来。Deane 的论文不是实证研究，但论证逻辑严密，文献综述全面，并且有表现力十足的图表。

"Cambridge/ILTA 杰出成就奖"依据五项标准每年评出对语言测试作出杰出贡献的学者。这五项标准分别是领导力、富有价值的学术研究、积极培养年轻学者、积极地开发和运用语言测试和积极参与各项学术活动。2015 年的获得者是墨尔本大学的 Tim McNamara 教授；2014 年是贝德福德郡大学的 Cyril Weir 教授。

"纪念 Samuel J. Messick 演讲奖"的宗旨是奖励对语言测试产生较大影响的学者，获奖者也是该年度国际语言测试协会研讨会的主旨演讲者。2015 年的获奖者是杜肯大学的 Susan Brookhart；2014 年是阿姆斯特丹大学的 Denny Borsboom；2013 年的获奖者是北卡罗莱纳州立大学的 Terry Ackerman。

"Robert Lado 纪念奖"颁给国际语言测试协会研讨会中最佳的研究报告人，而且是颁给研究生。研究内容和实际报告的质量分别占 60% 和 40%。研究内容质量评价的依据是研究意义、设计、方法和结论；而实际报告的质量的评价依据包括陈述的清晰度、充足的内容和时间掌控。2014 年的获奖者是来自多伦多大学的 Maryam Wagner。她的报告题目是 Use of a Diagnostic Rubric for Assessing Writing：Students' Perceptions of Cognitive Diagnostic Feedback。认知诊断方法是通过探讨学生完成语言任务思维过程中的优势和弱点，以便有针对性地提高学生的语言能力。这种研究方法已经在阅读和写作测试中运用。同时 Maryam Wagner 用诊断量规的方法，该方法在语言测试中使用很少，虽然在教学活动中教师常用于口语和写作自评。新颖的研究方法是 Maryam Wagner 获奖的原因之一。2013 年由来自加利福尼亚大学洛杉矶分校的 Jonathan Schmidgall 摘得桂冠。他的报告题目是 Modelling Speaker Proficiencies，Comprehensibility，and Perceived Competence in a Language Use Domain。Jonathan Schmidgall 从交互视角出发认为口语交际由"说者"和"听者"共同建立。影响说话者口语能力的主要因素有发音、语法以及专业能力。

影响听者的因素是外语水平、对话语者的态度、对话语者母语口音熟悉程度、对所讲内容的熟悉程度等。此外环境因素（如交际目的）也影响口语交际的质量。Jonathan Schmidgall 用结构方程模型的方法，探讨话语者、听者和交际环境之间的关系。

这两年的获奖者所报告的题目分别与写作测试和口语测试相关，这说明写作和口语依然是语言测试界的主要研究议题，但他们在研究方法上有所突破。Maryam Wagner 运用写作诊断性量规评价学生的写作，而 Jonathan Schmidgall 通过建立模型考察学生的口语水平、理解力和语言运用过程中的口语能力之间的关系。

四、结论及启示

本文回顾了 2013—2014 年两年间语言测试领域主要的研究成果，包括语言测试领域的期刊论文、博士学位论文、学术专著、国际会议以及重要奖项，在综述的基础上概括出几个本领域重要的、核心的研究议题，也发现了两个新的研究热点。

首先，口语测评一直是本领域研究的核心问题。它既是实际考试的需要，也有理论探讨的必要。目前口语考试依然采用人工评分的方式，因此评分的一致性、准确性是每个口语考试必须研究的内容。此外，口语能力及考试涉及众多层面，如发音、词汇能力、口语流利程度、话语的连贯、任务类型及难度、评分者的语言背景等，因此需要研究的范畴比较广泛。

其次，对写作及评分的研究也是重点议题。连续两年的"最佳期刊论文奖"都颁给了与写作相关的研究。和口语评测一样，目前绝大多数写作依然是人工自动评分，评分质量也涉及众多因素，如评分员、写作任务类型及难度、词汇语法能力、篇章结构能力等，因此对写作测评研究也是考试的实际需求。另外，写作自动评分研究也是新的研究发展方向，它是语言学、教育测量学和计算机科学的交叉领域的新型科学。

最后，统计学和心理测量技术在语言测试中的运用是语言测试研究一个显著的特点，它也是本领域的核心研究问题。尤其是大型的语言测试，如 TOEFL、IELTS 以及中国的大学英语四六级考试，由于影响的人数众多，这些考试必须经常地进行效度信度检验，以提高他们的质量。

这三个经典的、重要的语言测试研究方向对中国学者有很大的启示。

第一，中国学者可以研究大型考试的口语和写作项目。在缺乏相关数据的情况下可以研究校级考试、班级考试的口语和写作测试问题。如校级期末考试的模式、口语考试的公平性等。但是，对口语和写作评测的研究并不意味阅读和听力测评可以忽视。相反，较少量的阅读和听力测评研究也说明这两项研究的难度较高，因为阅读过程和听力过程很难观测。由于阅读和听力考试多采用选择题的方式，比较容易获得较高的考试信度，人们会忽视对它们的深入研究，如效度研究。阅读和听力效度检验很难进行，仅有的方法有出声思维和视线跟踪，但由于这两种方法难以掌握，实证研究结果较少。这些研究方法需要经过心理学课程专门训练，但中国从事语言测试的学者大多是语言学背景，如果有心理学实验知识和技能，建议中国学者从事阅读和听力测评研究。

第二，中国语言测试研究者知识结构和背景比较单一，很少有学者具备较强的统计学和教育测量知识和技能，因此很难在研究方法上取得突破。为了尽快与世界语言测评界接轨，中国高等院校和研究机构需要加强学科之间的合作，联合培养人才，如教育学、计算机科学、数学、心理学、语言学等学科联合起来共同培养学生。语言测量是一门交叉科学，如果相关院系不联合起来，或者是学生选课限制在本院系，中国语言测试研究很难跟上世界的步伐，中国的考试成绩也很难被其他国家承认。

另外，本文对语言测评领域近期出版著作的综述也可以帮助中国学者撰写书评。及时了解重要学者的著作是选择评介专业书籍的第一步。本文对获奖学者和学生论文、著作的介绍不仅能使中国学者更深入地了解本专业的重要学者，也可以有效地指导研究生进行文献阅读。阅读优秀的著作和论文能取得事半功倍的效果，既能让学生感知优秀作品的特点，也可以指明向优秀论文和学术报告努力的方向。

本研究发现两个研究热点和前沿：

第一个研究热点是综合测试任务研究。综合测试任务包括阅读—写作任务、听力—阅读—写作任务、阅读—口语任务、听力—写作任务等。这些考试任务对传统的效度检验提出了巨大的挑战。效度是测量目标和测量内容的一致性。如果是复合考试任务，如阅读—写作任务，测量内容是阅读和写作，但是测量目标却很难界定，究竟是考察阅读理解能力、写作能力，还是恰当地运用材料进行写作创造的能力。由于效度检验是语言测试的核心问题，复合任务的出现对本研究将提出新的挑战。目前全国大学英语四六级考试还未采用综合语言任务考试形式，但预计将来会采用，对综合语言任务的研究是国际学者的研究热点，也将会是中国学者的研究热点。这样的预估主要基于三个方面。首先，TOEFL 考试已经采用综合语言任务，包括阅读—写作任务和阅读—口语任务。而全国大学英语四六级考试的多次改革都深受 TOEFL 的影响。其次，综合语言任务有其自身的优点，譬如语言使用的真实性。考试的形式与语言使用者在工作和学习中遇到的模式很接近。学生经常先听讲座然后再写感想，或者先读文章再做演讲。综合语言考试任务的另外一个优点是对教学的反拨作用大，有利于教师设计听说读写综合任务，而单一任务往往采用单项选择的考试方式，将语言碎片化。最后，综合语言任务测试在 2013—2014 年的 LTRC 会议中都有专设的论文报告场次。基于以上分析，中国学者应该紧跟学科研究前沿问题，在学校或班级开展相关的研究。如果全国大学英语四六级考试采用类似的考试任务，综合测试任务研究也会相应增加，但到那时也许该问题已经不是前沿问题。

第二个语言测试领域的研究热点是特殊用途英语测评研究。特殊用途英语主要包括学术英语、商用英语、医用英语、航空航天英语、旅游英语等，对这些用途的研究也相对较多。虽然目前中国学者对特殊用途英语测评研究很少，但是今后的几年情形会有改变。教育部大学外语教学指导委员会将在 2015 年颁布全国大学英语教学指南，以取代现在的大学英语教学大纲。缩短通用英语的教学时间，在高年级开设专门用途英语将是新的教学指南和旧的教学大纲最大的区别。专门用途英语教学将使其教学评估成为必需，因为评估既是教学的最后一个环节，也是新的教学活动的起点。鉴于此，中国语言测试学者应该尽快着手特殊用途英语测评研究的前期准备，如文献综述和相关研究方法的探讨和比较。

目前，国际语言测试研究也有部分缺失。虽然语言测试研究学者通过特定期刊和国际会议已经成为一个紧密联系的群体，但这个研究群体强调测试及测试方法，而对语言学理论在测试中的应用却关注不足。语言学中的理论几乎很少提及，语言在大多情况下是测试的内容，而不是数学、物理能力等。笔者认为，语言测试研究应该充分运用语言学领域的理论来探讨测评中的难题。比如探讨学生口语产出的连贯性，语言测试研究通常研究评分的一致性、准确性，通过分析评分员打分的结果来分析口语能力。但是，很少有学者通过分析学生的主位—述位结构(theme-rheme)和主位推进模式来探讨口语产出的连贯性。语言测试研究应该少一些从分数和数字到语言能力的研究，而多一些分析学生口语表现、文本特点的研究。

总之，本文综述了语言测试界最近两年重要的研究成果，在此基础上概括出三个本领域重要的、核心的研究方向，也发现了两个新的研究热点。了解本学科的核心研究议题和前沿研究方向将帮助中国学者及时了解本领域的最新动态，不仅有助于中国学者与其他国家的学者深入地进行学术交流，也为中国学者遴选研究课题提供参考。

参考文献

[1]Aoki, M. (2013). The Role of Testing Language Proficiency as Part of Teacher Certification. Modern Language Journal, 97 (2): 539-540.

[2]Bosker, H., Pinget, A., Quene, H., Sanders, T., de Jong, N. (2013). What Makes Speech Sound Fluent? The Contributions of

Pauses, Speed and Repairs. Language Testing, 30(2): 159-175.

[3] Brown, J. (2014). The Future of World Englishes in Language Testing. Language Assessment Quarterly, 11(1): 5-26.

[4] Brunfaut, T. (2014). Language for Specific Purposes: Current and Future Issues. Language Assessment Quarterly, 11(2): 216-225.

[5] Cho, Y., Rijmen, F., Novak, J. (2013). Investigating the Effects of Prompt Characteristics on the Comparability of TOEFL iBT (TM) Integrated Writing Tasks. Language Testing, 30(4): 513-534.

[6] Cubilo, J., Winke, P. (2013). Redefining the L2 Listening Construct Within an Integrated Writing Task: Considering the Impacts of Visual-Cue Interpretation and Note-Taking. Language Assessment Quarterly, 10(4): 371-397.

[7] Cumming, A. (2013). Assessing Integrated Writing Tasks for Academic Purposes: Promises and Perils. Language Assessment Quarterly, 10(1): 1-8.

[8] Emery, H. (2014). Developments in LSP Testing 30 Years On? The Case of Aviation English. Language Assessment Quarterly, 11(2): 198-215.

[9] Fulcher, G. (2015). Re-examining Language Testing: A Philosophical and Social Inquiry. New York: Routledge.

[10] Gebril, A., Plakans, L. (2013). Toward a Transparent Construct of Reading-to-Write Tasks: the Interface Between Discourse Features and Proficiency. Language Assessment Quarterly, 10(1): 9-27.

[11] Leaper, D., Riazi, M. (2014). The Influence of Prompt on Group Oral Tests. Language Testing, 31(2): 177-204.

[12] Margolis, D. (2014). Language Testing and Evaluation, Vol. 26, Collaboration in Language Testing and Assessment. Modern Language Journal, 98(4): 1066-1067.

[13] Murray, N. (2014). Reflections on the Implementation of Post-

Enrolment English Language Assessment. Language Assessment Quarterly, 11(3): 325-337.

[14] Norton, J. (2013). Performing Identities in Speaking Tests: Co-Construction Revisited. Language Assessment Quarterly, 10(3): 309-330.

[15] Papageorgiou, S., Cho, Y. (2014). An Investigation of the Use of TOEFL(R) Junior(TM) Standard Scores for ESL Placement Decisions in Secondary Education. Language Testing, 31(2): 223-239.

[16] Sawaki, Y., Quinlan, T., Lee, Y. (2013). Understanding Learner Strengths and Weaknesses: Assessing Performance on an Integrated Writing Task. Language Assessment Quarterly, 10(1): 73-95.

[17] Wolfersberger, M. (2013). Refining the Construct of Classroom-Based Writing-From-Readings Assessment: the Role of Task Representation. Language Assessment Quarterly, 10(1): 49-72.

方法与主题：十八世纪英国文学研究前沿

武汉大学外国语言学院　王爱菊　杨文慧

在 1990 年之前国外出版的英国文学史著作中，18 世纪文学占据着无足轻重的地位，往往被轻描淡写地一笔带过。无论是 18 世纪的英国历史处境还是文学文本，似乎都显得乏味无趣。从历史分期来看，18 世纪是一个相对而言平淡无奇的断代史时期。在此之前，17 世纪的历史舞台上演了混乱无序和眼花缭乱的剧目，如内战、复辟、宗教迫害以及国王被处死或被流放。在此之后，到了 19 世纪，英国帝国主义扩张，大踏步进入工业化的现代社会，充当了西方社会的领头先锋，令世人瞩目。而在 18 世纪，随着 1688 年光荣革命确立了君主立宪的政治体制，长期困扰英国社会的政治问题和宗教问题得到解决，社会进入比较平稳和顺畅的发展轨道，既没有惊涛骇浪的重大时刻，也没有激荡人心的历史事件。从英国文学史来看，18 世纪英国文学前有文艺复兴时期的鼎盛，后有浪漫派诗歌的灿烂和维多利亚时期小说的辉煌，故而与前后的断代文学史相比，除了蒲柏、约翰逊和菲尔丁等作家之外，似乎乏善可陈，其研究也一直处于被忽略的地位。

但是在 20 世纪末期，西方学界对于 18 世纪英国文学的学术兴趣出现了引人注目的"爆炸"①。18 世纪英国文学骤然成为了文学

---

① Richetti, John. Cambridge Companion to Eighteenth-Century Novel. Cambridge：Cambridge UP，1996.

研究的富矿。英国学者们从中发掘现代性和现代自我的早期起源，美国学者们则兴奋地发现美国的建国理念甚至美国当代的政治文化生活原来都可以在 18 世纪中找到根源和关联。在进入 21 世纪之后的近 15 年中，英美各大权威学术出版社竞相出版了论述 18 世纪英国文学、文化与思想的研究丛书系列，如剑桥大学出版社自 2004 年到 2007 年出版了"18 世纪英国文学与思想"系列，共 36 本。劳特里奇出版社（Routledge）在 8 年时间（2006—2014）里出版了"18 世纪英国文学研究"系列，共 11 本。麦克米伦出版社、朗文出版社、巴克内尔大学出版社、特拉华州大学出版社等知名出版社也不甘落后，都在近些年推出了系列研究丛书。无论是著作出版、教学课程，还是在英美两国召开的 18 世纪文学研究研讨会的参会人数，都表明 18 世纪英国文学是当今英美文学学术界生机勃勃、最富活力的研究领域之一。

近 30 年里，国外的 18 世纪英国文学研究主要得益于各种文学批评方法的兴起。自从 20 世纪 80 年代出现文学理论热，各种文学批评方法蜂拥而出，呈现出多样性和复杂性，而不同的方法则意味着不同的视角和不同的主题。虽然在当今这样一个"后理论"的时代，理论在文学批评实践中所展现出来的锋芒与活力似乎大有减弱，但是在 18 世纪英国文学研究中，"阶级"、"性别"、"文化"、"政治"和"殖民"等文学理论关键词仍然很重要。追踪这个领域的前沿研究，为拓宽国内英国文学研究视野、保持与国际研究同步具有很大意义。

一、马克思主义与小说的历史起源研究

1957 年，伊恩·瓦特（Ian Watt）出版了《小说的兴起》，开启了 18 世纪英国文学研究的先河。对于这部具有开创性意义的经典著作，后来的 18 世纪英国文学研究的各路英雄不仅心悦诚服地表示敬意，而且无比渴望对其发起挑战，或者说唯有与瓦特对决并把他挑下马来才能充分证明自己的学术成就。在这部重要著作中，瓦特运用马克思主义来分析中产阶级的兴起与小说的兴起之关联。在此之后，关于小说这个重要的文类如何兴起并发展于 18 世纪的主题讨论不绝如缕，如 John Bender（1987）①、J. P. Hunter（1992）②、Willam Warner（1998）③和 Patricia Meyer Spacks（2006）④。其中，麦肯恩（Michael McKeon）在 1987 年出版的《英国小说的起源：1660——1740》（2002 年出版了第二版）⑤颇为壮观。麦肯恩继续沿用瓦特的马克思主义的研究方法，运用否定之否定的辩证法，以"真实问题"（即叙事认识论）和"德行问题"（社会-伦理意识形态）为两大主轴，以恢宏的历史眼光追溯小说的起源以及小说与其他文类之间的断裂与连续。

与瓦特关注中产阶级与小说之关联不同，麦肯恩侧重于分析贵族和乡绅阶层与小说之关联。他指出，在当时的社会，在 17 世纪末 18 世纪初，中产阶级作为一个阶层还未完全形成，还不具备区分于其他社会阶层的识别性特征。另外，理查逊和菲尔丁的小说承袭了传奇的传统，这也许暗示了小说的兴起并非与中产阶级的兴起而是和贵族阶层的持续和衰落有关。基于"传奇和贵族阶层的持续存在"这一问题，麦肯恩先从马克思主义的角度解释了传奇和贵族阶层的不稳定性，然后分析小说如何回应了文学分类和社会分类的不稳定并从中发展而来。

麦肯恩将小说的起源设定在 16 世纪至 18 世纪早期，当时的欧洲社会经历了宗教改革，正处于转型时期，而人们对待叙事中的真实和社会秩序中的德行的态度面临着危机。前者是"真实问题"

---

①　Bender, J. Imagining the Penitentiary：Fiction and the Architecture of Mind in Eighteenth-Century England. Chicago：University of Chicago Press, 1987.

②　Hunter, J. P. Before Novels：Cultural Contexts of Eighteenth-Century English Fiction. New York and London：W. W. Norton, 1992.

③　Warner, W. Licensing Entertainment：the Elevation of Novel Reading in England. Berkeley：University of California Press, 1998.

④　Spacks, Patricia Meyer. Novel Beginnings：Experiments in Eighteenth-Century English Fiction. New Haven：Yale University Press, 2006.

⑤　McKeon, Michael. The Origins of the English Novel：1600-1740. Baltimore：Johns Hopkins University Press, 1987.

（questions of truth），后者是"德行问题"（questions of virtue）。麦肯恩采用了马克思在《政治经济学批判大纲》中提出的历史辩证主义，主要阐释了小说如何在"真实问题"和"德行问题"二者的辩证关系中兴起，并协调当时的认识论危机和社会危机。

麦肯恩指出，在 17 世纪末 18 世纪初，叙事作品受到单纯经验主义的影响，试图在叙事中表述真实；与此同时，随着来自工商行业的新兴阶级财富的日益累积，人们对于德行的概念发生了变化。麦肯恩将叙事作品中种种意识形态之间的冲突表述为两条并行的主线：17 世纪以前的主流叙事认识论是"传奇理想主义"，后来单纯经验主义否认了传奇在认识论上的稳定性，并从自身衍生出极端怀疑主义，而极端怀疑主义却否定了传奇理想主义和单纯经验主义，但自身又无法提供新的叙事认识论；17 世纪以后的主流社会价值认可当时的等级制度，"贵族意识形态"认为个人的出身和社会地位反映了个人的价值，后来激进意识形态颠覆了贵族意识形态，并从自身衍生出保守意识形态。这样一来，传统的主流叙事形式传奇和贵族意识形态尽管都被动摇了，却没有新的叙事形式和意识形态将其替代。小说作为一种文化工具，参与到当时的认识论危机和社会危机中，协调了传统认识论和怀疑论之间、保守意识形态和激进意识形态之间的矛盾。

尽管麦肯恩在《英国小说的起源》中作了大量的历史研究和深广的文本解读，但是仍然出现了历史背景与文本分析之间的分离。该著作在前两大部分对认识论危机和社会危机的解释，不能完全和第三部分对文学文本的解读结合起来。此外，麦肯恩虽然批评瓦特没有确切地定义小说，而他本人在讲述了小说之前的叙事作品的历史演化进程之后，并未能揭示出小说本身所具有的鲜明特征。

二、女性主义与女性书写和性别研究

瓦特在《小说的兴起》中指出，绝大多数的 18 世纪文学作品是女性写的。但是长期以来，关于 18 世纪英国文学的课程教材或论文著作中难以见到 18 世纪女性作家的身影。这一不对称现象在女性主义兴起之后得到了极大的改观。自从 20 世纪 80 年代女性主义兴起以来，女性主义理论在近 30 年已经以深刻且不可逆转的方式改变了 18 世纪英国文学研究的面目。近些年来，英美学界涌现了一大批运用女性主义研究 18 世纪英国小说的研究成果，有深度有广度，其研究主要集中在两个方向：探讨女性作家及其在文学史上的地位，发掘女性书写经典。涉及的研究主题主要包括以下几个方面：18 世纪女性文学史和女性作家研究，性别研究（包括男子气概、女性气质、女性化的东方和种族性别化等话题），将女性主义和其他文学理论如福柯的权力话语理论和后殖民主义相结合的研究，以及女性书写正典化研究。

1. 18 世纪女性文学史和女性作家研究

瓦特在《小说的兴起》中虽然承认 18 世纪女性作家创作的丰沛与繁盛，但仍然只是探讨了几位主要的男性作家及其经典著作。针对这种男性中心主义的文学史研究，女性主义研究者们给予了有力的纠正，如托德（Janet Todd）的《安吉利卡的标记：女性、写作和小说》①和巴拉斯特（Ros Ballaster）的《引诱的形式：女性情色小说（1684—1740）》②。

托德在她的这部女性主义文学史中探讨了奥斯丁之前的一大批从未为人所知的女性作家，探讨了她们尤其是以写作谋利的女性职业作家对于早期小说的重要贡献，主要分析了 18 世纪女性作家的小说创作、女性形象以及她们在表达自我时采用的符号或者面具。托德把 18 世纪女性小说文学史分为三个时间段，逐一加以具体论述。第一个时间段是从复辟到 18 世纪早期。大多数女性创作的小说和斯图亚特宫廷相关。Aphra Behn、Delavieri Manley 和 Eliza Haywood 这三位主要女性作家在性问题上直率，主要为男性读者创作。第二个时间段指从 18 世纪早期到中期。更多的女性投入到小

---

① Todd, Janet. The Sign of Angellica: Women, Writing and Fiction 1660-1800, New York: Columbia University Press, 1989.

② Ballaster, Ros. Seductive Forms: Women's Amatory Fiction from 1684 to I740. Oxford: Clarendon Press. 1992.

说创作中，而读者大多数也是女性，所以托德认为在这个时期，小说成为了女性化的文学文类。无论是创作小说的作家，还是小说中的女性形象，都发生了很大的变化。Sarah Fielding、Frances Burney 和 Susannah Gunning 等女作家都视教化女性读者为己任。这个时期小说中的女性形象多愁善感，她们是属于家庭的，贞洁，自我牺牲，而且在行为处世上多受高尚情感的引导。这种被动的、富于美德的女性形象在小说中，也在当时的英国社会文化中，逐渐占据了中心地位。第三个时间段是 18 世纪的最后 20 年。情感主义小说退隐，女性创作越来越职业化，直到司各特之前，女性几乎垄断了小说创作。女性作家的职责不再是教化劝诫读者，而是通过严肃的小说创作来改造和启蒙男女读者。在 18 世纪的最后一个十年，发表过小说的女性作家多达四五百位，包括 Frances Burney，Maria Edgeworth，Mary Wollstonecraft 和简·奥斯丁。

继托德之后，巴拉斯特更为深入地诠释了 17 世纪末和 18 世纪初三位女作家（Aphra Behn，Delariviere Manley，Eliza Haywood）如何以不同的方式建构女性身份并且修改或颠覆了传统。Behn 和 Manley 都被公众视为"声名狼藉的女人"，都在小说创作中将这一形象投射到女主人公身上，甚至利用这种策略来促进她们作品的销售。与 Behn 和 Manley 的这种自恋式的自我表现不同，Haywood 拒绝这种自传冲动，在小说中强化了女性受到男权社会的压迫的事实，并让小说更加接近于家庭小说。

除了文学史研究，单个女性作家和女性主义者的研究也成就斐然。如露西·佩里（Ruth Perry）①、伊斯贝尔·格兰迪（Isobel Grundy）②和玛格丽特·杜迪（Margaret Doody）③分别关于 Mary Astell、Wortley Montague 和 Frances Burney 的研究。限于篇幅，不

---

① Perry, Ruth. The Celebrated Mary Astell：an Early English Feminist. Chicago：University of Chicago Press，1986.

② Grundy, Isobel. Lady Mary Wortley Montagu：Comet of the Enlightenment Oxford：Oxford University Press，1999.

③ Doody, Margaret. Frances Burney：the Life in the Works（New Brunswick，1986）.

再具体展开评述。

2. 性别研究

性(sex)是人与生俱来的生理性别,性别(gender)或者社会性别是社会对男女的社会角色、行为、道德和自我意识的建构和期待。性别研究是女性主义研究中很重要的一部分。那么,18世纪的英国社会怎样理解和塑造女性气质和男子气概?如何看待性欲或异性恋?

拉奎尔(Thomas Laqueur)在《性别的产生》①一书中指出,直到18世纪早期才开始出现男子气概和女性气质的对立。在1650年之前,人们普遍认为,男人精液中的每一个精子细胞已经包含有完整的个人,在植入子宫之后是成为男孩还是女孩,要视女性在怀孕期间其身体的强健健康程度而定。这种单一性别的概念一直占据统治地位,然而随着关于动物和植物的科学研究的深入,人们才发现男性和女性截然不同,由此,两性理论才开始兴起。以此为基础,就可以更好地理解蒲柏在其诗歌作品中关于男性和女性的性别刻板印象。

关于性欲(sexuality),18世纪英国人的态度是所有人都是异性恋。1662年的《公祷书》从精神和肉体两个角度来解释了婚姻之内的性欲。从肉体的角度来看,性欲是为了繁衍后代和防止通奸。从精神的角度来看,男女之间结婚就像是基督和教会的结合。但是,宗教的解释和道德上的约束并不是太成功,因为18世纪的英国城市中妓院遍布,社会上流行各种形式的情色小说或黄色小说。朱莉·皮克曼(Julie Peakman)②在其著作中探讨了作为小说亚文类的色情小说的发展与发行,色情小说中的主题与当时关于身体与生殖生理的各种或流行或科学的理解的关系,以及英国色情小说与欧洲大陆各国特别是意大利和法国等国的色情小说之间的渊源。

关于男子气概,《普通的小个子:18世纪英国文学中的身高与

---

① Laqueur, T. Making Sex. Cambridge:Harvard University Press,1990.

② Peakman, J. Mighty Lewd Books:the Development of Pornography Eighteenth-Century England. Basinstoke:Palgrave,2003.

男子气概》①一书则选取了菲尔丁等人作品中的小个子男人形象，指出小个子象征了新兴中产阶级的文化焦虑，而这种形象也在不断的变化中，以适应近代英国社会对男性气概的关注。

关于女性气质，玛丽·普维（Mary Poovey）②认为，自 18 世纪中期以来，英国文化开始以道德品行而不是性魅力的展示为基础来构建理想化的女性气质。与普维相似，萨斯曼（Charlotte Sussman）③在其著作第七章中讨论 18 世纪的女性欲望和女性气质时指出，18世纪早期英国文化虽然认同女性的谦逊端庄，但是同时也认可女性对于自己美貌的展示。但是到了 18 世纪中期，社会开始鄙夷女性展示自己的美貌，转而颂扬女性的矜持谨慎。其主要原因是中产阶级的身份塑造。中产阶级女性应该矜持端庄，这样可以区分于通常被认为擅长调情和社交八卦的贵族妇女；中产阶级女性应该贤良淑德，这样可以区分于因为生活窘迫所致从而似乎毫无节操的下层劳动妇女；中产阶级的女性应该从公共领域退隐到家庭私人领域，并且以自己的美德影响家庭生活，这样可以区分那些抛头露面、以身体谋生活的娼妓。

3. 女性主义与福柯的权力话语理论以及后殖民理论的结合

从研究方法上看，阿姆斯特朗（Nancy Armstrong）在 1987 年出版的《欲望和家庭小说：小说的政治历史》④一书，是第一部运用福柯的权力话语理论来分析女性和文学的著作，开创了女性批评的新时代。这部著作把权力置于家庭领域之中，一反以往视女性为男权

① Armintor, Deborah Needleman. The Little Everyman: Stature and Masculinity in Eighteenth-Century English Literature. Seattle: University of Washington Press, 2011.

② Poovey, Mary. The Proper Lady and the Woman Writer: Ideology as Style in the Works of Mary Wollstonecraft, Mary Shelley, and Jane Austen. Chicago: University of Chicago Press, 1984.

③ Sussman, Charlotte. Eighteenth-Century English Literature. Cambridge: Polity, 2012.

④ Armstrong, Nancy. Desire and Domestic Fiction: a Political History of the Novel. New York: Oxford University Press, 1987.

社会的受害者的女性主义传统，认为女性作家并没有英勇反抗一个试图否认女性的公共语言和性欲的压迫性社会，而是有着较多的社会权力和文化权力，并且通过其女性书写创造了使得中产阶级获得文化霸权的意识形态。通过文本分析，阿姆斯特朗认为，从帕梅拉对心怀不轨的 B 先生说不，再到简·爱从罗彻斯特先生身边逃走，一直到 19 世纪维多利亚小说，家庭女性是情感生活的诠释者和评价者，在掌控家庭和男性欲望的过程中被赋权，并在各种试图占据最有价值的符号的政治纷争中获得胜利。

女性主义研究还和后殖民研究结合起来，其代表研究者是Nussbaum① 和 Brown②。前者探讨了早期女性主义与女性气质的家庭理想共同推动了种族主义和帝国主义的进程；后者揭示了主流文学作品中的女性人物如何充当了殖民暴力的替罪羊和见证人。

4. 女性书写与正典化

随着女性主义研究者的深入研究，那些被边缘化的 18 世纪女性书写得到了越来越广泛的理解，也开始经历被正典化的历程。美国女性主义批评的旗手宝拉·巴克舍德（Paula Backscheider）在2005 年出版了《十八世纪女性诗人及其诗歌》③，发掘了 40 余位久被忽略的 18 世纪女诗人（其中最重要的是 Charlotte Smith），探讨了这些女诗人如何改变了英国的诗歌趣味并推动了诗歌传统的发展。她认为这些女性诗人虽然采用了男性诗人常用的诗歌类别，但是通常改写并且创造了不同于传统形式的诗歌。例如，她们运用宗教诗歌来直接表达对父权的反抗。2005 年，《剑桥英国文学史：1660—

---

① Nussbaum, Felicity. Torrid Zones: Maternity, Sexuality, and Empire in Eighteenth-Century English Narratives. Baltimore: Johns Hopkins University Press, 1995.

② Brown, Laura. Ends of Empire: Women and Ideology in Early Eighteenth-Century Literature. Ithaca: Cornell University Press, 1993.

③ Backscheider, Paula. Eighteenth-Century Women Poets and their Poetry, Baltimore: Johns Hopkins University Press, 2005.

1780》①出版，其编者是 18 世纪文学研究的知名学者瑞凯迪（John Richetti）。为了呼应 18 世纪文学研究中正典化与去正典化的趋势，瑞凯迪增加了对于女性书写以及工人阶层书写的相关研究，减少了理查逊和菲尔丁等 18 世纪男性作家的研究篇幅。

三、文化批评与 18 世纪英国小说研究

21 世纪的文学研究不再视文学为独立自洽的文本系统，而是视之为与政治、宗教、道德、历史与文化纠结交错的互文体系。文化研究分广义和狭义两种。广义的文化研究涉及宽泛，关涉雷蒙·威廉姆斯所说的"作为整个生活方式"的文化。狭义的文化研究则是指以文学为对象的文化批评，其发展经历了不同阶段。在 21 世纪 60 年代，文化批评重视工人阶级的文化趣味和生活方式；在 70 年代，关注媒体文化和青年亚文化；80 年代以来，关注种族和女性问题；到了 90 年代，文化研究中的马克思主义色彩消逝，批判锋芒锐减②。

在众多相关研究著作中，卡斯特尔（Terry Castle）的《假面舞会与文明：18 世纪英国文化与文学中的狂欢化》③出版于 1986 年，是文化批评的典范。卡斯特尔指出，假面舞会自 18 世纪 20 年代直到世纪末一直是英国城市的流行文化现象，并以此来解读 18 世纪英国小说。她认为，18 世纪的英国小说体现了对于假面舞会的迷恋，这种迷恋映照出英国社会对于狂欢化的普遍兴趣。假面舞会在文学叙事中的作用几乎等同于它在 18 世纪英国文化中的作用。该书借鉴了巴赫金的狂欢化理论来分析 18 世纪英国小说（如《阿米莉亚》和《帕梅拉》）。巴赫金认为，狂欢化的作品拒绝形式上的归类，就

---

① Richetti, J. The Cambridge History of English Literature, 1660-1780. Cambridge：Cambridge University Press，2005.

② 赵一凡等. 西方文论关键词[M]. 北京：外语教学与研究出版社，2006.

③ Castle, Terry. Masquerade and Civilization：the Carnivalesque in Eighteenth-Century English Culture and Fiction. Pala Alto：Stanford University Press，1986.

像拉伯雷的作品一样综合了各种文学类别或者复调形式。卡斯特尔以前面提到的两部小说为例，指出 18 世纪小说也含有狂欢化场景，常常展现出明显的形式上的不稳定性，并且得出结论说，狂欢化是 18 世纪小说的主题，强化了小说的内在杂交性质或者复调性质，其目的是表达被 18 世纪英国文化中体制化力量所压制的冲动。

　　文化批评的范式也常常用于分析单个的 18 世纪作家，这里就以菲尔丁的研究为例来加以说明。《诚实的罪：乔治时代放荡主义与菲尔丁的戏剧和小说》①分析了放荡主义（libertinism）对 18 世纪英国文化和文学的影响，探讨了其中的浪荡子形象。蒂凡尼·波特指出，放荡主义在 18 世纪初期和中期仍是一股强大的社会力量，浪荡子的形象不可避免地会成为菲尔丁戏剧作品和五部小说中的主角。《汤姆·琼斯》中的男主人公是菲尔丁心中最为完美的浪荡子形象。汤姆·琼斯的行为不断挑战已有的道德观、权力以及传统的玩乐主义定义，也体现了菲尔丁在当时利己主义的社会中寻求人类美好天性的努力。

　　《价值范式：18 世纪的政治经济与小说》②解读了金钱与主体之间的微妙关系，探讨了 18 世纪"价值"一词的含义。该书在第四章"菲尔丁与财产"中，围绕菲尔丁小说中丢失的各种物件探讨了菲尔丁的价值理念。"汤姆·琼斯"中纸币的失而复得、"大伟人江奈生·魏尔德传"中各种赃物在主人公的谋划下物归原主、"阿米莉亚"中的女主人公所继承的财产被姐姐侵吞等细节反映了菲尔丁对金钱所产生的能力持有保守的敌意，因为现有的金融体系威胁到了以土地作为财产的农业社会的稳定性，而由金钱所构建起的社会关系中不再能够承担起传统的社会责任。除此之外，作为文化批评的关键词，意识形态也在菲尔丁研究中得到了关注，如《18 世纪文

---

① Potter, Tiffany. Honest Sins: Georgian Libertinism and the Plays and Novels of Henry Fielding. Ithaca: McGill-Queen's University Press, 1999.

② Thompson, James. Models of Value: Eighteenth-Century Political Economy and the Novel. Durham and London: Duke University Press, 1996.

学的意识形态和形式》①。该书以菲尔丁研究为中心，收录了一批
学术论文，主要分为两大部分："菲尔丁作品中的意识形态和形
式"和"文化历史中的形式和意识形态"。

四、新历史主义与家庭小说研究

在形式主义和结构主义的热潮过后，新历史主义以区分于传统
历史主义的面貌在 20 世纪 80 年代中期卷土重来。受此影响，英美
文学研究开始关注文本的历史性，要求文本的解读必须相关于文本
的历史背景，要求把文本看做积极参与时代的历史产物，而不是脱
离历史背景或者历史背景模糊的文字结构。

18 世纪的英国小说大多数是家庭小说，探讨婚姻和家庭关系，
因此很多研究著作探讨家庭小说以及历史中的家庭关系的关联，代
表性研究著作包括《无能的父亲》②、《英国小说与文化中的家庭关
系的演变：1748—1818》③、《十八世纪英国文学中的婚姻》④、《家
庭小说：叙事与英国的家庭关系》⑤以及《十八世纪英国小说中的顺
从和权力》⑥。

在《无能的父亲》中，麦克瑞根据劳伦斯·斯通等人的人口危
机理论来诠释 18 世纪英国小说。斯通等历史学家认为，在 18 世纪

---

① Richter, David H. (ed.). Ideology and Form in Eighteenth-Century
Literature. Lubbock：Texas Tech University Press，1999.

② McCrea, Brian. Impotent Fathers：Patriarchy and Demographic Crisis in the
18th Century Novel，Newark：University of Delaware Press，1998.

③ Perry, Ruth. Novel Relations：The Transformation of Kinship in English
Literature and Culture：1748-1818. Cambridge：Cambridge University Press，2004.

④ Geller, Jaclyn. Domestic Counterplots：Representations of Marriage in 18th
Century British Literature，unpublished doctor dissertation，2003.

⑤ Flint, Christopher. Family Fiction：Narrative and Domestic Relations in
Britain，1688-1798. Stanford：Stanford University Press，1998.

⑥ Thompson, Helen. Ingenuous Subjection：Compliance and Power in the
Eighteenth-Century Domestic Novel. Philadelphia：University of Pennsylvania Press，
2005.

上半叶，英国社会的父权制受到抑制，因为大约 50% 的土地乡绅阶层未能繁衍男性继承人。麦克瑞认为，家庭中男丁的减少对于 18 世纪小说的形式和内容起着决定性作用，18 世纪的小说不仅试图记录真实的历史危机，而且尝试提出解决这一危机的途径。在笛福、菲尔丁和斯摩莱特的小说中，有很多情节原型，例如"身世之谜"和"孤女继承人"。这些情节原型表达的是父权的不确定性，凸显了对社会稳定性和个人身份的焦虑。在理查逊、伯尼和其他几位女性作家的小说中，则出现了缺场的、受损的甚至死去的父亲形象，因为作家描述的不是传统女性主义批评者所说的"男性父权社会对女性的边缘化和压迫"，而是由于缺失一个颐指气使的父亲而带来的不确定性。该书以一种出现在很小范围内的社会人口危机为基础来诠释 18 世纪的小说，并且认为小说在形式和内容上都体现了对这一单一社会现象的应对，显得过分简单化，忽略了不同作家各自不同的社会历史背景，过于简约化。

与《无能的父亲》一样，《英国小说与文化中的家庭关系的演变：1748—1818》也试图在历史和文学之间建立关联。作者露西·佩里（Ruth Perry）曾经担任过美国 18 世纪研究协会主席，多年来一直从事 18 世纪文学与文化研究，深耕细作，著述颇丰。她在这部著作中认为，从 18 世纪中期到末期，从理查逊到奥斯丁，英国社会家庭关系发生了重要的变化，无论是历史事实还是在虚构小说中。这个变化就是家庭不再以血统关系为中心，而是以夫妻配偶关系为中心。作者并没有简单地套用历史学家劳伦斯·斯通关于英国核心家庭关系的刻板理论，而是指出 18 世纪英国文学反映出人们对于家庭的忠诚度、责任感甚至是心理依恋发生了变化。18 世纪英国小说以虚构和戏剧化的方式表现了这些变化，反映了萦绕在当时英国人心头的思绪，并且试图帮助读者理解和应对这些家庭问题。例如女性失去继承权，这导致了父女之间的矛盾关系以及兄弟与姊妹之间的关系变化。随着家庭关系逐渐以夫妻配偶关系为主导，随着法律条文将财产和继承权转移到儿子们的手中，闺阁女儿们不再享有继承权，父母越来越视女儿们为潜在的累赘。父亲和女儿之间的关系充满矛盾，因此这个时期的小说常常表现出对父女之间的情感纽带的怀旧式的眷恋。由于姊妹们失去继承权，而兄弟们从她们手中攫取了更多的物质利益，她们的地位一落千丈，因此这个时期的小说描述了那种既慷慨大方又善待保护姊妹们的理想兄弟形象。

五、后殖民主义与帝国殖民主题

萨义德的《东方主义》(1978)是后殖民理论的奠基性著作之一。萨义德认为欧洲人的东方学并不是客观的关于这些陌生国度特别是中东国家的知识，而是充满了误解和偏见，旨在通过把东方作为一个具有异国情调但是难以理解甚至低人一等的他者来维系种族的不平等。受其影响，从 20 世纪 90 年代开始，英美研究者开始讨论 18 世纪的文学作品如何受到当时作为殖民强国的英国的影响，探讨文学文本、文化物质与社会行为如何与欧洲帝国主义合谋或者对峙。直到最近几年，帝国仍然是一个重要的研究主题，其代表著作包括《十八世纪英国和全球化批评》①、《解读东印度公司》②。此外，还出现了对于"大西洋两岸文化"的关注，如《印第安人、英国文学和跨大西洋文化》③。吉尔若伊(Paul Gilroy)④首先提出了"黑色大西洋"的概念，虽然相关于萨义德对于帝国的批判，但是不再关注大西洋黑奴贸易中的流散的黑奴，而是转而研究跨越民族国家界限的黑人的写作。

---

① Hawes, Clement. The British Eighteenth Century and Global Critique. New York: Palgrave Macmillan, 2005.

② Joseph, Betty. Reading the East India Company, 1720-1840. Chicago: University of Chicago Press, 2004.

③ Fulford, Tim. Native Americans, British Literature, and Transatlantic Culture 1756-1830. Oxford: Oxford University Press, 2006.

④ Gilroy, Paul. The Black Atlantic: Modernity and Double Consciousness. Cambridge: Harvard University Press, 1993.

　　《十八世纪英国文学和后殖民研究》①是后殖民研究的另一力作。作者考尔认为 18 世纪英国文学中的形式创新或者追本溯源的做法是由英国的扩张活动所带来的欲望与恐惧的心理所造成的。英国在 18 世纪的海外扩张活动对于英国的经济、社会制度、文化、报纸、游记等产生了很大的影响，同时也促进了国家和帝国概念的形成。18 世纪英国作家们（即使是那些质疑英国商业与殖民扩张的作家）共同创造了一种"民族"文学，其文化价值与英国当时的帝国主义国家形象是一致的。考尔分析了戴夫南特的戏剧、斯摩莱特的《兰登传》和菲利斯·维特利的诗歌，揭示了大英帝国对文学创造的影响。例如，伊丽莎白时期英国的对外迅速扩张的活动及其强大的军事实力导致了游记这一文类的流行。游记通常讲述在异域发生的故事，导致许多异域的人物和历史事件出现在当时的英国戏剧中，而研究表明，这些戏剧对于英国帝国主义身份形成有很大的影响。另外，在分析斯摩莱特的反帝国主义小说《兰登传》（1748）时，该书探讨了在大英帝国的文化混合中和英国民族国家的形成过程中，不同文化如何被划分为不同等级，苏格兰的文化模式与英格兰的文化模式之间有着怎样的微妙关系，以及苏格兰的野心如何受到大英帝国的殖民贸易的影响。

　　巴克舍德（Paula Backscheider）在一篇名为《18 世纪研究的未来》的文章中指出，从事 18 世纪英国文学的教学与研究，尤其需要跨学科的知识与技巧。18 世纪英国文学研究的国际权威期刊主要包括《十八世纪研究》、《十八世纪文化研究》、《十八世纪研究学刊》、《十八世纪：理论与诠释》等数种。这些著名学刊都致力于跨学科的研究，而不是纯粹的 18 世纪文学或者小说研究。可以说，跨学科、学科间、多学科研究已经是国际上文学研究尤其是 18 世纪英国文学研究的主流。上文从方法到主题通过五个方面大致勾勒了过去 30 年 18 世纪英国文学研究的历史发展，但是这只是全豹之

① Kaul, Suvir. Eighteenth-Century British Literature and Postcolonial Studies. Edinburgh: Edinburgh University Press, 2009.

一斑，因为 18 世纪英国文学研究所涉及的范围远不止这些，其他一些重要的方法与主题，如情感与同情、空间理论与建筑、启蒙思想与科学等，由于篇幅原因暂付阙如。

2013年以来海外纪录片研究动态追踪

武汉大学新闻与传播学院
张　卓　卫　萌

英国著名的纪录片导演约翰·格里尔逊(John Grierson)第一次提出纪录片的概念，距今已有89年。以真实性为核心的纪录片随着时间流逝而发展，数量上持续增加，题材和形式更为广泛和丰富，拍摄和制作等技术手段也随着科学技术的进步而不断创新。纪录片正在改写传统的小众化特点，逐渐走向大众视野。

与此同时，针对纪录片的研究也在不断成熟。从20世纪90年代初纪录片理论与现实的脱节，到1993年第一届 VE(Visible Evidence)①大会上纪录片研究学者探讨如何重建纪录片研究领域，此后关于纪录片的研究开始从纪录片本体出发，更多地关注纪录片与现实及纪录片真实性的问题，逐渐打破单一的纪录片研究体系，转而以多学科交叉融合的方式研究纪录片。关注当前国际纪录片学术研究讨论，不仅能够了解纪录片领域的前沿学术方向与焦点议题，也可为我国纪录片发展与纪录片研究提供参考与借鉴。

---

① "可见的证据"(Visible Evidence，VE)国际大会，是当代纪录片以及非虚构文化媒介研究的最高国际学术会议，1993年时由一些知名纪录片学者发起，探讨非虚构媒介文化，国际巡回召开。

引 言

"期刊论文是研究趋势的晴雨表"。① 为了更明晰而准确地勾勒出海外纪录片"正在进行"的学术动向，本文以传播学和影视类专业期刊作为主要来源，搜索了近三年国外纪录片研究的相关论文，同时辅以少量著作作为研究样本。本研究选取了 SCIE/SSCI/A&HCI 和 Communication & Mass Media Complete（EBSCO）两个数据库作为主要搜索对象。SCIE/SSCI/A&HCI（Web of Science）是由汤森路透集团提供的大型引文索引数据库平台，涵盖了自然科学、工程技术、社会科学、艺术与人文等领域内具有较高影响力的一万多种学术期刊，其中的社会科学引文索引（Social Science Citation Index，SSCI）收录了社会科学的 50 多个核心学科领域 3000 多种最具影响力的期刊文献信息；艺术与人文科学引文索引（Arts & Humanities Citation Index，A&HCI）收录了艺术和人文学科领域的 700 多种学术期刊；大众传媒学全文数据库（Communication & Mass Media Complete，EBSCO）提供传播和大众传媒领域的强大高品质文献检索和研究解决方案，涉及传媒学、传播学、广告学等相关专业，收录期刊约 620 种。受资源所限，著作信息主要来自于美国亚马逊网站。

据统计，SCI、SSCI 和 A&HCI 均收录传播学期刊，以 SSCI 为最多。截至 2014 年，SSCI 收录传播学期刊 77 种，其中被 SCI 和 SSCI 共同收录的传播学期刊有 1 种，被 SSCI 和 A&HCI 共同收录的传播学期刊有 14 种。在 SSCI 收录的 77 种传播学期刊中，近三年发表过纪录片研究论文的仅有 9 种，分别为：《论证》（Argumentation）、《传播学研究》（Communication Research）、《媒体与文化研究期刊》（Continuum-Journal of Media & Cultural Studies）、《非洲媒体研究期刊》（Journal of African Media Studies）、《大众传播与社会》（Mass

---

① Kamhawi, R. & Weaver, D. (2003). Mass Communication Research Trend from 1980 to 1999. Journalsim and Mass Communication Quarterly, 80(1)：7-27.

Communication and Society)、《澳大利亚国际媒体》(Media International Australia)、《演说季刊》(Quarterly Journal of Speech)、《文字和语言》(Text & Talk)和《欧洲传播学期刊》(European Journal of Communication)。在 A&HCI 收录的 19 种影视艺术类期刊中，近三年发表纪录片研究论文的仅有 2 种，分别是《电影爱好者》(Cineaste)和《电影评论》(Film Comment)。其中书评和影评占据了不少比例，经过反复筛选，最终仅获得 51 篇真正以纪录片为核心对象的研究论文。而在传播学领域期刊影响因子(impact factor)①排名前 20 位的期刊中②，近三年发表了纪录片研究论文的只有《传播学研究》一种。由此可见，纪录片在传播学领域、广播电视领域和艺术人文领域依然关注甚微，处于学术研究的边缘状态。

就议题而言，近三年海外纪录片的相关研究除了传统的纪录片导演及其作品研究，主要还涉及新媒体与纪录片、类型化纪录片、纪录片与历史等，中国纪录片也随着若干作品国际影响力的提升而逐渐成为研究的热点。

一、新媒体与纪录片

科技水平的提高为纪录片的拍摄与制作带来了巨大的改变与发展，拍摄机器的日益精密和制作工具的多样功能让纪录片在观感层次上大大提高。近年来，新媒体技术和传播的发展为纪录片提供了

---

① 期刊引用报告(Journal Citation Report，JCR)是评鉴期刊的必备参考工具。它有两个版本：自然科学版(收录 5000 余种国际著名的科技类期刊)和社会科学版(收录 1600 余种国际著名的社会科学类期刊)。JCR 按照期刊被引用次数、影响因子(impact factor)及立即引用率(immediacy index)做排名表，并列出各种相关统计，包括期刊被引用频率、期刊刊登的文章数量以及每篇文章平均被引用情形等。其中影响因子最为常用，它是计算某一期刊的论文在某一年间被引用频率的方法。计算方式是以该期刊前两年中所出版的论文在今年被引用的次数和，除以该期刊前两年中出版论文总数。值越高，表示被引用的次数越高，该期刊的影响力也越大。

② 排名来源于 Web of Science 网站 JCR Social Sciences Edition 2013。

更广阔的空间：视频网站等各类新媒体平台将纪录片从过去"小众化"的传播状况推到大众面前，使得纪录片的观看变得十分便捷，利用新媒体平台实现的观众互动为纪录片积累了不少人气，同时也推动了微纪录片、商业定制纪录片的出现和发展；新型纪录片拍摄方式"众筹"（crowdfunding）的出现打破了纪录片传统的资金来源方式，扩大了纪录片的影响力与知名度，丰富了纪录片拍摄的题材和内容。在新媒体时代，纪录片呈现的新气象也是国外纪录片研究者关心的问题之一，研究者们通过对这些现象的分析为纪录片的未来发展出谋划策。

帕尔格雷夫·麦克米伦（Palgrave MacMillan）公司 2014 年 2 月出版的《新纪录片生态学：正在涌现的平台、实践和话语》（New Documentary Ecologies：Emerging Platforms，Practices and Discourses）指出，纪录片从最初的无声电影到后来"新"媒介的出现（譬如电视），再到如今数字化平台的爆炸式发展，始终保持着非凡的活力。现如今，新一代的纪录片导演、多媒体设计师、网络策划人和社交媒体的整合者们，正在孜孜不倦地探索充满协作、参与和互动的数字化环境所带来的挑战和机遇。该书指出了纪录片形式革新和纪录片研究革新的关系，书中对于流行语的使用，如"增殖"（proliferation）、"分享"（sharing）和"路径"（access）等，在一定程度上增加了内容的吸引力，促使相关领域的学者，包括媒介发展研究、新闻学研究、新媒体研究和电影学研究等，更多地关注书中提及的问题。

《欧洲传播学期刊》（European Journal of Communication）2014 年第 1 期刊载的文章《内容把关人的渠道：英国公共广播纪录片和真实内容的多平台策略》（Channels as Content Curators：Multiplatform Strategies for Documentary Film and Factual Content in British Public Service Broadcasting）指出，在跨平台视听内容竞争日益激烈的全球市场中，Channel 4 和 BBC 这些传统的公共服务广播公司的策略和手段也随之改变，两大电视台都极力寻求自身品牌的线上拓展，并尝试让纪录片节目最大限度地通过互联网传播。纪录片节目的制片人和主管们也不再仅仅将自己看做纪录片节目和真实节目的生产者，而是增加了在线纪录片节目内容的把关人这一身份。纪录长片需要平台进行传播，电视台通常会特别注重节目的品牌推广和策划，Channel 4 的策略是内容的垂直分布与传播（verticals），并拓宽了纪录片电影（documentary film）的定义，将其称作纪录片内容（documentary content）；BBC 则采用了相反的方式，它为许多经典的纪录片主题开设门户，或者为自己的品牌纪录片构建传播通道。虽然两大电视台的在线拓展策略和目标所指不尽相同，但是Channel 4 和 BBC 都意识到未来的纪录片和真实内容节目的制作和传播会由于多样化平台的存在而变得异常精彩。

《新媒体与社会》（New Media & Society）分别在 2012 年和 2014年就纪录片众筹刊发了两篇论文：《在线融资的社会商业：土耳其独立纪录片制作人的众筹模式》（Social Business in Online Financing：Crowd Funding Narratives of Independent Documentary Producers in Turkey）和《众包与外包：在线集资和分配对英国纪录片产业的影响》（Crowdsourcing and Outsouring：the Impact of Online Funding and Distribution on the Documentary Film Industry in the UK）。第一篇论文介绍了土耳其的三部独立纪录《我的孩子》（My Child）、《普世城》（Ecumenopolis）和《我走你留》（I Flew You Stayed）背后通过众筹进行拍摄的流程，认为众筹是导演完成社会商业化的一个工具，其终极目标是既吸引媒体关注，又维护自身独立性等，各不相同，但是这只有在与特殊的活动安排或者社会讨论有联系的情况下才具有自身的意义。比如，对于《我的孩子》的导演而言，众筹可以吸引更多的关注，而对于《普世城》的团队来说，众筹是在寻求资金资助中保护自身独立性的一种方式，《我走你留》的导演则强调众筹是一种有效地讨论土耳其社会事件的方式。第二篇论文则关注了英国纪录片因财政支持减少转而走向网络众筹的现象，比较分析了从传统的资助方式到新兴互联网在线众筹方式的变化给纪录片导演以及制作人乃至整个纪录片电影工业带来的极大影响，作者认为未来互联网将成为传统资金模式之外的替代手段，并将越来越普遍，这种新兴的方式将是纪录片未来发展的一个自然归宿，至少会成为不逊于传统资助的另外一种形式。英国不同于其他经常采用合拍或合资制作纪录片的欧洲国家或者北美国家，其纪录片绝大部分由 BBC、ITV、Channel 4 等单独投资拍摄。而通过互联网筹集资金的纪录片导演将不再受作品出版的控制，拥有更多独立性。但同时这些新兴的互联网资助方式也给英国的纪录片工业以及纪录片导演带来了未知的复杂性，会影响到纪录片类型、纪录片主题以及纪录片生产方式等诸多方面。

二、纪录片中的历史与历史中的纪录片

一部纪录片就是一段有声有色的历史，历史是不能歪曲、不能捏造、不能虚构的。① 纪录片记录下的是真实的事件，反映的是一段真实的历史时段，承载着"史料"的功能；同样，纪录片的发展也经历了一个世纪的漫长时光，纪录片的历史与其所处的环境背景有着密不可分的关系，不同历史阶段的纪录片具有不同的特点。近三年来，关于纪录片所反映的历史事件或历史时期以及纪录片发展历史的研究数量繁多，范围广泛，还原了不同国家、不同类型的纪录片与时代背景的联系。

· 《澳大利亚研究期刊》（Journal of Australian Studies）2014 年第 4 期刊发表的《我们唯恐忘记的黑色挖掘者：电视屏幕上被复原的澳洲原住民澳新军团》（Lest We Forget Black Diggers：Recovering Aboriginal Anzacs on Television）研究了一战后在澳大利亚恢复原住民的澳新军团的历史。以六部在公共广播公司放映的纪录片为案例，文章提出历史纪录片作为讲述原住民故事的一种载体，在揭露被遗忘的战争中原住民的声音具有一定的优势。

《传播学研究》2014 年第 56 期的《两部暴力电影中的声音衔接：〈杀戮演绎〉和〈Gzim 的故事〉》（The Articulation of Voices in Two Film Projects about Violence：The Act of Killing and Gzim Rewind）从声音的角度分析了两部呈现大规模暴行记忆的实验纪录片，一个是关于 20 世纪 60 年代的印尼反共大清洗，一个是关于 20 世纪 90 年

---

① 陈汉元. 有声有色的历史[N]. 人民日报，2014-11-16.

代科索沃的战火纷飞；论文用巴赫金的话语分析方法研究了声音被如何用来呈现过去的暴力事件，为公众重新展现了纪录片中所反映的那段复杂、竞争和对立、充满创伤和绝望的禁忌历史。

同样反映战争时期历史的纪录片研究还有 2014 年 12 月出版的著作《关于大屠杀结局的拍摄：盟军纪录片、纽伦堡和集中营的解放》(Filming the End of Holocaust：Allied Documentaries，Nuremberg and the Liberation of the Concentration Camps)。该书论述了美国委托电影制作人拍摄的 1945 年 4 月到 5 月纳粹集中营的相关纪录影片，这些影片完整展示了大屠杀和第二次世界大战后对战争罪犯的审判，成为纳粹党种族灭绝行动的有力证据，为研究大屠杀和屠杀后果的学者提供了重要的文本和参考。

有关纪录片历史的研究论文从英美等纪录片发展较早的国家到北欧、南亚等国均有涉及。《英国电影电视期刊》(Journal of British Cinema and Television)2013 年第 3 期刊发的《简述战后英国纪录片运动——衰弱还是过渡?》(Introduction：the Postwar British Documentary Movement—Decline or Transition?)介绍了英国纪录片运动领袖约翰·格里尔逊的事迹以及英国非虚构电影、电视、DVD 和网络平台之间的关系，并以爱丁堡电影节为例，分析了该电影节上关于英国纪录片现状和未来的讨论。《电影广播电视史期刊》(Historical Journal of Film Radio and Television)2013 年第 3 期的《变动中的纪录片：20 世纪 90 年代以来的爱尔兰》(Documentary in a Changing State：Ireland since the 1990s) 探讨了爱尔兰纪录片的历史，以及纪录片对爱尔兰社会与人民生活的影响。文章提出纪录片将大众视线聚焦于关键议题和合法化中的现代化等问题，在推动爱尔兰不断改变前进的过程中扮演着十分重要的角色。《英国电影电视期刊》(Journal of British Cinema and Television)2013 年第 3 期《来自马来亚的遥远声音：这里仍是殖民地的生活》(Distant Voices of Malaya，Still Colonial Lives) 以《马来亚之声》为例，介绍了殖民地历史和英国纪录片电影战后的转变。文章认为这部作品反映出了传统英国纪录电影和新兴殖民地电影、面向海外观众的国际化电影和用于政府竞争的本地电影、一个早期的理想帝国和一个不断变化的晚期帝国主义三种混合的特质，并以此检视了英国纪录片在本地后殖民时代电影形成中所扮演的角色。

三、有关类型化纪录片的讨论

类型化概念在纪录片中一直没有比较准确的定义，有学者认为"类型化"本质上是对作品的一个总结，即某种艺术发展到一定阶段，有一定数量的作品，既是对过去发展的总结反思，也是对未来创作的借鉴示范。① 也有人认为纪录片的类型化与市场和社会效益密不可分，类型化的纪录片是对目标市场细分基础上的专业化制作。"内容"与"市场"分别是这两种观点对类型化纪录片理解的核心因素。

以研究对象的内容和主题作为探讨依据，近三年海外有关类型化纪录片的学术讨论主要集中在自然类和社会类两大形态的纪录片，特别是在后者的讨论中以"类型"为主，淡化"类型化"的色彩。

在以大自然为拍摄主题和对象的纪录片中，类型化程度最高的当属野生动物纪录片。德国先锋电影制作人奥斯卡（Oskar Messter）早在 1898 年就制作了四部以动物为拍摄对象的影片：《在养鸡场上》（On the Chicken Farm）、《柏林动物园的幼狮》（Young Lions at the Zoo in Berlin）、《猴子与驯兽师》（Tame Monkeys with their Trainer）和《被驯服的印度象》（A Trained Indian Elephant），这也是有资料记载的最早的野生动物纪录电影②。在一百多年的发展中，野生动物纪录片经历了从传统模式到新技术手段加入的"后蓝筹"纪录片的转变，观众对野生动物纪录片的兴趣持续高涨，国家地理频道（National Geographic Channel）、探索频道（Discovery Channel）、探索传播公司（Discovery Communications）下属的频道动物星球（Animal Planet）都拥有丰富的野生动物纪录片资源和成熟的播出平

---

① 贺鸣明，张为. 纪录片的类型化趋势[J]. 声屏世界，2013(4).

② 万彬彬. 野生动物纪录片类型的发展与流变初探[J]. 电影评介，2013(2).

台，每天几乎 24 小时不间断播出，野生动物纪录片的拍摄制片模式已经非常成熟。在中国，中央电视台的野生动物电视纪录节目《动物世界》也已开播 34 年，吸引和影响了大批观众。近三年来国外学者有关野生动物纪录片研究的案例均是此类的纪录电影或电视纪录节目。

《欧洲文化研究期刊》2013 年第 1 期刊载的《成双成对的动物：野生动物电视纪录片里的异性恋》(The Animals Went in Two by Two：Heteronormativity in Television Wildlife Documentaries) 和《电视与新媒体》(Television & New Media) 2014 年第 15 期刊载的《野生动物纪实性肥皂剧：野生动物纪录片的一种新道德实践》(The Wildlife Docusoap：a New Ethical Practice for Wildlife Documentary) 均以英国野生动物电视纪录片为研究样本，重点关注纪录片中动物的生存状态以及该类型纪录片风格的形成与改变。前一篇论文聚焦于纪录片中动物的求偶、交配、亲子关系等行为，认为这些行为不断被呈现是因为人们通常将这些行为作为人类行为是一种"自然"形式的证据。后一篇文章聚焦于英国 BBC1996 年播出的系列纪录片《大猫日记》(Big Cat Diary)，文中多次提及并强调的"liveness"是这一系列纪录片最为独树一帜的地方，即将野生动物作为一个个鲜活的个体呈现给电视机前的观众，并在过程中进行道德探索和实践。论文认为野生动物纪录片的制作应当更多地关注节目拍摄制作与野生动物、整个生态环境之间的复杂关系，以及可能产生的道德问题。《大猫日记》所在的 20 世纪 90 年代，野生动物这一类型纪录片经历了一次较大的转型，纪录片的风格从一成不变转变为灵活多样、生动形象，这种转变也让野生动物纪录片的制作者们付出更多努力，将注意力更多地放在如何用镜头展现野生动物的个性 (individual) 和具有人性化 (personality) 的一面。基于野生动物纪录片的这种转向，该论文提出所有的纪录片制作都应该追求合理的结构和成熟的表现方式以及新颖的创意，满足观众的期望和需求。野生动物纪录片的制作者们有责任做到生动地刻画动物个性，准确地传达它们的生存现状以及所面临的重重问题，而非一味地迎合观众的口味。

在对野生动物纪录片制作本身的讨论之外，有学者观察到这种类型的纪录片背后呈现出的市场关系。《澳大利亚国际媒体》2013第 7 期刊发的《全球化与全球品牌：BBC 地球和大卫·阿滕伯勒的标志性野生动物系列》(Global Nature，Global Brand：BBC Earth and David and Attenborough's Landmark Wildlifes Series) 探讨了大卫·阿滕伯勒的里程碑系列作品的历史和演变，追踪了 BBC 地球从国内电视市场的巨头发展为全球品牌的变化历程。BBC 具有里程碑意义的野生动物系列一直显露出 BBC 的公共服务价值和这些系列需要吸引全球电视市场之间的紧张关系。BBC 这些具有里程碑意义的野生动物系列节目的品质，凸显了其作为公共广播服务的标志，同时，BBC 利用科学和专业知识对野生动物节目的微妙"侵蚀"让节目在全球电视市场中取得了良好的成绩。阿滕伯勒的标志性野生动物系列，为观众提供了关于自然的全球性视野。BBC 地球是一个具有里程碑意义的野生动物节目，节目的受众面向全球观众，庞大的受众群体为节目资金来源带来有力的支持。

除了对野生动物纪录片的内容、风格变化发展和品牌节目的公共服务与市场利益的讨论，也有学者对这类纪录片中的其他细节进行探究。例如《文字和语言》2013 年第 3 期的《拟人化语法：野生动物纪录片系列中的若干语言模式》(Anthropomorphic Grammar? Some Linguistic Patterns in the Wildlife Documentary Series Life) 将野生动物纪录片与文学理论相结合，从语言学角度分析野生动物电视纪录片中的三种语法特征——代词、连接和不定式形式。

在环境问题日益严峻的今天，以生态环境大背景为拍摄对象的纪录片通常更容易引起公众的关注和纪录片导演的兴趣。野生动物纪录片聚焦于环境中的动物行为与生存状态，人与环境的关系是这一类纪录片表达的永恒主题之一，从自然环境的逐渐恶化到环境中为人类提供食物来源的植物和动物，进而上升到人与自然互动最直接的表现之一——农业系统的运作，由此纪录片中的农业问题也是近三年海外纪录片研究者尤为重视的一点。

《克罗地亚电影编年史》(Hrvatski Filmski Ljetopis) 2013 年第 75 期刊载的《Rudolf Sremec 的黑暗水域：通过诗学话语感受自然》

（Rudolf Sremec's Black Waters：Experiencing Nature Through Poetic Discourse）以导演 Rudolf Sremec 讲述克罗地亚 Kopacki rit 自然保护区的纪录片《黑暗水域》为具体个案，探讨片中一些特定场景镜头中的诗学语言，认为这种诗学语言影响了作品的风格，使观众体验了神秘、宁静和阴郁等各种情绪，也反映了自然带给人类的积极影响。

《法国电影研究》（Studies in French Cinema）2013 年第 3 期刊发的《餐桌上的面包：纪录片和法国食品的未来》（Bread on the Table：Documentary Film and the Future of French Food）一文认为，农业产业化对于人类健康和安全以及生物多样性所造成的影响是当今世界最能让国际社会和政治纪录片关注者们感兴趣的议题之一，这是大势所趋。批判粮食系统的纪录片数量显著增长，并通过各种平台放映和传播，不仅吸引着越来越多的观众，同时也对公众的舆论和行为产生了一定的影响。文章重点介绍了法国最近的三部纪录电影——《草地》（Grass）（Mathieu Levain and Olivier Porte，2009）、《我们的孩子将控诉我们》（Our Children Will Accuse Us）（Jean-Paul Jaud，2009）和《糟糕食物共和国》（Republic of Bad Food）（Jacques Goldstein，2012），除了指出法国农业实践长期存在的固有问题之外，这些纪录片还为法国农村人口的生活空间、农村的空间以及法兰西民族的农业生产等问题的长期探讨作出了一定的贡献。这三部纪录片还在声画关系上进行了大胆尝试，让纪录片的解说和画面之间的关系变得复杂化，重塑了纪录片的解说方式，从而获得观众认识上和行动上的双重认可。

《媒介与文化研究期刊》（Journal of Media & Cultural Studies）2013 年第 3 期刊载的《〈沉默的食物〉（Geyrhalter 2005）中的无声争论》（Arguments without Words in Unser täglich Brot（Geyrhalter 2005））中，引用了新批评派理论家瑞恰兹（Richards）提出的有关诗歌的四种意义（1930）、法国学者斯波伯（Sperber）与英国学者威尔森（Wilson）提出的关联模型（1986），认为在《我们日常的饮食》纪录片中，尽可能避免言语交流和使用"冷眼旁观式"（fly on the wall）的拍摄方式，把观众的注意力从电影制作转向农产品加工业。影片提供的公共讨论话题并不局限于食品生产，也包括公共信息的传播形式、大规模廉价食品的需求和原材料价格的持续下降（在本世纪前十年的中期）之间的挤压，以及消费者对现代农业如何运作的一无所知等，影片在这些问题上打开了新的思考空间，帮助观众在观看后拥有自主决定观点的能力。

与自然相对而言的社会领域，纪录片导演和纪录片研究者一如既往地将政治、法律和道德伦理等作为类型热点，借以反映社会现实，探寻制度与人性的碰撞。《拉丁美洲文化研究期刊》（Journal of Latin American Cultural Studies）2014 年第 2 期刊载的《基什内尔时期的舞台政策和行动主义：〈学生〉中的纪实与虚幻》（Staging Politics and Activism in the Kirchner Era：Documentary and Fiction in el Estudiante）一文，认为纪录片《学生》揭露了基什内尔时代（拉丁美洲所谓的"新左派"）的阿根廷在关于政治概念和行动主义的问题上产生两极分化的对抗，通过影像的力量还原了政治即是管理或情感结果这一来自现实观念的压力；但理想的观念是把政治看做一系列的原则和概念，文章在这一点上打破了基什内尔时期政治和行动主义的整体观念。

《文化研究》（Cultural Studies）2014 年第 5、6 期刊载的《纪录片中的司法审判/纪录片与司法审判》（The Legal Trial and/in Documentary Film）讨论的是法律类型纪录片中，使用法庭审理作为平台实现政策的价值，见证在文化背景下法律的性能并参与关于当代法律体系的缺陷的社会争论。司法审判在现实社会中用以维护公平公正，在纪录片中记叙呈现的司法审判影响了我们在行动上对法律的认识。法律类纪录片（当它具有说实话的责任时）可以起到分析道德和认识的责任，并能揭示法律程序和公正社会秩序的真相。纪录片和司法审判在叙事结构、社会实践等方面都具有相似性，两者均为话语系统，均是对特定主题的意义和知识的搜索，均是在证据、叙述、观点和信仰的基础上建立共同点。建立法律和电影文化之间的联系，有利于形成一个新兴的交叉学科，进行对电影和法律的批判性文化研究。

《媒体与文化研究期刊》2013 年第 3 期刊载的《态度转变：纪录片〈回到你来自的地方〉中的主体性和伦理变化》（Undoing Attitudes：

Subjectivity and Ethical Change in the Go Back to Where You Came from Documentary)关注了澳大利亚关于难民和寻求本国庇护者的讨论之中，各类不同态度之间的关系。在纪录片《回到你来自的地方》中，随着难民们移民到澳大利亚的事实发生，人们的态度也发生了转变，这种转变其实是一种道德反应。作者以巴特勒的非暴力伦理学理论作为框架分析了片中态度转变的具体事例，指出个体对自我态度上不足之处的认知能够影响其他人的自我检视，这样的现象有助于道德关系的构建。

四、纪录片导演及其作品的研究

纪录片导演研究一向是国外纪录片研究的重点之一。纵观近三年国外纪录片的研究，既有对纪录片先驱的再研究，也有对近年来崭露头角的一些新晋纪录片导演作品风格的分析。从欧美到亚洲，不同国籍的纪录片导演以自己独特的拍摄眼光和想法创造出令人钦佩的纪录片作品。

谈及纪录片，首先必须提到约翰·格里尔逊。除了首次提出"documentary"一词外，他也是纪录片教育的奠基人。关于格里尔逊的学术研究论文和著作依然热门。2014 年出版的《格里尔逊的影响：追踪纪录片的国际化运动》(The Grierson Effect: Tracing Documentary's International Movement)一书探究了不同国度语境中格里尔逊对纪录片和教育影片的看法与观点。《英国电影电视期刊》2013 年第 10 期刊载的《从纪录片电影到电视纪录片：约翰·格里尔逊和〈这个美好的世界〉》(From Documentary Film to Television Documentaries: John Grierson and This Wonderful World)则分析了他怎样从一个电影纪录片导演的身份过渡到电视纪录片制作人，强调了格里尔逊在面对电视时适时改变纪录片的策略并获得了成功。

除了格里尔逊，汉弗莱·詹宁斯也是英国纪录片历史上一位鼎鼎大名的人物。《英国电影电视期刊》2013 年第 3 期刊载的《唯一背景：汉弗莱·詹宁斯和英国纪录片历史的概念化》(Only Context: Canonising Humphrey Jennings/Conceptualising British Documentary

Film History)从批判学派和历史学家的角度出发，评价了他们对汉弗莱·詹宁斯纪录片事业的解读方式，带有积极历史修正主义色彩，力图呈现并塑造出詹宁斯的三个不同方面的历史与体制背景，这三个方面包括卓越的纪录片制作人、诗人和现代主义者，为詹宁斯和英国纪录片历史研究提供了新视角。

《英国电影电视期刊》2013 年第 3 期刊载的《身为女性：1925—1950 年纪录片生产中的女性和记忆》（"To Be A Woman"：Female Labour and Memory in Documentary Film Production，1925-50）讨论了1925—1950 年的女性纪录片导演，研究了她们在纪录片生产中所扮演的特殊角色。文章通过口述历史等多种方式，再现了那个时代女性纪录片导演的工作成果与职业角色。纪录片导演的性别在其职业生涯中存在争议，这也是女性纪录片导演为了性别身份认可不断奋斗过程中的一个表现；女性纪录片工作者渴望在职业上得到平等的对待，但那个时代不断发生的政治活动却和这种期待产生了矛盾和冲突。

《电影评论》2013 年第 2 期刊载的《战争肆虐》（The War Rages On）介绍了法国电影导演勒内·沃蒂尔的职业生涯，讲述他在法国"二战"中所作出的贡献，包括反对纳粹德国占领法国的军事行动以及试图通过文学来安慰年轻士兵等，并重点关注了其电影和纪录片中的政治性质，如《非洲50》、《阿尔及利亚火焰》和《在奥雷斯20》。

《电影爱好者》2014 年第 3 期刊载的《〈残缺影像〉：潘礼德的电影作品》（Finding the Missing Picture：the Films of Rithy Panh）研究的是柬埔寨导演潘礼德，他在柬埔寨高棉流氓政权的政党和种族灭绝的政权期间度过童年，论文讨论了这段童年生活如何影响了他的作品。他声称自己主要是一个纪录片导演，纪录片要求问责事实，但小说让他有更大的自由来表达自己的观点。文章重点关注了他的影片《残缺影像》，这部片子使用了由 Sarith Mang 雕刻的黏土雕像来描绘他的童年经历。本文还讨论了他的其他作品，如《米乡之民》、《S21 红色高棉杀人机器》等。

《电影爱好者》2014 年第 2 期刊载的《仅有联系：亚当·柯蒂斯和他的不满》（Only Connect：Adam Curtis and His Discontents）讨论

了英国纪录片制片人亚当·柯蒂斯的作品。柯蒂斯拥护一种快速的剪辑风格，综合前卫电影、音乐视频和广告等元素。他的电影深受技术理性主义的影响，这同样也影响了其作品的政治和意识形态方面，以及其后续作品的实验性质。

关于具体纪录片作品的讨论较为繁杂，这里所指的作品研究多为具体影评内容，大多为发表在《电影评论》的纪录片评论。如《电影评论》2013 年第 4 期的《刽子手之歌》(The Executioner's Song) 批判了纪录片《杀戮演绎》，认为纪录片偏离现实的实用功能，进入了一种戏仿、嘲弄和谵妄的模式。它首先将观众引入幻想，随后再解释它们，并没有太深入。《杀戮演绎》做了地球上没有人需要做的事情：它向安瓦尔刚果表达了同情。2013 年第 5 期的《确凿的事实与痛苦的真理》(Hard Facts and Bitter Truths) 分析了尤里西·塞德尔执导的电影《天堂：爱》、《天堂：信仰》和《天堂：希望》，考察每部影片如何描述女主角追求个人欲望的坎坷。三位女主角的主要表演是三部曲中的关键部分，她们渴望追求幸福与自己的梦想，但失落充斥着她们的生活。爱，信念和希望可能会僵化，但是塞德尔仍然试图给我们提供一些狡猾的让步。2014 年第 2 期的《距今 50 年》(It Was Fifty Years Ago Today) 分析了《转战地下》(Going Underground) 和《披头士女助理》(Good Ol' Freda) 两部有关披头士影片的反主流文化研究，试图挖掘关于披头士的真相。两部影片中乐队都不是表面上的主题，每一部都详细探讨了披头士的影响，第一部电影不成熟但大获成功；第二部在智力上雄心勃勃，但是有点正式和保守，缺乏令人信服的分析披头士风格。

由此可见，关于具体纪录片导演和纪录片作品的研究涉猎广泛，题材多样，并未局限于某一具体领域的纪录片，而是力图阐释不同题材、不同类型纪录片的优劣所在，为研究者提供更广阔的视野。

五、国际社会眼中的中国纪录片

中国纪录片的发展始于 20 世纪 50 年代末 60 年代初，由极不完善的"新闻纪录电影"形式，再到改革开放后面目一新并走向大众化、民族化的纪录片，中国纪录片改变了一开始较为单一的政治宣传形式，在内容风格、表现手法上得到了长足的进步，开拓出新的发展空间。

20 世纪 90 年代，中国独立纪录片开始萌芽。1990 年吴文光的《流浪北京》唤醒了中国独立纪录片领域，此后他与蒋樾、温普林等中国独立纪录片早期实践者拍摄的《1966，我的红卫兵时代》、《天主在西藏》、《青朴——苦修者的圣地》等纪录片参加了 1993 年举办的第二届"山形纪录电影节"，这些中国独立纪录片开拓者们一系列的纪录行为推动了中国独立纪录片走向崭新的阶段，让中国独立纪录片得以呈现在世界面前。

在中国独立纪录片以初生牛犊之势闯入国际纪录片领域的同时，西方纪录电影研究也逐渐将视线从传统的"欧美中心论"转向甚少涉及的第三世界国家。美国纪录片理论学者麦克·雷诺夫（Micheal Renov）和艾瑞卡·斯图博格（Erika Suderburg）认为"中国纪录片正被西方研究者逐渐重视起来，其中独立纪录片被认为是区别于官方反映中国社会激烈变化的最有力的证词"①。20 世纪 90 年代开始，越来越多西方纪录片研究学者将目光投向中国纪录片尤其是中国独立纪录片，较早对中国纪录片进行研究的西方学者有蓓妮丝·雷纳德（Bérénice Reynaud）和克里斯·白瑞（Chris Berry）。他们从现代主义等不同视角对中国纪录片的创作与发展情况进行介绍与分析，克里斯·白瑞还以中国学者吕新雨的"中国新纪录运动"论断为依据主编了《中国新纪录电影运动》，关注了公共文化转型中的中国纪录片。②

近年来，不少国际纪录片研究学者仍然把中国纪录片作为研究的热点和重点领域之一，这与中国纪录片质量、数量上的提高有紧密联系。特别是 2012 年由中央电视台拍摄的纪录片《舌尖上的中国》一经播出即在国内外引发好评，当年海外版权输出表现抢眼，

---

① Micheal Renov, Erika Suderburg, Resolutions：Cotemporary Video Practices. Minneapolis：University of Minnesota Press.

② 孙红云. 近二十年来国际纪录片研究状况分析[J]. 当代电影，2012(4).

受到多个国家纪录片爱好者和研究者的好评。《舌尖上的中国 2》在 2013 年的央视黄金资源招标大会上单片招标额将近 9000 万元。这不仅为中国纪录片史增添了浓墨重彩的一笔，也吸引了更多国外研究学者的目光。近三年来，国外关于中国官方纪录片和中国独立纪录片的研究探讨各有特色，在关注纪录片表达特色的同时，还对由纪录片内容折射出的社会制度背景、道德伦理关系、公民意识和纪录片拍摄者本身等方面进行了深入的思考。

与《舌尖上的中国》这种美食类纪录片相比，海外纪录片研究更热衷于探究反映社会现实和政治背景的中国纪录片，特别是此类题材的官方纪录片。《中国电影期刊》(Journal of Chinese Cinemas) 2013 年第 7 期刊载的《认知的文化政治：中国的农村流动人口和纪录片》(The Cultural Politics of Recognition：Rural Migrants and Documentary Films in China) 聚焦于以"和谐社会"为主旋律的当代中国，以农民工为主的农村流动人口。国内电视台拍摄的所谓"体制内"纪录片中，对政治的认识如何在有关这类边缘人群的多样叙述中发生和发展是文章关注的核心问题，这个问题也影响了不同纪录片拍摄制作者对风格、美学和主题的把握。以央视拍摄制作的《话说农民工》、《繁花》等纪录片作为分析文本，论文指出了镜头内外的纪录片拍摄者与被摄对象之间的不平等关系——这些纪录片展现了农村流动人口的生活与艰辛，赞美了他们对城市和国家的贡献，透出同情的色彩，但却并未反映他们的诉求和呼吁。在这一群体看来，这些纪录片无法吸引他们自己去观看。在讲述农村流动人口的相同主题下，中国"新纪录片运动"中独立纪录片导演的作品例如《归途列车》、《群众演员》等也被拿来和官方纪录片进行了比较，两者的比较更加完整地展现出中国农村流动人口这一群体的整体形象。

相较于官方纪录片，中国独立纪录片一直是国外纪录片研究学者偏爱的"宠儿"。近三年来，研究中国独立纪录片的学术论文数量更多，探讨的内容主题也更为丰富。纪录片的主角——各类群众或群众代表依然是研究的热点，群众的身份、作用以及纪录片与群众的相互关系等是最为常见的探讨议题。《亚洲研究述评》(Asian

Studies Review) 2014 年第 1 期的《中国独立纪录片：另类媒体、公共领域和公民积极分子的出现》(Chinese Independent Documentary Films：Alternative Media，Public Spheres and the Emergence of the Citizen Activist) 和《现代中国》(Modern China) 2014 年第 1 期的《从解构到激进主义：中国独立纪录片和群众》(From Deconstrction To Activism：the Chinese Independent Documentary and the Crowd) 都讨论了中国独立纪录片在不同发展时期群众所扮演的角色和群众的行为带来的影响，两篇文章还不约而同地提到了在中国独立纪录片发展过程中的激进主义(activism)现象。前者以 2004—2010 年中国开展的数个纪录片项目为研究案例，这些项目开辟了纪录片制作者与当地行政管理机构、大众媒体和民间社会之间的对话空间。文章中提出一种观点：激进主义纪录片正在重塑城市公民的自我认同感，通过纪录片的制作，公民会要求他们对相关信息的知情权和表达他们参与并介入社会问题的意愿；这样的中国独立纪录片已经被中国公民用来作为一种工具，以此介入社会公共领域，推动社会变革。同时，在这些纪录片项目的开展过程中，"草根"媒体的出现应该受到特别的关注，这一类媒体侧重于与权力机构、市场以及民间社会的互动，文章提出要注意到另类媒体背后的中国纪录片激进主义现象。后者则回顾了从 20 世纪 90 年代中国独立纪录片萌芽到如今的发展过程中，群众的显著性正在不断增加。中国早期独立纪录片的导演们没有把对群众的表现提上日程，在这些早期作品中群众被塑造成一个个相互独立的消极个体；随着独立纪录片的发展，群众和镜头的互动愈加频繁复杂，独立纪录片导演也逐渐认识到这一点，他们认为无论是与现实还是虚拟的群众的创造性互动，都能够让他们反思当下中国文化产品所处的环境与政治状况，这也是激进主义在中国独立纪录片发展中的体现之一。

在对中国独立纪录片的研究讨论中，群众作为一个宽泛的概念反映出整体上的趋势与变化，关系到媒体、社会和中国特殊的政治文化背景。与之相对的是可被划分的某一类群众，例如学生、农民、官员等。表现某一类人的生存状态也是中国独立纪录片极为重要的主题，被认为是中国第一部真正的独立纪录片的吴文光的《流浪北京》，反映的就是 20 世纪 80 年代末五位"北漂"的流浪艺术家的生活。《中国电影期刊》2014 年第 3 期刊载的《艺术长廊中的疯狂女性：1989 年后中国独立纪录片中的性别、生活与艺术的关系和调解》(A Madwoman in the Art Gallery？Gender，Mediation and the Relation between Life and Art in Post—1989 Chinese Independent Film) 把艺术家作为中国独立纪录片研究观察中的对象，抛开这些人物在美学和政治意义上的长期讨论，转而以性别为中心展开论述。从 1990 年吴文光的《流浪北京》，到 2007 年顾亚平的《亲爱的》都是呈现生活陷入困境的艺术家的独立纪录片，这些艺术家的形象被性别差异所改变。文章还探讨了在这些纪录片中艺术家们徘徊在艺术天地与寻常生活之间的微妙关系，两种状态的转换正是疯狂和理智间的轮转，这种转换带来了一种紧张感，这种"紧张感"也被认为是中国独立纪录片的核心。

纪录片中的被拍摄对象构成了整部片子的内容，纪录片的拍摄、制作者则把握着整个纪录片的灵魂。从纪录片的概念诞生伊始，有关纪录片真实性的辩论就从未停止，拍摄者与被摄者的关系、互动，拍摄者的参与行为正是辩论中的焦点。《中国电影期刊》2013 年第 1 期刊载的《上访、药瘾、可怕的现状：赵亮作品〈纸飞机〉和〈上访〉中人际互动的道德伦理》(Petitions，Addictions and Dire Situations：the Ethics of Personal Interaction in Zhao Liang's Paper Airplane and Petition) 详细阐释了独立纪录片导演赵亮在作品中直面呈现自己与拍摄对象间互动的人际交往模式，他的两部代表作品《纸飞机》和《上访》表现了他独特的道德批判风格。通过他的道德反思，影片检视了当今中国法律系统对社会关系中的道德伦理带来的深刻影响。赵亮的风格某种程度上体现了中国独立纪录片风格的变化趋势，早期中国独立纪录片采用的是美国"直接电影"大师弗雷德里克·怀斯曼的观察模式，怀斯曼和吴文光等人的互动直接影响了中国纪录片早期的风格与"新纪录片运动"。赵亮在创作《纸飞机》时开始探索自己的参与方式，他认为平衡拍摄者和被拍摄对象之间的关系是一种艺术，不应当过度干涉与参与，但他在拍摄《纸飞机》的过程中与拍摄对象建立了兄弟般的关系，他认为自己需要与被拍摄对象一起面对和克服他们遇到的困难，这种互动关系在《上访》中同样得到了贯彻。赵亮采取的做法反映了当下部分中国独立纪录片的拍摄模式，这种变化使得作品对社会关系中道德伦理的反思有了新的议题。

除了对一些传统话题的关注，令人眼前一亮的是有研究者通过鲜少有人关注的中国独立纪录片影展的举办探讨独立纪录片空间的构建。《中国电影期刊》2013 年第 1 期的《为中国独立纪录片创造空间：以 2011 年〈云之南〉纪录影像展为例》(Making Space for Chinese Independent Documentary：the Case of Yunfest 2011) 便是如此，《云之南》纪录影像展是一项集观摩、竞赛与研讨为一体的纪录影像活动的双年展，活动宗旨是推动国内及国际的纪录影像交流，鼓励新晋纪录影像创作人，是国内比较具有规模和影响力的当代中国独立纪录片的主要展映平台。影像展的组织者提出借影像展的举办来构建一个超越影展本身时间与物质限制的纪录片空间，而 2011 年举办的第五届《云之南》纪录影像展充分利用了昆明当地的图书馆、电影院和大学里的博物馆等空间进行配置，这种空间资源的利用分配策略塑造了特定的纪录片受众，有助于纪录片空间下社会主义后阶段里公众的出现，为中国新公众话语的出现提供了空间。

除了以上几个主要研究议题外，还有一部分学术论文和专著围绕纪录片理论和纪录片实践操作展开，如 2014 年 11 月出版的《前卫纪录片：纪录片和前卫电影的交叉点》(Avant-Doc：Intersections of Documentary and Avant-Garde Cinema) 通过对相关电影制片人的访谈，分析了传统纪录片和"前卫电影"之间的各自特点和相互关联。同月出版的《纪录片中的音乐与音响》(Music and Sound in Documentary Film) 则是由 14 篇论文组成的论文集，通过丰富充实的文字内容为读者详细讲解了纪录片发展过程中音乐与画面之间的关系。对纪录片中常被忽略的音乐元素进行了全面的探讨，作者指出许多优秀的纪录片在表达和讲述电影内容的同时，充分运用了原声音乐(soundtrack music)。这些具体而细致的研究使得该书首开先河，成为第一本深度研究非虚构电影(nonfiction film)中的音乐运用的书籍，并为研究音乐和电影之间相互交融的广大学者和学生提供了很好的参考。2014 年 12 月出版的《纪录片案例研究：镜头后面不被人知的伟大（真实）故事》（Documentary Case Studies：Behind the Scenes of the Greatest（True）Stories Ever）具体而生动地讲述了纪录片制作背后的故事，书中提及的纪录片和制作人均获得了奥斯卡奖的提名，从筹款到前期准备、拍摄和放映，该书通过展现如今的纪录片领头人们当年在创作纪录片中遭遇的种种困境和失误，让读者了解纪录片制作人如何以一种非常规律的、有策略的方式面对挑战，并以此解开拍摄技艺和商业的谜题。

由于样本分析有限，以及在进行学术论文和著作搜索与筛选时可能出现的疏漏与错误，以上论述仍需改进；特别是其中有些学术论文的探讨议题可以划归多个类型，本文只能以最有价值的方面进行判断和归纳，偏颇之处难免存在。但通过对近三年有关纪录片研究的文献整理分析，仍然可以从中窥探到一些方向与重点。总体来说，近三年来海外纪录片研究既持续了对纪录片传统强势国家的影片、导演和制作模式的关注，也更多地将目光投向了中国以及亚非等第三世界国家；在对纪录片本身的拍摄技巧和内容选题的探讨上，更着重于对影片所反映的现实问题的思考，以人为本地探寻自然、制度、社会伦理等与人的紧密关系；既有对过去纪录片历史的回望，也有在强调新媒体发展的整体背景下对纪录片未来的展望。

参考文献

［1］Deane Williams & Zoe Druick（2014）. The Grierson Effect：Tracing Documentary's International Movement. British Film Institute.

［2］Deppman，HC.（2014）. Reading Docufiction：Jia Zhangke's 24 City. Journal of Chinese Cinemas，8(3)：188-208.

［3］Edwards，D.（2014）. Petitions，Addictions and Dire Situations：the Ethics of Personal Interaction in Zhao Liang's Paper Airplane and

Petition. Journal of Chinese Cinemas, 7(1): 63-79.

[4] Erhardt, E. F. (2013). Documentary in a Changing State: Ireland Since the 1990s. Historical Journal of Film Radio and Television, 33 (3): 483-486.

[5] Fox, J. (2013). "To Be A Woman": Female Labour and Memory in Documentary Film Production, 1929-50. Journal of British Cinema and Television, 10(3): 584-602.

[6] Fox, J. (2013). From Documentary Film to Television Documentaries: John Grierson and this Wonderful World. Journal of British Cinema and Television, 10(3): 498-523.

[7] Fuhs, K. (2014). The Legal Trial and/in Documentary Film. Cultural Studies, 28(5-6): 781-808.

[8] Garibotto, V. (2014). Staging Politics and Activism in the Kirchner Era: Documentary and Fiction in el Estudiante. Journal of Latin American Cultural Studies, 23(2): 115-132.

[9] Gunnar Dedio & Florian Dedio(2014). War to End All Wars: The Companion Volume to the Three-Part Television Documentary. Lyons Press.

[10] Holly Rogers (2014). Music and Sound in Documentary Film. Routledge.

[11] Ib Bondebjerg (2014). Engaging with Reality: Documentary and Globalization. Intellect Ltd.

[12] Iovene, P. (2014). A Madwoman in the Art Gallery? Gender, Mediation and the Relation between Life and Art in Post—1989 Chinese Independent Film. Journal of Chinese Cinemas, 8(3): 173-187.

[13] Jeff Swimmer (2014). Documentary Case Studies: Behind the Scenes of the Greatest (True) Stories Ever Told. Bloomsbury Academic.

[14] Kate Nash & Craig Hight & Catherine Summerhayes (2014). New Documentary Ecologies: Emerging Platforms, Practices and Discourses.

Palgrave Macmillan.

[15] Kocer, S. (2015). Social Business in Online Financing: Crowdfunding Narratives of Independent Documentary Producers in Turkey. New Media & Society, 17(2): 231-248.

[16] Levine, A. J. M. (2014). Bread on the Table: Documentary Film and the Future of French Food. Studies in French Cinemas, 13 (3): 180-194.

[17] Mills, B. (2013). The Animals Went in Two by Two: Heteronormativity in Television Wildlife Documentaries. European Journal of Communication, 16(1): 100-114.

[18] Petzke, I. (2014). The Concise Routledge Encyclopedia of the Documentary Film. Media International Australia, 153: 158-159.

[19] Rice, T. (2013). Distant Voices of Malaya, Still Colonial Lives. Journal of British Cinema and Television, 10(3): 430-451.

[20] Richards, M. (2014). The Wildlife Docusoap: a New Ethical Practice for Wildlife Documentary? Television & New Media, 15 (4): 321-335.

[21] Robinson, L. & Chio, J. (2013). Making Space for Chinese Independent Documentary: the Case of Yunfest 2011. Journal of Chinese Cinemas, 7(1): 21-40.

[22] San Deogracias, J. C. & Mateos-Perez, J. (2013) Thinking about Television Audiences: Entertainment and Reconstruction in Nature Documentaries. European Journal of Communication, 28 (5): 570-583.

[23] Schwarz, U. (2013). Showcase Switzerland. Documentary Utility Films 1896-1964. Historical Journal of Film Radio and Television, 33(4): 643-646.

[24] Scott MacDonald(2014). Avant-Doc: Intersections of Documentary and Avant-Garde Cinema. Oxford University Press.

[25] Sorensen, I. E. (2014). Channels as Content Curators: Multiplatform Strategies for Documentary Film and Factual Content in British

Public Service Broadcasting. European Journal of Communication, 29(1): 34-49.

[26]Sorensen, I. E. (2012). Crowdsourcing and Outsourcing: the Impact of Online Funding and Distribution on the Documentary Film Industry in the UK. Media Culture & Society, 34 (6): 726-743.

[27]Stollery, M. & Corner, J. (2013). Introduction: the Postwar British Documentary Movement-Decline or Transition? Journal of British Cinema and Television, 10(3): 387-394.

[28]Stollery, M. (2014). Only Context: Canonising Humphrey Jennings/Conceptualising British Documentary Film History. Journal of British Cinema and Television, 10(3): 395-414.

[29]Vichi, L. (2014). The Documentary, Liberator of the Cinema and Photogenic Source. Studies in French Cinemas, 14(3): 232-247.

[30]Viviani, M. (2014). Chinese Independent Documentary Films: Alternative Media, Public Spheres and the Emergence of the Citizen Activist. Asian Studies Review, 38(1): 107-123.

美国学术界关于民权运动的研究

武汉大学历史学院　谢国荣

民权运动是"二战"结束后美国历史的核心问题之一，对推动美国社会进步，改变美国的政治文化产生了重要影响。美国民众日常生活方式的变化、价值观念的改变，乃至文化多元主义社会的形成，无不深受民权运动的影响。民权运动的理念也产生了广泛的国际影响。对于这一重大历史事件，历史学家十分重视。早期的研究主要集中在全国性的民权组织、民权领袖、重大的事件和联邦政府的民权政策上。受新社会史的影响，民权运动研究在20世纪七八十年代发生转向。社区民权运动史著作层出不穷。民权运动的研究对象相应拓宽，不再局限于男性黑人民权领袖。白人、妇女、律师、法官和牧师，教会、工会和企业团体成为了研究的对象。与此同时，历史学家从更长的时段和国际史的视角来审视民权运动。

一、民权运动起源的研究

长期以来，美国学术界的一种观点认为，民权运动起源于1954年布朗案判决，该判决提升了民权问题的重要性，使之进入全国议事日程，也刺激了黑人民权斗争。另一种观点认为，民权运动起源于1955年蒙哥马利公共汽车联合抵制运动。但新社会史对以民权领袖马丁·路德·金为中心的叙事模式提出了挑战。①

---

①　Adam Fairclouch, "Historians and Civil Rights Movement", The Journal of American Studies, Vol. 24, No. 3, 1990, p. 387, p. 393.

对民权运动起源的研究，历史学家的视野越出了 1954 年和 1955 年的历史事件。哈佛·西特科夫指出，民权运动起源于罗斯福新政，新政改革使种族关系变革成为可能。① 但南希·韦斯认为，新政期间罗斯福在民权问题上乏善可陈。②

一些历史学家认为，"二战"改变了美国种族关系发展的方向。③ 理查德·戴弗姆强调，二战是黑人革命"被人遗忘的岁月"，是"黑人历史的分水岭"。④ 贡纳·缪尔达尔指出，反对纳粹专制的斗争颠覆了"统治种族"的理论，加速了"自由主义的胜利"。⑤ 但在罗伯特·庄格兰多看来，种族关系没有取得突破性进展。"白人至上"观念仍在美国社会中占统治地位。⑥ 尼尔·威恩则认为，虽然制度性的种族主义没有崩溃，但第一次遭受严重打击，为 20 世纪 60 年代黑人革命奠定了基础。⑦

不少历史学家肯定杜鲁门当政时期在民权运动起源中的重要性。威廉·伯曼认为，杜鲁门政府"推动民权问题进入美国政治的中心"。⑧ 唐纳德·麦科伊和理查德·鲁滕指出，杜鲁门是第一个

① Harvard Sitkoff, A New Deal for Blacks：The Emergence of Civil Rights as a National Issue, Volume 1, The Depression Decade, New York：Oxford University Press, 1978, p. 335.

② Nancy J. Weiss, Farewell to the Party of Lincoln：Black Politics in the Age of FDR, Princeton：Princeton University Press, 1983, p. 15.

③ Gunnar Myrdal, An American Dilemma：The Negro Problem and Modern Democracy, New York：Harper and Brothers, 1962, p. 1003.

④ Richard M. Dalfiume, "The 'Forgotten Years' of the Negro Revolution", The Journal of American History, Vol. 55, No. 2, 1968, pp. 90-106.

⑤ Gunnar Myrdal, An American Dilemma：The Negro Problem and Modern Democracy, New York：Harper and Brothers, 1962, p. 1003.

⑥ Robert L. Zangrando, The NAACP Crusade Against Lynching, 1909-1950, Philadelphia：Temple University Press, 1980, p. 18, pp. 201-213.

⑦ Neil A. Wynn, The Afro-American and the Second World War, New York：Holmes & Meier, 1976, pp. 122-127.

⑧ William C. Berman, The Politics of Civil Rights in the Truman Administration, Columbus：Ohio State University Press, 1970, p. 235, p. 240.

提出民权咨文和在公开场合多次谴责种族歧视的总统。① 艾罗佐·汉比认为，杜鲁门有力地推动了黑人民权向前发展。② 西特科夫指出，民权问题在 1948 年大选中举足轻重，标志着民权时代已经来临。③

除历史时段的解释外，历史学家从具体的政治、经济和社会因素入手探讨民权运动的起源。从 1910 年开始一直到 20 世纪 60 年代，南部黑人持续不断地从农村移民到城市，从南部移民到北部和太平洋沿岸诸州。库姆·范·伍德沃德指出，黑人人口的再分布使种族问题不再是一个南部的"特殊问题"，而是一个全国性的亟须解决的问题。④ 戴维·刘易斯强调，黑人人口的再分布增强了他们的政治力量，影响了美国的政党政治，最终促成民主党政府采取行动保障黑人平等。⑤

一些学者重视全国有色人种协进会长期的司法斗争对民权运动起源的影响。理查德·凯洛格指出，全国有色人种协进会推行司法诉讼战略，不断挑战学校的种族隔离制度，最终取得了布朗案判决的胜利，推翻了"隔离但平等"原则。⑥ 马克·塔什内特强调全国有色人种协进会早期司法诉讼的重要性，它积累了民权组织和地方黑

---

① Donald R. McCoy, Richard T. Ruetten, Quest, Response: Minority Rights and the Truman Administration, Lawrence: University Press of Kansas, 1973, p. 352.

② Alonzo L. Hamby, Beyond the New Deal: Harry S. Truman and American Liberalism, New York: Columbia University Press, 1973, pp. 513-515.

③ Harvard Sitkoff, "Harry Truman and the Election of 1948: The Coming of Age of Civil Rights in America Politics", The Journal of Southern History, Vol. 37, No. 4, 1971, p. 614.

④ C. Vann Woodward, The Strange Career of Jim Crow, Oxford: Oxford University Press, 1974, p. 128.

⑤ David Levering Lewis, "The Origins and Causes of the Civil Rights Movement", In David L. Lewis and Charles W. Eagles eds., The Civil Rights Movement in America, Jackson: University Press of Mississippi, 1986, p. 6.

⑥ Richard Kluger, Simple Justice: The History of Brown v. Board of Education and Black America's Struggle for Equality, New York: Vintage Books, 1976.

772

人民众互动的经验，这为民权运动的发展和胜利奠定了基础。①

"冷战"对民权运动兴起的影响受到了历史学家的重视。玛丽·杜兹亚克指出，杜鲁门政府由于担心国内种族歧视对美国外交政策的负面影响，被迫支持黑人民权，这激励了黑人争取民权。② 约翰·斯科瑞特尼认为，"冷战"对美国的种族政治产生了重要影响，刺激了民权运动，减轻了国内对它的抵制。③ 但曼宁·马拉博持不同意见，认为麦卡锡主义破坏了大多数民权组织，压制了黑人民权斗争。④

迈克尔·歌德菲尔德则从南部内部的变化来探讨民权运动的起源。他认为，自新政以来种植园主地位和种植园农业经济重要性的不断下降，减少了南部黑人民权斗争的阻力。⑤ 有学者认为，民权运动起源于20世纪40年代初期激进的劳工组织和斗争。⑥ 也有学者指出，美国思想界对种族优越论的批判为民权运动创造了良好的社会环境⑦，尤其是缪尔达尔的著作改变了人们的种族观念。⑧

---

① Mark V. Tushnet, The NAACP's Legal Strategy against Segregated Education, 1925-1950, Chapel Hill: University of North Carolina Press, 1987, p. 138.

② Mary L. Dudziak, "Desegregation as a Cold War Imperative", Stanford Law Review, Vol. 41, No. 1, 1988, pp. 199-202.

③ John David Skrentny, "The Effect of the Cold War on African-American Civil Rights: America and the World Audience, 1945-1968", Theory and Society, Vol. 27, No. 2, 1998, pp. 237-285.

④ Manning Marable, Race, Reform and Rebellion: The Second Reconstruction in Black American, 1945-1982, Jackson: Mississippi University Press, 1984.

⑤ Michael Goldfield, Color in Politics: Race and the Mainsprings of American Politics, New York: The New Press, 1997, p. 272.

⑥ Robert Korstad and Nelson Lichtenstein, "Opportunities Found and Lost: Labor, Radicals, and the Early Civil Rights Movement", The Journal of American History, Vol. 75, No. 3, 1988, pp. 768-788.

⑦ Thomas F. Grossett, Race: The History of an Idea in America, Dallas: Southern Methodist University Press, 1975, pp. 409-459.

⑧ Walter A. Jackson, Gunnar Myrdal and America's Conscience Social Engineering and Racial Liberalism, 1938-1987, Chapel Hill: The University of North Carolina Press, 1990, pp. 186-197.

杰拉尔德·罗森伯格和迈克尔·克莱曼则认为，民权运动的爆发是诸多社会因素共同作用的结果。① 南部农业的衰落；黑人的大迁徙和城市化、选票的增长和中产阶级的繁荣；国内对种族主义的批判；冷战对种族关系变革的压力；南部种族观念的改变；美国社会和经济的一体化；等等，一起促成了民权运动的爆发。②

随着新社会史的发展，历史学家主张从南部黑人社区内部的变化出发来探求民权运动的起源。道格·麦克亚当强调，民权运动的发生不是外部力量煽动的结果，而是南部黑人社区采取了积极行动。③ 艾登·莫里斯认为，南部黑人主要利用黑人社区资源来争取民权。民权运动的组织力量主要是当地黑人教会中的浸信会。在大多数的南部民权斗争中，社区黑人领袖起了领导作用。莫里斯运用社会学的理论，对于集体行为、黑人教会的领导和社会资源的动员进行了分析。④

二、民权组织的研究

民权组织在民权运动中扮演了重要角色。民权运动战略的提出、战术的运用、活动的开展、民权立法成就的实现、民权组织内部的竞争与合作、民权运动的地域转移、目标与战略的转变以及民权运动的衰落，都与民权组织息息相关。

全国有色人种协进会成立于 1909 年，早期目标是争取反私刑立法，后转向以司法诉讼的方式来挑战公立学校中的种族隔离。理

① Gerald N. Rosenberg, The Hollow Hope: Can Courts Bring About Social Change? Chicago: University of Chicago Press, 1991, p. 51, pp. 159-167.

② Michael J. Klarman, "How Brown Changed Race Relations: The Backlash Thesis", The Journal of American History, Vol. 81, No. 1, 1994, p. 91.

③ Doug McAdam, Political Process and the Development of Black Insurgency, 1930-1970, Chicago: University of Chicago Press, 1982, pp. 36-59, pp. 65-116.

④ Aldon D. Morris, The Origins of the Civil Rights Movement: Black Communities Organizing for Change, New York: Free Press, 1984, p26. p. 77, p. 89.

查德·凯洛格强调全国有色人种协进会在取消公立学校种族隔离中的贡献。① 马克·塔什内特分析了 1925—1950 年全国有色人种协进会的诉讼模式，其成功的关键在于地方支部的支持、黑人家长的配合和律师团队的努力。全国有色人种协进会与黑人社区是一种共生关系。② 罗伯特·庄格兰多研究了全国有色人种协进会争取反私刑立法的历史。该组织坚持不懈地争取反私刑立法，是为了把民权问题带到全国政治议事日程上。③ 但史学界对该组织在民权运动高潮期的活动和地方支部的研究语焉不详。

全国城市同盟成立于 1911 年，主要为移民到北部城市的黑人提供职业技术培训和介绍工作，在黑人劳工中有一定影响。由于领导人小惠特尼·杨突出的个人作用，全国城市同盟在民权运动中占据一席之地。南希·韦思指出，杨擅长在黑人与白人精英之间斡旋，他利用白人精英害怕黑人激进派采取直接行动这一点，迫使前者妥协。④ 丹尼斯·迪克逊认为，杨善于向地方政府和白人企业界人士诉说黑人的抱怨。杨与教会、兄弟会、企业、妇女组织和教育机构有很好的互动，通过调停，他使民权斗争取得成功。⑤ 杰西·摩尔探讨了全国城市同盟成立的原因、斗争方式和组织策略。他指出，全国城市同盟主张科学的抗议和以非正式外交方式帮助黑人，认为这是为黑人争取平等地位和就业机会的最好方式。⑥

---

① Richard Kluger, Simple Justice: The History of Brown v. Board of Education and Black America's Struggle for Equality, New York: Vintage Books, 1976.

② Mark V. Tushnet, The NAACP's Legal Strategy against Segregated Education, 1925-1950, Chapel Hill: University of North Carolina Press, 1987, p. 138.

③ Robert L. Zangrando, The NAACP Crusade Against Lynching, 1909-1950, Philadelphia: Temple University Press, 1980, p. 18, pp. 201-213.

④ Nancy J. Weiss, Whitney Young, Jr. , and the Struggle for Civil Rights, Princeton: Princeton University Press, 1989, p. 234.

⑤ Dennis C. Dickerson, Militant Mediator: Whitney M. Young, Jr. , Lexington: University Press of Kentucky, 1998, p. 7, pp. 318-319.

⑥ Jesse Thomas Moore, Jr. , A Search for Equality: The National Urban League, 1910-1961, University Park: The Pennsylvania State University Press, 1981, p. 64, p. 101.

除上述两大民权组织外，争取种族平等协会、南方基督教领导大会和学生非暴力协调委员会均采取直接行动的斗争方式，是民权运动中最具影响力的三大组织。争取种族平等协会成立于1942年，主张直接向华盛顿施压以彰显种族问题的严重性。马文·瑞奇分析了争取种族平等协会的成长历程、斗争策略和目标的演变。20世纪40年代，该组织主要在美国北部城市活动，为黑人争取进入公共场所的平等权利；50年代该组织转向美国南部发展，为黑人争取就业机会和改善住房条件。① 英奇·贝尔考察了争取种族平等协会在民权运动高潮期的活动，分析了该组织转向民族主义和承认暴力具有正当性的过程及其根源。②

奥古斯特·梅耶和埃利奥特·鲁德威克运用口述历史和社会学的集体行为研究理论，分析了20世纪60年代中后期争取种族平等协会斗争策略和目标转变的原因。他们也探讨了该组织内部黑人与白人活动家的紧张关系及其根源和影响。③ 詹姆斯·法默是争取种族平等协会的领导人。他撰写的《自由——什么时候?》不仅分析了该组织的起源和成长，而且也解释了20世纪60年代中后期该组织拒绝非暴力、放弃种族融合目标、追求黑人民族主义的原因和在转型中遇到的困难。④

南方基督教领导大会成立于1957年，是在马丁·路德·金领导下的民权组织。托马斯·皮克对南方基督教领导大会的研究集中在全国性领导层和全国性运动方面，对基层或附属组织的领导人、基层民权斗争和目标分析较少。他指出，虽然南方基督教领导大会的组织形式十分松散，但基层组织和附属组织都有"美国梦想"的认同。该组织主张非暴力斗争和体制内的行动来实现黑人种族的

---

① Marvin Rich, "The Congress of Racial Equality and Its Strategy", Annals of the American Academy of Political and Social Science, Vol. 357, 1965, pp. 113-118.

② Inge Powell Bell, CORE and the Strategy of Nonviolence, New York: Basic Books, 1968.

③ August Meier and Elliott Rudwick, CORE: a Study in the Civil Rights Movement, 1942-1968, New York: Oxford University Press, 1973.

④ James Farmer, Freedom-When? New York: Random House, 1966.

"美国梦想"。该组织强调黑人的"双重觉醒"，既追求自由，又要有种族自豪感。与此同时，它重视对正义的追求，不仅是在道义上，而且是在政治和社会生活中。①

一些历史学家主张，对南方基督教领导大会的研究一定要越出对金的研究。亚当·费尔克劳夫考察了南方基督教领导大会成立后近20年的历史，它的斗争战略、内部冲突、募资机构和方式。他认为，来自纽约的思想家虽然在南方基督教领导大会内部人数不多，但却是重要的智库成员。他分析了一些黑人社区在该组织的领导下开展民权运动的情况和发生的变化。他指出，民权运动缔造了金，金的独特贡献在于能协调民权运动的全国性目标与地方民权斗争目标的矛盾。②

学生非暴力协调委员会是民权运动的产物，是高潮时期的主要组织力量。它成立于1960年，强调建立和发展社区组织，鼓励草根民权活动，组织形式则十分松散。它是最为激进的全国性民权组织，最初致力于非暴力斗争，主张建立一个种族之间充满仁爱的社会。在20世纪60年代中后期，它提倡"黑人权力"，主张以报复性自卫来对付白人暴力，主张黑人民族主义，消灭制度性的种族主义。

霍华德·齐恩是学生非暴力协调委员会顾问，近距离观察了该组织在20世纪60年代由主张改革转向革命的过程。美国南部腹地州的斗争经历是导致它发生转变的关键。该组织主张为黑人穷人工作，相信黑人只有在美国获得了"权力"才能改变自身的命运。它主张组建黑人政党，斗争目标更加激进，试图挑战美国的政治结构。这为政府和中产阶层所不容，因此，该组织失去了白人的

---

① Thomas R. Peake, Keeping the Dream Alive: a History of the Southern Christian Leadership Conference from King to the Nineteen-Eighties, New York: Peter Lang, 1987, pp. 409-414.

② Adam Fairclough, To Redeem the Soul of America: The Southern Christian Leadership Conference and Martin Luther King, Jr., Athens: University of Georgia Press, 1987, pp. 1-9.

支持。①

克莱伯恩·卡森大量使用口述历史，分析了学生非暴力协调委员会兴起和衰落的过程，肯定了它对民权运动的贡献。他指出，该组织最初致力于体制内的斗争，愿意与白人自由派合作，关注南部农村黑人问题，但在南部遇到的挫折使它改变战略。它拒绝与白人自由派合作，转向城市的黑人问题，追求"黑人权力"，其衰落不仅与政府打压、媒体负面报道有关，也是内部意识形态分歧的结果。②

艾米丽·斯托珀采访了 50 多位重要的领导者和活动家，以口述历史的方式分析了学生非暴力协调委员会在 20 世纪 60 年代末崩溃的原因。该组织的活动家在美国南部有着共同的斗争经验，形成了互任的小圈子，对外来的北部白人自由派和大学生缺乏信任。此外，该组织没有掌握政治斗争中的妥协原则。联邦政府的刻意打压导致它内部矛盾重重和在社会中孤立无援。这些是它衰落的原因。③

克利夫兰·赛乐氏是学生非暴力协调委员会的重要成员，民权运动的亲历者。他以口述历史的形式叙述了个人的经历、组织的兴衰历程及其原因。④ 谢丽尔·格林伯格采访了该组织重要的活动家，以口述历史的方式讲述了民权运动的起源、选民登记计划、密西西比州自由民主党运动、民权运动中的歌曲、该组织与女权运动的关系、黑人权利口号的提出与内涵、组织活动的轨迹和历史遗产。⑤

---

① Howard Zinn, SNCC: The New Abolitionists, Boston: Beacon Press, 1964.

② Clayborne Carson, In Struggle: SNCC and the Black Awakening of the 1960s, Cambridge: Harvard University Press, 1981.

③ Emily Stoper, The Student Nonviolent Coordinating Committee: the Growth of Radicalism in a Civil Rights Organization, Brooklyn, New York: Carlson Publishing Inc., 1989, p. 100.

④ Cleveland Sellers with Robert Terrell, The River of No Return: The Autobiography of A Black Militant and the Life and Death of SNCC, Jackson: University Press of Mississippi, 1990.

⑤ Cheryl Lynn Greenberg ed., A Circle of Trust: Remembering SNCC, New Brunswick: Rutgers University Press, 1998.

在新社会史的影响下，丹尼尔·皮尔斯泰因考察了学生非暴力协调委员会与 1964 年自由夏季运动中自由学校的建立。① 诺德豪斯探讨了学生非暴力协调委员会与 1963—1964 年密西西比州民权运动的关系。他指出，密西西比州的民权运动不仅使学生非暴力协调委员会成为重要的民权组织，而且导致其斗争哲学发生重大改变。该组织放弃了非暴力战略，不再求寻求政府帮助来实现变革。②

民权组织之间的关系也是历史学家研究的对象。南希·韦斯认为，民权组织之间、领导人之间既有合作，也有竞争。合作的形式有正式的，也有非正式的。他们竞争扩大组织力量、个人声誉和募捐资金，在斗争战略和目标上存在分歧。韦斯更多地强调了这种竞争对民权运动的积极作用。③ 戴维·盖罗则认为不要过度肯定这种竞争的积极作用，因为这种竞争在很大程度上削弱了民权运动。④

三、地方和社区民权运动的研究

新社会史学的兴起促使民权运动史学家转向地方和社区民权运动史研究。威廉·查菲是社区民权运动史的开拓者。他研究的切入点是南部白人的权力结构的"象征主义"特性。北卡罗来纳州和格

---

① Daniel Perlstein, "Teaching Freedom: SNCC and the Creation of the Mississippi Freedom Schools", History of Education Quarterly, Vol. 30, No. 3, 1990, pp. 297-324.

② R. Edward Nordhaus, "S. N. C. C. and the Civil Rights Movement in Mississippi, 1963-64: A Time of Change", The History Teacher, Vol. 17, No. 1, 1983, p. 95.

③ Nancy J. Weiss, "Creative Tensions in the Leadership of the Civil Rights Movement", in David L. Lewis and Charles W. Eagles eds., The Civil rights Movement in America, Jackson: University Press of Mississippi, 1986, pp. 39-55.

④ David J. Garrow, Commentary, in David L. Lewis and Charles W. Eagles eds., The Civil rights Movement in America, Jackson: University Press of Mississippi, 1986, pp. 55-64.

林斯博罗市在发展种族关系方面采取"象征主义"的策略。但"象征主义"改革在 1954 年布朗案判决后却成为黑人争取民权进步的阻力。① 由于南部腹地州种族隔离势力强大，所以民权运动的初期活动如"静坐运动"主要发生在实行"象征主义"改革的"进步主义"州和市。"静坐运动"兴起后，民权运动要进一步开展则不得不转向南部腹地州。因为非暴力战略难以在"进步主义"州激起黑、白种族的激烈对抗。没有出现当地白人暴力对付非暴力的黑人民权活动的事件，就难以吸引美国民众、新闻传媒和联邦政府的关注。

查菲的社区民权运动史研究不局限于 1960 年的"静坐运动"。他以社区民权斗争为主线，把当地民权运动的起源追溯到了 20 世纪三四十年代，也分析了民权运动在 20 世纪 70 年代的情况。通过考察这个城市几代黑人争取民权的历史，查菲发现，民权运动与之前的黑人斗争存在连贯性。全国有色人种协进会支部扮演了重要角色，培养了很多"静坐运动"的活动家。而对 70 年代的研究表明，"象征主义"特性使该市在民权运动后仍然是两个社会：白人社会和黑人社会泾渭分明。

查菲通过社区民权运动史研究挑战了奥古斯特·梅耶和埃利奥特·鲁德威克对民权运动的认识。梅耶和鲁德威克认为，20 世纪60 年代南部黑人采取的直接行动与以往黑人民权斗争完全不同，二者之间不具有连贯性。民权运动采取的斗争方法没有以历史上出现过的斗争方法为指引。② 但社区史研究对此提出修正。

像查菲这样全面考察一个城市或州的民权运动是社区民权运动研究的第一种类型。罗伯特·诺维尔研究了亚拉巴马州塔斯基吉的黑人自 19 世纪 70 年代起争取政治权利的斗争，展现了此后一百年

---

① William H. Chafe, Civilities and Civil Rights: Greensboro, North Carolina, and the Black Struggle for Freedom, New York: Oxford University Press, 1980, p. 97.

② 转引自 Steven F. Lawson, "Freedom Then, Freedom Now: The Historiography of the Civil Rights Movement", The American Historical Review, Vol, 96. No. 2, 1991, pp. 460-461.

间黑、白种族双方的交锋，展现了当地黑人争取民权斗争的艰难历程。20世纪40年代，塔斯基吉的黑人中产阶级发起了第一次选民登记运动，成为当地民权运动的起源，60年代出现了更激进的选举权运动，最终在70年代赢得了争取选举权斗争的胜利。①

戴维·卡尔霍恩考察了1877—1980年佛罗里达州圣奥古斯丁市种族关系的变化，重点是1963年、1964年的民权斗争。他展示了地方民权斗争与全国民权运动的互动以及具有的全国性意义。他认为，尽管当地经历了黑人民权运动，但黑人的社会经济地位变化不大，并分析了造成这种结果的原因。②

金·罗杰斯研究了几代黑人领导人在新奥尔良争取平等权利的斗争。他运用了黑人和白人活动家的口述历史，指出民权斗争经历了三代黑人的变化：20世纪50年代是种族融合者、60年代初是政治谈判家、后期是富有战斗精神的新生代。由于对缓慢的变革产生幻灭，60年代的民权活动家采取了更激进的方法。③

格伦·埃斯克研究了亚拉巴马州伯明翰的民权运动，把地方民权斗争和全国民权斗争结合起来，探讨了黑人争取民权的地方——全国斗争模式。④亚当·费尔考夫考察了1915—1972年路易斯安那州的民权斗争，指出全国有色人种协进会对促进种族关系变革起了重要作用。⑤理查德·普赖德分析了田纳西州纳什维尔市校

---

① Robert J. Norrell, Reaping the Whirlwind: The Civil Rights Movement in Tuskegee, New York: Alfred A. Knopf, 1985, pp. 207-208.

② David R. Colburn, Racial Change and Community Crisis: St. Augustine, Florida, 1877-1980, New York: Columbia University Press, 1985, pp. 33-35, p. 67, p. 205.

③ Kim Lacy Rogers, Righteous Lives: Narratives of the New Orleans Civil Rights Movement, New York: New York University Press, 1993, p. 136, p. 141.

④ Glenn T. Eskew, But for Birmingham: The Local and National Movements in the Civil Rights Struggle, Chapel Hill: University of North Carolina Press, 1997, p. 14.

⑤ Adam Fairclough, Race and Democracy: The Civil Rights Struggle in Louisiana, 1915-1972, Athens: University of Georgia Press, 1995.

车取消种族隔离的情况，论述了地方种族关系改革的困境及其原因。①

弗雷德里克·威尔特以密西西比州一个县的民权斗争作为考察对象，探讨 1957—1965 年《民权法》对当地种族关系的影响。由于国会出台了相关法律，联邦政府强制执行，当地白人在心理上对种族变革出现了很大变化。② 约翰·迪特姆考察了整个密西西比州的民权运动史。他指出，在种族隔离和暴力突出的密西西比州，民权运动能取得重大成就归功于当地的民权活动家和参与者。③

研究某一城市和社区发生的重大民权活动是社区民权运动研究的第二种类型。米尔·桑顿研究了蒙哥马利公共汽车联合抵制运动，关注的重点从金转向当地的黑人民众和鲜为人知的地方民权领袖。④ 戴维·盖罗编撰了研究蒙哥马利公共汽车联合抵制运动的文献。⑤ 约翰·索尔特讲述了 1962 年秋至 1963 年夏他在密西西比州杰克逊市的民权活动，以及当地民权运动的动力和内部矛盾。⑥ 艾伦·安德森和乔治·皮克林研究了 1965 年芝加哥的民权运动。尽管地方性的和全国性的民权组织努力开展民权斗争，但芝加哥的黑

---

① Richard A. Pride and J. David Woodard, The Burden of Busing: The Politics of Desegregation in Nashville, Tennessee, Knoxville: University of Tennessee Press, 1985, pp. 8-10.

② Frederick M. Wirt, Politics of Southern Equality: Law and Social Change in a Mississippi County, Chicago: Aldine, 1971, p. 325.

③ John Dittmer, Local People: The Struggle for Civil Rights in Mississippi, Urbana: University of Illinois Press, 1994, p. 104.

④ Adam Fairclouch, "Historians and Civil Rights Movement", The Journal of American Studies, Vol. 24, No. 3, 1990, p. 387, p. 393.

⑤ David J. Garrow ed., Martin Luther King, and the Civil Rights Movement, Vol. 7, The Walking City: The Montgomery Bus Boycott, 1955-1956, Brooklyn, N. Y.: Carlson Publishing Inc., 1989.

⑥ John R. Salter, Jackson, Mississippi: An American Chronicle of Struggle and Schism, Hicksville, N. Y.: Exposition Press, 1979.

人的住房和教育没有明显改善。①

戴维·盖罗以 1965 年的《选举权法》为切入点，研究了金在塞尔玛市领导的选民登记运动。金为争取黑人选举权，在斗争中使用了一般性战略和特殊战略。当地黑人对国会议员施压，推动了《选举权法》的出台。② 有的学者讲述了他们在塞尔玛市从事民权斗争的亲身经历。③ 斯蒂芬·朗内克通过分析白人牧师拉尔夫·斯梅尔齐的日记，论述了白人牧师和中间派人士在塞尔玛市选民登记运动中的调停作用。他的研究从地方黑人转向白人牧师和中间派人士，令人耳目一新。④

西德尼·范恩讲述了 20 世纪 60 年代中后期发生在底特律的种族骚乱事件，对种族骚乱的原因进行了解释。⑤ 琼·贝福斯叙述了 1968 年田纳西州孟菲斯市的环卫工人罢工运动，与以往不同，该运动争取的是黑人穷人的经济权利。⑥

比较不同社区的民权运动是社区民权运动研究的第三种类型。詹姆斯·巴顿对佛罗里达州"三个旧南部社区"和"三个新南部社区"100 多名黑人和白人居民进行了采访。他考察了 20 世纪 50 年代末期至 80 年代中期黑人在新旧不同的南部社区公共部门和私人

---

① Alan B. Anderson and George W. Pickering, Confronting the Color Line: The Broken Promise of the Civil Rights Movement in Chicago, Athens: University of Georgia Press, 1986.

② David J. Garrow, Protest at Selma: Martin Luther King, Jr. and the Voting Rights Act of 1965, New Haven: Yale University Press, 1978.

③ Sheyann Webb and Rachel West Nelson, As told to Frank Sikora, Selma, Lord, Selma: Girlhood Memories of the Civil Rights Days, Tuscaloosa: The University of Alabama Press, 1980.

④ Stephen E. Longnecker, Selma's Peacemaker: Ralph Smeltzer and Civil Rights Mediation, Philadelphia: Temple University Press, 1987.

⑤ Sidney Fine, Violence in the Model City: The Cavanagh Administration, Race Relations, and The Detroit Riot of 1967, Ann Arbor: University of Michigan Press, 1989.

⑥ Joan T. Beifuss, At the River I Stand: Memphis, the 1968 Strike, and Martin Luther King, Jr., Memphis: B&W Books, 1985, p. 15.

部门工作情况的变化。他指出，经过民权运动，黑人在争取选举权方面取得了成功，但其经济权利与白人相比仍有不小的差距。①

理查德·卡托考察的是跨州的社区民权运动，分别是田纳西州的海伍德县、阿肯色州的李县、亚拉巴马州的朗兹县和南卡罗来纳州的海群岛这四个地方的民权斗争。卡托采访了这些地方的民权领导人和活动家。他讲述的是当地黑人争取建立社区医疗中心的故事，反映民权运动如何推动当地的社会变革。②

青年农村组织和文化中心研究机构以口述历史的方式讲述了密西西比州霍姆斯县的民权运动。它强调当地民权活动家和民众对民权运动的贡献。黑人在该县农村开展民权斗争十分不易，那里有白人强大的压力，却缺少全国性媒体关注和民权领袖。黑人穷人领导了当地的民权斗争，而黑人妇女则在其中扮演了重要角色。他们在保卫房子、教堂和亲友方面采取的是自卫而不是非暴力战略。③

社区民权运动史越来越受历史学家推崇。20 世纪 80 年代中期，克莱伯恩·卡恩主张用"黑人争取自由斗争"一词来代替"民权运动"。他指出民权运动的研究对象应从全国性民权组织、领袖和运动转向基层组织、普通民众和地方民权运动。④ 90 年代初，一些历史学家提出把社区史作为民权运动研究的新方向。⑤

---

① James W. Button, Blacks and Social Change: Impact of the Civil Rights Movement in Southern Communities, Princeton: Princeton University Press, 1989.

② Richard A. Couto, Ain't Gonna Let Nobody Turn Me Round: The Pursuit of Racial Justice in the Rural South, Philadelphia: Temple University Press, 1991.

③ The Youth of Rural Organizing and Cultural Center ed., Minds Stayed on Freedom: The Civil Rights Struggle in the Rural South, an Oral History, Boulder: Westview Press, 1991, p. ix.

④ Clayborne Carson, "Civil Rights Reform and the Black Freedom Struggle" in David Levering Lewis and Charles W. Eagles eds., The Civil Rights Movement in America, Jackson: University Press of Mississippi, 1986, pp. 19-32.

⑤ Vincent Harding, "Community as a Liberating Theme in Civil Rights History", in Armstead L. Robinson and Patricia Sullivan eds., New Directions in Civil Rights Studies, Charlottesville: University Press of Virginia, 1991, pp. 17-26.

四、教会、妇女、工商界和白人民众的研究

在新社会史的影响下，民权运动史研究的领域扩大到教会、妇女、工商界和普通民众。研究教会与民权运动关系的多数是神学家或者宗教史学家。安德鲁·摩尼探讨了 1947—1957 年南部白人浸信会教徒和黑人浸信会教徒之间的冲突。通过分析双方浸信会教友的著述和言论，他展示了种族隔离主义者和民权领导人是如何利用同样的宗教信仰和神学启示为各自的观点进行辩护。①

通过解读南部长老会的官方记录，约耳·埃文斯分析了"二战"结束后的 40 年间南部长老会在种族问题上的变化。南部长老会以白人教徒为主。民权问题导致它发生分裂。南部长老会内部对它在精神和世俗事务中的作用分歧严重。②

詹姆斯·芬德利利用档案文献和口述历史，分析了全国教会理事会与民权运动的相互影响、组织内部的种族关系。不仅黑人牧师和教会参与民权运动，而且白人牧师和教会也积极参与。但他指出，白人牧师和教会对民权运动的支持随 60 年代中后期全国性民权组织的斗争战略、方法和目标的变化而改变。③

迈克尔·费尔南德研究了白人牧师与民权运动和反战运动的关系。他利用回忆录和口述历史，分析白人基督教徒和犹太教徒在 1954—1965 年、1963—1973 年对民权运动和反战运动的参与，以

---

① Andrew Michael Manis, Southern Civil Religions in Conflict: Black and White Baptists and Civil Rights, 1947-1957, Athens: University of Georgia Press, 1987, pp. 93-94.

② Joel L. Alvis Jr., Religion and Race: Southern Presbyterians, 1946-1983, Tuscaloosa: University of Alabama Press, 1994, p. vii, p. 144.

③ James F. Findlay Jr., Church People in the Struggle: The National Council of Churches and the Black Freedom Movement, 1950-1970, New York: Oxford University Press, 1993, p. 20, p. 121, p. 224.

及在各种社会运动中的角色和贡献。①

马克·鲍曼和伯克利·凯林主编的论文集分析了不同历史时期南部犹太教会和教徒与民权运动的关系。他们既探讨了南部犹太教会内部在对待民权运动问题上的分歧，也研究了支持民权运动的犹太教徒的个人民权活动和不同遭遇。②

宗教神学家查尔斯·玛什把传记写作和草根研究的方法结合起来，分析了民权运动时期宗教对人们种族观念的影响。他研究的对象十分广泛，白人与黑人、宗教人士与世俗人士、名人与民众、支持者与反对者都包括在内。③

唐纳德·柯林斯运用口述历史，对民权运动时期南部白人卫理公会进行了探究。亚拉巴马州白人卫理公会坚持种族隔离，但与黑人追求正义和平等的公民权利相背离。作者分析了白人卫理公会教会牧师在这种矛盾中的心路历程。④

历史学家开始研究南部企业界与民权运动的关系。在布朗案判决前，多数南部白人企业家把自己设想为新南部的进步主义建设者。但随后南部种族关系的变革使他们颇为紧张。一般而言，非南部本土企业向地方政府施压，推动民权斗争取得成功。本土企业则破坏黑人的民权运动，对参与运动的黑人实施打压。⑤

---

① Michael B. Friedland, Lift Up Your Voice Like a Trumpet: White Clergy and the Civil Rights and Antiwar Movements, 1954-1973, Chapel Hill: University of North Carolina Press, 1998.

② Mark K. Bauman and Berkley Kalin, eds., The Quiet Voices: Southern Rabbis and Black Civil Rights, 1880s to 1990s, Tuscaloosa: University of Alabama Press, 1997.

③ Charles Marsh, God's Long Summer: Stories of Faith and Civil Rights, Princeton, 1997.

④ Donald E. Collins, When the Church Bell Rang Racist: The Methodist Church and the Civil Rights Movement in Alabama, Macon: Mercer University Press, 1998.

⑤ Elizabeth Jacoway and David R. Colburn, Southern Businessmen and Desegregation, Baton Rouge: Louisiana State University Press, 1982.

一些学者研究了美国法院在民权运动中的作用。通过分析 1954—1973 年南部学校取消种族隔离的进程，玛丽安·埃德尔曼论述了最高法院和地方法院在这个进程中的角色，如何回应民权运动支持者和反对者施加的压力。①

J. H. 威尔金森探讨了 1955—1970 年最高法院与南部学校取消种族隔离的进程。他指出，布朗案判决后从 1955—1968 年，最高法院没有推动和强制执行公立学校取消种族隔离，在这个方面没有发挥领导作用。它主要是道义上的支持。但因为判决执行难，它的道义作用降低。这导致了南部民权抗议激进化。②

联邦调查局与民权运动的关系受到学界重视。肯尼思·奥赖利指出，联邦调查局以监视共产主义分子为幌子，监视民权运动领导人；与南部地方警察局密切合作共同破坏民权运动；没有尽职保护民权运动参与者免受暴力威胁。③ 他指出，肯尼迪政府使用联邦调查局监控自由乘客运动和奥尔巴尼运动的情况。④

妇女在民权运动的历史上扮演了重要角色。1979 年，萨拉·埃文斯把民权运动中的妇女活动与女权运动的研究联系起来，打破了民权运动研究局限于男性范畴的局面。⑤ 此后，民权运动中的妇女研究日益增多。史蒂文·米勒强调黑人妇女在发起、组织和维持

---

① Marian Wright Edelman, "Southern School Desegregation, 1954-1973: A Judicial-Political Overview", Annals of the American Academy of Political and Social Science, Vol. 407, 1973, pp. 32-42.

② J. Harvie Wilkinson, "The Supreme Court and Southern School Desegregation, 1950-1970: A History and Analysis", Virginia Law Review, Vol. 64, No. 4, 1978, pp. 485-559.

③ Kenneth O'Reilly, "Racial Matters": The FBI's Secret File on Black America, 1960-1972, New York: Free Press, 1989.

④ Kenneth O'Reilly, "The FBI and the Civil Rights Movement during the Kennedy Years-from the Freedom Rides to Albany", The Journal of Southern History, Vol. 54, No. 2, 1998, pp. 201-232.

⑤ Sara Evans, Personal Politics: The Roots of Women's Liberation in the Civil Rights Movement and the New Left, New York: Knopf, 1979.

蒙哥马利运动中起了重要作用。① 参与民权运动的妇女有的撰写回忆录，有的通过口述历史讲述了她们在地方民权斗争中的作用。②

威克·格劳福德、杰奎琳·罗斯和芭芭拉·伍兹主编的著作探讨了妇女在民权运动中的作用，研究对象包括格洛里亚·理查森、塞普体玛·克拉克、埃拉·贝克和范涅·海玛等著名妇女活动家。③ 贝琳达·罗伯内特指出，黑人妇女在一些地方民权斗争起了领导作用。她比较了黑人妇女在不同民权组织中的角色。④

在新社会史的影响下，历史学家注重对普通民众的研究。戴维·坎贝尔探讨了那些支持民权运动的南部白人在历史中的作用。⑤ 戴维·霍罗威茨研究了南部中产阶级对联邦政府干预南部种族事务的反应。⑥ 玛丽·罗斯切尔德研究了北部白人和黑人大学生志愿者在 1964 年密西西比州自由夏季运动中的活动。他们参加的动机，与当地民权活动家的关系，个人思想、价值观念和生活的变化。⑦

史学界对民权运动反对者的历史加强了研究。纽曼·巴特利探

---

① 转引自 Steven F. Lawson, "Freedom Then, Freedom Now: The Historiography of the Civil Rights Movement", The American Historical Review, Vol, 96. No. 2, 1991, pp. 460-461.

② Cynthia Stokes Brown ed., Ready from Within: Septima Clark and the Civil Rights Movement, Navarro: Wild Trees Press, 1986.

③ Vicki L. Crawford, Jacqueline Anne Rouse, and Barbara Woods eds., Women in the Civil Rights Movement: Trailblazers and Torchbearers, Bloomington: Indiana University Press, 1993.

④ Belinda Robnett, How Long? African-American Women in the Struggle for Civil Rights, New York: Oxford University Press, 1997.

⑤ David L. Chappell, Inside Agitators: White Southerners in the Civil Rights Movement, Baltimore: Johns Hopkins University Press, 1994.

⑥ David Alan Horowitz, "White Southerners' Alienation and Civil Rights: The Response to Corporate Liberalism, 1956-1965", The Journal of Southern History, Vol. 56, No. 2, 1988, pp. 173-200.

⑦ Mary Aickin Rothschild, A Case of Black and White: Northern Volunteers and the Southern Freedom Summers, 1964-1965, Westport: Greenwood, 1982.

讨了南部白人社会对布朗案判决的大规模抵制及其影响。南部白人社会大规模抵制种族关系变革在于南部历史的特殊性。① 巴特利和休·格雷厄姆合著的《南部政治和第二次重建》分析了"二战"后南部社会经济的变化，民权运动对南部政治的影响。② 尼尔·麦克米伦对白人公民理事会发起的大规模抵制布朗案判决运动进行了研究。③

---

① Numan V. Bartley, The Rise of Massive Resistance: Race and Politics in the South During the 1950's, Baton Rouge: Louisiana State University Press, 1969.

② Numan V. Bartley and Hugh D. Graham, Southern Politics and the Second Reconstruction, Baltimore: Johns Hopkins University Press, 1975.

③ Neil R. McMillen, The Citizens' Council: Organized Resistance to the Second Reconstruction, 1954-64, Urbana: University of Illinois Press, 1994.

2014 年英语世界的中国近现代史研究

武汉大学历史学院　任　放

　　众所周知，中国近现代史研究一直是英语世界 Modern China 研究的重点所在。尽管学界对"汉学"与"中国研究"的概念界定存在分歧，认为两者无论从历史沿革、学术旨趣、研究方法、价值尺度诸方面均不完全重叠，然而，"汉学"与"中国研究"却有一个不容否定的学术立场，即西方世界对中国的认识必须把握历史与现实两个维度，缺一不可。就此而言，偏重中国典籍文化的所谓"汉学"（文化史）与偏重近代以降中国社会变迁的"中国研究"（社会史）是不可分割的，两者之间的学术脉络相互贯通，构成更为宏观的社会文化史范式。从严格的角度看，身为学术共同体内部的专业人士涉足"汉学"，理应对近现代中国抱持一个基本的立场，否则将失却现实意义；同样地，有兴趣讨论近现代中国的西方学者，也应该对传统中国文化有一个基本的了解，否则所议所论将流于肤浅。不过，现今英语世界出版的相关论著，作者队伍已不限于历史学等专业人士，而是对中国感兴趣的各种拥有写作能力的"文化人"。这样的一种状况，客观上决定了关于近现代中国的"西方认识"变得多元乃至有些杂芜。因此，了解英语世界的相关研究成果，必须跃出狭隘的学科范围，以批判性的眼光认真审视各种类型的著作，从中发掘有价值的见解。限于篇幅，本文尝试对 2014 年出版的以英语为写作工具的近现代中国研究著作进行选择性评介，而不纠缠于"汉学"、"中国研究"之畛域。下面，笔者将从社会史、经济史、环境史、军事史、人物研究诸方面予以评介。

社会史　在社会史领域，2014 年有几部著作值得评介。首先是施奈德(Melissa Margaret Schneider)①《家有丑妻是个宝》。该书揭示了不同年龄层次、社会人群的中国人对于爱情与婚姻的感受，是一本探讨中国情感文化的著作。由于中国的历史文化是一种有着浓厚东方色彩的政治—伦理型文化，"修身"与"齐家"置于"治国平天下"之先，因此家庭观念构成了中国人的人生观、世界观之基石之一。由此推绎而出的择偶观、生育观、职业观、财富观等，自古以来一直左右着中国人的生存状态。作者是在中国改革开放的窗口——深圳收集素材并着手写作的，所以该书涉及部分中国夫妻面对新时期两性观念的改变、如何调适家庭关系等棘手问题，讨论了传统因素的影响(包括媒人、童养媳、包办婚姻、纳妾、门当户对等婚俗)，以及人们习以为常的情感模式的变异性。1949 年新中国成立后，破旧立新的社会主义改造运动使中国百姓的婚姻关系进入一个全新的阶段。然而，来自传统文化的影响仍然不可低估，尤其是人们的思想深处或多或少存留着"旧式"风格、习惯和特点。作者的社会调查对象包括那些经历了"文革"的人们(在那个时代，罗曼蒂克式的爱情被贴上"小资情调"的标签而遭到批判)，为今后的相关研究留下了颇有价值的口述史料。应该说，该书从中国城市大众的视角展现了中国人婚姻—家庭关系的某些侧面，涵摄历史、社会及风俗诸层面。

埃里克·韩(Eric C. Han)②所著《横滨中国城的兴起(1894—1972)》是第一部用英文写作的讲述中国人的社区在日本如何成长壮大的历史类专著。仅从书名就可知晓，它的时间跨度从 1894 年中日甲午战争开始，一直延续至 1972 年日本首相田中角荣访华、两国邦交实现正常化，约为 80 年。中日之间的历史渊源很深，在

---

① 施奈德(Melissa Margaret Schneider)，是一位美国家庭临床医学家、作家，创办了"明智之爱"机构(LuvWise.com)。她写这部书时，正在中国深圳生活。目前，她与丈夫居住在美国纽约。

② 埃里克·韩(Eric C. Han)，美国弗吉尼亚州威廉斯堡市威廉与玛丽学院历史学助教。

很长的历史时期内，日本一直是所谓"中华文化圈"之一员，积极吸纳中国的文字、服饰、工艺、技术、制度、思想等文化要素，将其改造为适合本民族的文化。在某种程度上，中华文化是日本文化之母体。然而，日本明治维新之后，日本效法西方，在极短时间内完成了近代化的转型。与之同时，对外扩张的军国主义势力亦在日本异常活跃，并主导了日本的政治决策。就中日关系而言，由于甲午战争的爆发，两国关系的历史格局发生重大转变，日本战胜中国、摇身一变成为亚洲霸主。中日《马关条约》的签订，使得中国深陷半殖民地之泥淖而无法自拔，民族危机达到空前程度。自此之后，大量中国人东渡日本留学、经商、生活。在此过程中，出现了新一轮的海外移民潮。这批移民日本的中国人经历了漫长的战争与和平之间的博弈，其中的部分人在这样一个单一民族的国度找到了栖身之所。这一事实凸显了中国人顽强的生存意志、灵动的生存策略、多元的生存能耐。不可避免的是，涌往日本的中国人面临身份认同和转换的矛盾，这大概是除了能够养活自己及亲朋好友这类生活难题之外，最需要解决的横亘于心的剪不断、理还乱的精神难题。这些普通的中国人在日本的经历表明，他们总是处在国家（中国）与异域（日本）的身份纠葛之中：虽然自我认同是"横滨人"，但却不高调声称是"日本人"，也不否认是"中国人"。这样的一种移民心理，恐怕是近代以来走出国门、足迹遍布世界各地的中国人的共同心态。作者写作所依凭的材料，主要包括横滨的地方报纸、中日政府档案、回忆录等，以及对当地居民的社会学性质的访谈。

单富良（Patrick Fuliang Shan）①所著《拓垦：移民、定居和黑龙江边界的形成（1900—1931）》的时间选择是耐人寻味的。这恰值清末民初之际，属于两个历史阶段的交错期，是中国数千年的国体

---

① 单富良（Patrick Fuliang Shan），美国伟谷州立大学历史学副教授，讲授中国史、东亚史、世界史。2009—2011 年，担任在美中国历史学家协会主席。2010—2014 年，担任 20 世纪中国史学会理事。2012 年迄今，担任《中国研究评论》杂志社合作编辑。目前，他是伟谷州立大学东亚研究项目的协调人。

(君主专制)发生重大变化的时期。在辛亥革命的枪炮声中，民主共和制将君主专制赶下了历史舞台。仅从政权更迭的角度看，1900—1931 年无疑具有特殊的文化意韵。该书的另一亮点，是选择东北的黑龙江地区。自从努尔哈赤崛起于白山黑水之间，满族人的力量在皇太极时代迅速膨胀，数次与明朝发生军事冲突，显露出问鼎中原王朝的政治抱负。时过境迁，关内爆发李自成农民起义，终于导致崇祯帝自缢、清军入关，顺治帝成为入主紫禁城的满族人天子。由于清朝发端于东北，故清廷决意不予开发，以避免损伤龙脉。封禁的结果，导致有清一代东北地区与中国其他地区相比，经济发展一直处于欠发达水平。这一状况在晚清开始有所扭转。其中，移民大规模地进入东北是重要因素之一。该书所讨论的黑龙江边界的变化正是移民垦殖的必然结果。应该说，清末民初的社会变迁之于东北地区的经济发展具有不容低估的价值。如果将黑龙江边界的确定置于更为宏大的历史背景之下，那么，就可以看到整个东北地区暴风骤雨般的开发历程，实际上也是近代中国"民族国家"的建构过程。尤其是，作为中国边陲地区的黑龙江如何"被植入"中国的近代化历史进程，其意义之大毋庸置疑。这部 227 页的专著，是作者十年磨一剑的成果，在档案资料的梳理、历史细节的探索等方面下了很大功夫，对提升东北史的学术水平大有裨益，也有助于促进中国边疆史地的研究。

海耶斯(Louis D. Hayes)①所著《东亚的政治体系：中国、韩国和日本》按照专题性、跨学科的写作方法，对东亚三国(中日韩)19世纪中叶以来的政治变迁进行了梳理，着力从社会、文化、政治、经济诸层面予以分析，力图总结这三个在近代时期经历了巨大历史震荡的国家的不同特点。在传统时代，朝鲜半岛诸国(百济、新罗等)和日本一直从属于所谓"中华文化圈"。当时的东亚国际秩序，

① 海耶斯(Louis D. Hayes)，是位于美国米拉苏市的蒙大纳大学政治学荣休教授，曾在巴基斯坦生活和研究了近三年时间。出版了《美国关于克什米尔冲突所制定的外交政策之影响》、《巴基斯坦为正统性展开的斗争》、《巴基斯坦的教育改革》等著作。

是以中国为中心、以朝贡贸易为纽带、以儒家仁义为外交理念的"华夷秩序"。该秩序深刻地形塑了东亚的历史文化，成为今人研究古代东亚史的主题。时过境迁，19世纪中叶以后，西方殖民者以坚船利炮打开中国、日本的国门，"华夷秩序"遭受前所未有的冲击，并由此走向衰落。尽管史学界对1840年鸦片战争作为"近代"的开端存在分歧，认为这一年份的意义主要在政治、外交、军事层面，不应构成经济、思想、文化、风俗诸领域"近代"的开始，但是，海耶斯的这本书以19世纪中叶为起始展开政治史的论述，在逻辑上是成立的。某些比较政治研究的论著缺乏统一的主题，喜欢使用西方中心主义色彩的"民族国家"、"东亚政治体系"等概念，避免谈论贯穿东亚历史的儒教认同，盲目夸大西方文化压倒性的作用。相比之下，海耶斯的表述没有这些弊病。他也使用"东亚政治体系"的概念，却力求站在历史实证主义立场上，保持观点的客观和公正。作者认真地探讨了拥有大致相同的文化血脉的东亚三国，是如何将传统转化为政治资源，以利于王朝统治；是如何依凭传统的力量，应对外部世界，包括西力东渐；是如何在传统的基础上，促进自身的政治发展。这些问题及其初步解答，无疑能够引发人们对东亚史的多元化思考。毫无疑问，儒教的世界观在相当程度上形塑了东亚的国家观、外交观、文化观。其实，不仅仅是儒教，中国的道教也深刻地影响了日本"天皇"的称谓、神道轨范等，对"天皇制"的形成和演变有着重要价值。从这一角度看，研究东亚近代政治史，离不开对儒教影响力衰变的考察，甚至应该将更多的中国文化元素纳入视野之中，而不是仅仅关注西方的因素。

由于中国社会史的内涵极其丰富，因此相关的论著呈现多样化的状貌。其中，如下成果不可遗漏：克拉克（Anthony E. Clark）①《矛盾的天国：方济各会修士与山西义和团的兴起》，李洁（Jie Li）②

---

① 克拉克（Anthony E. Clark），美国惠特沃斯大学历史学副教授，著有《中国的圣徒：清代天主教殉道者（1644—1911）》。
② 李洁（Jie Li），美国哈佛大学东亚语言及文明专业助教。

《上海之家：私人生活的再现》，李榭熙（Joseph Tse-Hei Lee）①《圣经与枪炮：华南的基督教（1860—1900）》，朱益宜（Cindy Yik-yi Chu）②《天主教在中国：中国教会发展史（1900 年迄今）》，包德宁（Dennis Balcombe）③《中国的开放之门：基督教复兴事业中令人惊叹的圣灵故事》，克里斯多夫·卡帕隆斯基（Christopher Kaplonski）④《喇嘛问题：社会主义蒙古国初期的暴力、主权和异议者》，罗文凯（Rowan Callick）⑤《永远的党：在中国现代共产主义精英的内部》，贺美德（Mette Halskov Hansen）⑥《培养个体的中国人：一个乡村寄宿学校的生活》，陶金凡（King-fai Tam）、津·蒂莫西（Timothy Y. Tsu）、桑德拉·威尔逊（Sandra Wilson）⑦《中日有关二

---

① 李榭熙（Joseph Tse-Hei Lee），美国佩斯大学戴森学院艺术与科学专业历史学教授。

② 朱益宜（Cindy Yik-yi Chu），香港浸会大学历史学教授，大卫·拉姆东西方研究中心（LEWI）副主任。她已出版的著作包括：《介于其间：天主教堂在中国》（2012），《香港玛利诺教会修女们的日记（1921—1966）》（2007），《香港的国外社团（1840 年代—1950 年代）》（2005），《香港玛利诺教会的修女们（1921—1969）》（2004），等等。

③ 包德宁（Dennis Balcombe），美国派往香港和中国内地的传教士，1969 年4 月举家搬到香港，在接下来的 8 个月内着手复兴基督教教堂。尽管反对声浪很大，但是教堂的传教事业十分兴隆，今天已有 700 余名信徒。作为"复兴中国国际部"创始人，他是一位受欢迎的宣教者。他与妻子凯西生活在香港。他们有两个孩子、两个孙子。

④ 克里斯多夫·卡帕隆斯基（Christopher Kaplonski），英国剑桥大学蒙古和亚洲内部研究中心（社会人类学）高级研究助理、附属讲师。

⑤ 罗文凯（Rowan Callick），《澳大利亚人报》（亚太版）编辑、前驻京记者。曾是《澳洲金融评论》驻香港记者、《时代》杂志主笔，也曾为《外交政策》杂志服务。他目前生活在澳大利亚墨尔本。

⑥ 贺美德（Mette Halskov Hansen），挪威奥斯陆大学中国研究专业教授。她著有《中国人的功课：中国西南地区的民族教育和精英身份》，合编《中国：现代中国个人主义的兴起》。

⑦ 陶金凡（King-fai Tam），香港理工大学中国文化系副教授。津·蒂莫西（Timothy Y. Tsu），日本关西大学国际关系学院教授。桑德拉·威尔逊（Sandra Wilson），澳大利亚莫道克大学艺术学院教授、亚洲研究中心研究员。

战的电影》，欧逸文（Evan Osnos）①《雄心勃勃的年代：在新中国追求财富、真理和信仰》，等等。由此可见，近些年来国际学术界对中国问题的关注依然以社会史为主轴。有意味的是，国内史学界的"社会史热"方兴未艾，与国际学术相接轨。

经济史　经济史方面要特别评介的著作，是关文斌（Man Bun Kwan）②的《超越市场与体制：爱国的资本主义和久大精盐公司（1914—1953）》。该书是研究近代民族资本家、中国民族化学工业之父范旭东的专精之作。范旭东（1883—1945）是湖南湘阴人，幼年丧父。成年之后，负笈东瀛，1910 年以优异成绩毕业于京都帝国大学化学系。面对中国的病弱、日本的强盛，范旭东感同身受，立下实业救国之志。1911 年，范旭东回到祖国。经过数年筹措，

---

①　欧逸文（Evan Osnos），美国《纽约客》杂志特约撰稿人，2008—2013 年一直担任中国事务的记者。他是两个海外新闻俱乐部奖的获奖者，是美国亚洲学会"奥斯本·艾略特奖"（以表彰在亚洲新闻方面的杰出贡献）的获奖者。他曾在《芝加哥论坛报》工作过，2008 年作为团队之成员获得"普利策奖"（调查性报道）。目前，他生活在美国华盛顿特区。

②　关文斌（Man Bun Kwan），1990 年在美国斯坦福大学获得博士学位，现为美国俄亥俄州辛辛那提大学历史系副教授。研究方向是近代中国，尤其是商业史、经济史、法律史及社会史。他曾到中国搜寻、查阅契约文书，希冀借此研究地方市场。近些年来，他主持的科研项目包括《中国学界的美国研究（人文科学）》、《化肥在台湾的本土化》、《改良土壤：化肥在近代中国》等。曾出版专著《近代中国的盐业之战：久大精盐公司（1914—1953）》。在《美国历史评论》撰稿，评介陈忠平（Chen Zhongping）《近代中国的网络革命》（斯坦福大学出版社 2011 年版）。2012 年，受邀在天津社会科学院历史所发表题为《化肥在近代中国》的学术报告；2013 年，受邀在香港中文大学举办的"近代中国的跨国网络"学术研讨会上，发表题为《打破氮的瓶颈：战时的永利化工（1931—1935）》的学术报告。因"化肥在近代台湾的本土化"研究，受到蒋经国国际学术交流基金会的表彰（2008—2012 年度）；因"化肥在近代中国"研究，受到美国学术团体联合会的表彰（2012—2013 年度）。2012 年 3 月 15 日，主办"亚洲研究年会"（加拿大多伦多）。2012 年，曾担任美国的东亚及东南亚研究委员会主席。目前正在写作一部专著《跌跌撞撞的资本主义：永利化学工业（1917—1952）》，并着手编辑一卷太平洋碱业有限公司的档案资料。与之同时，他在目前任职的大学讲授"亚洲文明：中国和日本"、"古代中国·中世中国·近代中国"课程。

范旭东于 1914 年创办了近代中国第一家化工企业——久大精盐公司(后改为久大盐业公司)。1918 年,他又创办永利制碱公司,这是亚洲第一家近代化的制碱企业。1926 年 8 月,范氏企业"红三角"商标的纯碱在美国费城万国博览会上获得金奖。1937 年 2 月,被誉为"远东第一大厂"的范氏旗下的永利南京铔厂(中国第一家合成氨厂),生产出中国第一包化肥、第一批硫酸铵产品,成为中国近代工业发展史上的里程碑式的事件。抗战军兴,范氏企业遭到战火重创。当时,日本人流露出与范氏合作的意愿。范氏坚辞拒绝,声称:"宁肯为工厂开追悼会,决不与侵略者合作!"表现出一个堂堂正正的中国人的傲骨!他在西南大后方展开新一轮的化工建设,积极支持抗战事业。1945 年 10 月 2 日,范旭东积劳成疾,患上急性肝炎,溘然长逝,享年 62 岁。当时,正在重庆举行国共和谈的毛泽东、蒋介石立即暂停会议,一同前往沙坪坝范旭东的家里吊唁。毛泽东题写"工业先导、功在中华"挽联,以表崇敬之心情。范旭东的离世引发时贤哀叹不已,例如郭沫若所撰挽联是"老有所终,壮有所用,幼有所长;天不能死,地不能埋,世不能语";胡厥文所撰挽联是"建国方新,忍看工业有心人溘然长逝;隐忧未已,何图生产实行者弗竟全功"。新中国成立初期,毛泽东曾在一次谈话中提及中国工业的发展不能忘记 4 个人:讲轻工业,不能忘记张謇;讲重工业,不能忘记张之洞;讲化学工业,不能忘记范旭东;讲交通运输业,不能忘记卢作孚。这番评语,基本上匡定了张謇、张之洞、范旭东、卢作孚在近代中国工业化历程中的重要地位,是近代中国在经济领域学习西方、超越传统、自立自强的标志性人物,是开风气之先、践行实业救国方略的先驱。从近半个世纪的学术史看,有关张謇、张之洞的研究论著数以千计,相较之下,范旭东、卢作孚的相关研究成果数量较少、质量欠佳,远不及前面两位张氏。就此而言,关文斌的这部书之于范旭东研究、之于近代中国工业化研究、之于近代中国经济史研究,均有不可忽略的意义。

环境史 作为交叉性的学术领域,环境史研究在中国稳步成长。鉴于环境史是从国外引进的新兴学科,国内学者应该关注国际学术界的最新成果。总览 2014 年以英语写作的环境史论著，穆盛博(Micah Muscolino)①所称《中国战争的社会生态学：河南省、黄河及其他(1938—1950)》堪称优秀之作。这部环境史著作，旨在揭示环境史的切入视角可能改变人们对于抗日战争的认识。在该书中，作者讨论了震惊世界的"花园口决堤事件"——1938 年 6 月，为了阻止日军的西进，国民党军队趁黄河汛期炸开花园口大堤，导致平汉铁路以东地区洪水泛滥，千余万亩耕地被淹，千余万人受灾，死亡人数高达 80 余万，形成跨越豫皖苏 3 省 44 县的"黄泛区"。这场人为的导致黄河改道的环境灾难，虽然使日军第 14、16 师团陷入困境，造成重大人员伤亡，但也给中国百姓及社会带来了巨大的破坏效应。该书力图通过具体的重大灾难性事件，通过军人对黄河河道的战略性改变及其对豫东地区的深刻影响，探讨环境是如何限制人类活动，人类又是如何利用环境达到自己的目的等重大问题。诚然，中国历史的演进离不开环境因素，不同历史时期的重大事件在不同程度上改变了自然及人文环境。虽然不能陷入"地理环境决定论"的窠臼，但在较长时间内，研究中国史的学者们均有轻视环境因素之倾向，将其降低为"背景"资料，而不是主要的能够影响历史格局的重要因素之一。如何承认时间和空间构成了"历史"的坐标，那么所谓"空间"基本上可以置换为"环境"。系统了解、深刻把握中国历史上的人与环境的关系，应该成为中国史研究的恒定主题之一，包括生态变迁、族群与环境、人类与动植物、气候与经济、水利史、疾病史、灾害史、能源开发史、环境与文明类型等，均需花大气力着手研究。《中国战争的社会生态学》一书提醒人们注意：历史进程中的人们对环境的关注往往能够改变历史的样貌，也能够改变人类的行为方式，因为大自然本身从来就是以人为主体的"历史"的有机组成部分。在某种意义上，重视"自然"也许能够带给研究者更多的思考，并修正中国史写作的既定模式。

作为"70 后"(1977 年出生)的历史学博士、新锐学者，穆盛博

---

① 穆盛博(Micah Muscolino)，是位于美国华盛顿的乔治城大学的历史系副教授，著有《近代中国的渔业战争和环境变化》等。

的学术主攻方向是中国环境史。2012—2013 年，穆盛博作为访问副教授在哈佛大学执教。当时，哈佛大学费正清研究中心邀请他组织"亚洲的环境"研讨班，讨论中国环境的过去与现在之关联性。为此，他邀请一批著名的环境史学者加盟，马立博（Pobert Marks）、濮德培（Peter Perdue）介绍了中国环境史研究领域的既有成果及最新前沿信息，刘翠溶提交了一篇关于台湾气候变迁和水资源的厚重之文，等等。当他翌年回到乔治城大学之后，哈佛大学继续举办"亚洲的环境"研讨班，并计划在 2014—2015 学年组织东亚环境史的"工作坊"（带有历史人类学色彩的专题性的短时间的学术讨论形式）。此外，由哈佛大学、剑桥大学联合创办的"历史和经济研究中心"，制订了能源史研究计划。该中心与麻省理工学院"历史、能源和环境"研究小组，在 2014 年初联合举办了"亚洲和新能源史"学术研讨会。上述所提之学术工作，对于拓宽环境史研究均具有开创意义。① 穆盛博的努力方向是将中国史的研究成果从依附西方理论的"传统"中挣脱出来，建构立于中国历史本位的环境史的理论及叙事结构，解答复杂多变的历史进程如何造成了中国现今的环境状况，以提炼历史大智慧。这样的一种宏大的人文关怀，是基于中国的环境状况之于世界具有重要意义。因为，从全球史的视野看，在相当长的时间内，中国一直是人类最大的文明体之一，其人口、文化、政治、经济、军事、自然灾害等方面均对区域乃至更大范围的历史进程产生过深刻影响。所以，中国环境的长时段变迁是全球环境史研究的主题之一。历史学家有责任、有义务投身其中，通过高水平的环境史研究成果凸显自己的独特的历史担当。如果说，10 年前中国学界尚未出现"环境史"这一学科，那么，近 10 年来"环境史"已成为中国学界最热门的学术兴奋点之一，研究队伍不断扩大，研究成果不断涌现。在某种程度上，已经能够与世界顶尖环境史学者对话了。当然，问题与缺失仍然不少，有待改善之。但是，一个基本的判断是：由海外学者（伊懋可、濮德培等）主导

---

① 穆盛博：《中国环境史研究的新趋势》，http：//www.douban.com/group/topic/55537528/，2015-4-3。

的中国环境史研究的局面已经得到了根本的改变，中国学者日益成为研究主体。

军事史 军事史似乎是 2014 年英语世界中国近代史研究的热点之一。限于篇幅，在此仅评介史蒂芬·麦金龙（Stephen MacKinnon）①的《"二战"期间关于中国命运的谈判》。这是一本关于近代以降中国在国际舞台如何崛起的著作，旨在探讨中国如何从一个积贫积弱的东方大国，变成今天足以搅动世界格局的一支重要力量。改革开放以来，中国在各方面均取得了长足进步，经济方面的实绩尤其令人瞩目。十几亿人口的大国坚定地迈向和平、民主、富强之路，无疑是 20 世纪末到 21 世纪初最有世界性影响的历史现象。因此，西方学者从历史角度予以解读，便是情理之中的常态。回顾 20 世纪，在第二次世界大战之前，中国与西方列强之间爆发了多次侵略与反侵略的战争。虽然中国一直处于战败的一方（中法战争"镇南关大捷"除外），但是中国人民坚不可摧的民族意志令西方列强胆寒，使它们打消了将中国变成像印度那样的殖民地的妄念，而且没有一个国家能够独吞中国。在此过程中，西方列强在中国的势力此消彼长：以"二战"为界标，美国对中国在经济、政治、文化、军事各方面的控制力已超过英国。由于战争的爆发，以及同盟国与轴心国的对垒之势，中国与苏联、美国、英国、法国、日本等国的关系发动了重大转变，苏、美、英成为中国的盟友，日本则成为中国人民最大最凶恶的敌人。自 1894 年中日甲午战争以来，日本的军国主义政府奉行侵略中国的所谓"大陆政策"，相继发动了"九一八事变"、"七七事变"，霸占东三省，扶植伪"满洲国"，对中国人民犯下了滔天罪行。面对日本军国主义的疯狂进攻，中华民族到了生死存亡的关头。与苏、美、英并肩作战，成为人类战胜法西斯主义，拯救世界的正义之举——这是中国人民的历史抉择，舍此别无他途。利用档案、回忆录、报刊等资料，该书试图诠释经过"二战"洗礼的中国如何由一个同盟国成员，变成了联合国安理

---

① 史蒂芬·麦金龙（Stephen MacKinnon），美国亚利桑那州立大学亚洲研究中心前主任、历史学教授。

会五个常任理事国之一。成为安理会常任理事国，彻底改变了中国自鸦片战争以来不断遭受欺凌、不断割地赔款的极为屈辱的国际形象，一跃而为独立自主、颇有尊严的世界大国。这一事实，既改变了中国之命运，也改写了国际关系史。尤其是，该书突破以美国为中心讲述中国历史的套路，转为以中国为中心，重视中国带有民族主义色彩的外交政策。作者翻查了近些年披露的《蒋介石日记》（2006 年美国斯坦福大学胡佛研究所公开了这一重要史料），指陈当时的中国政府在国际事务中维护民族利益之史迹。尽管当时中国尚未完成经济近代化、军事近代化，整体的作战能力、社会动员能力与美国、日本相比仍然处于劣势，但是，国民政府仍然没有轻言放弃，而是采取积极之步骤，与盟国周旋、与强敌战斗。其中，主要有两项历史任务：一是逐渐废除近代不平等条约，收复曾经失去的领土及权益；二是在纷纭复杂的国际舞台，努力提升中国的国际地位。总之，该书给读者这样一种印象：当代中国在国际舞台的和平崛起和强大存在，其根基深埋于历史的土壤之中。

此外，值得一提的军事史论著还有：邝志芒（Kwong Chi Man）①的《东方要塞：香港军事史（1840—1970）》，凯瑟琳·梅耶的（Kathryn Meyer）②《庭院内的生与死：战争年代中国的性、毒品、警察和劫匪》，斯莱奇（Eugene Bondurant Sledge）③的《中国水兵》，卡特·莫卡西恩（Carter Malkasian）④的《朝鲜战争》，邱蓓蓓（Peipei

---

① 邝志芒（Kwong Chi Man），香港浸会大学历史系助教。

② 凯瑟琳·梅耶（Kathryn Meyer），美国莱特州立大学历史学副教授，出版专著包括《烟土之网：走私者、军阀和特务》、《国际毒品贸易史》等。

③ 斯莱奇（Eugene Bondurant Sledge），曾是一名美国海军，后来成为蒙特马洛大学生物学教授。著有《冲绳和贝里琉州的古老物种》。他的生活和工作被美国著名导演兼制片人·伯恩斯拍摄到了美国公共电视台（PBS）纪录片《战争》之中。

④ 卡特·莫卡西恩（Carter Malkasian），在英国牛津大学获得消耗战史方面的博士学位，尤其擅长朝鲜战争研究。作为牛津大学的教师，他开设了包括"冷战史"在内的一系列课程。

Qiu）、苏智良（Su Zhiliang）、陈丽菲（Chen Lifei）①的《中国慰安妇：日本帝国性奴之见证》，麦克德（Edward A. McCord）②的《现代中国建构中的军事力量和精英权力》，史蒂文·施万科特（Steven R. Schwankert）③的《波塞冬：中国对英国失事潜水艇的秘密打捞》，威廉·格里夫（William G. Grieve）④的《赴华美国人的军事使命：租借物资、政治和战时合作（1941—1942）》，蒂姆·比尔（Tim Beal）⑤的《朝鲜半岛的危机：美国、中国和战争风险》，斯蒂芬·傅玉林（Stephan Frühling）⑥的《防御计划与不确定性：为下一场亚太战争做好准备》，等等。

人物研究 在近现代中国的人物研究方面，也有若干论著应该予以点评。被誉为"中国改革开放总设计师"的邓小平无疑是 20 世纪下半叶改变中国命运的人物，他在中国的一系列革命性的举措在相当程度上也改写了世界历史。因此，邓小平研究近些年来成为西方学界中国研究的热点之一。2011 年，美国哈佛大学费正清东亚研究中心前主任、著名社会学家傅高义（Ezra Feivel Vogel），在哈

---

① 邱蓓蓓（Peipei Qiu），美国瓦萨学院中日文专业教授，路易斯·博伊德·戴尔及阿尔弗雷德·利希滕斯坦讲座教授（现代语言学），"亚洲研究"项目主任。苏智良（Su Zhiliang），上海师范大学历史学教授，人文与传播学院院长，中国"慰安妇"研究中心主任。陈丽菲（Chen Lifei），上海师范大学新闻学教授，出版传媒系主任，妇女研究中心副主任。

② 麦克德（Edward A. McCord），美国乔治·华盛顿大学历史和国际事务专业副教授。

③ 史蒂文·施万科特（Steven R. Schwankert），是一位在大中华地区有着 17 年专业经验的优秀作家和编辑。

④ 威廉·格里夫（William G. Grieve），曾应征入伍，成为一名工兵。后被抽调到美国海军陆战队。在军队服务 30 年后，他以陆军上校身份退休，目前生活在伊利诺伊州的福赛斯。

⑤ 蒂姆·比尔（Tim Beal），美国学者，他对亚洲政治、经济问题有着广泛兴趣，在大学讲授亚洲专题并从事相关研究。目前，他专注于朝鲜问题研究，已从新西兰的惠灵顿维多利亚大学市场与国际贸易学院退休。

⑥ 斯蒂芬·傅玉林（Stephan Frühling），澳大利亚国立大学战略与防御研究中心高级讲师。

佛大学出版社出版了《邓小平与中国的转型》(Deng Xiaoping and the Transformation of China)，中文版译为《邓小平时代》，是一部厚达 700 余页的巨著，耗费了作者 10 年心血，获得广泛好评。迈克尔·狄龙(Michael Dillon)①《邓小平：一个政治传记》的面世，表明"邓小平热"将会持续一段时间，因为邓小平是外部世界了解中国的一扇重要窗口，是中国革命和建设事业承先启后的关键人物之一。其他的人物研究成果尚有：伊里·哈蒂希克(Jiri Hudecek)②的《复兴中国古代数学：浸润于吴文俊事业之中的数学、历史和政治》，肖恩·布雷斯林(Shaun Breslin)③的《毛泽东传》，詹姆斯·卡特(James Carter)④的《佛陀心与中国心：倓虚法师(一个 20 世纪僧人)的生活》，保罗·哈克特(Paul G. Hackett)⑤《一个白人喇嘛西奥斯·伯纳德：西藏、瑜伽和美国宗教生活》，亚伯拉罕·赵必成(Bit-Shing Abraham Chiu)⑥的《天国与人的合一：全球背景下中国圣秩圣事的见证者》，等等。

2014 年英语世界的中国近现代史研究还包括图像史，需要提

---

① 迈克尔·狄龙(Michael Dillon)，英国杜伦大学现代中国研究中心的创办人，讲授近现代中国史。他是英国皇家历史学会、皇家亚洲学会成员，2009 年成为清华大学访问学者。著有《中国近现代史》。

② 伊里·哈蒂希克(Jiri Hudecek)，捷克斯洛伐克查理大学的研究员。

③ 肖恩·布雷斯林(Shaun Breslin)，英国华威大学政治学研究者，皇家国际事务研究所中国研究项目召集人，著有《1980 年代的中国：一个改革进程中的社会主义国家内部的省际关系》等。

④ 詹姆斯·卡特(James Carter)，是位于美国费城的圣约瑟夫大学历史学教授，"20 世纪中国历史学会"前主席。他曾在中国生活并广泛游历，出版了多部关于现代中国的论著，兼任《20 世纪中国》杂志的编辑。

⑤ 保罗·哈克特(Paul G. Hackett)，美国佛教研究所编辑，在哥伦比亚大学讲授古典藏语。著有《藏语动词词典》，发表了多篇关于藏语和佛教哲学的论文。

⑥ 亚伯拉罕·赵必成(Bit-Shing Abraham Chiu)，1996 年之后在中国天主堂从事宣教工作，奔走于不同教区和神学院讲授神学。他从波士顿的圣公会神学院获得博士学位，并获得最高论文奖。此外，他获得纽约福特汉姆大学宗教教育学院的博士学位。其丰富的传教经历和学术才能促成了这本书的写作。

及的书籍包括：克里斯蒂娜·克洛根（Kristina Kleutghen）①的《帝国幻影：穿过图像进入清代宫廷》，邱贵芬、张英进（Kuei-fen Chiu and Yingjin Zhang）②的《新语文纪录片：伦理、主题和地点》，等等。

总之，随着中国大国地位的逐步确立，中国的历史、文化及改革进程正越来越多地吸引世界的目光。可以预期的是，在未来的10年或更长时间内，关于中国近现代史的研究仍将成为国际学术界及出版界关注的重点之一。

参考文献

[1] Anthony E. Clark. Heaven in Conflict：Franciscans and the Boxer Uprising in Shanxi. Washington：University of Washington Press，2014.

[2] Bit-Shing Abraham Chiu. Heaven and Humans Are One：The Witness of the Chinese Catholic Ministry in a Global Context（American University Studies-Theology and Religion）. Pieterlen and Bern：Peter Lang Publishing Inc. ，2014.

[3] Carnes Lord and Andrrew S. Erickson ed. Rebalancing U. S. Forces：Basing and Forward Presence in the Asia-Pacific. Annapolis：Naval Institute Press，2014.

[4] Carter Malkasian. The Korean War（Essential Histories series Book 8）. Oxford：Osprey Publishing，2014.

[5] Christopher Kaplonski. The Lama Question：Violence, Sovereignty, and Exception in Early Socialist Mongolia. Hawaii：University of

---

① 克里斯蒂娜·克洛根（Kristina Kleutghen），华盛顿大学艺术史和考古学专业助教。

② 邱贵芬（Kuei-fen Chiu），台湾中兴大学台湾文学及跨国文化研究专业教授。张英进（Yingjin Zhang），美国加州大学圣地亚哥分校比较文学与电影专业教授，上海交通大学人文学科客座教授。

Hawaii Press, 2014.

[6] Cindy Yik-yi Chu. Catholicism in China, 1900-Present: The Development of the Chinese Church. New York: Palgrave Macmillan, 2014.

[7] Dane A. Morrison. True Yankees: The South Seas and the Discovery of American Identity (The Johns Hopkins University Studies in Historical and Political Science). Baltimore: Johns Hopkins University Press, 2014.

[8] David M. Finkelstein and Maryanne Kivlehan. China's Leadership in the Twenty-First Century: The Rise of the Fourth Generation. London and New York: Routledge, 2014.

[9] Dennis Balcombe. China's Opening Door: Incredible Stories of the Holy Spirit at Work in One of the Greatest Revivals in Christianity. Lake Mary: Charisma House, 2014.

[10] Edward A. McCord. Military Force and Elite Power in the Formation of Modern China (Routledge Studies in the Modern History of Asia). London and New York: Routledge, 2014.

[11] Elizabeth Tebby Germaine. Distant and Dangerous Days in Burma and China: With Letters, a Diary and Historic Photographs. Anona Publications, 2014.

[12] Eric C. Han. Rise of a Japanese Chinatown: Yokohama, 1894-1972 (Harvard East Asian Monographs). Cambridge: Harvard University Asia Center, 2014.

[13] Eugene Bondurant Sledge. China Marine. Tuscaloosa: University of Alabama Press, 2014.

[14] Evan Osnos. Age of Ambition: Chasing Fortune, Truth, and Faith in the New China. New York: Farrar, Straus and Giroux, 2014.

[15] Ferry Bertholet, Lambert van der Aalsvoort and Régine Thiriez. Among the Celestials: China in Early Photographs (Mercatorfonds). Mercatorfonds, 2014.

[16] http：//www. amazon. com/ref=gno_logo_b.

[17] James Carter. Heart of Buddha, Heart of China：The Life of Tanxu, a Twentieth Century Monk. New York：Oxford University Press, USA, 2014.

[18] Jessie Gregory Lutz and Rolland Ray Lutz. Hakka Chinese Confront Protestant Christianity, 1850-1900：With the Autobiographies of Eight Hakka Christians, and Commentary (Studies on Modern China). London and New York：Routledge, 2014.

[19] Jie Li. Shanghai Homes：Palimpsests of Private Life (Global Chinese Culture). New York：Columbia University Press, 2014.

[20] Jiri Hudecek. Reviving Ancient Chinese Mathematics：Mathematics, History and Politics in the Work of Wu Wen-Tsun (Needham Research Institute Series). London and New York：Routledge, 2014.

[21] John Toland. The Rising Sun：The Decline and Fall of the Japanese Empire, 1936-1945 (Modern Library War). New York：Modern Library, 2014.

[22] Joseph Tse-Hei Lee. The Bible and the Gun：Christianity in South China, 1860-1900 (East Asia Series). London and New York：Routledge, 2014.

[23] Jung Chang. Empress Dowager Cixi：The Concubine Who Launched Modern China. Anchor, 2014.

[24] Kathryn Meyer. Life and Death in the Garden：Sex, Drugs, Cops, and Robbers in Wartime China (State & Society in East Asia). Lanham：Rowman & Littlefield Publishers, 2014.

[25] King-fai Tam, Timothy Y. Tsu and Sandra Wilson. Chinese and Japanese Films on the Second World War (Media, Culture and Social Change in Asia Series). London and New York：Routledge, 2014.

[26] Kristina Kleutghen. Imperial Illusions：Crossing Pictorial Boundaries in the Qing Palaces (Art History Publication Initiative). Washington：

University of Washington Press, 2014.

[27] Kuei-fen Chiu and Yingjin Zhang. New Chinese-Language Documentaries: Ethics, Subject and Place (Media, Culture and Social Change in Asia Series). London and New York: Routledge, 2014.

[28] Kwong Chi Man. Eastern Fortress: A Military History of Hong Kong, 1840-1970. Hong Kong: Hong Kong University Press, 2014.

[29] Lanxin Xiang. The Origins of the Boxer War: A Multinational Study (Graduate Institute of International Studies, Geneva). London and New York: Routledge, 2014.

[30] Li Yu-ning. Chinese Women Through Chinese Eyes (East Gate Books). London and New York: Routledge, 2014.

[31] Louis D. Hayes. Political Systems of East Asia: China, Korea, and Japan. London and New York: Routledge, 2014.

[32] Man Bun Kwan. Beyond Market and Hierarchy: Patriotic Capitalism and the Jiuda Salt Refinery, 1914-1953. New York: Palgrave Macmillan, 2014.

[33] Melissa Margaret Schneider. The Ugly Wife Is a Treasure at Home. Lincoln: Potomac Books Inc. , 2014. M. A.

[34] Mette Halskov Hansen. Educating the Chinese Individual: Life in a Rural Boarding School. Washington: University of Washington Press, 2014.

[35] Micah Muscolino. The Ecology of War in China: Henan Province, the Yellow River, and Beyond, 1938-1950 (Studies in Environment and History). Cambridge: Cambridge University Press, 2014.

[36] Michael Dillon. Deng Xiaoping: A Political Biography. London: I. B. Tauris, 2014.

[37] Patrick Fuliang Shan. Taming China's Wilderness: Immigration, Settlement and the Shaping of the Heilongjiang Frontier, 1900-1931. Farnham: Ashgate Pub Co. , 2014.

[38] Paul G. Hackett. Theos Bernard, the White Lama: Tibet, Yoga, and American Religious Life. New York: Columbia University Press, 2014.

[39] Peipei Qiu, Su Zhiliang and Chen Lifei. Chinese Comfort Women: Testimonies from Imperial Japan's Sex Slaves(Oxford Oral History Series). New York: Oxford University Press, USA, 2014.

[40] Piotr Olender. Sino-Japanese Naval War 1894-1895 (Maritime (MMP Books)). MMPBooks, 2014.

[41] Rowan Callick. The Party Forever: Inside China's Modern Communist Elite. New York: Palgrave Macmillan, 2014.

[42] Shaun Breslin. Mao(Profiles In Power). London and New York: Routledge, 2014.

[43] Stacey Bieler. Patriots or Traitors: A History of American Educated Chinese Students. London and New York: Routledge, 2014.

[44] Stephan Frühling. Defence Planning and Uncertainty: Preparing for the Next Asia-Pacific War(Routledge Security in Asia Pacific Series). London and New York: Routledge, 2014.

[45] Stephen MacKinnon. Negotiating China's Destiny in World War II. Stanford: Stanford University Press, 2014.

[46] Steven R. Schwankert. Poseidon: China's Secret Salvage of Britain's Lost Submarine. Hong Kong: Hong Kong University Press, 2014.

[47] Tim Beal. Crisis in Korea: America, China and the Risk of War. London: Pluto Press, 2014.

[48] William G. Grieve. The American Military Mission to China, 1941-1942: Lend-Lease Logistics, Politics and the Tangles of Wartime Cooperation. Jefferson: McFarland, January 3, 2014.

国际智库研究进展与前沿追踪的可视化分析

武汉大学信息管理学院　赵蓉英　王　晴

引　言

　　智库，也称思想库或智囊团，一般是指专门从事决策咨询研究的独立性组织机构，在政治、文化、教育以及科技等相关领域发挥着重要作用，已经成为国家软实力的重要载体和国际竞争力的重要因素。2013 年 11 月，十八届三中全会通过的《中共中央关于全面深化改革若干重大问题的决定》首次提及"智库"概念，并将"加强中国特色新型智库建设、建立健全决策咨询制度"推向国家战略的高度。2015 年 1 月，中共中央办公厅、国务院办公厅印发《关于加强中国特色新型智库建设的意见》，详细阐述了建设中国特色新型智库的重大意义、指导思想、改革目标和保障体系等内容，为中国智库的发展指明了方向，并为其拓展提供了广阔空间。近年来，我国智库发展在数量上达到了一定的规模，但具有国际影响力的高端智库数量不足，亟待重点建设一批体现中国特色，扎根中国实际的高影响力智库。由此可见，开展国际智库研究是落实中央文件的具体表现，也是推进中国特色新型智库建设的重要借鉴和参考。

1 数据采集与研究方法

Web of Science™（以下简称"WOS"）是汤森路透（Thomson Reuters）公司研发的大型综合性、多学科引文索引数据库，核心学术信息资源集成于 WOS 核心合集中。WOS 核心合集是一个基于 Web 而构建的动态的数字研究环境，通过强大的检索技术和基于内容的连接能力，将高质量的信息资源、独特的信息分析工具和专业的信息管理软件无缝地整合在一起，兼具知识的检索、提取、分析、评价、管理与发表等多项功能。WOS 核心合集收录了 1 万多种世界权威的、高影响力的学术期刊，收录了论文中所引用的参考文献，并按照被引作者、出处和出版年代编成独特的引文索引，已经成为重要的学术分析与评价工具。数据的采集与清洗是绘制知识图谱的前提条件，本研究的数据来源于 WOS 核心合集。检索策略为：主题 =（think * tank）OR 主题 =（brain trust）；文献类型 =（ARTICLE OR PROCEEDINGS PAPER OR REVIEW）；时间跨度选定所有年份以确保数据源的全面性，引文索引 = SCI-EXPANDED（1999-），SSCI（1900-），A&HCI（1975-），CPCI-S（1996-），CPCI-SSH（1996-），其中括号内的年份为本单位购买引文索引数据的起始年。通过"类别"对初次检索到的结果进行精炼，再根据"题名"判断结果是否符合本次检索要求，经过数据清洗，精选出 273 条有效文献，将"全记录与引用的参考文献"等题录数据以纯文本格式分批保存以备后用。

本文的研究方法主要是知识图谱展示和信息计量分析，信息计量采取的措施是将从 WOS 采集到的题录数据经过预处理后录入 Excel 中进行分类统计，从多个角度分析国际智库研究的结构特征。CiteSpace 是一款用于分析和可视化展示科学文献的趋势及动态的 Java 应用程序，是由美国德雷赛尔（Drexel）大学的美籍华人陈超美博士开发的多元、分时、动态可视化分析工具，能够以多样化的视图显示知识领域共被引网络演化形态。它的主要功能在于揭示学科领域演变中的研究前沿（Research Front），辨别其知识基础

（Intellecture Base），并侧重于识别某个学科领域发展过程中的关键节点。CiteSpace 对不同的数据源有着良好的适应性，可以对至少 9 种中外常见数据库的文献记录进行直接识别或支持格式转换，这为研究人员客观地分析和评价科研成果提供了便利。CiteSpace 提供作者合著网络（COA）、共被引作者（ACA）、共被引文献（DCA）和共被引期刊（JCA）四类共被引分析技术，提供对文献的作者及其所属机构（国家）、项目、关键词和学科领域等不同节点类型的共现分析，提供突现词（Burst Terms）探测技术以追踪前沿问题，提供聚类图、时间表和时区等三种展示方案，使用者可以调试不同的参数设置以达到图谱最优化展示效果，同时，该软件还将生成的知识图谱中所隐含的项目信息以图或表的形式显示出来以供细节分析时调用。

2 国际智库研究的时空分布

2.1 年度发文量分布走势

文献年度分布走势是文献量在时间点上的映射，也是研究热度随着时间推移的具体表现。将采集到的有效题录中的年份数据录入 Excel 并按照升序排列，如图 1 所示。

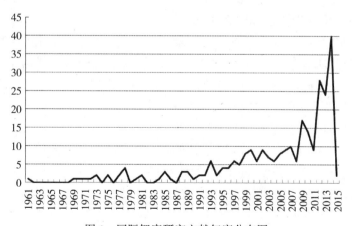

图 1 国际智库研究文献年度分布图

从图 1 可知，国际智库研究总体发展走势可以划分为三个时期：1961—1992 年是前期酝酿阶段(S_1)，1993—2006 年是中期探索阶段(S_2)，2007 年至今是发展上升阶段(S_3)。每个时期内的文献年度分布特征如下：在跨度为 32 年的 S_1 时期，年度文献量均为 5 篇以下，最早的文献是一篇会议论文，即信息管理协会(ASLIB) 1961 年刊登在其会报上的 Brain Trust on Special Librarianship 一文。1962—1968 年的 7 年间均无学术成果产出，是研究的空白时区，年度文献量在 1973—1992 年的 20 年里呈现出锯齿形的反复波动态势。在跨度为 14 年的 S_2 时期，年度文献量均为 10 篇以下，其中，1999—2006 年是一个相对平稳的发展时区，年度文献量落于开区间[5，10]内，为后续研究的快速上升劲头奠定了扎实的基础。明显可见的是，S_3 时期(数据更新至 2015 年 3 月 10 日)是国际智库研究的热点时区。

2.2 研究力量空间分布态势

国际智库研究的国家(地区)、研究机构的共现合作情况可以反映本领域的主要研究力量空间分布态势。将采集到的题录数据导入 CiteSpaceⅢ软件，时间跨度为"1961—2015"，节点类型同时勾选"Institution"和"Country"，阈值设定为：(2，1，10；2，1，10；1，1，10)，在其他参数为默认的条件下，运行软件生成国家(地区)与机构共现图谱如图 2 所示。

图 2 显示，国际智库研究文献主要来自 6 个国家，其中美国和英国及其所属研究机构是图 2 中最大的两个聚类簇。结合表 1 和 CiteSpaceⅢ提供的社会网络统计表可以归纳出以下特征：①从国家(地区)与研究机构的构成关系来看，国际智库研究力量分布在 34 个国家(地区)所属的 219 个研究机构。其中，发文量超过 2 篇的国家(地区)共有 17 个，占据总数的一半，约 77.17% 的研究机构仅贡献 1 篇论文，发文量超过 2 篇的机构仅有 29 个，约占总数的 13.24%。②从发文频次来看，美国贡献最大，发文量是排名第二的英格兰的 2 倍，发文量超过 3 篇的国家分别是加拿大、澳大利亚、苏格兰、中国(大陆地区)、荷兰、德国和法国。发文量超过 3 篇的研究机构分别是英国华威大学和诺丁汉大学以及中国南开大

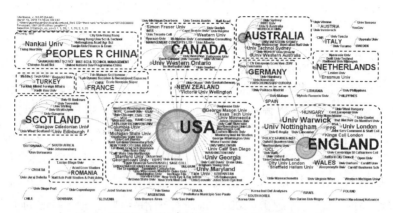

图2　国际智库研究的国家(地区)与机构分布图

学,加拿大西安大略大学、美国马里兰大学、英国伦敦大学和美国乔治亚大学均有3篇论文产出。③从节点中心性来看,美国在整个网络中的中心性最高,说明共现网络中大部分国家(地区)都直接或间接地与其存在合作关系,和美国有直接合作关系的有加拿大、澳大利亚、苏格兰、德国、法国以及新西兰等国家和地区,另外,中国不与其他任何国家(地区)存在合作关系。

表1　　　　　　　　国际智库研究力量的相关信息

国家(地区)	频次	中心性	研究机构	频次	中心性
USA	68	0.81	Univ. Warwick	5	0.04
England	34	0.32	Univ. Nottingham	4	0.02
Canada	23	0.20	Nankai Univ.	4	0
Australia	12	0.46	Univ. Western Ontario	3	0.20
Scotland	10	0.08	Univ. Maryland	3	0.02
China	10	0	Univ. London	3	0.01
Netherlands	6	0.06	Univ. Georgia	3	0.01
Germany	5	0.06	George Mason Univ.	2	0.40
France	4	0.05	Univ. Western Australia	2	0.33

注:节点"USA"的 Burst 值为6.39,说明美国机构发文量突增性较大,其余节点均为0。

3 国际智库研究的知识基础

普赖斯最早提出科学前沿理论，用以揭示科学研究前沿动态的本质。CiteSpace 以普赖斯的前沿理论为基础，创造性地将引证分析(历时性)和共引分析(结构性)结合起来，构建了从"知识基础"映射到"研究前沿"的理论模型，一个研究领域可以被概念化成一个从研究前沿 $\Psi(t)$ 到知识基础 $\Omega(t)$ 的时间映射 $\Phi(t)$，即 $\Phi(t)$：$\Psi(t){\rightarrow}\Omega(t)$。① 陈超美(2009)将研究前沿定义为一组突现的动态概念和潜在的研究问题。研究前沿的知识基础是它在科学文献中(即由引用研究前沿术语的科学文献所形成的演化网络)的引文和共引轨迹。② 研究领域的知识基础可以通过共被引文献形成的知识聚类网络来表现，主要由两类文献构成，一类是早期奠基性文献，另一类是共被引频次和中心性较高的关键性文献，CiteSpace 分别提供了 timeline 视图和 timezone 视图两种模式来展示知识基础和研究前沿间的演进关系。

3.1 奠基性文献

将采集到的题录数据导入 CiteSpace Ⅲ 软件，节点类型选择"Cited Reference"(被引参考文献)，阈值设定为：(1，1，10；2，1，20；2，1，20)，其他筛选标准与 2.2 部分相同，选择 timeline 视图模式，并适当地调节 Fisheye 值以保持整体视图中信息的可见性，运行软件获得包含 318 个节点和 315 条连线的早期奠基性文献时间序列知识网络如图 3 所示。

从社会网络统计表可知，以时间先后排序，自 1627 年出现第一篇被引文献开始，时隔 286 年后才产生第二篇被引文献，11 年

---

① 陈悦，陈超美，刘则渊，等.CiteSpace 知识图谱的方法论功能[J].科学学研究，2015，33(2)：242-253.

② 陈超美.CiteSpace Ⅱ：科学文献中新趋势与新动态的识别与可视化[J].情报学报，2009，28(3)：401-421.

后出现第三篇。从被引频次来看，1627—1966 年文献的单篇被引频次只有 1 次，1966 年发表的 5 篇文献中的 3 篇分别被引用了 2 次、4 次和 6 次，1967—1970 年文献的单篇被引频次也仅有 1 次。这些数据表明国际智库研究的知识基础时间跨度很大，且 1966 年以前的被引文献对后续研究的影响力较小。

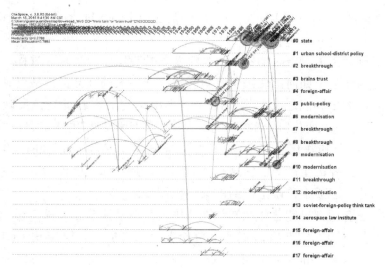

图 3　国际智库研究早期奠基性文献的时间序列图谱

根据图 3 和社会网络统计表可知，出现时间最早的一篇被引文献是弗朗西斯·培根（Bacon Francis）1627 年所著的《新亚特兰蒂斯》（The New Atlantis），也译为《新大西岛》。引用该书观点的文章是国际著名的政策科学权威叶海卡·德罗尔（Yehezkel Dror）1984 年发表在《政策科学》（Policy Sciences）上的《寻求突破的智囊团》（Required Breakthroughs in Think Tanks）一文。作者在文章第七节中论述到，从思想智库的智慧祖先到一般的研究和发展机构，现代思想库和培根虚构的"所罗门宫"（Solomon's House）所共享的一个重要元素是精英统治论（Meritocratic Elitism），即智库是由高素质专业人士精选出来的机构，致力于对公共政策作出根本性的贡献，但这并不意味着可以忽视其他群体的重要贡献。①

第二篇早期被引文献是美国威斯康星大学（University of Wisconsin）原校长查尔斯·范海斯（Charles R. Vanhise）1914 年出版的 Concentration and Control：a Solution of the Trust Problem in the United States（修订版），施引文献是埃利奥特·A. 罗森（Elliot A. Rosen）1972 年发表在《政治学季刊》（Political Science Quarterly）上的《罗斯福和智囊团：一个史学概述》（Roosevelt and the Brains Trust：An Historiographical Overview）一文，作者从史学的视角考察了美国经济大萧条时期罗斯福总统及其智囊团在经济复苏过程中的目标与作为，如何留住民营资本并承担起更大的社会责任是当时亟待解决的核心问题。但智囊团却拿不出缜密的实施计划，反映出"计划赶不上变化"的现实窘境，经济系统的控制权仍然掌握在"民选"的国会和联邦政府手中，保持"非国家主义"（non-statist）事业观成为主要的生产方法，这是智囊团实现其目标的重要元素，罗森认为这一思想根植于范海斯的集中控制理论。②

还有两部早期著作在知识网络中处于奠基性节点位置。其一是桑德斯于 1966 年出版的《布鲁金斯学会的五十年历史》（The Brookings Institution：a Fifty Year History）一书，该书是在布鲁金斯学会成立 50 周年之际发行的叙事书籍。布鲁金斯学会始创于 1927 年，其历史之久、规模之大、研究之深，是美国学术界主流的综合性政策研究机构，被誉为"没有学生的大学"。其二是史密斯（Smith, Bruce L. R.）的博士论文《兰德公司：一个非营利咨询企业案例研究》（The RAND Corporation：Case Study of a Nonprofit Advisory Corporation），并于 1966 年交付哈佛大学出版社出版。史密斯对兰德公司的发展模式及其对美国政策制定的影响进行了专门研究，他认为，兰德公司若单纯依靠空军军费来维持运营，可能会

① Yehezkel Dror. Required Breakthroughs in Think Tanks[J]. Policy Sciences, 1984, (16)：199-225.

② Elliot A. Rosen. Roosevelt and the Brains Trust：a Historiographical Overview [J]. Political Science Quarterly, 1972, 87(4)：531-557.

逐渐丧失独立性，而如果与更多的政府机构合作，则会给公司发展创造生机。因此，如何保持发展的独立性而又不失政策影响力，是兰德公司需要考虑的核心问题。①

3.2　关键性文献

某个研究领域的关键性文献具有"双高"特征，即高被引频次和高中心性，两类指标的具体信息可以从同一张图谱中获得。国际智库研究的关键性文献如图4所示，其中，灰色的圆形节点上展示的文献，节点大小与文献的关键性程度呈正相关，圆形节点上的颜色呈现出由内而外逐渐变化的特点，色调的冷暖与年份的远近呈对应关系，同时，年环的厚度反映出文献在该年度被引频次的高低。"中心性"（centrality）是社会网络分析的重点之一，个体的中心性是测量个体处于网络中心的程度，反映了该点在网络中的重要性程度。② 被引文献在知识网络中的中心位置和重要程度可以通过中心性指标来反映，如果某个被引文献处于较多的其他两点之间的路径上，则可以认为该文献居于重要位置，即为关键性文献。

按照被引频次高低排序，被引频次最高的是安德鲁·里奇（Andrew Rich）的专著《智库、公共政策和专家治策的政治学》（Think Tanks, Public Policy, and the Politics of Expertise），该书于2004年由剑桥大学出版社出版，作者是耶鲁大学（Yale University）的政治学博士，现任美国纽约城市大学（City College of New York）政治学副教授。该书的统计分析基于对智库、政策制定机构和基金组织的135位官员的深度采访，调查结果不仅源于对国会议员和记者进行的原始调查，还源于对专家在20世纪90年代的医疗保障改革和电信改革辩论中的作用，以及专家在2001年减税作用中详细个案的研究。作者认为，当今活跃在美国政坛的智库数量虽然是20世纪70年代的4倍多，但其影响力却没有与数量发展成正比关

---

①　Smith, Bruce L. R. The RAND Corporation: Case Study of a Nonprofit Advisory Corporation [M]. Cambridge, MA: Harvard University Press, 1966.

②　朱庆华，李亮. 社会网络分析法及其在情报学中的应用[J]. 情报理论与实践，2008，31（2）：179-183，174.

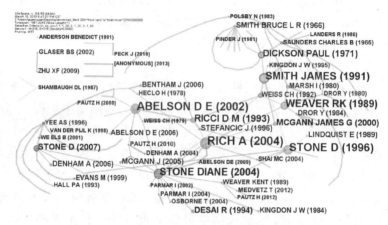

图 4　国际智库研究的关键被引文献图谱

系，曾一度存在于专家和宣传者之间的真正界限变得模糊不清。作者阐释了这种矛盾并详述了它对于政策制定的实践，对于议程设置的学术辩论，以及对于利益集团和立法的重要启示。①

　　被引频次排在并列第二名的是两部知名著作。其一是迪恩·斯通（Diane Stone）的《捕捉政治想象力：智库和政策过程》（Capturing the Political Imagination：Think Tanks and the Policy Process）作者认为智库是独立于党派、政府与利益集团之外的非营利性机构，致力于研究公共政策问题并对政府决策产生影响。书中指出，美国智库发展数量能在 20 世纪 80 年代出现快速增长，得益于一些具有远见卓识的企业家和基金会的资助，这成为很多颇具影响力的智库在创建初期持续运营的主要资金来源，其中，美国基金会对智库的投入总额就从 1982 年的 0.7 亿美元猛增至 1987 年的 2 亿美元。② 其二是加拿大学者唐纳德·E. 阿伯尔森（Donald E. Abelson）的《智库能

① Rich, A. Think Tanks, Public Policy, and the Politics of Expertise ［M］. Cambridge：Cambridge University Press，2004：6.

② Stone, D. Capturing the Political Imagination：Think Tanks and the Policy Process ［M］. London：Frank Cass Publishers，1996：46.

发挥作用吗？公共政策研究机构影响力之评估》（Do Think Tanks Matter? Assessing the Impact of Public Policy Institutes），作者认为独立的公共政策智库主要是指那些类似于私营企业运作模式的，不以追求高额利润为目的一类研究机构组织，通过灵活多样的方式对国会、政府、社会精英以及普通大众发挥着不同的影响力。①

被引频次排名第三、中心性排名并列第二的是詹姆士·艾伦·史密斯（James Allen Smith）的《思想的掮客：智库与新政策精英的崛起》（The Idea Brokers：Think Tanks and the Rise of the New Policy Elite）。作者认为，美国人致力于将知识与权力相融合形成强大的政策影响力，自 20 世纪 80 年代以来，美国公共政策智库的社会影响力之所以能够不断提升，主要是受到分权制度和政治文化的深刻影响，同时，社会资本的投入和专业教育的发达也提供了发展基础。据作者的估计，20 世纪 90 年代的美国至少存在 1000 个以上的非营利性私人智库，智库现已成为培养和训练职业化政策分析人才的高地。书中还指出，"冷战"结束以来，智库作为"思想掮客"的功能得到学者和理论家们的充分利用，智库已成为他们展示才华、创造价值和服务社会的理想的精神家园，例如，与布鲁金斯学会倡导的自由主义思想截然不同的是，美国企业研究所遵循的是意识形态导向原则，成为调和不同价值观的公共平台。②

从社会网络信息统计表可知，国际智库研究被引文献共有 318 篇（本），其中，超过 60% 的文献仅被引用 1 次，被引超过 10 次的文献仅有 7 篇（本），中心性高于 0.1 的被引文献共有 12 篇（本），部分关键性文献信息如表 2 所示，另外，从 CiteSpace 提供的被引历史记录来看，关键性文献的被引时间段集中于近 10 年（2005—2014），可见，这些关键性文献是研究智库具有重要参考价值的知识基础。国际智库研究的关键性文献还包括：斯通与安德鲁·德纳

---

① 唐纳德·E. 埃布尔森著，扈喜林译. 智库能发挥作用吗？公共政策研究机构影响力之评估[M]. 上海社会科学院出版社，2010：5，78.

② Smith, J. A. The Idea Brokers：Think Tanks and the Rise of the New Policy Elite [M]. New York：The Free Press, 1991.

姆(Andrew Denham)合著的《智库传统：政策研究和思想政治》(Think Tank Traditions：Policy Research and the Politics of Ideas)，布鲁金斯学会学者肯特·韦佛(R. Kent Weaver)所著的《改变世界的智库》(The Changing World of Think Tanks)，戴维·M. 里奇(David M. Ricci)所著的《美国政治的转变：新华盛顿和智库的兴起》(The Transformation of American Politics：the New Washington and the Rise of Think Tanks)，美国著名智库研究专家保罗·狄克森(Paul Dickson)所著的《智库》(Think Tanks)，该书是第一部对现代意义上的智库进行全面研究的专著，斯通发表的学术论文《垃圾桶，回收箱抑或智囊团?》(Garbage Cans，Recycling Bins or Think Tanks? Three Myths about Policy Institutes)，卡罗尔·H. 威丝(Carol H. Weiss)所著的《政策分析组织：辅助政府思考》(Organizations for Policy Analysis：Helping Government Think)。限于篇幅，更多被引文献信息可从图4及其历史信息表中获得。

表2 国际智库研究关键性文献信息

频次	中心性	作者	年份	来源
20	0.11	Rich A	2004	THINK TANKS PUBLIC P
18	0.09	Stone D	1996	CAPTURING POLITICAL
18	0.04	Abelson D E	2002	DO THINK TANKS MATTE
16	0.23	Smith James	1991	IDEA BROKERS THINK T
14	0.24	Stone D	2004	THINK TANK TRADITION
13	0.19	Weaver RK	1989	PS
11	0.04	Ricci D M	1993	TRANSFORMATION AM PO
9	0.24	Dickson Paul	1971	THINK TANKS
8	0.23	Stone D	2007	PUBLIC ADMIN
5	0.20	Weiss CH	1992	ORG POLICY ANAL HELP

4 国际智库研究的前沿追踪

　　追踪研究前沿领域，有助于客观地把握研究领域的演进过程、发展现状以及未来趋势。利用 CiteSpace 提供的突现词探测技术和算法，将频次变化率较高的词从大量的主题词中搜索并展现出来，依据词频的变动趋势和时间分布情况来确定国际智库研究的前沿领域和发展趋势。同样地，将采集到的有效题录数据导入 CiteSpace 软件中，勾选"Burst Terms"，节点类型同时选择"Term"和"Keyword"，阈值（c，cc，ccv）为（1，1，20；2，1，20；2，1，20），将 Fisheye 值调节到合适的大小，其他筛选条件为默认值，运行软件获得包括 135 个节点和 132 条连线的前沿领域知识图谱如图 5 所示：

图 5　国际智库研究前沿领域知识图谱

　　图 5 中正方形节点上的关键词即为探测到的前沿术语。图 5 较为直观地描绘了国际智库研究前沿术语随着时间的推移而产生的演化走势，从 1968 年的"think tank"到 1983 年的"think tanks"，从 2005 年的"united states"到 2007 年的"policy process"、"policy making"和"public policy"，一直到 2014 年出现的多元化主题内容，

可以判定，国际智库研究已经由粗放式模式过渡到精细化模式，具体的研究方向也朝着细分领域发展。由软件提供的前沿术语历史信息可知，2014 年出现的术语在研究前沿方面具有更强的代表性。因此，本文对其进行梳理、归纳和总结，得出国际智库研究前沿主要集中于以下几个方面：

4.1　智库与教育政策

从价值观比较的视角看，持有不同意识形态取向的智库在影响教育政策的过程中，表现出差异化的活动方案、实施路径和影响效果。智库的意识形态导向突出表现在对待教育公平问题的态度上，美国乔治亚大学（University of Georgia）埃里克·C. 尼斯（Erik C. Ness）等人对 99 个不同类型智库影响国家层面（state-level）高等教育政策的现状进行了实证分析，研究表明：保守派智库（CTTs）与国家网络的紧密程度要比激进派智库（PTTs）高很多，虽然保守派智库的利润空间狭小，但是阻挡不了社会资本的涌入，并在高等教育政策活动中取得了骄人的成绩。该研究的重要意义在于揭示了教育政策制定者对智库信息服务的需求倾向，具体贡献表现在两个方面：一是明确了意识形态型智库所认为重要的高等教育问题，二是将活跃在教育政策领域的中介机构与意识形态相联系。① 加州大学北岭分校（CSUN）劳伦·麦克唐纳（Lauren McDonald）对保守主义运动利用保守派智库和媒体等合法化组织去影响教育政策等问题进行了实证研究，具体包括三个方面：一是对影响教育政策的智库增长态势进行测度，二是探讨了部分智库的自由市场理念对教育领域的影响，三是比较分析了保守派、中间派和激进派等不同类型智库对待教育政策的立场，研究结果表明，保守派智库的教育政策研究成果被媒体引用的频率最高，其次是中间派，而激进派和高校教育政

---

①　Erik C. Ness, Denisa Gándara. Ideological Think Tanks in the States: an Inventory of Their Prevalence, Networks, and Higher Education Policy Activity [J]. Educational Policy, 2014, 28(2): 258-280.

策研究中心的成果在媒体引用量上表现欠佳①，这与尼斯等人的研究结论存在一定明显的相通之处。

4.2 智库与公共政策

智库对公共政策的影响研究是历久弥新的课题，自从诞生之日起，智库就不断涌入公共政策领域，而随着社会环境的不断演化，智库在公共政策制定和实施过程中所发挥的功能和作用也随之改变，传统的一些思维模式和固有观念正在受到挑战。加拿大滑铁卢大学（University of Waterloo）约翰·麦克利维（John Mclevey）研究了多元化精英、智库资助场论与政策知识政治学相关联的核心问题，研究结论显示：（1）外国资金更加青睐本国保守派智库，但仍不能满足跨国精英政策组织的刚性需求；（2）智库资助环境壁垒分明，保守派智库经费主要由私人资助，而中间派则以国家出资为主；（3）获得高额资助的智库要么是以独特的模式运行，要么完全由私人资助。作者认为，加拿大智库运营模式挑战了"跟着金钱走"（follow the money）的传统思维，呈现出精英资源整合的战略特性，智库既不是企业政治性捐赠的走卒，也非竞争性利益集团的代表。② 2012 年正是英国政府制定酒精战略的关键时期，而一些企业曾力求通过各种手段来影响酒精政策，包括试图塑造政策辩论的证据内容。伦敦大学（University of London）本杰明·霍金斯（Benjamin Hawkins）等人对英国南非米勒酿酒公司（SABMiller）联合 Demos 智库发布酒品暴饮行为报告进行了案例研究，结果表明：利用具有影响力的智库争取行业利益的战略与烟草公司如出一辙，公共卫生政策制定者应当展开深入调查以担当起维护公共健康的循证职责，首

---

① Lauren McDonald. Think Tanks and the Media: How the Conservative Movement Gained Entry into the Education Policy Arena？［J］. Educational Policy，2014，28（6）：845-880.

② McLevey, John. Think Tanks, Funding, and the Politics of Policy Knowledge in Canada［J］. Canadian Review of Sociology/Revue canadienne de sociologie，2014，51（1）：54-75.

要措施是公布政策相关者利益冲突的完整声明。①

4.3 智库与科技政策

智库是创新要素高度凝结的科学技术资源集散中心，"创新·创业·就业"是全世界各国政府都在关心的社会命题，如何通过创新驱动企业转型升级和人力资源转移，是作为政府"外脑"的智库应当承担的前沿研究项目。创业(Start-ups)是实现技术创新和知识转移的重要途径之一，公司创始人倾向于通过分拆(spin-offs)的方式来规避企业初创时期容易被市场忽略的风险，并且知识和技术也能实现有效转移。赫尔穆特·弗拉格斯(Helmut Fryges)等人以2005—2008年德国的分拆公司为研究对象，实证分析表明：核心知识资源的转移效果与企业进入市场后的创新活动有关，转移来的核心思想可以作为创新过程的投入要素，但并不能带来较高的就业增长率。因此，分拆公司更像是一个智库，而不是依靠人力资源来获取利润的劳动机器。该研究的另一个重要发现是，正确区分不同类型的知识与技术转移是客观评估其效果的前提条件。② 美国联邦政府在1972年成立了技术评估办公室(OTA)，最初的功能是通报涉及科学技术层面的国会辩论事宜，而不采取具体性的政策行动，但在1995年OTA就停止运行。彼得·D. 布莱尔(Peter D. Blair)分析了OTA的发展经验和OTA关闭以来类似机构为科技政策所做的努力。对于国会未来的科技政策分析机制创新目标而言，OTA仍然是一个值得重温的研究案例，以至于一些观察家和研究者积极地呼吁国会重新启动设计新的科技政策机制，以满足迅速增长的科

① Hawkins B, McCambridge J. Industry Actors, Think Tanks, and Alcohol Policy in the United Kingdom [J]. American Journal of Public Health, 2014, 104 (8): 1363-1369.

② Fryges Helmut, Mueller Bettina, Niefert Michaela. Job Machine, Think Tank, or both: What Makes Corporate Spin-offs Different? [J]. Small Business Economics, 2014, 43(2): 369-391.

技产业发展的政策需求。①

结　语

本文以 WOS 核心合集收录的智库研究文献为来源，综合运用信息计量和知识图谱分析等方法，对国际智库研究的时空分布、知识基础和前沿主题等方面进行了可视化分析，得出主要结论如下：

第一，从时空分布情况上看，国际智库研究始于 20 世纪 60 年代初，虽然时间跨度较长，但直到 2007 年才呈现出快速的增长走势，这表明国际智库研究是最近几年刚兴起的热点领域和前沿课题。国际智库研究力量主要分布在欧美等发达国家，其中，美国占据压倒性优势地位，加拿大是北美地区中仅次于美国的高产国，英格兰和苏格兰是欧洲产出最多的地区，澳大利亚和中国大陆也有较好的学术表现。

第二，从知识基础的来源看，早期奠基性文献是四部不同主题的经典著作，最早的被引文献可以追溯至 1627 年，这表明国际智库研究具有广泛的知识来源。被引频次和中心性较高的关键性文献包括 9 部著作和 1 篇论文，其中国际著名的智库研究专家斯通就占据了 3 部(篇)，这表明著作是国际智库研究中高影响力成果的主要载体。

第三，从前沿主题来看，智库与政策是紧密联系、高度相关的两大领域，具体体现在教育政策、公共政策和科技政策三个方面，这是国际智库研究在 50 余年发展历程中传承和创新的最新表现，同时也为我国特色新型智库研究提供了借鉴和参考。

---

① Peter D. Blair. Congress's own think tank：Learning from the legacy of the Office of Technology Assessment(1972-95)[J]. Science and Public Policy, 2014, 41 (4)：449-457.

基于 MOOC 的信息素质教育
国际动态追踪研究

武汉大学信息管理学院　黄如花

引　言

大规模开放在线课程(Massive Open Online Course，国内多音译为"慕课"，本文统一简称为"MOOC")是近年来兴起的一种基于互联网的大规模、开放式、在线教学形式，之后以变革传统教育的姿态迅速引起了社会各方的广泛关注，并在 2012 年出现了爆发性增长，《纽约时报》刊文将 2012 年定义为"MOOC 元年"(The Year of the MOOC)。2013 年开始大规模传入中国，被称为"中国 MOOC 元年"。政府、高校、企业纷纷参与到 MOOC 的建设中来，出现了一大批优秀的 MOOC 教学平台和精品课程。

信息素质是信息时代每个人必备的生活技能，信息素质教育(Information Literacy Instruction，ILI)类课程旨在培养学员的信息意识、信息获取能力与信息伦理，具有很强的应用性和广泛的适应面，符合 MOOC 学员来源广泛、受教育层次多样的特点，可以说，MOOC 背景为 ILI 提供了新的发展机遇。

信息素质教育的变革已引起联合国教科文组织(NESCO)等多个国际组织、全球信息素质教育领域最具影响的机构——美国大学与研究图书馆协会(ACRL)、各国图书馆学会(协会)、大学和图书情报机构的共同关注，各国教育主管部门、企业或私营机构主办的重要的 MOOC 平台也相继推出信息素质教育类课程。

国家教育部和原国家教委在 1984 年、1985 年和 1992 年分别下发了《关于在高等学校开设文献检索与利用课的意见》、《关于改进和发展文献课教学的几点意见》和《文献检索课基本要求》三份指导性文件，均把课程称为"文献检索与利用"，简称"文献检索"。在这些文件指导下，武汉大学和北京大学等合作编写了社科文献检索大纲和科技文献检索大纲。1998 年，教育部在其颁布的《普通高等学校本科专业目录和专业介绍》中对每个本科专业培养目标都要求"掌握文献检索，资料查询的基本方法，具有独立获取知识信息的能力"。在国家教育部门重视和指导下，我国高校的信息素质教育取得了可喜的成就，我国几乎每所大学都已开设了信息素质教育类课程。

但是，随着大学生信息获取能力的逐步提升，信息素质教育类课程的广大授课者们越来越感觉到课程改革的必要性与迫切性，究竟如何改革，尤其是 MOOC 背景下，信息素质教育类课程应该如何改革、国内外已开设了哪些信息素质 MOOC，很多同行关注此问题，但此方面已有的研究成果十分薄弱。本项目组的文献调查表明：尚未发现系统梳理 MOOC 背景下全球信息素质教育最新动态的成果，本文力图做一尝试；教育部资助的 MOOC 平台——爱课程网(iCourses)已有 2 门信息素质教育类 MOOC 上线，很多公司都想推出信息素质教育类 MOOC，其完善亟待理论的指导。

基于此，本项目通过文献调查、网络调查、问卷调查以及本项目组在爱课程网开设"信息检索"MOOC 的实践（课程网址：http：//www.icourse163.org/course/whu-29001#/info，以下简称"本课程"）等多种方法，对国际上 MOOC 环境下信息素质教育变革的实践与研究进展进行追踪与述评，总结相关实践经验与最新研究成果，以期为国家制定信息素质教育相关的文件与标准，为教育及科研机构的同行开展信息素质教育方面的研究和实践提供最新的参考资料，从而促进我国信息素质教育水平的提升。

1 国际组织的动向

如引言所述，信息素质是信息时代每个人必备的生活技能，旨在培养学习者信息意识、信息获取能力与信息伦理的信息素质教育课程已引起了多个国际组织的关注。

1.1 联合国教科文组织

2011 年 6 月，联合国教科文组织（United Nations Educational, Scientific and Cultural Organization, UNESCO）在分析当时公民信息素质和网络环境下的媒介信息泛在化的态势后提出媒介与信息素质（Media and Information Literacy, MIL）的概念：人们能够对媒介与信息进行判断并解释其内容，以及在媒介与信息中成为熟练的创造者和生产者的一种能力。UNESCO 指出：媒介与信息素质成为现代社会获取信息的重要能力，大学、大众传媒对于公民媒介与信息素质的教育亟待加强[①]。

2014 年 9 月，联合国教科文组织指出：大学、大众传媒对于公民的媒介与信息素质（Media and Information Literacy, MIL）的教育亟待加强。

2014 年，UNESCO 开设了联合国媒介与信息素质教师培训课程，并在大学联席会（UNI-TWIN）框架内选择了包括中国清华大学、美国天普大学、巴西圣保罗大学等不同层次的全球 13 所高校进行 MIL 的研究和跨文化交流；同时指出 MIL 教育是消除未来信息获取障碍、促进公民共享信息发展成果、保护文化繁荣等目标的关键途径。因此，UNESCO 提倡世界范围内的高等院校和科研院所合作推动 MIL 的教学和研究。

为了促进全球信息素质教育的合作，UNESCO 还与联合国文明联盟一起开展了信息素质教育的跨文化对话。

---

① United Nations Educational, Scientific and Cultural Organization. UNESCO-UNAOC UNITWIN on Media and Information Literacy and Intercultural Dialogue［EB/OL］.［2014-10-21］. http：//milunesco. unaoc. org/unitwin/.

1.2 国际图联

2011 年 12 月 7 日，为了与 UNESCO 的媒介与信息素质的观点保持一致，国际图联（International Federation of Library Associations and Institutions，IFLA）的《媒介和信息素质建议书》（下简称《建议书》）由其管理委员会在荷兰海牙举行的会议中审批通过。该《建议书》指出：媒介和信息素质在当今这个越来越数字化、相互依存的全球化世界中是一项基本人权，并且提升了社会包容度。国际图联建议各政府和组织尤其注意以下几个方面：委托开展媒介和信息素质现状的调研并形成报告，调研要以媒介和信息素质指标作为基础，以便于日后专家、教育工作者和实践者能够设计出有效的实施方案；大力支持教育、图书馆、信息行业、档案馆的职业发展，以及依照媒介和信息素质与终身学习原则和实践的健康与人类服务工作者；在终身学习的所有课程中嵌入媒介和信息素质教育；将媒介和信息素质与终生学习视为通用能力发展的关键因素，通用能力是所有教育和培训项目鉴定合格必备的评判内容；将媒介和信息素质纳入信息专业人士、教育工作者、经济和政府部门的政策制定者和管理者的核心教育和继续教育，并且纳入商业、工业以及农业部门从事咨询人员的工作实践中；通过实施媒介和信息素质项目来提高女性和弱势群体的就业能力和创业能力，弱势群体包括移民人员、钟点工和失业人员；召开主题会议以便于在特殊领域、部门和人群中实现媒介和信息素质与终生学习战略。

2014 年 8 月，国际图联年会的信息素质卫星会议指出：信息素质与终身学习正在经历一场变革，Web2.0、移动科技、新媒体等数字信息对信息素质提出了新的要求①。

为了充分利用移动信息技术开展信息素质教育，IFLA 发布了《从信息素质到移动信息素质：在移动的世界支持学生的研究与信息需求》（From Information Literacy to Mobile Information Literacy：

① IFLA World Library and Information Congress. Librarians and Information Literacy in a Changing Landscape [EB/OL]. [2014-10-21]. http：//www.iflasatellitelimerick.com/.

Supporting Students' Research and Information Needs in a Mobile World)。

2 各国图书情报界的动态

国家社科基金 2015 年项目指南"图书馆·情报与文献学"之 10 和 34 分别为"MOOC 背景下的图书馆应对策略研究"和"民族院校学生信息素质的培养与提高研究",教育部科技司正在准备撰写《中国教育信息化发展报告(2014)》,MOOC 是其重要内容之一。

2015 年,教育部拟与 UNESCO 合作,于青岛召开"首次国际教育信息化大会"。

2.1 美国的博物馆与图书馆服务署

美国图书馆与博物馆服务署(The Institute of Museum and Library Services,IMLS)作为美国图书情报领域最重要的资助机构,十分关注信息素质教育的问题。2013 年 6 月 30 日,IMLS 资助的新的数字素养支持和培训网络中心——数字素养工具网站(DigitalLearn. org)于美国图书馆协会(ALA)年会期间开通。该网站由美国公共图书馆协会(Public Library Association)负责维护①。

2014 年 12 月,IMLS 与美国教育部的职业、技术与成人教育办公室(Office of Career,Technical,and Adult Education,OCTAE)开设"重新启动您的数字战略"(Reboot your Digital Strategy)网络专题研讨会,探索公共图书馆和学校图书馆的馆员可以用来提升自己数字素养项目与服务质量的国家计划、资源和工具②。

2.2 美国大学与研究图书馆协会

美国大学与研究图书馆协会(Association of College & Research Libraries,ACRL)可谓信息素质教育领域最具影响力的机构,其 2000 年制定并获批准的《面向高等教育的信息素质能力标准》

---

① Digital Literacy Tool Website Launches at Annual. [EB/OL]. [2014-10-21]. http：//www. districtdispatch. org/2013/06/digital-literacy-tool-website-launches-at-annual/.

② IMLS and Dept. of Ed. hosts digital strategy webinar [EB/OL]. [2014-10-21]. http：//www. districtdispatch. org/2014/12/imls-dept-ed-hosts-digital-strategy-webinar/.

(Information Literacy Competency Standards for Higher Education)①引起了全球关注，被广泛应用。2001 年 6 月，ACRL 提出了《信息素质教育的目标：大学图书馆的模式声明》(Objectives for Information Literacy Instruction：A Model Statement for Academic Librarians)②。

大数据、新媒体的环境对 ILI 提出了新的要求，其中较为突出的一点是 ILI 的范围呈现出宽泛化的趋势。鉴于此，2014 年 11 月，美国大学与研究图书馆协会(Association of College & Research Libraries，ACRL)推出了《面向高等教育的信息素质框架》(第三版)(Framework for Information Literacy for Higher Education，3rd)，取代其 2000 年制定的、曾引起全球关注的《面向高等教育的信息素质能力标准》③。

ACRL 在新的信息素质定义中指出"信息素质概念外延在持续扩展，如今已包括诸如数据素养、媒介素养、视觉素养在内的专业技能，通常统称为 21 世纪素养"。ACRL 还在线发布了《信息素质教育资源》以指导该领域的活动④。

从信息素质教育 MOOC 实践看，国际上知名的 ACRL 奖励在此领域作出贡献者，多位图书馆员合作的信息素质教育 MOOC Metaliteracy 作了许多新的探索。

2.3 美国图书馆协会

2013 年 1 月，美国图书馆协会(American Library Association，

① Information Literacy Competency Standards for Higher Education [EB/OL]. [2014-10-21]. http：//www. ala. org/acrl/standards/informationliteracycompetency.

② Objectives for Information Literacy Instruction：A Model Statement for Academic Librarians [EB/OL]. [2014-10-21]. http：//www. ala. org/acrl/standards/objectivesinformation.

③ Association of College and Research Libraries. Framework for Information Literacy for Higher Education [EB/OL]. [2014-11-17]. http：//acrl. ala. org/ilstandards/? page_id=133.

④ Association of College and Research Libraries. Information Literacy Resources [EB/OL]. [2014-10-21]. http：//www. ala. org/acrl/issues/infolit.

ALA）信息技术政策办公室（Office for Information Technology Policy）指导的数字素养工作组（Digital Literacy Task Force）发布了报告《数字素养、图书馆和公共政策》，发起一项作为 ALA 一部分的行动倡议，呼吁图书馆教育项目、一线馆员、各种资助机构以及使用、支持图书馆服务的各利益相关方采取行动①。作为该倡议的成果，2014 年 7 月 14 日，该工作组发布了推荐意见，以推动和维持图书馆参与全国范围的数字素养项目②。

美国图书馆协会自 2015 年 1 月 5 日起开设"给大学生教信息素质课程"（Teaching Information Literacy to College Students）等 3 门课程③。ALA 下属的图书馆儿童服务分会（Association for Library Service to Children，ALSC）提出了面向家长与监护人教学的几点指南，包括"名著导引、书单推荐、最适合儿童浏览的网站、和儿童一起上网、适合儿童的游戏"等。其对家长的信息素质导引主要内容是对儿童的教育，资源包括图书、网站、游戏和多媒体，家长的信息素质目标是能够掌握这些资源的检索和利用方法。

此外，美国著名的刊物《大学图书馆学报》刊发了很多信息素质教育的论文。其中，《Web 2.0 和信息素质教育：瞄准技术与 ACRL 标准》（Web 2.0 and Information Literacy Instruction：Aligning Technology with ACRL Standards）一文经过调查与数据分析发现，Web 2.0 有助于提高 ACRL《面向高等教育的信息素质能力标准》的所有五个信息素质标准，这些标准涉及协作、信息组织、创造力、

---

① ALA Task Force releases recommendations to advance digital literacy [EB/OL]. [2014-10-21]. http：//www. districtdispatch. org/2013/06/ala-task-force-releases-recommend ations-to-advance-digital-literacy/.

② Conclusions & Recommendations for Digital Literacy Programs and Libraries [EB/OL]. [2014-10-21] . http：//www. districtdispatch. org/wp-content/uploads/2013/06/2013_dltf_recommendations. pdf.

③ Teaching information literacy to college students [EB/OL]. [2014-10-21]. http：//www. ala. org/news/press-releases/2014/12/teaching-information-literacy-college-students.

讨论和技术教育①。

2.4 英国图书馆与信息服务专业人员协会

英国图书馆与信息服务专业人员协会（Chartered Institute of Library and Information Professionals，CILIP）的信息素质小组指出，公众信息素质教育正在经历变革，图书馆能够为公众提供的信息素质培训呈现出多样化、实用化、终身化的特征。具体来说，针对公众对网络购物、网络信息获取、方便生活等方面的信息需求，定制了信息意识、网络安全、观众拓展、生活技能等内容。2013 年欧洲信息素质会议论文集《世界范围信息素质研究与实践的共性与挑战》（Worldwide Commonalities and Challenges in Information Literacy Research and Practice）由斯普林格出版社（Springer-Verlag）出版。

3 国内外信息素质类 MOOC 开设情况

本项目组调查发现，截至 2015 年 3 月 1 日，国内外共有 9 个国家的 35 所大学或机构在 14 个 MOOC 平台上开设了 37 门信息素质教育类 MOOC，包括英语、中文、德语、法语和阿拉伯语五种语言。如表 1 所示，最早开课的是 Canvas.net 上的美国私立艺术与设计学院协会的"艺术和设计学生信息素质"，课程的开设机构主要是大学、协会和教育主管部门，有两门课程由微软公司开设，"数字交互媒体技术导论"和"成就更好表现的大数据"则分别是由个人开设。

从国家分布看，开设信息素质类 MOOC 数量最多的是美国，共 18 门；其次是中国，开设了 10 门；接着是加拿大，开设了 2 门；英国、荷兰、法国、澳大利亚、印度和新西兰各开设了 1 门。

---

① Marta L. Magnuson. Web 2.0 and Information Literacy Instruction：Aligning Technology with ACRL Standards. The Journal of Academic Librarianship，Volume 39，Issue 3，May 2013，Pages 244-251.

表 1　　　　　　　　　　国内外信息素质类 **MOOC** 简况①

序号	课程名称	开课时间②	开设机构	MOOC 平台	语种	国别
1	艺术和设计学生信息素质 (Information Literacy for Art and Design Students)	2013-10-21 (5 周)	私立艺术与 设计学院协会	Canvas. net		
2	数字素养 2③ (Digital Literacies II)	2014-01-26 (7 周)	加州圣地亚 哥县教育局			
3	信息可视化 (Information Visualization)	2014-01-28 (15 周)	印第安纳大学	IU MOOC		
4	掌握学术研究：成功学生 的信息技能 (Mastering Academic Re- search：Information Skills for Successful Students)	2014-06-22 (6 周)	佛罗里达 科技大学	Canvas. net	英语	美国
5	元数据：组织和发现信息 (Metadata：Organizing and Discovering Information)	2014-07-14 (8 周)	北卡罗来纳 大学教堂山 分校	Coursera		
6	从数据中学习 (Learning from Data)	2014-09-25 (10 周)	加州理工学院	edX		
7	理解谷歌，理解媒体 (Understanding Media by Understanding Google)	2014-10-06 (6 周)	西北大学	Coursera		

　　①　课程排序方式为先按国别数量多少再按开课时间先后，国外课程提供对应的中译。

　　②　系列课程计算该系列最早开课课程的开课时间。

　　③　数字素养 1(Digital Literacies I) 的授课内容为指导学生如何使用计算机和掌握基本的上网方法，不算真正意义上的信息素质教育 MOOC，因此不计入表内。

续表

序号	课程名称	开课时间	开设机构	MOOC 平台	语种	国别
8	成就更好表现的大数据（Big Data for Better Performance）	2014-10-20（4 周）	Bud Keegan（个人）	Open2Study	英语	美国
9	数据，分析和学习（Data，Analytics and Learning）	2014-10-20（9 周）	德克萨斯大学阿灵顿分校	edX		
10	数据科学(系列课程)（Data Science）	2014-10-27	约翰霍普金斯大学	Coursera		
11	元素养（Metaliteracy）	2014 年秋冬	纽约州立大学	—		
12	数据可视化（Data Visualization）	2015-11（4 周）	伊利诺伊大学香槟分校	Coursera		
13	数据可视化（Data Visualisation）	任意时间	ATI 分析培训学院	Udemy		
14	数字素养(系列课程)（Digital Literacy）	任意时间	微软公司	ALISON	英语 阿拉伯语	
15	数据科学入门（Intro to Data Science）	任意时间	Udacity	Udacity		
16	窃听大数据：互联时代的隐私与监听（Wiretaps to Big Data：Privacy and Surveillance in the Age of Interconnection）	任意时间	康奈尔大学	edX	英语	

续表

序号	课程名称	开课时间	开设机构	MOOC 平台	语种	国别
17	医疗信息学和数据分析（系列课程）（Healthcare Informatics & Data Analytics）	待定	乔治亚理工学院	Coursera	英语	美国
18	教师媒体素养（Media literacy for teachers）	待定	微软公司	Open Course World	德语	
19	文献管理与信息分析	2014-05-27（12 周）	中国科技大学	中国大学MOOC	中文	中国
20	信息检索	2014-09-01（12 周）	武汉大学			
21	网络素养	2014-10-28（9 周）	中山大学			
22	新媒体概论	2014-09-01（8 周）	浙江大学			
23	大数据算法	2014-06-30（13 周）	哈尔滨工业大学			
24	视觉信息设计	2014 年秋冬	华中师范大学	智慧树		
25	视觉素养	待定	西安交通大学			
26	信息检索与利用	待定	同济大学			
27	大数据与信息传播（Big Data and Information Dissemination）	2014-04-01（10 周）	复旦大学	Coursera		
28	媒介批评：理论与方法（Media Criticism：Theory and Method）	2014-04-08	上海交通大学			

序号	课程名称	开课时间	开设机构	MOOC 平台	语种	国别
29	统计：让数据有意义（Statistics：Making Sense of Data）	2013-04-01（47 周）	多伦多大学	Coursera	英语	加拿大
30	快速、容易地收集、提取和使用在线数据（Collect，Extract and Use Online Data Quickly and More Easily）	任意时间	哈里斯学院	Udemy		
31	全球挑战下的批判性思维（Critical Thinking in Global Challenges）	2015-01-19（5 周）	爱丁堡大学	Coursera	英语	英国
32	公共隐私：网络安全和人权（Public Privacy：Cyber Security and Human Rights）	2013-12-04（8 周）	海牙全球正义研究所	Iversity	英语	荷兰
33	数字交互媒体技术导论（Introduction to Digital Interactive Media Technologies）	2014-01-16（7 周）	Pierre Cubaud（个人）	Fun	法语	法国
34	逻辑：语言和信息（系列课程）（Logic：Language and Information）	2014-03-10	墨尔本大学	Coursera	英语	澳大利亚
35	网络智能和大数据（Web Intelligence and Big Data）	2014-04-20（9 周）	德里印度理工学院	Coursera	英语	印度

续表

序号	课程名称	开课时间	开设机构	MOOC 平台	语种	国别
36	洞察数据：数据分析导论（Data to Insight：An Introduction to Data Analysis）	2014-10-06（8 周）	奥克兰大学	FutureLearn	英语	新西兰
37	元素养：在互联世界中提升自我（Metaliteracy：Empowering Yourself in a Connected World）	2015-02-02（10 周）	纽约州立大学	Coursera	英语	美国
合计	37		36	14	5	9

4 国际信息素质教育发展趋势分析

基于前文的背景分析，我们认为，MOOC 背景下国际信息素质教育呈现如下趋势：

4.1 教学内容的拓展

MOOC 给 ILI 带来的首要变革是教学内容的变革，教学内容的变革主要体现在以下 5 个方面。

4.1.1 教学范围的宽泛化

大数据、新媒体的环境对 ILI 提出了新的要求，其中较为突出的一点是 ILI 的范围呈现出宽泛化的趋势。ACRL 在新的信息素质定义中指出"信息素质概念外延在持续扩展，如今已包括诸如数据素养、媒介素养、视觉素养在内的专业技能，通常统称为 21 世纪素养"①。MOOC 背景下，信息素质教育类课程逐渐涵盖了"21 世纪素养"所提到的诸项内容。

---

① Association of College and Research Libraries. Information Literacy Resources［EB/OL］.［2014-10-21］. http：//www. ala. org/acrl/issues/infolit.

（1）媒介与信息素质

2014 年 11 月 19 日在我国召开的首届世界互联网大会的分会场"新媒体，新生态"论坛上，新华网总裁田舒斌讲述了当今媒介已发生巨大变化——在新媒体的环境下媒介信息呈现出即时化的趋势；清华大学教授沈阳列举了一组数据：平均每人每天打开微信 38 次，微博的手机访问者达到 70%，这都说明了公民在媒介中获取信息变得更加普遍。① 2011 年，UNESCO 在分析当时公民信息素质和网络环境下的媒介信息泛在化的态势后提出媒介与信息素质的概念：人们能够对媒介与信息进行判断并解释其内容，以及在媒介与信息中成为熟练的创造者和生产者的一种能力。② 2014 年，UNESCO 开设了联合国媒介与信息素质教师培训课程，并在大学联席会（UNI-TWIN）框架内选择了包括中国清华大学、美国天普大学、巴西圣保罗大学等不同层次的全球 13 所高校进行 MIL 的研究和跨文化交流；同时指出 MIL 教育是消除未来信息获取障碍、促进公民共享信息发展成果、保护文化繁荣等目标的关键途径。因此，UNESCO 提倡世界范围内的高等院校和科研院所合作推动 MIL 的教学和研究。

纽约州立大学的 MOOC"元素养"（Metaliteracy）③讲授了在多种参与式环境中获取与共享信息的方法，包括从学术文献、博客、维基、在线社群等不同格式内容中获取有效信息并合理引用，使用 Web2.0 技术构建知识交流空间等。爱课程网的 MOOC"网络素养"④在第 5 讲中介绍了如何在新媒体中培养鉴别虚假新闻与信息的能力。本课程的第 3 讲"如何利用信息检索提高综合素质"和第

---

① 首届世界互联网大会：新媒体，新生态［EB/OL］.［2014-11-27］. http：//news. qq. com/a/20141120/058948. htm.

② United Nations Educational, Scientific and Cultural Organization. UNESCO-UNAOC UNITWIN on Media and Information Literacy and Intercultural Dialogue［EB/OL］.［2014-10-21］. http：//milunesco. unaoc. org/unitwin/.

③ Metaliteracy［EB/OL］.［2015-02-12］. http：//metaliteracy. learningtimes. net/.

④ 网络素养［EB/OL］.［2015-02-12］. http：//www. icourse163. org/course/sysu-136001#/info.

12讲"信息检索助你在商战中立于不败之地"讲授了如何利用豆瓣、微博、网盘、论坛等新兴网络媒介获取研究资料、竞争情报等有价值的信息。在世界 MOOC 三大平台之首的 Coursera 上，美国西北大学的 MOOC"理解谷歌，理解媒体"①讲授了如何根据自己的需求利用谷歌从数字出版物、网络广告、视频、移动应用、社交网络等不同媒介中获取信息。

（2）数据素养

数据素养是一种对数据的理解、创造和使用的能力，是对媒介素养、信息素质等概念的延伸和补充。一般认为，数据素养包括五个维度的能力：对数据的敏感性、对数据的搜集能力、对数据的分析能力、利用数据的能力、对数据的批判性思维②。在数据密集型环境下，对数据的管理能力是未来信息素质的重要组成部分，ILI 必须适时地跟上信息环境变化的步伐，增加数据素养教育的教学内容。

约翰霍普金斯大学在 Coursera 发布了数据素养系列 MOOC："获取和整理数据③"、"数据科学"④和"数据科学家的工具箱"⑤，分别以数据的采集、管理、分析、利用为教学内容。麻省理工学院在 MOOC"三驾马车"之一的 edX 平台发布的"大数据与社会物理学"⑥也是一门以数据的获取和分析为主要教学内容的课程。

（3）视觉素养

视觉素养是指在读图时代人们通过观看并结合其他感觉和经验

---

①　Understand Google，understand media［EB/OL］.［2015-02-12］. https：//www. coursera. org/course/googlemedia.

②　张静波. 大数据时代的数据素养教育［J］. 科学，2013（7）：29-32.

③　获取和整理数据（中文版）［EB/OL］.［2015-02-12］. https：//www. coursera. org/course/getdata.

④　Data Analysis［EB/OL］.［2015-02-12］. https：//www. coursera. org/course/dataanalysis.

⑤　数据科学家的工具箱（中文版）［EB/OL］.［2015-02-12］. https：//www. coursera. org/course/dataanalysis.

⑥　Big Data and Social Physics［EB/OL］.［2015-02-12］. https：//www. edx. org/course/big-data-social-physics-mitx-mas-s69x#. VNyulfkUWnQ.

培养出的一种视觉理解能力，视觉能力对于学习过程有基础性的作用。① 在 2014 年百度世界大会上，李彦宏指出："未来 5 年图片和语音搜索将会超过文字，目前图像检索、语音检索的比例在不断提升。"②世界最大的全文期刊数据库 Science Direct 在其高级检索方式下提供图像检索的功能就是为了方便用户检索期刊论文中的图片。如何使用图片搜索、使用何种图片搜索、如何筛选图片搜索结果等一系列问题将成为未来视觉素养能力的关键所在。此外，可视化正在成为信息展现的一种重要方式，本课程介绍了 CNKI、微软学术搜索等检索工具对于检索结果的可视化展示功能。

在 Coursera 平台，杜克大学的"视觉感知和大脑"③、加州大学圣地亚哥分校的"视觉设计"都讲授了视觉设计④、分析和应用的内容，本课程的第 6 讲"搜索引擎的利用"也讲授了如何利用百度、谷歌的识图功能来检索图片。

4.1.2 教学内容的定制化

定制化是指针对不同的教学对象及其对信息素质课程的不同需求，调整、安排相应的教学内容并采取不同的教学策略。

（1）面向教师的定制

包括面向教学与面向科研两个方面。

面向教学的定制最大限度地满足教师对教学材料的需求。不同学科的教师对信息资源的需求不同，定制化为教师提供专题化的授课资料，能够提升教师的授课效率。美国加州大学伯克利分校图书馆建立了科学与工程信息素质中心（The Center of Science

---

① 王帆，张舒予. 读图时代的大众素养：媒介素养或视觉素养[J]. 中国电化教育，2008（2）：21-24.

② 李彦宏. 百度世界大会［EB/OL］.［2-14-10-21］. http：//baiduworld. baidu. com/.

③ Visual Perception and the Brain［EB/OL］.［2015-02-12］. https：// www. coursera. org/course/visualpercebrain.

④ Visual Design［EB/OL］.［2015-02-12］. https：//www. coursera. org/course/ visualdesign.

and Engineering Information Literacy，CSEIL）①平台，面向自然科学与工程领域的课程为教师提供内容定制，包括资源预定、嵌入式学科馆员、热点话题定制和技术支持等方面。CSEIL 不仅为教师提供授课所需资源，还提供了研讨会、科技设备、数据服务等立体化的定制服务。华盛顿大学图书馆则设置了"本科教学协调员"②，为本科授课教师的某些教学专题提供定制的培训资料。本课程第 10 讲"信息检索拓展你的课堂"讲授了利用信息检索查找专业知识、获得免费参考资料、多媒体教学素材等内容，帮助教师提高信息素质以获取更佳的教学资源。

面向科研的信息素质教育的定制需要深入到科研团队中，讲授如何通过信息检索确定选题；如何了解某一研究领域的核心作者、核心刊物、核心会议、核心机构；如何获得某一研究课题的最新信息；如何快速、准确地确定投稿刊物等，帮助科研团队获取信息，为其提供全程的信息素质服务，本课程的第 4、7 讲即对应上述内容。本课程第 11 讲"信息检索在论文写作和项目申报中的应用"讲授了如何进行科研立项过程中的科技查新、项目背景信息检索、研究素材收集与内容设计、引用规范等内容，本课程还有其他面向教学与科研的模块（见表 2）。明尼苏达大学图书馆的在线课程③讲授如何通过信息检索支持研究，内容包括版权保护及其合理使用、数据管理、寻找科研基金、科技成果孵化管理、学术交流、科技查新、引证报告、机构知识库、讨论组等覆盖科研全程的定制服务。科研小组只需要在图书馆进行注册，就可以免费申请上述科研信息素质支持，图书馆不仅帮助科研者进行科研管理，更通过全程的定制化教学使其学会如何管理。

---

① About CSEIL：Mission，Definition and History［EB/OL］．［2015-02-12］．http：//www. lib. berkeley. edu/sciences/cseil.

② Library Research Award for Undergraduates［EB/OL］．［2015-02-12］．http：//www. lib. washington. edu/researchaward.

③ Workshops，Tutorials，and Guides［EB/OL］．［2015-02-12］．https：//www. lib. umn. edu/instruction/tutorials.

表 2 "信息检索"MOOC 中面向学生、教师和研究人员的模块

讲	节	知识点
第 4 讲 如何利用信息检索提升研究效率	1. 站在巨人肩膀上	综述的检索与利用
	2. 最新信息自动送上门	资源推送工具的利用
	3. 瞬间抓住外文论文大意	自动翻译工具的利用
	4. 特定类型文件的检索	文件类型限定功能的使用、不同类型文件转换
	5. 不用手抄的读书笔记	电子版读书笔记的利用
	6. 多人同时撰写论文	在线办公软件的检索与利用
	7. 随时随地获取你的资料	网盘的检索与利用
第 7 讲 Web of Science 让你站在世界科学研究的前沿	1. WOS 的重要性	WOS 的在大学评价与成果评价中的影响、收录的资源
	2. WOS 的特点	三大引文索引及特点
	3. WOS 的基本检索	基本检索的特点和可检字段、检索实例
	4. WOS 的作者检索	检索文献作者的基本方法
	5. WOS 被引参考文献检索	如何查找某成果的被引情况、某领域的研究轨迹
	6. WOS 的化学结构检索	使用 WOS 的化学结构式框架进行检索
	7. WOS 的高级检索	高级检索的特点、案例及选择方式
	8. WOS 检索结果的排序	如何确定某领域的最重要成果、最新成果、高产作者、最相关成果
	9. WOS 检索结果的分析功能	如何确定某领域的核心作者、核心研究机构与核心刊物，如何快速选定投稿刊物等
	10. WOS 的个性化服务	最新资源自动送上门，跟踪某文献的被引情况
	11. WOS 的其他功能	期刊评价、科研管理、人才引进等

续表

讲	节	知识点
第 8 讲 免费检索 各类专门 信息	1. 专利信息的检索	专利信息的检索途径、网上免费专利信息的来源、综合性搜索引擎的专利检索功能、专门的专利搜索引擎
	2. 商标信息的检索	商标信息的检索途径、中国商标网、美国专利与商标局数据库检索、免费的商标搜索引擎
	3. 学位论文的检索	学位论文信息的检索途径、大陆免费的学位论文数据库、网上免费获取全文的境外学位论文
	4. 会议论文和会议信息的检索	国内外会议论文数据库、中国学术会议在线、会议信息检索工具
第 10 讲 信息检索 拓展你的 课堂	1. 检索某一概念的定义	免费的百科全书、在线词典、某专业词汇的检索
	2. 查找课堂教学相关的资料	如何查找课程相关的课件、免费教材、免费参考资料
	3. 多媒体资料为教、学增色	课程相关的音频与视频的检索、免费把名家"请"到你的课堂或家里
	4. 免费请专家为您授课	问答工具的检索与利用
	5. 管理自己的教学素材	综合利用各种素材进行教学

续表

讲	节	知识点
第 11 讲 信息检索在论文写作和项目申报中的应用	1. 信息检索的主要应用领域	企业新产品开发、竞争情报、专利申请、科研项目申报、政府与管理咨询
	2. 科技查新的重要性	避免选题重复的必备环节
	3. 科技查新中的文献检索	如何全面查找关于某主题的国内外图书、期刊论文、学位论文、会议论文、专利、标准、研究报告、网页文献、研究项目等
	4. 研究背景信息的检索	国内外有关的政府文件、本领域重要组织的动态
	5. 研究内容的设计	通过国内外研究现状的分析拟定论文大纲或项目的子课题、重点与难点、要解决的关键问题
	6. 研究素材的收集	数据、案例等信息的检索
	7. 引用的规范	国内外有关的文献著录标准和引用规范

（2）面向学生的定制

面向不同教育层次的学生。对于不同层次的学习对象，教学内容宜有区分。如本科生的信息素质课程应以普及性的内容为主，讲授信息检索、信息采集、信息筛选的基本方法等内容，以生活化的内容吸引本科生积极参与信息素质实践。面向硕士研究生的授课内容则侧重于中高级信息素质培训，包括国内外知名数据库、文献管理工具、科研工具等的介绍和使用。对于博士生而言，信息素质的授课内容应更为深入，包括如何通过信息检索跟踪学科前沿，研究课题的查新、国际知名刊物的投稿技巧等。康奈尔大学图书馆①分

---

① Courses［EB/OL］.［2015-02-12］. https：//www.library.cornell.edu/courses.

别针对新生、本科生、硕士研究生、博士研究生、即将毕业的学生开设了不同层次的信息素质课程，为处于不同学习阶段的学生提供定制化的课程(见表3)。

表3　　　康奈尔大学图书馆面向不同层次学生的 ILI 内容

课程名称	教授内容	教学对象
利用搜索引擎查找信息 (Finding Information Using Search Engines)	如何利用搜索引擎检索信息资源	本科生
通过图书馆发现信息 (Finding Information through the Library)	如何在图书馆寻找资源，包括资源发现系统、ProQuest、OPAC、主题索引、数据库等	本科生
查找信息资源 (Finding Sources of Information)	检索信息资源的多种渠道	本科生 硕士生
获得资源 (Getting Material)	如何获取检索到的资源	本科生 硕士生
评价资源 (Evaluating Sources)	获取资源后如何分析、评价这些信息资源以用于科研	硕士生 博士生
引用 (Citation)	引用的方法与格式	本科生 硕士生 博士生
学术道德 (Academic Integrity)	避免学术不端	本科生 硕士生 博士生

面向不同学科(专业)的学生。音乐、经管、医学、体育等学科有不同的信息素质要求，因此要针对不同学科学生的具体需求对ILI的内容进行定制。定制的内容侧重于不同学科的具体应用。例如面向音乐专业的学生，侧重于讲授如何进行音乐检索、音乐管理

软件的使用以及专业的声乐学研究期刊和数据库。休斯敦大学的MOOC"实用教学工具：数字化故事的讲述"①介绍了数字化环境下音乐的制作、发布与获取流程。面向经管专业的学生则侧重于讲授商业信息的检索和采集方法，专业商业数据库和竞争情报的理论与方法、公司沿革与信誉信息、商业案例的检索、如何利用大数据分析市场需求等。本课程的第12讲"信息检索助你在商战中立于不败之地"是以经济与管理专业的信息需求为出发点设置的内容，讲授如何利用信息检索增强企业竞争力。

（3）面向公众的定制

面向公众的 ILI 一直没有被重视，然而，MOOC 的普及为公众信息素质教育带来了机遇，有助于使 ILI 真正实现"泛化"的教育。

对于公众而言，学习并提高信息素质有助于提升生活质量、防止上当受骗、提高工作效率。图书馆作为公众与知识的交流场所，所提供的信息素质服务应当将公众需求考虑在内，越来越多的公共图书馆开始为公众提供定制化的信息素质培训。有学者认为公共医学图书馆应当为公众提供医学信息素质的定制培训，包括如何使用信息计量方法来查找医学信息、如何使用基因信息、如何进行在线健康咨询等，最终使公众能够自主地进行医学信息的检索和利用。② 英国图书馆与信息服务专业人员协会（Chartered Institute of Library and Information Professionals，CILIP）③的信息素质小组指出，公众信息素质教育正在经历变革，图书馆能够为公众提供的信息素质培训呈现出多样化、实用化、终身化的特征。具体来说，针对公众对网络购物、网络信息获取、方便生活等方面的信息需求，定制

① Powerful Tools for Teaching and Learning：Digital Storytelling［EB/OL］.［2015-02-12］. https：//www. coursera. org/course/digitalstorytelling.

② Laura Cobus. Integrating Information Literacy into the Education of Public Health Professionals：Roles for Librarians and the Library［J］. J Med LibrAssoc，2008 January，96（1）：28-33.

③ Chartered Institute of Library and Information Professionals. Where Does Information Literacy Fit in Within Public Libraries［EB/OL］.［2014-10-21］. http：//www. informationliteracy. org. uk/information-literacy/il-public-libraries/.

了信息意识、网络安全、观众拓展、生活技能等内容。如表 4 所示，本课程第 2、3 讲的内容就是为了满足公众的需求而设置。

表 4 "信息检索" MOOC 中面向公众的信息素质教育模块

讲	节	知识点
第 2 讲 如何利用信息检索提高生活质量	1. 帮你省钱	如何找到便宜机票、0 元机票，免费住星级酒店还拿高薪，如何轻松地货比三家
	2. 防止上当受骗	识破骗局、假基金与股票、学术骗子
	3. 时尚大师为你支招	衣着重要性的真人实验、脸型与衣着、选择合适的颜色
	4. 为你的健康保驾护航	吃出健康、最合适的药、WHO 基本药物指南、不能用的药
	5. 畅行万里路	行程规划与助手、环球机票、便宜酒店的查找、今夜酒店特价、免费周游世界
第 3 讲 如何利用信息检索提高综合素质	1. 免费读万卷书	免费图书的检索、免费电子图书网站、图书分享与交流网站
	2. 解放你的眼睛	音频图书的检索与利用
	3. 足不出户上国内名牌大学	国内 MOOC 平台的介绍、门户网站的公开课、其他 MOOC 平台
	4. 零距离接触全球优秀教师	世界三大 MOOC 平台——Coursera、Udacity、edX 的介绍与使用
	5. 手把手教你学计算机	计算机类视频资料的检索

(4) 面向家长的定制

出于对少年儿童教育的目的，许多家长都向图书馆寻求教育资源，ILI 在这方面的变革也由向家长提供资源转变为帮助家长提升自己搜寻教育资源的能力。美国图书馆协会（American Library Association，ALA）下属的图书馆儿童服务分会（Association for

Library Service to Children，ALSC)提出了面向家长与监护人教学的几点指南，包括"名著导引、书单推荐、最适合儿童浏览的网站、和儿童一起上网、适合儿童的游戏"①等。其对家长的信息素质导引主要内容是对儿童的教育，资源包括图书、网站、游戏和多媒体，家长的信息素质目标是能够掌握这些资源的检索和利用方法。另一个重要的内容是，家长要把所掌握的信息素质潜移默化地教给孩子，与图书馆的教育相结合，达到事半功倍的效果。明尼苏达大学图书馆面向家长开设了"儿童文学与研究专藏"②的培训课程，专门教授如何收集和使用儿童读物、手稿、儿童图画和相关电子资源，家长可以借阅馆藏和参加儿童文学讨论小组，方便地获取儿童教育的各类型资源。

4.1.3　教学单元的碎片化

中国互联网络信息中心（China Internet Network Information Center，CNNIC)③统计显示，截至 2014 年 6 月，我国手机网民规模为 5.27 亿，在整体网民中占 83.4%的比例，手机上网常态化特征进一步明显。移动互联网的兴起带来的是信息的泛在化与碎片化，对 ILI 内容提出了新的要求。一方面，MOOC 面向全社会提供课程，是学习者主动、自主地进行学习，那么就不可能像在教室授课一样，采用固定时间、固定地点进行教学，更多的是学员利用自身碎片化的空闲时间来进行学习。另一方面，大量研究指出 MOOC 学习者在屏幕前能够集中注意力学习的时间有限，其并不适合采用动辄一两个小时的传统视频公开课形式，而是要将一个单元的课程再细分为若干个小节，每个小节再切分为几个知识点。MOOC 的特点是单个视频短小精悍，总量较多，符合信息素质教学单元的碎片化理念。本课程以周为一讲，每讲平均分为 5~7 个小节，每小节

①　Association for Library Service to Children. Parent and caregivers［EB/OL］.［2014-10-21］. http：//www. ala. org/alsc/audiencemenus/parents.

②　Children's Literature Research Collections［EB/OL］.［2015-02-12］. https：//www. lib. umn. edu/clrc.

③　中国互联网络信息中心. 2013—2014 年中国移动互联网调查研究报告［R］. 2014-08.

2~4个视频，平均每个视频时长5~8分钟，再通过章节标题和随堂练习进行串联，使得课程既实现了碎片化，又不失整体性。

4.2 教学方式的多样化

MOOC对教学方式带来了更为直接的影响，ILI开始向合作化教学、混合式教学、游戏化教学的方向发展。

4.2.1 合作化教学

大规模是MOOC的主要特征之一，是ILI目前面对的重要变革。以斯坦福大学著名的MOOC"人工智能导论"①为例，该课程第一期吸引了190个国家的16万人同时报名学习，这样的学生规模在传统课堂是难以想象的。MOOC的开放性使得参与课程的学员人数、来源基本不受限制，学生主要采取自主学习的模式来学习开放课程和获取相应的开放资源。ILI的内容与计算机、互联网的结合相当紧密，依托于现代信息交流技术，ILI的大规模教学不仅得以实现，并且能够取得更好的效果。MOOC的学员人数每学期(一般为8~12周)大多在一万人以上，甚至多达十几万人。IFLA、ALA、ACRL在2014年都不约而同地提出了合作是促进未来ILI变革的措施②③④，合作化成为ILI教学方式变革的关键环节。

MOOC的教学团队可以由来自不同院系专业和机构的教师组成，合作的原因有：

第一，教育者自身限制。信息素质教育者由图书馆学专业教

---

① Intro to Artificial Intelligence：Learn the Fundamentals of AI [EB/OL]. [2015-02-12]. https：//www. udacity. com/course/cs271.

② United Nations Educational, Scientific and Cultural Organization. UNESCO-UNAOC UNITWIN on Media and Information Literacy and Intercultural Dialogue[EB/OL]. [2014-10-21]. http：//milunesco. unaoc. org/unitwin/.

③ IFLA World Library and Information Congress. Librarians and Information Literacy in a Changing Landscape [EB/OL]. [2014-10-21]. http：//www. iflasatellitelimerick. com/.

④ Association of College and Research Libraries. Framework for Information Literacy for Higher Education [EB/OL]. [2014-11-17]. http：//acrl. ala. org/ilstandards/? page_id=133.

师、图书馆员、教育技术人员等来自不同领域的人构成，他们各有优势和局限。例如图书馆学教师理论知识丰富，图书馆员长期扎根于实践，教育技术人员熟悉课程制作技术，如果进行合作，能够实现多种知识背景的交叉共融，真正实现课程的开放性与合作化。

第二，信息环境变化的需求。Web2.0、大数据、新媒体等新概念层出不穷，这对单个信息素质教育者及时更新自己的知识带来了挑战，在教学中可能会因为某些新知识而遇到困难，例如某些数据库更新变化很快，新兴媒体不断出现，单个教师可能无法及时获取相关信息，影响授课的时效性。

第三，MOOC 教学的需求。MOOC 与师生交流的教学模式要面对成千上万的学员，单个教师很难完成 MOOC 的筹备、制作、发布、维护的全部流程，这就需要教师团队实现协作教学。

教师作为信息素质教学中的主体，他们之间的合作占有最重要的位置，合理的教师团队可以实现教育资源共享，达到提高课程质量和授课效率之目的。上文提到的 MOOC"元素养"①由纽约州立大学奥尔巴尼分校数字化学习研究院的教授、纽约州立大学系统不同校区的图书馆员、来自中国广东的计算机技术人员和纽约州立大学出版社共同进行合作开发，实现了教学主体跨学科、跨机构、跨校区甚至跨国家的有机合作，取得了一定成功，并计划登陆 Coursera 平台。

信息素质教学的合作形式较多，首先是传统的教学团队轮流授课的形式，例如"网络素养"MOOC 就采取了该模式；其次是"教师主讲+助教答疑"的形式，本课程由一位主讲教师完成视频的录制和授课，然后由助教团队在课程论坛轮流进行问题解答和实践指导，动态解决学员在学习中遇到的问题。

从教学主体合作的范围来讲，第一种是同一机构内的合作，组织机构内相关教师与学生共同组成课程团队；第二种是同一高校不同机构间的合作，"元素养"就是跨机构合作的典例；第三种是同一国家不同地区不同机构间的合作，本课程的助教团队就由全国多

---

① Empire State College. Metaliteracy MOOC [EB/OL]. [2014-10-21]. http://metaliteracy.cdlprojects.com/about.htm.

个省市的知名高校图书馆、信息管理专业的老师共同组成；第四种是国际合作，MOOC 三大平台的学生来自全世界各个国家，Metaliteracy 的技术人员来自中国，实现了小范围的国际合作。

4.2.2 混合式教学

传统的信息素质教学模式是在固定的某个场所（一般为教室），由老师面对面向有限数量的学生进行授课，即 Face-to-face（F2F）模式，其特征是老师面授，但教学受到时间与空间的限制。另一种是传统的网络公开课模式，如信息素质类国家精品课程、国家精品资源共享课等。MOOC 也是基于互联网进行大规模教学，打破了时间与空间的限制，但对课堂的控制非常弱。在 MOOC 平台中，还有一种扩展课程被称作小规模私密在线课程（Small Private Online Course，SPOC），这种模式的课程是对 MOOC 学员进行准入限制，可以针对在线大学生和在校大学生两类学习者进行设置，采用 MOOC 的讲座视频，结合现实中的课堂，达到混合学习的目的。

混合式教学就是将上述几种教学模式进行有机融合，如图 1 所示，本课程是多种教学方式融合而成的立体化教学：有面向全校本科生的通识课、面向全校工程硕士的必修课、面向图书馆学专业本科生的专业必修课，面向硕、博士研究生的信息检索专题研究与前沿课程，面向网络上图书情报专业课学习者的国家精品课程与精品资源共享课程，面向全体网民的"信息检索"MOOC。

4.2.3 游戏化教学

游戏化教学是指将游戏与教育的实践相结合，以游戏的方式进行教学的一种理念和方法。游戏化教学包含了目标策略、奖惩策略、交流策略、竞争协作策略、评价策略等设计要素。① 信息素质课程内容丰富，对学员操作实践有一定的要求，因此采用游戏化教学具有较好的适用性。本课程在嵌入式论坛推出了"每周互动作业"栏目，每周发布一些有趣且具有实践价值的题目，供学有余力的学员进行实践，同时制定了奖惩策略，对积极参与的学员颁发奖

---

① 张利. 高中信息技术游戏化教学研究［J］. 软件导刊，2011（8）：176-178.

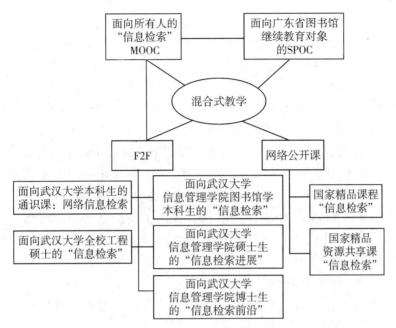

图1 "信息检索"MOOC 混合式教学的构成

品。该互动作业发布后，吸引了许多学员参与，课程社交平台的热度因此也不断提升，收到了良好的效果。德克萨斯信息素质教程（Texas Information Literacy Tutorial，TILT）①面向公众设置了游戏化的培训课程，用户参与指定的游戏环节不仅可以学习知识，还可以在完成任务后获得相应的奖励。在 Metaliteracy 中，课程以模拟游戏的方式设置了"挑战"和获得"徽章"的环节，将学习者的能力划分为若干个单元，通过任务管理系统使学习者中如完成游戏般去掌握信息素质能力。

4.2.4 趣味化教学

信息素质课程不仅具有很强的实践性，同时也具有很强的适应性，受众较为广泛。为了增强信息素质课程的吸引力，在 MOOC

---

① Texas Information Literacy Tutorial（TILT）wins more national honors［EB/OL］.［2015-02-12］. http：//www. utexas. edu/news/2000/04/19/nr_tilt/.

背景下需要重新设计教学大纲，增强教学内容的趣味性。首先，教学应避免术语的堆砌，宜使用简明扼要、通俗易懂的语言去解释枯燥的概念；其次，应多采用有趣的案例与素材如影视片段、热门视频等，如本课程在讲授"信息检索"的概念时，先播放电影《搜索》的判断，再结合电影解释什么是信息检索，引人入胜；第三，利用社交媒体进行广泛的讨论来辅助教学，讨论的话题既要与课程息息相关，也要贴近现实生活，例如本课程第 6 讲的课后互动讨论主题为"如何利用信息检索来分辨网络谣言"，趣味化的教学模块使得学员有更高的积极性参与课程实践。苏格兰信息素质工程（Scottish Information Literacy Project，SILP）①提出了使信息素质变得更加有趣的方案，并设计了一个旨在激发学习者灵感、吸引其兴趣的趣味学习方案，即通过侦探推理的方式锻炼信息素质。

4.3　教学资源的富媒体化

基于计算机与互联网的 MOOC 使得在教学过程中可以充分地利用富媒体（Rich Media）资源。

4.3.1　建立纸质资源与网络资源的链接

传统的纸质教材是以纯文本的形式呈现的，随着信息技术的发展，传统教材出版以及配套教学资源建设难以满足教学需要，一系列科技的出现使得纸质教材有了与网络资源进行深度链接的可能。传统教材单纯在纸面上介绍知识显得枯燥乏味，延伸不足。可以在纸质图书的相关位置设置二维码（Quick Response Code，QR Code），读者利用移动终端扫描，可以在线观看视频、动画、图片、案例讲解或者其他文字性内容。二维码技术能够对不同媒介的教材资源进行关联，已成为纸本教材与网络资源进行无缝链接的"金钥匙"，可以使传统教材容量得到成倍的扩展，打造立体化教材。这样一方面可以激发读者的学习兴趣，另一方面可以加强读者对知识点的理解，便于掌握。例如在信息检索的教材中讲到布尔逻辑检索的来历时介绍了"乔治·布尔"，在人名或肖像后就可以贴出二维

---

① The Right Information：Information Skills for a 21st Century Scotland [EB/OL]．[2015-02-12]．http：//www. therightinformation. org/.

码，链接到网络上对于该数学家的具体介绍和布尔逻辑的相关介绍。

4.3.2　多种媒体教学资源的有机结合

传统的信息素质教学主要使用 PPT 演示、教师讲解的形式，对于信息检索的实践效果并不是很好，使用多种形式的媒介进行教学将耗费大量的人力、物力。MOOC 平台通常集成了富媒体资源接口，支持文档（PPT、WORD、PDF）、影像（Video、Photo）、声音等不同格式，课堂内外都可以随时添加所需要的媒体进行辅助教学。此外，MOOC 在课堂内外还集成了一切能够为之所用的教学资源，包括原创视频、以往的精品课程视频（含精品资源共享课）、视频公开课网络视频、指定的纸质教材（需购买）、纸质教材的电子版（需购买）、为 MOOC 新编的数字教材（免费）、开放教育资源（如 TED 讲座，网络资源链接）、交叉课件或学科软件（如仿真模拟系统、编程环境）和题库等。

在本课程第 2 讲的第 3 节"时尚大师为你支招"中，主讲教师使用了网页、视频、图像等媒体来演示如何"利用信息检索让自己衣着得体"，旨在通过实例说明查找同一个主题的资料，文字、图片与视频的效果是不同的，从而说明信息选择的重要性；在第 4 节"为你的健康保驾护航"中，上传了课程检索实例中用到的《国家基本药物目录》和《世界卫生组织基本药物标准清单》等权威性文件帮助学员进行信息检索的实践，使不同媒介类型的教学资源能够有机结合在一起，也让学员真切地感受到信息检索的益处：原来信息检索就在我身边。

4.3.3　教材模块化

MOOC 环境下的信息素质教材应当依据教学单元的不同内容进行模块化的编排，其优点是能够扩大读者适用范围、方便教师灵活地组配教学内容、增强其适应性和适用性。

（1）共性的模块

针对每类学习者都要掌握的模块，如信息检索的基本方法、搜索引擎、提高综合素质等，需要设置共性的模块。如表 5 所示，本课程的第 1、5、9 讲分别穿插讲解了信息检索的基本概念与方法，这部分内容具有普遍适用性，共性模块面向所有学习者。

表5 "信息检索"MOOC 中信息检索的基本概念与方法的模块

讲	节	知识点
第1讲 导论	1. 什么是信息检索：电影《搜索》为你揭晓	什么是信息素质、信息检索的相关术语、信息检索的定义
	2. 信息搜索：世界电影共同关心的主题	关于信息检索的外国电影
	3. 这门课教什么	课程的结构、各个部分的主要内容
第5讲 信息检索的 基本方法	1. 布尔逻辑检索	与、或、非
	2. 位置限制检索	邻近检索
	3. 短语检索	机构名称、人名、地名、专业术语等检索
	4. 截词检索	常用截词符、截词检索的种类
	5. 字段限制检索	常用字段含义与代码
	6. 区分大小写检索	大小写含义不同的单词的检索
	7. 多种检索方法的综合运用	一步获得检索结果、积木型检索式的构造
第9讲 利用信息检索 解决实际问题 的流程	1. 分析检索问题	分析问题的已知条件与未知条件、该问题对信息的层次、范围等方面的要求
	2. 选择合适的检索工具	哪一类工具、该类工具中哪一个最合适
	3. 抽取关键词	关键词的数量、关键词之间的关系、禁用词
	4. 构造检索式	利用不同的运算符连接检索词
	5. 筛选检索结果	检索结果分析与评价
	6. 调整检索策略	扩大检索范围、缩小检索范围
	7. 求助专家	Ask a librarian

（2）针对不同学习对象的特色模块

本课程的学习对象来自不同行业和不同领域，笔者针对不同的学习对象设置了特色模块，上文分别提到了本课程"面向学生、教师和研究人员的模块"与"面向公众的模块"，除表1列出的第8讲外，如表6所示，第12讲中设置了面向商业应用的模块，面向企业学习者、经管专业的学生等对象，讲授了与商业活动息息相关的专利信息、商标信息、竞争情报等颇具实用性的知识。

表6　　　　　"信息检索"MOOC中面向商业应用的模块

讲	节	知识点
第12讲 信息检索助你 在商战中立于 不败之地	1. 客户需要什么	如何利用大数据进行产品定制、精准营销
	2. 知己知彼方能百战不殆	如何获取竞争对手信息
	3. 酒好也怕巷子深	利用指数预测进行营销策划
	4. 你的企业被抹黑了吗	企业预警与舆情监测
	5. 保护商业机密	企业信息安全
	6. 访谈世界500强的CIO	视频：信息对企业成功的重要性

4.4　教师能力的全面提升

MOOC对教学团队的每一位成员都提出了很高的要求，如每位授课教师在视频录制前都需完成脚本、告知拍摄人员何时插入音视频等素材、录制时面对高清摄像头需收放自如、拍摄后的剪辑与制作等。作为课程"总设计师"的负责人，除了要达到授课教师的上述要求外，还需具备以下能力：

4.4.1　对教学内容的整体规划

课程负责人具备对课程宏观管理和运筹的能力，以保障课程整体规划和质量。一门优秀的MOOC要求课程负责人能够进行科学合理的全局、布置与跟踪每个教学环节、领导课程团队开展答疑助教活动。依据上文提到的ILI教学内容的最新变革方向，面向大众的MOOC需要从整体进行合理规划，将授课内容划分为生活类、工作类、学习类、科研类、商业类等若干模块，采用生动的案例对每个模块的具体内容进行展现。笔者思考与规划本课程授课内容的时间达半年之久，修改了 10 余次才形成最终的授课大纲。

4.4.2 对教学过程的全盘掌握

ILI 类 MOOC 具有连续、动态、交互的特征，"信息检索"MOOC 的教学周期包括 8 周准备阶段、12 周授课阶段和 4 周结课阶段，采用了结构化的授课框架，整体教学过程与课程的总体质量息息相关。在课程准备阶段，课程负责人需要制作具有吸引力的课程宣传页、编制简明扼要的 MOOC 教学大纲、撰写课程公告并拍摄课程宣传片，使其能够在 MOOC 平台中脱颖而出。在授课阶段，MOOC 不同于国家精品课程、国家精品资源共享课程与视频公开课的一次性上线模式，而是每周一早上 8：00 上线新的内容，每周拍摄时间紧、任务重，主讲教师需要提前准备每一讲的教学素材、PPT 和讲义，并合理安排教学内容拍摄和视频制作时间，在新内容上线前要反复查看视频以尽量避免口误、字幕错误等，还要提前告知当周值班的助教尽快熟悉即将上线的内容以便快速、高质量地回答学员的提问，最好预留重新拍摄与制作不合要求视频的时间。其次，主讲教师要组织教学团队进行随堂练习、单元测验、课外实践三个层次交互式问题的设计。在结课阶段，主讲教师要布置专人负责并审核结课考试的内容、各部分分数的比例、批阅试卷、分数统计、分数反馈给学员、统计需要不同类型证书的人数等，最终才能进行证书的发放和结课。

4.4.3 对教学团队的"知人善任"

MOOC 的制作和发布包含了视频拍摄、后期制作、问题设置、论坛互动、社交媒体管理、疑问解答等不同的环节，每一个环节都需要选派具有相关经验的教师。本课程由主讲教师完成视频的拍摄；教育技术中心负责后期制作；一名博士研究生负责随堂测验、交互式问题、互动作业的设计与课程内容的发布；一名硕士研究生进行社交媒体管理；五名硕士研究生进行每周字幕制作；超过 200 名来自全国各个高校与公共图书馆副研究馆员以上职称者和 10 余位图书情报学院的副教授以上的教师或博士后研究人员担任课程助教，在课程论坛或其他社交媒体解答问题。每一讲回答问题的助教都考虑到了其自身优势，如第 7 讲的助教是具有多年使用 WOS 经验的信息管理学院教师和图书馆学科馆员，第 11 讲的助教均为博士学位获得者或从事科技查新的图书馆员，第 12 讲的助教多为从事企业信息服务者。

4.4.4 对各种教学资源的驾驭和运用

不同媒介的教学素材是 MOOC 平台中一个重要的资源，但组织和利用各类型富文本资源有一定的要求，因此 ILI 类 MOOC 要求教师善于根据教学内容的需要从不同渠道获取有助于增强教学效果的素材，并巧妙地将这些视频素材、权威文件、典型案例穿插在授课内容中。既要从动态资源和静态资源的角度去组织影视、图片、文本等不同类型的媒介资源，又要在调用资源的过程中注意"合理使用"即版权保护的规则。如本课程在讲解搜索引擎时截取了国内外知名影视作品中的搜索画面进行讲解；在介绍药物信息检索时，上传世界卫生组织（World Health Organization，WHO）基本药物指南供学员参考；在讲授专利与商标信息检索时援引了苹果与三星两大智能手机厂商之间的两次专利诉讼案例和苹果公司与唯冠公司的"IPAD"商标诉讼案，增强了专利与商标重要性的说服力。

4.5 学生素质的与时俱进

MOOC 使信息素质教学的对象，即学生需要具备良好的利用现代技术、在线交流沟通和协作学习的能力。

4.5.1 利用现代技术的能力

MOOC 背景下，学员参与学习要具备利用现代技术的能力。学生要具备基本的计算机操作和利用互联网进行自主学习的能力，如使用基础的办公及文献管理软件，能够使用正确的方法浏览国内外重要的网站和播放音视频资源等。本课程的"前导课程"规定了学生应具备熟练操作计算机和上网的能力，笔者使用了大量影视片段、文档和各类型的数据库进行教学。此外，正如前文提到的目前信息素质的领域已经将媒介素养、数据素养和视觉素养包含在内，这些内容大量存在于互联网中，只有具备熟练使用现代信息技术的能力才能够更好地进行信息素质所涉及的各个方面的学习。

4.5.2 交流沟通的能力

基于 Web2.0 的理念，MOOC 背景下的学生既是课程的学习者，又是课程的参与者，学员利用网络社交媒体在线进行交流沟通成为了一项重要的能力。学员要具备与教师交流的能力、与学生交流的能力和与互联网信息交流的能力。首先，学员要能够充分地利用 MOOC 平台提供的社交工具与教师进行知识交流，提出问题，获得答案，能够举一反三。其次，学生之间的交流是进行课程学习的重要手段，提问或者解答都是有效的方法。再次，利用信息检索知识学会在互联网中寻找自己所需要的信息资源和知识资源，包括搜索引擎、新媒体、专业数据库的使用等方面。

4.5.3 协作学习的能力

所谓协作学习，是指在 MOOC 学习过程中，学生依据自身学习的进度自发地形成一些学习小组，该群体通过社交媒体互相讨论、彼此激励，保持共同的进度，最终达到非常好的学习效果，是自主学习的一种演进。因此，学生在 MOOC 的学习中不仅要自主学习，也应培养参与协作学习的能力。在协作学习中，学生们可以锻炼利用社交媒体进行学习的能力、综合调用各方面信息资源的能力、交流沟通的能力等，是 MOOC 学习中十分重要的一个环节。笔者在本课程进行评分时发现，学习小组成员的活跃度与其成绩成正相关，获得高分的学生往往在日常交流中较为活跃，乐于与他们进行协作学习。

在社交网络中，参与者绝大部分是学员，持续的讨论和解答问题，使得一批具有较高信息素质的学员脱颖而出。适当地给予这些学员一些管理权限，可以使他们在碎片化时间解答其他学员的疑问，帮助教学团队解决无暇顾及的问题。

4.5.4 学生之间信息资源的共享

本课程的很多学员都能够灵活地根据所学知识进行信息检索实践。同时，还有一部分学员检索能力较弱，在学生的交流过程中，逐渐形成了一种自发性的信息资源共享与信息素质能力培养。以本课程为例，第一种形式是在论坛讨论区有人提出问题时，助教团队采取延迟回答的策略，激励学员自发性的知识共享行为，检索能力比较强的学员往往会主动地帮助他人，分享自己的知识。第二种形式是学员将每节课的知识点和相关的信息资源进行记录和总结，然后以学习笔记的形式上传到论坛或者 QQ 群供其他学员进行课外学习。第三种形式是学员将较为常用的软件、书刊、书目等资源进行共享。

近 10 年国外多语言信息组织与检索的动态追踪研究

武汉大学信息管理学院

司 莉 庄晓喆 贾 欢 潘秋玉 封 洁

引　言

以自身熟悉的语言构造查询请求，一站式获取其他语种的信息无疑是信息用户所乐见的。为实现这一愿景，学界就多语言信息组织与检索展开了长期探索。1969 年，Salton 利用基于英、德双语概念列表构建的 SMART 检索系统进行了首次多语言文本检索实验，开多语言信息检索研究之先河①。20 世纪 90 年代起，信息检索迈入网络信息检索阶段。随着互联网的日益普及，网络用户的地域分布趋于广泛。截至 2014 年 6 月，亚、非各国的网络用户已占全球网络用户总数的 55.5%，为欧洲、北美地区网络用户数的近两倍②。与此同时，网络信息的语种分布亦呈现多元化趋势。2003

---

①　Oard D W, Dorr B J. A survey of multilingual text retrieval [EB/OL]. [2014-12-29]. http：//drum. lib. umd. edu/bitstream/1903/807/2/CS-TR-3615. pdf.

②　Internet users in the world[EB/OL]. [2014-12-31]. http：//www. internet worldstats. com/stats. htm.

年，72%的网站以英语表述站内信息①，但 2014 年这一比例已降至 55%②。网络信息的多语种化与用户所掌握语言的差异性、有限性之间的矛盾进一步凸显。这不仅降低了信息检索的检全率与检准率，使置身信息海洋的人们更加难以捕获满足需求的信息，而且极大地制约了国家、地区间的信息交流与共享，阻碍数字鸿沟的弥合，也不利于小语种信息资源的挖掘与利用。

鉴于此，多语言信息组织与检索愈加受到来自不同领域的研究者的瞩目。Peters 等指出，跨语言信息检索旨在以某一语种构建的查询条件从多语种信息集合中检出另一语种的信息，多语言信息检索则旨在以任意语种的查询条件从多语种信息集合中发现并获取任何语种的信息；前者是后者的组成部分，后者是前者的积累效应③。近 20 年来，相关研究项目层出不穷，如欧盟资助的欧洲多语言信息检索项目（EMIR）和 i2010 数字图书馆项目（DLI）、美国资助的跨语言信息检测、抽取和总结项目（TIDES）等。美国的文本检索会议（TREC）和信息检索特殊兴趣小组会议（SIGIR）、欧盟的跨语言评价论坛（CLEF）、日本的信息检索系统测试集会议（NTCIR）等国际会议也均聚焦于该领域研究。

在文献调研中，笔者亦发现部分研究者并未严格区分"跨语言信息检索"与"多语言信息检索"，甚至将两者视为同一概念。因引，我 们 选 取 检 索 词 时 以 "multilingual information retrieval"、"crosslingual information retrieval"、"cross language information retrieval"、"bilingual information retrieval"、"translingual information retrieval"、"multilingual information access"、"MLIR"、"CLIR"、"multilingual ontology"、"multilingual interoperability"等为主题词，

① Country and language statistics [EB/OL]. [2014-12-31]. http：//www. oclc. org/research/activities/wcp/stats/intnl. html? urlm=159859.

② Usage of content languages for websites[EB/OL]. [2014-12-31]. http：//w3techs. com/technologies/overview/content_language/all.

③ Peters C，Braschler M，Clough P. Multilingual information retrieval：From research to practice[M]. Berlin，Germany：Springer-Verlag，2012：5.

以 Web of Science 数据库为主，辅以 Emerald、Elsevier、IEEE/IET、Proquest、Sage、Springer、Wiley 作为来源数据库进行检索，并将文献的发表时间限定为 2005 年以后。共得到相关文献 858 篇。检索截止时间为 2015 年 3 月 18 日。通过 10 年来国外有关多语言信息组织与检索的研究成果进行总结、梳理与研读，以期客观揭示国外在该领域中的研究动态，并为国内研究者在该领域的探究与实践提供借鉴。

1　年度发文量的统计

我们对年度发文量进行统计，结果如图 1 所示，1991—2007 年的发文量总体呈现上升趋势，至 2007 年达到高峰值，2010—2015 年则处于波动下滑的走向；由此可见，近年来国外对多语言信息组织与检索的关注度开始逐步降低，这是一个引人深思的问题。

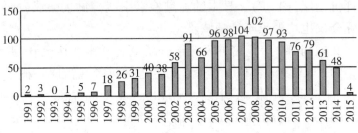

图 1　多语言信息组织与检索相关文献年度发文量分布

2　核心研究作者与核心研究机构

2.1　核心研究作者

我们对 WOS 的检索结果进行作者分析，发文量在 7 篇以上的作者及其排名结果如表 1 所示。Jones 在多语言信息检索研究领域发文 17 篇，居于首位，Ferro 次之，发文 15 篇。发文在 10 篇左右的作者有 4 位，分别是 Garcia-Cumbreras、Jarvelin、Peters 与 Mandl。

表1 核心作者及其发文量的统计

排名	作者	所属机构	发文量	所占比例
1	Jones, Gareth J. F.	都柏林城市大学	17	1.981%
2	Ferro, Nicola	帕多瓦大学	15	1.748%
3	Urena-Lopez, Luis Alfonso	哈恩大学	11	1.2821%
4	Garcia-Cumbreras, Miguel A	哈恩大学	10	1.166%
4	Jarvelin, Kalervo	坦佩雷大学	10	1.166%
4	Peters, Carol	意大利国家研究委员会	10	1.166%
4	Mandl, Thomas	希尔德斯海姆大学	10	1.166%
5	Di Nunzio, Giorgio Maria	帕多瓦大学	9	1.049%
6	Clough, Paul	谢菲尔德大学	8	0.932%
6	Leveling, Johannes	都柏林城市大学	8	0.932%
6	Schulz, Stefan	弗莱堡大学医学中心	8	0.932%
6	Agirre, Eneko	巴斯克大学	8	0.932%
7	Womser-Hacker, Christa	希尔德斯海姆大学	7	0.816%
7	Varma, Vasudeva	海得拉巴国际信息技术学院	7	0.816%
7	Savoy, Jacques	瑞士纳沙泰尔大学	7	0.816%
7	Sanderson, Mark	谢菲尔德大学	7	0.816%
7	Sadat, Fatiha	魁北克大学蒙特利尔分校	7	0.816%
7	Mueller, Henning	瑞士西部应用科学大学	7	0.816%
7	Gomez-Perez, Asuncion	马德里大学	7	0.816%
7	Keskustalo, Heikki	坦佩雷大学	7	0.816%
7	Gey, Fredric	加州大学伯克利分校	7	0.816%
7	Cimiano, Philipp	代尔夫特理工大学	7	0.816%

2.2 核心研究机构

通过对 WOS 的检索结果分析，发现近年来国际上对多语言信息检索的研究机构大多集中在大学、科研院所两大类型。排名前10 的有 17 个，发文量均在 8 篇以上，其中研究机构以大学居多。如马德里理工大学、马里兰大学、坦佩雷大学等分居前 3 位。而在研究院所方面，美国能源部、意大利国家研究委员会、法国国家科学研究中心等也积极从事多语言信息检索领域的研究（如表2）。

表2　　　　　　　　　核心研究机构及其发文量

排名	机　构	发文量（篇）
1	马德里理工大学	17
2	马里兰大学	16
3	坦佩雷大学	15
3	马里兰大学帕克分校	15
4	都柏林城市大学	14
5	美国能源部	13
6	谢菲尔德大学	12
6	美国加州大学	12
6	哈恩大学	12
7	日内瓦大学	11
8	巴斯克大学	10
9	意大利国家研究委员会	9
9	法国国家科学研究中心	9
10	瑞士纳沙泰尔大学	8
10	西班牙阿里坎特大学	8
10	莫纳什大学	8
10	海得拉巴国际信息技术学院	8

3　核心出版物

从来源出版物来看（见表3），Lecture Notes in Computer Science（《计算机科学讲义》）收录的多语言信息检索领域的文献多达 265

篇，占所有文献的 30.886%。这是一套自 1973 年由 Springer 出版的计算机科学方面的丛书，Lecture Notes in Artificial Intelligence（《人工智能会议集》）、Accessing multilingual information repositories（《多语言信息仓库检索》）、Advances in Multilingual and Multimodal Information Retrieval（《多语言和多渠道信息检索进展》）、Evaluation of Multilingual and Multi-modal Information Retrieval（《多语言和多渠道信息存取评估》）、Multilingual Information Access for Text，Speech and Images（《文本、声音与图像的多语言信息存取》）等均是这套丛书的分卷，收录的多为会议论文。收录该领域文献的期刊则以 Studies in Health Technology and Informatics（《卫生技术与信息学研究》）（21 篇，占 2.448%）、Information Retrieval（《信息检索》）（15 篇，1.748 %）为多。学科分布呈现多样化特征，其中以计算机科学为主（647 篇，占 75.408%），研究方向有人工智能、信息系统、技术与方法等，其次为图书情报学（117 篇，占 13.636%），此外还广泛分布在工程学、语言学、医学信息学、电信学、心理学等多个学科中。

表3　　　　　　　　　　核心出版物及发文量统计

刊　　　名	发文量	所占比例
Lecture Notes in Computer Science	265	30.886 %
Lecture Notes in Artificial Intelligence	43	5.012 %
Accessing multilingual information repositories	30	3.497 %
Information Processing & Management	25	2.914 %
Advances in Multilingual and Multimodal Information Retrieval	25	2.914 %
Evaluation of Multilingual and Multi-modal Information Retrieval	22	2.564 %
Studies in Health Technology and Informatics	21	2.448 %
Multilingual Information Access for Text, Speech and Images	21	2.448 %
Evaluating Systems for Multilingual and Multimodal Information Access	20	2.331%

续表

刊　　名	发文量	所占比例
Information Retrieval	15	1.748 %
LREC2008 The International Conference on Language Resources and Evaluation	14	1.632 %
LREC 2012 The International Conference on Language Resources and Evaluation	13	1.515 %
Multilingual Information Access Evaluation I. Text Retrieval Experiments	12	1.399 %
Advances in Information Retrieval	12	1.399 %

4　相关会议及主题

我们以 WOS 数据库检索的会议名称结果为基础，将相同会议不同届次的发文量累加，截取发文 3 篇以上的会议，得到不同会议的发文数量如表 4 所示：

表4　　　　多语言信息组织与检索会议发文量统计

排名	会议名称	篇数
1	Workshop of the Cross-Language Evaluation Forum	140
2	International Conference on Language Resources and Evaluation	27
3	Annual International ACM SIGIR Conference on Research and Development in Information Retrieval	16
4	Asia Information Retrieval Symposium	10
5	European Conference on Information Retrieval Research	8
6	European Conference on Information Retrieval	6
6	International Conference on Natural Language Processing and Knowledge Engineering	6

排名	会 议 名 称	篇数
6	International Congress of the European-Federation-for-Medical-Informatics	6
6	International Conference of the CLEF Initiative	6
10	World Congress on Health(Medical)Informatics	5
11	Asia Information Retrieval Societies Conference	4
11	Pacific Asia Conference on Language, Information and Computation	4
11	Pacific Rim International Conference on Artificial Intelligence	4
14	Annual Conference on Intelligent Text Processing and Computational Linguistics	3
14	ESWC Conference	3
14	European Conference on Information Research	3
14	IEEE International Conference on Natural Language Processing and Knowledge Engineering	3
14	IEEE International Conference on Systems, Man and Cybernetics	3
14	Information Retrieval Facility Conference(IRFC)	3
14	International Conference on Computational Linguistics/44th Annual Meeting of the Association for Computational Linguistics	3
14	International Conference on Machine Learning and Cybernetics	3
14	International Conference on Natural Language Processing	3
14	International Global WordNet Conference	3
14	International Workshop on Fuzzy Logic and Applications	3
14	International Workshop on Intercultural Collaboration	3

　　由上表可知，跨语言评价论坛（Cross Language Evaluation Forum，CLEF)在多语言信息组织与检索领域的会议文献最多，占总量的 50.36%，需要说明的是，从 2004 年到 2009 年，跨语言评价论坛名称为 Cross-Language Evaluation Forum(CLEF)，从 2010 年开始，名称改为 Conference and Labs of the Evaluation Forum（The

CLEF Initiative)。表 5 列出部分跨语言评价论坛会议文献的届次（篇数）、主题、地点和时间。

表 5 　　　　　　　　跨语言评价论坛（CLEF）研讨主题分布

届次（篇数）	主　　题	地点	时间
2014 CLEF（16）	任何一种语言的信息检索；信息检索的可视化分析；评价计划与评价方法；技术转换；交互式信息检索；特定领域中的应用	谢菲尔德（英国）	2014 年 9 月 15—18 日
2013 CLEF（16）	评价与可视化；评价与多语言；应用与评价	瓦伦西亚（西班牙）	2013 年 9 月 23—26 日
2012 CLEF（14）	评价活动与标准；信息检索；评价方法与基础设施	罗马（意大利）	2012 年 9 月 17—20 日
2011 CLEF（14）	设计评价任务的新方法；分析实验结果的新技术；评价过程中的自动化与合作基础设施；多语言；多元文化与多种模式界面与检索设计中的不同影响；多语言检索的测试与评价等	阿姆斯特丹（荷兰）	2011 年 9 月 19—22 日
2010 CLEF（12）	资源、工具与方法；实验资源与数据集；评价活动与方法	帕多瓦（意大利）	2010 年 9 月 20—23 日
10th Workshop of the ross-Language Evaluation Forum（16）	多语言文献检索；交互式跨语言检索；多语言问答；跨语言图像检索；多语言信息过滤；跨语言视频检索；知识产权；日志分析法	科孚岛（希腊）	2009 年 9 月 30 日—10 月 2 日
9th Workshop of the ross-Language Evaluation Forum（20）	多语言文献检索；科学数据检索；交互式跨语言检索；多语言问答；跨语言图像检索；CLEF 网页跟踪；跨语言地理信息检索	奥尔胡斯（丹麦）	2008 年 9 月 17—19 日

续表

届次（篇数）	主　题	地点	时间
8th Workshop of the ross-Language Evaluation Forum （27）	多语言新闻文献检索；科学数据检索；多语言问答；跨语言图像检索；跨语言语音检索；CLEF 网页跟踪；跨语言地理信息检索	布达佩斯（匈牙利）	2007 年 9 月 19—21 日
7th Workshop of the ross-Language Evaluation Forum （23）	单语、双语、多语新闻文献检索；单语与跨语言结构化科学数据信息检索；交互式跨语言信息检索；多语言问答；跨语言图像检索；跨语言语音检索；多语种网络跟踪；跨语言地理信息检索	阿里坎特（西班牙）	2006 年 9 月 20—22 日
6th Workshop of the ross-Language Evaluation Forum （31）	单语、双语、多语新闻文献检索；单语与跨语言结构化科学数据信息检索；交互式跨语言信息检索；多语言问答；跨语言图像检索；跨语言语音检索；多语种网络跟踪；跨语言地理信息检索	维也纳（奥地利）	2005 年 9 月 21—23 日
5th Workshop of the ross-Language Evaluation Forum （23）	单语、双语、多语新闻文献检索；单语与跨语言结构化科学数据信息检索；交互式跨语言信息检索；多语言问答；跨语言图像检索；跨语言语音检索	巴思（英国）	2004 年 9 月 15—17 日

5　相关组织动态

5.1　欧盟对于多语言信息组织与检索的推动

欧盟（European union，EU）是世界上具有重要影响的政府间、区域一体化组织，其对多语言信息组织与检索领域比较重视，不仅对欧洲国家产生了直接的推动作用，也对世界范围内的多语言信息组织与检索产生了促进作用，如欧盟资助了欧洲多语言信息检索项目（EMIR）和 i2010 数字图书馆项目（DLI）。

此外，欧盟还主办了跨语言评价论坛，从 2000 年 9 月起，每年举办一次，是欧盟的信息技术协会（IST）的支持计划之一。该论坛侧重于欧洲范围内的跨语言检索问题的评价，其目标是加强用户友好、多语言、多模式检索系统的设计研究，每年的会议围绕该目标设定几个不同的主题。其测试项目包括欧洲语言的单语检索，跨语言与多语言检索，特定领域以及交互检索，涉及欧洲的十多个语种①。

5.2　国际知识组织协会对多语言信息组织与检索的关注

国际知识组织协会（International Society of Knowledge Organization，ISKO）成立于 1989 年，是知识组织领域具有引领性地位的国际学会。ISKO 成立之初确立的宗旨是"对组织一般知识和特殊知识的各种方法加以研究、发展和应用，特别是对分类概念方法和人工智能进行结合研究"。ISKO 自 1990 年起，每两年召开一次国际会议②。

近年来，ISKO 对多语言信息组织与信息检索问题有所关注，在近三届的知识组织国际会议中都提到了多语言信息组织与检索的相关问题。2014 年 5 月，ISKO 在波兰克拉科夫召开了第 13 届会议，主题为"21 世纪的知识组织：在历史模式与未来展望之间"，其中探讨的主题包括多语言环境下的信息检索与标引问题。2012 年 6 月，ISKO 第 12 届会议在印度迈索尔召开，会议主题为"知识组织中的分类、文本及关系"，其分主题也提到了多语言环境中的信息搜索与标引。2010 年 10 月，ISKO 在意大利罗马召开第 11 届会议，其中《伦理网络项目中生物伦理学的语义方法：为欧洲文献

---

① 吴丹. 跨语言信息检索技术应用与研究进展[J]. 情报科学，2006（9）：1435-1440.

② ISKO. About ISKO [EB/OL]. [2015-03-19]. http：//www.isko.org/about.html

系统建立语义化结构》一文中提到，为实现生物伦理学文献的标引和搜索，要对多语言工具进行开发，如建立叙词表和本体①。

5.3 国际图书馆协会联合会编制相关指南与标准

国际图书馆协会联合会（International Federation of Library Associations and Institutions，IFLA），简称"国际图联"，成立于1927 年，其分类和标引部门对多语言信息组织与检索领域的研究较多，关系较为密切②。国际图联分类标引部专门设立了工作组，编制了多语言叙词表指南（Guidelines for Multilingual Thesauri），在编制过程中应用了三种方法：（1）建立一套新的叙词表：从一种语言开始，再添加另一种或多种语言；同时开始建立多种语言叙词表。（2）合并已经存在的叙词表：将已经存在的一种或多种叙词表合并为一种新的叙词表，以供文献标引与检索使用；将现有的叙词表和主题词表关联起来，共同用于标引和检索。（3）将叙词表翻译成一种或多种语言③。此外，国际图联分类标引部还建立了多语言分类术语及概念词典（MulDiCat），其中包含了图书馆编目中用到的众多术语及概念，可以用英语及其他多种语言表示④。

5.4 联机计算机图书馆中心设立研究项目

联机计算机图书馆中心（Online Computer Library Center，OCLC）是世界上最大的提供文献信息服务的机构之一，它是一个非营利性组织，以推动更多的人检索世界上的信息、实现资源共享并减少使用信息的费用为主要目的。OCLC 定期举办研讨会，为世界各地的学者提供了一个交流的平台，对多语言信息组织与检索领域的发展也起到了一定的推动作用。如在 2009 年研讨会上，来自

---

① International conferences［EB/OL］.［2015-03-19］. http：//www. isko. org/events. html.

② About IFLA［EB/OL］.［2015-03-19］. http：//www. ifla. org/about.

③ Guidelines for Multilingual Thesauri［EB/OL］.［2015-03-19］. http：//www. ifla. org/publications/ifla-professional-reports-115? og＝70.

④ Multilingual Dictionary of Cataloguing Terms and Concepts（MulDiCat）［EB/OL］.［2015-03-19］. http：//www. ifla. org/publications/multilingual-dictionary-of-cataloguing-terms-and-concepts-muldicat? og＝70.

谢菲尔德大学的 Paul Clough 提出了 MultiMatch 项目，该项目致力于使用户突破媒体格式以及语言的障碍，自由获取网上的文化遗产相关资源①。

此外，OCLC 还进行了多语言书目结构研究项目，它作为元数据管理系列研究的一部分，旨在利用 WorldCat 中的多语言内容向用户呈现其首选语言和文字的书目信息。该研究从一个记录集内包含的所有相关书目记录中挖掘数据，对每一个文本元素进行语言归类，从而将一个记录集中包含的所有数据以用户首选的语言和文字呈现出来②。

6　研究的主题分布

6.1　多语言信息组织研究进展

多语言信息组织的研究与实践可追溯到多语种叙词表的编制。随着语义网、关联数据、互操作等技术工具被广泛应用于信息组织中，多语言信息的组织也正向语义化、集成化方向发展。近 10 年来国外研究者重点关注以下问题：

6.1.1　多语言本体的构建与协调

早期，研究者们多使用多语种叙词表作为多语言信息组织的工具，但由于缺乏对概念的语义描述，检准率大受影响。多语言本体以概念为基本构成单位，将词汇间的转换上升到语义层次，有效缓解了语义的曲解问题。近年来，多语言本体的建设蓬勃发展。Dragoni 等探讨了多语言有机农业领域本体的演化，提出了基于情景的多角色演化策略；该策略的核心思想是：本体演化是由实体剔除、本体映射、本体扩充、实体特殊化、实体泛化和实体翻译等情

---

①　Distinguished Seminar Series［EB/OL］.［2015-03-19］. http：//www. oclc. org/research/ events/dss. html.

②　Multilingual Bibliographic Structure［EB/OL］.［2015-03-19］. http：//www. oclc. org/research/themes/data-science/multilingual-bib-structure. html.

境组成的工作流程，强调领域专家、知识工程专家、语言专家的密切协作。作者还开发了多语言领域本体演化的支持工具 MoKi①。Salim 等指出多语言本体的价值在于可实现对多语言文本的语义标注。他们详细介绍了多语言伊斯兰教领域本体的构建过程，提出多语言本体的两种构建方法（基于对网页内容及概念间关系的抽取、基于对传统知识组织系统的复用），并将该本体应用于网络文本的标注，进而实现多语言门户网站的检索功能②。

本体协调（Ontology Alignment）是实现本体复用，促进知识共享的重要手段，其核心是本体映射。随着多语言本体的不断涌现，多语言本体协调得到研究者关注。多语言本体协调可支持不同语言本体间的互操作，达成对多语种信息的语义描述。Trojahn 提出了一个面向多语言描述型逻辑本体的映射框架。该框架由翻译代理模块（用于将源语言本体译为目标语言本体）、协调代理模块（用于交换不同代理产生的映射结果）、论证模块（用于计算出合适的映射集）组成，可实现单一型概念和复合型概念的跨语言映射。作者通过从源本体（葡萄牙语）到目标本体（英语）的映射实验证明了该框架的可行性③。Fu 等将机器翻译技术应用于英汉领域本体的映射，并根据实验结果分析了基于机器翻译技术的多语言本体映射的优势与

① Dragoni M, etc. Guiding the Evolution of a Multilingual Ontology in a Concrete Setting [A]. The Semantic Web: Semantics and Big Data [C]. Berlin: Springer-Verlag, 2013: 608-622.

② Salim J, Hashim S, Aris A. A Framework for Building Multilingual Ontologies for Islamic Portal [A]. Proceedings of 2010 International Symposium on Information Technology(Vol. 3) [C]. New York: Institute of Electrical and Electronics Engineers, 2010: 1302-1307.

③ Trojahn C, Quaresma P, Vieira R. A Framework for Multilingual Ontology Mapping[A]. Proceedings of The International Conference on Language Resources and Evaluation [C]. Paris: The European Language Resources Association, 2008: 1034-1037.

不足，认为引入语义相似度计算方法可有效提升映射的准度①。

6.1.2　基于关联数据的多语言语义网建设

关联数据用于标识、发布和连接各类数据、信息、知识。将其应用于多语言信息组织中，可建立不同语种概念间的关系，并指引用户访问资源，是建立多语言语义网的又一重要手段。国外研究者已开始探讨关联数据在多语言知识组织中的应用方式。Pérez 等认为 RDF 数据集的多语言性要求关联数据向多语言化方向发展，并就数据源的特征分析、URI 和 IRI 的设置、RDF 数据建模、RDF 数据集生成中的语言识别与编码、RDF 数据集的互联与发布等问题展开阐述②。Gayo 等指出多语言关联开放数据的设计需要着重考虑实体命名、解引用(Dereferencing)、资源标识、资源描述、资源链接(尤其是语言不同但内容相同的资源)、关联数据重用等问题，并提出了相应解决方案③。Zhang 等介绍了以开放关联数据发布的多语言词汇库 xLiD-Lexica 的建设流程与功能，用户使用 SPARQL 查询语言即可查询同一概念在不同语言中的表达形式(包括自然语言中的表达形式和受控语言中的表达形式)④。Ehrmann 等尝试整合不同语种的语义知识库，以"基于语言学的关联开放数据云"的形式发布，并结合多语词汇库 BabelNet2.0 的开发作了具体说明。该库集成了维基百科、Omegawiki、WordNet 等资源，可提供以 50

---

①　Fu B, Brennan R, O'Sullivan D. Cross-Lingual Ontology Mapping-An Investigation of the Impact of Machine Translation[A]. The Semantic Web[C]. Berlin：Springer-Verlag, 2009：1-15.

②　Pérez A, etc. Guidelines for Multilingual Linked Data[EB/OL]. [2015-03-14]. http：//oa. upm. es/29824/1/INVE_MEM_2013_167952. pdf.

③　Gayo J, Kontokostas D, Auer S. Multilingual Linked Open Data Patterns [EB/OL]. [2015-03-08]. http：//www. semantic-web-journal. net/system/files/swj406. pdf.

④　Zhang L, Farber M, Rettinger A. xLiD-Lexica：Cross-lingual Linked Data Lexica[A]. Proceedings of the Ninth International Conference on Language Resources and Evaluation[C]. Reykjavik：The European Language Resources Association, 2014：2101-2105.

余种语言表述的关于 930 多万个概念的详细说明，并揭示词义关系①。

6.1.3　跨语种语言资源与知识组织系统的互操作

互操作系指两个及以上系统间相互使用已被交换的信息的能力。语言资源通常指语料库和词库，其中蕴含丰富的语义信息和关联，是信息资源语义描述和标注的关键工具。网络信息的多语言化使跨语种语言资源的互操作成为必然。跨语言知识组织系统的互操作则是实现不同语种信息的跨库检索的基础，也有助于充实概念间的语义关系。Witt 等提出实现跨语种语言资源互操作的两种途径：基于转换的途径与基于中间语言的途径。前者以映射为手段，实现两种语言间的互译；后者通常选用相对泛化、抽象的描述语言或本体连接两者，更强调对语言结构的分析②。Soria 等利用语言间索引（Interlingual Index）实现分布式语义词库 ItalWordNet（意大利语）与 Sinica BOW（英语、汉语）的互操作，并认为采用此方法可实现扩充现有语义资源、验证语义关联、创建新的语义资源等目标③。

在跨语言知识组织系统的互操作方面，Nicholson 和 McCulloch 回顾了英国高层叙词表项目 HILT 的第二阶段工作，详述如何通过不同语种知识组织系统的互操作实现一站式检索服务。该项目以 DDC 为映射转换中心，将多部分类法、叙词表、标题词表与 DDC 类号建立映射关系。检索系统根据用户输入的关键词反馈可能与其需求相关的 DDC 概念，供用户选择；再使用与概念相关联的 DDC

①　Ehrmann M, etc. Representing Multilingual Data as Linked Data: the Case of BabelNet 2.0 [A]. Proceedings of the Ninth International Conference on Language Resources and Evaluation [C]. Reykjavik: The European Language Resources Association, 2014: 401-408.

②　Witt A, etc. Multilingual Language Resources and Interoperability [J]. Language Resources and Evaluation, 2009(1): 1-14.

③　Soria C, etc. Towards Agent-based Cross-lingual Interoperability of Distributed Lexical Resources [A]. Proceedings of the Workshop on Multilingual Language Resources and Interoperability [C]. Sydney: Association for Computational Linguistics, 2006: 17-24.

类号执行查询，在返回结果的同时向用户推荐相关检索词。作者还设计了基于 SRW 协议的互操作系统架构①。Ma 等将地质年代多语言叙词表改造为 SKOS 的形式，并将之应用于地质地图在线集成服务系统中，从而完成不同语种地质图检索系统的互操作②。

6.1.4 多语言文本分类与聚类

多语言文本分类旨在将不同语言的文本/文档自动归入事先建立的分类体系中。Gliozzo 和 Strapparava 发明了一种通过从可比语料库中获取多语领域模型以实现多语言文本分类的方法，该方法无需人工干预，也无需引入外部多语言知识库资源（如双/多语词典）③。Amine 和 Mimoun 利用在线语义词库（可视为一种概念网络）WordNet 的 2.1 版进行英语和西班牙语文献的文本分类，其大致方法是：利用机器翻译将西班牙语文献译为英语，同时将 WordNet 改造为本体；接着通过概念间的映射构建同义词集合，并建立集合间的上下位关系，形成概念范畴体系；生成待分类文献的概念矢量并赋予权重；计算矢量间的相似度④。

与多语言文本分类的目的相同，多语言文本聚类的目标也是完成不同语言文本/文档的归类。但该体系并非人工事先建立，而是自动形成。Kiran 等以维基百科作为外部多语言知识库开展多语言

① Nicholson D, McCulloch E. Investigating the Feasibility of a Distributed, Mapping-based, Approach to Solving Subject Interoperability Problems in a Multi-scheme, Cross-service, Retrieval Environment［EB/OL］. ［2015-01-26］. https://pure. strath. ac. uk/portal/files/176991/ strathprints002875. pdf.

② Ma X, etc. A SKOS-based multilingual thesaurus of geological time scale for interoperability of online geological maps［J］. Computers & Geosciences, 2011(10): 1602-1615.

③ Gliozzo A, Strapparava C. Cross language Text Categorization by Acquiring Multilingual Domain Models from Comparable Corpora［A］. Proceedings of the ACL Workshop on Building and Using Parallel Texts［C］. Ann Arbor: Association for Computational Linguistics, 2005: 9-16.

④ Amine B, Mimoun M. WordNet based Multilingual Text Categorization［A］. Proceedings of ACS/IEEE International Conference on Computer Systems and Applications［C］. Amman: Arab Computing Society, 2007: 848-855.

文献聚类，其原因在于维基中的跨语言链接、分类体系、外部链接、信息框等均可用来进一步揭示文献的特征。作者使用由关键词向量、类别向量、外链向量、信息框向量构成的向量空间模型描述不同语种文献的特征，并计算向量空间的相似度，最终实现多语言文本聚类①。Cobo 和 Rocha 设计了一种针对经济领域多语言文献的聚类算法，且测试了其对于英语和西班牙语研究论文聚类的有效性。该算法借鉴了蚂蚁算法的思想，使用四个向量表示文献特征，通过计算特征向量角间距的凸线性组合，得到文献的相似度；再辅以专有名词识别和词汇抽取技术完成多语言文本聚类②。

6.2　多语言信息检索研究进展

如前所述，多语言信息检索研究已历经 40 余年，但早期进展较为缓慢。网络环境下，语言隔阂取代空间距离成为信息交流、获取的首要障碍。受此驱动，该领域研究开始呈现迅猛发展的态势，相关成果大量涌现。研究主题主要涉及以下方面：

6.2.1　多语言环境下的用户需求与行为

多语言信息检索研究必须面向用户的信息需求，了解其行为特点，从而使开发的多语言信息检索工具符合用户的使用习惯。Ruiz 和 Chin 采用现场观察、面对面访谈、网上调查等方法，针对用户搜索以其他语种标注的图像资源的行为进行分析，发现基于大众标注的检索系统由于缺乏对标签的规范机制，使用户查找其他语种信息面临巨大困难③。Ghorab 等尝试通过分析欧洲图书馆（The European Library）检索系统的日志记录，探究拥有不同语言和文化背景的用户的检索行为特征。研究表明，用户的检索行为（包括信

---

① Kiran N, Santosh G. S. K. , Vasudeva V. Multilingual Document Clustering using Wikipedia as External Knowledge[A]. Multidisciplinary Information Retrieval[C]. Berlin：Springer-Verlag, 2011：108-117.

② Cobo Á, Rocha R. Identification of Related Multilingual Documents Using Ant Clustering Algorithms[J]. Revista chilena de ingeniería, 2011(3)：351-358.

③ Ruiz M, Chin P. Users' Image Seeking Behavior in a Multilingual Tag Environment [A]. Multilingual Information Access Evaluation II：Multimedia Experiments[C]. Berlin：Springer-Verlag, 2010：37-44.

息的查找方式、检索式的构造、检索字段和界面语种的选择、检索策略的修改、检索的次序等方面）因其语言和文化背景的区别而呈现较明显差异。作者据此认为，应针对各国/地区用户设计、开展个性化的多语言信息检索服务①。Hong 通过问卷调查、访谈、检索实验等方式深入探究双语用户（母语为汉语，英语为第二语言）的网络信息搜索行为。她发现该类用户倾向于根据自身需求选择一种语言进行检索，并将搜索引擎作为跨语言检索工具；但大多希望搜索引擎提供双语检索界面。她还将用户的搜索策略划分为五类：直接访问特定信息源、使用关键词搜索、浏览不同信息源、比较不同检索结果、通过外部链接访问信息源②。

6.2.2 多语言信息检索模型

多语言信息检索模型是多语言信息检索系统的形式化表示，指导着相关人员综合运用各种信息检索方法与技术，开发信息检索系统。传统的信息检索模型在多语言信息检索模型中仍占有一席之地。如 Lilleng 和 Tomassen 构建了基于特征向量的多语言信息检索模型。该模型的核心思想是：针对用户输入的每个检索词，通过事先建成的目标语言本体和对目标文档的语词统计分析构建特征向量空间，以丰富用户查询的语义信息，再对其进行翻译。基于该模型的多语言信息检索系统能较好地解决用户查询的消歧问题，从而改善用户查询的翻译质量③。

研究者们不仅将向量空间模型等传统信息检索模型应用于多语言信息检索，也发明了一些专门面向多语言信息检索的模型。

---

① Ghorab M, etc. Identifying Common User Behaviour in Multilingual Search Logs[A]. Multilingual Information Access Evaluation I: Text Retrieval Experiments [C]. Berlin: Springer-Verlag, 2010: 518-525.

② Hong W. A Descriptive User Study of Bilingual Information Seekers Searching for Online Information to Complete Four Tasks[D]. Pittsburgh: University of Pittsburgh, 2011.

③ Lilleng J, Tomassen S. Cross-Lingual Information Retrieval by Feature Vectors [A]. Natural Language Processing and Information Systems [C]. Berlin: Springer-Verlag, 2007: 229-239.

Ghorab 等设计了一套自适应多语言信息检索(Adaptive Multilingual Information Retrieval)模型,该模型由流程控制器、查询适应与翻译模块、多语言信检索模块、结果列表适应与翻译模块等四部分组成,并应用了作者发明的用户兴趣建模算法以及检索结果合并、重排与翻译算法。实验表明基于该模型的多语言信息检索系统具有较好的个性化检索功能①。Jan 等提出了面向跨语言信息检索的统一音译检索模型(Unified Transliteration Retrieval Model)。作者改进了传统的音译检索模型,将音译相似度测量与相关度评分融为一体,同时提出了一种基于隐马尔科夫模型和统计机器翻译框架的新型音译相似度测量方法②。Potthast 等构建了基于维基百科的多语言信息检索模型 CL-ESA。该模型充分利用维基百科中丰富的跨语言语义表示,并引入显式语义分析(Explicit Semantic Analysis)方法,根据用户查询和目标文献中的语词在维基中出现的位置获取其语义信息,为其逐一添加概念向量,通过计算概念向量间的余弦相似度得到用户查询与文献主题的相似度,从而实现多语言信息检索结果的合理排序;检索过程中无需机器翻译的介入③。

6.2.3 多语言信息检索方法与技术

国外研究者围绕跨语言和多语言信息检索的方法与技术开展了大量研究,其中主要者包括机器翻译、双语/多语语料库和词典、多语言词汇与信息抽取、命名实体识别、词义消歧、查询扩展等。

(1)机器翻译

机器翻译是较早运用于跨语言和多语言信息检索的技术之一,

① Ghorab M, etc. Multilingual Adaptive Search for Digital Libraries[A]. Research and Advanced Technology for Digital Libraries[C]. Berlin:Springer-Verlag, 2011:244-251.

② Jan E, Lin S, Chen B. Transliteration Retrieval Model for Cross Lingual Information Retrieval[A]. Information Retrieval Technology[C]. Berlin:Springer-Verlag, 2010:183-192.

③ Potthast M, Stein B, Anderka M. A Wikipedia-Based Multilingual Retrieval Model[A]. Advances in Information Retrieval[C]. Berlin:Springer-Verlag, 2008:522-530.

可分为基于规则的机器翻译与统计机器翻译两类①。Riesa 提出了针对统计机器翻译的基于句法的词对齐模型，该模型将词对齐系统与基于句法的机器翻译解码器相整合，依托分层翻译算法，使机器翻译系统能持续地自动习得翻译规则。他通过阿拉伯语-英语，汉语-英语信息互译实验，证实了该模型的可行性和可扩展性②。Tufis 探讨了针对翻译资源不足的小语种信息的机器翻译策略，指出利用可比语料库的信息抽取技术可获取大量平行语句对，从而有效解决这一问题③。Kumaran 论述了复合机器音译系统的设计方法，该系统将单独的音译模块串行式或并行式地连接起来，翻译效率显著提高，且无需构建平行名称语料库即可使用④。

（2）双语/多语语料库和词典

长期以来，作为包含大量翻译实例的重要翻译资源，双语/多语平行语料库和可比（对比）语料库因有利于改善翻译的质量而被广泛应用于跨语言、多语言信息检索中。Talvensari 等建设了一个瑞典语/英语新闻信息语料库，并以该对齐可比语料库为基础开发基于用户查询翻译的跨语言检索系统。他们使用相对平均词频算法发现源语言中的关键主题词，并采用限定日期和设定相似度评分阈值的方法实现源文件与目标文件的对齐；在其看来，语料库实质上是跨语言的相似性叙词表，可支持用户查询扩展⑤。由于平行语料

---

①　Olive J, Christianson C, McCary J. Handbook of Natural Language Processing and Machine Translation [M]. Berlin, Germany: Springer-Verlag, 2011: 133.

②　Riesa J. Syntactic alignment models for large-scale statistical machine translation [D]. Los Angeles: University of South California, 2012.

③　Tufis D. Finding Translation Examples for Under-Resourced Language Pairs or for Narrow Domains: the Case for Machine Translation [J]. Computer Science Journal of Moldova, 2012(2): 227-245.

④　Kumaran A. Compositional Machine Transliteration [EB/OL]. [2015-01-24]. http://www.cse.iitb.ac.in/~pb/papers/TALIP-CompositionalTransliteration-CRC.pdf.

⑤　Talvensaari T, etc. Creating and exploiting a comparable corpus in cross-language information retrieva [J]. ACM Transactions on Information Systems, 2007(1): 1-47.

素材的获取不易，研究者们也尝试将以维基百科为代表的开放式多语言网络百科当作可免费获取的语料库素材。Otero 和 López 即选取考古学领域同时包含英语、西班牙语、葡萄牙语版本的维基百科词条，通过转换源文本为 XML 结构、篇章对齐、关键词抽取等步骤，把半结构化、分类体系的维基百科成功改造为三个特定领域的可比语料库①。

利用机读双语/多语词典，将用户查询请求翻译为目标语种后再执行检索是跨语言、多语言信息检索的又一策略。Levow 等指出，双语词典乃至双语词汇列表虽结构简单，但在跨语言信息检索中(尤其是在词汇抽取、用户查询翻译方面)却发挥着不可替代的作用。他们分别将权重映射(Weight Mapping)算法、证据映射(Evidence Mapping)算法、翻译后语词再分隔(Post-translation resegmentation)方法、翻译后查询扩展(Post-translation expansion)方法运用于基于双语词典的查询翻译中。作者进行的四项跨语言检索实验(英-德、英-法、英-汉、英-阿拉伯)表明，采用上述跨语言信息检索策略可进一步优化检索效果②。

(3)多语言词汇与信息抽取

多语言词汇与信息抽取有助于使多语言信息检索系统更准确地理解目标语言文献的内容。Valderrábanos 等介绍了欧盟委员会资助的跨语言文本信息检索项目 LIQUID 实施中采用的自动化术语抽取方法。相关人员首先开发了用于识别能准确描述特定文献内容主题的词汇的术语抽取工具，接着将抽取的术语与先行构建的领域本体中的概念建立语义连接关系。这种方法基本不依赖于外部语言资

① Otero P, López I. Wikipedia as Multilingual Source of Comparable Corpora [A]. Proceedings of the 3rd Workshop on Building and Using Comparable Corpora[C]. Malta: European Language Resources Association, 2010: 21-25.

② Levow G, Oard D, Resnik P. Dictionary-based techniques for cross-language information retrieval[J]. Information Processing and Management, 2005(3): 523-547.

源，且准确率超过95%①。Lefever 等讨论了如何从平行语料库中抽取双语词汇。他们设计了基于次句（Sub-sentential，通常指短语）对齐系统的词汇抽取功能模块，并通过基于统计方法的过滤器对抽取的词汇进行精选，实验显示该抽取方法的准确率达到85%以上，且能有效获取复合词②。Hecking 等采取浅层句法分析（Shallow Parsing）和深层、浅层句法分析相结合的方法进行多语言军事领域文献的文本分析与信息抽取，发现后者的效果优于前者。作者据此开发了文献内容分析原型系统 ZENON，并为之增添基于语义等价表征的逻辑推理机，以进一步优化信息抽取的水平③。

（4）命名实体识别

命名实体识别（Named Entity Recognition）又称专名识别，是指识别文本中具有特定意义的实体，如人名、地名、机构名等。Klementiev 和 Roth 提出了一种从双语可比语料库中自动发现命名实体的算法，较之传统的命名实体识别，基于该算法的命名实体识别省去了冗长的机器学习阶段，较为快捷，且适用于发现小语种文本中的命名实体④。Huang 和 Vogel 则首先从双语语料库中分别抽取每种语言中的命名实体，接着使用基于统计的对齐算法完成命名实体所在语句的对齐，再优先从拥有较高对齐频率的语句中抽取命名

---

① Valderrábanos A, Belskis A, Moreno L. Multilingual Terminology Extraction and Validation［EB/OL］. ［2014-12-27］. http：//www. bitext. com/prensa/ART_EN_LREC_camera_ ready_Valderrabanos_Belskis_Iraola_amended. pdf.

② Lefever E, Macken L, Hoste V. Language-independent bilingual terminology extraction from a multilingual parallel corpus［A］. Proceedings of the 12th Conference of the European Chapter of the ACL［C］. Athens：Association for Computational Linguistics, 2009：496-504.

③ Hecking M, Wotzlaw A, Coote R. Multilingual Content Extraction Extended with Background Knowledge for Military Intelligence ［EB/OL］. ［2015-02-02］. http：//www. dodccrp. org/events/16th_iccrts_2011/papers/018. pdf.

④ Klementiev A, Roth D. Named Entity Transliteration and Discovery from Multilingual Comparable Corpora［A］. Proceedings of the Human Language Technology Conference of the North American Chapter of the ACL［C］. New York：Association for Computational Linguistics, 2006：82-88.

实体，不断迭代往复，最终得到语义相匹配的命名实体对。此方法
不仅能构建命名实体的双语词典，还能改善命名实体的标注
质量①。

（5）词义消歧

词义消歧是理解自然语言的必经步骤，可更好地理解用户的查
询请求，同时提高检索精度。Pinto 等构想了一种基于朴素贝叶斯
模型的跨语言词义消歧方法；他们使用双语统计词典计算源词汇可
被翻译为目标词汇（假定目标词汇能完全反映源词汇的正确含义）
的概率，并在词义消歧过程中自动实现词汇的替换②。Guyot 等设
计了三种词义消歧算法，其中两种为基于 WordNet 的消歧算法，另
一种算法则始终以判别出的第一种涵义为词汇的正确涵义。作者将
其应用于英语-西班牙语跨语言信息检索系统中，发现词义消歧算
法仅在某些情况（如用户查询语句较短）下能提高用户检准率，基
于 WordNet 的算法效果较佳。鉴于此，作者认为多语言环境下词义
消歧的语义分析能力不足，需与领域本体等工具结合使用③。

（6）查询扩展

查询扩展即在用户输入初始的查询请求后，自动根据查询的语
义增加新的查询语句，有利于更加完整、规范地反映用户的真实信
息需求，使之获取更多的相关信息。Jnedie 将查询扩展分为基于用
户反馈的交互式查询扩展和自动查询扩展，并指出叙词表和以
WordNet 为代表的语义词库均是支持查询扩展的重要工具。作者还

---

① Huang F, Vogel S. Improved Named Entity Translation and Bilingual Named Entity Extraction [A]. Proceedings of the Fourth IEEE International Conference on Multimodel Interfaces[C]. Pittsburgh：Institute of Electrical and Electronics Engineers, 2012：253-258.

② Pinto D, etc. A Naive Bayes Approach to Cross-Lingual Word Sense Disambiguation and Lexical Substitution [A]. Advances in Pattern Recognition [C]. Berlin：Springer-Verlag, 2010：352-361.

③ Guyot J, etc. UNIGE Experiments on Robust Word Sense Disambiguation [EB/OL]. [2015-01-23]. http：//clef. isti. cnr. it/2008/working_notes/guyot_paperCLEF2008. pdf.

介绍了词汇共现分析、基于上下文的词汇共现分析、局部上下文分析、用户日志挖掘等查询扩展技术①。Gavel 和 Andersson 利用 MeSH 叙词表实现了涵盖挪威、瑞典、芬兰三国的医学期刊书目数据库 SveMed+的用户查询自动化扩展，同时借鉴 PubMed 数据库的自动术语映射技术进行不同语种间术语的映射，以完成用户查询的翻译②。

6.2.4 多语言信息检索系统开发及评估

（1）多语言信息检索系统开发

多语言信息检索系统是相关方法与技术的应用载体，是不同地区的用户查找、获取不同语种信息的必经渠道。Stanković等从多语言资源的整合、多语言元数据的创建、软件系统的选择与改造、多语言检索界面的设计等方面介绍了多语言期刊论文全文检索系统 Bibliša 的开发流程与要点③。Brodeala 等构建了提供多语言检索功能的语义检索系统 SemanQuery，该系统以英语、西班牙语版本的 WordNet 为语义资源，建立两种语言中概念间的等级关系和等同关系，从而能根据用户的查询请求推断其关注领域，将跨语言的相关检索词和检索结果推荐给用户④。

---

① Jnedie R. Query Expansion Seminar Cross lingual and Multilingual Text Retrieval［EB/OL］.［2014-12-24］. http：//wwwiti. cs. uni-magdeburg. de/~fahmed/Paper_Example__Query%20 Expansion1. pdf.

② Gavel Y, Andersson P. Multilingual query expansion in the SveMed + bibliographic database：A case study［J］. Journal of Information Science，2014（3）：269-280.

③ Stankovĕ R, etc. A tool for enhanced search of multilingual digital libraries of e-journals［A］. Proceedings of the Eighth Conference on Language Resources and Evaluation［C］. Istanbul：European Language Resources Association，2012：1710-1717.

④ Brodeala L, Martin-Bautista M, Gil R. Combining Semantic and Multilingual Search to Databases with Recommender Systems［A］. Proceedings of the 22nd International Workshop on Database and Expert Systems Applications［C］. Toulouse, Institute of Electrical and Electronics Engineers：2011：544-548.

跨语言问答系统(Cross-Language Question Answering System)是跨语言信息检索技术在自动问答系统中的应用，也是一类重要的多语言信息检索系统。一些研究者尝试将多语言本体和关联数据技术应用于跨语言问答系统中。Dolores 等通过实例调查，比较了语料库、自动翻译工具、维基、领域本体、词典作为多语言问答系统语言资源的优势与不足，认为多语言领域本体和维基是多语言问答系统语言资源的较好选择①。Ferrández 等将维基百科和多语言语义词库 Eurowordnet 嵌入跨语言问答系统 BRILIW 中，实验显示此基于多语言本体的跨语言问答系统的检准率显著高于基于机器翻译的跨语言问答系统②。Cimiano 等设计了基于关联数据的跨语言问答系统模型，该模型选择以关联数据形式发布的知识库本体 DBpedia 为内容资源，通过本体词汇化(Ontology Localization)实现跨语言信息检索功能。基于该模型构建的 Intui2、SWIP 等系统能较好地回答用户提出的事实性(即"是什么"、"有多少")问题，但在解决列举式问题方面表现不佳③。

(2)多语言信息检索系统评估

多语言信息检索系统的评估对于验证系统的绩效、比较相关方法和技术优劣、改进现有系统、开发新型系统等方面均有重大意义。Sujatha 系统地总结了普通信息检索系统的各种评估方法，其中包括基于上下文相似度(Context Resemblance)的方法、基于概率相关反馈(Probabilistic Relevance Feedback)的方法、基于归一化折损累积增益的方法(Normalized Discounted Cumulative Gain)等；分析认为上述方法及评估指标大多适用于多语言信息检索系

① Dolores M, Lobo O, Artacho J. Language resources used in multi-lingual question-answering systems[J]. Online Information Review, 2011(4)：543-557.

② Ferrández Sergio, etc. Exploiting Wikipedia and EuroWordNet to Solve Cross-Lingual Question Answering[J]. Information Sciences, 2009(20)：3473-3488.

③ Cimiano P, etc. Multilingual Question Answering over Linked Data(QALD-3)：lab overview [EB/OL]. [2015-03-13]. http：//pub. uni-bielefeld. de/luur/download？ func = downloadFile&recordOId = 2685575&fileOId = 2698020.

统的评估①。Chandra 等提出了一套多语言信息检索系统绩效的评估指标体系，主要指标包括平均检准率、单个主题平均检准率、平均倒数排名（Average Mean Reciprocal Rank）、平均折损累积增益（Average Discounted Cumulative Gain）等，并对其设计的基于多语词典的多语言检索系统开展评估②。开发多语言信息检索系统的目的在于更全面地满足用户的信息需求，故研究者们也颇为重视终端用户的检索体验和反馈，将用户评价作为系统评估的重要手段。Shiri 等组织来自加拿大艾伯塔大学的 15 名师生对基于叙词表的跨语言检索系统 Searchling 的界面进行评价。研究者设计了三项检索任务，并使用录音和录频软件记录用户的检索行为。结果表明，用户均可通过该界面发现并使用系统提供的大部分功能（检索词查找和推荐、跨语言检索等），并普遍认为系统能有效帮助其构建规范化的查询请求；同时建议在用户帮助中增加对叙词表的有关说明③。

6.2.5 特定领域的多语言信息检索

生物医学、地球科学、法学等学科领域开放性强，信息交流频繁，研究人员对多语种信息的需求旺盛。Hanbury 等开发了生物医学领域的多语言信息检索系统 KHRESMOI。该系统可查询图书、期刊、数据、图像、网站等多类型信息，且可通过移动设备访问；其用户群不但包括专业研究人员，也囊括普通公众④。跨语言评价论坛则自 2005 年起连续多年举办跨语言地理信息检索大会，聚焦

① Sujatha P. A Review on Performance Evaluation Measures of Multilingual Information Retrieval Systems [J]. International Journal of Advanced Research in Computer Science and Software Engineering, 2012(8): 440-446.

② Chandra M, Sadanandam M, Raju K. Software Metric Framework for Multilingual Information Retrieval (MLIR) System Performance Assessment [J]. International Journal of Emerging Trends & Technology in Computer Science, 2013(4): 38-46.

③ Shiri A, etc. User evaluation of Searchling: a visual interface for bilingual digital libraries[J]. The Electronic Library, 2011(1): 71-89.

④ Hanbury A, etc. KHRESMOI: towards a multi-lingual search and access system for biomedical information [EB/OL]. [2015-01-26]. http://publications. hevs. ch/index. php/ attachments/single/321.

地球科学领域的跨语言信息检索研究。Larson 和 Gey 设计了基于逻辑回归和盲相关反馈(Blind Relevance Feedback)的算法以及基于隐含地名的地理信息标引方法,并将上述方法应用于英-德跨语言地理信息检索系统,实现了对用户查询中显式提及的地名关键词的自动扩展,可发现其对应的上位和下位地名①。Peruginelli 和 Francesconi 则本着通过强化语义标引以实现有效的词义消歧的思路,设计多语种法律信息的检索系统模型。该模型运用了基于文本分类的自动化词义消歧策略,可实现多语种法律文献的元数据检索、关键词检索和分类浏览等功能②。

此外,多语言信息检索的对象也逐渐由文本信息扩展至多媒体信息。其中针对图像的多语言信息检索尤为受到关注。Ménard 先后以三种方式(同时使用英语、法语受控词汇和非受控词汇;只使用双语受控词汇;只使用双语非受控词汇)标引一个图片库中的每张图片,并随机抽取其中 30 张,将 60 名用户平均分为三组,要求其逐一浏览图片后在图片库中找出这些图片;图片的标引分别采取上述方式之一。实验结果显示,面对组合使用受控词汇和非受控词汇标引的图片,该组用户的查询平均次数明显少于其他两组。作者由此认为构建基于受控词表的协作式大众标注机制是多语言图像信息检索的最佳策略③。Tungkasthan 等介绍了 Yahoo 图像搜索引擎所使用的基于多线程控制的多语言检索框架。该框架由多语言翻译模块和多语言爬虫模块构成,前者用于处理、翻译用户查询请求,后

① Larson R, Gey F. GeoCLEF Text Retrieval and Manual Expansion Approaches [A]. Evaluation of Multilingual and Multi-modal Information Retrieval [C]. Berlin: Springer-Verlag, 2007: 970-977.

② Peruginelli G, Francesconi E. Multilingual access modalities to legal resources based on semantic disambiguation[EB/OL]. [2014-12-17]. http://ceur-ws.org/Vol-465/paper9.pdf.

③ Ménard E. Ordinary image retrieval in a multilingual context: A comparison of two indexing vocabularies[J]. Aslib Proceedings, 2010(4/5): 428-437.

者用来执行图像检索任务、合并检索结果并反馈给用户①。

6.2.6 交互式多语言信息检索

用户的查询策略和请求可能随检索进程的推移而不断改变。此外，检索进程的结束与否取决于用户是否检索到能满足自身需求的信息。交互式多语言信息检索关注用户在检索过程中产生的反馈信息，是一种通过建立用户与检索系统间的有机联系完成检索任务的新型多语言信息检索模式。Oard 等利用其开发的交互式跨语言信息检索系统 MIRACLE 开展了关于用户辅助查询翻译及用户辅助文档选择的研究，主要分析用户在系统的帮助下进行查询翻译和文档选择时表现出的行为特征。作者指出，用户在与检索系统的交互过程中不仅会不断完善查询请求，而且会对自身信息需求的实质产生新的理解，乃至改变检索目的②。Zazo 等将免费的在线机器翻译工具 Google Linguistic Tools 与 Systran Online 分别嵌入英-西班牙和法-西班牙交互式跨语言问答系统中，用于完成用户查询请求与查询结果(答案)的翻译。实验表明，用户查询请求的翻译准确率高达92%，但查询结果的翻译效果则不尽如人意；作者认为这与机器翻译工具缺乏上下文语境分析能力有关③。Ruecker 等讨论了交互式多语言检索系统中可视化用户界面的建设问题。他们总结了可视化用户界面在交互式多语言信息检索中的作用，包括协助用户选择检索词、保留用户已使用的检索策略、提供多样化的检索结果显示方式等；并以基于英-法双语叙词表的跨语言检索系统 Searchling 为

① Tungkasthan A, Intarasema S, Premchaisawadi W. A Multi-Language Search Scheme using a Multithread Processing for Yahoo Image Search[A]. Proceedings of the Eighth International Symposium on Natural Language Processing[C]. Bangkok: Institute of Electrical and Electronics Engineers, 2009: 30-34.

② Oard D W, He D, Wang J. User-Assisted Query Translation for Interactive Cross-Language Information Retrieval [J]. Information Processing and Management, 2008(1): 181-211.

③ Zazo A, etc. Use of Free On-line Machine Translation for Interactive Cross-Language Question Answering[A]. Accessing Multilingual Information Repositories[C]. Berlin: Springer-Verlag, 2006: 263-272.

例，介绍其用户界面的设计流程①。

7 总结及启示

7.1 总结

由上可见，近年来国外在多语言信息组织与检索方面的研究呈现以下特点：

第一，研究领域广阔。研究涵盖多语言信息组织的技术手段、跨语言知识组织系统的互操作、用户的多语言信息需求和检索行为、多语言信息检索模型、多语言信息检索方法与技术、多语言信息检索系统及其评估、特定领域的多语言信息检索等多个领域，不但围绕全球主要语种网络信息的检索展开，而且逐步涉足不同小语种网络信息间的检索；不但针对多语种文本信息的检索，还探讨图像、视频等多媒体多语种信息的检索；不但运用已有的信息检索模型和技术，也积极开发新的多语言信息检索模型与技术；不但面向单种方法与技术的应用，也分析多种方法、技术相结合的可行性。

第二，实证研究丰富。多语言信息组织与检索本是应用性很强的研究领域。在多语言信息检索方法和技术、多语言信息检索系统的评估、交互式多语言信息检索研究等方面，国外研究者都根据研究目的精心设计了用户参与的多语言信息检索任务，开展多语言信息检索实验；以通过检索的实际效果评估多语言信息组织与检索方法、技术与系统的效度，并作为后续研究的方向和系统改进的依据。这无疑有助于提升有关方法、技术与系统的可操作性与实用性。因此，尽管汉语在语言结构、语词形态、句法规则等方面与西方语言存在较大差异，但国外研究者提出的一系列多语言信息检索的方式、策略仍颇具指导与借鉴意义。同时，其实证研究的流程也值得国内研究界借鉴、仿效。

---

① Ruecker S, Shiri A, Fiorentino C. Interactive Visualization for Multilingual Search[J]. Bulletin of the American Society for Information Science and Technology, 2012(4): 36-40.

第三，研究向基于语义的多语言信息组织与检索发展。多语言本体、关联数据等语义化信息组织工具被广泛运用于多语言信息组织中，而基于语义的多语言信息组织机制又成为实现基于内容的多语言信息检索的基础与支撑，推动了多语言信息检索向着精确化、智能化方向迈进，以适应用户更加专深化的信息需求，实现多语、单语信息检索的协调发展。

7.2 启示

多语言信息组织与检索能消除信息查找过程中的语言屏障，更好地满足机构、个人用户对国外信息的需求，促进国家、民族间的信息交流与共享；同时有助于其他语种信息（尤其是小语种信息）资源的发现和挖掘。完善多语言信息组织与检索机制是应对信息社会挑战的必然之举。因此，我国应在现有关于跨语言信息组织与检索的研究之基础上，吸纳国外的理论思想、研究方法、实践成果，强化多语言信息组织与检索领域的研究，开发可投入商业应用的检索平台与系统；从而为社会经济的发展注入更为强大的信息驱动力，增进民族团结与凝聚力，在竞争空前激烈的信息社会中立于不败之地。国外研究的启示主要体现在：

（1）加强用户需求及用户行为研究

用户需求是推动多语言信息组织与检索的源动力，国内关于用户需求及用户行为的研究较少，可以借鉴国外研究，在文本、图像、视频、语音等多个方面对用户需求及行为进行研究。可结合问卷调查、用户信息行为测试、有声思维法、深入访谈、人机交互以及用户日志分析法等多种研究方法，将研究领域扩展到数字图书馆、搜索引擎、信息检索系统、专业数据库、电子商务、专利查新、移动信息服务等多个方面。多语言信息组织与检索平台的建设应该以用户为中心，加强用户需求及用户行为研究，指导后期平台建设，并通过评估不断进行完善。

（2）重视系统的可用性评估

可用性评估的目的在于发现系统的不足并不断完善、优化系统性能。系统设计者与真实用户之间存在知识和使用习惯等方面的差距，可将专家测试和用户测试结合起来，尤其注重用户测试。测试时，围绕系统的有效性、效率性与满意度，事先设计检索任务，既可以将任务限定在特定领域，也可以以受试者感兴趣或正在研究的领域为测试内容，或者将两者结合起来进行。通过评估不断完善系统功能。

（3）注重基于语义的信息组织与检索研究

基于语义的多语言信息组织与检索是实现内容检索的关键，要以基于内容的信息组织与检索理论为前提，通过开发、完善平台的语义扩展检索和概念联想检索功能，揭示知识元之间的联系和脉络，实现多语种、多类型信息检索过程的交互化以及检索结果的高度整合，从而进一步优化跨语言信息检索系统的性能，推动多语言信息检索迈入基于语义的知识检索的阶段。目前的大数据环境下，实现基于语义的信息组织与检索已成为信息管理领域亟须解决的重大课题。

（4）拓展特定学科领域的多语言信息检索研究

目前国内对多语言信息组织与检索很少限制在特定领域。随着多语言信息组织与检索方法与技术的成熟，多语言信息组织与检索应该深入到特定的领域，如生物医学、地球科学、知识产权等学科领域开放性强，信息交流频繁，研究人员对多语种信息的需求旺盛。此外，随着全球化的发展，各个学科的研究者都急需了解不同语种的信息。多语言信息组织与检索技术虽具有一定的普适性，但由于学科特点不同，在特定学科领域的应用会有差异。加速此领域的研究，有助于各个学科本身的推进与发展。

近五年国际图书情报学教育研究进展

武汉大学信息管理学院　吴　丹　余文婷

引　言

随着大数据时代的到来和信息技术的飞速发展，国际图书情报学教育面临前所未有的挑战与机遇。John Unsworth 曾指出未来图书情报教育的挑战主要来自四个方面：一是如何保持信息学院的独立性并向外界表明信息职业的重要性；二是如何适应信息职业实践工作中不可避免的变化；三是对图书馆和图书馆事业认识不足而低估其价值；四是信息学覆盖的领域广泛，而每个人只能选择专攻其中一些领域，如何减少相互之间的竞争，加强合作[①]。而大数据时代下科研范式的转变促使数据利用和服务的需求也相应发生变化，从而对图书情报职业的从业人员提出了新的能力要求。在此背景下，国际上一些重要的图情组织，如美国大学与研究图书馆协会（Association of College & Research Libraries，ACRL）和国际图联（IFLA）均成立了图书情报学教育兴趣小组，其中 IFLA 的教育兴趣小组专门针对发展中国家。两个兴趣小组致力于图书情报学课程发展、教育评价，并推动研发，加强图情教育者、图书馆员以及各有

---

① 邓胜利，司莉，苏小波，等. 面向更宽广的信息职业 创新 LIS 教育——第三届中美数字时代图书馆学情报学教育国际研讨会综述[J]. 图书情报知识，2010(6)：98-104.

关机构间的广泛合作①②。而北美图情教育协会（Association for Library and Information Science Education，ALISE）从 1997 年开始，连续 16 年发布了协会会员图书情报学教育课程的年度数据统计和分析报告③，从教师、学生、课程、收入和支出、职业继续教育等角度对有关教育机构的现状进行了全面调查，把握图情教育发展趋势。上述机构都在国际图书情报学教育中扮演着重要角色。可以说，推动图书情报学教育的改革与创新是学界孜孜探索的重点，是图书馆学和情报学今后持续发展的重要课题。本文将通过对 2010—2014 年国外有关图书情报教育的研究内容进行调查和分析，总结其研究前沿和发展趋势，对推进我国图情领域教育改革，创建国际一流学科提供借鉴与参考。

1 图书情报学课程内容的变革

从 2010 年至今，图书情报学课程内容的变革是图情教育研究中的重要课题，主要包含两个方面，即传统核心课程的变革和数字环境下课程的新发展。

1.1 传统核心课程的变革

图书情报学过去的课程设置偏重文献收集、组织、管理和利用。而在数字化浪潮中，原有的图书情报学核心课程经历了巨大的变化。传统课程，如信息组织、信息描述、信息检索、参考咨询等逐渐增加了技术方面的内容，因技术而在数字环境中得到新发展。

---

① ACRL. Library and Information Science（LIS）Education Interest Group［EB/OL］. ［2014-12-29］. http：//www. ala. org/acrl/aboutacrl/directoryofleadership/interestgroups/acr-iglise.

② IFLA. LIS Education in Developing Countries Special Interest Group［EB/OL］. ［2014-12-29］. http：//www. ifla. org/lis-education-developing-countries.

③ ALISE. ALISE Statistical Report and Database［EB/OL］. ［2014-12-29］. http：//www. alise. org/index. php? option＝com_content&view＝article&id＝415.

编目在当今图情教育课程和未来职业编目人员中扮演着重要角色①。Hudon 认为，编目和分类是图书馆员培训的核心，图情教育者仍肯定教授基本分类过程的重要性，另外也注意到工具在帮助学生培养多种分类技能过程中也越来越重要②。Pattuelli 调查了美国和加拿大 34 所图书情报学院开设的将近 2000 门入门级知识组织课程，结果发现，传统书目方法和操作方法仍是知识组织课程的核心，同时元数据也成了课程内容的重要部分。另外信息结构、标记语言和语义网等新领域也被引入到入门级知识组织教育中③。Tosaka 和 Park 关注编目和元数据从业人员 RDA 培训现状和需求。通过分析全国范围内的调查数据，他们发现，虽然从 2010 年 RDA 发布以来编目人员 RDA 知识程度和培训活动呈正相关性，但对 RDA 一系列主题的熟悉程度依旧很低。此外，发展有效培训课程以满足小型编目和元数据机构人员需求尤为重要。而他们认为便捷性、花费和灵活性是决定 RDA 培训方式的重要因素④。

信息检索课程包括检索技术的教授，也发展到包括检索技巧和信息意识的培养，即信息素养教育。Serrano 比较图书情报学和健康科学两个领域中信息检索教育的目标，从而分析和了解用户在数字时代搜寻目标和教育目标的转变。虽然同属学术环境，但教授学术受众和专业受众存在着不同⑤。Brusilovsky 等人将互动可视化工具引入研究生信息检索课程中以讲授布尔模型和向量空间模型。根

① Dull M E, Parks B, Carlyle A. Cataloging Education and Cataloging Futures: An Interview with Allyson Carlyle[J]. Serials Review, 2011, 37(2): 116-119.

② Hudon M. Teaching Classification in the 21(st) Century[J]. Knowledge Organization, 2011, 38(4): 342-351.

③ Pattuelli M C. Knowledge organization landscape: A content analysis of introductory courses[J]. Journal of Information Science, 2010, 36(6): 812-822.

④ Tosaka Y, Park J. RDA: Training and Continuing Education Needs in Academic Libraries[J]. Journal of Education for Library and Information Science, 2014, 55(1): 3-25.

⑤ Serrano A. Information Retrieval Educational Goals in Library and Information Science and in Health Sciences[J]. Social Shaping of Digital Publishing: Exploring the Interplay Between Culture and Technology, 2012: 34-42.

据课堂反馈可以看出，互动可视化工具在家庭作业情境下的使用能帮助学生显著增长知识。大部分学生认可它的价值并推荐在信息检索课程中使用。可视化对于那些鲜为人知且难懂的内容更为有用，有更大利用空间和价值①。Smith 和 Roseberry 根据 44 门课程描述和 16 份课程大纲的分析结果，构建了一个专业搜索教学模型，指导专业搜索教育以及搜索知识的长远发展②。在信息素养方面，一项调查显示，学生会在课程学习和个人研究中继续利用他们通过信息素养课程所学到的资源和技巧③。而 Yu 等人认为基于资源的学校课程是开展信息素养教育的有效途径。他们通过对师生进行半结构化访谈发现，所有受访教师将信息素养当作信息和通信技术的技能，并未在学校课程中教授信息素养。结果还指出，在课程中只存在小部分信息素养整合，而且整合的只是低级别信息素养元素④。

技术既影响了参考咨询的方式，也影响参考咨询的来源。Agosto 等人调查了数字信息环境中参考咨询课程教授和学习的障碍及挑战，指出技术、学生特性和参考咨询领域的本性是三个主要的障碍⑤。Bossaller 和 Adkins 收集了学生和从业者对各种参考咨询源

---

① Brusilovsky P, Ahn J, Rasmussen E. Teaching Information Retrieval With Web-based Interactive Visualization[J]. Journal of Education for Library and Information Science, 2010, 51(3): 187-200.

② Smith C L, Roseberry M I. Professional Education in Expert Search: A Content Model[J]. Journal of Education for Library and Information Science, 2013, 54(4): 255-269.

③ Daugherty A L, Russo M F. An Assessment of the Lasting Effects of a Stand-Alone Information Literacy Course: The Students' Perspective[J]. Journal of Academic Librarianship, 2011, 37(4): 319-326.

④ Yu H, Noordin S A, Mokhtar S A, et al. Integrating information literacy instruction(ILI)through resource-based school projects: An interpretive exploration[J]. Education for Information, 2010, 28(2-4): 247-268.

⑤ Agosto D E, Rozaklis L, MacDonald C, et al. Barriers and Challenges to Teaching Reference in Today's Electronic Information Environment [J]. Journal of Education for Library and Information Science, 2010, 51(3): 177-186.

的态度和使用情况，以期了解图情学生为了今后的工作应该精通哪些类型的来源。对此学术型馆员和公共型馆员意见不一，而且讲授参考咨询源变得困难。但他们肯定纸质参考源，认为学生能从中受益①。Rabina 利用德尔菲法识别美国图情教育中基本参考咨询课程应该涵盖的咨询源。六位不同类型的图书馆员对研究中 54% 的所列资源达成共识或高度认可，并对他们的选择进行了解释②。

1.2 数字环境下新课程的发展

近年来诸如知识管理、图书馆服务和营销以及数字资源长期保存等社会热点也逐渐被纳入图书情报学教育体系中。可以看出，图书情报学教育不仅注重信息技术，更在教育中把握社会发展的脉搏，紧密联系实际需求。这些课程的加入既丰富了图书情报学的教学内容，又扩展了学生的视野和知识范围。

知识管理从 20 世纪 90 年代产生以来，就是图情领域的重要内容之一。Roknuzzaman 和 Umemoto 分析了知识管理课程的现状。调查结果显示，17.7% 的图书情报学院提供 140 种不同的知识管理课程，并且大多开设在硕士课程中。分析说明，图情领域更关注知识管理的 IT 和信息方面③。

服务学习(Service-learning)是国外图书情报学教育非常重要的一部分，重视让学生参与实践和服务社会。Albertson 和 Whitaker 对阿拉巴马大学图书情报学院课程的核心领域进行了分析，并结合学生在一门特殊课程中的实践经历来评价学生在外部环境中的实践参与是否能补充或扩展其在研究生核心课程中所获得的知识和技

---

① Bossaller J S, Adkins D. Envisioning the Future of Reference Instruction LIS Students' and Practitioners' Opinions on Print and Online Sources[J]. Reference & User Services Quarterly, 2011, 51(2): 153-162.

② Rabina D. Reference Materials in LIS Instruction: A Delphi Study [J]. Journal of Education for Library and Information Science, 2013, 54(2): 108-123.

③ Roknuzzaman M, Umemoto K. KM Education at LIS Schools: An Analysis of KM Master's Programs[J]. Journal of Education for Library and Information Science, 2010, 51(4): 267-280.

能。两位作者还对连接学生培训项目经历和研究生课程核心领域的框架进行评价。结果表明，这种框架能用于开展同类基础技术素养项目，为其他课程的教学提供补充。同时也体现鼓励学生参与除他们的研究生课程外更多社区活动的需要①。服务学习为学生提供了参与实践的机会。学生通过自身经历比较服务学习和传统学习的差异，认为在服务学习中能学习到更多。一方面，传统的课堂学习为服务学习奠定了重要基础，另一方面服务学习能支持多种学习理论，开阔学生的视野。二者共同改变学生学习方式，促进社区服务和图情职业发展②。在普通大众看来，图书馆服务处于停滞状态。图书情报研究因此也越来越强调营销的重要性，但目前图书情报课程和学生并未将其作为核心。作为一项国际化的在线营销比赛，谷歌在线营销挑战被整合到两门图书情报学课程中以培养学生在项目管理、产业分析营销和搜索引擎优化的能力。通过这种形式，所有的学生对营销都产生了兴趣，并且领导力、团队合作以及沟通在学生面对项目挑战时扮演着十分重要的作用③。

随着数字资源长期保存日益引起图情领域的关注，数字资源保存教育对研究生十分重要，有些 iSchools 还和博物馆等机构合作进行数字遗产的长期保存④，并且图书情报界的数字监护课程还能扩

---

① Albertson D, Whitaker M S. A Service-Learning Framework to Support an MLIS Core Curriculum[J]. Journal of Education for Library and Information Science, 2011, 52(2): 152-163.

② Cooper L Z. Student Reflections on an LIS Internship From a Service Learning Perspective Supporting Multiple Learning Theories[J]. Journal of Education for Library and Information Science, 2013, 54(4): 286-298.

③ Brown R T, Albright K S. The Google Online Marketing Challenge and Distributed Learning[J]. Journal of Education for Library and Information Science, 2013, 54(1): 22-36.

④ Galloway P. Retrocomputing, Archival Research, and Digital Heritage Preservation: A Computer Museum and iSchool Collaboration[J]. Library Trends, 2011, 59(4): 623-636.

展到人文数据领域①。为保证数字资源的长期获取和使用，信息职业者必须拥有数据监护的知识。因此 iSchools 已开设了相关数字资源保存课程。Costello 对这些课程进行了分析，识别数字资源保存课程的核心概念，同时也指出课程的可发展方向②。而 Harvey 提出将其作为图书情报课程的内容以适应图书馆运作及图书馆员教育的变化。另外，传统模拟数据保存和数字保存有极高的相似性，因此可作为有关数据监护新课程的基础③。

2 图情领域教学方式的革新

2.1 教学思想的革新

近年来，图书情报学教育引入了多种教学方法和思想，还有一些图情教育者尝试结合实际情况构建教学和教育模型的构建和实践，优化教学效果。

主动学习和探究教学(Inquiry-based learning)是常见的植入方法之一。主动学习和探究教学之间相互融合，相互促进。主动学习的过程便是个人探究的过程，而探究教学能让学生更主动地获取和应用知识。二者为学生提供体验真正学习经验的独特机会，Brown 探究其在图情教育中的运用，总结出名为"本质问题"和"焦点对话"的两种适用于图书情报学教育的探究教学方式④。英国谢菲尔

① Renear A H, Dolan M, Trainor K, et al. Extending an LIS Data Curation Curriculum to the Humanities: Selected Activities and Observations[EB/OL]. [2015-02-27]. w. ideals. illinois. edu/bitstream/handle/2142/15061/ischoolsDECPH2010_final _conf_abstract. doc. pdf? sequence=4.

② Costello K L. Digital Preservation Education in iSchools [EB/OL]. [2015-02-27]. https://www. ideals. illinois. edu/handle/2142/15054.

③ Equipping the Profession to Ensure the Preservation of Information [EB/OL]. [2015-02-27]. https://www. ideals. illinois. edu/handle/2142/14959.

④ Brown K B. Seeking Questions, Not Answers: The Potential of Inquiry-Based Approaches to Teaching Library and Information Science[J]. Journal of Education for Library and Information Science, 2012, 53(3): 189-199.

德大学信息学院将探究学习与传统教学方法结合教授研究方法训练课程。课程强调自我主导的探究学习和传统教学模型之间的感知分离，需要回顾学生从信息消费框架到知识发现框架的学习经历，还需发展与普通反馈问卷不同的评价模型①。Detlor 等人分析在信息素养教育中利用主动学习策略的好处。通过调查 372 名经历过主动和被动学习机会的本科生，结果表明，被动教育不是一种有效的教学方式，而主动教学能产生更积极的影响。另外，调查显示主动教学的数量并不影响学习效果，这对受限于资源的高等教育者来说无疑是好消息②。

图书情报学作为一门实践性很强的学科，实践在教学中有着重要地位和作用。西英格兰大学在该校信息和图书馆管理的硕士教学中实施了基于从业者的教学模型。后期对课程相关主体的调查显示，此模型能够满足学生和雇佣者对行业未来角色的能力需求。而且在美国教育发展和传播过程中需要保证外部从业者的参与，同时维持学术严谨的平衡③。实地经验源于教育和工作中的社会化过程，在职业特性发展中扮演着重要作用。Hoffmann 和 Berg 以在学术型图书馆中实习的加拿大图书情报学学生为调查对象，发现实地经验能将课堂知识和实践联系起来，能帮助阐明图书馆事业的现实状况，并为课堂教学提供实践经验和启示④。

教育思想和模式的发展还要考虑到本国的国情和文化环境。

---

① Albright K，Petrulis R，Vasconcelos A，et al. An inquiry-based approach to teaching research methods in Information Studies. [J]. Education for Information，2012，29(1)：19-38.

② Detlor B，Booker L，Serenko A，et al. Student perceptions of information literacy instruction：The importance of active learning. [J]. Education for Information，2012，29(2)：147-161.

③ Richardson A. Practitioner involvement in teaching LIS at UWE[J]. ASLIB PROCEEDINGS，2010，62(6)：605-614.

④ Hoffmann K，Berg S. "You Can't Learn It in School"：Field Experiences and Their Contributions to Education and Professional Identity[J]. Canadian Journal of Information and Library Science，2014，38(3)：220-238.

Raju 认为传统的信息素养教育模型没有考虑到非洲当地的情况，不适应其社会和知识构成。他将文化语境模型引入信息素养教育中，探寻发展中的非洲所需要的信息素养教育以及可能带来的高等教育学习产出①。地理空间思考方法包含空间意识、空间推理和知识发现。Bishop 和 Johnston 认为它能支持一系列与图书馆有关系的事物，包括计划和管理基础设施，分析服务区域人口、设施分布位置，以及帮助用户实现自身地理空间需求，而且应该整合到图书情报学课程中②。基于台湾在职图书情报学研究生课程的内部困难和外部挑战，Huang 设计并实施了一个混合型的 e-learning 模型框架。该框架由两部分组成，即"四元素模型"和"结构化系统处理范式"。其中前者包括图情教育者制订计划需要考虑的花费、服务、质量和灵活性等四个核心要素，后者指出了实施计划的方式和所需资源③。

2.2　教学工具的革新

高速发展的信息技术不仅能丰富图书情报学的教学内容，而且如 Web2.0、社交网络等技术和工具的应用也扩展了图书情报学教育的获取和提供途径，为图书情报学教育课堂带来了新的机遇，提高了教学质量。

社交网络工具在传统教学框架上带来了创新型和参与式教学实践的机遇。Nathan 等人将 iSchools 视为制定前瞻性且具很强适应性的社交网络教学法指导的独特平台。他们进行了三次探索以发现当今教育性社交媒体中存在的挑战与机遇，并据此提出了发展"社交

---

① Raju J. Viewing Higher Education Information Literacy through the African Context Lens[J]. African Journal of Library Archives and Information Science, 2013, 23(2): 105-111.

② Bishop B W, Johnston M P. Geospatial Thinking of Information Professionals [J]. Journal of Education for Library and Information Science, 2013, 54(1): 15-21.

③ Huang L K. Planning and implementation framework for a hybrid e-learning model: The context of a part-time LIS postgraduate programme [J]. Journal of Librarianship and Information Science, 2010, 42(1): 45-69.

媒体和 iSchools 教室"的初始指导方针以供其他学校参考①。在国外，维基也经常用于教学研究中，为学生的学习和合作提供支持。一项对 92 名研究生的调查显示，维基能增强学生间的协同知识构建，但是利用维基并不能获得更多的知识。因此需要更多地研究如何利用此类协同工具提高学习产出②。还有学者对公共图书馆在数字实验室方面的努力以及已有的各种课程进行介绍。通过数字实验室，学生可以利用基于网络的协同空间开展学习，或用真实数据和数字图书馆进行研究③。

多媒体技术和移动技术的应用丰富了图书情报学知识的呈现方式，提高了学习的趣味性和互动性。如今的信息环境拥有娱乐性和高度可视化的特点，而学生和教育者都将受益于获取信息知识的有趣且广阔的多媒体途径④。Krstev 和 Trtovac 从技术、设计、目的和内容四个方面分析了图书情报学中的多媒体教育，发现多媒体教育的内容在图情教学中已涉及较多。并且他们还以贝尔格莱德大学开设的多媒体文献课程为例，介绍这门课的成功经验，为其他同仁提供借鉴⑤。移动技术使移动学习成为教育中的一个新的趋势。Aharony 调查了图情学生对移动技术的熟悉和接受程度。调查结果表明，个人因素诸如变革阻力、学习策略和年龄等都将影响移动学习的采纳，图情教育者也需要注意这些个人差异，因人制宜。另一方面，鉴于移动技术在当今的地位和作用，图情教育者应该改革课

① Nathan L P, MacGougan A, Shaffer E. If Not Us, Who? Social Media Policy and the iSchool Classroom[J]. Journal of Education for Library and Information Science, 2014, 55(2): 112-132.

② Chang Y, Morales-Arroyo M A, Than H, et al. Collaborative learning in wikis. [J]. Education for Information, 2010, 28(2-4): 291-303.

③ Lin X, Abels E. Digital Library Education Lab[J]. Journal of Education for Library and Information Science, 2010, 51(2): 120-124.

④ Hartel J. Drawing Information in the Classroom[J]. Journal of Education for Library and Information Science, 2014, 55(1): 83-85.

⑤ Krstev C, Trtovac A. Teaching Multimedia Documents to LIS Students[J]. Journal of Academic Librarianship, 2014, 40(2): 152-162.

程以最大化地让学生接触此类平台，让他们在今后工作和生活中能具备比较各种移动设备的能力①。Nikolic 等人认为平板电脑如 iPad 正在改变着教学方式。它能支持基于互联网和其他多媒体的互动学习，并提供了大量免费的教育应用，让学习更为简单有趣。平板设备的引入使学生在主动学习的同时提升团队合作、解决问题能力和必要的数字技能。这种平板学习环境也促使相关教师使用新技术并带动新课程的改革②。

　　此外，信息技术的发展也为图书情报学教育提供了相关教学软件的支持，其中第二人生等虚拟学习软件应用广泛。信息职业者在各种信息和知识环境下社交时存在同感现象。Miller 对此类研究进行总结和分析，提出了情感教学和职业培训的指导。另外，他指出第二人生等虚拟学习软件在培养同感交流技能中也存在潜在应用③。Rahim 介绍了淡马锡理工学院（Temasek Polytechnic）和香港理工大学共同开设的合作和知识分享虚拟活动。该活动利用以学习者为中心的教学方法并以第二人生为平台。来自两个学校的学生以小组形式，通过在虚拟环境中的体验学习、知识分享和团队合作分享交换知识。根据后期反馈问卷的结果，第二人生互动的 3D 环境能让学习的参与性、娱乐性和有趣性更强，从而对学生学习以及对学习的动机、态度等有积极影响，提高学生获取相关问题解决能力和知识④。一些数据库商为师生提供数据库和软件服务，比如

① Aharony N. Library and Information Science students' perceptions of m-learning[J]. Journal of Librarianship and Information Science, 2014, 46(1): 48-61.

② Nikolic V, Krnelic L Z, Kolaric D, et al. Tablet learning environment in iSchool Vezica[C]// In proceedings: 2013 36TH INTERNATIONAL CONVENTION ON INFORMATION AND COMMUNICATION TECHNOLOGY, ELECTRONICS AND MICROELECTRONICS(MIPRO), 2013: 526-528.

③ Miller F, Wallis J. Social Interaction and the Role of Empathy in Information and Knowledge Management: A Literature Review[J]. Journal of Education for Library and Information Science, 2011, 52(2): 122-132.

④ Rahim N F A. Collaboration and knowledge sharing using 3D virtual world on Second Life[J]. Education for Information, 2013, 30(1): 1-40.

ProQuest 的 giga 数据库包。Jacso 研究该数据库包各部分的主要特征，发现其中一个名为 GEP-41 的模块对图书情报学教育很有帮助。它能为图情教师和图书馆员提供访问美国及其相关领域海量资源的免费途径。其他模块能为对图书馆事业感兴趣的图情师生扩展数据库涵盖范围①。

计算机和通信技术改变着人们的生活方式，也影响着人们的受教育方式。在这个背景下，在线教育兴起。通过介绍一名图情教师讲授在线多文化课程的经历，Morris 探究了什么是图情教育者以及自主学习方法对学习和图书馆服务的影响②。Agosto 等人还介绍了一种混合式教育，即综合了面对面教育和在线教育元素。他们将学生博客引入到图情学生的面授课程中。研究说明，博客能有效支持合作和群体建设，因为学生能利用它分享课程相关知识并且没有技术障碍。混合式教育也能为面授教育的学生提供在线教育的益处③。近两年 MOOC 的发展方兴未艾，也为图书情报学在线教育提供了新的机遇。一些图书情报学院将 MOOC 作为推动终身教育和职业发展的方式。Stephens 和 Jones 的调查显示，学生能通过 MOOC 拓展知识储备并应用在课程中学习到的概念模型，同时他们也能受益于全球范围内学习者的各种观点。Stephens 和 Jones 设计的 MOOC 模型也得到了成功的应用，说明图书情报学课程能通过

① Jacso P. ProQuest's Graduate Education Program (GEP)-a powerful, free database and software package for LIS educators and students worldwide [J]. Online Information Review, 2013, 37(2): 326-338.

② Morris V I. Teaching and Learning Online: Contextualizing the Distance Education Classroom as a "Safe Space" for Learning LIS Cultural Competency [C]// In iConference 2014 Proceedings: 811-813.

③ Agosto D E, Copeland A J, Zach L. Testing the Benefits of Blended Education: Using Social Technology to Foster Collaboration and Knowledge Sharing in Face-To-Face LIS Courses [EB/OL]. (2013-04-01). [2015-02-27]. http: // search. proquest. com/docview/1399142292? accountid = 15157.

MOOC 的形式服务职业发展需求①。尤其在发展中国家，MOOC 能提供涉及现代图书馆事业各方面的教育和培训，从而提高图书情报学教育质量并增强图书馆从业者的能力，缓解其在教师、资金、资源和基础设施等方面的不足②。

3 图情领域教育对象的多元化

3.1 学生与能力需求、能力培养

作为未来信息职业的从业者，学生是图书情报学教育的重要主体之一。随着时代的进步发展，社会对图书情报学专业学生的教育需求相应产生变化，有着更高的要求。不仅要熟悉各类信息资源的使用，还要能应对快速变化的信息环境，提供更为专业的服务。图情领域需要储备更多高素质专业人才，这给图书情报学教育带来新的挑战。同时，学生对信息领域职业的规划和选择发生了改变。一些希望从事图书馆或信息管理行业的大学生选择进行职业教育学习而不是继续专业学习，获得研究生专业资格③。学生也希望图书情报学课程更加注重能力培养，帮助他们提高职业竞争力，更好地适应未来的职业生涯。Kazmer 和 Burnett 分析学习目标的概念模型，图情教育者在学习目标中所设想的能力等级和图情研究生对数据库管理的初级从业者的能力需求④。Davis 研究科学、技术、工程和数学（STEM）领域中女性的信息行为和需求，以提高她们学术图书

① Stephens M, Jones K M L. MOOCs as LIS Professional Development Platforms: Evaluating and Refining SJSU's First Not-for-Credit MOOC [J]. Journal of Education for Library and Information Science, 2014, 55(4): 345-361.

② Pujar S M, Bansode S Y. MOOCs and LIS education: A massive opportunity or challenge[J]. Annals of Library and Information Studies, 2014, 61(1): 74-78.

③ Carroll M, Murray J. Swirling Students: A Study of Professional and Vocational Training Avenues for the Library and Information Industry [J]. Library Trends, 2010, 59(1-2): 188-207.

④ Kazmer M M, Burnett K. Also Included in This Issue [J]. Journal of Education for Library and Information Science, 2011, 52(1): 2.

馆资源和服务的使用。同时她也研究人类信息行为对这些领域中男性和女性科学家科研行为的影响，认为图情教育者应让未来图情从业者考虑到 STEM 领域女性的需求，并培养和她们工作的能力①。随着美国和加拿大等地多元文化和多样性现象日益普遍，图书情报学业需要招收有多元文化背景的学生，而且新职业者还需掌握第二语言②。为了解对图书情报专业毕业生所需具备能力的看法，Rehman 对科威特多种相关群体进行了调查，包括图情学生、校友、教师、专业领导、图书馆员和公司经理，并根据调查结果，设计了新课程。课程拥有新的核心，涉及三个专门领域，促进多样化职业选择，更能反映市场需求③。

　　图书馆的招聘信息和就业情况不仅代表对图情领域从业者的社会市场需求，也直接反映了信息行业对图书情报学人才教育的要求。Reeves 和 Hahn 对应届研究生的工作招聘分析显示，大部分工作单位为学术型图书馆和档案机构，平均薪资有所提升，最高的薪资待遇出现在政府部门。而沟通能力、服务方向、合作以及团队能力等个人特性被十分看重。很多入门级工作需要相关经历，极少需要第二硕士学位④。Wise 也对澳大利亚的图情领域工作招聘要求进行了内容分析。结果显示，对记录管理能力的需求日益增多，而有关商业信息管理、网络管理和其他信息管理系统中的能力需求表

---

①　Davis R. Women in STEM and Human Information Behavior: Implications for LIS Educators[J]. Journal of Education for Library and Information Science, 2014, 55 (3): 255-258.

②　Al-Qallaf C L, Mika J J. The Role of Multiculturalism and Diversity in Library and Information Science: LIS Education and the Job Market[J]. LIBRI, 2013, 63 (1): 1-20.

③　Rehman S U. Redesigning LIS Curriculum for a Changing Market: the Case of Kuwait University[J]. LIBRI, 2010, 60(4): 298-305.

④　Reeves R K, Hahn T B. Job Advertisements for Recent Graduates: Advising, Curriculum, and Job-seeking Implications[J]. Journal of Education for Library and Information Science, 2010, 51(2): 103-119.

明其和信息系统领域有越来越多的重合①。Qi 对北京大学信息管理系 2000—2009 年研究生就业情况数据进行了分析，提出应该以情报学为主并扩宽学术视野，强调综合素质并提高职业竞争力，还要营造宽松的学术环境，强化自主学习和研究的能力，以提高学生就业竞争力②。为更好地了解显著影响学生图书馆求职的因素，Eckard 等人将图书情报学研究生的学术和工作经历进行量化，调查结果说明，更早申请、拥有学术型图书馆工作经验、参与过专业会议并熟悉委员会工作的求职者更具就业优势③。

3.2 图书馆员与继续教育

信息职业实践性强，并且它的变化是快速的、重要的和划时代性的，而图书馆员从根本上与这种变化发展息息相关。时代的新发展和用户的新需求推动图书馆员不断学习。Gold 和 Grotti 将 ACRL 有关教学型图书馆员的技能标准与现有美国图书馆协会的工作招聘启事进行比较。结果证明，合作、教学设计、领导能力和专业素质等与教学相关的能力十分重要④。Park 等人利用调查揭示编目和元数据从业人员继续教育的现状和需求。数据显示，人们有着对各种元数据相关主题培训和教育机会的需要，而现有培训类型未能满足部分教育需求。另外，从业者对元数据质量控制的培训以及灵活、

---

① Wise S, Henninger M, Kennan M A. Changing trends in LIS Job Advertisements[J]. Australian Academic & Research Libraries, 2011, 42(4): 268-295.

② Qi Y. Improving graduates' employment competitiveness: A practice in Peking University[J]. Education for Information, 2010, 28(2-4): 101-113.

③ Eckard M, Rosener A, Scripps-Hoekstra L. Factors that Increase the Probability of a Successful Academic Library Job Search [J]. Journal of Academic Librarianship, 2014, 40(2): 107-115.

④ Gold M L, Grotti M G. Do Job Advertisements Reflect ACRL's Standards for Proficiencies for Instruction Librarians and Coordinators? [J]. Journal of Academic Librarianship, 2013, 39(6): 558-565.

实用的短期课程需求旺盛①。一项对 332 名图情研究生、学术型馆员和图书馆管理人员有关辅导期望、活动和支持的调查显示，辅导项目能吸引并留住新馆员，帮助学术型图书馆改组。辅导项目包括社会心理支持、职业指导以及角色建模，实现图书馆和组织的共同发展②。

各国对图书馆员职业发展和继续教育做出了不同的努力。为了解对学科馆员的教育需求，一项对英国从业人员的意见和课程内容的调查表明，人们对英国图书馆学教育抱有积极态度，但也期望提高教育的覆盖范围。另外，对于图书馆员而言，个人素质和专业能力一样重要③。美国拨款近 56 万美元支持图书馆学教育和阿巴拉契亚南部和中部农村图书馆的合作。此项目帮助该地区 16 位图书馆专职助手利用业余时间在田纳西信息学院协同远程教育课程中完成硕士学历学习，实现工作经历和研究生教学相结合④。澳大利亚教学委员会设立了一项由 11 所大学和图书馆学职业学院参与的年度项目，旨在为该国图情职业教育建立框架。这项举措将为澳大利亚图书情报学教育提供未来发展的战略意见和独一无二的发展机

①　Park J, Tosaka Y, Maszaros S, et al. From Metadata Creation to Metadata Quality Control: Continuing Education Needs Among Cataloging and Metadata Professionals[J]. Journal of Education for Library and Information Science, 2010, 51 (3): 158-176.

②　Harrington M R, Marshall E. Analyses of Mentoring Expectations, Activities, and Support in Canadian Academic Libraries[J]. College & Research Libraries, 2014, 75(6): 763-790.

③　Simmons M, Corrall S. The changing educational needs of subject librarians: A survey of UK practitioner opinions and course content. [J]. Education for Information, 2010, 28(1): 21-44.

④　Mehra B, Black K, Singh V, et al. Collaborations Between LIS Education and Rural Libraries in the Southern and Central Appalachia: Improving Librarian Technology Literacy and Management Training[J]. Journal of Education for Library and Information Science, 2011, 52(3): 238-247.

遇①。Yankova 等探究了比利时图书馆协会在发展本国图书馆事业、建立图书馆和图书馆员现代视角，及参与知识社会信息、教育、科学和文化建设中的角色和贡献。他们将所取得的成绩系统化，揭示了图书馆协会和图情教育系统的合作及其对图书馆学教育和从业者终身教育的积极影响②。

3.3 特殊群体与信息素养

联合国教科文组织《公共图书馆宣言》(1994)曾声明，每一个人都有平等享受公共图书馆服务的权利，而不受年龄、种族、性别、宗教信仰、国籍、语言或社会地位的限制③。公共图书馆作为社会公共服务机构，需要履行教育职能，更多地承担社会责任，传播社会关爱。对一些特殊群体，如未成年人和少数民族等，公共图书馆应向其提供特殊服务和资料。公共图书馆也做出了相应的努力。图书馆员可以参与并指导少儿阅读，包括预览文稿、校对图书和为图书馆的少儿选择合适的读物等④。为了帮助青少年提高艾滋病防范意识，公共图书馆还举行了相关小说读书俱乐部，希望图画小说能成为有效的预防艾滋病的工具。Albright 等认为，图情教育者和从业者可以撰写基于课程的图画小说，或将其融入研究生的青年文学及本科生的信息素养课程中⑤。一些图情教育者关注本国的少数群体的信息需求。比如在新西兰，学者将毛利文化引入课程内

---

① Partridge H, Yates C. A Framework for the Education of the Information Professions in Australia[J]. Australian Library Journal, 2012, 61(2): 81-94.

② Yankova I, Denchev S, Todorova T. Bulgarian Library Associations and Lifelong Learning for LIS Professionals[M]//BERLIN: SPRINGER-VERLAG BERLIN, 2012: 174-182.

③ 吴慰慈, 董焱. 图书馆学概论[M]. 北京: 国家图书馆出版社, 2009: 368.

④ Martens M. The Librarian Lion: Constructing Children's Literature Through Connections, Capital, and Criticism(1906-1941)[J]. Journal of Education for Library and Information Science, 2013, 54(4): 307-319.

⑤ Albright K S, Gavigan K. Information Vaccine: Using Graphic Novels as an HIV/AIDS Prevention Resource for Young Adults[J]. Journal of Education for Library and Information Science, 2014, 55(2): 178-185.

容中。这种知识范式影响着图书情报学教育和图情职业持续发展①。

图书馆在提供服务的过程中，社会公平也是需要注意的问题之一。有调查显示，图情课程已关注身体残疾人士和社会阶层划分等社会多样化和社会公平问题②。Rioux 认为元理论作为综合概念工具，可以分析、指导和加强图书情报学理论建设、专业实践和职业准备。所以他介绍了图情领域的新兴社会公平元理论，以增强图情领域社会公平意识③。阿拉巴马大学图书情报学院与当地非营利机构合作为智障人士提供基本技术技能培训。Albertson 等认为，需要加大此类服务学习项目在培训类型设计和效果方面的研究力度，从而为图书情报学研究生提供更有意义的生活体验并促进图情课程、大学和社区之间的积极联系④。

4 iSchools 与图书情报学教育

2005 年，几所北美信息学院宣布将推动信息领域在 21 世纪的进步，标志着 iSchools 的诞生。iSchools 联盟从 2005 年正式成立以来已历经十年，一直致力于国际图情教育的合作与发展，从而让图

① Lilley S, Paringatai T P. Kia whai taki: Implementing Indigenous Knowledge in the Aotearoa New Zealand Library and Information Management Curriculum [J]. Australian Academic & Research Libraries, 2014, 45(2SI): 139-146.

② Bonnici L J, Maatta S L, Wells M K, et al. Physiological Access as a Social Justice Type in LIS Curricula [J]. Journal of Education for Library and Information Science, 2012, 53(2): 115-129.

③ Rioux K. Metatheory in Library and Information Science: A Nascent Social Justice Approach[J]. Journal of Education for Library and Information Science, 2010, 51(1): 9-17.

④ Albertson D, Whitaker M S, Perry R A. Developing and Organizing a Community Engagement Project That Provides Technology Literacy Training to Persons with Intellectual Disabilities [J]. Journal of Education for Library and Information Science, 2011, 52(2): 142-151.

书情报学和 iSchools 教育能更好地推动个人、职业和学术发现①。近五年国外图情领域有关 iSchools 的研究涉及理论和实践两方面，主题包括 iSchools 认知和评价、iSchools 教育情况以及 iSchools 的知识现状等。

Burnett 和 Bonnici 引入了"根基"(rhizome)这种比喻来描述和分析 iField(信息领域)教育近年的发展趋势，指出目的、持续发展和国际化是成立 iSchools 的根基②。Dillon 在其论文中探讨了 iSchools 意味着什么，并从知识覆盖、跨学科性和科研等方面分析了 iSchools 的关键属性。他的研究表明，iSchools 不同于其他的图情项目，其信息定位超出了机构的范围，致力于多学科工作，并强调研究生产力。这给图情教育者带来了更多的思考③。Chen 等人利用开放式问卷收集了中国 36 位图书情报学系主任或院长对国内 iSchools 运动的态度。得出结论表明，大多数系主任或院长认可 iSchools 的价值理念，即强调人、信息和技术的关系，但同时对 iSchools 的未来表示出不确定，并指出采纳 iSchools 理念、加入 iSchools 运动存在来自院系内部的阻力。他们之间也达成了共识，即中国图情教育既要保留传统的核心价值，也要采纳并在信息职业领域广泛扩展 iSchools 理念④。Benson 和 Willett 通过调查出版文献、未出版的学校记录和对 19 位学院前员工和在职员工进行半结构化访谈，回顾了 Sheffield 情报学院自 1963 年成立以来的发展历程。他们发现，该学院在半个世纪的时间中稳步成长，教学内容也

① Harmon G. Empowering Accelerated Personal, Professional and Scholarly Discovery Among Information Seekers: An Educational Vision[J]. Journal of Education for Library and Information Science, 2013, 54(2): 81-93.

② Burnett K, Bonnici L J. Rhizomes in the iField: What Does it Mean to be an iSchool? [J]. Knowledge Organization, 2013, 40(6): 408-413.

③ Dillon A. What it Means to be an iSchool[J]. Journal of Education for Library and Information Science, 2012, 53(4): 267-273.

④ Chen C, Wang P, Wu D, et al. The attitudes of LIS chairs toward the iSchools movement in China: A contemporary grounded theory analysis[J]. Aslib Proceedings, 2012, 64(6): 591-614.

从传统图书馆和情报学发展到涵盖健康信息、信息系统和多语言信息管理等内容①。对 iSchools 评价包括外部评价和自我评价。Alman 等人通过设置对比实验组，调查了队列模型（cohort model）在 iSchools 背景下影响学生态度和满意度的程度。事实证明，组织队列的学生在学习态度和满意度方面有更好的效果②。而 Cox 等人从学术文化和实践课程的博士生研讨会中受到启发，开始关注 iSchools 如何自我评价，并讨论了地区声誉、学术出版生产力评价，学生教学评价和学生对学术课程满意度等四个主题③。

　　iSchools 和非 iSchools 有一定差异，有着自身的特点④，加之图书情报学教育正在经历一次主要的变革期，所以关于 iSchools 的教育研究也日益增多。Wu 等人通过对 25 所 iSchools 的研究和教育情况进行调查，发现 iSchools 致力于相同的理念和任务，即人、信息、技术三者的关系，并且成为不同学科研究者研究跨学科整合的合适机构⑤。Cherry 等人对 iSchools 学生关于信息职业和专业学习的看法进行了一项持续四年的长期调查。结果发现，学生们虽然一开始对信息职业充满信心，但随着学习的深入，更多地表示了对现有培养模式中职业方面的不满。他们希望课程能帮助他们积累更多

① Benson M T, Willett P. The Information School at the University of Sheffield, 1963-2013[J]. Journal of Documentation. 2014, 70(6SI): 1141-1158.

② Alman S W, Frey B A, Tomer C. Social and Cognitive Presence as Factors in Learning and Student Retention: An Investigation of the Cohort Model in an iSchool Setting[J]. Journal of Education for Library and Information Science, 2012, 53(4): 290-302.

③ Cox R J, Mattern E, Mattock L, et al. Assessing iSchools[J]. Journal of Education for Library and Information Science, 2012. 53(4): 303-316.

④ Wedgeworth R. Certain characteristics of iSchools v. other LIS programs[C]. In iConference 2013 Proceedings, 2013: 502-508. doi: 10.9776/13264.

⑤ Wu D, He D, Jiang J, et al. The state of iSchools: an analysis of academic research and graduate education[J]. Journal of Information Science, 2012, 38(1): 15-36.

的工作经验，从而提高就业能力①。通过探究研究生课程，比较美国 iSchools 和非 iSchools 的差异，Chu 则认为除了 iSchools 提供更多课程而非 iSchools 更注重专业性外，二者在课程上差别甚小。作者同时认为，不论是否为 iSchools，所有信息学院的合作和交互才能真正推动信息领域和图情教育的发展②。而通过分析北美 iSchools 相关多样性课程的大纲，Subramaniam 和 Jaeger 探究了图书情报学教育中多样性课程的现状。他们利用 Pawley 的四范式法发现，只有很少的针对多样性的课程，其中绝大多数都只强调小部分多样性话题③。Bias 等人通过实际案例，调查了两所不同 iSchools 关于使用优先和用户优先的设计模式（UCD）的教学理念。结果表明，虽然只有20%的图书情报学专业毕业生的工作与 UCD 有关，但高达94%的受访者经常在工作中运用到使用优先设计的一些基本原理。该结果充分肯定了 UCD 教学理念，并为图情学生强调了实用性的价值，为加强 UCD 纳入 iSchools 和图情核心课程提供了依据④。

iSchools 联合了世界上众多顶尖的信息学院，这些学院及学院间的合作将为图情领域提供丰富的知识宝藏。除了教育现状，一些学者也开始关注到 iSchools 目前的知识情况，主要通过对知识主体如教师和学生进行调查研究。Roberts 等人以谢菲尔德信息学院为例，利用混合方式探讨了科研和实践的关系。他们选取了博士生和教师为两组研究对象，发现个人享受和对知识本身的追求是科研的

① Cherry J M, Duff W M, Singh N, et al. Student perceptions of the information professions and their master's program in information studies[J]. Library & Information Science Research, 2011, 33(2): 120-131.

② Chu H. iSchools and non-iSchools in the USA: An examination of their master's programs. [J]. Education for Information, 2012, 29(1): 1-17.

③ Subramaniam M M, Jaeger P T. Weaving diversity into LIS: An examination of diversity course offerings in iSchool programs[EB/OL]. (2010-01-01). [2015-2-17]. http://dx.doi.org/10.3233/EFI-2010-0891.

④ Bias R G, Marty P F, Douglas I. Usability/User-Centered Design in the iSchools: Justifying a Teaching Philosophy[J]. Journal of Education for Library and Information Science, 2012, 53(4): 274-289.

强大推动力，这也与表达职业认同和为实践作贡献有关①。而 Zhang 等人希望通过基于实验数据的深度研究了解 iField 的知识特征。他们以最早的 5 所 iSchools 作为代表 iField 的坐标，以教师在期刊出版物中知识传统（intellectual heritages）和知识实体（intellectual substance）作为研究知识特征的数据来源。得出了五个结论，一是利用 iModel 进行实验研究能更好地将 iField 概念化；二是 iSchools 教师在知识传统方面呈现多样化、跨学科和多学科的特点；三是 5 所 iSchools 有相同点，但是在教师传统和知识实体方面表现出不同；四是 iSchools 教师在学院内和学院间并没有很多合作；最后，知识传统并不能很好地预测学者的知识实体②。Wiggins 和 Sawyer 讨论了 iSchools 的知识多样化和师资队伍组成，并形成了有关 iSchools 教师教育知识领域的分类。利用该分类，他们对 iSchool 的知识构成进行描述性分析，并得出 iSchools 未来发展的三个趋势③。Holmberg 等人也关注 iSchools 教师的研究方向，从而利用共词分析揭示 iSchools 的知识整体情况。分析结果表明，iSchools 仍有很多来自图情领域的主导主题，但随着新 iSchools 的引入，知识领域也有所扩展，反映了其跨学科的特点。研究方法也为 iSchools 的研究提供了多样化视角④。

---

① Roberts A, Madden A D, Corrall S. Putting Research into Practice：An Exploration of Sheffield iSchool Approaches to Connecting Research with Practice［J］. Library Trends, 2013, 61(3)：479-512.

② Zhang P, Yan J, Hassman K D. The Intellectual Characteristics of the Information Field：Heritage and Substance［J］. Journal of the American Society for Information Science and Technology, 2013, 64(12)：2468-2491.

③ Wiggins A, Sawyer S. Intellectual Diversity and the Faculty Composition of iSchools［J］. Journal of the American Society for Information Science and Technology, 2012, 63(1)：8-21.

④ Holmberg K, Tsou A, Sugimoto C R. The conceptual landscape of iSchools：examining current research interests of faculty members［J］. Information Research-An International Electronic Journal, 2013, 18(C323).

结　语

信息时代的到来为图书情报学带来了挑战，更带来了新的机遇。加之当前高等教育改革的大背景，图书情报学应该如何适应新的时代要求，明确自身发展方向和途径是图情领域今后需要长期关注及探讨的重点。通过对近五年国际图书情报学教育研究现状的调查发现，图书情报学的教育研究数量多，范围广。从研究方法来看，图书情报学教育侧重于实证研究。一些定量和定性方法，如问卷和访谈等都在图书情报学教育研究中被广泛采用。从研究内容来看，图书情报学教育涉及主题多样，并呈现以下特点：首先，技术在图书情报学教育中占有举足轻重的地位，而且影响更加突出。技术不仅融入教学内容，推动课程设置革新，同时还是图书情报学教育传播和推广的重要媒介，让不同人群能通过更加便捷的方式获取图情知识。iSchools 更是将信息、技术和人的三者融合作为核心理念，指导教育活动。其次，图书情报学教育发展更加多样化。一方面，它从其他学科和领域中吸取优秀思想或方法，进行跨学科研究与整合，并结合自身实际加以改造，促进图情教育思想理论建设丰富发展。另一方面，图书情报学教育对象多元化，不仅包括学生和从业人员，还服务社会，甚至覆盖一些特殊人群，这也体现了教育和图书馆服务的开放性。最后，图书情报学源于图书馆工作实践，所以一直以来就十分重视和实践紧密联系。不仅让行业从业者参与教学，努力提高课程的实用性，而且在学生培养方面考虑学生和社会两方的需求，鼓励学生参与实践，在实践中培养学生技能，更适应实际工作需求。

综合以上国际图书情报学教育近五年的研究，今后我国图书情报学教育改革在以下方面还需注意和加强：

其一，加强各方合作。这既包括和国际图书情报学院的合作，不同学科之间的合作，也包括科研、教学和实践等方面多方机构的对话沟通。目前我国已有三所信息管理学院加入了 iSchools，加快了我国图书情报学教育的国际化进程。虽然各国国情不同，但是教育所处的社会发展大环境相似，所以开展国际合作能让我国图情教育了解并吸收国外先进经验，取人所长，推动我国图书情报学教育改革。同时国际间的教育合作也能集中力量研究教育问题，探索改革途径。而不同学科之间的合作能扩展图书情报学教育的研究方法、研究内容和研究对象，对现实中复杂的现象和问题进行跨学科的整合性研究，发展一种新的教育探索范式。另外，我国图书情报学教育改革也应该听取多方意见，比如学生、学者、图书馆以及其他信息机构，为图情教育改革提供多样视角，特别是来自实践的意见，使教育能更加符合社会现状、满足社会需求，也从中得到相关主体间的一个平衡和共赢。

其二，重视技术在课程中的作用，实现人、信息和技术的融合。在图情教育中以信息为立足点，融入技术因素，优化专业课程设置。同时秉持智慧与服务的观念，增强学生的人文意识和社会责任意识，以人为本，适应现代社会需求，在保持专业特性的基础上与时俱进，最终实现科学、技术和社会渗透。总之，我国图书情报学教育改革任重道远，还需要不断地探索和创新。

近年世界主流课程资源平台建设简介

武汉大学教育科学学院　　王　郢

课程的实施与教学的践行不仅仅局限于教师与学生在课堂中的短时互动与交流，而是围绕教学内容开展的一个复杂系统结构。作为教学四要素之一的课程资源建设，是师生开展教授和学习活动的线索，也是教学活动的支持系统。课程资源开发和应用的方式，对于提升教学质量、促进学生互动都有重要的作用。

一、课程资源的概念重建

学界对于课程资源概念的理解经历了一个从简单到多元、从单一到复杂的过程。从最初的理解来看，人们将课程资源理解为教学内容，即课堂上涉及的知识内容。在现代课程理论研究刚刚兴起的20世纪初年，人们并没有把课程资源问题纳入研究视野，更多的是对如何编制课程、确定课程目标等问题的研究，实际上，这些研究是在以课程资源为背景的基础上进行的。"现代课程论之父"泰勒在其著作《课程与教学的基本原理》中就明确将学生、社会、学科作为课程资源的重要来源。认为课程资源既包括学校的资源，也包括校外的课程，更包括学校之外的环境。可见，在课程论发展的初期，课程资源就兼具了素材性和环境性两种属性。随着科学技术的发展和社会的进步，更多物质的、非物质的条件和因素可以支持、影响、促进课程生成与实施，因而也就成为课程资源的一部分，如外国教育理论界兴起的基于资料的学习的研究就体现了对当今各种信息、时讯资源的运用。正如美国课程学家塔巴所说，课程资源的概念是在不断地发展和丰富的，社会的进步和课程意识的提高为课程资源的开发和利用开拓了越来越大的空间。

随着课程概念的发展，课程从单纯的学科知识和学习内容，转换为学生的学习体验和个体经验，课程资源也从教学内容扩展到有利于实现课程目标的各种因素，但是，由于课程概念本身尚无学界较为统一认可的定义，因而学术界对于课程资源的概念也众说纷纭，相应的讨论尚不多见。综合起来，大致可以分为三个层次：

第一层是从泰勒的经典理论出发，融合时代精神与社会需要，提出课程资源的定义，即有利于实现课程目标的各种因素，包括目标资源、教学活动资源、组织教学活动的资源、制定评估方案的资源。

第二层是相对具体的学科角度，从课程实施的角度出发，列出在相应的学科中，课程资源的内容、范围和外延。如，在物理课程中，物理课程资源就包括各种形式的教科书、教师教学用书、科技图书、录像带、视听光盘、计算机教学软件、实验室，以及校外的工厂、农村、科研院所、科技馆、电视节目等。

这两种层次的课程资源界定并无正确和错误之分，只是各自有所偏重。第一种定义侧重课程本身，抽象程度和综合概括程度都比较高，属于比较学理性的界定，事实上，第一种概念界定的方式正是在目前学术讨论中使用最多的。第二种定义侧重具体学科和具体内容，具有很强的指导性和可操作性，目前在教师培训中，第二种定义运用更为广泛。但是，这两种定义也有各自的不足之处。第一种定义虽然高度抽象，但却往往被人诟病距离实践太远而成为不知所云的外在之物，而第二种定义又过分拘泥于具体的学科语境，难以推广和指导其他学科。

第三层则是从课程资源的教学特性来定义，将资源是否能够具备利学利教性作为判定标准，认为只要是课程实施中所需要的资源都可以称为课程资源。这样的定义方式为课程实施中的课程资源问题提供了较为具体的指导，为每一门课程实施中的资源开发问题提供了操作指导和原则。

从上面的论述中不难看出，课程资源包括可触及的材料和可感受的物质条件两个方面的内容，其本质的特点是"利学利教性"。从这个角度来说，只要是有利于学生学习和教师教学的物质的和非物质的条件，都可以称作课程资源。它既包括原始含义中所囊括的各种资源，如学校内的资源、校外课程、学校周围的环境等，更增加了更多的新内容，如网络资源、社会文化资源、生态资源等，是一种范围和内容更宽泛的课程资源含义。

二、课程资源的意义和地位

1. 高校课程资源的共享平台，有利于缩小教育不均衡的"资源鸿沟"

"资源鸿沟"是一个技术术语，最早来源于德国洪堡大学研究团队所提出的"数字鸿沟"（Digiatl Divide）概念，是指信息富有者和信息贫困者之间的鸿沟，它既存在于信息技术的开发领域，也存在于信息技术的应用领域。资源获取鸿沟是其中较为突出的一方面。教育资源的配置因地理分布、人群分布而不同，不同国家、不同地域、不同发展程度、不同教育水平的社会大众在资源配置和资源获取、利用条件方面存在差距，并逐渐形了资源鸿沟。

课程资源的共享与开放，使知识和学习本身不再面对藩篱和陷入桎梏，而成为一种社会公共知识产品，任何人都可以通过获取渠道访问获取和非商业性利用，扩大了资源获取的机会，有助于缩小资源获取的鸿沟，在某种程度上促进了教育公平。资源鸿沟的存在凸显了课程资源开放项目对于扩大资源获取机会，促进人类知识和文明传播的积极意义。

加强课程资源的多样化建设、推进课程资源的开放共享平台有利于缩小教育资源获取的鸿沟。大量优质学术资源向社会各界免费开放和共享，社会大众有机会通过网络获得这些"名师名课"资源以满足各种应用需求。教师可以在开放平台上将这些课程资源"借用"作教学参考资源、科研资料，作为课程开发的参考，也可以作为提升自己课程水平的参考标准，还可以用来自学提升自身的知识和能力；学生可以作为学习参考资源，可以规划自己的课程学习，可以作为参考资源扩展自身的能力和素质，可以基于资源进行自主学习；作为自学者，精品课程为他们提供了优质的资源，他们可以利用这些资源规划个人学习，扩展视野，提升个人的能力和素质，满足多种学习用途的需要。

2. 课程资源建设共享有利于提升教师教研水平，提升学生学习能力和质量

当前全世界高校的科研与课程教学模式都在经历着一场数字化、网络化和全球化的历史性变革，不仅仅是给师生配置电脑和建设校园网，更是要完成教学科研活动和高校管理、公共服务体系两方面深层次的数字化改造。课程资源开放建设平台是高等教育宏观课程建设和教学的决策、管理、服务体系改革和数字化、网络化改造的重大举措，对高校的教学和科研提出了新要求，带来了新机遇，逐渐产生了积极的教学效益。

对于教师而言，经历课程资源资助开发和平台共享的老师，其教学角色发生了转变。从传统的课程被动参加者，转变为课程的主动建设者、创生者，对于提升教师专业发展水平，提高教学质量，乃至于促进自我科研的进展都意义重大。因而，教师在课程资源建设和开发的过程中，由被动到主动，逐步厘清，逐步认同，成为教师自觉主动参与的行动，焕发了蕴藏在教师心中提升课程质量、探索信息技术与课程整合、共享教师教学智慧、体现教师个人价值的热情。课程资源的共建共享正逐步成为实现和扩展教师个人价值、实现教育创新的最佳途径。

3. 课程资源建设共享有利于提升教学质量，促进教育信息化水平的普遍提高

教师是课程实施的关键环节，教师的个人素质和专业发展水平对于提升教学质量极为重要。课程资源的建设与共享，其最终指向在于加强教师的教学能力，使教学和研究成为教育的核心地位，通过课程资源的共享平台建设，推动信息技术在教学、科研、学习中的整合应用，最终提高教育教学质量和人才培养质量。各级各类学校，特别是高等教育阶段的各个学校，通过对资源平台的建设，纷

纷花大力气对自身的课程规划进行系统建设和顶层设计，许多学校甚至举全校之力，为各类课程资源的开发与建设提供管理、资金、技术、资源、人员等各方面的支持，对提升教育质量起到了积极的推动作用。在课程建设实施过程中体现精品意识、课程建设的过程意识、教师的团队合作意识，教学的科研互动与创新意识等。为学校自身的课程建设和教学发展提供了一个高质量的标准和参照，有利于学校进行各级优质精品课程的建设与规划。

课程资源共享平台，往往需要以网络作为基本支撑，通过互联网实现资源共享。因此，课程资源的开发建设中，资源的数字化、多媒体化，以及网络辅助教学就成为必然。在课程资源开发的过程中，许多学校都建立起了基于网络教学平台的课程资源的建设、发布与管理系统。多媒体技术、网络技术等现代信息技术在课程建设、使用和发布中的应用使课程内容的组织与呈现，学习过程的记录与协作支持，以及便捷的资源更新维护与发布等成为可能，并极大地扩展了传统的教学时空，给教师和学生带来了新的教学体验。

同时，课程资源建设引导教师积极学习和使用信息技术开展教学与科研，实现信息技术逐渐与教学整合的过程。这也与当前教育信息化、教育教学改革的趋势和要求是一致的。信息技术的介入和综合应用，将带来课程资源、教学手段与方法、教学过程和评价等环节的"数字化"，并逐渐培养教师和学生通过网络进行教学、研究、交互、合作的习惯，探索信息技术条件下的教学模式和学习模式以和传统的课堂教学互补。

4. 课程资源共享平台的建设有利于教育的国际合作与交流

由于网络平台的全球性和开放访问的特征，课程资源平台课程和教师团队提供了一个面向全世界、面向全国、面向本学科领域交流和互动的平台，通过跨时空的交流可以从中获得思想、内容、方法和启示，有利于推动本门课程的发展。精品课程建设的实施也提升了该课程教师团队的竞争与学习意识，毫不懈怠地继续完善课程建设。同时，课程资源建设平台上的课程或资源，往往是经过精心准备和开发建设的，代表了较高的课程研究水平和教学水平，可为其他学校的同行提供多方面的借鉴和参考。他们可以根据学生的基础和特点，不同的教学目标、教学条件进行二次加工，间接推动其他学校的课程建设。

5. 课程资源共享有利于完善大学等研究机构的社会责任，优化社会服务

大学具有教学、科研和服务社会三种基本机构使命和责任。大学机构通过将自身的优质教育资源课程化、平台化，把本校最优秀的教学资源免费向社会大众开放共享，这在一方面能够展示学校的教学实力，吸引更多优秀的学生注册，吸引更优秀的教师加盟，促进在教学科研中采用数字化的资源，促进教师之间教学和研究的协作，激励创新；另一方面，这也是大学履行服务社会义务、回馈社会的一种方式，有助于提升大学的社会形象。

三、慕课（MOOC）与美国课程时代（Coursera）课程资源的建设与管理

1. 大规模开放在线课程资源（MOOC）的发展简介

21 世纪以来，随着互联网的普及、信息技术的飞速发展，世界范围内的高等教育正在经历着一场开放教育资源的全球变革，在线教育的兴起给传统高等教育带来了巨大的机遇与挑战。在线教育已成为美国高等教育的主流，其数量和质量都已超过其他类型的课程递送方式。

作为开放教育资源（OER）的典型代表，秉承开放与自由的理念，2001 年 4 月 4 日，麻省理工学院（MIT），率先启动了开放课件计划（Open Course Ware，OCW），引领了世界范围内方兴未艾的开放教育资源运动，该运动成为推动人类教育发展的变革性里程碑，使得资源共享成为了教育领域的主旋律。然而，仅提供教育资源是远远不够的，因此，2012 年以来，随着开放课件运动如火如荼，一种新型的开放资源模式——MOOC（Massive Open Online Course）在全球迅速崛起，成为国际高等教育发展的新趋势、新动向。从OCW 到 MOOC 的发展，实际体现着学习重心的转变，前者更多的是单向的、以教为主的知识传递模式，而后者则更加注重双向的交

流，是以学生为中心的、注重知识的生态化生长的模式。

2008 年，MOOC 这一术语由加拿大爱德华王子岛大学（University of Prince Edward Island）的戴夫·科米尔（Dave Cormier）和国家人文教育技术应用研究院高级研究员布莱恩·亚历山大（Bryan Alexander）联合提出。其中文译名为"慕课"，直译为"大规模开放网络课程"。2008 年 9 月，由阿萨巴斯卡大学（Athabasca University）技术增强知识研究所副主任乔治·西门思（George Siemens）与国家研究委员会高级研究员斯蒂芬·道恩斯（Stephen Downes）联合设计并领导了一门名为"关联主义与关联知识"（"Connectivism and Connective Knowledge"）的 MOOC 课程，25 名曼尼托巴大学（Athabasca University）的付费学生和来自世界各地的 2300 名免费学生同时选修了这门课。该课程为学习者提供相关主题的学习材料，以周为单位开展交流。学习者可以根据个人偏好与习惯选择学习工具和平台，如 Wiki、Blog、Moodle 在线论坛等参与讨论学习，同时，所有课程内容还可以通过 RSS 进行订阅。

2011 年秋，"MOOC"热潮开始席卷教育界，时至 2012 年，可以说全球教育领域最热的词非"MOOC"莫属，这不得不归功于众多的专门为 MOOC 提供平台的供应商，从 Udacity、Coursera、edX、Udemy 到 Future leam、Canvas Network、Open2Study，这些供应商对 MOOC 的支持有效地助推了其发展进程，它们纷纷以提供开放、免费的教学资源为"卖点"，以体系相对完整的课程结构为保障，同时既为学习者提供互动交流的平台，又允许学习者自主选择交流工具、平台、学习社区等就某一主题进行学习。美国课程时代（Coursera）、在线大学（Udacity）和哈佛大学与麻省理工学院的在线课程项目（edX）三巨头更是从众多的供应商中脱颖而出。2011 年 11 月 Coursera 成立，次年 4 月获得风投后，正式向世界免费推出在线课程。同年 5 月 MITx 华丽登场，2012 年 2 月斯坦福大学教授 Sebastian Thrun 凭借其于 2011 年秋面向全球 190 个国家 16 万学生开设的在线课程"人工智能"的成功，毅然成立了非盈利公司 Udacity。至此，MOOC 领域三足鼎立局面形成。

2. Coursera 的基本教学理念

目前，MOOC 三巨头中，发展规模最为庞大、速度最快的当属Coursera，其核心理念包括掌握性学习、交互式学习和反馈式学习。应用掌握性学习理论，确保学习者在使用新知识解答问题时可以进行多次尝试；采用交互式学习方法鼓励学生在学习中投入，从而有助于他们的记忆长期保留；提供经常性反馈，使得学习者可以检查自己的进度和确保自己掌握的所学内容。

Coursera 课程集中体现了教师为主导、学生自主学习为主体、教学团队成员为辅助、完整教学环节为引导、虚拟学习环境为依托的教学理念。具体来说，可以概括为以下几点：

（1）完备、人性化的教学环节

传统教学的教学环节，一般包括课堂教学组织、作业布置、学习评价与测试等环节，而在 Coursera 平台上，整个环节包括教师及教学团队发布课程信息、学生浏览并根据个人兴趣与需要选修课程、每周按时发布课程内容视频并允许学生在线学习与下载、学生在规定时间内按需自主学习、随堂练习、布置作业、教师每周定时组织线上讨论、提交作业，学生根据课程评价规则完成作业、测试，最终获得结业证书。

（2）贴合网络学习的视频设计

随着网络与信息技术的日新月异的发展，信息超载与知识碎片化成为网络时代人类学习所面临的两大挑战，由此而生的"零存整取"的学习策略得到大众的认可。传统网络课程中，以课时为单位的、满堂灌式的视频资源的设计容易使学习者感到疲倦，所以伴随着微时代的到来，学习也逐步向碎片化、微型化发展，那么学习资源的微型化发展也势在必行。所谓碎片化、微型化的视频学习资源，并不是指将毫无关联的视频简单串联，所谓时间上的"微"，只是微视频课程与传统课程的显性区别，其优势更加体现在它的隐性特征上，即设计理念。由于微视频课程具有与课程资源结构和微视频特征属性双相关的特征，因而能更好地实现课程资源的共享与重构，并且，微视频课程更易于传播，符合微时代学习者碎片化、自定步调的学习需求。

Coursera 平台课程中，课程视频资源的以下特征恰恰印证了其贴合网络学习的视频设计这一要求：首先，短小且模块化，即每一次课程的视频资源均被切割为几段连续的、时长为 3~15 分钟的短视频集，我们也称之为微视频，满足学习者各种不同的学习需求，或在固定的时间进行连续的学习，或自定步调，进行碎片化的自主学习；其次，关联性与交互性，微视频之间具有独立性、交互性、模块化等特点，方便学习者进行连续性学习，并能及时检验学习效果；最后，可根据个人不同的接受水平，自定义视频的播放速度。

（3）独创同伴互评策略

这一特点可谓 Coursera 平台课程独创的评价方式。由于其课程选修人数之多，几千乃至上万份的作业的反馈，对于课程教师及其教学团队来说是一项极其大的任务量，可以说，要保质保量地对学生作业进行反馈，是不可能完成的任务。为了解决这一问题，Coursera 发明了一套"生生评价"系统（Peer Assessments）。教师提前制定作业评价的量规，作业提交之后，每个学生根据老师提供的评价细则，负责至少其他五个成员的作业的评价。生生互评这一概念于我们而言并不陌生，我们在传统课堂教学中会遇到，但是能够将其移植到大规模网络课程中，也实属一大成功。

（4）增强学生的沉浸感

以往的网络教学中，往往只是学生观看教学视频，容易导致学生缺少持续学习的动力，而在 Coursera 的课堂中，课程团队的邮件通知、随堂测验、课后作业、线上组织讨论、线下聚会等环节的设置，使得老师与学生、学生与学生之间有了更多的交互可能性，增强了学生的归属感与学习沉浸感。

3. Coursera 的课程资源管理与评价机制

在课程资源建设中，课程资源的优质性、精品性是课程资源平台赖以生存的生命线，要保持课程平台的长期运行，就必须建立有效的课程资源管理与评价机制，推进课程评价和退出。

在福布斯记者彼得·海伊（Peter High）对 Coursera 联合创始人和联合 CEO 达芙妮·科勒（Daphne Koller）的采访中，关于 Coursera 的课程评审问题，科勒提到，Coursera 的模式是以大学的品牌提供课程，由大学保证质量，他们只是力争让全球最好的大学加入Coursera，至于具体课程的选择则交给大学自行确定，因为只有校方才知道哪些教授、哪些课程才是最好的，他们并不需要自己一个个地挑选合格的教师和课程。

关于Coursera课程指标评估方面，主要是追踪学生的保留率和学习情况，以了解哪些学生在上课以及每周是否持续参与课程，还能知道课程内容发布情况。另外，Coursera还关心学生的满意程度，主要是跟踪以教师为中心的指标，以及故障的发生和修正情况、平均修复时间等。每一组跟踪许多不同的指标，但就整体指标而言，最重要的是追踪每周活跃人数，即每一个星期活跃在Coursera上的学生人数。

关于课程完成率的问题，科勒认为完成率受时间因素影响较小，主要是由课程本身决定的。这里最重要的是真正理解保留率的含义，在传统学校教育中，讨论保留率的前提是，假定每个去上课的学生都有完成课程的意图。而对于MOOC，大多数注册上课的学生并不打算完成它，很大一部分学生只是随意浏览课程以获得一种阅读体验。他们看看讲座，浏览一下课程的网页，学习一些与课程主题相关的东西，他们感到自己通过这些方式学到了新知识。即使是在那些对课程很认真的学生中也有不少人不做家庭作业，他们只是完整地看了讲课视频。因此，理解学生的意图很重要。科勒认为，"Coursera的保留率看起来很糟糕，但事实比数据看起来要好，因为我们的学生有各种不同的目标。对于那些下定决心完成课程的学生来说，保留率大约是84%"。

四、美国麻省理工学院开放课程计划（OCW）
的管理与应用

1. 麻省理工学院开放课程平台发展简介

麻省理工学院的OCW（Open Course Ware）项目在美国诞生较早，甚至被学界视为MOOC的前身。OCW项目是2002年由麻省理工学院发起的开放课程计划（OCW），至今已经推广到全球120多所大学。该项目的最终目标是使麻省理工学院多年所积累、创造的优质知识能突破大学象牙塔的高墙，对那些能接入互联网也渴望学习的人开放。同时麻省理工学院也希望以 OCW 为契机，建立一个高效的标准化的能够被其他学校效仿的开放教育资源建设模式。

OCM 项目最初是由威廉姆和弗罗拉·惠留特（William & Flora·Hewlett）基金会提供资金支持并由麻省理工学院教育技术委员会设计、开发与管理。项目始于 2001 年 4 月，计划用十年的时间把麻省理工学院在教学实践中使用的 2000 多门课程资源制作成开放课件并分批放在国际互联网上供全世界的学习者免费使用。这些课程资源包括每一门课程的主讲教师信息、课堂讲义、教学大纲、阅读书目、作业、教学方法等，它们以统一的风格界面呈现并提供搜索和反馈的功能。

这些资源覆盖本科到研究生教育层次，以多媒体的形式呈现，全面而丰富。麻省理工学院想以此作为与全世界高等教育与学术机构及其人员进行交流的平台。通过国际交流，麻省理工学院可以从中获得更多的新思想、新内容和新方法，最终达到发展和创新麻省理工学院教育的目的。2003 年 9 月 30 日，麻省理工学院开放课件项目网站发布 500 门课程资源，标志着开放课件项目正式启动，此后其课程资源的建设、网络发布和系统评估等工作一直在有条不紊地进行着。经过 2004 年 4 月、2005 年 1 月、2005 年 4 月三次较大规模的发布，其网络课程已经包括麻省理工学院全部五个学院 33 个学科，总数达到 1100 门之多，完成课程数量已占其最终课程发布总数 1800~2000 门的一大半。这一项目从 2000 年年初酝酿决策，2001 年正式对外宣布，2002—2003 年年初非正式发布，到 2003 年 9 月正式对外发布 500 门课程，再到 2006 年增加至 1100 门课程。麻省理工学院 OCW 迅速将理念转化为实际行动，从最初的一个大胆设想到今日这个容量达 48GB 之多且还在不断扩充的庞大的课程网站，麻省理工学院不断带给大家惊喜。据麻省理工学院 OCW 项目组的电子报（New Sletter）提供的信息，截至 2006 年 10 月，麻省理工学院 OCW 网站在 3 年多的时间内已建成了一个庞大的资源库，网站总数据容量 48GB，共包含 14717 个 Html 文件，15640 个独立的 PDF 文档，16078 幅图片，总计 55171 个文件。据统计，麻省理工学院和其合作伙伴的网站平均每个月的访问量已经达到 140 万次，访问者遍布地球上每一个区域。

麻省理工学院还以自己的行动在国际上掀起了一股开放教育资源运动的潮流。据报道，现在已有约翰霍普金斯大学医学院、美国犹他州大学、索菲亚社区学院、日本东京都大学、日本北海道大学等诸多国际知名大学加入到这一运动中来。他们陆续公布了各自的 OCW 项目计划，相关课程网站正在建设之中。

2. 麻省理工学院 OCW 项目的课程理念

(1) 核心理念：自由、开放、共享

随着信息与知识更新速度日益加快，知识更新的速度已经呈现爆炸态势。今天有用的知识如果不通过共享使更多的人充分加以利用，那么这些知识可能很快就会过时，进而造成知识的浪费，并扩大知识拥有者与知识贫乏者之间的差距；而新的知识的产生也更加依赖创造者本身所拥有的知识和信息的广度和深度，知识创新是在知识继承基础上的发扬、加深、重新加工和发展。因此要促进人类知识进一步的增长、发展与创造，填平已有的知识鸿沟，对知识进行公开和共享是一条最有效且最切实可行的正确道路。麻省理工大学凭借其声誉和其所拥有的优质知识资源，通过 OCW 项目把优质课程资源和教育资源无偿地贡献出来。其核心的理念正是教育所一直倡导的：自由、开放和共享。

开放的教育是指教育资源和课程资源应该免费供全世界任何学习者和教学人员使用，而课程资源的平台应该成为与全世界高等教育、学术机构人员进行交流的平台，通过国际交流，从中获得更多的新思想、新内容和新方法，最终达到发展和创新。麻省理工学院在其 OCW 章程中明确指出，世界上的任何人在任何地点都可以通过互联网免费获取这些资源，按照自己的方式进行应用，如修改、翻译、直接应用等，只要你承诺是非商业性的用途即可；同时，作为知识的利用者，也有义务把自己利用 OCW 的知识所创造的新知识无偿提供给别人使用。

（2）课程资源内容设计理念：结构化、可重复

在课程资源的开发上，OCW 项目十分注重对课程内容的更新，他们定期要求教授和学者将所开放的资源内容根据相关学科的发展而不断地补充进新的知识，使课程中的知识永远保持一种鲜活的状态，增加了课程内容的可信度。

在课程资源编排上，OCW 的资源突破了传统教科书的学习—任务线性结构，而将课程资源组织起来，把整个课程目标分解成一个个小的模块，然后每一个模块对应一个细小的知识点。而知识点的设计则是以"情境"带出，学习者在"情境"中自主研究和探索，然后在课程末尾附上课程描述、教学进程安排、参考资源及相关网站链接等形式的"参考帮助"。在更大的视角下，知识点与知识点之间结成相对独立的章节，使学习者可以根据自己的实际能力和知识掌握情况自主地选择学习章节，这对学习者自主学习能力的养成具有重要的意义。

在课程资源学习技术上，OCW 采用结构化的学习对象技术思想来设计课程内容，学习者不再受传统课程环环相扣式的线性编排方式的束缚。学习者和教育者都能方便地获得实用的开放课件材料，这是一种运用学习对象技术建设的教学内容和教学策略相分离的开放课件资源。因为它能够保证不同的人群比较容易地获取对自己有用的资源，并且还能够方便地对这些资源进行适当的修改以符合使用者的特定需要，所以这种模式已经在全世界形成一股强大的潮流。

五、美国卡内基·梅隆大学 OLI 课程资源平台的建设与管理

卡内基·梅隆大学的 OLI（Open Learning Initiative）课程资源和麻省理工学院的 OCW 课程资源相比，无论在种类还是教学设计意图上都有很大的不同。OLI 教育不是一系列用于传统课堂教学的课程资源的汇总，而是一组完整、自我包含的网络课程资源，这一点上它和麻省理工学院的 OCW 有着明显的区别。

卡内基·梅隆大学 OLI 项目组现在已经建成了统计学、经济学、形式逻辑学、因果推理学、数学分析、工程计算、化学计量学等 11 门网络课程，所有 11 门 OLI 网络教育资源均由认知科学家、计算机人机交互专家、计算机程序工程师、学科教学专家等多方通力协作开发而成。尤其要指出的是，参与的学科专家不仅在其所属的学科具有深厚的专业素养，同时还具有丰富的教学经验，并对教学有一种极强的使命感。OLI 的开发人员认为，如果把 OLI 网络教育资源作为一种交互式教科书，并和常规课堂教学配合使用，将会起到很好的教学效果。OLI 网络课程资源在设计时便充分考虑了当前认知科学的发展，利用 OLI 网络课程促进教学效率的提高是 OLI 课程开发专家们一致的追求。OLI 网络课程反映了本学科领域最新的发展，设计时遵循在线教与学的原则和方法，并提供虚拟学习社区、嵌入课程的助学导师等工具支持学习过程。该项目由威廉姆和弗罗拉·惠留特基金会提供资金支持，它也是在教育资源开放共享理念下较早发起和实施的项目，建立时间和麻省理工学院的 OCW 项目同步。

每一门 OLI 网络课程均有两个版本：免费版和学术版。免费版的 OLI 课程一般在教师主导的课堂讨论环节中使用，和学术版相比，免费版的 OLI 课程不提供期末考试习题；学生不能通过它和授课教师进行交互；即使完成了相关课程的学习，卡内基·梅隆大学也不会给学生提供相关的学历资质认证。学术版的 OLI 课程主要提供给具有相关学位授予权的机构使用。学生在进入学术版 OLI 课程之前，需要得到 OLI 课程授权机构的相关科目的任课教师的认可，如果学生获得了认可，便可以注册一门学术版的 OLI 课程，同时还会获得进入该课程学习的账号，注册费为 15 美元，学生除了可以获得免费版提供的所有资源外，还可以访问期末考试模块。学术版的 OLI 课程内嵌有学生信息捕捉功能，它能跟踪学生对关键性概念的掌握情况并给予学生、教师相关形成性评价的反馈信息。这些信息对改善学生学习和教师教学具有重大的意义。使用学术版的教师还能够获取在线课程管理工具、教学支持资源等对教学极有帮助的资源，教师还可以通过学术版里面的 BBS 论坛和全世界相关专业的教师进行交流。

六、中国精品课程资源共享平台的建设与管理

我国高校精品课程建设是具有中国特色的教育资源开放共享项目，由政府主导并组织管理，高校作为参与主体，共享大学"名师名课"的教学资源，推动信息技术在课程建设和课堂教学中的综合应用，逐步实现信息技术与高校教学整合。项目利用了网络的传播优势，尚未发挥基于网络的教学交互优势。

精品课程共享平台项目自启动实施以来，无论是在参与学校数量、发布课程数量，还是在覆盖学科领域等方面，都逐年增多，并逐渐为社会大众所了解和应用，推动高校以点带面进行整体课程规划与建设，产生了良好的教学效益和社会效益，体现了资源共享与课程建设综合实施的整合特色。

精品课程建设项目是教育部质量工程先期启动项目，它不仅规模巨大，参与面广泛，参与学校众多，覆盖学科门类齐全，而且集资源的建设、发布、共享、应用和创新为一体。精品课程不等于一般意义上的网络课程，也不等于精品教材建设，而是把课程建设与师资队伍、课程资源、教学手段、评价与管理、课程实践等环节作为一个整体来组织和实施。项目实施后不仅为社会大众提供了优质的学术资源，而且也逐步推动了信息技术与高校教学的有机整合。一方面推动课程资源的数字化、网络化和多媒体化，为课程提供了开放的平台；另一方面也推动高校师生逐渐利用网络资源开展教学科研、合作与自主学习、讨论互动，使得教学与学习时空更加灵活与开放。项目体现了两个鲜明的特色：优质学术资源的共建共享，高等教育课程建设和教学信息化改革的整合实施。

1. 资源共享与课程建设的整合

精品课程建设首先是基于多媒体信息技术和网络技术支持条件下的优质课程建设，通过互联网发布传统面授课程的教学资源，向全社会免费开放共享，揭开了我国高等教育领域中资源大规模免费开放共享的新篇章。从这个意义上来认识，精品课程建设项目提供

了优质开放的学术资源，属于国际上教育资源开放共享的有机组成部分。精品课程建设项目更是以课程建设和资源共享为突破口，通过优质课程建设建立优质课程的标准，以精品课程的示范和辐射作用以点带面推动各级课程的建设与发展，推动高校整体的课程建设，推动信息技术条件下的高等教育教学改革。

2. 系统规划和实施

精品课程建设项目是一个系统工程，包括课程规划、建设、发布、共享、应用、评价等环节。精品课程项目的系统实施，完善了国家、省市和校级课程的评价标准、技术方案、版权保护、应用评估等环节，涉及精品课程的师资队伍、教学课件资源、教学手段与方法、教学评价与考核、教学视频资源等课程要素。课程建设和发展的过程，是课程多要素相互促进、不断提升的过程，也是国家、学校、教师、技术人员在人力、物力、财力、管理、技术多方面努力协作的过程。

3. 名师名课

获得"精品课程"荣誉称号的课程多为各高校的基础学科和优势学科，这些学科经过多年的发展和积累，在各自的教学与科研领域中居领先地位，具有一流的教学队伍和教学水平，是具备"名师名课"特点的优秀课程。精品课程强调课程的建设和完善，而不是对已有课程建设成果的认定并授予荣誉称号。

4. 优质、良构的学术资源

资源的价值通常需要考虑资源的来源、可信度和质量。精品课程来自大学的"名师名课"，来自知识生产和传播中心的高等学校，经过多年的学科建设与积累，是在课堂教学和研究中产生和使用的核心资源，是随着教学和科研不断更新的资源，具有较高的学术价值，是优质的学术资源。

七、世界课程资源建设管理对我国的启示

1. 课程资源的开发与建设要始终将学习者的需求与体验放在核心位置

课程资源开发质量的瓶颈在于资源共享平台与课程内容的契合

933

程度较低，使学习者在学习过程中感到无所适从。这就需要在课程资源开发的过程中始终将学习者的用户体验放在课程设计的核心位置，以学习者为中心设计课程资源。如情境、会话式的资源呈现方式，不超越学习者认知负荷的微视频设计，紧凑完备的教学环节相串联，简洁、及时的交互设计，多元化评价与反馈等。课程资源针对具体的单元、模块、知识点进行设计与开发，使得学习资源的提供能够真正做到辅助学习者进行知识的吸收、内化与应用创新。

2. 突出学习者的自主性，突破时空界限

Coursera 课程的教学团队对于在线教学做出了很多方面的优化设计，如设计精心的演示文稿、课程视频中穿插的问题设计、课程专门录制的现场操作示范；再如北京大学的"计算机概论"课程中向学习者提供了自主研发的适合学习者合作学习的活动，为互动提供基础和前提；对于学习者的疑问或者观点，及时作出反馈，保障交互的持续进行，以提高互动平台的利用率，使得学习者在与人交互中促进学习。

3. 加强课程资源交互活动的设计，提高资源的利用率

交互活动包括学习者与学习者、学习者与教师、学习者与学习内容、学习者与媒体的交互，我国精品资源共享课程比较注重对后两者的交互，而忽略了人与人之间的交互与促进。交往的前提是有激发学习者互动的问题或者活动，而交往持续进行的保障是实时或非实时的反馈。Coursera 课堂中学习者之间或者与教师团队之间保持着良好的交互，我国目前的课程资源平台上，交互活动相对较少，即使有评论或者提问，也鲜见教师、助教或其他学习者对其作出反馈，无法保证交往的持续与深化。

4. 课程资源平台建设多元化

保障课程资源平台质量的一个重要切入点在于对学习者学习效果的评价。目前我国的课程资源平台上虽然也提供习题作业、试卷资源，但没有固定的学习评价体系。Coursera 则拥有一套灵活的学习评价体系，向所有课程提供作业互评的技术与平台，允许教师自定评价指标与体系。目前，Coursera 课程多采取系统自动反馈、同学互评、期末测试相结合的评价方式。我国精品资源共享课应借鉴

Coursera 的多元化、多手段的评价方式，将教师评、同学评、学习者自评相结合，并集过程性评价与总结性评价于一体，另外也可灵活采取档案袋评价等方式，实现评价主体与方式的多元化。当然，这些也需要相应技术的支持。

参考文献

[1] 鲍森芳，南纪稳. 课程资源：概念重建与有效开发 [OL/JB]. 人教网. http：www. pep. com. cn/200503/ca705295. html.

[2] 教育部基础教育司，教育部师范教育司. 课程资源的开发与利用 [M]. 北京：高等教育出版社，2004.

[3] 王龙，丁兴富. 开放课件运动的国际扩展 [J]. 中国远程教育，2006(8)：23-28.

[4] 张振虹，刘文，韩智. 从 OCW 课堂到 MOOC 学堂：学习本源的回归 [J]. 现代远程教育研究，2013(3)：20-27.

[5] CMU OLI [DB/OL]. http：//oli. cmu/index. htm.

[6] Coursera (2012). Coiirsera Secures ＄16M from Kleiner Perkins Caufield ＆ Byers and New Enterprise Associates to Bring Online Education Platform to Millions Globally [EB/OL]. [2014-12-27].

[7] Masters, Ken. A Brief Guide To Understanding MOOCs [J]. The Internet Journal of Medical Education, Vol. 1, Number 2, 2011.

[8] MIT OCW FAQs [DB/OL]. http：//ocw. mit. edu/ocwweb/global/aboutocw/newsletter. htm..

[9] MIT OCW [DB/OL]. http：//ocw. mit. edu/index/htm.

[10] OCW Consortium [DB/OL]. http：//www. oeweonsortium. org/index. html.

[11] Open Learning Initiative [DB/OL]. http：//www. cmu. edu/oli/overview/index. html.

[12] Ralph. W. Tyler. Basic principles of curriculum and instruction. [M]. Chicago and London：the University of Chicago Press, 1949, p. 30.